云南统计年鉴

YUNNAN STATISTICAL YEARBOOK

2015

（总第31期 No.31）

云南省统计局 编

Compiled by Statistical Bureau of Yunnan Province

中国统计出版社
China Statistics Press

图书在版编目 (CIP) 数据

云南统计年鉴 . 2015 : 汉英对照 / 云南省统计局编 .
-- 北京 : 中国统计出版社 , 2015.9
ISBN 978 - 7 - 5037 - 7573 - 4
Ⅰ . ①云… Ⅱ . ①云… Ⅲ . ①统计资料—
云南省— 2015 —年鉴—汉、英 Ⅳ . ① C832.74–54

中国版本图书馆 CIP 数据核字 (2015) 第 202281 号

云南统计年鉴 – 2015

作　　者/ 云南省统计局
责任编辑/ 佘竞雄
装帧设计/ 王　舸
出版发行/ 中国统计出版社
地　　址/ 北京市丰台区西三环南路甲 6 号　邮政编码/ 100073
电　　话/ 邮购 (010)63376909　书店 (010)68783171
网　　址/ http://www.zgtjcbs.com
印　　刷/ 昆明骏美彩色印务有限公司
经　　销/ 新华书店
开　　本/ 880mm × 1230mm　1/16
字　　数/ 1000 千字
印　　张/ 37.5
版　　别/ 2015 年 9 月第 1 版
版　　次/ 2015 年 9 月第 1 次印刷
定　　价/ 468.00 元　　Price:468.00 RMB

本书附同版本 CD-ROM 一张，光盘内容以书面文字为准。
如有印装差错，由本社发行部负责调换。

《云南统计年鉴》
2015

Yunnan Statistical Yearbook
2015

编　者　说　明

一、《云南统计年鉴—2015》是一部全面反映云南省国民经济和社会发展情况的统计资料工具书，汇集了全省及各州市、县（市、区）2014年和主要年份经济和社会发展主要统计数据。

二、本年鉴对上年度年鉴章节内容进行了部分调整，调整后全书共18章，即：1.省情概况；2.国民经济核算；3.固定资产投资；4.城乡市场消费；5.公共财政；6.对外经济贸易；7.农业和农村；8.工业和能源；9.建筑业和房地产业；10.交通运输、通信和服务业；11.金融和保险业；12.旅游业；13.教育、科技和文化业；14.卫生、体育和社会管理；15.人口与就业；16.资源与环境；17.民族自治地方经济概况；18.县域经济概况。

三、本年鉴每个章节后附有主要统计指标解释，对主要统计指标的含义、统计范围和统计方法作了简要说明。本年鉴的资料来源，大部分来自年度统计报表。由于统计口径范围和调查方法的差别，部分指标各州市、县（市、区）数字相加可能不等于全省总计，对于一些统计指标的统计口径范围发生变化的，本年鉴对有关数据作了相应的调整，并在有关统计表中作了解释，在使用中请注意。

四、度量衡单位均采用国家颁布的国际统一标准计量单位。本年鉴中对计量单位进一步统一调整，符号使用说明："空格"表示无该项统计指标数据，或不足本表最小单位数，或资料不详；"#"表示指标的其中项。

五、对各级党委、政府和有关部门给予《云南统计年鉴—2015》编辑工作的关心和大力支持，以及参与此项工作的同志付出的辛勤努力表示衷心感谢！为不断改进和提高本年鉴质量，更好地满足社会各界的需要，希望广大读者提出宝贵的意见。本年鉴如有差错之处，欢迎读者批评指正。

EDITOR' S NOTES

I. *Yunnan Statistical Yearbook 2015* is an annual statistics reference book which fully reflects the national economy and social development in Yunnan province. The present yearbook covers comprehensive data in each city, county and prefecture in 2014 as well as some key data in significant years of the whole province.

II. After revision, this book contains the following nineteen parts: 1. Provincial survey; 2. Economies; 3. Investment in Fixed Assets; 4. Urban and Rural Consumption; 5. Public Finance; 6. Foreign Trade; 7. Agriculture and Country; 8. Industry and Energy; 9. Construction and Real Estate; 10. Transport and Communications Industry; 11. Banking and Insurance; 12. Tourism; 13. Education, Science and Technology and Culture; 14. Public Health, Sports and Social Services; 15. Population and Employment; 16. Resources and Environment;17. Survey of National Autonomous Area; 18. Economic Survey of Cities; 19. Survey of Intra-county Economies.

Ⅲ. Explanatory Notes on Principal Statistical Indicators are provided at the end of each part to describe the content, scope and method of provincial statistical indicators briefly. The major data in this publication are obtained from annual statistical reports. It is advisable to note in the reference that the sum of data of each city, county and prefecture may not correspondingly equal the total of the whole province in some statistical indicators due to different statistical ranges and investigation methods. As for changes of statistical ranges, the relevant data are adjusted and explained accordingly in the present yearbook.

Ⅳ. The units of measurement used in this book are international standard measurement units issued by the state. Notations used in this yearbook, "(Blank)" indicates that the data are not available; or refers to numbers of minimum units or refers to numbers which are not in detail. "#" indicates that the major items of the total.

Ⅴ. Thanks for the great support and attention given by party members and governments at each level, and colleagues who participate in this editing work. In order to perfect the yearbook and meet the requirements of the society better, comments from various readers are highly appreciated. At the same time, readers are welcome to correct our mistakes made in this book.

目　录
CONTENTS

一、省 情 概 况
Chapter 1 Provincial Survey

二、国民经济核算
Chapter 2 National Account

三、固定资产投资

Chapter 3 Investment in Fixed Assets

四、城乡市场消费

Chapter 4 Urban and Rural Consumption

五、公共财政

Chapter 5 Public Finance

六、对外经济贸易

Chapter 6 Foreign Trade

七、农业和农村

Chapter 7 Agriculture and Country

八、工业和能源

Chapter 8 Industry and Energy

九、建筑业和房地产业

Chapter 9 Construction and Real Estate

十、交通运输、通信和服务业

Chapter 10 Transport Communication And Service Industry

十一、金融和保险业

Chapter 11 Banking and Insurance

十二、旅游业

Chapter 12 Tourism

十三、教育、科技和文化

Chapter 13 Education , Science and Technololgy and Culture

十四、卫生、体育和社会管理

Chapter 14 Public Health， Sports and Social Mangement

十五、人口与就业

Chapter 15 Population and Employment

十六、资源与环境

Resources and Environment

十七、民族自治地方经济概况

Survey of National Autonomous Area

十八、县域经济概况

Survey of Intra - counry Economies

Chapter 1

一、省情概况
Provincial Survey

1-1 人口和资源(2014 年)
Population and Resources (2014)

指 标	Item	2014
全省年末人口总数(万人)	Total Population (year-end) (10 000 persons)	4 713.9
人口密度(人/平方千米)	Population Density (person/sq .km)	119.6
全省土地面积(万平方千米)	Total Land Area (10 000 sq .km)	39.41
民族自治地方土地面积(万平方千米)	Autonomous Area of Nationalities (10 000 sq.km)	27.67
全省年末耕地总资源(万公顷)	Total Cultivated Land Resources at Year-end (10 000 hectares)	620.98
牧草地面积(万公顷)	Area of Grassland (10 000 hectares)	14.75
全省森林面积(万公顷)	Forest Area (10 000 hectares)	1 914.19
全省森林覆盖率(%)	ForestCoverageRate(%)	54.64
全省森林蓄积量(亿立方米)	Standing Stock Volume (100 million cu.m)	16.93
全省水域及水利设施用地面积(万公顷)	Water Area and Water Consenwancy Facilities Area (10 000 hectares)	67.20
全省水能资源理论蕴藏量(亿千瓦)	Hydropower Resources by Theoretic (100 million kw)	1.04
全省水资源总量(亿立方米)	Total of Water Resources (100 million cu.m)	1726.63
全省铁矿保有资源储量(亿吨)	Ensured Reserves of Iron Ore (100 million tons)	38.61
全省煤矿保有资源储量(亿吨)	Ensured Reserves of Coal Ores (100 million tons)	333.39
全省磷矿石保有资源储量(亿吨)	Ensured Reserves of Phosphate Ores (100 million tons)	44.75

注:1. 森林资源有关数据为 2012 年云南省第八次森林资源连续清查数据。

2. 牧草地面积为二次土地调查 2014 年土地变更调查数据,与 2008 年以前土地详查数据在土地分类标准、技术标准、调查手段和方法不一致。

Note: a.Data of forest resource are the reviewing data of the 8th provincial continuous forest resource census in 2012.

b.Pasture land area data are obtained from 2014 land changing survey of the second land survey.detailed land survey before 2008 in terms of land classification standard, technical standard and investigation methods.

1-2 全省行政区划及代码(2014 年)
Administrative Divisions and Their Codes in Yunnan (2014)

州、市 Autonomous Prefectures and Municipalities	市、县、区 Cities at County Level, Counties and Districts under the Jurisdiction of Cities	县级市、县、区数 Number of Cities at County Level, Counties and Districts under the Jurisdiction of Cities		
		市辖区 Districts under Municipal Jurisdiction	县级市 Cities at County Level	县 Counties
昆明市 Kunming	呈贡区 五华区 盘龙区 官渡区 西山区 东川区 晋宁县 富民县 宜良县 石林县 嵩明县 禄劝县 寻甸县 安宁市 Chenggong District, Wuhua District, Panlong District, Guandu District, Xishan District,Dongchuan District,Jinning, Fumin, YiLiang, Shilin, Songming, Luquan, Xundian, Anning City	6	1	7
曲靖市 Qujing	麒麟区 马龙县 陆良县 师宗县 罗平县 富源县 会泽县 沾益县 宣威市 Qilin District, Malong, Luliang, Shizong, Luoping, Fuyuan, Huize, Zhanyi, Xuanwei City	1	1	7
玉溪市 Yuxi	红塔区 江川县 澄江县 通海县 华宁县 易门县 峨山县 新平县 元江县 Hongta District, Jiangchuan, Chengjiang, Tonghai, Huaning, Yimen, Eshan, Xinping,Yuanjiang	1		8
保山市 Baoshan	隆阳区 施甸县 腾冲县 龙陵县 昌宁县 Longyang District, Shidian, Tengchong, Longling, Changning	1		4
昭通市 Zhaotong	昭阳区 鲁甸县 巧家县 盐津县 大关县 永善县 绥江县 镇雄县 彝良县 威信县 水富县 Zhaoyang District, Ludian, Qiaojia, Yanjin, Daguan, Yongshan, Suijiang, Zhenxiong, Yiliang, Weixin, Shuifu	1		10
丽江市 Lijiang	古城区 玉龙县 永胜县 华坪县 宁蒗县 Gucheng District,Yulong, Yongsheng, Huaping, Ninglang	1		4
普洱市 Pu'er	思茅区 宁洱县 墨江县 景东县 景谷县 镇沅县 江城县 孟连县 澜沧县 西盟县 Simao District, N ing'er, Mojiang, Jingdong, Jinggu, Zhenyuan, Jiangcheng, Menglian, Lancang, Ximeng	1		9
临沧市 Lincang	临翔区 凤庆县 云县 永德县 镇康县 双江县 耿马县 沧源县 Linxiang District, Fengqing, Yunxian, Yongde, Zhenkang, Shuangjiang, Gengma, Cangyuan	1		7
楚雄州 Chuxiong	楚雄市 双柏县 牟定县 南华县 姚安县 大姚县 永仁县 元谋县 武定县 禄丰县 Chuxiong City, Shuangbo, Mouding, Nanhua, Yao'an, Dayao, Yongren, Yuanmou, Wuding, Lufeng		1	9
红河州 Honghe	蒙自市 个旧市 开远市 弥勒市 屏边县 建水县 石屏县 泸西县 元阳县 红河县 金平县 绿春县 河口县 Mengzi City, Gejiu City, Kaiyuan City, Mile City, Pingbian, Jianshui, Shiping, Luxi, Yuanyang,Honghe, Jinping, Luchun, Hekou		4	9
文山州 Wenshan	文山市 砚山县 西畴县 麻栗坡县 马关县 丘北县 广南县 富宁县 Wenshan City, Yanshan, Xichou, Malipo, Maguan, Qiubei, Guangnan, Funing		1	7
西双版纳州 Xishuangbanna	景洪市 勐海县 勐腊县 Jinghong City, Menghai, Mengla		1	2
大理州 Dali	大理市 漾濞县 祥云县 宾川县 弥渡县 南涧县 巍山县 永平县 云龙县 洱源县 剑川县 鹤庆县 Dali City, Yangbi, Xiangyun, Binchuan, Midu, Nanjian, Weishan, Yongping, Yunlong,Eryuan, Jianchuan, Heqing		1	11
德宏州 Dehong	芒市 瑞丽市 梁河县 盈江县 陇川县 Mangshi City, Ruili City, Lianghe, Yingjiang, Longchuan		2	3
怒江州 Nujiang	泸水县 福贡县 贡山县 兰坪县 Lushui,Fugong,Gongshan,Lanping			4
迪庆州 Diqing	香格里拉县 德钦县 维西县 Shangri-La, Deqin, Weixi			3
全 省 Yunnan	**8 个省辖市、8 个民族自治州；13 个市辖区、12 个县级市、29 个民族自治县、75 个县 8 Provincial Jurisdiction Cities,8 Ethinic Minority Autonomous Prefectures, 13 Municipal Jurisdiction Districts，12 Cities at County Level,29 ethinic minority autonomous counties，75 counties**			

1-2 续表 1

单位：个

州 市	Region	县、市、区总计 Total	县级市 Cities at County Level	市辖区 Municipal Districts	民族自治县 Ethnic Minority Autonomous Counties	边境县 Counties of Border
全 省	**Yunnan**	**129**	**12**	**13**	**29**	**25**
昆 明	Kunming	14	1	6	3	
曲 靖	Qujing	9	1	1		
玉 溪	Yuxi	9		1	3	
保 山	Baoshan	5		1		2
昭 通	Zhaotong	11		1		
丽 江	Lijiang	5		1	2	
普 洱	Pu'er	10		1	9	4
临 沧	Lincang	8		1	3	3
楚 雄	Chuxiong	10	1			
红 河	Honghe	13	4		3	3
文 山	Wenshan	8	1			3
西双版纳	Xishuangbanna	3	1			3
大 理	Dali	12	1		3	
德 宏	Dehong	5	2			4
怒 江	Nujiang	4			2	3
迪 庆	Diqing	3			1	

continued

(unit)

乡、镇、街道办事处合计 Total	街道办事处 Community Offices	镇 Towns	乡 Townships	民族乡 Townships of Ethnic Minority	村、居委会合计 Total	居委会 Community Residents' Committees	村委会 Villagers Committees
1 391	**161**	**667**	**563**	**140**	**14 231**	**2 166**	**12 065**
129	70	43	16	4	1 618	653	965
133	42	50	41	8	1 651	368	1 283
75	24	25	26	10	703	264	439
72	2	34	36	10	912	50	862
144	4	100	40	17	1 325	217	1 108
65	7	23	35	15	462	59	403
103		66	37	10	1 038	47	991
77	2	32	43	13	930	38	892
103		64	39	4	1 099	101	998
133	3	55	75	5	1 313	136	1 177
104	3	42	59	16	956	73	883
32	1	18	13	7	246	24	222
112	2	70	40	11	1 144	70	1 074
51	1	23	27	5	376	40	336
29		13	16	2	270	15	255
29		9	20	3	188	11	177

1-2 续表 2 continued

单位：个 (unit)

州市县	Region	行政区划代码 Administrative Division Codes	合计 Total	街道办事处 Community Offices	镇 Town	乡 Township	民族乡 Townships of Nationalities	合计 Total	居委会 Community Residents' Committees	村委会 Villagers Committees
全　省	**Yunnan**	**530000**	**1391**	**161**	**667**	**563**	**140**	**14231**	**2166**	**12065**
昆明市	**Kunming**	**530100**	**129**	**70**	**43**	**16**	**4**	**1618**	**653**	**965**
呈贡区	Chenggong	530114	10	10				65	65	
五华区	Wuhua	530102	10	10				88	88	
盘龙区	Panlong	530103	12	12				99	67	32
官渡区	Guandu	530111	10	10				112	112	
西山区	Xishan	530112	10	10				109	109	
东川区	Dongchuan	530113	8	1	6	1		163	33	130
晋宁县	Jinning	530122	7	1	4	2	2	135	6	129
富民县	Fumin	530124	6	1	5			75	2	73
宜良县	Yiliang	530125	8	2	4	2	2	138	88	50
石林县	Shilin	530126	5	1	3	1		93	4	89
嵩明县	Songming	530127	4	1	3			75	36	39
禄劝县	Luquan	530128	16	1	9	6		195	3	192
寻甸县	Xundian	530129	14	1	9	4		174	7	167
安宁市	Anning	530181	9	9				97	33	64
曲靖市	**Qujing**	**530300**	**133**	**42**	**50**	**41**	**8**	**1651**	**368**	**1283**
麒麟区	Qilin	530302	16	13	3			143	87	56
马龙县	Malong	530321	10	5	2	3		73	45	28
陆良县	Luliang	530322	11	2	7	2		146	33	113
师宗县	Shizong	530323	10	3	4	3	3	110	21	89
罗平县	Luoping	530324	13	3	4	6	3	154	46	108
富源县	Fuyuan	530325	12	2	9	1	1	161	36	125
会泽县	Huize	530326	23	3	7	13	1	378	33	345
沾益县	Zhanyi	530328	10	3	2	5		130	42	88
宣威市	Xuanwei	530381	28	8	12	8		356	25	331
玉溪市	**Yuxi**	**530400**	**75**	**24**	**25**	**26**	**10**	**703**	**264**	**439**
红塔区	Hongta	530402	11	9		2	2	104	94	10
江川县	Jiangchuan	530421	7	1	4	2	1	72	19	53
澄江县	Chengjiang	530422	6	2	4			40	18	22
通海县	Tonghai	530423	9	2	4	3	3	73	27	46
华宁县	Huaning	530424	5	1	3	1	1	77	23	54
易门县	Yimen	530425	7	2	1	4	3	58	19	39
峨山县	Eshan	530426	8	2	3	3		76	15	61
新平县	Xinping	530427	12	2	4	6		123	26	97
元江县	Yuanjiang	530428	10	3	2	5		80	23	57

1-2 续表 3 continued

单位：个 (unit)

州市县	Region	行政区划代码 Administrative Division Codes	合计 Total	街道办事处 Community Offices	镇 Town	乡 Township	民族乡 Townships of Nationalities	合计 Total	居委会 Community Residents' Committees	村委会 Villagers Committees
保山市	**Baoshan**	**530500**	**72**	**2**	**34**	**36**	**10**	**912**	**50**	**862**
隆阳区	Longyang	530502	18	2	6	10	4	309	20	289
施甸县	Shidian	530521	13		5	8	2	137	5	132
腾冲县	Tengchong	530522	18		11	7		221	14	207
龙陵县	Longling	530523	10		3	7	1	121	5	116
昌宁县	Changning	530524	13		9	4	3	124	6	118
昭通市	**Zhaotong**	**530600**	**144**	**4**	**100**	**40**	**17**	**1325**	**217**	**1108**
昭阳区	Zhaoyang	530602	20	3	10	7	4	183	60	123
鲁甸县	Ludian	530621	12		10	2	2	90	20	70
巧家县	Qiaojia	530622	16		12	4		184	37	147
盐津县	Yanjin	530623	10		6	4		94	17	77
大关县	Daguan	530624	9		8	1	1	83	7	76
永善县	Yongshan	530625	15		8	7	2	142	28	114
绥江县	Suijiang	530626	5		5			42	11	31
镇雄县	Zhenxiong	530627	28		21	7	2	254	20	234
彝良县	Yiliang	530628	15		10	5	5	137	4	133
威信县	Weixin	530629	10		7	3	1	87	4	83
水富县	Shuifu	530630	4	1	3			29	9	20
丽江市	**Lijiang**	**530700**	**65**	**7**	**23**	**35**	**15**	**462**	**59**	**403**
古城区	Gucheng	530702	11	7	2	2	1	59	33	26
玉龙县	Yulong	530721	16		7	9	3	103	6	97
永胜县	Yongsheng	530722	15		9	6	6	149	8	141
华坪县	Huaping	530723	8		4	4	4	60	5	55
宁蒗县	Ninglang	530724	15		1	14	1	91	7	84
普洱市	**Pu'er**	**530800**	**103**		**66**	**37**	**10**	**1038**	**47**	**991**
思茅区	Simao	530802	7		5	2	2	71	15	56
宁洱县	N ing'er	530821	9		6	3		89	4	85
墨江县	Mojiang	530822	15		12	3	1	168	5	163
景东县	Jingdong	530823	13		10	3		170	4	166
景谷县	Jinggu	530824	10		6	4		137	5	132
镇沅县	Zhenyuan	530825	9		8	1		111	2	109
江城县	Jiangcheng	530826	7		5	2		50	2	48
孟连县	Menglian	530827	6		4	2		42	3	39
澜沧县	Lancang	530828	20		5	15	6	161	4	157
西盟县	Ximeng	530829	7		5	2	1	39	3	36
临沧市	**Lincang**	**530900**	**77**	**2**	**32**	**43**	**13**	**930**	**38**	**892**
临翔区	Linxiang	530902	10	2	1	7	2	102	12	90
凤庆县	Fengqing	530921	13		8	5	3	187	4	183
云　县	Yunxian	530922	12		7	5	3	194	4	190
永德县	Yongde	530923	10		3	7	2	118	2	116
镇康县	Zhenkang	530924	7		3	4	1	74	3	71
双江县	Shuangjiang	530925	6		2	4		75	3	72
耿马县	Gengma	530926	9		4	5	1	87	7	80
沧源县	Cangyuan	530927	10		4	6	1	93	3	90

1-2 续表 4 continued

单位：个 (unit)

州市县	Region	行政区划代码 Administr-ative Division Codes	合 计 Total	街道办事处 Community Offices	镇 Town	乡 Township	民族乡 Townships of Nationalities	合 计 Total	居委会 Community Residents' Committees	村委会 Villagers Committees
楚 雄 州	**Chuxiong**	**532300**	**103**		**64**	**39**	**4**	**1099**	**101**	**998**
楚雄市	Chuxiong	532301	15		12	3		153	28	125
双柏县	Shuangbo	532322	8		5	3		84	7	77
牟定县	Mouding	532323	7		4	3		89	5	84
南华县	Nanhua	532324	10		6	4	1	128	12	116
姚安县	Yao'an	532325	9		5	4		77	4	73
大姚县	Dayao	532326	12		8	4	1	129	17	112
永仁县	Yongren	532327	7		3	4	1	63	3	60
元谋县	Yuanmou	532328	10		3	7		78	10	68
武定县	Wuding	532329	11		7	4	1	133	7	126
禄丰县	Lufeng	532331	14		11	3		165	8	157
红 河 州	**Honghe**	**532500**	**133**	**3**	**55**	**75**	**5**	**1313**	**136**	**1177**
蒙自市	Mengzi	532503	11		7	4	2	101	15	86
个旧市	Gejiu	532501	10	1	7	2		112	33	79
开远市	Kaiyuan	532502	7	2	2	3	1	74	22	52
弥勒市	Mile	532504	12		10	2		139	10	129
屏边县	Pingbian	532523	7		1	6		80	4	76
建水县	Jianshui	532524	14		8	6		153	15	138
石屏县	Shiping	532525	9		7	2		115	3	112
泸西县	Luxi	532527	8		5	3		87	6	81
元阳县	Yuanyang	532528	14		2	12		138	4	134
红河县	Honghe	532529	13		1	12		91	3	88
金平县	Jinping	532530	13		2	11	1	98	4	94
绿春县	Luchun	532531	9		1	8		91	10	81
河口县	Hekou	532532	6		2	4	1	34	7	27
文 山 州	**Wenshan**	**532600**	**104**	**3**	**42**	**59**	**16**	**956**	**73**	**883**
文山市	Wenshan	532601	17	3	7	7	5	137	24	113
砚山县	Yangshan	532622	11		4	7	4	101	16	85
西畴县	Xichou	532623	9		2	7		72	3	69
麻栗坡县	Malipo	532624	11		4	7	1	102	9	93
马关县	Maguang	532625	13		9	4		124	4	120
丘北县	Qiubei	532626	12		3	9	5	101	6	95
广南县	Guangnan	532627	18		7	11		174	7	167
富宁县	Funing	532628	13		6	7	1	145	4	141
西双版纳州	**Xishuangbanna**	**532800**	**32**	**1**	**18**	**13**	**7**	**246**	**24**	**222**
景洪市	Jinghong	532801	11	1	5	5	2	100	15	85
勐海县	Menghai	532822	11		6	5	3	88	3	85
勐腊县	Mengla	532823	10		7	3	2	58	6	52

1-2 续表 5 continued

单位：个 (unit)

州市县	Region	行政区划代码 Administr-ative Division Codes	合计 Total	街道办事处 Community Offices	镇 Town	乡 Township	民族乡 Townships of Nationalities	合计 Total	居委会 Community Residents' Committees	村委会 Villagers Committees
大理州	**Dali**	**532900**	**112**	**2**	**70**	**40**	**11**	**1144**	**70**	**1074**
大理市	Dali	532901	13	2	10	1	1	142	32	110
漾濞县	yangbi	532922	9		4	5		66	1	65
祥云县	Xiangyun	532923	10		8	2	1	136	4	132
宾川县	Binchuan	532924	10		8	2	2	90	10	80
弥渡县	Midu	532925	8		6	2	1	89	7	82
南涧县	Nanjian	532926	8		5	3		80	1	79
巍山县	Weishan	532927	10		4	6		83	4	79
永平县	Yongping	532928	7		3	4	3	73	1	72
云龙县	Yunlong	532929	11		4	7	2	86	1	85
洱源县	Eryuan	532930	9		6	3		90	2	88
剑川县	Jianchuan	532931	8		5	3		93	5	88
鹤庆县	Heqing	532932	9		7	2	1	116	2	114
德宏州	**Dehong**	**533100**	**51**	**1**	**23**	**27**	**5**	**376**	**40**	**336**
芒　市	Mangshi	533103	12	1	5	6	1	94	14	80
瑞丽市	Ruili	533102	6		3	3		40	11	29
梁河县	Lianghe	533122	9		3	6	2	66	4	62
盈江县	Yingjiang	533123	15		8	7	1	103	6	97
陇川县	Longchuan	533124	9		4	5	1	73	5	68
怒江州	**Nujiang**	**533300**	**29**		**13**	**16**	**2**	**270**	**15**	**255**
泸水县	Lushui	533321	9		6	3	1	76	5	71
福贡县	Fugong	533323	7		1	6	1	58	1	57
贡山县	Gongshan	533324	5		2	3		28	2	26
兰坪县	Lanping	533325	8		4	4		108	7	101
迪庆州	**Diqing**	**533400**	**29**		**9**	**20**	**3**	**188**	**11**	**177**
香格里拉县	Shangri-La	533421	11		4	7	1	64	6	58
德钦县	Deqing	533422	8		2	6	2	42	2	40
维西县	Weixi	533423	10		3	7		82	3	79

1-3 主要年份云南国民经济指标数据

指　　标	Item
云南生产总值（当年价）（亿 元）	**Gross Regional Product of Yunnan Province (at current prices) (100 Million yuan)**
# 非公经济增加值	Added Value of Individual and Private Economy
年末总人口数（万 人）	**Total Population at Year-end (10 000 persons)**
年末就业人员数 （万 人）	**Total Number of Employed Persons at Year-end (10 000 persons)**
# 城镇单位在岗职工人数	Number of employees on duty of urban entities
工农业总产值 （亿 元）	**Gross Output Value of Industry and Agriculture (100 million yuan)**
农业总产值	Gross Output Value of Farming, Forestry, Animal Husbandry and Fishery
工业总产值（当年价）	Gross Output Value of Industry (at current prices)
# 轻工业产值	Total Output Value of Light Industry
重工业产值	Total Output Value of Heavy Industry
主要农产品产量（万吨）	**Output of Major Agricultural Products (10 000 tons)**
粮　食	Grain
油　料	Oil-bearing Crops
甘　蔗	Sugarcane
烤　烟	Flue-cured Tobacco
水　果	Fruits
茶　叶	Tea
猪、牛、羊肉	Pork,Beef and Mutton
水产品	Aquatic Product
主要工业产品产量	**Output of Major Industrial Products**
原　煤（万吨）	Raw Coal (10 000 tons)
粗　钢（万吨）	Steel (10 000 tons)
钢　材（万吨）	Steel Products (10 000 tons)
发电量（亿千瓦小时）	Electricity (100 million kwh)
成品糖（万吨）	Sugar of Finished Product (10 000 tons)
卷　烟（亿 支）	Cigarettes(100 million pieces)
水　泥（万吨）	Cement (10 000 tons)
布（万 米）	Cloth (10 000 m)
机制纸及纸板（万吨）	Machine-made Paper and Paperboards (10 000 tons)
能源生产与消费（等价热值）	**Production and Consumption of Energy(Equivalent Caloricity)**
能源生产总量（万吨标准煤）	Total Energy Production (10 000 tons of SCE)
能源消费总量（万吨标准煤）	Total Energy Consumption (10 000 tons of SCE)
万元生产总值能耗（吨标准煤／万元）	Total Energy Consumption per 10 000 yuan of GRP (tons of SEC/10 000 yuan)

注：工业总产值及轻重工业产值从 1995 年开始按新规定的计算方法统计，万元生产总值能耗按当年价格计算。

Principal Indicators on National Economy in Significant Years of Yunnan

2007	2008	2009	2010	2011	2012	2013	2014
4 772.52	**5 692.12**	**6 169.75**	**7 224.18**	**8 893.12**	**10 309.47**	**11 720.91**	**12 814.59**
1 784.92	2 191.47	2 412.38	2 931.38	3 743.14	4 546.48	5 397.48	5 958.78
4 514.00	**4 543.00**	**4 571.00**	**4 601.60**	**4 631.00**	**4 659.00**	**4 686.60**	**4 713.90**
2 573.80	**2 638.40**	**2 684.80**	**2 765.85**	**2 857.24**	**2 881.90**	**2 912.36**	**2 962.25**
280.72	286.73	293.60	303.68	317.18	344.65	352.27	347.06
6 552.09	**7 380.27**	**7 967.94**	**9 691.23**	**11 901.64**	**14 321.68**	**15 813.02**	**16 101.94**
1 414.79	1 641.46	1 706.19	1 810.53	2 306.49	2 680.22	3 056.04	3 261.30
5 137.30	5 738.81	6 261.75	7 880.70	9 595.15	11 641.46	12 756.98	12 840.64
1 830.16	1 447.80	1 930.88	2 317.95	2 779.50	3 555.22	3 911.54	4 017.84
3 307.14	4 291.01	4 330.87	5 562.75	6 815.66	8 086.25	8 845.44	8 822.80
1 460.70	1 518.59	1 576.92	1 650.00	1 755.38	1 827.84	1 897.61	1 940.82
36.65	40.38	50.16	34.23	60.75	62.84	60.68	64.68
1 938.67	1 898.75	1 761.31	1 750.92	1 898.78	2 043.78	2 146.25	2 110.40
76.68	83.97	88.03	95.40	101.82	111.05	103.85	94.50
202.37	266.18	342.74	397.91	476.43	581.12	634.52	669.02
16.99	17.15	18.29	20.73	23.83	27.17	30.17	33.55
238.60	257.18	270.88	474.82	517.44	578.18	597.48	627.46
33.39	39.37	43.06	48.17	54.88	68.01	78.16	87.01
7 755.19	8 657.43	8 921.02	9 763.38	9 957.41	7 610.37	8 185.53	4 013.66
883.85	901.31	1 049.05	1 293.77	1 323.23	1 526.69	1 884.80	1 689.07
789.99	836.62	973.30	1 214.99	1 351.85	1 600.04	2 053.92	1 935.05
904.51	1 039.56	1 173.82	1 364.85	1 555.13	1 533.94	1 954.62	2 347.21
188.04	211.02	223.91	179.78	173.51	205.93	236.52	249.68
3 351.30	3 397.75	3 457.90	3 573.78	3 649.91	3 841.16	3 787.75	3 848.06
3 568.53	4 011.98	5 046.45	5 786.16	6 788.88	7 793.66	9 009.16	9 492.64
616.00	374.78	365.00	412.76	449.58	419.00	298.00	156.00
37.72	42.79	46.02	44.87	49.12	51.46	41.43	46.58
6 546.65	7 595.31	7 851.21	8 822.03	9 752.64	10 577.62	12 531.99	9 805.49
7 132.63	7 510.82	8 032.06	8 674.17	9 540.28	10 433.68	10 072.09	10 454.83
1.49	1.32	1.30	1.20	1.09	1.01	0.86	0.82

Note:The gross output value of light and heavy industries have been calculated by a new approach since 1995，numbers of total energy consumption per 10000 yuan of GDP are calculated at current prices.

1–3 续表

指　　标	Item
全社会固定资产投资总额（亿 元）	**Total Investment in Fixed Assets (100 million yuan)**
社会消费品零售总额（亿 元）	**Total Retail Sales of Consumer Goods (100 million yuan)**
进出口总额（亿美元）	**Total Value of Exports and Imports (USD 100 million)**
出口额	Exports Value
进口额	Imports Value
实际利用外商投资总额（亿美元）	**Actually Utilized Foreigh Investment Value**
财　政（亿 元）	**Government Finance (100 million yuan)**
财政总收入	Government Revenue
财政支出	Government Expenditure
交通运输邮电	**Transport, Posts and Telecommunication Services**
货运周转量（亿吨公里）	Freight Traffic(100 million ton-km)
铁　路	Railways
公　路	Highways
水　路	Waterways
民用航空	Civil Aviation
旅客周转量（亿人公里）	Passenger Traffic(100 million passenger-km)
铁　路	Railways
公　路	Highways
水　路	Waterways
民用航空	Civil Aviation
邮电业务总量（亿 元）	**Total Post and Telecommunication Services(10 000 yuan)**
旅游总收入（亿元）	**Total Tourism Revenue(100 million yuan)**
# 旅游外汇收入（亿美元）	Foreign Exchange Earning from International Tourism(USD 100 million)
职工工资	**Wages of Staff and Workers**
职工工资总额（亿 元）	Total Wages of Staff and Wokers (100 million yuan)
# 国有单位职工工资总额（亿 元）	Total Wages of Staff and Wokers of State-owned Entities (100 million yuan)
职工年均工资（万元）	Annual Average Wages of Staff and Workers (yuan)
# 国有单位职工年均工资（万元）	Annual Average Wages of Staff and Workers of State-owned Units (yuan)
居民消费价格指数（%）（上年 =100）	**Consumer Price Index (%)(preceding year = 100)**
教育文化	**Education and Culture**
高等学校数（所）	Number of Regular Institutions of Higher Education (unit)
高等学校在校学生数（万人）	Student Enrollment of Regular Institutions of Higher Education (10 000 person)
中等专业学校在校学生数（万人）	Student Enrollment of Specialized Secondary Schools (10 000 person)
普通中学在校学生数（万 人）	Student Enrollment of Regular Secondary Schools (10 000 persons)
小学在校学生数（万 人）	Student Enrollment of Primary Schools (10 000 persons)
艺术表演团体（个）	Number of Art Performance Groups (unit)
报纸出版数量（亿 份）	Number of Newspapers Issued (100 million pieces)
各类杂志出版数量（亿 册）	Number of Magazines Issued (100 million pieces)
图书出版数量（亿 册）	Number of Books Published (100 million copies)
卫　生	**Health Care**
卫生机构数（个）	Number of Health Institutions (unit)
床位数（万 张）	Number of Sickbeds of Health Institutions (10 000 units)
# 医院病床数（万 张）	Number of Sickbeds of Hospital (10 000 units)
专业卫生技术人员（万 人）	Number of Medical Technical Personnel (10 000 persons)
# 医　　生（万 人）	Doctors (10 000 persons)

注：1. 进出口总额包括边境贸易，1998 年以前为外贸业务数，1999 年以后为海关进出口统计数。
2. 财政总收入包括上划中央的“两税”收入。
3.2012 年以前卫生机构数包括主要卫生机构、诊所、卫生保健所、医务室等，从 2013 年开始还包括村卫生室。

continued

2007	2008	2009	2010	2011	2012	2013	2014
2 759.00	**3 435.90**	**4 526.40**	**5 528.71**	**6 185.30**	**7 831.10**	**9 968.30**	**11 498.58**
1 422.57	**1 764.74**	**2 051.06**	**2 542.44**	**3 000.14**	**3 541.60**	**4 036.01**	**4 632.87**
87.80	**95.99**	**80.19**	**133.68**	**160.53**	**210.05**	**258.29**	**296.22**
47.36	49.87	45.14	76.06	94.70	100.18	159.59	188.02
40.44	46.12	35.05	57.62	65.80	109.87	98.70	108.20
5.52	**9.36**	**9.10**	**13.29**	**17.38**	**21.89**	**25.15**	**27.06**
1 111.30	1 360.00	1 490.82	1 809.20	2 258.20	2 624.20	2 975.68	3 156.19
1 135.22	1 470.24	1 952.34	2 285.72	2 929.60	3 573.41	4 096.51	4 437.98
770.96	811.15	910.43	990.50	1 070.11	1 164.80	1 673.26	1 759.60
314.23	336.20	340.95	358.31	369.70	379.75	389.80	390.18
450.83	468.63	496.14	548.53	617.27	702.51	921.98	1 002.35
4.59	5.16	5.42	6.91	8.19	8.71	11.65	13.09
1.31	1.16	1.16	1.29	1.04	1.12	1.43	1.60
393.40	411.89	448.45	523.64	610.78	669.96	550.43	572.13
52.63	66.61	63.37	80.73	91.91	91.74	99.34	101.71
265.80	272.98	302.22	352.10	424.57	470.20	323.10	321.06
1.21	1.54	1.55	1.78	1.96	2.02	2.23	2.37
73.76	70.76	81.31	89.03	92.34	106.01	125.40	146.98
469.35	**606.99**	**669.99**	**268.94**	**316.22**	**362.59**	**402.61**	**567.23**
559.21	**663.28**	**810.73**	**1 006.83**	**1 300.29**	**1 702.54**	**2 111.24**	**2 665.74**
8.60	10.08	11.72	13.24	16.09	19.47	24.19	24.21
566.49	683.69	788.38	903.72	1 111.38	1 340.24	1 630.67	1 727.71
398.49	473.30	546.72	619.53	709.16	794.46	797.61	916.93
2.05	2.40	2.70	3.02	3.54	3.89	4.40	4.78
2.29	2.68	3.03	3.43	4.04	4.51	4.90	5.44
105.9	**105.7**	**97.9**	**103.7**	**104.9**	**102.7**	**103.1**	**102.4**
51	59	61	61	64	66	67	67
30.21	34.35	38.95	43.69	48.76	51.22	54.86	57.70
18.63	20.53	23.37	29.00	30.15	31.56	30.13	30.84
251.77	259.48	264.97	270.63	270.90	265.95	261.07	266.55
453.31	451.04	444.14	435.21	424.08	406.70	392.08	382.69
131.00	127.00	146.00	142.00	161.00	220.00	259.00	284.00
5.59	5.89	6.72	6.41	6.52	6.54	6.51	6.14
0.28	0.33	0.31	0.35	0.33	0.39	0.42	0.40
1.60	1.75	1.71	1.51	1.70	1.67	1.72	1.53
9 693	9 249	9 251	9 699	9 956	10 070	24 267	24 285
11.90	12.78	14.01	15.71	17.34	19.47	21.01	22.49
8.32	9.04	9.97	11.25	12.63	14.35	15.61	16.97
12.37	12.62	13.38	14.17	14.93	16.48	19.33	20.89
5.66	5.73	5.94	6.21	6.34	6.69	7.49	7.54

Note: a.The total value of imports and exports includes frontier trade value. The data before 1998 refer to those of foreign trade, and those after 1999 refer to the statistical data of imports and exports of the customs.

b.The government revenue is the total government revenue,including two taxes turned over to the central government.

c.Health institutions include main medical institutions, clinics，health care centers,infirmaries and so on in 2012 and before,and since 2013, village clinics are also included.

1-4 主要年份云南国民经济主要指标总量和增长速度

指　　标	Item	总量指标	
		1978	1990
生产总值(GDP)(亿元)	**Gross Regional Product of Yunnan Province**	**69.05**	**451.67**
年末总人口(万人)	**Total Population at Year-end (10 000 persons)**	**3 091.50**	**3 730.60**
全社会固定资产投资总额(亿元)	**Total Investment in Fixed Assets (100 million yuan)**	**15.04**	**75.74**
社会消费品零售总额(亿元)	**Total Retail Sales of Consumer Goods (100 million yuan)**	**28.38**	**145.59**
进出口总额(亿美元)	**Total Value of Exports and Imports (USD 10 000)**	**1.04**	**5.48**
出口额	Export Value	0.69	4.35
进口额	Import Value	0.35	1.14
财　政(亿　元)	**Government Finance (100 million yuan)**		
财政总收入	Government Revenue	11.76	77.43
财政支出	Government Expenditure	18.28	90.76
主要农产品产量(万吨)	**Output of Major Agriculture Products(10 000 tons)**		
粮　食	Grain	864.05	1 061.21
油　料	Oil-bearing Crops	5.51	13.31
甘　蔗	Sugarcane	160.01	661.88
烤　烟	Flue-cured Tobacco	10.63	43.60
水　果	Fruits	12.26	43.60
茶　叶	Tea	1.78	4.48
猪、牛、羊肉	Pork,Beef and Mutton	29.23	74.74
水产品	Aquatic Products	1.12	4.60
主要工业产品产量(万吨)	**Output of Major Industrial Products (10 000 tons)**		
原　煤	Raw Coal	1 483.00	2 227.00
粗　钢	Steel	35.12	80.15
成品钢材	Steel Products	25.59	68.97
发电量(亿千瓦小时)	Electricity (100 million kwh)	52.51	125.78
水　泥	Cement	131.00	471.00
卷　烟(亿　支)	Cigarettes(100 million pieces)	315.00	2 240.00
布(万　米)	Cloth (10 000 m)	10 507.00	17 974.00
机制纸及纸板	Machine-made Paper and Paperboards	5.12	15.43
成品糖	Sugar of Finished Product	14.00	51.00
交通运输	**Transportation**		
货运周转量(亿吨公里)	Freight Traffic(100 million ton-km)	62.34	260.67
旅客周转量(亿人公里)	Passenger Traffic(100 million passenger-km)	24.25	87.67
邮电业务总量(亿　元)	**Total Post and Telecommunication Services(10 000 yuan)**	**0.30**	**1.27**
居民消费价格(CPI)总指数(%)	**Consumer Price Index(%)**	**100.20**	**102.80**
国有单位职工平均工资(元)	**Average Wages of Staff and Workers of State-owned Entities(yuan)**	**629.00**	**2 200.00**
教　育(万人)	**Education (10 000 persons)**		
高等学校在校学生数	Student Enrollment of Regular Institutions of Higher Education	1.59	4.35
中等专业学校在校学生数	Student Enrollment of Specialized Secondary Schools	2.66	7.38
普通中学在校学生数	Student Enrollment of Regular Secondary Schools	128.54	123.95
小学在校学生数	Student Enrollment of Primary Schools	436.03	446.86
卫　生	**Health Care**		
医院病床数(万　张)	Number of Hospital Sickbeds (10 000)	5.41	7.61
专业卫生技术人员(万人)	Number of Medical Technical Personnel (10 000 persons)	6.55	10.16
#医　生	Number of Doctors	3.11	5.39

注：2002 年进出口总额因口径与 1995 年以前不一致，故不可比。

Growth Rate and Total Amounts of Principal Indicators on National Economy in Significant Years of Yunnan

Aggregate Data			各年比上年增长(±%) Growth Rate over Last Year				年平均增长速度(%) Average Annual Growth Rate(%)			
2000	2010	2014	1990	2000	2010	2014	1979-2014	1991-2014	2001-2014	2011-2014
2 011.19	**7 224.18**	**27 264.00**	**8.7**	**7.5**	**12.3**	**8.1**	**10.1**	**10.3**	**10.7**	**11.7**
4 240.80	**4 601.60**	**4 713.90**	**2.3**	**1.2**	**0.7**	**0.6**	**1.2**	**1.0**	**0.8**	**0.6**
697.94	**5 528.71**	**11 498.58**	**11.7**	**-2.7**	**22.1**	**15.4**	**20.0**	**23.6**	**22.2**	**19.8**
583.17	**2 500.14**	**4 632.87**	**2.4**	**8.2**	**21.9**	**14.8**	**15.2**	**15.5**	**16.0**	**16.7**
18.13	**133.68**	**296.22**	**0.1**	**9.2**	**66.7**	**14.7**	**17.0**	**18.1**	**22.1**	**22.0**
11.75	76.06	188.02	16.2	13.6	68.5	17.8	16.9	17.0	21.9	25.4
6.38	57.62	108.20	-34.2	2.0	64.4	9.6	17.3	20.9	22.4	17.1
432.95	1 809.20	3 156.19	22.4	1.8	21.4	6.1	16.8	16.7	15.2	14.9
414.11	2 285.72	4 437.98	10.8	9.5	17.1	8.3	16.5	17.6	18.5	18.0
1 467.80	1 531.00	1 940.82	6.3	4.9	-2.9	2.3	2.3	2.5	2.0	6.1
26.98	34.23	64.68	21.9	30.8	-31.8	6.6	7.1	6.8	6.4	17.2
1 420.29	1 750.92	2 110.40	20.1	-7.0	-0.6	-1.7	7.4	5.0	2.9	4.8
64.61	95.40	94.50	-4.5	6.0	8.4	-9.0	6.3	3.3	2.8	-0.2
76.95	341.64	669.02	27.0	4.2	12.4	5.4	11.8	12.1	16.7	18.3
7.94	20.73	33.55	4.9	5.7	13.3	11.2	8.5	8.8	10.8	12.8
191.51	285.32	627.46	9.4	6.2	5.3	5.0	8.9	9.3	8.8	21.8
16.62	48.17	87.01	4.3	7.0	11.9	11.3	12.9	13.0	12.6	15.9
2 216.00	9 763.38	4 013.66	2.1	-16.8	9.4	-51.0	2.8	2.5	4.3	-19.9
189.41	1 293.77	1 689.07	11.0	6.0	23.3	-10.4	11.4	13.5	16.9	6.9
183.71	1 214.99	1 935.05	11.5	0.9	24.8	-5.8	12.8	14.9	18.3	12.3
317.46	1 364.85	2 347.21	10.2	6.5	16.3	20.1	11.1	13.0	15.4	14.5
1 642.80	5 786.16	9 492.64	4.1	1.2	14.7	5.4	12.6	13.3	13.3	13.2
3 063.85	3 573.78	3 848.06	10.0	1.5	3.4	1.6	7.2	2.3	1.6	1.9
5 855.00	412.76	156.00	0.4	-4.0	13.1	-47.7	-11.0	-17.9	-22.8	-21.6
22.32	44.87	46.58	1.4	-6.6	-2.5	12.4	6.3	4.7	5.4	0.9
152.25	179.78	249.68	9.9	-6.3	-19.7	5.6	8.3	6.8	3.6	8.6
479.52	990.50	1 759.60	15.7	8.2	8.8	5.2	9.7	8.3	9.7	15.4
237.94	523.64	572.13	-6.7	-0.0	16.8	3.9	9.2	8.1	6.5	2.2
85.64	**268.94**	**567.23**	**15.5**	**39.8**	**-59.9**	**40.9**	**23.3**	**28.9**	**14.5**	**20.5**
97.90	**103.70**	**102.40**	**2.8**	**-2.1**	**3.7**	**2.4**	**5.3**	**4.8**	**2.7**	**3.2**
9 422.00	**34 330.00**	**54 400.00**	**13.6**	**11.5**	**13.2**	**11.0**	**13.2**	**14.3**	**13.3**	**12.2**
9.04	43.69	57.70	-3.5	22.3	12.2	5.2	10.5	11.4	14.2	7.2
11.92	29.00	30.84	2.8	-0.3	24.1	2.4	7.0	6.1	7.0	1.5
185.97	270.63	266.55	3.7	11.1	2.1	2.1	2.0	3.2	2.6	-0.4
472.06	435.21	382.69	-2.3	-1.8	-2.0	-2.4	-0.4	-0.6	-1.5	-3.2
6.61	11.25	16.97	1.5	2.4	12.8	8.7	3.2	3.4	7.0	10.8
12.41	14.17	20.89	-89.7	2.5	5.9	8.1	3.3	3.0	3.8	10.2
6.26	6.21	7.54	3.8	3.2	4.5	0.7	2.5	1.4	1.3	5.0

Note: The total Value of import and export in 2002 can not be compared with those before 1995 because of the different accounting approaches.

1–5 按经济类型划分的云南国民经济主要指标数据（2014 年）
Principal National Economical Indicators by Types of Economy of Yunnan(2014)

指　　标	Item	全　省 Yunnan	比重 (%) As Percentage to Total (%) (total=100)
生产总值（GDP）（亿元）	**Gross Regional Product (100 million yuan)**	**12 814.59**	**100.0**
国有经济	State-owned Economy	5 318.06	41.5
集体经济	Collective-owned Economy	1 537.75	12.0
非公有制经济	Non-public-owned Economy	5 958.78	46.5
规模以上工业增加值（亿元）	**Added Value of Industry (100 million yuan)**	**3 545.41**	**100.0**
国有企业	State-owned Enterprises	212.31	6.0
集体企业	Collective-owned Enterprises	8.04	0.2
股份合作制企业	Joint Stock Cooperative Enterprises	3.61	0.1
股份制企业	Joint Stock Enterprises	3 126.49	88.2
外商及港澳台资企业	Foreign-funded and Enterprises funded by Hong Kong,Macao and Taiwan	137.79	3.9
其他工业	Other Enterprises	57.16	1.6
全社会固定资产投资总额（亿元）	**Total Investment in Fixed Assets (100 million yuan)**	**11 498.58**	**100.0**
国有经济	State-owned Economy	4 765.09	41.4
集体经济	Collective-owned Economy	306.20	2.7
个体私营经济	Individual and Private Economy	58.12	0.5
其他各种经济	Other Types of Ownership Economy	5 944.45	51.7
农村农户投资	Investment of rural households	424.72	3.7
社会消费品零售总额（亿元）	**Total Retail Sales of Consumer Goods (100 million yuan)**	**4 632.87**	**100.0**
公有经济	Public Ownership Economy	880.50	19.0
# 国有经济	Of which:State-owned Economy	712.73	15.4
非公有经济	Individual and Private Enterprises	3 752.37	81.0
# 私有经济	Of which: Private Economy	3 333.57	72.0
就业人员总数（万人）	**Total Number of Employed Persons (10 000 persons)**	**2 962.25**	**100.0**
城镇单位就业人员	Employed Persons in Urban Entities	224.05	7.6
# 国有单位职工人数	Employed Persons in Urban State-owned Entities	168.36	5.7
城镇个体私营就业人员	Self-employed Individuals and Others	370.69	12.5
乡村就业人员	Rural Employed Persons	2 188.81	73.9

注：生产总值、规模以上工业增加值按当年价格计算。
Note: Gross regional product and added value of industry are calculated at current prices.

1-6 云南省国民经济主要数据占全国的比重(2014年)

Proportion of Principal Indicators of National Economy of Yunnan Province to the Whole Country (2014)

单位：% (%)

指 标	Item	全 国 China	云 南 Yunnan	云南占全国的比重(%) Proportion of Yunnan to National Total(%)
生产总值(GDP)(亿元)	**Gross Regional Product (100 million yuan)**	**636463**	**12814.59**	**2.0**
第一产业	Primary Industry	58332	1 990.07	3.4
第二产业	Secondary Industry	271392	5 281.82	1.9
第三产业	Tertiary Industry	306739	5 542.70	1.8
人均生产总值(元/人)	**Per Capita Gross Regional Product(yuan/person)**	**46 652**	**27 264**	**58.4**
年末总人口(万人)	**Total Population at Year-end (10 000 persons)**	**136782**	**4 713.9**	**3.4**
城镇化率(%)	**Urbanization Rate(%)**	**54.77**	**41.73**	**76.2**
全部职工平均工资(元)	**Average Wages of All Staff and Workers (yuan)**	**56 339**	**47 800**	**84.8**
城镇居民年平均可支配收入(元)	**Annual Average Disposable Income of Urban Households (yuan)**	**28 844**	**24 299**	**84.2**
农村居民年人均纯收入(元)	**Rural Per Capita Net Income (yuan)**	**10 489**	**7 456**	**71.1**
城乡居民储蓄存款年末余额(亿元)	**Balance of Savings Deposits of Urban and Rural Residents at Year-end (100 million yuan)**	**485 261.30**	**9 699.01**	**2.0**
全社会固定资产投资额(亿元)	**Total Investment in Fixed Assets of the whole Province (100 million yuan)**	**512761**	**11 498.58**	**2.2**
社会消费品零售总额(亿元)	**Total Retail Sales of Consumer Goods (100 million yuan)**	**262394**	**4 632.87**	**1.8**
对外贸易进出口总额(亿美元)	**Total Value of Export and Import in Foreign Trade (USD 100 million)**	**43030.38**	**296.22**	**0.7**
# 出口总额	Total Export Value	23 427.48	188.02	0.8
实际利用外商直接投资(亿美元)	**Actually Utilized Direct Foreign Investment (USD 100 million)**	**1 197.10**	**27.06**	**2.3**
工农业主要产品产量(万吨)	**Output of Major Industrial and Farm Products (10 000 tons)**			
粮 食	Grain	60710	1 940.82	3.2
烤 烟	Flue-cured Tobacco	280.30	94.50	33.7
油 料	Oil-bearing Crops	3517	64.68	1.8
猪、牛、羊肉	Pork , Beef and Mutton	6 788.00	627.46	9.2
原 煤(亿吨)	Coal (100 million tons)	38.70	0.40	1.0
粗 钢	Steel	82 269.80	1 689.07	2.1
钢 材	Steel Products	112 557.20	1 935.05	1.7
发电量(亿千瓦小时)	Electricity (100 million kwh)	56 495.80	2 347.21	4.2
水 泥(亿吨)	Cement (100 million tons)	24.80	0.95	3.8
农用化肥(折100%)	Chemical Fertilizer	6 887.20	314.94	4.6
成品糖	Sugar of Finished Product	1642.7	249.68	15.2
卷 烟(亿支)	Cigarettes (10 billions cigarettes)	26 098.50	3 848.06	14.7
普通高等学校在校学生数(万人)	**Student Enrollment of Regular Institutions of Higher Education(10 000 persons)**	**2400.5**	**57.70**	**2.4**
卫生机构病床数(万张)	**Number of Hospital Sickbeds (10 000 beds)**	**652**	**16.97**	**2.6**
卫生技术人员(万人)	**Medical Technical Personnel (10 000 persons)**	**739**	**20.89**	**2.8**
# 医生	Doctors	282	7.54	2.7

1-7 全省按国民经济行业分的法人单位数（2010–2014 年）

Number of Legal Entities by National Economy Sector (2010-2014)

单位：个 (unit)

国民经济行业	National Economy Sector	2010	2011	2012	2013	2014
全　省	**Yunnan**	**170 936**	**197 322**	**214 490**	**191 663**	**279 006**
农、林、牧、渔业	Agriculture, Forestry, Animal Husbandry and Fishery	10 133	14 416	19 175	4 541	36 078
采矿业	Mining	5 282	5 645	5 801	5 739	6 492
制造业	Manufacturing	16 219	17 252	17 663	17 162	20 034
电力、燃气及水生产和供应业	Production and Supply of Electricity, Gas and Water	2 087	2 224	2 351	2 291	2 561
建筑业	Construction	6 412	8 042	8 603	7 762	11 046
批发和零售业	Wholesale and Retail Trades	39 082	48 812	54 080	41 751	66 547
交通运输、仓储和邮政业	Transport, Storage and Post	3 178	3 859	4 201	4 014	5 210
住宿和餐饮业	Hotels and Catering Services	3 044	3 324	3 498	3 572	4 915
信息传输、软件业	Information Transmission, Computer	3 722	4 320	5 021	3 433	5 318
和信息技术服务业	Services and Software				1 032	3 022
金融业	Financial Intermediation	1 544	2 112	2 607		
房地产业	Real Estate	6 828	8 421	9 013	7 488	9 591
租赁和商务服务业	Leasing and Business Services	10 329	13 450	14 924	14 332	21 345
科学研究和技术服务业	Scientific Research, Technical Services and Geologic Prospecting	5 711	6 209	6 656	7 507	9 847
水利、环境和公共设施管理业	Management of Water Conservancy, Environment and Public Facilities	1 926	2 102	2 210	2 347	2 655
居民服务、修理和其他服务业	Services to Households and Other Services	2 407	2 882	3 381	3 122	5 289
教　育	Education	7 618	7 962	8 203	9 890	10 521
卫生和社会工作	Health, Social Security and Social Welfare	4 332	4 435	4 517	5 171	5 376
文化、体育和娱乐业	Culture, Sports and Entertainment	2 561	2 809	3 393	5 432	6 212
公共管理、社会保障和社会组织	Public Management and Social Organizations	38 518	39 046	39 193	45 077	46 947
国际组织	International Organization	3	3			

1-8 各州市法人单位数（2007-2014 年）

Number of Legal Entities by Region (2007-2014)

单位：个 (unit)

州 市	Region	2007	2008	2009	2010	2011	2012	2013	2014
全 省	**Yunnan**	**110 196**	**126 405**	**148 613**	**170 936**	**197 322**	**214 490**	**191 663**	**279 006**
昆 明	Kunming	33 341	39 353	51 453	61 867	74 604	78 113	63 683	93 825
曲 靖	Qujing	9 590	11 951	13 763	15 531	17 371	19 615	16 960	25 755
玉 溪	Yuxi	8 033	9 317	9 789	10 918	12 075	13 108	13 871	17 546
保 山	Baoshan	4 421	4 741	5 431	5 889	6 624	7 325	6 888	10 233
昭 通	Zhaotong	5 538	7 128	7 398	8 737	9 510	10 244	9 521	13 541
丽 江	Lijiang	2 931	3 453	4 011	4 720	5 522	6 346	5 203	9 231
普 洱	Pu'er	5 590	6 591	7 139	7 679	8 743	10 009	9 123	13 873
临 沧	Lincang	4 436	4 199	4 900	5 586	6 324	7 147	6 046	9 846
楚 雄	Chuxiong	6 792	6 471	7 639	8 500	9 589	10 402	10 226	16 337
红 河	Honghe	8 611	10 128	11 777	13 081	14 361	15 837	14 894	18 879
文 山	Wenshan	4 933	5 240	5 934	6 537	7 442	8 128	7 780	10 847
西双版纳	Xishuangbanna	2 597	3 034	3 708	4 295	5 233	5 603	4 787	6 533
大 理	Dali	7 343	7 901	8 057	9 150	10 557	12 050	12 899	18 610
德 宏	Dehong	3 893	3 962	4 346	4 795	5 273	5 956	5 743	7 756
怒 江	Nujiang	1 177	1 670	1 890	2 069	2 290	2 625	2 124	3 619
迪 庆	Diqing	970	1 266	1 378	1 582	1 804	1 982	1 913	2 575

1—9 各州市基本单位数(2014 年)

Number of Basic Entities by Region (2014)

单位：个 (unit)

州 市	Region	法人单位数 Number of Impersonal Entities	单产业法人 Single-industry Corporation	多产业法人 Multi-industry Corporation	产业活动单位数 Number of Industrial Activity Entities	多产业法人单位所属产业活动 Activity of Multi-industry Corporation
全 省	**Yunnan**	**279006**	**262710**	**16296**	**366262**	**103552**
昆 明	Kunming	93825	90115	3710	109804	19689
曲 靖	Qujing	25755	24247	1508	35899	11652
玉 溪	Yuxi	17546	16654	892	22130	5476
保 山	Baoshan	10233	9495	738	15168	5673
昭 通	Zhaotong	13541	12630	911	20285	7655
丽 江	Lijiang	9231	8714	517	11797	3083
普 洱	Pu'er	13873	13014	859	17583	4569
临 沧	Lincang	9846	9054	792	14648	5594
楚 雄	Chuxiong	16337	14973	1364	23221	8248
红 河	Honghe	18879	17564	1315	26080	8516
文 山	Wenshan	10847	10114	733	16081	5967
西双版纳	Xishuangbanna	6533	6136	397	8876	2740
大 理	Dali	18610	17184	1426	25251	8067
德 宏	Dehong	7756	7084	672	11053	3969
怒 江	Nujiang	3619	3372	247	5088	1716
迪 庆	Diqing	2575	2360	215	3298	938

注：本表产业活动单位的汇总范围，包括外省(地、州)法人单位在本地的产业活动单位，但不包括本省(地、州)法人单位在外地的产业活动单位。

Note: The number of industrial activity entities by region does not include the number outside the province.

Chapter 2

二、国民经济核算
National Accounts

2-1 云南生产总值(1978-2014 年)
Historic Gross Regional Product (1978-2014)

单位：亿元 (100 million yuan)

年 份 Year	生产总值 Gross Regional Product	第一产业 Primary Industry	第二产业 Secondary Industry	工 业 Industry	建筑业 Construction	第三产业 Tertiary Industry	人均生产总值（元／人） Per Capita Gross Regional Product (yuan/person)
1978	69.05	29.46	27.58	20.91	6.67	12.01	226
1979	76.83	32.38	30.50	23.56	6.94	13.95	247
1980	84.27	35.89	33.98	25.86	8.12	14.40	267
1981	94.13	41.23	35.80	28.62	7.18	17.10	294
1982	110.12	47.04	42.39	34.21	8.18	20.69	339
1983	120.07	49.33	47.28	39.08	8.20	23.46	363
1984	139.58	57.33	54.38	44.14	10.24	27.87	416
1985	164.96	66.07	65.41	52.51	12.90	33.48	486
1986	182.28	71.32	70.83	61.09	9.74	40.13	528
1987	229.03	84.06	84.30	73.30	11.00	60.67	653
1988	301.09	103.47	112.40	99.19	13.21	85.22	845
1989	363.05	119.01	138.06	124.73	13.33	105.98	1 003
1990	451.67	168.13	157.80	142.77	15.03	125.74	1 224
1991	517.41	169.48	179.56	162.32	17.24	168.37	1 377
1992	618.69	186.80	219.03	193.90	25.13	212.86	1 625
1993	783.27	191.45	325.57	284.65	40.92	266.25	2 030
1994	983.78	236.25	428.68	383.91	44.77	318.85	2 515
1995	1 222.15	302.69	534.78	480.95	53.83	384.68	3 083
1996	1 517.69	360.48	669.06	599.82	69.24	488.15	3 779
1997	1 676.17	387.02	743.82	657.05	86.77	545.33	4 121
1998	1 831.33	403.43	818.26	705.55	112.71	609.64	4 446
1999	1 899.82	406.87	811.90	686.09	125.81	681.05	4 558
2000	2 011.19	431.80	833.25	704.00	129.25	746.14	4 770
2001	2 138.31	444.42	868.06	730.81	137.25	825.83	5 015
2002	2 312.82	463.44	934.88	788.44	146.44	914.50	5 366
2003	2 556.02	494.60	1 047.66	882.08	165.58	1 013.76	5 870
2004	3 081.91	593.59	1 281.63	1 066.41	215.22	1 206.69	7 012
2005	3 462.73	661.69	1 426.42	1 168.68	257.74	1 374.62	7 809
2006	3 988.14	724.40	1 705.83	1 401.57	304.26	1 557.91	8 929
2007	4 772.52	837.35	2 038.39	1 696.29	342.10	1 896.78	10 609
2008	5 692.12	1 020.56	2 452.75	2 051.73	401.02	2 218.81	12 570
2009	6 169.75	1 067.60	2 582.53	2 088.17	494.36	2 519.62	13 539
2010	7 224.18	1 108.38	3 223.49	2 604.07	619.42	2 892.31	15 752
2011	8 893.12	1 411.01	3 780.32	2 994.30	786.02	3 701.79	19 265
2012	10 309.47	1 654.55	4 419.20	3 450.72	968.48	4 235.72	22 195
2013	11 832.31	1 860.80	4 939.21	3 763.57	1 182.14	5 032.30	25 322
2014	12 814.59	1 990.07	5 281.82	3 898.97	1 389.66	5 542.70	27 264

注：生产总值按当年价格计算，2013 年以后为云南省第三次全国经济普查调整数。

Note: Data of gross regional product are calculated at current prices,data after 2013 are adjusted data of third national economic census.

2-2 云南生产总值指数(一)(1978-2014年)
Historic Indices of Gross Regional Product (Ⅰ) (1978-2014)

本表按不变价计算 Data in this table are calculated at constant price
(上年=100) (preceding year=100)

年份 Year	生产总值指数(%) Indices of Gross Regional Product of (%)	第一产业 Primary Industry	第二产业 Secondary Industry	工业 Industry	建筑业 Construction	第三产业 Tertiary Industry	人均生产总值指数(%) Indices of Per Capita Gross Regional Product (%)
1978	121.7	113.7	129.0	128.3	132.6	119.2	119.0
1979	103.1	93.0	105.8	106.3	103.2	114.8	101.3
1980	108.5	109.8	110.1	109.4	113.9	102.5	107.1
1981	107.8	109.3	103.3	105.7	91.5	117.2	106.3
1982	115.5	112.8	115.1	115.7	111.6	120.4	113.6
1983	108.4	104.2	108.9	110.3	100.2	113.3	106.6
1984	114.5	113.7	112.9	111.8	120.0	118.9	113.0
1985	113.0	106.8	113.6	112.6	119.3	119.6	111.5
1986	104.3	97.7	106.6	106.6	106.7	107.1	102.7
1987	112.3	107.7	110.4	110.3	111.0	120.7	110.4
1988	116.0	107.8	118.5	118.1	120.8	119.0	114.2
1989	105.8	103.2	103.9	104.5	100.4	111.3	104.1
1990	108.7	108.5	109.8	110.1	107.9	107.1	106.7
1991	106.6	101.1	108.9	109.3	105.5	111.0	104.7
1992	110.9	103.0	116.8	115.2	133.5	113.4	109.5
1993	111.1	102.5	113.7	113.2	117.8	117.0	109.6
1994	112.2	103.0	117.3	117.7	114.0	114.7	110.7
1995	111.7	105.0	113.5	114.2	107.1	115.2	110.3
1996	111.1	105.2	111.5	112.0	106.6	115.1	109.7
1997	109.7	104.6	110.6	109.6	120.4	112.3	108.3
1998	108.1	103.0	109.2	107.2	126.6	110.3	106.7
1999	107.3	104.5	107.0	106.5	110.9	109.3	106.0
2000	107.5	105.6	105.8	107.0	97.2	110.4	106.2
2001	106.8	103.9	103.9	103.9	104.2	111.7	105.6
2002	109.0	103.8	109.3	110.0	105.8	111.4	107.8
2003	108.8	105.5	110.1	110.2	109.7	109.1	107.7
2004	111.3	105.3	112.7	111.8	117.8	112.8	110.3
2005	108.9	104.8	107.5	106.4	113.6	111.7	107.9
2006	111.6	105.5	116.8	116.5	118.2	109.0	110.7
2007	112.2	104.2	115.2	117.0	107.2	112.5	111.4
2008	110.6	106.3	112.1	113.4	105.5	110.7	109.8
2009	112.1	105.2	113.6	111.2	126.3	113.1	111.4
2010	112.3	104.2	115.8	114.6	121.1	111.5	111.6
2011	113.7	106.0	117.9	117.6	119.4	112.0	112.9
2012	113.0	106.7	116.7	115.6	121.2	110.9	112.3
2013	112.1	106.8	112.5	110.5	120.6	113.5	111.5
2014	108.1	106.2	109.1	107.2	116.2	107.4	107.5

注：2013年以后为云南省第三次全国经济普查调整数。
Note:Data after 2013 are adjusted data of third national economic census.

2-3 云南生产总值指数(二)(1978-2014年)

Historic Indices of Gross Regional Product (Ⅱ) (1978-2014)

本表按不变价计算　　Data in this table are calculated at constant price

(1952年=100)　　(year of 1952=100)

年份 Year	生产总值指数(%) Indices of Gross Regional Product (%)	第一产业 Primary Industry	第二产业 Secondary Industry	工业 Industry	建筑业 Construction	第三产业 Tertiary Industry	人均生产总值指数(%) Indices of Per Capita Gross Regional Product (%)
1978	459.8	250.1	1 441.3	1 382.2	1 874.0	362.8	253.9
1979	474.1	232.6	1 524.9	1 469.3	1 934.0	416.5	257.2
1980	514.4	255.4	1 678.9	1 607.4	2 202.8	426.9	275.5
1981	554.5	279.2	1 734.3	1 699.0	2 015.6	500.3	292.9
1982	640.4	314.9	1 996.2	1 965.7	2 249.4	602.4	332.7
1983	694.2	328.1	2 173.9	2 168.2	2 253.9	682.5	354.7
1984	794.9	373.0	2 454.3	2 424.0	2 704.7	811.5	400.8
1985	898.2	398.4	2 788.1	2 729.4	3 226.7	970.6	446.9
1986	936.8	389.2	2 972.1	2 909.5	3 442.9	1 039.5	459.0
1987	1 052.0	419.2	3 281.2	3 209.2	3 821.6	1 254.7	506.7
1988	1 220.3	451.9	3 888.2	3 790.1	4 616.5	1 493.1	578.7
1989	1 291.1	466.4	4 039.8	3 960.7	4 635.0	1 661.8	602.4
1990	1 403.4	506.0	4 435.7	4 360.7	5 001.2	1 779.8	642.8
1991	1 496.0	511.6	4 830.5	4 766.2	5 276.3	1 975.6	673.0
1992	1 659.1	526.9	5 642.0	5 490.7	7 043.9	2 240.3	736.9
1993	1 843.3	540.1	6 415.0	6 215.5	8 297.7	2 621.2	807.6
1994	2 068.2	556.3	7 524.8	7 315.6	9 459.4	3 006.5	894.0
1995	2 310.2	584.1	8 540.6	8 354.4	10 131.0	3 463.5	986.1
1996	2 566.6	614.5	9 522.8	9 356.9	10 799.6	3 986.5	1 081.8
1997	2 815.6	642.8	10 532.2	10 255.2	13 002.7	4 476.8	1 171.6
1998	3 043.7	662.1	11 501.2	10 993.6	16 461.4	4 937.9	1 250.1
1999	3 265.9	691.9	12 306.3	11 708.2	18 255.7	5 397.1	1 325.1
2000	3 510.8	730.6	13 020.1	12 527.8	17 744.5	5 958.4	1 407.3
2001	3 749.5	759.1	13 527.9	13 016.4	18 489.8	6 655.5	1 486.1
2002	4 087.0	787.9	14 786.0	14 318.0	19 562.2	7 414.2	1 602.0
2003	4 446.7	831.2	16 279.4	15 778.4	21 459.7	8 088.9	1 725.4
2004	4 949.2	875.3	18 346.9	17 640.3	25 279.5	9 124.3	1 903.1
2005	5 389.7	917.3	19 722.9	18 769.3	28 717.5	10 191.8	2 053.4
2006	6 014.9	967.8	23 036.3	21 866.2	33 944.1	11 109.1	2 273.1
2007	6 748.7	1 008.4	26 537.8	25 583.5	36 388.1	12 497.7	2 532.2
2008	7 464.1	1 071.9	29 748.9	29 011.7	38 389.4	13 835.0	2 780.4
2009	8 367.3	1 127.6	33 794.8	32 261.0	48 485.8	15 647.4	3 097.4
2010	9 396.5	1 175.0	39 134.4	36 971.1	58 716.3	17 446.9	3 456.7
2011	10 683.8	1 245.5	46 139.5	43 478.0	70 107.3	19 540.5	3 902.6
2012	12 072.7	1 328.9	53 844.8	50 260.6	84 970.0	21 670.4	4 382.6
2013	13 533.5	1 419.3	60 575.4	55 538.0	102 473.8	24 595.9	4 886.6
2014	14 629.7	1 507.3	66 087.8	59 536.7	119 074.6	26 416.0	5 253.1

注：2013年以后为云南省第三次全国经济普查调整数。
Data after 2013 are adjusted data of third national economic census.

2-4 各州市生产总值(2014年)

单位：亿元

州市	Region	生产总值 Gross Regional Product	第一产业 Primary Industry	第二产业 Secondary Industry	工业 Industry	建筑业 Construction	第三产业 Tertiary Industry
全省	**Yunnan**	**12 814.59**	**1 990.07**	**5 281.82**	**3 898.97**	**1 389.66**	**5 542.70**
昆明	Kunming	3 712.99	181.56	1 538.53	1 047.46	491.67	1 992.90
曲靖	Qujing	1 548.46	305.51	637.45	519.72	118.47	605.50
玉溪	Yuxi	1 184.73	121.37	686.05	650.52	36.01	377.31
保山	Baoshan	503.09	136.11	174.24	126.89	47.52	192.74
昭通	Zhaotong	669.51	135.76	299.39	213.22	86.26	234.36
丽江	Lijiang	269.68	42.89	107.62	64.49	43.25	119.17
普洱	Pu'er	476.95	137.55	167.83	101.80	66.07	171.57
临沧	Lincang	465.12	139.88	157.29	103.51	53.89	167.95
楚雄	Chuxiong	705.66	147.32	274.91	209.44	65.76	283.43
红河	Honghe	1 127.09	193.89	514.37	408.81	105.74	418.83
文山	Wenshan	615.87	141.28	223.27	151.80	72.08	251.32
西双版纳	Xishuangbanna	306.02	78.54	86.40	54.05	32.46	141.08
大理	Dali	832.33	176.60	343.58	274.99	68.98	312.15
德宏	Dehong	274.20	70.61	71.62	51.30	20.38	131.97
怒江	Nujiang	100.12	16.33	32.81	21.85	10.96	50.98
迪庆	Diqing	147.21	10.39	51.69	18.62	33.07	85.13

注：由于省、州（市）分级核算，各州（市）数相加不等于全省数。

Gross Regional Product by Region (2014)

(100 million yuan)

交通运输、仓储及邮政业 Transport,Storage, Post and Telecommunication Services	批发和零售业 Wholesale and Retail Trades	三次产业构成 Composition (%) 第一产业 Primary Industry	第二产业 Secondary Industry	第三产业 Tertiary Industry	人均GDP(元／人) Per Capita Gross Regional Product (yuan/person)
288.47	**1 246.53**	**15.5**	**41.2**	**43.3**	**27 264**
82.67	448.06	4.9	41.4	53.7	56 236
37.57	168.13	19.7	41.2	39.1	25 844
18.96	82.60	10.2	57.9	31.9	50 500
12.92	44.59	27.1	34.6	38.3	19 648
13.12	40.80	20.3	44.7	35.0	12 480
6.63	20.79	15.9	39.9	44.2	21 202
8.08	28.92	28.8	35.2	36.0	18 422
6.06	36.39	30.1	33.8	36.1	18 710
19.52	64.01	20.9	39.0	40.1	25 886
20.79	101.60	17.2	45.6	37.2	24 473
12.97	64.44	22.9	36.3	40.8	17 208
10.28	17.31	25.7	28.2	46.1	26 507
26.76	70.18	21.2	41.3	37.5	23 656
4.42	49.73	25.8	26.1	48.1	21 857
1.48	5.07	16.3	32.8	50.9	18 540
9.23	9.97	7.1	35.1	57.8	36 187

Note:The sum of the data of all prefectures and cities is not necessary equal to the provincial total because the regional data are calculated respectively.

2-5 支出法云南省生产总值(1978-2014 年)

年 份 Year	生产总值(亿元) Gross Regional Product of Yunnan Province by Expenditure Approach (100 million yuan)	最终消费 Final Consumption Expenditure	居民消费 Household Consumption	农村居民 Rural Households	城镇居民 Urban Households	政府消费 Government Consumption
1978	69.05	52.03	47.80	33.03	14.77	4.23
1979	76.83	58.86	54.35	36.05	18.30	4.51
1980	84.27	63.35	58.87	38.10	20.77	4.48
1981	94.13	67.85	63.04	41.12	21.92	4.81
1982	110.12	84.44	78.72	52.89	25.83	5.72
1983	120.07	89.85	83.45	54.63	28.82	6.40
1984	139.58	101.28	93.70	56.24	37.46	7.58
1985	164.96	119.86	110.69	56.90	53.79	9.17
1986	182.28	133.08	121.36	55.49	65.87	11.72
1987	229.03	155.63	141.23	58.78	82.45	14.40
1988	301.09	197.01	178.00	57.37	120.63	19.01
1989	363.05	241.71	218.26	54.94	163.32	23.45
1990	451.67	298.97	269.68	57.71	211.97	29.29
1991	517.41	361.73	325.36	65.58	259.78	36.37
1992	618.69	413.48	365.98	67.05	298.93	47.50
1993	783.27	473.88	417.49	68.68	348.81	56.39
1994	983.78	576.50	498.67	73.25	425.42	77.83
1995	1 222.15	697.85	595.27	76.74	518.53	102.58
1996	1 517.69	874.19	736.07	80.71	655.36	138.12
1997	1 676.17	1 002.35	821.93	100.56	721.37	180.42
1998	1 831.33	1 113.45	866.26	103.63	762.63	247.19
1999	1 899.82	1 286.18	998.08	193.51	804.57	288.10
2000	2 011.19	1 524.48	1 097.63	327.70	769.93	426.85
2001	2 138.31	1 473.30	962.06	417.68	544.38	511.24
2002	2 312.82	1 581.97	1 061.50	433.10	628.40	520.47
2003	2 556.02	1 656.30	1 126.28	416.22	710.06	530.02
2004	3 081.91	2 042.43	1 456.91	521.76	935.15	585.52
2005	3 462.73	2 365.67	1 705.56	616.99	1 088.57	660.11
2006	3 988.14	2 662.39	1 866.84	684.54	1 182.30	795.55
2007	4 772.52	2 960.48	2 100.76	805.52	1 295.24	859.72
2008	5 692.12	3 390.10	2 454.25	885.75	1 568.50	935.85
2009	6 169.75	3 745.96	2 700.65	920.54	1 780.11	1 045.31
2010	7 224.18	4 332.64	3 123.69	1 137.92	1 985.77	1 208.95
2011	8 893.12	5 273.62	3 821.44	1 429.23	2 392.21	1 452.18
2012	10 309.47	6 306.75	4 543.53	1 624.16	2 919.37	1 763.22
2013	11 832.31	7 364.18	5 244.58	1 685.88	3 558.70	2 119.60
2014	12 814.59	8 207.52	5 750.89	1 969.94	3 780.95	2 456.63

注：2013 年以后为云南省第三次全国经济普查调整数.

Gross Regional Product of Yunnan Province by Expenditure Approach (1978-2014)

资本形成总额 Gross Capital Formation	固定资本 Gross Fixed Capital Formation	存货增加 Changes in Inventory	净出口 Net Export	最终消费率(%) Final Consumption Rate(%)	资本形成率(%) Capital Formation Rate (%)
26.96	20.55	6.41	-9.94	75.4	39.0
30.63	27.64	2.99	-12.66	76.6	39.9
30.30	28.70	1.60	-9.38	75.2	36.0
28.35	26.09	2.26	-2.07	72.1	30.1
35.83	29.01	6.82	-10.15	76.7	32.5
34.57	29.63	4.94	-4.35	74.8	28.8
48.01	41.97	6.04	-9.71	72.6	34.4
56.76	50.07	6.69	-11.66	72.7	34.4
63.21	55.66	7.55	-14.01	73.0	34.7
68.70	59.75	8.95	4.70	68.0	30.0
93.77	77.51	16.26	10.31	65.4	31.1
114.22	79.90	34.32	7.12	66.6	31.5
132.16	89.25	42.91	20.54	66.2	29.3
185.88	150.37	35.51	-30.20	69.9	35.9
254.18	208.41	45.77	-48.97	66.8	41.1
372.84	288.95	83.89	-63.45	60.5	47.6
437.78	337.09	100.69	-30.50	58.6	44.5
498.64	399.91	98.73	25.66	57.1	40.8
623.77	472.82	150.95	19.73	57.6	41.1
717.40	560.29	157.11	-43.58	59.8	42.8
785.64	703.15	82.49	-67.76	60.8	42.9
761.83	738.21	23.62	-148.19	67.7	40.1
746.15	722.27	23.88	-259.44	75.8	37.1
957.96	770.20	187.76	-292.95	68.9	44.8
920.50	860.67	59.83	-189.65	68.4	39.8
1 188.55	1 068.51	120.04	-288.83	64.8	46.5
1 450.44	1 352.78	97.66	-410.96	66.3	47.1
1 798.86	1 564.23	234.63	-701.80	68.3	52.0
2 025.26	1 795.88	229.38	-699.51	66.8	50.8
2 113.54	2 063.58	49.96	-301.50	62.0	44.3
3 017.36	2 302.17	715.19	-715.34	59.6	53.0
3 756.61	3 502.42	254.19	-1 332.82	60.7	60.9
5 578.57	5 213.05	365.52	-2 687.03	60.0	77.2
7 138.91	6 678.17	460.74	-3 519.41	59.3	80.3
8 576.36	7 949.51	626.85	-4 573.64	61.2	83.2
9 955.27	9 311.13	644.14	-5 487.14	62.2	84.1
11 678.64	10 918.83	759.81	-7 071.57	64.0	91.1

Note:Data after 2013 are adjusted data of third national economic census.

2-6 支出法云南省生产总值构成（1978-2014 年）
Composition of Gross Regional Product of Yunnan Province by Expenditure Approach (1978-2014)

年份	比重 (资本形成总额 =100)(%) Proportion (Gross Capital Formation=100)		比重 (最终消费 =100)(%) Proporton (Final Consumption Expenditure=100)	
Year	固定资本形成总额 Gross Fixed Capital Formation	存货增加 Changes in Inventory	居民消费 Household Consumption	政府消费 Government Consumption
1978	76.2	23.8	91.9	8.1
1979	90.2	9.8	92.3	7.7
1980	94.7	5.3	92.9	7.1
1981	92.0	8.0	92.9	7.1
1982	81.0	19.0	93.2	6.8
1983	85.7	14.3	92.9	7.1
1984	87.4	12.6	92.5	7.5
1985	88.2	11.8	92.3	7.7
1986	88.1	11.9	91.2	8.8
1987	87.0	13.0	90.7	9.3
1988	82.7	17.3	90.4	9.6
1989	70.0	30.0	90.3	9.7
1990	67.5	32.5	90.2	9.8
1991	80.9	19.1	89.9	10.1
1992	82.0	18.0	88.5	11.5
1993	77.5	22.5	88.1	11.9
1994	77.0	23.0	86.5	13.5
1995	80.2	19.8	85.3	14.7
1996	75.8	24.2	84.2	15.8
1997	78.1	21.9	82.0	18.0
1998	89.5	10.5	77.8	22.2
1999	96.9	3.1	77.6	22.4
2000	96.8	3.2	72.0	28.0
2001	80.4	19.6	65.3	34.7
2002	93.5	6.5	67.1	32.9
2003	89.9	10.1	68.0	32.0
2004	93.3	6.7	71.3	28.7
2005	87.0	13.0	72.1	27.9
2006	88.7	11.3	70.1	29.9
2007	97.6	2.4	70.9	29.1
2008	76.3	23.7	72.6	27.4
2009	93.2	6.8	72.3	27.7
2010	93.4	6.6	72.1	27.9
2011	93.5	6.5	72.5	27.5
2012	92.7	7.3	72.0	28.0
2013	93.5	6.5	71.2	28.8
2014	93.5	6.5	70.1	29.9

注：2013 年以后为云南省第三次全国经济普查调整数．

Note:Data after 2013 are adjusted data of third national economic census.

2-7 支出法各州市生产总值(2014 年)

Gross Regional Product by Expenditure Approach and Region (2014)

州 市	Region	生产总值(亿元) Gross Regional Product by Expenditure Approach (100 million yuan)	最终消费 Final Consumption Expenditure	资本形成总额 Gross Capital Formation	最终消费率 (%) Final Consumption Rate (%)	资本形成率 (%) Capital Formation Rate(%)
全 省	**Yunnan**	**12 814.59**	**8 207.52**	**11 678.64**	**64.0**	**91.1**
昆 明	Kunming	3 712.99	1 736.24	2 618.63	46.8	70.5
曲 靖	Qujing	1 548.46	746.56	763.65	48.2	49.3
玉 溪	Yuxi	1 184.73	429.46	472.40	36.2	39.9
保 山	Baoshan	503.09	316.72	362.29	63.0	72.0
昭 通	Zhaotong	669.51	423.52	583.71	63.3	87.2
丽 江	Lijiang	269.68	161.99	240.40	60.1	89.1
普 洱	Pu'er	476.95	301.42	470.62	63.2	98.7
临 沧	Lincang	465.12	282.81	476.91	60.8	102.5
楚 雄	Chuxiong	705.66	334.35	351.71	47.4	49.8
红 河	Honghe	1 127.09	523.31	684.14	46.4	60.7
文 山	Wenshan	615.87	394.63	478.87	64.1	77.8
西双版纳	Xishuangbanna	306.02	152.28	187.26	49.8	61.2
大 理	Dali	832.33	527.47	553.34	63.4	66.5
德 宏	Dehong	274.20	202.69	258.20	73.9	94.2
怒 江	Nujiang	100.12	44.38	67.59	44.3	67.5
迪 庆	Diqing	147.21	58.46	88.43	39.7	60.1

注：1. 由于受净出口及计算误差影响，最终消费加资本形成总额不等于支出法地区生产总值。
　　2. 由于省、州(市)分级核算，各州(市)数相加不等于全省数。

Note: a.The sum of final consumption expenditure plus gross capital formation is not equal to gross regional by expenditure approach because of net export and calculation errors.

b.The sum of data of all prefectures and cities is not equal to the provincial total because the regional data are calculated respectively.

2-8 各州市资本形成总额及构成(2014 年)

Gross Capital Formation and Its Composition by Region (2014)

州 市	Region	资本形成总额（亿元）Gross Capital Formation (100 million yuan)	固定资本 Gross Fixed Capital Formation	存货增加 Changes in Inventory	构成(资本形成总额为100)(%) Composition (Gross Capital Formation=100) 固定资本 Gross Fixed Capital Formation	存货增加 Changes in Inventory
全 省	**Yunnan**	**11 678.64**	**10 918.83**	**759.81**	**93.5**	**6.5**
昆 明	Kunming	2 618.63	2 574.34	44.29	98.3	1.7
曲 靖	Qujing	763.65	708.39	55.26	92.8	7.2
玉 溪	Yuxi	472.40	333.90	138.50	70.7	29.3
保 山	Baoshan	362.29	318.63	43.66	87.9	12.1
昭 通	Zhaotong	583.71	550.41	33.30	94.3	5.7
丽 江	Lijiang	240.40	225.20	15.20	93.7	6.3
普 洱	Pu'er	470.62	441.32	29.30	93.8	6.2
临 沧	Lincang	476.91	461.97	14.94	96.9	3.1
楚 雄	Chuxiong	351.71	336.69	15.02	95.7	4.3
红 河	Honghe	684.14	622.64	61.50	91.0	9.0
文 山	Wenshan	478.87	408.28	70.59	85.3	14.7
西双版纳	Xishuangbanna	187.26	168.63	18.63	90.1	9.9
大 理	Dali	553.34	493.01	60.33	89.1	10.9
德 宏	Dehong	258.20	219.09	39.11	84.9	15.1
怒 江	Nujiang	67.59	58.28	9.31	86.2	13.8
迪 庆	Diqing	88.43	82.53	5.90	93.3	6.7

注：由于省、州(市)分级核算，各州(市)数相加不等于全省数。

Note:The sum of data of all prefectures and cities is not equal to the provincial total because the regional data are calculated respectively.

2-9 各州市最终消费及构成(2014年)

Final Consumption Expenditure and Its Composition by Region (2014)

州 市	Region	最终消费(亿元) Final Consumption Expenditure (100 million yuan)	居民消费 Households Consumption	农村居民 Rural Households	城镇居民 Urban Households	政府消费 Government Consumption	构成(最终消费=100)(%) Composition (%) 居民消费 Household Consumption	政府消费 Government Consumption
全 省	**Yunnan**	**8 207.52**	**5 750.89**	**1 969.94**	**3 780.95**	**2 456.63**	**70.1**	**29.9**
昆 明	Kunming	1 736.24	1 334.65	274.64	1 060.01	401.59	76.9	23.1
曲 靖	Qujing	746.56	643.99	207.60	436.39	102.57	86.3	13.7
玉 溪	Yuxi	429.46	308.46	129.79	178.67	121.00	71.8	28.2
保 山	Baoshan	316.72	214.57	108.39	106.18	102.15	67.7	32.3
昭 通	Zhaotong	423.52	334.87	172.93	161.94	88.65	79.1	20.9
丽 江	Lijiang	161.99	114.28	47.57	66.71	47.71	70.5	29.5
普 洱	Pu'er	301.42	228.43	95.02	133.41	72.99	75.8	24.2
临 沧	Lincang	282.81	204.42	89.61	114.81	78.39	72.3	27.7
楚 雄	Chuxiong	334.35	258.37	105.09	153.28	75.98	77.3	22.7
红 河	Honghe	523.31	403.60	146.65	256.95	119.71	77.1	22.9
文 山	Wenshan	394.63	269.41	107.51	161.90	125.22	68.3	31.7
西双版纳	Xishuangbanna	152.28	117.00	52.30	64.70	35.28	76.8	23.2
大 理	Dali	527.47	407.36	167.06	240.30	120.11	77.2	22.8
德 宏	Dehong	202.69	134.84	51.92	82.92	67.85	66.5	33.5
怒 江	Nujiang	44.38	25.71	10.85	14.86	18.67	57.9	42.1
迪 庆	Diqing	58.46	32.55	14.52	18.03	25.91	55.7	44.3

注：由于省、州(市)分级核算，各州(市)数相加不等于全省数。

Note:The sum of data of all prefectures and cities is not equal to the provincial total because the regional data are calculated respectively.

2–10 各州市生产总值构成(2014 年)

Composition of Gross Regional Product by Region (2014)

州 市	Region	生产总值(亿元) Gross Regional Product (100 million yuan)	劳动者报酬 Remuneration For Labourers	生产税净额 Net Taxe on Production	固定资产折旧 Depreciation of Surplus	营业盈余 Operating Surplus
全 省	**Yunnan**	**12 814.59**	**6 438.29**	**2 595.83**	**1 296.56**	**2 483.91**
昆 明	Kunming	3 712.99	1 669.74	942.65	462.97	637.63
曲 靖	Qujing	1 548.46	807.02	289.25	263.56	188.63
玉 溪	Yuxi	1 184.73	525.24	270.61	149.42	239.46
保 山	Baoshan	503.09	291.03	54.21	65.44	92.41
昭 通	Zhaotong	669.51	362.29	100.19	109.84	97.19
丽 江	Lijiang	269.68	135.02	33.10	43.32	58.24
普 洱	Pu'er	476.95	299.80	37.89	71.03	68.23
临 沧	Lincang	465.12	296.92	32.00	66.32	69.88
楚 雄	Chuxiong	705.66	374.66	129.83	65.23	135.94
红 河	Honghe	1 127.09	557.69	205.74	142.81	220.85
文 山	Wenshan	615.87	350.01	55.83	60.23	149.80
西双版纳	Xishuangbanna	306.02	194.30	22.99	39.10	49.63
大 理	Dali	832.33	456.22	88.00	103.55	184.56
德 宏	Dehong	274.20	173.02	30.13	38.08	32.97
怒 江	Nujiang	100.12	57.98	13.05	13.18	15.91
迪 庆	Diqing	147.21	88.33	13.13	28.50	17.25

注：由于省、州(市)分级核算，各州(市)数相加不等于全省数。

Note:The sum of data of all prefectures and cities is not equal to the provincial total because the regional data are calculated respectively.

2-11 非公有制经济增加值(2005-2014年)
Added Value of Non-Public Ownership Economy (2005-2014)

单位：亿元 (100 million yuan)

州 市	Region	非公经济增加值 Added Value of Non-Public ownership Economy	第一产业 Primary Industry	第二产业 Secondary Industry	第三产业 Tertiary Industry
2005		1 211.76	142.27	523.62	545.87
2006		1 457.20	159.37	674.70	623.13
2007		1 784.92	190.92	831.50	762.50
2008		2 191.47	239.81	1 056.28	895.38
2009		2 412.38	263.69	1 115.65	1 033.04
2010		2 931.38	277.06	1 412.90	1 241.42
2011		3 743.14	365.45	1 705.82	1 671.87
2012		4 546.48	455.00	2 081.44	2 010.04
2013		5 454.69	563.44	2 410.33	2 480.92
2014		5 958.78	636.82	2 581.55	2 740.41
昆 明	Kunming	1726.47	57.08	668.91	1000.48
曲 靖	Qujing	741.53	120.98	343.61	276.94
玉 溪	Yuxi	402.25	36.28	203.86	162.11
保 山	Baoshan	246.67	29.71	123.24	93.72
昭 通	Zhaotong	295.19	45.33	159.83	90.03
丽 江	Lijiang	146.04	14.78	68.42	62.84
普 洱	Pu'er	207.46	51.25	88.93	67.28
临 沧	Lincang	202.06	37.02	91.53	73.51
楚 雄	Chuxiong	320.37	40.57	161.94	117.86
红 河	Honghe	444.33	44.61	240.12	159.60
文 山	Wenshan	315.63	40.20	127.71	147.72
西双版纳	Xishuangbanna	137.88	20.36	49.26	68.26
大 理	Dali	395.81	53.05	212.11	130.65
德 宏	Dehong	130.65	23.19	41.30	66.16
怒 江	Nujiang	42.17	3.68	24.14	14.35
迪 庆	Diqing	73.54	2.75	27.16	43.63

注：生产总值按当年价格计算，2013年以后为云南省第三次全国经济普查调整数。

Note: Data of gross product are calculated at current prices,data after 2013 are adjusted data of third national economic census.

主要统计指标解释

生产总值 即原国内生产总值，指按市场价格计算的一个国家（或地区）所有常住单位在一定时期内生产活动的最终成果（国家称国内生产总值，各省区市称地区生产总值）。生产总值有三种表现形态，即价值形态、收入形态和产品形态。从价值形态看，它是所有常住单位在一定时期内生产的全部货物和服务价值超过同期投入的全部非固定资产货物和服务价值的差额，即所有常住单位的增加值之和；从收入形态看，它是所有常住单位在一定时期内创造并分配给常住单位和非常住单位的初次收入之和；从产品形态看，它是所有常住单位在一定时期内最终使用的货物和服务价值减去货物和服务进口价值。在实际核算中，生产总值有三种计算方法，即生产法、收入法和支出法。

生产法 是从生产的角度衡量常住单位在核算期内新创造价值的一种计算方法。即从生产的全部货物和服务总产品的价值中，扣除生产过程中投入的中间产品的价值，得到增加值。全社会所有常住单位增加值的总和就是生产总值。计算公式为：

增加值 = 总产出 − 中间投入

国（地区）外净要素收入 是指本国（或本地区）居民对国（或本地区）外从事投资和提供劳务所得的要素收入，与外国（或本地区）居民对本国（或本地区）从事投资和提供劳务所得的要素收入的差额。

三次产业 三次产业的划分是世界上较为常用的产业结构分类，但各国的划分不尽一致。中国的三次产业划分是：

第一产业：是指农（种植）、林、牧、渔业，农林牧渔服务业。

第二产业：是指采掘业，制造业，电力、燃气及水的生产和供应业，建筑业。

第三产业：是指除第一、二产业以外的其他行业。包括：交通运输、仓储和邮政业，信息传输、计算机服务和软件业，批发和零售业，住宿和餐饮业，金融业，房地产业，租赁和商务服务业，科学研究、技术服务和地质勘查业，水利、环境和公共设施管理业，居民服务和其他服务业，教育，卫生、社会保障和社会福利业，文化、体育和娱乐业，公共管理和社会组织。

总产出 指常住单位在核算期内生产的货物和服务的价值总和，总产出中既包括核算期内新增加的价值，也包括中间投入的转移价值，它反映了国民经济各个部门生产活动的总规模。

中间投入 指常住单位在生产货物或提供服务的过程中，消耗和使用的所有原材料、燃料动力等货物和各种服务的价值。中间投入也称中间消耗，货物投入是生产过程中消耗或转换的有形的物质产品，不包括固定资产。服务投入是在生产过程中消耗的各种服务，包括金融保险、运输邮电、文化教育等等。

劳动者报酬 指劳动者因从事生产活动所获得的全部报酬。包括劳动者获得的各种形式的工资、奖金和津贴，既包括货币形式的，也包括实物形式的，还包括劳动者所享受的公费医疗和医药卫生费、上下班交通补贴、单位支付的社会保险费、住房公积金等。对于个体经济来说，其所有者所获得的劳动报酬和经营利润不易区分，这两部分统一作为劳动者报酬处理。

生产税净额 指生产税减生产补贴后的余额。生产税指政府对生产单位从事生产、销售和经营活动以及因从事生产活动使用某些生产要素（如固定资产、土地、劳动力）所征收的各种税、附加费和规费。生产补贴与生产税相反，指政府对生产单位的单方面转移支出，因此视为负生产税，包括政策亏损补贴、价格补贴等。

固定资产折旧 指一定时期内为弥补固定资产损耗按照规定的固定资产折旧率提取的固定资产折旧，或按国民经济核算统一规定的折旧率虚拟计算的固定资产折旧。它反映了固定资产在当期生产中的转移价值。各类企业和企业化管理的事业单位的固定资产折旧是指实际计提的折旧费；不计提折旧的政府机关、非企业化管理的事业单位和居民住房的固定资产折旧是按照统一规定的折旧率和固定资产原值计算的虚拟折旧。原则上，固定资产折旧应按固定资产当期的重置价值计算，但是目前我国尚不具备对全社会固定资产进行重估价的基础，所以暂时只能采用上述办法。

营业盈余 指常住单位创造的增加值扣除劳动者报酬、生产税净额和固定资产折旧后的余额。它相当于企业的营业利润加上生产补贴，但要扣除从利润中开支的工资和福利等。

支出法地区生产总值 是从最终使用的角度反映一个国家或地区一定时期内生产活动最终成果的一种方法，包括最终消费支出、资本形成总额及货物和服务净出口三部分。计算公式为：

支出法地区生产总值 = 最终消费支出 + 资本形成总额 + 货物和服务净出口

最终消费支出 指常住单位为满足物质、文化和精神生活的需要，从本国经济领土和国外购买的货物和服务的支出。它不包括非常住单位在本国经济领土内的消费支出。最终消费支出分为居民消费支出和政府消费支出。

居民消费支出 指常住住户在一定时期内对于货物和服务的全部最终消费支出。居民消费支出除了直接以货币形式购买的货物和服务的消费支出外，还包括以其他方式获得的货物和服务的消费支出，即所谓的虚拟消费支出。居民虚拟消费支出包括如下几种类型：单位以实物报酬及实物转移的形式提供给劳动者的货物和服务；住户生产并由本住户消费了的货物和服务，其中的服务仅指住户的自有住房服务和付酬的家庭雇员提供的家庭和个人服务；金融机构提供的金融媒介服务。

政府消费支出 指政府部门为全社会提供的公共服务的消费支出和免费或以较低的价格向居民住户提供的货物和服务的净支出，前者等于政府服务的产出价值减去政府单位所获得的经营收入的价值，后者等于政府部门免费或以较低价格向居民住户提供的货物和服务的市场价值减去向住户收取的价值。

资本形成总额 指常住单位在一定时期内获得减去处置的固定资产和存货的净额，包括固定资本形成总额和存货增加两部分。

固定资本形成总额 指常住单位在一定时期内获得的固定资产减处置的固定资产的价值总额。固定资产是通过生产活动生产出来的，且其使用年限在一年以上、单位价值在规定标准以上的资产，不包括自然资产。可分为有形固定资本形成总额和无形固定资本形成总额。有形固定资本形成总额包括一定时期内完成的建筑工程、安装工程和设备工器具购置（减处置）价值，以及土地改良、新增役、种、奶、毛、娱乐用牲畜和新增经济林木价值。无形固定资本形成总额包括矿藏的勘探、计算机软件等获得减处置。

存货增加 指常住单位在一定时期内存货实物量变动的市场价值，即期末价值减期初价值的差额，再扣除当期由于价格变动而产生的持有收益。存货增加可以是正值，也可以是负值，正值表示存货上升，负值表示存货下降。存货包括生产单位购进的原材料、燃料和储备物资等存货，以及生产单位生产的产成品、在制品和半成品等存货。

货物和服务净出口 指货物和服务出口减货物和服务进口的差额。出口包括常住单位向非常住单位出售或无偿转让的各种货物和服务的价值；进口包括常住单位从非常住单位购买或无偿得到的各种货物和服务的价值。由于服务活动的提供与使用同时发生，一般把常住单位从非常住单位得到的服务作为进口，非常住单位从常住单位得到的服务作为出口。货物的出口和进口都按离岸价格计算。

Explanatory Notes on Principal Statistical Indicators

Gross Regional Product was called gross domestic Product under national level before. At national level,it is still called gross domestic product , It refers to the final products at market prices produced by all resident entities in a country (or territory) during a certain period of time. Gross regional product is expressed in three different forms, i.e. value, income, and product respectively. Gross regional product in its value form refers to the difference between the total value of all goods and services produced by all resident entities during a certain period of time and that of goods and services of the nature of non-fixed assets input in the same period, i.e. it is the sum of added value of all resident entities. Gross regional product in the form of income refers to the total initial income created by all resident entities and distributed to resident and non-resident entities in a certain period of time. Gross regional product in the form of product refers to the balance of the value of all goods and services for final consumption by all resident units minus the net export value of goods and services during a given period of time. In the practice of national accounting, gross regional product is calculated by three approaches, i.e. production approach, income approach and expenditure approach.

Production Approach refers to the calculation method for measuring the newly increased value of resident entities in the accounting period from the perspective of production, i.e. the value of total goods and services produced minus that of intermediate products input in the process of production is added value. The sum of added value created by all resident entities makes GDP. The formula is as follows: Added Value = Total Output – Intermediate Input

Net Factor Income from Abroad refers to the difference between factor income earned by residents of a country (or territory) from their investment and labor services in foreign countries (or territories) and that earned by residents of foreign countries (or territories) from their investment and labor services in that country (or territory).

Three Industries Classification of economic activities into three industries is a common practice in the world,although the grouping varies to some extent form country to country. In China, economic activities are categorized as follows: Primary industry refers to farming, forestry, animal husbandry and fishery.Secondary industry refers to mining and quarrying, manufacturing, production and supply of electricity, water,fuel gas and construction.

Tertiary industry refers to all other economic activities not included in primary or secondary industry,including services of farming, forestry, animal husbandry and fishery, communications and transportation, storage and postal services, information transmission, computer and software services wholesale and retail trade, hotel and food services, banking, real estate, lease and commercial services, scientific research and technical service,geological prospecting, management services of water conservancy, environment and public facilities, resident and other services, education, health care, social security and welfare, culture, sports and entertainment, public management and social organizations.

Total Output refers to the total value of goods and services produced by resident entities in the accounting period, including newly increased value and transfer value in intermediate input, which reflects the general scale of productive activities of each sector of the national economy.

Intermediate Input also known as intermediate consumption refers to the value of goods such as raw materials, fuels, power, etc. and various services consumed and used in the process of production or provision of services. Goods input refers to tangible material products consumed or transferred in production; and services input are those consumed in production, including banking, insurance, communications and transportation, culture,education, etc.

Compensation of Employees refers to the total payment of various forms to employees for the productive activities they are engaged in. It includes wages, bonuses and allowances, which the employees earn in cash or in kind. It also includes the free medical services provided to the employees and the medicine expenses, transport subsidies and social insurance, and housing fund paid by the employers. As regards the individual economy, since compensation of employees is not easily distinguishable from the operating surplus, both parts are treated as compensation of employees.

Net Taxes on Production refers to taxes on production less subsidies on production. The taxes on production refers to the various taxes, extra charges and fees levied on the production units on their production, sale and business activities as well as on the use of some factors of production, such as fixed assets, land and labour in the production activities they are engaged in. In contrast to taxes on production, subsidies on production refer to the unilateral government transfer to the production units and are therefore regarded as negative taxes on production. They include subsidies on the loss due to implementation of government policies, price subsidies, etc.

Depreciation of Fixed Assets refers to the depreciation of fixed assets in a given period, drawn in accordance with the stipulated depreciation rate for the purpose of compensating the wear-and-tear loss of the fixed assets or the depreciation of fixed assets imputed in accordance with the stipulated unified depreciation rate in the national economic accounting system. It reflects the value of transfer of the fixed assets in the production of the current period. The depreciation of fixed assets in various enterprises and institutions managed as enterprises refers to the depreciation expenses actually drawn. In government agencies and institutions not managed as enterprises which do not draw the depreciation expenses, as well as for the houses of residents, the depreciation of fixed assets is the imputed depreciation, which is calculated in accordance with the stipulated unified depreciation rate. In principle,the depreciation of fixed assets should be calculated on the basis of the re-purchased value of the fixed assets.However, currently the conditions in China do not facilitate the revaluation of all the fixed assets. Therefore, only the above-mentioned methods can be adopted at present.

Operating Surplus refers to the balance of the value added created by the resident units after deducting the labourers remuneration, net taxes on production and the depreciation of fixed assets. It is equivalent to the business profit of the enterprises plus subsidies to production, but the wages and welfare expenses paid from the profits should be deducted.

Gross Regional Product by Expenditure Approach refers to the method of measuring the final results of production activities of a country or region during a given period from the perspective of final uses. It includes final consumption expenditure, gross capital formation and net export of goods and services. The formula for computation is.:

Gross Regional Product by expenditure approach = final consumption expenditure + gross capital formation +net export of goods and services

Final Consumption Expenditure refers to the total expenditure of resident units for purchases of goods and services from both the domestic economic territory and abroad to meet the needs of material, cultural and spiritual life. It does not include the expenditure of non-resident units on consumption in the economic territory of the country. The final consumption expenditure is broken down into household consumption expenditure and government consumption expenditure.

Household Consumption Expenditure refers to the total expenditure of resident households on the final consumption of goods and services. In addition to the consumption of goods and services bought by the households directly with money, the household consumption expenditure also includes expenditure on goods and services obtained by the households in other ways, i.e. the so-called imputed consumption expenditure, which includes the following: a) the goods and services provided to households by employers in the form of payment in kind and transfer in kind; b) goods and services produced and consumed by the households themselves, in which the services refer to the owner-occupied housing and services offered by payed family employees; c) financial intermediate services provided by financial institution.

Government Consumption Expenditure refers to the consumption expenditure spent for the provision of 40 National Accounts public services provided by the government to the whole country and the net expenditure on the goods and services provided by the government to households free of charge or at reduced prices. The former equals to the output value of the government services minus the value of operating income obtained by the government departments.The latter equals to the market value of the goods and services provided by the government free of charge or at reduced prices to the households minus the value received by the government from the households.

Gross Capital Formation refers to the fixed assets acquired less disposals and the net value of inventory, thus including gross fixed capital formation and changes in inventories.Gross Fixed Capital Formation refers to the value of acquisitions less those disposals of fixed assets during a given period. Fixed assets are the assets produced through production activities with unit value above a specified amount and which could be used for over one year. Natural assets are not included.Gross fixed capital formation can be categorized into total tangible fixed capital formation and total intangible fixed capital formation. Total tangible fixed capital formation includes the value of the construction projects and installation projects completed and the equipment, apparatus and instruments purchased (less those disposed) as well as the value of land improved,the value of draught animals, breeding stock and animals for milk, for wool and for recreational purposes and the newly increased forest with economic value. Total intangible fixed capital formation includes the prospecting of minerals and the acquisition of computer software minus the disposal of them.

Changes in Inventories refers to the market value of the change in the physical volume of inventory of resident units during a given period, i.e. the difference between the values at the beginning and at the end of the period minus the gains due to the change in prices. The changes in inventories can have a positive or a negative value. A positive value indicates an increase in inventory while a negative value indicates a decrease in inventory. The inventory includes raw materials, fuels and reserve materials purchased by the production units as well as the inventory of finished products, semi-finished products and work-in-progress.

Net Export of Goods and Services refers to the exports of goods and services subtracting the imports of goods and services. Exports include the value of various goods and services sold or gratuitously transferred by resident units to non-resident units. Imports include the value of various goods and services purchased or gratuitously acquired resident units from non-resident units. Because the provision of services and the use of them happen simultaneously, the acquisition of services by resident units from abroad is usually treated as import while the acquisition of services by non-resident units in this country is usually treated as export. The exports and imports of goods are calculated at FOB.

Chapter 3

三、固定资产投资

Investment in Fixed Assets

3-1 全社会固定资产投资总额（1978-2014 年）

Total Investment in Fixed Assets(1978-2014)

单位：亿元 (100 million yuan)

年 份 Year	固定资产投资额 Investment in Fixed Assets	国有经济 State-owned Entities	集体经济 Collective-owned Entities	其他经济 Others	个体经济 Self-employed Entities	农 村 Rural
1978	15.04	13.43	1.15		0.46	0.46
1979	16.77	14.45	1.26		1.07	1.07
1980	20.90	15.95	1.45		3.50	3.50
1981	18.68	13.99	1.47		3.22	3.20
1982	24.55	20.25	1.75		2.55	2.50
1983	24.50	20.23	1.11		3.15	3.11
1984	32.99	24.13	3.92		4.94	4.83
1985	46.28	31.99	7.43		6.85	6.58
1986	49.92	33.91	8.48		7.53	7.15
1987	54.38	36.09	10.02		8.27	7.72
1988	67.77	45.61	10.80		11.35	10.17
1989	67.80	41.72	14.00		12.08	10.40
1990	75.74	51.22	12.57		11.96	11.05
1991	98.32	71.19	14.21		12.92	12.10
1992	140.69	103.93	20.32		16.44	14.87
1993	251.40	181.38	37.26	9.81	22.96	19.82
1994	321.73	221.11	38.69	26.76	35.17	31.56
1995	380.57	262.84	38.55	39.66	39.52	35.95
1996	448.02	298.67	47.56	55.34	46.45	41.98
1997	540.50	367.04	51.30	68.92	53.24	47.40
1998	672.54	483.90	51.21	77.87	59.56	51.50
1999	717.28	498.35	52.43	66.13	100.37	45.65
2000	697.94	466.20	47.44	74.28	110.03	49.75
2001	734.81	490.41	42.44	73.81	128.16	55.86
2002	828.65	522.34	53.36	117.10	135.85	56.09
2003	1 021.18	544.48	54.89	223.89	197.93	65.68
2004	1 330.60	617.34	58.04	376.44	278.78	72.50
2005	1 755.30	815.27	79.47	619.98	240.58	63.28
2006	2 220.45	1 067.50	136.81	639.11	377.03	142.90
2007	2 798.89	1 211.78	193.99	806.76	586.36	234.12
2008	3 526.60	1 426.95	228.97	1 118.10	752.58	261.70
2009	4 527.02	2 144.32	111.54	1 851.44	419.72	386.48
2010	5 528.71	2 623.07	107.41	2 549.41	24.44	224.39
2011	6 185.30	2 463.63	99.35	3 328.78	35.25	258.29
2012	7 831.10	3 007.87	184.01	4 280.27	81.36	277.59
2013	9 968.30	3 950.12	228.59	5 350.48	92.64	346.47
2014	11 498.58	4 765.09	306.20	5 944.45	58.12	424.72

注：1.2006 年国家对全社会固定资产投资口径和计算方法作了调整。

2.2010 年国家对全社会固定资产投资口径范围、统计起点和计算方法作了调整，投资项目统计起点由 50 万元提高到 500 万以上。

Note: a.In 2006,the National Bureau of Statistics adjusted the coverage and calculation method for calculating total investment in fixed assets.

b.In 2010,the National Bureau of Statistics adjusted the coverage ,statistical starting point and calculation method for calculating total investment in fixed assets.Statistical starting point of investment project raised to 5 million yuan from 0.5 million yuan.

3-2 按经济类型分固定资产投资构成(1978-2014年)
Total Investment in Fixed Assets by Economic Types (1978-2014)

单位：% (%)

年份 Year	固定资产投资构成 Investment in Fixed Assets	国有经济 State-owned Entities	集体经济 Collective-owned Entities	其他经济 Others	个体经济 Self-employed Entities	农村 Rural
1978	100.0	89.3	7.6		3.1	3.1
1979	100.0	86.2	7.5		6.3	6.4
1980	100.0	76.3	6.9		16.8	16.7
1981	100.0	74.9	7.9		17.2	17.1
1982	100.0	82.5	7.1		10.4	10.2
1983	100.0	82.6	4.5		12.9	12.7
1984	100.0	73.1	11.9		15.0	14.6
1985	100.0	69.1	16.1		14.8	14.2
1986	100.0	67.9	17.0		15.1	14.3
1987	100.0	66.4	18.4		15.2	14.2
1988	100.0	67.3	15.9		16.8	15.0
1989	100.0	61.5	20.6		17.9	15.3
1990	100.0	67.6	16.6		15.8	14.6
1991	100.0	72.4	14.5		13.1	12.3
1992	100.0	73.9	14.4		11.7	10.6
1993	100.0	72.1	14.8	3.9	9.2	7.9
1994	100.0	68.7	12.1	8.3	10.9	9.8
1995	100.0	69.1	10.1	10.4	10.4	9.4
1996	100.0	66.7	10.5	12.4	10.4	9.4
1997	100.0	67.9	9.5	12.7	9.9	8.8
1998	100.0	72.0	7.5	11.6	8.9	7.7
1999	100.0	69.5	7.3	9.2	14.0	6.4
2000	100.0	66.8	6.8	10.6	15.8	7.1
2001	100.0	66.7	5.8	10.0	17.5	7.6
2002	100.0	63.0	6.4	14.1	16.5	6.8
2003	100.0	53.3	5.4	21.9	19.4	6.4
2004	100.0	46.4	4.4	28.3	20.9	5.4
2005	100.0	46.4	4.5	35.3	13.8	3.6
2006	100.0	48.1	6.2	28.8	16.9	6.4
2007	100.0	43.3	6.9	28.8	21.0	8.4
2008	100.0	40.5	6.5	31.7	21.3	7.4
2009	100.0	47.4	2.5	40.9	9.3	8.5
2010	100.0	47.5	1.9	46.1	0.4	4.1
2011	100.0	39.8	1.6	53.8	0.6	4.2
2012	100.0	38.4	2.4	54.7	1.0	3.5
2013	100.0	39.6	2.3	53.7	0.9	3.5
2014	100.0	41.4	2.7	51.7	0.5	3.7

3-3 固定资产投资（不含农户）情况（一）（2014 年）

Total Investment in Fixed Asset (Exclude Rural Households)(Ⅰ)(2014)

单位：亿元 (100 million yuan)

国民经济行业	National Economic Sector	固定资产投资 Total Investment	房地产开发 Investment in Real Estate Development
固定资产投资总额	**Total Investment in Fixed Assets**	**11 073.86**	**2 846.65**
按登记注册类型分	**Grouped by Registration Status**		
内　资	Domestic Fund	10 812.37	2 718.60
国　有	State-owned	4 578.68	125.90
集　体	Collective-owned	305.10	0.96
联　营	Joint Ownership	15.39	
股份制	Share Holding	3 425.56	115.34
其　他	Others	2 487.63	2 476.40
港澳台商投资	Fund from Hong Kong,Macao and Taiwan	127.12	99.84
# 合资经营	Joint Venture	49.38	42.61
合作经营	Collaborative Operation		
独　资	Solely Foreign-owned	70.55	57.23
外商投资	Fund from Overseas	76.26	28.22
# 合资经营	Joint Venture	29.15	0.54
合作经营	Collaborative Operation	11.34	10.99
独　资	Solely Foreign-owned	18.61	0.59
按隶属关系分	**Grouped by Jurisdiction of Management**		
中　央	Central Investment	955.18	24.15
地　方	Local Investment	10 118.68	2 822.50
省	Province	844.62	132.15
州（市）	Prefectures(Cities)	830.31	231.23
县（区、县级市）	Counties(Regions and Cities at County Level)	3 531.65	615.08
其　他	Others	4 912.10	1 844.04
按建设性质分	**Grouped by Type of Construction**		
# 新　建	New Construction	5 142.12	
扩　建	Expansion	1 685.85	
改建和技术改造	Reconstruction and Technical Transformation	993.09	
单纯建造生活设施	Housing	37.19	
迁　建	Removal and Reconstruction	98.57	
恢　复	Resumption	19.99	
单纯购置	Purchase only	250.40	

3-4 固定资产投资（不含农户）情况（二）（2014 年）

Total Investment in Fixed Assets of the Whole province (Exclude Rural Households) (Ⅱ)(2014)

单位：亿元 (100 million yuan)

类　别	Category	全　省 Yunnan	地 方 Local
固定资产投资额	**Total Investment in Fixed Assets**	**11 073.86**	**10 118.68**
# 住宅投资	Residential Buildings	2 202.68	2 175.81
# 经济适用房	Economically Affordable Houses		
按构成分	**Investment by Structure**		
建筑工程	Construction	8 830.98	7 650.93
安装工程	Installation	487.33	423.26
设备工器具购置	Purchase of Equipment and Instruments	959.44	709.78
# 购置旧设备	Purchase of Second-hand Equipments	3.04	3.04
# 用于更新的设备	Purchase of Equipment to Renew Old Ones	332.01	256.49
其他费用	Others	159.62	1 334.71
# 旧建筑物购置费	Purchase of Used Buildings	38.85	38.67
# 土地购置费	Purchase of Field	852.77	803.40
本年新增固定资产	**Newly Increased Real Estate**	**6 122.48**	**5 517.33**
本年施工房屋面积（万平方米）	Project under Construction (10 000 sq.m)	31 466.49	31 186.63
# 住　宅	Residential Building	17 267.13	17 112.07
# 经济适用房	Economically Affordable Houses		
本年竣工房屋面积（万平方米）	Project Completed and Put into Use (10 000 sq.m)	5 009.00	4 958.57
# 住　宅	Residential Building	2 415.55	2 378.71
# 经济适用房	Economically Affordable Houses		
本年竣工房屋价值	Project Completed and Put into Use	520.62	511.19
# 住　宅	Residential Building	352.39	344.65
施工项目个数（个）	Number of Projects Under Construction (unit)	22020	21657
# 本年新开工	Started This Year	15354	14670
本年投产项目个数（个）	Number of Projects Put into Use (unit)	13117	12813
规划用地面积（万平方米）	Land Space Planned (10 000 sq.m)		
本年实际征用和购置土地面积（万平方米）	Land Space Purchased and Used This Year (10 000sq.m)		
本年实际征用和购置土地成交价款	Value of Land Purchased and Used This Year		
本年资金来源合计	**Total Fund of Different Sources**	**10 933.94**	**9 965.17**
上年末结余资金	Fund Left Last Year	1 090.42	934.09
本年资金来源小计	Total Fund of This Year	9 843.52	9 081.07
国家预算内资金	State Budgetary Appropriations	986.74	963.43
国内贷款	Domestic Loans	1 221.76	1 017.26
债　券	Stock	13.26	1.26
利用外资	Overseas Funds	25.93	25.93
# 外商直接投资	Direct Foreign Investment	18.66	18.65
自筹资金	Self-raising Fund	6 138.92	5 691.47
# 企事业单位自有资金	Fund of Enterprises	1 383.63	1 245.82
其他资金来源	Other Sources of Funds	1 456.91	1 381.73
本年各项应付款合计	**Total of Account Payable**	**2 625.31**	**2 409.85**
# 工程款	for Projects	1 470.45	1 378.38

3-5 按国民经济行业分的固定资产投资（2014 年）
Investment in Fixed Assets by National Economic Sector (2014)

单位：亿元　　(100 million yuan)

国民经济行业	National Economic Sector	全 省 Yunnan
固定资产投资额	**Total Investment in Fixed Assets**	**11 073.86**
农、林、牧、渔业	**Farming, Forestry, Animal Husbandry and Fishery**	**440.98**
农　业	Farming	179.93
林　业	Forestry	36.71
畜牧业	Animal Husbandry	88.02
渔　业	Fishery	4.17
农、林、牧、渔服务业	Services for Farming, Forestry, Animal Husbandry and Fishery	132.14
采矿业	**Mining**	**392.20**
煤炭开采和洗选业	Mining and Washing of Coal	167.26
石油和天然气开采业	Extraction of Petroleum and Natural Gas	
黑色金属矿采选业	Mining and Dressing of Ferror Metal Ores	38.91
有色金属矿采选业	Mining and Dressing of Nonferror Metals Ores	133.13
非金属矿采选业	Mining and Dressing of Nonmetal Ores	52.53
开采辅助活动	Mining Auxiliary Activities	
其他采矿业	Mining and Dressing of Other Ores	0.37
制造业	**Manufacture**	**1 529.19**
农副食品加工业	Processing of Farm and Sideline Food	133.94
食品制业	Manufacture of Food	46.49
饮料制业	Manufacture of Beverage	120.79
烟草制品业	Tobacco Products	27.02
纺织业	Textile Industry	2.20
纺织服装、鞋、帽制业	Manufacture of Textile Garments, Footwear and Headgear	1.43
皮革、毛皮、羽毛（绒）及其制品业	Feather, Furs, Down and Related Products	5.25
木材加工及木、竹、藤、棕、草制品业	Timber Processing, Bamboo, Cane, Palm Fiber & Straw Products	33.09
家具制业	Manufacture of Furniture	13.45
造纸及纸制品业	Papermaking and Paper Products	30.50
印刷业和记录媒介的复制	Printing and Record Medium Reproduction	9.56
文教体育用品制业	Manufacture of Cultural, Educational and Sports Goods	15.49
石油加工、炼焦及核燃料加工业	Petroleum Refining, Coking and Nuclear Fuel Processing	98.40
化学原料及化学制品制业	Manufacture of Raw Chemical Materials and Chemica Products	94.10
医药制业	Manufacture of Medicines	63.64
化学纤维制业	Chemical Fiber Manufacturing	0.59
橡胶和塑料制品业	Rubber and Plastic Products	35.12
非金属矿物制品业	Nonmetal Mineral Products	196.23
黑色金属冶炼及压延加工业	Smelting and Pressing of Ferror Metals	54.13
有色金属冶炼及压延加工业	Smelting and Pressing of Nonferror Metals	81.97
金属制品业	Metal Products	38.57
通用设备制业	Manufacture of General Purpose Equipment	20.44
专用设备制业	Manufacture of Special Purpose Equipment	32.34
汽车制业	Automotive Industry	15.50
铁路、船舶、航空航天等制业	Manufacture of Transport Equipment for Railway,Boats and Aerospace and Other Transport Equipments	8.87
电气机械及器材制业	Electric Equipment and Machinery	36.61
计算机、通信和其他电子设备制业	Communication Equipment, Computers and Other Electronic Equipment Production	2.39
仪器仪表制业 制业	Instrument Industry	0.16
其他制业	Other Goods Production	297.55
废弃资源综合利用业	Comprehensive Utilization of Discarded Resources and Waste	13.42
金属制品、机械和设备修理业	Manufacture of Metal Products, Machine and Equipment Maintenance	
电力、燃气及水的生产和供应业	**Production and Supply of Electric,Gas and Water**	**866.34**
电力、热力的生产和供应业	Production and Supply of Electric Power and Heat Power	781.16
燃气生产和供应业	Production and Supply of Gas	26.71
水的生产和供应业	Production and Supply of Tap Water	58.47
建筑业	**Construction**	**1.11**
房屋建筑业	Hore Building	
土木工程建筑业	Construction Industry of Civil Engineering	0.94
建筑安装业	Construction Installation	0.17
建筑装饰和其他建筑业	Building Decoration and Other Construction Industry	

3-5 续表 continued

单位：亿元

国民经济行业	National Economic Sector	全 省 Yunnan
交通运输、仓储和邮政业	**Transport, Storage and Postal Services**	**1 517.65**
铁路运输业	Railway Transport	127.88
道路运输业	Road Transport	1 198.62
水上运输业	Waterway Transport	3.14
航空运输业	Air Transport	130.32
管道运输业	Pipeline Transport	7.54
装卸搬运和其他运输服业	Loading and Unloading and Other Transport Services	5.60
仓储业	Storage	44.56
邮政业	Postal Services	
信息传输、软件和信息技术服业	**Information Transmission Computer Service and Software Service**	**75.84**
电信、广播电视和卫星传输服业	Telecommunication and Other Information Transmission Service	75.29
互联网和相关服业	Computer Service	0.55
软件和信息技术服业	Software Service	
批发和零售业	**Wholesale and Retail Trades**	**260.09**
批发业	Wholesale Trade	87.18
零售业	Retail Trade	172.91
住宿和餐饮业	**Hotels and Catering Services**	**226.91**
住宿业	Hotels	189.13
餐饮业	Catering Services	37.78
金融业	**Finance and Insurance**	**5.61**
货币金融业	Banking	5.32
资本市场业	Securities Industry	
保险业	Insurance	0.29
其他金融业	Other Financial Trade	
房地产业	**Real Estate Trade**	**3 798.13**
租赁和商务服业	**Leasing and Business Services**	**78.54**
租赁业	Leasing Services	0.31
商务服业	Business Services	78.23
科学研究和技术服业	**Scientific Research,Technology Service and Geological Prospecting**	**32.15**
研究与试验发展	Research and Experimental Development	18.07
专业技术服业	Special Technical Services	9.32
科技交流和推广服业	Scientific & Technological Exchange and Promotion Services	4.76
水利、环境和公共设施管理业	**Management of Water Conservancy,Environment and Public Facilities**	**1 132.40**
水利管理业	Management of Water Conservancy	316.26
生态保护和环境治理业	Protection of Ecological Environment and Admistration of Environment	61.51
公共设施管理业	Management of Public Facilities	754.63
居民服务和其他服业	**Services to Households and Other Services**	**55.80**
居民服业	Services to Households	48.28
机动车、电子产品和日用产品修理业	Repair Industry of Automotive Vehicles、Electronic Products and Daily Products	7.21
其他服业	Other Services	0.31
教　育	**Education**	**236.28**
卫生和社会工作	**Health Care, Social Work**	**101.53**
卫　生	Health Care	87.23
社会工作	Social Work	14.30
文化、体育和娱乐业	**Culture, Sports and Recreation**	**194.41**
新闻出版业	Publication	0.06
广播、电视、电影和音像业	Radio, Television, Film and Video	5.92
文化艺术业	Culture and Arts	48.05
体　育	Sports	41.72
娱乐业	Recreation	98.67
公共管理和社会组织	**Public Administration and Social Organizations**	**128.71**
中国共产党机关	Organs of Communist Party of China	0.08
国家机构	Government Agencies	68.22
人民政协和民主党派	CPPCC and Democratic Parties	0.91
社会保障	Social Security	1.74
群众团体、社会团体和其他成员组织	Mass Groups, Social Groups and Religion Organization	10.12
基层群众自治组织	Self-governing Mass Organizations at the Grass-roots Level	47.63
国际组织	**International Organizations**	

3-6 新增生产能力(2014 年)

Newly Increased Production Capacity (2014)

单位：万吨／年 (10 000 tons/year)

生产能力(或)效益名称	Item	建设规模 Total Construction Size	本年施工规模 Under Construction This Year	本年新开工 Started This Year	累计生产能力 Accumulative Production Capacity	本年新增 Newly Increased This Year
原煤开采	Coal Miinng	1565.00	1234.00	1047.00	690.36	571.36
洗　煤	Coal Washing	345.00	145.00	115.00	285.00	145.00
焦　炭	Coke	1.50	1.50	1.50	1.50	1.50
铁矿开采(原矿)	Iron Ore Miinng	2492.72	1641.19	1054.19	1387.91	621.38
铁矿选矿处理量)	Iron Ore Processing Capacity	316.00	246.00	216.00	91.00	91.00
铁矿石成品矿	Refined Iron Ore Mine					
生　铁	Pig Iron	136.00	6.50	6.00	76.00	6.50
铁合金	Ferroalloy	484.76	95.76	14.8	404.96	20.96
钢　材	Rolled Steel	102.60	102.60	1.40	1.20	1.20
铜冶炼	Copper Smelting	0.70	0.48	0.48		
氧化铝	Aluminum Oxide					
铝加工	Aluminum Machiinng	72.50	72.50	5.00	32.50	7.50
发电机组容量(万千瓦)	Installation Capacity of Power Generation (10 000 kw)	4020.78	2551.54	573.74	2298.77	1050.02
水力发电	Hydro Power Generation	3512.21	2139.34	352.15	2158.41	959
火力发电	Thermal Power Generation	150.14	150.14	28.94	2.74	2.74
其他发电	Others	358.43	262.06	192.65	137.62	88.28
输电线路长度(11 万伏及以上)(公里)	Length of Transmission Line (over 110kv) (km)	11442.12	4750.11	1848.99	5493.62	1877.81
水　泥	Cement	2176.65	1916.65	1057.65	1128.40	868.40
氮　肥	introgen Fertilizers	16.25	16.25	16.25		
磷　肥	Phosphate Fertilizers	61.14	28.76	25.36	25.36	25.36
塑料树脂及共聚物	Plastics,Colophony and Copolymer	1.75	0.60	0.60	1.45	0.60
合成橡胶	Synthetic Rubber	1.17	1.17		1.17	1.17
酒	Liquor	58.15	28.10	2.00	5.13	2.08
啤　酒	Beer	52.00	23.00		2.00	
白　酒	Wine	3.57	2.52	0.50	3.05	2.00
机制纸浆　(万吨／年)	Machine-made Pulp	4.00	4.00	1.00	2.60	2.05
新建公路(公里)	Length of Newly-built Highway (km)	3016	1980	838	1563	885
# 高速公路	Expressway	1039	714	375	395	333
一级公路	Class-A Highway	53	53	3	22	16
二级公路	Class-B Highway	1437	863	220	808	281
改建公路(公里)	Length of Reconstructed Highway (km)	1549	1267	906	523	466
一级公路	Class-A Highway	24	24	10	10	10
二级公路	Class-B Highway	998	816	546	341	293
新建独立公路桥梁(延长米)	Length of Newly-built Bridges (m)	4656	4291	2021	1873	1415
新建独立公路桥梁(座)	Number of Newly-built Bridges (set)	22	21	16	9	9
新(扩)建客、货运站(个)	Cargo or Passenger Terminals (uint)	18	16	13	7	7
新(扩)建客货运站(万平方米)	Cargo or Passenger Terminals (10 000 sq.m)	24	8	5	3	3
候机楼(座)	Terminals (uint)					
候机楼(平方米)	Terminals (sq.m)					
城市自来水供水能力(万吨／日)	Urban Volume of Water Supply (10 000 tons/day)	50.90	47.07	8.32	7.42	6.22
城市污水处理能力(万吨／日)	Urban Capacity of Sewage Treatment (10 000 tons/day)	49.10	47.70	25.80	23.70	23.10

主要统计指标解释

固定资产投资 是以货币形式表现的在一定时期内建造和购置固定资产的工作量以及与此有关的费用的总称。该指标是反映固定资产投资规模、结构和发展速度的综合性指标，又是观察工程进度和考核投资效果的重要依据。固定资产投资按登记注册类型可分为国有、集体、个体、联营、股份制、外商、港澳台商、其他等。固定资产投资统计口径为各种登记注册类型的企业、事业、行政单位及个体户进行的计划总投资（或实际需要总投资）500万元以上的建设项目投资。

房地产开发投资 指各种登记注册类型的房地产开发公司、商品房建设公司及其他房地产开发法人单位和附属于其他法人单位实际从事房地产开发或经营活动的单位统一开发的包括统代建、拆迁还建的住宅、厂房、仓库、饭店、宾馆、度假村、写字楼、办公楼等房屋建筑物和配套的服务设施，土地开发工程（如道路、给水、排水、供电、供热、通讯、平整场地等基础设施工程）的投资；不包括单纯的土地交易活动。

固定资产投资按国民经济行业分 根据建设项目建成投产后的主要产品或主要用途及社会经济活动性质来确定国民经济行业。一般情况下，一个建设项目或一个企业、事业单位只能属于一种国民经济行业。

固定资产投资按隶属关系分 是按建设单位或企业、事业、行政单位的主管上级机关确定的。

（1）中央：是指中共中央、人大常委会和国务院各部、委、局、总公司以及直属机构直接领导的建设项目和企业、事业、行政单位。这些单位的固定资产投资计划由国务院各部门直接编制和下达，建设中所需物资、主要设备以及建设中的问题都由中央有关部门安排和解决。

（2）地方：是由省（自治区、直辖市）、地区（州、盟、省辖市）、县（旗、县级市）三级政府及业务主管部门直接领导和管理的建设项目、企业、事业、行政单位。地方项目还包括不隶属以上各级政府及主管部门的建设项目和企业、事业单位，如外商投资企业和无主管部门的企业等。

固定资产投资按建设性质分 根据整个建设项目情况来确定。建设项目的性质一般分为新建、扩建、改建和技术改造、迁建、恢复等。

（1）新建：一般指从无到有开始建设的企业、事业和行政单位或建设项目。现有企业、事业、行政单位一般不属于新建。但如有的单位原有基础很小，经过建设后新增的固定资产价值超过该企、事业、行政单位原有固定资产价值（原值）三倍以上的也应作为新建。

（2）扩建：指在厂内或其他地点，为扩大原有产品的生产能力（或效益）或增加新的产品生产能力，而增建主要的生产车间（或主要工程）、分厂、独立的生产线。行政、事业单位在原单位增建业务用房（如学校增建教学用房、医院增建门诊部、病房等）也作为扩建。

现有企、事业单位为扩大原有主要产品生产能力或增加新的产品生产能力，增建一个或几个主要生产车间（或主要工程）、分厂，同时进行一些更新改造工程的，也应作为扩建。

（3）改建和技术改造：指现有企业、事业单位，对原有设施进行技术改造或更新（包括相应配套的辅助性生产、生活福利设施）的建设项目。现有企业、事业单位为适应市场变化的需要，而改变企业的主要产品种类（如军工企业转产民用品等）的建设项目，应作为改建。原有产品生产作业线由于各工序（车间）之间能力不平衡，为填平补齐充分发挥原有生产能力而增建不增加本企业主要产品设计能力的车间，也应作为改建。技术改造是指企业、事业单位在现有基础上，用先进的技术代替落后的技术，用先进的工艺和装备代替落后的工艺和装备，以改变企业落后的技术经济面貌，实现以内涵为主的扩大再生产，达到提高产品质量、促进产品更新换代、节约能源、降低消耗、扩大生产规模、全面提高社会经济效益的目的。技术改造具体包括以下内容：机器设备和工具的更新改造；生产工艺改革、节约能源和原材料的改造；厂房建筑和公共设施的改造；保护环境进行的“三废”治理改造；劳动条件和生产环境的改造等。

固定资产投资按构成分 固定资产投资活动按其工作内容和实现方式分为建筑工程、安装工程，设备、工具、器具购置，其他费用四个部分。

（1）建筑工程：指各种房屋、建筑物的建造工程，又称建筑工作量。包括各种房屋建造工程；各种用途设备基础和各种工业窑炉的砌筑工程及金属结构工程；为施工而进行的各种准备工作和临时工程以及完工后的清理工作等；铁路、道路的铺设，矿井的开凿及石油管道的架设等；水利工程；防空地下建筑等特殊工程；列入房屋工程预算内的暖气、卫生、通风、照明、煤气等设备的价值及装设油饰工程；列入建筑工程预算内的各种管道（蒸汽、压缩空气、石油、给排水等管道）、电力、电讯电缆导线等的敷设工程；房地产开发单位进行的商品房屋开发建设工程、土地开发工程。

（2）安装工程：指各种设备、装置的安装工程，又称安装工作量。包括各种需要安装设备的装配和安装，与设备相连的装设工程及附属于被安装设备的其他工程；为测定安装工程质量，对设备进行的试运工作。但不包括被安装设备本身的价值。

（3）设备、工具、器具购置：指建设单位或企、事业单位购置或自制的，达到固定资产标准的设备、工具、器具的价值。新建单位及扩建单位的新建车间，按照设计或计划要求购置或自制的全部设备、工具、器具，不论是否达到固定资产标准均计入"设备、工具、器具购置"中。

（4）其他费用：指在固定资产建造和购置过程中发生的，除上述几项内容以外的各种应分摊计入固定资产的费用。

新增固定资产 指已经完成建造和购置过程，并已交付生产或使用单位的固定资产的价值。包括已经建成投入生产或交付使用的工程投资和达到固定资产标准的设备、工具、器具的投资及有关应摊入的费用。属于增加固定资产价值的其他建设费用，应随同交付使用的工程一并计入新增固定资产。

施工房屋面积 指报告期内施工的全部房屋建筑面积。包括本期新开工的面积和上期开工跨入本期继续施工的房屋面积，以及上期已停缓建在本期复工的房屋面积。本期竣工和本期施工后又停缓建的房屋，其建筑面积仍计入本期施工房屋面积中。

房屋新开工面积 指报告期内新开工的全部房屋建筑面积，以单位工程为核算对象。房屋新开工面积指整栋房屋的全部建筑面积，不能分割计算。

竣工房屋面积 指在报告期内房屋建筑按照设计要求已全部完工，达到住人和使用条件，经验收鉴定合格（或达到竣工验收标准），可正式移交使用的各栋房屋建筑面积的总和。

竣工房屋价值 指在报告期内竣工房屋本身的建造价值。竣工房屋价值按房屋设计和预算规定的内容计算。

施工项目 指报告期内进行过建筑或安装施工活动的项目。凡是报告期内施过工的建设项目，不论施工时间长短，均作为施工项目统计。施工项目个数可以反映一定时期固定资产投资的实际规模，与同期全部建成投产项目个数相比，可以从建设速度的角度反映固定资产投资的效果。

全部建成投产项目 报告期内按设计文件规定建成主体工程和相应配套的辅助设施，形成生产能力或工程效益，经验收合格，并且已正式投入生产或交付使用的建设项目。

新增生产能力 指通过固定资产投资活动而增加的设计能力或工程效益，它是用实物形态表示的固定资产投资的成果。新增生产能力的计算，是以能独立发挥生产能力或效益的工程为对象。当工程建成，经有关部门鉴定合格，正式移交投入生产，即可计算新增生产能力。

规划用地面积 指根据经有关部门批准的项目规划，建设项目需要使用的土地面积。

实际征用和购置土地面积 指报告期内通过征用等各种方式获得使用权的土地面积。

实际征用和购置土地成交价款 指报告期内征用和购置土地进行土地使用权交易活动的最终金额。征用和购置的土地成交价款与征用和购置土地面积同口径，目的是正确计算平均土地征用和购置价格。

固定资产投资的资金来源 根据固定资产投资的资金来源不同，分为上年末结余资金和本年资金来源。其中本年资金来源又分为六种：

（1）国家预算资金包括中央预算资金和地方预算资金。其中中央预算资金分为财政拨款和财政安排的贷款两部分。

（2）国内贷款指报告期固定资产投资项目单位向银行及非银行金融机构借入的用于固定资产投资的各种国内借款。包括银行利用自有资金及吸收的存款发放的贷款、上级主管部门拨入的国内贷款、国家专项贷款（包括煤代油贷款、劳改煤矿专项贷款等），地方财政专项资金安排的贷款、国内储备贷款、周转贷款等。银行贷款、非银行金融机构贷款等。

（3）债券（是企业（公司）或金融机构通过发行各种债券筹集到的用于固定资产投资的资金。包括由银行代理国家专业投资公司发行的重点企业债券和基本建设债券。指企业或金融机构为筹集用于固定资产投资的资金向投资者出具的承诺按一定发行条件还本付息的债务凭证，包括金融债券和债券。

（4）利用外资指报告期收到的用于固定资产建造和购置投资的境外资金（包括设备、材料、技术在内）。计算利用外资时，需要折算成人民币，折算中所使用的外汇汇率按现汇计算，即按使用外汇时的汇率计算。

（5）自筹资金指固定资产投资单位报告期收到的，由各地区、各部门及企业、事业单位筹集用于固定资产投资的预算外资金，包括中央各部门、各级地方和企业、事业单位的自有资金。

（6）其他资金来源指在报告期收到的除以上各种资金之外其他用于固定资产投资的资金。包括社会集资、个人资金、无偿捐赠的资金及其他单位拨入的资金等。

Explanatory Notes on Principle Statistical Indicators

Total Investment in Fixed Assets refers to the volume of activities in construction and purchases of fixed assets and related fees, expressed in monetary terms during the reference period. It is a comprehensive indicator which shows the size, structure and growth of the investment in fixed assets, providing a basis for observing the progress of construction projects and evaluating results of investment. Total investment in fixed assets includes, by type of ownership, the investment by State-owned units, collective-owned units, individuals, joint ownership units, share-holding units, as well as investments by entrepreneurs from foreign countries and from Hong Kong, Macao and Taiwan, and by other units. Its statistical range is construction projects involving a total planned (or required) investment over 5 million yuan by enterprises of various types of ownership, institutions, administrative units and individuals in urban areas. In other words, all investments that take place in county towns and urban areas, investment in construction projects under the direct leadership and management of government agencies at and above county levels and investments by enterprises and institutions at and above county levels are covered in urban investment in fixed assets.

Investment in Real Estate Development refers to investment by real estate development companies, commercialized buildings construction companies and other real estate development units of various types of ownership in the construction of buildings, such as residential buildings, factory buildings, warehouses, hotels, guesthouses, holiday villages, office buildings, and the complementary service facilities and land development projects, such as roads, water supply, water drainage, power supply, heating supply, telecommunications, land leveling and other infrastructural projects. It does not include activities in pure land transactions.

Investment in Fixed Assets by Sector The classification of construction projects by sector is determined by the major products or the purpose of the projects when they are put into production or use, and by the nature of their social economic activities. In general, one project or one enterprise or institution can only be classified into one sector.

Investment in Fixed Assets by Jurisdiction of Managementrefers to the classification of investment by the competent authorities under which investment is made by construction units, enterprises, institutions or administrative units.

(1) **Central investment** refers to the investment in projects or by enterprises, institutions or administrative units which are under the direct leadership and management of the State Council and of the national commissions, ministries, agencies and State-owned large corporations. Various ministries and departments of the State Council prepare and implement plans for investment in fixed assets by those departments, and arrange and ensure the supply of materials and key equipment required for the projects.

(2) **Local investment** refers to the investment in projects or by enterprises, institutions or administrative units which are under the direct leadership and management of departments under the provincial, prefecture and county governments. Also included are projects by foreign-invested enterprises and enterprises without competent managing authorities.

Investment in Fixed Assets by Type of Construction Construction projects in general can be classified, by the type of construction, into new construction, expansion, reconstruction and technical transformation, moving and restoration.

(1) **New construction in General** refers to construction projects, which start from scratch, of enterprises, institutions, administrative agencies. Construction in existing enterprises, institutions or agencies is generally not considered as new construction. In case the size of the existing unit is quite small, and the value of newly added fixed assets is more than three times of the original value, the expansion will be considered as new construction.

(2) **Expansion** refers to construction of new major production workshop, branch factory or independent

production line within a factory or in other locations, for the purpose of increasing the production capacity (or improving efficiency) or adding new production capacity. Newly constructed accommodation for the operation of institutions and administrative organizations (such as newly constructed buildings for teaching in schools, buildings for clinics or wards in hospitals, etc.) are also classified as expansion.

Also included in expansion are investments by existing enterprises or institutions in building major production line (s) or branch factory (ies) along with some work on innovation, for the purpose of expanding the production capacity of original products or producing new products.

(3) **Reconstruction and technical transformation** refers to construction projects by existing enterprises or institutions in innovation or technical transformation of the old facilities (including auxiliary production equipment and welfare facilities) . Also considered as reconstruction is the construction of new workshops by the existing enterprises or institutions to change the variety of products to meet the market demand (such as the production of civil products by defense industries) , or to bring the designed production capacity into full play through a more balanced production process on production lines. Technical transformation refers to replacement of old technology or equipment by new technology or equipment, in order to expand the reproduction through improvement of technology contents in production, to improve product quality, to promote new products, to save energy, to reduce consumption, to expand the production scale and to improve overall social-economic efficiency. Contents of technical transformation include: updating of machinery, equipment and tools; reforming production process by using energy or materials saving technology; construction of factory workshops and transformation of public facilities; improvement of working conditions and environment, etc.

Investment in Fixed Assets by Structure By their contents and the mode of implementation, investment activities are classified into 3 categories, i.e. construction and installation, purchase of equipment and instrument, and other expenses.

(1) **Construction** (**work volume of construction**) refers to the construction of houses and buildings, They include construction of houses; equipment foundations, industrial kilns and stoves, and metal structure work; preparation works and temporary works for project construction, and clearing up works post project construction; pavement of railways and roads, drilling of mines and putting up of oil pipes; construction of water conservancy; construction of underground air-raid shelters and construction of other special projects; value of equipment for heating, sanitation, ventilation, lighting, gas, painting, etc. that are covered by the budget of housing projects; laying out of various pipelines (for steam, compressed air, petroleum, tap water and sewage) and wiring and cabling for electric power and for communications; installation of various machinery and equipment; testing operation for pre-testing the quality of installation projects, and land and other development work conducted by real estate developers for commercialized housing.

(2) **Installation** (**work volume of installation**) refers to the installation of various kinds of equipment and instruments, the installation projects connected with the equipment and other projects attach to the installation equipment; preparing work of the equipment to test the quality of the installation projects. The value of equipment installed is itself not included in the value of installation projects.

(3) **Purchase of equipment and instrument s**refers to the total value of equipment, tools, and instruments purchased or self-produced which come up to the cut-off point for fixed assets by the construction units or investing enterprises or institutions. Equipment, tools and instruments purchased or self-produced for new workshops by newly established or expanded units are categorized as "purchase of equipment and instruments" no matter whether they come up to the cut-off point for fixed assets.

(4) **Other Expenses** refer to expenses arising during the construction or purchase of fixed assets other than those mentioned above.

Newly Increased Fixed Assets refer to the newly increased value of fixed assets, constructed or purchased, that have been transferred to the investors. This is an indicator that demonstrates the results of investment in fixed assets in monetary terms, and an important indicator to reflect the speed of construction and to calculate the efficiency of investment.

Floor Space under Construction refers to total floor space of all buildings under construction during the reference period, including floor space of newly started buildings during the reference period, floor space of construction extended from the previous period to the current period, and floor space of construction suspended during the previous period and resumed in the current period. Floor space of construction completed in the current period, and floor space of construction started and then suspended in the current period are also included in the floor space under construction of the current year.

Floor Space of Newly Started refers to the total floor space of buildings of newly started in the reference period and its accounting coverage is the unit construction. It is the total floor space of the whole building and it should be calculated as a whole.

Floor Space Completed refers to the floor space of all buildings completed in the reference period, which has been appraised and accepted （or come up to the designed standards） and has been transferred to owner units.

Value of Floor Space Completed refers to the value of floor space of all buildings completed in the reference period, it is calculated according to the building design and the content of the budget regulation.

Projects under Construction refer to projects with construction and installation activities undertaken in the reference period. The number of projects under construction can reflect the actual size of investment in fixed assets during a given period, and when compared with the number of projects completed and put into use during the same period, it demonstrates the results of investment in fixed assets from the angle of the speed of the construction. Depending on the nature of construction activities, projects under construction can also be classified into projects beginning construction in current year, winding-up projects in current year and stopped or suspended projects in previous years （with resumption of work in current year）.

Projects Completed and Put into Use refers to the construction projects which have been completed the main work and responding supporting facilities which has built up the productivity or project benefit in accordance with the design documents, have been checked and accepted after relevant examination; and have been formally delivered for use in the reference period.

Newly Increased Production Capacity （or Project Efficiency） refers to the increase in design capacity （or project efficiency） through investment in fixed assets, which reflects the accomplishment of investment in fixed assets in physical form, and its calculating coverage is the construction which can produce the production capacity and project efficiency independently and has been appraised and accepted （or come up to the designed standards） and has been transferred to use formally when it is completed.

Plan land area for Use refers to the land area of the construction projects and the project planning which have been approved by relevant department.

Actual Requisitioning and Purchased Land Area refers to the area of the land obtained by requisition and other ways in the reference period.

Actual Sales Amount of Requisitioning and Purchasing Lan drefers to the final amount of money spent on requisitioning and purchasing land in the reference period. In order to calculating the average requisitioning land and purchasing price correctly, the coverage of requisitioning and purchasing land area is same as that of actual price of requisitioning and purchasing land.

Sources of Funds for Investment in Fixed Assets are categorized as surplus fund from the year-end of preceding year and source of funds this year ,depending on the sources of investment. Source of funds this year are categorized as follows:

（1） **Fund from the State budget consists of budgetary appropriation includes central budget funds**

and local budget funds.central budget funds includes funds from the budget of the central government, capital construction fund (operation fund and non-operational fund), special expenses (e.g. expenses on substituting petroleum with coal), loans from repayment, discount fund, expenses on innovation and trial production of new products, expenses on urban construction, expenses on temporary construction from business departments, development fund for less developed areas, as well as local budgetary fund transferred from the central budget.

(2) **Domestic loans** refer to loans of various forms borrowed by investing units from banks and non-bank financial institutions during the reference period for the purpose of investment in fixed assets, including loans issued by banks from their self-owned funds and deposit, loans appropriated by higher authorities, special loans by government, loans arranged by local government from special funds, domestic reserve loan, and working loan.

(3) **Bond** refers to the funds raised by enterprises (corporations) or financial institutions through bonds issue and used for the investment in fixed assets, including the key enterprises bond and fundamental construction bond issued by banks deputized for national professional investment corporations.

(4) **Foreign investment** refers to foreign funds received during the reference period for the construction and purchase of investment in fixed assets (covering equipment, materials and technology). In calculating the utilization of foreign capital, foreign currencies are converted into Chinese Renminbi applying the current exchange rate when the foreign capitals are actually used.

(5) **Self-raised funds** refer to extra-budgetary funds for investment in fixed assets received during the reference period by investing units from central government ministries, local governments, enterprises and institutions, including their self-raised funds.

(6) **Others** refer to funds for investment in fixed assets received from sources other than those listed above, including capital raised through issuing bonds by enterprises or financial institutions, funds raised from individuals and through donations, and funds transferred from other units.

Chapter 4

四、城乡市场消费
Urban and Rural Consumption

4–1 全省流通业基本情况（2009–2014 年）
Basic Statistics on Circulation of Commodities of Yunnan Province in （2009-2014）

类　　别	Category	2009	2010	2011	2012	2013	2014
全省限额以上法人企业（个）	**Corporate Enterprises above Designated Size (unit)**	**2017**	**2445**	**2798**	**3424**	**3916**	**4075**
批发和零售业	Wholesale and Retail Trades	1512	1842	2098	2616	2990	3161
住宿业	Hotels	373	423	479	512	566	553
餐饮业	Catering Services	132	180	221	296	360	361
全省限额以上单位从业人员（万人）	**Employed Persons in Enterprises above Designated Size (10 000 person)**	**21.64**	**26.21**	**31.49**	**38.47**	**40.37**	**36.31**
批发和零售业	Wholesale and Retail Trades	14.72	17.39	21.60	25.86	27.89	24.71
住宿业	Hotels	5.22	5.97	6.20	7.65	7.44	6.82
餐饮业	Catering Services	1.70	2.85	3.69	4.96	5.04	4.78
全省批发和零售业（亿元）	**Wholesale and Retail Trade (100 million yuan)**						
商品购进总额	Total Purchases	2 662.38	3 677.09	4 715.39	6 819.51	7 342.24	7 470.19
商品销售总额	Total Sales	4 847.27	6 229.16	7 919.71	10 381.17	11 548.00	12 869.09
商品库存总额	Total Inventory	562.87	700.06	618.28	818.70	820.32	860.08
全省社会消费品零售总额（亿元）	**Total Retail Sales of Consumer Goods (100 million yuan)**	**2 052.83**	**2 555.80**	**3 105.89**	**3 597.85**	**4 112.56**	**4 632.87**
按销售单位所在地分	**Grouped by Location of Marketing Establishments**						
城　镇	Urban Areas	1 665.19	2 156.46	2 694.34	3 118.03	3 559.76	4 009.03
#城　区	Cities	1 287.86	1 644.16	2 131.24	2 458.74	2 585.87	2 911.87
乡　村	Rural Areas	387.64	399.34	411.55	479.82	552.80	623.84
按消费形态分	**by Consumption Pattern**						
商品零售	Commodity Retail	1 728.77	2 167.21	2 656.81	3 084.94	3 502.26	3 962.20
餐饮收入	Food & Beverage Revenue	324.06	388.59	449.08	512.91	610.30	670.67
按经济成分分	**Grouped by Type of Economic Ownership**						
公有制经济	Public Ownership Economy	335.53	477.85	584.55	683.27	780.50	880.50
#国有经济	Of Which: State-owned Economy	223.81	361.00	490.08	564.12	644.07	712.73
非公有制经济	Non-public Ownership Economy	1 717.30	2 077.95	2 521.34	2 914.58	3 332.06	3 752.37
#私有经济	Of Which: Private Ownership Economy	1 441.95	1 853.29	2 244.51	2 596.78	2 968.01	3 333.57

注：1. 2013 年数据为第三次经济普查数据，统计口径与非普查年份有差异，2009 年起购销存数据包括达到限额标准的个体户。
2. 2009 年 –2014 年零售额相关数据根据 2013 年第三次经济普查有所调整。
3. 商品销售总额是含限额以上及限额以下单位，而商品购进总额及商品库存总额仅包含限额以上单位。

Note: a.Data after 2013 are adjusted data of third economic census,statistical coverage of 2013 is different from the noncensus years purchases、sales and inventory data since 2009 include that of self-employed households whose sales reach and above designated size.
b.Data of retail sales from 2009 to 2013 have been adjusted according to the third economic census.
c.Data of total sales include that of enterprises below and above designated size,while total purchases and total inventory data only include that of enterprises above designated size.

4-2 社会消费品零售总额（1978-2014 年）
Historical Total Retail Sales of Consumer Goods (1978-2014)

单位：亿元 (100 million yuan)

年 份 Year	社会消费品零售总额 Total Retail Sales of Consumer Goods	城 镇 Urban Areas	城 区 Cities	乡 村 Rural Areas	按消费形态分 by Consumption Pattern 商品零售 Commodity Retail	餐饮收入 Food & Beverage Revenue
1978	28.38	18.74	6.93	9.64		
1979	32.60	20.36	8.49	12.24		
1980	37.96	24.35	10.79	13.61		
1981	42.04	26.33	10.24	15.71		
1982	44.54	27.71	11.89	16.84		
1983	55.19	34.21	14.66	20.97		
1984	65.58	41.25	21.01	24.34		
1985	84.45	54.38	31.54	30.07		
1986	91.91	58.08	30.35	33.83		
1987	102.55	65.76	33.94	36.79		
1988	135.57	89.13	46.24	46.44		
1989	142.15	94.10	49.98	48.05		
1990	145.59	97.58	52.44	48.02		
1991	163.75	111.73	59.90	52.02		
1992	204.60	144.05	81.00	60.55		
1993	261.90	195.20	117.62	66.70		
1994	304.97	228.78	142.05	76.19		
1995	369.55	277.47	172.30	92.08		
1996	414.18	309.01	192.07	105.17		
1997	467.07	353.25	227.60	113.82		
1998	500.09	382.53	256.26	117.55		
1999	538.95	413.04	283.37	125.91	463.07	61.78
2000	583.17	448.36	309.28	134.81	493.53	74.87
2001	640.80	493.65	343.41	147.14	533.82	90.10
2002	711.25	550.37	384.61	160.88	585.57	106.61
2003	782.46	605.75	425.26	176.71	635.42	124.63
2004	915.31	710.20	498.96	205.11	732.07	134.55
2005	1 041.29	809.19	568.30	232.10	829.62	156.54
2006	1 204.75	938.82	659.75	265.93	963.16	181.23
2007	1 422.57	1 111.53	786.82	311.04	1 093.98	236.87
2008	1 764.74	1 387.01	985.53	377.73	1 351.77	306.76
2009	2 052.83	1 665.19	1 287.86	387.64	1 728.77	324.06
2010	2 555.80	2 156.46	1 644.16	399.34	2 167.21	388.59
2011	3 105.89	2 694.34	2 131.24	411.55	2 656.81	449.08
2012	3 597.85	3 118.03	2 458.74	479.82	3 084.94	512.91
2013	4 112.56	3 559.76	2 585.87	552.80	3 502.26	610.30
2014	4 632.87	4 009.03	2 911.87	623.84	3 962.20	670.67

注：1.2005-2008 年零售额相关数据根据 2008 年第二次经济普查结果有所调整。2009-2014 年零售额相关数据根据 2013 年第三次经济普查结果有所调整。

2.2008 年及以前按消费形态分数据是原按行业分的数据，2009 年以后改为按消费形态分。

Note:a.Data of retail sales from 2005 to 2008 have been adjusted according to the second economic census.Data of retail sales from 2009 to 2014 have been adjusted according to the third economic census.

b.Data by consumption pattern in and before 2008 are data by sector,while after 2009 are that by consumption pattern.

4-3 各州市社会消费品零售总额(2014 年)

Total Retail Sales of Consumer Goods by Region (2014)

单位：亿元 (100 million yuan)

州 市	Region	社会消费品零售总额 Total Retail Sales of Consumer Goods	按销售单位所在地分 Grouped by Location of Marketing Establishments 城镇 Urban Areas	城区 Cities	乡村 Rural Areas	按消费形态分 by Consumption Pattern 商品零售 Commodity Retail	餐饮收入 Food & Beverage Revenue
全 省	**Yunnan**	**4 632.87**	**4 009.03**	**2 911.87**	**623.84**	**3 962.20**	**670.67**
昆 明	Kunming	1 905.89	1 841.62	1 714.86	64.27	1 663.21	242.68
曲 靖	Qujing	444.38	345.92	206.78	98.47	376.74	67.64
玉 溪	Yuxi	259.10	224.01	144.04	35.10	213.33	45.77
保 山	Baoshan	158.70	116.09	74.45	42.60	139.44	19.26
昭 通	Zhaotong	190.06	150.58	67.94	39.48	163.70	26.36
丽 江	Lijiang	84.32	65.25	33.30	19.08	66.21	18.12
普 洱	Pu'er	131.29	108.86	39.38	22.44	107.86	23.43
临 沧	Lincang	137.24	95.27	48.00	41.98	119.77	17.47
楚 雄	Chuxiong	238.37	208.29	109.86	30.09	199.61	38.76
红 河	Honghe	291.40	239.99	164.61	51.41	244.25	47.16
文 山	Wenshan	263.63	186.83	61.93	76.80	206.85	56.78
西双版纳	Xishuangbanna	95.16	74.24	38.67	20.92	82.41	12.76
大 理	Dali	267.49	226.50	128.88	40.99	235.46	32.02
德 宏	Dehong	100.76	82.14	61.25	18.62	87.77	12.99
怒 江	Nujiang	26.60	19.93	17.91	6.68	22.10	4.50
迪 庆	Diqing	38.45	23.52		14.93	33.50	4.95

4-4 限额以上批发和零售业商品销售情况（2013-2014 年）
Total Sales of Enterprises above Designated Size in Wholesale and Retail Trades by Category of Commodities (2013-2014)

单位：亿元 (100 million yuan)

类 别	Category	商品销售额 Sales		批 发 Wholesale Trade		零 售 Retail Trade	
		2013	2014	2013	2014	2013	2014
全 省	**Yunnan**	**7 635.81**	**8 177.95**	**5 407.45**	**5 697.38**	**2 228.37**	**2 480.57**
粮油、食品、饮料、烟酒类	Oil,lFood,Beverages,Tobacco and Liquor	1 370.68	1 633.54	1 044.90	1 245.41	325.78	388.13
粮油、食品类	Food and Oil	507.81	601.42	254.16	298.25	253.65	303.17
饮料类	Beverages	47.02	56.00	14.16	15.66	32.87	40.34
烟酒类	Tobacco and Liquor	815.84	976.12	776.59	931.50	39.26	44.62
服装、鞋帽、针、纺	Clothing, Footwerw, Headgear,	147.85	156.88	31.76	29.76	116.09	127.12
织品类	Kaitting and Textiles	91.62	99.22	6.99	7.42	84.62	91.80
服装类	Clothing	26.91	30.08	4.98	5.12	21.93	24.97
鞋帽类	Footwear and Headgear	29.33	27.58	19.78	17.22	9.54	10.35
针、纺织类	Knitting and Textile						
化妆品类	Cosmetics	25.94	29.41	3.63	3.12	22.31	26.29
金银珠宝类	Gold,Silver and Jewelry	76.82	79.61	12.58	7.51	64.23	72.09
日用品类	Articles for Daily Use	112.32	134.66	36.02	41.91	76.30	92.76
洗涤用品类	Washing Articles	46.30	53.72	24.52	30.73	21.77	23.00
儿童玩具类	Children Toys	3.57	3.91	0.49	0.35	3.07	3.56
五金、电料类	Hardware and Electrical Materials	16.45	17.60	7.04	7.23	9.41	10.37
体育、娱乐用品类	Sports and Recreation Articles	4.79	7.07	0.89	1.12	3.90	5.94
书报杂志类	Newspapers and Magazines	41.54	45.70	20.45	21.60	21.09	24.10
电子出版物及音像制品类	E-journals and Audio-visual Products	2.29	2.34	1.73	1.85	0.56	0.48
	Series Products						

4-4 续表 continued

单位：亿元 (100 million yuan)

类　别	Category	商品销售额 Sales 2013	2014	批　发 Wholesale Trade 2013	2014	零　售 Retail Trade 2013	2014
家用电器和音像器材类	Household Appliances and Audio-visual Equipment	145.76	179.81	70.52	100.82	75.24	78.99
中西药品类	Traditional Chinese and Western Medicines	381.16	453.63	292.03	345.14	89.13	108.49
西药类	Western Medicine	318.98	379.53	253.09	297.45	65.90	82.07
中草药及中成药类	Herban Medicine and Traditional Chinese Medicines Products	48.60	59.28	34.52	42.02	14.08	17.25
文化办公用品类	Cultural Goods and Office Stationary	65.02	66.20	33.30	34.10	31.71	32.11
家具类	Furniture	22.95	25.54	0.79	0.29	22.17	25.25
通讯器材类	Communication Equipment	46.05	45.70	29.11	28.45	16.94	17.25
煤炭及制品类	Coal and Related Products	239.28	241.22	223.23	226.99	16.05	14.23
木材及制品类	Timber and Related Products	34.61	41.77	34.61	41.77		
石油及制品类	Petroleum and Related Products	1 143.43	1 177.58	588.40	572.81	555.03	604.76
化工材料及制品类	Chemical Industrial Materials and Related Products	807.78	699.65	807.78	699.65		
化肥类	Fertilizer	468.40	398.26	468.40	398.26		
金属材料类	Metal Materials	1 149.01	1 116.32	1 149.01	1 116.32		
建筑及装潢材料类	Building and Decoration Materials	116.55	147.57	49.62	68.41	66.93	79.16
机电产品及设备类	Mechanical and Electric Products and Equipment	102.46	110.57	85.35	94.12	17.11	16.44
农机类	Agricultural Machinary	8.87	7.70	8.87	7.70		
汽车类	Automobiles	693.56	736.72	37.16	35.81	656.40	700.90
种子饲料类	Seeds and Forage	11.04	9.70	11.04	9.70		
棉麻类	Cotton and Hemp	3.75	1.80	3.54	1.53	0.21	0.27
其他类	Others	874.70	1 017.37	832.93	961.94	41.78	55.42

注：因年度限额以上单位数量及填报的数据均有变化，去年同期数以今年填报数为准，与2013年鉴数据有区别。

Note: Because the number of enterprises above designated size changed,data of last year are different from that of Yunn Statistical Yearbook 2013. Data of last year are subject to submitted data.

4–5 限额以上批发和零售业商品购进、销售、库存总额(2014 年)

单位：亿元

类　别	Category	法人企业数（个）Number of Corporate Enterprises (unit)	产业活动单位和个体户数（个）Number of Industrial Activity Entities and Self-employed Entities (unit)
批发和零售业	**Wholesale Trade and Retail Trade**	**3 161**	**520**
批发业	**Wholesale Trade**	**1 194**	**43**
按登记注册类型分	**Grouped by Status of Registration**		
内资企业	Domestic-funded Enterprises	1 181	10
国有企业	State-owned Enterprises	41	4
集体企业	Collective-owned Enterprises	27	
股份合作企业	Joint Stock Cooperative Enterprises	3	
联营企业	Joint Ownership Enterprises	3	
有限责任公司	Limited Liability Companies	415	
股份有限公司	Incorporated Corporations	57	6
私营企业	Private Enterprises	623	
其他企业	Other Enterprises	12	
港、澳、台商投资企业	Enterprises Invested by Hong Kong, Macao and Taiwan	8	
外商投资企业	Foreign-funded Enterprises	5	
个体经营	Individual Operators		33
按国民经济行业分	**Grouped by Sector**		
农、林、牧产品批发	Wholesale of Farm and Livestock Products	60	5
食品、饮料及烟草制品批发	Wholesale of Food, Beverages and Tobaccos	178	14
米、面制品及食用油批发	Wholesale of Rice, Flour and Edible Oil	47	2
果品、蔬菜批发	Fruits and Vegetables	45	2
酒、饮料及茶叶批发	Wholesale of Liquor、Beverages and Tea	29	2
烟草制品批发	Wholesale of Tobaccos	17	
纺织、服装及家庭用品批发	Wholesale of Textiles, Garments and Daily Consumer Articles	50	1
文化、体育用品及器材批发	Wholesale of Culture, Sports Appliances and Equipments	14	1
医药及医疗器材批发	Wholesale of Medicines and Medical Appliances	128	
矿产品、建材及化工产品批发	Wholesale of Mineral Products, Building Materials and Chemical Products	616	20
煤炭及制品批发	Wholesale of Coal and Related Products	82	
石油及制品批发	Wholesale of Petrolem and Related Products	39	
金属及金属矿批发	Wholesale of Metal Materials	181	6
建材批发	Wholesale of Building Materials	71	10
化肥批发	Wholesale of Chemical Fertilizer	126	3
其他化工产品批发	Wholesale of Other Chemical Products	100	
机械设备、五金产品及电子产品批发	Wholesale of Machinery, Hardware and Electronic Products	112	1
汽车批发	Wholesale of Motor Vehicles	12	
计算机、软件及辅助设备批发	Wholesale of Computer, Software and Assistant Appliances	16	
其他机械设备及电子产品批发	Wholesale of Machinery and Electronic Products	47	
贸易经纪与代理	Trade Broker and Agency	7	
其他批发业	Other Wholesale Trades	29	1

Total Purchases, Sales and Inventory of Enterprises above Designated Size of Wholesale and Retail Trades (2014)

(100 million yuan)

从业人员数（万人） Number of Employed Persons (10 000 person)	商品购进总额 Total Purchases of Goods	进口 Imports of Goods	商品销售总额 Total Sales of Goods	批发 Wholesale	出口 Outputs	零售 Retail	年末库存总额 Inventory at Year-end	年末零售营业面积（万平方米） Retail Operating Area at Year-end (10 000 sq.m)
24.75	**7 470.19**	**432.19**	**8 675.29**	**6 283.19**	**331.53**	**2 392.11**	**860.08**	**1 015.80**
8.33	**5 584.39**	**381.90**	**6 485.82**	**6 123.27**	**330.33**	**362.55**	**624.19**	**232.99**
8.03	5 480.42	378.93	6 373.73	6 026.05	329.88	347.68	604.50	230.62
2.21	1 376.71	1.97	1 804.96	1 779.33	2.68	25.62	315.80	23.93
0.12	20.71		21.08	18.56		2.51	3.48	2.19
0.01	0.99		1.41	1.12		0.30	0.13	0.45
0.01	7.20	0.28	7.48	6.89	0.31	0.59	0.89	0.01
2.19	2 572.89	306.84	2 736.47	2 681.79	185.17	54.67	145.27	43.53
0.97	511.77	15.04	740.17	517.02	18.96	223.16	40.75	97.89
2.49	980.93	53.06	1 052.92	1 012.83	122.76	40.08	97.57	60.21
0.03	9.23	1.75	9.24	8.51		0.74	0.61	2.41
0.12	35.45	0.30	44.33	34.00	0.21	10.33	0.27	0.26
0.05	16.01	2.66	17.05	17.02	0.24	0.03	13.93	
0.14	52.51		50.72	46.20		4.51	5.50	2.11
0.21	155.95	123.30	238.14	235.59	1.82	2.55	9.48	18.13
3.05	1 275.54	11.23	1 742.14	1 721.53	45.70	20.61	309.73	49.37
0.25	88.40	1.81	93.49	86.98	0.07	6.51	21.02	22.02
0.28	73.40	5.03	78.41	71.17	18.22	7.24	0.82	20.53
0.24	31.44	3.55	43.88	42.28	9.53	1.60	19.56	0.80
2.02	988.64	0.68	1 405.99	1 405.97	14.48	0.02	264.57	0.77
0.27	163.49	0.11	185.87	179.75	36.81	6.12	29.77	0.56
0.07	44.69	2.05	48.91	44.21	1.54	4.70	7.38	1.60
1.26	363.74	0.36	385.21	370.66	3.06	14.56	35.67	21.41
2.83	3 041.84	160.96	3 327.79	3 030.69	62.42	297.10	175.84	136.17
0.20	184.31	0.06	188.40	180.32		8.08	6.06	14.29
0.85	520.89	5.85	738.42	489.21	3.10	249.20	33.41	93.60
0.47	1 256.90	45.74	1 292.56	1 281.13	14.83	11.43	45.93	6.58
0.24	193.23	16.76	197.74	191.28	2.24	6.46	19.60	4.04
0.53	496.77	5.29	490.83	470.60	31.72	20.23	55.14	14.40
0.46	373.12	87.27	399.19	397.92	10.53	1.26	13.69	2.94
0.45	149.43	7.50	163.89	147.18	58.86	16.71	20.86	1.90
0.04	18.44	1.75	19.26	18.54	6.27	0.72	2.65	0.08
0.05	19.09		20.80	19.31	4.97	1.49	1.82	0.16
0.27	65.72	4.22	76.71	63.00	25.03	13.71	12.42	0.64
0.02	189.34	74.52	187.25	187.24	95.45	0.01	7.09	0.40
0.17	200.39	1.88	206.62	206.43	24.68	0.19	28.36	3.45

4–5 续表 1

单位：亿元

类　别	Category	法人企业数（个）Number of Corporate Enterprises (unit)	产业活动单位和个体户数（个）Number of Industrial Activity Entities and Self-employed Entities (unit)
零售业	**Retail Trade**	**1 967**	**477**
按登记注册类型分	**Grouped by Status of Registration**		
内资企业	Domestic Funded Enterprises	1 937	36
国有企业	State-owned Enterprises	66	10
集体企业	Collective-owned Enterprises	38	2
股份合作企业	Joint Stock Cooperative Enterprises	31	1
联营企业	Joint Ownership	2	
有限责任公司	Limited Liability Companies	711	13
股份有限公司	Incorporated Corporations	48	
私营企业	Private Enterprises	1 009	10
其他企业	Other Enterprises	32	
港、澳、台商投资企业	Enterprises Invested by Hong Kong, Macao and Taiwan	15	2
外商投资企业	Foreign-funded Enterprises	15	
个体经营	Individual Operators		439
按国民经济行业分	**Grouped by Sector**		
综合零售	Integrated Retail	351	200
百货零售	Retail of General Merchandise	160	78
超级市场零售	Retail of Supermarkets	119	73
食品、饮料及烟草制品专门零售	Retail of Food, Beverages and Tobaccos	215	93
粮油零售	Retail of Food and Edible Oil	68	7
果品、蔬菜零售	Fruits and Vegetables	41	15
肉、禽、蛋、奶及水产品零售	Meat,Poultry,Egg,Milk and Aquatic Products	36	53
酒、饮料及茶叶零售	Retail of Liquor、Beverages and Tea	32	6
烟草制品零售	Retail of Tobaccos	12	1
纺织、服装及日用品专门零售	Retail of Textiles, Garments and Daily Consumer Articles	44	11
服装零售	Retail of Garments	25	7
文化、体育用品及器材专门零售	Retail of Culture, Sports Appliances and Equipments	93	11
图书、报刊零售	Retail of Books and Papers	49	
珠宝首饰零售	Retail of Jewels	36	9
医药及医疗器材专门零售	Retail of Medicines and Medical Equipments	101	9
药品零售	Retail of Medicines	94	9
汽车、摩托车、燃料及零配件专门零售	Retail of Motor Vehicles, Motorcycles,Fuel and Parts	814	50
汽车零售	Retail of Motor Vehicles	590	8
机动车燃料零售	Retail of Fuel of Motor Vehicles	124	34
家用电器及电子产品专门零售 门零售	Special Retail of Household Electric Appliances and Electronic Products	210	39
日用家电设备零售	Retail of Household Electric Appliances	73	18
计算机、软件及辅助设备零售	Retail of Computer, Software and Assistant Appliances	80	1
通信设备零售	Retail of Communication Equipments	22	4
五金、家具及室内装饰材料专门零售	Special Retail of Hardware, Furniture and Decoration Materials	64	57
五金零售	Handware Merchandise	16	6
家具零售	Furniture Merchandise	24	35
货摊、无店铺及其他零售业	Non-shop and Other Retails	75	7
生活用燃料零售	Retail of Fuel for Everyday Use	23	3
其他未列明零售业	Other Retail Trades not Listed Here	51	4
按零售业态分	by Retail Form		
有店铺零售	by Shop	1 952	477
超市	Supermarket	203	143
大型超市	Hypermarket	38	4
百货店	Department Store	143	39
专业店	Specialty Store	750	153
专卖店	Exclusive Shop	659	52
无店铺零售	Retail Sales without Shop	15	

continued

(100 million yuan)

从业人员数（万人） Number of Employed Persons (10000 person)	商品购进总额 Total Purchases of Goods	进口 Imports of Goods	商品销售总额 Total Sales of Goods	批发 Wholesale	出口 Outputs	零售 Retail	年末库存总额 Inventory at Year-end	年末零售营业面积（万平方米） Retail Operating Area at Year-end (10 000 sq.m)
16.42	**1 885.80**	**50.29**	**2 189.47**	**159.91**	**1.20**	**2 029.56**	**235.89**	**782.82**
13.42	1 586.56	43.23	1 849.97	150.69	1.20	1 699.28	200.45	647.59
0.22	35.09	0.18	36.20	3.20		33.00	3.57	8.71
0.25	36.43		41.80	4.63		37.18	1.50	13.42
0.10	19.81	0.56	22.11	6.25		15.86	1.38	8.64
0.02	2.20		2.38			2.38	0.33	2.28
5.46	659.70	18.95	844.30	65.39	0.71	778.91	84.68	362.35
0.62	189.20		193.14	24.83		168.31	8.55	19.70
6.65	634.41	23.48	698.24	45.11	0.43	653.13	99.42	228.28
0.11	9.73	0.06	11.79	1.27	0.06	10.52	1.03	4.20
0.40	80.79		93.62	3.92		89.70	8.97	13.34
0.87	93.43	7.06	99.22			99.22	16.80	45.49
1.73	125.03		146.67	5.31		141.36	9.68	76.39
5.06	376.44	0.69	445.95	27.70	0.53	418.25	54.92	234.18
1.60	149.42	0.69	212.75	11.68		201.07	21.10	91.44
2.67	150.51		150.35	2.36	0.53	147.99	27.52	101.84
1.60	137.25	1.18	155.18	12.43	0.11	142.75	13.78	68.56
0.24	39.87	0.21	41.00	5.37	0.11	35.63	6.93	14.91
0.46	33.12		39.20	1.44		37.76	0.80	19.18
0.33	32.80		37.90	2.82		35.08	1.05	23.69
0.26	14.88	0.07	16.53	1.83		14.71	1.87	4.89
0.13	3.65	0.90	6.08	0.41		5.67	1.99	0.86
0.70	44.58	0.60	57.73	7.32		50.41	10.28	21.05
0.48	32.63		42.28	5.84		36.44	7.28	17.56
0.84	69.56	0.37	80.93	5.86	0.08	75.08	19.39	29.61
0.28	24.57		25.74	0.76	0.01	24.98	4.20	17.97
0.52	43.75	0.37	53.66	5.07	0.07	48.59	14.91	10.10
2.64	83.14	1.15	105.88	8.15		97.73	13.54	31.34
2.63	80.93	0.86	103.05	8.04		95.01	12.97	31.16
4.19	1 003.11	46.16	1 137.99	74.96	0.22	1 063.03	104.78	246.79
2.95	643.23	44.90	685.12	16.49	0.22	668.63	90.46	146.79
0.96	311.93		402.99	57.68		345.31	9.18	88.48
0.79	67.48	0.07	95.59	7.35	0.19	88.25	8.09	36.55
0.21	18.22	0.07	20.03	0.28	0.01	19.75	2.76	8.87
0.20	13.37		18.69	4.11		14.58	1.50	1.99
0.12	10.84		12.42	2.21		10.22	1.21	2.81
0.40	81.29	0.07	84.23	12.58	0.06	71.65	9.82	103.63
0.04	3.46	0.01	3.66	0.96	0.06	2.70	0.51	1.51
0.16	14.22	0.06	14.73	0.14		14.58	1.57	27.86
0.19	22.95		25.98	3.58	0.02	22.40	1.31	11.11
0.06	6.61		7.40	1.49	0.02	5.91	0.26	2.94
0.13	16.06		18.27	2.08		16.19	1.05	8.07
16.36	1 879.25	50.00	2 181.49	158.59	1.20	2 022.91	234.98	780.73
2.34	115.91	0.69	121.18	8.55	0.53	112.63	16.18	71.17
1.49	114.81		117.58	0.85		116.74	20.09	84.92
1.39	158.85	2.17	224.04	15.37	0.37	208.67	21.94	87.34
6.26	706.10	10.19	858.49	83.16	0.15	775.33	78.42	229.26
3.45	645.36	35.44	704.92	35.42	0.15	669.50	83.89	166.56
0.06	6.55	0.29	7.97	1.33		6.65	0.92	2.08

4-5 续表 2

单位：亿元

类 别	Category	法人企业数（个）Number of Corporate Enterprises (unit)	产业活动单位和个体户数（个）Number of Industrial Activity Entities and Self-employed Entities (unit)
批发业按地区分组	**Whole Trade by Region**		
昆 明	Kunming	494	2
曲 靖	Qujing	75	2
玉 溪	Yuxi	85	2
保 山	Baoshan	43	
昭 通	Zhaotong	36	
丽 江	Lijiang	14	
普 洱	Pu'er	28	7
临 沧	Lincang	35	2
楚 雄	Chuxiong	60	17
红 河	Honghe	43	1
文 山	Wenshan	40	2
西双版纳	Xishuangbanna	48	
大 理	Dali	71	4
德 宏	Dehong	112	4
怒 江	Nujiang	5	
迪 庆	Diqing	5	
零售业按地区分组	**Retail Trade by Region**		
昆 明	Kunming	442	48
曲 靖	Qujing	196	62
玉 溪	Yuxi	135	14
保 山	Baoshan	103	13
昭 通	Zhaotong	83	24
丽 江	Lijiang	60	34
普 洱	Pu'er	71	68
临 沧	Lincang	106	28
楚 雄	Chuxiong	172	51
红 河	Honghe	159	24
文 山	Wenshan	102	36
西双版纳	Xishuangbanna	68	4
大 理	Dali	144	45
德 宏	Dehong	90	19
怒 江	Nujiang	14	6
迪 庆	Diqing	22	1

continued

(100 million yuan)

从业人员数（万人）Number of Employed Persons (10 000person)	商品购进总额 Total Purchases of Goods	进口 Imports of Goods	商品销售总额 Total Sales of Goods	批发 Wholesale	出口 Outputs	零售 Retail	年末库存总额 Inventory at Year-end	年末零售营业面积（万平方米）Retail Operating Area at Year-end (10 000 sq.m)
2.93	3 610.22	235.23	4 068.79	3 922.29	170.91	146.50	254.51	116.36
1.07	310.70	0.06	391.63	346.17		45.46	82.40	34.91
0.66	289.35	1.28	295.44	264.52	19.53	30.92	30.74	15.88
0.31	99.71	0.56	108.47	101.26	0.67	7.21	25.05	5.94
0.30	85.78		111.16	105.48		5.68	17.63	2.77
0.26	55.12		79.96	67.79		12.17	12.65	2.25
0.27	91.08	9.56	129.91	116.47	3.18	13.44	39.13	0.15
0.31	59.78	4.47	97.79	85.19	1.14	12.60	11.87	5.36
0.25	108.57		192.37	173.74	0.69	18.63	37.39	18.29
0.36	88.14	3.10	135.23	133.79	7.01	1.44	27.20	1.36
0.24	58.23	1.38	57.63	56.70	0.48	0.94	6.91	8.90
0.31	202.35	12.09	224.56	217.70	3.17	6.86	12.58	1.71
0.54	200.20	1.78	248.50	204.84	5.92	43.65	26.16	13.40
0.38	305.10	111.95	318.27	301.27	117.63	17.00	25.12	5.45
0.03	5.13		6.55	6.55			0.42	0.15
0.12	14.93	0.42	19.58	19.52		0.06	14.45	0.10
7.09	847.20	44.32	1 066.89	62.26	0.03	1 004.63	135.20	328.84
1.44	195.52	0.91	211.35	26.94		184.40	17.60	64.44
1.00	96.32	1.93	109.10	19.60	0.52	89.50	13.44	43.98
0.43	68.52	0.12	70.46	1.63	0.17	68.83	3.88	19.36
0.51	71.90		81.06	3.79		77.26	4.71	16.83
0.35	28.47		30.50	2.71		27.79	3.10	16.88
0.59	36.63		42.60	2.25		40.35	4.71	22.44
0.41	44.92		50.40	4.15		46.25	5.79	32.58
0.90	60.50	0.07	64.24	3.45		60.79	6.09	37.67
0.98	161.69	0.77	165.84	8.77	0.19	157.06	10.99	46.62
0.83	106.57	0.67	114.51	13.54	0.13	100.96	9.90	42.47
0.36	42.46	0.22	43.62	2.46	0.01	41.16	5.74	29.00
0.87	81.51		89.91	5.60		84.31	9.95	43.75
0.49	26.78	1.26	30.26	1.76	0.09	28.50	2.89	27.07
0.07	6.48		7.18	0.15		7.03	0.43	4.17
0.11	10.34	0.01	11.55	0.83	0.06	10.72	1.47	6.72

4-6 限额以上批发和零售业法人企业财务状况(2014 年)

单位：亿元

类 别	Category	法人企业数（个）Number of Corporate Enterprises (unit)	资产总计 Total Assets
批发和零售业	**Wholesale Trade and Retail Trade**	**3 161**	**5194.51**
批发业	**Wholesale Trade**	**1 194**	**4136.95**
按登记注册类型分	**Grouped by Status of Registration**		
内资企业	Domestic-funded Enterprises	1 181	4053.01
国有企业	State-owned Enterprises	41	1076.91
集体企业	Collective-owned Enterprises	27	6.19
股份合作企业	Joint Stock Cooperative Enterprises	3	1.06
联营企业	Joint Ownership Enterprises	3	6.47
有限责任公司	Limited Liability Companies	415	1595.86
股份有限公司	Incorporated Corporations	57	235.84
私营企业	Private Enterprises	623	1128.49
其他企业	Other Enterprises	12	2.21
港、澳、台商投资企业	Enterprises Invested by Hong Kong, Macao and Taiwan	8	60.15
外商投资企业	Foreign-funded Enterprises	5	23.78
按国民经济行业分	**Grouped by Sector**		
农、林、牧产品批发	Wholesale of Farm and Livestock Products	60	80.09
食品、饮料及烟草制品批发	Wholesale of Food, Beverages and Tobaccos	178	929.62
米、面制品及食用油批发	Wholesale of Rice, Flour and Edible Oil	47	57.60
果品、蔬菜批发	Fruits and Vegetables	45	22.23
酒、饮料及茶叶批发	Wholesale of Liquor, Beverages and Tea	29	80.28
烟草制品批发	Wholesale of Tobaccos	17	700.12
纺织、服装及家庭用品批发	Wholesale of Textiles, Garments and Daily Consumer Articles	50	116.80
文化、体育用品及器材批发	Wholesale of Culture, Sports Appliances and Equipments	14	25.02
医药及医疗器材批发	Wholesale of Medicines and Medical Appliances	128	186.34
矿产品、建材及化工产品批发	Wholesale of Mineral Products, Building Materials and Chemical Products	616	2474.95
煤炭及制品批发	Wholesale of Coal and Related Products	82	266.81
石油及制品批发	Wholesale of Petrolem and Related Products	39	213.21
金属及金属矿批发	Wholesale of Metal Materials	181	1004.18
建材批发	Wholesale of Building Materials	71	141.98
化肥批发	Wholesale of Chemical Fertilizer	126	670.86
其他化工产品批发	Wholesale of Other Chemical Products	100	166.87
机械设备、五金产品及电子产品批发	Wholesale of Machinery, Hardware and Electronic Products	112	159.27
汽车批发	Wholesale of Motor Vehicles	12	18.08
计算机、软件及辅助设备批发	Wholesale of Computer, Software and Assistant Appliances	16	7.03
其他机械设备及电子产品批发	Wholesale of Machinery and Electronic Products	47	118.68
贸易经纪与代理	Trade Broker and Agency	7	52.89
其他批发业	Other Wholesale Trades	29	111.98

Financial Indicators of Enterprises above Designated Size of Wholesales and Retail Trades (2014)

(100 million yuan)

流动资产合计 Total Current Assets	固定资产合计 Total Fixed Assets	负债合计 Total Liabilities	所有者权益 Total Owners' Equities	主营业务收入 Revenue from Principal Business	主营业务成本 Cost of Principal Business	主营业务税金及附加 Taxes and Other Charges on Principal Business	主营业务利润 Profits from Principa Business
3875.30	**321.25**	**3622.90**	**1571.61**	**7716.40**	**6901.39**	**43.03**	**771.98**
3139.43	**174.39**	**2889.14**	**1247.81**	**5910.82**	**5297.36**	**36.02**	**577.44**
3069.57	172.86	2832.01	1221.00	5850.56	5245.08	35.84	569.65
851.75	59.91	508.43	568.48	1635.19	1280.53	29.17	325.49
4.82	0.97	4.47	1.72	19.60	17.92	0.06	1.62
0.63	0.25	0.67	0.39	1.22	1.08	0.01	0.13
3.96	0.84	3.28	3.19	7.43	7.16	0.02	0.26
1106.87	35.02	1166.51	429.35	2551.30	2401.97	2.85	146.47
128.37	42.88	141.72	94.12	641.43	602.61	0.98	37.84
971.66	32.38	1005.40	123.09	985.38	925.27	2.73	57.37
1.51	0.60	1.53	0.67	9.01	8.54	0.01	0.46
50.14	1.13	45.89	14.27	43.70	38.24	0.15	5.31
19.72	0.39	11.24	12.54	16.56	14.04	0.03	2.49
71.46	4.54	70.40	9.68	231.17	159.02	0.10	72.04
744.25	76.61	379.78	549.84	1554.88	1191.46	29.28	334.14
37.54	5.76	44.96	12.64	77.55	76.13	0.04	1.38
13.03	7.45	14.35	7.88	68.92	64.77	0.08	4.08
37.62	6.82	39.46	40.82	42.51	33.83	0.09	8.59
604.57	54.72	222.25	477.87	1254.69	909.57	29.00	316.12
116.05	0.44	98.01	18.78	178.50	159.80	0.28	18.43
17.28	1.08	14.13	10.89	35.90	33.36	0.03	2.51
161.46	7.20	138.94	47.40	347.87	320.16	0.72	26.99
1734.18	78.91	1944.32	530.64	3036.60	2935.46	4.47	96.66
199.00	2.33	233.20	33.61	177.34	172.21	0.41	4.72
120.83	43.21	128.02	85.19	640.62	602.67	0.87	37.08
841.64	9.34	846.81	157.37	1169.52	1142.95	1.33	25.24
117.63	2.08	136.22	5.76	162.04	156.86	0.24	4.94
304.40	12.19	453.56	217.30	485.58	467.96	1.00	16.62
143.22	8.75	141.08	25.78	382.30	375.46	0.26	6.57
142.79	3.24	134.28	24.99	154.82	142.09	0.28	12.45
14.53	0.53	14.71	3.38	18.36	17.30	0.03	1.03
6.20	0.12	5.40	1.63	19.22	18.31	0.03	0.87
108.76	1.61	101.23	17.45	71.44	62.29	0.18	8.97
51.52	0.16	51.41	1.48	187.31	183.77	0.45	3.09
100.46	2.21	57.88	54.10	183.76	172.22	0.40	11.13

4-6 续表 1

单位：亿元

类　别	Category	法人企业数（个）Number of Corporate Enterprises (unit)	资产总计 Total Assets
零售业	**Retail Trade**	**1 967**	**1057.56**
按登记注册类型分	**Grouped by Status of Registration**		
内资企业	Domestic Funded Enterprises	1 937	913.81
国有企业	State-owned Enterprises	66	13.14
集体企业	Collective-owned Enterprises	38	7.84
股份合作企业	Joint Stock Cooperative Enterprises	31	2.91
联营企业	Joint Ownership	2	0.75
有限责任公司	Limited Liability Companies	711	392.99
股份有限公司	Incorporated Corporations	48	72.40
私营企业	Private Enterprises	1 009	419.58
其他企业	Other Enterprises	32	4.21
港、澳、台商投资企业	Enterprises Invested by Hong Kong, Macao and Taiwan	15	65.46
外商投资企业	Foreign-funded Enterprises	15	78.29
按国民经济行业分	**Grouped by Sector**		
综合零售	Integrated Retail	351	235.96
百货零售	Retail of General Merchandise	160	105.94
超级市场零售	Retail of Supermarkets	119	114.13
食品、饮料及烟草制品专门零售	Retail of Food, Beverages and Tobaccos	215	54.96
粮油零售	Retail of Food and Edible Oil	68	24.89
果品、蔬菜零售	Fruits and Vegetables	41	7.81
肉、禽、蛋、奶及水产品零售	Meat,Poultry,Egg,Milk and Aquatic Products	36	4.53
酒、饮料及茶叶零售	Retail of Liquor, Beverages and Tea	32	10.91
烟草制品零售	Retail of Tobaccos	12	3.64
纺织、服装及日用品专门零售	Retail of Textiles, Garments and Daily Consumer Articles	44	27.06
服装零售	Retail of Garments	25	15.19
文化、体育用品及器材专门零售	Retail of Culture, Sports Appliances and Equipments	93	79.06
图书、报刊零售	Retail of Books and Papers	49	20.55
珠宝首饰零售	Retail of Jewels	36	57.22
医药及医疗器材专门零售	Retail of Medicines and Medical Equipments	101	55.79
药品零售	Retail of Medicines	94	53.75
汽车、摩托车、燃料及零配件专门零售	Retail of Motor Vehicles, Motorcycles,Fuel and Parts	814	536.60
汽车零售	Retail of Motor Vehicles	590	377.89
机动车燃料零售	Retail of Fuel of Motor Vehicles	124	133.63
家用电器及电子产品专门零售门零售	Special Retail of Household Electric Appliances and Electronic Products	210	35.97
日用家电设备零售	Retail of Household Electric Appliances	73	6.17
计算机、软件及辅助设备零售	Retail of Computer, Software and Assistant Appliances	80	11.29
通信设备零售	Retail of Communication Equipments	22	4.61
五金、家具及室内装饰材料专门零售	Special Retail of Hardware, Furniture and Decoration Materials	64	14.84
五金零售	Handware Merchandise	16	0.87
家具零售	Furniture Merchandise	24	9.16
货摊、无店铺及其他零售业	Non-shop and Other Retails	75	17.32
生活用燃料零售	Retail of Fuel for Everyday Use	23	6.49
其他未列明零售业	Other Retail Trades not Listed Here	51	10.71
按零售业态分	**by Retail Form**		
有店铺零售	Retail Sales by Shop	1 952	1053.81
超市	Supermarket	203	54.07
大型超市	Hypermarket	38	86.06
百货店	Department Store	143	106.42
专业店	Specialty Store	750	359.10
专卖店	Exclusive Shop	659	402.67
无店铺零售	Retail Sales without Shop	15	3.75

continued

(100 million yuan)

流动资产合计 Total Current Assets	固定资产合计 Total Fixed Assets	负债合计 Total Liabilities	所有者权益 Total Owners' Equities	主营业务收入 Revenue from Principal Business	主营业务成本 Cost of Principal Business	主营业务税金及附加 Taxes and Other Charges on Principal Business	主营业务利润 Profits from Principa Business
735.86	**146.86**	**733.76**	**323.81**	**1 805.58**	**1 604.03**	**7.01**	**194.54**
627.75	132.05	639.54	274.27	1 645.81	1 468.83	6.35	170.63
8.65	2.45	8.78	4.35	30.23	26.90	0.35	2.98
3.28	3.02	5.37	2.47	41.39	37.33	0.16	3.90
1.55	0.72	1.88	1.04	18.35	17.33	0.03	0.98
0.52	0.13	0.50	0.26	2.09	1.76	0.01	0.32
269.08	57.24	256.83	136.16	713.74	636.95	2.47	74.32
33.74	15.80	36.75	35.65	185.78	169.70	0.42	15.66
308.02	51.92	326.73	92.85	643.30	568.86	2.77	71.67
2.90	0.76	2.70	1.50	10.93	9.99	0.14	0.80
53.59	3.73	36.20	29.26	77.52	66.75	0.23	10.53
54.52	11.09	58.02	20.27	82.25	68.45	0.43	13.37
151.27	45.06	170.47	65.49	339.32	291.82	2.63	44.87
63.70	23.80	65.38	40.56	164.12	142.82	1.53	19.77
81.36	14.89	94.78	19.35	118.19	97.71	0.55	19.93
33.60	12.44	32.01	22.96	113.59	98.62	0.84	14.12
15.25	4.96	16.45	8.44	38.38	35.09	0.45	2.83
3.92	2.46	3.97	3.84	27.56	24.22	0.13	3.21
1.66	2.04	2.66	1.86	18.74	16.46	0.08	2.20
7.76	1.75	5.68	5.23	14.51	11.53	0.07	2.91
2.97	0.33	1.56	2.08	5.95	4.12	0.05	1.78
20.07	5.61	21.86	5.20	40.56	32.27	0.40	7.89
13.40	0.63	10.93	4.25	26.94	21.79	0.14	5.02
58.78	8.67	40.11	38.95	66.22	45.07	0.76	20.39
13.43	4.06	11.26	9.29	23.35	16.08	0.29	6.97
44.96	3.80	28.50	28.72	42.02	28.34	0.45	13.23
42.57	5.63	29.15	26.63	86.17	63.33	0.42	22.43
40.56	5.60	27.67	26.07	83.45	61.05	0.41	22.00
378.95	62.52	395.70	140.90	1 024.23	958.29	1.49	64.45
308.69	27.86	312.23	65.66	628.02	587.91	0.87	39.23
48.54	33.42	61.93	71.70	349.55	326.92	0.55	22.08
28.76	2.29	20.92	15.05	72.68	64.06	0.24	8.37
5.39	0.46	4.19	1.97	16.33	14.31	0.05	1.97
7.20	0.61	7.96	3.33	16.71	14.85	0.06	1.80
3.89	0.20	3.13	1.48	9.26	8.37	0.05	0.84
11.29	1.92	11.45	3.39	37.73	30.37	0.14	7.21
0.66	0.13	0.51	0.36	2.87	2.59	0.07	0.21
7.95	0.83	8.07	1.09	5.32	4.07	0.03	1.22
10.57	2.72	12.08	5.24	25.08	20.18	0.10	4.80
4.36	0.87	4.15	2.34	6.74	5.81	0.04	0.89
6.20	1.84	7.83	2.88	18.03	14.09	0.06	3.89
732.77	146.55	731.32	322.50	1 798.39	1 597.99	6.99	193.42
35.24	10.56	41.48	12.59	78.42	69.47	0.35	8.61
61.43	11.52	72.79	13.27	90.14	73.47	0.44	16.24
62.76	23.62	63.36	43.06	181.40	156.24	2.05	23.10
233.83	51.71	205.04	154.07	734.82	647.45	2.14	85.23
307.18	41.60	314.94	87.73	632.46	581.18	1.64	49.64
3.09	0.31	2.44	1.31	7.19	6.04	0.03	1.12

4-6 续表 2

单位：亿元

类 别	Category	法人企业数（个）Number of Corporate Enterprises (unit)	资产总计 Total Assets	流动资产合计 Total Current Assets	固定资产合计 Total Fixed Assets
批发业按地区分组	**Whdesale Trade by Region**				
昆 明	Kunming	494	2923.12	2208.61	58.65
曲 靖	Qujing	75	191.26	157.35	17.19
玉 溪	Yuxi	85	161.62	123.02	17.09
保 山	Baoshan	43	55.14	41.09	7.13
昭 通	Zhaotong	36	64.78	55.89	5.25
丽 江	Lijiang	14	50.87	29.12	4.63
普 洱	Pu'er	28	53.17	40.36	7.32
临 沧	Lincang	35	63.33	47.28	6.27
楚 雄	Chuxiong	60	88.30	69.24	10.99
红 河	Honghe	43	98.17	78.31	7.29
文 山	Wenshan	40	22.30	16.53	2.09
西双版纳	Xishuangbanna	48	87.28	72.24	6.50
大 理	Dali	71	111.39	86.87	13.22
德 宏	Dehong	112	131.91	84.22	9.84
怒 江	Nujiang	5	2.46	1.81	0.49
迪 庆	Diqing	5	31.85	27.49	0.42
零售业按地区分组	**Retail Trade by Region**				
昆 明	Kunming	442	613.57	456.74	60.05
曲 靖	Qujing	196	61.38	41.96	10.67
玉 溪	Yuxi	135	38.99	25.84	7.27
保 山	Baoshan	103	22.38	11.85	6.15
昭 通	Zhaotong	83	30.68	14.33	12.44
丽 江	Lijiang	60	14.02	9.99	1.75
普 洱	Pu'er	71	13.43	10.37	1.94
临 沧	Lincang	106	21.96	11.54	4.27
楚 雄	Chuxiong	172	29.05	18.21	3.83
红 河	Honghe	159	80.44	53.09	11.06
文 山	Wenshan	102	35.06	16.67	7.50
西双版纳	Xishuangbanna	68	24.25	14.61	6.37
大 理	Dali	144	50.07	37.85	7.34
德 宏	Dehong	90	14.26	9.49	2.41
怒 江	Nujiang	14	2.60	1.42	1.00
迪 庆	Diqing	22	5.44	1.91	2.78

continued

(100 million yuan)

负债合计 Total Liabilities	所有者权益 Total Owners' Equities	主营业务收入 Revenue from Principal Business	主营业务成本 Cost of Principal Business	主营业务税金及附加 Taxes and Other Charges on Principal Business	主营业务利润 Profits from Principa Business
2 217.40	705.72	3 739.85	3 450.33	10.89	278.63
74.79	116.47	347.92	284.94	4.27	58.70
68.16	93.46	258.52	220.40	2.29	35.83
26.86	28.28	108.29	83.20	1.68	23.41
34.34	30.44	94.56	76.27	2.44	15.85
44.65	6.22	67.70	55.20	1.12	11.39
31.12	22.05	111.15	89.72	1.58	19.85
48.88	14.46	90.75	74.17	1.29	15.28
40.41	47.89	162.29	127.78	2.10	32.42
45.84	52.33	126.78	95.49	2.70	28.58
14.53	7.77	43.47	40.02	0.13	3.32
66.41	20.87	206.60	200.50	1.00	5.10
64.41	46.97	226.44	192.05	2.49	31.90
91.45	40.47	300.39	287.25	1.45	11.69
1.12	1.34	6.54	5.05	0.26	1.22
18.77	13.09	19.58	14.98	0.33	4.27
426.21	187.36	885.72	775.14	3.60	106.98
44.38	17.00	183.48	165.30	0.72	17.46
29.89	9.10	85.13	75.87	0.48	8.78
12.94	9.44	67.39	59.77	0.12	7.50
16.77	13.91	69.30	64.72	0.21	4.36
9.42	4.59	21.07	18.91	0.10	2.06
10.69	2.74	26.03	22.87	0.07	3.09
13.65	8.31	41.97	34.22	0.26	7.49
18.01	11.04	45.10	40.87	0.14	4.10
50.50	29.93	153.75	142.11	0.37	11.27
29.44	5.61	70.60	64.78	0.18	5.64
16.82	7.44	40.09	36.31	0.09	3.69
40.12	9.95	79.89	71.77	0.43	7.69
10.76	3.50	18.73	16.27	0.07	2.38
1.25	1.35	5.98	5.21	0.01	0.76
2.90	2.54	11.36	9.91	0.18	1.27

4-7 限额以上住宿和餐饮业经营情况(2014年)

单位：亿元

类　别	Category	法人企业数(个) Number of Corporate Enterprises (unit)	产业单位和个体户数(个) Number of Industrial Activity Entities and Self-employed Entities(unit)	从业人员数(万人) Number of Employed Persons (10 000 persons)
住宿和餐饮业	**Hotels and Catering Services**	**914**	**746**	**11.59**
住宿业	**Hotels**	**553**	**192**	**6.82**
按登记注册类型分	**Grouped by Status of Registration**			
内资企业	Domestic-funded Enterprises	533	47	6.00
国有企业	State-owned Enterprises	61	16	0.78
集体企业	Collective-owned Enterprises	17		0.13
股份合作企业	Joint Stock Cooperative Enterprises	3		0.02
联营企业	Joint Ownership Enterprises	2		0.02
有限责任公司	Limited Liability Companies	198	15	2.74
股份有限公司	Incorporated Corporations	17	2	0.24
私营企业	Private Enterprises	220	14	1.99
其他企业	Other Enterprises	15		0.09
港、澳、台商投资企业	Enterprises Invested by Hong Kong, Macao and Taiwan	7	1	0.18
外商投资企业	Foreign-funded Enterprises	13		0.20
个体经营	Individual Operators		144	0.44
按住宿业行业小类分	**by Subclass of Hotels**			
旅游饭店	Tourist Hotel	402	95	5.40
一般旅馆	Fonda	132	93	1.26
其他住宿业	Others	19	4	0.16
按星级分	**by Stars Level**			
五星	Five - star	30	7	1.20
四星	Four - star	81	17	1.64
三星	Three - star	134	25	1.10
二星	Two- star	60	24	0.36
一星	One- star	2	5	0.07
其他	Others	246	114	2.45

Basic Statistics on Hotels Industry and Catering Services above Designated Size (2014)

(100 million yuan)

营业总收入 Total Business Income	客房收入 Hotels	餐费收入 Catering Services	商品销售收入 Retail Sales of Commodities	其他收入 Other	客房数（万间）Number of Hotel Rooms (10 000 units)	床位数（万个）Number of Hotel Beds (10 000 units)	餐位数（万位）Number of Dining Seats (10 000 units)	年末餐饮营业面积（万平方米）Catering Services Operational Area at Year-end (10 000 sq.m)
171.14	**54.46**	**99.56**	**6.36**	**10.76**	**10.25**	**18.06**	**74.69**	**271.29**
90.29	**51.95**	**26.04**	**3.23**	**9.07**	**9.63**	**16.92**	**29.34**	**125.60**
77.04	43.71	22.76	2.67	7.90	8.35	14.64	24.99	106.37
10.21	4.56	3.45	0.40	1.81	1.00	1.82	3.61	14.92
1.26	0.63	0.44	0.02	0.16	0.17	0.31	0.65	2.02
0.16	0.10	0.02		0.04	0.03	0.05	0.02	0.06
0.22	0.13	0.07		0.02	0.02	0.04	0.06	0.21
36.97	20.57	11.49	1.21	3.71	3.58	6.10	10.26	45.63
3.38	1.87	1.21	0.06	0.24	0.35	0.64	1.50	3.76
23.55	15.23	5.67	0.97	1.67	3.04	5.36	8.42	37.13
1.29	0.63	0.39	0.01	0.27	0.15	0.30	0.47	2.65
2.88	1.61	0.93		0.34	0.22	0.37	0.53	1.94
3.12	1.71	0.71	0.17	0.53	0.15	0.26	0.44	2.41
7.24	4.92	1.64	0.38	0.30	0.90	1.66	3.38	14.88
69.03	38.65	21.09	1.94	7.35	7.34	12.87	21.90	92.93
19.66	12.37	4.49	1.22	1.58	1.99	3.51	6.65	28.56
1.60	0.93	0.46	0.07	0.14	0.30	0.55	0.79	4.11
18.00	10.84	5.69	0.10	1.36	1.28	2.11	2.87	13.62
19.89	10.04	5.73	0.68	3.43	1.83	3.15	5.66	25.79
12.96	6.54	4.04	0.71	1.67	1.80	3.28	7.07	23.66
5.62	2.87	1.95	0.31	0.49	0.72	1.31	2.90	12.90
1.16	0.70	0.37		0.09	0.09	0.17	0.46	0.91
32.67	20.95	8.25	1.43	2.04	3.90	6.91	10.37	48.72

4−7 续表 1

单位：亿元

类 别	Category	法人企业数（个） Number of Corporate Enterprises (unit)	产业单位和个体户数（个） Number of Industrial Activity Entities and Self-employed Entities(unit)	从业人员数（万人） Number of Employed Persons (10 000 persons)
餐饮业	**Catering Services**	**361**	**554**	**4.78**
按登记注册类型分	**Grouped by Status of Registration**			
内资企业	Domestic-funded Enterprises	354	20	2.86
国有企业	State-owned Enterprises	11	8	0.20
集体企业	Collective-owned Enterprises	3	1	0.02
股份合作企业	Joint Stock Cooperative Enterprises	1		
联营企业	Joint Ownership Enterprises			
有限责任公司	Limited Liability Companies	115	6	0.96
股份有限公司	Incorporated Corporations	5	1	0.17
私营企业	Private Enterprises	206	4	1.46
其他企业	Other Enterprises	13		0.06
港、澳、台商投资企业	Enterprises Invested by Hong Kong, Macao and Taiwan	4		0.11
外商投资企业	Foreign-funded Enterprises	3		0.36
个体经营	Individual Operators		534	1.44
按餐饮业行业小类分	**by Subclass of Catering Services**			
正餐服务	Restaurant	347	534	4.00
快餐服务	Fast Food	4	8	0.48
饮料及冷饮服务	Beverages and Cold Drinks	3	3	0.03
其他餐饮业	Others	7	9	0.26

continued

(100 million yuan)

营业总收入 Total Business Income	客房收入 Hotels	餐费收入 Catering Services	商品销售收入 Retail Sales of Commodities	其他收入 Other	客房数（万间）Number of Hotel Rooms (10 000 units)	床位数（万个）Number of Hotel beds (10 000 units)	餐位数（万位）Number of Dining Seats (10 000 units)	年末餐饮营业面积（万平方米）Catering Services Operational Area at the Year-end (10 000 sq.m)
80.85	**2.51**	**73.52**	**3.14**	**1.69**	**0.63**	**1.14**	**45.36**	**145.69**
43.25	1.95	38.08	1.92	1.31	0.49	0.86	24.23	86.11
2.56	0.28	2.23	0.04	0.01	0.07	0.13	2.73	10.00
0.38	0.07	0.31			0.02	0.04	0.18	0.89
0.04		0.04					0.02	0.08
14.59	0.32	12.59	1.43	0.25	0.09	0.17	7.82	28.54
0.89	0.01	0.86	0.01	0.01			0.56	1.39
24.25	1.23	21.58	0.42	1.02	0.28	0.49	12.12	42.86
0.56	0.05	0.47	0.03	0.01	0.01	0.03	0.80	2.35
2.50		2.19		0.32			0.39	1.51
5.08		5.08					0.94	1.46
30.02	0.56	28.18	1.22	0.06	0.14	0.28	19.80	56.61
69.73	2.51	62.86	3.01	1.36	0.63	1.14	40.56	135.65
8.36		8.02	0.02	0.32			3.68	7.31
0.38		0.38					0.13	0.38
2.38		2.26	0.11	0.01			1.00	2.35

4-7　续表 2

单位：亿元

类　别	Category	法人企业数（个）Number of Corporate Enterprises (unit)	产业单位和个体户数（个）Number of Industrial Activity Entities and Self-employed Entities(unit)	从业人员数（万人）Number of Employed Persons (10 000 persons)
住宿业按地区分组	**Hotel Trade by Region**			
昆　明	Kunming	173	20	2.37
曲　靖	Qujing	47	19	0.53
玉　溪	Yuxi	30	7	0.34
保　山	Baoshan	15	13	0.34
昭　通	Zhaotong	30	5	0.23
丽　江	Lijiang	50	19	0.55
普　洱	Pu'er	14	17	0.15
临　沧	Lincang	12	14	0.12
楚　雄	Chuxiong	34	21	0.27
红　河	Honghe	31	15	0.51
文　山	Wenshan	13	11	0.17
西双版纳	Xishuangbanna	30	6	0.35
大　理	Dali	28	17	0.37
德　宏	Dehong	22	4	0.35
怒　江	Nujiang	8	2	0.05
迪　庆	Diqing	16	2	0.11
餐饮业按地区分组	**Catering Trade by Region**			
昆　明	Kunming	179	160	2.83
曲　靖	Qujing	32	47	0.43
玉　溪	Yuxi	26	27	0.22
保　山	Baoshan	14	25	0.16
昭　通	Zhaotong	12	11	0.08
丽　江	Lijiang	7	31	0.13
普　洱	Pu'er	10	11	0.05
临　沧	Lincang	7	15	0.05
楚　雄	Chuxiong	31	88	0.26
红　河	Honghe	16	40	0.16
文　山	Wenshan	7	20	0.08
西双版纳	Xishuangbanna	1	25	0.07
大　理	Dali	7	38	0.16
德　宏	Dehong	8	9	0.06
怒　江	Nujiang	1	7	0.01
迪　庆	Diqing	3		0.02

continued

(100 million yuan)

营业总收入 Total Business Income	客房收入 Hotels	餐费收入 Catering Services	商品销售收入 Retail Sales of Commodities	其他收入 Other	客房数（万间） Number of Hotel Rooms (10 000 units)	床位数（万个） Number of Hotel beds (10 000 units)	餐位数（万位） Number of Dining Seats (10 000 units)	年末餐饮营业面积（万平方米） Catering Services Operational Area at the Year-end (10 000 sq.m)
33.93	18.09	10.64	0.91	4.30	3.08	5.41	7.73	28.96
9.74	6.67	2.14	0.52	0.41	0.69	1.22	3.05	12.43
4.80	2.27	1.37	0.29	0.86	0.48	0.88	2.39	12.71
3.05	2.02	0.79	0.06	0.19	0.45	0.72	1.02	6.25
2.32	1.26	0.68	0.21	0.17	0.35	0.59	0.83	4.44
7.01	4.91	1.47	0.16	0.47	0.85	1.51	1.15	5.34
1.79	1.11	0.49	0.03	0.16	0.27	0.46	1.28	2.79
1.84	1.23	0.44	0.07	0.11	0.28	0.46	0.79	2.89
3.81	1.95	1.23	0.22	0.42	0.50	0.90	1.83	6.61
7.15	3.25	2.87	0.32	0.70	0.59	1.09	3.94	14.35
2.03	1.17	0.51	0.21	0.13	0.22	0.39	0.74	4.31
4.57	2.71	1.25	0.08	0.52	0.71	1.27	1.62	6.17
4.36	2.92	1.05	0.10	0.29	0.54	0.98	1.71	10.63
2.10	1.18	0.63	0.03	0.26	0.32	0.54	0.90	2.75
0.48	0.35	0.07		0.05	0.11	0.17	0.07	0.23
1.32	0.86	0.40	0.02	0.03	0.18	0.32	0.30	4.74
44.25	0.87	40.36	1.59	1.43	0.17	0.29	20.15	67.51
10.71	0.53	10.09	0.06	0.02	0.07	0.13	4.45	12.45
3.27	0.11	2.87	0.27	0.02	0.06	0.12	3.09	10.79
1.95	0.06	1.76	0.10	0.02	0.01	0.03	1.31	5.11
0.99	0.14	0.74	0.11		0.05	0.08	0.94	3.53
2.22		2.05	0.17				0.88	3.97
0.79	0.08	0.64	0.04	0.03	0.04	0.07	1.32	2.73
1.06		0.91	0.15				0.84	3.88
6.13	0.22	5.35	0.44	0.11	0.08	0.16	6.01	15.73
3.30	0.15	3.01	0.13	0.01	0.05	0.08	2.75	6.84
1.66	0.20	1.37	0.04	0.04	0.06	0.12	0.83	2.83
1.37		1.37					0.27	1.47
2.24	0.12	2.12			0.03	0.06	1.43	5.48
0.63	0.02	0.59	0.02		0.01	0.01	0.73	2.43
0.14		0.14					0.19	0.48
0.16		0.15	0.01				0.16	0.46

4–8 限额以上住宿和餐饮业企业财务状况(2014年)

单位：亿元

类　别	Category	法人企业数(个) Number of Corporate Enterprises (unit)	资产总计 Total Assets
住宿和餐饮业	**Hotels and Catering Services**	**914**	**416.92**
住宿业	**Hotels**	**553**	**332.78**
按登记注册类型分	**Grouped by Status of Registration**		
内资企业	Domestic-funded Enterprises	533	302.78
国有企业	State-owned Enterprises	61	26.43
集体企业	Collective-owned Enterprises	17	3.89
股份合作企业	Joint Stock Cooperative Enterprises	3	0.14
联营企业	Joint Ownership Enterprises	2	0.18
有限责任公司	Limited Liability Companies	198	148.33
股份有限公司	Incorporated Corporations	17	7.71
私营企业	Private Enterprises	220	113.29
其他企业	Other Enterprises	15	2.82
港、澳、台商投资企业	Enterprises Invested by Hong Kong, Macao and Taiwan	7	12.67
外商投资企业	Foreign-funded Enterprises	13	17.33
按住宿业行业小类分	**by Subclass of Hotels**		
旅游饭店	Tourist Hotel	402	296.99
一般旅馆	Fonda	132	30.23
其他住宿业	Others	19	5.56
按星级分	**by Stars Level**		
五星	Five - star	30	78.11
四星	Four - star	81	111.21
三星	Three - star	134	35.25
二星	Two- star	60	8.93
一星	One- star	2	4.17
其他	Others	246	95.11

Financial Indicators of Enterprises above Designated Size of Catering Services by Region (2014)

(100 million yuan)

流动资产合计 Total Current Assets	固定资产合计 Total Fixed Assets	负债合计 Total Liabilities	所有者权益 Total Owners' Equities	主营业务收入 Revenue from Principal Business	主营业务成本 Cost of Principal Business	主营业务税金及附加 Taxes and Other Charges on Principal Business	主营业务利润 Profits from Principa Business
168.49	**144.59**	**266.79**	**150.13**	**116.83**	**57.62**	**6.04**	**53.16**
118.51	**121.10**	**214.29**	**118.48**	**70.65**	**30.75**	**3.81**	**36.10**
108.24	107.47	199.17	103.62	65.11	29.21	3.49	32.40
10.42	12.80	12.09	14.33	7.56	2.89	0.41	4.26
2.24	1.05	2.06	1.83	1.22	0.61	0.07	0.54
0.10	0.01	0.04	0.10	0.16	0.07	0.03	0.06
0.06	0.03	0.03	0.14	0.22	0.05	0.01	0.16
66.56	50.97	99.46	48.87	32.26	12.93	1.75	17.57
2.78	4.08	4.88	2.83	2.13	1.05	0.13	0.95
25.17	37.22	78.56	34.73	20.37	11.01	1.02	8.34
0.91	1.32	2.05	0.77	1.20	0.61	0.07	0.53
4.36	5.24	7.25	5.41	2.63	0.75	0.15	1.72
5.90	8.39	7.88	9.46	2.91	0.78	0.16	1.98
104.75	104.98	190.85	106.14	56.27	22.25	3.17	30.85
11.80	13.61	19.21	11.02	13.05	7.88	0.56	4.62
1.96	2.51	4.23	1.33	1.32	0.62	0.08	0.63
37.57	31.07	45.94	32.18	13.92	4.65	0.82	8.45
29.30	28.21	72.60	38.61	16.03	6.21	0.87	8.96
11.80	15.96	20.50	14.75	10.52	5.29	0.54	4.69
2.27	5.01	4.59	4.33	4.01	2.10	0.25	1.66
1.98	2.15	0.73	3.44	0.92	0.13	0.06	0.73
35.59	38.71	69.93	25.18	25.25	12.37	1.27	11.61

4-8 续表 1

单位：亿元

类 别	Category	法人企业数（个）Number of Corporate Enterprises (unit)	资产总计 Total Assets
餐饮业	**Catering Services**	**361**	**84.15**
按登记注册类型分	**Grouped by Status of Registration**		
内资企业	Domestic-funded Enterprises	354	80.55
国有企业	State-owned Enterprises	11	0.91
集体企业	Collective-owned Enterprises	3	0.12
股份合作企业	Joint Stock Cooperative Enterprises	1	0.54
联营企业	Joint Ownership Enterprises		
有限责任公司	Limited Liability Companies	115	21.67
股份有限公司	Incorporated Corporations	5	0.21
私营企业	Private Enterprises	206	56.50
其他企业	Other Enterprises	13	0.60
港、澳、台商投资企业	Enterprises Invested by Hong Kong, Macao and Taiwan	4	1.94
外商投资企业	Foreign-funded Enterprises	3	1.65
按餐饮业行业小类分	**by Subclass of Catering Services**		
正餐服务	Restaurant	347	78.11
快餐服务	Fast Food	4	3.36
饮料及冷饮服务	Beverages and Cold Drinks	3	0.84
其他餐饮业	Others	7	1.84

continued

(100 million yuan)

流动资产合计 Total Current Assets	固定资产合计 Total Fixed Assets	负债合计 Total Liabilities	所有者权益 Total Owners' Equities	主营业务收入 Revenue from Principal Business	主营业务成本 Cost of Principal Business	主营业务税金及附加 Taxes and Other Charges on Principal Business	主营业务利润 Profits from Principa Business
49.99	**23.49**	**52.50**	**31.65**	**46.18**	**26.88**	**2.23**	**17.07**
48.44	22.62	50.40	30.15	38.78	22.90	1.89	14.00
0.43	0.47	0.65	0.26	0.86	0.49	0.04	0.32
0.06	0.06	0.09	0.03	0.34	0.19	0.02	0.13
0.06	0.07	0.34	0.20	0.04	0.03	0.00	0.01
10.42	7.28	13.13	8.55	13.58	7.95	0.68	4.95
0.09	0.12	0.01	0.20	0.33	0.26	0.00	0.06
37.13	14.40	35.92	20.58	23.09	13.66	1.12	8.31
0.26	0.23	0.26	0.34	0.55	0.31	0.03	0.21
1.30	0.48	0.89	1.05	2.34	1.46	0.08	0.81
0.25	0.38	1.21	0.45	5.06	2.52	0.27	2.27
47.42	22.07	48.80	29.31	37.13	22.21	1.84	13.08
0.80	1.08	2.23	1.14	7.30	3.42	0.37	3.51
0.75	0.01	0.70	0.14	0.26	0.14	0.01	0.11
1.02	0.33	0.77	1.07	1.50	1.11	0.02	0.37

4-8 续表 2

单位：亿元

类　别	Category	法人企业数（个）Number of Corporate Enterprises (unit)	资产总计 Total Assets
住宿业按地区分组	**Hotel Trade by Region**		
昆　明	Kunming	173	100.78
曲　靖	Qujing	47	12.79
玉　溪	Yuxi	30	11.13
保　山	Baoshan	15	16.44
昭　通	Zhaotong	30	5.88
丽　江	Lijiang	50	32.68
普　洱	Pu'er	14	5.42
临　沧	Lincang	12	5.83
楚　雄	Chuxiong	34	6.66
红　河	Honghe	31	30.77
文　山	Wenshan	13	5.24
西双版纳	Xishuangbanna	30	19.60
大　理	Dali	28	18.67
德　宏	Dehong	22	50.81
怒　江	Nujiang	8	1.88
迪　庆	Diqing	16	8.21
餐饮业按地区分组	**Catering Trade by Region**		
昆　明	Kunming	179	63.82
曲　靖	Qujing	32	4.15
玉　溪	Yuxi	26	2.71
保　山	Baoshan	14	0.59
昭　通	Zhaotong	12	0.52
丽　江	Lijiang	7	1.45
普　洱	Pu'er	10	1.05
临　沧	Lincang	7	0.66
楚　雄	Chuxiong	31	5.94
红　河	Honghe	16	1.20
文　山	Wenshan	7	0.41
西双版纳	Xishuangbanna	1	0.05
大　理	Dali	7	0.62
德　宏	Dehong	8	0.82
怒　江	Nujiang	1	0.01
迪　庆	Diqing	3	0.15

continued

(100 million yuan)

流动资产合计 Total Current Assets	固定资产合计 Total Fixed Assets	负债合计 Total Liabilities	所有者权益 Total Owners' Equities	主营业务收入 Revenue from Principal Business	主营业务成本 Cost of Principal Business	主营业务税金及附加 Taxes and Other Charges on Principal Business	主营业务利润 Profits from Principa Business
40.72	37.32	56.62	44.17	28.15	9.32	1.59	17.23
4.67	5.20	7.23	5.56	7.41	5.12	0.30	1.99
3.59	5.85	6.50	4.64	3.53	2.12	0.21	1.21
3.90	5.40	13.59	2.85	2.21	0.73	0.12	1.36
2.10	3.19	3.94	1.94	2.05	1.12	0.10	0.83
14.79	11.85	24.08	8.60	5.81	1.97	0.36	3.48
1.04	2.74	2.34	3.09	1.02	0.41	0.06	0.54
2.06	2.30	4.03	1.80	1.12	0.49	0.07	0.55
1.65	3.88	3.25	3.41	2.60	1.38	0.10	1.11
18.78	9.72	19.43	11.34	5.10	3.54	0.23	1.32
1.68	2.89	4.12	1.12	1.17	0.60	0.07	0.50
7.26	8.84	13.62	5.99	3.88	1.08	0.23	2.57
9.23	8.56	15.95	2.72	2.89	0.80	0.15	1.95
3.76	8.04	34.93	15.87	2.02	1.46	0.10	0.46
0.83	0.84	1.66	0.22	0.42	0.21	0.03	0.18
2.43	4.47	3.03	5.18	1.27	0.39	0.07	0.81
42.89	13.38	43.66	20.16	32.16	17.30	1.69	13.18
1.56	1.52	1.61	2.55	6.65	5.02	0.23	1.41
1.22	0.88	2.10	0.61	1.10	0.76	0.06	0.28
0.21	0.36	0.23	0.36	0.62	0.39	0.02	0.21
0.17	0.33	0.23	0.29	0.54	0.26	0.02	0.26
0.92	0.28	1.00	0.45	0.71	0.42	0.05	0.24
0.33	0.65	0.24	0.81	0.34	0.21	0.02	0.11
0.48	0.16	0.40	0.26	0.33	0.21	0.02	0.11
0.82	4.89	1.33	4.60	1.49	0.99	0.05	0.46
0.32	0.44	0.50	0.71	0.91	0.56	0.04	0.31
0.15	0.16	0.23	0.18	0.39	0.20	0.01	0.18
0.02	0.03		0.05	0.04	0.01		0.03
0.49	0.04	0.45	0.17	0.41	0.28	0.02	0.11
0.34	0.31	0.50	0.32	0.30	0.15	0.01	0.14
				0.02	0.02		
0.05	0.04	0.02	0.13	0.16	0.10		0.06

主要统计指标解释

社会消费品零售总额 指国民经济各行业直接销售给城乡居民和社会集团的消费品总额。它是反映各行业通过多种商品流通渠道向居民和社会集团供应的生活消费品总量，是研究国内零售市场变动情况、反映经济景气变化程度的重要指标。

社会消费品零售总额包括：（1）售给城乡居民作为生活用品和修建房屋用的建筑材料；（2）售给社会集团的各种办公用品和公用消费品；（3）售给机关、团体、学校、部队、企业、事业单位的职工食堂和旅店（招待所）附设专门供本店旅客食用，不对外营业的食堂的各种食品、燃料；企业、事业单位和国营农场直接售给本单位职工和职工食堂的自己生产的产品；（4）售给部队干部、战士生活用的粮食、副食品、衣着品、日用品、燃料；（5）售给来华的外国人、华侨、港澳台同胞的消费品（包括友谊商店、在海关前后设立的免税商店、外轮供应公司等）；（6）居民自费购买的中、西药品、中药材及医疗用品；（7）报社、出版社直接售给居民和社会集团的报纸、图书、杂志，集邮公司（包括集邮专柜）出售的新、旧纪念邮票、特种邮票、首日封、集邮册、集邮工具等；（8）旧货寄售商店（信托商店）自购、自销部分的商品；（9）煤气公司、液化石油气站售给居民和社会集团的煤气、灶具和罐装液化石油气。

批发零售业商品购、销、存总额 指各种登记注册类型的批发、零售贸易企业（单位）以本企业（单位）为总体的，从国内、国外市场购进的商品总量、销售和出口的商品总量、库存商品总量等情况。该指标对促进工农业生产发展、活跃市场、平抑物价、保障供给、满足需求具有举足轻重的作用。该指标可以反映商品流通过程中商品的购进、销售、库存之间的比例关系和存在的问题。

商品购进总额 指从本企业（单位）以外的单位和个人购进（包括从境外直接进口）作为转卖或加工后转卖的商品总额。它反映批发零售贸易业从国内、国外市场上购进商品的总量。

商品购进总额 包括：（1）从工农业生产者购进的商品；（2）从出版社、报社的出版发行部门购进的图书、杂志、报纸和音像制品；（3）从各种登记注册类型的批发零售贸易企业（单位）购进的商品；（4）从其他单位购进的商品，如：从机关、团体、企业等单位购进的剩余物资，从餐饮业、服务业购进的商品，从海关、市场管理部门购进的缉私和没收的商品，从居民手中收购的废旧商品等；（5）从国（境）外直接进口的商品。

商品销售总额 指对本企业（单位）以外的单位和个人出售（包括对境外直接出口）的商品总额。它反映批发零售贸易业在国内市场上销售商品以及出口商品的总量。商品销售总额包括：（1）售给城乡居民和社会集团消费用的商品；（2）售给工业、农业、建筑业、运输邮电业、批发零售贸易业、餐饮业、服务业等作为生产、经营使用的商品；（3）售给批发零售贸易业作为转卖或加工后转卖的商品；（4）对国（境）外直接出口的商品。

批发零售业库存 指报告期末各种登记注册类型的批发零售贸易企业（单位）已取得所有权的商品。它反映批发零售贸易企业（单位）的商品库存情况和对市场商品供应的保证程度。

期末库存包括：（1）存放在批发零售业经营单位（如：门市部、批发站、经营处）仓库、货场、货柜和货架中的商品；（2）挑选、整理、包装中的商品；（3）已记入购进而尚未达到本单位的商品，即发货单或银行承兑凭证已到而货未到的部分；（4）寄放他处的商品，如：因购货方拒绝承付而暂时存放在购货方的商品和已办理加工成品收回手续而未提回的商品；（5）委托其他单位代销（未作销售或调出）尚未售出的商品；（6）代其他单位购进尚未交付的商品。

住宿和餐饮业营业收入 指住宿和餐饮业法人企业（单位）在经营活动中因提供服务或销售商品等取

得的收入。包括：客房收入、餐费收入、商品销售额和其他收入。客房收入指住宿和餐饮业法人企业（单位）在经营活动中因提供住宿服务取得的收入。餐费收入指住宿和餐饮业法人企业、（单位）因为顾客提供就餐服务取得的收入，包括经烹饪、调制加工后出售的各种食品，如主食、炒菜、凉拌菜等的收入。商品销售额指住宿和餐饮业法人企业（单位）伴随服务而出售商品所取得的收入（含增值税）。其他收入指营业收入中除客房收入、餐费收入、商品销售额以外的其他收入，包括娱乐、健身和商务服务等。

Explanatory Notes on Principle Statistical Indicators

Total Retail Sales of Consumer Goods refer to the total amount of consumer goods directly sold by all sectors of the national economy to urban and rural residents and social groups. This indicator is used to show the total supplies of consumer goods through various channels of commodity circulation to households and institutions, and to study changes in the domestic retail market and in economic climate.

Total retail sales of consumer goods include: 1）.commodities sold to urban and rural residents for their daily use and building materials sold to them for construction or repair of houses; 2）.office appliances and supplies sold to social groups; 3）.food and fuels sold to staff canteens of government departments, organizations institutions, enterprises, schools, military units and to canteens attached to hotels and hostels that only serve their guests, and commodities produced by enterprises, institutions or state farms and sold directly to their employees or their staff canteens; 4）.grain and non-staple food, clothing, articles for daily use and fuels sold to military personnel; 5）.consumer goods sold to foreigners, overseas Chinese, and Chinese compatriots from Taiwan, Hong Kong and Macao during their stay in the mainland of China（including friendship store, duty-free shops near customs and ocean shipping supply company.6）.Chinese and western medicines, Chinese herbal medicine and medical facilities purchased by residents; 7）.newspapers, books and magazines directly sold to residents and social groups by publishers, new and old commemorative stamps, special stamps, first-day covers, stamp albums and other stamp-collection articles sold by stamp companies（including stamp collecting counter）; 8）.consumer goods purchased and then sold by second-hand shops（trust shop）; 9）.stoves, coal gas and liquefied petroleum gas sold by gas companies to households and social groups.

Total Purchases, Sales and Inventory of Commodities in Wholesale and Retail Trade refer to the total volume of commodities purchased, total volume of sales and exports, and inventory of commodities by wholesale and retail enterprises （establishments） of different status of registration from domestic and overseas markets. This indictor plays an important role in promoting industrial and agricultural production, thriving market, stabilizing prices, ensuring market supply and meeting the needs of consumers. It also reflects the proportional relationship among purchase, sales and inventory of commodities in the circulation of goods and reveals the existing problems.

Total Purchases of Commoditiesrefer to the total volume of commodities purchased by the enterprises （establishments） from other establishments or individuals （including direct imports from abroad） for the purpose of re-selling, either with or without further processing of the commodities purchased. This indicator is used to show the total volume of commodities purchased by wholesale and retail establishments from domestic and overseas markets. Total purchases include: 1）.agricultural and industrial products purchased from producers; 2）.books, publishers; 3）.commodities purchased from wholesale and retail establishments of different status of registration; 4）.commodities purchased from other entities, such as surplus materials purchased from government departments, enterprises or institutions, commodities purchased from food and service establishments, confiscated goods purchased from customs authorities or market management agencies, second-hand goods and wastes purchased from residents; and 5）.commodities directly imported from abroad.

Total Sales of Commoditiesrefer to total volume of commodities sold by the establishments to other establishments and individuals (including direct exports). This indicator is used to show the total volume of commodities sold at domestic markets and exports. Total sales include: 1) .commodities sold to urban and rural residents and social groups for their consumption; 2) .commodities sold to establishments in industry, agriculture, construction, transportation, post and telecommunications, wholesale and retail trade, food service and other service industries for their production and operation; 3) .commodities sold to wholesale and retail establishments for re-selling, with or without further processing; and 4) .commodities for direct export to other countries.

Inventory of Commodities of Wholesale and Retail Enterprisesrefers to total commodities possessed by wholesale and retail enterprises (establishments) of various status of registration at the end of the report period, which reflects the commodity inventory level of various wholesale and retail enterprises and the potential for market supply. It includes: 1) .commodities stored in warehouses, goods yards, counters, and shelves of operating establishments (such as stores, wholesale centers, and operating offices) of wholesale and retail trade; 2) .commodities in the process of selecting, sorting, and packing; 3) .commodities not arrived but recorded as purchase in the account, i.e. commodities not arrived but payment receipts for the commodities from the sellers or the banks arrived; 4) .commodities deposited in other places rather than places mentioned above, for instance: commodities in the hold of purchasers temporarily due to the refusal of payment and commodities not taken back after going through the formalities; 5).commodities entrusted to other entities to sell but not sold yet; 6).commodities purchased for other entities but not delivered yet.

Business Revenue of Hotels and CateringServices refers to revenue received from providing services or selling commodities by corporate enterprises and establishments engaged in hotels and catering services, including income from hotels, from catering services, from selling of commodities and from other services. Income from hotels refers to income of corporate enterprises and establishments engaged in hotels and catering services by providing lodging services. Income from catering services refers to income of corporate enterprises and establishments engaged in hotels and catering services by providing catering services, including selling of cooked or prepared foods such as staple food, cooked dishes or cold dishes. Income from selling of commodities refers to income of corporate enterprises and establishments engaged in hotels and catering services by selling commodities (including value-added tax) that accompany the services they provide. Income from other activities refers to income received other than income from hotels, catering services or selling of commodities, such as income from providing recreation, fitness or business services.

Chapter 5

五、公共财政
Public Finance

5-1 地方公共财政预算收支额(1981-2014 年)

Pubilc Budgetary Revenue and Expenditure of Local Government (1981-2014)

单位：亿元 (100 million yuan)

年 份 Year	地方公共财政预算收 入 Pubilc Budgetary Revenue of Local Government	增值税 Value Added Tax	营业税 Business Tax	企 业所得税 Enterprise Income Tax	地方公共财政预算支 出 Pubilc Budgetary Expenditure of Local Government	农业支出 Expenditure for Agriculture	文教科卫事业费 Expenditure for Culture, Education, Science and Health	行政管理费 Expenditure for Government Administra-tion	社会保障补助支出 Expenditure for Social Security
1981	12.69				15.73	2.46	4.30	2.21	
1982	15.66				18.80	3.15	5.14	2.47	
1983	17.17				24.23	3.68	6.55	2.98	
1984	19.73				30.77	4.41	8.15	4.54	
1985	27.41			5.98	36.70	4.18	9.38	4.92	
1986	30.01			4.50	47.31	5.71	11.29	5.75	
1987	37.49			4.78	53.86	6.66	12.59	6.29	
1988	50.53			7.59	64.84	8.39	15.56	6.45	
1989	63.27			9.19	81.89	11.62	18.15	7.50	
1990	77.43			7.21	90.76	13.20	21.32	8.88	
1991	99.78			8.09	110.82	15.91	24.08	10.56	
1992	109.32			5.17	121.59	18.53	28.76	13.86	
1993	204.94			4.99	200.62	23.82	37.36	16.73	
1994	76.70	22.52	11.75	6.72	203.73	25.06	48.91	21.40	
1995	98.35	23.28	15.40	7.87	235.10	28.28	54.06	24.47	
1996	130.01	26.54	21.21	9.42	270.39	32.51	69.04	30.22	
1997	150.42	27.84	25.36	9.70	313.20	33.82	75.01	30.58	
1998	168.23	30.57	29.76	14.47	328.00	34.66	80.50	32.07	2.71
1999	172.67	31.06	33.94	14.95	378.05	36.59	89.86	33.47	7.33
2000	180.75	31.37	36.00	20.17	414.11	39.20	98.70	37.24	15.89
2001	191.28	33.62	36.68	26.29	496.43	45.26	116.70	44.76	26.21
2002	206.76	34.42	41.41	25.78	526.89	46.35	132.37	49.36	25.67
2003	229.00	39.11	45.17	21.50	587.35	48.99	143.99	55.43	42.30
2004	263.36	45.56	56.57	27.78	663.64	71.90	170.60	67.76	33.31
2005	321.65	56.02	67.64	33.35	766.31	73.50	192.06	78.12	29.03
2006	379.97	67.50	89.49	41.30	893.58	83.86	236.16	95.21	34.15
2007	486.71	85.72	112.47	55.71	1 135.22	127.60	300.55	187.01	170.48
2008	614.05	99.41	136.63	66.03	1 470.24	177.77	392.19	217.12	224.72
2009	698.25	97.53	175.79	65.29	1 952.34	267.28	510.84	237.22	304.10
2010	871.19	112.78	237.26	82.28	2 285.72	327.21	615.46	246.50	304.69
2011	1 111.16	136.64	277.71	110.61	2 929.60	409.80	793.63	282.05	386.50
2012	1 338.15	148.00	340.54	135.82	3 572.66	518.60	1 036.48	338.16	439.06
2013	1 611.30	158.22	418.84	146.65	4 096.51	538.97	1 090.49	394.77	505.45
2014	1 698.06	186.11	396.31	159.63	4 437.98	594.45	1 126.71	399.48	584.08

注：1. 本表中 1994 年以来的财政收支及分组口径调整，与历史资料不可比。

2.2006 年以前农业支出包括农业支出、林业支出、水利气象支出和农林水利气象部门事业费。

3.2007 年以后财政支出科目调整，对应关系为：农业支出对应农林水事务、文教科卫事业费对应文教科卫支出、行政管理费对应一般公共服务、社会保障补助支出对应社会保障和就业。

Note: a.Since 1994,the local government revenue and expenditure and the grouping standard in this table are not comparable with the previous years.

b.Before 2006,the expenditure for agriculture included the spending on agriculture,forestry,water conservancy and meteorology and operating expenses for agriculture, forestry,water conservancy and meteorology.

c.After2007, the local government expenditure category changed,the corresponding relationships are as follows:operating expense for agriculture refers to the expenditure for agriculture,forestry and water conservancy,operating expense for culture,education,science and technology and health care refers to expenditure for culture,education,science and technology and health care,operating expense for government administration refers to the expenditure for public service, operating expense for social security refers to the expenditure for social security and employment.

5-2 地方公共财政预算收入(2013-2014 年)
Pubilc Budgetary Revenue of Local Government (2013-2014)

单位：亿元 (100 million yuan)

类　别	Category	2013	2014	2014 年比 2013 年增长 (%) Increase rate in 2014 over 2013 (%)
地方公共财政预算收入	**Pubilc Budgetary Revenue of Local Government**	**1 611.30**	**1 698.06**	**5.4**
税收收入	**Tax Revenue**	**1 215.66**	**1 233.23**	**1.5**
增值税	Value-added Tax	158.22	186.11	17.6
营业税	Business Tax	418.84	396.31	- 5.4
企业所得税	Enterprise Income Tax	146.65	159.63	8.9
个人所得税	Personal Income Tax	40.76	48.18	18.2
资源税	Resource Tax	18.75	17.13	- 8.6
固定资产投资方向调节税	Tax Raised from Adjustment of Real-estate Investment			
城市维护建设税	Tax on City Maintenance and Construction	105.74	118.42	12.0
房产税	Tax on Real Estates	28.86	34.53	19.6
印花税	Stamp Tax	14.34	17.29	20.6
城镇土地使用税	Holding Tax on Urban and County Land	21.28	23.98	12.7
土地增值税	Land Value Added Tax	46.10	43.86	- 4.9
车船税	Tax on Vehicles and Their Registration	11.57	13.39	15.7
耕地占用税	Farmland Occupation Tax	76.03	55.35	- 27.2
契　税	Contract Tax	69.16	60.96	- 11.9
烟叶税	Tobacco Leaf Tax	59.35	58.08	- 2.1
其他税收收入	Others	0.02		
非税收入	**Non-tax Revenue**	**395.64**	**464.83**	**17.5**
专项收入	Specific Revenue	163.24	168.16	3.0
行政性收费收入	Income from Administrative Fees	84.69	103.58	22.3
罚没收入	Penalty and Confiscatory Income	50.25	49.57	- 1.4
国有资本经营收入	Profits of State-owned Enterprises	-0.18	0.80	
国有资源(资产)有偿使用收入	Revenue of Compensable Use of State-owned Resources (Assets)	57.44	76.77	33.7
其他收入	Others	40.19	65.95	64.1

5-3 地方公共财政预算支出（2013-2014 年）
Pubilc Budgetary Expenditure of Local Government (2013-2014)

单位：亿元 (100 million yuan)

类　别	Item	2013	2014	2014 年比 2013 年增长 (%) Increase rate in 2014 over 2013 (%)
地方公共财政预算支出	**Pubilc Budgetary Expenditure of Local Government**	**4 096.51**	**4437.98**	**8.3**
一般公共服务	General Public Service	394.77	399.48	1.2
公共安全	Public Security	214.22	219.66	2.5
教　育	Education	685.97	674.94	-1.6
科学技术	Science and Technology	42.59	43.15	1.3
文化体育与传媒	Culture, Sports and Media	61.35	56.21	-8.4
社会保障和就业	Social Security and Employment	505.45	584.08	15.6
医疗卫生	Health	300.57	352.41	17.2
环境保护	Environment Protection	105.29	108.88	3.4
城乡社区事务	Urban and Rural Community Affairs	174.51	182.22	4.4
农林水事务	Farming, Forestry and Irrigation Affairs	538.97	594.45	10.3
交通运输	Transport	547.47	640.16	16.9
工业商业金融等事务	Industrial,Commercial and Financial Affairs	117.23	125.32	6.9
其他各项支出	Others	49.36	67.46	36.7

5-4 各州市地方公共财政预算收入(2013-2014年)
Pubilc Budgetary Revenue of Local Government by Region (2013-2014)

单位：亿元 (100 million yuan)

州 市	Region	2013	2014	2014年比2013年增长(%) Increase Rate in 2014 over 2013 (%)
全 省	**Yunnan**	**1 611.30**	**1 698.06**	**5.4**
昆 明	Kunming	450.75	477.97	6.0
曲 靖	Qujing	121.53	115.67	-4.8
玉 溪	Yuxi	105.97	113.59	7.2
保 山	Baoshan	42.84	47.18	10.1
昭 通	Zhaotong	47.47	51.02	7.5
丽 江	Lijiang	45.78	46.07	0.6
普 洱	Pu'er	53.72	44.99	-16.3
临 沧	Lincang	36.85	37.26	1.1
楚 雄	Chuxiong	56.37	63.72	13.0
红 河	Honghe	97.25	111.02	14.2
文 山	Wenshan	42.72	50.70	18.7
西双版纳	Xishuangbanna	26.81	28.79	7.4
大 理	Dali	71.97	75.28	4.6
德 宏	Dehong	27.96	31.00	10.9
怒 江	Nujiang	8.41	9.33	10.9
迪 庆	Diqing	13.05	14.49	11.0

5-5 各州市地方公共财政预算支出（2013-2014 年）

Pubilc Budgetary Expenditure of Local Government by Region(2013-2014)

单位：亿元 (100 million yuan)

州 市	Region	2013	2014	2014 年比 2013 年增长 (%) Increase Rate in 2014 over 2013 (%)
全 省	**Yunnan**	**4 096.51**	**4 437.98**	**8.3**
昆 明	Kunming	585.76	593.66	1.3
曲 靖	Qujing	297.26	334.17	12.4
玉 溪	Yuxi	186.28	207.31	11.3
保 山	Baoshan	150.32	164.24	9.3
昭 通	Zhaotong	261.26	330.89	26.7
丽 江	Lijiang	113.20	128.03	13.1
普 洱	Pu'er	201.61	224.36	11.3
临 沧	Lincang	181.33	194.45	7.2
楚 雄	Chuxiong	172.65	205.12	18.8
红 河	Honghe	310.71	344.79	11.0
文 山	Wenshan	195.46	217.23	11.1
西双版纳	Xishuangbanna	81.26	90.07	10.8
大 理	Dali	222.93	243.57	9.3
德 宏	Dehong	99.60	121.72	22.2
怒 江	Nujiang	55.29	63.36	14.6
迪 庆	Diqing	108.85	101.13	-7.1

主要统计指标解释

财政收入 指国家财政参与社会产品分配所取得的收入，是实现国家职能的财力保证。

地方财政一般预算收入 是指按照一定的形式和程序，由地方各级财政部门组织并纳入地方财政一般预算管理的各项收入。主要包括：

1. **税收收入**：包括国内增值税、营业税、企业所得税、个人所得税、资源税、城市维护建设税、各银行总行、各保险公司总公司集中交纳的部分、房产税、印花税、城镇土地使用税、土地增值税、车船税、耕地占用税、契税、烟叶税等。

2. **非税收入**：包括专项收入、行政事业性收费、罚没收入、国有资本经营收入、国有资源（资产）有偿使用收入和其他收入。

财政支出 指国家财政将筹集起来的资金进行分配使用，以满足经济建设和各项事业的需要。

地方财政一般预算支出 是指地方各级财政部门对所集中的预算收入有计划地分配和使用而安排的支出。主要包括：

1. **一般公共服务**：指政府提供基本公共管理与服务的支出，包括人大事务、政协事务、政府办公厅（室）及相关机构事务、发展与改革事务、统计信息事务、财政事务、税收事务、审计事务、海关事务、人力资源事务、纪检监察事务、人口与计划生育事务、商贸事务、知识产权事务、工商行政管理事务、国土资源事务、海洋管理事务、测绘事务、地震事务、气象事务、民族事务、宗教事务、港澳台侨事务、档案事务、共产党事务、民主党派事务及工商联事务、群众团体事务、彩票事务等。

2. **公共安全**：指政府维护社会公共安全方面的支出，包括武装警察、公安、国家安全、检察、法院、司法行政、监狱、劳教、国家保密、缉私警察等。

3. **教育**：指政府教育事务支出，包括教育行政管理、学前教育、小学教育、初中教育、普通高中教育、普通高等教育、初等职业教育、中专教育、技校教育、职业高中教育、高等职业教育、广播电视教育、留学生教育、特殊教育、干部继续教育、教育机关服务等。

4. **科学技术**：指用于科学技术方面的支出，包括科学技术管理事务、基础研究、应用研究、技术研究与开发、科技条件与服务、社会科学、科学技术普及、科技交流与合作等。

5. **文化教育与传媒**：指政府在文化、文物、体育、广播影视、新闻出版等方面的支出。

6. **社会保障和就业**：指政府在社会保障与就业方面的支出，包括社会保障和就业管理事务、民政管理事务、财政对社会保险基金的补助、补充全国社会保障基金、行政事业单位离退休、企业改革补助、就业补助、抚恤、退役安置、社会福利、残疾人事业、城市居民最低生活保障、其他城镇社会救济、农村社会救济、自然灾害生活救助、红十字事务等。

7. **医疗卫生**：指政府医疗卫生方面的支出，包括医疗卫生管理事务支出、医疗服务支出、医疗保障支出、疾病预防控制支出、卫生监督支出、妇幼保健支出、农村卫生支出等。

8. **环境保护**：指政府环境保护支出，包括环境保护管理事务支出、环境监测与监察支出、污染治理支出、自然生态保护支出、天然林保护工程支出、退耕还林支出、风沙荒漠治理支出、退牧还草支出、已垦草原退耕还草、能源节约利用、污染减排、可再生能源和资源综合利用等支出。

9. **城乡社区事务**：指政府城乡社区事务支出，包括城乡社区管理事务支出、城乡社区规划与管理支出、城乡社区公共设施支出、城乡社区住宅支出、城乡社区环境卫生支出、建设市场管理与监督支出等。

10. **农林水事务**：指政府农林水事务支出，包括农业支出、林业支出、水利支出、扶贫支出、农业综合开发支出等。

11. 交通运输：指政府交通运输和邮政业方面的支出，包括公路运输支出、水路运输支出、铁路运输支出、民用航空运输支出、邮政业支出等。

12. 工业商业金融等事务：指政府对工业、商业及金融等方面的支出，包括采掘业支出、制造业支出、建筑业支出、工业和信息产业监管支出、国有资产监管支出、商业流通事务支出、金融业监管支出、旅游业管理与服务支出等。

Explanatory Notes on Principle Statistical Indicators

Government Revenue refers to income for the government finance through participating in the distribution of social products. It is the financial guarantee to ensure government functioning.

Local Government Budgetary Revenue refers to incomes which were organized and managed by the financial departments of local governments at all levels according to certain forms and procedures.

The contents of the local government budgetary revenue include the following main items:

1.Tax Revenues, including domestic value added tax （VAT）, domestic consumption tax, VAT and consumption tax from imports, VAT and consumption tax rebate for exports, business tax, corporate income tax, individual income tax, resource tax, city maintenance and construct tax, house property tax, stamp tax, urban land use tax, land appreciation tax, tax on vehicles and boat operation, ship tonnage tax, vehicle purchase tax, tariffs, farm land occupation tax, deed tax, and tobacco leaf tax, etc.

2.Non-tax revenue, including special program receipts, charge of administrative and institutional units, penalty receipts and others non-tax receipts.

Government Expenditure refers to the distribution and use of the funds which the government finance has raised, so as to meet the needs of economic construction and various causes.

Local Government Budgetary Expenditure refers to the planned distribution and use of the raised budgetary revenue by the financial departments of local government at all levels.

It includes the following main items

1.Expenditure for general public services: It refers to the spending on the basic public management and services which provided by governments, including the expense on affairs of People's Congress, affairs of People's Political Consultative Conference, affairs of government general office and relative institutions, affairs of development and reform, affairs of statistics, affairs of finance, affairs of taxation, affairs of audit, affairs of customs, affairs of human resources and social security, affairs of discipline inspection and supervision, affairs of population and family planning, affairs of commerce and trade, affairs of intellectual property, affairs of administration for industry and commerce, affairs of land and resources, affairs of oceanic administration, affairs of surveying and mapping, affairs of earthquake, ethnic affairs, religious affairs, affairs of Hong Kong, Macao, Taiwan, and Overseas Chinese, affairs of archives administration, affairs of Chinese Communist Party, affairs of democratic parties and federation of industry and commerce, affairs of mass organization, and affairs of lottery, etc.

2.Expenditure for public security: It refers to the spending of government on maintaining social and public security, including the expense on armed police force, public security, state security, prosecution, courts, justice, prison, labour education and rehabilitation, protection of state secrecy, anti-smuggling police, etc.

3.Expenditure for education: It refers to the spending of government on education, including the expense on the administration of education, pre-primary education, primary education, secondary education, high school education, regular higher education, primary vocational education, secondary vocational education, technical school education, vocational high school education and higher vocational education, radio and television education, student abroad education, special education, on the job training of cadres, education authorities services, etc.

4.Expenditure for Science and Technology: It refers to the spending of government on science and technology （S&T）, including the expense on the administration of S&T, basic research, applied research, research and development, conditions and services of S&T, popularization of social science, science and technology, exchanges and cooperation of S&T, etc.

5.Expenditure for Culture, Sport and Media: It refers to the spending of government on culture, cultural heritage, sports, radio, film, television, press and publication, etc.

6.Expenditure for Social Safety Net And Employment Effort: It refers to the spending of government on social safety net and employment, including the expense on administration of social safety net and employment, civil affairs, budgetary subsidy on the social insurance funds, subsidy on National Social Security Fund, retirees of administrative units and institutions, subsidy on enterprise reform, subsidy on employment effort, pension, placement of ex-serviceman, social welfare, the handicapped undertakings, the system of cost of living allowances for urban residents, other urban social relief, rural social relief, living relief of natural disasters, affairs of Red Cross Society, etc.

7.Expenditure for Medical and Health Care: It refers to the spending of government on medical and health care, including the expense on administration of medical and health care, medical services, health care, disease prevention and control, health inspection and supervision, women and children's health, rural health care, etc.

8.Expenditure for Environment Protection: It refers to the spending of government on environment protection, including the expense on administration of environment protection, environment monitoring and supervision, pollution control, natural ecology protection, project of virgin forests protection, reforesting farmland, controlling the sources of dust storms, returning pastureland to grassland, returning pastureland to grassland, returning cultivated land to grassland, energy conservation, emissions reduction, comprehensive utilization of renewable energy and resources, etc.

9.Expenditure for Urban and Rural Community Affairs: It refers to the spending of government on urban and rural community affairs, including the expense on administration of urban and rural community, planning and management of urban and rural community, public facilities of urban and rural community, housing of urban and rural community, sanitation of urban and rural community, management and supervision on the construction market, etc.

10.Expenditure for Agriculture, Forestry and Water Conservancy: It refers to the spending of government on agriculture, forestry and water conservancy, including the expense on agriculture, forestry, water conservancy, poverty alleviation, comprehensive agricultural development, etc.

11.Expenditure for Transportation: It refers to the spending of government on transportation and postal services, including the expense on road transportation, waterway transportation, railway transportation, civil aviation transportation, and postal services.

12.Expenditure for Industry, Commerce and Banking: It refers to the spending of government on industry, commerce and banking, including the expense on mining, manufacturing, construction, industry and information technology supervision and administration, State-owned assets supervision and administration, commerce and circulation affairs, financial intermediation supervision and administration, tourism administration and service, etc.

Chapter 6

六、对外经济贸易
Foreign Trade

6-1 进出口贸易总额（1980-2014 年）
Total Value of Import and Export Trade (1980-2014)

单位：亿美元 (USD 100 million)

年 份 Year	进出口总额 Total Value of Export and Import	出口额 Exports	进口额 Imports	差额（出超+、入超-）Balance (Favorable balance(+), Trade Deficit(-))
1980	1.10	0.96	0.14	0.82
1981	1.35	1.03	0.31	0.72
1982	1.36	1.09	0.27	0.82
1983	1.47	1.19	0.29	0.90
1984	1.51	1.11	0.39	0.72
1985	2.10	1.29	0.81	0.48
1986	2.65	1.69	0.96	0.72
1987	3.42	2.62	0.80	1.82
1988	4.44	3.42	1.02	2.40
1989	5.48	3.74	1.73	2.01
1990	5.48	4.34	1.14	3.21
1991	5.51	4.01	1.50	2.51
1992	6.71	4.67	2.04	2.63
1993	8.40	5.23	3.17	2.06
1994	13.44	9.10	4.34	4.76
1995	18.96	12.15	6.81	5.35
1996	19.22	10.96	8.26	2.70
1997	19.37	11.72	7.65	4.08
1998	19.03	11.74	7.30	4.44
1999	16.60	10.34	6.25	4.09
2000	18.13	11.75	6.38	5.37
2001	19.89	12.44	7.45	4.99
2002	22.26	14.30	7.97	6.33
2003	26.77	16.77	9.91	6.85
2004	37.48	22.39	15.09	7.30
2005	47.38	26.42	20.97	5.45
2006	62.32	33.91	28.40	5.51
2007	87.80	47.36	40.44	6.92
2008	95.99	49.87	46.12	3.75
2009	80.19	45.14	35.05	10.09
2010	133.68	76.06	57.62	18.43
2011	160.53	94.73	65.80	28.93
2012	210.05	100.18	109.87	-9.69
2013	258.29	159.59	98.70	60.88
2014	296.22	188.02	108.20	79.82

6-2 主要贸易方式进出口总额（1980-2014 年）
Total Value of Main Trade Modes of Import and Export (1980-2014)

单位：亿美元 (USD 100 million)

年 份 Year	进出口总额			一般贸易		边境小额贸易	
	Total Value of Export and Import	出口额 Exports	进口额 Imports	出口额 Exports	进口额 Imports	出口额 Exports	进口额 Imports
1980	1.10	0.96	0.14				
1981	1.35	1.03	0.31				
1982	1.36	1.09	0.27				
1983	1.47	1.19	0.29				
1984	1.51	1.11	0.39				
1985	2.10	1.2 9	0.81			0.21	0.23
1986	2.65	1.69	0.96			0.28	0.31
1987	3.42	2.62	0.80			0.61	0.64
1988	4.44	3.42	1.02			1.31	1.01
1989	5.48	3.74	1.73			1.66	0.90
1990	5.48	4.34	1.14			1.28	0.75
1991	5.51	4.01	1.50			1.03	0.53
1992	6.71	4.67	2.04			1.55	0.75
1993	8.40	5.23	3.17			2.08	0.77
1994	13.44	9.10	4.34			1.46	1.11
1995	18.96	12.15	6.81			1.18	1.13
1996	19.22	10.96	8.26			0.45	0.91
1997	19.37	11.72	7.65			0.42	0.32
1998	19.03	11.31	5.22	9.25	3.60	0.89	0.42
1999	16.60	10.34	6.25	7.23	4.71	2.32	0.56
2000	18.13	11.75	6.38	7.84	4.21	2.78	0.78
2001	19.89	12.44	7.45	8.66	5.25	2.30	1.16
2002	22.26	14.29	7.97	10.57	5.25	2.31	1.37
2003	26.77	16.76	9.92	12.82	6.97	2.53	1.66
2004	37.48	22.39	15.04	16.73	11.27	3.09	2.15
2005	47.38	26.42	20.97	18.24	15.21	3.86	2.69
2006	62.32	33.91	28.40	22.34	20.28	4.65	3.11
2007	87.80	47.36	40.44	34.54	30.15	5.68	4.43
2008	95.99	49.87	46.12	39.96	37.51	5.72	6.29
2009	80.19	45.14	35.05	35.85	27.74	7.07	5.54
2010	133.68	76.03	57.62	44.34	47.23	9.88	7.47
2011	160.53	94.73	65.80	67.98	53.32	12.16	7.88
2012	210.05	100.18	109.87	48.33	64.45	13.95	7.54
2013	258.29	159.59	98.70	102.13	39.98	18.47	14.87
2014	296.22	188.02	108.20	130.75	50.29	21.79	14.00

6−3　边境贸易进出口总额（1997−2014年）
Total Value of Imports and Exports of Border Trade (1997-2014)

单位：亿美元　　　　(USD 100 million)

年　份 Year	边境贸易进出口总额 Total Value of Export and Import	出口额 Exports	进口额 Imports
1997	0.74	0.42	0.32
1998	1.31	0.89	0.42
1999	2.78	2.32	0.56
2000	3.56	2.78	0.78
2001	3.46	2.30	1.16
2002	3.68	2.31	1.37
2003	4.19	2.53	1.66
2004	5.24	3.09	2.15
2005	6.55	3.86	2.69
2006	7.76	4.65	3.11
2007	10.11	5.68	4.43
2008	12.01	5.72	6.29
2009	12.61	7.07	5.54
2010	17.36	9.88	7.47
2011	20.05	12.16	7.88
2012	21.49	13.95	7.54
2013	33.34	18.47	14.87
2014	35.79	21.79	14.00

6-4 各州市进出口总额(2014 年)

Total Value of Import and Export by Region (2014)

单位：亿美元 (USD 100 million)

州 市	Region	进出口总额 Total Value of Import and Export	出口额 Exports	2014 年比 2013 年增长 (%) Increase Rate Over 2013(%)	进口额 Imports	2014 年比 2013 年增长 (%) Increase Rate Over 2013(%)	2014 年比 2013 年增长 (%) Increase Rate Over 2013(%)
全 省	**Yunnan**	**296.22**	**188.02**	**20.0**	**108.20**	**12.3**	**17.1**
昆 明	Kunming	177.87	116.07	17.7	61.79	-8.8	5.3
曲 靖	Qujing	4.47	4.39	31.1	0.08	-78.2	20.4
玉 溪	Yuxi	9.69	9.13	34.4	0.56	61.0	35.7
保 山	Baoshan	2.68	1.07	26.0	1.61	39.4	33.7
昭 通	Zhaotong	.0.63	0.62	491.6	0.02	4375.0	506.4
丽 江	Lijiang	0.86	0.86	-22.5		-13.7	-22.5
普 洱	Pu'er	7.62	2.89	61.1	4.73	35.5	44.2
临 沧	Lincang	2.33	1.02	-20.4	1.31	4.5	-8.1
楚 雄	Chuxiong	3.34	3.33	30.3		-83.8	29.9
红 河	Honghe	8.93	7.50	25.8	1.43	-55.5	-2.7
文 山	Wenshan	1.08	0.78	-63.9	0.30	21.0	-55.1
西双版纳	Xishuangbanna	19.62	8.12	3.4	11.50	23.8	14.5
大 理	Dali	3.38	2.57	21.5	0.81	29.7	23.4
德 宏	Dehong	53.24	29.44	52.9	23.80	185.4	92.9
怒 江	Nujiang	0.39	0.15	39.2	0.24	7.7	17.9
迪 庆	Diqing	0.07	0.06	-67.6		62.1	-63.7

6-5 引进利用外资概况（1987-2014 年）
Utilization of Foreign Capital (1987-2014)

年 份 Year	协议利用外资 Utilization of Foreign Capital		对外借款 Foreign Borrowings		外商直接投资 Foreign Direct Investment		外商其他投资 Other Foreign Investment	
	项目（个） Number of Projects (unit)	金额（亿美元） Value (USD 100 million)	项目（个） Number of Projects (unit)	金额（亿美元） Value (USD 100 million)	项目（个） Number of Projects (unit)	金额（亿美元） Value (USD 100 million)	项目（个） Number of Projects (unit)	金额（亿美元） Value (USD 100 million)
签订利用外资协议（合同）额 Total Amount of Contracted Foreign Capital								
1987	9	0.14			9	0.11		0.04
1988	9		1		8			
1989	10	0.04			10	0.03		0.01
1990	16				11			
1991	31	0.60		0.34	22	0.16	6	0.10
1992	202				202			
1993	509	5.64			509	5.01		0.63
1994	262				262			
1995	277		8		269			
1996	159		6		153			
1997	135	3.25	8	0.57	127	2.67		
1998	122		3		119			
1999	140		2		138			
2000	110		4		106			
2001	140	2.94			140	2.94		
2002	150				150			
2003	167	5.44			167	5.44		
2004	167				167			
2005	152	4.36			152	4.36		
2006	204				204			
2007	170	9.66			170	9.66		
2008	228				228			
2009	190	16.82			190	16.82		
2010	163				163			
2011	163	21.54			163	21.54		
2012	121	10.95			121	10.95		
2013	116	12.14			116	12.14		
2014	132	10.82			132	10.82		

注：从 1991 年起实际利用外资额中对外借款从国家外汇管理局云南分局取得数字，1990 年以前是从中国银行昆明分行取得数字。1994 年后对外借款从云南省发改委外经处取得数字。

Note:Since 1991,data of borrowings in the foreign investment actually used have been obtained from Yunnan Branch of State Foreign Exchange Admistration Bureau,Before 1990,they were obtained from Kunming Branch of Bank of China. Since 1994, data of foreign exchange borrowings have been obtained from Foreign Trade Section of Provincial Development and Reform Commission.

6-5 续表 1 continued

年 份 Year	协议利用外资 Utilization of Foreign Capital		对外借款 Foreign Borrowings		外商直接投资 Foreign Direct Investment		外商其他投资 Other Foreign Investment	
	项目（个） Number of Projects (unit)	金额（亿美元） Value (USD 100 million)	项目（个） Number of Projects (unit)	金额（亿美元） Value (USD 100 million)	项目（个） Number of Projects (unit)	金额（亿美元） Value (USD 100 million)	项目（个） Number of Projects (unit)	金额（亿美元） Value (USD 100 million)
实际利用外资金额 Total Amount of Foreign Capital Actually Used								
1987								
1988		0.08				0.03		0.05
1989								
1990				0.04		0.03		0.05
1991								
1992		0.50		0.21		0.23		0.06
1993								
1994		3.14		1.11		2.03		
1995			27					
1996		3.38		1.58		1.80		
1997								
1998		2.98		1.52		1.46		
1999								
2000								
2001								
2002		2.84		1.72		1.12		
2003								
2004		2.14		0.73		1.42		
2005								
2006		4.29		1.27		3.02		
2007								
2008		9.36		1.59		7.77		
2009								
2010		13.29				13.29		
2011		17.38				17.38		
2012		21.89				21.89		
2013		25.15				25.15		
2014		27.06				27.06		

6−6 分行业利用外商直接投资情况(2014 年)

Utilization of Foreign Direct Investment by Sector (2014)

单位：亿美元 (USD 100 million)

国民经济行业	National Economic Sector	协议投资 Contracted Investment		实际投资金额 Actual Investment Amount
		项目(个) Number of Projects(unit)	金额 Value	
全　省	**Yunnan**	**132**	**10.82**	**27.06**
农、林、牧、渔业	Farming,Forestry,Animal Husbandry and Fishery	10	0.26	0.21
采矿业	Mining and Quarrying	1	0.31	0.49
制造业	Manufacturing	13	3.46	7.84
电力、煤气及水的生产和供应业	Production and Supply of Electricity,Gas and Water	6	1.42	1.63
建筑业	Construction	3	0.54	0.92
地质勘查、水利管理业	Geological Prospecting and Water Conservancy			
交通运输、仓储及邮电通信业	Transport,Storage,Postal and Telecommunication Services	3	0.05	
批发和零售贸易餐饮业	Wholesale and Retail Trade and Food Services	52	1.32	1.29
房地产业	Real Estate	3	2.06	9.46
社会服务业	Social Services	41	1.45	5.22
卫生体育和社会福利业	Health Care,Sports and Social Welfare			
教育、文化艺术和广播电影电视业	Education,Culture and Arts,Broadcasting,Film and Television			
科学研究和综合技术服务业	Scientific Research and Polytechnic Services			
其他行业	Others			

6–7 各州市利用外商直接投资情况（2013–2014 年）
Utilization of Foreign Direct Investment by Region (2013-2014)

单位：亿美元 (USD 100 million)

州 市	Region	协议投资 Contracted Investment				实际投资金额 Actual Investment	
		项 目(个) Number of Projects (unit)		金 额 Value			
		2013	2014	2013	2014	2013	2014
全 省	**Yunnan**	**116**	**132**	**12.14**	**10.82**	**25.15**	**27.06**
昆 明	Kunming	52	75	4.62	6.64	15.63	20.44
曲 靖	Qujing	4	4	0.09	0.24	0.71	0.89
玉 溪	Yuxi	1	4		0.21	0.81	0.74
保 山	Baoshan	7	2	2.80	0.23	1.06	1.19
昭 通	Zhaotong					0.14	
丽 江	Lijiang	4	2	0.08	0.11	0.07	0.07
普 洱	Pu'er	5	3	0.13	0.04	0.79	0.69
临 沧	Lincang		1	-0.06	0.13	0.32	0.65
楚 雄	Chuxiong	3	4	0.66	0.22	0.19	0.2
红 河	Honghe	4	6	0.09	0.26	0.32	0.6
文 山	Wenshan	1	1				
西双版纳	Xishuangbanna	5	8	0.06	0.42	0.09	0.04
大 理	Dali	6	4	0.59	0.49	0.63	0.93
德 宏	Dehong	2	4	0.29	0.73	1.04	0.26
怒 江	Nujiang						
迪 庆	Diqing	3	3	0.29		0.65	0.3
省 直	Those Directly under Provincal Government	19	11	2.48	1.09	1.77	0.03

6-8 实际利用外资额（2009-2014 年）
Foreign Investment Actually Utilized(2009-2014)

单位：亿美元 (USD 100 million)

项 目	Item	2009	2010	2011	2012	2013	2014
全 省	**Yunnan**	**9.10**	**13.29**	**17.38**	**21.89**	**25.15**	**27.06**
外商直接投资	Foreign Direct Investment	9.10	13.29	17.38	21.89	25.15	27.06
合资经营企业	Joint Ventures	3.65	4.68	5.58	6.82	7.14	5.15
合作经营企业	Cooperative Enterprises	0.36	0.68	0.65	0.07	2.09	3.61
独资企业	Sole Proprietorship Enterprises	5.08	6.96	10.12	14.90	15.58	15.04
外商投资股份制企业	Foreign-funded Joint Stock Enterprises	0.01	0.96	1.03	0.10	0.35	3.25

6–9 对外承包工程和劳务合作（1991–2014 年）
Contracted Projects and Labor Cooperation with Foreign Countries(1991-2014)

单位：亿美元 (USD 100 million)

年份 Year	合同份数（份） Number of Contracts (unit)	合同金额 Contracted Value	完成营业额 Value of Business Fulfilled
承包工程 Contracted Projects			
1991	19	0.11	0.08
1992	6	0.15	0.15
1993	3	0.40	0.26
1994	15	1.02	0.21
1995	46	2.20	1.01
1996	25	0.78	1.22
1997	47	0.77	0.91
1998	72	3.06	0.99
1999	120	2.50	1.25
2000	162	2.96	1.53
2001	60	1.53	1.45
2002	107	2.94	2.25
2003	71	3.07	2.44
2004	83	3.16	3.36
2005	131	5.34	3.87
2006	85	6.04	4.33
2007	96	7.00	4.99
2008	94	7.80	6.17
2009	63	9.24	7.38
2010	22	9.71	9.85
2011	47	11.21	11.45
2012	52	12.77	15.48
2013	55	12.81	18.17
2014	44	13.44	20.70
劳务合作 Labor Consultation Senice			
1991	4	0.01	
1992	3	0.01	
1993	9	0.01	
1994	7	0.03	0.01
1995	7	0.02	0.01
1996	9	0.02	0.01
1997	13	0.10	0.03
1998	11	0.04	0.01
1999	14	0.02	0.03
2000	8	0.04	0.02
2001	9	0.02	0.01
2002	2		0.01
2003	2	0.01	
2004	2		0.01
2005	1		
2006			
2007	2	0.01	0.02
2008	6	0.15	0.04
2009	26	0.06	0.04
2010	16	0.05	0.05

注：从 2009 年起承包工程统计包括设计咨询在内。
Note: Since 2009, statistics of design consultation had been included in that of construction projects under contract.

6-10 云南省对主要国家或地区出口总额（2013-2014年）

Total Value of Provincial Exports to Major Countries and Regions (2013-2014)

单位：亿美元 (USD 100 million)

国家或地区	Country or Region	2013	2014	2014年比2013年增长(%) Increase Rate in 2014 Over 2013 (%)
亚洲小计	**Asia**	**127.27**	**147.72**	**18.7**
阿富汗	Afghanistan			
孟加拉国	Bangladesh	1.33	1.24	- 6.7
文　莱	Brunei	0.37	0.43	16.1
缅　甸	Myanmar	24.35	34.68	42.4
柬埔寨	Cambodia	0.14	0.14	0.4
朝鲜	The Democratic People's Republic of Korea	0.37	0.49	28.8
中国香港	Hong Kong,China	38.29	32.85	- 7.7
中国澳门	Macao，China	0.36	0.33	- 9.2
中国台湾	Taiwan,China	1.66	1.35	- 18.7
印　度	India	5.23	5.06	- 1.4
印度尼西亚	Indonesia	6.42	7.10	10.7
伊　朗	Iran	0.89	5.17	476.3
以色列	Israel	0.39	0.24	- 37.7
日　本	Japan	2.44	2.53	3.7
约　旦	Jordan	0.19	0.28	43.8
科威特	Kuwait	0.19	0.27	40.1
老　挝	Laos	7.27	9.06	24.5
黎巴嫩	Lebanon	0.17	0.10	- 42.3
马来西亚	Malaysia	7.24	7.24	
尼泊尔	Nepal			
阿　曼	Oman	0.17	0.33	94.4
巴基斯坦	Pakistan	0.33	0.54	64.7
菲律宾	The Philippines	0.76	1.03	34.8
沙特阿拉伯	Saudi Arabia	1.31	1.55	17.6
新加坡	Singapore	3.47	5.11	47.1
韩　国	The Republic of Korea	2.30	3.44	49.5
斯里兰卡	Sri Lanka	0.44	0.69	65.5
叙利亚	Syria	0.11	0.12	13.2
泰　国	Thailand	6.64	8.26	24.6
土耳其	Turkey	0.43	0.85	98.3
阿拉伯联合酋长国	The United Arab Emirates	1.89	1.92	1.5
越　南	Vietnam	10.77	14.18	32.0
非洲小计	**Africa**	**5.69**	**9.99**	**75.5**
阿尔及利亚	Algeria	0.14	0.22	52.4
埃　及	Egypt	0.43	0.36	- 15.5
埃塞俄比亚	Ethiopia	0.07	0.04	- 45.9
肯尼亚	Kenya	0.24	0.55	128.5
毛里求斯	Mauritius	0.12	0.17	37.5
摩洛哥	Morocco	0.21	0.17	- 19.2

6-10 续表 1 continued

单位：亿美元 (USD 100 million)

国家或地区	Country or Region	2013	2014	2014年比2013年增长(%) Increase Rate in 2014 Over 2013(%)
尼日尔	Niger			
尼日利亚	Nigeria	0.89	1.84	106.1
南非（阿扎尼亚）	South Africa (Azania)	0.67	0.73	7.9
多　哥	Togo	0.22	0.34	58.5
津巴布韦	Zimbabwe			
欧洲小计	**Europe**	**13.17**	**15.36**	**16.6**
比利时	Belgium	1.15	1.36	18.0
丹　麦	Denmark	0.07	0.11	58.9
英　国	The United Kingdom	1.49	1.53	2.5
德　国	Germany	2.60	3.31	27.1
法　国	France	1.17	1.16	-0.7
爱尔兰	Ireland	0.01	0.08	350.5
意大利	Italy	0.91	1.10	20.8
荷　兰	The Netherlands	2.31	2.56	10.8
希　腊	Greece	0.12	0.20	60.1
葡萄牙	Portugal	0.06	0.13	85.0
西班牙	Spain	1.00	0.70	-29.8
奥地利	Austria	0.01	0.02	86.2
保加利亚	Bulgaria	0.01	0.04	154.1
芬　兰	Finland	0.10	0.06	-36.3
匈牙利	Hungary	0.02	0.04	100.0
马耳他	Malta	0.21	0.07	-65.3
挪　威	Norway	0.02	0.08	230.3
波　兰	Poland	0.53	0.38	-27.1
罗马尼亚	Romania	0.05	0.11	92.1
瑞　典	Sweden	0.12	0.14	16.9
瑞　士	Switzerland	0.02	0.02	-22.9
拉脱维亚	Latvia	0.01	0.01	-16.0
立陶宛	Lithuania	0.04	0.04	15.5
俄罗斯联邦	Russia	0.59	1.60	171.1
乌克兰	Ukraine	0.17	0.11	-36.0
南斯拉夫	Yugoslavia			
斯洛文尼亚	Slovenia	0.09	0.05	-40.3
捷　克	Czech	0.03	0.07	139.1
拉丁美洲小计	**Latin America**	**4.24**	**4.66**	**10.2**
阿根廷	Argentina	0.33	0.49	49.7
巴　西	Brazil	1.92	2.05	6.6
智　利	Chile	0.28	0.27	-4.9
哥伦比亚	Colombia	0.16	0.19	18.9
多米尼加联邦	The Commonwealth of Dominica			375.0

6-10 续表 2 continued

单位：亿美元 (USD 100 million)

国家或地区	Country or Region	2013	2014	2014 年比 2013 年增长 (%) Increase Rate in 2014 Over 2013 (%)
古巴	Cuba	0.07	0.16	98.1
多米尼加共和国	The Dominican Republic	0.01	0.03	174.4
海地	Haiti			11.5
墨西哥	Mexico	0.43	0.57	32.0
巴拿马	Panama	0.37	0.28	-23.2
巴拉圭	Paraguay	0.08	0.03	-64.3
秘鲁	Peru	0.12	0.12	
波多黎各	Puerto Rico			13.9
圣卢西亚岛	Saint Lucia			512.5
萨尔瓦多	El Salvador		0.01	190.0
乌拉圭	Uruguay	0.10	0.09	-10.5
委内瑞拉	Venezuela	0.13	0.14	2.4
北美洲小计	**North America**	**7.97**	**8.55**	**7.3**
加拿大	Canada	0.88	0.81	-7.6
美国	The United States	7.08	7.62	7.6
大洋洲小计	**Oceanica**	**1.25**	**1.75**	**39.6**
澳大利亚	Australia	1.05	1.32	24.6
斐济	Fiji			312.5
新西兰	New Zealand	0.17	0.39	127.6
巴布亚新几内亚	Papua New Guinea	0.01	0.01	-0.7
合计中：东南亚国家联盟	**Total of ASEAN**	**67.45**	**87.23**	**29.4**
合计中：欧洲联盟	**Total of European Union**	**12.32**	**13.29**	**7.9**

6-11 云南省对主要国家或地区进口总额（2013-2014 年）

Total Value of Provincial Imports from Major Countries and Regions (2013-2014)

单位：亿美元　　(USD 100 million)

国家或地区	Country or Region	2013	2014	2014 年比 2013 年增长 (%) Increase Rate in 2014 Over 2013(%)
亚洲小计	**Asia**	**62.41**	**68.82**	**12.1**
缅　甸	Myanmar	17.38	35.79	105.9
中国香港	Hong Kong,China	0.03	0.02	-25.2
中国澳门	Macao,China			
中国台湾	Taiwan,China	9.35	2.94	- 64.9
印　度	India	0.41	0.16	- 59.3
印度尼西亚	Indonesia	5.92	5.9	-0.3
伊　朗	Iran	0.28	0.05	- 80.7
以色列	Israel	0.03	0.08	141.1
日　本	Japan	0.47	0.47	-0.4
科威特	Kuwait	0.06	0.08	26.1
老　挝	Laos	3.22	4.66	47.0
马来西亚	Malaysia	8.02	5.24	- 34.7
菲律宾	The Philippines	0.15	0.02	-82.7
卡塔尔	Qatar	0.10	0.33	214.4
沙特阿拉伯	Saudi Arabia	0.55	1.34	147.2
新加坡	Singapore	0.37	0.39	4.6
韩　国	The Republic of Korea	7.86	6.02	- 23.4
泰　国	Thailand	3.87	2.47	- 36.2
阿拉伯联合酋长国	The United Arab Emirates	0.17	0.31	79.6
越　南	Vietnam	2.56	1.44	- 43.7

6-11 续表 continued

单位：亿美元 (USD 100 million)

国家或地区	Country or Region	2013	2014	2014年比2013年增长(%) Increase Rate in 2014 Over 2013 (%)
非洲小计	**Africa**	**2.80**	**4.97**	**77.2**
南非（阿扎尼亚）	South Africa	0.93	3.44	268.2
坦桑尼亚	Tanzania		0.01	333.3
欧洲小计	**Europe**	**12.83**	**9.52**	**-25.8**
比利时	Belgium	0.20	0.17	-14.1
丹 麦	Denmark	0.12	0.01	-85.4
英 国	The United Kingdon	0.30	0.08	-73.2
德 国	Federal Republic of Germany	1.92	1.65	-13.8
法 国	France	0.28	0.43	54.1
爱尔兰	Ireland			
意大利	Italy	0.35	0.54	53.3
荷 兰	The Netherlands	0.63	0.51	-19.6
西班牙	Spain	0.25	0.09	-61.6
奥地利	Austria	0.78	0.77	-0.3
芬 兰	Finland	0.01	0.09	504.7
罗马尼亚	Romania	0.01		
瑞 典	Sweden	0.15	0.08	-42.4
瑞 士	Switzerland	7.38	4.42	- 40.0
哈萨克斯坦	Kazakhstan			
俄罗斯联邦	Russia	0.12	0.21	67.2
乌克兰	Ukraine	0.01		
拉丁美洲小计	**Latin America**	**8.36**	**9.94**	**20.2**
阿根廷	Argentina	0.07		- 89.6
巴 西	Brazil	1.45	1.7	17.7
智 利	Chile	1.61	2.01	25.3
圭亚那	Guyana			
墨西哥	Mexico	2.21	2.76	25.6
秘 鲁	Peru	2.76	3.45	28.2
北美洲小计	**North America**	**6.39**	**11.65**	**125.4**
加拿大	Canada	1.11	1.12	2.1
美 国	The United States	5.29	10.52	158.9
大洋洲小计	**Oceanica**	**3.58**	**3.28**	**-7.1**
澳大利亚	Australia	3.55	3.24	-7.5
新西兰	New Zealand	0.02	0.03	63.3
东南亚国家联盟	**Total of ASEAN**	**41.50**	**55.92**	**34.9**
欧洲联盟	**Total of European Union**	**5.10**	**4.53**	**-11.1**

6-12 实际利用外商直接投资额(按国别或地区分)(2013-2014年)
Actually Utilized Foreign Direct Investment by Country and Region (2013-2014)

单位：亿美元 (USD 100 million)

国家或地区	Country or Region	2013	2014	名　称	Item	2013	2014
总　计	**Total**	**25.15**	**27.06**	丹　麦	Denmark		0.03
亚 洲	**Asia**			爱尔兰	Ireland		
# 中国香港	Hong Kong,China	17.39	19.82	希　腊	Greece		
中国台湾	Taiwan,China	0.36	0.06	葡萄牙	Portugal		
中国澳门	Macao,China	0.02		西班牙	Spain	0.11	0.18
菲律宾	The Philippines			芬　兰	Finland		
泰　国	Thailand	0.03	0.26	瑞　士	Switzerland	0.08	0.55
新加坡	Singapore	2.54	0.11	俄罗斯联邦	Russia		
马来西亚	Malaysia			**拉丁美洲**	**Latin America**		
日　本	Japan		0.11	# 巴　西	Brazil		
韩　国	The Republic of Korea	0.04	0.08	维尔京群岛	Virgin Islands	0.72	0.5
缅　甸	Myanmar	0.06	0.07	开曼群岛	Cayman Islands	0.07	0.02
非 洲	**Africa**			**北美洲**	**North America**		
欧 洲	**Europe**			# 加拿大	Canada		
# 德　国	Germany	0.24	2.78	美　国	The United States	0.86	0.21
法　国	France	0.12		**大洋洲**	**Oceanica**		
意大利	Italy			# 澳大利亚	Australia	0.01	
荷　兰	The Netherlands	0.02	0.03	新西兰	New Zealand		
英　国	The United Kingdom			**其　他**	**Others**		
比利时	Belgium						

主要统计指标解释

货进出口总额 指对外经济贸易中实际进出云南省境内的货物总金额。包括对外贸易实际进出口货物，来料加工装配进出口货物，国家间、联合国及国际组织无偿援助物资和赠送品，华侨、港澳同胞和外籍华人捐赠品，租赁期满归承租人所有的租赁货物，进料加工进出口货物，边境地方贸易及边境地区小额贸易进出口货物（边民互市贸易除外），中外合资企业、中外合作经营企业、外商独资经营企业进出口货物和公用物品，到、离岸价格在规定限额以上的进出口货样和广告品（无商业价值、无使用价值和免费提供出口的除外），从保税仓库提取在中国境内销售的进口货物，以及其他进出口货物。该指标可以观察一个国家在对外贸易方面的总规模。我国规定出口货物按离岸价格统计，进口货物按到岸价格统计。

商品经营单位所在地进、出口额 指所在地海关注册登记的有进出口经营权的企业实际进、出口额。
利用外资 指各级政府、部门、企业和其他经济组织通过对外借款、吸收外商直接投资以及用其他方式筹措的境外现汇、设备、技术等。

对外借款 指通过对外正式签订借款协议，从境外筹措的资金，包括政府贷款、国际金融组织贷款、外国银行商业贷款、出口信贷以及以前还包括对外发行股票。该指标是利用外资的重要部分。

外商直接投资 指外国企业和经济组织或个人（包括华侨、港澳同胞以及云南省在境外注册的企业）按中国有关政策、法规，用现汇、实物、技术等在云南境内开办外商独资企业、与中国境内的企业或经济组织共同举办中外合资经营企业、合作经营企业或合作开发资源的投资（包括外商投资收益的再投资），以及政府有关部门批准的项目投资总额内企业从境外借入的资金。

外商其他投资 指除对外借款和外商直接投资以外的各种利用外资的形式。包括企业在境内外股票市场公开发行的以外币计价的股票（目前主要是在香港证券市场发行的 H 股和在境内证券市场发行的 B 股）发行价总额，国际租赁进口设备的应付款，补偿贸易中外商提供的进口设备、技术、物料的价款，加工装配贸易中外商提供的进口设备、物料的价款。

对外承包工程 指各对外承包公司以招标议标承包方式承揽的下列业务：（1）承包国外工程建设项目；（2）承包云南对外经援项目；（3）承包云南驻外机构的工程建设项目；（4）承包云南境内利用外资进行建设的工程项目；（5）与外国承包公司合营或联合承包工程项目时云南公司分包部分；（6）对外承包兼营的房屋开发业务。对外承包工程营业额是以货币表现的本期内完成的对外承包工程工作量，包括以前年度签订的合同和本年度新签订的合同在报告期内完成的工作量。

对外劳务合作 指以收取工资的形式向业主或承包商提供技术和劳动服务活动。云南对外承包公司在境外开办的合营企业，中国公司同时又提供劳务的，其劳务部分也纳入劳务合作统计。劳务合作营业额按报告期内雇主提交的结算数（包括工资、加班费和奖金等）统计。

Explanatory Notes on Principle Statistical Indicators

Total value of Imports and Exports refers to the total value of goods imported into and exported from the boundary of China, including the actual imports and exports through foreign trade, imported and exported goods under the processing and assembling trade gifts and supplies as aid given gratis between governments and by the United Nations and other international organizations, and contributions donated by overseas Chinese, compatriots in Hong Kong and Macao and Chinese with foreign citizenship, leasing commodities owned by leaseholders at the expiration of the lease term, imported and exported goods processed with imported materials, commodities trading in border areas (excluding mutual exchange goods), imported and exported goods and articles for public use of the Sino-foreign joint ventures, cooperative enterprises and wholly foreign-funded enterprises. Imported or exported samples and advertising goods for whose CIF or FOB value are beyond the permitted ceiling (excluding goods of no trading or use value and free commodities for export), imported goods sold in China from bonded warehouses and other imported or exported goods. This indicator can be used to observe the general scale of foreign trade in a country. In accordance with the stipulation of the Chinese government, imp orts are calculated at CIF, while exports are calculated at FOB.

Import and Export Value by Location of operating Establishments refers to actual value of import and export business operated by establishments which have been registered by the local customhouse and are entitled to run import and export business.

Utilization of Foreign Capital refers to spot exchange, equipment and technology raised from abroad, by foreign borrowings, foreign direct investment and other forms undertaken by t he Chinese governments at all levels,various departments, enterprises and other economic entities.

Foreign Borrowings refer to funds raised from abroad through formal borrowing agreements with foreign institutions, including loans of foreign governments, loans of international financial institutions, commercial loans of foreign banks, export credit, and funds raised by Chinese stocks issued abroad (before 1996). It is an import ant part of China's utilization of foreign capital.

Foreign Direct Investment refers to the investments inside China by foreign enterprises and economic organizations or individuals (including overseas Chinese, compatriots from Hong Kong, Macao and Taiwan, and Chinese enterprises registered abroad), following the relevant policies and laws of China, for the establishment of wholly foreign-funded enterprises, Sino-foreign joint ventures and cooperative enterprises or for co-operative exploration of resources with enterprises or economic organizations in Yunnan. It also includes the reinvestment of the foreign entrepreneurs with the profits gained from the original investment and the funds that enterprises borrow from abroad in the total investment of projects, which are approved by the relevant government departments.

Other Foreign Investment refers to all forms of utilization of foreign capital except foreign borrowings and foreign direct investment. It includes the total value of stocks in foreign currencies issued by enterprises at domestic or foreign stock exchanges (now mainly consisting of H shares issued at Hong Kong Security Market and B shares issued at the domestic security markets), rent payable for imported equipment through international leasing arrangement, costs of imported equipment, technology and materials provided by foreign counterparts in compensation trade and processing and assembling trade.

International Contracted Projects refer to projects undertaken by Chinese contractors (contracting companies) through bidding process, including: 1).overseas construction projects financed by foreign investors;2).overseas projects financed by the Yunnan provincial government through its foreign aid programs;3). construction projects of Yunnan diplomatic missions, trade offices and other institutions stationed abroad;4). construction projects in Yunnan financed by foreign investors ; 5).sub-contracted projects undertaken by Yunnan contractors in joint or united contracts with foreign contractor (s); 6).housing development projects. Business volume of international contracted projects is the work volume of contracted projects completed during the report period,expressed in monetary terms, including completed work on projects contracted in previous years and the current year.

International Cooperation refers to the supply of technology and labor services to employers or contractors by receiving salaries and wages. Labor services provided by joint ventures of Yunnan international contracting corporations should be included in the statistics of labor co-operation with foreign countries. Business volume of labor cooperation is calculated according to the settled amount（including wages and salaries, overtime pay,bonuses, etc） provided by the employers during the report period.

Chapter 7

七、农业和农村
Agriculture and Country

7-1 云南省农村和农业生产基本情况(2010-2014年)

Basic Statistics on Rural Areas and Agriculture Production (2010-2014)

指　　标	Item	2010	2011	2012	2013	2014
乡村户数及人口	**Number of Rural Households and Population**					
乡村户数（万户）	Number of Rural Households(10 000 households)	947	961	969	975	971
乡村人口数（万人）	Rural Population (10 000 persons)	3 711	3 741	3 725	3 705	3 713
乡村从业人员（万人）	**Number of Rural Employed Persons (10 000 persons)**	**2 167**	**2 191**	**2 187**	**2 181**	**2 189**
# 农业从业人员	Number of Employees Involved in Agriculture	1 650	1 646	1 619	1 598	1 569
按人口性别分（万人）	**Popucation Grouped by Sex (10 000 persons)**					
男	Male	1 137	1 153	1 152	1 151	1 158
女	Female	1 030	1 038	1 035	1 029	1 031

注：乡村总人口是按1984年前的老口径统计，故本表的数字大于人口篇乡村总人口数。

Note: The total rural population is calculated accolding to original standards before 1984, so the data in this table are bigger than the rural population in chapter on population.

7-2 主要农业机械拥有量(1978-2014 年)

Historic Number of Major Agricultural Machinery Owned (1978-2014)

年 份 Year	农业机械总动力(万千瓦) Total Power of Agricultural Machinery (10 000 kw)	农用大中型拖拉机(万台/亿瓦特) Large and Medium-sized Agricultural Tractors (10 000 units/ 100 million watt)	农用小型及手扶拖拉机(万台/亿瓦特) Small and Walking Agricultural Tractors (10 000 units/ 100 million watt)	大中型拖拉机机引农具(万部) Farm Tools Towed by Large and Medium Sized Tractors (10 000 units)	小型拖拉机机引农具(万部) Farm Tools Towed by Small Tractors (10 000 units)	农用水泵(万台) Water Pumps for Agricultural Use (10 000 units)	联合收割机(台) Combine Harvesters (unit)	机动脱粒机(万台) Power-driver Shellers (10 000 units)
1978	243	1.44	2.52	2.23	1.87	1.71	215	4.19
1979	292	1.67	3.13	2.19	2.42	2.12	201	5.07
1980	295	1.72	3.34	2.11	2.96	2.21	184	5.36
1981	328	1.68	3.42	2.06	3.11	2.24	156	5.28
1982	335	1.65	3.80	1.86	2.88	2.19	170	4.84
1983	369	1.82	4.90	1.76	3.35	2.66	93	4.22
1984	407	1.84	6.11	1.47	3.20	2.79	68	3.97
1985	439	1.77	7.38	1.28	2.95	2.82	53	3.38
1986	475	1.91	8.62	1.10	4.00	3.24	53	3.13
1987	513	1.78 / 6.92	9.06 / 14.75	1.06	3.53	3.45	42	3.17
1988	579	1.75 / 6.86	11.57 / 10.27	1.02	3.91	3.71	60	3.74
1989	612	1.68 / 6.68	12.81 / 11.40	0.97	4.41	4.22	124	3.39
1990	649	1.62 / 6.39	14.13 / 12.62	0.94	5.40	4.46	120	3.66
1991	710	1.55 / 6.19	15.99 / 14.30	0.90	6.45	4.77	154	4.14
1992	754	1.39 / 5.58	17.22 / 15.36	0.86	6.40	5.01	125	4.59
1993	788	1.17 / 4.84	18.42 / 16.56	0.76	7.54	5.19	197	5.05
1994	850	1.05 / 4.42	19.87 / 17.99	0.67	8.00	4.46	126	5.44
1995	906	0.96 / 3.95	21.62 / 19.69	0.66	8.97	5.70	134	5.92
1996	1 003	0.84 / 3.57	26.03 / 24.04	0.35	6.52	5.41	101	8.01
1997	1 104	0.85 / 3.61	29.16 / 27.99	0.34	7.47	5.89	171	9.70
1998	1 177	1.01 / 3.89	31.41 / 3.05	0.36	8.17	6.20	257	10.22
1999	1 255	1.56 / 4.99	30.44 / 29.83	0.82	13.90	7.88	360	9.24
2000	1 301	3.83 / 10.16	30.07 / 29.94	0.81	15.03	8.88	450	11.10
2001	1 398	5.26 / 13.75	30.48 / 29.98	0.88	15.79	9.03	484	11.57
2002	1 460	6.69 / 17.69	29.91 / 30.39	1.03	16.46	9.49	483	11.58
2003	1 543	8.63 / 23.10	30.51 / 30.71	0.91	17.20	10.19	652	11.24
2004	1 608	9.15 / 25.08	30.48 / 31.04	0.90	16.66	11.01	817	11.57
2005	1 666	4.50 / 12.14	27.48 / 30.74	1.15	18.08	11.77	1 150	12.40
2006	1 755	4.86 / 12.83	27.88 / 28.13	1.23	18.83	12.72	1 570	14.82
2007	1 862	7.51 / 18.10	28.68 / 32.81	1.51	20.23	14.73	2 168	17.67
2008	2 014	17.51 / 37.90	29.57 / 31.17	1.91	22.30	17.09	2 537	21.80
2009	2 159	20.89 / 44.63	32.12 / 33.86	2.79	25.79	20.55	3 016	24.31
2010	2 411	22.51 / 49.41	33.92 / 35.82	3.15	27.69	21.66	3 496	27.10
2011	2 628	24.32 / 54.34	35.52 / 36.87	3.86	30.51	25.62	4 299	31.85
2012	2 874	26.77 / 61.88	37.12 / 38.18	4.54	32.08	27.58	5 075	33.92
2013	3 070	28.70 /	37.70 /	5.00	34.00	29.00	5 803	35.00
2014	3 215	30.12 / 70.7	36.83 / 38	5.64	34.44	30.21	6 596	36.93

注：由于统计指标变化，表中 2013 年农用拖拉机功率数已经取消。

Note: Because of the change of statistical indicators,data of agricultural tractors' power have been cancelled in 2013.

7–3 各州市农村基本情况及农业生产条件(2014 年)
Basic Conditions of Rural Areas and Agricultural Production by Region (2014)

州 市	Region	自来水受益村数(个) Villages with Tap Water Supply (unit)	通有线电视村数(个) Villages with Wire Television (unit)	通宽带村数(个) Villages with Band (unit)	农村用电量(亿千瓦时) Rural Consumption of Electricity (100 million kwh)
全 省	**Yunnan**	**12 381**	**8 034**	**8 688**	**87.12**
昆 明	Kunming	943	743	683	10.61
曲 靖	Qujing	1 597	1 080	933	11.49
玉 溪	Yuxi	656	579	580	15.81
保 山	Baoshan	870	700	703	4.64
昭 通	Zhaotong	1 080	361	392	6.03
丽 江	Lijiang	390	124	227	1.66
普 洱	Pu'er	991	450	599	2.84
临 沧	Lincang	896	281	661	2.05
楚 雄	Chuxiong	993	998	814	4.05
红 河	Honghe	1 107	692	717	10.53
文 山	Wenshan	817	521	716	5.23
西双版纳	Xishuangbanna	222	221	195	1.41
大 理	Dali	1 059	873	1 004	8.47
德 宏	Dehong	335	165	286	0.89
怒 江	Nujiang	259	154	90	0.56
迪 庆	Diqing	166	92	88	0.84

7-4　各州市农田水利情况(2014 年)

Basic Conditions of Farmland Water Conservancy by Region (2014)

州　市	Region	水库座数（座）Number of Reservoirs (unit)	水库总库容（亿立方米）Capacity of Reservoirs (100 million cu.m)	耕地灌溉面积（万公顷）Effective Irrigated Area (10 000 hectares)
全　省	**Yunnan**	**6 000**	**125.39**	**170.91**
昆　明	Kunming	815	26.94	12.29
曲　靖	Qujing	722	22.76	18.72
玉　溪	Yuxi	577	7.13	7.08
保　山	Baoshan	290	4.97	14.14
昭　通	Zhaotong	173	6.50	10.59
丽　江	Lijiang	137	3.47	6.39
普　洱	Pu'er	307	5.88	12.69
临　沧	Lincang	241	4.29	11.01
楚　雄	Chuxiong	1 086	12.22	9.23
红　河	Honghe	474	10.53	18.06
文　山	Wenshan	292	6.04	14.96
西双版纳	Xishuangbanna	192	3.48	5.06
大　理	Dali	610	7.82	16.08
德　宏	Dehong	64	2.78	11.56
怒　江	Nujiang	8	0.34	1.61
迪　庆	Diqing	12	0.24	1.44

7-5 水库库容量（2005-2014 年）

Storage Capacity of Reservoirs (2005-2014)

年份 Year	水库（座） Number of Reservoirs (unit)				水库库容量（亿立方米） Reservoir Capacity (100 million cu.m)				比上年增长 (%) Increase Rate Over Last Year(%)	
	总计 Total	大型水库 Large Reservoirs	中型水库 Medium Size Reservoirs	小型水库 Small Reservoirs	总计 Total	大型水库 Large Reservoirs	中型水库 Medium Size Reservoirs	小型水库 Small Reservoirs	水库 Number of Reservoirs	水库库容量 Capacity of Reservoirs
2005	5 368	5	169	5 194	98.87	16.79	48.68	33.4	0.8	1.9
2006	5 399	6	171	5 222	104.36	21.62	48.98	33.76	0.6	5.5
2007	5 403	6	173	5 224	106.23	21.62	50.33	34.28	0.1	1.8
2008	5 474	6	178	5 290	106.98	21.62	50.94	34.42	1.3	0.7
2009	5 514	6	183	5 325	108.30	21.63	52.01	34.67	0.7	1.2
2010	5 555	7	188	5 360	111.04	22.69	53.46	34.89	0.7	2.5
2011	5 590	7	201	5 382	114.19	22.69	56.15	35.35	0.6	2.8
2012	5 631	9	211	5 411	122.00	28.25	57.86	35.83	0.7	6.8
2013	5 964	10	215	5 739	123.97	29.79	58.14	36.04	5.9	1.6
2014	6 000	10	221	5 769	125.39	29.79	58.22	37.38	0.6	1.2

7-6 各州市农用化肥及农用薄膜施用量（2014 年）

Quantity of Chemical Fertilizers and Chemical Film Used for Farming by Region (2014)

单位：万吨 (10 000 tons)

州市	Region	化肥施用量 Consumption of Chemical Fertilizer	氮肥 Nitrogenous Fertilizer	磷肥 Phosphate Fertilizer	钾肥 Potash Fertilizer	复合肥 Compound Fertilizer	农用塑料薄膜使用量 Plastic Film	地膜使用量 Mulching Film	农药使用量 Compound Fertilizer
全省	**Yunnan**	**227.01**	**113.29**	**33.41**	**24.80**	**55.37**	**11.10**	**8.95**	**5.72**
昆明	Kunming	19.62	10.44	3.72	1.30	4.16	1.49	1.10	0.45
曲靖	Qujing	38.67	17.71	7.86	3.71	9.35	2.46	2.20	0.65
玉溪	Yuxi	9.21	5.23	1.16	2.16	0.66	0.79	0.61	0.50
保山	Baoshan	13.35	7.10	1.58	1.91	2.77	0.64	0.57	0.50
昭通	Zhaotong	14.74	8.80	2.04	1.68	2.22	0.67	0.58	0.15
丽江	Lijiang	8.86	3.30	2.17	0.88	2.51	0.36	0.31	0.15
普洱	Pu'er	8.72	5.80	0.75	0.91	1.25	0.39	0.26	0.42
临沧	Lincang	19.93	7.69	0.74	1.25	10.25	0.37	0.31	0.26
楚雄	Chuxiong	15.07	8.35	2.84	0.64	3.25	0.77	0.64	0.33
红河	Honghe	26.50	12.83	3.82	3.30	6.55	1.54	0.93	0.95
文山	Wenshan	17.54	9.09	2.42	1.97	4.06	0.58	0.50	0.33
西双版纳	Xishuangbanna	6.33	3.00	0.57	1.85	0.92	0.05	0.05	0.36
大理	Dali	18.10	7.34	2.62	2.19	5.95	0.65	0.57	0.46
德宏	Dehong	7.81	5.50	0.76	0.95	0.61	0.23	0.21	0.17
怒江	Nujiang	1.06	0.53	0.08	0.03	0.39	0.05	0.04	0.01
迪庆	Diqing	1.49	0.57	0.29	0.08	0.48	0.07	0.06	0.03

注：化肥施用量按折纯计算。

Note: Consumption of chemical fertilizers is calculated according to the volume of effective component of the chemical fertilizers.

7-7 农、林、牧、渔业总产值(2013-2014 年)
Gross Output Value of Farming, Forestry, Animal Husbandry and Fishery (2013-2014)

单位：亿元 (100 million yuan)

项　　目	Item	按当年价格计算 At Current Prices 2013	2014
农、林、牧、渔业总产值	**Gross Output Value of Farming, Forestry, Animal Husbandry and Fishery**	**3 056.04**	**3 261.30**
农业产值	**Gross Output Value of Farming**	**1 639.40**	**1 805.06**
谷物及其他作物	Cereals and Other Crops	812.69	806.88
# 谷物	Corn Cereals	352.02	352.86
薯类	Tubers	59.16	62.05
油料	Oil-bering Crops	33.98	36.68
豆类	Beans and Peas	52.59	55.70
糖料	Sugar Crops	92.29	86.53
烟草	Tobacco	218.17	205.55
蔬菜园艺作物	Vegetables and Horticultural Crops	374.90	423.89
水果、坚果、饮料和香料作物	Fruits，Nuts, Beverages and Spiceberry Crops	334.65	397.65
中药材	Traditional Chinese Medicinal Materials	117.15	177.88
林业产值	**Gross Output Value of Animal Husbandry**	**293.25**	**303.25**
林木的培育和种植	Cultivation of Forest Trees	62.95	58.91
竹木采运	Logging and Transport of Timber and Bamboo	86.00	93.29
林产品	Forest Products	144.30	150.92
牧业产值	**Gross Output Value of Animal Husbandry**	**962.55**	**974.98**
牲畜饲养产值	Livestock Raising	210.62	235.88
生猪产值	Hogs	611.82	589.09
家禽产值	Poultry	123.20	132.44
狩猎和捕捉动物	Hunting	0.02	0.05
其他畜牧业	Others	16.89	18.32
渔业产值	**Gross Output Value of Fishery**	**70.41**	**78.35**
农、林、牧、渔服务业产值	**Output Value of Services in Support of Farming, Forestry, Animal Husbandry and Fishery**	**90.43**	**99.66**

7-8 历年农、林、牧、渔业总产值（1978-2014 年）
Historic Total Output Value of Farming，Forestry, Animal Husbandry and Fishery (1978-2014)

(按当年价格计算) (calculated at current prices)

单位：亿元 (100 million yuan)

年 份 Year	农业总产值 Historic Total Output Value of Farming	农 业 Farming	林 业 Forestry	牧 业 Animal Husbandry	渔 业 Fishery	农、林、牧、渔服务业 Services in Support of Agriculture,Forestry, Animal Husbandry and Fishery
1978	40.02	28.58	2.48	7.08	0.08	1.80
1979	44.71	31.03	3.17	8.27	0.09	2.15
1980	48.20	33.02	2.94	10.22	0.19	1.83
1981	55.20	38.32	3.77	10.74	0.20	2.17
1982	61.84	41.90	3.87	12.79	0.21	3.07
1983	65.68	42.30	4.73	13.84	0.24	4.57
1984	77.36	48.78	5.97	15.79	0.27	6.55
1985	88.88	52.02	7.90	20.33	0.40	8.23
1986	96.01	51.80	7.40	26.14	0.71	9.96
1987	111.25	61.75	8.85	29.42	0.95	10.28
1988	135.39	76.11	10.05	37.01	1.56	10.66
1989	152.68	84.30	12.97	41.68	1.93	11.80
1990	211.72	119.63	18.27	54.01	1.39	18.42
1991	222.93	130.67	18.69	55.68	1.37	16.52
1992	250.35	146.70	22.84	61.54	2.02	17.25
1993	281.21	179.39	25.39	72.89	3.54	
1994	356.78	228.99	30.41	92.13	5.25	
1995	474.46	299.48	40.53	127.19	7.26	
1996	567.51	369.36	43.21	146.03	8.91	
1997	612.01	397.09	40.40	163.93	10.59	
1998	620.02	381.26	41.77	184.83	12.16	
1999	642.48	394.96	45.60	188.82	13.10	
2000	680.86	416.36	49.75	201.49	13.26	
2001	703.53	431.31	47.21	210.63	14.38	
2002	737.55	445.35	53.52	223.49	15.19	
2002(新口径)	743.75	414.89	59.27	223.49	15.19	
2003	799.33	433.91	73.17	242.53	16.56	33.16
2004	965.22	516.92	86.40	305.42	19.14	35.19
2005	1 068.58	559.32	105.53	339.68	22.97	41.08
2006	1 209.76	630.19	142.59	362.89	26.30	44.78
2007	1 414.79	707.15	156.27	459.63	35.73	56.00
2008	1 641.46	790.87	183.60	570.01	38.12	58.86
2009	1 706.19	850.65	196.13	557.76	41.96	59.69
2010	1 810.53	925.58	184.23	588.81	48.06	63.85
2011	2 306.49	1 124.72	245.67	808.20	55.93	71.98
2012	2 680.22	1 398.18	225.83	912.97	63.10	80.14
2013	3 056.04	1 639.40	293.25	962.55	70.41	90.43
2014	3 261.30	1 805.06	303.25	974.98	78.35	99.66

注： 1．“农林牧渔服务业”1992 年及以前年份为“副业”。
2．从 2003 年开始，按新国民经济行业分类标准，农业总产值中取消“农民家庭兼营的商品性工业”；“木材采运”改为全社会口径；增加“农林牧渔服务业”。“农林牧渔服务业”包含在“农业总产值”中（下同）。

Note: a. Services in Support of farming，forestry,animal husbandry and fishery was called sideline production before 1992.
b. According to the new standards for the classification of National Economy,subsidiary commercial industry operated by farmers has been deleted from the output value of agriculture since 2003. The Statitcal Coverage of logging and transport of timber has been changed to the whole society. Services in support of farming, forestry,animal husbandry and fishery are added.Services of farming, forestry,animal husbandry and fishery are included in the output value of agriculture (The same as below).

7-9 农、林、牧、渔业总产值指数（1978-2014 年）

Indices of Historic Gross Output Value of Farming，Forestry, Animal Husbandry and Fishery (1978-2014)

(以 1952 年为 100) (1952=100)

年 份 Year	农业总产值指数 Indices of Historic Gross Output Value of Farming	农 业 Farming	林 业 Forestry	牧 业 Animal Husbandry	渔 业 Fishery	农、林、牧、渔服务业 Services in Support of Agriculture,Forestry, Animal Husbandry and Fishery
1978	249.2	233.0	13 119.8	410.2	1 296.6	103.5
1979	235.2	213.5	14 288.8	404.3	1 619.3	103.9
1980	251.2	231.3	14 938.3	418.3	1 759.0	104.9
1981	273.6	255.7	16 118.2	439.9	1 886.9	105.7
1982	302.9	274.1	16 885.3	525.0	1 946.7	150.0
1983	319.7	274.8	19 622.1	568.2	2 225.7	222.2
1984	368.3	303.7	25 504.0	645.6	2 500.9	321.5
1985	391.8	308.2	29 241.5	700.0	3 058.1	404.4
1986	382.6	288.0	25 449.1	717.4	3 599.1	489.3
1987	406.0	315.8	24 428.5	738.9	4 402.0	504.9
1988	432.8	339.7	25 935.5	781.7	5 771.3	524.1
1989	445.3	346.4	27 366.2	821.8	5 091.1	530.0
1990	474.5	366.1	29 995.2	882.9	5 318.0	566.6
1991	501.1	398.6	30 756.4	929.5	5 702.4	514.0
1992	523.0	416.5	33 893.6	968.5	6 181.4	503.7
1993	538.8	422.1	40 280.4	991.9	7 462.5	479.0
1994	555.4	426.3	42 959.2	1 050.2	9 256.1	
1995	591.2	457.0	43 946.1	1 112.7	11 177.8	
1996	634.9	490.8	46 714.7	1 195.0	13 223.3	
1997	686.9	530.1	49 941.7	1 303.4	14 728.1	
1998	718.1	533.2	52 506.4	1 467.9	18 282.1	
1999	753.7	555.6	53 943.5	1 571.6	20 274.7	
2000	802.7	589.3	56 155.9	1 705.5	20 850.3	
2001	831.5	611.7	54 154.9	1 800.6	22 289.4	
2002	870.0	633.3	59 030.7	1 892.0	24 368.0	
2003	927.8	663.1	67 532.6	2 027.4	25 600.1	105.1
2004	990.7	703.8	70 033.8	2 204.5	28 027.2	116.6
2005	1 059.1	734.0	76 196.7	2 431.6	31 222.3	121.1
2006	1 148.5	791.1	86 271.6	2 610.6	36 558.9	132.5
2007	1 232.3	844.1	94 553.7	2 767.3	44 309.4	146.7
2008	1 329.7	899.8	105 521.9	3 016.3	47 278.1	152.1
2009	1 407.2	938.0	112 529.3	3 255.4	52 293.3	153.9
2010	1 472.9	972.1	119 348.5	3 440.4	57 204.7	158.6
2011	1 562.2	1 038.5	133 935.2	3 527.5	62 460.7	170.5
2012	1 672.1	1 094.5	147 321.8	3 803.6	71 248.7	184.5
2013	1 788.7	1 166.4	165 132.5	4 018.6	81 035.5	201.9
2014	1 897.8	1 235.2	179 829.3	4 235.6	88 814.9	217.2

注：1．本表按可比价格计算。
2．“农林牧渔业”1993 年及以前年份为“副业”。
3．农林牧渔服务业产值指数从 2003 年开始计算，为新农业发展速度口径。

Note: a. The data in this table are calculated at comparable prices.
b.Farming，forestry,animal husbandry and fishery in 1993 and years before 1993 were called sideline production.
c.The indices of services in support of agriculture,forestry,animal husbandry and fishery has been calculated according the new calculating coverage of agriculture developing speed since 2003.

7-10 各州市农、林、牧、渔业总产值(2014年)
Gross Output Value of Farming, Forestry, Animal Husbandry and Fishery by Region (2014)

(按当年价格计算)　　(calculated at current prices)
单位：亿元　　(100 million yuan)

州市	Region	农业总产值 Gross Output Value of Farming	农业 Farming	林业 Forestry	牧业 Animal Husbandry	渔业 Fishery	农、林、牧、渔服务业 Services in Support of Agriculture,Forestry, Animal Husbandry and Fishery
全省	**Yunnan**	3261.30	1805.06	303.25	974.98	78.35	99.66
昆明	Kunming	316.77	176.45	10.04	110.66	8.16	11.45
曲靖	Qujing	523.00	210.05	15.07	278.80	13.26	5.83
玉溪	Yuxi	210.33	121.11	5.25	78.90	2.88	2.19
保山	Baoshan	224.91	109.14	17.23	90.13	5.09	3.33
昭通	Zhaotong	214.19	101.41	7.09	101.12	1.26	3.32
丽江	Lijiang	78.71	37.86	2.99	32.96	2.70	2.19
普洱	Pu'er	234.57	117.90	42.56	55.82	13.62	4.68
临沧	Lincang	226.84	141.05	14.43	62.40	4.92	4.04
楚雄	Chuxiong	262.97	141.01	5.25	96.81	3.19	16.71
红河	Honghe	329.68	143.34	18.13	153.82	9.60	4.80
文山	Wenshan	240.86	123.86	13.13	96.96	3.92	2.99
西双版纳	Xishuangbanna	146.76	71.61	53.94	12.17	5.10	3.93
大理	Dali	344.26	188.80	9.11	128.93	8.88	8.54
德宏	Dehong	114.46	70.06	13.04	24.13	4.11	3.13
怒江	Nujiang	26.54	11.61	3.58	10.03	0.05	1.28
迪庆	Diqing	18.49	9.12	1.72	5.83	0.34	1.47

注：由于省、州(市)农业总产值实行分级核算，所以各州(市)加总不等于全省合计数(下同)。
Note:Total agricultural output value is not the value calculated by plusing the agricultural output value of each prefecture(city) because the agricultural output value of the province and prefecture(city) are accounted at different levels.(Same as below).

7-11 各州市农、林、牧、渔业总产值指数(2014年)

Indices of Gross Output Value of Agriculture, Forestry, Animal Husbandry and Fishery by Region (2014)

(以上年为100) (preceding year= 100)

单位：% (%)

州 市	Region	指 数 Indices of Gross Output Value of Agriculture	农 业 Farming	林 业 Forestry	牧 业 Animal Husbandry	渔 业 Fishery	农、林、牧、渔服务业 Services in Support of Agriculture,Forestry, Animal Husbandry and Fishery
全 省	**Yunnan**	106.14	105.87	108.85	105.39	109.64	107.63
昆 明	Kunming	106.00	106.50	114.20	104.20	107.10	110.10
曲 靖	Qujing	106.10	106.10	104.50	106.40	104.20	104.40
玉 溪	Yuxi	106.10	104.70	112.10	107.80	112.50	106.00
保 山	Baoshan	106.60	106.10	96.60	109.10	124.30	84.80
昭 通	Zhaotong	106.20	107.00	112.00	104.90	141.50	104.70
丽 江	Lijiang	106.30	106.10	93.40	107.80	108.50	104.80
普 洱	Pu'er	106.40	106.10	105.30	107.80	107.10	105.50
临 沧	Lincang	106.40	105.30	104.70	108.90	111.00	106.00
楚 雄	Chuxiong	106.40	105.20	77.90	108.90	107.80	115.20
红 河	Honghe	106.30	103.30	106.20	109.30	105.90	106.00
文 山	Wenshan	106.10	105.50	101.50	107.30	112.00	106.40
西双版纳	Xishuangbanna	106.20	102.40	107.20	111.50	122.60	118.10
大 理	Dali	106.10	106.80	94.50	106.20	105.40	104.70
德 宏	Dehong	106.20	108.90	90.70	106.90	118.40	105.20
怒 江	Nujiang	106.10	108.20	100.60	106.10	81.60	105.20
迪 庆	Diqing	106.10	103.90	120.80	105.70	107.40	103.10

注：本表按可比价格计算。

Note : The data in the table are calculated at comparable prices.

7-12 各州市农、林、牧、渔业总产值构成(2014年)

Composition of Gross Output Value of Farming, Forestry, Animal Husbandry and Fishery by Region (2014)

(按当年价格计算)　　(calculated at current prices)

单位：%　　(%)

州市	Region	构成 Composition	农业 Farming	林业 Forestry	牧业 Animal Husbandry	渔业 Fishery	农、林、牧、渔服务业 Services in Support of Agriculture,Forestry, Animal Husbandry and Fishery
全　省	**Yunnan**	100.00	55.35	9.30	29.90	2.40	3.06
昆　明	Kunming	100.00	55.70	3.17	34.93	2.58	3.62
曲　靖	Qujing	100.00	40.16	2.88	53.31	2.54	1.11
玉　溪	Yuxi	100.00	57.58	2.50	37.51	1.37	1.04
保　山	Baoshan	100.00	48.52	7.66	40.07	2.26	1.48
昭　通	Zhaotong	100.00	47.35	3.31	47.21	0.59	1.55
丽　江	Lijiang	100.00	48.10	3.80	41.88	3.43	2.78
普　洱	Pu'er	100.00	50.26	18.14	23.79	5.81	1.99
临　沧	Lincang	100.00	62.18	6.36	27.51	2.17	1.78
楚　雄	Chuxiong	100.00	53.62	1.99	36.81	1.21	6.35
红　河	Honghe	100.00	43.48	5.50	46.66	2.91	1.45
文　山	Wenshan	100.00	51.43	5.45	40.25	1.63	1.24
西双版纳	Xishuangbanna	100.00	48.79	36.76	8.29	3.48	2.68
大　理	Dali	100.00	54.84	2.65	37.45	2.58	2.48
德　宏	Dehong	100.00	61.21	11.39	21.08	3.59	2.73
怒　江	Nujiang	100.00	43.75	13.47	37.77	0.17	4.84
迪　庆	Diqing	100.00	49.32	9.32	31.56	1.83	7.97

7-13 各州市农、林、牧、渔业增加值(2014年)
Added Value of Farming, Forestry, Animal Husbandry and Fishery by Region (2014)

(按当年价格计算) (calculated at current prices)
单位：亿元 (100 million yuan)

州市	Region	农业增加值 Added Value of Farming	农业 Farming	林业 Forestry	牧业 Animal Husbandry	渔业 Fishery	农、林、牧、渔服务业 Services in Support of Agriculture，Forestry, Animal Husbandry and Fishery
全省	**Yunnan**	2027.94	1209.39	206.21	527.46	47.01	37.87
昆明	Kunming	187.60	109.46	6.56	61.08	4.46	6.04
曲靖	Qujing	310.19	131.31	9.31	158.46	7.12	3.99
玉溪	Yuxi	122.83	80.18	3.54	35.75	1.90	1.46
保山	Baoshan	138.38	72.18	8.69	51.95	3.29	2.28
昭通	Zhaotong	138.13	73.78	5.25	55.86	0.87	2.37
丽江	Lijiang	44.21	20.56	1.78	18.97	1.58	1.32
普洱	Pu'er	140.46	72.29	27.47	30.27	7.52	2.91
临沧	Lincang	142.71	93.64	8.43	34.82	2.99	2.84
楚雄	Chuxiong	156.28	93.09	-0.77	53.23	1.77	8.95
红河	Honghe	196.79	88.74	11.13	88.22	5.80	2.90
文山	Wenshan	143.07	70.26	8.47	60.03	2.56	1.75
西双版纳	Xishuangbanna	85.89	40.41	32.75	6.36	3.52	2.84
大理	Dali	186.88	105.07	4.53	66.99	5.02	5.28
德宏	Dehong	72.30	43.11	10.80	14.30	2.42	1.67
怒江	Nujiang	17.01	7.59	2.46	6.24	0.04	0.68
迪庆	Diqing	11.53	5.71	1.37	3.08	0.23	1.14

7-14 各州市农、林、牧、渔业中间消耗(2014 年)

Intermediate Consumption of Farming, Forestry, Animal Husbandry and Fishery by Region (2014)

(按当年价格计算) (calculated at current prices)

单位：亿元 (100 million yuan)

州 市	Region	农业中间消耗 Intermediate Consumption of Farming	农 业 Farming	林 业 Forestry	牧 业 Animal Husbandry	渔 业 Fishery	农、林、牧、渔服务业 Services in Support of Agriculture，Forestry, Animal Husbandry and Fishery
全 省	**Yunnan**	1233.36	595.67	97.04	447.52	31.34	61.79
昆 明	Kunming	129.17	67.00	3.48	49.58	3.70	5.41
曲 靖	Qujing	212.81	78.74	5.76	120.34	6.14	1.83
玉 溪	Yuxi	87.50	40.92	1.71	43.16	0.98	0.73
保 山	Baoshan	86.53	36.96	8.54	38.18	1.80	1.05
昭 通	Zhaotong	76.06	27.63	1.84	45.25	0.39	0.95
丽 江	Lijiang	34.49	17.30	1.21	13.99	1.12	0.87
普 洱	Pu'er	94.12	45.61	15.09	25.55	6.11	1.76
临 沧	Lincang	84.12	47.41	6.00	27.58	1.93	1.20
楚 雄	Chuxiong	106.69	47.92	6.02	43.58	1.42	7.75
红 河	Honghe	132.89	54.59	7.00	65.60	3.80	1.89
文 山	Wenshan	97.79	53.60	4.65	36.93	1.36	1.24
西双版纳	Xishuangbanna	60.87	31.20	21.19	5.81	1.58	1.09
大 理	Dali	157.38	83.73	4.59	61.94	3.87	3.26
德 宏	Dehong	42.17	26.95	2.24	9.83	1.69	1.45
怒 江	Nujiang	9.53	4.02	1.11	3.78	0.01	0.61
迪 庆	Diqing	6.95	3.41	0.35	2.76	0.11	0.33

7-15 各州市农林牧渔业中间消耗、增加值占总产值比重(2014年)

Proportion of Intermediate Consumption and Added Value of Farming, Forestry, Animal Husbandry and Fishery to Gross Output Value by Region (2014)

(按当年价格计算) (calculated at current prices)

单位：亿元 (100 million yuan)

州 市	Region	农、林、牧、渔业总产值 Gross Output Value Animal Husbandry and Fishery	中间消耗 Intermediate Consumption		增加值 Added Value	
			绝对数 Absolute value	比重（%） Proportion	绝对数 Absolute value	比重（%） Proportion
全 省	**Yunnan**	3261.30	1233.36	37.82	2027.94	62.18
昆 明	Kunming	316.77	129.17	40.78	187.60	59.22
曲 靖	Qujing	523.00	212.81	40.69	310.19	59.31
玉 溪	Yuxi	210.33	87.50	41.60	122.83	58.40
保 山	Baoshan	224.91	86.53	38.47	138.38	61.53
昭 通	Zhaotong	214.19	76.06	35.51	138.13	64.49
丽 江	Lijiang	78.71	34.49	43.83	44.21	56.17
普 洱	Pu'er	234.57	94.12	40.12	140.46	59.88
临 沧	Lincang	226.84	84.12	37.09	142.71	62.91
楚 雄	Chuxiong	262.97	106.69	40.57	156.28	59.43
红 河	Honghe	329.68	132.89	40.31	196.79	59.69
文 山	Wenshan	240.86	97.79	40.60	143.07	59.40
西双版纳	Xishuangbanna	146.76	60.87	41.48	85.89	58.52
大 理	Dali	344.26	157.38	45.72	186.88	54.28
德 宏	Dehong	114.46	42.17	36.84	72.30	63.16
怒 江	Nujiang	26.54	9.53	35.92	17.01	64.08
迪 庆	Diqing	18.49	6.95	37.62	11.53	62.38

7-16 主要农产品产量（1978-2014 年）

Output of Major Farm Products （1978-2014 年）

单位：万吨 (10 000 tons)

年份 Year	粮食 Grain	稻谷 Rice	小麦 Wheat	玉米 Corn	豆类 Beans	大豆 Soybeans	薯类 Tubers	油料 Oil-bearing Crops	花生 Peanuts	油菜籽 Rapeseeds	烟叶 Tobacco	烤烟 Flue-cured Tobacco
1978	864.05	411.60	85.95	233.10		9.70	48.65	5.51	2.05	3.18		12.26
1979	792.90	382.50	70.55	225.05		6.50	46.90	4.61	1.63	2.74		10.59
1980	865.55	387.60	78.55	263.05		7.05	53.60	6.48	1.83	4.18		10.38
1981	917.09	436.20	73.81	269.79		7.86	53.40	10.71	2.63	7.25		16.36
1982	945.90	463.90	67.20	278.20		8.70	56.00	13.81	3.00	9.95		25.10
1983	954.35	456.90	86.60	268.95		8.80	55.90	13.80	2.57	10.63		14.44
1984	1 005.00	500.90	82.00	273.95		10.00	60.55	12.37	3.06	8.37		27.50
1985	935.00	482.95	61.90	248.75		9.60	63.00	11.81	3.60	7.17		41.00
1986	870.00	440.00	43.50	257.80		9.50	64.70	10.98	3.44	6.70		28.60
1987	934.84	457.96	74.58	249.81		8.42	64.29	13.52	2.88	10.03		33.56
1988	940.72	458.32	82.72	250.37		9.37	60.75	11.89	2.77	8.57		50.73
1989	998.41	467.54	80.40	292.79		10.18	66.31	10.32	2.93	6.72		45.67
1990	1 061.21	509.44	106.79	280.56		10.12	67.51	13.31	2.93	9.65	44.70	43.60
1991	1 093.00	516.87	115.11	300.15		10.10	69.64	17.16	3.14	13.07		58.18
1992	1 070.40	503.39	127.57	272.20		8.82	66.50	18.85	2.96	14.88		77.80
1993	1 085.24	479.31	135.58	289.12		10.08	73.89	13.37	3.37	9.04		87.44
1994	1 146.47	510.23	124.07	332.36		11.14	78.55	13.95	4.11	9.06		59.23
1995	1 188.91	515.77	138.50	341.83		13.13	79.48	19.58	4.33	14.29	76.83	76.07
1996	1 246.30	535.15	145.39	365.03		12.02	82.72	18.81	4.32	13.61	90.19	88.39
1997	1 271.90	533.77	166.14	365.63		12.54	85.10	17.43	3.82	12.80	110.16	109.28
1998	1 319.50	540.86	152.22	420.72		12.95	87.58	17.46	4.55	11.95	57.29	56.37
1999	1 399.25	534.34	153.47	463.44		13.43	98.86	20.62	4.78	14.54	62.66	60.95
2000	1 467.80	536.29	151.19	473.30		13.99	145.46	26.98	5.35	19.11	65.57	64.61
2001	1 486.30	595.87	137.88	477.30		15.97	148.96	27.66	5.40	20.42	61.47	60.08
2002	1 424.74	543.20	134.11	461.50		15.89	153.88	27.52	5.37	20.52	71.80	66.15
2003	1 471.01	635.89	124.35	399.93		14.81	172.29	29.70	5.34	22.75	65.49	63.68
2004	1 509.50	639.40	121.67	425.66		20.62	191.39	33.41	5.59	26.23	70.75	69.24
2005	1 514.93	646.34	106.86	449.31		17.39	193.60	36.22	5.75	29.02	79.09	77.22
2006	1 457.60	612.90	93.00	478.00	93.80	10.90	157.40	39.01	5.80	31.57	77.73	75.78
2007	1 460.70	589.70	91.20	498.60	80.10	17.90	162.20	36.65	6.11	29.07	79.12	76.68
2008	1 518.59	621.01	83.05	529.55	112.12	26.16	169.76	40.38	6.70	32.10	86.38	83.97
2009	1 576.92	636.23	92.30	542.67	130.36	29.06	172.18	50.16	7.13	41.41	91.69	88.03
2010	1 650.00	492.75	40.52	741.29	84.51	26.54	226.08	34.23	7.01	25.98	99.14	95.40
2011	1 755.38	509.20	85.81	704.80	113.01	46.53	250.02	60.75	7.04	51.84	105.57	101.82
2012	1 827.84	483.82	79.99	787.78	118.96	30.00	260.04	62.84	7.49	53.50	115.00	111.05
2013	1 897.61	495.00	77.28	836.42	120.02	31.18	269.03	60.68	7.99	50.69	107.55	103.85
2014	1 940.82	488.59	81.06	873.63	117.90	31.22	272.15	64.68	8.15	54.93	98.35	94.50

7-16 续表 continued

单位：万吨 (10 000 tons)

年 份 Year	糖 料 Sugar Crops	甘 蔗 Sugar cane	茶 叶 Tea	水 果 Fruits	猪牛羊肉 Pork, Beef and Mutton	禽 蛋 Poultry Eggs	水产品 Aquatic Products	麻 类 Fiber Crops	棉 花 Cotton
1978	160.04	160.01	1.78	11.62	29.23		1.12		
1979	181.46	181.44	1.49	9.74	30.01		1.40		
1980	184.59	184.45	1.78	11.63	30.91		1.52		
1981	224.95	224.74	2.04	13.90	35.92		1.63		
1982	307.44	307.12	2.28	14.12	37.84	2.59	1.69		
1983	354.60	354.15	2.57	16.77	46.91	2.78	1.93		
1984	378.01	377.76	2.82	22.64	51.54	3.97	2.17		
1985	480.13	479.77	3.11	21.18	56.82	3.90	2.65		
1986	529.85	529.49	3.41	27.49	56.73	3.84	3.12		
1987	558.80	558.47	3.92	31.63	59.62	4.04	3.81		
1988	584.29	583.83	4.28	33.96	64.55	4.09	4.13		
1989	551.82	551.28	4.27	34.32	68.34	4.59	4.41		
1990	662.32	661.88	4.48	31.97	74.74	4.90	4.60	0.22	0.04
1991	821.29	820.74	4.77	36.74	81.27	5.13	4.94		
1992	907.20	906.89	2.29	42.83	87.28	4.82	5.37		
1993	900.03	899.92	6.10	47.72	96.16	5.17	5.83		
1994	928.46	928.00	6.38	50.14	107.68	6.42	6.85		
1995	1 056.31	1 055.92	6.40	55.71	120.45	6.85	8.44	0.22	0.07
1996	1 143.36	1 143.08	6.82	59.01	133.37	7.41	10.20	0.30	0.06
1997	1 435.18	1 434.92	7.08	66.02	148.95	8.51	11.89	0.23	0.07
1998	1 598.09	1 597.71	7.75	68.07	166.21	8.70	13.84	0.22	0.08
1999	1 526.89	1 526.53	7.51	73.83	180.35	9.83	15.53	0.21	0.06
2000	1 420.61	1 420.29	7.94	76.95	191.51	10.63	16.62	0.19	0.05
2001	1 481.49	1 481.10	8.07	79.29	203.84	11.80	18.02	0.49	0.05
2002	1 733.66	1 733.36	8.36	85.63	218.74	13.16	19.26	2.33	0.04
2003	1 695.24	1 694.96	8.59	96.53	234.53	14.39	20.43	4.49	0.03
2004	1 688.80	1 688.49	9.51	115.52	257.10	16.49	22.05	13.66	0.03
2005	1 415.89	1 415.50	11.59	136.63	277.32	20.35	23.85	14.10	0.02
2006	1 679.06	1 678.73	13.82	162.56	296.13	20.54	29.24	5.88	0.02
2007	1 938.81	1 938.67	16.99	202.37	238.60	18.00	33.39	2.42	0.03
2008	1 898.88	1 898.75	17.15	266.18	257.18	19.41	39.37	2.28	0.04
2009	1 761.42	1 761.31	18.29	342.74	270.88	20.75	43.06	1.84	0.04
2010	1 750.97	1 750.92	20.73	397.91	474.82	37.78	48.17	0.56	0.04
2011	1 898.78	1 898.78	23.83	476.43	517.44	40.98	54.88	1.05	0.04
2012	2 043.78	2 043.78	27.17	581.12	578.18	47.40	68.01	1.02	0.07
2013	2 146.25	2 146.25	30.17	634.52	597.48	56.51	78.16	0.79	0.04
2014	2 110.40	2 110.40	33.55	669.02	627.46	60.59	87.01	0.36	0.03

注：1.1991—2009 年粮食产量为抽样调查数，2010 年起为全面统计数。
2.2008—2009 年畜牧业数据为抽样调查数，2010 年起为全面统计数。

Note:a.Data of grain output from 1991 to 2009 are sampling survey data,since 2010,those are comprehensive statistics.
b.Data of animal husbandry from 2008 to 2009 are sampling survey data,since 2010,those are comprehensive statistics.

7-17 粮食播种面积和产量（1978-2014年）

Sown Areas and Grain Yields (1978-2014)

单位：万吨，万公顷 (10 000 tons,10 000 hectares)

年份 Year	粮食产量 Total Yield of Grain	夏收粮 Summer Harvest Grain		秋收粮 Autumn Harvest Grain	
		面积 Area	产量 Grain Yield	面积 Area	产量 Grain Yield
1978	864.05	105.26	134.79	262.52	729.26
1979	792.90	103.81	107.27	264.93	685.63
1980	865.55	93.99	126.64	265.28	738.91
1981	917.10	88.24	124.01	265.75	793.09
1982	945.90	82.72	111.59	264.67	834.31
1983	954.35	84.86	140.28	262.22	814.07
1984	1 005.00	85.43	135.28	258.70	869.72
1985	935.00	84.55	109.23	247.30	825.77
1986	870.00	84.42	75.48	248.87	794.52
1987	934.84	85.87	133.89	250.58	800.95
1988	940.72	92.86	138.49	248.92	802.23
1989	998.41	97.85	132.19	254.86	866.22
1990	1 061.21	102.87	170.02	259.36	891.19
1991	1 093.00	104.41	184.25	257.48	908.75
1992	1 070.40	105.62	196.00	252.58	874.40
1993	1 085.24	106.54	211.24	246.17	874.00
1994	1 146.47	113.62	201.36	253.26	945.11
1995	1 188.91	112.69	228.18	251.59	960.73
1996	1 246.30		234.30		1 012.00
1997	1 271.90		254.70		1 017.20
1998	1 319.50		240.15		1 079.35
1999	1 399.25	130.09	234.49	274.12	1 164.76
2000	1 467.80	126.48	241.00	272.69	1 226.80
2001	1 486.30	133.00	233.86	300.90	1 252.44
2002	1 424.74	121.82	240.85	294.24	1 183.89
2003	1 471.01	119.45	244.55	287.39	1 226.46
2004	1 509.50	117.67	236.32	298.17	1 273.18
2005	1 514.93	118.89	222.31	306.50	1 292.62
2006	1 457.60	110.55	220.60	291.66	1 237.00
2007	1 460.70	109.72	223.40	289.73	1 237.30
2008	1 518.59	110.17	207.58	299.42	1 311.01
2009	1 576.92	112.83	236.47	307.18	1 340.45
2010	1 650.00	116.23	139.44	313.67	1 484.98
2011	1 755.38	118.00	237.22	318.45	1 441.40
2012	1 827.84	117.27	270.11	324.51	1 557.73
2013	1 897.61	121.39	273.25	323.63	1 623.91
2014	1 940.82	69.38	169.75	247.29	1 370.69

注：1.1991-2009年粮食数据为抽样调查数，2010年起粮食数据为全面统计数。粮食总计为夏收粮、早稻与秋收粮之和。
2.粮食总计为谷物、豆类和薯类（折粮）之和。2014年起夏收粮食和秋收粮食统计口径变为夏收谷物和秋收谷物。

Note:a.Data of grain are data of sampling survey from 1991 to 2009,and since 2010,they are comprehensive statistics.Grain yields inclue yeild of summer harvest grain,early season rice and autumn harvest grain.

b.Grain includes cereal,beans and tubers(converted amount).Since 2014,the statistical coverage of summer harvest grain and autumn harvest grain changed to summer harvest cereal and autumn harvest cereal.

7-18 各州市主要农作物播种面积(2014 年)

Total Sown Areas of Major Farm Crops by Region (2014)

单位：万公顷 (10 000 hectares)

州 市	Region	总播种面积 Total Sown Area	粮食播种面积 Sown Area of Grain Crops	稻谷 Rice	小麦 Wheat	玉米 Corn	豆类 Beans	薯类 Tubers
全 省	**Yunnan**	**714.15**	**444.35**	**70.72**	**39.44**	**166.51**	**59.74**	**67.47**
昆 明	Kunming	45.48	27.17	2.50	3.16	9.26	4.35	4.24
曲 靖	Qujing	114.54	67.46	5.48	3.68	22.00	7.080	19.94
玉 溪	Yuxi	27.64	11.09	1.93	1.53	5.17	1.17	0.50
保 山	Baoshan	41.29	26.23	6.77	1.28	8.94	3.32	2.15
昭 通	Zhaotong	75.87	54.78	2.75	4.68	22.44	4.90	17.90
丽 江	Lijiang	18.94	13.29	1.59	1.64	3.92	2.62	2.20
普 洱	Pu'er	49.97	35.14	8.28	2.86	16.77	3.96	1.80
临 沧	Lincang	50.31	29.57	4.46	4.21	13.12	4.20	2.18
楚 雄	Chuxiong	41.84	25.35	4.87	3.64	7.47	5.05	1.31
红 河	Honghe	64.99	39.80	8.71	3.73	13.62	5.26	4.39
文 山	Wenshan	83.03	45.96	6.48	5.28	17.33	9.23	5.73
西双版纳	Xishuangbanna	12.70	8.78	3.61	0.01	4.68	0.19	0.08
大 理	Dali	42.60	31.20	6.08	1.79	10.53	5.24	1.90
德 宏	Dehong	27.94	15.63	6.30	0.40	6.68	0.74	1.48
怒 江	Nujiang	10.67	8.06	0.63	0.71	2.85	1.87	1.10
迪 庆	Diqing	6.35	4.83	0.26	0.84	1.74	0.56	0.57

7-18 续表 continued

单位：万公顷 (10 000 hectares)

州 市	Region	油料播种面积 Oil-bearing Crops	花 生 Peanuts	油菜籽 Rapeseeds	甘 蔗 Sugarcane	烤烟播种面积 Flue-cured Tobacco	蔬菜播种面积 Vegetables and Melon	其他作物 Other Farm Crops
全 省	**Yunnan**	**35.95**	**5.02**	**29.62**	**33.97**	**48.85**	**94.75**	**36.67**
昆 明	Kunming	0.90	0.08	0.77	0.00	3.95	9.25	3.41
曲 靖	Qujing	8.53	0.08	8.37	0.00	9.75	14.55	12.16
玉 溪	Yuxi	1.79	0.08	1.64	1.39	4.55	7.62	0.83
保 山	Baoshan	3.27	0.08	3.17	2.79	3.61	3.58	0.88
昭 通	Zhaotong	3.66	0.54	3.08	0.06	2.31	8.42	5.56
丽 江	Lijiang	0.64	0.09	0.49	0.05	1.66	1.24	0.74
普 洱	Pu'er	1.55	0.95	0.59	3.72	3.31	3.18	2.30
临 沧	Lincang	1.34	0.19	1.09	10.65	2.69	2.75	1.41
楚 雄	Chuxiong	2.53	0.11	2.34	0.04	4.70	7.66	1.09
红 河	Honghe	1.96	0.85	1.05	2.61	4.13	11.19	3.75
文 山	Wenshan	6.22	1.70	3.87	5.49	3.31	16.81	2.40
西双版纳	Xishuangbanna	0.16	0.16		1.51		1.60	0.31
大 理	Dali	1.73	0.04	1.65	0.02	3.92	4.33	0.66
德 宏	Dehong	1.06	0.07	1.00	5.52	0.87	1.48	0.59
怒 江	Nujiang	0.35	0.01	0.26	0.14		0.92	0.24
迪 庆	Diqing	0.26		0.25		0.09	0.19	0.34

注：2001-2009 年全省粮食播种面积为抽样调查数。2010 年起全省粮食播种面积为全面统计数。
Note: Data of grain sown area are sampling suney data from 2001 to 2009.Since 2010,those are compre hensive statistics.

7-19 橡胶、咖啡和香料作物面积和产量(2005-2014年)

Areas and Output of Rubber,Coffee and Perfume (2005-2014)

单位：万公顷、万吨 (10 000 hectare,10 000 tons)

年份 Year	橡胶 Rubber			咖啡 Coffee			香料作物（折香料油）Perfume Plants (perfume oil)		
	年末实有面积 Real Area at Year-end	收获面积 Harvest Area	总产量 Total Output	年末实有面积 Real Area at Year-end	收获面积 Harvest Area	总产量 Total Output	年末实有面积 Real Area at Year-end	收获面积 Harvest Area	总产量 Total Output
2005	29.90	13.96	24.03	1.72	1.53	2.16	1.00	0.77	0.12
2006	33.41	15.33	26.42	1.84	1.42	2.54	0.70	0.53	0.09
2007	39.65	16.66	28.22	2.04	1.49	2.96	0.52	0.40	0.09
2008	43.58	17.35	25.72	2.43	1.62	3.29	0.45	0.38	0.10
2009	46.14	48.67	18.46	3.66	2.24	4.76	0.48	0.34	0.11
2010	48.67	21.04	33.06	4.31	2.50	4.94	0.60	0.52	0.08
2011	53.03	22.25	36.34	6.13	2.94	6.51	0.60	0.51	0.11
2012	55.64	24.95	38.98	9.23	3.76	9.18	0.50	0.40	0.07
2013	55.43	26.26	42.56	11.91	4.94	11.66	0.56	0.45	0.09
2014	57.10	28.12	43.33	12.21	6.12	13.71	0.68	0.58	0.33

7-20　茶叶、水果生产情况(2005-2014 年)

Planting Areas and Output of Tea and Fruits (2005-2014)

单位：万公顷、万吨　　　　(10 000 hectares,10 000 tons)

年份 Year	茶叶 Tea		水果 Fruits		香蕉 Bananas		苹果 Apples		柑橘 Citrus	
	面积 Area	产量 Output	面积 Area	产量 Output	面积 Area	产量 Output	面积 Area	产量 Output	面积 Area	产量 Output
2005	21.85	11.59	22.48	136.63	2.24	24.52	3.15	15.94	2.79	21.11
2006	24.75	13.82	24.20	162.56	2.46	33.81	3.03	20.20	2.91	24.36
2007	30.29	16.99	26.51	202.37	3.62	54	3.11	23.49	3.21	28.08
2008	33.57	17.15	28.90	266.18	5.09	94.85	2.99	26.8	3.29	32.72
2009	35.46	18.29	32.72	342.74	5.85	115.59	3.05	26.93	3.41	38.31
2010	36.77	20.73	31.52	397.91	6.32	133.58	3.09	25.79	3.43	41.66
2011	38.00	23.83	37.69	476.43	7.98	168.74	3.19	25.29	3.65	45.04
2012	38.96	27.17	42.02	581.12	9.13	218.29	4.06	32.24	3.95	51.73
2013	40.06	30.17	43.17	634.52	9.24	240.50	4.19	33.65	4.05	56.61
2014	40.94	33.55	45.79	669.02	9.36	236.96	4.54	38.74	4.20	53.59

7-20 续表 continued

单位：万公顷、万吨 (10 000 hectares,10 000 tons)

年 份 Year	梨 Pears		葡 萄 Grapes		菠 萝 Pineapple		瓜果 Melon and Fruit		# 西瓜 Watermelon	
	面 积 Area	产 量 Output	面 积 Area	产 量 Output	面 积 Area	产 量 Output	面 积 Area	产 量 Output	面 积 Area	产 量 Output
2005	3.97	19.70	0.56	6.97	0.34	2.21				
2006	4.17	21.69	0.63	9.01	0.37	1.95				
2007	4.34	24.05	0.7	9.38	0.38	2.49	2.22	49.60	1.88	42.62
2008	4.69	28.69	0.79	12.84	0.41	2.89	1.83	47.26	1.49	39.32
2009	4.83	27.87	0.96	16.71	0.43	3.65	1.78	38.89	1.40	31.36
2010	5.16	33.2	1.23	20.6	0.38	3.62	2.49	56.27	2.11	48.22
2011	4.89	36.41	1.92	35.61	0.41	3.63	2.84	71.04	2.39	60.28
2012	5.22	41.63	2.71	54.35	0.40	5.51	2.77	70.40	2.21	59.26
2013	5.32	47.17	2.82	65.94	0.39	4.40	2.52	63.06	1.81	48.86
2014	5.26	48.14	3.56	80.55	0.43	6.85	2.63	63.74	2.08	51.22

7-21 各州市营造林生产情况

Forestry Production by Region

单位：万公顷 (10 000 hectares)

年 份 州 市	Year Region	造林面积 Afforested Area	更新造林面积 Area of Reforested Slash	幼林抚育作业面积 Area of Cultivating Young Growth	成林抚育面积 Area of Cultivating Mature Forest	零星（四旁）植树（万株） Number of Four-side Tree Planting(10 000 trees)	育苗面积（公顷） Area of Growing Seedings (hectare)	本年新育苗面积（公顷） Newly Raising Seeding (hectare)
2002		40.23	1.80	9.59	5.64	11 226	2 579	
2003		49.51	2.19	9.25	3.12	11 972	3 303	
2004		25.93	1.30	8.71	3.02	10 990	3 098	
2005		21.10	1.32	8.03	1.65	11 687	3 748	
2006		15.88	1.07	8.22	6.11	10 112	2 040	
2007		31.92	1.03	6.40	3.96	8 650	1 911	
2008		56.61	1.04	7.49	2.42	8 891	3 627	
2009		71.35	0.50	2.16	3.84	9 166	4 332	3 090
2010		66.15	0.64	3.06	4.86	9 261	5 823	3 505
2011		61.96	0.28	4.28	12.73	9 323	4 358	2 964
2012		54.45	0.49	1.88	14.02	10 740	6 449	4 431
2013		52.43	0.12	0.65	14.82	9 855	115 997	6 933
2014		40.04	-	-	14.14	9 885	9 491	3 134
昆 明	Kunming	2.18			0.68	1 081	3 811	706
曲 靖	Qujing	3.13			1.37	1 905	719	110
玉 溪	Yuxi	1.66			0.13	462	173	76
保 山	Baoshan	2.03			1.00	504	291	291
昭 通	Zhaotong	4.33			1.53	1 015	779	257
丽 江	Lijiang	3.94			0.85	262	104	31
普 洱	Pu'er	1.79			1.10	375	208	187
临 沧	Lincang	5.41			2.67	242	440	440
楚 雄	Chuxiong	2.05			0.63	1 658	140	108
红 河	Honghe	2.91			-	540	1 639	290
文 山	Wenshan	3.21			0.83	413	708	114
西双版纳	Xishuangbanna	0.25			0.63	100	28	15
大 理	Dali	2.04			0.85	826	289	217
德 宏	Dehong	1.00			0.97	156	257	219
怒 江	Nujiang	1.80			0.20	141	60	6
迪 庆	Diqing	1.51			0.53	66	48	7

注：零星四旁植树是指在路、沟旁、渠旁、宅旁植树。

Note: Scattered (four-side)Planting Trees refer to trees planted by the roadside,near the ditch,canal and house.

7-22 各州市主要林产品产量(2014 年)

Output of Major Forest Products by Region (2014)

单位：万吨 (10 000 tons)

州 市	Region	橡 胶 Rubber	松 脂 Pine Resin	油桐籽 Tung-oil Seeds	油茶籽 Rapeseeds	核 桃 Walnuts	板 栗 Chestnuts	紫 胶 Shellac
全 省	**Yunnan**	**43.33**	**13.86**	**1.98**	**1.65**	**64.48**	**6.40**	**0.24**
昆 明	Kunming		0.01	0.01		0.52	2.36	
曲 靖	Qujing			0.67	0.31	1.90	0.45	
玉 溪	Yuxi		0.03			0.74	0.72	
保 山	Baoshan		0.03	0.02	0.04	6.11	0.27	0.02
昭 通	Zhaotong			0.17		3.01	0.18	
丽 江	Lijiang					1.27	0.15	
普 洱	Pu'er	5.25	12.37	0.01		1.40	0.16	0.09
临 沧	Lincang	3.51	0.67	0.09	0.01	17.12	0.07	0.07
楚 雄	Chuxiong		0.56	0.01		4.20	1.27	
红 河	Honghe	1.71	0.01			0.47	0.13	0.06
文 山	Wenshan	0.01	0.01	0.95	1.17	0.20	0.09	
西双版纳	Xishuangbanna	32.21	0.14			0.02	0.07	
大 理	Dali		0.02	0.04		24.95	0.31	
德 宏	Dehong	0.64	0.01	0.01	0.12	0.28	0.07	
怒 江	Nujiang					0.96	0.04	
迪 庆	Diqing					1.32	0.06	

7−23 畜牧业生产情况（2010−2014 年）

Basic Conditions of Animal Husbandry Production （2010-2014）

单位：万头、万吨 (10 000 heads,10 000tons)

指 标	Item	2010	2011	2012	2013	2014
牲畜年末头数	**Number of Livestock (at year-end)**					
大 牲 畜	Large Livestock	923.06	1 180.37	1 207.68	1 234.32	1303.89
牛	Cattle and Buffaloes	746.65	998.38	1 028.74	1 083.05	1132.40
马	Horses	74.30	75.87	71.43	58.58	68.87
驴	Donkeys	35.02	39.27	39.43	33.56	37.51
骡	Mules	67.09	66.85	68.08	59.14	65.11
猪	Hogs	3 698.90	3 866.48	4 112.65	4 379.14	4619.39
羊（万只）	Goats and Sheep (10 000 heads)	1 112.38	1 163.72	1 229.04	1 338.80	1452.77
畜禽产品产量	**Output of Livestock and Poultry Products**					
肉类总产量	Total Output of Meat	512.60	563.51	633.56	654.11	688.15
猪 肉	Pork	418.65	455.81	508.96	523.85	546.64
牛 肉	Beef	40.89	45.30	50.97	54.10	59.67
羊 肉	Mutton	15.29	16.33	18.24	19.53	21.15
其他畜禽产品产量	**Output of Other Livestock and Poultry Products**					
牛 奶	Milk	59.31	62.00	66.58	69.80	72.94
绵羊毛	Sheep Wool	0.19	0.16	0.17	0.28	0.14
禽 蛋	Poultry Eggs	37.78	40.98	47.40	56.51	60.59
蚕 茧	Silkworm Cocoons	2.50	2.94	2.64	2.81	3.18

注：本表数据为全面统计数。
Note: Data in this table are comprehensive statistics.

7-24 各州市畜产品产量(2014年)

Output of Livestock Products by Region (2014)

单位：万吨 (10 000 tons)

州市	Region	畜产品产量 Output of Livestock Products	猪肉 Pork	牛肉 Beef	羊肉 Mutton	奶类 Milk	牛奶 Cow Milk	绵羊毛(吨) Sheep Wool(ton)	禽蛋 Eggs	蜂蜜 Honey
全省	**Yunnan**	**627.46**	**546.64**	**59.67**	**21.15**	**79.34**	**72.94**	**1 411**	**60.59**	**0.98**
昆明	Kunming	43.11	37.42	3.72	1.97	11.78	10.50	151	8.14	0.05
曲靖	Qujing	172.05	151.56	14.41	6.08	3.57	1.41	186	7.08	0.17
玉溪	Yuxi	26.22	23.06	2.41	0.75	0.79	0.74	4	12.23	0.04
保山	Baoshan	42.77	38.31	3.45	1.01	0.81	0.81	3	1.67	0.23
昭通	Zhaotong	48.62	44.88	2.78	0.96	0.05	0.05	575	2.63	0.01
丽江	Lijiang	13.65	11.26	1.41	0.98	0.89	0.89	187	0.50	0.01
普洱	Pu'er	17.76	15.78	1.55	0.43	0.02	0.02		0.24	0.09
临沧	Lincang	25.44	21.78	2.83	0.83	0.04	0.04		1.12	0.03
楚雄	Chuxiong	38.32	31.38	5.03	1.91	0.02	0.02	6	0.33	0.12
红河	Honghe	75.84	68.70	5.55	1.60	6.02	3.58	13	11.00	0.02
文山	Wenshan	54.62	47.12	6.65	0.85	0.03	0.03		2.52	0.06
西双版纳	Xishuangbanna	3.27	2.88	0.37	0.02				0.44	
大理	Dali	50.03	39.57	7.45	3.01	53.47	53.01	179	9.76	0.07
德宏	Dehong	9.38	8.10	1.14	0.15	0.33	0.33		0.64	0.02
怒江	Nujiang	3.68	2.78	0.43	0.47	0.01	0.01	43	0.14	0.02
迪庆	Diqing	2.71	2.07	0.49	0.15	1.51	1.51	64	0.13	0.02

7-25 各州市水产品产量及养殖面积(2014年)

Output of Aquatic Products and Aquaculture Areas by Region (2014)

单位：万吨，万公顷 (10 000 tons,10 000 hectare)

州市	Region	水产品产量 Output of Aquatic Products	养殖产量 Artificially Cultured	捕捞产量 Naturally Grown	鱼类 Fish	虾蟹类 Shrimps, Prawns and Crabs	贝类 Shellfish	其他 Others	水产养殖面积 Aquiculture Area
全省	**Yunnan**	**87.01**	**79.54**	**7.47**	**85.69**	**0.78**	**0.32**	**0.22**	**13.85**
昆明	Kunming	4.15	3.63	0.52	3.90	0.24		0.01	0.72
曲靖	Qujing	13.59	12.73	0.85	13.55	0.04		0.00	1.96
玉溪	Yuxi	1.62	1.42	0.20	1.60	0.01		0.00	1.07
保山	Baoshan	4.07	3.88	0.19	4.06	0.01		0.01	1.02
昭通	Zhaotong	3.39	3.25	0.14	3.38	0.00		0.00	1.13
丽江	Lijiang	1.74	1.50	0.23	1.67			0.07	0.41
普洱	Pu'er	13.34	11.79	1.55	13.05	0.16	0.05	0.07	0.94
临沧	Lincang	8.16	7.34	0.82	8.07	0.01	0.05	0.02	1.08
楚雄	Chuxiong	2.44	2.39	0.05	2.44	0.00			0.97
红河	Honghe	7.57	7.51	0.06	7.54	0.03	0.00	0.00	1.34
文山	Wenshan	8.13	7.32	0.80	8.06	0.04	0.02	0.00	1.18
西双版纳	Xishuangbanna	6.07	5.45	0.63	5.95	0.02	0.09	0.02	0.48
大理	Dali	8.16	6.93	1.23	7.95	0.20	0.01	0.00	1.07
德宏	Dehong	4.25	4.07	0.18	4.13	0.01	0.10	0.02	0.42
怒江	Nujiang	0.07	0.06	0.00	0.07				0.01
迪庆	Diqing	0.28	0.27	0.01	0.28				0.05

7-26 各州市主要蔬菜产品产量(2014年)

Output of Major Vegetable Products by Region (2014)

单位：万吨 (10 000 tons)

州 市	Region	蔬菜产量 Yield of Vegetable	叶菜类 Leaf Vegetables	白菜类 Chinese Cabbage	甘蓝类 Wild Cabbage	根茎类 Rhizome	瓜菜类 Melon Vegetables	豆类 Soybeans	茄果类 Eggplant Vegetables	葱蒜类 Onion and Garlic Vegetables	水生菜类 Aquatic Vegetables
全 省	**Yunnan**	**1 735.54**	**217.21**	**438.09**	**84.49**	**287.78**	**125.37**	**121.83**	**196.03**	**131.01**	**26.84**
昆 明	Kunming	262.56	48.81	80.32	17.14	19.82	18.08	13.41	18.08	13.38	3.06
曲 靖	Qujing	236.80	23.32	80.93	6.50	60.16	10.12	7.72	19.43	9.40	4.08
玉 溪	Yuxi	197.87	17.11	36.07	26.30	32.52	10.00	25.68	13.45	20.55	1.31
保 山	Baoshan	65.95	6.73	8.12	0.94	7.68	5.87	10.29	17.21	3.18	2.80
昭 通	Zhaotong	127.32	8.29	61.02	6.32	22.84	6.80	4.90	9.55	4.92	0.91
丽 江	Lijiang	24.50	2.85	4.87	0.42	2.80	2.62	1.69	3.03	4.99	0.61
普 洱	Pu'er	46.16	8.25	9.69	2.04	6.12	7.23	3.21	6.17	1.94	0.14
临 沧	Lincang	59.95	7.03	10.57	2.34	9.94	8.21	6.67	6.84	3.10	1.56
楚 雄	Chuxiong	179.91	28.15	35.36	6.16	42.61	13.76	18.28	26.68	4.21	0.65
红 河	Honghe	253.97	32.04	55.77	12.65	39.90	21.91	13.78	41.11	16.95	9.03
文 山	Wenshan	117.52	13.01	32.25		28.50	8.65	4.68	23.04	3.28	0.51
西双版纳	Xishuangbanna	17.75	1.83	2.23	1.05	1.39	3.33	4.01	2.14	0.52	0.35
大 理	Dali	116.12	13.32	16.53	1.03	8.33	4.42	5.98	7.04	43.13	1.66
德 宏	Dehong	18.07	4.66	2.22	1.27	1.92	2.91	1.19	1.48	0.78	0.16
怒 江	Nujiang	7.65	1.20	1.26	0.11	2.68	1.03	0.19	0.54	0.40	0.01
迪 庆	Diqing	3.45	0.60	0.87	0.22	0.58	0.43	0.15	0.23	0.27	

7-27 各州市特种作物生产情况 (2014 年)

Output of Special Crops by Region (2014)

州市	Region	鲜切花 (亿枝) Fresh Cut Flowers (100 million branches)	药材 (万吨) Medicinal Materials (10 000 tons)	食用菌 (万吨) Edible Mushrooms (10 000 tons)
全省	**Yunnan**	**85.42**	**29.65**	**6.18**
昆明	Kunming	56.33	2.10	0.27
曲靖	Qujing	5.91	8.28	3.14
玉溪	Yuxi	9.83	0.89	0.06
保山	Baoshan	0.00	0.59	0.33
昭通	Zhaotong	8.30	2.20	0.08
丽江	Lijiang	0.29	2.40	0.01
普洱	Pu'er	0.21	0.84	0.27
临沧	Lincang	0.04	0.86	0.15
楚雄	Chuxiong	2.01	0.51	0.32
红河	Honghe	1.50	3.71	0.52
文山	Wenshan	0.01	2.74	0.18
西双版纳	Xishuangbanna	0.32	0.15	0.33
大理	Dali	0.66	1.83	0.30
德宏	Dehong	0.01	0.15	0.10
怒江	Nujiang		0.34	0.10
迪庆	Diqing		2.06	0.04

7-28 生物产业发展情况(2013-2014 年)
Development of Biological Industry (2013-2014)

指 标	Item	2013	2014
一、生物产业总产值(亿元)	**Overall Production Value(100 million)**	**5 971.72**	**6 793.34**
其中：工业产值(亿元)	Of Which:Value of Industrial Output(100 million)	3 058.96	3 569.61
二、生物产业工业产品产量(万吨)	**Output of Industrial Products(10 000 tons)**	**1 201.89**	**1 367.09**
其中：生物农业(万吨)	Of Which:Biological Agriculture(10 000 tons)	1 105.70	1247.28
生物林业(万吨)	Bioforestry(10 000 tons)	64.72	81.58
生物医药(万吨)	Biomedicine(10 000 tons)	7.05	11.68
生物能源(万吨)	Biofuel (10 000 tons)	17.35	20.53
三、生物产业销售收入(亿元)	**Sales Revenue(100 million)**	**4 458.12**	**5187.05**
四、生物产品出口额(亿美元)	**Value of Exports(USD 100 million)**	**25.08**	**28.43**
五、生物产业固定资产投资(亿元)	**Investment in the Fixed Assets (100 million)**	**356.64**	**454.80**
其中：中型以上企业固定资产投资(亿元)	Of Which: Enterprise Over Medium Size (100 million)	223.23	251.02
六、生物产业企业数(个)	**Number of Enterprises(unit)**	**6876**	**8156**
其中：中型以上企业数(个)	Of Which: Enterprise Over Medium Size (unit)	1300	1443
从业人数(万人)	Employees(10 000 persons)	146.66	157.39
拥有专利数(项)	Number of Patents(Item)	1364	1374

7-29 各州市生物产业基本情况(2014年)

Base Situation of Biological Industry by Region(2014)

单元：亿元 (100 million yuan)

州市	Region	生物产业总产值 Overall Production Value (100 million)	工业产值 Value of Industrial Output (100 million)	销售额 Sales (100 million)	从业人员数（万人） Employees (10 000 persons)	生物产业固定资产投资 Investment in the Fixed Assets (100 million)
全省	**Yunnan**	**6793.34**	**3569.61**	**5187.05**	**157.39**	**454.80**
昆明	Kunming	1204.34	939.93	1228.15	27.00	78.36
曲靖	Qujing	783.52	349.18	643.83	4.39	48.51
玉溪	Yuxi	810.53	613.64	652.55	2.60	32.91
保山	Baoshan	285.88	90.15	167.28	8.93	4.05
昭通	Zhaotong	340.18	104.62	269.47	7.64	3.46
丽江	Lijiang	109.07	45.06	47.83	3.50	3.30
普洱	Pu'er	451.29	160.93	391.14	70.00	46.34
临沧	Lincang	405.67	156.72	255.51	5.60	87.83
楚雄	Chuxiong	516.80	283.40	279.71	4.89	78.29
红河	Honghe	582.16	324.37	412.35	5.21	44.69
文山	Wenshan	352.37	106.16	237.27	4.12	16.68
西双版纳	Xishuangbanna	177.53	51.48	171.50	3.67	6.42
大理	Dali	598.33	279.05	374.11	5.90	1.28
德宏	Dehong	117.54	41.98	28.48	2.34	0.58
怒江	Nujiang	20.25	3.53	9.93	0.50	0.25
迪庆	Diqing	37.88	19.40	17.94	1.10	1.85

主要统计指标解释

农、林、牧、渔业总产值 指以货币形式表现的农林渔业全部产品总量和对农、林、牧、渔业生产活动进行的各种支持性服务活动的价值。它反映了一定时期（通常指一年）农、林、牧、渔业生产及其服务的总成果和总规模。

1957 年以前的农业总产值包括了厩肥和农民自给性手工业（如农民自制衣服、鞋、袜，自己从事粮食初步加工等）。1958 年及以后的农业总产值，林业中增加了村及村以下竹木采伐产值；牧业中取消了厩肥产值；副业中取消了农民自给性手工业产值，增加了村及村以下的工业产值；渔业中增加了机械化捕鱼产值。1980 年及以后农业总产值，在副业中增加了农民商品性家庭手工业的产值。从 1984 年起村及村以下办工业产值划归工业。1993 年取消副业产值，农业总产值改为农、林、牧、渔业总产值。原副业产值的采集野生植物和农民家庭兼营商品性工业划归农业产值；捕猎野兽野禽划归牧业产值。2003 年开始，增加农林牧渔服务业产值，同时取消农民家庭兼营商品性工业，竹木采运由村及村以下扩大到全社会口径。

农、林、牧、渔业中间消耗 指各种经济类型的农业生产单位和农户在农业生产经营过程中投入（或消耗）的各种物质产品和劳务价值的总和。包括中间物质消耗和中间劳务消耗两个部份。计入中间消耗必须具备以下两个条件：一是与总产出相对应的生产过程中消耗的物质产品和劳务活动；二是本期投入并一次性消耗的不属于固定资产的非耐用品。

农、林、牧、渔业增加值 指农、林、牧、渔及农林牧渔服务业生产货物或提供服务活动而增加的价值。增加值的计算方法有两种，一是生产法：农、林、牧、渔业增加值 = 农、林、牧、渔业总产出 – 农、林、牧、渔业中间消耗；二是分配法：农、林、牧、渔业增加值 = 固定资产折旧 + 劳动者报酬 + 生产税净额（生产税 – 生产补贴）+ 营业盈余。

自来水受益村数 包括取水、净水、输配水三部分组成的自来水供给的，或由取水和输配水两部分的符合饮用卫生标准的简易自来水年末实际受益的村委会个数。

通汽车村数 指拥有乡级以上公路通过，并通达客运或货运汽车的村委会个数。

粮食产量 指全社会的产量。包括国营农场等全民所有制经营的、集体统一经营的和农民家庭经营的粮食产量，还包括工矿企业家属办的农场和其他生产单位的产量。粮食除包括稻谷、小麦、玉米、高粱、谷子及其他杂粮外，还包括薯类和大豆。其产量计算方法，豆类按去豆荚后的干豆计算；薯类（包括甘薯和马铃薯，不包括芋头和木薯）1963 年以前按每 4 公斤鲜薯折 1 公斤粮食计算，从 1964 年以后按 5 公斤鲜薯折 1 公斤粮食计算。其他粮食一律按脱粒后的原粮计算。

谷物 指稻谷、小麦、玉米、谷子、高粱和其他谷物，不包括薯类和豆类。其他谷物指除稻谷、小麦、玉谷、高粱以外的一些子实主要用作粮食的作物，包括大麦、元麦（青稞）、莜麦、荞麦、糜子等。

油料产量 指全部油料作物的生产量。包括花生、油菜籽、芝麻、向日葵子、胡麻子（亚麻子）和其他油料。不包括大豆、木本油料和野生油料。花生以带壳干花生计算。

水产品产量 指人工养殖的水产品天然生长的水产品的捕捞量。包括海水的鱼类、虾蟹类、贝类和藻类以及淡水的鱼类、虾蟹类、贝类，不包括淡水水生植物。

猪、牛、羊产量 指当年的猪、牛、羊的肉产量。即屠宰后除去头、蹄、下水后带骨肉（即胴体重）的重量。

期初（末）畜禽存栏头（只）数 指报告期初（末）农村各种合作经济组织和国营农场、农民个人、机关、团体、学校、工矿企业、部队等单位以及城镇居民饲养的大牲畜、猪、羊、家禽等畜禽的存栏数。数据上报方式及数据调整情况同猪、牛、羊肉产量。

灌溉面积 指有效灌溉面积，即具有一定的水源，地块比较平整，灌溉工程或设备已经配套，在一般年景下当年能够正常灌溉的耕地面积。

迹地更新面积 在新、旧采伐迹地和火烧迹地上，进行人工更新或人工促进天然更新的面积（包括乔木林和灌木林）称迹地更新面积。迹地更新面积不包括未经人工措施的天然更新面积以及补植面积。

农作物播种面积 指实际播种或移植有农作物的面积。凡是实际种植有农作物的面积，不论种植在耕地上还是种植在非耕地上，均包括在农作物播种面积中。在播种季节基本结束后，因遭灾而重新改种和补种的农作物面积，也包括在内。它是反映我国耕地面积利用情况的一个重要指标。目前，农作物播种面积主要包括粮食、棉花、油料、糖料、麻类、烟叶、蔬菜和瓜类、药材和其他农作物九大类。

农用化肥施用量 指本年内实际用于农业生产的化肥数量，包括氮肥、磷肥、钾肥和复合肥。化肥施用量要求按折纯量计算数量。折纯量是指把氮肥、磷肥、钾肥分别按含氮、含五氧化二磷、含氧化钾的百分之百成分进行折算后的数量。复合肥按其所含主要成分折算。公式为：

折纯量 = 实物量 × 某种化肥有效成份含量的百分比

农业机械总动力 指主要用于农、林、牧、渔业的各种动力机械的动力总和。包括耕作机械、排灌机械、收获机械、农用运输机械、植物保护机械、牧业机械、林业机械、渔业机械和其他农业机械（内燃机按引擎马力折成瓦（特）计算、电动机按功率折成瓦（特）计算）。不包括专门用于乡、镇、村、组办工业、基本建设、非农业运输、科学试验和教学等非农业生产方面用的动力机械与作业机械。这个指标的统计数据主要来源于农机部门。

农村自来水普及率 指农村饮用自来水人口数占农村人口总数的百分比。计算公式为：

$$\text{农村自来水普及率} = \frac{\text{农村饮用自来水人口数}}{\text{农村人口总数}} \times 100\%$$

农村卫生厕所普及率 指使用各种类型卫生厕所的农户数占农村总户数的百分比。其中，农村卫生厕所包括三格化粪池式、双瓮漏斗式、三联沼气池式、粪尿分集式、完整下水道水冲式和其他类型的厕所，以及粪便及时清理并进行高温堆肥无害化处理的非水冲式厕所。农村总户数指县城以下农村农户总数。计算公式为：

$$\text{农村卫生厕所普及率} = \frac{\text{使用卫生厕所农户数}}{\text{农村总户数}} \times 100\%$$

Explanatory Notes on Principle Statistical Indicators

Gross Output Value of Farming, Forestry, Animal Husbandry and Fishery refers to the total value of products of farming, forestry, animal husbandry and fishery and the value of support services for production of farming, forestry, animal husbandry and fishery, which reflects the total scale and result of agricultural production and services during a given period （generally one year）.

The gross agricultural output value before 1957 included output value of barnyard manure and farmers' self-supporting handicraft industry （e.g., self-made clothing, shoes, socks, initial grain processing, etc.）. Since 1958, output value of felling timber and bamboo by villages and organizations has been included in below village that of forestry; output value of barnyard manure has been excluded from that of animal husbandry; output value of farmers' self-supporting handicraft industry has been excluded from that of sideline production, while output value of industries run by villages and organizations had been included in it; output value of mechanized fishing has been included in that of fishery. Since 1980, output value of farmers' commercial household handicraft industry has been added to that of sideline production. Since 1984, output value of industries run by villages or organizations below village has been classified into that of industry. Since 1993, output value of sideline production has been cancelled and gross agricultural output value has been changed to gross output value of farming, forestry, animal husbandry and fishery; output value of wild plants gathering and commercial industry run by rural households has been incorporated to agricultural output value; output value of animal and bird hunting has been classified into that of animal husbandry. Since 2003, output value of services of farming, forestry, animal husbandry and fishery has been added while farmers' commercial household industry has been cancelled, and transporting and felling timber and bamboo by villages and organizations below village has been expanded to all levels.

Intermediate Consumption of Farming, Forestry, Animal Husbandry and Fishery refers to the total value of material products and labor input (or consumed) by various agricultural production entities and rural households in the process of agricultural production and operation. It is composed of intermediate material consumption and intermediate labor consumption. Items calculated into intermediate consumption should satisfy the following two conditions: first, they are material products and labor consumed in the process of production against total output; second, they are is non-durable goods that do not belong to fixed assets but input and consumed up one time in the present phase.

Added Value of Farming, Forestry, Animal Husbandry and Fishery refers to the added Value produced by manufacturing goods or supplying service in farming, forestry, animal husbandry, fishery and service in support of farming,forestry, animal husbandry, fishery .There are two methods to calculate value added: one is the method of production: added value of farming, forestry, animal husbandry and fishery = total output of farming, forestry, animal husbandry and fishery - intermediate consumption of farming, forestry, animal husbandry and fishery; the other is the method of distribution: added value of farming, forestry, animal husbandry and fishery = depreciation of fixed assets - remuneration of laborers + net production tax (production tax — production subsidy) + business surplus.

Number of Villages Benefiting from Tap Water Supply refers to the number of villages practically enjoying tap water supply composed of water intakes, water treatment and water conveyance and distribution or up-to-standard potable water supply composed of water intakes and water conveyance and distribution at the year-end.

Number of Villages Accessible to Motor Vehicle refers to the number of villages with town-level road passing through and transport service.

Grain Yield refers to the total yield in the whole country including grain produced by state farms, collective entities, rural households, industrial enterprises and mines. Grain includes rice, wheat, maize, sorghum, millet and other cereals as well as tubers and soybeans. Output of beans refers to dry beans without pods. Output of tubers (sweet potatoes and potatoes, not including taros and cassava) was converted into that of grain at the ratio 4:1, i.e. 4 kilograms of fresh tubers was equivalent to 1 kilogram of grain up to 1963. Since 1964 the ratio for conversion has been 5:1. Tubers supplied as vegetables (such as potatoes) in cities and suburbs are calculated as fresh vegetables and their output is not included in the output of grain. Other kinds of grain are calculated as husked grain.

Cereals refer to rice, wheat, maize millet, sorghum and other kinds of grain, but tubers and beans are not included. Other kinds of grain refer to some crops whose seeds are mainly used for food such as barley, highland barley, naked oats, buckwheat, broom corn millet, etc.

Output of Oil-bearing Crops refers to the total production of oil-bearing crops of various kinds, including peanuts (dry, in shell) , rapeseeds, sesame, sunflower seeds, flax seeds, and other oil-bearing crops. Soybeans, oil-bearing woody plants, and wild oil-bearing crops are not included.

Output of Aquatic Products refers to catches of both artificially cultured and naturally grown aquatic products, including fish, shrimps, crabs and shellfish in sea and inland water as well as seaweed. Freshwater plants are not included.

Output of Pork, Beef, and Mutton refers to the weight of the meat of slaughtered hogs, cattle, sheep and goats with head, feet, and offal taken away.

Number of Livestock or Poultry in Stock at Beginning (or End) of Period refers to the total number of large animals, pigs, sheep, fowls, etc. raised by rural cooperative organizations, State farms, rural individuals, government agencies, schools, industrial and mining enterprises, army, and urban residents at the beginning (or end) of the reference period. Data reporting system and data adjustment are the same as that in the output of pork, beef and mutton.

Effective Irrigated Area refers to area cultivated land which is relatively level and has water source and complete sets of irrigation facilities to lift and move adequate water for irrigation purpose under normal conditions.

Reforested area refers to the area created by artificial reforestation or artificial measures promoting regeneration (including arbor and shrubbery forests) in new and old cut-over areas and burned areas. Reforested area excludes natural forest regeneration area and reinforcement planting area.

Sown Area of Crops refers to area of land sown or transplanted with crops regardless of being in cultivated area or non-cultivated area. Area of land re-sown due to natural disasters is also included. This is an important indicator that can reflect the utilization condition of the cultivated land in China. At present, the sown area of crops mainly include the following 9 categories of crops: grain, cotton, oil-bearing crops, sugar crops, flax crops, tobacco, vegetables and melons, medicinal materials and other farm crops.

Consumption of Chemical Fertilizers in Agriculture refers to the quantity of chemical fertilizers applied in agriculture in the year, including nitrogenous fertilizer, phosphate fertilizer, potash fertilizer, and compound fertilizer. The consumption of chemical fertilizers is calculated in terms of volume of effective components by means of converting the gross weight of the respective fertilizers into weight containing effective component (e.g. nitrogen content in nitrogenous fertilizer, phosphorous pentoxide contents in phosphate fertilizer, and potassium oxide contents in potash fertilizer). Compound fertilizer is converted in regard to its major components. The formula is:

Volume of effective component= physical quantity× effective component of certain chemical fertilizer (%)

Total Power of Agricultural Machinery refers to total mechanical power of machinery used in agriculture, forestry, animal husbandry and fishery, including machinery for ploughing, irrigation and drainage, harvesting, transport, plant protection, animal husbandry, forestry and fishery and other agricultural machineries. (For the power of internal combustion engines, it is converted from its horsepower into watts while for electric motors the output power is converted into watts.) Machinery employed for non-agricultural purposes, such as the machines used in township-run and village-run industry, construction, non-agricultural transport, scientific experiments and teaching, are not included. Data are mainly from agricultural machinery agencies.

Ratio of Access to tap water in rural areas refers to the percentage of the population drinking the tap water in rural areas over the rural population. It is calculated as:

Ratio of Access to tap water in rural areas=the population drinking the tap water in rural areas ÷ the rural population×100%

Dissemination Ratio of the Sanitation Toilets in Rural Areas refers to the percentage of the number of rural families using all types of sanitation toilets over number of the rural families. In which, the sanitation toilets in rural areas include the toilets with three lattices cesspool, funnel toilets with two urns, triad marsh gas tank toilets, toilets with separate collection of the excrement and urine, flushing toilets with integrated sewer and other types of toilets and the non-flushing toilets which can clean the excrement and urine in time and can disposed them with high temperature compost harmlessly. The number of rural families refers to the number of the rural families under the county towns.

It is calculated as:

Dissemination ratio of the sanitation toilets in rural areas=number of rural families using all types of sanitation toilets ÷ number of rural families ×100%.

Chapter 8

八、工业和能源
Industry and Energy

8-1 工业总产值及其构成（1978—2014 年）

Gross Industrial Output Value by Light and Heavy Industry(1978-2014)

单位：亿元 (100 million yuan)

年份 Year	工业总产值 Gross Industrial Output Value	轻工业 Light Industry	重工业 Heavy Industry	占全部工业总产值的比重(%) Share in Gross Industrial Output Value(%) 轻工业 Light Industry	重工业 Heavy Industry
1978	55.43	23.84	31.60	43.0	57.0
1979	62.38	26.26	36.12	42.1	57.9
1980	65.35	29.54	35.81	45.2	54.8
1981	72.54	35.18	37.36	48.5	51.5
1982	83.60	41.30	42.30	49.4	50.6
1983	95.11	47.37	47.75	49.8	50.2
1984	112.27	55.13	57.15	49.1	50.9
1985	136.26	65.93	70.33	48.4	51.6
1986	147.02	67.71	79.31	46.1	53.9
1987	181.85	85.53	96.32	47.0	53.0
1988	244.63	121.64	122.99	49.7	50.3
1989	304.91	154.61	150.30	50.7	49.3
1990	345.26	181.14	164.12	52.5	47.5
1991	393.63	203.85	189.78	51.8	48.2
1992	477.07	240.85	236.22	50.5	49.5
1993	690.08	333.28	356.79	48.3	51.7
1994	948.71	514.69	434.02	54.3	45.7
1995	1 230.01	656.60	573.41	53.4	46.6
1996	1 291.38	695.56	595.82	53.9	46.1
1997	1 440.11	751.15	688.96	52.2	47.8
1998	1 503.23	774.72	728.52	51.5	48.5
1999	1 561.08	793.88	767.20	50.9	49.1
2000	1 589.36	802.70	786.66	50.5	49.5
2001	1 675.11	863.76	811.35	51.6	48.4
2002	1 850.46	954.27	896.19	51.6	48.4
2003	2 176.40	1 014.70	1 161.69	46.6	53.4
2004	2 479.07	917.21	1 561.86	37.0	63.0
2005	3 249.84	1 120.47	2 129.37	34.5	65.5
2006	4 110.25	1 269.63	2 840.61	30.9	69.1
2007	5 137.30	1 830.16	3 307.14	35.6	64.4
2008	5 738.81	1 447.80	4 291.01	25.2	74.8
2009	6 261.75	1 930.88	4 330.87	30.8	69.2
2010	7 880.70	2 317.95	5 562.75	29.4	70.6
2011	9 595.15	2 779.50	6 815.66	29.0	71.0
2012	11 641.46	3 555.22	8 086.25	30.5	69.5
2013	12 756.98	3 911.54	8 845.44	30.7	69.3
2014	12 840.64	4 017.84	8 822.80	31.3	68.7

注：本表总产值按当年价格计算。

Note: Gross output values in this table are calculated at current prices.

8-2 规模以上工业增加值(2009-2014 年)

单位：亿元

工业行业	Industrial Sector	2009	
		工业增加值 Industrial Added Value	比上年增长 (%) Increase Rate over Last Year (%)
全 省	**Yunnan**	**1 904.38**	**11.2**
轻工业	Light Industry	884.66	13.0
重工业	Heavy Industry	1 019.72	9.8
按行业类别分	**Grouped by Industry Sector**		
采矿业	**Mining**		
煤炭开采和洗选业	Mining and Washing of Coal	93.39	3.1
石油和天然气开采业	Extraction of Petroleum and Natural Gas	0.01	-58.3
黑色金属矿采选业	Mining and Processing of Ferrous Metal Ores	32.50	10.5
有色金属矿采选业	Mining and Processing of Non-Ferrous Metal Ores	49.90	7.4
非金属矿采选业	Mining and Processing of Nonmetal Ores	23.88	7.3
开采辅助活动	Mining Auxiliary Activities		
其他采矿业	Other Minerals Mining		
制造业	**Manufacturing Industry**		
农副食品工业	Processing of Food from Agricultural Products	46.24	15.4
食品制造业	Manufacture of Foods	9.50	14.0
酒、饮料和精制茶制造业	Beverage Manufacturing	28.22	15.3
烟草制品业	Manufacture of Tobacco	689.82	11.4
纺织业	Manufacture of Textile	2.59	-14.9
纺织服装、服饰业	Textile,Clothing, Footwear Production	0.32	-9.7
皮革、毛皮、羽毛及其制品和制鞋业	Feather, Furs, Down, Related Products and Footwear	0.03	-12.9
木材加工及木、竹、藤、棕、草制品业	Processing of Timber, Manufacture of Wood,Bamboo, Rattan, Palm and Straw Products	4.54	12.8
家具制造业	Manufacture of Furniture	0.22	-8.0
造纸及纸制品业	Manufacture of Paper and Paper Products	14.69	15.7
印刷业和记录媒介的复制	Printing, Reproduction of Recording Media	18.86	14.6
文教、工美、体育和娱乐用品制造业	Manufacture of Culture, Education,Industrial Arts, Sports and Entertainment Goods		
石油加工、炼焦及核燃料工业	Processing of Petroleum, Coking, Processing of Nuclear Fuel	50.59	0.9
化学原料及化学制品制造业	Manufacture of Raw Chemical Materials and Chemical Products	114.86	5.4
医药制造业	Manufacture of Medicines	46.97	17.2
化学纤维制造业	Manufacture of Chemical Fibers	4.39	2.6
橡胶制品业	Manufacture of Rubber	2.80	-0.9
塑料制品业	Manufacture of Plastics	8.04	14.7
橡胶和塑料制品业	Rubber and Plastic Products		
非金属矿物制品业	Manufacture of Non-metallic Mineral Products	52.51	20.7
黑色金属冶炼及压延工业	Smelting and Pressing of Ferrous Metals	97.76	9.1
有色金属冶炼及压延工业	Smelting and Pressing of Non-ferrous Metals	152.74	3.6
金属制品业	Manufacture of Metal Products	10.40	76.7
通用设备制造业	Manufacture of General Purpose Machinery	17.15	-7.7
专用设备制造业	Manufacture of Special Purpose Machinery	16.36	15.2
交通运输设备制造业	Manufacture of Transport Equipment	34.60	50.4
汽车制造业	Automotive Industry		
铁路、船舶、航空航天和其他运输设备制造业	Manufacture of Trnmsport Equipment for Railway,Boats and Aerospace and Other Transport Equipments		
电气机械及器材制造业	Manufacture of Electrical Machinery and Equipment	12.41	12.8
计算机、通信和其他电子设备制造业	Computers,Communication Equipment and Other Computers and Other Electronic Equipment	3.71	6.4
仪器仪表制造业	Instrument Industry	2.78	10.0
其他制造业	Others	9.59	567.6
废弃资源综合利用业	Comprehensive Utilization of Discarded Resources and Waste	0.40	35.1
金属制品、机械和设备修理业	Manufacture of Metal Products, Machinery and Equipment Repairing		
电力、热力、燃气及水生产和供应业	**Production and Supply of Electricity Gas,Heat Power, and Water**		
电力、热力的生产和供应业	Production and Supply of Electric Power and Heat Power	242.36	16.6
燃气生产和供应业	Production and Supply of Gas	2.42	122.1
水的生产和供应业	Production and Supply of Water	6.83	15.8

注：本表绝对数按当年价格计算，增幅按可比价计算。

Added Value of Industry Above Designated Size (2009-2014)

(100 million yuan)

2010		2011		2012		2013		2014	
工业增加值 Industrial Added Value	比上年增长 (%) Increase Rate over Last Year (%)	工业增加值 Industrial Added Value	比上年增长 (%) Increase Rate over Last Year (%)	工业增加值 Industrial Added Value	比上年增长 (%) Increase Rate over Last Year (%)	工业增加值 Industrial Added Value	比上年增长 (%) Increase Rate over Last Year (%)	工业增加值 Industrial Added Value	比上年增长 (%) Increase Rate over Last Year (%)
2 246.91	**15.0**	**2 753.64**	**18.0**	**3 084.96**	**15.6**	**3 470.66**	**12.3**	**3 545.41**	**7.3**
1 037.45	15.0	1 245.65	17.9	1 353.79	17.1	1 528.14	7.4	1 704.54	10.1
1 209.46	15.0	1 507.99	18.0	1 731.17	14.4	1 942.53	16.3	1 840.87	4.9
						487.46	**15.9**	**348.08**	**-17.8**
130.87	14.8	174.16	29.0	222.45	18.2	254.79	19.2	127.81	-38.0
	-55.3								
34.39	14.7	60.89	33.8	61.42	14.8	70.83	20.4	60.21	-1.5
62.27	5.7	87.62	18.2	99.80	23.2	112.48	10.7	112.18	12.4
25.56	9.2	34.71	18.9	42.22	35.3	49.36	5.6	47.88	-9.5
						2540.25	**10.0**	**2667.06**	**10.0**
62.43	9.7	87.36	19.7	112.44	29.2	125.34	15.1	131.58	13.5
19.39	27.1	26.54	27.2	34.06	29.3	43.06	18.2	51.25	20.5
33.59	22.6	47.68	25.1	53.66	27.2	73.97	26.8	92.51	19.0
797.20	16.0	938.05	17.5	976.25	13.2	1 076.53	3.9	1 207.57	8.5
2.78	17.7	3.22	5.6	4.71	51.1	4.44	-7.1	4.79	17.4
0.33	14.9	0.27	-1.9	1.45	98.4	2.52	55.8	3.41	38.2
0.02	11.3	0.77		1.83	58.2	1.44	10.2	1.55	45.8
8.76	39.2	8.31	7.6	13.38	81.9	18.63	22.6	22.60	19.4
0.24	39.8	0.20	-14.0	0.34	-5.5	0.36	-6.7	0.93	87.6
16.19	2.8	17.97	15.3	21.19	24.3	19.41	-3.3	20.70	4.0
23.25	8.8	25.71	10.6	24.17	7.1	25.53	4.2	23.90	-3.6
				16.84	140.5	22.05	34.8	28.60	27.0
35.96	15.8	46.29	3.5	46.81	-3.7	42.64	11.6	34.19	-4.8
125.91	17.1	187.30	22.1	202.21	9.6	187.77	2.6	173.16	5.7
47.68	12.0	58.61	22.7	73.89	26.6	89.68	16.0	90.18	8.6
4.67	-2.4	5.00	1.1	4.56	-0.2	5.36	11.5	5.72	1.5
0.80	48.1	1.74	24.5						
9.23	9.6	10.32	14.7						
				13.09	48.9	22.95	67.5	23.26	9.8
73.83	18.9	89.52	20.1	98.82	17.1	122.38	20.5	136.83	10.4
113.53	18.7	153.01	12.6	158.69	5.6	172.62	14.6	141.73	-3.4
223.80	11.0	247.68	16.7	335.16	19.7	339.25	15.2	319.46	18.9
13.09	4.2	13.17	11.6	19.28	49.1	18.12	17.8	18.57	7.6
23.37	42.7	30.07	15.7	19.38	-11.1	25.11	21.9	30.00	29.3
18.39	9.8	18.85	-0.2	18.09	17.9	24.28	22.2	19.19	13.7
33.95	-0.1	36.07	9.6						
				25.40	17.9	31.71	18.0	37.39	17.7
				7.15	-6.3	9.41	2.7	10.63	0.5
17.12	4.7	16.39	5.6	15.37	10.3	18.61	18.5	23.01	12.6
3.43	54.2	5.65	28.2	6.63	29.9	8.05	2.1	6.03	20.1
4.84	10.2	4.40	5.6	5.27	19.7	4.94	4.5	1.55	13.7
6.80	-29.0	10.24	4.6	1.25	41.9	3.05	91.6	1.83	16.5
1.41	3.7	1.52	28.6	0.84	-20.9	0.90	7.0	4.65	116.3
				0.07	36.8	0.16	75.4	0.28	11.4
						442.95	**22.7**	**530.27**	**16.8**
255.70	19.9	290.53	18.3	332.49	10.1	425.32	23.6	509.68	17.2
6.38	39.1	5.50	-13.6	5.44	14.2	7.75	-0.9	9.22	-2.2
9.75	-3.1	8.32	-4.4	8.85	6.6	9.88	5.2	11.38	19.3

Note: Absolute figures in this table are calculated at current prices while increase rates are calculated at comparable prices.

8-3 规模以上工业发展指数(2004-2014年)

(按可比价格计算，按上年为100)

工业行业	Industrial Sector	2004	2005
全　省	**Yunnan**	**116.6**	**108.4**
轻工业	Light Industry	110.8	105.8
重工业	Heavy Industry	126.4	111.8
按行业类别分	**Grouped by Industry Sector**		
采矿业	**Mining**		
煤炭开采和洗选业	Mining and Washing of Coal	119.1	118.7
石油和天然气开采业	Extraction of Petroleum and Natural Gas	68.4	118.3
黑色金属矿采选业	Mining and Processing of Ferrous Metal Ores	383.0	81.4
有色金属矿采选业	Mining and Processing of Non-Ferrous Metal Ores	120.2	123.2
非金属矿采选业	Mining and Processing of Nonmetal Ores	147.3	126.1
开采辅助活动	Mining Auxiliary Activities		
其他采矿业	Other Minerals Mining		
制造业	**Manufacturing Industry**		
农副食品加工业	Processing of Food from Agricultural Products	139.3	97.1
食品制造业	Manufacture of Foods	144.8	92.6
酒、饮料和精制茶制造业	Beverage Manufacturing	129.3	126.1
烟草制品业	Manufacture of Tobacco	108.5	106.1
纺织业	Manufacture of Textile	208.1	113.9
纺织服装、服饰业	Textile,Clothing, Footwear Production	103.2	73.4
皮革、毛皮、羽毛及其制品和制鞋业	Feather, Furs, Down, Related Products and Footwear	48.7	58.4
木材加工及木、竹、藤、棕、草制品业	Processing of Timber, Manufacture of Wood,Bamboo, Rattan, Palm and Straw Products	124.7	85.6
家具制造业	Manufacture of Furniture	210.9	58.5
造纸及纸制品业	Manufacture of Paper and Paper Products	121.4	89.4
印刷业和记录媒介的复制	Printing, Reproduction of Recording Media	118.7	103.5
文教、工美、体育和娱乐用品制造业	Manufacture of Culture, Education,Industrial Arts, Sports and Entertainment Goods	135.6	97.9
石油加工、炼焦及核燃料加工业	Processing of Petroleum, Coking, Processing of Nuclear Fuel	124.4	142.7
化学原料及化学制品制造业	Manufacture of Raw Chemical Materials and Chemical Products	122.8	119.0
医药制造业	Manufacture of Medicines	113.8	109.4
化学纤维制造业	Manufacture of Chemical Fibers	98.4	218.7
橡胶制品业	Manufacture of Rubber	118.2	106.8
塑料制品业	Manufacture of Plastics	88.4	86.4
橡胶和塑料制品业	Rubber and Plastic Products		
非金属矿物制品业	Manufacture of Non-metallic Mineral Products	127.5	97.8
黑色金属冶炼及压延加工业	Smelting and Pressing of Ferrous Metals	137.2	98.2
有色金属冶炼及压延加工业	Smelting and Pressing of Non-ferrous Metals	122.5	112.8
金属制品业	Manufacture of Metal Products	94.5	136.6
通用设备制造业	Manufacture of General Purpose Machinery	139.5	112.0
专用设备制造业	Manufacture of Special Purpose Machinery	108.5	105.6
交通运输设备制造业	Manufacture of Transport Equipment	170.3	108.7
汽车制造业	Automotive Industry		
铁路、船舶、航空航天和其他运输设备制	Manufacture of Transport Equipment for Railway,Boats and Aerospace and Other Transport Equipments		
电气机械及器材制造业	Manufacture of Electrical Machinery and Equipment	125.1	108.5
计算机、通信和其他电子设备制造业	Computers,Communication Equipment and Other Computers and Other Electronic Equipment	139.4	114.7
仪器仪表制造业	Instrument Industry	85.5	87.9
其他制造业	Others	56.0	139.4
废弃资源综合利用业	Comprehensive Utilization of Discarded Resources and Waste	100.0	66.9
金属制品、机械和设备修理业	Manufacture of Metal Products, Machinery and Equipment Repairing		
电力、热力、燃气及水生产和供应业	**Production and Supply of Electricity Gas,Heat Power, and Water**		
电力、热力的生产和供应业	Production and Supply of Electric Power and Heat Power	122.0	116.6
燃气生产和供应业	Production and Supply of Gas	149.1	91.0
水的生产和供应业	Production and Supply of Water	112.2	109.4
昆　明	Kunming	119.4	113.2
曲　靖	Qujing	112.4	117.4
玉　溪	Yuxi	108.8	102.6
保　山	Baoshan	123.4	127.4
昭　通	Zhaotong	140.6	113.0
丽　江	Lijiang	114.8	100.2
普　洱	Pu'er	120.1	119.4
临　沧	Lincang	106.0	105.2
楚　雄	Chuxiong	107.5	120.3
红　河	Honghe	111.7	105.6
文　山	Wenshan	113.0	132.5
西双版纳	Xishuangbanna	165.3	123.6
大　理	Dali	127.3	112.5
德　宏	Dehong	110.4	68.9
怒　江	Nujiang	111.7	149.8
迪　庆	Diqing	177.1	143.4

Development Indices of Industry above Designated Size by Sector (2004-2014)

(Data in this table are calculated at comparable prices,preceding year=100)

2006	2007	2008	2009	2010	2011	2012	2013	2014
117.8	**117.5**	**112.6**	**111.2**	**115.0**	**118.0**	**115.6**	**112.3**	**107.3**
109.6	117.9	114.2	113.0	115.0	117.9	117.1	107.4	110.1
127.1	116.5	111.3	109.8	115.0	118.0	114.4	116.3	104.9
							115.9	**82.2**
102.4	105.1	135.2	103.1	114.8	129.0	118.2	119.2	62.0
122.0	83.9	51.2	41.7	44.7				
135.8	137.6	133.6	110.5	114.7	133.8	114.8	120.4	98.5
164.0	118.5	106.2	107.4	105.7	118.2	123.2	110.7	112.4
159.9	112.5	120.9	107.3	109.2	118.9	135.3	105.6	90.5
							110.0	**110.0**
108.3	120.0	114.5	115.4	109.7	119.7	129.2	115.1	113.5
111.5	127.4	117.4	114.0	127.1	127.2	129.3	118.2	120.5
129.0	144.9	95.8	115.3	122.6	125.1	127.2	126.8	119.0
109.2	117.7	115.3	111.4	116.0	117.5	113.2	103.9	108.5
96.7	112.5	121.6	85.1	117.7	105.6	151.1	92.9	117.4
138.6	134.3	99.9	90.3	114.9	98.1	198.4	155.8	138.2
28.5	34.4	117.7	87.1	111.3		158.2	110.2	145.8
96.2	105.2	107.7	112.8	139.2	107.6	181.9	122.6	119.4
152.0	75.2	113.0	92.0	139.8	86.0	94.5	93.3	187.6
94.6	117.6	107.6	115.7	102.8	115.3	124.3	96.7	104.0
113.5	115.0	97.2	114.6	108.8	110.6	107.1	104.2	96.4
80.8	100.0	100.5				240.5	134.8	127.0
114.2	147.4	135.5	100.9	115.8	103.5	96.3	111.6	95.2
122.0	118.6	119.3	105.4	117.1	122.1	109.6	102.6	105.7
113.5	124.0	118.9	117.2	112.0	122.7	126.6	116.0	108.6
109.8	104.8	101.5	102.6	97.6	101.1	99.8	111.5	101.5
109.2	111.0	104.2	99.1	148.1	124.5			
109.6	106.5	140.8	114.7	109.6	114.7			
						148.9	167.5	109.8
124.8	105.1	111.8	120.7	118.9	120.1	117.1	120.5	110.4
113.0	133.0	108.0	109.1	118.7	112.6	105.6	114.6	96.6
149.5	107.0	95.3	103.6	111.0	116.7	119.7	115.2	118.9
114.4	110.5	112.1	176.7	104.2	111.6	149.1	117.8	107.6
124.5	140.9	109.4	92.3	142.7	115.7	88.9	121.9	129.3
113.1	119.2	105.1	115.2	109.8	99.8	117.9	122.2	113.7
109.3	118.7	129.6	150.4	99.9	109.6			
						117.9	118.0	117.7
						93.7	102.7	100.5
125.9	108.9	122.3	112.8	104.7	105.6	110.3	118.5	112.6
108.8	118.4	126.0	106.4	154.2	128.2	129.9	102.1	120.1
112.0	104.6	107.7	110.0	110.2	105.6	119.7	104.5	113.7
94.4	111.9	114.6	667.6	71.0	104.6	141.9	191.6	116.5
76.0	31.2	169.4	135.1	103.7	128.6	79.1	107.0	216.3
						136.8	175.4	111.4
							122.7	**116.8**
124.1	115.9	112.1	116.6	119.9	118.3	110.1	123.6	117.2
93.4	207.2	121.4	222.1	139.1	86.4	114.2	99.1	97.8
118.3	102.4	103.7	115.8	96.9	95.6	106.6	105.2	119.3
117.4	117.7	113.0	110.1	115.8	116.6	115.6	111.0	107.0
127.9	114.9	113.1	112.7	115.1	115.9	115.7	115.5	99.3
118.5	119.5	116.6	111.5	115.9	116.6	117.2	106.8	108.1
141.8	118.9	112.7	125.8	115.2	125.6	112.5	118.0	113.2
120.7	116.2	106.2	111.3	116.8	122.9	120.1	124.0	101.0
143.2	125.1	121.0	117.2	124.4	132.7	126.9	127.5	97.2
122.4	129.8	129.2	118.2	114.0	126.8	124.3	127.5	108.0
116.9	123.4	124.1	102.7	104.6	124.2	120.5	119.6	114.4
111.5	119.7	114.1	110.0	114.4	116.2	120.5	110.3	113.1
115.8	111.7	109.3	110.1	110.1	117.1	116.0	112.0	107.2
128.4	128.8	116.1	118.6	116.1	124.2	116.5	122.7	118.1
161.3	137.6	100.7	112.2	110.1	118.8	121.9	122.5	120.6
123.5	121.7	113.6	116.2	115.8	124.7	114.1	114.0	109.0
146.7	133.5	103.7	131.4	128.1	119.1	119.1	108.9	106.9
289.6	107.6	101.3	107.7	93.2	101.1	114.2	110.6	109.4
108.1	109.4	106.9	118.3	115.1	111.9	102.8	123.2	108.5

8-4 规模以上工业企业主要经济数据

单位：亿元

年　份 类　别	Year Item	企业单位数（个）Number of Enterprises (unit)	亏损企业 LossMaking Enterprises
2000		2 124	862
2001		2 031	853
2002		2 072	911
2003		1 995	846
2004		2 407	856
2005		2 362	829
2006		2 601	813
2007		2 698	744
2008		3 320	1 056
2009		3 489	1 036
2010		3 599	832
2011		2 773	599
2012		3 211	805
2013		3 551	939
2014		3 797	1 147
按登记注册类型分	**Grouped by Registration Status**		
内资企业	Domestic Funded Enterprises	3 618	1 091
国有企业	State-owned Enterprises	105	35
集体企业	Collective-owned Enterprises	49	13
股份合作企业	Share Holding Enterprises	11	5
联营企业	Joint Ownership Enterprises	2	2
有限责任公司	Limited Liability Corporations	1 484	487
股份有限公司	Share-holding Corporations Limited	149	39
私营企业	Private Enterprises	1 776	489
其他企业	Other Enterprises	42	21
港澳台商投资企业	Enterprises with Funds from Hong Kong, Macao and Taiwan	84	20
外商投资企业	Foreign Funded Enterprises	95	36
在总计中：亏损企业	Of which:Lossmaking Enterprises	1 147	1 147
在总计中：国有控股企业	Of which:State-holding Enterprises	589	221
按企业规模分	**Grouped by Size of Enterprises**		
大型企业	Large Enterprises	106	37
中型企业	Medium-sized Enterprises	603	203
小型企业	Small Enterprises	2 828	798
微型企业	Microenterprise	260	109
按门类分	**Grouped by Sector**		
采矿业	Mining	694	317
制造业	Manufacturing Industry	2 761	718
电力、热力、燃气及水的生产和供应业	Production and supply of Electricity,Heat Power, Gas and Water	342	112

Main Economic Indicators of Industrial Enterprises above Designated Size

(100 million yuan)

工业总产值 Gross Industrial Output Value	工业销售产值 Industrial Sale Output Value	出口交货值 Delivery Value of Exports	资产合计 Total Assets	产成品 Finished Goods
1 063.36	1 050.45		2 310.22	75.61
1 157.40	1 141.31		2 585.06	80.17
1 320.62	1 307.43		2 722.14	82.86
1 557.17	1 547.14		3 033.50	131.01
2 093.98	2 061.84	94.04	3 567.17	116.54
2 596.21	2 577.47	89.63	3 964.32	146.72
3 393.09	3 338.22	115.76	4 808.98	186.21
4 298.29	4 225.66	159.26	5 834.12	219.13
5 144.58	4 896.85	116.03	7 185.11	259.64
5 178.21	4 962.99	99.14	7 674.88	266.08
6 464.63	6 247.87	115.14	9 611.09	317.04
7 780.83	7 527.74	114.19	11 053.93	417.82
9 224.81	8 783.33	125.59	13 076.97	513.52
10 289.07	9 831.22	130.91	15 854.90	518.55
10 521.79	10 022.04	153.60	17 458.16	565.88
10 048.30	9 567.44	137.92	16 755.55	540.07
757.64	732.91	0.14	1 038.77	49.54
22.90	22.67	0.31	31.04	0.85
8.61	8.41		8.23	0.78
0.30	0.30		3.20	
5 665.77	5 412.06	67.08	11 296.82	264.65
1 290.80	1 235.64	14.20	2 073.16	59.25
2 272.98	2 129.01	56.18	2 258.64	162.88
29.30	26.44		45.69	2.12
225.76	209.38	7.86	333.07	12.86
247.73	245.22	7.82	369.54	12.94
2 581.37	2 427.10	29.53	5 069.22	168.92
5 556.93	5 358.05	46.60	11 746.27	250.99
4 734.94	4 602.59	41.47	7714.59	177.05
2 333.04	2 161.87	48.79	4 169.29	148.48
3 340.51	3 144.55	61.63	5 314.37	233.89
113.30	113.03	1.70	259.91	6.46
866.89	782.13	0.01	1 710.59	51.89
8 170.67	7 768.67	145.28	9 448.53	511.79
1 484.23	1 471.24	8.31	6 299.04	2.19

8-4 续表 1

单位：亿元

年份 类别	Year Item	负债合计 Total Liabilities	主营业务收入 Revenue from Principal Business
2000		1 280.62	1 058.91
2001		1 399.56	1 161.38
2002		1 475.14	1 313.29
2003		1 664.86	1 537.37
2004		1 878.60	2 052.46
2005		2 068.42	2 569.71
2006		2 638.14	3 357.53
2007		3 173.66	4 306.61
2008		4 168.36	4 961.12
2009		4 382.48	4 968.08
2010		5 735.24	6 356.24
2011		6 763.81	7 621.91
2012		8 255.51	8 942.15
2013		10 223.00	10 040.21
2014		10 991.96	10 358.22
按登记注册类型分	**Grouped by Registration Status**		
内资企业	Domestic Funded Enterprises	10 582.47	9 904.32
国有企业	State-owned Enterprises	847.14	756.33
集体企业	Collective-owned Enterprises	18.77	24.78
股份合作企业	Share Holding Enterprises	5.35	8.28
联营企业	Joint Ownership Enterprises	1.60	0.26
有限责任公司	Limited Liability Corporations	6 940.65	5 444.16
股份有限公司	Share-holding Corporations Limited	1 314.84	1 533.98
私营企业	Private Enterprises	1 424.15	2 109.67
其他企业	Other Enterprises	29.97	26.85
港澳台商投资企业	Enterprises with Funds from Hong Kong, Macao and Taiwan	175.52	208.84
外商投资企业	Foreign Funded Enterprises	233.96	245.06
在总计中：亏损企业	Of which:Lossmaking Enterprises	3 935.59	2 698.54
在总计中：国有控股企业	Of which:State-holding Enterprises	7 315.02	5 788.90
按企业规模分	**Grouped by Size of Enterprises**		
大型企业	Large Enterprises	4 633.49	4 943.03
中型企业	Medium-sized Enterprises	2 645.89	2 182.84
小型企业	Small Enterprises	3 546.45	3 119.15
微型企业	Microenterprise	166.13	113.20
按门类分	**Grouped by Sector**		
采矿业	Mining	995.73	772.40
制造业	Manufacturing Industry	5 337.95	8 112.16
电力、热力、燃气及水的生产和供应业	Production and supply of Electricity, Heat Power, Gas and Water	4 658.27	1 473.65

continued

(100 million yuan)

主营业务税金及附加 Taxes and Other Charges on Principal Business	销售费用 Selling Expenses	管理费用 Administration Expenses	利润总额 Total Profits	亏损企业亏损总额 Total Losses of Lossmaking Enterprises	利税总额 Total Tax and Profits	本年应交增值税 Value Added Tax Payable	全部从业人员年均人数（万人） Employed Persons at Year-end (10 000 persons)
174.86	26.58	86.12	69.75	23.15	333.13	88.52	11.63
171.03	36.40	94.09	82.19	20.15	347.40	94.18	2.22
192.48	52.00	102.95	73.16	30.04	371.47	105.83	0.79
207.08	57.37	119.55	108.06	29.44	439.03	123.90	0.10
227.08	64.86	144.36	215.47	24.63	593.76	151.21	27.05
245.62	76.28	154.21	227.91	31.18	651.22	177.68	9.83
278.24	90.70	179.26	310.18	32.78	806.86	218.45	35.15
327.11	108.45	208.88	388.61	28.21	996.13	280.41	0.46
389.51	133.66	275.17	310.14	99.67	1 005.52	305.87	2.12
442.36	150.01	282.10	360.25	59.77	1 094.18	291.57	3.25
507.41	198.84	371.07	599.34	38.14	1 444.33	337.57	92.60
619.98	214.50	402.02	639.70	57.08	1 664.48	404.80	90.62
706.73	245.99	431.81	586.52	130.29	1 758.58	463.85	101.04
786.38	274.62	468.02	630.63	163.97	1 896.76	478.02	103.32
824.19	267.73	463.00	516.08	228.59	1 821.02	472.75	99.24
818.61	236.23	437.32	490.46	215.11	1 771.83	454.85	93.92
4.65	9.77	40.23	28.60	12.57	71.43	37.67	7.65
0.45	1.36	2.05	1.63	0.41	3.90	1.82	0.77
0.07	0.27	0.55		0.05	0.27	0.20	0.19
0.02	0.01	0.01	-0.01	0.01	0.04	0.03	0.05
797.14	117.72	249.03	320.73	143.62	1 449.76	324.86	45.69
4.60	49.44	60.08	40.75	27.47	81.15	35.67	9.54
11.38	56.40	83.33	97.41	30.51	162.74	53.70	29.37
0.29	1.26	2.04	1.34	0.46	2.52	0.89	0.66
3.72	11.70	13.02	18.40	5.30	31.10	8.91	2.72
1.86	19.80	12.66	7.22	8.18	18.09	8.98	2.59
8.61	66.99	133.55	-228.59	228.59	-164.42	55.27	36.23
798.32	112.84	272.58	312.03	148.39	1 466.63	348.78	40.76
789.46	99.75	204.96	234.50	87.78	1 309.05	278.02	31.24
15.03	92.15	131.45	85.88	86.42	189.86	88.49	35.54
19.20	73.75	122.54	189.41	50.97	312.56	103.47	31.46
0.50	2.07	4.05	6.29	3.42	9.56	2.76	1.00
14.59	25.87	66.27	42.04	23.48	109.07	51.95	17.84
797.50	234.20	354.27	351.25	157.90	1 473.53	317.51	72.36
12.10	7.66	42.45	122.78	47.21	238.43	103.29	9.04

8-4　续表 2

单位：亿元

类　别	Item	企业单位数（个）Number of Enterprises (unit)	亏损企业 LossMaking Enterprises
按行业类别分	**Grouped by Industry Sector**		
采矿业	**Mining**	**694**	**317**
煤炭开采和洗选业	Coal Mining and Dressing	450	215
石油和天然气开采业	Petroleum & Natural Gas Extraction		
黑色金属矿采选业	Mining & Dressing of Ferrous Metals	65	31
有色金属矿采选业	Mining and Processing of Non-Ferrous Metal Ores	130	53
非金属矿采选业	Mining and Processing of Nonmetal Ores	49	18
开采辅助活动	Assitant Activities of Mining		
其他采矿业	Mining of Other Ores		
制造业	**Manufacturing Industry**	**2 761**	**718**
农副食品加工业	Processing of Food from Agricultural Products	425	84
食品制造业	Manufacture of Foods	124	12
酒、饮料和精制茶制造业	Manufacture of Wine,Beverage and Refined Tea	183	41
烟草制品业	Manufacture of Tobacco	15	
纺织业	Manufacture of Textile	29	7
纺织服装、服饰业	Manufacture of Textile Wearing Apparel and Dress Adornment	11	3
皮革、毛皮、羽毛及其制品和制鞋业	Manufacture of Leather.Fur,Feather and Related Products	5	
木材加工和木、竹、藤、棕、草制品业	Processing of Timber, Manufacture of Wood, Bamboo, Rattan, Palm and Straw Products	100	23
家具制造业	Manufacture of Furniture	10	
造纸和纸制品业	Manufacture of Paper and Paper Products	73	15
印刷和记录媒介复制业	Printing, Reproduction of Recording Media	51	4
文教、工美、体育和娱乐用品制造业	Manufacture of Articles for Culture,Education,Arts, Sport Activities and Entertainment	22	1
石油加工、炼焦和核燃料加工业	Processing of Petroleum, Coking, Processing of Nuclear Fuel	31	10
化学原料和化学制品制造业	Manufacture of Raw Chemical Materials and Chemical Products	300	113
医药制造业	Manufacture of Medicines	113	21
化学纤维制造业	Manufacture of Chemical Fibers	2	
橡胶和塑料制品业	Manufacture of Rubber and Plastics	128	42
非金属矿物制品业	Manufacture of Non-metallic Mineral Products	403	120
黑色金属冶炼和压延加工业	Smelting and Pressing of Ferrous Metals	172	81
有色金属冶炼和压延加工业	Smelting and Pressing of Non-ferrous Metals	186	68
金属制品业	Manufacture of Metal Products	85	15
通用设备制造业	Manufacture of General Purpose Machinery	66	17
专用设备制造业	Manufacture of Special Purpose Machinery	53	13
汽车制造业	Manufacture of Cars	33	7
铁路、船舶、航空航天和其他运输设备制造业	Manufacture of Railways,Boats,Aerospace and Other Transport Equipment	5	
电气机械和器材制造业	Manufacture of Electrical Machinery and Equipment	85	13
计算机、通信和其他电子设备制造业	Manufacture of Computer,Communication Equipment and Electronic Equipment	11	
仪器仪表制造业	Manufacture of Measuring Instruments and Machinery	17	3
其他制造业	Other Manufacturing Industry	11	2
废弃资源综合利用业	Comprehensive Utilization of Waste	12	3
金属制品、机械和设备修理业	Manufacture of Metal Products, Machinery and Equipment Repairing		
电力、热力、燃气及水生产和供应业	**Production and Supply of Electricity Gas, Heat Power, and Water**	**342**	**112**
电力、热力生产和供应业	Production and Supply of Electric Power and Heat Power	307	101
燃气生产和供应业	Production and Supply of Gas	10	3
水的生产和供应业	Production and Supply of Water	25	8

continued

(100 million yuan)

工业总产值 Gross Industrial Output Value	工业销售产值 Industrial Sale Output Value	出口交货值 Delivery Value of Exports	资产合计 Total Assets	产成品 Finished Goods
866.89	**782.13**	**0.01**	**1 710.59**	**51.89**
314.20	311.14	0.01	679.90	9.64
184.80	162.25		345.81	14.86
260.05	223.44	0.01	457.70	12.85
107.85	85.30		227.17	14.54
8 170.67	**7 768.67**	**145.28**	**9 448.53**	**511.79**
583.18	530.24	42.24	491.34	31.15
192.35	184.27	11.04	148.55	10.24
256.82	222.56	5.32	291.35	25.12
1 567.70	1 515.43	14.95	1 765.72	97.94
23.20	22.25	4.92	46.13	3.58
10.30	10.14	0.95	15.36	1.23
8.79	8.38	0.52	5.64	1.27
77.64	69.25	0.29	84.33	9.02
3.15	2.95		7.65	2.02
62.83	57.74		98.47	5.09
63.53	60.74		89.66	5.91
80.91	73.33		31.82	2.94
234.28	227.37		305.97	7.40
840.12	785.53	20.20	1 190.42	66.09
278.42	251.85	4.63	403.54	21.26
15.39	15.21		11.23	0.60
151.34	143.16	0.28	107.23	11.92
491.06	466.22	0.51	731.23	22.95
995.77	963.52	1.44	978.81	43.53
1 520.74	1 474.25	12.51	1 860.89	90.03
105.97	102.45	2.58	114.94	8.35
89.04	84.74	3.47	99.89	7.40
93.59	86.05	4.81	76.18	6.01
187.88	183.27	7.65	154.84	7.93
36.52	33.98		47.03	3.28
117.19	112.99	3.14	149.68	15.72
27.77	26.43	1.12	60.64	2.00
27.99	27.83	1.83	46.07	0.93
14.92	14.38	0.91	16.18	0.56
12.30	12.16		17.73	0.33
1 484.23	**1 471.24**	**8.31**	**6 299.04**	**2.19**
1 424.75	1 413.00	8.31	5 744.07	1.48
36.50	35.69		356.46	0.61
22.98	22.55		198.52	0.11

8-4 续表 3

单位：亿元

类　别	Item	负债合计 Total Liabilities
按行业类别分	**Grouped by Industry Sector**	
采矿业	**Mining**	**995.73**
煤炭开采和洗选业	Coal Mining and Dressing	384.14
石油和天然气开采业	Petroleum & Natural Gas Extraction	
黑色金属矿采选业	Mining & Dressing of Ferrous Metals	194.17
有色金属矿采选业	Mining and Processing of Non-Ferrous Metal Ores	263.48
非金属矿采选业	Mining and Processing of Nonmetal Ores	153.95
开采辅助活动	Assitant Activities of Mining	
其他采矿业	Mining of Other Ores	
制造业	**Manufacturing Industry**	**5 337.95**
农副食品加工业	Processing of Food from Agricultural Products	322.27
食品制造业	Manufacture of Foods	75.62
酒、饮料和精制茶制造业	Manufacture of Wine,Beverage and Refined Tea	156.03
烟草制品业	Manufacture of Tobacco	289.44
纺织业	Manufacture of Textile	29.22
纺织服装、服饰业	Manufacture of Textile Wearing Apparel and Dress Adornment	9.64
皮革、毛皮、羽毛及其制品和制鞋业	Manufacture of Leather.Fur,Feather and Related Products	3.10
木材加工和木、竹、藤、棕、草制品业	Processing of Timber, Manufacture of Wood, Bamboo, Rattan, Palm and Straw Products	47.19
家具制造业	Manufacture of Furniture	5.52
造纸和纸制品业	Manufacture of Paper and Paper Products	69.63
印刷和记录媒介复制业	Printing, Reproduction of Recording Media	34.11
文教、工美、体育和娱乐用品制造业	Manufacture of Articles for Culture,Education,Arts, Sport Activities and Entertainment	6.15
石油加工、炼焦和核燃料加工业	Processing of Petroleum, Coking, Processing of Nuclear Fuel	219.24
化学原料和化学制品制造业	Manufacture of Raw Chemical Materials and Chemical Products	836.51
医药制造业	Manufacture of Medicines	197.03
化学纤维制造业	Manufacture of Chemical Fibers	2.87
橡胶和塑料制品业	Manufacture of Rubber and Plastics	67.38
非金属矿物制品业	Manufacture of Non-metallic Mineral Products	514.09
黑色金属冶炼和压延加工业	Smelting and Pressing of Ferrous Metals	696.51
有色金属冶炼和压延加工业	Smelting and Pressing of Non-ferrous Metals	1 303.12
金属制品业	Manufacture of Metal Products	80.06
通用设备制造业	Manufacture of General Purpose Machinery	60.30
专用设备制造业	Manufacture of Special Purpose Machinery	52.29
汽车制造业	Manufacture of Cars	83.91
铁路、船舶、航空航天和其他运输设备制造业	Manufacture of Railways,Boats,Aerospace and Other Transport Equipment	15.03
电气机械和器材制造业	Manufacture of Electrical Machinery and Equipment	90.69
计算机、通信和其他电子设备制造业	Manufacture of Computer,Communication Equipment and Electronic Equipment	25.06
仪器仪表制造业	Manufacture of Measuring Instruments and Machinery	27.01
其他制造业	Other Manufacturing Industry	7.44
废弃资源综合利用业	Comprehensive Utilization of Waste	11.48
金属制品、机械和设备修理业	Manufacture of Metal Products, Machinery and Equipment Repairing	
电力、热力、燃气及水生产和供应业	**Production and Supply of Electricity, Heat Power, Gas and Water**	**4 658.27**
电力、热力生产和供应业	Production and Supply of Electric Power and Heat Power	4 493.78
燃气生产和供应业	Production and Supply of Gas	40.91
水的生产和供应业	Production and Supply of Water	123.59

continued

(100 million yuan)

主营业务收　入 Revenue from Principal Business	主营业务税金及附加 Taxes and Other Charges on Principal Business	销售费用 Selling Expenses	管理费用 Administration Expenses	利润总额 Total Profit	亏损企业亏损总额 Total Losses of Loss Making Enterprises	利税总额 Total Tax and Profit	本年应交增值税 Value Added Tax Payable	全部从业人员年均人数（万人） Employed Persons at Year-end (10 000 persons)
772.40	**14.59**	**25.87**	**66.27**	**42.04**	**23.48**	**109.07**	**51.95**	**17.84**
305.02	4.67	11.02	29.87	5.23	16.74	30.49	20.17	10.66
160.92	4.15	6.69	10.58	8.89	3.46	23.06	9.99	1.86
216.74	2.69	3.41	17.41	18.31	2.66	35.71	14.69	3.94
89.73	3.08	4.75	8.42	9.61	0.62	19.81	7.10	1.37
8 112.16	**797.50**	**234.20**	**354.27**	**351.25**	**157.90**	**1 473.53**	**317.51**	**72.36**
524.50	1.42	15.98	19.64	8.13	18.43	16.67	7.05	6.60
182.33	0.65	14.39	6.90	13.77	1.07	18.50	4.08	2.67
224.32	4.58	17.14	10.39	31.65	1.31	43.26	7.00	4.49
1 490.77	774.88	28.29	80.11	200.50		1 163.31	181.65	4.62
23.60	0.27	0.19	1.21	0.32	0.46	1.05	0.46	0.68
9.57	0.10	0.18	0.70	0.62	0.24	0.87	0.12	0.42
8.28	0.01	0.46	0.46	0.38		0.45	0.06	0.33
69.37	0.39	1.92	3.33	6.07	0.93	8.73	2.24	1.68
3.00	0.02	0.19	0.12	0.17		0.26	0.06	0.15
56.97	0.29	3.09	4.93	0.42	3.14	2.38	1.66	1.19
58.13	0.43	1.19	6.40	11.22	0.10	15.40	3.72	1.01
70.43	0.76	3.16	10.56	9.73	0.01	13.65	3.16	0.74
224.40	0.45	3.11	6.55	- 5.33	9.41	1.26	6.14	1.50
769.71	2.92	40.16	41.88	- 6.97	41.44	14.21	17.97	7.62
247.91	1.86	43.20	19.17	29.96	2.92	46.46	14.63	2.61
15.22	0.09	0.09	0.81	3.76		4.62	0.78	0.04
145.92	0.26	2.78	4.56	3.27	1.81	5.11	1.57	2.48
454.30	2.29	15.91	22.67	18.14	8.99	37.98	17.36	6.59
1 021.61	0.60	11.71	25.87	- 25.81	30.87	- 16.06	9.11	7.36
1 856.36	2.99	14.48	51.37	17.40	29.51	45.10	24.60	11.02
104.55	0.45	2.01	4.06	5.53	0.53	7.67	1.67	1.32
80.38	0.31	3.11	5.18	0.08	2.75	2.24	1.84	1.36
86.46	0.29	2.59	4.66	5.11	1.18	7.08	1.66	1.14
150.27	0.14	3.02	6.04	10.13	1.71	11.49	1.20	1.46
36.60	0.44	0.78	3.99	4.04		7.88	3.39	0.19
114.58	0.38	3.61	5.94	4.16	0.28	6.71	2.17	1.54
33.65	0.07	0.78	2.85	3.14		4.08	0.85	0.60
23.37	0.10	0.31	2.52	0.13	0.78	0.86	0.63	0.54
13.90	0.02	0.20	0.81	0.65	0.01	0.99	0.24	0.22
11.72	0.03	0.17	0.60	0.88	0.03	1.33	0.42	0.19
1 473.65	**12.10**	**7.66**	**42.45**	**122.78**	**47.21**	**238.43**	**103.29**	**9.04**
1 397.85	9.60	4.30	37.62	113.58	45.16	223.66	100.39	8.13
47.94	0.12	0.97	2.38	5.77	0.18	8.12	2.09	0.41
27.86	2.37	2.38	2.46	3.42	1.87	6.65	0.8	0.49

8-5 规模以上工业企业主要财务分析数据(2014 年)

类　别	Item	综合经济效益指数(%) Composite Economic Performance Index (%)
全　省	**Yunnan**	**333.1**
按登记注册类型分组	**By Status of Registration**	
国有企业	State-owned Enterprises	264.1
集体企业	Collective-owned Enterprises	170.4
股份合作企业	Cooperative Enterprises	174.3
股份制企业	Share-holding Corporations Limited	362.0
外商及港澳台投资企业	Enterprises with Funds from Hong Kong, Macao, Taiwan and foreign Funds	250.2
其他企业	Others	140.1
在总计中：国有控股企业	of Which:State-holding Enterprises	491.8

注：本表根据年快报数据计算。

Main Financial Analytical Indicators of Industry above Designated Size (2014)

总资产贡献率 (%) Ratio of Total Assets to Industrial Output Value (%)	资本保值增值率 (%) Capital Maintenance and Increasement Ratio (%)	资产负债率 (%) Assets Liability Ratio (%)	流动资产周转率 (%) Ratio of Turnover of Working Capitals (%)	成本费用利润率 (%) Ratio of Profits to Cost (%)	全员劳动生产率 (万元／人) Overall Labor Productivity (10 000 yuan/person)	产品销售率 (%) Ratio of Products Sold (%)
13.0	**107.4**	**64.5**	**1.8**	**5.1**	**38.56**	**95.5**
6.9	124.4	83.5	3.5	3.8	27.66	97.5
14.0	94.7	59.7	1.5	7.9	10.22	98.1
8.0	105.7	61.9	2.4	2.3	14.66	95.5
13.8	107.7	63.3	1.8	5.3	42.99	95.3
7.9	104.0	57.8	1.5	5.3	26.64	97.2
6.6	83.4	65.6	1.1	4.8	10.72	95.7
15.9	107.6	64.5	2.0	5.9	63.07	96.7

Note: Data in this table are calculated according to the bulletin.

8-5 续表

类　别	Item	综合经济效益指数 (%) Composite Economic Performance Index (%)
按行业类别分	**Grouped by Industry Sector**	
采矿业	**Mining**	**203.4**
煤炭开采和洗选业	Coal Mining and Dressing	139.0
石油和天然气开采业	Petroleum & Natural Gas Extraction	
黑色金属矿采选业	Mining & Dressing of Ferrous Metals	277.9
有色金属矿采选业	Mining and Processing of Non-Ferrous Metal Ores	272.1
非金属矿采选业	Mining and Processing of Nonmetal Ores	357.5
开采辅助活动	Assitant Activities of Mining	63.2
其他采矿业	Mining of Other Ores	
制造业	**Manufacturing Industry**	**354.6**
农副食品加工业	Processing of Food from Agricultural Products	200.2
食品制造业	Manufacture of Foods	248.7
酒、饮料和精制茶制造业	Manufacture of Wine,Beverage and Refined Tea	329.2
烟草制品业	Manufacture of Tobacco	2 380.3
纺织业	Manufacture of Textile	100.3
纺织服装、服饰业	Manufacture of Textile Wearing Apparel and Dress Adornment	148.5
皮革、毛皮、羽毛及其制品和制鞋业	Manufacture of Leather.Fur,Feather and Related Products	145.1
木材加工和木、竹、藤、棕、草制品业	Processing of Timber, Manufacture of Wood, Bamboo, Rattan, Palm and Straw Products	174.5
家具制造业	Manufacture of Furniture	125.4
造纸和纸制品业	Manufacture of Paper and Paper Products	161.1
印刷和记录媒介复制业	Printing, Reproduction of Recording Media	322.6
文教、工美、体育和娱乐用品制造业	Manufacture of Articles for Culture,Education,Arts, Sport Activities and Entertainment	495.6
石油加工、炼焦和核燃料加工业	Processing of Petroleum, Coking, Processing of Nuclear Fuel	183.2
化学原料和化学制品制造业	Manufacture of Raw Chemical Materials and Chemical Products	200.9
医药制造业	Manufacture of Medicines	330.8
化学纤维制造业	Manufacture of Chemical Fibers	1 114.5
橡胶和塑料制品业	Manufacture of Rubber and Plastics	149.6
非金属矿物制品业	Manufacture of Non-metallic Mineral Products	215.3
黑色金属冶炼和压延加工业	Smelting and Pressing of Ferrous Metals	163.6
有色金属冶炼和压延加工业	Smelting and Pressing of Non-ferrous Metals	263.9
金属制品业	Manufacture of Metal Products	169.7
通用设备制造业	Manufacture of General Purpose Machinery	194.6
专用设备制造业	Manufacture of Special Purpose Machinery	201.2
汽车制造业	Manufacture of Cars	293.3
铁路、船舶、航空航天和其他运输设备制造业	Manufacture of Railways,Boats,Aerospace and Other Transport Equipment	460.1
电气机械和器材制造业	Manufacture of Electrical Machinery and Equipment	182.7
计算机、通信和其他电子设备制造业	Manufacture of Computer,Communication Equipment and Electronic Equipment	180.8
仪器仪表制造业	Manufacture of Measuring Instruments and Machinery	149.1
其他制造业	Other Manufacturing Industry	189.0
废弃资源综合利用业	Comprehensive Utilization of Waste	353.0
金属制品、机械和设备修理业	Manufacture of Metal Products, Machinery and Equipment Repairing	
电力、热力、燃气及水生产和供应业	**Production and Supply of Electricity, Heat Power, Gas and Water**	**463.5**
电力、热力生产和供应业	Production and Supply of Electric Power and Heat Power	482.7
燃气生产和供应业	Production and Supply of Gas	276.7
水的生产和供应业	Production and Supply of Water	217.6

continued

总资产贡献率 (%) Ratio of Total Assets to Industrial Output Value (%)	资本保值增值率 (%) Capital Maintenance and Increasement Ratio (%)	资产负债率 (%) Assets Liability Ratio(%)	流动资产周转率 (%) Ratio of Turnover of Working Capitals (%)	成本费用利润率 (%) Ratio of Profits to Cost (%)	全员劳动生产率 (万元／人) Overall Labor Productivity (10 000 yuan /person)	产品销售率 (%) Ratio of Products Sold (%)
7.6	**107.5**	**58.1**	**1.1**	**5.2**	**19.79**	**91.1**
5.3	111.5	56.3	1.1	1.4	11.98	99.3
8.0	101.8	56.1	1.0	5.5	32.17	87.5
8.3	108.0	57.7	1.2	7.6	29.29	88.7
12.4	103.2	67.1	1.0	13.4	39.53	78.7
20.7	-131.2	97.0	1.5	3.8		93.0
17.9	**104.5**	**57.5**	**1.8**	**4.5**	**40.86**	**95.2**
5.5	105.6	67.0	2.1	0.9	21.40	90.5
15.8	118.2	50.5	2.9	7.7	19.92	95.1
16.5	123.9	53.4	1.5	15.6	30.44	87.5
68.9	101.8	22.4	1.6	24.3	347.33	96.7
4.4	86.4	62.3	1.1	0.9	6.93	95.4
7.4	114.1	59.3	1.0	7.1	9.52	98.3
10.1	105.9	56.2	4.2	4.8	4.57	97.4
8.4	120.3	55.5	1.9	2.9	14.70	89.7
4.2	105.8	69.6	0.7	2.2	10.94	98.0
3.9	98.7	69.9	1.1	- 1.2	18.59	92.7
20.4	114.5	37.8	1.2	24.4	23.11	95.7
54.7	113.1	19.2	4.2	16.1	41.52	91.8
2.7	91.3	71.8	1.6	- 2.2	22.66	97.1
3.0	99.0	70.3	1.5	- 1.3	24.83	94.1
13.5	117.4	46.1	1.0	13.7	33.65	91.2
41.2	99.8	24.2	1.7	33.0	141.54	98.8
5.7	117.3	61.5	2.5	1.4	11.31	95.6
7.1	104.5	70.3	1.8	3.4	22.38	97.9
0.1	97.3	70.7	2.3	- 2.3	18.85	96.9
4.9	103.4	68.7	2.2	0.9	31.82	96.7
5.7	119.2	70.4	1.4	3.6	15.47	97.0
3.2	113.2	60.6	1.4	- 0.2	22.42	95.0
10.0	118.5	67.2	1.8	6.0	17.21	91.5
10.5	112.4	54.2	2.3	7.4	30.20	93.4
15.8	109.6	32.1	1.1	12.3	55.07	93.3
5.6	122.5	61.5	1.1	3.2	17.94	94.1
8.4	108.4	39.6	1.1	9.5	13.09	93.6
7.5	99.2	61.4	1.7	4.0	10.86	97.3
9.7	112.5	58.0	1.8	4.5	15.82	94.7
13.4	720.3	65.3	2.2	7.7	25.93	98.9
6.8	**116.8**	**77.3**	**2.9**	**8.6**	**58.46**	**99.8**
6.9	117.2	77.7	3.1	8.8	61.12	99.8
4.3	104.9	60.2	1.8	3.4	32.79	99.5
3.8	114.6	68.5	0.7	3.3	25.32	98.3

8-6 各州市规模以上工业企业主要经济数据(2014 年)

Main Economic Indicators of Industry above Designated Size by Region(2014)

单位：亿元

州市	Region	企业单位数(个) Number of Enterprises (unit)	大型企业 Large Enterprises	中型企业 Medium-sized Enterprises	小型企业 Small Enterprises	微型企业 Mini Eenterprises	亏损企业数(个) Number of Loss Making Enterprises (unit)
全 省	**Yunnan**	**3 797**	**106**	**603**	**2 828**	**260**	**1 147**
昆 明	Kunming	1 012	37	131	797	47	219
曲 靖	Qujing	558	17	114	379	48	200
玉 溪	Yuxi	333	10	59	257	7	105
保 山	Baoshan	191	2	34	143	12	40
昭 通	Zhaotong	189	3	25	125	36	95
丽 江	Lijiang	74		7	62	5	12
普 洱	Pu'er	147	1	31	104	11	68
临 沧	Lincang	139	5	21	103	10	52
楚 雄	Chuxiong	264	5	21	220	18	58
红 河	Honghe	253	13	56	171	13	112
文 山	Wenshan	158	4	33	109	12	42
西双版纳	Xishuangbanna	69	1	10	53	5	29
大 理	Dali	245	4	39	182	20	61
德 宏	Dehong	120	2	15	89	14	42
怒 江	Nujiang	19	2	2	14	1	3
迪 庆	Diqing	26		5	20	1	9

8-6 续表 1 continued

单位：亿元 (100 million yuan)

州 市	Region	工业总产值 Gross Industrial Output Value	工业销售产值（当年价） Sales Value of Industry (at current prices)	出口交货值 Delivery Value of Exports
全 省	**Yunnan**	**10 521.79**	**10 022.04**	**153.60**
昆 明	Kunming	3 285.31	3 216.22	47.94
曲 靖	Qujing	1 597.31	1 561.39	14.73
玉 溪	Yuxi	1 324.63	1 231.12	18.37
保 山	Baoshan	318.07	302.32	9.69
昭 通	Zhaotong	382.67	371.52	1.20
丽 江	Lijiang	128.28	119.33	1.41
普 洱	Pu'er	217.61	209.69	6.76
临 沧	Lincang	243.50	203.70	1.72
楚 雄	Chuxiong	550.81	509.51	9.42
红 河	Honghe	1 064.96	1 014.63	10.91
文 山	Wenshan	436.38	369.88	2.95
西双版纳	Xishuangbanna	117.49	97.61	
大 理	Dali	633.72	601.33	18.17
德 宏	Dehong	134.47	131.85	9.45
怒 江	Nujiang	36.01	35.21	0.80
迪 庆	Diqing	50.57	46.72	0.08

8-6 续表 2 continued

单位：亿元 (100 million yuan)

州 市	Region	资产合计 Total Assets	产成品 Finished Goods	流动资产 Annual Average Balance of Working Capitals	固定资产净值 Annual Average Balance of Net Value of Fixed Assets	负债合计 Total Liabilities
全 省	**Yunnan**	**17 458.16**	**565.88**	**5 971.49**	**7 531.87**	**10 991.96**
昆 明	Kunming	4 851.12	190.37	2 170.14	1 482.75	2 758.03
曲 靖	Qujing	2 262.31	57.40	776.11	820.91	1 496.88
玉 溪	Yuxi	1 350.36	64.05	661.12	330.27	591.49
保 山	Baoshan	535.78	25.00	181.85	234.65	374.02
昭 通	Zhaotong	1 519.92	9.98	228.35	1 166.50	1 105.46
丽 江	Lijiang	688.27	3.80	154.34	446.44	405.36
普 洱	Pu'er	1 057.94	13.82	136.85	678.13	832.35
临 沧	Lincang	633.17	12.95	137.01	336.42	466.28
楚 雄	Chuxiong	634.57	26.21	251.54	206.83	344.65
红 河	Honghe	1 496.18	66.79	566.13	609.43	994.91
文 山	Wenshan	561.70	46.49	192.01	243.85	352.09
西双版纳	Xishuangbanna	242.53	11.27	78.32	116.83	160.65
大 理	Dali	1 044.66	21.39	291.78	514.65	687.75
德 宏	Dehong	349.61	12.01	93.73	212.96	248.49
怒 江	Nujiang	107.72	2.20	28.77	53.92	71.70
迪 庆	Diqing	122.31	2.14	23.43	77.34	101.82

8-6 续表 3 continued

单位：亿元 (100 million yuan)

州　市	Region	主营业务收入 Revenue from Principal Business	主营业务税金及附加 Taxes and Other Charge on Principal Business	销售费用 Selling Expenses	管理费用 Administration Expenses
全　省	**Yunnan**	**10 358.22**	**824.19**	**267.73**	**463.00**
昆　明	Kunming	3 572.97	192.22	127.85	140.29
曲　靖	Qujing	1 537.17	116.43	26.72	65.26
玉　溪	Yuxi	1 213.11	271.97	22.07	53.98
保　山	Baoshan	298.99	2.94	9.54	21.87
昭　通	Zhaotong	366.99	43.47	6.57	20.39
丽　江	Lijiang	119.05	1.68	2.59	4.01
普　洱	Pu'er	206.34	1.87	4.76	9.00
临　沧	Lincang	219.59	1.92	6.16	10.10
楚　雄	Chuxiong	475.81	56.23	10.48	31.28
红　河	Honghe	1 100.73	96.07	17.15	55.06
文　山	Wenshan	368.80	3.26	9.98	17.83
西双版纳	Xishuangbanna	96.12	0.85	5.39	5.27
大　理	Dali	573.07	33.32	12.88	17.63
德　宏	Dehong	133.00	0.59	3.24	6.17
怒　江	Nujiang	34.29	0.30	0.75	2.41
迪　庆	Diqing	42.20	1.08	1.61	2.45

8-6 续表 4 continued

单位：亿元 (100 million yuan)

州 市	Region	利税总额 Total Tax and Profits	本年应交增值税 Value Added Tax Payable	利润总额 Total Profit	亏损企业亏损总额 Total Losses of Loss Making Enterprises	全部从业人员年均人数（万人） Average Number of Employed Persons at Year-end (10 000 persons)
全 省	**Yunnan**	**1 821.02**	**472.75**	**516.08**	**228.59**	**99.24**
昆 明	Kunming	485.12	128.65	162.11	47.15	25.29
曲 靖	Qujing	183.06	59.27	6.26	57.59	16.78
玉 溪	Yuxi	431.21	77.63	79.42	17.47	9.56
保 山	Baoshan	48.68	13.58	32.14	2.52	3.88
昭 通	Zhaotong	118.74	32.34	42.60	13.69	3.77
丽 江	Lijiang	28.80	9.16	17.92	1.39	1.21
普 洱	Pu'er	33.24	16.25	15.09	10.36	4.71
临 沧	Lincang	30.43	8.65	19.84	7.12	3.30
楚 雄	Chuxiong	102.08	21.57	23.76	5.90	4.83
红 河	Honghe	160.88	53.22	10.41	38.24	12.24
文 山	Wenshan	57.33	16.74	37.31	7.59	3.75
西双版纳	Xishuangbanna	19.23	4.60	13.73	3.27	1.36
大 理	Dali	108.61	20.30	54.72	3.39	5.25
德 宏	Dehong	9.08	6.17	2.28	8.14	1.91
怒 江	Nujiang	4.04	2.43	1.30	0.06	0.89
迪 庆	Diqing	0.48	2.20	- 2.82	4.72	0.50

8-7 各州市规模以上工业主要财务分析数据(2014 年)

Main Financial Analytical Indicators of Industry above Designated Size by Region (2014)

州 市	Region	综合经济效益指数(%) Composite Economic Performance Index (%)	总资产贡献率(%) Ratio of Total Assets to Industrial Output Value (%)	资本保值增值率(%) Capital Maintenance and Increasement Ratio (%)	资产负债率(%) Assets-Liability Ratio (%)	流动资产周转率(%) Ratio of Turnover of Working Capitals (%)	成本费用利润率(%) Ratio of Profits to Cost (%)	全员劳动生产率(万元/人) Overall Labor Productivity (10 000 yuan /person)	产品销售率(%) Ration of Products Sold(%)
全 省	**Yunnan**	**333.1**	**13.0**	**107.4**	**64.5**	**1.8**	**5.1**	**38.56**	**95.5**
昆 明	Kunming	339.3	9.0	106.0	44.2	1.5	7.5	39.58	98.3
曲 靖	Qujing	230.4	11.7	108.4	74.2	2.5	- 1.4	25.45	98.2
玉 溪	Yuxi	531.2	27.5	100.1	38.0	1.7	8.4	65.01	92.1
保 山	Baoshan	283.7	13.3	108.5	85.1	1.8	7.9	29.54	95.4
昭 通	Zhaotong	406.3	11.4	126.5	76.7	2.1	11.3	47.02	97.1
丽 江	Lijiang	476.5	6.8	116.5	57.8	0.8	19.6	56.38	97.2
普 洱	Pu'er	203.9	13.1	104.3	171.3	1.6	- 2.6	27.66	95.7
临 沧	Lincang	313.4	11.4	115.8	128.3	1.6	2.4	41.10	86.3
楚 雄	Chuxiong	350.4	24.5	112.8	69.6	3.1	2.7	37.47	93.1
红 河	Honghe	277.4	14.7	99.5	75.7	2.2	- 0.5	32.36	95.8
文 山	Wenshan	384.2	13.3	111.5	61.6	2.1	11.1	42.65	86.7
西双版纳	Xishuangbanna	367.6	17.7	110.4	108.7	1.2	15.3	39.97	82.2
大 理	Dali	375.4	22.0	111.2	109.7	2.6	7.6	42.18	94.1
德 宏	Dehong	194.8	4.7	99.9	71.9	1.5	1.6	21.54	98.2
怒 江	Nujiang	184.3	6.1	101.0	66.2	1.3	4.0	17.75	97.9
迪 庆	Diqing	290.5	2.6	74.4	83.4	2.1	- 6.6	43.27	92.4

注：本表数据根据年快报数据计算。

Note: Data in this table are calculated according to the bulletin.

8-8 主要工业产品产量(2014年)

Output of Major Industrial Products (2014)

单位：万吨 (10 000 tons)

名 称	Item	生产量 Output
原 煤	Coal	4 013.66
洗精煤	Washed Coal	1 585.57
焦 炭	Coke	1 507.68
#机 焦	Machine-made Coke	1 501.66
发电量（亿千瓦小时）	Electricity (100 million kwh)	2 347.21
#水 电	Thermal Power	1 885.77
火 电	Hydro Power	390.51
铁矿石原矿量	Ironstone in Original Iron Ores	2 869.68
锰矿石成品矿	Manganese Ore	41.83
铜选矿产品含铜量	Copper Content of Copper Dressing Products	24.33
铅选矿产品含铅量	Lead Content of Lead Dressing Products	20.62
锌选矿产品含锌量	Zinc Content of Zinc Dressing Products	69.24
锡选矿产品含锡量	Stannum Content of Stannum Dressing Products	3.76
钨精矿折含量	tungsten ores & concentrates	0.55
硫铁矿（折S 35%）	Pyrite Ore(converted into 35% sulphur)	55.63
磷矿石（折 P_2O_3 30%）	Rock Phosphate (converted into 30% P_2O_3)	2 667.03
生 铁	Pig Iron	1 704.90
粗 钢	Crude Steel	1 689.07
钢 材	Rolled Steel	1 935.05
中小型型钢	Medium and Small Rolled Steel	73.34
棒 材	Steel Bar	92.33
钢 筋	Corrugated Steel Bar	944.70
盘 条（线材）	Wire Rod(Wire Stock)	469.33
中 板	Medium Steel Plate	5.31
铁合金	Ferroalloy	133.37
十种有色金属	Ten Kinds of Nonferrous Metals	320.43
#铜	Copper	50.95
原 铝	Primary Aluminum	100.01
铅	Lead	45.18
锌	Zinc	111.18
锡	Stannum	9.77
锑	Stibium	3.10
硫 酸（折100%）	Sulfuric Acid(Converted into 100% H_2SO_4)	1 371.43
烧 碱（折100%）	Caustic Soda (Converted into 100% Sodium Hydroxide)	24.03
电 石（折合量）	Calcium Carbide(Reduced Quantity)	79.51
黄 磷	Yellow Phosphorus	53.86
纯 碱	Soda Ash	13.10
初级形态塑料	Plastic	25.01
合成氨	Synthetic Ammonia	230.14
化 肥（折100%）	Chemical Fertilizer(Converted into 100% Nitrogen,Phosphorus and Kalium)	314.94
#氮 肥	Nitrogen Fertilizer	97.55
磷 肥	Phosphate Fertilizer	217.39
农用薄膜	Agriculture Plastic Film	6.82
小型拖拉机（万台）	Agricultural Transport Machinery(10 000 units)	4.66
饲料	Forage	283.12
复烤烟叶	Flue-cured Tobacco	83.02
卷 烟（亿支）	Cigarettes(100 million pieces)	3 848.06
成品糖	Sugar of Finished Product	249.68
发酵酒精（折96度）(万升)	Fermenting Alcohol (Converted into 96% alc.)(10 kiloliters)	21 323.93
精制茶叶	Refined Tea	13.19

注：统计范围为年主营业务收入2000万元及以上工业企业。

Note: Seatistical Coverage refers to enterprises of revenue from principal business up to and over 20 million yuan.

8-8 续表 continued

单位：万吨 (10 000 tons)

名 称	Item	生产量 Output
原 盐	Salt	125.28
饮料酒（亿升）	Liquor (100 million liters)	11.35
#白 酒（折65度)(亿升）	White Spirit (Converted into 65% alc.)(100 million liters)	0.86
啤 酒（亿升）	Beer (100 million liters)	10.04
葡萄酒(亿升）	Wine(10 000 kiloliters)	0.25
软饮料	Soft Drinks	303.67
罐 头	Canned Food	1.70
乳制品	Milk Products	52.70
糖 果	Candy	1.26
化学纤维	Chemical Fiber	5.62
纱	Yarn	0.41
布（万米）	Cloth (10 000 m)	156.00
#纯棉布(万米）	#Cotton Cloth (10 000 m)	156.00
印染布（万米）	Printed Fabric (10 000 m)	3 609.00
丝（吨）	Silk (ton)	3 432.79
服装（万件）	Garments (10 000 pieces)	1 696.89
塑料制品	Plastic Products	36.33
自来水生产量（万立方米）	Tap Water Output (10 000 cu.m)	58 524.52
合成洗涤剂	Synthetic Detergents	0.77
卫生陶瓷器（万件）	Ceramics for Daily Use (10 000 units)	29.31
日用玻璃制品	Glass Products for Daily Use	2.19
纸 浆	Paper Pulp	18.72
机制纸及纸板	Machine-made Paper and Cardboard	46.58
大 米	Rice	19.24
小麦粉	Wheat Flour	12.27
食用植物油	Edible Vegetable Oil	25.35
水 泥	Cement	9 492.64
平板玻璃（万重量箱）	Plate Glass (10 000 weight boxes)	1 082.35
大理石板材（万平方米）	Marble Building Block (10 000 sq.m)	864.75
商品混凝土（万立方米）	Concrete (10 000 cu.m)	2 269.67
人造板（万立方米）	Manmade Plates (10 000 cu.m)	320.16
复合地板（万平方米）	Engineered Floor(10 000 sq.m)	209.09
松 香	Rosin	27.78
矿山设备	Mining Equipment	2.49
金属轧制设备	Metal Shaping Equipment	0.08
起重机	Lifting Equipment	3.27
发电设备（万千瓦）	Power Equipment (10 000 kw.)	94.04
交流电动机（万千瓦）	Alternating Current Motor (10 000 kw.)	111.46
变压器（万千伏安）	Transformer (10 000 KVA)	1 997.67
金属切削机床（万台）	Metal-cutting Machine Tools (10 000 units)	5.17
汽 车（万辆）	Motor Vehicles (10 000 units)	14.00
发动机（万千瓦）	Internal Combustion Engines (10 000 kw)	1 466.57
电力电缆（万公里）	Electric Power Cable (10 000km)	17.34
轴 承（万套）	Bearing (10 000 units)	
打印机（万台）	Printers (10 000 units)	7.68
单色印刷（万令）	Single-color Printing (10 000 reams)	76.19
化学药品原药	Chemical Medicine	0.03
中成药	Chinese Traditional Patent Medicine	4.56
光学仪器(万台、个）	Optical Instrument (10 000 units, unit)	166.87

8-9 全省综合能源平衡表(2014 年)

行　　业	Sector	能源消费总量（万吨标准煤）Total Energy Consumption (10 000 tons of SCE)
可供本地区消费的能源量	**Total Energy Available for Consumption**	**10 454.83**
年初库存量	Stock in Early Year	579.03
一次能源生产量	Primary Energy Output	9 805.49
外省（区、市）调入量	Quantity of Fold	4 906.88
进 口 量	Imports	49.33
境内轮船和飞机在境外加油量	Fueling Charge in Foreign Countries of Domestic Motorship Engine	1.25
本省（区、市）调出量（－）	Quantity of Call-out (-)	-4 148.53
出 口 量(−)	Exports	-76.61
境外轮船和飞机在境内加油量(−)	Fueling Charge in Foreign Counteries of Foreign Motorship Engine	- 1.25
年末库存量(−)	Stock at Year-end	- 660.76
加工转换投入（−）产出（+）量	**Input(-) and Outputin(+) Processing and Transformation**	**-98.52**
损 失 量	**Losses(-)**	**376.38**
终端消费量	**Final Energy Consumpltion**	**9 979.92**
第一产业	Primary Indusrty	198.08
农．林．牧．渔业	Farming,Forestry,Animal Husbandry,Fishery	198.08
第二产业	Secondary Industry	6 996.56
工　业	Industry	6 794.77
建 筑 业	Construction	201.79
第三产业	Tertiary Industry	1 718.02
交通运输、仓储和邮政业	Transport, Storage, Post and Telecommunication Services	1 092.60
批发、零售业和住宿、餐饮业	Wholesale and Retail Trades, Hotels and Catering Services	270.58
其他	Others	354.83
生活消费	Residential Consumption	1 067.27
城　镇	Urban Areas	519.17
乡　村	Rural Areas	548.09
平衡差额（+、−）	**Balance**	**- 0.00**
消费量合计	**Total Consumption of Energy**	**10 454.83**

注：本表为等价热值，2014 年数据根据云南省第三次全国经济普查数据修正。

Balance Sheet of Overall Energy (2014)

原 煤 （万 吨） Coal (10 000 tons)	焦 炭 （万 吨） Coke (10 000 tons)	石油及石油制品 （万 吨） Petroleum and Related Products (10 000 tons)	天 然 气 （亿立方米） Natural Gas (100 million cu.m)	电 力 （亿千瓦小时） Electricity (100 million kwh)
9 143.26	**-373.92**	**1 061.47**	**5.66**	**1 138.07**
535.37	55.58	39.10		
4 740.86			0.02	2 158.60
4 852.27	10.10	1 083.73	5.64	0.22
			0.01	14.99
		0.85		
- 279.80	-371.81	-11.55		-1012.40
				-23.33
		-0.85		
-705.44	-67.79	-49.80		
-5 450.04	**1 507.70**	**4.77**	**- 1.20**	**391.41**
3 693.22	**1 133.78**	**1 066.24**	**4.46**	**1 414.85**
211.54	2.30	27.86	0.01	13.22
211.54	2.30	27.86	0.01	13.22
2 969.18	1 131.23	172.75	4.35	1 059.05
2 937.72	1 131.23	112.83	4.35	1 032.13
31.46		59.92		26.92
209.49		739.72	0.09	138.70
15.13		685.60		23.65
125.48		14.45	0.07	41.31
68.88		39.68	0.01	73.74
303.00	0.25	125.91	0.01	203.88
20.91	0.12	64.88	0.01	118.40
282.09	0.13	61.02		85.48
		0.01		
9 143.26	**1 133.78**	**1 061.46**	**4.58**	**1 529.48**

Note: Data used in this table are equivalent caloricity,Data of 2014 have been adjusted to the third national economic census.

8-10 主要年份能源生产和消费总量及其构成
Total Production and Consumption of Energy and Their Composition in Significant Years

单位：万吨标准煤 (10 000 tons of SCE)

年 份 Year	能源生产总量 Total Production of Energy	占能源生产总量的比重 (%) Percentage to Total Production (%)		能源消费总量 Total Consumption of Energy	占能源消费总量的比重 (%) Percentage to Total Consumption (%)			
		原 煤 Coal	一次电 Hydro Power		煤 炭 Coal	石 油 Petroleum	天 然 气 Natural Gas	一 次 电 Hydro Power
1957	114.30	96.00	4.00	119.20	92.00	4.10		3.90
1962	224.70	93.50	6.50	256.30	89.30	4.50		6.20
1965	326.10	93.90	6.10	348.70	87.80	6.50		5.70
1970	555.60	91.80	8.20	591.50	86.20	6.10		7.70
1975	861.10	85.60	14.40	920.30	80.10	6.40		13.50
1976	751.20	85.40	14.60	797.00	79.40	6.80		13.80
1977	893.20	86.30	13.70	931.10	79.60	7.30		13.10
1978	1 002.60	84.50	15.50	1 065.90	78.20	7.20		14.60
1979	933.90	82.70	17.30	1 072.20	72.00	7.50	5.40	15.10
1980	841.90	79.60	20.40	946.10	67.00	9.00	5.70	18.30
1981	872.50	77.90	22.10	948.40	65.90	8.60	5.90	19.60
1982	930.20	81.90	18.10	1 020.60	69.70	8.30	4.90	17.10
1983	966.30	83.30	16.70	1 094.70	72.20	8.50	4.60	14.70
1984	1 076.30	81.50	18.50	1 226.30	71.20	8.30	4.20	16.30
1985	1 162.80	80.40	19.60	1 298.33	69.60	8.50	4.40	17.50
1986	1 220.30	79.50	20.50	1 399.07	69.70	8.40	4.10	17.80
1987	1 355.30	91.10	8.90	1 533.22	72.20	8.40	3.50	15.90
1988	1 404.50	83.50	16.50	1 622.52	75.70	6.90	3.10	14.30
1989	1 522.79	81.80	18.20	1 706.87	72.30	8.10	3.20	16.40
1990	1 594.50	79.80	20.20	1 954.18	71.70	7.20	2.80	18.30
1991	1 649.02	75.30	24.70	1 961.92	67.00	8.50	2.80	21.70
1992	1 763.66	77.10	22.90	2 016.61	69.40	8.00	2.70	19.90
1993	1 811.57	76.70	24.30	2 089.80	70.00	8.00	2.70	19.30
1994	2 073.79	71.50	28.50	2 282.80	66.00	7.70	2.50	23.80
1995	2 313.65	69.20	30.80	2 640.55	66.10	6.90	2.20	24.80
1996	2 556.85	68.60	31.40	2 819.43	64.50	6.90	2.50	26.10
1997	2 619.97	71.85	28.15	3 428.98	71.38	6.01	2.01	20.60
1998	2 451.49	71.99	28.01	3 364.49	71.31	6.52	1.76	20.41
1999	2 267.97	67.06	32.94	3 287.97	68.22	7.18	1.88	22.72
2000	2 471.77	64.03	32.11	3 468.33	62.61	7.46	1.81	25.39
2001	2 611.54	65.48	30.53	3 741.03	62.33	10.62	1.72	22.57
2002	3 259.95	67.19	29.41	4 131.31	61.04	11.12	1.51	23.70
2003	3 608.45	64.24	30.78	4 449.97	60.85	11.64	1.53	22.01
2004	4 455.68	68.13	27.04	5 209.81	63.30	11.13	1.34	20.16
2005	5 353.36	68.93	26.61	6 023.97	62.48	11.14	1.35	21.11
2006	6 075.09	75.29	22.42	6 620.57	67.70	11.52	1.09	17.62
2007	6 546.65	73.82	23.70	7 132.63	66.47	12.37	1.02	17.93
2008	7 595.31	68.87	29.48	7 510.82	60.83	12.81	0.93	23.79
2009	7 851.21	68.65	28.59	8 032.06	62.62	12.74	0.75	21.22
2010	8 822.03	66.60	32.05	8 674.17	56.73	15.11	0.56	23.98
2011	9 752.64	63.97	35.03	9 540.28	55.97	14.88	0.53	27.72
2012	10 577.62	59.33	39.15	10 433.68	53.16	14.93	0.50	29.87
2013	12 531.99	54.50	44.38	10 072.09	50.63	14.36	0.53	33.05
2014	9 805.49	26.63	72.28	10 454.83	43.07	14.71	0.54	40.66

注：采用数据为等价热值，2005 至 2008 年数据根据云南省第二次全国经济普查数据修正；2013 至 2014 年数据根据云南省第三次全国经济普查数据修正。

Note: Data used in this table are equivalent caloricity.Data from year 2005 to 2008 are regulated according to that of the second national economic census. Data from 2013 to 2014 have been adjusted according to the third national economic census.

8-11 全省能源生产弹性系数(1980-2014年)

Elasticity Ratio of Energy Production at Current Year (1980-2014)

年 份 Year	当年能源生产增长(%) Growth Rate of Energy Production at Current Year (%)	当年电力生产增长(%) Growth Rate of Electricity Production at Current Year (%)	当年生产总值增长(%) Growth Rate of Gross Regional Product of Yunnan province at Current Year (%)	当年能源生产弹性系数 Elasticity Ratio of Energy Production at Current Year	当年电力生产弹性系数 Elasticity Ratio of Electricity Production at Current Year
1980	-9.85	1.63	8.5	-1.16	0.19
1981	3.63	6.17	7.8	0.47	0.79
1982	6.61	3.96	15.5	0.43	0.26
1983	3.88	-0.63	8.4	0.46	-0.07
1984	11.38	14.00	14.5	0.78	0.97
1985	8.04	7.37	13.0	0.62	0.57
1986	4.94	12.02	4.3	1.15	2.80
1987	11.06	11.61	12.3	0.90	0.94
1988	3.63	8.41	16.0	0.23	0.53
1989	8.42	11.60	5.8	1.45	2.00
1990	4.71	10.22	8.7	0.54	1.17
1991	3.42	11.98	6.6	0.52	1.82
1992	6.95	10.58	10.9	0.64	0.97
1993	2.72	10.48	11.1	0.24	0.94
1994	14.47	18.22	12.2	1.19	1.49
1995	11.57	12.29	11.7	0.99	1.05
1996	10.51	11.05	11.1	0.95	1.00
1997	2.47	-0.20	9.7	0.25	-0.02
1998	-6.43	4.54	8.1	-0.79	0.56
1999	-7.49	12.69	7.3	-1.03	1.74
2000	8.99	6.46	7.5	1.20	0.86
2001	5.65	13.25	6.8	0.83	1.95
2002	24.83	18.76	9.0	2.76	2.08
2003	10.69	11.20	8.8	1.21	1.27
2004	23.48	15.43	11.3	2.08	1.37
2005	20.15	13.89	9.0	2.26	1.56
2006	13.48	20.74	11.6	1.16	1.79
2007	7.76	20.02	12.2	0.64	1.64
2008	16.02	14.93	10.6	1.51	1.41
2009	3.37	12.91	12.1	0.28	1.07
2010	12.37	16.27	12.3	1.01	1.32
2011	10.55	13.94	13.7	0.77	1.02
2012	8.46	12.24	13.0	0.65	0.94
2013	18.48	24.92	12.1	1.53	2.07
2014	-21.76	16.95	8.10	-2.69	2.09

注：2005至2008年数据根据云南省第二次全国经济普查数据修正；2013至2014年数据根据云南省第三次全国经济普查数据修正。

Note: Data from year 2005 to 2008 are regulated according to that of the second national economic census.Data from 2013 to 2014 have been adjusted according to the third national economic census.

8-12 全省能源消费弹性系数(1980-2014 年)

Elasticity Ratio of Energy Production at Current Year (1980-2014)

年 份 Year	当年能源消费增长(%) Growth Rate of Energy Consumption at Current Year (%)	当年电力消费增长(%) Growth Rate of Electricity Consumption at Current Year (%)	当年生产总值增长(%) Growth Rate of Gross Regional Product at Current Year of Yunnan province (%)	当年能源消费弹性系数 Elasticity Ratio of Energy Consumption at Current Year	当年电力消费弹性系数 Elasticity Ratio of Electricity Consumption at Current Year
1980	- 11.76	5.07	8.5	-1.38	0.60
1981	0.24	3.42	7.8	0.03	0.44
1982	7.61	4.47	15.5	0.49	0.29
1983	7.26	-0.21	8.4	0.86	-0.02
1984	12.02	13.15	14.5	0.83	0.91
1985	5.87	9.05	13.0	0.45	0.70
1986	7.76	17.69	4.3	1.81	4.12
1987	9.59	4.44	12.3	0.78	0.36
1988	5.82	20.80	16.0	0.36	1.30
1989	5.20	4.74	5.8	0.90	0.82
1990	14.49	12.60	8.7	1.67	1.45
1991	0.40	13.26	6.6	0.06	2.01
1992	2.79	9.79	10.9	0.26	0.90
1993	3.63	26.98	11.1	0.33	2.43
1994	9.24	-0.58	12.2	0.76	-0.05
1995	15.67	14.41	11.7	1.34	1.23
1996	6.77	12.82	11.1	0.61	1.16
1997	21.62	4.56	9.7	2.23	0.47
1998	-1.88	2.44	8.1	-0.23	0.30
1999	-2.27	9.75	7.3	-0.31	1.34
2000	5.49	6.93	7.5	0.73	0.92
2001	7.86	9.40	6.8	1.16	1.38
2002	10.43	13.37	9.0	1.16	1.48
2003	7.71	4.15	8.8	0.88	0.47
2004	17.08	15.96	11.3	1.51	1.41
2005	15.63	17.27	8.9	1.74	1.94
2006	9.90	15.86	11.6	0.85	1.37
2007	7.73	15.47	12.2	0.63	1.27
2008	5.30	11.26	10.6	0.50	1.06
2009	6.94	7.44	12.1	0.57	0.62
2010	7.99	22.04	12.3	0.65	1.79
2011	9.98	19.90	13.7	0.73	1.45
2012	9.36	9.28	13.0	0.72	0.71
2013	8.47	10.94	12.1	0.70	0.91
2014	3.80	4.77	8.1	0.47	0.59

注：2005 至 2008 年数据根据云南省第二次全国经济普查数据修正；2013 至 2014 年数据根据云南省第三次全国经济普查数据修正。

Note: Data from year 2005 to 2008 are regulated according to that of the second national economic census.Data from 2013 to 2014 have been adjusted according to the third national economic census.

8-13 全省规模以上工业企业能源消费与库存(2014年)

Total Consumption and Inventory of Energy of Industrial Enterprises above Designated Size (2014)

单位：万吨 (10 000 tons)

名称	Item	年初库存 Stock in Early Year	能源消费量 Consumption	工业生产 Industrial Production	非工业生产 Non-industrial Production	年末库存 Stock at Year-end
原煤	Raw Coal	822.88	8 255.24	8 240.98	14.26	657.81
洗精煤	Well Washed Coal	126.76	1 675.04	1 675.04		88.41
其他洗煤	Other Washed Coal	2.63	59.18	59.18		1.89
煤制品	Manufacture of Coal	0.81	12.77	12.77		0.15
焦炭	Coke	51.80	1 174.70	1 173.23	1.47	62.01
其他焦化产品	Other Coked Products	3.40	33.45	33.45		0.80
焦炉煤气（亿立方米）	Coal Gas of Coking Furnace (100 million cu.m)		13.02	13.02		
高炉煤气（亿立方米）	Coal Gas of Furnace (100 million cu.m)		231.39	231.39		
其他煤气（亿立方米）	Other Coal Gas (100 million cu.m)		9.76	9.76		
天然气(亿立方米)	Natural Gas (100 million cu.m)		4.95	4.94	0.01	
液化天然气	Liquefied Natural Gas		0.05	0.05		
原油	Raw Oil		0.03	0.03		0.01
汽油	Gasoline	0.10	3.40	1.10	2.30	0.08
煤油	Kerosene	0.04	0.20	0.19	0.00	0.03
柴油	Diesel Oil	1.81	36.01	31.76	4.25	1.66
燃料油	Fuel Oil	0.18	3.17	3.17		0.10
液化石油气	Liquefied Petroleum Gas	0.02	0.57	0.55	0.01	
炼厂干气	Gas of Metallurgical Plant					
其他石油制品	Other Petroleum Products	0.004	0.032	0.032		0.005
热力（万百万千焦）	Heat (10 000 million kilo-joule)		473.30	473.13	0.17	
电力（亿千瓦小时）	Electricity (100 million kwh)		987.48	974.80	12.68	
其他燃料(万吨标准煤)	Other Fuel (10 000 tons of SCE)	0.43	3.97	3.97		1.00

8-14 主要年份能源利用经济效益指标（一）
Indicators on Economic Benefits from Energy Utilization in Significant Years (Ⅰ)

（按当年价格计算） (Calculated at current prices)

年份 Year	能源消费量（万吨标准煤）Total Consumption of Energy (10 000 tons of SCE)	工业部门消费 Industrial Consumption	万元工业产值耗能（吨标准煤／万元）Energy Consumption of Industrial Output Value per 10 000 yuan (ton of SCE/10 000 yuan)	万元生产总值耗能（吨标准煤／万元）Energy Consumption of Gross Regional Product per 10 000 yuan (ton of SCE/10 000 yuan)	吨能创造工业产值（万元）Industrial Output Value Created by Energy per Ton (10 000 yuan)	吨能创造生产总值（万元）Gross Regional Product Created by Energy per Ton (10 000 yuan)
1957	119.20	72.70	10.65	5.29	0.09	0.19
1962	256.30	166.60	17.72	10.46	0.06	0.10
1965	348.70	226.70	17.17	10.37	0.06	0.10
1970	591.50	390.40	19.19	15.36	0.05	0.07
1975	920.30	607.40	21.74	16.95	0.05	0.06
1976	797.00	494.10	24.45	16.18	0.04	0.06
1977	931.10	605.20	20.14	16.67	0.05	0.06
1978	1 065.9	692.80	19.23	15.44	0.05	0.06
1979	1 072.2	696.90	17.19	13.96	0.06	0.07
1980	946.10	615.50	14.48	11.23	0.07	0.09
1981	948.40	612.60	13.07	10.08	0.08	0.10
1982	1 020.60	668.20	12.21	9.27	0.08	0.11
1983	1 094.70	651.30	11.51	9.12	0.09	0.11
1984	1 226.30	709.70	10.92	8.79	0.09	0.11
1985	1 298.33	761.10	9.53	7.87	0.11	0.13
1986	1 399.07	875.00	9.52	7.68	0.11	0.13
1987	1 533.22	937.80	8.43	6.69	0.12	0.15
1988	1 622.52	991.50	6.63	5.39	0.15	0.19
1989	1 706.87	1 037.10	5.60	4.70	0.18	0.21
1990	1 954.18	1 143.60	5.66	4.33	0.18	0.23
1991	1 961.92	1 143.40	4.98	3.79	0.20	0.26
1992	2 016.61	1 189.10	4.23	3.26	0.24	0.31
1993	2 089.80	1 282.00	3.03	2.68	0.33	0.37
1994	2 282.80	1 402.70	2.41	2.34	0.42	0.43
1995	2 640.55	1 948.65	2.48	2.19	0.40	0.46
1996	2 819.43	2 036.82	2.55	1.89	0.39	0.53
1997	3 428.98	2 429.07	2.77	2.09	0.36	0.48
1998	3 364.49	2 383.39	2.40	1.88	0.42	0.53
1999	3 287.97	2 224.42	2.20	1.77	0.45	0.56
2000	3 468.33	2 346.44	1.48	1.72	0.68	0.58
2001	3 741.03	2 481.69	1.48	1.75	0.67	0.57
2002	4 131.31	2 796.86	1.51	1.79	0.66	0.56
2003	4 449.97	3 132.01	1.44	1.74	0.69	0.57
2004	5 209.81	3 802.21	1.53	1.69	0.65	0.59
2005	6 023.97	4 390.68	1.35	1.74	0.74	0.57
2006	6 620.57	4 883.00	1.19	1.66	0.84	0.60
2007	7 132.63	5 300.98	1.03	1.49	0.97	0.67
2008	7 510.82	5 597.96	0.98	1.32	1.03	0.76
2009	8 032.06	5 868.90	0.94	1.30	1.07	0.77
2010	8 674.17	6 088.39	0.90	1.20	1.11	0.83
2011	9 540.28	6 939.30	0.87	1.09	1.15	0.92
2012	10 433.68	7 591.39	0.83	1.01	1.20	0.99
2013	10 072.09	7 241.02	0.71	0.85	1.42	1.17
2014	10 454.83	7 269.69	0.70	0.82	1.43	1.23

注：1. 能源综合数据按等价热值计算。
2. 生产总值、工业总产值按当年价计算。
3. 2005 至 2008 年能源消费量根据云南省全国第二次经济普查数据进行了调整；2013 至 2014 年数据根据云南省第三次全国经济普查数据修正。

Note: a.Comprehensive data of energy were calculated according to equivalent caloricity
b.Total output value and gross value of industrial output were calculated according to the prices of their respective years.
c.The energy consumption volume of year 2005 to 2008 were regulated according to the materials of the second national economic Census. Data from 2013 to 2014 have been adjusted according to the third national economic census.

8-15 主要年份能源利用经济效益指标（二）

Indicators on Economic Benefits from Energy Utilization in Significant Years（Ⅱ）

年 份 Year	能源消费总量（万吨标准煤）Total Consumption of Energy (10 000 tons of SCE)		规模以上工业综合能耗（万吨标准煤）Comprehensive Energy Consumption of the Industrial Enterprises above Designated Size (10 000 tons of SCE)	万元生产总值耗能（吨标准煤／万元）Energy Consumption of Gross Regional Product per 10 000 yuan (tons of SCE/10 000 yuan)		规模以上万元工业增加值能耗（吨标准煤／万元）Energy Consumption per 10 000 yuan of Industrial Added Value above Designated Size (ton of SCE/10 000 yuan)
	等价热值 Equivalent Caloricity	当量热值 Equivalent Heat Value	当量热值 Equivalent Heat Value	按等价热值 Equivalent Caloricity	按当量热值 Equivalent Heat Value	按当量热值 Equivalent Heat Value
	按 2000 年可比价计算 (calculated at comparable prices of 2000)					
2000	3 468.33	2 940.74		1.72	1.46	
2001	3 741.03	3 240.39		1.74	1.51	
2002	4 131.31	3 576.86		1.76	1.53	
2003	4 449.97	3 861.70		1.75	1.52	
2004	5 209.81	4 576.79	3 338.83	1.83	1.61	4.35
2005	6 023.97	5 219.55	3 546.35	1.95	1.69	4.26
	按 2005 年可比价计算 (calculated at comparable prices of 2005)					
2005	6 023.97	5 219.55	3 546.35	1.74	1.51	3.55
2006	6 620.57	5 976.53	4 095.81	1.71	1.55	3.40
2007	7 132.63	6 487.79	4 269.52	1.65	1.50	3.16
2008	7 510.82	6 534.34	4 212.50	1.57	1.37	2.85
2009	8 032.06	7 222.76	4 446.47	1.49	1.34	2.74
2010	8 674.17	7 655.60	4 607.10	1.44	1.26	2.47
	按 2010 年可比价计算 (calculated at comparable prices of 2010)					
2010	8 674.17	7 655.60	4 607.10	1.20	1.06	2.05
2011	9 540.28	8 121.85	4 974.14	1.16	0.99	1.88
2012	10 433.68	8 730.66	5 298.34	1.12	0.94	1.73
2013	10 072.09	8 387.50	5 732.85	0.97	0.81	1.67
2014	10 454.83	8 116.71	5 432.34	0.93	0.72	1.47

注：采用数据为等价热值，2005 至 2008 年数据根据云南省第二次全国经济普查数据修正；2013 至 2014 年数据根据云南省第三次全国经济普查数据修正。

Note: Data used in this table are equivalent caloricity.Data from year 2005 to 2008 are regulated according to that of the second national economic census.Data from 2013 to 2014 have been adjusted according to the third national economic census.

8-16 主要国民经济行业能源消费总量和构成(2010-2014 年)

单位：万吨标准煤

国民经济行业	National Economic Sector	2010 能源消费量 Total Consumption of Energy	2010 构成(%) Percentage (%)
工 业	**Industry**	**6 301.64**	**100.00**
轻工业	Light Industry	299.01	4.75
重工业	Heavy Industry	6 002.63	95.26
采矿业	**Mining**	**569.22**	**9.03**
煤炭开采和洗选业	Coal Mining and Dressing	279.44	4.43
石油和天然气开采业	Petroleum and Natural Gas Extraction	0.01	
黑色有色矿采选业	Ferrous Metals Mining and Dressing	93.05	1.48
有色矿采选业	Nonferrous Metals Mining and Dressing	110.94	1.76
非金属矿采选业	Nonmetal Minerals Mining and Dressing	85.79	1.36
其他采矿业	Other Mining		
制造业	**Manufacturing**	**5 111.43**	**81.11**
农副食品加工业	Agricultural Non-staple Food Processing	122.76	1.95
食品制造业	Food Manufacturing	15.04	0.24
饮料制造业	Beverage Manufacturing	28.25	0.45
烟草制业	Tobacco Production	34.09	0.54
纺织业	Textile	9.36	0.15
纺织服装、鞋、帽制造业	Textile,Clothing, Footwear Production	2.73	0.04
皮革、毛皮、羽绒及其制业	Leather, Furs, Down and Related Products	0.18	
木材加工及竹、藤、棕、草制业	Timber Processing, Bamboo, Cane, Palm Fiber and Straw Products	15.30	0.24
家具制造业	Furniture Manufacturing	0.51	0.01
造纸及纸制业	Papermaking and Paper Products	57.92	0.92
印刷业	Printing	4.05	0.06
文教体育用品制造业	Cultural, Educational and Sports Goods		

注：采用数据为等价热值，2005 至 2008 年数据根据云南省第二次全国经济普查数据修正；2013 至 2014 年数据根据云南省第三次全国经济普查数据修正。

Total Energy Consumption of Main National Economic Sectors and Its Composition (2010-2014)

(10 000 tons of SCE)

2011		2012		2013		2014	
能源消费量 Total Consumption of Energy	构 成 (%) Percentage (%)	能源消费量 Total Consumption of Energy	构 成 (%) Percentage (%)	能源消费量 Total Consumption of Energy	构 成 (%) Percentage (%)	能源消费量 Total Consumption of Energy	构 成 (%) Percentage (%)
6 939.30	**100.00**	**7591.40**	**100.00**	**7 241.02**	**100.00**	**7269.69**	**100.00**
320.45	4.62	363.91	4.79	333.69	4.61	305.39	4.20
6 618.85	95.38	7 227.49	95.21	6 907.34	95.39	6964.30	95.80
662.95	**9.55**	**361.89**	**4.77**	**666.85**	**9.21**	**596.41**	**8.20**
293.13	4.22	78.76	1.04	360.46	4.98	320.16	4.40
0.90	0.01						
115.88	1.67	128.44	1.69	142.46	1.97	113.29	1.56
187.85	2.71	88.80	1.17	100.51	1.39	101.52	1.40
65.19	0.94	65.85	0.87	63.43	0.88	61.42	0.84
		0.04					
5 675.65	**81.79**	**6 450.07**	**84.97**	**5 979.41**	**82.58**	**5 820.32**	**80.06**
100.10	1.44	163.43	2.15	114.78	1.59	81.62	1.12
22.51	0.32	23.87	0.31	24.81	0.34	33.00	0.45
36.43	0.53	28.76	0.38	31.37	0.43	35.68	0.49
47.09	0.68	32.55	0.43	35.98	0.50	41.17	0.57
8.30	0.12	7.36	0.10	7.95	0.11	7.52	0.10
0.73	0.01	0.31		0.28		0.47	0.01
0.77	0.01	0.28		0.31		0.52	0.01
29.21	0.42	20.32	0.27	22.23	0.31	30.07	0.41
1.72	0.03	0.07		0.09		0.08	
62.82	0.91	77.09	1.02	85.20	1.18	69.64	0.96
6.50	0.09	4.35	0.06	4.75	0.07	4.68	0.06
0.71	0.01	0.52	0.01	0.41	0.01	0.23	

Note: Data used in this table are equivalent caloricity.Data from year 2005 to 2008 are regulated according to that of the second national economic census. Data from 2013 to 2014 have been adjusted according to the third national economic census.

8-16 续表

单位：万吨标准煤

国民经济行业	National Economic Sector	2010 能源消费量 Total Consumption of Coal	2010 构 成 (%) Percentage (%)
石油加工、炼焦及核燃料加工业	Petroleum Processing,Coking and Nuclear Fuel Processing	250.56	3.98
化学原料及化学品制造业	Raw Chemical Materials and Chemical Products	1 149.29	18.24
医药制造业	Medical and Pharmaceutical Products	13.50	0.21
化学纤维制造业	Chemical Fiber	5.86	0.09
橡胶和塑料制品业	Rubber and plastic Products Manufacturing	14.82	0.24
非金属矿物制品业	Nonmetal Mineral Products	954.47	15.15
黑色金属冶炼及压延加工业	Smelting and Pressing of Ferrous Metals	1 495.21	23.73
有色金属冶炼及压延加工业	Smelting and Pressing of Nonferrous Metals	873.26	13.86
金属制品业	Metal Products Manufacturing	14.23	0.23
通用设备制造业	General-purpose Machinery Manufacturing	16.05	0.25
专用设备制造业	Special Purposes Equipment Manufacturing	5.41	0.09
交通运输设备制造业	Transport Equipment Manufacturing	12.00	0.19
电气机械及器材制造业	Electric Equipment and Machinery Manufacturing	3.94	0.06
通信设备、计算机及其他电子设备制造业	Communication Equipment, Computers and Other Electronic Equipment Production	1.05	0.02
仪器仪表、文化办公用机械制造业	Instruments, Meters, Cultural and Clerical Machinery Manufacturing	1.26	0.02
工艺品及其他制造业	Handicraft Articles and Other Goods Production	4.76	0.08
废弃资源和废旧材料回收加工业	Recycling and Disposal of Waste	5.57	0.09
电力、热力、燃气及水生产和供应业	**Production and Supply of Electricity Gas,Heat Power, and Water**	**620.99**	**9.85**
电力、热力的生产和供应业	Production and Supply of Electric Power and Heat	594.31	9.43
燃气生产和供应业	Gas Production and Supply	21.77	0.35
水的生产和供应业	Water Production and Supply	4.91	0.08
建筑业	**Construction**	**159.53**	
交通运输、仓储及邮电通信业	**Transport, Storage and Post Services**	**881.94**	

continued

(10 000 tons of SCE)

2011		2012		2013		2014	
能源消费量 Total Consumption of Coal	构　成 (%) Percentage (%)	能源消费量 Total Consumption of Coal	构　成 (%) Percentage (%)	能源消费量 Total Consumption of Coal	构　成 (%) Percentage (%)	能源消费量 Total Consumption of Coal	构　成 (%) Percentage (%)
358.56	5.17	819.09	10.79	317.09	4.38	203.14	2.79
1 302.22	18.77	1 442.29	19.00	1 432.97	19.79	1 469.80	20.22
16.51	0.24	17.49	0.23	19.34	0.27	21.64	0.30
5.25	0.08	4.94	0.07	5.60	0.08	5.26	0.07
23.26	0.34	13.23	0.17	14.79	0.20	7.71	0.11
1 033.76	14.90	1 001.47	13.19	1 015.41	14.02	1 105.91	15.21
1 508.78	21.74	1 689.77	22.26	1 944.14	26.85	1 897.77	26.11
1 004.46	14.47	1 054.28	13.89	851.34	11.76	768.30	10.57
33.26	0.48	9.44	0.12	10.48	0.14	11.11	0.15
25.58	0.37	6.22	0.08	6.58	0.09	7.07	0.10
9.48	0.14	5.61	0.07	4.95	0.07	4.52	0.06
13.42	0.19	15.54	0.20	15.77	0.22	16.05	0.22
4.58	0.07	5.68	0.07	6.35	0.09	6.70	0.09
1.72	0.02	1.71	0.02	2.03	0.03	3.26	0.04
1.59	0.02	1.26	0.02	1.31	0.02	1.26	0.02
11.02	0.16	2.92	0.04	2.82	0.04	3.88	0.05
5.33	0.08	0.24		0.29		0.31	
600.70	**8.66**	**779.44**	**10.27**	**594.76**	**8.21**	**852.96**	**11.73**
568.78	8.20	750.45	9.89	547.52	7.56	812.37	11.17
20.14	0.29	24.31	0.32	38.73	0.53	30.78	0.42
11.77	0.17	4.68	0.06	8.52	0.12	9.82	0.14
191.26		**189.56**		**185.00**		**201.78**	
947.28		**1 010.13**		**961.89**		**1 092.59**	

8-17 主要国民经济行业原煤消费量和构成(2010-2014 年)

单位：万吨

国民经济行业	National Economic Sector	2010 原煤消费量 Total Consumption of Coal	2010 构成(%) Percentage (%)
工 业	**Industry**	**8 397.26**	**100.00**
轻工业	Light Industry	273.44	3.26
重工业	Heavy Industry	8 123.82	96.74
采矿业	**Mining**	**1 825.27**	**21.74**
煤炭开采和洗选业	Coal Mining and Dressing	1 731.78	20.62
石油和天然气开采业	Petroleum and Natural Gas Extraction		
黑色金属矿采选业	Ferrous Metals Mining and Dressing	12.54	0.15
有色金属矿采选业	Nonferrous Metals Mining and Dressing	35.37	0.42
非金属矿采选业	Nonmetal Minerals Mining and Dressing	45.58	0.54
其他采矿业	Other Mining		
制造业	**Manufacturing**	**3 369.23**	**40.12**
农副食品加工业	Agricultural Non-staple Food Processing	63.91	0.76
食品制造业	Food Manufacturing	15.55	0.19
饮料制造业	Beverage Manufacturing	34.41	0.41
烟草制品业	Tobacco Production	25.36	0.30
纺织业	Textile Industry	15.16	0.18
纺织服装、鞋、帽制造业	Textile,Clothing, Footwear Production	22.21	0.26
皮革、毛皮、羽绒及其制品业	Leather, Furs, Down and Related Products	0.02	
木材加工及竹、藤、棕、草制品业	Timber Processing, Bamboo, Cane, Palm Fiber and Straw Products	5.07	0.06
家具制造业	Furniture Manufacturing	0.01	
造纸及纸制品业	Papermaking and Paper Products	66.42	0.79
印刷业	Printing	0.84	0.01
文教体育用品制造业	Cultural, Educational and Sports Goods		

注：2005 至 2008 年数据根据云南省第二次全国经济普查数据修正；2013 至 2014 年数据根据云南省第三次全国经济普查数据修正。

Total Consumption Coal of Main National Economic Sectors and Its Composition (2010-2014)

(10 000 tons)

2011		2012		2013		2014	
原煤消费量 Total Consumption of Coal	构成 (%) Percentage (%)	原煤消费量 Total Consumption of Coal	构成 (%) Percentage (%)	原煤消费量 Total Consumption of Coal	构成 (%) Percentage (%)	原煤消费量 Total Consumption of Coal	构成 (%) Percentage (%)
8 888.78	**100.00**	**9 117.34**	**100.00**	**8 965.74**	**100.00**	**8387.76**	**100.00**
232.42	2.61	235.63	2.58	241.39	2.69	274.63	3.27
8 656.36	97.39	8 881.71	97.42	8 724.35	97.31	8113.13	76.73
2 059.15	**23.17**	**2 607.05**	**28.59**	**2 702.56**	**30.14**	**2707.02**	**32.27**
1 996.11	22.46	2 542.47	27.89	2 641.78	29.47	2647.45	31.56
0.01							
11.48	0.13	12.64	0.14	14.95	0.17	11.87	0.14
0.88	0.01	0.15		0.56	0.01	0.63	0.01
50.67	0.57	51.80	0.57	45.27	0.50	47.07	0.56
3 445.64	**38.76**	**3 567.52**	**39.13**	**3 629.75**	**40.48**	**3670.72**	**43.76**
32.52	0.37	42.40	0.47	44.19	0.49	55.14	0.66
14.84	0.17	15.12	0.17	15.86	0.18	21.27	0.25
38.43	0.43	28.86	0.32	30.24	0.34	39.51	0.47
26.60	0.30	21.46	0.24	22.09	0.25	22.51	0.27
7.18	0.08	7.12	0.08	7.45	0.08	9.05	0.11
0.34		0.18		0.19		0.05	
0.10		0.36		0.38		0.36	
10.60	0.12	3.54	0.04	3.71	0.04	6.49	0.08
0.10							
69.35	0.78	80.10	0.88	80.27	0.90	74.66	0.89
0.64	0.01	0.26		0.27		0.34	
0.01							

Note: Data from year 2005 to 2008 are regulated according to that of the second national economic census.Data from 2013 to 2014 have been adjusted according to the third economic census.

8−17 续表

单位：万吨

国民经济行业	National Economic Sector	2010 原煤消费量 Total Consumption of Energy	2010 构成(%) Percentage (%)
石油加工、炼焦及核燃料加工业	Petroleum Processing,Coking and Nuclear Fuel Processing	762.86	9.08
化学原料及化学品制造业	Raw Chemical Materials and Chemical Products	835.25	9.95
医药制造业	Medical and Pharmaceutical Products	12.72	0.15
化学纤维制造业	Chemical Fiber	10.89	0.13
橡胶和塑料制品业	Rubber and plastic Products Manufacturing	5.34	0.06
非金属矿物制品业	Nonmetal Mineral Products	1 070.36	12.75
黑色金属冶炼及压延加工业	Smelting and Pressing of Ferrous Metals	253.39	3.02
有色金属冶炼及压延加工业	Smelting and Pressing of Nonferrous Metals	120.64	1.44
金属制品业	Metal Products Manufacturing	21.80	0.26
通用设备制造业	General-purpose Machinery Manufacturing	3.06	0.04
专用设备制造业	Special Purposes Equipment Manufacturing	2.82	0.03
交通运输设备制造业	Transport Equipment Manufacturing	1.88	0.02
电气机械及器材制造业	Electric Equipment and Machinery Manufacturing	0.06	
通信设备、计算机及其他电子设备制造业	Communication Equipment, Computers and Other Electronic Equipment Production		
仪器仪表、文化办公用机械制造业	Instruments, Meters, Cultural and Clerical Machinery Manufacturing	0.18	
工艺品及其他制造业	Handicraft Articles and Other Goods Production	5.94	0.07
废弃资源和废旧材料回收加工业	Recycling and Disposal of Waste	13.08	0.16
电力、热力、燃气及水生产和供应业	**Production and Supply of Electricity Gas,Heat Power, and Water**	**3 202.76**	**38.14**
电力、热力的生产和供应业	Production and Supply of Electric Power and Heat	3 198.59	38.09
燃气生产和供应业	Gas Production and Supply	4.17	0.05
水的生产和供应业	Water Production and Supply		
建筑业	**Construction**	**19.58**	
交通运输、仓储及邮电通信业	**Transport, Storage and Post Services**	**18.38**	

注：能源综合消费量按等价热值计算。

continued

(10 000 tons)

2011		2012		2013		2014	
原煤消费量 Total Consumption of Energy	构　成 (%) Percentage (%)	原煤消费量 Total Consumption of Energy	构　成 (%) Percentage (%)	原煤消费量 Total Consumption of Energy	构　成 (%) Percentage (%)	原煤消费量 Total Consumption of Energy	构　成 (%) Percentage (%)
623.28	7.01	664.38	7.29	807.24	9.00	559.01	6.66
1 044.71	11.75	1 106.91	12.14	1 044.58	11.65	1 092.15	13.02
12.71	0.14	12.73	0.14	13.40	0.15	13.41	0.16
6.32	0.07	6.28	0.07	6.20	0.07	6.29	0.07
3.33	0.04	2.91	0.03	3.03	0.03	6.76	0.08
1 034.63	11.64	1 053.03	11.55	1 040.90	11.61	1 160.14	13.83
294.32	3.31	311.89	3.42	265.95	2.97	330.52	3.94
192.83	2.17	185.61	2.04	219.20	2.44	236.83	2.82
2.58	0.03	0.92	0.01	0.97	0.01	0.88	0.01
2.55	0.03	0.68	0.01	0.67	0.01	0.86	0.01
3.02	0.03	0.41		0.43		0.27	
0.71	0.01	1.12	0.01	1.17	0.01	1.06	0.01
0.19		0.36		0.38		0.46	0.01
0.01							
0.09		0.06		0.07		0.60	0.01
23.27	0.26	20.76	0.23	20.84	0.23	32.06	0.38
0.37		0.05		0.06		0.07	
3 383.99	**38.07**	**2 942.77**	**32.28**	**2 633.42**	**29.37**	**2 010.02**	**23.96**
3 380.97	38.04	2 939.02	32.24	2 630.27	29.34	2 006.12	23.92
2.62	0.03	3.75	0.04	3.15	0.04	3.90	0.05
0.40							
29.69		**28.64**		**27.12**		**31.46**	
17.66		**14.29**		**13.88**		**15.13**	

Note: The energy consumption volume was calculated according to the equivalent caloricity.

8-18 主要国民经济行业焦炭消费量和构成(2010-2014 年)

单位：万吨

国民经济行业	National Economic Sector	2010	
		焦炭消费量 Total Consumption of Coke	构 成 (%) Percentage (%)
工 业	**Industry**	**1 229.53**	**100.00**
轻工业	Light Industry	0.12	0.01
重工业	Heavy Industry	1 229.41	99.99
采矿业	**Mining**	**9.19**	**0.75**
煤炭开采和洗选业	Coal Mining and Dressing	0.10	0.01
石油和天然气开采业	Petroleum and Natural Gas Extraction		
黑色金属矿采选业	Ferrous Metals Mining and Dressing	8.29	0.67
有色金属矿采选业	Nonferrous Metals Mining and Dressing	0.45	0.04
非金属矿采选业	Nonmetal Minerals Mining and Dressing	0.35	0.03
其他采矿业	Other Mining		
制造业	**Manufacturing**	**1 219.74**	**99.20**
农副食品加工业	Agricultural Non-staple Food Processing	0.11	0.01
食品制造业	Food Manufacturing		
饮料制造业	Beverage Manufacturing		
烟草制品业	Tobacco Production		
纺织业	Textile Industry		
纺织服装、鞋、帽制造业	Textile,Clothing, Footwear Production		
皮革、毛皮、羽绒及其制品业	Leather, Furs, Down and Related Products		
木材加工及竹、藤、棕、草制品业	Timber Processing, Bamboo, Cane, Palm Fiber and Straw Products		
家具制造业	Furniture Manufacturing		
造纸及纸制品业	Papermaking and Paper Products		
印刷业	Printing		

注：2005 至 2008 年数据根据云南省第二次全国经济普查数据修正；2013 至 2014 年数据根据云南省第三次全国经济普查数据修正。

Total Consumption of Coke of Main National Economic Sectors and Its Composition (2010-2014)

(10 000tons)

2011		2012		2013		2014	
焦炭消费量 Total Consumption of Coke	构 成 (%) Percentage (%)	焦炭消费量 Total Consumption of Coke	构 成 (%) Percentage (%)	焦炭消费量 Total Consumption of Coke	构 成 (%) Percentage (%)	焦炭消费量 Total Consumption of Coke	构 成 (%) Percentage (%)
1 216.22	**100.00**	**1 336.53**	**100.00**	**1 345.09**	**100.00**	**1131.23**	**100.00**
0.40	0.03	0.31	0.02	0.31	0.02	0.05	
1 215.82	99.97	1 336.22	99.98	1 344.78	99.98	1131.18	100.00
15.69	**1.29**	**13.87**	**1.04**	**10.63**	**0.79**	**5.43**	**0.48**
0.71	0.06	0.61	0.05	0.72	0.05	0.08	0.01
14.07	1.16	12.11	0.91	8.53	0.63	3.16	0.28
0.82	0.07	1.16	0.09	1.38	0.10	2.19	0.19
0.10	0.01						
1 195.19	**98.27**	**1 321.06**	**98.84**	**1 334.22**	**99.19**	**1125.47**	**99.49**
0.20	0.02	0.14	0.01	0.14	0.01		
0.10	0.01	0.14	0.01	0.14	0.01		
0.10	0.01						

Note: Data from year 2005 to 2008 are regulated according to that of the second national economic census.Data from 2013 to 2014 have been adjusted accordingto the third national economic census.

8-18 续表

单位：万吨

国民经济行业	National Economic Sector	2010	
		焦炭消费量 Total Consumption of Coke	构 成 (%) Percentage (%)
石油加工、炼焦及核燃料加工业	Petroleum Processing,Coking and Nuclear Fuel Processing		
化学原料及化学品制造业	Raw Chemical Materials and Chemical Products	217.57	17.70
医药制造业	Medical and Pharmaceutical Products		
化学纤维制造业	Chemical Fiber		
橡胶和塑料制品业	Rubber and plastic Products Manufacturing		
非金属矿物制品业	Nonmetal Mineral Products	3.07	0.25
黑色金属冶炼及压延加工业	Smelting and Pressing of Ferrous Metals	908.03	73.85
有色金属冶炼及压延加工业	Smelting and Pressing of Nonferrous Metals	78.57	6.39
金属制品业	Metal Products Manufacturing	0.34	0.03
通用设备制造业	General-purpose Machinery Manufacturing	7.26	0.59
专用设备制造业	Special Purposes Equipment Manufacturing	0.30	0.02
交通运输设备制造业	Transport Equipment Manufacturing	4.46	0.36
电气机械及器材制造业	Electric Equipment and Machinery Manufacturing	0.02	
通信设备、计算机及其他电子设备制造业	Communication Equipment, Computers and Other Electronic Equipment Production		
仪器仪表、文化办公用机械制造业	Instruments, Meters, Cultural and Clerical Machinery Manufacturing		
工艺品及其他制造业	Handicraft Articles and Other Goods Production	0.01	
废弃资源和废旧材料回收加工业	Recycling and Disposal of Waste		
电力、热力、燃气及水生产和供应业	**Production and Supply of Electric Power, Gas,Heat Power and Water**	**0.60**	**0.05**
电力、热力的生产和供应业	Production and Supply of Electric Power and Heat		
燃气生产和供应业	Gas Production and Supply	0.60	0.05
水的生产和供应业	Water Production and Supply		
建筑业	**Construction**		
交通运输、仓储及邮电通信业	**Transport, Storage and Post Services**		

continued

10 000 tons

2011		2012		2013		2014	
焦炭消费量 Total Consumption of Coke	构　成 (%) Percentage (%)	焦炭消费量 Total Consumption of Coke	构　成 (%) Percentage (%)	焦炭消费量 Total Consumption of Coke	构　成 (%) Percentage (%)	焦炭消费量 Total Consumption of Coke	构　成 (%) Percentage (%)
0.10	0.01					12.17	1.08
176.28	14.49	208.87	15.63	209.82	15.60	150.51	13.30
		0.03		0.03		0.05	
0.10	0.01						
3.25	0.27	4.60	0.34	4.62	0.34	4.05	0.36
942.22	77.47	1 034.86	77.43	1 046.73	77.82	897.87	79.37
58.86	4.84	64.78	4.85	65.07	4.84	50.71	4.48
0.70	0.06	0.48	0.04		0.04	0.61	0.05
7.66	0.63	1.24	0.09	1.25	0.09	1.63	0.14
0.32	0.03	0.24	0.02	0.24	0.02	0.31	0.03
5.24	0.43	5.63	0.42	5.66	0.42	7.49	0.66
0.06	0.01	0.04		0.04		0.07	0.01
5.34	**0.44**	**1.60**	**0.12**	**0.24**	**0.02**	**0.33**	**0.03**
5.34	0.44						
		1.60	0.12	0.24	0.02	0.33	0.03

8-19 主要国民经济行业石油消费量和构成(2010-2014年)

单位：万吨

国民经济行业	National Economic Sector	2010 石油消费量 Total Consumption of Petroleum	2010 构成(%) Percentage (%)
工业	**Industry**	**124.28**	**100.00**
轻工业	Light Industry	8.02	6.45
重工业	Heavy Industry	116.27	93.55
采矿业	**Mining**	**43.60**	**35.08**
煤炭开采和洗选业	Coal Mining and Dressing	10.09	8.12
石油和天然气开采业	Petroleum and Natural Gas Extraction		
黑色金属矿采选业	Ferrous Metals Mining and Dressing	8.48	6.82
有色金属矿采选业	Nonferrous Metals Mining and Dressing	9.10	7.32
非金属矿采选业	Nonmetal Minerals Mining and Dressing	15.93	12.82
其他采矿业	Other Mining		
制造业	**Manufacturing**	**76.82**	**61.81**
农副食品加工业	Agricultural Non-staple Food Processing	2.29	1.84
食品制造业	Food Manufacturing	1.48	1.19
饮料制造业	Beverage Manufacturing	1.14	0.92
烟草制品业	Tobacco Production	0.51	0.41
纺织业	Textile	0.14	0.11
纺织服装、鞋、帽制造业	Textile,Clothing, Footwear Production	0.26	0.21
皮革、毛皮、羽绒及其制品业	Leather, Furs, Down and Related Products		
木材加工及竹、藤、棕、草制品业	Timber Processing, Bamboo, Cane, Palm Fiber and Straw Products	0.38	0.31
家具制造业	Furniture Manufacturing	0.30	0.24
造纸及纸制品业	Papermaking and Paper Products	0.44	0.36
印刷业	Printing	0.47	0.38
文教体育用品制造业	Cultural, Educational and Sports Goods		

注：2005至2008年数据根据云南省第二次全国经济普查数据修正；2013至2014年数据根据云南省第三次全国经济普查数据修正。

Total Consumption of Petroleum of Main National Economic Sectors and Its Composition (2010-2014)

(10 000 tons)

2011		2012		2013		2014	
石油消费量 Total Consumption of Petroleum	构　成 (%) Percentage (%)	石油消费量 Total Consumption of Petroleum	构　成 (%) Percentage (%)	石油消费量 Total Consumption of Petroleum	构　成 (%) Percentage (%)	石油消费量 Total Consumption of Petroleum	构　成 (%) Percentage (%)
138.38	**100.00**	**148.08**	**100.00**	**97.58**	**100.00**	**108.05**	**100.00**
11.31	8.17	10.66	7.20	3.84	3.93	4.33	4.01
127.07	91.83	137.42	92.80	93.74	96.07	103.72	95.99
41.70	**30.14**	**44.31**	**29.92**	**19.80**	**20.30**	**16.09**	**14.89**
10.66	7.71	13.08	8.83	5.69	5.83	3.81	3.52
0.31	0.22						
9.82	7.09	9.52	6.43	3.36	3.45	3.41	3.16
9.23	6.67	11.38	7.68	6.45	6.61	4.70	4.35
11.69	8.44	10.31	6.96	4.30	4.41	4.16	3.85
		0.02	0.02				
90.37	**65.31**	**96.44**	**65.13**	**74.68**	**76.55**	**89.44**	**82.78**
3.14	2.27	2.75	1.86	0.97	0.99	0.83	0.76
2.83	2.04	2.33	1.57	0.85	0.87	1.06	0.98
1.12	0.81	1.32	0.89	0.54	0.55	0.70	0.65
0.76	0.55	1.50	1.01	0.54	0.56	0.43	0.40
0.15	0.11	0.33	0.22	0.11	0.11	0.06	0.06
0.15	0.11	0.05	0.03	0.01	0.01	0.01	0.01
0.21	0.15					0.01	0.01
1.25	0.90	0.70	0.48	0.26	0.27	0.34	0.31
0.21	0.15						
0.65	0.47	0.74	0.50	0.27	0.28	0.41	0.38
0.49	0.35	0.39	0.26	0.11	0.11	0.11	0.10
0.36	0.26	0.16	0.11	0.04	0.05	0.04	0.03

Note: Data from year 2005 to 2008 are regulated according to that of the second national economic census.Data from 2013 to 2014 have been adjusted according to the third natiaonal economic census.

8-19 续表

单位：万吨

国民经济行业	National Economic Sector	2010 石油消费量 Total Consumption of Petroleum	2010 构成(%) Percentage (%)
石油加工、炼焦及核燃料加工业	Petroleum Processing,Coking and Nuclear Fuel Processing	0.82	0.66
化学原料及化学品制造业	Raw Chemical Materials and Chemical Products	2.70	2.17
医药制造业	Medical and Pharmaceutical Products	0.40	0.32
化学纤维制造业	Chemical Fiber		
橡胶和塑料制品业	Rubber and plastic Products Manufacturing	0.68	0.55
非金属矿物制品业	Nonmetal Mineral Products	22.34	17.97
黑色金属冶炼及压延加工业	Smelting and Pressing of Ferrous Metals	4.15	3.34
有色金属冶炼及压延加工业	Smelting and Pressing of Nonferrous Metals	34.18	27.50
金属制品业	Metal Products Manufacturing	0.69	0.56
通用设备制造业	General-purpose Machinery Manufacturing	0.37	0.30
专用设备制造业	Special Purposes Equipment Manufacturing	0.61	0.49
交通运输设备制造业	Transport Equipment Manufacturing	1.27	1.02
电气机械及器材制造业	Electric Equipment and Machinery Manufacturing	0.40	0.32
通信设备、计算机及其他电子设备制造业	Communication Equipment, Computers and Other Electronic Equipment Production	0.03	0.02
仪器仪表、文化办公用机械制造业	Instruments, Meters, Cultural and Clerical Machinery Manufacturing	0.07	0.06
工艺品及其他制造业	Handicraft Articles and Other Goods Production	0.57	0.46
废弃资源和废旧材料回收加工业	Recycling and Disposal of Waste	0.10	0.08
电力、热力、燃气及水生产和供应业	**Production and Supply of Electricity Gas,Heat Power, and Water**	**3.87**	**3.11**
电力、热力的生产和供应业	Production and Supply of Electric Power and Heat	3.60	2.90
燃气生产和供应业	Gas Production and Supply	0.15	0.12
水的生产和供应业	Water Production and Supply	0.12	0.10
建筑业	**Construction**	**55.01**	
交通运输、仓储及邮电通信业	**Transport, Storage and Post Services**	**555.84**	

continued

(10 000 tons)

2011		2012		2013		2014	
石油消费量 Total Consumption of Petroleum	构 成 (%) Percentage (%)	石油消费量 Total Consumption of Petroleum	构 成 (%) Percentage (%)	石油消费量 Total Consumption of Petroleum	构 成 (%) Percentage (%)	石油消费量 Total Consumption of Petroleum (10 000 tons)	构 成 (%) Percentage (%)
0.82	0.59	0.93	0.63	0.28	0.29	0.65	0.60
3.28	2.37	3.67	2.48	2.26	2.32	2.74	2.53
0.65	0.47	0.91	0.61	0.35	0.36	0.47	0.44
0.10	0.07						
1.25	0.90	0.92	0.62	0.34	0.35	0.30	0.28
24.23	17.51	19.22	12.98	12.89	13.22	30.75	28.46
4.22	3.05	12.99	8.77	14.08	14.43	14.46	13.38
39.68	28.68	42.34	28.59	39.08	40.05	33.85	31.33
0.72	0.52	0.74	0.50	0.28	0.29	0.29	0.27
0.62	0.45	0.49	0.33	0.14	0.14	0.14	0.13
0.89	0.64	1.53	1.03	0.53	0.54	0.78	0.72
1.03	0.75	1.63	1.10	0.51	0.52	0.53	0.49
0.39	0.28	0.42	0.28	0.13	0.13	0.20	0.19
0.06	0.04	0.05	0.03	0.01	0.01	0.01	0.01
0.16	0.11	0.16	0.11	0.04	0.05	0.05	0.05
0.49	0.35	0.19	0.13	0.06	0.06	0.19	0.18
0.46	0.33					0.01	0.01
6.30	**4.55**	**7.33**	**4.95**	**3.08**	**3.16**	**2.52**	**2.33**
5.89	4.26	7.01	4.73	2.05	2.10	2.29	2.12
0.27	0.19	0.12	0.08	0.89	0.91	0.12	0.11
0.14	0.10	0.21	0.14	0.14	0.15	0.11	0.10
62.07		**62.98**		**62.27**		**59.92**	
594.49		**637.61**		**605.42**		**685.59**	

8-20 主要国民经济行业电力消费量和构成(2010-2014 年)

单位：亿千瓦小时

国民经济行业	National Economic Sector	2010 电力消费量 Total Consumption of Electricity	2010 构 成 (%) Percentage (%)
工　业	**Industry**	**770.26**	**100.00**
轻工业	Light Industry	28.04	3.64
重工业	Heavy Industry	742.22	96.36
采矿业	**Mining**	**65.00**	**8.44**
煤炭开采和洗选业	Coal Mining and Dressing	12.47	1.62
石油和天然气开采业	Petroleum and Natural Gas Extraction		
黑色有色矿采选业	Ferrous Metals Mining and Dressing	16.25	2.11
有色有色矿采选业	Nonferrous Metals Mining and Dressing	24.86	3.23
非有色矿采选业	Nonmetal Minerals Mining and Dressing	11.42	1.48
其他采矿业	Other Mining		
制造业	**Manufacturing**	**536.05**	**69.59**
农副食品加工业	Agricultural Non-staple Food Processing	10.60	1.38
食品制造业	Food Manufacturing	1.23	0.16
饮料制造业	Beverage Manufacturing	2.11	0.27
烟草制品业	Tobacco Production	5.02	0.65
纺织业	Textile	0.69	0.09
纺织服装、鞋、帽制造业	Textile,Clothing, Footwear Production	0.04	0.01
皮革、毛皮、羽绒及其制品业	Leather, Furs, Down and Related Products	0.05	0.01
木材加工及竹、藤、棕、草制品业	Timber Processing, Bamboo, Cane, Palm Fiber and Straw Products	3.13	0.41
家具制造业	Furniture Manufacturing	0.02	
造纸及纸制品业	Papermaking and Paper Products	4.88	0.63
印刷业	Printing	0.87	0.11
文教体育用品制造业	Cultural, Educational and Sports Goods		

注：2005 至 2008 年数据根据云南省第二次全国经济普查数据修正；2013 至 2014 年数据根据云南省第三次全国经济普查数据修正。

Total Consumption of Electricity of Main National Economic Sectors and Its Composition (2010-2014)

(100 million kwh)

2011		2012		2013		2014	
电力消费量 Total Consumption of Electricity	构 成 (%) Percentage (%)	电力消费量 Total Consumption of Electricity	构 成 (%) Percentage (%)	电力消费量 Total Consumption of Electricity	构 成 (%) Percentage (%)	电力消费量 Total Consumption of Electricity	构 成 (%) Percentage (%)
944.39	**100.00**	**1 023.76**	**100.00**	**1 007.29**	**100.00**	**1 146.76**	**100.00**
34.69	3.67	33.76	3.30	41.34	4.10	39.64	3.46
909.70	96.33	990.00	96.70	965.95	95.90	1 107.12	96.54
98.36	**10.42**	**67.58**	**6.60**	**86.37**	**8.57**	**73.05**	**6.37**
18.87	2.00	15.75	1.54	22.12	2.20	13.58	1.18
0.13	0.01						
21.43	2.27	23.35	2.28	27.04	2.68	21.71	1.89
51.31	5.43	21.75	2.12	27.36	2.72	28.11	2.45
6.62	0.70	6.72	0.66	9.85	0.98	9.65	0.84
680.57	**72.06**	**731.11**	**71.41**	**779.85**	**77.42**	**828.47**	**72.24**
7.76	0.82	9.99	0.98	12.23	1.21	12.35	1.08
2.21	0.23	2.71	0.26	3.32	0.33	4.84	0.42
3.05	0.32	2.73	0.27	3.34	0.33	3.46	0.30
8.06	0.85	5.32	0.52	6.52	0.65	6.64	0.58
1.02	0.11	0.80	0.08	0.98	0.10	0.69	0.06
0.08	0.01	0.03		0.04	0.00	0.12	0.01
0.11	0.01	0.04		0.05	0.01	0.11	0.01
6.05	0.64	4.75	0.46	5.82	0.58	6.66	0.58
0.20	0.02	0.02		0.03	0.00	0.02	0.00
5.66	0.60	7.86	0.77	9.62	0.96	5.88	0.51
1.41	0.15	1.10	0.11	1.35	0.13	1.31	0.11
0.05	0.01	0.09	0.01	0.10	0.01	0.17	0.01

Note: Data from year 2005 to 2008 are regulated according to that of the second national economic census.Data from 2013 to 2014 have been adjusted according to the third economic census.

8-20 续表

单位：亿千瓦小时

国民经济行业	National Economic Sector	2010 电力消费量 Total Consumption of Electricity	2010 构成(%) Percentage (%)
石油加工、炼焦及核燃料加工业	Petroleum Processing,Coking and Nuclear Fuel Processing	9.55	1.24
化学原料及化学品制造业	Raw Chemical Materials and Chemical Products	131.69	17.10
医药制造业	Medical and Pharmaceutical Products	1.51	0.20
化学纤维制造业	Chemical Fiber	0.52	0.07
橡胶和塑料制品业	Rubber and plastic Products Manufacturing	3.03	0.39
非金属矿物制品业	Nonmetal Mineral Products	63.11	8.19
黑色金属冶炼及压延加工业	Smelting and Pressing of Ferrous Metals	93.07	12.08
有色金属冶炼及压延加工业	Smelting and Pressing of Nonferrous Metals	196.74	25.54
金属制品业	Metal Products Manufacturing	1.65	0.21
通用设备制造业	General-purpose Machinery Manufacturing	2.07	0.27
专用设备制造业	Special Purposes Equipment Manufacturing	0.70	0.09
交通运输设备制造业	Transport Equipment Manufacturing	1.43	0.19
电气机械及器材制造业	Electric Equipment and Machinery Manufacturing	0.89	0.12
通信设备、计算机及其他电子设备制造业	Communication Equipment, Computers and Other Electronic Equipment Production	0.29	0.04
仪器仪表、文化办公用机械制造业	Instruments, Meters, Cultural and Clerical Machinery Manufacturing	0.31	0.04
工艺品及其他制造业	Handicraft Articles and Other Goods Production	0.50	0.06
废弃资源和废旧材料回收加工业	Recycling and Disposal of Waste	0.35	0.05
电力、热力、燃气及水生产和供应业	**Production and Supply of Electricity Gas,Heat Power, and Water**	**169.21**	**21.97**
电力、热力的生产和供应业	Production and Supply of Electric Power and Heat	166.96	21.68
燃气生产和供应业	Gas Production and Supply	0.88	0.11
水的生产和供应业	Water Production and Supply	1.37	0.18
建筑业	**Construction**	**18.10**	
交通运输、仓储及邮电通信业	**Transport, Storage and Post Services**	**15.96**	

continued

(100 million kwh)

2011		2012		2013		2014	
电力消费量 Total Consumption of Electricity	构 成 (%) Percentage (%)	电力消费量 Total Consumption of Electricity	构 成 (%) Percentage (%)	电力消费量 Total Consumption of Electricity	构 成 (%) Percentage (%)	电力消费量 Total Consumption of Electricity	构 成 (%) Percentage (%)
15.77	1.67	12.34	1.20	15.10	1.50	13.95	1.22
147.33	15.60	174.82	17.08	182.40	18.11	213.01	18.58
2.01	0.21	2.24	0.22	2.74	0.27	3.30	0.29
0.50	0.05	0.54	0.05	0.66	0.07	0.63	0.05
5.53	0.59	3.08	0.30	3.78	0.37	4.58	0.40
91.63	9.70	86.82	8.48	90.58	8.99	104.73	9.13
132.06	13.98	157.19	15.35	164.00	16.28	191.86	16.73
227.67	24.11	249.66	24.39	266.19	26.43	243.44	21.23
8.73	0.92	2.20	0.21	2.69	0.27	2.81	0.24
4.58	0.48	1.17	0.11	1.43	0.14	1.47	0.13
1.41	0.15	0.87	0.08	1.06	0.11	0.89	0.08
1.88	0.20	2.18	0.21	2.67	0.27	2.27	0.20
1.06	0.11	1.40	0.14	1.72	0.17	1.84	0.16
0.48	0.05	0.50	0.05	0.62	0.06	0.99	0.09
0.39	0.04	0.30	0.03	0.37	0.04	0.25	0.02
2.57	0.27	0.29	0.03	0.35	0.04	0.12	0.01
1.31	0.14	0.06	0.01	0.08	0.01	0.08	0.01
165.46	**17.52**	**225.07**	**21.98**	**141.08**	**14.01**	**245.24**	**21.39**
161.14	17.06	222.47	21.73	134.40	13.34	240.68	20.99
0.98	0.10	1.26	0.12	4.14	0.41	1.60	0.14
3.34	0.35	1.34	0.13	2.54	0.25	2.96	0.26
21.70		**21.84**		**21.03**		**26.92**	
18.55		**20.12**		**19.59**		**23.65**	

8-21 按三次产业划分能源消费量(1997-2014年)
Total Consumption of Energy by Industry (1997-2014)

单位：万吨标准煤　　(10 000 tons of SCE)

年份 Year	能源消费总量 Total Consumption of Energy	第一产业 Primary Industry	第二产业 Secondary Industry	工业 Industry	第三产业 Tertiary Industry	居民生活消费 Household Consumption
1997	3 428.98	182.86	2 466.80	2 429.07	240.75	538.57
1998	3 364.49	179.42	2 420.41	2 383.39	236.22	528.44
1999	3 287.97	282.40	2 261.68	2 224.42	275.50	468.40
2000	3 468.33	297.89	2 385.74	2 346.44	290.61	494.09
2001	3 741.03	271.83	2 518.84	2 481.69	404.99	545.37
2002	4 131.31	264.90	2 840.50	2 796.86	473.48	552.43
2003	4 449.97	239.17	3 180.70	3 132.01	525.53	504.57
2004	5 209.81	216.33	3 859.73	3 802.21	616.96	516.79
2005	6 023.97	228.12	4 468.59	4 390.68	734.12	593.14
2006	6 620.57	225.14	4 975.84	4 883.00	791.77	627.81
2007	7 132.63	237.90	5 395.98	5 300.98	848.27	650.47
2008	7 510.82	205.26	5 714.25	5 597.96	910.28	681.03
2009	8 032.06	215.93	5 999.71	5 868.90	971.21	845.21
2010	8 674.17	177.49	6 461.17	6 301.64	1 214.52	820.99
2011	9 540.28	194.55	7 130.56	6 939.30	1 392.31	822.86
2012	10 433.68	184.21	7 780.95	7 591.39	1 558.60	909.91
2013	10 072.09	180.25	7 426.06	7 241.02	1 533.74	932.04
2014	10 454.83	198.08	7 471.46	7 269.69	1 718.02	1 067.27

注：采用数据为等价热值，2005至2008年数据根据云南省第二次全国经济普查数据修正；2013至2014年数据根据云南省第三次全国经济普查数据修正。

Note: Data used in this table are equivalent caloricity.Data from year 2005 to 2008 are regulated according to that of the second national economic census.Data from 2013 to 2014 have been adjusted according to the third national economic census.

主要统计指标解释

工业 我国的工业包括以下四个方面的生产活动：

1. 对自然资源的开采，如：采矿、晒盐等，但不包括禽兽捕猎、水产捕捞和森林采伐。

2. 对农副产品的加工、再加工，如：粮油加工、食品加工、缫丝、纺织、制革等。

3. 对采掘品的加工、再加工，炼铁、炼钢、轧钢、化工生产、石油加工、机械制造、木材加工等，以及电力、水、燃气的生产和供应等。

1984 年以前农村的村及村以下办工业归属农业，1984 年及以后划归工业。

独立核算法人工业企业和工业活动单位 工业统计调查单位分为三类：独立核算法人工业企业和工业活动单位及工业个体经营户。

独立核算法人工业企业 是指从事工业生产经营活动的单位。应同时具备以下条件：

1. 依法成立，有自己的名称，组织机构和场所，能够承担民事责任。

2. 独立拥有和使用资产，承担负债，有权与其他单位签订合同。

3. 独立核算盈亏，并能够编制资产负债表。

工业活动单位 是指在一个场所从事一种或主要从事一种工业生产活动的经济单位。一般应同时具备以下三个条件：

1. 具有一个场所，从事一种或主要从事一种工业活动。

2. 单独组织工业生产、经营或业务活动。

3. 单独核算收入和支出。

规模以上工业 2011 年年报规模以上工业是指年主经营业务收入 2000 万元及以上工业企业。

国有经济（全民所有制工业） 是指生产资料归国家所有的一种经济类型。包括中央和地方各级国家机关，事业单位和社会团体使用国有资产和使用自有资金投资举办的工业企业。1957 年以前的公私合营和私营工业，后均改造为国营工业，这部分工业资料不单独列时，均包括在国有经济内。

集体经济 是指生产资料归公民、集体所有的一种经济类型，包括城乡所有使用集体投资举办的工业企业，以及部分个人通过集体自愿放弃所有权并依法经工商行政管理机关认定为集体所有制的工业企业。

私营经济 是指生产资料归公民私人所有，以雇佣劳动力为基础的一种经济类型，包括私营独资企业，私营合伙企业和私营有限责任公司。

个体经济 是指生产资料归劳动者个人所有，以个体劳动为基础，劳动成果归劳动者个人占有和支配的一种经济类型。

“三资工业” 包括外商投资经济和港、澳、台投资经济。

其他经济 指除国有经济、集体经济、联营经济、股份有限公司、股份制经济、外商投资经济、港、澳、台投资经济、私营、个体经济等以外的其他经济。

轻工业 指提供生活消费品和制作手工工具的工业，是为满足人们吃、穿、用需要的工业。按其所使用的原料不同，可分为两大类：

1. 以农产品为原料的轻工业 是指直接或间接以农产品为基本原料的轻工业。主要包括食品制造、饮料制造、烟草加工、纺织、缝纫、皮革和毛皮制作、造纸以及印刷等工业。

2. 以非农产品为原料的轻工业 是指以工业品为原料的轻工业，主要包括文教体育用品、化学药品制造、合成纤维制造、日用化学制品、日用玻璃制品、日用金属制品、手工工具制造、医疗器械制造、文化和办公用机械制造等工业。

重工业 指生产生产资料的工业，是为国民经济各部门提供物质技术基础的工业。按其生产和产品用途，可分为下列三大类：

1. **采掘工业** 是指对自然资源的开采，包括石油开采、煤炭开采、金属矿开采和非金属矿开采等工业；

2. **原材料工业** 是指提供国民经济各部门使用的原料、动力和燃料的工业。包括金属冶炼及加工、炼焦及焦炭化学、化工原料、水泥、人造板以及电力、石油和煤炭加工等工业；

3. **加工工业** 是指对原材料进行加工制造的工业。包括装备国民经济各部门的机械设备制造工业、金属结构、水泥制品等工业，以及为农业提供的生产资料和化肥、农药等工业。

根据上述划分原则，修理业中修理作业对象是重工业的划为重工业，反之划为轻工业。

大、中、小和微型企业 从2011年年报开始企业规模的划分标准，执行工业和信息化部、国家统计局、发展改革委、财政部制定《统计上大中小微型企业划分办法》，按照企业从业人员、主营业务收入，将企业划分为大型、中型、小型和微型。

工业总产值 是以货币表现的工业企业在一定时间内生产的工业产品总量，它反映工业生产的总规模和总水平。它包括：在本企业内不再进行加工，经检验、包装入库的成品价值、对外加工费收入、自制半成品、在制品期末期初差额价值。工业总产值采用"工厂法"计算，即以工业企业作为一个整体，按企业工业生产活动的最终成果计算，企业内部不允许重复计算，不能把企业内部各个车间（分厂）生产的成果相加。但在企业之间、行业之间、地区之间存在重复计算。

轻重工业总产值的划分也是按“工厂法”计算的，即一个工业企业在正常情况下生产的主要产品的性质属于轻工业，则该企业的全部总产值作为轻工业总产值；一个工业企业生产的主要产品的性质属于重工业，则该企业的全部总产值作为重工业总产值。

工业总产值计算遵循以下规定：

1. 凡用自备原材料生产的产品，不论其加工的繁简程度如何，一律按全价，即工业总产值包括自备原材料的价值。

2. 凡承接来料加工生产的产品，加工企业一律按财务上结算的加工费计算工业总产值，即不包括定货者来料的价值。

3. 自制半成品、在制品期末期初差额价值，原则上应计入工业总产值，不再按生产周期是六个月以上还是六个月以下来区分是否计入工业总产值。

4. 现价工业总产值一律采用不含销项税额的价格计算。

工业增加值 是指工业企业在一定时期内以货币表现的工业生产活动的最终成果。

工业企业主要财务指标

1. **资产总计** 指企业过去的交易或者事项形成的、由企业拥有或者控制的、预期会给企业带来经济利益的资源。资产一般按流动性分为流动资产和非流动资产。其中流动资产可分为货币资金、交易性金融资产、应收票据、应收账款、预付款项、其他应收款、存货等；非流动资产可分为长期股权投资、固定资产、无形资产及其他非流动资产等。

2. **固定资产原价（原值）** 指企业在建造、购置、安装、改建、扩建、技术改造某项固定资产时所支出的全部货币总额。一般包括买价、包装费、运杂费和安装费等。

3. **流动资产平均余额** 流动资产是指可以在一年或者超过一年的一个营业周期内变现或者耗用的资产，包括现金及各种存款、短期投资、存货等；流动资产平均余额指全部流动资产报告期平均余额。计算公式为：

流动资产月平均余额 = 月初、月末流动资产余额之和 ÷ 2

流动资产季平均余额 = 季内各月流动资产平均余额之和 ÷ 3

流动资产年平均余额 =1 至 12 月各月流动资产平均余额之和 ÷ 12

工业企业主要经济效益指标

1. 全员劳动生产率 指根据产品的价值量指标的平均每一职工在单位时间内的产品生产量。目前我国的全员劳动生产率是用工业总产值或工业增加值除以同一时期全部职工的平均人数来计算的。计算公式为：

全员劳动生产率 = 工业总产值 / 全部职工平均人数 ×12/ 累计月份

或 = 工业增加值 / 全部职工平均人数 ×12/ 累计月份

2. 工业产品销售率 指报告期工业销售产值与同期全部工业总产值之比，反映工业产品生产已实现销售的程度。计算公式为：

工业产品销售率（%）= 报告期现价工业销售产值 / 报告期现价工业总产值 ×100%

3. 工业资产利税率 指报告期已实现的利税总额与同期的资产（流动资产和固定资产净值）之比，反映企业资金运用的经济效益。计算公式为：

工业资产利税率（%）= 报告期止累计实现利税总额 / 报告期平均流动资产 + 固定资产净值平均余额 ×12/ 累计月数 ×100%

4. 工业增加值率 指报告期工业增加值与同期工业总产值之比，反映降低中间消耗的经济效益。计算公式为：

工业增加值率（%）= 报告期工业增加值 /（报告期现价工业总产值（新规定）+ 报告期销项税额）×100%

5. 工业成本费用利润率 指报告期实现利润总额与成本费用之比，反映降低成本的经济效益。计算公式为：

工业成本费用利润率（%）= 报告期实现利润总额 / 报告期成本费用总额 ×100%

成本费用是产品销售成本、产品销售费用、管理费用、财务费用之和

6. 流动资产周转率 指一定时期内流动资产完成的周转次数，反映流动资产的周转速度。计算公式为：

流动资产周转率 = 报告期止累计产品销售收入 / 报告期平均流动资产 ×12/ 累计月数

7. 资产负债率 又称债务比率，该比率反映在企业资产总额中有多少资产是通过借债而得到的。是反映企业长期偿债能力的指标之一，也可以用于衡量企业利用债权人提供资金进行经营活动的能力以及企业在清算时保护债权人利益的程度。计算公式为：

资产负债率 = 负债总额 ÷ 资产总额 ×100%

8. 总资产贡献率 是反映全部资产的获利能力，是企业管理水平和经营业绩的集中体现。计算公式为：

总资产贡献率（%）= 利润总额＋利息支出 / 平均资产总额 ×12/ 累计月数 ×100%

平均资产总额为资产总计期初、期末之和的算术平均值。即：

平均资产总额 =（期初资产总额＋期末资产总额）÷ 2

9. 资本保值增值率 反映企业资产的变动状况，是企业发展能力的集中体现。计算公式为：

资产保值增值率（%）= 期末所有者权益 / 期初所有者权益 ×100%

能源生产总量 指一定时期内全国（地区）一次能源生产量的总和。一次能源生产量包括原煤、原油、天然气、水电及其他动力能发电量（如风能、地热能等），不包括生物质能、太阳能等的利用和由一次能源加工转换而成的二次能源产量。能源生产总量是观察全国（地区）能源生产水平、规模、构成和发展速

度的总量指标。

能源消费总量 指一定时期内全国（地区）用于生产和生活的各种能源消费量的总和。能源消费总量包括原煤和原油及其制品、天然气、电力的消费量，不包括生物质能和太阳能等的利用。能源消费总量分为三部分，即终端能源消费量、能源加工转换损失量和损失量。它是观察能源消费水平、构成和增长速度的总量指标。

1. 终端能源消费量 指一定时期内全国（地区）物质生产部门、非物质生产部门和生活消费的各种能源数量，不包括用于加工转换的中间能源消费量、加工转换损失量和损失量。

2. 能源加工转换损失量 指一定时期内全国（地区）投入加工转换的各种能源数量之和与产出各种能源产品及其他石油制品和其他焦化产品之和的差额。它是观察能源在加工转换过程中损失量变化的指标。

3. 能源损失量 指一定时期内能源在生产、输送、储存过程中发生的经营管理损失和由于客观原因造成的各种损失量，不包括各种气体能源放空、放散量。

能源生产弹性系数 是研究能源生产量的增长与国民经济增长之间的关系的指标。其计算公式为：

能源生产弹性系数 = 能源生产总量年平均增长速度 / 国民经济年平均增长速度

国民经济年平均增长速度，可根据不同的目的或需要，用工农业总产值、生产总值等指标来计算，本资料是采用生产总值指标计算的。

电力生产弹性系数 是研究电力生产量的增长与国民经济增长之间关系的指标。一般来说，电力的发展应当快于国民经济的发展，也就是说电力应超前发展。其计算公式为：

电力生产弹性系统 = 电力生产量年平均增长速度 / 国民经济年平均增长速度

能源消费弹性系数 是反映能源消费增长速度与国民经济增长之间比例关系的指标。其计算公式为：

能源消费弹性系数 = 能源消费年平均增长速度 / 国民经济年均增长速度

能源节约量 指在满足相等需求，达到相等目标的条件下节约和少用的能源数量。它是评价和考核节约能源工作好坏的重要指标。包括由于提高管理水平和技术水平，使单位产品能耗降低而节约能源的数量，以及由于调整产业结构、产品结构等使产值能耗降低而少用的能源数量。

能源节约率 是反映能源节约程度的综合性指标。能源节约率一般按年计算，如果要研究一个时期内能源节约程度的一般水平，可计算平均能源节约率指标。计算公式为：

能源节约率 =（报告期单位能源消费量 / 基期单位能源消费量— 1）× 100%

年平均节能率 =（n 报告期单位能源消费量 / 基期单位能源消费源 -1）× 100%

公式中：单位能源消费量可以按生产总值、国民收入或工业总产值等计算

n 为基期与报告期间隔的年份数。

能源加工转换效率 指一定时期内能源经过加工转换后，产出的各种能源产品及其他石油制品和其他焦化产品的数量与同期内投入加工转换的各种能源数量的比率。它是观察能源加工转换装置和生产工艺先进与落后、管理水平高低等的重要指标。

能源折算标准 各种能源由于原始计算单位不同，热值也不一样。因此，必须折算成同一标准计算单位，才能进行汇总、对比和分析。国际上习惯采用两种标准计算单位：一种为标准煤，另一种为标准油。目前我国采用标准煤为能源的计算单位。标准煤亦称煤当量，就是将不同品种、不同含热量的能源按各自不同的含热量折合成为一种标准含量的统一计量单位的能源。各类能源折算标准煤是按 1 公斤标准煤的热值为 7000 千卡进行折算的。

当量热值当量 热值又称理论热值（或实际发热值），是指某种能源一个度量单位本身所含热量。其

热值的计算可根据试样在充氧的弹筒中（放有浸没氧弹的水的容器）完全燃烧所放出的热量（用燃烧后水温升高计算出来的）进行实测。

等价热值 是指加工转换产出的某种二次能源与相应投入的一次能源的当量，即获得一个度量单位的某种二次能源所消耗的，以热值表示的一次能源量。也就是消耗一个度量单位的某种二次能源，就等价于消耗了以热值表示的一次能源量。等价热值是个变动值，随着能源加工转换工艺的提高和能源管理工作的加强，转换损失逐渐减少，等价热值会不断降低。等价热值是对二次能源及消耗工质而言，因此一次能源不存在折算问题，因此也无所谓等价热值。

等价热值 = 二次能源具有的能量 ÷ 转换效率

转换效率 = 二次能源产出标准量 ÷ 加工转换投入能源标准量

原材料、能源消费量 指在报告期内实际使用的原材料、能源的数量，包括企业主营活动和附营活动实际使用的数量。消费的核算原则为："谁消费谁统计"，即按使用权来统计。核算方法为当进入第一道生产工序，改变原来的形态或性能、或已实际投入使用，即作消费统计。

原材料、能源库存量 指在报告期期初、期末实际结存的原材料、能源数量。库存的核算原则为"谁支配，谁统计"，即按所有权来统计。核算方法是指企业有权支配动用的某一时点实际结存的原材料、能源的数量。

Explanatory Notes on Principle Statistical Indicators

Industry refers to the material production sector which is engaged in the following four aspects:

1. Extraction of natural resources, such as mining, salt production, but not including hunting, fishing and logging;

2. Processing and reprocessing of farm and sideline produces, such as rice husking, food processing, flour milling, wine making, oil pressing, cotton ginning, silk reeling, spinning and weaving, and leather making;

3. Manufacturing of extracted products, such as steel making, iron smelting, chemicals manufacturing, petroleum processing, machine building, timber processing; water and gas production and electricity generation and supply;

Prior to 1984, the rural industry run by villages and cooperative organizations under village was classified into agriculture. Since 1984, it has been grouped into industry.

Corporate Industrial Enterprises with Independent Accounting System and Industrial Activity Entities Units of industrial statistics and inquiry are classified into two categories:corporate industrial enterprises with independent accounting system and industrial activity entities.

Corporate Industrial Enterprises with Independent Accounting System refer to enterprises engaging in industrial production activities, which meet the following requirements:

1. Established legally, having their own names, organizations, location, and being able to take civil liability;

2. Legally possessing and having the right to their assets independently, to assume liabilities, and to sign contracts with other entities;

3. Being able to calculate profit and loss independently and prepare their own balance sheets.

Industrial Activity Entities refer to the economic entities located in one single place and engaged entirely or primarily in one kind of industrial activity. Which generally meet the following requirements:

1. Having regular location and entirely or mainly engaging in one kind of industrial activity;

2. Operating and managing their industrial production activities independently;

3. Having independent accounting system for income and expenditures.

Industrial Enterprises above Designated Size refer to industrial enterprises with main business revenue reaches and exceeds 20 million yuan.

State-owned Enterprises (**Whole People Owned Industry**) refers to a type of industrial enterprises where the means of production are owned by the state. It includes the industrial enterprises run by the central and local state agencies at all levels and by institutions and social groups in using state-owned assets and self-owned funds. Joint state-private industries and private industries, which existed before 1957, have been transformed into state industries. Statistics on these enterprises has been included in the state-owned industries since 1957 when separation of data was no longer necessary.

Collective-owned Enterprises refers to a type of industrial enterprises where the means of production are owned collectively, including urban and rural enterprises invested by collectives and some enterprises which were formerly owned privately but have been registered in industrial and commercial administration agencies as collective entities through raising funds from the public.

Private Enterprises refers to a type of economic entities where the means of production are owned privately and employed labor force is taken as their basis. It includes private solely-funded enterprises, private partnership enterprises and private limited liability companies.

Individual Enterprises refers to a type of economic entities where the means of production are owned by individual laborer, individual labor is taken as their basis and labor fruits are owned by individual laborer.

3-**Capital Industry** includes foreign investment economy, Hong Kong, Macao and Taiwan investment economy.

Other Enterprises refers to other enterprises excluding state-owned, collective-owned, private-owned and individual enterprises. It includes joint ownership enterprises, joint stock enterprises, foreign funded enterprises, and enterprises funded by Hong Kong, Macao and Taiwan, etc.

Light Industry refers to the industry that produces consumer goods and hand tools, satisfying people's need of eating, clothing and using. It consists of two categories, depending on the materials used:

1. Industries using farm products as raw materials. These are branches of light industry which directly or indirectly use farm products as basic raw materials, including food and beverages production, tobacco processing, textile, clothing, fur and leather making, paper making, printing, etc.;

2. Industries using non-farm products as raw materials. These are branches of light industry which use manufactured goods as raw materials, including the manufacture of cultural, educational articles and sports goods, chemicals, synthetic fiber, chemical products for daily use, glass products for daily use, metal products for daily use, hand tools, medical apparatus and instruments, and cultural and clerical machinery.

Heavy Industry refers to the industry, which produces capital goods, and provides various sectors of the national economy with necessary material and technical basis. It consists of the following three branches according to the purpose of production or the use of products:

1. Mining, quarrying and logging industry refers to the industry that extracts natural resources, including extraction of petroleum, coal, metal and non-metal ores and logging;

2. Raw materials industry refers to the industry that provides various sectors of the national economy with raw materials, fuels and power. It includes smelting and processing of metals, coking and coke chemistry, chemical materials and building materials such as cement, plywood, and power, petroleum refining and coal dressing;

3. Manufacturing industry refers to the industry that processes raw materials. It includes machine building industry which equips sectors of the national economy, industries of metal structure and cement products, industries producing means of agricultural production, such as chemical fertilizers and pesticides.

According to the above principle of classification, repairing trades which are engaged primarily in repairing products of heavy industry are classified into heavy industry while those engaged in repairing products of light industry are classified into light industry.

Large, Medium, Small and Microenterprises Since the bulletin of 2011,the standard of grouping the enterprises' scale has been changed according to Statistical Method of Classing Large, Medium, Small and Mini-sized Enterprises established by Ministry of Information and Industry, State Statistical Bureau, National Development and Reform Commission, Ministry of Finance. According to partitioning standards are number of employees, main operation revenue, enterprises are classified into large-sized, medium-sized, small-sized and microenterprises.

Gross Industry Output Value is the total volume of industrial products produced during a given period in monetary terms, which reflects the total achievements and overall scale of industrial production. It includes value of finished products, which are not to be further processed in the enterprises and have been inspected, packed and put in storage, income from external processing, and differential value of self-made semi-finished products and products in process at the end and beginning of the report period. The gross industrial output value is calculated by the "factory method", i.e. an industrial enterprise is treated as the basic amounting unit in calculating the gross industrial output value; no double calculations are to be made within the same enterprise, e.g. the output value of the different workshops (branch factories) of an enterprises should not be added, however, this method does not exclude the possibility of double counting among different enterprises, industries and regions.

Output value of light and heavy industries is also classified by the "factory" method, i.e. if the major products of an industrial enterprise belongs to light industry products, the gross output value of that enterprise is classified wholly into light industry; the same principle applies to heavy industry.

Calculation of gross Industry output value according to the following rules:

1. Products produced with self-prepared raw material are calculated at all-round price in reporting the gross industrial output value, irrespective complexity of simplicity of production, i.e., the gross industrial output value includes the value of self-prepared raw material.

2. Products processed with supplied materials are calculated, according to processing charges financially settled in reporting the gross industrial output value, i.e., the gross industrial output value excludes the value of orders' material.

3. Differential value of self-made semi-finished products and product in process at the end and beginning of the report period should be calculated into the gross industrial output value in principle and the old method in which inclusion or exclusion of the differential value is determined by whether the production cycle is over or below six months is not applied.

4. Current gross industrial output value is all calculated at price without sales tax.

Added Value of Industry refers to the final results of industrial production of industrial enterprises in monetary terms during the report period.

Principal Finance Indicators of Industrial Enterprises

1.Total Assets refer to all resources that are owned or controlled by enterprises through previous trades or transactions with expectation of making economic profits. Classified by the degree of liquidity,total assets include current assets, ad non-current assents.Current assets can be classified into monetary assets,trading financial assets,notes receivable,accounts receivable,advanced payment, other prepaid money and inventories.Non-current assets can be divided into long-term equity investment, fixed assets,intangible assets and other non-current qssets.

2. Original Value of Fixed Assets refers to the value of payment made by enterprises, in building, purchase, installation, reconstruction, expansion, and technical transformation of a particular item of fixed assets, which includes expenses on purchase, package, transportation, and installation, etc.

3. Net value of fixed assets refers to the balance of the original value of fixed assets minus the amount of accumulated depreciation.

4. Average balance of current assets: current assets refer to the assets which can be liquidated or consumed within an operating cycle of one year or over one year, including cash and various deposits, short-term investment, inventory, etc.; average balance of current assets refers to the average balance of all the current assets in the report period. The formulae are as follows:

Monthly Average Balance of Current Assets=Sum of Balance of Current Assets at Beginning and End of Month÷2

Quarterly Average Balance of Current Assets=Sum of Balance of Current Assets in Each Month of Quarter÷3

Annual Average Balance of Current Assets=Sum of Balance of Current Assets in Each Month from January to December÷12

Principal Indicators on Economic Performances of Industrial Enterprises

1. Overall Labor Productivity refers to the average output per employed person of industrial enterprises in unit time in value terms. At present, gross industrial output value or added value of industry and average number of staff and workers of an industrial enterprise in a given period are used to calculate overall labor productivity. The formula used is as follows:

Overall Labor Productivity = Gross Industrial Output Value/Average Number of Staff and Workers× 12/ Aunmulated Months or = Added Value of Industry/Average Number of Staff and Workers×12/Aunmulated Months

2. Ratio of Sales to Gross Output Value refers to the ratio of industrial sales value in the report period to gross industrial output value in the same period, which reflects the linkage between the industrial production and the realized sales. The formula is as follows:

Ratio of Sales to Gross Output Value = (Industrial Sales Value at Current Price in the Report Period/Gross Industrial Output Value at Current Price in the Report Period) ×100%

3. Ratio of Profits and Tax to Assets refers to the ratio of total realized profits and tax in the report period to assets (net value of current assets and fixed assets) in the same period, which reflects the economic efficiency of fund utilization. The formula is as follows:

Ratio of Profits and Tax to Assets (%) = [Total Accumulated Profit and Tax by the End of Report Period/ (Average Current Assets in the Report Period + Average Balance of Net Value of Fixed Assets)] ×12/ Accumulated Months×100%

4. Value-added Rate of Industry refers to the ratio of added value of industry in the report period to gross output value in the same period, which reflects the economic efficiency of reduction in intermediate input and is calculated as follows:

Value-added Rate of Industry (%) = (Added Value of Industry in the Report Period/Gross Industrial Output Value at Current Price) in the Report Period + Sales Tax in the Report Period) ×100%

5. Ratio of Profits to Total Costs and Expenses refers to the ratio of profits realized in the report period to the total costs and expenses in the same period, which reflects the economic efficiency of cost reduction. It is calculated as follows:

Ratio of Profits to Total Costs and Expenses (%) = (Total Profits Realized in the Report Period/Total Costs and Expenses in the Report Period) ×100%

Costs and expenses are the sum of product sales cost, product sales expenses and financial expenses.

6. Turnover Rate of Current Assets refers to the number of times of turnover of current assets in a given period of time, which reflects the speed of the turnover of current assets. It is calculated as follows:

Turnover Rate of Current Assets (%) = (Accumulated Sales Revenue of Products by the End of Report Period/Average Current Assets in the Report Period) ×12/Accumulated Months

7. Ratio of Debts to Assets reflects the proportion of assets obtained by borrowing in the total assets of an enterprise. It is one of the indicators reflecting the debt repaying capability of an enterprise in the long run and can also be used to measure the operating capability of an enterprise with the capital from creditors and the degree to which an enterprise can protect the interest of creditor during liquidation. The formula is as follows:

Ratio of Debts to Assets (%) = (Total Debts/Total Assets) ×100%

8. Contribution Rate of Total Assets reflects the profit-making capability of all assets and it is a key indicator manifesting the performance and management level of an enterprise. The formula is as follows: Contribution Rate of Total Assets (%) = [(Total Profits and Tax + Interest Payment) /Total Average Assets] × 12/Accumulated Months×100%

Total average assets refer to the arithmetic average value of total assets at the beginning and end of period, i.e. Total Average Assets = (Total Assets at the Beginning of Period + Total Assets at the End of Period) ÷2.

9. Rate of Asset Hedge and Increment reflects the variation of assets of an enterprise and manifests the development capability of an enterprise. The formula is as follows:

Rate of Asset Hedge and Increment (%) = (Owner's Equity at the End of Period/ Owner's Equity at the Beginning of Period) ×100%

Total Energy Production Volume refers to the total production volume of primary energy by all energy production enterprises in the country in a given period of time. It is a comprehensive indicator to show the capacity, scale, composition and development of energy production of the country. The production volume of primary energy includes that of coal, crude oil, natural gas, hydro-power and electricity generated by nuclear energy and other means such as wind power and geothermal power, but excludes that of fuels of low calorific value, bio-energy, solar energy and the secondary energy converted from the primary energy.

Total Domestic Energy Consumption refers to the total consumption of energy of various kinds by material production sectors, non-material production sectors and households in the country in a given period of time. It is a comprehensive indicator to show the scale, composition and development of energy consumption. The total energy consumption includes that of coal, crude oil and their products, natural gas and electricity, but excludes that of fuels of low calorific value, bio-energy and solar energy. It can be divided into three parts:

1.Final energy consumption refers to the total energy consumption by material production sectors, non-material production sectors and households in the country (region) in a given period of time, but excludes the consumption in conversion of the primary energy into the secondary energy and the loss in the process of energy conversion.

2.Loss in the process of energy conversion refers to the total input of various kinds of energy for conversion, minus the total output of various kinds of energy in the country in a given period of time. It is an indicator to show the loss that occurs in the process of energy conversion.

3.Loss of energy refers to the total loss of energy during the course of energy transport, distribution and storage and the loss caused by any objective reason in a given period of time. The loss of various kinds of gas due to gas discharges and stocktaking is excluded.

Elasticity Ratio of Energy Production is an indicator to show the relationship between the growth rate of energy production and that of the national economy. The formula is as follows:

Elasticity Ratio of Energy Production = Average Annual Growth Rate of Energy Production/Average Annual Growth Rate of National Economy.

The average annual growth rate of the national economy can be calculated by gross output value of industry and agriculture, gross output value or other indicators, depending upon the purposes or needs. Gross output value is used in calculation of the ratio in this chapter.

Elasticity Ratio of Electricity Production is an indicator to show the relationship between the growth rate of electricity production that of the national economy. The formula is as follows:

Elasticity Ratio of Electricity Production = Average Annual Growth Rate of Electricity Production/Average Annual Growth Rate of National Economy.

Elasticity Ratio of Energy Consumption is an indicator to show the relationship between the growth rate of energy consumption and that of the national economy. The formula is as follows:

Elasticity Ratio of Energy Consumption = Average Annual Growth Rate of Energy Consumption/Average Annual Growth Rate of National Economy.

Quantity of Energy Conservation refers to the quantity of energy saved and less used in a certain period. It is an important indicator to appraise and examine the work of energy conservation. It includes the quantity of energy saved in unit product by improving management level and technology level and the quantity of energy less used due to the adjustment of industrial structure and product structure.

Ratio of Energy Conservation is a comprehensive indicator reflecting the degree of energy conservation. Ratio of energy conservation is usually calculated annually. The indicator of average ratio of energy conservation can be calculated for the study of the energy conservation in a certain period. The formula is as follows:

Ratio of Energy Conservation = [(Unit Energy Consumption in the Report Period/Unit Energy Consumption in the Base Period) – 1] ×100%

Annual Average Ratio of Energy Conservation = the N-the Root of [(Unit Energy Consumption in the Report Period/Unit Energy Consumption in the Base Period) – 1] ×100%

In which: The unit energy consumption can be calculated according to gross output value, national product or gross industrial output value, etc. The n represents the number of years between base period and report period.

Efficiency of Energy Processing and Conversion refers to the ratio of the total output of energy products of various kinds after processing and conversion to the total input of energy of various kinds for processing and conversion in the same report period. It is an important indicator to show the current conditions of energy processing and conversion equipment, production technique and management.

Energy Conversion Standard Different units are often used to compute different caloric value of various energy sources, so a uniform standard computing unit has to be conversed to summarize, compare and analyze energy. There are two standard computing units practiced internationally: one is standard coal and the other is standard oil. Currently, standard coal is adopted as the computing unit in China for energy calculation, Standard coal also call calorie value equivalent, it refers a uniform standard energy of communistically unit is converted into by differed kinds, different caloric value of various energy .Every kind of energy is converted into standard coal according to one kilogram standard coal quail caloric of 7,000 kilocalories.

Equivalent Caloricity also called theoretic caloricity (or actual calorific value) refers to the heat value contained in one measurement unit of certain energy. The calculation of the heat value is according to the actual measurement of the heat released by complete burning of the test specimen in the cylinder filled with oxygen (container with the oxygen bomb immersed by water) .

Equivalent Heat Value refers to certain secondary energy produced by conversion and its equivalent value of corresponding input of the primary energy, which means the quantity of the primary energy expressed by heat value and consumed to obtain one measurement unit of certain secondary energy. It is variation value. With the advancement of the energy conversion technology and the improvement of the energy management, the conversion loss becomes less and less, and the equivalent heat value will reduce gradually. Equivalent heat value is specific to secondary energy and consumed actuating medium, so when it comes into primary energy, there is no equivalent heat value.

Equivalent Heat Value = Energy Content of Secondary Energy÷Conversion Efficiency

Conversion Efficiency = Output Standardized Quantity of Secondary Energy ÷ Energy Standardized Quantity Input by Conversion

Consumption of Raw Materials and Energy refers to the quantity of raw materials and energy actually used in the report period. It includes the volume actually used in the main business line and sideline activities of an enterprise. The calculation principle of consumption is: "The one who consumes energy is responsible for conducting statistics on its consumption", i.e., statistics is made according to the use right. The calculation method is that when raw materials or energy enter the first production sequence and the original form or property is changed or they are put into actual use, they are treated as consumption statistics.

Inventory of Raw Materials and Energy refers to the quantity of raw materials and energy actually stored in the beginning and end of the report period. The calculation principle of inventory is: "The one who disposes energy is responsible for conducting statistics on its inventory", i.e., statistics is made according to the ownership. The calculation method refers to the quantity of raw materials and energy actually stored at a certain time that can be disposed by an enterprise.

Chapter 9

九、建筑业和房地产业
Construction and Real Estate

9-1 主要年份建筑施工企业数、人数和施工产值
Number of Construction Enterprises, Employed Persons and Their Output Value in Significant Years

年 份 Year	全 省 Yunnan	国有建筑施工企业 State-owned Construction Enterprises	集体建筑施工企业 Collective-owned Construction Enterprises	其 他 Others
施工企业数（个） Number of Enterprises (unit)				
1985	2 522	144	2 378	
1990	3 010	123	2 887	
1995	2 657	140	2 517	2 663
2000	1 564	201	854	509
2001	1 583	190	713	680
2002	1 317	152	440	725
2003	1 231	129	330	772
2004	1 663	122	325	1 216
2005	1 648	111	258	1 279
2006	1 796	110	243	1 443
2007	1 903	107	232	1 564
2008	2 150	105	230	1 815
2009	2 117	100	212	1 805
2010	2 176	99	198	1 879
2011	2 227	99	197	1 931
2012	2 362	106	196	2 060
2013	2 483	97	174	2 212
2014	2 520	91	149	2 280
施工企业人数（万人） Number of Employed Persons (10 000 persons)				
1985	46.64	16.70	29.95	
1990	47.61	16.10	31.56	
1995	64.65	18.10	46.39	0.10
2000	53.55	15.90	25.38	12.30
2001	55.58	14.15	22.30	19.12
2002	51.77	12.45	17.03	22.28
2003	57.37	15.35	13.60	28.42
2004	50.30	10.56	10.28	29.46
2005	55.31	9.47	8.63	37.21
2006	63.32	10.53	9.01	43.78
2007	64.77	11.64	7.42	45.71
2008	65.81	11.49	6.86	47.46
2009	70.99	13.44	6.05	51.50
2010	78.64	12.45	5.69	60.50
2011	89.44	9.34	5.28	74.82
2012	91.44	19.24	5.81	66.39
2013	103.25	11.81	6.51	84.93
2014	107.86	23.80	11.20	72.86
建筑业总产值（亿元） Gross Output Value (100 million yuan)				
1985	21.28	10.00	11.01	
1990	36.68	19.00	18.09	
1995	181.22	74.00	107.14	0.34
2000	311.34	131.00	108.83	72.00
2001	345.51	127.83	100.46	117.23
2002	358.24	121.88	77.76	158.59
2003	396.97	132.23	68.24	196.50
2004	448.50	136.31	66.41	245.78
2005	539.59	138.96	58.03	342.60
2006	672.88	183.95	63.78	425.16
2007	763.32	205.86	64.12	493.33
2008	907.58	227.54	71.47	608.57
2009	1 196.86	304.28	77.84	814.74
2010	1 511.85	364.41	83.04	1 064.00
2011	1 869.65	478.01	99.91	1 291.73
2012	2 386.64	532.27	152.15	1 702.22
2013	2 888.82	569.67	177.19	2 141.96
2014	3 059.62	440.42	142.00	2 477.20

注：1．1996年起各种经济类型的，具有资质等级证书的建筑企业均纳入国家统计；集体企业中的农村集体1996年的数据为测算数，以前年度为省乡镇企业局统计数。
2．2013年起施工企业人数和建筑业总产值数据不含劳务分包企业。

Note: 1.Since 1996, the state statistical coverage has included the construction enterprises of various types of ownership with credentials. The figures of rural collective-owned enterprises in 1996 in this table are estimated figures, while before 1996, they were included in the statistical coverage of the provincial bureau of township and town enterprises.
2. Number of employed persons of construction enterprises and total output value of construction industry doesn't include those of labor subcontralting enterprises.

9–2 总承包专业承包建筑施工企业生产情况（2014 年）

单位：亿元

类　　别	Category	企业个数（个）Number of Enterprises (unit)	建筑业总产值 Gross Output Value of Construction	建筑工程 Output Value of Construction Projects	安装工程 Output Value of Installation Projects	竣工产值 Value of Construction Completed
全　省	**Yunnan**	**2446**	**3054.67**	**2731.48**	**230.70**	**1719.75**
按企业控股情况分	**Grouped by Share Holding**					
国有控股	State-controlled	145	944.11	864.52	70.32	291.61
集体控股	Collective-controlled	221	264.35	236.64	17.87	200.03
私人控股	Private-controlled	1987	1717.68	1522.18	129.45	1144.65
按国民经济行业分	**Grouped by Sector**					
房屋建筑业	Building Construction Industry	1298	2055.19	1924.80	72.92	1296.91
土木工程建筑业	Civil Engineering Construction Industry	428	786.04	694.23	69.50	300.05
建筑安装业	Construction Installation	318	121.67	39.96	78.85	63.57
建筑装饰和其他建筑业	Architectural Decoration and Other Construction Industry	402	91.78	72.49	9.44	59.22
按企业资质等级分	**Grouped by Qualification Criteria**					
施工总承包	Construction Contract	1612	2767.90	2558.32	135.57	1572.38
特　级	Special Grade	3	262.44	257.73	2.91	24.34
一　级	First Grade	81	945.29	868.66	65.90	530.65
二　级	Second Grade	541	943.68	878.93	33.84	580.22
专业承包	Professional Contract	834	286.78	173.17	95.13	147.36
一　级	First Grade	74	105.44	75.26	29.32	56.34
二　级	Second Grade	282	79.72	52.36	21.56	37.95
按州市分	**Grouped by Region**					
昆　明	Kunming	1156	1881.17	1672.39	172.77	902.02
曲　靖	Qujing	215	226.49	197.45	12.38	166.51
玉　溪	Yuxi	168	105.45	97.24	4.57	86.98
保　山	Baoshan	66	85.77	78.04	1.20	70.17
昭　通	Zhaotong	78	43.49	39.83	2.80	32.07
丽　江	Lijiang	59	34.48	32.93	0.64	26.88
普　洱	Pu'er	100	87.45	79.98	6.23	48.30
临　沧	Lincang	51	52.20	47.27	3.03	41.28
楚　雄	Chuxiong	132	111.82	97.64	5.16	83.60
红　河	Honghe	122	191.73	175.75	8.72	108.53
文　山	Wenshan	54	51.92	47.61	2.68	34.87
西双版纳	Xishuangbanna	31	14.45	13.17	0.47	12.03
大　理	Dali	142	105.77	95.84	5.94	72.83
德　宏	Dehong	35	38.19	37.07	0.60	14.14
怒　江	Nujiang	15	5.96	4.26	0.35	3.03
迪　庆	Diqing	22	18.35	15.02	3.14	16.49

Construction Situation of Construction Enterprises of General Contractors and Professional Contractors (2014)

(100 million yuan)

房屋建筑施工面积（万平方米）Floor Space under Construction (10 000 sq.m)	本年新开工面积 Newly Started Building Area in This Year	房屋建筑竣工面积（万平方米）Floor Space Completed (10 000 sq.m)	房屋建筑面积竣工率 (%) Ratio of Floor Space Completed (%)	计算建筑业劳动生产率的平均人数（万人）Average Persons of calculating the Laborcalculating Productivity (10 000 persons)	年末从业人数（万人）Number of Employed Persons at Year-end (10 000 persons)	全员劳动生产率（万元／人）Overall Labor Productivity of Construction Enterprises (10 000 yuan/person)
15824.43	**5334.66**	**7246.55**	**45.8**	**107.86**	**79.59**	**28.3**
4881.47	1189.74	1002.41	20.5	23.80	10.06	39.7
1430.02	747.62	799.82	55.9	11.20	10.36	23.6
8651.33	2877.10	5098.69	58.9	67.83	56.52	25.3
15258.87	5158.20	6973.89	45.7	76.92	59.34	26.7
402.78	121.78	200.36	49.7	22.07	14.17	35.6
148.73	51.38	62.96	42.3	5.24	3.48	23.2
14.06	3.29	9.33	66.4	3.62	2.59	25.3
15477.94	5235.33	7133.62	46.1	97.56	72.44	28.4
949.99	308.29	72.01	7.6	3.57	2.12	73.4
6472.64	1916.72	2416.49	37.3	30.75	18.77	30.7
4833.15	1743.90	2696.30	55.8	36.81	29.85	25.6
346.50	99.33	112.92	32.6	10.30	7.14	27.8
137.57	19.30	32.47	23.6	3.51	1.87	30.0
117.97	38.76	30.75	26.1	3.26	2.34	24.4
9310.91	2695.11	3492.08	37.5	62.05	38.18	30.3
1224.87	598.74	831.44	67.9	9.07	8.34	25.0
771.43	325.66	460.23	59.7	4.17	3.96	25.3
332.58	174.03	242.36	72.9	4.22	4.28	20.3
264.64	102.34	150.37	56.8	2.60	1.78	16.7
191.43	98.93	113.86	59.5	1.29	0.94	26.8
468.77	159.32	222.50	47.5	4.12	3.05	21.2
343.41	82.59	154.63	45.0	2.10	2.20	24.9
490.40	189.86	341.76	69.7	4.22	4.02	26.5
1044.63	378.58	547.01	52.4	6.27	5.21	30.6
394.84	139.72	186.61	47.3	1.52	1.38	34.1
103.80	50.11	68.42	65.9	0.54	0.48	26.8
662.98	283.11	318.57	48.1	3.87	3.96	27.4
112.22	18.81	46.00	41.0	0.84	0.89	45.3
34.85	10.44	15.19	43.6	0.31	0.31	19.5
72.68	27.33	55.52	76.4	0.69	0.60	26.4

9–3 总承包专业承包建筑施工企业财务状况（2014 年）

单位：亿元

类别	Item	资产合计 Total Assets	固定资产 Fixed Assets	负债合计 Total Liabilities	流动负债 Liquid Liabilities	所有者权益 Owners' Equity
全省	**Yunnan**	**3087.73**	**387.02**	**2049.87**	**1 781.94**	**1 037.85**
按企业控股情况分	**Grouped by Share Holding**					
国有控股	State-controlled	1170.27	105.15	883.29	747.51	286.98
集体控股	Collective-controlled	173.90	33.20	102.22	79.62	71.69
私人控股	Private-controlled	1636.37	237.18	989.66	882.56	646.71
按国民经济行业分	**by Sector**					
房屋建筑业	Building Construction Industry	1919.97	207.97	1261.57	1 099.08	658.41
土木工程建筑业	Civil Engineering Construction Industry	858.89	129.81	606.49	530.07	252.40
建筑安装业	Construction Installation	180.53	36.82	102.31	81.41	78.22
建筑装饰和其他建筑业	Architectural Decoration and Other Construction Industry	128.34	12.43	79.51	71.38	48.82
按企业资质等级分	**by Qualification Criteria**					
施工总承包	Construction Contract	2757.28	343.26	1846.87	1 595.54	910.41
特级	Special Grade	225.04	37.71	173.41	146.23	51.63
一级	First Grade	1070.71	62.74	814.57	697.18	256.14
二级	Second Grade	929.69	122.84	585.85	535.18	343.84
专业承包	Professional Contract	330.45	43.77	203.00	186.40	127.44
一级	First Grade	96.06	6.97	58.90	56.38	37.16
二级	Second Grade	120.18	12.59	84.89	75.70	35.28
劳务分包	Labor Subcontract					
按州市分	**by Region**					
昆明	Kunming	2189.45	218.62	1550.08	1 347.70	639.37
曲靖	Qujing	158.62	35.32	76.60	64.20	82.02
玉溪	Yuxi	75.62	18.47	34.87	31.93	40.75
保山	Baoshan	37.83	9.81	13.09	11.07	24.74
昭通	Zhaotong	41.36	8.70	22.66	19.03	18.70
丽江	Lijiang	38.03	5.37	21.02	18.58	17.01
普洱	Pu'er	68.70	9.84	46.21	38.80	22.48
临沧	Lincang	32.12	10.60	13.43	11.38	18.69
楚雄	Chuxiong	56.21	11.83	26.49	23.97	29.73
红河	Honghe	118.53	18.00	73.37	62.76	45.16
文山	Wenshan	53.76	6.41	32.48	29.01	21.28
西双版纳	Xishuangbanna	10.76	2.42	6.91	6.67	3.85
大理	Dali	133.93	13.94	88.18	82.35	45.74
德宏	Dehong	47.98	11.16	34.52	29.73	13.46
怒江	Nujiang	6.37	2.70	2.23	1.61	4.14
迪庆	Diqing	18.46	3.83	7.73	3.14	10.73

Financial Indicators of Construction Enterprises of General Contractors and Professional Contractors (2014)

(100 million yuan)

实收资本 Paid-in Capitals	工程结算收入 Revenue of Project Settlement Accounts	工程结算成本 Cost of Project Settlement Accounts	工程结算税金及附加 Taxes and Extra Charges on Project Settle-ment Accounts	工程结算利润 Profits of Project Settlement Accounts	经营费用 Operation Expenses	管理费用 Management Expenses	税金 Tax	财务费用 Financial Expenses
692.15	**2 643.75**	**2 274.84**	**90.52**	**258.73**	**19.67**	**95.44**	**4.46**	**36.67**
189.55	893.87	804.72	25.14	62.68	1.32	28.24	0.65	12.53
41.98	221.95	184.77	9.74	24.48	2.97	9.46	0.37	1.45
440.32	1 420.16	1 191.95	51.96	161.99	14.27	53.35	3.30	21.73
415.11	1 721.21	1 481.18	63.56	164.18	12.29	52.47	3.17	21.45
151.83	712.78	618.76	20.99	69.65	3.38	27.66	0.85	12.19
41.81	120.57	100.69	3.46	13.95	2.47	9.32	0.25	1.42
83.40	89.18	74.20	2.51	10.95	1.52	5.99	0.18	1.61
557.91	2 385.97	2 061.60	82.92	226.26	15.20	78.55	3.93	33.00
15.86	270.92	245.35	6.35	19.22		4.60	0.04	3.39
179.69	883.22	788.26	28.36	64.90	1.70	26.17	1.08	13.66
196.93	754.00	632.45	28.65	86.13	6.78	28.72	1.36	10.55
134.24	257.78	213.24	7.60	32.47	4.47	16.89	0.53	3.67
19.62	97.24	82.25	2.74	11.58	0.67	3.74	0.12	0.94
27.36	74.56	61.98	2.16	9.31	1.12	5.63	0.17	1.63
439.90	1 737.28	1 524.04	53.92	149.07	10.24	60.69	2.63	24.85
48.08	175.32	141.56	7.85	23.73	2.17	7.03	0.33	1.89
27.57	87.20	74.51	3.30	8.23	1.16	3.63	0.18	0.97
16.92	73.41	63.71	3.46	5.58	0.66	2.48	0.10	0.39
14.18	36.87	30.74	1.74	4.14	0.25	1.91	0.07	0.35
12.51	28.97	24.09	1.13	3.42	0.33	0.82	0.08	0.45
17.10	63.27	53.03	2.49	7.16	0.59	2.36	0.17	0.82
12.50	43.48	35.16	1.46	5.78	1.08	2.11	0.11	0.45
19.95	80.68	69.47	2.80	7.56	0.86	2.17	0.29	0.88
23.61	121.36	99.09	4.78	16.57	0.92	4.26	0.25	1.48
9.74	42.74	36.12	1.47	4.96	0.19	1.29	0.06	0.62
3.35	8.04	7.19	0.35	0.47	0.03	0.34	0.02	0.04
27.25	97.89	79.07	3.36	15.06	0.40	3.40	0.13	1.53
11.11	27.15	21.58	1.00	4.33	0.25	1.94	0.02	1.81
3.46	5.02	4.03	0.20	0.64	0.16	0.32	0.02	0.06
4.92	15.06	11.43	1.23	2.02	0.38	0.68	0.00	0.08

9-3 续表

单位：亿元

类 别	Item	利润总额 Total Profits
全 省	**Yunnan**	**120.92**
按企业控股情况分	**Grouped by Share Holding**	
国有控股	State-controlled	22.93
集体控股	Collective-controlled	12.17
私人控股	Private-controlled	82.20
按国民经济行业分	**by Sector**	
房屋建筑业	Building Construction Industry	85.19
土木工程建筑业	Civil Engineering Construction Industry	25.47
建筑安装业	Construction Installation	6.96
建筑装饰和其他建筑业	Architectural Decoration and Other Construction Industry	3.29
按企业资质等级分	**by Qualification Criteria**	
施工总承包	Construction Contract	109.78
特 级	Special Grade	9.86
一 级	First Grade	26.94
二 级	Second Grade	42.25
专业承包	Professional Contract	11.14
一 级	First Grade	4.83
二 级	Second Grade	1.63
劳务分包	Labor Subcontract	
按州市分	**by Region**	
昆 明	Kunming	68.91
曲 靖	Qujing	11.70
玉 溪	Yuxi	4.20
保 山	Baoshan	2.73
昭 通	Zhaotong	2.20
丽 江	Lijiang	1.95
普 洱	Pu'er	3.14
临 沧	Lincang	2.82
楚 雄	Chuxiong	3.60
红 河	Honghe	7.55
文 山	Wenshan	3.22
西双版纳	Xishuangbanna	0.16
大 理	Dali	6.54
德 宏	Dehong	0.80
怒 江	Nujiang	0.15
迪 庆	Diqing	1.25

continued

(100 million yuan)

应交所得税 Value-added Tax Payale	企业总收入 Total Revenue	上缴税金 Tax Payment	产值利税率 (%) Ratio of Profits & Taxes to Output Value(%)	资产利税率 (%) Ratio of Profits and Taxes to Assets(%)
22.78	**2 678.18**	**117.76**	**7.1**	**7.0**
4.01	905.97	29.81	5.2	4.2
2.14	225.23	12.25	8.4	12.8
15.63	1 438.26	70.89	8.0	8.4
16.40	1 741.76	83.13	7.4	7.9
4.44	720.62	26.28	6.0	5.5
1.18	126.16	4.89	8.8	5.9
0.76	89.64	3.45	6.5	4.7
20.35	2 412.75	107.19	7.1	7.1
1.23	271.74	7.61	6.2	7.2
4.73	895.03	34.17	6.0	5.3
8.37	763.73	38.37	7.7	7.8
2.43	265.43	10.56	6.7	5.8
0.85	98.22	3.70	7.3	8.0
0.58	77.74	2.90	5.0	3.3
11.97	1 758.58	68.52	6.7	5.7
2.60	178.86	10.77	8.8	12.5
1.31	87.63	4.79	7.3	10.2
0.61	74.49	4.16	7.3	16.6
0.31	37.38	2.11	9.2	9.7
0.34	29.02	1.55	9.2	8.3
0.87	63.99	3.54	6.6	8.4
0.62	43.89	2.18	8.4	13.6
0.66	81.46	3.75	6.0	11.9
1.26	126.18	6.28	6.6	10.6
0.54	43.17	2.07	9.1	8.8
0.09	8.06	0.46	3.7	4.9
1.20	98.14	4.69	9.5	7.5
0.19	27.17	1.21	4.8	3.8
0.04	5.02	0.25	6.2	5.8
0.19	15.13	1.42	13.5	13.4

9-4 全省房地产业发展情况（2014 年）

单位：亿元

类　别	Category	房地产开发投资 Investment in Real Estate Revelopment	国　有 State-owned Economy
本年固定资产投资完成额	**Investment in Fixed Assete Completed This Year**	**2 846.65**	**125.90**
按构成分	**Grouped by Use of Funds**		
建筑工程	Construction	2 005.58	86.48
安装工程	Installation	178.29	4.70
设备工器具购置	Purchase of Equipment and Instruments	32.15	0.58
其他费用	Others	630.64	34.14
# 旧建筑物购置费	Purchase of Used Building	19.22	0.04
土地购置费	Purchase of Land	508.46	29.78
按工程用途分	**Grouped by Use of Buildings**		
住　宅	Residential Buildings	1 830.07	92.47
#90 平方米以下住房	Residential Buildings below 90 sq.m	476.78	28.90
别墅、高档公寓	Villas and Upper-scale Apartments	150.81	7.18
办公楼	Office Buildings	133.78	2.33
商业营业用房	Buildings for Business	533.14	7.49
其　他	Others	349.67	23.60
本年新增固定资产	**Newly Increased Fixed Assets**	**793.97**	**30.52**
本年资金来源合计	**Total Funds of All Sources**	**3 656.37**	**134.89**
上年末结余资金	Fund Left from Last Year	738.94	36.67
本年资金来源小计	Fund of All Sources in Currrent Year	2 917.43	98.22
国内贷款	Domestic Loans	414.90	19.39
# 银行贷款	from Banks	346.78	18.09
非银行金融机构贷款	from Other Financial Deparments	68.12	1.30
利用外资	Foreign Investment	16.00	
# 外商直接投资	Foreign Direct Investment	15.35	
自筹资金	Self-Raising Funds	1 549.46	44.14
# 自有资金	Self-owned Funds	524.20	17.77
其他资金来源	Others	937.07	34.69
# 定金及预收款	Earnest Money and Advance Charge	575.42	16.59
个人按揭贷款	Mortgage Loans	249.89	8.25
本年各项应付款合计	**Account Payable**	**851.83**	**39.29**
# 工程款	Payment for Construction	500.91	17.95
待开发土地面积（万平方米）	**Space of Land to be Developed (10 000 sq.m)**	**1 272.44**	**17.66**
本年购置土地面积（万平方米）	**Space of Land Purchased in Current Year (10 000 sq.m)**	**1 218.23**	**45.12**
本年土地成交价款	**Value of Commercial Land**	**214.58**	**5.84**

Basic Statistics on Real Estate Development(2014)

(100 million yuan)

集　体 Collective-owned Economy	私营个体 Private and Individuals	股份制 Share Holding Economy	外　商 Foreign Funded Economy	港澳台 Economy with Funds from HongKong, Macao and Taiwan	其　他 Others
0.96	**983.20**	**115.34**	**28.22**	**99.84**	**1 493.19**
0.71	704.93	83.75	19.56	62.49	1 047.66
0.05	56.77	6.85	8.31	6.00	95.61
0.05	9.58	1.32		1.61	19.01
0.15	211.92	23.42	0.35	29.73	330.93
	6.85	0.46		0.96	10.91
0.15	173.39	10.29	0.22	27.93	266.70
0.28	588.19	83.45	14.96	58.05	992.67
	163.67	12.02	3.63	16.80	251.76
	37.85	13.03		1.94	90.81
	55.46	3.43	3.64		68.92
0.68	210.56	15.47	8.81	32.10	258.03
	128.99	12.99	0.81	9.69	173.59
	359.51	**45.32**		**4.75**	**353.87**
0.89	**1 302.26**	**159.30**	**24.26**	**129.95**	**1 904.82**
	275.17	14.85	6.38	39.93	365.94
0.89	1 027.09	144.46	17.88	90.02	1 538.87
	107.59	20.06		14.92	252.94
	90.98	18.57		14.92	204.22
	16.61	1.50			48.71
			0.24	15.11	0.65
			0.24	15.11	
0.89	596.00	96.30	0.92	43.69	767.52
0.89	201.98	19.42	0.19	2.61	281.34
	323.50	28.10	16.71	16.30	517.77
	185.32	17.53	13.21	12.25	330.52
	94.57	6.07	3.49	4.04	133.47
0.60	**311.80**	**43.57**	**13.16**	**6.69**	**436.72**
0.48	204.90	24.40	12.60	2.37	238.21
	713.95	**38.81**		**11.33**	**490.69**
2.01	**553.53**	**60.12**	**0.24**	**12.49**	**544.72**
0.12	**102.08**	**6.52**	**0.22**	**9.21**	**90.59**

9-5 全省房地产开发企业财务状况（2014 年）

单位：亿元

类　别	Category	房地产企业 Real Estate	国　有 State-owned Economy
年 初 存 货	**Inventory at Beginning of Current Year**	**4 412.60**	**84.33**
年末资产负债	**Property debt at Year-end**		
流动资产合计	Total Liquid Liabilities	9 774.91	309.82
# 存　货	Inventory	5 380.52	129.64
固定资产原价	Fixed Asset Value	274.31	22.87
累计折旧	Accumulated Depreciation	67.44	1.94
# 本年折旧	in Current Year	14.37	0.57
资产总计	Assets	12 063.66	490.69
负债总计	Liabilities	10 071.18	357.83
所有者权益合计	Owners' Equity	1 992.48	132.85
# 实收资本	Paid-up Capital	1 327.22	41.85
损益及分配	**Net Income or Loss and Distribution**		
主营业务收入	Operating Income	1 146.97	34.57
# 土地转让收入	Revenues from Land Transfer	4.11	0.04
商品房屋销售收入	Revenues from Commercial Housing Sales	1 071.79	24.70
房屋出租收入	Housing Rental Income	23.58	0.24
其他收入	Others	47.48	9.58
主营业务成本	Main Business Cost	839.17	32.02
主营业务税金及附加	Main Business Tax & Additional	96.46	1.98
其他业务利润	Other Operating Profits	5.35	1.22
销售费用	Sales Expenses	48.18	0.73
管理费用	Management Expenses	86.41	2.77
# 税　金	Taxes	6.56	0.10
财务费用	Financial Expenses	56.20	0.16
# 利息支出	Interests	44.44	0.47
营业利润	Business Profits	-2.74	1.23
营业外收入	Non-operating Income	17.79	1.12
营业外支出	Non-operating Expenses	10.55	0.24
利润总额	Total Profits	5.24	2.11
应缴所得税	Income Tax Payable	22.33	0.51
本年应付工资总额	Wages Payable in Current Year	49.05	2.18

Financial Status of Real Estate Investment and Development Enterprises (2014)

(100 million yuan)

集 体 Collective-owned Economy	私 营 Individuals	股份制 Share Holding Economy	外 商 Foreign Funded Economy	港澳台 Economy with Funds from Hong Kong,Macao and Taiwan	其 他 Others
0.43	**1 071.46**	**125.05**	**29.29**	**69.20**	**3 032.84**
3.96	2 488.95	300.36	94.64	270.62	6 306.56
2.22	1 413.21	151.36	61.90	101.29	3 520.90
0.20	89.16	5.22	2.70	22.15	132.01
0.12	22.57	1.86	1.05	5.85	34.05
0.01	4.88	0.27	0.12	1.35	7.17
4.30	2 859.84	423.77	98.82	454.17	7 732.07
3.77	2 532.32	346.18	78.14	296.98	6 455.96
0.53	327.52	77.59	20.68	157.19	1 276.12
0.52	252.87	47.40	23.90	84.87	875.81
0.08	406.21	29.15	12.57	21.94	642.45
	3.53	0.11			0.43
0.04	391.71	26.56	12.11	18.32	598.35
0.02	5.06	0.88	0.46	3.29	13.63
0.01	5.90	1.60		0.33	30.06
0.11	301.30	22.18	0.20	15.34	468.02
0.01	32.31	2.61	0.03	1.75	57.77
	2.56	0.03		0.16	1.38
	14.27	1.55	0.79	1.57	29.27
0.06	29.36	3.08	0.44	4.08	46.62
	1.85	0.17	0.07	0.31	4.06
0.07	9.66	1.18	0.29	2.63	42.21
0.07	8.39	0.87	0.09	3.60	30.95
-0.18	20.33	0.40	10.82	2.02	- 37.36
	4.72	0.13	0.01	0.39	11.42
	4.96	0.19	0.08	0.20	4.88
-0.18	20.05	0.34	10.75	2.20	- 30.03
	6.81	0.57	0.01	0.36	14.07
0.03	16.05	1.54	0.38	1.69	27.18

9-6 房地产开发企业(单位)施工、销售和待售情况(2014 年)

类 别	Category	房地产企业 Enterprises Real Estate	住宅 Residential Buildings
房屋施工面积(万平方米)	**Floor Space Under Construction (10 000 sq.m)**	**20 034.58**	**13 607.78**
# 新开工面积	Newly-started Projects	5 458.43	3 654.29
房屋竣工面积(万平方米)	**Floor Space Completed (10 000 sq.m)**	**1 788.62**	**1 255.20**
# 不可销售面积	Space of Floor not Ready for Sale	92.59	24.19
商品住宅竣工套数(万套)	**Number of Commercial Buildings Completed (10 000 units)**		**10.37**
竣工房屋价值(亿元)	**Value of Buildings Completed (100 million yuan)**	**520.62**	**352.39**
出租房屋面积(万平方米)	**Floor Space of Buildings to Lease (sq.m)**	**36.36**	**10.97**
商品房销售面积(万平方米)	**Floor Space of Commercial Buildings Sold (10 000 sq.m)**	**3 194.19**	**2 618.02**
# 现房销售面积	Floor Space of Complete Dapartments	653.71	514.55
期房销售面积	Floor Space of Forward Delivery Housing	2 540.47	2 103.48
商品房销售额(亿元)	**Total Sale of Commercial Buildings (100 million yuan)**	**1 596.37**	**1 165.39**
# 现房销售额	Sale of Complete Dapartments	345.37	243.22
期房销售额	Sale of Forward Delivery Housing	1 251.00	922.16
商品住宅销售套数(万套)	**Number of Commercial Buildings Sold (10 000 units)**		**22.37**
# 现房销售套数	Complete Dapartments		3.99
期房销售套数	Forward Delivery Housing		18.38
待售面积(万平方米)	**Floor Space of Commercial Buildings Unoccupied (10 000 sq.m)**	**1 426.67**	**918.93**
# 待售 1-3 年(含 1 年)	Unoccupied from 1 to 3 Years	796.67	532.95
待售 3 年及以上	Unoccupied for More Than 3 Years	34.11	12.94

Basic Statistics on Construction,Sale and Vacancy of Buildings Built of Real Estate Enterprises(2014)

		办公楼 Office Buildings	商业营业用房 Buildings for Business	其 他 Others
90平方米以下住房 below 90 sq.m	别墅、高档公寓 Villas and Upper-scale Apartments			
2 996.31	**1 097.72**	**735.83**	**3 006.23**	**2 684.75**
787.67	260.05	183.86	826.61	793.67
266.17	**93.88**	**37.30**	**283.25**	**212.87**
3.77		5.42	28.52	34.46
3.52	**0.37**			
73.69	**46.67**	**17.74**	**103.39**	**47.10**
9.87		**1.43**	**23.16**	**0.81**
584.92	**172.05**	**66.50**	**328.99**	**180.67**
88.76	44.78	22.48	74.69	42.00
496.16	127.27	44.02	254.30	138.67
280.08	**116.50**	**78.99**	**291.02**	**60.98**
34.00	35.87	20.81	67.10	14.24
246.08	80.63	58.17	223.92	46.74
7.94	**0.83**			
1.11	0.18			
6.83	0.65			
168.17	**154.52**	**62.36**	**270.15**	**175.23**
97.18	108.01	36.66	140.05	87.01
0.11	4.45		10.68	10.48

主要统计指标解释

建筑施工企业 指从事房屋、构筑物和设备安装生产活动的独立施工单位。

建筑业总产值（自行完成施工产值） 指建筑施工企业在一定时期内所完成的以货币表现的生产总量。是反映全部生产规模、水平和成果的综合指标。

房屋建筑施工面积 指在报告期内施工的全部房屋建筑面积，包括本期新开工的房屋面积、上期施工跨入本期继续施工的房屋面积、上期停缓建在本期恢复施工的房屋面积、本期竣工的房屋面积及本期施工后又停缓建的房屋面积。

房屋建筑竣工面积 指在报告期内房屋建筑按照设计要求全部完工，达到了住人和使用条件，经验收鉴定合格，正式移交使用单位的房屋建筑面积。

自有机械设备年末总台数 指归本企业所有，属于本企业固定资产的生产性机械设备年末总台数。包括施工机械、生产设备、运输设备以及其他设备。

自有机械设备年末总功率 指本企业自有施工机械、生产设备、运输设备以及其他设备等列为在册固定资产的生产性机械设备年末总功率，按设定能力或查定能力计算。包括机械本身的动力和为该机械服务的单独动力设备，如电动机等。计算单位用千瓦，动力换算可按 1 马力 =0.735 千瓦折合成瓦数。电焊机、变压器、锅炉不计算动力。

营业收入 指企业经营主要业务和其他业务所确认的收入总额。包括主营业务收入与其他业务收入。

利润总额 指建筑施工企业在一定时期内实现的利润。

主营业务收入 指企业确认的销售商品、提供服务等主营业务收入。

建筑业增加值 指建筑企业在报告期内以货币表现的建筑生产经营活动的最终成果。

产值利润率 是指报告期内企业实现的利润总额占同期建筑业总产值的百分比。

房地产开发投资 指各种登记注册类型的房地产开发公司、商品房建设公司及其他房地产开发法人单位和附属于其他法人单位实际从事房地产开发或经营活动的单位统一开发的包括统代建、拆迁还建的住宅、厂房、仓库、饭店、宾馆、度假村、写字楼、办公楼等房屋建筑物和配套的服务设施，土地开发工程（如道路、给水、排水、供电、供热、通讯、平整场地等基础设施工程）的投资；不包括单纯的土地交易活动。

商品房销售面积 指报告期内出售商品房屋的合同总面积（即双方签署的正式买卖合同中所确定的建筑面积）。由现房销售建筑面积和期房销售建筑面积两部分组成。商品房销售额 指报告期内出售商品房屋的合同总价款（即双方签署的正式买卖合同中所确定的合同总价）。该指标与商品房销售面积同口径，由现房销售额和期房销售额两部分组成。

经济适用房 指根据经济适用房计划安排建设的政策性住宅。经济是指房屋建筑造价和销售价格低于一般商品住宅；适用是指适合中低收入家庭购买使用。经济适用房主要是由国家统一下达投资计划，房地产公司开发，对外销售；用地一般采用行政划拨或招标投标方式，免收土地出让金；对各种经批准的收费减半征收，开发利润不超过 3%；销售价格实行政府指导价。该指标可以分析房地产投资结构，反映中低收入家庭商品住宅的供求平衡情况。

不可销售面积 指报告期房地产公司竣工的用于拆迁还建的房屋面积；接受委托、定向开发建设，并收取一定的管理费所建设的统建代建房屋竣工面积；竣工的学校、幼儿园、派出所、居委会、商店等公益设施建筑面积。

待售面积 指报告期末已竣工的可供销售或出租的商品房屋建筑面积中，尚未销售或出租的商品房屋建筑面积，包括以前年度竣工和本期竣工的房屋面积，但不包括报告期已竣工的拆迁还建、统建代建、公共配套建筑、房地产公司自用及周转房等不可销售或出租的房屋面积。按照商品房待售时间的长短可以划分为待售一年以下、待售一至三年（含一年）和待售三年以上（含三年）。

Explanatory Notes on Principle Statistical Indicators

Statistical Entities in Construction refers to corporate enterprises engaged in construction of buildings and structures and equipment installation.

Gross Output Value of Construction （**Output Value of Self-completed Projects**） refers to the total volume of construction products, expressed in monetary terms and completed by construction and installation enterprises during a given period of time. It is a comprehensive indicator reflecting the whole production scale, level and fruits.

Floor Space of Buildings Under Construction refers to the floor space of buildings under construction during the report period, including newly started buildings, buildings started in the preceding period and continued during the current period, and buildings suspended in the preceding period but restarted in the current period, buildings completed during the current period, and buildings under construction and then suspended during the current period.

Floor Space of Buildings Completed refers to the floor space of buildings that are completed in the report period in accordance with the requirements of the design, up to the standard of putting them into use, and have been checked and accepted by concerned departments as qualified ones.

Total Number of Machinery and Equipment Owned at Year-end refers to the number of machines and equipment owned by enterprises, and listed as their fixed assets by the end of the year, including machinery and equipment for construction, production and transportation.

Total Power of Machinery and Equipment Owned at Year-end refers to the total power of machinery and equipment for construction, production and transportation owned by enterprises, and listed as their fixed assets by the end of the year, which is calculated on the basis of the designed or verified capacity, covering the power of machinery and equipment and separate power equipment serving them （such as electric motors）, but excluding welders, transformers and boilers. The unit used for the calculation of power is kilowatt, with horsepower converted to kilowatt by 1 horsepower=0.735kilowatt.

Operating Revenue refers to the sum of income from principal business and other business of enterprises, including income from settlement of projects and other operating income.

Total Profits refer to the profits made by construction enterprises in a certain period of time.

Income from Principal Business refers to income received by merchandising and providing service of enterprises.

Added Value of Construction refers to the final results of production and operation of construction enterprises in monetary terms in the report period.

Ratio of Profit to Output Value refers to the ratio of the total profits to the gross output value of construction in the report period.

Investment in Real Estate Development refers to investment by real estate development companies, commercialized buildings construction companies and other real estate development units of various types of ownership in the construction of buildings, such as residential buildings, factory buildings, warehouses, hotels, guesthouses, holiday villages, office buildings, and the complementary service facilities and land development projects, such as roads, water supply, water drainage, power supply, heating supply, telecommunications, land leveling and other infrastructural projects. It does not include activities in pure land transactions.

Area of Commercialized Housing Sold refers to total contracted area of commercialized housing (i.e. area of floor space as designated in the formal contracts signed by both sides) during the reference time. It constitutes floor space of completed housing and floor space of future housing.

Value of Commercialized Housing Sold refers to the total contracted value (i.e. value of sales/purchase for selling/purchase of commercialized housing as designated in the contract signed by both sides) during the reference time. This indicator has the same coverage as the area of commercialized housing sold, which constitutes floor space of completed housing and floor space of housing yet to be completed.

Economically Affordable Housing refers to housing constructed according to the State Plan for economically affordable housing. The features of houses of this category are low cost of construction and low prices, and therefore are affordable to mid-income and low income households. Economically affordable housing projects are developed by real estate companies under the State Investment Plan, with the land provided through government allocation or tendering procedures. Developers are exempted from land utilization fees and enjoy another 50% exemption of all other legitimate fees, while their profits are limited to less than 3%, and the completed houses are sold under government-guided prices. This indicator helps to analyze the investment structure of the real estate industry and the demand and supply of housing for mid-income and low income households.

Non-Marketable Area refers to the building area used for removal and rebuilding which completed by real estate companies in reference period; completed building area of unified construction and acting construction which constructed by accepting commission, orientating development construction and charging certain management overhead; building area of completed schools, kindergartens, police stations, neighborhood committees, stores and such public utility constructions.

Floor Space of Vacant Building refers to the area of commercialized buildings haven't been sold or rent in the area of completed marketable and rentable commercialized buildings in the reference period, including the completed building area in the former years and in the current period, while excluding the completed removal and rebuilding buildings, unified and deputized construction buildings, public matched installations buildings and area of the buildings for self-use and revolving buildings of the real estate companies which are unmarketable or can't be rented. According to the vacant time, the buildings can be categorized as follows: buildings vacant less than one year, vacant for one to three years (including one year), vacant more than three years (including three years).

Chapter 10

十、交通运输、通信和服务业
Transport,Communication and Service Industry

10−1 主要年份年末交通运输线路长度

Length of Transport Routes at Year-end in Significant Years

单位：万公里 (10 000 km)

年 份 Year	铁路营业里程 Length of Railways in Operation	公路通车里程 Total Length of Highways	内河航道里程 Length of Navigable Inland Waterways	民用航空航线里程 Length of Civil Aviation Routes	国际航线 International Lines
1980	0.17	4.41	0.10	0.10	
1985	0.17	4.95	0.10	2.27	0.13
1988	0.16	5.25	0.11	2.37	0.31
1989	0.17	5.47	0.11	2.27	0.31
1990	0.17	5.65	0.11	2.66	0.31
1991	0.17	5.81	0.11	3.08	0.31
1992	0.17	6.00	0.11	4.73	0.41
1993	0.16	6.31	0.11	4.51	0.70
1994	0.16	6.56	0.13	6.42	0.95
1995	0.16	6.82	0.13	5.16	0.95
1996	0.16	7.03	0.13	7.06	0.67
1997	0.20	7.38	0.13	8.98	0.67
1998	0.20	7.70	0.13	12.87	1.63
1999	0.20	10.24	0.15	13.31	3.37
2000	0.20	16.36	0.16	11.97	2.04
2001	0.20	16.40	0.18	13.51	2.07
2002	0.20	16.49	0.18	14.81	2.91
2003	0.20	16.61	0.18	14.55	2.09
2004	0.19	16.71	0.25	13.78	2.43
2005	0.19	19.45	0.28	13.54	2.44
2006	0.19	19.85	0.28	13.68	2.24
2007	0.19	20.03	0.28	12.99	2.63
2008	0.19	20.38	0.28	11.21	1.47
2009	0.19	20.60	0.28	15.20	2.39
2010	0.19	20.92	0.29	18.28	4.96
2011	0.21	21.45	0.32	18.56	5.39
2012	0.24	21.91	0.34	22.85	4.84
2013	0.24	22.29	0.36	29.44	7.06
2014	0.26	23.04	0.36	33.15	10.65

10-2 公路运输线路长度

Length of Highways

单位：公里 (km)

州 市	Region	公路通车里程 Total Length of Highways	等级公路 Expressway Total	高 速 Highway	一 级 First class	二 级 Second Class	三 级 Third Class	四 级 Fourth Class	等外公路 Highway Below Class IV
1980		44 149							
1985		49 541							
1988		52 534	43 911			99	6 209	37 683	8 543
1989		54 732	46 296			126	6 252	39 902	8 436
1990		56 536	48 244			195	6 484	41 524	8 292
1991		58 123	49 917			199	6 718	42 959	8 206
1992		60 045	52 007			211	6 811	44 900	8 038
1993		63 086	55 317			587	7 056	47 633	7 769
1994		65 578	57 992			615	7 302	50 034	7 586
1995		68 236	60 777			917	7 571	52 248	7 459
1996		70 279	62 936			1 066	7 862	53 922	7 343
1997		73 821	66 561	45	71	1 301	8 080	57 064	7 260
1998		76 957	69 783	205	61	1 311	8 420	59 786	7 174
1999		102 405	95 354	405	72	1 435	8 702	84 740	7 051
2000		109 636	102 626	517	153	1 722	8 798	91 436	7 010
2001		163 953	106 396	517	164	2 106	9 787	93 822	57 557
2002		164 853	107 617	746	164	2 192	9 969	94 546	57 236
2003		166 134	109 302	1 064	230	2 677	10 057	95 274	56 832
2004		167 050	110 876	1 291	237	3 089	10 062	96 197	56 174
2005		167 678	111 961	1 424	287	3 325	9 918	97 007	55 717
2006		198 496	99 834	1 549	279	3 696	9 513	84 797	98 662
2007		200 333	104 771	2 507	600	4 370	9 469	87 825	95 562
2008		203 753	124 526	2 512	633	4 859	9 563	106 959	79 227
2009		206 028	138 150	2 512	628	4 973	9 518	120 519	67 878
2010		209 230	158 119	2 630	733	5 771	9 329	139 656	51 111
2011		214 524	165 843	2 746	842	9 553	8 407	144 295	48 681
2012		219 052	171 960	2 943	974	10 299	8 372	149 371	47 092
2013		222 940	178 371	3 200	1 003	10 307	8 354	155 508	44 568
2014		230 398	189 481	3 255	1 068	10 596	8 409	166 153	40 917
昆 明	Kunming	17 602	14 920	562	162	1 137	447	12 612	2 682
曲 靖	Qujing	22 448	19 367	261	273	594	853	17 386	3 080
玉 溪	Yuxi	17 160	16 702	239	106	575	948	14 834	459
保 山	Baoshan	13 085	10 331	198	63	842	257	8 971	2 754
昭 通	Zhaotong	15 976	12 451	135		881	175	11 259	3 525
丽 江	Lijiang	7 167	6 420	63	24	342	577	5 415	747
普 洱	Pu'er	20 267	15 734	200	5	903	564	14 061	4 533
临 沧	Lincang	15 736	13 053		20	1 049	165	11 818	2 683
楚 雄	Chuxiong	18 506	12 549	333	44	328	671	11 174	5 956
红 河	Honghe	22 455	19 614	495	43	842	1 104	17 131	2 841
文 山	Wenshan	15 503	13 649	303	59	501	1 116	11 670	1 854
西双版纳	Xishuangbanna	6 404	4 965	90	27	429	66	4 354	1 439
大 理	Dali	19 218	14 404	376	225	897	1 045	11 861	4 813
德 宏	Dehong	7 784	6 081		16	611	174	5 280	1 703
怒 江	Nujiang	5 382	4 341			90	86	4 165	1 041
迪 庆	Diqing	5 707	4 900		2	575	160	4 163	807

10-3 铁路里程和机车拥有量（2010-2014 年）
Length of Railways and Number of Railway Locomotives Owned (2010-2014)

指　　标	Item	2010	2011	2012	2013	2014
铁路里程	**Length of Railways in Operation**					
正线延长里程（公里）	Length of Railways in Trunk Line (km)	2 154.90	2 159.40	2 557.40	2 614.95	2 994.40
营业里程（公里）	Length of Railways in Operation (km)	1 923.70	2 142.40	2 350.10	2 351.10	2 646.60
准　轨（公里）	Standard Tracks (km)	1 262.90	1 485.80	1 693.50	1 693.50	1 990.60
米　轨（公里）	Meter Tracks (km)	660.80	656.60	656.60	656.00	656.00
内燃机车牵引里程（公里）	Length of Diesel Engine Routes (km)	857.90	861.80	1 092.50	1 091.90	1 052.20
占营业里程比重 (%)	As Percentage of Railways in Operation (%)	44.60	44.71	46.49	46.47	39.76
半自动闭塞里程（公里）	Semi-automatic Blocking Length (km)	1 676.90	1 574.20	1 685.60	1 703.00	1 639.80
占营业里程比重 (%)	As Percentage of Railways in Operation (%)	87.2	81.7	71.72	72.48	61.96
无缝线路里程（公里）	Length of Continuous Welded Rail (km)	1254.5	1309.6	1384	1384	1585.9
占营业里程比重 (%)	As Percentage of Railways in Operation (%)	65.2	67.9	58.89	58.91	59.92
有电气集中的车站（个）	Number of Stations with Electric Interlocking (unit)	129	128	127	131	124
占正式营业线路车站比重 (%)	As Percentage of Railways Stations in Operation (%)	69.7	87.1	127	87.9	88.6
营业线路主要车站（个）	Railways Station of in Operation (unit)	184	147	144	149	140
铁路机车拥有量（台）	Number of Railway Locomotives(unit)	360	368	417	453	504
内燃机车（台）	Diesel Locomotives (unit)	132	133	145	160	165
电力机车（台）	Electric Locomotives (unit)	228	235	272	293	339

10-4 铁路客货车拥有量（2013-2014 年）
Number of Railway Passenger Coaches and Freight Cars Owned (2013-2014)

指　　标	Item	2013	2014
客车合计（辆）	**Passenger Coaches (unit)**	**1 712**	**1 798**
软卧车	Soft Berth Coaches	123	129
硬卧车	Hard berth Coaches	761	811
硬座车	Hard Seat Coaches	590	627
餐　车	Dining Cars	90	98
行李邮政车	Luggage and Post Cars	60	67
货车合计（辆）	**Freight Cars (unit)**	**1 266**	**1 266**
按车型分	Grouped by Type		
棚　车	Covered Cars	188	188
敞　车	Open cars	894	894
平　车	Flat Cars	80	80
罐　车	Tank Cars	94	94
其　他	Others	10	10
按载重量分	Grouped by Capacity		
40 吨及以下	40 Tons and Below	1 266	1 266
货车总载重（万吨）	Total Loading Capacity of Freight Cars (10 000 tons)	5.70	5.70
平均每辆车载重量（吨）	Average Marked Loading Capacity Per Car (ton)	45	45

10-5(1) 各州市民用车辆拥有量(按类型分组)(2014年)
Possession of Civil Vehicles by Region(Grouped by Vehicles Types)(2014)

单位：万辆、万人 (10 000 units, 10 000 persons)

州市	Region	民用车辆拥有量 Civilian Vehicle	汽车合计 Total	摩托车 Motors	拖拉机 Tractors	挂车 Trailers	其他类型车 Others	机动车驾驶员 Number of Motor Drivers	汽车驾驶员 Automobile Drivers
全省	**Yunnan**	**1110.83**	**431.98**	**632.73**	**45.20**	**0.90**	**0.01**	**1010.93**	**641.38**
昆明	Kunming	199.06	152.93	42.87	3.01	0.24	0.01	224.15	202.47
曲靖	Qujing	105.96	46.27	56.18	3.42	0.08		108.40	77.63
玉溪	Yuxi	79.48	29.78	44.99	4.55	0.17		61.06	40.82
保山	Baoshan	66.33	14.45	48.38	3.44	0.06		55.57	24.77
昭通	Zhaotong	65.06	19.08	44.64	1.31	0.03		59.59	30.79
丽江	Lijiang	25.95	12.10	11.87	1.99			22.63	16.34
普洱	Pu'er	86.19	16.27	64.73	5.17	0.02		63.28	27.07
临沧	Lincang	70.20	11.01	52.95	6.23	0.01		54.90	17.82
楚雄	Chuxiong	56.47	16.79	36.54	3.07	0.07		54.21	30.55
红河	Honghe	86.29	32.62	50.18	3.39	0.10		82.91	55.96
文山	Wenshan	70.42	17.89	50.39	2.12	0.02		69.12	28.31
西双版纳	Xishaungbanna	46.79	12.11	33.13	1.55			29.19	18.22
大理	Dali	84.12	27.21	54.32	2.51	0.08		70.47	40.25
德宏	Dehong	49.55	12.71	34.76	2.07	0.01		40.79	19.43
怒江	Nujiang	7.41	2.74	4.15	0.53			7.18	4.59
迪庆	Diqing	8.63	5.50	2.27	0.85	0.02		7.50	6.39

10−5(2) 各州市汽车拥有量（2014 年）

Possession of Vehicles by Region(2014)

单位：万辆 (10 000 units)

州　市	Region	汽车合计 Total	载客汽车 Passenger Vehicles	轿　车 Cars	载货汽车 Trucks	其他汽车 Others	三　轮 Three-wheel	低速货车 Four-wheel
全　省	**Yunnan**	**431.98**	**346.66**	**191.40**	**80.94**	**4.38**	**0.37**	**1.86**
昆　明	Kunming	152.93	138.29	85.19	13.87	0.77	0.02	0.01
曲　靖	Qujing	46.27	37.10	18.65	8.74	0.43	0.06	0.15
玉　溪	Yuxi	29.78	22.07	12.97	7.45	0.26	0.01	0.06
保　山	Baoshan	14.45	10.24	5.36	3.98	0.23	0.02	0.15
昭　通	Zhaotong	19.08	13.86	6.00	4.97	0.25	0.03	0.13
丽　江	Lijiang	12.10	9.26	4.64	2.61	0.22	0.06	0.11
普　洱	Pu'er	16.27	11.28	5.49	4.77	0.22	0.02	0.14
临　沧	Lincang	11.01	7.66	4.46	3.20	0.15		0.11
楚　雄	Chuxiong	16.79	13.19	6.60	3.36	0.24	0.03	0.12
红　河	Honghe	32.62	24.16	11.54	7.89	0.57	0.03	0.35
文　山	Wenshan	17.89	13.23	7.07	4.47	0.18	0.03	0.08
西双版纳	Xishaungbanna	12.11	8.92	5.22	3.11	0.08		0.04
大　理	Dali	27.21	20.76	10.09	6.03	0.41	0.05	0.19
德　宏	Dehong	12.71	8.79	4.77	3.81	0.12		0.05
怒　江	Nujiang	2.74	1.98	0.80	0.72	0.04		0.01
迪　庆	Diqing	5.50	3.45	1.46	1.87	0.19		0.15

10-5(3) 各州市载客汽车拥有量(2014 年)

Possession of Passenger Vehicles by Region(2014)

单位：万辆 (10 000 units)

州市	Region	载客汽车 Passenger Vehicles	大 型 Large	中 型 Medium	小 型 Small	微 型 Miniature
全 省	**Yunnan**	**346.66**	**2.50**	**2.69**	**328.97**	**12.49**
昆 明	Kunming	138.29	1.06	0.65	132.20	4.39
曲 靖	Qujing	37.10	0.20	0.17	35.00	1.73
玉 溪	Yuxi	22.07	0.12	0.13	20.15	1.67
保 山	Baoshan	10.24	0.06	0.12	9.85	0.21
昭 通	Zhaotong	13.86	0.08	0.09	12.78	0.91
丽 江	Lijiang	9.26	0.10	0.10	8.78	0.28
普 洱	Pu'er	11.28	0.08	0.11	10.88	0.21
临 沧	Lincang	7.66	0.04	0.08	7.41	0.13
楚 雄	Chuxiong	13.19	0.07	0.14	12.45	0.53
红 河	Honghe	24.16	0.19	0.23	23.04	0.71
文 山	Wenshan	13.23	0.09	0.14	12.77	0.23
西双版纳	Xishaungbanna	8.92	0.10	0.12	8.60	0.11
大 理	Dali	20.76	0.15	0.27	19.63	0.72
德 宏	Dehong	8.79	0.04	0.09	8.28	0.37
怒 江	Nujiang	1.98	0.02	0.03	1.87	0.05
迪 庆	Diqing	3.45	0.06	0.06	3.21	0.12

10-5(4) 各州市载货汽车拥有量(2014年)

Possession of Freight Vehicles by Region(2014)

单位：万辆 (10 000 units)

州 市	Region	载货汽车 Trucks	重 型 Heavy	中 型 Medium	轻 型 Light	微 型 Miniature
全 省	**Yunnan**	**80.94**	**11.35**	**9.03**	**60.46**	**0.10**
昆 明	Kunming	13.87	2.32	1.44	10.10	0.01
曲 靖	Qujing	8.74	1.72	0.73	6.29	
玉 溪	Yuxi	7.45	1.30	1.00	5.11	0.03
保 山	Baoshan	3.98	0.53	0.33	3.12	
昭 通	Zhaotong	4.97	0.62	0.69	3.66	0.01
丽 江	Lijiang	2.61	0.26	0.37	1.99	0.01
普 洱	Pu'er	4.77	0.30	0.74	3.73	
临 沧	Lincang	3.20	0.28	0.43	2.48	
楚 雄	Chuxiong	3.36	0.56	0.44	2.34	0.01
红 河	Honghe	7.89	1.31	0.91	5.67	
文 山	Wenshan	4.47	0.31	0.34	3.81	0.01
西双版纳	Xishaungbanna	3.11	0.09	0.24	2.78	
大 理	Dali	6.03	0.84	0.55	4.64	
德 宏	Dehong	3.81	0.40	0.51	2.89	
怒 江	Nujiang	0.72	0.06	0.07	0.59	
迪 庆	Diqing	1.87	0.45	0.23	1.18	0.01

10-5(5) 各州市摩托车和拖拉机拥有量(2014年)
Possession of Motorcycles and Tractors by Region(2014)

单位：万辆 (10 000 units)

州 市	Region	摩托车 Motors	普 通 Common	轻 便 Convenient	拖拉机 Tractors	大中型 Large and Medium	小型方向盘式 Small Steering Wheel
全 省	**Yunnan**	**632.73**	**621.95**	**10.79**	**45.20**	**30.99**	**7.64**
昆 明	Kunming	42.87	41.69	1.18	3.01	2.06	0.55
曲 靖	Qujing	56.18	55.61	0.58	3.42	2.77	0.50
玉 溪	Yuxi	44.99	41.97	3.02	4.55	1.58	2.31
保 山	Baoshan	48.38	47.88	0.50	3.44	3.02	0.10
昭 通	Zhaotong	44.64	44.22	0.42	1.31	0.76	0.52
丽 江	Lijiang	11.87	11.77	0.10	1.99	1.01	0.83
普 洱	Pu'er	64.73	63.57	1.16	5.17	3.58	0.06
临 沧	Lincang	52.95	52.66	0.29	6.23	3.98	0.41
楚 雄	Chuxiong	36.54	35.52	1.02	3.07	1.98	0.78
红 河	Honghe	50.18	49.80	0.39	3.39	2.82	0.54
文 山	Wenshan	50.39	50.25	0.14	2.12	1.79	0.29
西双版纳	Xishaungbanna	33.13	32.60	0.53	1.55	0.85	0.42
大 理	Dali	54.32	53.57	0.75	2.51	2.46	0.04
德 宏	Dehong	34.76	34.09	0.67	2.07	1.13	0.23
怒 江	Nujiang	4.15	4.12	0.03	0.53	0.52	0.01
迪 庆	Diqing	2.27	2.25	0.02	0.85	0.68	0.07

10-6 各州市私人车辆拥有量(2014年)
Number of Private Motor Vehicles by Region (2014)

单位：万辆 (10 000 units)

州 市	Region	私人车辆拥有量 Private Cars	载客汽车 Passenger Vehicles	载货汽车 Trucks	拖拉机 Tractors	摩托车 Motors
全 省	**Yunnan**	**1 052.55**	**306.38**	**66.56**	**45.20**	**631.09**
昆 明	Kunming	180.76	123.76	10.99	3.01	42.62
曲 靖	Qujing	101.30	33.63	7.75	3.42	56.16
玉 溪	Yuxi	76.16	19.94	6.50	4.55	44.92
保 山	Baoshan	64.90	9.21	3.69	3.44	48.32
昭 通	Zhaotong	62.81	12.22	4.51	1.31	44.56
丽 江	Lijiang	24.54	8.16	2.37	1.99	11.84
普 洱	Pu'er	84.09	9.97	4.17	5.17	64.58
临 沧	Lincang	68.87	6.66	2.97	6.23	52.88
楚 雄	Chuxiong	54.06	11.54	2.75	3.07	36.51
红 河	Honghe	79.53	20.98	4.69	3.39	50.06
文 山	Wenshan	66.41	11.75	2.10	2.12	50.32
西双版纳	Xishuangbanna	45.57	8.07	2.85	1.55	33.04
大 理	Dali	81.02	18.58	5.35	2.51	54.24
德 宏	Dehong	47.96	7.59	3.54	2.07	34.67
怒 江	Nujiang	6.78	1.44	0.65	0.53	4.13
迪 庆	Diqing	7.78	2.87	1.65	0.85	2.23

10-7 民用机动运输船舶年末实有数（2010-2014 年）
Number of Civil Transport Vessels at Year-end (2010-2014)

类　　型	Type	2010	2011	2012	2013	2014
全　省	**Yunnan**					
艘　数（艘）	Number (unit)	880	894	920	951	1008
净载重量（万吨位）	Dead Weight Tonnage (10 000 tons)	6.91	10.06	11.16	12.05	12.41
载客量（万客位）	Passenger Capacity (10 000 seats)	1.67	1.77	1.75	2.03	2.19
功　率（万千瓦）	Drawing Power (10 000 kw)	8.03	7.80	7.81	9.78	10.3
客　船	Passenger Boat					
艘　数（艘）	Number (unit)	623	645	720	688	731
载客量（万客位）	Passenger Capacity (10 000 seats)	1.50	1.58	1.70	1.86	1.96
功　率（万千瓦）	Drawing Power (10 000 kw)	2.48	2.38	2.46	3.72	3.98
客货船	Passenger Boat and Cargo Vessel					
艘　数（艘）	Number (unit)	75	86	20	48	94
净载重量（吨位）	Dead Weight Tonnage (ton)	187	793	100	1083	1359
载客量（万客位）	Passenger Capacity (10 000 seats)	0.17	0.19	0.05	0.17	0.24
功　率（万千瓦）	Drawing Power (10 000 kw)	0.29	0.31	0.09	0.19	0.3
货　船	Cargo Vessel					
艘　数（艘）	Number (unit)	180	161	178	213	181
净载重量（万吨位）	Dead Weight Tonnage (10 000 tons)	5.95	9.06	10.03	11.04	11.32
功　率（万千瓦）	Drawing Power (10 000 kw)	5.22	5.07	5.21	5.83	2.97
拖　船	Tugboat					
艘　数（艘）	Number (unit)	2	2	2	2	2
功　率（千瓦）	Drawing Power (kw)	396	396	500	500	500
驳　船	Barge					
艘　数（艘）	Number (unit)	2			1	2
净载重量（吨位）	Dead Weight Tonnage (ton)	164			100	187

10-8 内河、湖泊主要港口吞吐量和码头泊位数(2014 年)

Throughput and Number of Berths in Major Ports of Inland Rivers and Lakes (2014)

州 市	Region	旅客吞吐量(万人) Volume of Passenger Traffic (10 000 persons)	出港量 Export Volume	货物吞吐量(万吨) Volume of Freight Handled (10 000 tons)	出港量 Export Volume	生产用 Quay Line For Productive Use 码头长度(米) Length of Quay Line (m)	泊位数(个) Number of Berths (unit)	最大靠泊能力(吨级) The Greatest Capacity (ton)
全 省	**Yunnan**	**1 052**	**526**	**545.65**	**376.85**	**8 840**	**190**	**500**
昆 明	Kunming	87	44	3.24	0.97	1 767	72	300
曲 靖	Qujing	115	57			1 310	10	200
玉 溪	Yuxi					214	5	300
昭 通	Zhaotong	63	32	345.11	317.05	900	17	500
丽 江	Lijiang	2	1			400	2	300
普 洱	Pu'er	55	27	63.60	10.80	890	17	300
临 沧	Lincang	66	33	1.37	0.36	706	16	50
楚 雄	Chuxiong	46	23	12.48	7.31	385	8	
文 山	Wenshan	68	34	16.79	8.14	330	8	
西双版纳	Xishuangbanna	107	54	37.16	5.75	773	5	300
大 理	Dali	353	177	0.35	0.19	1 135	24	300

10-9 主要年份交通运输客运量

Passenger Traffic in Significant Years

单位：亿人 (100 million persons)

年份 Year	全省客运量 Passenger Traffic	铁路 Railways	公路 Highways	水运 Waterways	民用航空（万人） Civil Aviation(10 000 perons)
1978	0.39	0.13	0.25		8.9
1980	0.53	0.15	0.36	0.01	17.2
1985	0.94	0.15	0.77	0.01	23.0
1987	1.01	0.14	0.86	0.01	39.0
1988	1.06	0.14	0.89	0.02	32.0
1989	1.04	0.13	0.89	0.01	31.0
1990	1.07	0.10	0.95	0.02	34.0
1991	1.11	0.10	0.99	0.01	50.0
1992	1.06	0.11	0.93	0.01	83.0
1993	1.11	0.13	0.95	0.02	127.0
1994	2.52	0.14	2.35	0.01	145.8
1995	2.17	0.13	2.01	0.01	211.0
1996	2.39	0.11	2.24	0.01	253.0
1997	2.50	0.11	2.34	0.01	288.3
1998	2.99	0.13	2.80	0.02	331.1
1999	3.30	0.15	3.08	0.02	435.4
2000	3.37	0.15	3.16	0.02	345.0
2001	4.00	0.14	3.79	0.03	380.0
2002	3.89	0.14	3.67	0.04	393.0
2003	3.52	0.14	3.30	0.04	377.0
2004	3.89	0.15	3.65	0.04	464.0
2005	4.11	0.16	3.85	0.05	495.0
2006	4.38	0.18	4.09	0.05	599.1
2007	4.63	0.21	4.29	0.06	672.3
2008	3.48	0.24	3.12	0.06	599.4
2009	3.66	0.24	3.28	0.07	721.4
2010	4.04	0.27	3.62	0.07	753.8
2011	4.60	0.30	4.14	0.08	758.5
2012	4.96	0.30	4.48	0.09	848.7
2013	5.19	0.33	4.66	0.09	1 000.0
2013（新口径）	4.88	0.33	4.34	0.10	1 000.0
2014	5.01	0.03	4.45	0.11	1 104.1

注：1．公路客运量 1993 年前为运输系统统计数，1994 年起为全社会统计数。
2.2008 年公路客运量为全国专项调查数，与 2007 年口径不一致。
3．铁路客运量从 2008 年起调整口径。
4.2014 年起交通部门调整了公路、水路客运量计算口径。

Note: a.Before 1993,the data of highways passenger traffic were transportation system data, and since 1994, whole society statistics.
b.The data of highways passenger traffic of 2008 were the data of national special survey and the coverage is different from that of 2007.
c.The coverage of the railways passenger traffic statistics has been changed since 2008.
d.Transport sector has adjusted the coverage of highway and waterway transport volume.

10-10 主要年份交通运输旅客周转量
Passenger-kilometers in Significant Years

单位：亿人公里 (100 million persons-km)

年 份 Year	全省旅客周转量 Passenger Traffic of Yunnan Province	铁 路 Railways	公 路 Highways	水 运 Waterways	民用航空 Civil Aviation
1978	24.25	9.92	13.89	0.12	0.32
1980	33.74	12.86	20.30	0.26	0.32
1985	72.84	19.56	52.53	0.32	0.43
1987	88.41	23.20	59.92	0.55	4.74
1988	93.46	23.91	64.81	0.57	4.17
1989	94.01	21.92	67.66	0.42	4.01
1990	87.67	17.22	65.77	0.46	4.22
1991	95.86	17.95	71.83	0.37	5.72
1992	99.98	20.29	69.89	0.34	9.46
1993	111.90	22.86	73.38	0.37	15.29
1994	146.87	24.41	101.77	0.33	20.36
1995	137.93	23.03	93.10	0.35	21.45
1996	149.94	20.57	102.40	0.37	26.61
1997	172.37	22.73	119.47	0.38	29.78
1998	189.85	24.76	131.80	0.58	32.71
1999	237.99	32.82	164.20	0.64	40.34
2000	237.94	31.35	171.20	0.78	34.57
2001	304.20	31.79	232.76	0.82	38.83
2002	281.60	30.50	210.10	0.90	40.10
2003	263.45	30.07	192.87	0.88	39.60
2004	317.76	37.30	227.21	0.91	52.34
2005	331.60	41.04	233.12	1.05	56.39
2006	362.40	47.22	247.71	1.17	66.30
2007	393.40	52.63	265.80	1.21	73.76
2008	411.89	66.61	272.98	1.54	70.76
2009	448.45	63.37	302.22	1.55	81.31
2010	523.64	80.73	352.10	1.78	89.03
2011	610.78	91.91	424.57	1.96	92.34
2012	669.96	91.74	470.20	2.02	106.01
2013	719.97	99.34	493.00	2.23	125.40
2013(新口径)	550.43	99.34	323.10	2.23	125.40
2014	572.13	101.71	321.06	2.37	146.98

注：1．公路旅客周转量1993年前为运输系统统计数，1994年起为全社会统计数。
2.2008年公路旅客周转量为全国专项调查数，与2007年口径不一致。
3．铁路旅客周转量从2008年起调整口径。
4.2014年起交通部门调整了公路、水路客运量计算口径。

Note: a. Before 1993,the data of highways passenger-kilometers were transportation system data, and since 1994, whole society statistics.
b.The data of highways passenger-kilometers of 2008 were the data of national special survey and the coverage is different from that of 2007.
c. The coverage of the railways passenger traffic statistics has been changed since 2008.
d.Transport sector has adjusted the coverage of highway and waterway transport volume.

10－11 主要年份交通运输货运量

Freight Traffic in Significant Years

单位：亿吨 (100 million tons)

年 份 Year	全省货运量 Passenger Traffic	铁 路 Railways	公 路 Highways	水 运（万吨） Waterways (10 000 tons)	民用航空（万吨） Civil Aviation (10 000 tons)
1978	0.50	0.19	0.30	93	0.16
1980	0.48	0.21	0.26	65	0.22
1985	2.00	0.20	1.80	52	0.40
1987	2.16	0.23	1.92	91	0.50
1988	2.30	0.24	2.05	91	0.60
1989	3.08	0.25	2.82	91	1.00
1990	3.83	0.26	3.57	104	0.43
1991	3.08	0.26	2.82	91	0.63
1992	4.28	0.27	4.00	105	1.00
1993	3.57	0.27	3.29	115	1.84
1994	3.79	0.28	3.49	168	2.00
1995	3.84	0.28	3.54	123	2.40
1996	4.29	0.29	3.97	245	3.50
1997	4.68	0.29	4.37	157	5.60
1998	4.84	0.31	4.52	141	7.27
1999	5.08	0.33	4.74	118	7.75
2000	5.25	0.35	4.88	134	7.82
2001	5.32	0.39	4.92	142	8.63
2002	5.50	0.43	5.05	146	6.70
2003	5.87	0.46	5.39	160	6.10
2004	5.96	0.51	5.43	221	7.50
2005	6.22	0.53	5.67	236	7.93
2006	6.64	0.55	6.06	247	8.56
2007	7.18	0.60	6.55	262	8.74
2008	4.56	0.61	3.91	339	7.56
2009	4.75	0.59	4.08	345	7.74
2010	5.28	0.63	4.57	402	8.74
2011	6.68	1.17	5.42	439	6.79
2012	7.59	1.18	6.32	465	6.96
2013	8.42	1.19	7.15	484	8.80
2013（新口径）	11.15	1.19	9.87	508	8.80
2014	11.62	1.21	10.32	560	9.35

注：1．公路货运量从1984年起为国家统计局统一口径的全社会运量数。

2.2008年公路货运量为全国专项调查数，与2007年口径不一致。

3．铁路货运量从2008年起调整口径。

4．货运量总计从2009年起包括管道运输。

5.2014年起交通部门调整了公路、水路货运量计算口径。

Note: a. Since 1984, the approach in computation of freight-traffic of highways has been included in total social count according to National Bureau of Statistics of China .

b.The data of highways freight traffic of 2008 were the data of national special survey and the coverage is different from that of 2007.

c.The coverage of the railways passenger traffic statistics has been changed since 2008.

d.Since 2009,data of shipments quantity have included that of pipeline transport.

e.Transport sector has adjusted the coverage of highway and waterway transport volume.

10–12 主要年份交通运输货物周转量
Freight Ton-kilometers in Significant Years

单位：亿吨公里 (100 million tons-km)

年 份 Year	全省货物周转量 Passenger Traffic of Yunnan Province	铁 路 Railways	公 路 Highways	水 运 Waterways	民用航空 Civil Aviation
1978	62.34	43.52	18.57	0.24	0.01
1980	68.76	50.59	17.84	0.32	0.01
1985	154.11	64.83	88.73	0.50	0.05
1987	195.89	79.77	115.35	0.69	0.08
1988	208.05	82.78	124.44	0.75	0.08
1989	225.21	88.00	136.10	1.04	0.07
1990	260.67	93.91	166.10	0.59	0.07
1991	233.12	96.07	136.42	0.55	0.08
1992	275.85	100.92	173.92	0.88	0.13
1993	241.61	106.23	134.06	1.08	0.24
1994	295.08	107.86	185.99	0.98	0.26
1995	307.71	114.24	192.10	1.06	0.31
1996	352.44	122.24	228.53	1.23	0.44
1997	384.94	129.00	253.96	1.21	0.76
1998	416.18	141.08	273.12	0.96	1.02
1999	443.09	152.64	288.14	0.92	1.11
2000	479.52	180.76	296.65	0.98	1.13
2001	517.31	196.58	318.49	0.99	1.25
2002	551.20	215.80	333.20	1.20	1.00
2003	595.88	235.79	357.64	1.54	0.90
2004	628.39	260.01	365.08	2.12	1.18
2005	656.49	270.37	381.96	2.93	1.23
2006	692.21	277.21	409.46	4.22	1.32
2007	770.96	314.23	450.83	4.59	1.31
2008	811.15	336.20	468.63	5.16	1.16
2009	910.43	340.95	496.14	5.42	1.16
2010	990.50	358.31	548.53	6.91	1.29
2011	1 070.11	369.70	617.27	8.19	1.04
2012	1 164.80	379.75	702.51	8.71	1.12
2013	1 271.49	389.80	801.04	9.52	1.43
2013 (新口径)	1 673.26	389.80	921.98	11.65	1.43
2014	1 759.60	390.18	1 002.35	13.09	1.60

注：1. 公路货物周转量从 1984 年起为国家统计局统一口径的全社会数。
2.2008 年公路货物周转量为全国专项调查数，与 2007 年口径不一致。
3. 铁路货物周转量从 2008 年起调整口径。
4. 货物周转量总计从 2009 年起包括管道运输。
5.2014 年起交通部门调整了公路、水路货运量计算口径。

Note: a. Since 1984, the approach in computation of freight-kilometers of highways has been included in total social count according to National Bureau of Statistics of China .
b.The data of highways freight ton-kilometers of 2008 were the data of national special survey and the coverage is different from that of 2007.
c.The coverage of the railways passenger traffic statistics has been changed since 2008.
d.Since 2009,data of shipments quantity have included that of pipeline transport.
e.Transport sector has adjusted the coverage of highway and waterway transport volume.

10-13 全省铁路货物运输量（2013-2014年）
Railway Freight Traffic of Yunnan Province (2013-2014)

（按货类分） (by category of cargo)

品 种	Item	2013			2014		
		货运量（万吨）Freight Traffic (10 000 tons)	货物周转量（亿吨公里）Freight Ton-kilometers (100 million tons-km)	平均运距（公里）Average Transport Distance (km)	货运量（万吨）Freight Traffic (10 000 tons)	货物周转量（亿吨公里）Freight Ton-kilometers (100 million tons-km)	平均运距（公里）Average Transport Distance (km)
全 省	**Yunnan**	**11 917**	**389.80**	**327**	**12 003**	**388.43**	**324**
煤	Coal	2 574	71.75	279	2 801	78.19	279
焦 炭	Coke	202	5.15	255	218	5.87	269
石 油	Petroleum	728	24.86	341	789	26.57	337
钢铁及有色金属	Steel and Nonferrous metal	1 363	44.78	329	1 205	41.58	345
金属矿石	Metal Ores	1 435	64.17	447	1 366	58.09	425
非金属矿石	Nonmetal Materials	169	6.02	355	196	4.86	248
磷矿石	Phosphate Mineral	540	16.84	312	500	15.13	302
矿物性建筑材料	Mineral Building Materials	287	9.07	316	272	8.98	330
水 泥	Cement	3	0.09	357	2	0.07	420
木 材	Timber	112	3.52	315	85	2.65	311
化肥农药	Chemical Fertilizers and pesticide	1 160	38.31	330	1 116	37.19	333
粮 食	Grain	506	16.02	317	584	19.04	326
棉 花	Cotton	0.10	0.00	471	0.11	0.00	257
盐	Salt	62	1.72	279	57	1.55	271
农副土特产品	Farm Crops	34	0.95	280	25	0.66	266
鲜活易腐货物	Goods of Live Animal and Putrescence	9	0.27	293	8	0.22	279
其 他	Others	2 732	85.87	314	2 778	87.76	316

10-14 全省公路部分货物运输量（2013-2014 年）

Highway Freight Traffic of Part of Cargo of Yunnan Province (2013-2014)

（按货类分） (by category of cargo)

品　种	Item	2013 货运量（万吨）Freight Traffic (10 000 tons)	2013 货物周转量（亿吨公里）Freight Ton-kilometers (100 million tons-km)	2013 平均运距（公 里）Average Transport Distance (km)	2014 货运量（万吨）Freight Traffic (10 000 tons)	2014 货物周转量（亿吨公里）Freight Ton-kilometers (100 million tons-km)	2014 平均运距（公 里）Average Transport Distance (km)
全　省	**Yunnan**	**71 468**	**801.04**	**112.08**	**103 161**	**1 002.35**	**97.16**
煤炭及制品	Coal and Coal Products	10 766	135.80	126.14	19 745	162.83	82.47
石油、天然气及制品	Petroleum,Natrual gas and Products	6 975	63.64	91.24	6 283	49.39	78.60
钢　铁	Steel	3 960	48.38	122.17	5 178	49.29	95.19
金属矿石	Metal Ores	3 067	37.99	123.86	6 881	69.79	101.42
非金属矿石	Nonmetal Materials	3 181	33.96	106.75	3 260	33.95	104.14
磷矿石	Phosphate Mineral	1 746	15.23	87.23	1 819	15.17	83.39
矿物性建筑材料	Mineral Building Materials	5 148	40.27	78.22	7 851	54.09	68.89
水　泥	Cement	6 121	67.52	110.30	9 450	82.50	87.30
木　材	Timber	1 908	25.94	135.95	3 588	46.63	129.96
化肥农药	Chemical Fertilizers and pesticide	3 308	40.65	122.88	4 941	58.59	118.58
粮　食	Grain	3 760	39.00	103.72	4 302	42.02	97.68
盐	Salt	2 091	22.81	109.09	2 424	24.71	101.94
日用工业品	Daily Use Industrial Products	648	6.86	105.86	532	5.33	100.19
其　他	Others	26 656	305.74	114.70	28 726	323.23	112.52

10－15 全省民用航空运输基本情况（2010－2014 年）

Principal Statistics on Civil Aviation of Yunnan Province (2010-2014)

指　　标	Item	2010	2011	2012	2013	2014
旅客发运量（万人）	Passenger Traffic (10 000 persons)	753.8	758.5	848.6	1 000.0	1 104.1
国际航线（万人）	International Routes (10 000 persons)	41.3	54.9	54.4	80.7	98.3
国内航线（万人）	Domestic Routes (10 000 persons)	702.5	703.6	794.3	919.3	1 006.2
地区航线（万人）	Regional Routes (10 000 persons)	9.9	9.6	7.3	12.5	12.1
货邮发运量（万吨）	Freight Traffic (10 000 tons)	8.74	6.79	6.96	8.80	9.37
国际航线（万吨）	International Routes (10 000 tons)	0.44	0.25	0.21	0.46	1.02
国内航线（万吨）	Domestic Routes (10 000 tons)	8.31	6.55	6.75	8.35	8.35
地区航线（万吨）	Regional Routes (10 000 tons)	0.02	0.02	0.01	0.03	0.06
旅客周转量（亿人公里）	Passenger-tons(100 million persons-km)	89.03	92.34	106.00	125.40	147.30
货邮周转量（亿吨公里）	Freight Ton-kilometers (100 million tons-km)	1.29	1.04	1.12	1.43	1.61
总周转量　（亿吨公里）	Total Air Traffic Ton-kilometers (100 million tons-km)	9.21	9.25	10.56	12.56	14.66
起飞架次　（万架次）	Number of Flying Aircrafts (10 000 units)	8.00	8.19	8.75	9.99	10.89
飞行里程　（万公里）	Distance of Flying (10 000 km)	8 148	8 713	9 455	10 924	12 492
飞行小时　（万小时）	Hours of Flying (10 000 hours)	14.17	14.66			
飞行生产率（吨公里／小时）	Productivity of Flying (ton-km/h)	6 536	6 312	6 547	6 757	6 902
正班载运率 (%)	Carry Rate of Aircrafts (%)	76.5	78.7			72.8
正班客座率 (%)	Utilization Rate of Seats (%)	77.5	80.4	81.0	77.2	78.8

10-16 全省电信业务基本情况（2000-2014 年）

单位：万户

年 份 Year	电信业务总量（亿元） Business Volume of Telecommunication Services (100 million yuan)	移动短信业务量（亿条） Short Message Services (100 million messages)	移动电话年末用户 Number of Mobile Telephone Subscribers at Year-end
2000	82.43		200.90
2001	93.40		338.50
2002	118.50	10.70	502.30
2003	151.45	24.90	628.40
2004	200.80	33.00	732.40
2005	253.60	55.90	898.80
2006	327.70	77.90	1 068.90
2007	458.30	134.00	1 346.40
2008	594.28	169.80	1 635.90
2009	655.25	222.06	1 936.38
2010	253.85	270.00	2 244.50
2011	299.90	310.86	2 589.51
2012	344.34	367.44	2 895.78
2013	379.23	384.12	3 395.76
2014	539.28	356.11	3 748.54

注：电信业务总量指标测算从 2010 起，执行工业和信息化部统一制定的“2010 年不变单价”标准。

Basic Conditions of Telecommunication Services of Yunnan Province (2000-2014)

(10 000 subscribers)

3G 移动电话用户 3G Wireless Subscribers	（固定）互联网宽带接入用户 Internet Broadband Users	固定电话年末用户 Number of Fixed Telephone Subscribers at Year-end	城市用户 Number of Urban Fixed Subscribers	农村用户 Number of Rural Fixed Subscribers
		288.90	221.90	67.00
		359.90	276.20	83.70
		437.20	357.40	79.60
		483.20	226.50	114.90
		547.20	232.30	121.40
		597.70	444.00	153.80
		644.20	441.70	202.60
		628.70	237.90	210.00
		616.30	248.60	221.00
		583.12	267.29	205.38
88.76	224.10	562.50	357.70	204.80
234.16	306.52	540.11	361.43	178.68
571.79	375.52	524.29	364.68	159.61
1 084.63	405.97	485.41	346.92	138.49
1 286.54	424.88	429.82	312.34	117.48

Note: Since 2010,business volume of telecommunication service is calculated according to the constant price of 2010 stipulated by Ministry of Industry and Information.

10-17 全省主要年份邮政业务基本情况

年份 Year 州市 Region		营业网点（处）Number of Postal Offices (unit)	信筒信箱（个）Number of Postal Boxes (unit)	邮路总长度（万公里）Length of Postal Routes (10 000 km)	汽车邮路 Highway Routes	铁路邮路 Railway Routes
1978		1 698	2 359	26.08	25 494	5 101
1980		1 680	3 929	25.58	27 241	4 812
1985		1 684	4 647	5.00	29 261	5 395
1990		1 696	4 500	5.64	31 299	5 398
1991		1 691	4 599	5.50	31 846	5 103
1992		1 721	4 738	5.71	32 393	5 103
1993		1 711	4 558	5.74	32 348	5 106
1994		1 741	4 736	6.40	33 459	5 106
1995		1 779	4 786	6.56	34 948	5 106
1996		1 812	4 785	12.45	37 023	5 106
1997		1 894	4 696	12.55	37 685	5 099
1998		1 944	4 735	12.66	39 606	5 099
1999		1 912	4 763	12.76	41 593	5 104
2000		1 930	4 436	12.98	44 420	4 638
2001		1 893	4 538	13.53	51 427	4 666
2002		1 884	4 471	13.65	53 013	4 666
2003		1 891	4 487	13.64	52 855	4 638
2004		1 895	4 292	14.05	58 347	4 666
2005		1 879	4 013	14.60	66 382	4 666
2006		1 853	3 857	14.62	66 777	4 638
2007		1 794	3 936	16.87	67 477	10 375
2008		1 789	3 266	17.57	71 103	13 403
2009		1 736	3 315	17.27	70 151	13 533
2010		1 722	2 927	17.14	79 701	15 170
2011		1 765	2 875	19.48	83 012	21 279
2012		4 410	1 820	50.28	74 136	
2013		4 909	1 817	79.21	73 966	31 422
2014		5 269	1 804	73.41	85 547	3 212
昆明	Kunming	1 737	290	54.88	27 773	3 212
曲靖	Qujing	356	152	1.09	3 736	
玉溪	Yuxi	218	105	2.00	1 938	
保山	Baoshan	209	92	1.16	3 006	
昭通	Zhaotong	320	138	1.78	6 823	
丽江	Lijiang	168	69	2.28	3 731	
普洱	Pu'er	284	114	1.02	5 926	
临沧	Lincang	228	90	1.07	4 061	
楚雄	Chuxiong	291	136	0.92	5 689	
红河	Honghe	355	170	1.53	5 605	
文山	Wenshan	283	100	0.95	4 441	
西双版纳	Xishuangbanna	154	43	0.86	3 552	
大理	Dali	364	167	1.64	4 246	
德宏	Dehong	156	70	1.04	2 236	
怒江	Nujiang	73	29	0.70	1 023	
迪庆	Diqing	73	39	0.49	1 761	

注：1. 邮路总长度 1980 年及以前是邮路及农村投递线路总长度之和。
2. 营业网点不含代办点，1998 年及以前年份的为邮电支局所（已剔除独立的电信局所）。
3. 1990 年及以前年份没有单独核算邮政业务量。
4. 2012 年以后营业网点和邮路总长度是邮政企业和快递企业的汇总数。
5. 汽车邮路长度是邮政企业的汇总数。
6. 汽车邮路和函件分州市相加不等于全省数，原因是省邮政公司直属的下属单位直接报省公司，不统计在昆明市。

Basic Conditions of Postal Services of Yunnan Province in Significant Years

快递务业量（万件）Express Business Volume (10 000 pieces)	农村投递路线长度（万公里）Rural Delivery Routes (10 000 km)	邮政业务总量（亿元）Business Volume of Postal Services (100 million yuan)	函 件（万 件）Number of Letters (10 000 pieces)	报刊期发数（万份）Issue of Newspaper and Magazines (10 000 copies)
			5 571.57	224.08
			7 023.68	364.22
	18.05		9 496.54	639.24
	17.13		8 957.46	471.20
	17.14	1.00	9 378.72	597.30
	17.12	1.20	10 319.95	529.04
	17.10	1.50	12 658.39	532.64
	16.81	2.05	15 534.33	522.96
	17.09	2.17	16 024.08	484.57
	16.89	2.44	14 951.09	507.35
	16.84	2.64	14 467.20	596.55
	16.63	2.74	12 558.42	457.75
	16.67	3.00	10 798.30	640.20
	16.69	3.21	10 001.50	421.30
	16.47	7.60	8 876.10	459.20
	16.43	8.30	12 344.10	410.80
	16.52	8.52	9 969.30	328.90
	16.38	8.18	8 386.70	339.10
	16.55	8.60	7 957.40	317.60
	16.05	9.92	7 299.80	342.80
	16.14	11.10	6 695.60	264.50
	16.09	12.71	7 442.82	279.69
	15.99	14.74	6 516.11	305.00
	15.96	15.09	5 498.61	300.76
1 031.86	15.86	16.32	4 119.53	318.51
3 774.37	16.94	18.25	5 250.00	316.01
6 870.32	16.90	23.38	7 231.00	321.00
8 546.08	16.50	27.95	9 550.00	299.00
6 283.79	1.26	13.97	7 828.04	92.39
197.86	1.74	1.60	296.36	24.36
143.43	0.79	0.84	190.65	13.50
117.83	1.03	0.76	192.87	14.51
139.29	1.27	1.42	20.36	15.67
181.30	0.68	0.83	151.84	10.05
194.37	1.15	0.86	86.76	15.38
142.67	1.05	0.58	59.66	8.84
125.84	1.57	0.98	106.58	17.66
217.09	1.75	1.66	67.42	22.47
136.26	1.64	1.13	109.09	16.09
236.89	0.24	0.88	145.84	8.45
295.89	1.20	1.57	149.09	19.47
87.49	0.53	0.42	94.92	9.14
24.58	0.30	0.20	22.19	7.02
21.50	0.30	0.25	28.33	4.00

Note: a.Length of postal routes in 1980 and before refers to the length of postal routes and rural delivery routes.

b.Number of postal offices excluded the number of post sub-stations, while in and before 1998,the number of postal offics referred to postal and telcommunication offices (has excluded the independent telcommunication offices)

c.In and before 1990,the business volume of postal services was not calculated independently.

d.Number of post offices and length of postal rotues are those of postal and express enterprises.

e.Number of mail car length is that of postal enterprises

f.Data of mail car length and letters of the whole province are not equal to those of aggregate number of 16 cities and prefectures.

10-18 重点服务业企业财务状况（2013-2014 年）

单位：亿元

类 别	Category	企业数（个） Number of Enterprises (unit)
全 省	**Yunnan**	**1539**
按国民经济行业分	**Grouped by Sector**	
交通运输、仓储和邮政业	Transport, Storage and Post	346
铁路运输业	Railway Transport	2
道路运输业	Highway Transport	207
水上运输业	Water Way Transport	6
航空运输业	Air Transport	10
管道运输业	Pipeline Transport	1
装卸搬运和运输代理业	Lording, Unlording, Carrying and Other Transport Services	59
仓 储 业	Storage	38
邮 政 业	Post	23
信息传输、软件和信息技术服务业	Information Transmission,Software and Information Technology	104
电信、广播电视和卫星传输服务	Telecommunication, Videocast and Satellite Transmissions Service	66
互联网和相关服务	Network and Related Services	2
软件和信息技术服务业	Software and Information Technology Services	36
房地产业（仅含物业管理和房地产中介服务）	Real Estate (Include Property Management Service and Real Estate Intermediary Services Only)	134
物业管理	Property Management Services	131
房地产中介服务	Real Estate Intermediary Services	3

Financial Statistics of Key Service Industry (2013-2014)

(100 million yuan)

固定资产原价 Original Value of Fixed Assets		本年折旧 Depreciation in the Year		资产总计 Total Assests	
2013	2014	2013	2014	2013	2014
3 777.88	**4 147.37**	**182.62**	**219.31**	**8 865.01**	**8 710.20**
2 398.83	2 678.13	60.00	79.92	4 470.68	3 784.94
512.75	669.95	12.14	14.47	844.67	992.68
1 495.31	1 550.33	22.95	38.47	2 799.48	1 880.49
1.07	1.23	0.02	0.03	1.02	1.14
332.12	397.20	21.72	23.23	674.69	756.64
17.36	17.66	0.90	0.70	16.57	14.09
7.65	8.00	0.48	0.79	29.50	31.99
10.80	10.85	0.45	0.40	82.31	83.96
21.77	22.91	1.34	1.83	22.44	23.95
1 054.77	1 119.14	103.12	110.65	785.75	839.13
1 051.00	1 115.08	102.75	110.24	757.99	812.24
0.12	0.12	0.01	0.01	1.17	0.93
3.65	3.94	0.36	0.40	26.59	25.96
3.49	7.68	0.30	0.75	26.39	36.06
3.39	7.58	0.28	0.74	25.72	35.42
0.10	0.10	0.02	0.01	0.67	0.64

10-18 续表 1

单位：亿元

类　　别	Category	企业数（个）Number of Enterprises (unit)
租赁和商务服务业	Leasing Trade and Business Service	353
租赁业	Leasing Trade	11
商务服务业	Commercial Serive	342
科学研究和技术服务业	Scientific Research, Technology Service	138
研究和试验发展	R & D	12
专品技术服务业	Professional Technology Service	119
科技推广和应用服务业	Technology Promotion and Application Services	7
水利、环境和公共设施管理业	Water Conservancy, Admistration of Environment and Public Facilities	83
水利管理业	Water Conservancy Admistrition	1
生态保护和环境治理业	Conservatory Ecology and Admistration of Environment	7
公共设施管理业	Admistration of Public Facilities	75
居民服务、修理和其他服务业	Services to Households,Repair and Other Services	108
居民服务业	Services to Households	50
机动车、电子产品和日用产品修理业	Repair Services of Motor Vehicle, Electronics and Daily Products	40
其他服务业	Other Services	18
教　育	Education	59
卫生和社会工作	Health Care, Social Works	140
卫　生	Health Care	139
社会工作	Social Works	1
文化、体育和娱乐业	Culture, Sports and Entertainment	74
新闻和出版业	News and Publishing	9
广播、电视、电影和影视录音制作业	Broadcast, Television,Filmdom and Audio & Video Production	16
文化艺术业	Culture and Arts	21
体育业	Sports	9
娱乐业	Entertainment	19

continued

(100 million yuan)

固定资产原价 Original Value of Fixed Assets		本年折旧 Depreciation in the Year		资产总计 Total Assests	
2013	2014	2013	2014	2013	2014
138.58	148.68	7.16	7.15	2 782.74	3 117.03
17.32	20.75	0.37	0.42	25.28	27.04
121.26	127.93	6.79	6.73	2 757.46	3 089.99
40.89	32.35	2.68	6.60	274.38	325.29
4.15	4.54	0.27	0.37	57.47	51.85
34.59	25.43	2.28	6.11	209.17	265.37
2.15	2.38	0.13	0.12	7.74	8.07
55.15	61.74	3.08	6.81	282.58	346.49
				1.89	2.01
1.23	1.81	0.09	0.15	5.19	4.16
53.92	59.93	2.99	6.66	275.50	340.32
17.03	18.88	1.47	1.62	54.31	51.48
14.68	16.40	1.19	1.34	46.92	42.75
1.74	1.75	0.18	0.16	5.52	6.42
0.61	0.73	0.10	0.12	1.87	2.31
19.76	25.29	1.38	1.98	37.12	47.35
23.46	24.88	2.22	2.28	37.16	41.52
23.32	24.74	2.22	2.28	34.23	38.60
0.14	0.14			2.93	2.92
25.92	30.60	1.18	1.55	113.90	120.91
3.11	2.83	0.28	0.32	70.41	75.11
1.84	1.94	0.03	0.16	4.81	5.31
1.75	5.30	0.15	0.34	9.12	11.72
15.07	15.83	0.43	0.44	23.86	22.87
4.15	4.70	0.29	0.29	5.70	5.90

10-18 续表 2

单位：亿元

类 别	Category
全 省	**Yunnan**
按国民经济行业分	**Grouped by Sector**
交通运输、仓储和邮政业	Transport, Storage and Post
铁路运输业	Railway Transport
道路运输业	Highway Transport
水上运输业	Water Way Transport
航空运输业	Air Transport
管道运输业	Pipeline Transport
装卸搬运和运输代理业	Lording, Unlording, Carrying and Other Transport Services
仓 储 业	Storage
邮 政 业	Post
信息传输、软件和信息技术服务业	Information Transmission,Software and Information Technology
电信、广播电视和卫星传输服务	Telecommunication, Videocast and Satellite Transmissions Service
互联网和相关服务	Network and Related Services
软件和信息技术服务业	Software and Information Technology Services
房地产业（仅含物业管理和房地产中介服务）	real estate (Include Property Management Service and Real Estate Intermediary Services Only)
物业管理	Property Management Services
房地产中介服务	Real Estate Intermediary Services

continued

(100 million yuan)

负债合计 Total Liabilities		所有者权益 Total Owners' Equities		营业收入 Total Business Revenue		营业成本 Operating Cost	
2013	2014	2013	2014	2013	2014	2013	2014
4 629.58	**4 270.42**	**4 235.44**	**4 439.81**	**1 471.23**	**1 522.20**	**1 053.58**	**1 158.58**
2 556.23	1 903.63	1 914.45	1 881.30	634.32	658.26	546.97	578.31
161.27	201.40	683.40	791.28	124.82	123.52	116.35	118.31
1 913.71	1 202.21	885.77	678.28	244.60	254.40	184.90	193.61
0.46	0.67	0.56	0.47	0.26	0.27	0.12	0.16
369.96	385.31	304.73	371.33	163.84	175.21	156.59	170.12
12.86	10.00	3.71	4.09	4.60	4.55	2.01	2.92
18.09	21.36	11.41	10.62	48.40	49.99	43.27	45.86
72.05	73.96	10.26	10.00	25.59	26.84	24.25	26.47
7.83	8.72	14.61	15.23	22.21	23.48	19.48	20.86
319.06	339.73	466.68	499.41	429.90	431.42	220.13	267.63
304.79	327.32	453.19	484.93	402.55	408.28	199.35	250.27
0.93	0.71	0.24	0.22	1.42	1.11	1.22	0.88
13.34	11.70	13.25	14.26	25.93	22.03	19.56	16.48
20.20	29.91	6.19	6.14	19.42	22.17	12.69	15.21
19.89	29.66	5.83	5.75	19.03	21.87	12.64	15.16
0.31	0.25	0.36	0.39	0.39	0.30	0.05	0.05

10—18　续表 3

单位：亿元

类　别	Category
租赁和商务服务业	Leasing Trade and Business Service
租赁业	Leasing Trade
商务服务业	Commercial Serive
科学研究和技术服务业	Scientific Research, Technology Service
研究和试验发展	R & D
专业技术服务业	Professional Technology Service
科技推广和应用服务业	Technology Promotion and Application Services
水利、环境和公共设施管理业	Water Conservancy, Admistration of Environment and Public Facilities
水利管理业	Water Conservancy Admistrition
生态保护和环境治理业	Conservatory Ecology and Admistration of Environment
公共设施管理业	Admistration of Public Facilities
居民服务、修理和其他服务业	Services to Households,Repair and Other Services
居民服务业	Services to Households
机动车、电子产品和日用产品修理业	Repair Services of Motor Vehicle, Electronics and Daily Products
其他服务业	Other Services
教 育 业	Education
卫生和社会工作	Health Care, Social Works
卫　生	Health Care
社会工作	Social Works
文化、体育和娱乐业	Culture, Sports and Entertainment
新闻和出版业	News and Publishing
广播、电视、电影和影视录音制作业	Broadcast, Television,Filmdom and Audio & Video Production
文化艺术业	Culture and Arts
体 育 业	Sports
娱 乐 业	Entertainment

continued

(100 million yuan)

负债合计 Total Liabilities		所有者权益 Total Owners' Equities		营业收入 Total Business Revenue		营业成本 Operating Cost	
2013	2014	2013	2014	2013	2014	2013	2014
1 300.49	1 470.61	1 482.26	1 646.42	153.43	158.29	116.43	125.40
5.98	6.88	19.31	20.17	2.51	3.04	1.54	1.81
1 294.51	1 463.73	1 462.95	1 626.25	150.92	155.25	114.89	123.59
145.80	180.16	128.58	145.13	122.42	120.80	89.13	87.96
26.79	21.68	30.68	30.17	7.26	4.33	5.55	2.71
112.13	151.13	97.04	114.24	112.91	114.50	82.23	84.33
6.88	7.35	0.86	0.72	2.25	1.97	1.35	0.92
144.31	192.73	138.26	153.76	28.33	38.94	15.19	25.49
0.84	0.83	1.04	1.18	0.14	0.16	0.07	0.08
3.37	2.40	1.82	1.76	2.69	3.06	2.23	2.58
140.10	189.50	135.40	150.82	25.50	35.72	12.89	22.83
39.24	34.42	15.06	17.07	15.21	16.19	8.46	9.46
34.06	28.54	12.85	14.22	9.21	9.66	4.08	5.17
4.16	4.72	1.36	1.70	4.25	4.70	3.22	3.11
1.02	1.16	0.85	1.15	1.75	1.83	1.16	1.18
22.73	28.96	14.39	18.38	18.71	23.34	13.58	17.09
23.80	27.54	13.36	13.99	25.84	28.73	17.57	18.83
20.93	24.67	13.30	13.94	25.81	28.66	17.55	18.79
2.87	2.87	0.06	0.05	0.03	0.07	0.02	0.04
57.70	62.71	56.21	58.21	23.65	24.06	13.43	13.20
33.05	35.79	37.37	39.32	11.54	10.59	7.73	6.99
2.54	2.93	2.27	2.39	2.34	2.65	1.45	1.48
2.25	4.73	6.86	6.99	4.48	5.73	1.94	2.44
15.06	14.63	8.81	8.24	3.16	2.71	1.41	1.26
4.80	4.63	0.90	1.27	2.13	2.38	0.90	1.03

10-18 续表 4

单位：亿元

类别	Category	营业税金及附加 Taxes and othe Charges 2013	2014
全 省	**Yunnan**	**39.48**	**22.74**
按国民济行业分	**Grouped by Sector**		
交通运输、仓储和邮政业	Transport, Storage and Post	14.33	5.43
铁路运输业	Railway Transport	4.12	0.28
道路运输业	Highway Transport	5.87	4.32
水上运输业	Water Way Transport	0.01	0.01
航空运输业	Air Transport	3.21	0.31
管道运输业	Pipeline Transport	0.11	0.03
装卸搬运和运输代理业	Lording, Unlording, Carrying and Other Transport Services	0.52	0.25
仓 储 业	Storage	0.13	0.07
邮 政 业	Post	0.36	0.16
信息传输、软件和信息技术服务业	Information Transmission,Software and Information Technology	13.44	7.59
电信、广播电视和卫星传输服务	Telecommunication, Videocast and Satellite Transmissions Service	13.04	7.30
互联网和相关服务	Network and Related Services	0.01	0.01
软件和信息技术服务业	Software and Information Technology Services	0.39	0.28
房地产业（仅含物业管理和房地产中介服务）	real estate (Include Property Management Service and Real Estate Intermediary Services Only)	1.01	1.43
物业管理	Property Management Services	0.99	1.41
房地产中介服务	Real Estate Intermediary Services	0.02	0.02

continued

(100 million yuan)

营业费用、管理费用、财务费用合计 Expenseson business, Management and Finance		营业利润 Profits from Business		利润总额 TotalProfits		应付职工薪酬 Wages Payable for Emploee		从业人员平均人数（万人） Aeverage Number Of Employees (10 000 Persons)
2013	2014	2013	2014	2013	2014	2013	2014	2014
358.31	**377.76**	**250.40**	**316.61**	**200.89**	**240.63**	**230.27**	**270.28**	**36.56**
121.37	142.01	-42.29	-57.80	0.76	1.49	113.57	138.05	13.69
15.11	16.82	-14.21	-14.11	-14.60	-12.74	45.11	52.55	3.87
72.93	87.34	-13.16	-24.00	24.82	21.53	25.55	37.55	5.18
0.12	0.09	0.01	0.01	0.01	0.01	0.09	0.08	0.03
21.04	25.17	-14.27	-17.71	-10.43	-8.17	25.92	29.04	1.46
0.86	0.98	1.65	1.62	1.74	2.00	0.39	0.45	0.04
4.19	4.36	0.64	-0.20	0.63	-0.21	5.53	6.91	1.59
3.23	3.26	-1.66	-2.56	-0.15	-0.57	1.16	1.17	0.23
3.89	3.99	-1.29	-0.85	-1.26	-0.36	9.82	10.30	1.29
135.48	127.58	53.68	51.42	55.45	50.52	40.84	43.23	4.88
131.28	123.34	51.41	50.07	53.10	48.89	36.53	39.02	4.35
0.17	0.20	0.01	0.02	0.01	0.02	0.06	0.07	0.01
4.03	4.04	2.26	1.33	2.34	1.61	4.25	4.14	0.51
5.21	5.68	0.72	0.61	0.74	0.48	7.70	9.86	2.86
4.97	5.46	0.64	0.60	0.66	0.47	7.66	9.82	2.84
0.24	0.22	0.08	0.01	0.08	0.01	0.04	0.04	0.01

10−18 续表 5

单位：亿元

类　　别	Category	营业税金及附加 Taxes and othe Charges	
		2013	2014
租赁和商务服务业	Leasing Trade and Business Service	4.17	3.22
租 赁 业	Leasing Trade	0.09	0.08
商务服务业	Commercial Serive	4.08	3.14
科学研究和技术服务业	Scientific Research, Technology Service	3.48	1.85
研究和试验发展	R & D	0.07	0.06
专业技术服务业	Professional Technology Service	3.35	1.76
科技推广和应用服务业	Technology Promotion and Application Services	0.06	0.03
水利、环境和公共设施管理业	Water Conservancy, Admistration of Environment and Public Facilities	0.99	1.11
水利管理业	Water Conservancy Admistrition		
生态保护和环境治理业	Conservatory Ecology and Admistration of Environment	0.03	0.02
公共设施管理业	Admistration of Public Facilities	0.96	1.09
居民服务、修理和其他服务业	Services to Households,Repair and Other Services	0.56	0.54
居民服务业	Services to Households	0.45	0.45
机动车、电子产品和日用产品修理业	Repair Services of Motor Vehicle, Electronics and Daily Products	0.04	0.04
其他服务业	Other Services	0.07	0.05
教 育 业	Education	0.76	0.89
卫生和社会工作	Health Care, Social Works	0.08	0.08
卫　生	Health Care	0.08	0.08
社会工作	Social Works		
文化、体育和娱乐业	Culture, Sports and Entertainment	0.63	0.56
新闻和出版业	News and Publishing	0.2	0.12
广播、电视、电影和影视录音制作业	Broadcast, Television,Filmdom and Audio & Video Production	0.08	0.04
文化艺术业	Culture and Arts	0.14	0.18
体 育 业	Sports	0.15	0.14
娱 乐 业	Entertainment	0.06	0.08

continued

(100 million yuan)

营业费用、管理费用、财务费用合计 Expenseson business, Management and Finance		营业利润 Profits from Business		利润总额 TotalProfits		应付职工薪酬 Wages Payable for Emploee		从业人员平均人数（万人） Aeverage Number Of Employees (10 000 Persons)
2013	2014	2013	2014	2013	2014	2013	2014	2014
40.72	40.96	218.30	300.04	119.05	160.62	21.22	25.44	6.49
0.37	0.37	0.71	1.00	0.72	1.00	0.33	0.46	0.07
40.35	40.59	217.59	299.04	118.33	159.62	20.89	24.98	6.42
20.49	21.87	11.94	11.50	15.64	14.19	24.12	27.87	2.60
2.10	2.84	1.03	0.16	1.20	0.50	1.31	1.51	0.13
17.23	17.81	11.21	11.55	14.72	13.83	22.61	26.14	2.38
1.16	1.22	-0.3	-0.21	-0.28	-0.14	0.2	0.22	0.09
11.58	12.76	1.74	3.64	2.75	4.80	5.79	6.20	1.55
-0.05	-0.05	0.12	0.14	0.12	0.14	0.03	0.03	
0.41	0.46	0.14	0.07	0.18	0.12	0.32	0.38	0.07
11.22	12.35	1.48	3.43	2.45	4.54	5.44	5.79	1.47
5.57	5.66	0.71	0.55	0.47	0.63	3.79	4.21	1.22
4.18	4.23	0.58	0.27	0.27	0.21	2.47	2.73	0.72
0.99	0.96	-0.02	0.11	-0.02	0.14	0.73	0.76	0.21
0.4	0.47	0.15	0.17	0.22	0.28	0.59	0.72	0.29
2.88	4.01	1.52	2.51	1.54	2.71	3.09	3.94	0.94
7.96	9.47	0.63	0.56	0.48	0.27	6.21	6.89	1.51
7.95	9.45	0.64	0.56	0.49	0.27	6.19	6.87	1.50
0.01	0.02	-0.01		-0.01		0.02	0.02	0.01
7.06	7.79	3.45	3.58	4.01	4.92	3.94	4.59	0.85
1.97	2.03	2.38	2.17	2.62	2.24	1.83	1.96	0.26
0.77	0.86	0.11	0.25	0.19	0.29	0.4	0.45	0.09
1.18	1.51	1.37	1.67	1.46	1.87	0.74	1.07	0.21
2.15	2.34	-0.53	-0.74	-0.42	0.28	0.59	0.66	0.17
0.99	1.05	0.12	0.23	0.16	0.24	0.38	0.45	0.12

10-19 各州市重点服务业企业财务状况
Financial Indicators of Key Service Industry by Region

单位：亿元 (100 million yuan)

州 市	Region	企业数（个）Number of Enterprises (unit)	固定资产原价 Original Value of Fixed Assets		本年折旧 Depreciation in the Year		资产总计 Total Assests		负债合计 Total Liabilities	
			2013	2014	2013	2014	2013	2014	2013	2014
全 省	**Yunnan**	**1 539**	**3777.88**	**4147.37**	**182.62**	**219.31**	**8865.01**	**8710.20**	**4629.58**	**4270.42**
昆 明	Kunming	661	2935.72	3197.18	105.85	128.33	7330.99	7103.50	3904.16	3471.56
曲 靖	Qujing	111	86.42	90.23	8.34	8.08	108.10	99.27	59.33	62.95
玉 溪	Yuxi	84	92.69	96.85	4.97	4.22	334.39	341.65	81.73	77.95
保 山	Baoshan	36	50.13	51.96	3.38	3.45	55.10	52.19	29.59	29.35
昭 通	Zhaotong	59	75.90	78.00	5.41	5.38	116.22	113.77	61.07	66.83
丽 江	Lijiang	60	38.17	41.58	3.39	7.01	122.27	138.24	68.88	75.01
普 洱	Pu·er	57	46.55	49.40	3.97	4.75	121.44	128.40	88.04	93.64
临 沧	Lincang	31	33.71	35.51	14.08	14.91	32.78	28.19	14.65	14.69
楚 雄	Chuxiong	79	50.76	54.59	3.81	4.07	53.62	53.25	28.23	31.86
红 河	Honghe	89	149.04	212.54	7.60	7.82	233.22	252.56	114.89	135.40
文 山	Wenshan	46	48.31	51.03	3.76	3.93	73.65	70.45	35.84	36.24
西双版纳	Xishaungbanna	60	33.42	35.67	3.18	4.33	74.60	87.44	23.93	38.59
大 理	Dali	90	74.67	77.95	5.04	17.51	117.79	153.63	62.29	76.82
德 宏	Dehong	23	28.01	28.96	6.84	1.88	26.08	21.41	13.13	12.95
怒 江	Nujiang	26	13.06	14.20	1.08	1.50	12.80	11.05	6.52	7.13
迪 庆	Diqing	27	21.33	31.71	1.93	2.11	51.95	55.19	37.30	39.45

10-19 续表 1 continued

单位：亿元 (100 million yuan)

州 市	Region	所有者权益 Total Owners' Equities 2013	2014	营业收入 Total Business Revenue 2013	2014	营业成本 Cost of Business 2013	2014	营业税金及附加 Taxes and Other Charges 2013	2014
全 省	**Yunnan**	**4235.44**	**4 439.81**	**1471.23**	**1 522.20**	**1053.58**	**1158.58**	**39.48**	**22.74**
昆 明	Kunming	3426.83	3 631.94	989.54	1 035.23	744.02	833.44	26.53	14.02
曲 靖	Qujing	48.77	36.32	58.68	55.29	36.30	33.51	1.60	0.97
玉 溪	Yuxi	252.66	263.70	48.07	47.34	32.29	36.62	1.32	1.12
保 山	Baoshan	25.51	22.85	26.69	27.09	16.71	16.54	0.69	0.48
昭 通	Zhaotong	55.15	46.94	31.05	34.14	18.50	19.63	0.85	0.50
丽 江	Lijiang	53.39	63.24	38.59	41.97	24.82	27.55	0.87	0.76
普 洱	Pu·er	33.41	34.75	28.36	29.89	17.59	18.41	0.84	0.57
临 沧	Lincang	18.14	13.50	18.75	20.26	11.63	14.23	0.53	0.36
楚 雄	Chuxiong	25.39	21.39	30.11	33.01	21.19	23.30	0.72	0.44
红 河	Honghe	118.32	117.17	64.23	56.03	48.18	42.63	1.35	0.75
文 山	Wenshan	37.82	34.21	28.24	31.18	16.34	18.90	0.80	0.43
西双版纳	Xishaungbanna	50.67	48.85	25.61	25.30	13.30	13.89	0.67	0.44
大 理	Dali	55.5	76.81	50.37	52.42	33.44	32.81	1.80	1.30
德 宏	Dehong	12.94	8.46	15.17	14.97	8.42	8.67	0.41	0.19
怒 江	Nujiang	6.28	3.92	6.45	5.92	4.26	5.26	0.18	0.12
迪 庆	Diqing	14.65	15.74	11.31	12.12	6.59	13.20	0.31	0.28

10–19 续表 2 continued

单位：亿元 (100 million yuan)

州 市	Region	营业费用、管理费用、财务费用 Expenses on Business, Management and Finance		营业利润 Profits from Business		利润总额 Total Profits		应付职工薪酬 Wages Payable for Emploee		从业人员平均人数（万人） Aeverage Number Of Employees (10 000 Persons)
		2013	2014	2013	2014	2013	2014	2013	2014	2014
全 省	**Yunnan**	**358.31**	**377.76**	**250.40**	**316.61**	**200.89**	**240.63**	**230.27**	**270.28**	**36.56**
昆 明	Kunming	227.27	251.74	207.86	250.21	152.49	174.10	174.10	205.91	21.27
曲 靖	Qujing	13.74	13.19	7.19	8.39	8.00	9.41	6.60	7.42	2.06
玉 溪	Yuxi	10.41	11.54	11.63	22.28	12.95	16.39	5.81	6.49	1.46
保 山	Baoshan	7.64	7.16	1.65	2.81	1.77	2.92	3.36	4.00	0.77
昭 通	Zhaotong	10.62	9.57	2.64	4.93	2.87	4.99	3.66	4.47	0.83
丽 江	Lijiang	8.72	8.79	5.59	6.12	5.74	7.13	3.11	3.66	0.82
普 洱	Pu·er	10.46	10.31	-0.27	0.93	0.12	1.19	3.57	4.35	1.20
临 沧	Lincang	6.11	5.54	1.67	3.07	1.65	3.07	1.86	1.99	0.46
楚 雄	Chuxiong	7.93	7.12	0.61	2.77	1.22	3.01	4.31	5.04	1.33
红 河	Honghe	15.25	14.52	-0.31	-1.28	0.53	1.35	5.85	7.05	1.54
文 山	Wenshan	7.86	7.16	3.10	5.12	3.29	4.92	3.99	4.29	0.98
西双版纳	Xishaungbanna	7.92	8.10	3.86	3.86	3.97	4.07	3.37	3.37	0.89
大 理	Dali	12.28	11.97	4.32	6.31	4.91	6.71	6.70	7.51	1.79
德 宏	Dehong	4.63	4.24	1.59	1.91	1.73	2.02	1.60	1.82	0.57
怒 江	Nujiang	2.24	1.91	-0.28	-0.30	-0.30	-0.20	1.21	1.39	0.30
迪 庆	Diqing	5.23	4.93	-0.44	-0.54	-0.07	-0.46	1.19	1.50	0.32

主要统计指标解释

铁路营业里程 又称营业长度（包括正式营业和临时营业里程），指办理客货运输业务的铁路正线总长度。凡是全线或部分建成双线及以上的线路，以第一线的实际长度计算；复线、站线、段管线、岔线和特殊用途线以及不计算运费的联络线都不计算营业里程。该指标可以反映铁路运输业基础设施的发展水平，也是计算客货周转量、运输密度和机车车辆运用效率等指标的基础资料。

公路里程 指在一定时期内实际达到《公路工程技术标准 JTJ01–88》规定的等级公路，并经公路主管部门正式验收交付使用的公路里程数。包括大中城市的郊区公路以及通过小城镇街道部分的公路里程和桥梁、渡口的长度，不包括大中城市的街道、厂矿、林区生产用道和农业生产用道的里程。两条或多条公路共同经由同一路段，只计算一次，不得重复计算里程长度。该指标可以反映公路建设的发展规模，也是计算运输网密度等指标的基础资料。

内河航道里程 也称内河通航里程，指在一定时期内，能通航运输船舶及排筏的天然河流、湖泊水库、运河及通航渠道的长度。包括全年季节性通航累计三个月以上的航道，不包括仅供零散流放竹、木排的河道。该指标可以反映内河水运网的规模、水平和发展情况。

民用航空航线里程 指统计期间内全部民用航空航线的航线总长度。航线长度指民用航空航线的计费距离。计算航线里程可按重复和不重复两种方法，前者是指各航线长度相加的总和；后者则要扣除各航线之间相同航段重复计算的部分。

货（客）运量 指在一定时期内，各种运输工具实际运送的货物（旅客）数量。该指标是反映运输业为国民经济和人民生活服务的数量指标，也是制订和检查运输生产计划、研究运输发展规模和速度的重要指标。货运按吨计算，客运按人计算。货物不论运输距离长短、货物类别，均按实际重量统计。旅客不论行程远近或票价多少，均按一人一次客运量统计；半价票、小孩票也按一人统计。

货物（旅客）周转量 指在一定时期内，由各种运输工具运送的货物（旅客）数量与其相应运输距离的乘积之总和。该指标可以反映运输业生产的总成果，也是编制和检查运输生产计划，计算运输效率、劳动生产率以及核算运输单位成本的主要基础资料。计算货物周转量通常按发出站与到达站之间的最短距离，也就是计费距离计算。计算公式为：

货物（旅客）周转量 =Σ（货物（旅客）运输量 × 运输距离）

邮电业务总量 指以货币形式表示的邮电企业为社会提供各类邮电服务的总数量，是用于观察邮电业务发展变化总趋势的综合性总量指标。分别按邮政业务总量和电信业务总量统计。邮电业务总量是以各类业务的实物量分别乘以相应的不变单价，得出各类业务的货币量再加总求得。

移动电话用户 指在电信运营企业营业网点办理开户登记手续，通过移动电话交换机进入移动电话网，占用移动电话号码的各类电话用户。包括 GSM 数字移动电话用户、CDMA 数字移动电话用户和电信运营企业发行的报告期末已激活充值的能异地漫游的各种智能卡用户。

固定电话用户 指在电信运营企业营业网点办理开户登记手续并已接入固定电话网上的全部电话用户。包括普通电话用户、公用电话用户、窄带综合业务数字网（N—ISDN）用户、智能网专用接入终端用户等。按行政区划分为城市电话用户和农村电话用户。

城市电话用户 指直辖市、省辖市、地级市、县级市的市区、市郊区及县城范围内接入局用交换机的电话用户。包括分布在农村地区县团级以上建制的独立工矿区、林区、驻军等电话用户。

农村电话用户 指县城关区以下的集镇和农村接入局用交换机的电话用户。

重点服务业 指交通运输、仓储和邮政业，信息传输、软件和信息技术服务业，租赁和商务服务业，科学研究和技术服务业，水利、环境和公共设施管理业，教育，卫生和社会工作；以及物业管理、房地产中介服务等行业年营业收入 1000 万元及以上，或年末从业人员 50 人及以上服务业法人单位；居民服务、修理和其他服务业，文化、体育和娱乐业年营业收入 500 万元及以上，或年末从业人员 50 人及以上服务业法人单位。

从事服务业活动从业人员平均人数 指报告期内(年度、月度)平均拥有的从事服务业活动的人员数。按“谁用工，谁统计”的原则实施统计，包括参加企业服务业活动的正式人员，劳务派遣人员和临时聘用人员。不包括在本企业领取工资、股息、红利未参加服务业活动的人员。

Explanatory Notes on Principle Statistical Indicators

Length of Railways in Operation refers to the total length of the trunk line under passenger and freight transportation （including both full operation and temporary operation） . The calculation is based on the actual length of the first line even if this line has a full or partial double track or more tracks, excluding double tracks, station sidings, tracks under the charge of stations, branch lines, special purpose lines and the non payable connecting lines. The length of railways in operation is an important indicator to show the development of the infrastructure for the railway transport, and also the essential data to calculate volume of passenger freight transport, traffic density and utilization efficiency of the locomotives and carriages.

Length of Highways refers to the length of highways which are built in conformity with the grades specified by the highway engineering standard formulated by the Ministry of Communications, and have been formally checked and accepted by the departments of highways and put into use. The length of highways includes that of the suburb highways at large and medium sized cities, highways passing through streets at small cities and towns, and also the length of bridges and ferries. It does not include the length of streets in big and medium sized cities and highways built for the production purpose at factories, mines, forest areas and agricultural areas. If two or more highways go the same section of the way, the length of the section is only calculated for once and no duplication is allowed. The length of highways is an important indicator to show the development of the highway construction and to provide essential information to calculate the transport network density.

Length of Navigable Inland Waterways it is an indicator reflecting the size and development of inland water network, it refers to the length of the natural rivers, lakes, reservoirs, canals, and ditches open to navigation during a given period, which enables the transport by ships and rafts. It includes the channels open to navigation for over an accumulative 3 months in a year, yet this does not include the river courses, which are only used to float odd logs and bamboo rafts. This indicator can reflect the scale, level and development situation of the inland waterway network.

Length of Civil Aviation Routes refers to the length of all routes for regular civil aviation flights, which is used to account the freight, during the period of statistics. There are usually two ways to calculate the route length: duplicated calculation and non-duplicated calculation, the former is the sum of length of all civil aviation routes, and latter should deduct the duplication length of same route among all routes.

Freight （Passenger） Traffic refers to the volume of freight （passenger） transported with various means. The freight （passenger） traffic provides a quantitative measure to show how the transport industry serves the national economy and people, and is also an important indicator for planning the transport industry and for studying the development scale and speed of the transport industry. Freight transport is calculated in tons and passenger traffic is calculated in the number of persons. Despite the type of freight and traveling distance, the freight transport is calculated in the actual weight of the goods, and despite the traveling distance and ticket price, the passenger traffic is calculated by the principle that one person can be counted only once in one travel. The passengers who travel with a half price ticket or a child ticket is also calculated as one person.

Freight Ton-kilometres （Passenger-kilometres） refer to the sum of the products of the volume of transported cargo （passengers） multiplying by the transport distance. It is an important indicator to reflect the achievement of transportation industry. Normally, the shortest distance between the departure station and the destination station （i.e., the payable distance） is the basis to calculate the freight ton-kilometers. This is an important indicator to show the total results of the transport industry, to prepare and examine the transport plan and to measure the efficiency, the labour productivity and the unit cost of transport. The formula is as follows:

$$\frac{\text{Freight ton-kilometres}}{\text{(passenger-kilometres)}} = \sum \frac{\text{freight}}{\text{(passenger) traffic}} \times \frac{\text{distance of}}{\text{transportation}}$$

Business Volume of Post and Telecommunications refers to the total amount of post and telecommunication services, expressed in value terms, provided by the post and telecommunications departments for the society. This indicator reflects the overall results of development of postal and telecommunication services. It can be classified as postal services and telecommunication services. Business Volume of Post and Telecommunications is the sum of all services in kind multiplying with the unit price （constant price） to get the total business value.

Mobile Telephone Subscribers refer to the persons who have gone through registration procedures in the operation points of enterprises engaged in telecommunications and are hence connected with the mobile telephone communication network through the mobile telephone switchboards and occupy mobile phone numbers. Included are GSM digital mobile phone subscribers and CDMA digital mobile phone subscribers and subscribers to intelligent phone cards with roaming facility issued by telecommunications enterprises and which have been subscribed to and achieved at the end of the reference period.

Local telephone Subscribers refer to all subscribers who have gone through registration procedures in the operation points of enterprises engaged in telecommunication and are hence connected to the local telecommunication service providers through fixed line network .Included are general subscribers, public telephone subscribers, N-ISDN subscribers and intelligent network terminal subscribers. They are also classified in terms of administrative districts as urban telephone subscribers and rural telephone subscribers according to location.

Urban Telephone Subscribers refer to number of telephone subscribers, located at municipalities, cities under the jurisdiction of province, cities at prefecture level, downtown and suburb of city at county level town and county towns （including country towns where county government located, and towns of county level according to the administrative organizational system） , that are connected to the public line telephone network, including rural mineral area, forest area, military area.

Key service industry refer to following 9 industries:industry of transport,storage and post, industry of information transmission,industry of ware and information technology services,industry of leasing and business, services, Industry of scientific arch,technical services and geologic prospecting, industry of management of water conservancy, environment and public facilities, industry of services to households, repairing and other services, industry of education,health, social works,industry of culture,sports and entertainment. Enterprises of annual revenue reaches 10 million yuan and above, and number of employees at the end of the year reaches 50 persons of property management services and real estate intermediary services industry are included in key service industry. Legal institutions which carry out enterprises management and accounting system are also included in key service industry.

Chapter 11

十一、金融和保险业
Banking and Insurance

11-1 金融机构存款年末余额(1978-2014 年)
Historic Balance of Deposits of Financial Institutions at Year-end (1978-2014)

单位：亿元 (100 million yuan)

年 份 Year	存款年末余额 The balance of deposits at Year-end	企业存款 Deposits of Enterprises	储蓄存款 Savings Deposits
1978	28.51	8.36	3.24
1979	34.48	9.60	3.91
1980	39.95	11.14	5.43
1981	48.25	12.92	7.22
1982	59.61	17.88	12.36
1983	68.81	20.28	16.17
1984	81.45	25.43	22.24
1985	99.67	40.93	29.83
1986	128.58	53.80	39.76
1987	156.64	54.98	55.46
1988	190.41	70.51	63.84
1989	218.26	79.89	86.45
1990	292.19	105.81	117.89
1991	365.81	136.82	152.28
1992	466.72	172.79	195.82
1993	593.56	203.41	251.23
1994	841.15	319.19	351.40
1995	1 187.24	478.89	500.13
1996	1 539.59	650.80	671.20
1997	1 829.40	825.24	805.99
1998	2 076.06	910.64	912.89
1999	2 254.38	940.79	1 028.93
2000	2 465.68	1 038.40	1 138.22
2001	2 779.71	1 082.52	1 298.53
2002	3 121.28	1 106.12	1 500.24
2003	3 747.46	1 344.70	1 766.51
2004	4 404.36	1 688.81	2 052.12
2005	5 140.50	1 773.63	2 430.28
2006	6 131.25	2 066.50	2 854.86
2007	7 170.87	2 578.84	3 046.40
2008	8 418.94	2 882.69	3 783.78
2009	11 119.64	3 942.38	4 668.61
2010	13 411.49	4 462.42	5 719.55
2011	15 356.86	7 998.71	6 654.87
2012	17 966.38	9 431.29	7 741.59
2013	20 691.55	10 842.09	8 968.32
2014	22 338.00	11 507.45	9 699.01

注：本表资料 1981 年及以前为国有商业银行数据，1982 年后为全部金融机构数据。2011 年企业存款改为单位存款。

Note: The data in this table are obtained from National Commercial Bank before 1981,while after 1982,all data are obtained from financial institutions.In 2011,deposits of enterprises are changed to deposits of units.

11-2 各州市金融机构存贷款余额（2014 年）
Loans and Deposits of Financial Institutions by Region (2014)

单位：亿元 (100 million yuan)

州 市	Region	各项存款 Total Deposits		居民储蓄存款 Savings Deposits of Residents		各项贷款 Total Loans	
		余 额 Balance at Year-end	比年初增减（±）Increase over Year Beginning (±)	余 额 Balance at Year-end	比年初增减（±）Increase over Year Beginning (±)	余 额 Balance at Year-end	比年初增减（±）Increase over Year Beginning (±)
全 省	**Yunnan**	**22 338.00**	**1 646.42**	**9 699.01**	**730.67**	**17 978.74**	**2 155.65**
昆 明	Kunming	10 582.22	496.86	3 495.80	140.52	10 201.32	1 012.07
曲 靖	Qujing	1 701.06	97.22	873.99	66.98	1 136.98	119.47
玉 溪	Yuxi	1 195.59	66.40	618.96	43.16	777.17	68.75
保 山	Baoshan	638.23	82.49	380.55	41.89	447.39	78.61
昭 通	Zhaotong	1 043.29	184.69	488.48	52.60	533.77	71.06
丽 江	Lijiang	518.44	34.82	274.98	21.00	382.95	36.23
普 洱	Pu'er	667.01	66.27	335.52	32.45	475.67	77.16
临 沧	Lincang	445.47	40.69	236.04	21.19	377.31	56.25
楚 雄	Chuxiong	801.55	96.99	448.08	56.94	499.60	70.57
红 河	Honghe	1 496.69	175.13	821.06	81.94	895.95	123.74
文 山	Wenshan	758.00	80.00	408.74	42.33	473.54	64.19
西双版纳	Xishuangbanna	452.92	36.91	272.03	33.62	267.71	39.17
大 理	Dali	1 179.23	122.13	622.34	76.46	790.38	127.57
德 宏	Dehong	445.46	11.09	290.57	8.58	328.53	51.27
怒 江	Nujiang	153.23	24.38	59.45	4.87	90.31	8.99
迪 庆	Diqing	259.60	30.37	72.43	6.12	151.78	4.15

11−3 金融机构人民币信贷情况（2014 年）

Credit Funds of RMB Operation Condition of Financial Institution(2014)

单位：亿元 (100 million yuan)

项　目	Item	全　省 Yunnan	2014 年比年初增长（%） Increase Rate over year Beginning (%)
各项存款余额	**Deposits in Various Forms**	**22 338.00**	**8.0**
单位存款	Deposits of Units	11 507.45	6.0
活期存款	Current Deposits	6 593.25	1.9
定期存款	Time Deposits	2 698.82	13.6
个人存款	Personal Savings	9 892.41	8.2
储蓄存款	Savings Deposits	9 699.01	8.2
保证金存款	Margin Deposit for Security	8.62	-17.0
结构性存款	Structured Deposits	184.77	13.6
财政性存款	Financial Deposits	560.71	63.5
临时性存款	Temporary Deposit	13.97	-26.3
委托存款	Entrust Deposits	59.02	12.7
其他存款	Other Deposits	304.44	8.6
各项贷款余额	**Loans in Various Forms**	**17 978.74**	**13.6**
短期贷款	Short-term Loans	5 659.76	15.0
中长期贷款	Medium & Long-term Loans	11 818.68	12.1

11-4 全省保险费收入和赔款给付（1999-2014 年）

Premium Income and Expenditure for Claim and Payment (1999-2014)

单位：亿元 (100 million yuan)

年 份 Year	保险费收入 Premium Income	赔款及给付支出 Expenditure for Claim and Payment	简单赔付率 (%) Rate of Simple Claim and Payment (%)
1999	37.46	14.03	37.5
2000	39.72	16.71	42.1
2001	42.70	18.97	44.4
2002	55.44	19.18	34.6
2003	73.75	20.35	27.6
2004	74.22	25.91	34.9
2005	81.03	24.01	29.6
2006	95.29	28.90	30.3
2007	111.86	47.75	42.7
2008	165.39	63.40	38.3
2009	180.08	65.12	36.2
2010	235.68	66.31	28.1
2011	241.10	79.89	33.1
2012	271.30	100.11	36.9
2013	320.77	122.06	38.1
2014	375.99	150.88	40.1

11-5 保险业务经济技术指标（2014 年）

Economic and Technical Indicators of Insurance Companies (2014)

单位：亿元 (100 million yuan)

项　目	Item	保险金额 Premium	原保险保费收入 Original Insurance Premium Income	各项赔款和给付 Claim and Payment
全　省	**Yunnan**	**157 920.87**	**375.99**	**150.88**
财产保险公司	**Property Insurance Companies**	**130 121.37**	**190.48**	**98.08**
企业财产保险	Enterprise Property Insurance	10 544.25	7.24	2.88
家庭财产保险	Family Property Insurance	1 023.32	0.86	0.51
机动车辆保险	Motor Vehicle Insurance	22 818.14	144.05	74.54
工程保险	Engineering Insurance	873.25	1.56	0.96
责任保险	Liability Insurance	42 356.18	4.75	2.32
信用保险	Export Credit Insurance	288.13	0.96	0.16
保证保险	Guarantee Insurance	39.31	5.08	0.28
船舶保险	Ship Insurance	3.11	0.03	0.02
货物运输保险	Freight Transport	3 765.72	1.51	0.83
特殊风险保险	Special Risk Insurance	98.76	0.12	0.24
农业保险	Agricultural Insurance	1 217.77	11.06	8.23
健康险	Health Insurance	32 145.10	8.25	5.36
意外伤害保险	Accident Injury Insurance	14 946.13	4.97	1.74
其他险	Other Insurance	2.21	0.05	0.02
人身保险公司	**Life Insurance Companies**	**27 799.50**	**185.50**	**52.80**
人寿保险	Life Insurance	3 255.77	147.66	35.44
健康保险	Health Insurance	3 934.15	28.61	15.53
意外伤害保险	Personal Accident Injury Insurance	20609.57	9.24	1.83

11-6 云南省辖区证券市场基本情况（2010-2014 年）
Basic Statistics on Securities Markets of Yunnan Province (2010-2014)

项　　目	Item	2010	2011	2012	2013	2014
上市公司数（家）	**Number of Listed Companies (unit)**	**28**	**28**	**28**	**28**	**29**
发行 A 股公司数	A Shares	28	28	28	28	29
发行 B 股公司数	B Shares					
A、B 股均发行公司数	A Shares and B Shares					
境外发行公司数	Overseas-listed Companies	1	1	1	1	1
境内、外均发行公司数	Companies of Overseas-listed and Domestic	1	1	1	1	1
ST 公司数	ST Listed Companies	2	1	3	3	3
证券公司数（家）	**Number of Securities Companies (unit)**	**2**	**2**	**2**	**2**	**2**
证券营业部数（家）	**Number of Securities Business Department (unit)**	**63**	**73**	**77**	**113**	**127**
证券投资咨询机构数（家）	**Number of Securities Investment Consultative Institutions (unit)**	**1**	**1**	**1**	**1**	**1**
证券投资者资金开户数（累计数）（万户）	**Number Of Opening Account of Securities Investors (Cumulative Number) (10 000 households)**	**99.03**	**106.70**	**110.78**	**117.33**	**124.84**
上市公司当年境内募集资金总额（扣除发行费）（亿元）	**Total Volume of Domestic Raise Capital by Listed Companies in current year (after deducting issuance fee)(100 million yuan)**	**46.33**	**98.91**	**10.00**	**255.08**	**79.51**
首次公开发行	IPO	31.23				7.94
配股	Share Right Issued	13.20			42.85	
增发	Adding the Share Issue	1.90	76.91		209.73	62.57
可转债及公司债	Transferable Loans		22.00	10.00	2.50	9.00
市价总值（亿元）	**Total Market Value (100 million yuan)**	**2 777.68**	**1 853.69**	**1 988.50**	**2 066.09**	**3 097.55**
证券经营机构证券累计成交量	**Trading Volume of Securities Managerial**	**8 845.83**	**6 870.43**	**6 355.11**	**10 461.31**	**16 017.61**

主要统计指标解释

存款 指企业、机关、团体或居民根据资金必须收回的原则，把货币资金存入银行或其他信贷机构保管并取得一定利息的一种信贷活动形式。根据存款对象的不同可划分为企业存款、财政存款、机关团体存款、城乡储蓄存款、农业存款、委托及信托存款、其他类等。

贷款 指银行或其他信贷机构根据资金必须归还的原则，按一定利率，为企业、个人等提供资金的一种信用活动形式。我国银行贷款分为短期贷款、委托及信托类贷款、其他类贷款等。

保险金额 指保险人承担赔偿或者给付保险金责任的最高限额。

保费 指投保人为取得保险人在约定范围内所承担赔偿责任而支付给保险人的费用。

赔款 指保险人根据保险公司合同的规定，向被保险人支付的赔偿保险责任损失的金额。

Explanatory Notes on Principle Statistical Indicators

Deposit is a form of credit by which enterprises, institutions, organizations or households can put money into banks and other credit institutions for safekeeping and interest earning under the principle of free withdrawal. According to different depositors, deposits are divided into enterprise deposits, treasury deposits, deposits of government agencies and organizations, capital construction deposits, savings deposits, rural saving deposits, entrusted deposits and other deposits.

Loan is a form of credit by which banks and other credit institutions provide funds at certain interest rate to enterprises and individuals in the light of the principle of unconditional repayment. Loans from Chinese banks include short-term loans, trust and entrust loans and other kinds of loans.

Amount Insured refers to the maximum amount that the insurant will get for the claim of the case insured.

Premium is the fee paid by the insurant to the insurer to obtain the obligation of compensation from the insurance within the agreed terms.

Settled Claim is the compensation paid by the insurer to the insurant in accordance with the insurance contract.

Chapter 12

十二、旅游业
Tourism

云南统计年鉴 2015

YUNNAN STATISTICAL YEARBOOK

12-1 全省旅游业发展情况（2010-2014 年）

Basic Statistics on Tourism Development(2010-2014)

项　　目	Item	2010	2011	2012	2013	2014
旅游者人数	**Number of Tourists**					
国内旅游者（万人次）	**Domestic Tourists (10 000 person-times)**	**13 837.00**	**16 331.78**	**19 630.28**	**23 972.35**	**28 116.49**
过夜游客	Overnight Tourists	7 633.00	9 058.10	10 698.03	13 079.60	15 287.33
一日游游客	One-day Tourists	6 204.00	7 273.68	8 932.26	10 892.75	12 829.16
海外和港澳台旅游者（万人次）	**Overseas Tourists and Tourists from Hong Kong, Macao and Taiwan (10 000 person-times)**	**329.15**	**395.38**	**457.84**	**533.50**	**531.06**
外国人	Foreigners	231.23	281.00	329.77	383.17	382.49
香港同胞	Tourists from Hong Kong	43.39	52.43	56.42	67.10	66.12
澳门同胞	Tourists from Macao	12.79	14.41	19.82	24.06	22.01
台湾同胞	Tourists from Taiwan	41.75	47.54	51.81	59.17	60.43
海外和港澳台旅游者（万人天数）	**Overseas Tourists and Tourists from Hong Kong, Macao and Taiwan (10 000 person-day)**	**615.20**	**750.13**	**888.13**	**1056.25**	**1032.96**
旅游总收入（亿元）	**Total Tourism Revenue (100 million yuan)**	**1 006.83**	**1 300.29**	**1 702.54**	**2 111.24**	**2 665.74**
国内旅游收入（亿元）	Domestic Tourism Revenue (100 million yuan)	916.82	1 195.73	1 579.49	1 961.55	2 516.87
过夜游客收入	Revenue from Overnight Tourists	720.40	938.15	1 244.74	1 542.51	1 980.00
一日游收入	Revenue from One-day Tourists	196.43	257.58	334.74	419.04	536.87
旅游外汇收入（亿美元）	Foreign Exchange Earning (USD 100 million)	13.24	16.09	19.47	24.19	24.21
折合人民币（亿元）	Equivalent Amount Converted into RMB (100 million yuan)	90.01	104.56	123.06	149.69	148.87

12-2 边境口岸入境一日游旅客数及外汇收入(2014年)

Number of One-day Entry Tourists and Earnings in Foreign Exchange in Border Areas (2014)

拥有边境口岸州市	Region with Border Port	口岸入境一日游人数（万人次） Number of One-day Entry Tourists (10 000 person-times)	2014年比2013年增长(%) Increase Rate over 2013 (%)	口岸入境一日游外汇收入（亿美元） Earnings in Foreign Exchange from One-day Entry Tourists (USD 100 million)	2014年比2013年增长(%) Increase Rate over 2013 (%)
保　山	Baoshan	7.47	8.1	0.05	14.20
普　洱	Pu'er	13.67	41.59	0.09	49.56
临　沧	Lincang	20.93	11.81	0.14	18.11
红　河	Honghe	98.87	-45.15	0.67	- 42.06
文　山	Wenshan	47.86	4.26	0.32	10.13
西双版纳	Xishuangbanna	84.15	21.71	0.57	28.57
德　宏	Dehong	185.25	8.42	1.26	14.53
怒　江	Nujiang	8.68	3.24	0.06	9.05
合 计	**Total**	**466.88**	**-8.43**	**3.17**	**- 3.27**

12-3 各州市旅游业发展情况(2014 年)
Tourism Development by Region (2014)

州 市	Region	旅游总收入（亿元）Total Tourism Revenue (100 million yuan)	旅游外汇收入（亿美元）Foreign Exchange Earnings (USD 100 million)	国内旅游人数（万人次）Domestic Tourists (10 000 (person-times)	海外旅游人数（万人次）Overseas Tourists (10 000 (person-times)	外国人 Foreigners	香港同胞 Compatriots from Hong Kong	澳门同胞 Compa-triots from Macao	台湾同胞 Compa-triots From Taiwan
全 省	**Yunnan**	**2665.74**	**21.04**	**28 116.49**	**531.06**	**382.49**	**66.12**	**22.01**	**60.43**
昆 明	Kunming	614.77	3.97	6 149.45	119.21	89.17	10.65	0.27	19.11
曲 靖	Qujing	92.95	0.09	1 127.11	2.14	0.78	0.34	0.00	1.01
玉 溪	Yuxi	108.57	0.02	2 029.95	0.49	0.44	0.01	0.00	0.03
保 山	Baoshan	92.32	0.00	1 789.98	0.13	0.06	0.06	0.01	0.01
昭 通	Zhaotong	87.83	0.42	1 086.68	14.81	13.26	0.55	0.40	0.60
丽 江	Lijiang	378.79	4.06	2 556.12	107.70	77.90	15.40	0.33	14.07
普 洱	Pu'er	89.67	0.18	1 312.56	5.75	5.67	0.03	0.00	0.04
临 沧	Lincang	42.66	0.29	572.80	7.23	7.09	0.03	0.00	0.12
楚 雄	Chuxiong	83.52	0.08	1 851.28	3.61	2.61	0.34	0.20	0.46
红 河	Honghe	157.57	0.98	2 111.18	22.04	18.69	1.20	0.17	1.98
文 山	Wenshan	84.00	0.26	924.94	5.38	4.45	0.26	0.14	0.52
西双版纳	Xishuangbanna	228.02	1.57	1 579.52	36.59	35.63	0.30	0.29	0.38
大 理	Dali	322.93	3.75	2 567.18	80.83	50.00	12.51	6.87	11.45
德 宏	Dehong	127.22	0.68	876.37	21.03	21.03			
怒 江	Nujiang	21.13	0.11	242.41	2.19	2.07	0.07	0.00	0.05
迪 庆	Diqing	133.78	4.57	1 338.96	101.93	53.64	24.37	13.33	10.59

注：本表旅游外汇收入包括口岸一日游创汇收入。
Note: In this table, the data of foreign exchange earning is included part of Revenue from one-day tourists in port .

12-4 按国别分外国入境游客及港澳台游客（2010-2014 年）
Number of Overseas Visitor Arrivals by Country and Visitor Arrivals from Hong Kong and Macao（2010-2014）

单位：万人次 (10 000 person-times)

国家或地区	Country and Territory	2010	2011	2012	2013	2014
海外和港澳台	**Tourists from Overseas and Hong Kong, Maccao & Taiwan**	**329.15**	**395.38**	**457.84**	**533.50**	**531.06**
外国旅游者	**Foreigners**	**231.23**	**281.00**	**329.77**	**383.17**	**382.49**
亚洲	**Asia**	**155.98**	**190.85**	**223.74**	**254.74**	**258.10**
日本	Japan	15.17	16.16	16.14	15.59	13.24
菲律宾	The Philippines	1.24	1.25	1.02	1.52	1.16
新加坡	Singapore	15.50	18.49	19.26	23.78	24.05
泰国	Thailand	30.67	38.75	42.76	49.00	45.61
印尼	Indonesia	4.13	5.53	5.79	6.28	5.18
马来西亚	Malaysia	18.27	22.16	25.55	26.13	25.91
韩国	Republic of Korea	23.02	23.09	30.54	34.39	33.90
蒙古	Mongolia	0.30	0.27	0.63	0.55	0.31
印度	India	1.36	2.55	5.18	4.98	5.60
其它	Others	46.31	62.59	76.88	92.51	103.13
美洲	**America**	**16.68**	**19.91**	**24.40**	**29.13**	**29.80**
美国	The United States	11.88	13.13	16.51	18.95	19.73
加拿大	Canada	3.74	5.35	5.59	7.22	7.28
其它	Others	1.06	1.43	2.30	2.95	2.79
欧洲	**Europe**	**50.29**	**60.65**	**69.57**	**81.60**	**76.65**
英国	The United Kingdom	6.83	8.80	9.52	11.70	11.64
德国	Germany	7.64	9.48	9.95	12.99	12.61
法国	France	11.09	13.98	14.15	15.85	15.18
意大利	Italy	4.54	4.82	6.40	8.12	8.90
瑞士	Switzerland	6.75	8.05	10.37	10.56	9.21
瑞典	Sweden	3.18	3.57	4.98	5.34	5.25
荷兰	Neherlands	1.50	2.46	2.06	2.89	
西班牙	Spain	2.05	2.45	2.59	3.84	2.67
俄罗斯	Russia	1.32	1.40	2.07	3.64	2.38
其它	Others	5.41	5.64	7.48	6.65	8.81
大洋州	**Oceanic**	**6.38**	**7.47**	**9.46**	**11.51**	**12.01**
澳大利亚	Australia	5.08	5.72	7.16	8.90	8.93
新西兰	New Zealand	1.03	1.25	1.53	1.79	2.08
其它	Others	0.27	0.51	0.77	0.82	0.99
非洲	**Africa**	**0.51**	**0.44**	**0.69**	**0.65**	**0.68**
其它国家	**Others**	**1.40**	**1.67**	**1.92**	**5.55**	**5.25**
港澳台同胞	**Compatriots from Hong Kong, Macao and Taiwan**	**97.92**	**114.38**	**128.07**	**150.33**	**148.57**

主要统计指标解释

旅游人数

1. 入境旅游人数：指报告期内来我国观光、度假、探亲访友、就医疗养、购物、参加会议或从事经济、文化、体育、宗教活动的外国人、港澳台同胞等入境游客。统计时，外国人、港澳台同胞每入境一次统计1人次。

2. 出境人数：指中国（大陆）居民因公或因私出境前往其他国家、中国香港特别行政区、澳门特别行政区和台湾省观光、度假、探亲访友、就医疗养、购物、参加会议或从事经济、文化、体育、宗教活动的人数，即出境游客。统计时，按每出境一次统计1人次。

3. 国内旅游人数：指在报告期内在中国（大陆）居民离开惯常居住地在境内其他地方的观光游览、度假、探亲访友、就医疗养、购物、参加会议或从事经济、文化、体育、宗教活动的中国（大陆）居民人数，其出游的目的不是通过所从事的活动谋取报酬。统计时，国内游客按每出游一次统计1人次。

国际旅游（外汇）收入 指入境游客在中国（大陆）境内旅行、游览过程中用于交通、参观游览、住宿、餐饮、购物、娱乐等全部花费。

国内旅游收入 又称旅游总花费，指国内游客在国内旅行、游览过程中用于交通、参观游览、住宿、餐饮、购物、娱乐等全部花费。

国际旅行社 指经营业务范围包括入境旅游业务、出境旅游业务和国内旅游业务的旅行社。

国内旅行社 指经营范围仅限于国内旅游业务的旅行社。

星级饭店 指设备、设施、服务符合《旅游饭店星级的划分与评定》（GB/T14308-2003），通过相关旅游管理部门评定，并取得星级饭店称号的饭店（含预备星级饭店）。

Explanatory Notes on Principle Statistical Indicators

Number of Tourists

1. Visitor arrivals refer to the number of foreigners, Chinese compatriots from Hong Kong, Macao and Taiwan Chinese (mainland) who come to China (mainland) for sight-seeing, vacation, visiting relatives, medical treatment, shopping, attending conference, or to engage in economic, cultural, sports and religious activities. In compiling statistics, each time of entering China is counted as one person-time.

2. Number of Chinese residents going abroad refer to the number of Chinese (mainland) residents going to other countries, Hong Kong Special Administrative region, Macao Special Administrative region and Taiwan for on official or private purposes, for sight-seeing, vacation, visiting relatives, medical treatment, shopping, attending conference, or to engage in economic, cultural, sports and religious activities. In compiling statistics, each time of leaving is counted as one person-time.

3.Number of domestic tourists refers to the number of Chinese (mainland) residents who travel within China (mainland) for sight-seeing, vacation, visiting relatives, medical treatment, shopping, attending conference, or to engage in economic, cultural, sports and religious activities. In compiling statistics, each time of travelling is counted as one person-time.

Foreign Exchange Earnings from International Tourism refer to the total expenditure of foreigners, overseas Chinese, Chinese compatriots from Hong Kong, Macao and Taiwan during their stay in the mainland of China on transportation,sighting, accommodation, food, shopping and entertainment.

Income from Domestic Tourism refers to expenditure of domestic tourists on transportation, sighting, accommodation, food, shopping and entertainment while they travel.

International Travel Agencies refer to travel agencies engaged in tourism entering China, Chinese residents going abroad and domestic tourism.

Domestic Travel Agencies refer to travel agencies only engaged in domestic tourism.

Star-rated Hotels refer to hotels rated with stars as assessed by the relevant tourism authorities according to GB/T14308-2003 standard with reference to their infrastructure, facilities and service levels.

Chapter 13

十三、教育、科技和文化

Education,Science and Technology and Culture

13-1 主要年份各级各类教育学校数

Number of Schools by Level and Type in Significant Years

单位：所 (unit)

年 份 Year	普通高等教育学校 Regular Institutions of Higher Education	中等教育学校 Secondary Schools 普通中等教育专业学校 Regular Secondary Specialized Schools	普通教育中学 Regular Secondary Schools 合 计 Total	高 中 Senior Secondary Schools	初 中 Junior Secondary Schools	职业教育中学 Vocational Secondary Schools	普通教育小学 Primary Schools	幼儿园 Kindergartens
1978	15	70	1 476	841	635		66 672	371
1980	18	100	1 435	610	825	59	59 499	591
1985	26	111	1 765	528	1 237	179	58 484	1 981
1986	26	118	1 825	520	1 305	185	57 786	1 728
1987	26	127	1 885	518	1 367	197	57 055	1 798
1988	26	130	1 946	518	1 431	208	55 154	1 760
1989	26	138	1 994	506	1 488	215	54 145	1 522
1990	26	138	2 030	503	1 527	228	53 556	1 434
1991	26	139	2 068	497	1 571	216	30 231	1 097
1992	26	142	2 120	496	1 624	228	28 124	1 054
1993	26	142	2 178	789	1 699	234	26 376	1 093
1994	26	142	2 182	469	1 723	231	25 007	1 323
1995	26	143	2 225	455	1 770	233	24 612	1 340
1996	26	144	2 242	442	1 800	217	24 078	1 501
1997	26	146	2 240	431	1 809	217	23 724	1 412
1998	26	142	2 245	419	1 826	211	23 249	1 500
1999	24	136	2 225	407	1 818	209	22 705	1 568
2000	24	127	2 236	418	1 818	199	22 151	1 770
2001	28	121	2 276	419	1 857	209	21 315	1 530
2002	31	121	2 267	411	1 856	193	20 595	1 711
2003	34	113	2 275	421	1 854	181	20 296	1 862
2004	43	99	2 280	429	1 851	177	19 725	2 103
2005	44	96	2 257	443	1 814	172	18 747	2 247
2006	50	93	2 266	452	1 814	168	18 127	2 495
2007	51	93	2 281	465	1 816	182	17 163	2 760
2008	59	94	2 272	460	1 812	182	16 573	3 085
2009	61	94	2 248	457	1 791	191	15 826	3 381
2010	61	91	2 183	451	1 732	198	14 059	3 790
2011	64	89	2 144	444	1 700	193	13 320	4 257
2012	66	87	2 124	444	1 680	192	13 020	4 768
2013	67	82	2 114	440	1 674	188	12 845	5 326
2014	67	83	2 113	446	1 667	175	12 608	6 129

13-2 各级各类学校专任教师数（1978-2014年）

Number of Full-time Teachers by Level and Type of School （1978-2014）

单位：万人 (10 000 persons)

年份 Year	普通高等教育学校 Regular Institutions of Higher Education	中等学校 Secondary Schools 普通中等教育专业学校 Regular Secondary Specialized Schools	普通教育中学 Regular Secondary Schools 合计 Total	高中 Senior Secondary Schools	初中 Junior Secondary Schools	职业教育中学 Vocational Secondary Schools	普通小学 Primary Schools	幼儿园 Kindergartens
1978	0.37	0.22	5.90	1.16	4.74	0.02	16.41	0.25
1979	0.44		5.35				16.54	
1980	0.44	0.33	5.27	0.89	4.37	0.03	17.54	0.35
1981	0.45		4.83				17.96	
1982	0.50		4.77				17.62	
1983	0.53		4.82				17.75	
1984	0.56		4.86				17.15	
1985	0.64	0.46	5.21	1.07	4.14	0.19	17.16	0.81
1986	0.75	0.52	5.45	1.11	4.33	0.22	17.22	0.94
1987	0.78	0.60	5.86	1.16	4.70	0.25	17.23	0.94
1988	0.80	0.65	6.23	1.19	5.04	0.29	17.26	1.01
1989	0.80	0.69	6.58	1.21	5.37	0.34	17.40	1.09
1990	0.78	0.71	6.92	1.23	5.69	0.37	17.42	1.20
1991	0.76	0.71	7.25	1.27	5.98	0.44	17.44	1.24
1992	0.75	0.74	7.52	1.28	6.24	0.46	17.53	1.40
1993	0.72		7.66				17.59	
1994	0.73		7.85				17.84	
1995	0.74	0.79	8.02	1.27	6.75	0.55	18.14	1.63
1996	0.75	0.82	8.38	1.30	7.09	0.57	18.43	1.73
1997	0.77	0.84	8.81	1.31	7.51	0.60	18.91	1.89
1998	0.81	0.84	9.27	1.30	7.97	0.63	19.39	1.83
1999	0.83	0.83	9.89	1.35	8.54	0.69	20.11	1.86
2000	0.92	0.78	10.56	1.46	9.10	0.71	21.05	1.96
2001	1.00	0.77	10.97	1.60	9.37	0.71	21.77	1.31
2002	1.12	0.76	11.49	1.84	9.65	0.72	22.29	1.45
2003	1.22	0.73	12.02	2.15	9.87	0.72	22.16	1.53
2004	1.52	0.61	12.47	2.51	9.96	0.72	21.90	1.70
2005	1.68	0.63	13.17	2.98	9.96	0.75	21.92	1.80
2006	1.94	0.61	13.85	3.40	10.44	0.80	22.20	1.96
2007	2.12	0.63	14.31	3.68	10.63	0.89	22.27	2.13
2008	2.33	0.71	14.86	3.83	11.03	0.91	22.68	2.32
2009	2.49	0.74	15.52	3.97	11.55	0.96	23.38	2.53
2010	2.65	0.73	16.10	4.12	11.98	1.02	23.75	2.92
2011	2.95	0.76	16.21	4.29	11.92	1.05	23.48	3.27
2012	3.13	0.75	16.59	4.52	12.07	1.07	23.37	3.56
2013	3.44	0.76	16.91	4.73	12.18	1.07	23.02	4.01
2014	3.54	0.78	17.20	4.95	12.25	1.06	22.59	4.47

13-3 各级各类学校招生数（1978-2014 年）

Number of New Students Enrollment by Level and Type of School (1978-2014)

单位：万人 (10 000 persons)

年份 Year	普通高等教育学校 Regular Institutions of Higher Education	中等教育学校 Secondary Schools					普通小学 Primary Schools
		普通中等教育专业学校 Regular Specialized Secondary Schools	普通教育中学 Regular Secondary Schools			职业教育中学 Vocational Secondary Schools	
			合计 Total	高中 Senior Secondary Schools	初中 Junior Secondary Schools		
1978	0.71	1.28	51.55	10.42	41.13		109.34
1980	0.50	1.48	34.97	6.27	28.70	0.35	111.97
1985	1.26	1.97	36.58	6.32	30.26	1.95	103.58
1986	1.22	2.22	38.34	6.02	32.32	2.02	89.49
1987	1.32	2.45	39.22	5.91	33.31	2.21	79.96
1988	1.45	2.51	41.02	6.27	33.75	3.04	78.84
1989	1.27	2.29	41.49	6.05	35.44	2.97	78.46
1990	1.30	2.29	44.40	6.51	37.89	3.28	79.99
1991	1.34	2.36	45.15	6.46	38.69	5.80	81.75
1992	1.56	2.67	45.65	6.40	39.25	6.61	85.43
1993							
1994							
1995	1.65	3.51	47.66	6.54	41.12	6.56	87.93
1996	1.72	3.70	48.77	5.84	42.93	6.13	87.52
1997	1.83	3.96	52.52	6.25	46.27	6.31	85.27
1998	2.04	3.94	56.30	6.56	49.74	7.31	75.80
1999	2.75	3.65	62.94	7.43	55.51	7.77	70.99
2000	3.20	3.76	69.84	8.82	61.02	6.42	70.20
2001	4.25	4.67	72.20	10.67	61.54	6.20	72.36
2002	5.04	4.81	77.74	12.44	65.30	6.17	73.71
2003	6.22	4.54	81.59	13.84	67.75	5.35	73.11
2004	6.67	5.17	80.13	16.73	63.40	5.00	73.25
2005	7.45	5.97	82.31	19.00	63.31	5.80	73.34
2006	9.07	6.60	86.04	20.47	65.57	6.67	76.03
2007	9.92	6.92	88.59	20.33	68.26	8.73	75.46
2008	11.71	8.34	91.51	21.20	70.31	8.44	72.91
2009	13.24	9.79	91.74	22.03	69.70	10.71	69.50
2010	14.25	13.57	93.56	22.90	70.66	14.32	66.93
2011	16.13	10.18	93.00	24.38	68.62	8.23	65.38
2012	14.63	10.96	93.53	26.13	67.40	7.23	62.29
2013	16.83	10.95	94.90	26.74	68.16	6.86	61.35
2014	17.59	11.13	93.94	26.81	67.13	6.30	60.93

13-4 各级各类学校在校学生数（1978-2014 年）

Number of Students Enrolled by Level and Type of School （1978-2014）

单位：万人 (10 000 persons)

年 份 Year	普通高等教育学校 Regular Institutions of Higher Education	中等学校 Secondary Schools 普通中等教育专业学校 Regular Specialized Secondary Schools	普通教育中学 Regular Secondary Schools	高 中 Senior Secondary Schools	初 中 Junior Secondary Schools	职业教育中学 Vocational Secondary Schools	普通小学 Primary Schools	幼儿园 Kindergartens
1978	1.59	2.66	128.54	23.78	104.76	0.39	436.03	4.08
1979	1.86		108.47				427.32	
1980	1.81	4.02	96.86	14.67	82.20	0.54	424.39	10.32
1981	2.17		86.56				424.86	
1982	1.93		86.82				435.72	
1983	2.09		85.90				457.89	
1984	2.49		93.91				497.55	
1985	3.23	5.01	101.99	17.49	84.50	4.07	514.66	19.68
1986	3.77	5.58	110.52	18.22	92.30	4.84	512.13	20.35
1987	4.10	6.15	117.35	18.20	99.15	5.03	499.38	22.91
1988	4.50	6.79	119.38	18.13	101.25	6.04	480.40	23.32
1989	4.51	7.18	119.53	17.69	101.84	6.48	457.42	25.86
1990	4.35	7.38	123.95	18.06	105.89	6.82	446.86	30.06
1991	4.31	7.36	128.84	18.41	110.44	9.43	442.57	34.20
1992	4.54	7.75	131.66	18.66	113.01	10.26	445.43	40.26
1993								
1994								
1995	5.14	10.26	127.25	17.78	109.47	12.54	462.41	51.74
1996	5.40	10.97	133.43	17.61	115.82	9.78	473.12	53.35
1997	5.74	11.68	142.31	17.76	124.55	11.38	483.71	53.72
1998	6.24	12.24	152.15	17.84	134.31	12.51	485.45	54.37
1999	7.39	11.95	167.44	19.42	148.02	15.78	480.80	57.75
2000	9.04	11.92	185.97	22.21	163.76	15.85	472.06	60.35
2001	11.90	12.86	200.46	26.50	173.96	15.26	460.50	62.70
2002	14.34	13.89	215.14	31.55	183.58	14.64	450.93	66.85
2003	17.53	14.84	228.46	36.33	192.13	13.14	441.88	70.66
2004	20.06	14.76	235.06	41.98	193.09	13.21	440.65	75.37
2005	23.21	15.56	238.88	48.31	190.58	14.08	441.23	77.27
2006	26.81	17.35	244.70	54.54	190.16	16.21	452.26	82.38
2007	30.21	18.63	251.77	57.64	194.12	19.64	453.31	86.31
2008	34.35	20.53	259.48	59.47	200.01	21.28	451.04	89.57
2009	38.95	23.37	264.97	61.15	203.82	24.10	444.14	92.17
2010	43.69	29.00	270.63	63.28	207.35	28.64	435.21	98.69
2011	48.76	30.15	270.90	66.03	204.87	27.62	424.08	108.59
2012	51.22	31.56	265.95	70.62	195.33	24.96	406.70	112.23
2013	54.86	30.13	261.07	73.74	187.33	18.81	392.08	119.02
2014	57.70	30.84	266.55	76.85	189.70	17.83	382.69	124.58

13−5 各级各类学校毕业生数（1978−2014 年）

Number of Graduates by Level and Type of School （1978-2014）

单位：万人　　(10 000 persons)

年份 Year	普通高等教育学校 Regular Institutions of Higher Education	中等教育学校 Secondary Schools 普通中等教育专业学校 Regular Specialized Secondary Schools	普通教育中学 Regular Secondary Schools	高中 Senior Secondary Schools	初中 Junior Secondary Schools	职业教育中学 Vocational Secondary Schools	普通小学 Primary Schools
1978	0.33	0.99	44.60	9.19	35.41	0.11	56.76
1980	0.53	1.59	27.90	8.12	19.78	0.09	48.27
1985	0.54	1.23	24.32	4.63	19.69	0.58	51.90
1986	0.67	1.65	26.35	5.00	21.35	0.95	57.34
1987	0.98	1.92	28.83	5.58	23.25	1.55	60.99
1988	1.05	1.87	32.72	5.92	26.80	1.67	61.22
1989	1.27	1.88	33.96	5.81	28.15	2.12	62.58
1990	1.45	2.07	33.99	5.57	28.42	2.63	64.59
1991	1.32	2.34	33.32	5.56	27.77	2.21	61.95
1992	1.33	2.27	34.76	5.47	29.29	2.07	59.60
1993							
1994							
1995	1.63	2.63	35.71	5.55	30.16	2.83	56.03
1996	1.45	2.96	34.03	5.25	28.78	2.90	57.98
1997	1.49	3.20	37.03	5.48	31.55	2.97	61.25
1998	1.53	3.30	40.17	5.82	34.35	3.17	61.80
1999	1.58	3.50	42.80	5.15	37.65	3.50	65.61
2000	1.62	3.77	47.54	5.65	41.89	4.61	72.15
2001	1.94	3.69	52.50	5.93	46.56	4.94	76.04
2002	2.56	3.69	58.80	7.11	51.70	4.49	77.52
2003	3.13	3.94	63.94	8.45	55.49	4.30	77.15
2004	3.26	4.87	67.88	9.94	57.94	3.55	72.13
2005	4.49	4.88	73.10	11.60	61.50	4.07	69.32
2006	5.58	4.34	76.29	12.77	63.52	3.98	68.69
2007	6.61	5.07	76.21	15.33	60.88	4.51	71.46
2008	7.28	5.46	77.91	17.39	60.52	5.13	73.23
2009	8.36	6.31	80.45	18.38	62.08	5.58	73.31
2010	9.34	6.45	82.60	18.44	64.16	6.55	73.69
2011	10.73	6.93	86.00	19.23	66.77	5.97	72.91
2012	11.89	8.24	86.11	19.62	66.49	8.02	72.28
2013	12.79	10.72	83.48	21.00	62.48	10.21	71.38
2014	14.20	8.57	78.89	22.16	56.73	5.84	69.28

13-6 培养研究生数（1985-2014年）

Number of Postgraduates （1985-2014）

单位：万人 (10 000 persons)

年份 Year	招生数 New Students Enrollment	在校人数 Total Enrollment		毕业生数 Graduates	
		攻读硕士学位 Master's Degree	攻读博士学位 Doctor's Degree	攻读硕士学位 Master's Degree	攻读博士学位 Doctor's Degree
1985	0.04	0.07		0.01	
1986	0.04	0.10		0.01	
1987	0.03	0.10		0.03	
1988	0.02	0.09		0.05	
1989	0.02	0.07		0.04	
1990	0.02	0.05		0.02	
1991	0.01	0.05		0.02	
1992	0.02	0.05		0.01	
1993	0.03	0.06		0.02	
1995	0.03	0.09	0.01	0.02	
1996	0.04	0.10	0.02	0.03	
1997	0.06	0.14	0.02	0.03	
1998	0.06	0.15	0.02	0.04	0.01
1999	0.08	0.18	0.02	0.05	0.01
2000	0.12	0.24	0.03	0.05	
2001	0.18	0.34	0.04	0.06	0.01
2002	0.23	0.48	0.05	0.07	0.01
2003	0.33	0.67	0.07	0.11	0.01
2004	0.45	0.93	0.09	0.16	0.01
2005	0.55	1.22	0.11	0.21	0.02
2006	0.62	1.49	0.13	0.30	0.02
2007	0.65	1.68	0.15	0.40	0.02
2008	0.69	1.84	0.17	0.49	0.03
2009	0.83	2.03	0.19	0.55	0.03
2010	0.93	2.32	0.21	0.57	0.03
2011	0.95	2.58	0.23	0.62	0.04
2012	0.99	2.68	0.24	0.80	0.04
2013	1.04	2.80	0.26	0.85	0.04
2014	1.05	2.88	0.22	0.86	0.04

13-7 各级各类成人学校基本情况(2014年)

Basic Statistics on Adult Schools by Level and Type of School (2014)

单位：所，万人 (unit, 10 000 persons)

项 目	Item	学校数 Schools	毕业生数 Graduates	招生数 New Student Enrollment	在校学生数 Student Enrollment	教职工合计 Faculty	专任教师 Full-time Teachers
成人高等教育	**Adult Education Schools**	**2**	**5.89**	**7.02**	**20.33**	**0.02**	**0.01**
按办学形式	**Grouped by Form of Running a School**						
函 授	Correspondence Schools		4.21	4.12	12.77		
业 余	Sparetime Schools		1.44	2.59	7.00		
脱 产	Full-time Schools		0.24	0.31	0.57		
成人中专	**Secondary Specialized Schools for Adults**	**130**	**0.25**	**0.20**	**0.48**	**0.32**	**0.27**
成人小学	**Primary Schools for Adults**	**1 054**	**4.90**		**3.43**	**0.17**	**0.09**
小学班	Primary Courses	341	2.06		1.39	0.06	0.05

13-8 各级各类学校师生比例(2010-2014年)

Student-teacher Ratio by Level and Type of School (2010-2014)

单位：%　　(%)

年 份	普通高等院校 Regular Institutions of Higher Education	普通中专 Regular Secondary Specialized Schools	成人中专 Specialized Secondary Schools for Adult	普通高中 Regular Senior Secondary Schools	职业高中 Vocational Senior Secondary Schools	普通初中 Regular Junior Secondary Schools	职业初中 Vocational Junior Secondary Schools	小 学 Primary Schools	幼儿园 Kindergartens
2010	20.5	39.6	2.3	20.1	28.4	17.3	20.8	18.3	33.8
2011	19.4	39.7	1.7	15.4	26.2	17.2	37.4	18.6	33.2
2012	21.5	31.9	2.4	15.6	23.1	16.2	10.2	18.0	31.5
2013	18.4	28.5	0.6	15.6	18.1	15.4	10.0	17.0	29.7
2014	18.9	26.4	0.6	15.5	16.6	15.5	10.6	16.9	27.9

注：普通高等学校师生比例按教育部新标准测算。

Note: The data in this table are calculated according to the new standards of educational departments.

13-9 主要年份小学学龄儿童入学率

Enrollment Rate of School-age Children in Primary Schools in Significant Years

单位：万人 (10 000 persons)

年 份 Year	学龄儿童人数 School-Age Children	已入学学龄儿童数 School-Age Children Enrolled in Schools	入学率 (%) Enrollment Rate(%)		
			总计 Total	男生 Boys	女生 Girls
1980	400.79	349.54	87.20		
1985	421.61	384.14	93.10		
1990	342.40	324.06	94.60		
1995	427.81	416.79	97.40		
1997	452.05	446.64	98.40		
1998	454.13	448.37	98.37		
1999	449.02	444.52	99.00		
2000	438.41	434.10	99.02	99.11	98.90
2001	429.62	426.92	99.37	99.69	99.06
2002	421.63	419.86	99.58	99.56	99.60
2003	412.87	396.92	96.14	96.35	95.89
2004	416.06	400.02	96.15	96.28	96.00
2005	420.31	404.77	96.30	96.42	96.17
2006	427.83	413.17	96.57	96.69	96.44
2007	425.09	414.84	97.59	97.67	97.50
2008	420.32	413.15	98.29	98.30	98.28
2009	415.57	408.45	98.29	98.32	98.25
2010	402.01	400.82	99.71	99.69	99.71
2011	392.23	390.72	99.61	99.63	99.59
2012	370.61	369.03	99.57	99.61	99.53
2013	354.70	352.94	99.50	99.54	99.46
2014	349.56	347.83	99.51	99.54	99.47

13-10 初中、高中、高等教育毛入学率（2000-2014 年）

The Gross Enrollment Rate of the Junior Middle School Senior Selondany Education and Higher Education（2000-2014）

单位：%　　(%)

年 份 Year	初中阶段毛入学率 Gross Enrollment Rate of Junior Middle School			高中阶段毛入学率 Gross Enrollment Rate of Senior Selondany Education	高等教育毛入学率 Gross Enrollment Rate of Higher Education
	总计 Total	男生 Boys	女生 Girls		
2000	82.77	84.37	81.00	24.93	4.91
2001	84.95	86.64	83.09	25.99	6.11
2002	87.50	89.14	85.68	27.30	8.64
2003	90.79	92.00	89.44	28.00	11.00
2004	93.29	94.06	92.43	29.85	11.15
2005	95.35	96.27	94.31	33.66	12.65
2006	98.19	98.81	97.49	39.34	14.00
2007	99.63	100.19	98.99	45.71	14.61
2008	102.21	102.08	102.31	52.00	16.17
2009	103.12	103.00	103.18	58.60	17.57
2010	104.36	104.73	103.95	65.00	20.02
2011	105.24	105.74	104.69	70.00	23.00
2012	106.04	106.11	105.96	71.20	24.30
2013	106.56	106.52	106.60	72.10	25.80
2014	107.81	107.87	107.74	75.30	28.30

13-11 主要年份自然科学研究成果获奖统计
Statistics on Prizes of Natural Science Research Achievements in Significant Years

单位：项 (unit)

年份 Year	云南省自然科学研究成果科学技术奖 Provincial Technological Prize				
	申报数 Applications Acceptance	获奖数 Number of Prize-wining	奖励等级 Reward Grade		
			一等奖 Grade I	二等奖 Grade II	三等奖 Grade III
1985	455	149	3	22	124
1990	179	90		11	79
1995	293	182	1	19	162
1999	377	208	2	24	182
2000	444	193	6	24	163
2002	298	173	8	29	136
2003	416	239	12	15	212
2004	374	221	12	42	167
2005	404	242	15	50	177
2006	413	230	12	46	172
2007	420	227	15	45	167
2008	402	211	22	42	147
2009	411	198	18	40	140
2010	401	174	14	35	125
2011	346	192	21	40	131
2012	360	194	20	41	133
2013	322	180	14	37	129
2014	339	180	14	38	128

注：1.1985年和2010年一等奖中各含特等奖1项；2011年、2012年和2013年一等奖中各含特等奖2项；2014年一等奖中 含特等奖1项、杰出贡献奖1项。

2.云南省星火奖从1988年开始实行，2000年以后不再统计

Note: a.Number of the first prizes in 1985 and 2010 includs one special award respectively,in 2011,2012 and 2013 includes two special awards,in 2014 includes one special award and one outstanding contribution award.

b. The Spark Prize was executed in 1988 in Yunnan province,and it hasn't been calculated since 2000.

13-12 主要年份自然科学研究机构数（独立科研机构）

Number of Research Institutions of Natural Science in Significant Years (Independent Research Institutions)

单位：个 (unit)

年 份 Year	中 国 科学院 Chinese Academy of Sciences	国务院各部委直属 Directly under Departments of State Council	省业务局直属 Directly under Provincial Departments	州(市)直属 Directly under Prefecture (municipal) Departments	年 份 Year	中 国 科学院 Chinese Academy of Sciences	国务院各部委直属 Directly under Departments of State Council	省业务局直属 Directly under Provincial Departments	州(市)直属 Directly under Prefecture (municipal) Departments
1980	5	12	54	83	2004	3	5	24	62
1985	4	15	57	72	2005	3	4	23	61
1990	4	14	55	80	2006	3	4	22	60
1995	4	12	54	79	2007	3	4	21	58
1996	4	12	54	79	2008	3	5	19	59
1997	4	12	54	78	2009	3	5	19	58
1998	4	12	53	77	2010	3	5	18	60
1999	4	12	51	73	2011	3	5	18	61
2000	4	9	55	67	2012	3	5	19	57
2001	4	9	55	65	2013	3	5	19	56
2002	4	9	55	64	2014	3	5	19	60
2003	3	8	55	64					

13-13 主要年份分行业自然科学独立研究机构数

Number of Independent Research Institutions of Natural Science by Sector in Significant Years

单位：个 (unit)

年 份 Year	全 省 Yunnan	农 业 Farming	工 业 Industry	建筑业 Construction	交通运输邮电通讯业 Transport, Postal and Telecommunication Services	社会服务业 Social Services	卫生、体育和社会福利业 Health Care, Sports and Social Welfare	科学研究与综合技术服务业 Scientific Research and Polytechnic Services	地质普查及勘探业 Geological Prospecting
1985	149	59	44	2	3		16	24	1
1990	153	79	35	2	3	3	12	17	2
1994	150	77	32	2	3	3	12	19	2
1995	149	76	32	2	3	3	12	19	2
1996	149	61	36	2	3	5	11	28	3
1997	148	57	48	2	3	7	12	16	3
1998	146	57	46	2	3	7	12	16	3
1999	140	56	44	2	3	7	11	14	1
2000	135	67	25	1	3	4	5	29	1
2001	133	67	22	1	3	4	6	29	1
2002	132	70	22	1	3	4	6	25	1
2003	130	70	27	2	2	4	6	19	
2004	94	57	10	1	1	6	7	12	
2005	91	56	9	1	1	5	7	11	1
2006	89	56	8	1	1	5	7	10	1
2007	86	56	7	1	1	5	6	9	1
2008	86	56	7	1	1	4	6	10	1
2009	85	56	7		1	4	6	10	1
2010	86	55	8		1	4	7	10	1
2011	87	56	8		1	4	7	11	
2012	84	55	7		1	4	8	9	
2013	83	53	8		1	4	8	9	
2014	87	53	7	1	1	4	8	13	

注：从 1991 年起不包括国防科工委系统。

Note: Units under committee of science, technology and industry for national defense have not been included since 1991.

13-14 主要年份分行业自然科学独立研究机构科技活动人员数

Number of Scientific and Technical Personnel in Independent Research Institutions of Natural Science by Sector in Significant Years

单位：人 (person)

年份 Year	全省 Yunnan	农业 Farming	工业 Industry	建筑业 Construction	交通运输邮电通讯业 Transport, Postal and Telecommunication Services	社会服务业 Social Services	卫生、体育和社会福利业 Health Care, Sports and Social Welfare	科学研究与综合技术服务业 Scientific Research and Polytechnic Services	地质普查及勘探业 Geological Prospecting
1985	8 012	1 956	3 522	60	193		845	1 340	96
1990	11 008	2 801	5 006	89	190	98	814	1 890	120
1994	8 875	2 818	2 746	72	187	105	876	1 948	123
1995	8 722	2 821	2 606	67	175	115	875	1 943	120
1996	8 260	2 572	2 523	64	170	331	562	1 895	143
1997	8 135	2 524	2 724	53	172	411	592	1 532	127
1998	7 863	2 305	2 619	62	154	400	623	1 482	128
1999	7 606	2 528	2 306	98	160	409	522	1 443	58
2000	7160	2 819	1 754	82	152	258	321	1 726	48
2001	7224	2 978	1 609	82	138	220	406	1 748	43
2002	6965	3 060	1 574	85	157	201	407	1 433	48
2003	6573	3 033	1 578	164	116	156	352	1 174	
2004	5229	3 281	293	50	45	317	413	830	
2005	5151	3 192	298	50	46	277	413	811	64
2006	5517	3 497	343	60	35	285	406	826	65
2007	5467	3 452	373	55	35	292	334	865	61
2008	5471	3 465	323	55	38	279	333	917	61
2009	5657	3 476	302		47	283	292	1 196	61
2010	5 774	3 527	309		44	291	312	1 230	61
2011	5856	3 589	307		45	269	328	1 318	
2012	6088	3 598	344		40	261	444	1 401	
2013	6324	3 860	307		44	227	496	1 390	
2014	6326	3 593	327	14	43	282	498	1 569	

注：从 1991 年起不包括国防科工委系统。

Note: Units under committee of science, technology and industry for national defense have not been included since 1991.

13-15 各州市自然科学机构中从事科技人员数(2014年)
Number of Scientific and Technical Personnel in Natural Science Institutions by Region (2014)

单位：人 (person)

州 市	Region	科技人员数 Scientists and Technicians	高级技术人员 Senior Technicians	中级技术人员 Middle Technicians	其他 Others
全 省	**Yunnan**	**6 326**	**2 060**	**2 264**	**2 002**
昆 明	Kunming	2 506	987	889	630
曲 靖	Qujing	56	25	24	7
玉 溪	Yuxi	45	24	15	6
保 山	Baoshan	128	37	37	54
昭 通	Zhaotong	66	33	19	14
丽 江	Lijiang	62	13	22	27
普 洱	Pu'er	214	46	60	108
临 沧	Lincang	121	31	49	41
楚 雄	Chuxiong	112	36	56	20
红 河	Honghe	175	49	57	69
文 山	Wenshan	190	30	64	96
西双版纳	Xishuangbanna	412	93	138	181
大 理	Dali	252	77	82	93
德 宏	Dehong	266	33	58	175
怒 江	Nujiang	30	7	13	10
迪 庆	Diqing	27	6	10	11

13-16 各州市独立研究与开发机构情况(2013-2014年)
Basic Statistics on Independent Scientific Research and Development Institutions by Region (2013-2014)

单位：个、人 (unit, person)

州 市	Region	2013				2014			
		合 计 Total		自然科学 Natural Science		合 计 Total		自然科学 Natural Science	
		机 构 Institutions	人 员 Employees	机 构 Institutions	人 员 Employees	机 构 Institutions	人 员 Employees	机 构 Institutions	人 员 Employees
全 省	**Yunnan**	**99**	**8 828**	**83**	**8 086**	**109**	**9 012**	**87**	**8 182**
昆 明	Kunming	37	5 651	28	4 990	40	5 787	30	5 102
曲 靖	Qujing	4	114	3	109	3	72	2	64
玉 溪	Yuxi	3	65	2	56	3	75	1	45
保 山	Baoshan	4	126	4	126	4	128	4	128
昭 通	Zhaotong	2	93	2	93	4	98	3	82
丽 江	Lijiang	3	72	3	72	4	78	3	63
普 洱	Pu'er	7	250	6	236	7	249	6	236
临 沧	Lincang	4	111	4	111	6	137	5	128
楚 雄	Chuxiong	5	174	4	140	5	172	4	141
红 河	Honghe	6	218	5	209	6	209	5	200
文 山	Wenshan	4	218	4	218	4	228	4	228
西双版纳	Xishuangbanna	6	1 132	6	1 132	7	1 173	7	1 173
大 理	Dali	3	263	3	263	3	264	3	264
德 宏	Dehong	7	279	6	274	7	273	6	268
怒 江	Nujiang	3	39	2	34	3	38	2	33
迪 庆	Diqing	1	23	1	23	3	31	2	27

13-17 独立研究与开发机构基本情况(2009-2014年)

Basic Statistics on Independent Research and Development Institutions (2009-2014)

单位：个、人 (unit, person)

指 标	Item	2009	2010	2011	2012	2013	2014
机构合计	**Total Institutions**	**95**	**103**	**103**	**101**	**99**	**109**
人员合计	**Total Employees**	**8 071**	**8 307**	**8 154**	**8 349**	**8 828**	**9 012**
自然科学技术领域	Field of Natural Sciences and Technology						
机构数	Number of Institutions	85	86	87	84	83	87
人员数	Number of Employees	7 441	7 563	7 433	7 575	8 086	8182
# 大学本科及以上学历	Bachelor Degree and above	3 576	3 772	4 026	4 389	5 278	4866
社会、人文科学技术领域	Field of Social Sciences and Humanities						
机构数	Number of Institutions	4	8	7	8	7	10
人员数	Number of Employees	387	464	438	485	458	516
# 大学本科及以上学历	Bachelor Degree and above	301	343	335	382	364	436
科技情报和文献机构	Scientific-Technological Information and Literature Institutions						
机构数	Number of Institutions	6	9	9	9	9	12
人员数	Number of Employees	243	280	283	289	284	314
# 大学本科及以上学历	Bachelor Degree and above	179	211	212	230	230	262

注：科学家和工程师2009年后调整为大学本科及以上学历。
Note: Since 2009,number of scientists and engineers refers to number of scientists and engineers with bachelor degree or above.

13-18 主要年份专利申请和批准数

Number of Patents Applications Approved and Granted in Significant Years

单位：件 (unit)

年 份 Year	专利申请数（件） Applications for Patent	发 明 Invention	实用新型 Utility Models	外观设计 Design	专利批准数（件） Applications Granted	发 明 Invention	实用新型 Utility Models	外观设计 Design
1985	135	66	65	4				
1990	461	77	326	58	362	24	312	26
1993	729	164	485	80	686	35	568	83
1994	883	171	499	213	439	25	367	47
1995	959	195	476	288	569	35	346	188
1996	1 290	266	665	359	602	33	336	233
1997	1 108	163	612	333	692	20	362	310
1998	1 136	163	579	394	832	45	477	310
1999	1 246	198	609	438	1 185	73	695	417
2000	1 710	341	737	632	1 216	139	606	417
2001	1 793	344	807	642	1 347	113	662	572
2002	1 780	448	722	610	1 128	83	522	523
2003	1 976	574	797	605	1 213	172	521	513
2004	1 710	341	737	632	1 216	139	606	471
2005	2 556	776	905	875	1 381	306	563	512
2006	3 085	1 005	1 076	1 004	1 637	355	689	593
2007	3 108	1 014	1 100	994	2 139	368	1 017	754
2008	4 089	1 474	1 389	1 226	2 021	383	1 038	600
2009	4 633	1 637	1 825	1 171	2 923	476	1 338	1 109
2010	5 645	2 333	2 212	1 100	3 823	652	2 026	1 145
2011	7 150	2 796	3 175	1 179	4 199	1 006	2 217	976
2012	9 260	3 324	4 482	1 454	5 853	1 301	3 456	1 096
2013	11 512	3 961	5 705	1 846	6 804	1 312	4 322	1 170
2014	13 343	4 732	6 508	2 103	8 124	1 423	5438	1263

13-19 文化事业机构数（1978-2014 年）
Number of Cultural Institutions（1978-2014）

单位：个 (unit)

年份 Year	文化艺术事业 Culture and Art		图书出版社 Publishing Houses	博物馆 Museums	公共图书馆 Public Libraries
	表演团体 Art Performance Troupes	艺术表演场所 Art Performance Sites			
1978	149	3	2	4	16
1979	154			3	66
1980	154	26	2	4	80
1981	159			3	84
1982	157	15	4	3	149
1983	157			5	142
1984	158			10	149
1985	154			16	149
1986	147			17	148
1987	147			17	148
1988	141			17	148
1989	137			20	148
1990	137	46	7	20	148
1991	137			21	148
1992	136			22	148
1993	136			22	148
1994	135	44	8	22	148
1995	134	44	8	22	148
1996	133	42	8	23	148
1997	132	40	8	26	148
1998	131	40	8	27	148
1999	130	39	8	27	147
2000	129	40	8	30	148
2001	128	41	8	30	147
2002	124	38	8	30	148
2003	123	39	8	30	149
2004	116	40	8	31	149
2005	135	38	8	32	149
2006	126	33	8	33	149
2007	131	31	8	36	149
2008	127	31	8	36	150
2009	146	34	8	113	150
2010	142	36	8	120	150
2011	161	27	8	84	152
2012	220	60	8	85	152
2013	259	18	8	84	152
2014	284	17	8	86	151

13–19 续表 continued

单位：个 (unit)

年 份 Year	群众文化事业 Mass Culture		广播事业 Broadcasting and Television Stations	
	群众艺术馆及文化馆 Mass Art Centers and Cultural Centers	文化站 Cultural Stations	中短波发射台 Medium and Short Wave Transmitting Station	县级以上广播电台 Broadcasting Stations above County Level
1978	145	2	5	3
1980	148	388	5	4
1985	148	1 456	12	5
1990	147	1 477	24	12
1994	147	1 591	15	13
1995	147	1 567	30	14
1996	147	1 582	30	14
1997	147	1 577	44	13
1998	147	1 593	44	13
1999	147	1 580	44	13
2000	147	1 551	44	14
2001	146	1 586	28	14
2002	147	1 576	27	11
2003	148	1 582	17	12
2004	149	1 577	33	14
2005	149	1 535	33	15
2006	148	1 400	33	15
2007	148	1 375	56	15
2008	148	1 376	56	16
2009	148	1 365	56	16
2010	148	1 369	57	16
2011	148	1 371	60	17
2012	148	1 378	60	12
2013	148	1 398	60	6
2014	148	1 410	60	9

注：电视发射台及转播台2010年以前数据为中短波发射台数。

Note: Data of television transmitting station and rebroadcasting stations before 2010 are data of medium and short wave transmitting stations.

13-20 艺术、群众文化发展情况（1978-2014年）

Basic Statistics on Artist and Mass Cultural Development （1978-2014）

年份 Year	艺术活动 Artist Activities		群众文化活动 Mass Cultural Activities	
	演出场次（万场） Number of Performances (10 000 shows)	国内观众人次（万人次） Number of Domestic Spectators (10 000 person-times)	办展览（万个） Number of Exhibitions (10 000 units)	训练班结业（万人次） Number of Persons Completing Courses (10 000 person-times)
1978	0.68	975.60	0.06	
1979				
1980	1.61	1 528.80	0.10	1.16
1981	1.50	1 376.40	0.09	1.29
1982	1.68	1 569.50	0.09	1.63
1983	1.74	1 481.60	0.07	2.21
1984	1.22	1 230.20	0.09	6.81
1985	0.91	886.40	0.08	2.02
1986	0.76	638.20	0.12	2.50
1987	0.82	694.40	0.09	2.82
1988	0.84	782.90	0.07	2.75
1989	0.80	840.20	0.23	2.30
1990	0.91	1 064.50	0.25	2.40
1991	0.92	926.60	0.24	2.86
1992	0.40	322.00	0.20	8.24
1993	0.60	773.00	0.23	8.01
1994	1.13	859.60	0.26	8.04
1995	1.45	1 295.40	0.21	7.03
1996				
1997				
1998				
1999	1.02	1 206.60	0.31	19.20
2000	1.01	1 329.20	0.34	17.80
2001	1.10	1 220.90	0.30	16.70
2002	0.89	1 111.30	0.31	20.80
2003	0.90	1 029.80	0.33	21.60
2004	1.03	1 320.00	0.53	21.88
2005	0.82	1 113.70	0.43	22.60
2006	0.89	1 227.70	1.15	23.10
2007	1.50	1 254.70	0.31	43.90
2008	0.96	1 122.60	0.33	47.30
2009	2.37	2 069.60	0.42	58.60
2010	2.10	1 740.70	0.42	63.81
2011	2.04	1 549.80	0.32	85.94
2012	2.66	2 226.98	0.39	128.56
2013	3.82	2 305.28	1.13	263.61
2014	5.28	2 605.57	0.52	146.09

13–21 图书馆、博物馆利用情况（1978–2014 年）
Facilities and Services of Libraries and Museums（1978-2014）

年 份 Year	图书馆 Library		博物馆 Museum	
	借阅册次（万册次）Number of Books Borrowed by the Readers (10 000 volume-times)	借阅人次（万人次）Number of Circulation Borrowing People (10 000 person-times)	陈列、展览（个）Number of Displays and Exhibitions (unit)	参观人数（万人次）Number of Visitors (10 000 person-times)
1978	55.20	35.80		
1979				
1980	338.40	288.90	19	4.00
1981	460.60	336.40	19	22.90
1982	607.90	412.10	10	6.30
1983	655.00	620.70	9	6.00
1984	746.50	696.40	16	13.70
1985	539.90	463.00	99	47.30
1986	483.00	466.00	48	33.20
1987	649.50	525.80	60	67.20
1988	683.00	507.00	59	42.10
1989	680.00	499.00	82	45.00
1990	710.00	517.00	85	50.60
1991	519.30	1 131.30	70	48.00
1992	630.50	349.60	68	46.00
1993	560.00	608.50	64	44.70
1994	552.10	510.10	64	38.90
1995	528.50	558.60	112	88.70
1996				
1997				
1998				
1999	742.60	403.00	146	143.70
2000	680.30	383.40	145	106.60
2001	687.70	372.90	156	111.20
2002	641.40	341.50	109	123.40
2003	618.10	342.20	98	58.00
2004	585.00	276.60	131	126.60
2005	700.50	351.90	139	137.10
2006	631.20	317.10	221	181.50
2007	607.10	396.50	131	151.40
2008	568.00	276.90	299	234.10
2009	767.00	389.70	598	932.60
2010	702.40	402.60	2 681	1 529.10
2011	982.18	415.50	509	1 020.50
2012	759.77	473.99	524	1 078.36
2013	869.58	506.69	365	1 238.43
2014	892.14	529.94	452	1 678.70

13-22 图书、杂志、报纸出版发行情况（1978-2014年）
Publication of Books, Magazines and Newspapers （1978-2014）

年份 Year	出版总数（种） Number of Publications (kind)			出版印数 Printed Copies		
	图书 Books Published	杂志 Magazines Published	报纸 Newspapers Published	图书（万册） Books Published (10 000 copies)	杂志（万册） Magazines Published (10 000 copies)	报纸（亿份） Newspapers Published (100 million copies)
1978	333	31	7	6 753	75	
1979				6 293	96	
1980	336	87	11	8 106	739	1.76
1981				7 082	890	1.72
1982				8 332	850	1.73
1983				8 810	1 141	0.99
1984				12 229	1 152	2.96
1985	568	65	43	11 411	1 161	3.21
1986				10 111	1 103	3.58
1987				11 877	1 491	2.40
1988				12 288	1 266	2.60
1989				13 072	1 072	2.05
1990	804	68	41	12 330	954	2.23
1991				12 568	1 117	2.37
1992				13 027	1 305	0.26
1993				11 667	1 453	2.72
1994				11 248	1 391	2.23
1995	1 452	99	44	11 889	1 604	2.59
1996				13 489	1 495	2.74
1997				15 413	1 566	3.44
1998				14 281	1 599	2.87
1999				17 151	1 811	2.96
2000	1 644	125	70	13 414	2 877	3.60
2001				13 471	3 186	3.68
2002				12 687	2 755	3.93
2003				14 687	2 745	4.26
2004				15 052	2 379	4.72
2005	2 337	124	61	12 898	2 308	4.97
2006	2 471	124	61	17 388	2 898	5.33
2007	3 117	126	63	15 962	2 793	5.59
2008	3 336	126	63	17 485	3 265	5.89
2009	3 541	125	63	17 068	3 086	6.72
2010	4 598	126	64	15 084	3 538	6.41
2011	6 110	125	64	16 952	3 326	6.52
2012	7 901	127	63	16 736	3 890	6.54
2013	7 730	127	64	17 162	4 157	6.51
2014	6 958	127	63	15 307	4 000	6.14

13-23 各州市文化、文物事业建设情况（2014 年）
Basic Statistics on Development of Culture and Cultural Relics by Region (2014)

州 市	Region	公共图书馆（个）Public Libraries (unit)	公共图书馆藏书量（万册）Number of books in Public Libraries (10 000 volumes)	艺术表演团体（个）Numbers of Art Performance Troupes(unit)	艺术表演场所（个）Arts Per for-mance Places (unit)	群众艺术馆及文化馆（个）Mass Art and Cultural Centers (unit)	文化站（个）Cultural Centers (unit)	文物事业费（亿元）Total Expendit-ures on Cultural Relics (100 million yuan)	博物馆（个）Museums (unit)
全 省	**Yunnan**	**151**	**1 864.53**	**284**	**17**	**148**		**3.16**	**86**
云南省本级	Provincial Level	1	318.35	4		1		0.43	1
昆 明	Kunming	17	303.69	31	3	15		0.35	24
曲 靖	Qujing	11	129.94	30	2	10		0.11	5
玉 溪	Yuxi	10	129.78	12	3	10		0.16	4
保 山	Baoshan	7	69.63	13	1	6		0.17	8
昭 通	Zhaotong	12	83.11	14		12		0.09	4
丽 江	Lijiang	6	51.28	17		6		0.18	6
普 洱	Pu'er	11	89.53	12		11		0.10	5
临 沧	Lincang	9	68.51	13		9		0.08	2
楚 雄	Chuxiong	11	125.56	12	2	11		0.18	4
红 河	Honghe	14	177.38	16	2	14		0.48	10
文 山	Wenshan	9	71.60	14		9		0.14	3
西双版纳	Xishuangbanna	4	20.19	4	1	4		0.03	1
大 理	Dali	13	112.89	23	1	14		0.52	4
德 宏	Dehong	7	50.36	16		7		0.04	
怒 江	Nujiang	5	42.66	5		5		0.05	1
迪 庆	Diqing	4	20.07	48	2	4		0.05	4

13-24 广播电视业发展情况(2008-2014年)

Basic Statistics on Development of Radio and Television (2008-2014)

年 份 Year	广播电视台电台 (座) Number of Broadcasting Stations (unit)	职工人数 (万人) Number of Staff and Workers (10 000 persons)	广播人口覆盖率 (%) Radio Coverage of Population (%)	电视人口覆盖率 (%) Television Coverage of Population (%)
2008	16	1.50	93.1	94.3
2009	16	1.55	94.3	95.1
2010	17	1.63	95.4	96.4
2011	17	1.75	95.7	96.7
2012	12	1.83	96.0	97.0
2013	11	1.80	96.3	97.5
2014	10	1.91	96.5	97.48

13−25 规模以上工业企业科技活动基本情况（2010−2014 年）

Basic Statistics on Science and Technology Activities of Industrial Enterprises above Designated Size（2010-2014）

指　标	Item	2010	2011	2012	2013	2014
企业基本情况	**Statistics on Industrial Enterprises**					
有 R&D 活动企业数（个）	Number of Enterprises Having R&D Activities (unit)	204	285	304	394	500
有 R&D 活动企业所占比重 (%)	Percentage of Enterprises Having R&D Activities to Total Number of Enterprises(%)	5.74	10.43	9.47	11.14	13.22
R&D 活动情况	**Statitstics on R&D Activities**					
R&D 人员全时当量（万人年）	**Full-time Equivalent of R&D Personnel (10 000 Person-years)**	**0.89**	**1.03**	**1.23**	**1.18**	**1.3**
R&D 经费内部支出（亿元）	Intramural Expenditure on R&D (100 million yuan)	21.10	29.92	38.44	45.43	51.66
R&D 经费内部支出与主营业务收入之比 (%)	Percentage of Intramural Expenditure on R&D to Sales Revenue(%)	0.36	0.39	0.43	0.46	0.5
R&D 项目数（项）	Projects of R&D(item)	1 335	1 514	1 665	1 729	2102
R&D 项目经费内部支出（亿元）	Intramural Expenditure on R&D Projects(100 million yuan)	15.28	23.92	30.46	36.46	45
企业办科技机构情况	**Statitstics on R&D Institutions**					
机构数（个）	Number of R&D Institutions(unit)	254	314	287	339	388
机构人员数（万人）	R&D Personnel(10 000 persons)	1.26	1.30	1.22	1.32	1.38
机构经费支出（亿元）	Expenditure on R&D (100 million yuan)	25.25	29.33	43.07	38.88	34.29
新产品开发及生产情况	**Statitstics on New Products Development and Production**					
新产品开发项目数（项）	Number of New Products (unit)	1 097	1 492	1 512	1 903	2123
新产品开发经费支出（亿元）	Expenditure on New Products Development(100 million yuan)	30.17	39.17	39.63	49.68	60.57
新产品销售收入（亿元）	Sales Revenue of New Products(100 million yuan)	274.69	380.77	446.82	443.38	518.26
# 新产品出口	Export	22.62	25.80	26.21	20.86	17.09
专利情况	**Statistics on Patent**					
专利申请数（件）	Patent Applications(unit)	1 098	1 733	2 404	2 793	3137
# 发明专利	Inventions	505	716	1066	1167	1281
有效发明专利数（件）	Number of Patents In Force(unit)	1 082	1 217	1 644	2 280	2865
技术获取和技术改造情况（亿元）	**Statistics on Technology Acquisition and Technology Reconstruction(100 million yuan)**					
引进技术经费支出	Expenditure for Acquisition of Technology	5.76	3.10	3.06	1.40	2.06
消化吸收经费支出	Expenditure for Assimilation of Technology	1.00	0.40	2.15	0.99	0.72
购买国内技术经费支出	Expenditure for Purchase of Domestic Technology	4.70	6.60	5.66	0.96	0.89
技术改造经费支出	Expenditure for Technical Renovation	50.20	61.52	40.47	40.63	40.15

13－26 按登记注册类型分规模以上工业企业研究与试验发展（R&D）活动情况（2014 年）

Basic Statistics on R&D Activities of Industrial Enterprises above Designated Size by Registration Status (2014)

登记注册类型	Status of Registration	R&D 人员全时当量（人年）Full-time Equivalent of R&D Personnel (person-year)	R&D 经费（亿元）Expenditure on R&D (100 million yuan)	R&D 项目数（项）R&D Projects (unit)
全　省	**Yunnan**	**12980.3**	**51.66**	**2102**
内资企业	**Domestic Funded Enterprises**	**12274.9**	**47.61**	**1927**
国有企业	State-owned Enterprises	554.4	1.92	149
集体企业	Collective-owned Enterprises	66.8	0.24	16
股份合作企业	Cooperative Enterprises	30.0	0.02	2
联营企业	Joint Ownership Enterprises			
国有联营企业	State Joint Ownership Enterprises			
有限责任公司	Limited Liability Corporations	5948.2	22.37	944
国有独资公司	State Sole Funded Corporations	1564.7	7.26	178
股份有限公司	Share-holding Corporations Ltd.	3128.3	11.46	411
私营企业	Private Enterprises	2536.2	11.55	404
其他企业	Other Enterprises	11.0	0.05	1
港澳台商投资企业	**Enterprises with Funds from Hong Kong, Maccao & Taiwan**	**485.9**	**3.24**	**137**
合资经营企业	Joint-venture Enterprises	188.3	1.01	56
合作经营企业	Cooperative Enterprises	0.6	0.00	2
独资经营企业	Enterprises with Sole Fund	130.0	0.48	22
投资股份有限公司	Share-holding Corporations Ltd.	167.0	1.74	57
外商投资企业	**Foreign Funded Enterprises**	**219.6**	**0.81**	**38**
中外合资经营企业	Joint-venture Enterprises	152.5	0.60	25
中外合作经营企业	Cooperation Enterprises			
外资企业	Enterprises with Sole Fund	65.2	0.21	12
外商投资股份有限公司	Share-holding Corporations Ltd.	1.9	0.01	1

13-27 按行业分规模以上工业企业研究与试验发展(R&D)活动情况(2014年)

Basic Statistics on R&D Activities of Industrial Enterprises above Designated Size by Industrial Sector (2014)

行业	Sector	R&D人员全时当量(人年) Full-time Equivalent of R&D Personnel (person-year)	R&D经费(亿元) Expenditure on R&D (100 million yuan)	R&D项目数(项) R&D Projects (unit)
全 省	**Yunnan**	**12980.3**	**51.66**	**2102**
煤炭开采和洗选业	Mining and Washing of Coal	61.9	0.19	6
石油和天然气开采业	Extraction of Petroleum and Natural Gas			
黑色金属矿采选业	Mining and Dressing of Ferrous Metal Ores	47.1	1.08	27
有色金属矿采选业	Mining and Dressing of Nonferrous Metals Ores	291.5	0.55	27
非金属矿采选业	Mining and Dressing of Nonmetal Ores	521.0	1.49	43
农副食品加工业	Processing of Farm and Sideline Food	976.0	4.03	137
食品制造业	Manufacture of Food	172.8	0.72	39
酒、饮料和精制茶制造业	Manufacture of Wine,Beverage and Refined Tea	361.4	1.48	81
烟草制品业	Tobacco Products Manufacturing	421.3	3.07	68
纺织业	Textile Industry	17.0	0.03	2
纺织服装、服饰业	Manufacture of Textile Garments and Dress Accessory			
皮革、毛皮、羽毛及其制品和制鞋业	Feather, Furs, Down, Related Products and Footwear Manufacturing	9.2	0.02	6
木材加工和木、竹、藤、棕、草制品业	Timber Processing, Bamboo, Cane, Palm Fiber & Straw Products Manufacturing	111.8	0.38	10
家具制造业	Manufacture of Furniture			
造纸和纸制品业	Papermaking and Paper Products Manufacturing	300.0	0.67	39
印刷和记录媒介复制业	Printing and Record Medium Reproduction	279.4	1.18	56
文教、工美、体育和娱乐用品制造业	Manufacture of Culture, Education,Industrial Arts, Sports and Entertainment Goods	11.5	0.07	2
石油加工、炼焦和核燃料加工业	Petroleum Refining, Coking and Nuclear Fuel Processing	16.0	0.05	11
化学原料和化学制品制造业	Manufacture of Raw Chemical Materials and Chemica Products	1136.6	3.80	281
医药制造业	Manufacture of Medicines	1618.0	6.92	383
化学纤维制造业	Chemical Fiber Manufacturing	20.2	0.08	11
橡胶和塑料制品业	Rubber and Plastic Products Manufacturing	123.3	0.89	21
非金属矿物制品业	Nonmetal Mineral Products Manufacturing	569.7	1.17	57
黑色金属冶炼和压延加工业	Smelting and Pressing of Ferrous Metals	524.0	2.76	55
有色金属冶炼和压延加工业	Smelting and Pressing of Nonferrous Metals	3259.4	12.25	329
金属制品业	Metal Products Manufacturing	48.5	0.21	13
通用设备制造业	Manufacture of General Purpose Equipment	304.1	3.20	73
专用设备制造业	Manufacture of Special Purpose Equipment	477.0	0.98	62
汽车制造业	Automotive Industry	293.3	0.92	84
铁路、船舶、航空航天和其他运输设备制造业	Manufacture of Transport Equipment for Railway,Boats and Aerospace and Other Transport Equipments	127.0	0.67	9
电气机械和器材制造业	Electric Equipment and Machinery Manufacturing	343.8	1.42	72
计算机、通信和其他电子设备制造业	Communication Equipment, Computers and Other Electronic Equipment Production	139.8	0.46	21
仪器仪表制造业	Instrument Industry	40.2	0.10	9
其他制造业	Other Goods Production	8.4	0.01	4
电力、热力生产和供应业	Production and Supply of Electric Power and Heat Power	330.7	0.42	61
燃气生产和供应业	Production and Supply of Gas	1.1	0.20	1
水的生产和供应业	Production and Supply of Tap Water			

13-28 按州市分规模以上工业企业研究与试验发展(R&D)活动情况（2014年）

Basic Statistics on R&D Activities of Industrial Enterprises above Designated Size by Region（2014）

州 市	Region	R&D 人员全时当量（人年）Full-time Equivalent of R&D Personnel (person-year)	R&D 经费（亿元）Expenditure on R&D (100 million yuan)	R&D 项目数（项）R&D Projects (unit)
全 省	**Yunnan**	**12980.3**	**51.66**	**2102**
昆 明	Kunming	6311.7	28.93	1147
曲 靖	Qujing	1888.5	5.24	168
玉 溪	Yuxi	923.2	3.65	224
保 山	Baoshan	150.9	0.58	22
昭 通	Zhaotong	63.5	0.32	16
丽 江	Lijiang	71.5	0.23	22
普 洱	Pu'er	268.2	0.61	49
临 沧	Lincang	100.5	0.49	17
楚 雄	Chuxiong	485.4	1.19	80
红 河	Honghe	1695.2	6.70	219
文 山	Wenshan	212.9	1.30	51
西双版纳	Xishuangbanna	235.8	0.49	29
大 理	Dali	381.4	1.43	44
德 宏	Dehong	75.3	0.23	8
怒 江	Nujiang	46.0	0.10	2
迪 庆	Diqing	70.3	0.18	4

13-29 按登记注册类型分规模以上工业企业新产品开发及生产情况(2014年)

New Products Development and Production of Industrial Enterprises above Designated Size by Registration Status (2014)

单位：亿元 (100 million yuan)

登记注册类型	Status of Registration	新产品项目数(项) New Products (unit)	开发新产品经费 Expenditure on New Products Development	新产品产值 Output Value of New Products	新产品销售收入 Sales Revenue of New Products	出口 Exports
全　省	**Yunnan**	**2123**	**60.57**	**495.37**	**518.26**	**17.09**
内资企业	**Domestic Funded Enterprises**	**1 917**	**55.75**	**453.49**	**478.34**	**15.89**
国有企业	State-owned Enterprises	71	1.96	4.87	4.36	
集体企业	Collective-owned Enterprises	14	0.20	1.01	1.00	
股份合作企业	Cooperative Enterprises	2	0.02	0.04	0.01	
联营企业	Joint Ownership Enterprises					
国有联营企业	State Joint Ownership Enterprises					
有限责任公司	Limited Liability Corporations	971	25.94	282.31	286.05	6.71
国有独资公司	State Sole Funded Corporations	163	5.97	79.86	76.37	4.92
股份有限公司	Share-holding Corporations Ltd.	375	13.69	112.19	139.19	4.49
私营企业	Private Enterprises	481	13.87	52.54	47.22	4.69
其他企业	Other Enterprises	3	0.08	0.55	0.50	
港澳台商投资企业	**Enterprises with Funds from Maccao & Taiwan**	**151**	**3.56**	**38.74**	**36.88**	**1.13**
合资经营企业	Joint-venture Enterprises	71	1.38	19.13	17.05	0.48
合作经营企业	Cooperative Enterprises	2	0.00			
独资经营企业	Enterprises with Sole Fund	23	0.48	8.19	8.38	
投资股份有限公司	Share-holding Corporations Ltd.	55	1.69	11.43	11.45	0.65
外商投资企业	**Foreign Funded Enterprises**	**55**	**1.26**	**3.13**	**3.04**	**0.07**
中外合资经营企业	Joint-venture Enterprises	34	1.00	0.99	0.90	0.04
中外合作经营企业	Cooperation Enterprises					
外资企业	Enterprises with Sole Fund	15	0.23	0.03	0.03	0.03
外商投资股份有限公司	Share-holding Corporations Ltd.	6	0.04	2.11	2.11	

13-30 按行业分规模以上工业企业新产品开发及生产情况（2014 年）

New Products Development and Production of Industrial Enterprises above Designated Size by Industrial Sector (2014)

单位：亿元 (100 million yuan)

行业	Sector	新产品项目数（项）New Products (unit)	开发新产品经费 Expenditure on New Products Development	新产品产值 Output Value of New Products	新产品销售收入 Sales Revenue of New Products	出口 Exports
全省	**Yunnan**	**2 123**	**60.57**	**495.37**	**518.26**	**17.09**
煤炭开采和洗选业	Mining and Washing of Coal	2	0.04	0.15	0.14	
石油和天然气开采业	Extraction of Petroleum and Natural Gas					
黑色金属矿采选业	Mining and Dressing of Ferrous Metal Ores	19	0.98	3.10	3.37	
有色金属矿采选业	Mining and Dressing of Nonferrous Metals Ores	8	0.39	1.71	2.12	
非金属矿采选业	Mining and Dressing of Nonmetal Ores	13	0.19			
农副食品加工业	Processing of Farm and Sideline Food	175	5.88	19.73	18.76	2.06
食品制造业	Manufacture of Food	74	2.27	11.74	11.81	0.49
酒、饮料和精制茶制造业	Manufacture of Wine,Beverage and Refined Tea	83	1.67	13.97	9.93	0.05
烟草制品业	Tobacco Products Manufacturing	83	3.11	3.06	25.93	0.00
纺织业	Textile Industry	7	0.08	0.17	0.17	
纺织服装、服饰业	Manufacture of Textile Garments and Dress Accessory	1	0.00			
皮革、毛皮、羽毛及其制品和制鞋业	Feather, Furs, Down, Related Products and Footwear Manufacturing	6	0.02	0.04	0.03	
木材加工和木、竹、藤、棕、草制品业	Timber Processing, Bamboo, Cane, Palm Fiber & Straw Products Manufacturing	17	0.36	0.84	0.71	
家具制造业	Manufacture of Furniture					
造纸和纸制品业	Papermaking and Paper Products Manufacturing	47	0.81	11.25	9.49	
印刷和记录媒介复制业	Printing and Record Medium Reproduction	64	1.22	18.03	18.22	
文教、工美、体育和娱乐用品制造业	Manufacture of Culture, Education,Industrial Arts, Sports and Entertainment Goods	3	0.08	0.02	0.01	
石油加工、炼焦和核燃料加工业	Petroleum Refining, Coking and Nuclear Fuel Processing	6	0.01			
化学原料和化学制品制造业	Manufacture of Raw Chemical Materials and Chemica Products	205	6.16	45.23	39.51	2.69
医药制造业	Manufacture of Medicines	359	7.28	60.38	50.55	1.43
化学纤维制造业	Chemical Fiber Manufacturing	9	0.09			
橡胶和塑料制品业	Rubber and Plastic Products Manufacturing	24	0.94	7.09	7.01	
非金属矿物制品业	Nonmetal Mineral Products Manufacturing	90	1.53	1.81	2.01	0.00
黑色金属冶炼和压延加工业	Smelting and Pressing of Ferrous Metals	54	4.48	46.44	53.09	0.29
有色金属冶炼和压延加工业	Smelting and Pressing of Nonferrous Metals	295	11.20	160.36	185.75	5.16
金属制品业	Metal Products Manufacturing	35	0.84	2.21	2.16	0.02
通用设备制造业	Manufacture of General Purpose Equipment	78	3.46	8.93	8.96	0.01
专用设备制造业	Manufacture of Special Purpose Equipment	112	1.12	12.55	11.47	1.88
汽车制造业	Automotive Industry	73	2.12	39.04	34.33	0.08
铁路、船舶、航空航天和其他运输设备制造业	Manufacture of Transport Equipment for Railway,Boats and Aerospace and Other Transport Equipments	22	1.51	1.74	2.03	0.03
电气机械和器材制造业	Electric Equipment and Machinery Manufacturing	87	1.75	16.95	15.48	1.74
计算机、通信和其他电子设备制造业	Communication Equipment, Computers and Other Electronic Equipment Production	18	0.43	6.15	2.65	0.92
仪器仪表制造业	Instrument Industry	16	0.17	2.54	2.46	0.22
其他制造业	Other Goods Production	6	0.02	0.01	0.01	
电力、热力生产和供应业	Production and Supply of Electric Power and Heat Power	31	0.32	0.11	0.09	
燃气生产和供应业	Production and Supply of Gas					
水的生产和供应业	Production and Supply of Tap Water					

13-31 按州市分规模以上工业企业新产品开发及生产情况（2014 年）
New Products Development and Production of Industrial Enterprises above Designated Size by Region (2014)

单位：亿元 (100 million yuan)

州 市	Region	新产品项目数（项）New Products (unit)	开发新产品经费 Expenditure on New Products Development	新产品产值 Output Value of New Products	新产品销售收入 Sales Revenue of New Products	出口 Exports
全 省	**Yunnan**	**2 123**	**60.57**	**495.37**	**518.26**	**17.09**
昆 明	Kunming	1213	32.08	205.06	227.51	6.86
曲 靖	Qujing	136	5.08	51.52	74.18	1.72
玉 溪	Yuxi	180	3.66	29.66	25.51	1.08
保 山	Baoshan	34	0.96	4.51	3.46	
昭 通	Zhaotong	15	0.36	20.83	19.01	0.02
丽 江	Lijiang	24	0.52	2.07	0.94	0.00
普 洱	Pu'er	62	0.86	6.93	6.33	
临 沧	Lincang	25	0.94	8.46	8.15	0.05
楚 雄	Chuxiong	88	1.76	12.40	9.80	2.08
红 河	Honghe	219	8.80	92.24	87.80	4.92
文 山	Wenshan	38	1.35	11.06	11.71	0.29
版 纳	Xishuangbanna	13	0.24	9.67	5.61	
大 理	Dali	59	3.17	36.48	33.38	0.07
德 宏	Dehong	5	0.13	0.02	0.02	
怒 江	Nujiang	2	0.10	2.40	2.40	
迪 庆	Diqing	10	0.56	2.04	2.44	

13－32 按登记注册类型分规模以上工业企业专利情况（2014 年）

Statistics on Patent of Industrial Enterprises above Designated Size by Registration Status (2014)

单位：件 (unit)

登记注册类型	Status of Registration	专利申请数 Patent Applications	发明专利 Invention Patents	有效发明专利数 Number of Patents In Force
全　省	**Yunnan**	**3 137**	**1 281**	**2 865**
内资企业	**Domestic Funded Enterprises**	**3 047**	**1 233**	**2 681**
国有企业	State-owned Enterprises	132	47	82
集体企业	Collective-owned Enterprises	57	6	31
股份合作企业	Cooperative Enterprises	5	1	17
联营企业	Joint Ownership Enterprises			
国有联营企业	State Joint Ownership Enterprises			
有限责任公司	Limited Liability Corporations	1493	604	1182
国有独资公司	State Sole Funded Corporations	244	118	163
股份有限公司	Share-holding Corporations Ltd.	600	324	700
私营企业	Private Enterprises	758	251	669
其他企业	Other Enterprises	2		
港澳台商投资企业	**Enterprises with Funds from Maccao & Taiwan**	**64**	**40**	**147**
合资经营企业	Joint-venture Enterprises	27	15	116
合作经营企业	Cooperative Enterprises			9
独资经营企业	Enterprises with Sole Fund	18	13	4
投资股份有限公司	Share-holding Corporations Ltd.	19	12	18
外商投资企业	**Foreign Funded Enterprises**	**26**	**8**	**37**
中外合资经营企业	Joint-venture Enterprises	9	4	35
中外合作经营企业	Cooperation Enterprises			
外资企业	Enterprises with Sole Fund	13	4	2
外商投资股份有限公司	Share-holding Corporations Ltd.	4		

13-33 按行业分规模以上工业企业专利情况(2014年)
Statistics on Patent of Industrial Enterprises above Designated Size by Industrial Sector (2014)

单位：件 (piece)

国民经济行业	Sector	专 利 申请数 Patent Applications	发明专利 Invention Patents	有效发明专利数 Number of Patents In Force
全 省	**Yunnan**	**3 137**	**1 281**	**2 865**
煤炭开采和洗选业	Mining and Washing of Coal	1	1	
石油和天然气开采业	Extraction of Petroleum and Natural Gas			
黑色金属矿采选业	Mining and Dressing of Ferrous Metal Ores	64	20	46
有色金属矿采选业	Mining and Dressing of Nonferrous Metals Ores	16	10	17
非金属矿采选业	Mining and Dressing of Nonmetal Ores	31	23	27
农副食品加工业	Processing of Farm and Sideline Food	249	86	151
食品制造业	Manufacture of Food	87	36	74
酒、饮料和精制茶制造业	Manufacture of Wine,Beverage and Refined Tea	184	49	63
烟草制品业	Tobacco Products Manufacturing	307	187	272
纺织业	Textile Industry			5
纺织服装、服饰业	Manufacture of Textile Garments and Dress Accessory	1	1	
皮革、毛皮、羽毛及其制品和制鞋业	Feather, Furs, Down, Related Products and Footwear Manufacturing			
木材加工和木、竹、藤、棕、草制品业	Timber Processing, Bamboo, Cane, Palm Fiber & Straw Products Manufacturing	34	8	3
家具制造业	Manufacture of Furniture			
造纸和纸制品业	Papermaking and Paper Products Manufacturing	64	20	21
印刷和记录媒介复制业	Printing and Record Medium Reproduction	73	19	25
文教、工美、体育和娱乐用品制造业	Manufacture of Culture, Education,Industrial Arts, Sports and Entertainment Goods	9	1	
石油加工、炼焦和核燃料加工业	Petroleum Refining, Coking and Nuclear Fuel Processing	10	1	1
化学原料和化学制品制造业	Manufacture of Raw Chemical Materials and Chemica Products	250	114	276
医药制造业	Manufacture of Medicines	358	198	584
化学纤维制造业	Chemical Fiber Manufacturing	4	4	62
橡胶和塑料制品业	Rubber and Plastic Products Manufacturing	41	10	52
非金属矿物制品业	Nonmetal Mineral Products Manufacturing	57	10	36
黑色金属冶炼和压延加工业	Smelting and Pressing of Ferrous Metals	240	115	126
有色金属冶炼和压延加工业	Smelting and Pressing of Nonferrous Metals	371	195	550
金属制品业	Metal Products Manufacturing	128	30	70
通用设备制造业	Manufacture of General Purpose Equipment	63	17	107
专用设备制造业	Manufacture of Special Purpose Equipment	127	29	136
汽车制造业	Automotive Industry	62	3	14
铁路、船舶、航空航天和其他运输设备制造业	Manufacture of Transport Equipment for Railway,Boats and Aerospace and Other Transport Equipments	45	18	14
电气机械和器材制造业	Electric Equipment and Machinery Manufacturing	83	19	90
计算机、通信和其他电子设备制造业	Communication Equipment, Computers and Other Electronic Equipment Production	19	19	9
仪器仪表制造业	Instrument Industry	13	5	4
其他制造业	Other Goods Production			
电力、热力生产和供应业	Production and Supply of Electric Power and Heat Power	113	31	24
燃气生产和供应业	Production and Supply of Gas	32	1	1
水的生产和供应业	Production and Supply of Tap Water			

13-34 按州市分规模以上工业企业专利情况(2014年)
Statistics on Patent of Industrial Enterprises above Designated Size by Region (2014)

单位：件 (unit)

州 市	Region	专利申请数 Patent Applications	发明专利 Invention Patents	有效发明专利数 Number of Patents in Force
全 省	**Yunnan**	**3 137**	**1 281**	**2 865**
昆 明	Kunming	1 567	698	1 682
曲 靖	Qujing	308	120	177
玉 溪	Yuxi	368	92	285
保 山	Baoshan	83	17	45
昭 通	Zhaotong	13	5	8
丽 江	Lijiang	50	19	34
普 洱	Pu'er	70	36	26
临 沧	Lincang	43	11	26
楚 雄	Chuxiong	176	92	154
红 河	Honghe	141	82	211
文 山	Wenshan	57	38	72
西双版纳	Xishuangbanna	81	15	38
大 理	Dali	136	33	90
德 宏	Dehong	10	6	4
怒 江	Nujiang	14	11	6
迪 庆	Diqing	20	6	7

主要统计指标解释

普通高等学校 指按照国家的审批程序批准举办，通过全国统一招生考试，招收高级中等学校毕业和具有同等学历者，实施高等教育，培养高等专门人才的学校。包括大学、专门学院、专科学校和短期职业大学。

成人高等学校 指按国家规定的审批程序批准举办，招收职业高中毕业或同等学历者，利用多种形式对成人实施高等教育，培养相当于普通高等专科或本科毕业水平的专门人才的学校。包括广播电视大学、职工高等学校、农民高等学校、干部管理学院、教育学院、独立函授学院以及普通高等学校举办的函授、夜大学等。

小学学龄儿童入学率 指调查范围内已入小学学习的学龄儿童占该地区校内外学龄儿童总数（包括弱智儿童在内，但不包括盲聋哑儿童）的比重。计算公式为：

小学学龄儿童入学率 = 已入学的小学学龄儿童数 / 校内外小学学龄儿童总数 ×100%

科技活动 指在自然科学、农业科学、医药科学、工程与技术科学、人文与社会科学领域（简称科学技术领域）中，与科技知识的产生、发展、传播和应用密切相关的有组织的活动。可分为研究与试验发展（R&D）、研究与试验发展成果应用及相关的科技服务三类活动。该定义是联合国教科文组织考虑成员国特别是发展中国家开展科技统计工作的需要，而对科技活动所作的统计界定。

科技活动人员指直接从事科技活动，以及专门从事科技活动管理和为科技活动提供直接服务，累计的实际工作时间占全年制度工作时间 10% 及以上的人员。（1）直接从事科技活动的人员包括：在独立核算的科学研究与技术开发机构、高等学校、各类企业及其他事业单位内设的研究室、实验室、技术开发中心及中试车间（基地）等机构中从事科技活动的研究人员、工程技术人员、技术工人及其他人员，虽不在上述机构工作，但编入科技活动项目（课题）组的人员，科技信息与文献机构中的专业技术人员，从事论文设计的研究生等。（2）专门从事科技活动管理和为科技活动提供直接服务的人员，包括：独立核算的科学研究与技术开发机构、科技信息与文献机构、高等学校、各类企业及其他事业单位主管科技工作的负责人，专门从事科技活动的计划、行政、人事、财务、物资供应、设备维护、图书资料管理等工作的各类人员，但不包括保卫、医疗保健人员、司机、食堂人员、茶炉工、水暖工、清洁工等为科技活动提供间接服务的人员。该指标用来反映投入科技活动人力的规模。

科学家与工程师 指科技活动人员中具有高、中级技术职称（职务）的人员和不具有高、中级技术职称（职务）的大学本科及以上学历人员。该指标用来反映投入科技活动人力的素质。

研究与试验发展（R&D） 指在科学技术领域，为增加知识总量，以及运用这些知识去创造新的应用进行的系统的创造性的活动，包括基础研究、应用研究、试验发展三类活动。国际上通常采用 R&D 活动的规模和强度指标反映一国的科技实力和核心竞争力。

专业技术人员 指从事专业技术工作和专业技术管理工作的人员，即企事业单位中已经聘任专业技术职务从事专业技术工作和专业技术管理工作的人员，以及未聘任专业技术职务、现在专业技术岗位上工作的人员。包括工程技术人员，农业技术人员，科学研究人员，卫生技术人员，教学人员。

科技活动经费筹集 指从各种渠道筹集到的计划用于科技活动的经费，包括政府资金、企业资金、事业单位资金、金融机构贷款、国外资金和其他资金等。反映各社会经济主体对促进科技进步所作的努力。

政府资金 指从各级政府部门获得的计划用于科技活动的经费，包括科学事业费、科技三项费、科研基建费、科学基金、教育等部门事业费中计划用于科技活动的经费，以及政府部门预算外资金中计划用于科技活动的经费等。

科技活动经费内部支出 指报告年内用于科技活动的实际支出，包括劳务费、科研业务费、科研管理费、非基建投资购建的固定资产、科研基建支出以及其他用于科技活动的支出。不包括生产性活动支出、归还贷款支出及转拨外单位支出。反映科技投入实际完成情况。

劳务费 指以货币或实物形式直接或间接支付给从事科技活动人员的劳动报酬及各种费用。包括各种形式的工资、津贴、奖金、福利、离退休人员费用、人民助学金等。反映改善科技人员的待遇情况。

固定资产购建费 指报告年内使用非基建投资购建的固定资产和用于科研基建投资的实际支出额，即固定资产实际支出和科研基建投资实际完成额之和。固定资产是指长期使用而不改变原有实物形态的主要物资设备、图书资料、实验材料和标本以及其他设备和家具、房屋、建筑物。反映用于改善科研条件和科研手段方面的投入情况。

新产品 指采用新技术原理、新设计构思研制、生产的全新产品，或在结构、材质、工艺等某一方面比原有产品有明显改进，从而显著提高了产品性能或扩大了使用功能的产品。既包括政府有关部门认定并在有效期内的新产品，也包括企业自行研制开发，未经政府有关部门认定，从投产之日起一年之内的新产品。用来反映科技产出及对经济增长的直接贡献。

专利 是专利权的简称，是对发明人的发明创造经审查合格后，由专利局依据专利法授予发明人和设计人对该项发明创造享有的专有权。包括发明、实用新型和外观设计。反映拥有自主知识产权的科技和设计成果情况。

发明 指对产品、方法或者其改进所提出的新的技术方案。是国际通行的反映拥有自主知识产权技术的核心指标。

实用新型 指对产品的形状、构造或者其结合所提出的适于实用的新的技术方案。反映具有一定技术含量的技术成果情况。

外观设计 指对产品的形状、图案、色彩或者其结合所做出的富有美感并适于工业上应用的新设计。反映拥有自主知识产权的外观设计成果情况。

文化事业机构 指从事专业文化工作和为专业文化工作服务的单独核算、独立建制的单位。不包括半工半艺、半农半艺的业余剧团。

艺术表演观众人数 指售票、包场演出或民族地区免费演出的艺术表演观众人数。不包括彩排审查和内部观摩演出的观看人次数。

等级运动员人数 指经考核正式批准授予等级运动员称号的人数。运动员等级分为国际级运动健将、运动健将、一级运动员、二级运动员、三级运动员、少年级运动员。

等级裁判员人数 指经考核正式批准授予等级裁判员称号的人数。裁判员等级分为国际裁判、国家级裁判、一级裁判、二级裁判、三级裁判。

Explanatory Notes on Principle Statistical Indicators

Regular Institutions of Higher Learning refer to the educational institutions set up according to the government evaluation and approval procedures, enrolling graduates from senior high schools and providing higher education courses and training senior professionals. They include fulltime universities and colleges, junior colleges and short-term schools for professional training.

Institutions of Higher Learning for Adults refer to the educational institutions, set up in line with relevant rules approved by the government, enrolling staff and workers with senior high school or equivalent education, and providing higher education courses in many forms of full time, part time, spare time, or correspondence for adults. Professionals thus trained receive a qualification equivalent to graduates studying regular courses at regular universities, colleges and professional colleges. Institutions of higher learning for adults include Radio and TV universities, colleges for staff and workers and for farmers, management colleges for cadres, education colleges, independent correspondence college and correspondence schools, night schools and the like run by regular institutions of higher learning.

Enrollment Rate of Primary School-age Children refers to the proportion of school-age children enrolled at school to the total number of school-age children both at and out of school （including retarded children, but excluding blind, deaf and mute children）. The formula is as follows:

Enrollment Rate of Primary School-age Children = （Total Primary School-age Children at School）/（Total Primary School-age Children Both at and out of School）×100%

Scientific and Technological Activities （S&T Activities） refer to organized activities which are closely related to the creation, development, dissemination and application of scientific and technological knowledge in the fields of natural sciences, agricultural science, medical science, engineering and technological science, humanities and social sciences （referred to as scientific and technological fields）. S&T activities can be divided into three categories: research and development （R&D） activities, application of R&D results, and related S&T services. This statistical definition is made by UNICHIEF for scientific and technological activities to meet the need for carrying out statistical work in this field in its member countries, especially those developing countries.

Personnel Engaged in S&T Activities refer to personnel directly engaged in S&T activities, in the management of S&T activities, and in providing direct service to S&T activities, who spend over 10% of the total working hours in a year in S&T activities. 1）.Personnel directly engaged in S&T activities include researchers, engineers, technicians and other related personnel engaged in S&T activities in independent-accounting R&D institutions, institutions of higher learning, and in research rooms and institutes, laboratories, technological development centers and central experiment workshops under enterprises and institutions. Also included are people working in S&T research project teams, professional and technical personnel working in S&T information and literature institutions, and graduate students working on the design of their theses. 2）.Personnel engaged in the management of S&T activities and in providing direct service to S&T activities include administrative personnel responsible for S&T activities in independent-accounting R&D institutions, S&T information and literature institutions, institutions of higher learning, and enterprises and institutions where S&T activities are undertaken. Also included are people responsible for the planning, administration, personnel management, financial management, logistics supply, equipment maintenance, information and library management that are related to S&T activities. People providing indirect services are excluded, such as security personnel, medical staff, drivers, plumbers, cleaners and those providing food and related services. This indicator reflects the scale of personnel engaged in S&T activities.

Scientists and Engineers refer to persons engaged in S&T activities who have obtained technical or professional titles of senior and middle rank, and those without such title but have completed university or higher education. This indicator reflects the quality of personnel engaged in S&T activities.

Research and Development （**R&D**） refers to systematic and creative activities in the field of science and technology aiming at increasing and using the knowledge for new application. R&D falls into 3 categories of activities: basic research, applied research and experiment and development. The scale and intensity of R&D are widely used internationally to reflect the strength of S&T and the core competitiveness of a country in the world.

Professional and Technical Personnel refer to persons engaged in professional and technical work or in the management of professional and technical activities, i.e., personnel with professional or technical titles who are engaged in professional and technical work or in the management of professional and technical activities, and personnel without professional or technical titles but working on professional or technical posts in enterprises and institutions. They include professionals and technicians working in the fields of engineering, agriculture, scientific research, health care and education.

Funding for S&T Activities refers to funds obtained from various sources for S&T activities, including government funds, self-raised funds by enterprises, self-raised funds by institutions, loans from financial institutions, foreign funds and other funds. This indicator reflects the efforts made by various social economic entities in promoting the development of S&T.

Government Funds refer to funds obtained from government departments at all levels for S&T activities, including funds for scientific undertakings, 3 kinds of funds for S&T activities, funds for capital construction for scientific research, science funds, funds from educational expenditures by educational departments for S&T activities, and extra-budgetary funds from government departments for S&T activities.

Internal Expenditures on S&T Activities refer to the actual expenditures on S&T activities during the report year, including service charges, operating expenses on research activities, overhead charges on research, fixed assets excluded in the investment in capital construction, expenditures on capital construction for scientific research, and other expenditures on S&T activities. Not included are expenditures on production activities, repayment of loans and transfer expenditures. This indicator reflects the real completion of input in S&T.

Service Charges refer to direct or indirect payments, in cash or in kind, made to personnel engaged in S&T activities as remuneration and other charges, including salaries, subsidies, bonus, benefits, retirement pensions, stipends, etc. This indicator reflects the improvement of treatment toward S&T personnel.

Expenditure on Purchase and Construction of Fixed Assets refers to the fixed assets purchased or constructed by using funds excluded in the investment in capital construction and the actual expenditures on capital construction for scientific research within the report year, i.e. the sum total of the actual expenditures on fixed assets and the actual investments in capital construction for scientific research. Fixed asset refers to main materials and equipment, literature and documents in libraries, materials for experiments, specimen, instruments, furniture, buildings and constructions that can be used for a long time without changing their original forms and shapes. This indictor reflects the input in improving the conditions and means of scientific research.

New Products refer to new products produced with new technology and design, or products that represent noticeable improvement in terms of structure, material, or production process so as to improve significantly the character or function of the older versions. They include new products certified by relevant government departments within the period of certification, and those designed and produced by enterprises within a year without certification by government departments. This indictor reflects the S&T output and its direct contribution to economic growth.

Patent is an abbreviation for patent right and refers to the exclusive right of ownership by the inventors or designers for their creations or inventions, conferred by the patent offices after the due process of assessment and approval in accordance with the Patent Law. Patent is granted for inventions, utility models and designs. This indicator reflects the achievements of S&T and design with independent intellectual property.

Inventions refer to the new technical proposals on products or methods or their modifications. This is universal core indicator reflecting the technologies with independent intellectual property.

Utility Models refer to the practical and new technical proposals on the shape and structure of the product or their combination. This indicator reflects the technological results with certain technical content.

Designs refer to the aesthetic and industrially applicable new designs for the shape, pattern and color of the product or their combinations. This indicator reflects the exterior design achievements with independent intellectual property.

Cultural Institutions refer to entities which have their own organizational systems and independent accounting systems and specialize in or serve cultural development, excluding other establishments run by these cultural institutions and amateur cultural groups established by various departments.

Number of Spectators at Art Performance refers to the number of attendants at commercial shows, completely booked shows or a free show offered in minority nationality areas, and does not include the number of spectators at rehearsals of examination and internal shows for observation.

Number of Athletes in Grades refers to the number of athletes who have been conferred titles after examination. The titles of athletes include international masters of sports, masters of sports, first-grade, second-grade and third-grade sportsmen and young athletes.

Number of Referees in Grades refers to the number of referees who have been conferred titles after examination. They are classified as international-level referees, national-level referees and referees of the first, second and third grades.

Chapter 14

十四、卫生、体育和社会管理

Public Health,Sports and Social Mangement

14-1 卫生医疗机构数（1985-2014年）

Number of Health and Medical Institutions（1985-2014）

单位：个 (unit)

年份 Year	医院 Hospitals	门诊部、所 Clinics	疾病预防控制中心（含卫生防疫站） Center for Disease Control and Prevention (Including Epidemic Prevention Stations)	妇幼保健站 Women and Children Care Agencies
1985	1 813	3 846	159	145
1986	1 789	3 959	159	145
1987	1 802	4 018	158	144
1988	1 868	4 068	150	144
1989	1 884	4 041	150	143
1990	1 908	4 085	150	144
1991	1 928	4 091	150	144
1992	1 950	4 107	149	144
1993	1 969	3 772	157	143
1994	2 115	3 618	157	143
1995	2 108	3 522	158	145
1996	548	53	148	140
1997	589	46	149	140
1998	594	53	150	143
1999	603	51	151	140
2000	602	51	151	142
2001	590	37	152	142
2002	584	38	148	144
2003	566	52	153	151
2004	594	69	150	146
2005	648	73	153	148
2006	649	69	150	148
2007	668	73	150	148
2008	692	74	152	148
2009	720	66	152	147
2010	780	78	150	147
2011	845	101	150	148
2012	924	126	150	147
2013	997	150	150	147
2014	1 060	159	150	145

14–2 卫生医疗机构床位数（1985–2014 年）

Number of Beds in Health and Medical Institutions （1985-2014）

年　份 Year	全省机构病床数（万张） Number of beds in Health and Medical Institutions (10 000 units)	医　院 Hospitals	农　村 Rural Areas	平均每万人口拥有医院床位数（张） Number of Hospital Beds per 10 000 Persons(unit)
1985	7.45	6.80	4.77	20.00
1986	7.53	8.63	4.72	19.90
1987	7.83	7.06	7.76	20.10
1988	8.27	7.49	4.88	20.80
1989	8.27	7.50	4.84	20.60
1990	8.45	7.61	4.83	20.40
1991	7.74	7.84	4.99	20.90
1992	9.10	8.09	5.05	21.10
1993	9.27	8.25	5.19	21.40
1994	9.37	8.34	4.98	21.20
1995	9.56	8.40	5.09	21.00
1996	9.08	6.08	3.07	15.10
1997	9.40	6.34	3.02	15.50
1998	9.60	6.40	2.97	15.50
1999	9.72	6.46	3.06	15.30
2000	9.75	6.61	3.12	15.60
2001	9.98	6.60	3.17	15.50
2002	9.66	6.75	3.19	15.60
2003	9.84	6.79	3.15	15.50
2004	10.22	7.12	3.23	16.10
2005	10.70	7.47	3.25	16.80
2006	11.05	7.74	3.43	17.30
2007	11.90	8.32		18.40
2008	12.78	9.04		19.90
2009	14.01	9.97		21.90
2010	15.71	11.25		24.50
2011	17.34	12.63	3.61	27.28
2012	19.47	14.35	3.98	30.81
2013	21.01	15.61	4.20	33.30
2014	22.49	16.97	4.37	36.00

14-3 卫生医疗机构人员数（1978-2014 年）

Number of Employed Persons in Health and Medical Institutions（1978-2014）

年 份 Year	全省卫生医疗机构人数（万人） Number of Employed Persons in Health and Medical Institutions (10 000 persons)	卫生技术人员 Medical Technical Personnel	医 生 Doctors	平均每千人拥有卫生技术人员或医生（人）Number of Medical Technical Personnel or Doctors per 10 000 Persons(person) 卫生技术人员 Medical Technical Personnel	医 生 Doctors
1978	7.95	6.55	3.11	2.12	1.01
1979					
1980	8.91	7.14	3.34	2.25	1.28
1981	9.58	7.69	3.73	2.39	1.16
1982	9.86	7.96	3.01	2.43	1.16
1983	10.16	8.22	3.96	2.48	1.19
1984	10.47	8.46	4.09	2.52	1.22
1985	10.79	8.73	4.27	2.56	1.25
1986	11.13	8.98	4.37	2.60	1.27
1987	11.66	9.44	4.57	2.69	1.30
1988	11.99	9.75	5.12	2.71	1.43
1989	12.19	9.91	5.19	2.72	1.42
1990	12.55	10.16	5.39	2.72	1.44
1991	12.90	10.42	5.32	2.76	1.42
1992	13.18	10.56	5.35	2.76	1.40
1993	13.39	10.77	5.55	2.77	1.43
1994	13.72	11.09	5.77	2.82	1.46
1995	13.95	11.25	5.95	2.86	1.49
1996	13.87	11.16	5.64	2.76	1.40
1997	14.59	11.82	5.91	2.89	1.44
1998	14.72	11.92	5.91	2.88	1.43
1999	14.84	12.10	6.07	2.88	1.44
2000	15.16	12.41	6.26	2.93	1.48
2001	14.98	12.30	6.23	2.89	1.46
2002	13.32	10.97	5.17	2.56	1.20
2003	13.40	11.17	5.27	2.55	1.20
2004	13.67	11.39	5.32	2.58	1.21
2005	14.22	11.84	5.58	2.66	1.25
2006	14.56	12.14	5.65	2.71	1.26
2007	14.93	12.37	5.66	2.74	1.25
2008	15.19	12.62	5.73	2.78	1.26
2009	16.08	13.38	5.94	2.94	1.30
2010	17.00	14.17	6.21	3.08	1.35
2011	17.80	14.93	6.34	3.22	1.37
2012	19.61	16.48	6.69	3.54	1.44
2013	26.56	19.33	7.49	4.12	1.60
2014	28.28	20.89	7.54	4.43	1.60

注：2002 年及以后医生数系执业（助理）医师数。

Note: Number of doctors refers to number of certified (assistant) doctors since 2002.

14–4 卫生防疫机构、妇幼保健机构情况（1978–2014 年）
Basic Statistics on Epidemic Prevention Institutions, Women and Children Care Agencies（1978-2014）

单位：个、人 (unit, person)

年 份 Year	卫生防疫机构 Epidemic Prevention Institutions		妇幼保健机构 Women and Children Care Agencies		
	机构数 Number of Institutions	人员数 Number of Employed Persons	机构数 Number of Institutions	床位数 Number of Beds	人员数 Number of Employed Persons
1978	149	3 604	142	82	1 194
1979					
1985	159	4 931	145	524	2 108
1986	159	5 083	145	712	2 234
1987	158	5 286	144	770	2 401
1988	150	5 529	144	841	2 612
1989	150	5 737	143	872	2 808
1990	150	5 930	144	928	3 001
1991	150	6 146	144	1 021	3 252
1992	149	6 388	144	1 073	3 467
1993	157	6 606	143	1 244	3 669
1994	157	6 810	143	1 350	3 869
1995	158	6 962	145	1 510	4 197
1996	158	7 136	142	1 657	4 270
1997	159	7 344	142	1 836	4 559
1998	150	7 390	141	2 024	4 692
1999	151	7 493	140	2 252	4 822
2000	160	7 574	142	2 356	5 017
2001	175	7 810	142	2 588	5 124
2002	148	7 125	144	3 174	5 624
2003	153	7 241	151	3 341	5 650
2004	150	6 782	146	3 386	5 482
2005	153	7 590	148	3 521	5 641
2006	150	7 585	148	3 662	5 703
2007	150	7 844	148	3 954	5 782
2008	152	7 847	148	4 162	5 638
2009	152	7 734	147	4 398	6 031
2010	150	7 929	147	4 704	6 152
2011	150	7 942	148	4 927	6 393
2012	150	8 013	147	5 139	6 836
2013	150	8 134	147	5 579	7 403
2014	150	8 143	145	5 717	8 108

14-5 主要年份等级裁判员、运动员人数

Number of Referees and Athletes in Significant Years

单位：人 (person)

年 份 Year	等级裁判员 Number of Referees in Grades	国际级裁判 International Level Referees	一级裁判 First Grade Referees	二级裁判 Second Grade Referees	三级裁判 Third Grade Referees	等级运动员 Number of Athletes in Grades
1985	1 316		135	280	901	1 843
1990	1 920	1	145	455	1 320	1 379
1995	1 675		57	316	134	1 474
2000	2 229		40	519	1 663	1 187
2008	1 214	2	276	832		463
2009	1 989		44	1 942		1 457
2010	1 948		633	1 304		950
2011	2 114	4	41	1 014		622
2012	7 056		487	3 087	3 479	1 281
2013	9 133		289	3 480	5 363	1 259
2014	3 258		291	2 954		1 105

14-5 续表 continued

单位：人 (person)

年份 Year	国际级健将 International level Master Sportsmen	运动健将 Master Sportsmen	一级运动员 First Grade Sportsmen	二级运动员 Second Grade Sportsmen	三级运动员 Third Grade Sportsmen	少年级运动员 Juvenile Sportsmen
1985			63	83	861	836
1990	4	36	38	352	583	433
1995	3	27	52	328	703	361
2000			12	353	479	343
2008	7	21	58	377		
2009	8	21	43	1 385		
2010	7	24	83	836		
2011	4	21	163	434		
2012	2	34	190	1 038	17	
2013	2	18	158	1 068	13	
2014		18	177	910		

14-6 主要年份运动员参赛获奖情况

Prizes Won by Yunnan Athletes in Significant Years

单位：枚 (medal)

年 份 Year	金 牌 Gold Medal		银 牌 Silver Medal		铜 牌 Copper Medal	
	国 际 International Competitions	全 国 National Competitions	国 际 International Competitions	全 国 National Competitions	国 际 International Competitions	全 国 National Competitions
1978	1	4	1	9	14	8
1980	4	13	2	13		21
1985	11	24	13	13	9	18
1990	4	22		27	6	19
1995	9	27	3	29	4	31
2000	1	44		38	5	36
2005	1	34	1	30		32
2006	6	13	4	15	1	12
2007	2	13		15	1	15
2008	4	14	3	6	5	11
2009	3	17	2	16	10	22
2010	5	14	4	16	7	17
2011	6	13	3	5	5	15
2012	9	14	3	10	3	15
2013	4	15	3	21	4	12
2014	9	11	6	10	1	12

14−7 全省抗自然灾害救济情况（1985−2014 年）

Basic Statistics on Relief Work of Natural Disasters (1985-2014)

年 份 Year	遭受自然灾害人次（万人次） Disaster Victims (10 000 person-times)	每万农业人口中遭受自然灾害人次（人次） Disaster Victims per 10 000 Farmers (person-times)	自然灾害国家救济人次（万人次） Persons Enjoying State Relief (10 000 person-times)	国家救济人占遭受自然灾害人数比重 (%) Proportion of Persons Enjoying StateRelief to Disaster Victims (%)
1985	856.70	2 845	404.80	47.3
1986	1 133.20	3 715	479.30	42.3
1987	756.50	2 445	379.10	50.1
1988	923.90	2 933	340.50	36.9
1989	991.00	3 103	401.40	40.1
1990	832.00	3 894	749.90	90.1
1991	729.04	4 542	464.70	63.7
1992	1 011.37	2 788	545.70	54.0
1993	1 133.88	3 371	623.20	54.9
1994	1 136.00	3 435	562.00	49.5
1995	1 004.36	3 972	532.30	52.9
1996	1 124.00	4 010	547.50	48.7
1997	2 913.00	8 308	936.40	32.1
1998	2 651.00	7 493	527.30	19.9
1999	3 165.21	8 904	600.00	19.0
2000	3 466.10	9 670	432.30	12.5
2001	2 566.48	7 109	886.97	34.6
2002	2 544.00	5 902	441.16	17.3
2003	2 341.20	6 393	758.00	32.4
2004	1 825.30	4 945	1 014.60	55.6
2005	2 756.50	7 409	667.40	24.2
2006	2 161.00	4 820	605.30	28.0
2007	2 071.82	5 501	679.86	32.8
2008	2 921.79	6 613	667.40	22.8
2009	2 646.09	6 463	552.43	20.9
2010	3 035.62	8 270	1 224.61	40.4
2011	1 938.70	5 019		
2012	2 306.35	5 935		
2013	2 512.30	6 427	534.00	
2014	1 586.93	4 824		

14-8 主要年份提供住宿的社会服务机构基本情况

Basic Statistics on Social Service Agency with Accommodation in Significant Years

年份 Year	单位数（个） Number of Institutions(unit)	床位数（万张） Number of Beds(10 000 units)	年末在院人数（万人） Persons under Care at Year-end (10 000 persons)	社会福利经费（亿元） Funds of Institution (100 million yuan)
1985	34		0.14	0.02
1990	45		0.15	0.03
1993	49		0.16	0.05
1994	49		0.17	0.10
1995	50		0.18	0.11
1996	50		0.18	0.11
1997	50		0.22	0.13
1998	50		0.22	0.16
1999	50		0.12	0.19
2000	75		0.25	0.21
2001	112		0.28	0.23
2002	754	1.78	1.00	0.25
2003	781	1.97	1.10	0.28
2004	748	1.91	1.07	0.32
2005	771	2.06	1.09	0.56
2006	583	1.42	0.81	0.92
2007	667	2.28	1.53	1.48
2008	702	2.98	2.09	1.58
2009	729	3.77	2.75	2.20
2010	757	4.39	3.33	4.52
2011	778	4.93	3.78	7.45
2012	806	5.99	4.53	11.58
2013	992	7.44	5.63	8.79
2014	1 060	8.17	4.44	6.49

14-9 社会服务业发展情况（2011-2014 年）
Basic Statistics on Social Service Development (2011-2014)

项　　目	Item	2011	2012	2013	2014
社会服务工作	**Social Service Work**				
提供住宿的社会服务机构	**Social Service Agency Providing Accommodation**				
单位数（个）	Number of Institutions(unit)	778	806	992	1060
床位数（万张）	Number of Beds (10 000 sets)	4.93	5.99	7.44	8.17
收养人数（万人）	Number of People Adopted (10 000 persons)	3.78	4.53	5.63	4.44
不提供住宿的社会服务机构（个）	**Social Service Agency without Accommodation(unit)**				
救灾储备仓库	Disaster Relief Storage Warehouse	26	30	41	40
福利彩票发行单位	Wellfare Lottery Issuer	18	21	17	17
烈士纪念建筑物管理单位	Administrative Office of Martyr Commemorative Structure	67	62	64	64
捐赠、救助等其他事业单位	Donation.Rescue and Other Government-sponsored Institutions		257	201	242
老龄机构	Institution Concerning the Aging Population Work	109	134	122	127
社会福利企业情况	**Social Welfare Enterprises**				
单位数（个）	Number of Social Welfare Enterprises (unit)	374	343	343	267
职工数（万人）	Number of Employees (10 000 persons)	5.44	5.07	5.07	3.26
#残疾职工（万人）	Physically-challenged (10 000 persons)	1.87	1.72	1.71	1.20
利润额（亿元）	Profits (100 million yuan)	1.21	1.41	1.38	-2.20
其他社会服务机构（个）	**Other Social Service Agencies(unit)**				
婚姻	**Marriage**				
婚姻登记服务类单位	Marriage Registration Service Agency	54	60	60	89
殡葬	**Funeral**				
殡仪馆	Funeral Home	63	69	78	79
公墓	Cemetery	53	62	72	73
殡葬管理单位	Administrative Office of Funeral	43	46	50	58
成员组织（个）	**Member Organization(unit)**				
社会组织	**Social Organization**	**13 518**	**15 295**	**16 954**	**19 207**
社会团体	Social Group	9 669	10 701	11 595	12 987
基金会	Foundation	44	48	62	75
民办非企业单位	Civilian-run Nonbusiness Unit	3 805	4 546	5 297	6 145
自治组织	**Self-governing Organization**	**14 104**	**14 156**	**14 209**	**14 238**
社区居委会	Residential Committee	1 760	1 864	2 072	2 203
村委会	Village Neigborhood Committee	12 344	12 292	12 137	12 035

14-10 社会救助和优抚安置情况（2010-2014年）

Basic Statistics on Social Assistance and Special Care and Placement(2010-2014)

单位：万人　　(10 000 persons)

项　目	Item	2010	2011	2012	2013	2014
社会救助	**Social Assistance**					
城　市	Urban Areas					
城市居民最低生活保障人数	Urban Residents Received Subsistence Security Allowances	92.57	93.11	93.57	104.10	100.87
城市临时救济户次数（万户次）	Person-times of Temporary Relief for the Urban Poor (10 000 household-times)					4.16
农　村	Rural Areas					
农村居民最低生活保障人数	Rural Residents Received Subsistence Security Allowances	378.00	403.37	437.51	466.50	458.94
农村五保供养人数	Rural Residents Enjoy the Five-guarantee System	22.15	22.14	21.92	21.56	21.14
农村集中供养五保人数	Rural Residents Enjoy the Concentrated Form of Five-guarantee System	2.67	3.14	3.53	3.54	3.93
农村分散供养五保人数	Rural Residents Enjoy the scattered Form of Five-guarantee System	19.48	19.00	18.39	18.02	17.21
农村传统救济人数	Rural Residents Supported by the Traditional Way of Relief	4.41	4.12	4.39	4.48	4.29
农村临时救济户次数（万户次）	Rural Residents Supported by the Temporary Way of Relief(10 000 household-times)					26.42
优抚安置	**Special Care and Placement**					
国家重点优抚对象人数	Persons Given National Key Special Pensions and Subsidies	29.32	36.89	37.84	37.81	35.18
安置义务兵、士官、复员	Placement of Compulsory Serviceman, Sergeancy and Demobilization					
干部人数	Persons in a Leading Position	1.25	1.23	1.19	1.02	1.15
接收军队离退休人员人数	Army Retired Staff Received	0.03	0.02	0.02	0.02	0.06

14-11 全省社会保险参保情况

Number of Persons Participating in Social Insurance

单位：万人 (10 000 persons)

年 份 Year	城镇职工基本养老保险 Number of Persons Participating in Basic Pension Insurance System for Urban Enterprises' Employees	城镇职工基本医疗保险 Number of Persons Participating in Basic Medical Insurance System forUrban Employees	城镇居民基本医疗保险 Number of Persons Participating in Basic Medical Insurance System for Urban Residents	城 镇 失业保险 Number of Persons Participating in Unemployment Insurance System	工伤保险 Number of Persons Participating in Employment Injury Insurance System	城镇职工生育保险 Number of Persons Participating in Child-bearing Insurance System for Urban Employees
1997	168.44			129.00	47.65	57.40
1998	208.92			129.00	101.75	97.43
1999	223.47			181.00	99.64	96.67
2000	252.28	69.48		196.03	99.14	95.47
2001	243.12	185.72		190.73	97.26	96.11
2002	252.13	238.40		183.23	88.96	86.87
2003	257.34	281.52		183.01	84.11	82.79
2004	255.26	302.34		173.20	150.93	142.33
2005	258.69	320.70		189.20	166.95	156.14
2006	267.42	331.54		189.36	173.85	159.51
2007	279.36	345.81	73.00	190.00	188.47	165.14
2008	293.72	356.82	261.38	195.60	202.47	168.38
2009	306.54	397.42	365.03	198.60	215.13	181.13
2010	317.42	414.77	405.71	209.61	227.37	210.23
2011	342.82	443.36	422.44	216.75	243.40	216.49
2012	364.47	452.22	430.17	224.00	295.26	239.22
2013	384.32	457.96	660.79	232.52	334.26	270.87
2014	397.89	462.60	673.34	236.87	341.71	279.26

14−12 城镇职工基本养老保险情况（2011−2014 年）

Statistics on Basic Pension Insurance for Urban Employees (2011-2014)

类　　别	Item	2011	2012	2013	2014
年末参保人数（万人）	**Number of People Insured at Year-end (10 000 persons)**	**342.82**	**364.47**	**384.32**	**397.89**
职　工	Employed Persons	238.66	253.76	268.62	279.23
企　业	Enterprises	229.78	245.01	260.49	271.43
离休、退休、退职人数	Retired and Resigned Persons	104.16	110.71	115.70	118.67
基金收支情况	**Fund Revenue and Expenses**				
基本养老保险费征缴收入（亿元）	Fund Revenue (100 million yuan)	218.09	286.49	253.46	263.71
基本养老金支出（亿元）	Fund Expenses (100 million yuan)	160.67	201.16	245.91	280.62
企业退休人员社会化管理服务情况 (%)	**Socialized Management of Enterprise Retirees（%）**	**71.50**	**73.68**	**79.75**	**82.19**
企业养老金实发人数（万人）	Number of People Receiving Pension Insurance (10 000 persons)	101.20	108.13	112.91	115.69

14-13 律师、公证工作机构人员情况（2010-2014 年）
Basic Statistics on Lawyers and Notarization(2010-2014)

项　　目	Item	2010	2011	2012	2013	2014
律师工作	**Lawyers Work**					
律师事务所(个)	Number of Law Offices (unit)	472	500	532	583	643
国资所	State-owned	115	113	112	108	107
合作所	Cooperative					
合伙所	Partnership	301	313	324	347	371
个人发起所	Initiated by Individual	56	74	96	128	165
执业律师（人）	Number of Lawyers (person)	4 554	5 045	5 614	6 638	7 278
专职律师	Full-time Lawyers	4 128	4 591	5 115	6 003	6 570
兼职律师	Part-time Lawyers	179	192	201	224	220
特邀律师	Guest Lawyers					
公证工作	**Notarization**					
公证处(个)	Number of Notary Offices (unit)	140	140	140	140	140
公证员(人)	Notaries (person)	433	450	469	499	521
公证员助理（人）	Assistant Notaries (person)	440	270	288	374	391
办理各类公证事项(万件)	Number of Notarized Affairs (10 000 items)	16.02	25.58	27.73	36.86	36.34

主要统计指标解释

卫生机构 指从卫生行政部门取得《医疗机构执业许可证》，或从民政、工商行政、机构编制管理部门取得法人单位登记证书，为社会提供医疗保健、疾病控制、卫生监督服务或从事医学科研和教育等工作的单位。卫生机构包括医院、疗养院、社区卫生服务中心（站）、卫生院、门诊部、诊所（卫生所、医务室）、急救中心（站）、采供血机构、妇幼保健院（所、站）、专科疾病防治院（所、站）、疾病预防控制中心（防疫站）、卫生监督所、卫生监督检验（监测、检测）机构、医学科研机构、医学在职培训机构、健康教育所(站)等其他卫生机构。

医疗机构 指从卫生行政部门取得《医疗机构执业许可证》的机构，包括医院、疗养院、社区卫生服务中心（站）、卫生院、门诊部、诊所（卫生所、医务室）、妇幼保健院（所、站）、专科疾病防治院（所、站）、急救中心（站）和临床检验中心。

社区卫生服务中心（站） 指为本社区居民提供预防、医疗、保健、康复、健康教育、计划生育技术服务等的基层卫生机构。包括社区卫生服务中心和社区卫生服务站。

卫生人员 指在医疗、预防保健、医学科研和在职教育等卫生机构工作的职工，包括卫生技术人员、其他技术人员、管理人员和工勤人员。

卫生技术人员 包括执业（助理）医师、注册护士、药剂人员、检验和影像人员等卫生专业人员。不包括从事管理工作的卫生技术人员（ 律计入管理人员）。

执业医师 指具有《医师执业证》及其“级别”为“执业医师”且实际从事医疗、预防保健工作的人员，不包括实际从事管理工作的执业医师。执业医师类别分为临床、中医、口腔和公共卫生。

执业助理医师 指具有《医师执业证》及其“级别”为“执业助理医师”且实际从事医疗、预防保健工作的人员，不包括实际从事管理工作的执业助理医师。执业助理医师类别同样分为临床、中医、口腔和公共卫生四类。

城市社会福利事业单位 包括社会福利院、儿童福利院和民政部门所属的精神病院等。

城乡社会救济费社会救济是指国家或集体用于生活困难人员的财物支出。本指标包括城镇社会救济费、乡村社会救济费、精简退职的老职工救济费。

1. 城镇社会救济费 包括民政部门支出的城镇困难户救济费和机关企事业单位支付的职工生活困难补助费。

2. 乡村社会救济费 包括民政部门支出的农村五保户、困难户及麻风病人救济费。本指标包括农村集体支付的散居五保户、贫困户救济折款（包括实物）。

3. 精减退职的老职工救济费 指民政部门支出的精减退职的老职工救济费（包括按原工资 40% 发给的救济费和其他困难救济费）。

自然灾害受灾人数 指遭受自然灾害人数中的成灾人数。所谓成灾是指遭受自然灾害，作物收成减产三成以上的单位，这种单位的全部农业人口即为成灾人口。

优抚事业单位 指革命残废军人休养院、荣复军人疗养院和复退军人精神病院、光荣院。

优抚对象 优抚是指我国人民群众对革命烈士家属、病故革命军人家属、革命残废军人、革命残废工作人员以及参战负伤致残的民兵、民工的优待和对这些人的抚恤。“优抚对象”包括烈军属、复退军人、革命残废人员。

优抚事业费 指民政部门开支的抚恤事业费。包括牺牲费、烈军属及复员退伍军人补助费、退伍军人安置费、优抚事业单位经费和其他抚恤事业费。

城镇职工基本养老保险

1.（参保）职工人数：指报告期末按照国家法律、法规和有关政策规定参加基本养老保险并在社保经办机构已建立缴费记录档案的职工人数，包括中断缴费但未终止养老保险关系的职工人数，不包括只登记未建立缴费记录档案的人数。

2.（参保）离退休人员人数：指报告期末参加基本养老保险的离休、退休和退职人员的人数。

3. 基本养老保险基金收入：指根据国家有关规定，由纳入基本养老保险范围的缴费单位和个人按国家规定的缴费基数和缴费比例缴纳的养老保险基金，以及通过其他方式取得的形成基金来源的收入。包括单位和职工个人缴纳的基本养老保险费、基本养老保险基金利息收入、上级补助收入、下级上解收入、转移收入、财政补贴和其他收入。

4. 基本养老保险基金支出：指按照国家政策规定的开支范围和开支标准从养老保险基金中支付给参加基本养老保险的个人的养老金、丧葬抚恤补助，以及由于保险关系转移、上下级之间调剂资金等原因而发生的支出。包括离休金、退休金、退职金、各种补贴、医疗费、死亡丧葬补助费、抚恤救济费、社会保险经办机构管理费、补助下级支出、上解上级支出、转移支出、其他支出等。

5. 基本养老保险基金累计结余：指截止报告期末基本养老保险基金收支相抵后的累计余额。

基本医疗保险

1. 参保人数：指报告期末按国家有关规定参加基本医疗保险的人数。包括参加保险的职工人数和退休人员人数。

2. 基金收入：指根据国家有关规定，由纳入基本医疗保险范围的缴费单位和个人，按国家规定的缴费基数和缴费比例缴纳的基金，以及通过其他方式取得的形成基金来源的款项。包括：单位缴纳的社会统筹基金收入、个人缴纳的个人账户基金收入、财政补贴收入、利息收入、其他收入。

3. 基金支出：指按照国家政策规定的开支范围和开支标准从社会统筹基金中支付给参加基本医疗保险的职工和退休人员的医疗保险待遇支出，和从个人账户基金中支付给参加基本医疗保险的职工和退休人员的医疗费用支出，以及其他支出。包括：住院医疗费用支出、门急诊医疗费用支出、个人账户基金支出、其他支出。

4. 基金累计结余：指截止报告期末基本医疗保险的社会统筹和个人帐户基金累计结余金额。包括银行存款、财政专户、债券投资和其他。

失业保险

1. 参保人数：指报告期末按照国家法律、法规和有关政策规定参加了失业保险的城镇企业、事业单位的职工及地方政府规定参加失业保险的其他人员的人数。

2. 失业保险基金收入：指按照规定从企业、事业及其他单位筹集的失业保险费及其他并入失业保险基金收入的总额。包括单位和个人缴纳的失业保险费、失业保险基金利息收入、上级补助收入、下级上解收入、转移收入、财政补贴和其他收入。

3. 失业保险基金支出：指报告期内为保障失业人员和下岗职工基本生活、促进其再就业等支出的基金总额。包括失业救济金、医疗费、死亡丧葬补助费、抚恤救济费、转业训练费支出、失业保险经办机构管理费、补助下级支出、上解上级支出、转移支出和其他支出。

4. 基金累计结余：指截止报告期末失业保险基金收支相抵后的累计余额。

工伤保险

1. 参加保险人数：指报告期末依据国家有关规定参加工伤保险的职工人数。

2. 享受保险待遇人数：指劳动者因工负伤致残、死亡或因患职业病致残，根据有关规定享受工伤保险待遇职工或供养直系亲属人数。包括伤残人数、职业病人数、因工死亡人数、供养直系亲属人数。

3. 基金收入：指根据国家有关规定，由参加工伤保险的单位按国家规定的缴费基数和缴费比例缴纳的工伤保险基金，以及通过其他形式取得的形成基金来源的款项。包括：单位缴纳的社会统筹基金收入、财政补贴收入、利息收入、其他收入。

4. 基金支出：指按照国家政策规定的开支范围和开支标准从工伤保险基金中支付给参加工伤保险的人员及供养直系亲属工伤保险待遇支出及其他支出。包括工伤医疗费、伤残补助金、工亡补助金、护理费、丧葬补助费、工伤预防费用、职业康复费用和其他支出。

5. 基金累计结余：指截止报告期末工伤保险基金累计结余金额。包括银行存款、财政专户、债券投资和其他。

生育保险

1. 参保人数：指报告期末依据有关规定参加生育保险的职工人数。

2. 基金收入：指根据国家有关规定，由参加生育保险的单位按照国家规定的缴费基数和缴费比例缴纳的生育保险基金，以及通过其他方式取得的形成基金来源的款项。包括：单位缴纳的基金收入、利息收入和其他收入。

3. 基金支出：指按照国家政策规定的开支范围和开支标准，从生育保险基金中支付给参加生育保险的职工，因妊娠、分娩和计划生育手术而享受的待遇及其他支出。包括：生育津贴、医疗费用支出及其他支出。

4. 基金累计结余：指截止报告期末生育保险基金累计结余金额。包括银行存款、财政专户、债券投资和其他。

律师 指受聘参加法律顾问工作，担任法律顾问、刑（民）事代理人、刑事辩护人，办理非诉讼事件，解答法律询问，代写法律事务文书等主要从事律师业务的专职法律工作者和兼职律师。

公证人员 指在国家公证机关依法办理公证事务的司法人员，包括公证员、助理公证员和公证处公证的其他人员。

Explanatory Notes on Principle Statistical Indicators

Health Care Institutions refer to the units which have been qualified the Certification of Health Care Institution by the administration of public health, or qualified the Certification of Corporate Unit by the civil affairs, administration for industry and commerce, commission office for public sector reform, and engaging in medical care, disease prevention and control, health supervision and inspection, medicine research and health education, etc., including: hospitals, sanatoriums, community health service centers (stations), health centers, clinics (health stations and infirmaries), first-aid centres (stations), blood gathering and supplying institutions, women and children care agencies (centres and stations), special disease prevention and curing agencies (centres and stations), disease prevention and control centres (epidemic prevention stations), health supervision and inspection agencies, sanitary inspection institutions, medicinal scientific research and on-job training institutions, health education centres and so on.

Medical Organizations refer to the institutions which have been qualified the Certification of Health Care Institution by the administration of public health, including: hospitals, sanatoriums, community health service centers (stations), health centers, clinics (health stations and infirmaries), women and children care agencies (centres and stations), special disease prevention and curing agencies (centres and stations), first-aid centres (stations) and clinic inspection centers.

Community Health Service Centres (stations) refer to the primary units that provide the health care for community residents, such as disease prevention and control, medical treatment, health care, rehabilitation, health education, family planning technical services, including community health service centres and community health service stations.

Health Care Employee refer to all employee engaged in the health care institutions, such as medical organizations, disease prevention and control centres, health care agencies, medicinal scientific research and on-job training institutions, including medical technical personnel, other technical personnel, manager and labour.

Medical Technical Personnel refer to the professional staff engaged in health care, including licensed (assistant) doctors, registered nurse, pharmacists, laboratory technician, and imaging staff, excluding the medical technical personnel engaged in management job (included as the management staff).

Licensed Doctors refer to the medical workers who have obtained the licenses of qualified doctors and are employed in medical treatment, disease prevention or healthcare institutions, excluding the licensed doctors engaged in management job. The classification of licensed doctors is clinician, Chinese medicine, dentist and public health.

Licensed Assistant Doctors refer to the medical workers who have obtained the licenses of qualified assistant doctors and are employed in medical treatment, disease prevention or healthcare institutions, excluding the licensed assistant doctors engaged in management job. The classification of licensed assistant doctors is clinician, Chinese medicine, dentist and public health.

Urban Social Welfare Institutions include social welfare institutions, children welfare institutions, metal hospitals subordinated to the civil affairs departments.

Urban and Rural Social Relief Funds refer to the financial expenditure for the needy by the state or collectives. This indicator includes urban social relief funds, rural social relief funds and relief funds for reduced or resigned old staff and workers.

1.Urban social relief funds include the relief funds paid by the civil affairs departments to urban needy households and the living allowances paid by government departments, enterprises and institutions to staff and workers with financial difficulties.

2.Rural social relief funds include the relief funds paid by the civil affairs departments to rural households (of infirm and childless old persons) enjoying the five guarantees, needy households and lepers. This indicator also includes the relief in money and in kind paid by rural collectives to scattered-living households (of infirm and childless old persons) enjoying the five guarantees and needy households.

3.Relief funds for reduced or resigned old staff and workers refer to the relief funds paid by the civil affairs departments to reduced or resigned old staff and workers (including the relief funds paid at 40% of their original wages and other relief funds).

Number of Natural Disaster Victims refers to the number of people stricken by natural disaster of a certain extent. The so-called "disaster of a certain extent" means any natural disaster that causes crop yield to reduce by over 30% and the total agricultural population hit by it is the stricken population.

Institutions for Special Care refer to rest homes for disabled revolutionary servicemen, the sanatoriums for honorably retired servicemen and mental homes or honor homes for retired servicemen.

Persons Enjoying Special Care Special care means the special treatment and compensation given by the state to family members of revolutionary martyrs, family members of revolutionary servicemen died of illness, disabled revolutionary servicemen, disabled revolutionary working staff and militias and laborers wounded and disabled in war. "Person Enjoying Special Care" refers to family members of revolutionary martyrs, retired servicemen and disabled revolutionary persons.

Funds for Special Care refer to the funds spent by the civil affairs departments for special care, which include sacrifice pensions, allowances for family members of martyrs and retired servicemen, placement allowances for retired servicemen, funds of institutions for special care and other special funds.

Basic Pension Insurance

1.Number of staff and workers covered refers to staff and workers participating in the basic pension insurance programme according to national laws, regulations and related policies at the end of the reference period, who have already had payment records in social security management agencies, including those who have interrupt payment without terminating the insurance programme. Those who have registered in the programme but with no payment records are not included.

2. Number of retirees participating in the basic pension insurance programme refers to the number of retirees participating in basic pension insurance programmes by the end of the reference period.

3. Revenue of the basic pension insurance programme refers to payments made by employers and individuals participating in the pension insurance programme in accordance with the basis and proportion stipulated in State regulations, and income from other sources that become source of pension insurance fund, including the premium paid by employers and staff and workers, interest income, subsidies from higher level agencies, income as transfer from subordinate agencies, transferred income, government financial subsidies and other income.

4. Expenditure of basic pension insurance programme refers to payment made on pensions and funeral subsidies to those retired and resigned people covered in pension insurance programmes according to related national policies on scopeand standard of expenditure. Also included are expenditure which arises due to shift of the insurance relationship or adjustment of funds among agencies. More specifically, included are pensions for resigned people, pensions for retired people, pension for people quitting jobs, various subsidies, medical fees, funeral subsidies, compensation payments, management fees for social security agencies, expenses on subsidies to lower subordinates, expenses as transfer to agencies at higher level, transferred expenditure and other expenditure.

5. Balance of basic pension insurance programme refers to the balance of basic pension insurance funds at the end of the reference period after deducting expenses from revenue.

Basic Medical Care Insurance

1. Number of people participating in the insurance programme refers to people participating in the basic medical care insurance programme according to related regulations as at the end of reference period, including number of staff and workers and retirees participating in this insurance programme.

2. Revenue of the insurance programme refers to payments made by employers and individuals participating in the medical care insurance programme in accordance with the basis and proportion stipulated in State regulations, and income from other sources that become source of medical insurance fund, including income of social comprehensive funds paid by employers, income from individual accounts, government financial subsidies, interest income and other income.

3. Expenditure of the insurance programme refers to payment made from social comprehensive funds to those retired and resigned people covered in basic medical care insurance within the scope and standards of expenditure according to related national policies, and medical care payment made from individual accounts to staff and workers and retirees, and other expenses, including medical expenses of hospital inpatients, medical expenses for outpatients and emergency patients, payment from individual accounts and other expenditure.

4. Balance of the basic medical care insurance programme refer to the balance of medical care insurance of social comprehensive funds and individual accounts at the end of the reference period, including bank savings, special fiscal accounts, investment in bonds and others.

Unemployment Insurance

1. Number of people covered refers to staff and workers in urban enterprises or institutions who have participated in the unemployment insurance programme according to relevant policies and regulations, and other people who have participated according to local government regulations, as at the end of reference period.

2. Revenue of the unemployment insurance programme refers to payments made by employers and individuals participating in unemployment insurance programme in accordance with relevant regulations and other income contributed to this programme, including unemployment insurance premium made by employers and individuals, interest income, subsidies from higher level agencies, income as transfer from subordinate agencies, transferred income, government financial subsidies and other income.

3. Expenditure of the unemployment insurance programme refers to total expenses during the reference period to guarantee the basic livelihood of unemployed people and laid-off staff and workers and to encourage their re-employment. Included are unemployment relief, medical fees, funeral subsidies, compensation payments, training expenses, management fees for unemployment insurance agencies, subsidies to lower level agencies, expenses as transfer to higher level agencies, transferred expenditure and other expenditure.

4. Balance of the unemployment insurance programme refers to the balance of revenue of the programme after deducting expenses at the end of the reference period.

Work Injury Insurance

1. Number of people covered refers to staff and workers who have participated in the work injury insurance programme according to relevant national regulations.

2. Number of beneficiaries refers to staff and workers and their direct dependents who can, in accordance with relevant regulations, benefit from work injury insurance, as a result of work injury leading to disability or death of the staff/worker, or occupational disease leading to disability. Included in this category are number of injured and disabled people, number of people with occupational diseases, number of deaths at work places, and number of direct dependents.

3. Revenue of the work injury insurance programme refers to payments made by employers participating in the work injury insurance programme in accordance with the basis and proportion stipulated in State regulations, and income from other sources that become source of work injury insurance fund, including income of social comprehensive funds paid by employers, government financial subsidies, interest income and other income.

4. Expenditure of the work injury insurance programme refers to payments made from work injury insurance funds to those who participated in the work injury insurance programme and their direct dependents within the scope and standards of expenditure according to related national policies, and other expenditure, including medical fees for work injury, injury and disability subsidies, death subsidies, nursing fees, funeral subsidies, injury prevention fees, occupational rehabilitation fees and other expenditure.

5. Balance of the work injury insurance programme refers to the balance of the work injury funds at the end of the reference period, including bank savings, special fiscal account, investment in bonds and others.

Maternity Insurance

1. Number of people covered refers to staff and workers who have participated in the maternity insurance programme according to relevant regulation at the end of the reporting period.

2. Revenue of maternity insurance refers to payments made by employers participating in the maternity insurance programme in accordance with the basis and proportion stipulated in State regulations, and income from other sources that become source of maternity insurance fund, including income of funds paid by employers, interest income and other income.

3. Expenditure of the maternity insurance programme refers to payments made from maternity insurance funds to staff and workers who participate in the maternity insurance programme within the scope and standards of expenditure in accordance with related national policies, expenses paid for pregnancy, child delivery or surgeries related to family planning, and other expenditure, including allowance for child bearing, medical fees and other expenditure.

4. Balance of the maternity programme refers to the balance of the maternity insurance funds at the end of reference period, including bank savings, special fiscal account, investment in funds and others.

Lawyers refer to the full-time legal workers and the part-time lawyers engaged in the law practices, employed by legal counseling firms to act as legal advisers, agents in criminal or civil lawsuits and defenders in criminal lawsuits, to handle non-lawsuit legal matters, advise on matters of law and write legal papers for others.

Notary Personnel refer to the judicial officers who handle the notary affairs under the law in the national notary organs, including notaries, assistant notaries and other workers who handle the notary affairs in the notary offices.

Chapter 15

十五、人口与就业
Population and Employment

15-1 主要年份全省年末人口数
Historic Population at Year-end in Significant Years

单位：万人 (10 000 persons)

年 份 Year	总人口 Total Population	按性别分 By Sex		按城乡分 By Residence	
		男 Male	女 Female	城镇人口 Urban	乡村人口 Rural
1949	1 595.0				
1952	1 695.1			82.3	1 612.8
1957	1 896.8	941.9	954.8	237.1	1 659.7
1958	1 914.5	959.9	954.6	349.7	1 564.8
1960	1 894.6	937.8	956.7	305.2	1 589.4
1962	1 963.7	966.2	997.5	275.0	1 688.7
1965	2 160.4	1 075.3	1 085.1	261.4	1 899.0
1970	2 503.3	1 246.4	1 256.9	271.2	2 232.1
1973	2 746.9	1 369.7	1 377.2	323.9	2 423.0
1974	2 819.0	1 408.0	1 411.0	326.1	2 492.9
1975	2 884.3	1 441.8	1 442.5	335.9	2 548.4
1976	2 951.7	1 477.1	1 474.6	343.3	2 608.4
1977	3 024.6	1 515.0	1 509.6	351.7	2 672.9
1978	3 091.5	1 548.7	1 542.8	375.7	2 715.8
1979	3 134.8	1 569.1	1 565.6	388.3	2 746.5
1980	3 173.4	1 590.0	1 583.4	395.4	2 778.0
1981	3 222.8	1 622.2	1 600.6	416.5	2 806.3
1982	3 283.1	1 657.5	1 625.6	433.0	2 850.1
1983	3 330.8	1 683.1	1 647.7	472.0	2 858.8
1984	3 372.1	1 707.3	1 664.8	698.7	2 673.4
1985	3 418.1	1 733.7	1 684.4	904.6	2 513.5
1986	3 480.0	1 766.8	1 713.2	1 007.5	2 472.5
1987	3 534.0	1 797.7	1 736.3	996.2	2 537.8
1988	3 594.0	1 829.0	1 765.0	1 426.1	2 167.9
1989	3 648.0	1 861.2	1 786.8	1 524.5	2 123.5
1990	3 730.6	1 910.8	1 819.8	1 510.1	2 220.5
1991	3 782.1	1 939.1	1 843.0	1 555.2	2 226.9
1992	3 831.6	1 967.1	1 864.5	1 608.1	2 223.5
1993	3 885.2	1 997.0	1 888.2	1 664.0	2 221.2
1994	3 939.2	2 027.1	1 912.1	1 782.1	2 157.1
1995	3 989.6	2 055.2	1 934.4	1 821.3	2 168.3
1996	4 041.5	2 084.8	1 956.7	1 857.4	2 184.1
1997	4 094.0	2 112.9	1 981.1	1 937.3	2 156.7
1998	4 143.8	2 139.0	2 004.8	1 951.7	2 192.1
1999	4 192.4	2 165.8	2 026.6	1 991.3	2 201.1
2000	4 240.8	2 192.0	2 048.8	990.6	3 250.2
2001	4 287.4	2 217.4	2 070.0	1 066.0	3 221.4
2002	4 333.1	2 240.6	2 092.5	1 127.0	3 206.1
2003	4 375.6	2 263.6	2 112.0	1 163.9	3 211.7
2004	4 415.2	2 284.1	2 131.1	1 240.7	3 174.5
2005	4 450.4	2 302.2	2 148.2	1 312.9	3 137.5
2006	4 483.0	2 319.1	2 163.9	1 367.3	3 115.7
2007	4 514.0	2 335.1	2 178.9	1 426.4	3 087.6
2008	4 543.0	2 350.1	2 192.9	1 499.2	3 043.8
2009	4 571.0	2 364.6	2 206.4	1 554.1	3 016.9
2010	4 601.6	2 387.6	2 214.0	1 601.8	2 999.8
2011	4 631.0	2 402.8	2 228.2	1 704.2	2 926.8
2012	4 659.0	2 417.6	2 241.4	1 831.5	2 827.5
2013	4 686.6	2 432.3	2 254.3	1 897.1	2 789.5
2014	4 713.9	2 445.8	2 268.1	1 967.1	2 746.8

15-2 各州市户数、人口数及构成(2014年)

Number of Households, Population and Its Composition by Region (2014)

州 市	Region	总户数(万户) Family Households (10 000 households)	总人口(万人) Total Population (10 000 persons)	按性别分(万人) By Sex (10 000 persons) 男 Male	女 Female	按城乡分(万人) By Residence (10 000 persons) 城镇人口 Urban	乡村人口 Rural	人口密度(人/平方千米) Population Density (person/sq.km)
全 省	**Yunnan**	**1370.8**	**4713.9**	**2445.8**	**2268.1**	**1967.1**	**2746.8**	**119.6**
昆 明	Kunming	200.3	662.6	340.5	322.1	457.5	205.1	307.0
曲 靖	Qujing	188.4	600.9	315.0	285.9	257.7	343.2	201.3
玉 溪	Yuxi	73.2	235.1	120.6	114.5	106.7	128.4	153.9
保 山	Baoshan	69.5	256.7	131.7	125.0	77.8	178.9	130.7
昭 通	Zhaotong	165.6	538.7	282.9	255.8	148.1	390.6	234.0
丽 江	Lijiang	37.9	127.5	65.8	61.7	43.2	84.3	60.1
普 洱	Pu'er	73.1	259.4	136.6	122.8	96.4	163.0	57.1
临 沧	Lincang	65.6	249.3	130.9	118.4	87.7	161.6	101.8
楚 雄	Chuxiong	80.3	272.8	139.6	133.2	105.7	167.1	63.0
红 河	Honghe	129.4	462.0	240.3	221.7	190.6	271.4	140.3
文 山	Wenshan	97.3	359.3	187.8	171.5	127.5	231.8	111.5
西双版纳	Xishuangbanna	27.7	115.7	60.0	55.7	48.3	67.4	58.8
大 理	Dali	105.8	352.7	178.8	173.9	142.9	209.8	119.8
德 宏	Dehong	31.3	126.4	65.1	61.3	50.5	75.9	109.6
怒 江	Nujiang	15.7	54.1	28.7	25.4	14.4	39.7	36.8
迪 庆	Diqing	9.7	40.7	21.6	19.1	12.0	28.7	17.1

15-3 全省各民族人口数(2014年)
Provincial Population by Nationality (2014)

单位：万人 ,% (10 000 persons ,%)

民族	Nationality	人口数 Population	比重 Proportion	民族	Nationality	人口数 Population	比重 Proportion
全省	**Yunnan**	**4713.90**	**100.0**	藏族	Tibetan	14.59	0.3
汉族	Han Nationality	3139.84	66.6	景颇族	Jingpo Nationality	14.66	0.3
彝族	Yi Nationality	516.98	10.9	布朗族	Bulang Nationality	11.95	0.3
白族	Bai Nationality	160.48	3.4	普米族	Pumi Nationality	4.31	0.1
哈尼族	Hani Nationality	167.11	3.6	怒族	Nu Nationality	3.29	0.1
壮族	Zhuang Nationality	124.63	2.6	阿昌族	Achang Nationality	3.90	0.1
傣族	Dai Nationality	125.40	2.7	基诺族	Jinuo Nationality	2.35	0.1
苗族	Miao Nationality	123.34	2.6	德昂族	De'ang Nationality	2.07	0.0
傈僳族	Lisu Nationality	68.54	1.5	蒙古族	Mongolian	2.35	0.1
回族	Hui Nationality	71.61	1.5	独龙族	Dulong Nationality	0.65	0.0
拉祜族	Lahu Nationality	48.71	1.0	满族	Manchu Nationality	1.42	0.0
佤族	Wa Nationality	41.10	0.9	水族	Shui Nationality	0.95	0.0
纳西族	Naxi Nationality	31.78	0.7	布依族	Buyi Nationality	6.10	0.1
瑶族	Yao Nationality	22.55	0.5	其他	Other Nationalities	3.24	0.1

15-4 全省人口出生率、死亡率、自然增长率（1978-2014 年）
Birth Rate, Death Rate and Natural Growth Rate of Provincial Population (1978-2014)

单位：万人，‰ (10 000 persons, ‰)

年 份 Year	年均人口数 Annual Average Population	出 生 Birth		死 亡 Death		人口自然增长 Natural Growth of population	
		人 数 Population	出生率 Birth Rate	人 数 Population	死亡率 Death Rate	人 数 Population	自然增长率 Natural Growth Rate
1978	3 058.00	86.8	28.37	21.2	6.93	65.60	21.4
1979	3 113.10	75.0	24.08	25.3	8.13	49.70	16.0
1980	3 154.10	65.9	20.91	23.2	7.36	42.70	13.5
1981	3 198.10	81.1	25.36	27.5	8.60	53.60	16.8
1982	3 252.90	77.4	23.80	32.1	9.88	45.30	13.9
1983	3 307.00	77.8	23.57	30.3	9.19	47.50	14.4
1984	3 351.50	67.8	20.29	26.5	7.92	41.30	12.4
1985	3 395.10	72.9	21.55	27.2	8.03	45.80	13.5
1986	3 449.50	89.1	26.03	27.0	7.87	62.10	18.2
1987	3 507.00	83.5	23.97	29.3	8.40	54.20	15.6
1988	3 564.00	84.9	24.00	25.2	7.13	59.70	16.9
1989	3 621.00	83.0	23.07	29.0	8.05	54.00	15.0
1990	3 689.30	87.0	23.60	29.0	7.92	58.00	15.7
1991	3 756.40	81.9	21.80	30.4	8.10	51.50	13.7
1992	3 806.90	79.9	21.00	30.5	8.00	49.50	13.0
1993	3 858.40	84.9	22.00	31.3	8.10	53.60	13.9
1994	3 912.20	85.3	21.80	31.3	8.00	54.00	13.8
1995	3 964.40	82.3	20.75	31.8	8.03	50.50	12.7
1996	4 015.60	83.8	20.87	31.9	7.94	51.90	12.9
1997	4 067.80	84.7	20.82	32.2	7.91	52.50	12.9
1998	4 118.90	82.4	20.01	32.6	7.91	49.80	12.1
1999	4 168.10	81.2	19.48	32.6	7.82	48.60	11.7
2000	4 216.60	80.3	19.05	31.9	7.57	48.40	11.5
2001	4 264.10	78.9	18.51	32.3	7.57	46.60	10.9
2002	4 310.25	77.3	17.90	31.5	7.30	45.70	10.6
2003	4 354.35	74.0	17.00	31.4	7.20	42.60	9.8
2004	4 395.40	68.6	15.60	29.0	6.60	39.60	9.0
2005	4 432.80	65.3	14.72	29.9	6.75	35.40	8.0
2006	4 466.70	59.0	13.20	28.1	6.30	30.90	6.9
2007	4 498.50	58.6	13.08	27.9	6.22	30.75	6.9
2008	4 528.50	57.2	12.63	28.6	6.31	28.60	6.3
2009	4 557.00	57.1	12.53	29.4	6.45	27.70	6.1
2010	4 586.30	60.1	13.10	30.1	6.56	29.99	6.5
2011	4 616.32	58.7	12.71	29.4	6.36	29.31	6.4
2012	4 645.00	58.7	12.63	29.8	6.41	28.90	6.2
2013	4 672.80	58.9	12.60	30.1	6.43	28.83	6.2
2014	4 700.30	59.5	12.65	30.3	6.45	29.14	6.2

注：本表从 1983 年起的数字系抽样调查结果数。其余年份数字均为人口年报数。

Note: Data in this table from 1983 are data of population sample surveys,and the others are obtained from annual population reports.

15-5 各州市人口出生率、死亡率、自然增长率(2014年)

Birth Rate, Death Rate and Natural Growth Rate of Population by Region (2014)

单位：万人、‰ (10 000 persons, ‰)

州 市	Region	出生 Birth		死亡 Death		人口自然增长 Natural Growth of population	
		人数 Population	出生率 Birth Rate	人数 Population	死亡率 Death Rate	人数 Population	自然增长率 Natural Growth Rate
全 省	**Yunnan**	**59.46**	**12.65**	**30.32**	**6.45**	**29.14**	**6.20**
昆 明	Kunming	7.69	11.64	3.92	5.93	3.77	5.71
曲 靖	Qujing	7.54	12.59	3.71	6.19	3.83	6.40
玉 溪	Yuxi	2.72	11.58	1.41	6.02	1.30	5.56
保 山	Baoshan	3.30	12.90	1.88	7.36	1.42	5.54
昭 通	Zhaotong	8.31	15.49	3.69	6.87	4.62	8.62
丽 江	Lijiang	1.41	11.06	0.81	6.36	0.60	4.70
普 洱	Pu'er	3.16	12.20	1.57	6.05	1.59	6.15
临 沧	Lincang	3.22	12.96	1.62	6.50	1.61	6.46
楚 雄	Chuxiong	3.08	11.30	1.89	6.95	1.19	4.35
红 河	Honghe	6.10	13.24	3.19	6.92	2.91	6.32
文 山	Wenshan	4.73	13.18	2.36	6.58	2.37	6.60
西双版纳	Xishuangbanna	1.36	11.75	0.64	5.56	0.71	6.19
大 理	Dali	3.86	10.98	2.13	6.05	1.73	4.93
德 宏	Dehong	1.82	14.51	0.90	7.21	0.92	7.30
怒 江	Nujiang	0.76	14.08	0.37	6.86	0.39	7.22
迪 庆	Diqing	0.41	10.04	0.23	5.70	0.18	4.34

15-6 全省户数、年平均人口数及人口密度（1978-2014 年）
Number of Households, Annual Average Population and Population Density (1978-2014)

年份 Year	户数（万户） Number of Households (10 000 households)	平均每户人数（人／户） Average Households Size (person/household)	年均人口数（万人） Annual Average Population (10 000 persons)	人口密度（人／平方千米） Population Density (person/sq.km)
1978	571.8	5.4	3 058.00	78.5
1979	577.5	5.4	3 113.10	79.6
1980	590.9	5.4	3 154.10	80.5
1981	605.8	5.3	3 198.10	81.8
1982	617.5	5.3	3 252.90	83.3
1983	634.8	5.2	3 307.00	84.5
1984	649.6	5.2	3 351.50	85.6
1985	667.4	5.1	3 395.10	86.8
1986	690.6	5.0	3 449.50	90.9
1987	721.5	4.9	3 507.00	92.3
1988	752.6	4.8	3 564.00	93.8
1989	782.7	4.6	3 621.00	95.3
1990	812.0	4.5	3 689.30	94.7
1991	837.4	4.5	3 756.40	96.4
1992	857.8	4.4	3 806.90	97.7
1993	883.4	4.4	3 858.40	99.0
1994	902.4	4.3	3 912.20	100.4
1995	925.9	4.3	3 964.40	101.3
1996	946.1	4.2	4 015.60	103.1
1997	965.4	4.2	4 067.80	103.9
1998	991.3	4.2	4 118.90	105.2
1999	1 012.0	4.2	4 168.10	106.4
2000	1 030.6	4.1	4 216.60	107.6
2001	1 046.7	4.1	4 264.10	108.8
2002	1 063.3	4.1	4 310.25	109.8
2003	1 083.1	4.0	4 354.35	111.0
2004	1 117.1	4.0	4 395.40	112.0
2005	1 216.2	3.7	4 432.80	112.9
2006	1 183.9	3.8	4 466.70	113.8
2007	1 222.3	3.7	4 498.50	114.5
2008	1 252.9	3.7	4 528.50	115.3
2009	1 287.3	3.5	4 557.00	116.0
2010	1 323.5	3.5	4 586.30	116.6
2011	1 346.7	3.4	4 616.32	117.5
2012	1 354.9	3.4	4 645.00	118.2
2013	1 362.9	3.4	4 672.80	118.9
2014	1 370.8	3.4	4 700.30	119.6

15-7 六次全国人口普查全省人口基本情况
Basic Statistics on National Population Census in 1953,1964,1982,1990,2000 and 2010

指标	Item	1953	1964	1982	1990	2000	2010
全省总人口（万人）	**Total Population of Yunnan Province (10 000 persons)**	**1 713.3**	**2 051.0**	**3 255.4**	**3 697.3**	**4 235.9**	**4 596.6**
男	Male	846.0	1 024.7	1 650.0	1 899.6	2 219.9	2 385.0
女	Female	867.3	1 026.3	1 605.4	1 797.7	2 016.0	2 211.6
性别比（以女性为100)	Sex Ratio (female=100)	97.6	99.8	102.8	105.7	110.1	107.8
家庭户规模（人／户）	**Average Family Household Size (person/household)**		**4.7**	**5.2**	**4.5**	**3.7**	**3.5**
各年龄组人口构成 (%)	Population by Age Group (%)						
0–14 岁	0-14	34.5	39.2	39.2	31.7	26.0	20.7
15–64 岁	15-64	58.1	58.2	56.4	61.2	68.0	71.7
65 岁及以上	65 and Over	7.4	2.6	4.5	7.1	6.0	7.6
民族人口数	**Population by Ethnicity**						
汉族人口数（万人）	Han (10 000 persons)	1 178.8	1 410.7	2 223.4	2 462.8	2 820.7	3 062.9
占总人口比重 (%)	Percentage to Total Population (%)	68.8	68.8	68.3	66.6	66.6	66.6
少数民族人口数（万人）	Ethnic Minorities (10 000 persons)	534.5	640.3	1 032.0	1 234.5	1 415.2	1 533.7
占总人口比重 (%)	Percentage to Total Population(%)	31.2	31.2	31.7	33.4	33.4	33.4
每十万人拥有的各种受教育程度人口数（万人）	**Population with Various Education Attainments Per 100 000 Persons (10 000persons)**						
大专及以上	Junior College and Above		0.03	0.03	0.08	0.20	0.58
高中和中专	Senior Secondary School and Technical Secondary School		0.10	0.28	0.41	0.66	0.84
初中	Junior Secondary School		0.31	1.02	1.38	2.12	2.75
小学	Primary School		2.31	2.93	3.79	4.48	4.34
平均受教育年限（年）	Average Education Year (year)		2.2	3.6	4.8	6.3	7.6
文盲人口数及文盲率	**Illiterate Population and Illiterate Rate**						
文盲人口数（万人）	Illiterate Population (10 000 persons)		969.9	1 025.1	940.6	484.2	276.9
文盲率 (%)	Illiterate Rate (%)		47.3	31.5	25.4	11.4	6.0
平均预期寿命（岁）	**Life Expectancy (year old)**			**60.8**	**63.5**	**65.5**	**69.5**
男	Male			59.9	62.1	64.2	67.1
女	Female			61.6	64.9	66.9	72.4

注：1.1953 年总人口数据中包括了间接调查人口，而民族人口、城乡人口中未包括。

2.1964 年文盲人口为 12 岁及 12 岁以上不识字人口，1982、1990、2000、2010 年文盲人口为 15 岁及以上不识字或识字很少人口。

Note:a.Total population of 1953 National Population Census includes the population from indirect survey,but it didn't includ the ethnic minority population, urban and rural population.

b.Illiterate population of 1964 National Population Census referred to the population aged 12 and over who are unable to read. Illiterate population of 1982, 1990, 2000 and 2010 National Population Censuses referred to the population aged 15 and over who are unable or have difficulty to read.

15-8 人口社会就业基本情况(2011-2014年)
Basic Statistics on Employment(2011-2014)

单位：万人 (10 000 persons)

项　　目	Item	2011	2012	2013	2014
全省就业人员	**Number of Employed Persons**	**2 857.24**	**2 881.90**	**2 912.36**	**2962.25**
按三次产业分就业人员	**Employed persons by Three Industries Persons**				
第一产业	Primary Industry	1 697.24	1 636.57	1 615.29	1591.07
第二产业	Secondary Industry	374.30	388.65	384.58	390.43
第三产业	Tertiary Industry	785.70	856.68	912.49	980.75
就业人员构成(合计=100)(%)	**Composition of Employed Persons(total=100)**				
第一产业	Primary Industry	59.4	56.8	55.5	53.7
第二产业	Secondary Industry	13.1	13.5	13.2	13.2
第三产业	Tertiary Industry	27.5	29.7	31.3	33.1
按城乡分就业人员	**Number of Employed Persons by Urban and Rural Areas**				
城镇就业人员	Urban Employed Persons	666.30	694.56	731.60	773.44
国有单位	State-owned Units	192.02	194.62	182.00	188.83
城镇集体单位	Urban Collective-owned Units	10.86	12.68	13.02	11.28
股份合作单位	Cooperative Units	3.70	3.75	1.48	1.75
联营单位	Joint Ownership Units	0.30	0.45	0.40	0.40
有限责任公司	Limited Liability Corporations	59.30	78.30	100.77	102.70
股份有限公司	Share-holding Corporations Ltd.	18.70	21.47	22.98	20.86
私营企业	Private Enterprises	220.81	236.52	268.21	300.33
港澳台商投资单位	Units with Funds from Hong Kong, Macao & Taiwan	2.60	2.97	4.18	4.11
外商投资单位	Foreign Funded Units	3.60	3.46	4.91	5.07
个体就业人员	Self-employed Individuals	154.44	140.34	133.65	138.11
乡村就业人员	Rural Employed Persons	2 190.92	2 187.34	2 180.76	2188.81
城镇单位在岗职工人数	**Number of Staff and Workers in Urban Units**	**317.18**	**344.65**	**352.27**	**347.06**
国有单位	State-owned Units	175.83	174.95	163.24	168.36
#企　业	Enterprises	47.20	44.05	30.50	33.79
事　业	Institutions	86.30	87.66	88.47	90.05
机　关	Agencies & Organizations	42.30	43.24	44.18	44.47
城镇集体单位	Urban Collective-owned Units	9.65	11.16	11.65	10.00
其他单位	Units of Other Types of Ownership	131.70	158.54	177.38	168.70
城镇单位女性就业人员	**Number of Female Employment in Urban Units**	**120.43**	**132.07**	**140.06**	**144.97**
城镇登记失业人数	**Number of Registered Unemployed Persons in Urban Areas**	**15.99**	**17.40**	**18.09**	**19.19**
城镇登记失业率(%)	**Registered Unemployment Rate in Urban Areas (%)**	**4.05**	**4.03**	**3.98**	**3.98**

15-9 按三次产业分的年末就业人员数（1980-2014 年）

Number of Employed Persons at Year-end by Type of Industry (1980-2014)

单位：万人　　　　(10 000 persons)

年 份 Year	全 省 Yunnan	第一产业 Primary Industry	第二产业 Secondary Industry	第三产业 Tertiary Industry	构 成 Percentage (%) (total=100) 第一产业 Primary Industry	第二产业 Secondary Industry	第三产业 Tertiary Industry
1980	1 404.20	1 194.00	113.30	96.90	85.0	8.1	6.9
1981	1 479.80	1 246.10	124.10	109.60	84.2	8.4	7.4
1982	1 543.60	1 295.10	129.30	119.20	83.9	8.4	7.7
1983	1 583.20	1 315.40	133.40	134.40	83.1	8.4	8.5
1984	1 620.30	1 322.70	144.30	153.30	81.6	8.9	9.5
1985	1 672.30	1 329.20	172.00	171.10	79.5	10.3	10.2
1986	1 731.40	1 367.80	177.40	186.20	79.0	10.2	10.8
1987	1 777.50	1 411.10	182.90	183.50	79.4	10.3	10.3
1988	1 826.90	1 454.40	183.30	189.20	79.6	10.0	10.4
1989	1 880.70	1 503.20	183.90	193.60	79.9	9.8	10.3
1990	1 922.70	1 537.80	184.80	200.10	80.0	9.6	10.4
1991	1 989.50	1 588.80	191.70	209.00	79.9	9.6	10.5
1992	2 032.60	1 612.90	198.00	221.70	79.4	9.9	10.7
1993	2 071.50	1 630.90	203.60	237.00	78.7	9.9	11.4
1994	2 108.70	1 642.10	215.80	250.80	77.9	10.2	11.9
1995	2 149.00	1 656.10	216.60	276.30	77.1	10.1	12.9
1996	2 186.20	1 596.90	242.70	346.60	73.0	11.1	15.9
1997	2 223.50	1 653.20	236.00	334.30	74.4	10.6	15.0
1998	2 240.50	1 687.50	232.00	321.00	75.3	10.4	14.3
1999	2 244.00	1 720.40	197.50	326.10	76.7	8.8	14.5
2000	2 295.40	1 695.90	210.40	389.20	73.9	9.2	17.0
2001	2 322.50	1 710.40	207.90	404.20	73.7	9.0	17.4
2002	2 341.30	1 715.80	206.50	419.00	73.3	8.8	17.9
2003	2 353.30	1 709.30	209.90	434.10	72.6	8.9	18.5
2004	2 401.40	1 711.90	218.40	471.10	71.3	9.1	19.6
2005	2 461.30	1 709.20	245.10	507.00	69.4	10.0	20.6
2006	2 517.60	1 696.95	262.45	558.15	67.4	10.4	22.2
2007	2 573.80	1 684.70	279.80	609.30	65.4	10.9	23.7
2008	2 638.37	1 678.42	298.57	661.38	63.6	11.3	25.1
2009	2 684.80	1 672.50	321.30	691.00	62.3	12.0	25.7
2010	2 765.90	1 671.30	348.60	746.00	60.4	12.6	27.0
2011	2 857.24	1 697.20	374.30	785.70	59.4	13.1	27.5
2012	2 881.90	1 636.57	388.65	856.68	56.8	13.5	29.7
2013	2 912.36	1 615.29	384.58	912.49	55.5	13.2	31.3
2014	2 962.25	1 591.07	390.43	980.75	53.7	13.2	33.1

注：2000 年及以后就业人员人数，按一、二、三产业划分的就业人员人数计算方法有调整，详见本篇末指标解释。

Note: Starting from 2000, the statistical method for employed persons in primary, secondary and tertiary industries is adjusted. The detail is explained in the explanatory notes at the end of this part.

15–10 按城乡分的年末就业人员数（1980–2014 年）
Number of Employed Persons at Year-end by Residence in Urban and Rural Areas (1980-2014)

单位：万人 (10 000 persons)

年 份 Year	就业人员 Employed Persons	城镇单位就业人员 Number of Employed Persons in Urban Entities: 职工人数 Number of Staff and Workers	国有单位 State-owned Economic Entities	集体单位 Collective-owned Economic Entities	其他单位 Other Types of Ownership	其他就业人员 Others	城镇个体和私营就业人员 Engaged Persons in Urban Private Enterprises and Self-employed Individuals	乡村就业人员 Rural Employed Persons
1980	1 404.20	229.99	200.67	29.15	0.17		0.81	1 173.40
1981	1 479.80	235.40	205.41	29.75	0.24		1.80	1 242.60
1982	1 543.60	242.37	211.65	30.46	0.26		2.53	1 298.70
1983	1 583.20	247.33	215.48	31.57	0.28		4.47	1 331.40
1984	1 620.30	256.64	216.52	39.80	0.32		8.26	1 355.40
1985	1 672.30	263.00	222.41	40.16	0.43		11.60	1 397.70
1986	1 731.40	268.66	227.78	40.38	0.50		11.94	1 450.80
1987	1 777.50	274.74	232.91	41.18	0.65		11.86	1 490.90
1988	1 826.90	280.09	237.65	41.68	0.76		13.51	1 533.30
1989	1 880.70	285.81	242.83	42.16	0.82		13.49	1 581.40
1990	1 922.65	291.87	249.26	41.94	0.67		13.75	1 617.03
1995	2 149.00	311.50	262.86	43.28	5.36	7.23	32.30	1 797.97
1998	2 240.50	295.10	245.20	30.50	19.40	9.10	57.50	1 878.80
1999	2 244.00	284.50	231.30	26.70	26.50	7.80	69.90	1 881.80
2000	2 295.40	273.40	220.60	23.70	29.10	6.80	66.40	1 948.80
2001	2 322.53	261.61	207.31	20.03	34.27	8.07	81.83	1 971.02
2002	2 341.25	249.26	195.78	16.62	36.86	8.77	92.54	1 990.68
2003	2 353.33	244.01	181.78	14.61	47.62	9.24	97.38	2 002.70
2004	2 401.39	235.43	171.15	12.24	51.74	10.52	125.45	2 029.99
2005	2 461.32	235.71	168.39	10.65	56.67	11.32	163.35	2 050.93
2006	2 517.60	247.98	170.98	12.63	64.37	11.24	159.28	2 099.10
2007	2 573.82	280.72	175.17	11.93	93.62	15.56	181.03	2 096.51
2008	2 638.37	286.73	177.78	10.44	98.51	16.77	222.13	2 112.74
2009	2 684.77	293.60	178.01	10.27	105.32	18.44	235.46	2 137.27
2010	2 765.85	303.67	181.30	9.79	112.58	19.10	276.30	2 166.78
2011	2 857.24	317.18	175.83	9.65	131.70	32.89	316.25	2 190.92
2012	2 881.90	344.65	174.95	11.16	158.54	48.02	301.89	2 187.34
2013	2 912.36	352.27	163.24	11.65	177.38	53.06	326.27	2 180.76
2014	2 962.25	347.06	168.36	10.00	168.70	55.69	370.69	2 188.81

15-11 各州市按城乡分的年末就业人员数(2014 年)
Number of Employed Persons at Year-end by Residence in Urban and Rural Areas and by Region(2014)

单位：万人 (10 000 persons)

州 市	Region	就业人员 Number of Employed Persons	城镇就业人员 Urban Employed Persons	乡村就业人员 Rural Employed Persons
全 省	**Yunnan**	**2 962.25**	**773.44**	**2 188.81**
昆 明	Kunming	414.54	229.90	184.65
曲 靖	Qujing	369.45	55.72	313.73
玉 溪	Yuxi	159.93	43.27	116.66
保 山	Baoshan	158.38	23.62	134.76
昭 通	Zhaotong	306.69	32.43	274.26
丽 江	Lijiang	80.70	18.99	61.71
思 茅	Simao	158.77	30.22	128.54
临 沧	Lincang	147.91	23.63	124.28
楚 雄	Chuxiong	161.69	32.29	129.40
红 河	Honghe	261.13	43.19	217.94
文 山	Wenshan	216.34	24.25	192.09
西双版纳	Xishuangbanna	54.98	12.76	42.22
大 理	Dali	196.92	34.13	162.79
德 宏	Dehong	76.63	16.01	60.62
怒 江	Nujiang	32.39	5.36	27.03
迪 庆	Diqing	25.45	7.31	18.14

15-12 分行业城镇单位年末职工人数（2011-2014 年）

Number of Staff and Workers in Urban Unit by Sector at Year-end(2011-2014)

单位：万人 (10 000 persons)

国民经济行业	Sector	2011 年	2012 年	2013 年	2014 年
城镇单位在岗职工人数	**Number of Staff and Workers in Urban Units**	**317.18**	**344.65**	**352.27**	**347.06**
农、林、牧、渔业	Farming,Forestry,Animal Husbandry and Fishery	9.88	8.28	5.99	5.66
采矿业	Mining	17.06	20.61	17.51	13.19
制造业	Manufacturing	58.00	62.62	53.11	53.19
电力、热力、燃气及水生产和供应业	Production and Supply of Electricity, Heat, Gas and Water	8.38	8.31	8.20	8.43
建筑业	Construction	39.55	49.85	53.68	48.77
批发和零售业	Wholesale and Retaile Trade	17.37	20.28	21.84	22.42
交通运输、仓储及邮政业	Transportation,Storage and Post	12.21	11.94	14.66	14.53
住宿和餐饮业	Hotel and Food Service	6.85	7.83	8.56	7.80
信息传输、软件和信息技术服务业	Information Transmission, Software and Information Technology Service	2.61	2.77	4.60	3.87
金融业	Banking	8.27	8.53	8.60	8.77
房地产业	Real Estate	5.01	6.47	8.93	9.91
租赁和商务服务业	Leasing Trade and Business Service	5.99	5.33	7.99	7.71
科学研究和技术服务业	Scientific Research, Technology Service and Geological Prospecting	5.99	7.30	8.27	9.01
水利、环境和公共设施管理业	Water Conservancy, Admistration of Environment and Public Facilities	4.73	4.99	5.63	5.87
居民服务、修理和其他服务业	Services to Households,Repair and Other Services	0.70	0.72	1.12	1.20
教育	Education	51.20	52.72	55.06	56.24
卫生和社会工作	Health Care, Social Works	15.74	16.91	19.06	20.82
文化、体育和娱乐业	Culture, Sports and Entertainment	3.21	3.01	2.99	2.94
公共管理、社会保障和社会组织	Common Administration and Social Organization	44.41	46.19	46.46	46.73

15-13 各州市分行业年末城镇单位就业人员数(2014年)

Number of Employed Persons in Urban Entities at Year-end by Sector and Region(2014)

单位：万人 (10 000 persons)

州 市	Region	就业人数 Employed Persons	农、林、牧、渔业 Farming, Forestry, Animal Husbandry and Fishery	采矿业 Mining	制造业 Manufacturing	电力、热力、燃气及水生产和供应业 Production and Supply of Electricity,Heat,Gas and Water
全 省	**Yunnan**	**419.57**	**6.68**	**17.34**	**72.08**	**10.31**
昆 明	Kunming	134.53	0.28	3.10	23.01	1.90
曲 靖	Qujing	46.18	0.36	6.59	8.79	1.33
玉 溪	Yuxi	26.93	0.22	0.89	7.26	0.58
保 山	Baoshan	18.19	0.35	0.43	3.20	0.38
昭 通	Zhaotong	22.10	0.18	1.34	1.31	0.78
丽 江	Lijiang	10.78	0.10	0.26	0.63	0.33
普 洱	Pu'er	17.48	0.18	0.35	3.72	0.61
临 沧	Lincang	15.64	1.04	0.32	2.88	0.33
楚 雄	Chuxiong	18.43	0.21	0.89	2.36	0.45
红 河	Honghe	35.21	1.38	1.50	8.93	1.26
文 山	Wenshan	19.40	0.54	0.77	2.46	0.64
西双版纳	Xishuangbanna	8.64	0.20	0.18	1.00	0.22
大 理	Dali	26.22	0.42	0.34	4.20	0.68
德 宏	Dehong	11.57	0.96	0.16	1.43	0.44
怒 江	Nujiang	4.29	0.11	0.03	0.68	0.19
迪 庆	Diqing	3.98	0.15	0.20	0.20	0.18

注：不含城镇规模以下私营及个体就业人员，含乡村规模以上企业就业人员

Note: Employed persons in urban private and individual enterprises under designated size are excluded from employed persons in urban entities,while employed persons of rural enterprises above designated size are included.

15-13 续表 1 continued

单位：万人 (10 000 persons)

州 市	Region	建 筑 业 Construction	批发和零售业 Wholesale and Retail Trade	交通运输、仓储和邮政业 Transportation, Storage and Post	住宿和餐饮业 Hotel and Catering Service	信息传输、软件和信息技术服务业 Information Transmission,Software and Information Technology Service
全 省	**Yunnan**	**67.61**	**25.96**	**17.11**	**8.70**	**5.25**
昆 明	Kunming	29.03	10.69	10.66	4.06	2.53
曲 靖	Qujing	8.39	2.61	0.84	0.72	0.29
玉 溪	Yuxi	3.95	2.87	0.49	0.41	0.19
保 山	Baoshan	3.99	0.70	0.35	0.28	0.13
昭 通	Zhaotong	1.49	0.82	0.46	0.23	0.23
丽 江	Lijiang	1.03	0.68	0.33	0.68	0.19
普 洱	Pu'er	2.48	0.54	0.44	0.11	0.16
临 沧	Lincang	2.25	0.71	0.35	0.11	0.16
楚 雄	Chuxiong	2.94	0.78	0.46	0.18	0.20
红 河	Honghe	4.76	1.16	0.72	0.45	0.30
文 山	Wenshan	1.35	0.84	0.52	0.18	0.16
西双版纳	Xishuangbanna	0.48	0.73	0.23	0.34	0.10
大 理	Dali	3.99	1.83	0.76	0.49	0.36
德 宏	Dehong	0.91	0.66	0.18	0.35	0.13
怒 江	Nujiang	0.30	0.12	0.19	0.04	0.05
迪 庆	Diqing	0.25	0.21	0.12	0.08	0.08

15-13 续表 2 continued

单位：万人 (10 000 persons)

州 市	Region	金融业 Banking	房地产业 Real Estate	租赁和商务服务业 Leasing Trade and Business Service	科学研究和技术服务业 Scientific Research, Technology Service and Geological Prospecting	水利、环境和公共设施管理业 Water Conservancy, Admistration of Environment and Public Facilities
全 省	**Yunnan**	**10.11**	**11.13**	**9.31**	**10.11**	**7.58**
昆 明	Kunming	3.45	4.52	4.16	5.23	1.56
曲 靖	Qujing	0.70	0.67	1.09	0.32	0.48
玉 溪	Yuxi	0.73	0.95	0.31	0.36	0.34
保 山	Baoshan	0.41	0.60	0.11	0.23	0.35
昭 通	Zhaotong	0.41	0.35	0.17	0.43	0.55
丽 江	Lijiang	0.36	0.35	0.27	0.31	0.66
普 洱	Pu'er	0.38	0.19	0.35	0.58	0.40
临 沧	Lincang	0.26	0.47	0.08	0.12	0.19
楚 雄	Chuxiong	0.51	0.31	0.57	0.44	0.58
红 河	Honghe	0.63	0.52	0.29	0.59	0.81
文 山	Wenshan	0.47	0.50	0.27	0.33	0.37
西双版纳	Xishuangbanna	0.24	0.47	0.15	0.37	0.42
大 理	Dali	0.84	0.85	1.05	0.42	0.43
德 宏	Dehong	0.49	0.30	0.32	0.26	0.10
怒 江	Nujiang	0.10	0.04	0.04	0.04	0.09
迪 庆	Diqing	0.13	0.03	0.08	0.09	0.24

15−13 续表 3 continued

单位：万人 (10 000 persons)

州 市	Region	居民服务、修理和其他服务业 Services to Households, Repair and Other Services	教 育 Education	卫生和社会工作 Health Care, Social Security and Social Welfare	文化、体育和娱乐业 Culture, Sports and Entertainment	公共管理、社会保障和社会组织 Common Administration and Social Organization
全 省	**Yunnan**	**1.42**	**59.88**	**24.56**	**3.37**	**51.06**
昆 明	Kunming	0.78	12.65	6.61	1.32	8.97
曲 靖	Qujing	0.12	7.09	1.53	0.16	4.11
玉 溪	Yuxi	0.07	2.82	1.45	0.17	2.86
保 山	Baoshan	0.02	2.94	1.25	0.09	2.38
昭 通	Zhaotong	0.05	6.41	2.03	0.13	4.74
丽 江	Lijiang	0.01	1.78	0.55	0.23	2.04
普 洱	Pu'er	0.03	2.64	1.23	0.16	2.93
临 沧	Lincang	0.04	2.56	0.98	0.08	2.73
楚 雄	Chuxiong	0.04	3.10	1.44	0.11	2.84
红 河	Honghe	0.09	4.93	2.02	0.23	4.66
文 山	Wenshan	0.07	5.14	1.63	0.19	2.93
西双版纳	Xishuangbanna	0.02	1.10	0.77	0.14	1.50
大 理	Dali	0.07	3.72	1.85	0.20	3.72
德 宏	Dehong	0.01	1.52	0.75	0.05	2.53
怒 江	Nujiang	0.01	0.80	0.23	0.05	1.17
迪 庆	Diqing		0.67	0.25	0.06	0.96

15-14 各州市城镇单位分行业年末职工人数(2014年)

Number of Staff and Workers in Urban Entities at Year-end by Sector and Region(2014)

单位：万人 (10 000 persons)

州 市	Region	城镇单位职工人数 Number of Staff and Workers	农、林、牧、渔业 Farming,Forestry, Animal Husbandry and Fishery	采矿业 Mining	制造业 Manufacturing	电力、热力、燃气及水生产和供应业 Production and Supply of Electricity,Heat,Gas and Water
全 省	**Yunnan**	**362.25**	**5.66**	**16.23**	**62.42**	**8.95**
昆 明	Kunming	112.49	0.24	2.82	19.42	1.69
曲 靖	Qujing	42.27	0.36	6.45	8.01	1.14
玉 溪	Yuxi	24.62	0.22	0.80	6.84	0.39
保 山	Baoshan	17.39	0.35	0.43	2.94	0.36
昭 通	Zhaotong	19.35	0.16	1.24	1.28	0.70
丽 江	Lijiang	9.18	0.10	0.26	0.58	0.31
普 洱	Pu'er	16.42	0.16	0.33	3.61	0.56
临 沧	Lincang	13.24	0.96	0.23	2.57	0.30
楚 雄	Chuxiong	15.70	0.21	0.68	1.65	0.43
红 河	Honghe	28.62	0.82	1.40	6.85	1.11
文 山	Wenshan	16.88	0.52	0.75	2.14	0.55
西双版纳	Xishuangbanna	7.76	0.15	0.18	0.84	0.18
大 理	Dali	21.24	0.34	0.30	3.69	0.55
德 宏	Dehong	10.17	0.91	0.15	1.30	0.38
怒 江	Nujiang	3.58	0.11	0.03	0.52	0.14
迪 庆	Diqing	3.34	0.06	0.19	0.18	0.15

15-14 续表 1 continued

单位：万人 (10 000 persons)

州　市	Region	建 筑 业 Construction	批发和零售业 Wholesale and Retail Trade	交通运输、仓储和邮政业 Transportation, Storage and Post	住宿和餐饮业 Hotel and Catering Service	信息传输、软件和信息技术服务业 Information Transmission,Software and Information Technology Service
全　省	**Yunnan**	**49.26**	**22.91**	**14.82**	**8.02**	**3.87**
昆　明	Kunming	19.96	9.76	9.28	3.66	1.95
曲　靖	Qujing	6.52	2.45	0.68	0.70	0.22
玉　溪	Yuxi	3.49	2.71	0.42	0.38	0.14
保　山	Baoshan	3.86	0.66	0.33	0.28	0.08
昭　通	Zhaotong	1.13	0.71	0.32	0.22	0.13
丽　江	Lijiang	0.73	0.50	0.30	0.65	0.14
普　洱	Pu'er	2.29	0.48	0.39	0.11	0.11
临　沧	Lincang	1.35	0.64	0.32	0.11	0.10
楚　雄	Chuxiong	2.49	0.68	0.40	0.17	0.13
红　河	Honghe	2.99	0.85	0.65	0.31	0.21
文　山	Wenshan	0.79	0.61	0.41	0.18	0.12
西双版纳	Xishuangbanna	0.47	0.60	0.21	0.34	0.07
大　理	Dali	2.27	1.37	0.64	0.47	0.29
德　宏	Dehong	0.65	0.62	0.17	0.34	0.09
怒　江	Nujiang	0.18	0.09	0.18	0.03	0.04
迪　庆	Diqing	0.13	0.19	0.11	0.08	0.06

15-14 续表 2 continued

单位：万人 (10 000 persons)

州 市	Region	金融业 Banking	房地产业 Real Estate	租赁和商务服务业 Leasing Trade and Business Service	科学研究和技术服务业 Scientific Research,Technology Service and Geological Prospecting	水利、环境和公共设施管理业 Water Conservancy, Administration of Environment and Public Facilities
全 省	**Yunnan**	**8.77**	**10.04**	**7.75**	**9.04**	**6.09**
昆 明	Kunming	3.18	3.98	3.64	4.47	1.19
曲 靖	Qujing	0.62	0.64	1.04	0.30	0.46
玉 溪	Yuxi	0.64	0.92	0.22	0.35	0.30
保 山	Baoshan	0.38	0.58	0.11	0.23	0.34
昭 通	Zhaotong	0.37	0.27	0.06	0.42	0.43
丽 江	Lijiang	0.23	0.34	0.18	0.26	0.52
普 洱	Pu'er	0.35	0.17	0.33	0.53	0.39
临 沧	Lincang	0.23	0.39	0.07	0.11	0.16
楚 雄	Chuxiong	0.48	0.27	0.28	0.40	0.51
红 河	Honghe	0.55	0.47	0.25	0.57	0.59
文 山	Wenshan	0.38	0.47	0.12	0.31	0.25
西双版纳	Xishuangbanna	0.20	0.41	0.13	0.36	0.36
大 理	Dali	0.71	0.78	0.90	0.38	0.24
德 宏	Dehong	0.27	0.29	0.32	0.25	0.09
怒 江	Nujiang	0.09	0.03	0.04	0.04	0.07
迪 庆	Diqing	0.12	0.03	0.07	0.06	0.21

15-14 续表 3 continued

单位：万人 (10 000 persons)

州 市	Region	居民服务、修理和其他服务业 Services to Households, Repair and Other Services	教 育 Education	卫生和社会工作 Health Care, Social Security and Social Welfare	文化、体育和娱乐业 Culture, Sports and Entertainment	公共管理、社会保障和社会组织 Common Administration and Social Organization
全 省	**Yunnan**	**1.29**	**56.53**	**20.84**	**3.03**	**46.73**
昆 明	Kunming	0.68	11.73	5.54	1.13	8.16
曲 靖	Qujing	0.11	7.00	1.48	0.16	3.92
玉 溪	Yuxi	0.07	2.68	1.29	0.16	2.65
保 山	Baoshan	0.01	2.82	1.24	0.09	2.28
昭 通	Zhaotong	0.05	5.64	1.68	0.13	4.41
丽 江	Lijiang	0.01	1.62	0.47	0.22	1.78
普 洱	Pu'er	0.02	2.58	1.11	0.15	2.77
临 沧	Lincang	0.04	2.47	0.72	0.07	2.40
楚 雄	Chuxiong	0.04	2.97	1.22	0.10	2.58
红 河	Honghe	0.06	4.79	1.59	0.21	4.36
文 山	Wenshan	0.07	4.94	1.35	0.19	2.75
西双版纳	Xishuangbanna	0.02	1.07	0.71	0.13	1.36
大 理	Dali	0.07	3.46	1.33	0.17	3.28
德 宏	Dehong	0.01	1.51	0.69	0.04	2.10
怒 江	Nujiang	0.01	0.68	0.20	0.05	1.06
迪 庆	Diqing		0.58	0.21	0.06	0.87

15－15　各州市城镇国有单位分行业年末职工人数(2014年)
Number of Staff and Workers in State-owned Entities at Year-end by Sector and Region(2014)

单位：万人　　　　(10 000 persons)

州　市	Region	城镇国有单位职工 Number of Staff and Workers	农、林、牧、渔业 Farming,Forestry,Animal Husbandryand Fishery	采矿业 Mining	制造业 Manufacturing	电力、热力、燃气及水生产和供应业 Production and Supply of Electricity,Heat Gas and Water
全　省	**Yunnan**	**168.37**	**5.31**	**2.45**	**5.28**	**3.22**
昆　明	Kunming	39.08	0.17	0.16	3.77	0.62
曲　靖	Qujing	17.75	0.36	1.31	0.48	0.41
玉　溪	Yuxi	8.26	0.20		0.03	0.02
保　山	Baoshan	7.52	0.35		0.01	0.03
昭　通	Zhaotong	13.62	0.16	0.01	0.08	0.17
丽　江	Lijiang	5.08	0.07			0.10
普　洱	Pu'er	8.97	0.15	0.03	0.50	0.20
临　沧	Lincang	7.76	0.95		0.02	0.18
楚　雄	Chuxiong	8.98	0.20	0.29	0.06	0.20
红　河	Honghe	15.02	0.76	0.62	0.11	0.66
文　山	Wenshan	11.01	0.52	0.02	0.08	0.11
西双版纳	Xishuangbanna	4.24	0.03		0.06	0.17
大　理	Dali	10.24	0.32		0.01	0.06
德　宏	Dehong	6.24	0.89		0.03	0.17
怒　江	Nujiang	2.44	0.11		0.02	0.08
迪　庆	Diqing	2.16	0.06		0.01	0.03

15-15 续表 1 continued

单位：万人 (10 000 persons)

州 市	Region	建筑业 Construction	批发和零售业 Wholesale and Retail Trade	交通运输、仓储和邮政业 Transportation, Storage and Post	住宿和餐饮业 Hotel and Catering Service	信息传输、软件和信息技术服务业 Information Transmission,Software and Information Technology Service
全 省	**Yunnan**	**2.64**	**3.44**	**7.19**	**0.88**	**0.58**
昆 明	Kunming	1.87	0.51	4.23	0.53	0.16
曲 靖	Qujing	0.15	0.95	0.39	0.02	0.07
玉 溪	Yuxi	0.03	0.31	0.16	0.05	0.04
保 山	Baoshan	0.01	0.11	0.12		
昭 通	Zhaotong	0.02	0.27	0.20	0.05	0.01
丽 江	Lijiang	0.02	0.12	0.14	0.02	0.06
普 洱	Pu'er	0.11	0.10	0.21	0.02	0.02
临 沧	Lincang	0.02	0.25	0.30	0.00	0.01
楚 雄	Chuxiong	0.12	0.11	0.15	0.03	0.03
红 河	Honghe	0.18	0.20	0.25	0.03	0.03
文 山	Wenshan	0.01	0.19	0.40	0.01	0.03
西双版纳	Xishuangbanna	0.01	0.03	0.10	0.02	
大 理	Dali	0.09	0.22	0.33	0.08	0.04
德 宏	Dehong		0.04	0.08	0.01	0.07
怒 江	Nujiang		0.02	0.06		
迪 庆	Diqing		0.03	0.09	0.01	0.02

15-15 续表 2 continued

单位：万人 (10 000 persons)

州 市	Region	金融业 Banking	房地产业 Real Estate	租赁和商务服务业 Leasing Trade and Business Service	科学研究和技术服务业 Scientific Research, Technology Service and Geological Prospecting	水利、环境和公共设施管理业 Water Conservancy, Admistration of Environment and Public Facilities
全 省	**Yunnan**	**4.21**	**0.32**	**1.60**	**7.15**	**4.49**
昆 明	Kunming	1.18	0.16	0.72	2.96	0.70
曲 靖	Qujing	0.34	0.03	0.24	0.26	0.38
玉 溪	Yuxi	0.33	0.01	0.02	0.24	0.26
保 山	Baoshan	0.21		0.01	0.22	0.20
昭 通	Zhaotong	0.21		0.02	0.42	0.41
丽 江	Lijiang	0.13		0.01	0.25	0.29
普 洱	Pu'er	0.18	0.02	0.05	0.50	0.37
临 沧	Lincang	0.14		0.01	0.10	0.16
楚 雄	Chuxiong	0.21	0.01	0.05	0.37	0.50
红 河	Honghe	0.32	0.03	0.04	0.54	0.55
文 山	Wenshan	0.21	0.02	0.01	0.29	0.17
西双版纳	Xishuangbanna	0.14	0.01	0.05	0.33	0.09
大 理	Dali	0.37	0.02	0.14	0.32	0.16
德 宏	Dehong	0.11		0.22	0.24	0.08
怒 江	Nujiang	0.07			0.04	0.07
迪 庆	Diqing	0.06			0.06	0.09

15－15　续表 3　continued

单位：万人 (10 000 persons)

州　市	Region	居民服务、修理和其他服务业 Services to Households, Repair and Other Services	教　育 Education	卫生和社会工作 Health Care, Social Security and Social Welfare	文化、体育和娱乐业 Culture, Sports and Entertainment	公共管理、社会保障和社会组织 Common Administration and Social Organization
全　省	**Yunnan**	**0.18**	**52.49**	**17.97**	**2.26**	**46.71**
昆　明	Kunming	0.05	8.59	3.85	0.71	8.14
曲　靖	Qujing	0.01	6.91	1.36	0.15	3.92
玉　溪	Yuxi	0.01	2.63	1.14	0.14	2.65
保　山	Baoshan	0.01	2.77	1.11	0.07	2.28
昭　通	Zhaotong		5.55	1.50	0.12	4.41
丽　江	Lijiang	0.01	1.59	0.43	0.06	1.78
普　洱	Pu'er	0.01	2.54	1.06	0.14	2.77
临　沧	Lincang		2.46	0.68	0.06	2.40
楚　雄	Chuxiong	0.02	2.87	1.11	0.09	2.58
红　河	Honghe	0.04	4.65	1.43	0.21	4.36
文　山	Wenshan	0.01	4.71	1.29	0.18	2.75
西双版纳	Xishuangbanna		1.06	0.70	0.07	1.36
大　理	Dali	0.01	3.40	1.26	0.13	3.28
德　宏	Dehong		1.50	0.64	0.04	2.10
怒　江	Nujiang		0.67	0.20	0.05	1.06
迪　庆	Diqing		0.58	0.20	0.05	0.87

15-16 各州市城镇集体单位分行业年末职工人数(2014 年)

Number of Staff and Workers in Urban Collective-owned Entities at Year-end by Sector and Region(2014)

单位：万人 (10 000 persons)

州　市	Region	城镇集体职工人数 Number of Staff and Workers	农、林、牧、渔业 Farming,Forestry,Animal Husbandry and Fishery	采矿业 Mining	制造业 Manufacturing	电力、热力、燃气及水生产和供应业 Production and Supply of Electricity,Heat,Gas and Water
全　省	**Yunnan**	**10.54**	**0.13**	**0.50**	**0.67**	**0.03**
昆　明	Kunming	4.55	0.01	0.03	0.32	0.01
曲　靖	Qujing	1.34		0.33	0.03	
玉　溪	Yuxi	0.73		0.02	0.15	
保　山	Baoshan	0.13			0.01	
昭　通	Zhaotong	0.37		0.01		0.01
丽　江	Lijiang	0.34			0.10	
普　洱	Pu'er	0.69		0.02		
临　沧	Lincang	0.10				
楚　雄	Chuxiong	0.32				0.01
红　河	Honghe	0.74		0.01	0.03	
文　山	Wenshan	0.32		0.01	0.01	
西双版纳	Xishuangbanna	0.21	0.11			
大　理	Dali	0.25	0.01		0.01	
德　宏	Dehong	0.30		0.07		
怒　江	Nujiang	0.10				
迪　庆	Diqing	0.06				

15-16 续表 1 continued

单位：万人 (10 000 persons)

州 市	Region	建筑业 Construction	批发和零售业 Wholesale and Retail Trade	交通运输、仓储和邮政业 Transportation, Storage and Post	住宿和餐饮业 Hotel and Catering Service	信息传输、软件和信息技术服务业 Information Transmission,Software and Information Technology Service
全 省	**Yunnan**	**4.60**	**0.73**	**0.14**	**0.18**	**0.01**
昆 明	Kunming	2.36	0.16	0.07	0.07	0.01
曲 靖	Qujing	0.38	0.20	0.06	0.01	
玉 溪	Yuxi	0.24	0.11		0.05	
保 山	Baoshan		0.02			
昭 通	Zhaotong	0.15				
丽 江	Lijiang	0.11	0.01		0.01	
普 洱	Pu'er	0.47	0.03		0.01	
临 沧	Lincang		0.01			
楚 雄	Chuxiong	0.11	0.02			
红 河	Honghe	0.43	0.05		0.01	
文 山	Wenshan	0.08	0.06		0.01	
西双版纳	Xishuangbanna	0.05	0.03			
大 理	Dali	0.04	0.01			
德 宏	Dehong	0.09	0.01			
怒 江	Nujiang	0.07	0.01	0.01		
迪 庆	Diqing	0.02	0.01			

15-16 续表 2 continued

单位：万人 (10 000 persons)

州 市	Region	金 融 业 Banking	房地产业 Real Estate	租赁和商务服务业 Leasing Trade and Business Service	科学研究和技术服务业 Scientific Research, Technology Service and Geological Prospecting	水利、环境和公共设施管理业 Water Conservancy, Admistration of Environment and Public Facilities
全 省	**Yunnan**	**1.87**	**0.06**	**0.21**	**0.10**	**0.07**
昆 明	Kunming	0.30	0.04	0.10	0.06	
曲 靖	Qujing	0.18		0.01	0.01	0.06
玉 溪	Yuxi	0.14				
保 山	Baoshan	0.10				
昭 通	Zhaotong	0.15	0.01			
丽 江	Lijiang	0.08				
普 洱	Pu'er	0.13		0.01		
临 沧	Lincang	0.09				
楚 雄	Chuxiong	0.15			0.01	
红 河	Honghe	0.18		0.01		0.01
文 山	Wenshan	0.12				
西双版纳	Xishuangbanna	0.01		0.01		
大 理	Dali	0.15	0.01	0.01		
德 宏	Dehong	0.05		0.05	0.01	
怒 江	Nujiang	0.01				
迪 庆	Diqing	0.03				

15-16 续表 3 continued

单位：万人 (10 000 persons)

州 市	Region	居民服务、修理和其他服务业 Services to Households, Repair and Other Services	教 育 Education	卫生和社会工作 Health Care, Social Security and Social Welfare	文化、体育和娱乐业 Culture, Sports and Entertainment	公共管理、社会保障和社会组织 Common Administration and Social Organization
全 省	**Yunnan**	**0.05**	**0.79**	**0.37**	**0.01**	**0.01**
昆 明	Kunming	0.05	0.63	0.29	0.01	0.01
曲 靖	Qujing		0.07			
玉 溪	Yuxi		0.03			
保 山	Baoshan					
昭 通	Zhaotong		0.03			
丽 江	Lijiang		0.01	0.03		
普 洱	Pu'er					
临 沧	Lincang					
楚 雄	Chuxiong			0.02		
红 河	Honghe		0.02			
文 山	Wenshan		0.01	0.01		
西双版纳	Xishuangbanna					
大 理	Dali					
德 宏	Dehong		0.01	0.02		
怒 江	Nujiang					
迪 庆	Diqing					

15－17 各州市城镇其他单位分行业年末职工人数（2014年）
Number of Staff and Workers in Entities of Other Types of Ownership at Year-end by Sector and Region(2014)

单位：万人 (10 000 persons)

州 市	Region	城镇其他单位职工人数 Number of Staff and Workers	农、林、牧、渔业 Farming,Forestry, Animal Husbandry and Fishery	采矿业 Mining	制造业 Manufacturing	电力、热力、燃气及水生产和供应业 Production and Supply of Electricity,Heat,Gas and Water
全 省	**Yunnan**	**183.35**	**0.22**	**13.28**	**56.47**	**5.69**
昆 明	Kunming	68.87	0.06	2.62	15.32	1.06
曲 靖	Qujing	23.18		4.81	7.50	0.74
玉 溪	Yuxi	15.63	0.01	0.77	6.66	0.36
保 山	Baoshan	9.74		0.43	2.92	0.34
昭 通	Zhaotong	5.36		1.23	1.20	0.52
丽 江	Lijiang	3.75	0.03	0.25	0.48	0.21
普 洱	Pu'er	6.77	0.01	0.28	3.11	0.36
临 沧	Lincang	5.37		0.23	2.54	0.12
楚 雄	Chuxiong	6.39	0.01	0.38	1.59	0.23
红 河	Honghe	12.87	0.05	0.77	6.71	0.45
文 山	Wenshan	5.55		0.72	2.05	0.44
西双版纳	Xishuangbanna	3.31	0.02	0.17	0.78	0.01
大 理	Dali	10.74	0.01	0.30	3.66	0.49
德 宏	Dehong	3.64	0.02	0.08	1.26	0.21
怒 江	Nujiang	1.04		0.03	0.50	0.05
迪 庆	Diqing	1.12		0.19	0.17	0.11

15-17 续表 1 continued

单位：万人 (10 000 persons)

州 市	Region	建筑业 Construction	批发和零售业 Wholesale and Retail Trade	交通运输、仓储和邮政业 Transportation, Storage and Post	住宿和餐饮业 Hotel and Catering Service	信息传输、软件和信息技术服务业 Information Transmission,Software and Information Technology Service
全 省	**Yunnan**	**42.02**	**18.74**	**7.48**	**6.97**	**3.28**
昆 明	Kunming	15.72	9.09	4.98	3.07	1.79
曲 靖	Qujing	5.98	1.29	0.23	0.67	0.15
玉 溪	Yuxi	3.21	2.30	0.26	0.29	0.09
保 山	Baoshan	3.85	0.53	0.21	0.28	0.07
昭 通	Zhaotong	0.95	0.44	0.11	0.17	0.12
丽 江	Lijiang	0.60	0.36	0.17	0.62	0.08
普 洱	Pu'er	1.71	0.35	0.18	0.08	0.10
临 沧	Lincang	1.33	0.39	0.02	0.10	0.09
楚 雄	Chuxiong	2.26	0.55	0.25	0.14	0.10
红 河	Honghe	2.38	0.60	0.41	0.28	0.18
文 山	Wenshan	0.69	0.36	0.01	0.16	0.09
西双版纳	Xishuangbanna	0.41	0.54	0.12	0.31	0.07
大 理	Dali	2.15	1.14	0.32	0.38	0.24
德 宏	Dehong	0.56	0.57	0.08	0.33	0.03
怒 江	Nujiang	0.11	0.06	0.12	0.03	0.04
迪 庆	Diqing	0.11	0.16	0.02	0.07	0.04

15−17　续表 2　continued

单位：万人 (10 000 persons)

州　市	Region	金 融 业 Banking	房地产业 Real Estate	租赁和商务服务业 Leasing Trade and Business Service	科学研究和技术服务业 Scientific Research, Technology Service and Geological Prospecting	水利、环境和公共设施管理业 Water Conservancy, Admistration of Environment and Public Facilities
全　省	**Yunnan**	**2.70**	**9.66**	**5.95**	**1.79**	**1.53**
昆　明	Kunming	1.70	3.78	2.81	1.45	0.49
曲　靖	Qujing	0.10	0.61	0.79	0.04	0.02
玉　溪	Yuxi	0.18	0.90	0.20	0.10	0.04
保　山	Baoshan	0.07	0.58	0.10	0.01	0.14
昭　通	Zhaotong	0.01	0.26	0.04		0.01
丽　江	Lijiang	0.02	0.33	0.16	0.01	0.23
普　洱	Pu'er	0.04	0.15	0.27	0.03	0.02
临　沧	Lincang	0.00	0.39	0.06		
楚　雄	Chuxiong	0.12	0.27	0.22	0.03	0.01
红　河	Honghe	0.04	0.44	0.21	0.03	0.03
文　山	Wenshan	0.05	0.45	0.11	0.02	0.08
西双版纳	Xishuangbanna	0.04	0.40	0.08	0.03	0.26
大　理	Dali	0.19	0.76	0.75	0.06	0.08
德　宏	Dehong	0.11	0.29	0.04		0.01
怒　江	Nujiang	0.01	0.03	0.04		
迪　庆	Diqing	0.03	0.03	0.07		0.11

15-17 续表 3 continued

单位：万人 (10 000 persons)

州 市	Region	居民服务、修理和其他服务业 Services to Households, Repair and Other Services	教 育 Education	卫生和社会工作 Health Care, Social and Security Social Welfare	文化、体育和娱乐业 Culture, Sports and Entertainment	公共管理、社会保障和社会组织 Common Administration and Social Organization
全 省	**Yunnan**	**1.06**	**3.25**	**2.50**	**0.76**	**0.01**
昆 明	Kunming	0.59	2.52	1.40	0.42	0.01
曲 靖	Qujing	0.11	0.02	0.12		
玉 溪	Yuxi	0.06	0.02	0.14	0.02	
保 山	Baoshan	0.01	0.05	0.13	0.02	
昭 通	Zhaotong	0.04	0.05	0.18	0.01	
丽 江	Lijiang	0.01	0.03	0.01	0.16	
普 洱	Pu'er	0.01	0.03	0.05	0.01	
临 沧	Lincang	0.04	0.01	0.04		
楚 雄	Chuxiong	0.02	0.11	0.09	0.02	
红 河	Honghe	0.02	0.12	0.16		
文 山	Wenshan	0.06	0.21	0.05	0.01	
西双版纳	Xishuangbanna	0.01		0.01	0.06	
大 理	Dali	0.06	0.07	0.07	0.03	
德 宏	Dehong	0.01		0.03		
怒 江	Nujiang	0.01				
迪 庆	Diqing			0.01	0.01	

15−18 城镇单位全部就业人员数（2014年）

Number of Employed Persons in Urban Entities (2014)

单位：万人 (10 000 persons)

国民经济行业	National Economic Sector	就业人员 Number of Employed Persons	国有单位 State-owned Economy	城镇集体单位 Urban Collective-owned Entities	其他单位 Entities of Other Types of Ownership
全 省	**Yunnan**	**419.57**	**188.83**	**11.86**	**218.88**
按企业、事业、机关分组	**Grouped by Enterprises Institutions and Agencies and Organization**				
企业	Enterprises	269.50	41.18	10.77	217.55
事业	Institutions	101.36	99.36	1.08	0.92
机关	Agencies & Organizations	48.28	48.24	0.01	0.03
按国民经济行业分组	**Grouped by Industry Sector**				
农、林、牧、渔业	**Farming,Forestry,Animal Husbandry and Fishery**	**6.68**	**6.27**	**0.17**	**0.25**
农业	Farming	**2.12**	**1.99**	**0.02**	**0.11**
林业	Forestry	2.28	2.04	0.14	0.11
畜牧业	Animal Husbandry	0.03	0.01	0.01	0.01
渔业	Fishery				
农、林、牧、渔服务业	Farming,Forestry,Animal Husbandry and Fishery Services	2.25	2.23		0.02
采矿业	**Mining**	**17.34**	**2.55**	**0.52**	**14.27**
煤炭开采和洗选业	Coal Mining and Dressing	10.16	2.48	0.38	7.30
石油和天然气开采业	Petroleum and Natural Gas Extraction	0.01			0.01
黑色金属矿采选业	Ferrous Metals Mining and Dressing	1.77		0.03	1.75
有色金属矿采选业	Nonferrous Metals Mining and Dressing	3.95	0.02	0.08	3.85
非金属矿采选业	Nonmetal Minerals Mining and Dressing	1.43	0.05	0.04	1.35
开采辅助活动	Mining Auxiliary Activities	0.01			0.01
其他采矿业	Other Minerals Mining				
制造业	**Manufacturing**	**72.08**	**7.06**	**0.73**	**64.29**
农副食品加工业	Agricultural Non-staple Food Processing	6.36	0.13	0.01	6.22
食品制造业	Food Manufacturing	2.56		0.03	2.53
酒、饮料和精制茶制造业	Beverage Manufacturing	4.61	0.12	4.00	4.49
烟草制品业	Tobacco Production	5.44	3.64	0.08	1.73
纺织业	Textile Industry	0.78		0.05	0.73
纺织服装、服饰业	Textile,Clothing, Footwear Production	0.51	0.11	0.05	0.35
皮革、毛皮、羽毛及其制品和制鞋业	Feather, Furs, Down, Related Products and Footwear	0.36	0.11	0.01	0.24
木材加工和木、竹、藤、棕、草制品业	Timber Processing, Bamboo, Cane, Palm Fiber and Straw Products	1.57	0.15		1.42

15-18 续表 1 continued

单位：万人 (10 000 persons)

国民经济行业	National Economic Sector	就业人员 Number of Employed Persons	国有单位 State-owned Economy	城镇集体单位 Urban Collective-owned Entities	其他单位 Entities of Other Types of Ownership
家具制造业	Furniture Manufacturing	0.17	0.01		0.16
造纸和纸制品业	Papermaking and Paper Products	1.24	0.05	0.10	1.09
印刷业和记录媒介复制业	Printing and Record Medium Reproduction	1.19	0.15	0.03	1.01
文教、工美、体育和娱乐用品制造业	Manufacture of Culture, Education,Industrial Arts, Sports and Entertainment Goods	0.77	0.01		0.76
石油加工、炼焦和核燃料加工业	Petroleum Processing,Coking and Nuclear Fuel Processing	1.40			1.40
化学原料和化学制品制造业	Raw Chemical Materials and Chemical Products	6.88	0.50	0.04	6.34
医药制造业	Medical and Pharmaceutical Products	2.81	0.17	0.01	2.62
化学纤维制造业	Chemical Fiber Manufacturing	0.03			0.03
橡胶和塑料制品业	Rubber and Plastic Products	2.36	0.37	0.03	1.96
非金属矿物制品业	Nonmetal Mineral Products	6.64	0.24	0.05	6.35
黑色金属冶炼和压延加工业	Smelting and Pressing of Ferrous Metals	6.90	0.17	0.04	6.68
有色金属冶炼和压延加工业	Smelting and Pressing of Nonferrous Metals	11.43	0.10	0.03	11.31
金属制品业	Metal Products	1.30	0.26	0.05	0.99
通用设备制造业	General-purpose Machinery Manufacturing	1.52	0.41	0.04	1.08
专用设备制造业	Special Purposes Equipment	1.27	0.13	0.03	1.10
汽车制造业	Automotive Industry	1.19	0.01	0.01	1.17
铁路、船舶、航空航天和其他运输设备制造业	Manufacture of Transport Equipment for Railway,Boats and Aerospace and Other Transport Equipments	0.26	0.09		0.18
电气机械和器材制造业	Electric Equipment and Machinery	1.40	0.08	0.01	1.31
计算机、通讯和其他电子设备制造业	Computers,Communication Equipment and other Other Electronic Equipment Production	0.61	0.06	0.01	0.54
仪器仪表制造业	Instrument Industry	0.24		0.01	0.23
其他制造业	Other Goods Production	0.15			0.15
废弃资源综合利用业	Comprehensive Utilization of Discarded Resources and Waste	0.07		0.01	0.06
金属制品、机械和设备维修业	Metal Products,Machinery and Equipment Repairing	0.07			0.07
电力、热力、燃气及水生产和供应业	**Production and Supply of Electric Power, Heat, Gas and Water**	**10.31**	**3.58**	**0.03**	**6.70**
电力、热力生产和供应业	Production and Supply of Electric Power and Heat	8.81	2.94	0.02	5.85
燃气生产和供应业	Gas Production and Supply	0.42	0.10		0.32
水的生产和供应业	Water Production and Supply	1.08	0.53	0.02	0.54
建筑业	**Construction**	**67.61**	**3.65**	**5.41**	**58.54**
房屋建筑业	House Building	49.82	1.72	4.47	43.63
土木工程建筑业	Construction Industry of Civil Engineering	12.21	1.39	0.80	10.02
建筑安装业	Construction Installation	3.11	0.21	0.12	2.79
建筑装饰和其他建筑业	Building Decoration and Other Construction Industry	2.46	0.33	0.02	2.11
批发和零售业	**Wholesale and Retail Trade**	**25.96**	**4.37**	**0.77**	**20.82**
批发业	Wholesale	10.63	3.84	0.25	6.54
零售业	Retail Trade	15.33	0.53	0.53	14.28

15-18 续表 2 continued

单位：万人 (10 000 persons)

国民经济行业	National Economic Sector	就业人员 Number of Employed Persons	国有单位 State-owned Economy	城镇集体单位 Urban Collective-owned Entities	其他单位 Entities of Other Types of Ownership
交通运输、仓储和邮政业	**Transport, Storage and Post**	**17.11**	**8.38**	**0.20**	**8.53**
铁路运输业	Railway transport	3.86	3.83		0.03
道路运输业	Highway Transport	7.88	2.70	0.03	5.16
水上运输业	Water Way Transport	0.05			0.05
航空运输业	Air Transport	1.96	0.18	0.01	1.77
管道运输业	Pipeline Transport	0.04			0.04
装卸搬运和运输代理业	Lording, Unlording, Carrying and Other Transport Services	1.36	0.06	0.17	1.14
仓储业	Storage	0.25	0.09		0.16
邮政业	Postal	1.71	1.52		0.19
住宿和餐饮业	**Hotel and Food Service**	**8.70**	**1.00**	**0.20**	**7.50**
住宿业	Hotel Service	6.00	0.89	0.17	4.94
餐饮业	Food Service	2.69	0.10	0.03	2.56
信息传输、软件和信息技术服务业	**Information Transmission,Software and Information Technology Service**	**5.25**	**0.75**	**0.01**	**4.49**
电信、广播电视和卫星传输服务	Telecommunication, Videocast and Satellite Transmissions Service	4.64	0.60	**0.01**	4.03
互联网和相关服务	Internet and Related Service	0.04	0.01		0.03
软件和信息技术服务业	Software and Information Technology service	0.57	0.14		0.43
金融业	**Finance and Insurance**	**10.11**	**4.71**	**1.98**	**3.42**
货币金融服务	Banking	7.49	3.76	1.97	1.77
资本市场服务	Securities Industry	0.19	0.04		0.14
保险业	Insurance	2.35	0.88		1.47
其他金融业	Other Financial Trade	0.08	0.02	0.01	0.04
房地产业	**Real Estate Trade**	**11.13**	**0.41**	**0.06**	**10.65**
房地产开发经营	Development and Operation of Real Estate Trade	7.32	0.14		7.18
物业管理	Substance Management	3.39	0.14	0.04	3.21
房地产中介服务	Real Estate Agency Service	0.17	0.03	0.01	0.13
租赁和商务服务业	**Leasing Treade and Business Service**	9.31	1.85	0.25	7.22
租赁业	Leasing Trade	0.10			0.10
商务服务业	Commercial Serive	9.21	1.85	0.25	7.12
科学研究和技术服务业	**Scientific Research,Technology Service and Geological Prospecting**	**10.11**	**7.87**	**0.14**	**2.11**
研究与试验发展	R & D	1.28	1.01		0.27
专业技术服务业	Professional Technology Service	5.95	4.12	0.08	1.75
科技推广和应用服务业	Service Industry of Science and Technology Popularization and Application	2.88	2.74	0.05	0.09

15-18 续表 3 continued

单位：万人 (10 000 persons)

国民经济行业	National Economic Sector	就业人员 Number of Employed Persons	国有单位 State-owned Economy	城镇集体单位 Urban Collective-owned Entities	其他单位 Entities of Other Types of Ownership
水利、环境和公共设施管理业	**Water Conservancy, Admistration of Environment and Public facilities**	**7.58**	**5.71**	**0.08**	**1.79**
水利管理业	Water Conservancy Admistrition	1.46	1.42	0.01	0.03
生态环境和环境治理业	Protection of Ecological Environment and Admistration of Environment	0.58	0.51		0.07
公共设施管理业	Admistration of Public Facilities	5.53	3.78	0.08	1.68
居民服务、修理和其他服务业	**Services to Households and Other Services**	**1.42**	**0.21**	**0.07**	**1.14**
居民服务业	Services to Households	0.84	0.12	0.03	0.69
机动车、电子产品和日用产品修理业	Repair Industry of Automotive Vehicles、Electronic Products and Daily Products	0.25	0.02	0.02	0.21
其他服务业	Other Services	0.33	0.07	0.02	0.24
教育	**Education**	**59.88**	**55.57**	**0.84**	**3.47**
初等教育	Primary Education	27.88	27.33	0.10	0.44
中等教育	Secondary Education	22.12	21.49	0.04	0.59
高等教育	Higher Education	4.36	3.89	0.18	0.28
卫生和社会工作	**Health Care, Social Work**	**24.56**	**21.45**	**0.38**	**2.73**
卫生	Health Care	23.96	20.89	0.38	2.69
社会工作	Social Work	0.60	0.56		0.04
文化、体育和娱乐业	**Culture, Sports and Entertainment**	**3.37**	**2.43**	**0.01**	**0.93**
新闻和出版业	News and Publishing	0.61	0.36		0.25
广播、电视、电影和影视录音制作业	Broadcast, Television,Filmdom and Audio & Video Production	0.88	0.77		0.11
文化艺术业	Culture and Arts	1.45	1.16		0.28
体育	Sports	0.27	0.11	0.01	0.15
娱乐业	Entertainment	0.18	0.04	0.01	0.13
公共管理、社会保障和社会组织	**Common Administration,Social Security and Social Organization**	**51.06**	**51.03**	**0.02**	**0.02**
中国共产党机关	Organs of Communist Party of China	2.54	2.54		
国家机构	Government Agencies of Country	46.10	46.10		
人民政协和民主党派	Chinese People's Political Consultative Conferences and Democracy Parties	0.65	0.65		
社会保障	Social Security	0.56	0.56		
群众社团、社会团体和宗教组织	Mass Groups, Social Groups and Religion Organization	1.01	0.98	0.01	0.02

15－19 城镇单位女性就业人员数(2014 年)

Number of Female Employed in Urban Entities (2014)

单位：万人　　(10 000 persons)

国民经济行业	National Economic Sector	女性就业人员 Number of Female Employed Persons	国有单位 State-owned Economy	城镇集体单位 Urban Collective-owned Entities	其他单位 Entities of Other Types of Ownership
全　省	**Yunnan**	**149.51**	**77.07**	**3.36**	**69.08**
按企业、事业、机关分组	**Grouped by Enterprises Institutions and Agencies**				
企　业	Enterprises	84.14	13.27	2.62	68.25
事　业	Institutions	50.72	49.35	0.74	0.63
机　关	Agencies & Organizations	14.44	14.43		0.01
按国民经济行业分组	**Grouped by Sector**				
农、林、牧、渔业	**Farming,Forestry,Animal Husbandry and Fishery**	**2.27**	**2.13**	**0.05**	**0.09**
农　业	Farming	0.91	0.87		0.04
林　业	Forestry	0.66	0.58	0.04	0.04
畜牧业	Animal Husbandry	0.01		0.01	
渔业	Fishery				
农、林、牧、渔服务业	Farming,Forestry,Animal Husbandry and Fishery Services	0.69	0.68		0.01
采矿业	**Mining**	**2.70**	**0.58**	**0.03**	**2.09**
煤炭开采和洗选业	Coal Mining and Dressing	1.30	0.57		0.73
石油和天然气开采业	Petroleum and Natural Gas Extraction				
黑色金属矿采选业	Ferrous Metals Mining and Dressing	0.36			0.36
有色金属矿采选业	Nonferrous Metals Mining and Dressing	0.65		0.02	0.63
非金属矿采选业	Nonmetal Minerals Mining and Dressing	0.38		0.01	0.37
开采辅助活动	Mining Auxiliary Activities				
其他采矿业	Other Minerals Mining				
制造业	**Manufacturing**	**24.52**	**2.06**	**0.28**	**22.18**
农副食品加工业	Agricultural Non-staple Food Processing	3.03	0.04	0.01	2.98
食品制造业	Food Manufacturing	1.39		0.02	1.37
酒、饮料和精制茶制造业	Beverage Manufacturing	2.10	0.04	0.01	2.05
烟草制品业	Tobacco Production	1.97	0.92	0.04	1.01
纺织业	Textile Industry	0.50		0.02	0.48
纺织服装、服饰业	Textile,Clothing, Footwear Production	0.35	0.07	0.03	0.25
皮革、毛皮、羽毛及其制品和制鞋业	Leather, Furs, Down and Related Products	0.24	0.07	0.01	0.16
木材加工和木、竹、藤、棕、草制品业	Timber Processing, Bamboo, Cane, Palm Fiber and Straw Products	0.60	0.06		0.54
家具制造业	Furniture Manufacturing	0.04			0.04
造纸和纸制品业	Papermaking and Paper Products	0.46		0.05	0.41
印刷业和记录媒介复制业	Printing and Record Medium Reproduction	0.50	0.06	0.01	0.43
文教、工美、体育和娱乐用品制造业	Manufacture of Culture, Education,Industrial Arts Sports and Entertainment Goods	0.38			0.38
石油加工、炼焦和核燃料加工业	Petroleum Processing,Coking and Nuclear Fuel Processing	0.38			0.38

15-19 续表 1 continued

单位：万人 (10 000 persons)

国民经济行业	National Economic Sector	女性就业人员 Number of Female Employed Persons	国有单位 State-owned Economy	城镇集体单位 Urban Collective-owned Entities	其他单位 Entities of Other Types of Ownership
化学原料和化学制品制造业	Raw Chemical Materials and Chemical Products	1.98	0.16	0.01	1.80
医药制造业	Medical and Pharmaceutical Products	1.35	0.07	0.01	1.27
化学纤维制造业	Chemical Fiber Manufacturing				
橡胶和塑料制品业	Rubber Products	0.86	0.12	0.01	0.73
非金属矿物制品业	Nonmetal Mineral Products	1.80	0.06	0.02	1.72
黑色金属冶炼和压延加工业	Smelting and Pressing of Ferrous Metals	1.61	0.05	0.01	1.54
有色金属冶炼和压延加工业	Smelting and Pressing of Nonferrous Metals	2.68	0.02	0.01	2.65
金属制品业	Metal Products	0.30	0.08	0.01	0.22
通用设备制造业	General-purpose Machinery Manufacturing	0.39	0.12	0.01	0.26
专用设备制造业	Special Purposes Equipment	0.28	0.03	0.01	0.24
汽车制造业	Automotive Industry	0.28			0.28
铁路、船舶、航空航天和其他运输设备制造业	Manufacture of Transport Equipment for Railway,Boats and Aerospace and Other Transport Equipments	0.06	0.02		0.04
电气机械和器材制造业	Electric Equipment and Machinery	0.46	0.02		0.44
计算机、通讯和其他电子设备制造业	Communication Equipment, Computers and Other Electronic Equipment Production	0.33	0.02		0.31
仪器仪表制造业	Instrument Industry	0.10			0.10
其他制造业	Other Goods Production	0.06			0.06
废弃资源综合利用业	Comprehensive Utilization of Discarded Resources and Waste	0.01			0.01
金属制品、机械和设备维修业	Metal Products,Machinery and Equipment Repairing	0.01			0.01
电力、热力、燃气及水生产和供应业	**Production and Supply of Electric Power, Heat, Gas and Water**	**3.05**	**1.10**	**0.01**	**1.94**
电力、热力生产和供应业	Production and Supply of Electric Power and Heat	2.54	0.89		1.64
燃气生产和供应业	Gas Production and Supply	0.11	0.02		0.08
水的生产和供应业	Water Production and Supply	0.41	0.19		0.21
建筑业	**Construction**	**9.59**	**0.76**	**0.72**	**8.11**
房屋建筑业	House Building and Civil Engineering	6.83	0.40	0.61	5.82
土木工程建筑业	Construction Installation	1.86	0.27	0.09	1.50
建筑安装业	Construction Installation	0.49	0.03	0.02	0.44
建筑装饰和其他建筑业	Building Decoration and Other Construction Industry	0.41	0.05	0.01	0.35
批发和零售业	**Wholesale and Retail Trade**	**12.87**	**1.37**	**0.34**	**11.16**
批发业	Wholesale	3.99	1.13	0.09	2.77
零售业	Retail Trade	8.89	0.24	0.25	8.39
交通运输、仓储和邮政业	**Transport, Storage and Post**	**5.20**	**2.50**	**0.04**	**2.66**
铁路运输业	Railway Transport	0.86	0.85		0.01
道路运输业	Highway Transport	2.59	0.87	0.01	1.71
水上运输业	Water Way Transport	0.01			0.01
航空运输业	Air Transport	0.71	0.06		0.65
管道运输业	Pipeline Transport	0.01			0.01
装卸搬运和运输代理业	Lording, Unlording, Carrying and Transport Agency Services				

15−19　续表 2　continued

单位：万人　　(10 000 persons)

国民经济行业	National Economic Sector	女性就业人员 Number of Female Employed Persons	国有单位 State-owned Economy	城镇集体单位 Urban Collective-owned Entities	其他单位 Entities of Other Types of Ownership
仓储业	Storage	0.07	0.03		0.04
邮政业	Postal	0.72	0.67		0.05
住宿和餐饮业	**Hotel and Food Service**	**5.36**	**0.58**	**0.12**	**4.66**
住宿业	Hotel Service	3.65	0.52	0.11	3.03
餐饮业	Food Service	1.71	0.06	0.02	1.64
信息传输、软件和信息技术服务业	**Information Transmission, Software and Information Technology Service**	**2.12**	**0.27**	**0.01**	**1.84**
电信、广播电视和卫星传输服务	Telecommunication, Videocast and Satellite Transmissions Service	1.91	0.21		1.70
互联网和相关服务	Internet and Related Service	0.02	0.01		0.01
软件和信息技术服务业	Software and Information Technology service	0.19	0.06		0.13
金融业	**Finance and Insurance**	**5.05**	**2.32**	**0.77**	**1.95**
货币金融服务	Banking	3.61	1.82	0.77	1.02
资本市场服务	Securities Industry	0.08	0.02		0.06
保险业	Insurance	1.32	0.47		0.85
其他金融业	Other Financial Trade	0.03	0.01		0.02
房地产业	**Real Estate Trade**	**4.25**	**0.20**	**0.02**	**4.03**
房地产开发经营	Development and Operation of Real Estate Trade	2.65	0.05		2.60
物业管理	Substance Management	1.40	0.08	0.01	1.31
房地产中介服务	Real Estate Agency Service	0.08	0.02		0.06
租赁和商务服务业	**Leasing Treade and Business Service**	**2.63**	**0.50**	**0.06**	**2.07**
租赁业	Leasing Treade	0.03			0.03
商务服务业	Commercial Serive	2.60	0.50	0.06	2.05
科学研究和技术服务业	**Scientific Research, Technology Service and Geological Prospecting**	**2.91**	**2.31**	**0.05**	**0.56**
研究与试验发展	R & D	0.46	0.35		0.11
专业技术服务业	Professional Technology Service	1.55	1.11	0.02	0.41
科技推广和应用服务业	Service Industry of Science and Technology Popularization and Application	0.90	0.84	0.02	0.04

15-19 续表 3 continued

单位：万人 (10 000 persons)

国民经济行业	National Economic Sector	女性就业人员 Number of Employed Persons in	国有单位 State-owned Economy	城镇集体单位 Urban Collective-owned Entities	其他单位 Entities of Other Types of Ownership
水利、环境和公共设施管理业	**Water Conservancy, Admistration of Environment and Public facilities**	**3.35**	**2.47**	**0.06**	**0.83**
水利管理业	Water Conservancy Admistrition	0.38	0.37	0.01	
生态环境和环境治理业	Admistration of Environment	0.17	0.15		0.02
公共设施管理业	Admistration of Public facilities	2.80	1.95	0.05	0.80
居民服务、修理和其他服务业	**Services to Households and Other Services**	**0.66**	**0.07**	**0.04**	**0.55**
居民服务业	Services to Households	0.44	0.04	0.02	0.38
机动车、电子产品和日用产品修理业	Repair Industry of Automotive Vehicles、Electronic Products and Daily Products	0.06		0.01	0.05
其他服务业	Other Services	0.17	0.03		0.13
教育	**Education**	**29.43**	**26.87**	**0.50**	**2.06**
初等教育	Primary Education	13.50	13.14	0.05	0.31
中等教育	Secondary Education	10.45	10.10	0.03	0.32
高等教育	Higher Education	2.14	1.85	0.12	0.16
卫生和社会工作	**Health Care, Social Security and Social Welfare**	**16.45**	**14.35**	**0.25**	**1.84**
卫生	Health Care	16.16	14.09	0.25	1.82
社会工作	Social Security	0.29	0.26	0.01	0.02
文化、体育和娱乐业	**Culture, Sports and Entertainment**	**1.55**	**1.11**		**0.44**
新闻和出版业	News and Publishing	0.28	0.16		0.12
广播、电视、电影和影视录音制作业	Broadcast, Television,Filmdom and Audio & Video Production	0.36	0.32		0.05
文化艺术业	Culture and Arts	0.70	0.58		0.12
体育	Sports	0.12	0.04		0.08
娱乐业	Entertainment	0.08	0.01		0.07
公共管理、社会保障和社会组织	**Common Administration,Social Security and Social Organization**	**15.55**	**15.53**	**0.01**	**0.01**
中国共产党机关	Organs of Communist Party of China	0.74	0.74		
国家机构	Government Agencies of Country	13.80	13.80		
人民政协和民主党派	Chinese People's Political Consultative Conferences and Democracy Parties	0.17	0.17		
社会保障	Social Security	0.32	0.32		
群众社团、社会团体和宗教组织	Mass Groups, Social Groups and Religion Organization	0.45	0.43	0.01	0.01

15-20 各州市城镇单位按登记注册类型分年末就业人员数（2014 年）
Number of Employed Persons in Urban Entities at Year-end by Status of Registration and Region(2014)

单位：万人 (10 000 persons)

州 市	Region	城镇单位就业人员 Number of Employed Persons	国有单位 State-owned Entities	城镇集体单位 Urban Collective-owned Entities	其他单位 Others
全 省	**Yunnan**	**419.57**	**188.83**	**11.86**	**218.88**
昆 明	Kunming	134.53	45.49	5.10	83.93
曲 靖	Qujing	46.18	18.29	1.51	26.38
玉 溪	Yuxi	26.93	9.02	0.76	17.15
保 山	Baoshan	18.19	7.81	0.13	10.25
昭 通	Zhaotong	22.10	15.48	0.39	6.23
丽 江	Lijiang	10.78	6.01	0.44	4.34
普 洱	Pu'er	17.48	9.56	0.71	7.21
临 沧	Lincang	15.64	8.65	0.11	6.88
楚 雄	Chuxiong	18.43	10.08	0.35	8.00
红 河	Honghe	35.21	17.08	0.89	17.24
文 山	Wenshan	19.40	12.19	0.33	6.87
西双版纳	Xishuangbanna	8.64	4.67	0.25	3.73
大 理	Dali	26.22	12.26	0.35	13.61
德 宏	Dehong	11.57	6.90	0.32	4.35
怒 江	Nujiang	4.29	2.79	0.12	1.37
迪 庆	Diqing	3.98	2.55	0.10	1.33

15-21 各州市城镇单位按企事业机关分年末就业人员数（2014年）
Number of Employed Persons in Urban Entities at Year-end by Enterprise, Public Institution and Government Agency and by Region(2014)

单位：万人 (10 000 persons)

州 市	Region	城镇单位就业人员 Number of Employed Persons	企 业 Enterprises	事 业 Public Institutions	机 关 Government Agencies and Organizations
全 省	**Yunnan**	**419.57**	**269.50**	**101.36**	**48.28**
昆 明	Kunming	134.53	105.37	20.60	8.47
曲 靖	Qujing	46.18	32.29	10.06	3.79
玉 溪	Yuxi	26.93	18.91	5.43	2.58
保 山	Baoshan	18.19	10.89	5.00	2.26
昭 通	Zhaotong	22.10	7.83	9.61	4.59
丽 江	Lijiang	10.78	5.70	3.28	1.80
普 洱	Pu'er	17.48	9.51	5.35	2.62
临 沧	Lincang	15.64	8.66	4.42	2.53
楚 雄	Chuxiong	18.43	9.88	5.27	3.28
红 河	Honghe	35.21	21.70	9.12	4.30
文 山	Wenshan	19.40	8.65	7.79	2.92
西双版纳	Xishuangbanna	8.64	4.61	2.66	1.37
大 理	Dali	26.22	15.80	7.00	3.41
德 宏	Dehong	11.57	6.32	3.07	2.19
怒 江	Nujiang	4.29	1.74	1.37	1.17
迪 庆	Diqing	3.98	1.65	1.33	1.00

注：不含城镇规模以下私营及个体就业人员。

Note: Employed persons in urban private and individual enterprises under designated size are excluded,from employed persons in urban entities,while employed persons of rural enterprises above designated size are included.

15-22 各州市私营企业年末就业人员数（2014年）

Number of Employed Persons in Private Enterprises at Year-end by Region(2014)

单位：万户、万人 (10 000 enterprises, 10 000 persons)

州 市	Region	私营企业 Private Enterprises		城 镇 Urban Areas		乡 村 Rural Areas	
		户 数 Number of Enterprises	就业人数 Number of Employed Persons	户数 Number of Enterprises	就业人数 Number of Employed Persons	户数 Number of Enterprises	就业人数 Number of Employed Persons
全 省	**Yunnan**	**29.29**	**367.78**	**25.01**	**300.33**	**4.28**	**67.45**
昆 明	Kunming	15.50	145.85	14.60	140.44	0.90	5.41
曲 靖	Qujing	2.34	39.06	1.69	23.40	0.65	15.65
玉 溪	Yuxi	1.33	27.82	1.01	19.61	0.32	8.20
保 山	Baoshan	0.70	12.05	0.50	8.89	0.20	3.17
昭 通	Zhaotong	0.93	15.11	0.64	9.50	0.28	5.61
丽 江	Lijiang	0.66	9.96	0.48	6.32	0.17	3.63
普 洱	Pu'er	0.83	10.40	0.64	9.30	0.18	1.11
临 沧	Lincang	0.64	9.46	0.42	5.92	0.22	3.54
楚 雄	Chuxiong	1.20	22.87	0.84	15.42	0.36	7.45
红 河	Honghe	1.53	26.11	1.36	22.84	0.17	3.27
文 山	Wenshan	0.78	11.09	0.66	9.84	0.12	1.26
西双版纳	Xishuangbanna	0.70	6.50	0.57	5.33	0.13	1.16
大 理	Dali	1.17	18.10	0.86	13.99	0.30	4.11
德 宏	Dehong	0.59	8.03	0.46	5.92	0.12	2.11
怒 江	Nujiang	0.17	2.08	0.08	1.01	0.09	1.06
迪 庆	Diqing	0.24	3.29	0.19	2.59	0.05	0.69

15-23 各州市年末个体就业人员数(2014年)

Number of Self-employed Individuals at Year-end by Region(2014)

单位：万户、万人 (10 000 enterprises, 10 000 persons)

州市	Region	个体户 Self-employed Individuals		城镇 Urban Areas		乡村 Rural Areas	
		户数 Number of Enterprises	就业人数 Number of Employed Persons	户数 Number of Enterprises	就业人数 Number of Employed Persons	户数 Number of Enterprises	就业人数 Number of Employed Persons
全省	**Yunnan**	**169.61**	**332.72**	**64.62**	**138.11**	**105.00**	**194.60**
昆明	Kunming	41.17	89.11	18.44	42.19	22.73	46.92
曲靖	Qujing	18.66	35.54	7.43	16.21	11.24	19.33
玉溪	Yuxi	11.76	28.62	5.07	14.36	6.69	14.26
保山	Baoshan	7.28	11.12	1.85	3.20	5.42	7.93
昭通	Zhaotong	11.68	19.89	4.74	7.97	6.94	11.92
丽江	Lijiang	4.82	8.54	3.10	5.78	1.73	2.75
普洱	Pu'er	9.19	21.98	4.10	12.06	5.09	9.92
临沧	Lincang	7.80	14.51	3.66	7.64	4.15	6.87
楚雄	Chuxiong	8.17	16.15	3.50	7.11	4.67	9.04
红河	Honghe	14.35	30.91	2.28	4.49	12.08	26.42
文山	Wenshan	8.80	10.41	1.90	2.28	6.90	8.13
西双版纳	Xishuangbanna	5.13	9.42	1.13	1.73	4.00	7.69
大理	Dali	11.39	16.52	4.29	6.50	7.09	10.02
德宏	Dehong	5.53	9.58	1.82	3.08	3.72	6.50
怒江	Nujiang	1.58	2.62	0.75	1.41	0.83	1.21
迪庆	Diqing	2.30	7.79	0.57	2.10	1.73	5.69

15-24 城镇私营企业分行业年末就业人数(2011-2014 年)

Number of Employed Persons in Urban Private Enterprises at Year-end by Sector(2011-2014)

单位：万人 (10 000 persons)

行业	Sector	2011 年	2012 年	2013 年	2014 年
全省	**Yunnan**	**220.81**	**236.52**	**268.21**	**300.33**
农、林、牧、渔业	Farming,Forestry,Animal Husbandry and Fishery	7.48	8.43	10.22	14.98
采矿业	Mining	8.48	9.14	9.96	9.43
制造业	Manufacturing	38.33	39.12	39.63	41.21
电力、煤气及水的生产和供应业	Production and Supply of Electricity,Gas and Water	2.64	2.80	2.80	2.85
建筑业	Construction	31.07	31.96	34.93	37.19
交通运输、仓储及	Transport,Storage,Post and	6.49	6.65	8.19	8.80
邮电通讯业	Telecommunication Services				
信息传输、软件和信息技术服务业	Information Transmission, Software and Information Technology service	7.65	7.78	9.87	11.53
批发和零售业	Wholesale and Retail Trade & Food Services	64.12	70.67	79.36	90.33
住宿和餐饮业	Hotel and Food Service	5.75	6.92	7.64	8.37
房地产业	Real Estate Trade	11.79	12.76	14.61	15.45
租赁和商务服务业	Leasing Trade and Business Service	17.78	19.47	24.76	30.82
居民服务和其他服务业	Services to Households and Other Services	6.82	7.25	8.47	9.51
卫生、社会保障和社会福利业	Health Care, Social Security and Social Welfare	1.43	1.44	1.74	1.93
文化、体育和娱乐业	Culture, Sports and Entertainment	2.10	2.32	2.54	2.77
其他合计	Others	8.88	9.82	13.48	15.15

15-25 城镇个体就业人员分行业年末就业人数(2011-2014 年)
Number of Self-employed Individuals in Urban Areas at Year-end by Sector(2011-2014)

单位：万人 (10 000 persons)

行 业	Sector	2011 年	2012 年	2013 年	2014 年
全 省	**Yunnan**	**154.44**	**140.34**	**133.65**	**138.11**
农、林、牧、渔业	Farming,Forestry,Animal Husbandry and Fishery	2.36	2.93	3.15	3.68
采矿业	Mining	0.46	0.40	0.33	0.31
制造业	Manufacturing	8.75	7.58	6.86	6.80
电力、煤气及水的生产和供应业	Production and Supply of Electricity,Gas and Water	0.07	0.07	0.06	0.06
建筑业	Construction	0.40	0.38	0.39	0.40
交通运输、仓储及邮电通讯业	Transport,Storage,Post and Telecommunication Services	1.58	1.49	1.42	1.44
信息传输、软件和信息技术服务业	Information Transmission, Software and Information Technology Service	0.57	1.40	1.35	1.44
批发和零售业	Wholesale and Retail Trade & Food Services	94.35	83.24	76.51	78.72
住宿和餐饮业	Hotel and Food Service	24.84	22.77	20.97	22.59
房地产业	Real Estate Trade	0.04	0.04	0.03	0.03
租赁和商务服务业	Leasing Trade and Business Service	1.40	1.37	1.40	1.53
居民服务和其他服务业	Services to Households and Other Services	16.20	15.23	14.90	16.26
卫生、社会保障和社会福利业	Health Care, Social Security and Social Welfare	1.03	0.89	0.75	0.77
文化、体育和娱乐业	Culture, Sports and Entertainment	1.99	1.81	1.60	1.58
其他合计	Others	0.40	0.74	3.93	2.48

15−26 城镇登记失业人数和登记失业率（1978−2014 年）

Registered Urban Unemployed Persons and Unemployment Rate(1978-2014)

单位：万人 (10 000 persons)

年 份 Year	登记失业人数 Registered Urban Unemployed Persons	女 性 Female	长期失业者人数 Permanent Unemployed Persons	城镇登记失业率 (%) Urban Unemployment Rate (%)
1978	6.40			2.7
1979	9.90			4.3
1980	6.00			2.3
1981	6.16			3.1
1982	6.15			2.7
1983	5.83			2.0
1984	4.70			1.7
1985	4.21			2.5
1986	4.77			1.7
1987	5.85			2.0
1988	5.97			2.0
1989	7.07			2.4
1990	7.76			2.5
1991	7.63			2.3
1992	7.53			2.3
1993	7.34			2.3
1994	7.14			2.2
1995	8.10			2.3
1996	8.01			2.8
1997	7.84			2.7
1998	6.01	3.02		2.2
1999	6.20	3.10	3.10	2.5
2000	6.77	3.28	3.42	2.6
2001	8.00	3.89	3.64	3.3
2002	9.80	4.04	4.79	4.0
2003	12.12	5.94	5.64	4.1
2004	11.95	6.28	4.85	4.3
2005	12.97	6.12	5.17	4.3
2006	13.79	6.35	5.01	4.3
2007	14.02	6.37	4.20	4.2
2008	14.77	6.50	3.79	4.2
2009	15.63	6.73	3.44	4.3
2010	15.69	6.40	3.38	4.2
2011	15.99	6.80	2.56	4.1
2012	17.40	7.90	2.70	4.0
2013	18.09	8.05	2.46	4.0
2014	19.19	8.28	2.6	4.0

15-27 全部职工工资总额和指数（1978-2014 年）

Total Wages of Staff and Workers and Related Indices(1978-2014)

单位：亿元，%　　(100 million yuan, %)

年份 Year	职工工资总额 Total Wages	国有单位 State-owned Entities	城镇集体单位 Urban Collective-owned Entities	其他单位 Other Ownership	工资总额指数 Indices of Total Wages	国有单位 State-owned Entities	城镇集体单位 Urban Collective-owned Entities	其他单位 Other Ownership
1978	12.68	11.42	1.26		115.3	117.4	99.6	
1979	14.26	12.84	1.42		112.4	112.4	112.7	
1980	17.16	15.46	1.69		120.3	120.4	119.6	
1981	17.97	16.13	1.84		104.7	104.3	108.5	
1982	19.05	17.05	2.01		106.0	105.7	109.3	
1983	20.28	18.11	2.17		106.4	106.2	107.9	
1984	25.43	22.23	3.17	0.03	125.4	122.8	146.4	
1985	30.13	26.30	3.79	0.05	118.5	118.3	119.4	180.6
1986	34.09	29.72	4.31	0.06	113.1	113.0	113.4	125.8
1987	38.68	33.82	4.78	0.08	113.5	113.8	110.9	137.4
1988	47.09	41.30	5.66	0.13	121.7	122.1	118.4	158.7
1989	60.12	53.56	6.42	0.14	111.8	111.5	113.4	110.4
1990	60.66	53.56	6.97	0.13	115.3	116.3	108.6	93.6
1991	68.66	60.27	8.23	0.17	113.2	112.5	118.1	128.6
1992	81.43	71.26	9.95	0.23	118.6	118.2	120.9	135.2
1993	97.02	84.12	12.50	0.39	119.1	118.1	125.6	174.8
1994	138.94	121.35	15.57	2.03	143.2	144.3	124.5	514.3
1995	158.96	137.81	18.22	2.93	114.4	113.6	116.7	144.5
1996	194.07	169.06	20.27	4.73	122.1	122.7	111.3	161.5
1997	219.08	190.75	21.05	7.28	112.9	112.8	103.8	154.0
1998	226.09	193.15	18.70	14.24	103.2	101.3	88.9	195.5
1999	235.93	195.97	17.57	22.39	104.4	101.5	94.0	157.2
2000	254.46	209.50	16.78	28.18	107.9	106.9	95.5	125.8
2001	275.98	225.33	14.37	36.28	108.5	107.6	85.7	128.7
2002	300.85	245.22	13.21	42.42	109.0	108.8	91.9	116.9
2003	314.98	246.24	12.34	56.40	104.7	100.4	93.4	132.9
2004	344.52	264.02	11.53	68.97	109.4	107.2	93.4	122.3
2005	377.16	283.30	10.80	83.05	109.5	107.3	93.7	120.4
2006	458.62	339.88	14.70	104.04	121.6	120.0	136.0	125.3
2007	566.49	398.49	16.32	151.68	123.5	117.2	111.0	145.8
2008	683.69	473.30	18.89	191.50	120.7	118.8	115.7	126.3
2009	788.38	546.72	21.61	220.05	115.3	115.5	114.4	114.9
2010	903.72	619.53	24.46	259.73	114.6	113.3	113.2	118.0
2011	1 111.38	709.16	32.46	369.76	123.0	114.5	132.7	142.4
2012	1 340.24	794.46	41.79	503.99	120.6	112.0	128.8	136.3
2013	1 630.67	797.61	54.29	778.77	121.7	100.4	129.9	154.5
2014	1 727.71	916.93	52.51	758.27	106.0	115.0	96.7	97.4

15-28 全部职工平均工资及指数(1978-2014年)

Average Wages of Staff and Workers and Related Indices(1978-2014)

单位：万元／人，%　　(10 000 yuan/person,%)

年份 Year	职工平均工资 Average Wages	国有单位 State-owned Entities	集体单位 Urban Collective-owned Entities	其他单位 Other Ownership	平均工资指数(上年=100，%) Indices of Average Wages (preceding year = 100 ,%) 货币工资 Money Wages	国有单位 State-owned Entities	集体单位 Urban Collective-owned Entities	其他单位 Other Ownership	实际工资 Real Wages	国有单位 State-owned Entities	城镇集体单位 Urban Collective-owned Entities	其他单位 Other Ownership
1978	0.06	0.06	0.05		112.0	108.5	128.8		112.0	108.5	128.8	
1979	0.07	0.07	0.05		108.6	109.0	106.7		107.7	108.1	105.8	
1980	0.08	0.08	0.06		115.2	115.2	114.2		106.5	106.5	105.6	
1981	0.08	0.08	0.06		102.6	102.3	105.8		101.8	101.5	105.0	
1982	0.08	0.08	0.07		103.3	103.1	105.8		101.6	101.4	104.0	
1983	0.08	0.09	0.07		104.2	103.9	106.4		103.6	103.3	105.7	
1984	0.10	0.10	0.08	0.11	120.7	122.4	114.5		117.7	119.3	111.6	
1985	0.12	0.12	0.10	0.11	115.5	115.1	117.9	97.0	103.2	102.8	105.3	86.7
1986	0.13	0.13	0.11	0.12	111.0	110.5	113.8	110.6	105.9	105.5	108.6	105.6
1987	0.14	0.15	0.12	0.13	110.7	111.2	107.6	105.7	103.1	103.5	100.2	98.4
1988	0.17	0.18	0.14	0.16	119.2	119.3	118.3	125.2	98.4	98.5	97.7	103.4
1989	0.19	0.19	0.16	0.17	109.6	109.4	110.9	106.6	93.0	92.8	94.1	90.5
1990	0.21	0.22	0.17	0.20	113.3	113.6	109.9	118.6	111.5	111.8	108.2	116.8
1991	0.23	0.24	0.19	0.24	109.3	109.0	112.0	117.5	105.3	105.0	107.9	113.2
1992	0.27	0.28	0.22	0.30	115.4	115.7	113.8	125.1	104.5	104.8	103.1	113.3
1993	0.32	0.33	0.27	0.39	118.0	117.2	123.2	130.2	99.3	98.7	103.7	109.6
1994	0.45	0.47	0.35	0.52	142.4	143.7	130.8	133.4	121.4	122.5	111.5	113.7
1995	0.51	0.53	0.42	0.58	114.1	113.1	120.4	111.6	94.8	94.0	100.1	92.7
1996	0.62	0.64	0.49	0.69	121.0	121.4	116.3	118.3	111.3	111.7	107.0	108.8
1997	0.70	0.72	0.55	0.79	112.9	112.7	111.1	114.4	107.9	107.7	106.2	109.4
1998	0.77	0.79	0.60	0.76	109.0	108.9	110.2	96.3	106.4	106.4	107.6	94.1
1999	0.83	0.84	0.65	0.86	107.9	107.2	107.9	113.2	109.2	108.5	109.2	96.5
2000	0.92	0.94	0.70	0.96	111.5	111.5	108.1	111.7	114.3	114.3	110.8	95.2
2001	1.05	1.09	0.72	1.04	114.1	115.5	102.4	108.8	116.4	117.7	104.4	92.7
2002	1.20	1.24	0.79	1.14	113.8	114.2	110.3	110.0	114.7	115.2	111.2	93.7
2003	1.29	1.35	0.85	1.19	107.4	108.4	107.2	103.9	106.0	107.0	105.8	88.5
2004	1.46	1.53	0.95	1.33	113.3	113.7	111.7	112.0	106.8	107.2	105.3	95.4
2005	1.61	1.69	1.05	1.49	110.7	110.3	110.5	111.9	108.8	108.5	108.6	110.1
2006	1.87	2.00	1.22	1.64	115.9	118.4	115.9	110.4	113.8	116.2	113.8	108.4
2007	2.05	2.29	1.41	1.67	109.5	114.3	115.3	101.5	103.4	108.0	108.8	95.9
2008	2.40	2.68	1.82	1.97	117.3	117.0	129.5	117.9	111.3	111.0	122.8	111.8
2009	2.70	3.03	2.14	2.16	112.3	113.3	117.7	109.9	111.8	112.8	117.1	109.4
2010	3.02	3.43	2.51	2.38	111.8	113.2	117.4	109.9	107.7	109.0	113.1	105.8
2011	3.54	4.04	3.40	2.87	117.3	117.6	135.3	120.7	111.9	112.2	129.1	115.2
2012	3.89	4.51	3.86	3.22	109.9	111.6	113.3	112.1	106.7	108.4	110.0	108.8
2013	4.40	4.90	4.50	4.00	113.6	108.7	117.8	124.3	110.2	105.5	114.3	120.7
2014	4.78	5.44	5.00	4.18	108.6	111.0	111.1	104.5	106.1	108.4	108.5	102.1

15-29 各州市全部职工工资总额和平均工资(2014年)

Total Wages and Annual Average Wages of Staff and Workers by Region(2014)

单位：亿元，万元／人 (100 million yuan, 10 000 yuan/person)

州 市	Region	职工工资总额 Total Wages	国有单位 State-owned Entities	城镇集体单位 Urban Collective-owned Entities	其他单位 Other Ownership	职工平均工资 Wages Average	国有单位 State-owned Entities	城镇集体单位 Urban Collective-owned Entities	其他单位 Other Ownership
全 省	**Yunnan**	**1 727.71**	**1 047.36**	**466.40**	**212.09**	**4.78**	**5.44**	**5.00**	**4.18**
昆 明	Kunming	650.52	493.34	112.59	44.16	5.68	7.04	4.22	5.01
曲 靖	Qujing	175.44	112.50	46.26	16.54	4.26	5.09	4.74	3.61
玉 溪	Yuxi	107.06	62.91	29.80	14.28	4.57	6.07	3.94	3.84
保 山	Baoshan	70.85	40.62	20.81	9.22	4.12	4.44	10.22	3.80
昭 通	Zhaotong	83.47	31.38	35.39	16.53	4.42	4.55	5.77	4.03
丽 江	Lijiang	43.48	21.57	13.75	8.16	4.70	5.17	5.10	4.05
普 洱	Pu'er	62.76	27.65	23.96	11.16	3.93	4.60	5.36	2.91
临 沧	Lincang	55.61	25.39	19.97	10.15	4.21	4.62	13.79	3.46
楚 雄	Chuxiong	70.13	34.16	23.58	12.39	4.62	5.14	9.91	3.67
红 河	Honghe	128.25	65.91	43.03	18.73	4.51	5.02	4.57	3.87
文 山	Wenshan	71.40	29.95	30.11	11.22	4.24	4.29	5.95	4.05
西双版纳	Xishuangbanna	32.81	16.85	10.84	5.09	4.25	4.53	3.32	3.94
大 理	Dali	96.02	50.94	30.14	14.93	4.60	5.59	10.29	3.61
德 宏	Dehong	42.98	20.49	13.81	8.67	4.23	4.56	5.69	3.60
怒 江	Nujiang	16.96	6.53	5.58	4.86	4.72	4.97	3.47	4.27
迪 庆	Diqing	19.97	7.18	6.78	6.01	5.93	6.53	8.82	4.72

15-30 各州市城镇单位按企事业机关分职工工资总额(2014年)

Total Wages of Employed Persons in Urban Entities at Year-end by Enterprise, Public Institution and Government Agency and by Region(2014)

单位：亿元 (100 million yuan)

州 市	Region	职工工资总额 Total Wages of Employed Persons	#企 业 Enterprises	事 业 Public Institutions	机 关 Government Agencies and Organizations
全 省	**Yunnan**	**1 727.71**	**1 047.36**	**466.40**	**212.09**
昆 明	Kunming	650.52	493.34	112.59	44.16
曲 靖	Qujing	175.44	112.50	46.26	16.54
玉 溪	Yuxi	107.06	62.91	29.80	14.28
保 山	Baoshan	70.85	40.62	20.81	9.22
昭 通	Zhaotong	83.47	31.38	35.39	16.53
丽 江	Lijiang	43.48	21.57	13.75	8.16
普 洱	Pu'er	62.76	27.65	23.96	11.16
临 沧	Lincang	55.61	25.39	19.97	10.15
楚 雄	Chuxiong	70.13	34.16	23.58	12.39
红 河	Honghe	128.25	65.91	43.03	18.73
文 山	Wenshan	71.40	29.95	30.11	11.22
西双版纳	Xishuangbanna	32.81	16.85	10.84	5.09
大 理	Dali	96.02	50.94	30.14	14.93
德 宏	Dehong	42.98	20.49	13.81	8.67
怒 江	Nujiang	16.96	6.53	5.58	4.86
迪 庆	Diqing	19.97	7.18	6.78	6.01

15-31 各州市城镇单位按企事业机关分职工平均工资(2014年)
Average Wages of Staff and Workers in Urban Entities at Year-end by Enterprise,Public Institution and Government Agency and by Region(2014)

单位：万元／人 (10 000 yuan/person)

州 市	Region	全部职工 Staff and Workers	#企 业 Enterprises	事 业 Institution	机 关 Agencies and Organization
全 省	**Yunnan**	**4.78**	**4.67**	**5.08**	**4.75**
昆 明	Kunming	5.68	5.75	6.16	5.65
曲 靖	Qujing	4.26	3.96	4.66	4.56
玉 溪	Yuxi	4.57	3.71	5.97	5.89
保 山	Baoshan	4.12	4.02	4.30	4.21
昭 通	Zhaotong	4.42	4.69	4.28	3.81
丽 江	Lijiang	4.70	4.46	4.91	5.10
普 洱	Pu'er	3.93	3.31	4.73	4.48
临 沧	Lincang	4.21	3.62	5.11	4.57
楚 雄	Chuxiong	4.62	4.43	4.88	4.11
红 河	Honghe	4.51	4.06	5.22	4.69
文 山	Wenshan	4.24	4.36	4.17	4.10
西双版纳	Xishuangbanna	4.25	4.15	4.46	4.14
大 理	Dali	4.60	4.19	5.09	4.90
德 宏	Dehong	4.23	3.75	4.93	4.60
怒 江	Nujiang	4.72	4.83	4.72	4.58
迪 庆	Diqing	5.93	5.21	6.34	6.62

15-32 各州市城镇单位分行业年末就业人员劳动报酬(2014年)

Earnings of Employed Persons in Urban Units by Sector and Region at Year-end(2014)

单位：亿元 (100 million yuan)

州 市	Region	劳动报酬 Earnings of Employed Persons	农、林、牧、渔业 Farming,Forestry,Animal Husbandry and Fishery	采矿业 Mining	制造业 Manufacturing	电力、热力、燃气及水生产和供应业 Production and Supply of Electricity,Heat,Gas and Water
全 省	**Yunnan**	**1 909.34**	**16.87**	**75.63**	**310.59**	**70.72**
昆 明	Kunming	738.48	1.08	16.62	137.69	16.87
曲 靖	Qujing	187.05	1.50	24.23	34.16	9.24
玉 溪	Yuxi	113.93	1.16	4.82	23.58	3.46
保 山	Baoshan	73.52	1.00	1.80	11.81	2.66
昭 通	Zhaotong	89.86	0.62	6.47	5.58	4.43
丽 江	Lijiang	47.84	0.36	1.31	2.19	2.77
普 洱	Pu'er	65.76	0.54	1.45	7.50	3.58
临 沧	Lincang	62.12	1.81	1.52	9.74	1.63
楚 雄	Chuxiong	77.43	0.77	4.31	7.55	3.23
红 河	Honghe	143.49	2.51	6.14	34.27	7.32
文 山	Wenshan	79.05	1.50	3.40	9.43	4.75
西双版纳	Xishuangbanna	35.05	0.47	0.66	3.85	1.39
大 理	Dali	108.89	1.46	1.27	14.35	4.06
德 宏	Dehong	46.25	1.15	0.56	4.87	3.21
怒 江	Nujiang	18.52	0.46	0.11	3.19	1.08
迪 庆	Diqing	22.10	0.50	0.96	0.85	1.04

15−32 续表 1 continued

单位：亿元 (100 million yuan)

州 市	Region	建 筑 业 Construction	批发和零售业 Wholesale and Retail Trade	交通运输、仓储和邮政业 Transportation, Storage and Post	住宿和餐饮业 Hotel and Catering Service	信息传输、软件和信息技术服务业 Information Transmission, Software and Information Technology Service
全 省	**Yunnan**	**233.30**	**108.08**	**100.66**	**25.35**	**33.75**
昆 明	Kunming	119.79	43.09	75.33	12.16	17.92
曲 靖	Qujing	24.56	11.91	3.08	1.73	1.50
玉 溪	Yuxi	12.09	9.66	1.89	1.09	1.18
保 山	Baoshan	13.84	3.44	1.29	0.85	0.79
昭 通	Zhaotong	3.90	5.47	1.60	0.59	1.33
丽 江	Lijiang	3.13	2.84	1.77	2.19	1.10
普 洱	Pu'er	5.84	2.67	1.60	0.34	1.14
临 沧	Lincang	6.17	3.46	1.22	0.32	0.97
楚 雄	Chuxiong	9.01	3.90	1.84	0.46	0.92
红 河	Honghe	12.51	4.33	2.67	1.12	1.94
文 山	Wenshan	4.68	2.90	2.35	0.50	1.00
西双版纳	Xishuangbanna	1.80	2.59	0.79	1.31	0.58
大 理	Dali	11.30	7.87	3.17	1.24	1.81
德 宏	Dehong	2.75	2.41	0.69	1.05	0.81
怒 江	Nujiang	0.69	0.55	0.68	0.10	0.28
迪 庆	Diqing	1.24	0.99	0.69	0.28	0.48

15-32 续表 2 continued

单位：亿元 (100 million yuan)

州 市	Region	金融业 Banking	房地产业 Real Estate	租赁和商务服务业 Leasing Trade and Business Service	科学研究和技术服务业 Scientific Research, Technology Service and Geological Prospecting	水利、环境和公共设施管理业 Water Conservancy, Admistration of Environment and Public Facilities
全 省	**Yunnan**	**109.25**	**47.54**	**34.06**	**53.66**	**24.90**
昆 明	Kunming	52.57	21.88	19.55	31.30	5.71
曲 靖	Qujing	6.25	2.73	2.66	1.28	1.46
玉 溪	Yuxi	5.94	3.01	0.98	2.04	1.28
保 山	Baoshan	2.95	2.33	0.44	0.93	1.13
昭 通	Zhaotong	3.51	1.38	0.48	1.81	1.34
丽 江	Lijiang	2.58	1.67	0.78	1.39	2.38
普 洱	Pu'er	4.12	0.65	0.77	2.35	1.02
临 沧	Lincang	2.79	1.77	0.27	0.50	0.55
楚 雄	Chuxiong	5.27	1.23	1.54	2.04	1.99
红 河	Honghe	4.77	1.80	0.82	3.05	2.64
文 山	Wenshan	3.59	1.94	0.81	1.37	1.10
西双版纳	Xishuangbanna	1.52	2.22	0.45	1.66	1.30
大 理	Dali	7.68	3.26	3.38	2.04	1.25
德 宏	Dehong	3.53	1.41	0.76	1.24	0.32
怒 江	Nujiang	0.93	0.14	0.12	0.17	0.33
迪 庆	Diqing	1.23	0.13	0.25	0.48	1.10

15-32 续表 3 continued

单位：亿元 (100 million yuan)

州 市	Region	居民服务、修理和其他服务业 Services to Households, Pepair and Other Services	教 育 Education	卫生和社会工作 Health Care and Social Works	文化、体育和娱乐业 Culture, Sports and Entertainment	公共管理、社会保障和社会组织 Common Administration,Social security and Social Organization
全 省	**Yunnan**	**4.65**	**293.32**	**122.18**	**15.53**	**229.29**
昆 明	Kunming	2.73	67.65	42.16	6.95	47.42
曲 靖	Qujing	0.29	35.37	6.38	0.65	18.08
玉 溪	Yuxi	0.23	16.92	7.75	0.86	15.98
保 山	Baoshan	0.05	12.04	6.01	0.36	9.78
昭 通	Zhaotong	0.17	26.66	6.75	0.49	17.28
丽 江	Lijiang	0.05	8.35	2.43	1.06	9.49
普 洱	Pu'er	0.11	12.92	5.82	0.62	12.73
临 沧	Lincang	0.13	12.92	4.70	0.31	11.34
楚 雄	Chuxiong	0.11	14.54	7.14	0.41	11.15
红 河	Honghe	0.28	26.86	8.83	1.06	20.59
文 山	Wenshan	0.16	20.95	6.39	0.65	11.58
西双版纳	Xishuangbanna	0.05	4.78	3.24	0.51	5.89
大 理	Dali	0.21	18.54	8.25	0.79	16.96
德 宏	Dehong	0.05	7.11	3.95	0.21	10.16
怒 江	Nujiang	0.02	3.50	0.96	0.23	4.99
迪 庆	Diqing		4.20	1.41	0.37	5.90

15-33 各州市城镇单位分行业职工平均工资(2014年)

Average Wages of Staff and Workers in Urban Entities by Sector and Region(2014)

单位：万元／人　　(10 000 yuan/person)

州 市	Region	全部职工 Staff and Workers	农、林、牧、渔业 Farming,Forestry,Animal Husbandry and Fishery	采矿业 Mining	制造业 Manufacturing	电力、热力、燃气及水生产和供应业 Production and Supply of Electric Power,Heat,Gas and Water
全 省	**Yunnan**	**4.78**	**2.86**	**4.26**	**4.34**	**7.11**
昆 明	Kunming	5.68	4.18	5.40	5.33	9.63
曲 靖	Qujing	4.26	4.20	3.58	4.42	7.06
玉 溪	Yuxi	4.57	5.35	5.34	3.99	6.28
保 山	Baoshan	4.12	2.80	4.06	3.67	7.11
昭 通	Zhaotong	4.42	3.84	4.29	5.81	5.90
丽 江	Lijiang	4.70	3.45	3.56	3.52	8.32
普 洱	Pu'er	3.93	3.25	4.11	2.02	6.24
临 沧	Lincang	4.21	1.81	4.88	3.33	5.37
楚 雄	Chuxiong	4.62	3.62	4.97	7.96	7.29
红 河	Honghe	4.51	2.74	4.18	4.26	5.94
文 山	Wenshan	4.24	2.80	4.49	3.83	7.45
西双版纳	Xishuangbanna	4.25	2.73	3.59	3.98	7.03
大 理	Dali	4.60	3.79	3.53	3.97	6.25
德 宏	Dehong	4.23	1.30	3.46	3.25	7.73
怒 江	Nujiang	4.72	4.24	3.63	5.17	6.91
迪 庆	Diqing	5.93	6.27	4.68	4.24	5.93

15-33 续表 1 continued

单位：万元／人 (10 000 yuan/person)

州 市	Region	建 筑 业 Construction	批发和零售业 Wholesale and Retail Trade	交通运输、仓储和邮政业 Transportation, Storage and Post	住宿和餐饮业 Hotel and Catering Service	信息传输、软件和信息技术服务业 Information Transmission, Software and Information Technology Service
全 省	**Yunnan**	**3.73**	**4.38**	**6.08**	**2.89**	**6.35**
昆 明	Kunming	4.45	4.17	7.33	2.89	6.97
曲 靖	Qujing	3.15	4.86	3.69	2.46	4.94
玉 溪	Yuxi	3.05	3.73	3.79	2.71	6.11
保 山	Baoshan	3.60	4.72	3.67	3.00	6.24
昭 通	Zhaotong	2.92	6.84	4.09	2.61	6.43
丽 江	Lijiang	3.25	4.10	5.59	3.21	5.80
普 洱	Pu'er	2.76	5.11	3.74	3.06	6.68
临 沧	Lincang	2.98	4.41	3.54	2.97	5.91
楚 雄	Chuxiong	3.24	5.19	4.07	2.50	4.69
红 河	Honghe	3.20	4.15	3.77	2.55	6.26
文 山	Wenshan	3.18	3.98	4.53	2.74	5.97
西双版纳	Xishuangbanna	4.07	3.73	3.41	3.75	5.44
大 理	Dali	3.12	4.80	4.73	2.59	5.15
德 宏	Dehong	3.20	3.71	3.73	2.64	6.20
怒 江	Nujiang	2.48	4.84	3.55	2.62	5.03
迪 庆	Diqing	5.89	4.51	5.78	3.20	6.34

15—33 续表 2 continued

单位：万元／人 (10 000 yuan/person)

州 市	Region	金 融 业 Banking	房地产业 Real Estate	租赁和商务服务业 Leasing Trade and Business Service	科学研究和技术服务业 Scientific Research, Technology Service and Geological Prospecting	水利、环境和公共设施管理业 Water Conservancy, Admistration of Environment and Public Facilities
全 省	**Yunnan**	**11.73**	**4.46**	**3.79**	**5.49**	**3.59**
昆 明	Kunming	16.10	5.06	4.99	6.24	4.16
曲 靖	Qujing	9.34	3.92	2.43	4.09	3.10
玉 溪	Yuxi	8.43	3.49	3.25	5.71	4.07
保 山	Baoshan	8.69	4.03	3.94	4.07	3.13
昭 通	Zhaotong	8.96	4.03	2.88	4.21	2.78
丽 江	Lijiang	9.64	4.87	3.59	4.99	3.95
普 洱	Pu'er	11.02	3.58	2.03	4.41	2.61
临 沧	Lincang	11.39	4.08	3.26	4.63	3.08
楚 雄	Chuxiong	10.91	4.10	2.71	4.85	3.66
红 河	Honghe	7.76	3.57	2.89	5.29	3.77
文 山	Wenshan	8.75	3.95	3.59	4.26	3.44
西双版纳	Xishuangbanna	6.73	5.03	3.06	4.59	3.25
大 理	Dali	9.94	4.06	3.25	4.97	3.78
德 宏	Dehong	11.10	4.36	2.41	4.79	3.36
怒 江	Nujiang	9.59	4.00	3.21	4.70	4.31
迪 庆	Diqing	9.71	4.46	3.42	6.45	5.04

15-33 续表 3 continued

单位：万元／人 (10 000 yuan/person)

州 市	Region	居民服务、修理和其他服务业 Services to Households,Repair and Other Services	教 育 Education	卫生和社会工作 Health Care, Social Works	文化、体育和娱乐业 Culture, Sports and Entertainment	公共管理、社会保障和社会组织 Common Administration, Social Security,and Social Organization
全 省	**Yunnan**	**3.31**	**5.08**	**5.37**	**4.77**	**4.72**
昆 明	Kunming	3.56	5.53	6.80	5.48	5.51
曲 靖	Qujing	2.58	5.00	4.29	4.10	4.53
玉 溪	Yuxi	3.27	6.25	5.75	5.22	5.86
保 山	Baoshan	3.05	4.26	4.95	4.13	4.17
昭 通	Zhaotong	3.14	4.55	3.67	3.77	3.77
丽 江	Lijiang	3.82	5.03	4.84	4.70	5.06
普 洱	Pu'er	4.05	4.98	5.07	4.10	4.45
临 沧	Lincang	3.49	5.19	5.74	4.18	4.55
楚 雄	Chuxiong	3.00	4.85	5.43	3.91	4.15
红 河	Honghe	3.72	5.59	4.77	4.91	4.67
文 山	Wenshan	2.27	4.16	4.29	3.41	4.10
西双版纳	Xishuangbanna	3.32	4.50	4.41	4.18	4.15
大 理	Dali	2.99	5.27	5.17	3.97	4.85
德 宏	Dehong	3.27	4.74	5.76	4.39	4.56
怒 江	Nujiang	1.76	4.91	4.50	4.68	4.55
迪 庆	Diqing		6.56	6.27	6.40	6.54

15－34 各州市国有单位分行业职工平均工资 (2014 年)

Average Wages of Staff and Workers of State-owned Units by Sector and Region(2014)

单位：万元／人 (10 000 yuan/person)

州 市	Region	国有单位 State-owned Units	农、林、牧、渔业 Farming,Forestry, Animal-Husbandry and Fishery	采矿业 Mining	制造业 Manufacturing	电力、热力、燃气及水生产和供应业 Production and Supply of Electricity,Gas and Water
全 省	**Yunnan**	**5.44**	**2.88**	**4.39**	**8.87**	**7.33**
昆 明	Kunming	7.04	5.04	4.59	9.10	8.90
曲 靖	Qujing	5.09	4.20	3.99	8.93	7.31
玉 溪	Yuxi	6.07	5.48		3.85	4.40
保 山	Baoshan	4.44	2.81		3.45	7.18
昭 通	Zhaotong	4.55	3.84	4.60	11.12	7.52
丽 江	Lijiang	5.17	3.94		5.55	9.06
普 洱	Pu'er	4.60	3.31	2.76	1.33	5.72
临 沧	Lincang	4.62	1.80		2.94	5.68
楚 雄	Chuxiong	5.14	3.67	5.15	13.62	8.54
红 河	Honghe	5.10	2.73	4.97	8.52	5.70
文 山	Wenshan	4.29	2.81	1.65	5.88	7.27
西双版纳	Xishuangbanna	4.53	3.94	5.04	3.19	7.22
大 理	Dali	5.59	3.85		13.90	4.45
德 宏	Dehong	4.56	1.29		3.61	10.55
怒 江	Nujiang	4.97	4.24		4.21	8.69
迪 庆	Diqing	6.53	6.27		3.25	5.99

15－34　续表 1　continued

单位：万元／人　(10 000yuan/person)

州　市	Region	建筑业 Construction	批发和零售业 Wholesale and Retail Trade	交通运输、仓储和邮政业 Transportation, Storage and Post	住宿和餐饮业 Hotel and Catering Service	信息传输、软件和信息技术服务业 Information Transmission, Computer Service and Software Service
全　省	**Yunnan**	**5.78**	**9.11**	**7.04**	**3.02**	**4.99**
昆　明	Kunming	6.43	8.56	8.84	3.02	5.91
曲　靖	Qujing	5.63	8.65	4.14	2.67	2.21
玉　溪	Yuxi	2.35	8.95	4.42	2.88	4.95
保　山	Baoshan	4.04	12.80	4.43	2.40	4.38
昭　通	Zhaotong	2.57	13.54	4.24	2.83	3.17
丽　江	Lijiang	2.56	6.26	6.24	2.84	5.09
普　洱	Pu'er	2.95	13.19	4.65	2.46	4.31
临　沧	Lincang	3.51	6.12	3.58	1.27	2.82
楚　雄	Chuxiong	3.39	10.73	4.27	3.48	3.82
红　河	Honghe	3.73	9.05	4.48	2.72	4.50
文　山	Wenshan	4.85	5.84	4.55	3.14	4.50
西双版纳	Xishuangbanna	3.83	13.03	4.24	3.68	4.34
大　理	Dali	5.24	11.58	5.65	3.29	4.08
德　宏	Dehong		10.07	4.67	2.34	6.21
怒　江	Nujiang	3.68	11.34	4.84		
迪　庆	Diqing		5.16	6.20	2.61	6.26

15-34 续表 2 continued

单位：万元／人 (10 000 yuan/person)

州 市	Region	金融业 Banking	房地产业 Real Estate	租赁和商务服务业 Leasing Trade and Business Service	科学研究和技术服务业 Scientific Research, Technology Service and Geological Prospecting	水利、环境和公共设施管理业 Water Conservancy, Environment and Admistration of Public Facilities
全 省	**Yunnan**	**10.05**	**5.58**	**5.12**	**5.57**	**3.53**
昆 明	Kunming	14.20	6.83	7.39	6.68	4.12
曲 靖	Qujing	8.64	4.19	2.33	4.04	3.38
玉 溪	Yuxi	7.80	5.35	5.07	5.68	4.00
保 山	Baoshan	8.60	4.41	3.76	4.09	2.77
昭 通	Zhaotong	8.72	3.11	2.96	4.21	2.80
丽 江	Lijiang	8.72	4.09	4.27	5.07	3.49
普 洱	Pu'er	8.96	3.38	2.17	4.52	2.59
临 沧	Lincang	9.12	4.45	3.31	4.67	3.08
楚 雄	Chuxiong	9.35	4.25	2.36	4.77	3.67
红 河	Honghe	7.35	3.84	3.68	5.31	3.76
文 山	Wenshan	7.57	5.04	3.85	4.19	3.74
西双版纳	Xishuangbanna	5.84	3.79	2.75	4.69	3.19
大 理	Dali	9.64	4.60	6.48	5.17	3.98
德 宏	Dehong	9.77	4.55	2.59	4.82	3.55
怒 江	Nujiang	8.76			4.70	4.31
迪 庆	Diqing	9.75		3.96	6.54	6.04

15−34 续表 3 continued

单位：万元／人 (10 000 yuan/person)

州 市	Region	居民服务、修理和其他服务业 Services to Households, Repair and Other Services	教 育 Education	卫生和社会工作 Health Care and Social Works	文化、体育和娱乐业 Culture, Sports and Entertainment	公共管理、社会保障和社会组织 Common Administration,Social Security and Social Organization
全 省	**Yunnan**	**4.08**	**5.18**	**5.60**	**4.84**	**4.72**
昆 明	Kunming	3.70	6.16	7.94	5.69	5.52
曲 靖	Qujing	4.29	4.91	4.38	4.13	4.53
玉 溪	Yuxi	4.65	6.31	6.07	5.47	5.86
保 山	Baoshan	3.70	4.26	5.06	4.23	4.17
昭 通	Zhaotong	3.73	4.57	3.73	3.92	3.77
丽 江	Lijiang	5.25	5.07	4.90	4.61	5.06
普 洱	Pu'er	3.78	5.01	5.12	4.18	4.45
临 沧	Lincang	4.05	5.20	5.85	4.11	4.55
楚 雄	Chuxiong	3.94	4.86	5.61	4.09	4.15
红 河	Honghe	4.47	5.69	4.72	4.91	4.67
文 山	Wenshan	4.10	4.26	4.29	3.45	4.10
西双版纳	Xishuangbanna	4.18	4.51	4.44	4.45	4.15
大 理	Dali	4.20	5.29	5.29	4.44	4.85
德 宏	Dehong	2.63	4.75	5.89	4.53	4.56
怒 江	Nujiang		4.93	4.50	4.68	4.55
迪 庆	Diqing		6.56	6.41	6.58	6.54

15-35 各州市城镇集体单位分行业职工平均工资(2014年)

Average Wages of Staff and Workers in Urban Collective-owned Entities by Sector and Region(2014)

单位：万元／人 (10 000 yuan/person)

州　市	Region	集体单位 Collective-owned	农、林、牧、渔业 Farming,Forestry,Animal Husbandry and Fishery	采矿业 Mining	制造业 Manufacturing	电力、热力、燃气及水生产和供应业 Production and Supply of Electricity, Heat, Gas and Water
全　省	**Yunnan**	**5.00**	**2.49**	**3.64**	**2.73**	**3.19**
昆　明	Kunming	4.22	3.61	3.98	2.67	3.37
曲　靖	Qujing	4.74		3.91	3.85	
玉　溪	Yuxi	3.94		4.64	3.44	2.39
保　山	Baoshan	10.22			1.31	1.25
昭　通	Zhaotong	5.77		1.77	2.16	3.79
丽　江	Lijiang	5.10		3.23	2.16	
普　洱	Pu'er	5.36	2.60	2.71	1.48	
临　沧	Lincang	13.79			2.18	
楚　雄	Chuxiong	9.91		3.33		3.15
红　河	Honghe	4.57		1.96	0.73	
文　山	Wenshan	5.95		1.79	1.51	
西双版纳	Xishuangbanna	3.32	2.41			2.10
大　理	Dali	10.29	2.58		2.98	1.86
德　宏	Dehong	5.69		2.86	2.09	1.50
怒　江	Nujiang	3.47		2.31		
迪　庆	Diqing	8.82				

15−35 续表 1 continued

单位：万元／人 (10 000 yuan/person)

州 市	Region	建 筑 业 Construction	批发和零售业 Wholesale and Retail Trade	交通运输、仓储和邮政业 Transportation, Storage and Post	住宿和餐饮业 Hotel and Catering Service	信息传输、软件和信息技术服务业 Information Transmission, Software and Information Technology Service
全 省	**Yunnan**	**3.35**	**2.26**	**2.82**	**2.64**	**2.91**
昆 明	Kunming	3.54	2.84	3.70	2.91	2.92
曲 靖	Qujing	4.07	2.15	2.31	2.07	
玉 溪	Yuxi	2.48	1.80		2.75	
保 山	Baoshan		1.92			2.85
昭 通	Zhaotong	2.84	4.67		1.78	
丽 江	Lijiang	3.44	2.23	2.59	3.06	
普 洱	Pu'er	2.51	2.05		1.79	
临 沧	Lincang		2.68		2.17	
楚 雄	Chuxiong	3.16	2.07		0.71	
红 河	Honghe	3.73	1.82		2.11	
文 山	Wenshan	2.59	1.93		2.23	
西双版纳	Xishuangbanna	2.60	2.62			
大 理	Dali	3.40	2.98	2.34	2.36	
德 宏	Dehong	3.44	4.36		2.07	
怒 江	Nujiang	2.10	2.18	2.47		
迪 庆	Diqing	2.93	2.41		2.65	

15-35 续表 2 continued

单位：万元／人 (10 000 yuan/person)

州 市	Region	金融业 Banking	房地产业 Real Estate	租赁和商务服务业 Leasing Trade and Business Service	科学研究和技术服务业 Scientific Research, Technology Service and Geological Prospecting	水利、环境和公共设施管理业 Water Conservancy, Environment and Admistration of Public Facilities
全 省	**Yunnan**	**12.57**	**2.64**	**2.73**	**3.60**	**1.84**
昆 明	Kunming	14.82	2.38	2.60	2.62	1.94
曲 靖	Qujing	9.33		3.16	4.24	1.63
玉 溪	Yuxi	9.64		3.19	18.01	1.00
保 山	Baoshan	12.70		4.44		
昭 通	Zhaotong	9.53	1.56			
丽 江	Lijiang	12.58			3.00	
普 洱	Pu'er	15.24	2.11	2.85	4.45	
临 沧	Lincang	15.62	5.00	4.60	3.45	
楚 雄	Chuxiong	17.02		3.09	2.25	2.28
红 河	Honghe	8.39	3.04	3.81		3.46
文 山	Wenshan	11.93		3.88		
西双版纳	Xishuangbanna	15.99		3.21	3.30	
大 理	Dali	14.45	5.12	3.10	2.33	
德 宏	Dehong	19.09	3.31	1.91	3.61	
怒 江	Nujiang	12.09				
迪 庆	Diqing	15.90		1.16	4.25	

15-35 续表 3 continued

单位：万元／人 (10 000 yuan/person)

州 市	Region	居民服务、修理和其他服务业 Services to Households,Repair and Other Services	教 育 Education	卫生和社会工作 Health Care and Social Works	文化、体育和娱乐业 Culture, Sports and Entertainment	公共管理、社会保障和社会组织 Common Administration,Social Security and Social Organization
全 省	**Yunnan**	**2.57**	**5.27**	**3.98**	**3.39**	**2.42**
昆 明	Kunming	2.57	4.51	4.00	3.41	2.42
曲 靖	Qujing		15.10			
玉 溪	Yuxi	1.93	3.62			
保 山	Baoshan					
昭 通	Zhaotong	1.80	2.21			
丽 江	Lijiang	2.40	2.64	4.34		
普 洱	Pu'er	3.36		2.17	2.45	
临 沧	Lincang	3.05	4.56			
楚 雄	Chuxiong			3.24		
红 河	Honghe		3.34	3.13		
文 山	Wenshan		4.38	2.98		
西双版纳	Xishuangbanna					
大 理	Dali			2.87		
德 宏	Dehong		4.00	4.46		
怒 江	Nujiang					
迪 庆	Diqing					

15-36 各州市其他单位分行业职工平均工资(2014年)

Average Wages of Staff and Workers in Entities of Other Types of Ownership by Sector and Region(2014)

单位：万元／人 (10 000 yuan/person)

州 市	Region	其他单位 Other Types	农、林、牧、渔业 Farming, Forestry, Animal Husbandry and Fishery	采矿业 Mining	制造业 Manufacturing	电力、热力、燃气及水生产和供应业 Production and Supply of Electricity, Heat, Gas and Water
全 省	**Yunnan**	**4.18**	**2.39**	**4.26**	**3.94**	**7.01**
昆 明	Kunming	5.01	2.14	5.48	4.77	10.20
曲 靖	Qujing	3.61		3.45	3.96	6.92
玉 溪	Yuxi	3.84	3.03	5.35	4.00	6.39
保 山	Baoshan	3.80	1.09	4.06	3.68	7.11
昭 通	Zhaotong	4.03		4.31	4.42	5.43
丽 江	Lijiang	4.05	2.19	3.56	3.80	7.95
普 洱	Pu'er	2.91	1.83	4.37	2.13	6.52
临 沧	Lincang	3.46	3.37	4.88	3.34	4.96
楚 雄	Chuxiong	3.67	2.13	4.88	3.60	6.34
红 河	Honghe	3.87	2.75	3.53	4.14	6.27
文 山	Wenshan	4.05	2.46	4.62	3.77	7.49
西双版纳	Xishuangbanna	3.94	2.85	3.57	4.04	4.21
大 理	Dali	3.61	2.52	3.53	3.52	6.46
德 宏	Dehong	3.60	1.93	3.94	3.25	5.25
怒 江	Nujiang	4.27		3.67	5.21	3.74
迪 庆	Diqing	4.72		4.68	4.28	5.91

15−36 续表 1 continued

单位：万元／人 (10 000 yuan/person)

州 市	Region	建筑业 Construction	批发和零售业 Wholesale and Retail Trade	交通运输、仓储和邮政业 Transportation, Storage and Post	住宿和餐饮业 Hotel and Catering Service	信息传输、软件和信息技术服务业 Information Transmission, Software and Information Technology Service
全 省	**Yunnan**	**3.63**	**3.55**	**5.21**	**2.88**	**6.59**
昆 明	Kunming	4.33	3.93	6.05	2.87	7.12
曲 靖	Qujing	3.02	3.01	3.59	2.45	5.74
玉 溪	Yuxi	3.11	3.03	3.36	2.67	6.44
保 山	Baoshan	3.59	3.30	3.16	3.01	6.30
昭 通	Zhaotong	2.94	3.01	3.72	2.55	6.60
丽 江	Lijiang	3.25	3.28	5.02	3.22	6.27
普 洱	Pu'er	2.81	3.28	2.56	3.38	6.96
临 沧	Lincang	2.97	3.10	2.78	3.02	6.17
楚 雄	Chuxiong	3.24	3.33	3.93	2.30	4.84
红 河	Honghe	3.07	2.86	3.27	2.55	6.57
文 山	Wenshan	3.22	2.93	2.27	2.75	6.32
西双版纳	Xishuangbanna	4.26	3.28	2.60	3.75	5.48
大 理	Dali	3.03	3.50	3.77	2.42	5.34
德 宏	Dehong	3.17	3.31	2.66	2.65	6.19
怒 江	Nujiang	2.71	3.50	3.01	2.62	5.03
迪 庆	Diqing	6.39	4.44	4.14	3.26	6.38

15-36 续表 2 continued

单位：万元／人 (10 000 yuan/person)

州 市	Region	金融业 Banking	房地产业 Real Estate	租赁和商务服务业 Leasing Trade and Business Service	科学研究和技术服务业 Scientific Research, Technology Service and Geological Prospecting	水利、环境和公共设施管理业 Water Conservancy, Environment and Admistration of Public Facilities
全 省	**Yunnan**	**13.83**	**4.43**	**3.49**	**5.27**	**3.88**
昆 明	Kunming	17.64	5.00	4.41	5.44	4.24
曲 靖	Qujing	11.93	3.91	2.45	4.36	2.42
玉 溪	Yuxi	8.81	3.47	3.12	5.25	4.57
保 山	Baoshan	4.47	4.02	3.95	3.60	3.93
昭 通	Zhaotong	4.27	4.10	2.77		2.20
丽 江	Lijiang	5.05	4.87	3.53	2.81	4.54
普 洱	Pu'er	7.31	3.64	1.98	2.49	3.00
临 沧	Lincang	3.95	4.08	3.23		
楚 雄	Chuxiong	5.53	4.10	2.74	6.56	2.48
红 河	Honghe	8.63	3.55	2.74	4.92	4.09
文 山	Wenshan	6.73	3.91	3.57	5.63	2.80
西双版纳	Xishuangbanna	7.19	5.05	3.23	3.48	3.27
大 理	Dali	6.92	4.03	2.65	3.89	3.33
德 宏	Dehong	9.36	4.36	2.05	4.34	1.86
怒 江	Nujiang	12.59	4.00	3.21		
迪 庆	Diqing	4.68	4.46	3.42	6.63	4.19

15-36 续表 3 continued

单位：万元／人 (10 000 yuan/person)

州 市	Region	居民服务、修理和其他服务业 Services to Households Repair and Other Services	教 育 Education	卫生和社会工作 Health Care and Social Works	文化、体育和娱乐业 Culture, Sports and Entertainment	公共管理、社会保障和社会组织 Common Administration,Social Securiey and Social Organization
全 省	**Yunnan**	**3.22**	**3.40**	**3.79**	**4.58**	**2.86**
昆 明	Kunming	3.64	3.47	3.83	5.17	2.64
曲 靖	Qujing	2.48	2.47	3.22	2.93	
玉 溪	Yuxi	2.94	1.54	3.17	3.37	
保 山	Baoshan	1.89	4.35	4.04	3.67	
昭 通	Zhaotong	3.11	3.65	3.13	2.32	
丽 江	Lijiang	2.90	3.19	3.90	4.74	
普 洱	Pu'er	4.33	2.07	4.01	3.23	
临 沧	Lincang	3.48	2.46	3.92	5.68	
楚 雄	Chuxiong	2.23	4.65	3.32	2.85	
红 河	Honghe	2.18	2.42	5.29		
文 山	Wenshan	2.03	1.87	4.44	2.22	
西双版纳	Xishuangbanna	3.16	2.54	2.59	3.79	
大 理	Dali	2.82	3.90	3.00	2.84	4.57
德 宏	Dehong	3.39		3.60	2.68	4.10
怒 江	Nujiang	1.76	2.08			
迪 庆	Diqing			3.98	4.95	

主要统计指标解释

人口数 指一定时点、一定地区范围内有生命的个人总和。年度统计的年末人口数指每年 12 月 31 日 24 时的人口数。年度统计的全国人口总数内未包括香港、澳门特别行政区和台湾省以及海外华侨人数。

城镇人口和乡村人口 城镇人口是指居住在城镇范围内的全部常住人口；乡村人口是除上述人口以外的全部人口。

人口密度 指一定时点一定地区的人口数与该地区的面积数之比，即一定时点的单位土地面积上的人口数通常以每平方公里的居民人数来表示。计算公式：

人口密度（人 / 平方公里）= 该地区的人口数 / 该地区的土地面积

出生率 出生率（又称粗出生率）指一定时期内（通常为一年内）平均每千人所出生的人数的比例，一般用千分率表示。计算公式：出生率（‰）= 年出生人数 / 年平均人数 ×1000‰

出生人数是指活产婴儿，即胎儿脱离母体时（不管怀孕月数）有过呼吸或其他生命现象。年平均人数是年初、年末人口数的平均数，也可用年中人口数代替。

死亡率 指在一定时期内（通常为一年内）一定地区的死亡人数与同期平均人数（或期中人数）之比，一般用千分率表示。计算公式：

死亡率（‰）= 年死亡人数 / 年平均人数 ×1000‰

人口自然增长率 在一定时期内（通常为一年内）人口自然增加数（出生人数减死亡人数）与平均人数（或期中人数）之比，一般用千分率表示。计算公式：

人口自然增长率 =（本年出生人口数 – 本年死亡人口数）/ 年平均人口数 ×1000%

人口自然增长率（‰）= 人口出生率 – 人口死亡率

性别比 反映男性与女性人口比例的指标，指在总人口中或各年龄组人口中，男性人数与女性人数之比。通常以每 100 个女性人口相对应的男性人口数。计算公式：

性别比 = 男性人口 / 女性人口 ×100

农业、非农业人口 根据公安部门下发的“户口簿”的户口性质统计。

经济活动人口 指年龄在 16 周岁及以上，有劳动能力，参加或要求参加社会经济活动的人口。包括就业人员和失业人员。

就业人员 指年龄在 16 周岁及以上，从事一定社会劳动并取得劳动报酬或经营收入的人员。这一指标反映了一定时期内全部劳动力资源的实际利用情况，是研究我国基本国情国力的重要指标。

单位就业人员 指在各级国家机关、政党机关、社会团体及企业、事业单位中工作，取得工资或其他形式的劳动报酬的全部人员。包括在岗职工、再就业的离退休人员、民办教师以及在各单位中工作的外方人员和港澳台方人员、兼职人员、借用的外单位人员和第二职业者。不包括离开本单位仍保留劳动关系的职工。各单位的就业人员反映了各单位实际参加生产或工作的全部劳动力。

城镇私营和个体就业人员 城镇私营就业人员指在工商管理部门注册登记，其经营地址设在县城关镇（含县城关镇）以上的私营企业就业人员，包括私营企业投资者和雇工。城镇个体就业人员指在工商管理部门注册登记，并持有城镇户口或在城镇长期居住，经批准从事个体工商经营的就业人员，包括个体经营者和在个体工商户劳动的家庭帮工和雇工。

职工 指在国有、城镇集体、联营、股份制、外商和港、澳、台投资、其他单位及其附属机构工作，并由其支付工资的各类人员。不包括下列人员：(1) 乡镇企业就业人员；(2) 私营企业就业人员；(3) 城镇个体劳动者；(4) 离休、退休、退职人员；(5) 再就业的离、退休人员；(6) 民办教师；(7) 在城镇单位中工作的外方及港、澳、台人员；(8) 其他按有关规定不列入职工统计范围的人员。(1998 年及以后的数据均为在岗职工数据，其他相关指标如职工工资总额，职工平均工资等指标也从 1998 年按此口径进行了相应调整)。

国有单位 指资产归国家所有的经济组织。包括按《中华人民共和国企业法人登记管理条例》规定登记注册的非公司制的经济组织，以及中央、地方各级国家机关、事业单位和社会团体。

集体单位 指生产资料归集体所有，并按《中华人民共和国企业法人登记管理条例》规定登记注册的经济组织。

其他单位包括股份合作单位、联营单位、有限责任公司、股份有限公司、港澳台商投资单位以及外商投资单位等其他登记注册类型单位。

在岗职工 指在本单位工作并由单位支付工资的人员，以及有工作岗位，但由于学习、病伤产假等原因暂未工作，仍由单位支付工资的人员。

工资总额 指各单位在一定时期内直接支付给本单位全部职工的劳动报酬总额。工资总额的计算原则应以直接支付给职工的全部劳动报酬为根据。各单位支付给职工的劳动报酬以及其他根据有关规定支付的工资，不论是计入成本的还是不计入成本的，不论是按国家规定列入计征奖金税项目的，还是未列入计征奖金税项目的，不论是以货币形式支付的还是以实物形式支付的，均包括在工资总额内。

平均工资 指企业、事业、机关单位的职工在一定时期内平均每人所得的货币工资额。它表明一定时期职工工资收入的高低程度，是反映职工工资水平的主要指标。计算公式为：

$$平均工资 = \frac{报告期实际支付的全部职工工资总额}{报告期全部职工平均人数} \times 100\%$$

平均工资指数 指报告期职工平均工资与基期职工平均工资的比率，是反映不同时期职工货币工资水平变动情况的相对数。计算公式为：

$$平均工资指数 = \frac{报告期职工平均工资}{基期职工平均工资} \times 100\%$$

平均实际工资指数职工平均实际工资指扣除物价变动因素后的职工平均工资。职工平均实际工资指数是反映实际工资变动情况的相对数，表明职工实际工资水平提高或降低的程度。计算公式为：

$$平均实际工资指数 = \frac{报告期职工平均工资指数}{报告期城镇居民消费价格指数} \times 100\%$$

城镇单位就业人员劳动报酬指各单位在一定时期内直接支付给本单位全部就业人员的劳动报酬总额。包括职工工资总额和其他就业人员劳动报酬总额。

平均劳动报酬指企业、事业、机关等单位的全部就业人员在一定时期内平均每人所得的货币工资额。计算公式为：

$$平均劳动报酬 = \frac{报告期实际支付的全部就业人员劳动报酬}{报告期全部就业人员平均人数} \times 100\%$$

城镇登记失业人员指有非农业户口，在一定的劳动年龄内（16 周岁至退休年龄），有劳动能力，无业而要求就业，并在当地就业服务机构进行求职登记的人员。

城镇登记失业率城镇登记失业人员与城镇单位就业人员（扣除使用的农村劳动力、聘用的离退休人员、港澳台及外方人员）、城镇单位中的不在岗职工、城镇私营业主、个体户主、城镇私营企业和个体就业人员、城镇登记失业人员之和的比。计算公式为：

$$\text{城镇登记失业率} = \frac{\text{城镇登记失业人数}}{(\text{城镇单位就业人员}-\text{使用的农村劳动力}-\text{聘用的离退休人员}-\text{聘用的港澳台及外方人员})+\text{不在岗职工}+\text{城镇私营业主}+\text{城镇个体户主}+\text{城镇私营企业及个体就业人员}+\text{城镇登记失业人数}} \times 100\%$$

Explanatory Notes on Principle Statistical Indicators

Total Population refers to the total number of people alive at a certain point of time within a given area.The annual statistics on total population is taken at midnight, the 3lst of December, not including residents in Taiwan province, Hong Kong SAR and Macao SAR and Chinese national residing abroad.

Urban Population and Rural Population Urban population refers to all people residing in cities and towns,while rural population refers to population other than urban population.

Population Density refers to the ratio of population to the area at a certain point of time within a given area,i. e., the population of unit land area at a certain point of time, which is often expressed as number of inhabitants per square kilometer:

Population density = number of population in the region/land area in the region

Birth Rate or (crude Birth Rate) refers to the ratio of the number of births to the average population during a certain period of time (usually a year) which is often expressed in ‰. The formula is as follows:

Birth Rate = Number of Births/Annual Average Number of Population×1000‰.

Number of births refers to live births, i.e., the births when babies had showed any vital phenomena regardless of the length of pregnancy.

Annual Average Number of Population is the average of the number of population at the beginning of the year and that at the end of the year. Sometimes it is substituted for with the mid year population.

Death Rate (or Crude Death Rate) refers to the ratio of the number of deaths to the average population (or mid-period population) during a certain period of time (usually a year) which is often expressed in ‰. The formula is as follows:

Death Rate = Number of Deaths/Annual Average Number of Population×1000‰.

Natural Growth Rate of Population refers to the ratio of natural increase in population (number of births minus number of deaths) in a certain period of time (usually a year) to the average population (or mid-period population)of the same period which is often expressed in ‰. The formulas are as follows:

Natural Growth of Population = (Number of Birth − Number of Deaths)/Average Number of Population×1000‰.

Natural Growth Rate of Population = Birth Rate − Death Rate

Sex Ratio reflects the indicator of male population and female population, which refers to the ratio of male population to female population in total population or population by age group. It usually means relevant male population per 100 female populations. The formula is as follows:

Sex ratio = male population/female population ×100.

Agricultural and Non-agricultural Population is classified according to people's residence registration nature recorded on their permanent residence booklets issued by public security organs.

Economically Active Population refers to the population aged 16 and over who are capable of working, are participating in or willing to participate in economic activities, including employed persons and unemployed persons.

Employed Persons refer to persons aged 16 and over who are engaged in gainful employment and thus receive remuneration payment or earn business income. This indicator reflects the actual utilization of total labour force during a certain period of time and is often used for the research on China's economic situation and national power.

Persons Employed in Various Units refer to all the persons working in government agencies of various levels, political and party organizations, social organizations, enterprises and institutions, and receiving wages or other forms of payment. They include fully-employed staff and workers, re-employed retirees, teachers in the schools run by the local people, foreigners and Chinese compatriots from Hong Kong, Macao, and Taiwan working in various units, part-time employees, employees of other units working temporarily at current posts, and employees holding the second job, but do not include persons who have left their working units while keeping their labour contract (employment relation) unchanged. This indicator reflects the total number of laborers actually engaged in production or other operations in various units.

Persons Employed in Private Enterprises and Self-Employed Individuals in Urban Areas Persons employed in private enterprises refer to the persons employed in the private enterprises which have been registered at the departments of industrial and commercial administration for which the business operation are situated at a county town (i.e. a town where the county government is located), or at urban areas with administrative hierarchy higher than a county town. The self-employed individuals in urban areas refer to persons who hold the certificates of residence in urban areas or have resided in the urban areas for a long time and have been registered at the departments of industrial and commercial administration and approved to be engaged in individual industrial or commercial business, including self-employed persons as well as helpers and hired labourers who work in individual households.

Staff and Workers refer to persons working in, and receive payment from units of state ownership, collective ownership, joint ownership, share holding ownership, foreign ownership, and ownership by entrepreneurs from Hong Kong, Macao, and Taiwan, and other types of ownership and their affiliated units. They do not include 1) persons employed in township enterprises, 2) persons employed in private enterprises, 3) urban self-employed persons, 4) retirees, 5) re-employed retirees, 6) teachers in the schools run by the local people, 7) foreigners and persons from Hong Kong, Macao and Taiwan who work in urban units, and 8) other persons not to be included byrelevant regulations. (Data since 1998 refer to fully employed staff and workers. Other related statistics indicators,such as total wage bill and average wage are adjusted since 1998 accordingly).

State-owned Units refer to economic units whose assets are owned by the state, including non-corporation units registered according to Regulation of the People's Republic of China on the Registration of Enterprises and Corporations, state organs, institutions and social organizations at the central-level and local levels.

Collective-owned Units refer to economic units registered according to Regulation of the People's Republic of China on the Registration of Enterprises and Corporations where the means of production are collectively owned.

Units of Other Types of Ownership refer to units registered with other types of ownership, including cooperative units, joint ownership units, limited liability corporations, share holding corporations, units funded by entrepreneurs from Hong Kong, Macao, and Taiwan, and foreign- funded units.

Employed Staff and Workers refer to persons who work in, and receive wages from their working units,including persons who have their work posts but are temporarily absent from work for reasons of study or on sick,injury or maternal leave and still receive wages from their working units.

Total Wage Bill refers to the total remuneration payment to staff and workers in various units during a certain period of time. The calculation of total wage bill is based on the total remuneration payment to the staff and workers. Therefore, all the wages and salaries and other payments to staff and workers are included in the total wage bill regardless of sources, reckoning the cost of production or not, category, listing as items of premium taxation or not, and forms, paying in cash or in kind.**Average Wage** refers to the average wage in money terms per person during a certain period of time for staffand workers in enterprises, institutions, and government agencies, which reflects the general level of wage incomeduring a certain period of time and is calculated as follows:

$$\text{Average Wage} = \frac{\text{Total Wage Bill of Staff and Workers at Reference Time}}{\text{Average Number of Staff and Workers at Reference Time}}$$

Average Wage Indices refers to the ratio of average wage of staff and workers at the reference period to that at the base period, which reflects the change of wage of staff and workers at the different period. It is calculated as follows:

$$\text{Average Wage Indices} = \frac{\text{Average Wage of Staff and Workers at Reference Time}}{\text{Average Wage of Staff and Workers at Base Period}} \times 100\%$$

Average Real Wage Indices average real wage of staff and workers refers to the average wage of staff and workers after removing the effects of the price changes and average real wage indices of staff and workers refers to the change of real wage, which reflects the relative increasing or decreasing level of real wage of staff and workers,which is calculated as follows:

$$\text{Average Real Wage Indices} = \frac{\text{Average Wage Indices of Staff and Workers at the Reference Time}}{\text{Urban Consumer Price Indices at Reference Time} \times 100\%} \times 100\%$$

Earning refer to total remuneration payment to all employees in various units in urban areas (did not include urban private units and self-employed individuals) during a certain period of time, including staff and workers and other employees (i.e., reemployed retirees or those who are from Hong Kong, Macao, Taiwan province or other countries).

Average Earning refer to average earning level in money terms per employee in the enterprise, institution and government organ during a certain period of time, it is calculated as follows:

$$\text{Average Earning Of Employees} = \frac{\text{Total Earnings of Employees at Reference Period}}{\text{Average Number of Employees at Reference Period}}$$

Registered Unemployed Persons in Urban Areas refer to the persons with non-agricultural household registration at certain working ages (16 years old to retirement age), who are capable of working, unemployed and willing to work, and have been registered at the local employment service agencies to apply for a job.

Registered Unemployment Rate in Urban Areas refers to the ratio of the number of the registered unemployed persons to the sum of the number of persons employed in various units (minus the employed rural labour force, re-employed retirees, and Hong Kong, Macao, Taiwan or foreign employees), laid-off staff and workers in urban units, owners of private enterprises in urban areas, owners of self-employed individuals in urban areas, employees of private enterprises in urban areas, employee of self-employed individuals in urban areas, and the registered unemployed persons in urban areas. The formula is as follows:

$$\text{Registered unemployment rate in urban areas} = \frac{\text{number of registered urban unemployed persons}}{\text{number of persons employed in urban units- employed rural labour force unemployed persons in urban areas urban self - employed individuals registered of urban private enterprises employees of urban self - employed individuals employees urban private enterprises owners of laid - off staff and workers owners of Macao, Taiwan or foreign employees re - employed retirees - Hong Kong,}} \times 100\%$$

Chapter 16

十六、资源与环境
Resources and Environment

16-1 土地利用情况（2014 年）
Land Utilization(2014)

单位：万公顷 (10 000 hectares)

项 目	Item	2014	占总面积 (%) Proportion to Total Area (%)
土地调查面积	**Land Survey Area**	**3 831.89**	**100.0**
农用地	Agricultural Land	3 295.44	86.0
耕地	Cultivated Land	620.98	16.2
园地	Garden Plot	163.65	4.3
林地	Forest Land	2 302.65	60.1
牧草地	Grassland	14.75	0.4
其他农用地	Others	193.41	5.0
建设用地	Construction Land	104.40	2.7
居民点及工矿用地	Residential and Industrial Land	82.16	2.1
交通运输用地	Land for Transport	10.87	0.3
水利设施用地	Water Conservancy Facilities Land	11.36	0.3
未利用地	Unused Land	432.05	11.3

16-2 主要山峰高程

Height of Major Mountain Peaks

名 称	Mountain Range	标 高（米）Height of Mountain Peak (m)	所处州、市	Region
梅里雪山（卡瓦格博峰）	Meili Snow Mountains (Kagebo Peak)	6 740	迪 庆	Diqing
玉龙雪山（扇子陡峰）	Yulong Snow Mountains (Shanzi Peak)	5 596	丽 江	Lijiang
碧罗雪山	Biluo Snow Mountains	4 141	怒 江	Nujiang
点苍山（马龙峰）	Diancang Mountains (Malong Peak)	4 122	大 理	Dali
拱王山	Gongwang Mountains	3 677	昆 明	Kunming
大雪山	Daxue Mountains	3 504	临 沧	Lincang
高黎贡山	Gaoligong Mountains	3 374	保 山	Baoshan
无量山	Wuliang Mountains	3 291	大理、普洱	Dali, Pu'er
哀牢山	Ailao Mountains	2 940	普洱、玉溪、红河	Pu'er,Yuxi, Honghe
梁王山	Liangwang Mountains	2 833	曲 靖	Qujing
五莲峰	Wulian Mountains	2 561	昭 通	Zhaotong

注：全省最低点为河口县境内的南溪河与红河汇合处，海拔 76.4 米。
Note: The minimum height is that of 76.4 meters of the confluence of the Nanxi River and the Honghe River in Hekou county.

16-3 主要河流情况

Major Rivers

名 称	River	境内河长（千米） Internal Length (km)	集水面积（万平方千米） Catchments Area (10 000 sq.km)
金沙江	Jinsha River	1 560	10.56
澜沧江	Lancang River	1 227	8.86
元 江	Yuan River	680	3.75
南盘江	Nanpan River	677	4.33
怒 江	Nu River	618	3.34
瑞丽江	Ruili River	370	0.97
大盈江	Daying River	196	0.59

16-4 主要湖泊情况
Major Lakes

名 称	Lake	所属水系 River System	湖面面积（平方千米） Lake Area (sq . km)	最大水深（米） Maximum Depth(m)	平均水深（米） Average Depth(m)	平均水位（米） Average Water Level (m)	总容水量（亿立方米） Water Volume (100 million cu.m)
滇 池	Dianchi Lake	金沙江 Jinsha River	306.3	8	5	1 885	15.70
洱 海	Erhai Lake	澜沧江 Lancang River	250.0	23	10.5	1 974	30.00
抚仙湖	Fuxian Lake	南盘江 Nanpan River	212.0	151.5	87	1 720	185.00
程 海	Chenghai Lake	金沙江 Jinsha River	78.8	36.9	15	1 503	27.00
泸沽湖	Lugu Lake	金沙江 Jinsha River	51.8	73.2	40	2 685	20.72
星云湖	Xingyun Lake	南盘江 Nanpan River	39.0	12	9	1 723	2.30
杞麓湖	Qilu Lake	南盘江 Nanpan River	37.3	6.8	4	1 792	1.68
阳宗海	Yangzonghai Lake	南盘江 Nanpan River	31.0	30	20	1 770	6.02
异龙湖	Yilong Lake	泸 江 Lu River	31.0	6.6	2.8	1 413	1.27

16–5 各州市土地利用情况（2014）
Land Use by Region（2014）

单位：万公顷　　(10 000 hectares)

州　市	Region	土地调查面积 Area under Land Survey	农用地 Land for Agriculture Use	园　地 Garden Land	牧草地 Land Grazing and Pasture	建设用地 Land for Construction	居民点及工矿用地 Land for Inhabitation, Mining and Manufacturing	交通运输用地 Land for Transport	水利设施用　地 Land for Water Conservancy Facilities
全　省	**Yunnan**	**3831.89**	**3295.44**	**163.65**	**14.75**	**104.40**	**82.16**	**10.87**	**11.36**
昆　明	Kunming	210.13	162.02	5.22	0.30	15.52	12.75	1.71	1.07
曲　靖	Qujing	289.35	236.48	3.18	0.89	12.68	10.14	1.07	1.47
玉　溪	Yuxi	149.42	127.92	2.69	0.02	5.31	4.25	0.59	0.47
保　山	Baoshan	190.62	169.72	6.04	0.15	5.92	5.04	0.59	0.29
昭　通	Zhaotong	224.40	187.80	3.71	1.67	6.62	5.68	0.57	0.37
丽　江	Lijiang	205.54	172.74	1.71	1.80	3.38	2.75	0.40	0.23
普　洱	Pu'er	442.66	416.53	26.82	0.08	9.07	5.05	0.71	3.30
临　沧	Lincang	236.20	215.10	16.67	0.20	4.97	3.79	0.64	0.53
楚　雄	Chuxiong	284.38	242.40	3.77	0.00	7.42	5.58	0.80	1.04
红　河	Honghe	321.73	272.63	17.21	0.09	9.79	7.75	1.07	0.97
文　山	Wenshan	314.08	257.47	6.67	0.15	6.91	5.57	0.74	0.60
西双版纳	Xishuangbanna	190.96	179.82	56.22	0.01	3.13	2.65	0.29	0.20
大　理	Dali	282.99	249.18	9.34	0.22	7.87	6.39	0.92	0.56
德　宏	Dehong	111.72	103.16	3.98	0.04	3.59	3.05	0.35	0.19
怒　江	Nujiang	145.85	119.12	0.18	0.41	0.86	0.73	0.10	0.02
迪　庆	Diqing	231.86	183.35	0.25	8.71	1.36	0.99	0.33	0.04

注：本表为二次土地调查2014年土地变更调查数据，与2008年以前土地详查数据在土地分类标准、技术标准、调查手段和方法不一致。

Note: Data in this table are obtained from 2014 land changing survey of the second land survey.detailed land survey before 2008 in terms of land classification standard, technical standard and investigation methods.

16-6 各州市自然湿地面积
Area of Natural Wetlands by Region

州市	Region	天然湿地面积（万公顷）Area of Natural Wetlands (1 0 000 hectares)	河流 Rivers	湖泊 Lakes	沼泽 Marshland	占国土面积比重(%) Proportion to Total Territory Area (%)
全省	**Yunnan**	**39.25**	**24.18**	**11.85**	**3.22**	**1.47**
昆明	Kunming	4.62	1.23	3.36	0.03	2.88
曲靖	Qujing	1.65	1.45	0.17	0.03	1.16
玉溪	Yuxi	3.84	0.83	3.01	0.01	2.88
保山	Baoshan	1.65	1.61	0.03	0.01	1.33
昭通	Zhaotong	2.54	1.98	0.01	0.55	1.30
丽江	Lijiang	3.16	1.47	1.15	0.53	1.76
普洱	Pu'er	3.05	3.04	0.01		1.57
临沧	Lincang	1.29	1.28		0.01	1.23
楚雄	Chuxiong	2.07	2.04	0.01	0.01	1.10
红河	Honghe	2.06	1.34	0.59	0.13	1.11
文山	Wenshan	1.60	1.13	0.42	0.05	0.84
西双版纳	Xishuangbanna	1.24	1.24	0.01		0.95
大理	Dali	4.58	1.66	2.86	0.06	2.11
德宏	Dehong	1.52	1.38	0.03	0.11	1.98
怒江	Nujiang	1.42	1.30	0.03	0.09	0.99
迪庆	Diqing	2.96	1.20	0.16	1.60	1.28

16-7 造林面积情况

Area of Afforestation

单位：万公顷 (10 000 hectares)

年份 州市	Year Region	造林总面积 Total Area of Afforestation	按造林方式分 By Approach 人工造林 Manual Planting	飞机播种 Airplane Planting	按林种用途分 By Function of Forest 用材林 Timber Forests	经济林 By-product Forests	防护林 Protection Forests	薪炭林 Fuel Forests	特种用途林 Forests for Special Purpose
2001		33.50	27.98	5.52	8.92	10.45	13.82	0.22	0.09
2002		40.23	30.79	9.44	6.82	7.43	25.53	0.34	0.11
2003		49.51	43.14	6.37	8.37	9.10	31.85	0.10	0.09
2004		22.82	17.43	5.39	3.10	3.10	14.96	1.62	0.04
2005		20.79	16.36	4.43	3.48	3.93	13.25	0.13	
2006		15.80	13.62	2.18	3.02	9.18	3.57		0.03
2007		31.92	26.42		37.97	18.17	9.80	0.01	0.15
2008		56.61	50.77		4.16	40.81	11.55	0.01	0.09
2009		71.35	60.60		8.80	48.15	14.21	0.06	0.13
2010		66.15	59.69		7.16	48.15	10.61	0.11	0.12
2011		62.00	55.13		6.71	43.37	10.97	0.93	0.01
2012		54.45	49.54		5.37	40.49	8.44	0.12	0.03
2013		52.43	46.77		6.13	35.21	11.00	0.09	
2014		40.04	33.46		7.25	21.66	10.83	0.04	0.26
昆　明	Kunming	2.18	1.15			0.76	1.15	0.01	0.26
曲　靖	Qujing	3.13	2.51		0.29	1.28	1.56		
玉　溪	Yuxi	2.40	1.43		0.01	1.14	1.24	0.01	
保　山	Baoshan	2.03	2.03		0.30	1.62	0.10		
昭　通	Zhaotong	4.33	4.26		0.43	1.64	2.27		
丽　江	Lijiang	3.94	3.75		0.86	2.73	0.35		
普　洱	Pu'er	1.79	1.72		0.91	0.79	0.09		
临　沧	Lincang	5.41	4.42		1.02	3.23	1.16	0.01	
楚　雄	Chuxiong	2.05	1.88		0.01	1.85	0.19		
红　河	Honghe	2.91	2.43		1.59	1.06	0.27		
文　山	Wenshan	3.21	2.60		1.01	1.22	0.97		
西双版纳	Xishuangbanna	0.25	0.25		0.12	0.13			
大　理	Dali	2.04	1.50		0.06	1.48	0.49		
德　宏	Dehong	1.00	1.00		0.58	0.42			
怒　江	Nujiang	1.80	1.73		0.07	1.63	0.10		
迪　庆	Diqing	1.51	0.73			0.69	0.83		

16-8 水资源状况
Water Resources

年份 州市	Year Region	水资源总量（亿立方米） Total Amount of Water Resources (100 million cu.m)	地表水资源量 Surface Water Resources	地下水与地表水资源重复量 Duplicated Measurement Between Surface Water and Groundwater
2001		2 561.94	2 561.94	808.50
2002		2 308.87	2 308.87	763.60
2003		1 699.36	1 699.36	592.20
2004		2 106.30	2 106.30	719.80
2005		1 846.43	1 846.43	660.30
2006		1 712.00	1 712.00	615.00
2007		2 256.00	2 256.00	794.60
2008		2 314.49	2 314.49	801.60
2009		1 577.00	1 577.00	582.60
2010		1 941.00	1 941.00	686.00
2011		1 480.19	1 480.19	548.05
2012		1 689.77	1 689.77	583.20
2013		1 706.69	1 706.69	573.29
2014		1 726.63	1 726.63	557.39
昆　明	Kunming	49.64	49.64	16.23
曲　靖	Qujing	126.28	126.28	35.84
玉　溪	Yuxi	37.41	37.41	13.91
保　山	Baoshan	112.47	112.47	32.19
昭　通	Zhaotong	126.81	126.81	44.71
丽　江	Lijiang	56.52	56.52	19.20
普　洱	Pu'er	244.62	244.62	85.77
临　沧	Lincang	114.42	114.42	40.26
楚　雄	Chuxiong	41.42	41.42	9.28
红　河	Honghe	156.70	156.70	46.26
文　山	Wenshan	148.28	148.28	45.35
西双版纳	Xishuangbanna	89.13	89.13	31.59
大　理	Dali	68.45	68.45	22.86
德　宏	Dehong	111.32	111.32	39.31
怒　江	Nujiang	145.59	145.59	40.59
迪　庆	Diqing	97.58	97.58	34.04

16−9 各州市水资源及供、用水情况（2014 年）

Water Resource and Tap Water Supply and Use by Region (2014)

单位：亿立方米 (100 million cu.m)

州 市	Region	水资源总量 Total Amount of Water Resources	供水总量 Total Volume of Water Supply	用水总量 Total Volume of Water Use	农 业 For Agriculture Use	工 业 For Industry Use	生 活 For Residential Use	生 态 For Entironment Use
全 省	**Yunnan**	**1726.63**	**149.40**	**149.40**	**103.30**	**24.59**	**19.51**	**2.02**
昆 明	Kunming	49.64	18.30	18.30	7.87	5.69	4.16	0.58
曲 靖	Qujing	126.28	13.78	13.78	7.89	3.69	2.15	0.06
玉 溪	Yuxi	37.41	8.18	8.18	5.08	1.89	1.08	0.13
保 山	Baoshan	112.47	10.76	10.76	8.34	1.40	0.99	0.03
昭 通	Zhaotong	126.81	8.92	8.92	5.58	1.69	1.60	0.05
丽 江	Lijiang	56.52	5.94	5.94	4.70	0.63	0.44	0.17
普 洱	Pu'er	244.62	12.10	12.10	9.97	0.92	1.09	0.12
临 沧	Lincang	114.42	9.85	9.85	8.07	0.83	0.91	0.04
楚 雄	Chuxiong	41.42	9.10	9.10	7.13	0.97	0.90	0.09
红 河	Honghe	156.70	14.59	14.59	10.07	2.37	2.01	0.15
文 山	Wenshan	148.28	9.13	9.13	6.50	1.13	1.24	0.26
西双版纳	Xishuangbanna	89.13	5.59	5.59	4.55	0.48	0.49	0.07
大 理	Dali	68.45	12.83	12.83	9.08	2.07	1.52	0.15
德 宏	Dehong	111.32	7.14	7.14	6.05	0.44	0.59	0.06
怒 江	Nujiang	145.59	1.72	1.72	1.35	0.17	0.17	0.03
迪 庆	Diqing	97.58	1.50	1.50	1.07	0.23	0.20	

16-10 各州市城市人口和建设用地情况(2014年)

Basic Statistics on Urban Population and Land Use for Construction by Region(2014)

城 市	City	城区人口（万人）Number of Urban Population (10 000 persons)	城区面积（平方公里）City Area (sq.km)	建成区面积 Of Which Developed Area	绿化覆盖面积（平方公里）Coverage Area of Greenery and Plants (sq.km)	建成区面积 Of Which Developed Area	人均公园绿地面积（平方米）Per Capita Public Park Area (sq.km)	建成区绿化覆盖率(%) Percentage of Coverage by Greenery and Plants in Developed Area (%)
全 省	**Yunnan**	**1 322.96**	**4 524.93**	**1 714.27**	**674.75**	**580.94**	**9.66**	**33.89**
昆 明	Kunming	447.02	2 295.00	524.62	232.42	209.79	10.72	39.89
曲 靖	Qujing	152.23	210.89	183.15	74.80	66.77	9.29	36.46
玉 溪	Yuxi	61.38	223.68	71.65	28.30	26.18	9.89	36.53
保 山	Baoshan	59.84	161.23	73.80	27.41	25.89	7.82	35.08
昭 通	Zhaotong	91.81	183.13	109.78	27.57	21.14	4.20	19.26
丽 江	Lijiang	25.34	54.60	45.32	16.23	15.03	18.92	33.16
普 洱	Pu'er	51.93	126.13	69.93	24.10	21.37	9.16	30.56
临 沧	Lincang	58.15	106.71	61.27	21.51	20.44	8.54	33.36
楚 雄	Chuxiong	61.51	201.00	93.55	41.74	31.77	12.70	33.96
红 河	Honghe	118.67	212.12	143.66	77.21	50.43	10.20	35.10
文 山	Wenshan	54.63	117.00	83.57	20.37	14.98	7.32	17.93
西双版纳	Xishuangbanna	19.94	197.93	40.51	17.98	17.96	13.03	44.34
大 理	Dali	67.94	210.00	102.52	31.95	31.03	7.63	30.27
德 宏	Dehong	31.33	135.50	62.60	24.33	21.37	10.77	34.14
怒 江	Nujiang	10.35	26.54	16.31	5.38	3.79	8.24	23.24
迪 庆	Diqing	10.89	63.47	32.03	3.45	3.00	5.93	9.35

16-11 废水、废气、固体废物排放情况

Waste Water, Waste Gas and Solid Waste Discharged

单位：万吨 (10 000 tons)

年 份 州 市	Year Region	废水排放总量 Total Volume of Waste Water Discharged	生活污水排放量 Consumption Waste Water Discharged	化学需氧量(COD)排放量 COD Discharge	生活污水中COD排放量 COD Discharge from Consumption Waste Water	二氧化硫(SO_2)排放量 Volume of Sulphur Dioxide Emission	工业SO_2排放量 Volume of Industry Sulphur Dioxide Emission	工业固体废物排放量 Volume of Industrial Solid Wastes Discharged	工业固体废物处置率(%) Ratio of Industrial Solid Wastes Utilized
2001		64 152.34	31 439.00	30.89	16.64	35.75	29.44	295.80	15.87
2002		66 271.02	32 575.00	30.10	18.07	36.41	29.31	231.81	10.50
2003		68 180.80	33 526.00	28.52	19.24	45.26	38.07	121.67	21.41
2004		78 302.56	39 901.00	29.02	19.26	47.75	39.99	55.10	22.27
2005		75 202.45	42 274.00	28.47	17.78	52.19	42.89	70.66	35.14
2006		80 478.36	46 192.41	29.37	18.80	55.10	45.62	99.56	33.72
2007		83 758.94	48 406.66	29.00	19.21	53.37	44.54	82.66	33.03
2008		83 864.57	50 869.04	28.05	18.86	50.17	41.99	39.42	30.84
2009		87 590.64	55 215.43	27.31	18.78	49.93	41.78	60.65	29.69
2010		91 992.68	61 066.20	26.83	17.90	50.07	43.96	36.31	30.99
2011		147 523.10	100 208.27	55.47	29.35	69.12	64.25	168.70	28.60
2012		154 008.29	111 088.18	54.86	29.17	67.22	62.26	43.14	381.74
2013		156 583.28	114 635.37	54.72	29.44	66.31	61.30	48.86	29.90
2014		157 544.15	116 905.20	53.38	28.69	63.67	58.26	6.73	31.91
昆 明	Kunming	48 274.86	44 519.74	3.06	1.42	6.63	6.15		61.51
曲 靖	Qujing	14 509.41	12 203.84	6.81	4.62	16.58	15.69	0.01	4.88
玉 溪	Yuxi	10 597.95	5 131.91	3.12	1.34	4.78	4.68	2.57	61.16
保 山	Baoshan	11 540.55	3 594.20	3.72	1.65	1.65	1.53		17.40
昭 通	Zhaotong	6 508.72	5 006.09	2.78	2.24	5.05	2.80		58.14
丽 江	Lijiang	2 977.92	2 683.00	0.62	0.36	0.71	0.68		1.52
普 洱	Pu'er	7 588.55	5 209.95	3.87	2.01	0.92	0.84		48.63
临 沧	Lincang	8 176.28	4 481.66	5.07	1.83	2.76	2.72		19.03
楚 雄	Chuxiong	6 870.22	4 927.90	2.65	1.91	2.43	2.10	0.01	1.46
红 河	Honghe	10 584.54	7 780.80	6.09	3.58	14.64	14.41		20.91
文 山	Wenshan	8 459.40	6 235.03	3.38	2.33	1.07	0.75	1.60	1.80
西双版纳	Xishuangbanna	3 967.45	2 642.79	3.16	0.95	0.37	0.34	0.98	45.21
大 理	Dali	7 579.94	6 157.18	4.17	2.85	1.44	1.15	0.04	16.94
德 宏	Dehong	4 280.43	2 582.32	2.91	1.00	0.77	0.69		8.43
怒 江	Nujiang	916.66	740.06	0.46	0.34	0.65	0.62	0.96	2.93
迪 庆	Diqing	910.04	699.76	0.57	0.15	0.08	0.04	0.56	55.90

16-12 各州市工业废水排放及处理情况(2014年)
Discharge and Disposal of Industrial Waste Water by Region (2014)

州 市 Region	工业用水总量（亿吨） Total Consumption of Water for Industrial Use (100 million tons)	工业用水重复利用率 (%) Recycling Rate of Water for Industrial Use (%)	工业废水排放总量（亿吨） Total Volume of Industrial Waste Water Discharged (100 million tons)
全 省 Yunnan	**75.43**	**89.9**	**4.04**
昆 明 Kunming	12.88	91.6	0.37
曲 靖 Qujing	21.05	95.4	0.23
玉 溪 Yuxi	3.07	81.8	0.55
保 山 Baoshan	2.17	39.8	0.79
昭 通 Zhaotong	6.13	95.4	0.15
丽 江 Lijiang	0.10	42.3	0.03
普 洱 Pu'er	0.70	60.9	0.24
临 沧 Lincang	0.93	60.9	0.37
楚 雄 Chuxiong	4.49	93.5	0.19
红 河 Honghe	13.38	93.2	0.28
文 山 Wenshan	1.20	74.6	0.21
西双版纳 Xishuangbanna	0.40	64.1	0.13
大 理 Dali	0.45	52.4	0.14
德 宏 Dehong	0.53	58.7	0.17
怒 江 Nujiang	0.34	83.6	0.02
迪 庆 Diqing	0.10	56.8	0.02

16−13 各州市工业废气排放及处理能力情况（2014 年）

Emission and Disposal Capacity of Industrial Waste Gas by Region (2014)

州　市	Region	工业废气处理设施数（套）Number of Facilities for Disposal of Industrial Waste Gas (set)	工业废气治理设施处理能力（万标立方米／时）Capacity of Facilities for Disposal of Industrial Waste Gas (10 000 cu.m/h)	工业废气排放总量（亿标立方米）Total Volume of Industrial Waste Gas Emitted (10 000 cu.m)
全　省	**Yunnan**	**7 809**	**40 984**	**16 664.09**
昆　明	Kunming	1 243	5 299	1 823.06
曲　靖	Qujing	1 004	11 059	3 809.43
玉　溪	Yuxi	1 082	2 498	2 242.11
保　山	Baoshan	410	933	717.96
昭　通	Zhaotong	319	1 719	613.29
丽　江	Lijiang	154	835	229.26
普　洱	Pu'er	333	1 150	586.87
临　沧	Lincang	305	691	216.00
楚　雄	Chuxiong	283	1 205	415.78
红　河	Honghe	1 016	5 004	2 312.87
文　山	Wenshan	350	1 431	542.94
西双版纳	Xishuangbanna	58	130	66.31
大　理	Dali	574	2 872	965.12
德　宏	Dehong	172	3 034	352.72
怒　江	Nujiang	28	206	28.60
迪　庆	Diqing	56	197	70.04

16-14 各州市工业固体废物排放及处理利用情况（2014 年）

Discharge, Disposal and Recycling of Industrial Solid Wastes by Region (2014)

单位：万吨 (10 000 tons)

州 市	Region	工业固体废物产生量 Volume of Industrial Solid Wastes Produced	工业固体废物综合利用量 Volume of Industrial Solid Wastes Utilized	工业固体废物综合利用率 (%) Rate of Industrial Solid Wastes Utilized (%)	工业固体废物贮存量 Volume of Industrial Solid Wastes Stored	工业固体废物处置量 Volume of Industrial Solid Wastes Disposal	处置往年贮存量 Volume of Previously Stored Industrial Solid Wastes Disposal	工业固体废物排放量 Volume of Industrial Solid Wastes Discharged
全 省	**Yunnan**	**14 481**	**7 216**	**49**	**2 826.08**	**4 633**	**39**	**7**
昆 明	Kunming	2 152	801	37	39.57	1 331	12	
曲 靖	Qujing	1 916	1 448	75	393.66	94	2	0
玉 溪	Yuxi	2 359	852	36	74.13	1 454	19	3
保 山	Baoshan	397	304	77	23.80	69		
昭 通	Zhaotong	263	110	42		153	0	0
丽 江	Lijiang	91	141	89	15.97	1	0	
普 洱	Pu'er	339	147	43	27.13	165		
临 沧	Lincang	347	277	75	28.90	66	2	
楚 雄	Chuxiong	432	296	68	129.96	6		0
红 河	Honghe	2 483	1 011	40	987.13	519	0	
文 山	Wenshan	950	442	46	493.59	17	2	2
西双版纳	Xishuangbanna	872	477	55		394		1
大 理	Dali	292	220	75	22.63	50	0	0
德 宏	Dehong	167	147	87	7.21	14		0
怒 江	Nujiang	129	8	6	119.58	4	2	1
迪 庆	Diqing	197	19	10	68.61	111	1	1

16-15 各州市城市污水排放和处理情况(2014年)

Discharge and Disposal of City Sewage by Region (2014)

州 市	Region	城市污水排放量(万立方米) Total Volume of City Sewage Discharged (10 000 cu.m)	污水处理总量(万立方米) Total Volume of Sewage Disposal (10 000 cu.m)	污水厂污水处理量 Volume of Sewage Disposal by Sewage Disposal Plants	污水再生利用量(万立方米) Volume of Utilized by Sewage regenerated (10 000 cu.m)	城市污水处理率(%) Ratio of City Sewage Disposal (%)	污水处理厂集中处理率(%) Ratio of Centralized Disposal by Sewage Disposal Plants (%)
全 省	**Yunnan**	**107 337**	**93 070**	**91 075**	**30 338**	**86.71**	**84.85**
昆 明	Kunming	51 370	48 214	46 219	29 777	94.10	90.15
曲 靖	Qujing	8 361	7 121	7 121	210	85.17	85.17
玉 溪	Yuxi	5 337	4 282	4 282		80.23	80.23
保 山	Baoshan	3 804	3 249	3 249		85.41	85.41
昭 通	Zhaotong	4 436	3 108	3 108	94	70.06	70.06
丽 江	Lijiang	2 619	2 230	2 230	33	85.15	85.15
普 洱	Pu'er	2 638	2 046	2 046		77.56	77.56
临 沧	Lincang	3 280	2 742	2 742		83.60	83.60
楚 雄	Chuxiong	4 420	3 660	3 660		82.81	82.81
红 河	Honghe	8 115	6 343	6 343	77	78.16	78.16
文 山	Wenshan	3 372	2 711	2 711	22	80.40	80.40
西双版纳	Xishuangbanna	2 343	1 828	1 828		78.02	78.02
大 理	Dali	4 326	3 539	3 539		81.81	81.81
德 宏	Dehong	1 899	1 527	1 527		80.41	80.41
怒 江	Nujiang	701	253	253		36.09	36.09
迪 庆	Diqing	316	217	217	125	68.67	68.67

16-16 主要城市空气质量指标(2014年)

The Indicators of Air Quality By Main Cities and Towns (2014)

单位：毫克／立方米 (mg/m3)

城市	City	可吸入颗粒物 (PM10) Particulate Matters	二氧化硫 (SO_2) Sulphur Dioxide	二氧化氮 (NO_2) Nitrogen Dioxide	空气质量达到及好于二级的天数(天) Days of Air Quality Equal to and Above Grade Ⅱ	空气综合污染指数 Index of Wastes Air Pollution
昆明市	Kunming	0.070	0.020	0.036	354	4.32
曲靖市	Qujing	0.058	0.027	0.021	355	4.02
玉溪市	Yuxi	0.053	0.029	0.022	358	4.30
保山市	Baoshan	0.062	0.017	0.016	360	1.06
昭通市	Zhaotong	0.040	0.036	0.027	348	1.34
丽江市	Lijiang	0.043	0.005	0.016	363	0.70
普洱市	Pu'er	0.043	0.015	0.009	358	0.78
临沧市	Lincang	0.052	0.007	0.020	329	0.89
楚雄市	Chuxiong	0.042	0.033	0.010	364	1.08
个旧市	Gejiu	0.049	0.053	0.015	327	1.56
开远市	Kaiyuan	0.068	0.115	0.023	319	2.88
蒙自市城	Mengzi	0.047	0.026	0.013	354	1.07
文山市城	Wenshan	0.051	0.018	0.015	360	1.00
景洪市	Jinghong	0.072	0.007	0.022	334	1.10
大理市	Dali	0.032	0.013	0.013	360	0.68
芒　市	Mangshi	0.055	0.010	0.007	353	0.79
六库镇	Liuku	0.044	0.005	0.005	363	0.61
香格里拉县城	Shangri-la	0.024	0.012	0.012	290	0.54

16-17 主要城市区域环境噪声源构成情况（2014 年）

Composition of Environmental Noise Source By Major Cities and Towns (2014)

单位：分贝 (dB)

城市	City	等效声级 Average Equivalent Sound Level of Environmentalt Noise	交通噪声 Average Equivalent Sound Level of Traffic Noise	工业噪声 Average Equivalent Sound Level of Industrial Noise	施工噪声 Average Equivalent Sound Level of Construction Noise	生活噪声 Average Equivalent Sound Level of Residental Noise	其他 Others
全省	**Yunnan**	**53.2**	**28.7**	**5.0**	**4.7**	**54.3**	**7.2**
昆明市	Kunming	53.8	31.6	5.7	5.7	53.5	3.5
曲靖市	Qujing	51.5	31.7	9.8	5.7	35.8	17.1
玉溪市	Yuxi	54.9	20.2	7.7	3.8	53.8	14.4
保山市	Baoshan	56.0	29.8	1.0		51.9	17.3
昭通市	Zhaotong	57.8	47.2	1.9	1.9	49.1	
普洱市	Pu'er	53.0	4.9	2.4		76.4	16.3
楚雄市	Chuxiong	48.1	20.8		5.9	70.3	3.0
个旧市	Gejiu	53.3	26.0	5.0	7.0	62.0	
开远市	Kaiyuan	48.9	27.9	2.2	7.4	52.2	10.3
景洪市	Jinghong	51.4	37.0		4.8	37.0	21.2
大理市	Dali	53.5	39.2	7.8	8.8	44.1	
芒市	Mangshi	51.7	1.7		1.7	96.6	
文山市	Wenshan	56.2	43.8		5.7	32.4	18.1
丽江市	Lijiang	53.1	11.4		3.0	72.0	13.6
宣威市	Xuanwei	51.3	11.7	11.7	0.8	75.8	
临沧市	Lincang	54.9	37.3	6.9	1.0	32.4	22.5
瑞丽市	Ruili	54.9	20.9	5.5	3.6	70.0	
六库县城	Liuku	53.7	17.4			82.6	

注：统计范围是州、市所在地监测城市。

Note: Statistical coverage is the monitored cities of prefectures and cities.

主要统计指标解释

自然资源 指人类可以直接从自然界获得，并用于生产和生活的物质资源。自然资源一般可以分为可再生资源和非再生资源两大类。可再生资源指在较短时间内可以再生、可以循环利用的资源，包括土地资源、水资源、气候资源、生物资源和海洋资源等。非再生资源指在使用后不能再生的资源，包括矿产资源和地热能源。

土地资源 土地指陆地的表层部分，它主要由岩石、岩石的风化物和土壤构成。土地资源按利用类型可以分为农用地、建筑用地和未利用地。农用地包括耕地、园地、林地、牧草地和水面。建筑用地包括居民点及工矿用地、交通用地和水利设施用地。未利用地指农用地和建筑用地以外的土地，包括滩涂、荒漠、戈壁、冰川和石山等。

耕地面积 指经过开垦用以种植农作物并经常进行耕耘的土地面积。包括种有作物的土地面积、休闲地、新开荒地和抛荒未满三年的土地面积。

林业用地面积 指生长乔木、竹类、灌木、沿海红树林等林木的土地面积，包括有林地、灌木林、疏林地、未成林造林地、迹地、苗圃等。

牧草地面积 指牧区和农区用于放牧牲畜或割草，植被覆盖度在 5% 以上的草原、草坡、草山等面积。包括天然的和人工种植或改良的草地面积。

森林资源 指森林、林木、林地以及依托森林、林木、林地生存的野生动物、植物和微生物。林木指树木和竹子。森林指以乔木为主体的植物群落，是集生的乔木及与共同作用的植物、动物、微生物和土壤、气候等的总体。

森林面积 指由乔木树种构成，郁闭度 0.2 以上（含 0.2）的林地或冠幅宽度 10 米以上的林带的面积，即有林地面积。森林面积包括天然起源和人工起源的针叶林面积、阔叶林面积、针阔混交林面积和竹林面积，不包括灌木林地面积和疏林地面积。

森林覆盖率 指一个国家或地区森林面积占土地总面积的百分比。森林覆盖率是反映森林资源的丰富程度和生态平衡状况的重要指标。在计算森林覆盖率时，森林面积包括郁闭度 0.2 以上的乔木林地面积和竹林地面积，国家特别规定的灌木林地面积、农田林网以及“四旁”（村旁、路旁、水旁、宅旁）林木的覆盖面积。计算公式为：

$$\text{森林覆盖率} = \frac{\text{森林面积}}{\text{土地总面积}} \times 100\%$$

活立木总蓄积量 指一定范围内土地上全部树木蓄积的总量，包括森林蓄积、疏林蓄积、散生木蓄积和“四旁”树蓄积。

森林蓄积量 指一定森林面积上存在着的林木树干部分的总材积。它是反映一个国家或地区森林资源总规模和水平的基本指标之一，也是反映森林资源的丰富程度、衡量森林生态环境优劣的重要依据。

气候 指地球与大气之间长期能量交换与质量交换所形成的一种自然环境状态，它是多种因素综合作用的结果。气候既是人类生活和生产的环境要素之一，又是供给人类生活和生产的重要资源。气温、降水、湿度等气象要素的多年平均值是用来描述一个地区气候状况的主要参数，而各种气象要素某年、某月的平均值（或总量）则可以反映出该时期天气气候状况的重要特征。

气温 指空气的温度，我国一般以摄氏度（℃）为单位表示。气象观测的温度表是放在离地面约 1.5 米处，通风良好的百叶箱里测量的，因此，通常说的气温指的是离地面 1.5 米处百叶箱中的温度。其统计计算方法为：

月平均气温是将全月各日的平均气温相加，除以该月的天数而得。

年平均气温是将12个月的月平均气温累加后除以12而得。

降水量 指从天空降落到地面的液态或固态（经融化后）水，未经蒸发、渗透、流失而在地面上积聚的深度。其统计计算方法为：

月降水量是将全月各日的降水量累加而得。

年降水量是将12个月的月降水量累加而得。

土地调查面积 指行政区域内的土地调查总面积，包括农用地、建设用地和未利用地。

农用地 指直接用于农业生产的土地，包括耕地、园地、林地、牧草地及其他农用地。

湿地 指天然或人工、长久或暂时性的沼泽地、泥炭地或水域地带，包括静止或流动、淡水、半咸水、咸水体，低潮时水深不超过6米的水域以及海岸地带地区的珊瑚滩和海草床、滩涂、红树林、河口、河流、淡水沼泽、沼泽森林、湖泊、盐沼及盐湖。

造林总面积 指报告期内在荒山、荒地、沙丘、退耕地等一切可以造林的土地上，采用人工播种、飞机播种、植苗造林、分植造林等方法新植成片乔木林和灌木林，经过检查验收符合《造林技术规程》要求的单位面积株数，并按《中华人民共和国森林法实施条例》规定，成活率达85%以上（含85%，年降雨量在400毫米以下且无浇灌条件的地区造林成活率达70%以上）的总面积。“四旁”植树如一侧在四行以上，连片面积0.066公顷（一亩）以上，应统计在造林面积内。造林面积，通常按所有制（国有、国有集体合作、集体和个人）、造林方式（人工、飞机播种）、主要林种用途（用材林、经济林、防护林、薪炭林、特种用途林）分组进行统计。

人工造林 指在宜林荒山荒地、宜林沙荒地、无立木林地、疏林地和退耕地等其他宜林地上通过播种、植苗和分植来提高森林植被覆被率的技术措施。

飞机播种 通过飞机播种，为宜林荒山荒地、宜林沙荒地、其他宜林地、疏林地补充适量的种源，并辅以适当的人工措施，在自然力的作用下使其形成森林或灌草植被，提高森林植被覆被率的技术措施。

用材林 指以生产木材为主要目的的森林和林木，包括以生产竹材为主要目的的竹林。

经济林 指以生产果品，食用油料、饮料、调料，工业原料和药材为主要目的的林木。经济林是人们为了取得林木的果实、叶片、皮层、胶液等产品作为工业原料或者供食用所营造的林木，如油茶、油桐、核桃、樟树、花椒、茶、桑、果等。

防护林 指以防护为主要目的的森林、林木和灌木丛。包括水源涵养林，水土保持林，防风固沙林，农田、牧场防护林，护岸林，护路林等。

薪炭林 指以生产燃料为主要目的的林木。

特种用途林 指以国防、环境保护、科学实验等为主要目的的森林和林木。包括国防林、实验林、母树林、环境保护林、风景林，名胜古迹和革命纪念地的林木，自然保护区的森林。

水资源总量 指评价区内降水形成的地表和地下产水总量，即地表产流量与降水入渗补给地下水量之和，不包括过境水量。

地表水资源量 指评价区内河流、湖泊、冰川等地表水体中可以逐年更新的动态水量，即当地天然河川径流量。

地下水资源量 指评价区内降水和地表水对饱水岩土层的补给量，包括降水入渗补给量和河道、湖库、渠系、渠灌田间等地表水体的入渗补给量。

地表水与地下水资源重复量 指地表水和地下水相互转化的部分，即天然河川径流量中的地下水排泄量和地下水补给量中来源于地表水的入渗补给量。

供水总量 指各种水源工程为用户提供的包括输水损失在内的毛供水量之和，不包括海水直接利用量。

用水总量 指分配给各类用户的包括输水损失在内的毛用水量之和，不包括海水直接利用量。

农业用水 指农田灌溉用水、林果地灌溉用水、草地灌溉用水和鱼塘补水。

工业用水 指工矿企业在生产过程中用于制造、加工、冷却、空调、净化、洗涤等方面的用水，按新水取用量计，不包括企业内部的重复利用水量。

生活用水 包括城镇生活用水和农村生活用水。城镇生活用水由居民用水和公共用水（含第三产业及建筑业等用水）组成；农村生活用水除居民生活用水外，还包括牲畜用水在内。

生态用水 仅包括人为措施供给的城镇环境用水和部分河湖、湿地补水，而不包括降水、径流自然满足的水量。

工业废水排放量 指经过企业厂区所有排放口排到企业外部的工业废水量。包括生产废水、外排的直接冷却水、超标排放的矿井地下水和与工业废水混排的厂区生活污水，不包括外排的间接冷却水（清污不分流的间接冷却水应计算在内）。

工业废水排放达标量 指报告期内废水中各项污染物指标都达到国家或地方排放标准的外排工业废水量，包括未经处理外排达标的，经废水处理设施处理后达标排放的，以及经污水处理厂处理后达标排放的。

工业废水排放达标率 指工业废水排放达标量占工业废水排放量的百分率，计算公式为：

$$\text{工业废水排放达标率}=\frac{\text{工业废水排放达标量}}{\text{工业废水排放量}}\times 100\%$$

化学需氧量(COD) 指用化学氧化剂氧化水中有机污染物时所需的氧量。COD值越高，表示水中有机污染物污染越重。

生活污水中化学需氧量(COD)排放量 指城镇居民每年排放的生活污水中的COD的量。用人均系数法测算。测算公式为：

$$\begin{matrix}\text{城镇生活污水}\\\text{中排放量}\end{matrix}=\begin{matrix}\text{城镇生活污水中}\\\text{COD 产生系数}\end{matrix}\times\begin{matrix}\text{市镇非}\\\text{农业人口}\end{matrix}\times 365$$

工业废气排放量 指报告期内企业厂区内燃料燃烧和生产工艺过程中产生的各种排入大气的含有污染物的气体的总量，以标准状态(273K，101325Pa)计算。测算公式为：

$$\begin{matrix}\text{工业废气}\\\text{排放量}\end{matrix}=\begin{matrix}\text{燃料燃烧过程}\\\text{中废气排放量}\end{matrix}+\begin{matrix}\text{生产工艺过程}\\\text{中废气排放量}\end{matrix}$$

二氧化硫排放量 指报告期内工业SO_2排放量与生活SO_2排放量之和。

工业SO_2排放量 指报告期内企业在燃料燃烧和生产工艺过程中排入大气的SO_2总量，计算公式为：

$$\begin{matrix}\text{工业 }SO_2\\\text{排放量}\end{matrix}=\begin{matrix}\text{燃料燃烧过程}\\\text{中废气排放量}\end{matrix}+\begin{matrix}\text{生产工艺过程}\\\text{中废气排放量}\end{matrix}$$

工业SO_2排放达标量 指排入大气的达到排放标准的工业二氧化硫量。

工业SO_2排放达标率 指工业SO_2排放达标量占工业SO_2排放量的百分率。计算公式为：

$$\begin{matrix}\text{工业 }SO_2\\\text{排放达标率}\end{matrix}=\frac{\text{工业 }SO_2\text{ 排放达标量}}{\text{工业 }SO_2\text{ 排放量}}\times 100\%$$

工业固体废物产生量 工业固体废物产生量 指报告期内企业在生产过程中产生的固体状、半固体状和高浓度液体状废弃物的总量，包括危险废物、冶炼废渣、粉煤灰、炉渣、煤矸石、尾矿、放射性废物和其他废物等；不包括矿山开采的剥离废石和掘进废石（煤矸石和呈酸性或碱性的废石除外）。酸性或碱性废石指采掘的废石其流经水、雨淋水的 pH 值小于 4 或 pH 值大于 10.5 者。

工业固体废物排放量 指报告期内企业将所产生的固体废物排到固体废物污染防治设施、场所以外的数量，不包括矿山开采的剥离废石和掘进废石（煤矸石和呈酸性或碱性的废石除外）。

工业固体废物综合利用量 指报告期内企业通过回收、加工、循环、交换等方式，从固体废物中提取或者使其转化为可以利用的资源、能源和其他原材料的固体废物量（包括当年利用往年的工业固体废物贮存量），如用作农业肥料、生产建筑材料、筑路等。综合利用量由原产生固体废物的单位统计。

工业固体废物综合利用率 指工业固体废物综合利用量占工业固体废物产生量（包括综合利用往年贮存量）的百分率。计算公式为：

$$\text{工业固体废物综合利用率}=\frac{\text{工业固体废物综合利用量}}{\text{工业固体废物产生量}\ \text{综合利用往年贮存量}}\times 100\%$$

工业固体废物贮存量 指报告期内企业以综合利用或处置为目的，将固体废物暂时贮存或堆存在专设的贮存设施或专设的集中堆存场所内的数量。专设的固体废物贮存场所或贮存设施必须有防扩散、防流失、防渗漏、防止污染大气、水体的措施。

工业固体废物处置量 指报告期内企业将固体废物焚烧或者最终置于符合环境保护规定要求的场所，并不再回取的工业固体废物量（包括当年处置往年的工业固体废物贮存量）。处置方式有填埋（其中危险废物应安全填埋）、焚烧、专业贮存场（库）封场处理、深层灌注、回填矿井及海洋处置（经海洋管理部门同意投海处置）等。

“三废”综合利用产品产值 指报告期内利用“三废” 作为主要原料生产的产品价值（现行价）；已经销售或准备销售的应计算产品价值，留作生产自用的不应计算产品价值。

城区面积 城区面积包括：（1）街道办事处所辖地域；（2）城市公共设施、居住设施和市政公用设施等连接到的其他镇（乡）地域；（3）常住人口在 3000 人以上独立的工矿区、开发区、科研单位、大专院校等特殊区域。

城市建成区面积 指城市行政区内实际已成片开发建设、市政公用设施和公共设施基本具备的区域。对于核心城市来说，它包括核心区域和多个分散区域；对于一城多镇的城市来说，它包括若干个连片开发起来的区域。一般是指建成区外轮廓线所能包括的地区，也就是这个城市实际建设用地所达到的范围。

城区人口 指划定的城区范围的人口数。按公安部门的户籍人口统计为准。城市污水排放量 指城市生活污水、工业废水的排放总量，包括从排水管道和排水沟（渠）排出的污水量。

城市污水处理量 指城市污水处理厂和处理装置实际处理的污水量。包括物理处理量、生物处理量和化学处理量。

城市污水集中处理率 指城市污水处理厂处理的污水量与城市污水排放总量的比率。计算公式：

$$\text{城市污水处理率}=\frac{\text{城市污水处理厂污水处理量}}{\text{城市污水排放总量}}\times 100\%$$

人均公园绿地面积 指报告期末区域内城市人口平均每人拥有的公园绿地面积。人口数采用年底人口数。其中公园绿地指城市中向公众开放的、以游憩为主要功能，有一定的游憩设施和服务设施，同时兼有健全生态、美化景观、防灾减灾等综合作用的绿化用地。计算公式为：

$$人均公园绿地面积 = \frac{公园绿地面积}{城市人口数} \times 100\%$$

建成区绿化覆盖率 指报告期末建成区内绿化覆盖面积与建成区面积的比率。计算公式为：

$$建成区绿化覆盖率 = \frac{建成区内绿化覆盖面积}{建成区面积} \times 100\%$$

其中，绿化覆盖面积指城市中的乔木、灌木、草坪等所有植被的垂直投影面积。包括公共绿地、居住区绿地、单位附属绿地、防护绿地、生产绿地、道路绿地、风景林地的绿化种植覆盖面积、屋顶绿化覆盖面积以及零散树木的覆盖面积。乔木树冠下重叠的灌木和草本植物不能重复计算。

Explanatory Notes on Principle Statistical Indicators

Natural Resources refer to material resources that could be obtained from the nature by human being and used for production and living. Natural resources in general can be classified as renewable resources and non-renewable resources. Renewable resources refer to resources that could be renewed and recycled during a relatively short period of time, including land resource, water resource, climate resource, biology resource and marine resource. Non-renewable resources include resources that could not be renewed, such as minerals and geothermal resource.

Land Resource Land refers to the surface of the earth, consisting of mainly rocks and its weathering and earth. Land resource can be classified, by its utilization, as land for agriculture, land for construction and unused land. Land for agriculture includes cultivated land, plantation land, forestland, grassland and waters. Land for construction includes land for residential purpose, for manufacturing and mining, for transportation and for water-conservancy projects. Unused land refers to land other than land for agriculture and construction, including beaches, deserts, Gobi, glaciers and rock mountains.

Area of Cultivated Land refers to area of land reclaimed for the regular cultivation of various farm crops, including crop-cover land, fallow, newly reclaimed land and land laid idle for less than 3 years.

Area of Afforested Land refers to area for land for trees bamboo, bushes and mangrove, including forest-covered land, bush-covered land, sparse forest land, land planned for a forestation and nurseries of young trees.

Area of Pasture refers to area of grassland, grass-slopes and grass-covered hills with a vegetation-covering rate of over 5% that are used for animal husbandry or harvesting of grass. It includes natural, cultivated and improved grassland areas.

Forest Resource refers to forests, trees, forestland and wild animals, plants and microorganism that live on forest and trees. Trees include trees and bamboo. Forest refers to the population of clusters of trees and other plants, animals and microorganism as well as the earth and climate that have interactions with the trees.

Forest Area refers to the area of forest where trees and bamboo grow with canopy density above 0.2, including land of natural woods and planted woods, but excluding bush land and thin forest land. It reflects the total areas of afforestation.

Forest Coverage Rate refers to the ratio of area of afforested land to total land area. It is a very important indicator that reflects the status of abundance of forest resource and balance of the ecosystem.Forest area includes the area of trees and bamboo grow with canopy density above 0.2, the area of shrubby tree according to regulations of the government, the area of forest land inside farm land and the area of trees planted by the side of villages, farm houses and along roads and rivers. The formula for calculating forest coverage rate is as follows:

$$\text{Forestry coverage rate (\%)} = \frac{\text{Area of Afforested Land}}{\text{Area of Total Land}} \times 100\%$$

Total Standing Stock Volume refers to the total stock volume of trees growing in land, including trees in forest, trees in sparse forest, scattered trees and trees planted by the side of villages, farm houses and along roads and rivers.

Stock Volume of Forest refers to total stock volume of wood growing in forest area, which shows the total size and level of forest resources of a country or a region. It is also an important indicator illustrating the richness of forest resource and the status of forest ecological environment.

Climate refers to the natural environment status formed by the long-term exchange of energy and mass between the earth and the atmosphere, and is the result of interaction of many factors. Climate is both one of the environment factors and also the important resources for living and production activities of the human being. The average values across several years of meteorological factors such as temperature, rainfall and humidity are used as important parameters to describe the climate of a region, while the average values (or total values) of a given year or month of meteorological factors reflect the key characteristics of climate for the period of time.

Temperature refers to the air temperature. China uses centigrade as the unit. The thermometry used for weather observation is put in a breezy shutter, which is 1.5 meters high from the ground. Therefore, the commonly used temperature refers to the temperature in the breezy shutter 1.5 meters away from the ground. The calculation method is as follows:

Monthly average temperature is the summation of average daily temperature of one month divided by the actual days of that particular month.

Annual average temperature is the summation of monthly average of a year divided by 12 months. Volume of Precipitation refers to the deepness of liquid state or solid state (thawed) water falling from the sky to the ground that has not been evaporated, infiltrated or run off. The calculation method is as follows:

Monthly precipitation is the summation of daily precipitation of a month.

Annual precipitation is the summation of 12 months precipitation of a year.

Land for Agriculture Use refers to land directly used for agriculture production, including land for cultivation, gardening, forests, herbage and other agriculture activities.

Wetlands refer to marshland and peat bog, whether natural or man-made, permanent or temporary; water covered areas, whether stagnant or flowing, with fresh or semi-fresh or salty water that is less than 6 meters deep at low tide; as well as coral beach, weed beach, mud beach, mangrove, river outlet, rivers, fresh-water marshland, marshland forests, lakes, salty bog and salt lakes along the coastal areas.

Total Area of A forestation refers to the total area of land suitable for a forestation, including barren hills, idle land, sand dunes, "grain for green" land, on which acres of arbores or bushes are planted through manual planting, airplane planting, plant seedlings, etc. in accordance with the required density standards of the Technical Procedures of A forestation, and with a survival rate of over 85% in line with the Implementing Rules of the Forest Law of the People's Republic of China (or a survival rate of 75% in areas with less that 400 mm of annual rainfall and without irrigation facilities). Included in this category are trees planted alone the roadsides, riversides, or next to houses that occupy an area over 0.066 hectares, or where more than 4 lines of trees are planted. Total area of a forestation is further classified by ownership (state-owned, state-collective, collective or private), by approach of planting (manual, airplane), and by type of forests (timber, by-products, protection, fuel, special use, etc.).

Area of Man-made Forests refer to the area of stable growing forests, planted manually or by airplanes, with a survival rate of 80% or higher of the designed number of trees per hectare, or with a canopy density of 0.20 - or above after 3-5 years of manual planting or 5-7 years of airplane planting.

Timber Forests refer to forests which are mainly for the production of timber, including bamboo groves planted to harvest bamboos.

By-product Forests refer to forests that mainly produce fruits, nuts, edible oil, beverages, indigents, raw materials and medicine materials. By-product forests are planted to harvest the fruits, leaves, bark or liquid of trees, and consume them as food or raw materials for the manufacturing industry, such as tea-oil trees, tung oil trees, walnut trees, camphor trees, tea bushes, mulberry trees, fruit trees, etc.

Protection Forests refer to forests, trees and bushes planted mainly for protection or preservation purpose, including water resource conservation forests, water and soil conservation forests, windbreak and dune-fixing forests, farmland and pasture protection forests, riverside protection forests, roadside protection forests, etc.

Fuel Forests refer to forests planted mainly for fuels.

Forests for Special Purpose refer to forests planted mainly for national defense, environment protection or scientific experiments, including national defense forests, experimental forests, mother-tree forests, environment protection forests, scenery forests, trees in historical or scenic spots, roadside in natural reserves.

Total Water Resources refers to total volume of water resources measured as run-off for surface water from rainfall and recharge for groundwater in a given area, excluding transit water.

Surface Water Resources refers to total renewable resources which exist in rivers, lakes, glaciers and other collectors from rainfall and are measured as run-off of rivers.

Groundwater Resources refers to replenishment of aquifers with rainfall and surface water.

Duplicated Measurement between Surface Water and Groundwater refers to mutual exchange between surface water and groundwater, i.e. run-off of rivers includes some depletion into groundwater while groundwater includes some replenishment from surface water.

Water Supply refers to gross water supply by supply systems from sources to consumers, including losses during distribution.

Water Use refers to gross water use distributed to users, including loss during transportation, broken down into use by agriculture, industry, living consumption and ecological protection.

Water Use by Agriculture includes uses of water by irrigation of farming fields and by forestry, animal husbandry and fishing. Water use by forestry, animal husbandry and fishery includes irrigation of forestry and orchards, irrigation of grassland and replenishment of fishing farms.

Water Use by Industry refers to new withdrawals of water, excluding reuse of water within enterprises.

Water Use by Living Consumption includes use of water for living consumption in both urban and rural areas. Urban water use by living consumption is composed of household use and public use （including services, commerce, restaurants, cargo transportation, posts, telecommunications and construction）. Rural water use by living consumption includes both households and animals.

Water Use by Ecological Protection includes replenishment of rivers and lakes and use for urban environment.

Waste Water Discharged by Industry refers to the volume of waste water discharged by industrial enterprises through all their outlets, including waste water from production process, directly cooled water, groundwater from mining wells which does not meet discharge standards and sewage from households mixed with waste water produced by industrial activities, but excluding indirectly cooled water discharged （It should be included if the discharge is not separated from waste water）.

Industrial Waste Water Meeting Discharge Standards refers to volume of industrial waste water discharge which, with or without treatment, reaches national or local standards with regard to all pollutants. **Ratio of Industrial Waste Water Meeting Discharge Standards** refers to percentage of industrial waste water meeting discharge standards over total industrial waste water discharge. It is calculated as:

$$\text{Ratio of industrial waste water meeting discharge standards} = \frac{\text{industrial waste water meeting discharge standards}}{\text{total industrial waste water discharge}}$$

Chemical Oxygen Demand（COD） refers to the amount of oxygen required when chemical oxidants are used to oxidize organic pollutants in water. A higher value of COD corresponds to more serious pollution by organic pollutants.

Volume of Chemical Oxygen Demand （COD） Generated by Urban Non-industrial Waster Water refers to chemical oxygen demand generated through the annual discharge of non-industrial waste water by urban households. It is estimated as: **Industrial Waste Air Emission** refers to the discharge into atmosphere of waste air containing pollutants generated from fuel burning and production processes in enterprises within a given period of time. It is calculated at standard status （273K, 101325Pa） as:

$$\text{Volume of chemical oxygen demand (cod) generated by urban non - industrial waster water} = \text{Coefficient of COD generated through urban non -industrial waste water} \times \text{urban non - agricultural population} \times 365$$

Industrial Waste Air Emission refers to the discharge into atmosphere of waste air containing pollutants generated from fuel burning and production processes in enterprises within a given period of time. It is calculated at standard status （273K, 101325Pa） as:

$$\text{Industrial waste air emission} = \text{emission through fuel burning} + \text{emission through production process}$$

SO_2 Emission is calculated on the basis of consumption of coal by households and industrial activities.

SO_2 Emission through Industrial Activities refers to volume of sulphur dioxide emission from fuel burning and production process by enterprises during a given period of time. It is calculated as:

$$SO_2\text{ emission through industrial activities} = SO_2\text{ emission from fuel burning} + SO_2\text{ emission from production process}$$

SO_2 Emission through Industrial Activities Meeting Discharge Standards refers to volume of sulphur dioxide emission from fuel burning and production process by enterprises during a given period of time meeting discharge standards

Ratio of SORRR2RRR Emission through Industrial Activities Meeting Discharge Standards refers to percentage of sulphur dioxide emission from fuel burning and production process by enterprises meeting discharge standards over total volume of sulphur dioxide emission from fuel burning and production process by enterprises during a given period of time.

It is estimated as:

Ratio of SO_2 emission through industrial activities meeting discharge Standards= SO_2 emission through industrial activities meeting discharge standards ÷ SORRR2RRR emission through industrial activities.

Industrial Solid Wastes Produced refers to total volume of solid, semi-solid and high concentration liquid residues produced by industrial enterprises from production process in a given period of time, including hazardous wastes, slag, coal ash, gangue, tailings, radioactive residues and other wastes, but excluding stones stripped or dug out in mining - gangue and acid or alkaline stones not included （a stone is acid or alkaline according to the pH value of the water being below 4 or above 10.5 when the stone is in, or soaked by water).

Industrial Solid Wastes Discharged refers to the volume of industrial solid wastes discharged by producing enterprises to disposal facilities or to other sites. The wastes exclude stones stripped or dug from mining (gangue and acid or alkaline waste stones not included).

Industrial Solid Wastes Utilized refers to volume of solid wastes from which useful materials can be extracted or which can be converted into usable resources, energy or other materials by means of reclamation, processing, recycling and exchange (including utilizing in the year the stocks of industrial solid wastes of the previous year). Examples of such utilizations include fertilizers, building materials and road materials. The information shall be collected by the producing units of the wastes.

Ratio of Utilization of Industrial Solid Wastes refers to the percentage of industrial solid wastes utilized over industrial solid wastes produced (including stocks of the previous years). It is calculated as:

$$\text{Rate of utilization of industrial solid wastes} = \frac{\text{volume of industrial solid wastes utilized}}{\text{industrial solid wastes produced} + \text{stock of previous years}} \times 100\%$$

Stock of Industrial Solid Wastes refers to the volume of solid wastes placed in special facilities or special sites for purposes of utilization or disposal. The sites or facilities should take measures against dispersion, loss, seepage, and air and water contamination.

Industrial Solid Wastes Disposed refers to the quantity of industrial solid wastes which are burnt or placed ultimately in the sites meeting the requirements for environmental protection and not salvaged or recycled (including disposition in the year of those wastes of previous years). The disposition includes landfill (Safe landfills should be conducted for hazardous wastes), incineration, containment spaces, deep underground disposal, backfill in mining pits and disposal at sea.

Output Value of Products Made from Waste Gas, Waste Water and Solid Wastes refers to the current value of products with waste gas, waste water and solid wastes as main materials of production. Products sold and ready to sell shall be included while those produced for own use shall not be included.

Urban Area includes 1) Area under Sub-District Offices 2) The area of other towns (villages) connected by urban public infrastructure, accommodations and municipal public infrastructure. 3) Independent industrial and mining areas, development areas, scientific research institutions, institutes of higher education and such special areas with a permanent residents above 3000 persons.

Urban Completed Areas refers to the areas of the districts which have been developed aggregately and with municipal public infrastructure and public infrastructure. For the core cities, it includes the core areas and many scattered areas. For a city with many towns, it included several districts which were developed into one district. Generally, it refers to all districts which can be covered by the outline of the developed areas, which is the size of actual land for construction of the city.

Urban District Population refers to the population of the defined urban districts. It is based on the household register statistics of the public security departments.

Urban Sewage Discharge refers to volume of the domestic sewage and industrial sewage, which includes the sewage discharged from the drainage pipe and drainage channel (ditch).

Treatment Rate of Urban Sewage refers to the percentage of sewage volume disposed by the sewage treatment plants over the urban sewage discharge volume. It is calculated as:

Treatment Rate of Urban Sewage= sewage volume disposed by the sewage treatment plants ÷ urban sewage discharge volume×100%.

Per Capita Public Green Land Area refers to the public green area enjoyed by every urban resident in the end of the report period. The number of the population is the population at the year-end. The public green land refers to the green spaces opening to the public with certain recreation and service facilities and whose main function is providing recreation areas, at the same time, their comprehensive functions include improving ecological environment, beautifying scenery and preventing disasters.

It is calculated as:

Per capita public green land area= public green area ÷ urban population×100%

Ratio of Green Covered Area in Completed Area refers to percentage of the green coverage in the urban completed area over the urban completed area in the end of the report period.

It is calculated as:

Ratio of Green Covered Area in Completed Area= green coverage in the urban completed area ÷ urban completed area×100%

In which, the green coverage refer to the vertical shadow of all vegetation such as trees, shrubs and lawn. It includes the green coverage, roof greenery coverage and scattered trees of the public green area, residential quarter green area, units attached green area, green area for environmental protection, green space attached to urban road and square and scenic forest land. The overlapping of the bushes and herbaceous plants under the trees crown can't be calculated repeatedly.

Chapter 17

十七、民族自治地方经济概况

Survey of National Autonomous Area

17－1　云南民族自治地方行政区划（2014 年）

Administrative Division of Ethnic Minority Autonomous Regions (2014)

单位：个　　(unit)

民族自治地方	National Autonomous Area	县级市 Number of Cities at County Level	非民族自治县 Number of Non-minority Autonomous Counties	民族自治县 Number of Minority Autonomous Counties
民族自治地方	**National Autonomous Area**	**10**	**39**	**29**
8 个自治州	**8 Autonomous Prefectures**	**10**	**39**	**9**
楚雄彝族自治州	Chuxiong Yi Autonomous Prefecture	1	9	
红河哈尼族彝族自治州	Honghe Hani & Yi Autonomous Prefecture	4	6	3
文山壮族苗族自治州	Wenshan Zhuang & Miao Autonomous Prefecture	1	7	
西双版纳傣族自治州	Xishuangbanna Dai Autonomous Prefecture	1	2	
大理白族自治州	Dali Bai Autonomous Prefecture	1	8	3
德宏傣族景颇族自治州	Dehong Dai & Jingpo Autonomous Prefecture	2	3	
怒江傈僳族自治州	Nujiang Lisu Autonomous Prefecture		2	2
迪庆藏族自治州	Diqing Tibetan Autonomous Prefecture		2	1
自治州以外的 20 个自治县	**20 Autonomous Counties Except above Prefectures**			
石林彝族自治县	Shilin Yi Autonomous County			
禄劝彝族苗族自治县	Luquan Yi and Miao Autonomous County			
寻甸回族彝族自治县	Xundian Hui and Yi Autonomous County			
峨山彝族自治县	Eshan Yi Autonomous County			
新平彝族傣族自治县	Xinping Yi and Dai Autonomous County			
元江哈尼族彝族傣族自治县	Yuanjiang Hani and Yi and Dai Autonomous County			
宁洱哈尼族彝族自治县	Ning'er Hani and Yi Autonomous County			
玉龙纳西族自治县	Yulong Naxi Autonomous County			
宁蒗彝族自治县	Ninglang Yi Autonomous County			
墨江哈尼族自治县	Mojiang Hani Autonomous County			
景东彝族自治县	Jingdong Yi Autonomous County			
景谷傣族彝族自治县	Jinggu Dai and Yi Autonomous County			
镇沅彝族哈尼族拉祜族自治县	Zhenyuan Yi and Hani and Lahu Autonomous County			
江城哈尼族彝族自治县	Jiangcheng Hani and Yi Autonomous County			
孟连傣族拉祜族佤族自治县	Menglian Dai and Lahu and Wa Autonomous County			
澜沧拉祜族自治县	Lancang Lahu Autonomous County			
西盟佤族自治县	Ximeng Wa Autonomous County			
双江拉祜族佤族布朗族傣族自治县	Shuangjiang Lahu and Wa and Bulang and Dai Autonomous County			
耿马傣族佤族自治县	Gengma Dai and Wa Autonomous County			
沧源佤族自治县	Cangyuan Wa Autonomous County			

17-2 全省民族自治县分布情况（2014 年）

Geographical Distribution of Ethnic Minority Autonomous Counties (2014)

州 市	Region	民族自治县数（个） Number of Minority Autonomous Counties (unit)	民族自治县名称 Schedule of Minority Autonomous Counties
全 省	**Yunnan**	**29**	
昆 明	Kunming	3	禄劝彝族苗族自治县、石林彝族自治县、寻甸回族彝族自治县 Luquan Yi & Miao Autonomous County, Shilin Yi Autonomous County, Xundian Hui & Yi Autonomous County
玉 溪	Yuxi	3	峨山彝族自治县、新平彝族傣族自治县、元江哈尼族彝族傣族自治县 Eshan Yi Autonomous County Xinping Yi , Dai Autonomous County, Yuanjiang Hani , Yi , Dai Autonomous County
丽 江	Lijiang	2	玉龙纳西族自治县、宁蒗彝族自治县 Yulong Naxi Autonomous County, Ninglang Yi Autonomous County
普 洱	Pu'er	9	宁洱哈尼族彝族自治县、景东彝族自治县、景谷傣族彝族自治县、墨江哈尼族自治县、孟连傣族拉祜族佤族自治县、澜沧拉祜族自治县、西盟佤族自治县、江城哈尼族彝族自治县、镇沅彝族哈尼族拉祜族自治县 Ning'er Hani & Yi Autonomous County, Jingdong Yi Autonomous County, Jinggu Dai & Yi Autonomous County,Mojiang Hani Autonomous County, Menglian Dai & Lahu Wa Autonomous County, Lancang lahu Autonomous County, Ximeng Wa Autonomous County, Jiangcheng Hani & Yi Autonomous County, Zhenyuan Yi & Hani Lahu Autonomous County
临 沧	Lincang	3	双江拉祜族佤族布朗族傣族自治县、耿马傣族佤族自治县、沧源佤族自治县 Shuangjiang Lahu & Wa & Bulang & Dai Autonomous County, Gengma Dai & Wa Autonomous County, Cangyuan Wa Autonomous County
红 河	Honghe	3	金平苗族瑶族傣族自治县、屏边苗族自治县、河口瑶族自治县 Jinping Miao & Yao & Dai Autonomous County, Pingbian Miao Autonomous County, Hekou Yao Autonomous County
大 理	Dali	3	漾濞彝族自治县、南涧彝族自治县、巍山彝族回族自治县 Yangbi Yi Autonomous County, Nanjian Yi Autonomous County, Weishan Yi & Hui Autonomous County
怒 江	Nujiang	2	贡山独龙族怒族自治县、兰坪白族普米族自治县 Gongshan Dulong, Nu Autonomous County Lanping Bai , Pumi Autonomous County
迪 庆	Diqing	1	维西傈僳族自治县 Weixi Lisu Autonomous County

17-3 云南少数民族分布的主要地方
Geographic Distribution of Ethnic Minorities

民族	Ethnic Minority	分布的主要地方（州、市）	Main Geographic Distribution
彝族	Yi	楚雄州、红河州、玉溪市、大理州、普洱市、昆明市	Chuxiong , Honghe ,Yuxi , Dali , Pu'er , Kunming
白族	Bai	大理州	Dali
哈尼族	Hani	红河州、西双版纳州、普洱市、玉溪市	Honghe , Xishuangbanna , Pu'er , Yuxi
壮族	Zhuang	文山州、红河州、曲靖市	Wenshan , Honghe , Qujing
傣族	Dai	西双版纳州、德宏州、普洱市、临沧市	Xishuangbanna , Dehong , Pu'er , Lincang
苗族	Miao	文山州、红河州、昭通市	Wenshan , Honghe , Zhaotong
傈僳族	Lisu	怒江州、迪庆州、丽江市、大理州	Nujiang , Diqing , Lijiang , Dali
回族	Hui	昆明市、大理州、曲靖市、楚雄州、红河州、玉溪市	Kunming , Dali , Qujing , Chuxiong , Honghe , Yuxi
拉祜族	Lahu	普洱市、临沧市、西双版纳州	Pu'er , Lincang , Xishuangbanna
佤族	Wa	临沧市、普洱市	Lincang , Pu'er
纳西族	Naxi	丽江市、迪庆州	Lijiang , Diqing
瑶族	Yao	文山州、红河州	Wenshan , Honghe
藏族	Tibetan	迪庆州	Diqing
景颇族	Jingpo	德宏州	Dehong
布朗族	Bulang	西双版纳州、普洱市、临沧市	Xishuangbanna , Pu'er , Lincang
普米族	Pumi	丽江市、怒江州、迪庆州	Lijiang , Nujiang , Diqing
怒族	Nu	怒江州	Nujiang
阿昌族	Achang	德宏州、保山市	Dehong , Baoshan
基诺族	Jino	西双版纳州	Xishuangbanna
德昂族	De ang	德宏州、临沧市	Dehong , Lincang
蒙古族	Mongolian	玉溪市	Yuxi
布依族	Buyi	曲靖市	Qujing
独龙族	Dulong	怒江州	Nujiang
水族	Shui	曲靖市	Qujing

17-4 民族自治地方基本情况(2014年)

民族自治地方	National Autonomous Area	建立时间
民族自治地方	**Minority Autonomous Area**	
自治州合计	**Autonomous Prefectures**	
西双版纳傣族自治州	Xishuangbanna Dai Autonomous Prefecture	1953年1月24日
德宏傣族景颇族自治州	Dehong Dai and Jingpo Autonomous Prefecture	1953年7月24日
怒江傈僳族自治州	Nujiang Lisu Autonomous Prefecture	1954年8月23日
大理白族自治州	Dali Bai Autonomous Prefecture	1956年11月22日
迪庆藏族自治州	Diqing Tibetan Autonomous Prefecture	1957年9月13日
红河哈尼族彝族自治州	Honghe Hani and Yi Autonomous Prefecture	1957年11月18日
文山壮族苗族自治州	Wenshan Zhuang and Miao Autonomous Prefecture	1958年4月1日
楚雄彝族自治州	Chuxiong Yi Autonomous Prefecture	1958年4月15日
自治州以外的自治县合计	**Autonomous Counties Except above Prefectures**	
峨山彝族自治县	Eshan Yi Autonomous County	1951年5月12日
澜沧拉祜族自治县	Lancang Lahu Autonomous County	1953年4月7日
江城哈尼族彝族自治县	Jiangcheng Hani and Yi Autonomous County	1954年5月18日
孟连傣族拉祜族佤族自治县	Menglian Dai and Lahu and Wa Autonomous County	1954年6月16日
耿马傣族佤族自治县	Gengma Dai and Wa Autonomous County	1955年10月16日
宁蒗彝族自治县	Ninglang Yi Autonomous County	1956年9月20日
石林彝族自治县	Shilin Yi Autonomous County	1956年12月13日
沧源佤族自治县	Cangyuan Wa Autonomous County	1964年2月28日
西盟佤族自治县	Ximeng Wa Autonomous County	1965年3月5日
墨江哈尼族自治县	Mojiang Hani Autonomous County	1979年11月28日
寻甸回族彝族自治县	Xundian Hui and Yi Autonomous County	1979年12月20日
元江哈尼族彝族傣族自治县	Yuanjiang Hani and Yi and Dai Autonomous County	1980年11月22日
新平彝族傣族自治县	Xinping Yi and Dai Autonomous County	1980年11月25日
禄劝彝族苗族自治县	Luquan Yi and Miao Autonomous County	1985年11月25日
宁洱哈尼族彝族自治县	Ning'er Hani and Yi Autonomous County	1985年12月15日
景东彝族自治县	Jingdong Yi Autonomous County	1985年12月20日
景谷傣族彝族自治县	Jinggu Dai and Yi Autonomous County	1985年12月25日
双江拉祜族佤族布朗族傣族自治县	Shuangjiang Lahu and Wa and Bulang and Dai Autonomous County	1985年12月30日
镇沅彝族哈尼族拉祜族自治县	Zhenyuan Yi and Hani and Lahu Autonomous County	1990年5月15日
玉龙纳西族自治县	Yulong Naxi Autonomous County	2002年12月26日

注：2003年4月8日普洱哈尼族彝族自治县更名为宁洱哈尼族彝族自治县。

Basic Conditions of Minority Autonomous Regions (2014)

Foundation Date	含乡镇数(个) (Unit) 乡 Townships	镇 Towns	民族乡数(个) Number of Minority Townships and Towns (Unit)
	387	**403**	**67**
	289	**294**	**53**
Jan.24,1953	13	18	7
July.24,1953	27	23	5
Aug.23,1954	16	13	2
Nov.22,1956	40	70	11
Sept.13,1957	20	9	3
Nov.18,1957	75	55	5
April.1,1958	59	42	16
April. 15,1958	39	64	4
	98	**109**	**14**
May.12,1951	3	3	
April.7,1953	15	5	6
May.18,1954	2	5	
June.16,1954	2	4	
Oct.16,1955	5	4	1
Sept.20,1956	14	1	1
Dec.13,1956	1	3	
Feb.28,1964	6	4	1
March.5,1965	2	5	1
Nov.28,1979	3	12	1
Dec.20,1979	4	9	
Nov.22,1980	5	2	
Nov.25,1980	6	4	
Nov.25,1985	6	9	
Dec.15,1985	3	6	
Dec.20,1985	3	10	
Dec.25,1985	4	6	
Dec.30,1985	4	2	
May.15,1990	1	8	
Dec.26,2002	9	7	3

Note: Pu'er Hani and Yi autonomous county changed its name into Ning'er Hani and Yi autonomous county in 8th April,2003.

17–4 续表

民族自治地方	National Autonomous Area	土地面积（万平方千米）Land Area (10 000 sq.km)	占全省土地面积(%) Proportion to Provincial Total (%)
民族自治地方	**National Autonomous Area**	**27.67**	**70.2**
自治州合计	**Autonomous Prefectures**	**19.37**	**49.1**
楚雄彝族自治州	Chuxiong Yi Autonomous Prefecture	2.93	7.4
红河哈尼族彝族自治州	Honghe Hani and Yi Autonomous Prefecture	3.29	8.4
文山壮族苗族自治州	Wenshan Zhuang and Miao Autonomous Prefecture	3.22	8.2
西双版纳傣族自治州	Xishuangbanna Dai Autonomous Prefecture	1.97	5.0
大理白族自治州	Dali Bai Autonomous Prefecture	2.95	7.5
德宏傣族景颇族自治州	Dehong Dai and Jingpo Autonomous Prefecture	1.15	2.9
怒江傈僳族自治州	Nujiang Lisu Autonomous Prefecture	1.47	3.7
迪庆藏族自治州	Diqing Tibetan Autonomous Prefecture	2.39	6.1
自治州以外的自治县合计	**Autonomous Counties Except the Above Prefectures**	**8.30**	**21.1**
石林彝族自治县	Shilin Yi Autonomous County	0.18	0.5
禄劝彝族苗族自治县	Luquan Yi and Miao Autonomous County	0.44	1.1
寻甸回族彝族自治县	Xundian Hui and Yi Autonomous County	0.40	1.0
峨山彝族自治县	Eshan Yi Autonomous County	0.20	0.5
新平彝族傣族自治县	Xinping Yi and Dai Autonomous County	0.42	1.1
元江哈尼族彝族傣族自治县	Yuanjiang Hani and Yi and Dai Autonomous County	0.29	0.7
玉龙纳西族自治县	Yulong Naxi Autonomous County	0.76	1.9
宁蒗彝族自治县	Ninglang Yi Autonomous County	0.62	1.6
宁洱哈尼族彝族自治县	Ning'er Hani and Yi Autonomous County	0.37	0.9
墨江哈尼族自治县	Mojiang Hani Autonomous County	0.55	1.4
景东彝族自治县	Jingdong Yi Autonomous County	0.45	1.1
景谷傣族彝族自治县	Jinggu Dai and Yi Autonomous County	0.78	2.0
镇沅彝族哈尼族拉祜族自治县	Zhenyuan Yi and Hani and Lahu Autonomous County	0.42	1.1
江城哈尼族彝族自治县	Jiangcheng Hani and Yi Autonomous County	0.35	0.9
孟连傣族拉祜族佤族自治县	Menglian Dai and Lahu and Wa Autonomous County	0.20	0.5
澜沧拉祜族自治县	Lancang Lahu Autonomous County	0.88	2.2
西盟佤族自治县	Ximeng Wa Autonomous County	0.14	0.4
双江拉祜族佤族布朗族傣族自治县	Shuangjiang Lahu and Wa and Bulang and Dai Autonomous County	0.23	0.6
耿马傣族佤族自治县	Gengma Dai and Wa Autonomous County	0.38	1.1
沧源佤族自治县	Cangyuan Wa Autonomous County	0.25	0.6

continued

年末总人口（万人）Total Population at Year-end (10 000 persons)	占全省人口比重（%）Proportion to Provincial Total (%)	少数民族人口（万人）Population of Minority Nationalities (10 000 persons)	占民族地方总人口比重 (%) Proportion to Local Total Population (%)
2308.75	**49.0**	**1284.30**	**55.6**
1783.70	**37.8**	**971.79**	**54.5**
272.80	5.8	88.71	32.5
462.00	9.8	261.82	56.7
359.30	7.6	206.17	57.4
115.70	2.5	87.54	75.7
352.70	7.5	176.17	49.9
126.40	2.7	65.93	52.2
54.10	1.1	49.97	92.4
40.70	0.9	35.48	87.2
525.05	**11.3**	**312.51**	**59.5**
25.60	0.5	8.86	34.6
40.80	0.9	12.46	30.5
46.70	1.0	10.19	21.8
16.56	0.4	10.97	66.2
29.03	0.6	21.55	74.2
22.20	0.5	17.71	79.8
22.04	0.5	11.20	50.8
26.58	0.6	19.75	74.3
19.12	0.4	8.92	46.7
36.59	0.8	16.74	45.8
36.44	0.8	19.19	52.7
29.59	0.6	23.37	79.0
21.09	0.4	17.97	85.2
12.56	0.3	9.64	76.8
13.88	0.3	13.05	94.0
49.74	1.1	42.29	85.0
9.34	0.2	7.53	80.6
18.17	0.4	8.08	44.5
30.46	0.6	15.78	51.8
18.56	0.4	17.26	93.0

17–5 全省民族自治地方主要指标（2009–2014年）

指　　标	Item	2009
年末总人口数（万人）	**Total Population at year-end (10 000 persons)**	**2 261.54**
# 少数民族人口	Minority Population	1 270.40
工农业总产值（亿元）	**Gross Output Value of Industry and Agriculture (100 million yuan)**	**2 390.76**
工业总产值	Gross Output Value of Industry	1 572.61
农业总产值	Gross Output Value of Farming, Forestry, Animal Husbandry and Fishery	818.15
农业生产	**Agriculture Production**	
主要农业产品产量（万吨）	Yields of Major Agricultural Products (10 000 tons)	
粮　食	Grain	819.00
甘　蔗	Sugarcane	1 292.00
烤　烟	Flue-cured Tobacco	45.00
工业生产	**Industry Production**	
主要工业产品产量（万吨）	Output of Major Industrial Products(10 000 tons)	
粗　钢	Steel	303.00
生　铁	Pig Iron	361.00
原　煤	Coal	2 519.00
发电量（亿万千瓦小时）	Electricity (100 million kwh)	465.98
成品糖	Sugar of Finished Product	151.00
地方公共财政预算收支（亿元）	**Public Budgetary Revenue and Expenditure of Local Government**	
地方公共财政预算收入	Public Budgetary Revenue of Local Government	182.37
地方公共财政预算支出	Public Budgetary Expenditure of Local Government	715.40

Principal Indicators of Minority Autonomous Regions (2009-2014)

2010	2011	2012	2013	2014
2 266.31	**2 273.19**	**2 285.54**	**2 297.05**	**2308.75**
1 275.10	1 279.81	1 271.47	1 277.76	1284.30
3 077.59	**3 805.97**	**4 619.07**	**5 264.52**	**5688.43**
2 035.58	2 517.36	3 016.88	3 403.21	3705.42
1 042.01	1 288.61	1 602.19	1 861.31	1983.01
816.00	917.81	989.64	1 026.26	1047.30
12 749.00	1 384.47	1 493.15	1 604.70	1587.38
49.08	52.78	58.80	54.09	49.88
379.60	414.15	442.30	478.32	439.72
393.61	371.61	371.10	387.47	327.56
2 682.00	3 023.15	2 158.03	2 102.08	1758.54
476.04	740.65	388.27	158.42	488.77
132.09	120.28	138.68	169.12	180.47
226.66	285.50	355.73	423.25	466.79
887.42	1 156.19	1 378.84	1 597.80	1765.34

17-6 民族自治地方主要社会经济指标占全省的比重(2014 年)
Proportion of Principal Socio-economic Indicators in Minority Autonomous Areas to the Whole Province (2014)

指 标	Item	全 省 Yunnan	民族自治地方 Minority Autonomous Areas	民族自治地方占全省比重(%) Proportion of Minority Autonomous Areas to the Whole province(%)
市县数(个)	**Number of Cities and Counties (unit)**	**129**	**78**	**60.5**
年末总人口(万人)	**Total Population at Year-end (10 000 persons)**	**4 713.90**	**2308.75**	**49.0**
土地面积(万平方千米)	**Land Area (10 000 sq.km)**	**39.41**	**27.67**	**70.2**
生产总值(当年价)(亿元)	**Gross Regional Product (at Current prices) (100 million yuan)**	**12 814.59**	**5 109.21**	**39.9**
工农业总产值(当年价)(亿元)	**Gross Output Value of Industry and Agriculture (at Current prices) (100 million yuan)**	**13 783.09**	**5688.427**	**41.3**
工业总产值	Gross Output Value of Industry (100 million yuan)	10 521.79	3705.42	35.2
农业总产值	Gross Output Value of Agriculture,Forestry,Animal Husbandry,Fishery (100 million yuan)	3 261.30	1983.007	60.8
主要农产品产量(万吨)	**Output of Major Agricultural Products(10 000 tons)**			
粮 食	Grain	1 940.82	1047.30	54.0
甘 蔗	Sugarcane	2 110.40	1587.38	75.2
烤 烟	Flue-cured Tobacco	94.50	49.88	52.8
固定资产投资额(不含农户)(亿元)	**Total Investment in Fixed Assets (100 million yuan)**	11073.86	4779.20	43.2
社会消费品零售总额(亿元)	**Retail Sales of Consumer Goods (100 million yuan)**	4 632.86	1586.18	34.2
地方公共财政预算收支(亿元)	**Public Budgetary Revenue and Expenditure of Local Government**			
地方公共财政预算收入	Public Budgetary Revenue of Local Government	1 698.06	466.79	27.5
地方公共财政预算支出	Public Budgetary Expenditure of Local Government	4 437.98	1765.34	39.8

17–7 民族自治地方公共财政预算收入和支出（2013–2014 年）
Public Budgetary Revenue and Expenditure of Local Government in Minority Autonomous Regions (2013-2014)

单位：亿元 (100 million yuan)

民族自治地方	National Autonomous Area	地方公共财政预算收入 Government Revenue		地方公共财政预算支出 Government Expenditure	
		2013	2014	2013	2014
民族自治地方总计	**Minority Autonomous Area Total**	**423.25**	**466.80**	**1 597.80**	**1 765.34**
自治州合计	**Autonomous Prefectures**	**344.53**	**384.34**	**1 246.75**	**1 386.99**
楚雄彝族自治州	Chuxiong Yi Autonomous Prefecture	56.37	63.72	172.65	205.12
红河哈尼族彝族自治州	Honghe Hani and Yi Autonomous Prefecture	97.25	111.02	310.71	344.79
文山壮族苗族自治州	Wenshan Zhuang and Miao Autonomous Prefecture	42.72	50.70	195.46	217.23
西双版纳傣族自治州	Xishuangbanna Dai Autonomous Prefecture	26.81	28.79	81.26	90.07
大理白族自治州	Dali Bai Autonomous Prefecture	71.97	75.28	222.93	243.57
德宏傣族景颇族自治州	Dehong Dai and Jingpo Autonomous Prefecture	27.96	31.00	99.60	121.72
怒江傈僳族自治州	Nujiang Lisu Autonomous Prefecture	8.41	9.33	55.29	63.36
迪庆藏族自治州	Diqing Tibetan Autonomous Prefecture	13.05	14.49	108.85	101.13
自治州以外的自治县合计	**Autonomous Counties Except the Above Prefectures**	**78.72**	**82.46**	**351.05**	**378.35**
石林彝族自治县	Shilin Yi Autonomous County	7.45	5.13	14.30	14.09
禄劝彝族苗族自治县	Luquan Yi and Miao Autonomous County	5.98	6.06	22.75	21.95
寻甸回族彝族自治县	Xundian Hui and Yi Autonomous County	7.24	7.62	22.90	23.05
峨山彝族自治县	Eshan Yi Autonomous County	4.31	4.60	11.99	11.67
新平彝族傣族自治县	Xinping Yi and Dai Autonomous County	10.00	10.95	23.56	21.92
元江哈尼族彝族傣族自治县	Yuanjiang Hani and Yi and Dai Autonomous County	3.15	3.40	13.18	14.63
玉龙纳西族自治县	Yulong Naxi Autonomous County	5.71	6.80	20.02	20.04
宁蒗彝族自治县	Ninglang Yi Autonomous County	2.34	2.39	19.92	21.81
宁洱哈尼族彝族自治县	Ning'er Hani and Yi Autonomous County	2.71	3.01	13.39	14.64
墨江哈尼族自治县	Mojiang Hani Autonomous County	3.27	3.66	17.93	21.30
景东彝族自治县	Jingdong Yi Autonomous County	3.42	4.01	22.21	23.18
景谷傣族彝族自治县	Jinggu Dai and Yi Autonomous County	4.80	4.76	17.88	31.65
镇沅彝族哈尼族拉祜族自治县	Zhenyuan Yi and Hani and Lahu Autonomous County	2.84	3.14	15.98	18.42
江城哈尼族彝族自治县	Jiangcheng Hani and Yi Autonomous County	1.35	1.50	10.84	12.80
孟连傣族拉祜族佤族自治县	Menglian Dai and Lahu and Wa Autonomous County	1.14	1.33	10.04	11.04
澜沧拉祜族自治县	Lancang Lahu Autonomous County	4.36	4.63	29.68	29.42
西盟佤族自治县	Ximeng Wa Autonomous County	0.54	0.63	8.34	9.31
双江拉祜族佤族布朗族傣族自治县	Shuangjiang Lahu and Wa and Bulang and Dai Autonomous County	2.25	3.14	16.07	18.12
耿马傣族佤族自治县	Gengma Dai and Wa Autonomous County	3.65	3.54	22.97	20.05
沧源佤族自治县	Cangyuan Wa Autonomous County	2.21	2.18	17.10	19.25

17-8 民族自治地方生产总值及指数(2014 年)

单位：亿元、%

民族自治地方	Minority Autonomous Area	生产总值 Gross Regional Product
民族自治地方总计	**Minority Autonomous Area Total**	**5 109.21**
自治州合计	**Autonomous Prefectures**	**4 108.50**
楚雄彝族自治州	Chuxiong Yi Autonomous Prefecture	705.66
红河哈尼族彝族自治州	Honghe Hani and Yi Autonomous Prefecture	1 127.09
文山壮族苗族自治州	Wenshan Zhuang and Miao Autonomous Prefecture	615.87
西双版纳傣族自治州	Xishuangbanna Dai Autonomous Prefecture	306.02
大理白族自治州	Dali Bai Autonomous Prefecture	832.33
德宏傣族景颇族自治州	Dehong Dai and Jingpo Autonomous Prefecture	274.20
怒江傈僳族自治州	Nujiang Lisu Autonomous Prefecture	100.12
迪庆藏族自治州	Diqing Tibetan Autonomous Prefecture	147.21
自治州以外的自治县合计	**Autonomous Counties Except the Above Prefectures**	**1 000.71**
石林彝族自治县	Shilin Yi Autonomous County	64.79
禄劝彝族苗族自治县	Luquan Yi and Miao Autonomous County	68.42
寻甸回族彝族自治县	Xundian Hui and Yi Autonomous County	72.43
峨山彝族自治县	Eshan Yi Autonomous County	56.91
新平彝族傣族自治县	Xinping Yi and Dai Autonomous County	105.08
元江哈尼族彝族傣族自治县	Yuanjiang Hani and Yi and Dai Autonomous County	57.24
玉龙纳西族自治县	Yulong Naxi Autonomous County	45.82
宁蒗彝族自治县	Ninglang Yi Autonomous County	30.16
宁洱哈尼族彝族自治县	Ning'er Hani and Yi Autonomous County	39.31
墨江哈尼族自治县	Mojiang Hani Autonomous County	46.67
景东彝族自治县	Jingdong Yi Autonomous County	54.00
景谷傣族彝族自治县	Jinggu Dai and Yi Autonomous County	82.22
镇沅彝族哈尼族拉祜族自治县	Zhenyuan Yi and Hani and Lahu Autonomous County	37.84
江城哈尼族彝族自治县	Jiangcheng Hani and Yi Autonomous County	23.19
孟连傣族拉祜族佤族自治县	Menglian Dai and Lahu and Wa Autonomous County	21.17
澜沧拉祜族自治县	Lancang Lahu Autonomous County	53.42
西盟佤族自治县	Ximeng Wa Autonomous County	9.85
双江拉祜族佤族布朗族傣族自治县	Shuangjiang Lahu and Wa and Bulang and Dai Autonomous County	32.64
耿马傣族佤族自治县	Gengma Dai and Wa Autonomous County	68.51
沧源佤族自治县	Cangyuan Wa Autonomous County	31.04

注：本表总值按当年价格计算，指数按可比价格计算。

Gross Regional Product and Their Indices in Minority Autonomous Regions (2014)

(100 million yuan,%)

第一产业 Primary Industry	第二产业 Secondary Industry	第三产业 Tertiary Industry	生产总值指数 (上年=100) Indices of GRP (preceding year=100)	第一产业 Primary Industry	第二产业 Secondary Industry	第三产业 Tertiary Industry
1 121.01	**1 937.60**	**2 050.60**	**109.7**	**106.4**	**111.5**	**109.2**
834.96	**1 598.65**	**1 674.89**	**110.1**	**106.2**	**112.1**	**109.6**
147.32	274.91	283.43	111.0	106.3	114.2	109.7
193.89	514.37	418.83	110.0	106.4	109.4	112.1
141.28	223.27	251.32	112.0	106.2	118.2	108.8
78.54	86.40	141.08	112.2	106.3	118.4	110.9
176.60	343.58	312.15	108.5	105.9	110.1	107.9
70.61	71.62	131.97	107.0	106.2	106.7	107.5
16.33	32.81	50.98	108.0	105.8	110.1	106.9
10.39	51.69	85.13	111.1	106.7	115.2	109.0
286.05	**338.95**	**375.71**	**107.8**	**107.0**	**108.7**	**107.5**
17.27	17.22	30.30	94.0	108.8	77.5	101.1
19.74	20.12	28.56	109.0	109.8	113.5	105.4
19.87	24.95	27.61	111.7	108.0	123.6	104.2
9.35	22.18	25.38	111.2	106.6	115.2	108.6
16.00	45.34	43.74	105.8	106.5	104.1	107.4
17.13	10.72	29.39	108.6	106.3	111.2	108.6
9.81	19.56	16.45	110.0	106.1	110.7	111.3
7.20	12.17	10.79	106.0	106.1	103.1	108.7
9.75	15.18	14.38	108.8	106.4	107.9	110.9
13.75	15.06	17.86	109.2	106.6	107.2	112.4
21.24	16.64	16.12	106.8	106.3	111.0	103.6
28.06	32.14	22.02	110.0	106.5	111.7	111.6
16.87	10.78	10.19	110.0	107.1	111.3	111.6
8.52	8.33	6.34	102.2	106.5	97.9	105.1
8.43	4.33	8.41	111.2	107.2	137.2	103.7
15.91	20.24	17.27	107.8	105.8	110.6	106.6
2.65	2.13	5.07	111.0	106.8	110.8	113.0
9.59	11.01	12.04	110.8	106.5	113.4	111.8
26.40	20.13	21.98	110.0	106.7	114.6	109.3
8.51	10.72	11.81	110.9	106.3	123.8	105.8

Note: Data of gross regional value are calculated at current prices,while indices are calculated by comparable prices.

17-9 民族自治地方职工人数(2014 年)

Number of Staff and Workers in Minority Autonomous Regions (2014)

单位：万人 (10 000 preson)

民族自治地方	Minority Autonomous Area	职工人数 Number of Staff and Workers	国有单位 State-owned Entities	城镇集体单位 Urban Collective-owned Entities	其它单位 Others
民族自治地方合计	**Minority Autonomous Area Total**	**138.42**	**89.05**	**17.96**	**45.95**
自治州合计	**Autonomous Prefectures**	**107.29**	**60.33**	**2.29**	**44.67**
楚雄彝族自治州	Chuxiong Yi Nationality	15.70	8.98	0.32	6.39
红河哈尼族彝族自治州	Honghe Hani , Yi Nationality	28.62	15.02	0.74	12.87
文山壮族苗族自治州	Wenshan Zhuang , Miao Nationality	16.88	11.01	0.32	5.55
西双版纳傣族自治州	Xishuangbanna Dai Nationality	7.76	4.24	0.21	3.31
大理白族自治州	Dali Bai Nationality	21.24	10.24	0.25	10.74
德宏傣族景颇族自治州	Dehong Dai , Jingpo Nationality	10.17	6.24	0.30	3.64
怒江傈僳族自治州	Nujiang Lisu Nationality	3.58	2.44	0.10	1.04
迪庆藏族自治州	Diqing Tibetan Nationality	3.34	2.16	0.06	1.12
自治州以外的自治县	**Autonomous Counties Except the Above Prefectures**	**31.13**	**28.71**	**15.67**	**1.28**
石林彝族自治县	Shilin Yi Nationality	2.26	2.05	0.88	0.28
禄劝彝族苗族自治县	Luquan Yi , Miao Nationality	1.65	1.55	0.85	0.11
寻甸回族彝族自治县	Xundian Hui , Yi Nationality	2.36	2.24	1.07	0.06
峨山彝族自治县	Eshan Yi Nationality	1.49	1.45	0.62	0.05
新平彝族傣族自治县	Xinping Yi , Dai Nationality	2.89	2.50	0.91	0.06
元江哈尼族彝族傣族自治县	Yuanjiang Hani , Yi , Dai Nationality	1.61	1.57	0.87	0.02
玉龙纳西族自治县	Yulong Naxi Nationality	1.94	1.68	0.93	0.03
宁蒗彝族自治县	Ninglang Yi Nationality	1.21	0.94	0.86	0.01
宁洱哈尼族彝族自治县	Ning'er Hani , Yi Nationality	0.95	0.88	0.71	0.05
墨江哈尼族自治县	Mojiang Hani Nationality	1.55	1.52	0.88	0.03
景东彝族自治县	Jingdong Yi Nationality	1.61	1.50	0.89	0.03
景谷傣族彝族自治县	Jinggu Dai , Yi Nationality	1.86	1.84	0.84	0.08
镇沅彝族哈尼族拉祜族自治县	Zhenyuan Yi , Hani , Lahu Nationality	1.04	0.99	0.60	0.10
江城哈尼族彝族自治县	Jiangcheng Hani , Yi Nationality	1.36	1.32	0.38	0.32
孟连傣族拉祜族自治县	Menglian Dai , Lahu , Wa Nationality	0.84	0.83	0.47	0.01
澜沧拉祜族自治县	Lancang Lahu Nationality	1.55	1.53	0.99	0.03
西盟佤族自治县	Ximeng Wa Nationality	0.93	0.76	0.71	0.01
双江拉祜族佤族布朗族傣族自治县	Shuangjiang Lahu , Wa , Bulang , Dai Nationality	0.89	0.81	0.50	0.01
耿马傣族佤族自治县	Gengma Dai , Wa Nationality	1.98	1.79	0.98	0.01
沧源佤族自治县	Cangyuan Wa Nationality	1.17	0.97	0.76	0.01

17-10 民族自治地方职工平均工资(2014年)
Average Wages of Staff and Workers in Minority Autonomous Regions (2014)

单位：万元 人 (10 000 yuan / person)

民族自治地方	Minority Autonomous Area	职工平均工资 Average Wages of Staff and Workers	国有单位 State-owned Entities	集体单位 Collective-owned Entities	其它单位 Others
民族自治地方	**Minority Autonomous Area**	**4.44**	**4.88**	**5.87**	**3.79**
自治州合计	**Autonomous Prefectures**	**4.47**	**4.91**	**6.20**	**3.82**
楚雄彝族自治州	Chuxiong Yi Nationality	4.62	5.14	9.91	3.67
红河哈尼族彝族自治州	Honghe Hani , Yi Nationality	4.51	5.10	4.57	3.87
文山壮族苗族自治州	Wenshan Zhuang , Miao Nationality	4.24	4.29	5.95	4.05
西双版纳傣族自治州	Xishuangbanna Dai Nationality	4.25	4.53	3.32	3.94
大理白族自治州	Dali Bai Nationality	4.60	5.59	10.29	3.61
德宏傣族景颇族自治州	Dehong Dai , Jingpo Nationality	4.23	4.56	5.69	3.60
怒江傈僳族自治州	Nujiang Lisu Nationality	4.72	4.97	3.47	4.27
迪庆藏族自治州	Diqing Tibetan Nationality	5.93	6.53	8.82	4.72
自治州以外的自治县	**Autonomous Counties Except the Above Prefectures**	**4.34**	**4.76**	**5.24**	**3.71**
石林彝族自治县	Shilin Yi Nationality	4.51	5.24	4.41	3.72
禄劝彝族苗族自治县	Luquan Yi , Miao Nationality	4.88	5.59	3.50	4.14
寻甸回族彝族自治县	Xundian Hui , Yi Nationality	4.72	5.24	10.59	3.96
峨山彝族自治县	Eshan Yi Nationality	4.39	5.79	4.41	3.29
新平彝族傣族自治县	Xinping Yi , Dai Nationality	4.67	5.72	3.23	4.18
元江哈尼族彝族傣族自治县	Yuanjiang Hani , Yi , Dai Nationality	4.69	5.40	6.53	3.82
玉龙纳西族自治县	Yulong Naxi Nationality	5.26	5.72	6.39	4.64
宁蒗彝族自治县	Ninglang Yi Nationality	4.63	4.58	11.98	4.45
宁洱哈尼族彝族自治县	Ning'er Hani , Yi Nationality	4.32	4.27	6.37	3.62
墨江哈尼族自治县	Mojiang Hani Nationality	4.36	4.49	11.12	3.74
景东彝族自治县	Jingdong Yi Nationality	4.04	4.46	7.76	3.20
景谷傣族彝族自治县	Jinggu Dai , Yi Nationality	4.03	4.48	4.49	3.58
镇沅彝族哈尼族拉祜族自治县	Zhenyuan Yi , Hani , Lahu Nationality	4.15	4.76	4.10	2.86
江城哈尼族彝族自治县	Jiangcheng Hani , Yi Nationality	3.08	4.63	2.50	2.37
孟连傣族拉祜族佤族自治县	Menglian Dai , Lahu , Wa Nationality	4.23	4.71	13.71	3.16
澜沧拉祜族自治县	Lancang Lahu Nationality	4.13	4.33	16.20	3.14
西盟佤族自治县	Ximeng Wa Nationality	2.98	2.86	8.15	3.92
双江拉祜族佤族布朗族傣族自治县	Shuangjiang Lahu,Wa ,Bulang,Dai Nationality	4.63	4.60	10.57	4.51
耿马傣族佤族自治县	Gengma Dai , Wa Nationality	3.82	3.90	14.31	3.55
沧源佤族自治县	Cangyuan Wa Nationality	3.86	3.92	14.45	3.38

17-11 民族自治地方农、林、牧、渔业总产值(2014 年)

单位：亿元

民族自治地方	Minority Autonomous Area	农、林、牧、渔业总产值 Gross Output Value of Farming, Forestry, Animal Husbandry and Fishery
民族自治地方总计	**Minority Autonomous Area Total**	1983.01
自治州合计	**Autonomous Prefectures**	1484.01
楚雄彝族自治州	Chuxiong Yi Autonomous Prefecture	262.97
红河哈尼族彝族自治州	Honghe Hani and Yi Autonomous Prefecture	329.68
文山壮族苗族自治州	Wenshan Zhuang and Miao Autonomous Prefecture	240.86
西双版纳傣族自治州	Xishuangbanna Dai Autonomous Prefecture	146.76
大理白族自治州	Dali Bai Autonomous Prefecture	344.26
德宏傣族景颇族自治州	Dehong Dai and Jingpo Autonomous Prefecture	114.46
怒江傈僳族自治州	Nujiang Lisu Autonomous Prefecture	26.54
迪庆藏族自治州	Diqing Tibetan Autonomous Prefecture	18.49
自治州以外的自治县合计	**Autonomous Counties Except the Above Prefectures**	498.99
石林彝族自治县	Shilin Yi Autonomous County	32.88
禄劝彝族苗族自治县	Luquan Yi and Miao Autonomous County	36.81
寻甸回族彝族自治县	Xundian Hui and Yi Autonomous County	35.62
峨山彝族自治县	Eshan Yi Autonomous County	14.78
新平彝族傣族自治县	Xinping Yi and Dai Autonomous County	30.10
元江哈尼族彝族傣族自治县	Yuanjiang Hani and Yi and Dai Autonomous County	28.77
玉龙纳西族自治县	Yulong Naxi Autonomous County	20.19
宁蒗彝族自治县	Ninglang Yi Autonomous County	12.15
宁洱哈尼族彝族自治县	Ning'er Hani and Yi Autonomous County	16.70
墨江哈尼族自治县	Mojiang Hani Autonomous County	23.62
景东彝族自治县	Jingdong Yi Autonomous County	36.10
景谷傣族彝族自治县	Jinggu Dai and Yi Autonomous County	47.31
镇沅彝族哈尼族拉祜族自治县	Zhenyuan Yi and Hani and Lahu Autonomous County	28.56
江城哈尼族彝族自治县	Jiangcheng Hani and Yi Autonomous County	14.43
孟连傣族拉祜族佤族自治县	Menglian Dai and Lahu and Wa Autonomous County	15.14
澜沧拉祜族自治县	Lancang Lahu Autonomous County	27.08
西盟佤族自治县	Ximeng Wa Autonomous County	4.47
双江拉祜族佤族布朗族傣族自治县	Shuangjiang Lahu and Wa and Bulang and Dai Autonomous County	16.00
耿马傣族佤族自治县	Gengma Dai and Wa Autonomous County	42.09
沧源佤族自治县	Cangyuan Wa Autonomous County	16.20

注：本表按现行价格计算。

Gross Output Value of Farming, Forestry, Animal Husbandry and Fishery in Minority Autonomous Regions (2014)

(100 million yuan)

农 业 Farming	林 业 Forestry	牧 业 Animal Husbandry	渔 业 Fishery	农、林、牧、渔服务业 Services in Support of Agriculture，Forestry, Animal Husbandry and Fishery
1027.09	177.04	674.00	52.34	52.54
759.41	117.89	528.67	35.19	42.85
141.01	5.25	96.81	3.19	16.71
143.34	18.13	153.82	9.60	4.80
123.86	13.13	96.96	3.92	2.99
71.61	53.94	12.17	5.10	3.93
188.80	9.11	128.93	8.88	8.54
70.06	13.04	24.13	4.11	3.13
11.61	3.58	10.03	0.05	1.28
9.12	1.72	5.83	0.34	1.47
267.67	59.15	145.33	17.15	9.69
19.26	2.14	9.63	0.71	1.14
19.46	0.24	16.64	0.14	0.33
17.18	1.03	16.20	0.84	0.37
7.88	0.71	5.78	0.12	0.29
17.00	1.86	10.68	0.18	0.37
22.24	0.76	5.25	0.43	0.09
8.27	0.70	9.31	0.50	1.42
5.42	0.71	5.68	0.17	0.18
7.93	1.80	5.59	1.01	0.36
11.75	2.59	6.37	2.57	0.33
17.61	4.83	12.28	0.73	0.64
19.29	16.75	6.32	3.95	1.00
14.74	5.25	7.53	0.71	0.33
9.54	2.03	2.16	0.53	0.17
8.12	3.37	2.52	0.39	0.73
14.95	3.04	7.20	1.47	0.43
1.97	1.36	0.89	0.07	0.17
8.98	1.09	4.41	1.05	0.48
26.76	6.97	6.78	1.09	0.49
9.33	1.92	4.11	0.49	0.36

Note: The data above are calculated at current prices.

17−12 民族自治地方主要农作物产量(2014 年)

单位：万吨

民族自治地方	Minority Autonomous Area	粮 食 Grain	稻 谷 Rice
民族自治地方	**Minority Autonomous Area**	**1047.30**	**334.53**
自治州合计	**Autonomous Prefectures**	**795.86**	**266.21**
楚雄彝族自治州	Chuxiong Yi Autonomous Prefecture	122.91	39.74
红河哈尼族彝族自治州	Honghe Hani and Yi Autonomous Prefecture	180.68	62.45
文山壮族苗族自治州	Wenshan Zhuang and Miao Autonomous Prefecture	156.69	43.67
西双版纳傣族自治州	Xishuangbanna Dai Autonomous Prefecture	47.50	24.88
大理白族自治州	Dali Bai Autonomous Prefecture	173.15	50.07
德宏傣族景颇族自治州	Dehong Dai and Jingpo Autonomous Prefecture	76.95	40.09
怒江傈僳族自治州	Nujiang Lisu Autonomous Prefecture	20.27	3.91
迪庆藏族自治州	Diqing Tibetan Autonomous Prefecture	17.73	1.41
自治州以外的自治县合计	**Autonomous Counties Except the Above Prefectures**	**251.43**	**68.32**
石林彝族自治县	Shilin Yi Autonomous County	14.83	1.68
禄劝彝族苗族自治县	Luquan Yi and Miao Autonomous County	22.48	2.71
寻甸回族彝族自治县	Xundian Hui and Yi Autonomous County	24.56	5.58
峨山彝族自治县	Eshan Yi Autonomous County	6.97	2.47
新平彝族傣族自治县	Xinping Yi and Dai Autonomous County	15.52	4.50
元江哈尼族彝族傣族自治县	Yuanjiang Hani and Yi and Dai Autonomous County	9.59	2.89
玉龙纳西族自治县	Yulong Naxi Autonomous County	11.83	0.65
宁蒗彝族自治县	Ninglang Yi Autonomous County	8.20	1.09
宁洱哈尼族彝族自治县	Ning'er Hani and Yi Autonomous County	9.20	2.99
墨江哈尼族自治县	Mojiang Hani Autonomous County	15.23	4.00
景东彝族自治县	Jingdong Yi Autonomous County	18.02	5.14
景谷傣族彝族自治县	Jinggu Dai and Yi Autonomous County	18.00	5.54
镇沅彝族哈尼族拉祜族自治县	Zhenyuan Yi and Hani and Lahu Autonomous County	11.70	4.29
江城哈尼族彝族自治县	Jiangcheng Hani and Yi Autonomous County	4.35	1.62
孟连傣族拉祜族佤族自治县	Menglian Dai and Lahu and Wa Autonomous County	5.92	3.08
澜沧拉祜族自治县	Lancang Lahu Autonomous County	24.61	10.17
西盟佤族自治县	Ximeng Wa Autonomous County	4.22	1.85
双江拉祜族佤族布朗族傣族自治县	Shuangjiang Lahu and Wa and Bulang and Dai Autonomous County	7.00	1.55
耿马傣族佤族自治县	Gengma Dai and Wa Autonomous County	11.60	4.35
沧源佤族自治县	Cangyuan Wa Autonomous County	7.60	2.19

Yields of Major Farm Crops in Minority Autonomous Areas (2014)

(10 000 tons)

				油 料	甘 蔗	烤 烟
小 麦 Wheat	玉 米 Maize	豆 类 Beans and Peas	薯 类 Tubers	Oil-bearing Crops	Sugar-cane	Flue-cured Tobacco
48.42	**452.29**	**69.04**	**82.28**	**27.73**	**1587.38**	**49.88**
35.17	**331.74**	**56.71**	**56.81**	**22.63**	**981.90**	**33.47**
10.01	45.53	12.39	6.76	5.84	1.20	9.69
7.13	70.73	10.35	18.05	3.65	148.20	7.75
7.93	77.90	12.44	11.76	7.04	269.13	6.42
0.02	21.50	0.25	0.32	0.18	105.56	
5.17	70.04	16.97	9.41	3.76	1.42	7.76
1.22	28.09	1.07	6.42	1.47	447.19	1.66
1.09	9.74	1.98	2.32	0.20	9.21	
2.60	8.21	1.26	1.78	0.48		0.18
13.25	**120.55**	**12.34**	**25.47**	**5.10**	**605.48**	**16.41**
1.53	9.40	0.64	0.85	0.09		1.42
1.56	11.53	0.99	4.01	0.26	0.11	1.36
0.74	5.99	1.45	7.77	0.56		2.14
0.25	3.79	0.32	0.07	0.61	0.29	1.05
0.27	8.65	0.34	0.66	0.19	63.65	1.27
0.36	5.45	0.27	0.25	0.35	27.31	0.95
2.54	4.35	1.51	1.94	0.55		1.31
0.25	1.81	1.03	2.88	0.02		0.32
0.70	4.65	0.26	0.52	0.27	0.08	0.59
0.50	9.20	0.83	0.34	0.34	6.46	1.10
1.58	8.26	1.34	1.63	0.21	27.14	1.53
0.65	8.86	0.61	1.95	0.40	51.20	0.91
0.97	5.50	0.61	0.27	0.37	3.76	1.60
0.04	2.58	0.01	0.07	0.05	6.98	
0.01	2.75	0.04	0.02	0.10	31.75	
0.23	12.44	0.67	0.46	0.24	76.36	0.10
0.05	2.09	0.03	0.02	0.02	9.01	
0.60	3.60	0.30	0.63	0.15	49.39	0.45
0.31	4.93	0.82	0.90	0.17	194.58	0.15
0.08	4.73	0.24	0.21	0.16	57.42	0.19

17-13 民族自治地方规模以上工业企业单位数及总产值(2014 年)

单位：亿元

民族自治地方	Minority Autonomous Area	工业企业单位数（个）Number of Industrial Enterprises(unit)
民族自治地方总计	**Minority Autonomous Area Total**	**1 494**
自治州合计	**Autonomous Prefectures**	**1 154**
楚雄彝族自治州	Chuxiong Yi Nationality	264
红河哈尼族彝族自治州	Honghe Hani , Yi Nationality	253
文山壮族苗族自治州	Wenshan Zhuang , Miao Nationality	158
西双版纳傣族自治州	Xishuangbanna Dai Nationality	69
大理白族自治州	Dali Bai Nationality	245
德宏傣族景颇族自治州	Dehong Dai , Jingpo Nationality	120
怒江傈僳族自治州	Nujiang Lisu Nationality	19
迪庆藏族自治州	Diqing Tibetan Nationality	26
自治州以外的自治县合计	**Autonomous Counties Except Above Prefectures**	**340**
石林彝族自治县	Shilin Yi Nationality	46
禄劝彝族苗族自治县	Luquan Yi , Miao Nationality	24
寻甸回族彝族自治县	Xundian Hui , Yi Nationality	31
峨山彝族自治县	Eshan Yi Nationality	21
新平彝族傣族自治县	Xinping Yi , Dai Nationality	20
元江哈尼族彝族傣族自治县	Yuanjiang Hani , Yi , Dai Nationality	22
玉龙纳西族自治县	Yulong Naxi Nationality	9
宁蒗彝族自治县	Ninglang Yi Nationality	8
宁洱哈尼族彝族自治县	Ning'er Hani , Yi Nationality	19
墨江哈尼族自治县	Mojiang Hani Nationality	11
景东彝族自治县	Jingdong Yi Nationality	11
景谷傣族彝族自治县	Jinggu Dai , Yi Nationality	32
镇沅彝族哈尼族拉祜族自治县	Zhenyuan Yi , Hani , Lahu Nationality	9
江城哈尼族彝族自治县	Jiangcheng Hani , Yi Nationality	12
孟连傣族拉祜族佤族自治县	Menglian Dai , Lahu , Wa Nationality	6
澜沧拉祜族自治县	Lancang Lahu Nationality	12
西盟佤族自治县	Ximeng Wa Nationality	5
双江拉祜族佤族布朗族傣族自治县	Shuangjiang Lahu , Wa , Bulang , Dai Nationality	15
耿马傣族佤族自治县	Gengma Dai , Wa Nationality	17
沧源佤族自治县	Cangyuan Wa Nationality	10

注：1. 统计范围为年主营业务收入 2000 万元及以上工业企业。
2. 工业总产值系按当年价格计算。

Number of Industrial Enterprises above Designated Size and Their Gross Output Value in Minority Autonomous Areas (2014)

(100 million yuan)

国 有 State-owned	轻工业 Light Industry	重工业 Heavy Industry	工业总产值 Gross Output Value of Industry	国 有 State-owned
44	**488**	**1 006**	**3 705.42**	**230.50**
38	**392**	**762**	**3 024.41**	**225.01**
5	110	154	550.81	18.93
15	60	193	1 064.96	115.95
7	50	108	436.38	69.29
5	25	44	117.49	9.02
3	104	141	633.72	1.57
2	35	85	134.47	4.61
1		19	36.01	5.64
	8	18	50.57	
6	**96**	**244**	**681.01**	**5.49**
1	17	29	33.38	0.26
	3	21	24.41	
1	4	27	103.84	2.82
	3	18	46.92	
	6	14	173.49	
	3	19	22.69	
	4	5	24.47	
	2	6	14.41	
2	4	15	17.97	0.95
	4	7	16.79	
	3	8	37.49	
	11	21	29.04	
	1	8	14.48	
	4	8	12.35	
	1	5	5.42	
	4	8	38.06	
1	1	4	1.92	0.40
	9	6	17.95	
1	7	10	24.90	0.25
	5	5	21.03	0.81

Note: a.Statistical coverage are industrial enterprises with annual revenue over 2000 million yuan from principal business.
b.Gross industrial product value is calculated at the current prices.

17−14 民族自治地方工业主要产品产量(2014 年)

单位：万吨

民族自治地方	Minority Autonomous Area	粗钢 Steel	生铁 Pig Iron
民族自治地方总计	**Minority Autonomous Area Total**	**439.72**	**327.56**
自治州合计	**Autonomous Prefectures**	**297.73**	**310.10**
楚雄彝族自治州	Chuxiong Yi Nationality	137.80	135.16
红河哈尼族彝族自治州	Honghe Hani , Yi Nationality	159.93	165.24
文山壮族苗族自治州	Wenshan Zhuang , Miao Nationality		8.17
西双版纳傣族自治州	Xishuangbanna Dai Nationality		
大理白族自治州	Dali Bai Nationality		1.53
德宏傣族景颇族自治州	Dehong Dai , Jingpo Nationality		
怒江傈僳族自治州	Nujiang Lisu Nationality		
迪庆藏族自治州	Diqing Tibetan Nationality		
自治州以外的自治县合计	**Autonomous Counties Except Above Prefectures**	**141.99**	**17.46**
石林彝族自治县	Shilin Yi Nationality		
禄劝彝族苗族自治县	Luquan Yi , Miao Nationality		
寻甸回族彝族自治县	Xundian Hui , Yi Nationality		
峨山彝族自治县	Eshan Yi Nationality		17.46
新平彝族傣族自治县	Xinping Yi , Dai Nationality	141.99	
元江哈尼族彝族傣族自治县	Yuanjiang Hani , Yi , Dai Nationality		
玉龙纳西族自治县	Yulong Naxi Nationality		
宁蒗彝族自治县	Ninglang Yi Nationality		
宁洱哈尼族彝族自治县	Ning'er Hani , Yi Nationality		
墨江哈尼族自治县	Mojiang Hani Nationality		
景东彝族自治县	Jingdong Yi Nationality		
景谷傣族彝族自治县	Jinggu Dai , Yi Nationality		
镇沅彝族哈尼族拉祜族自治县	Zhenyuan Yi , Hani , Lahu Nationality		
江城哈尼族彝族自治县	Jiangcheng Hani , Yi Nationality		
孟连傣族拉祜族佤族自治县	Menglian Dai , Lahu , Wa Nationality		
澜沧拉祜族自治县	Lancang Lahu Nationality		
西盟佤族自治县	Ximeng Wa Nationality		
双江拉祜族佤族布朗族傣族自治县	Shuangjiang Lahu , Wa , Bulang , Dai Nationality		
耿马傣族佤族自治县	Gengma Dai , Wa Nationality		
沧源佤族自治县	Cangyuan Wa Nationality		

注：统计范围为年主营业务收入 2000 万元及以上工业企业。

Output of Major Industrial Products in Minority Autonomous Areas (2014)

(10 000 tons)

原 煤 Coal	发电量（亿千瓦小时） Electricity (100 million kwh)	成品糖 Sugar of Finished Product	农用化肥 Agricultural Chemical Fertilizer	白 酒（万升） Liquor (10 kiloliters)	啤 酒（万升） Beer (10 kiloliters)	水 泥 Cement
1 767.54	**487.09**	**180.47**	**111.22**	**4 551.11**	**33 699.37**	**3 595.56**
1 276.05	**357.05**	**116.32**	**98.12**	**2 409.79**	**33 699.37**	**2 837.43**
212.94	16.62		14.21	81.40	13 866.20	166.77
898.62	122.04	11.20	83.42	82.19	1 727.39	674.61
128.80	48.01	32.52	0.49	1 925.70		480.97
	7.25	14.83			1 982.58	116.35
26.69	27.55			320.50	16 123.20	1 075.99
	105.84	57.77				226.88
	10.91					
	18.84					95.86
491.49	**130.04**	**64.15**	**13.10**	**2 141.32**		**758.13**
19.46	2.01					78.92
	18.56					32.00
391.56	10.22		6.33			91.23
21.97	0.15		6.77	146.20		75.53
1.80	4.31	5.83				66.18
	1.76	3.12				144.75
	73.11					
10.23	2.49			630.00		
5.75	0.39					143.36
	9.38	0.69		91.32		
13.08	1.06	2.37				17.40
5.72	4.39	3.83		1273.80		
8.85	0.05					3.39
	0.04	0.99				
	0.11	5.01				
10.42	0.17	6.03				12.80
	0.19	0.93				
	0.58	5.71				
	0.91	22.53				71.94
2.64	0.16	7.11				20.63

Note: Statistical coverage are industrial enterprises with annual revenue over 2000 million yuan from principal business.

17-15 民族自治地方规模以上工业企业主要财务指标(2014 年)

单位：亿元

民族自治地方	Minority Autonomous Area	工业总产值 Gross Output Value (at current prices)
民族自治地方总计	**Minority Autonomous Area Total**	**3 705.42**
自治州合计	**Autonomous Prefectures**	**3 024.41**
楚雄彝族自治州	Chuxiong Yi Nationality	550.81
红河哈尼族彝族自治州	Honghe Hani , Yi Nationality	1 064.96
文山壮族苗族自治州	Wenshan Zhuang , Miao Nationality	436.38
西双版纳傣族自治州	Xishuangbanna Dai Nationality	117.49
大理白族自治州	Dali Bai Nationality	633.72
德宏傣族景颇族自治州	Dehong Dai , Jingpo Nationality	134.47
怒江傈僳族自治州	Nujiang Lisu Nationality	36.01
迪庆藏族自治州	Diqing Tibetan Nationality	50.57
自治州以外的自治县合计	**Autonomous Counties Except Above Prefectures**	**681.01**
石林彝族自治县	Shilin Yi Nationality	33.38
禄劝彝族苗族自治县	Luquan Yi , Miao Nationality	24.41
寻甸回族彝族自治县	Xundian Hui , Yi Nationality	103.84
峨山彝族自治县	Eshan Yi Nationality	46.92
新平彝族傣族自治县	Xinping Yi , Dai Nationality	173.49
元江哈尼族彝族傣族自治县	Yuanjiang Hani , Yi , Dai Nationality	22.69
玉龙纳西族自治县	Yulong Naxi Nationality	24.47
宁蒗彝族自治县	Ninglang Yi Nationality	14.41
宁洱哈尼族彝族自治县	Ning'er Hani , Yi Nationality	17.97
墨江哈尼族自治县	Mojiang Hani Nationality	16.79
景东彝族自治县	Jingdong Yi Nationality	37.49
景谷傣族彝族自治县	Jinggu Dai , Yi Nationality	29.04
镇沅彝族哈尼族拉祜族自治县	Zhenyuan Yi , Hani , Lahu Nationality	14.48
江城哈尼族彝族自治县	Jiangcheng Hani , Yi Nationality	12.35
孟连傣族拉祜族佤族自治县	Menglian Dai , Lahu , Wa Nationality	5.42
澜沧拉祜族自治县	Lancang Lahu Nationality	38.06
西盟佤族自治县	Ximeng Wa Nationality	1.92
双江拉祜族佤族布朗族傣族自治县	Shuangjiang Lahu , Wa , Bulang , Dai Nationality	17.95
耿马傣族佤族自治县	Gengma Dai , Wa Nationality	24.90
沧源佤族自治县	Cangyuan Wa Nationality	21.03

Principal Financial Indicators of Industrial Enterprises above Designated size in Minority Autonomous Areas (2014)

(100 million yuan)

主营业务收入 Revenue from Principal Business	固定资产原价 Original Value of Fixed Assets	固定资产净值 Net Value of Fixed Assets	利税总额 Total Taxes and Profits	亏损企业亏损总额 Total Loss of Loss-making Enterprises
3 445.12	**4 252.35**	**3 062.92**	**529.92**	**97.71**
2 824.02	**2 966.20**	**2 035.81**	**461.73**	**71.31**
475.81	333.12	206.83	102.08	5.90
1 100.73	1 010.45	609.43	160.88	38.24
368.80	328.96	243.85	57.33	7.59
96.12	155.29	116.83	19.23	3.27
573.07	677.20	514.65	108.61	3.39
133.00	281.80	212.96	9.08	8.14
34.29	79.36	53.92	4.04	0.06
42.20	100.02	77.34	0.48	4.72
621.10	**1 286.15**	**1 027.11**	**68.19**	**26.40**
28.46	35.99	26.10	3.21	0.11
19.88	74.22	64.73	1.12	1.00
115.77	87.31	68.02	12.99	4.00
44.84	22.18	12.89	7.51	0.87
133.34	98.51	63.50	8.88	5.01
24.87	16.40	8.79	0.63	0.82
22.92	161.75	140.71	5.28	0.09
14.12	87.01	77.04	4.83	
16.34	40.20	31.44	0.56	1.17
16.34	75.31	61.46	0.87	2.14
34.67	152.30	129.24	7.85	0.54
28.52	41.24	21.16	2.40	1.90
13.83	15.07	11.91	3.21	0.09
11.05	65.16	53.10	- 0.99	2.45
4.78	3.28	1.77	- 0.75	0.89
35.87	231.33	196.88	11.67	0.60
1.49	4.08	2.78	- 0.13	0.18
20.61	33.21	27.43	1.99	0.30
17.41	26.92	18.19	- 3.20	3.74
15.99	14.68	9.97	0.26	0.50

Chapter 18

十八、县域经济概况
Survey of Intra-counry Economies

18-1 各州市县生产总值及其指数(2014 年)

Gross Regional Product and Its Indices by Region (2014)

单位：亿元，%　　　　(100 million,%)

州市县	Region	生产总值 Gross Regional Product	第一产业 Primary Industry	第二产业 Secondary Industry	第三产业 Tertiary Industry	生产总值指数 (上年=100) Indices of GRP (preceding year=100)	第一产业 Primary Industry	第二产业 Secondary Industry	第三产业 Tertiary Industry
全　　省	**Yunnan**	**12 814.59**	**1 990.07**	**5 281.82**	**5 542.70**	**108.1**	**106.2**	**109.1**	**107.4**
昆 明 市	**Kunming**	**3 712.99**	**181.56**	**1 538.53**	**1 992.90**	**108.1**	**106.2**	**108.3**	**108.1**
呈贡区	Chenggong	166.14	5.36	94.38	66.40	112.0	94.2	112.5	112.8
五华区	Wuhua	868.81	1.96	492.33	374.52	108.1	101.4	108.3	107.8
盘龙区	Panlong	479.12	4.75	145.95	328.42	108.4	101.0	111.4	107.0
官渡区	Guandu	834.31	8.20	306.67	519.44	108.8	101.0	110.5	107.8
西山区	Xishan	413.93	3.45	117.34	293.14	108.1	104.1	110.4	107.2
东川区	Dongchuan	71.93	5.40	38.76	27.77	111.5	108.0	112.2	111.1
晋宁县	Jinning	104.61	19.06	43.59	41.96	106.7	107.6	105.5	107.7
富民县	Fumin	54.94	9.15	28.39	17.40	110.2	105.9	114.8	104.4
宜良县	Yiliang	140.01	41.51	40.92	57.58	107.0	105.3	112.2	103.7
石林县	Shilin	64.79	17.27	17.22	30.30	94.0	108.8	77.5	101.1
嵩明县	Songming	92.81	13.76	46.43	32.62	112.0	106.4	113.3	112.2
禄劝县	Luquan	68.42	19.74	20.12	28.56	109.0	109.8	113.5	105.4
寻甸县	Xundian	72.43	19.87	24.95	27.61	111.7	108.0	123.6	104.2
安宁市	Anning	256.45	11.84	126.57	118.04	100.1	104.9	96.8	103.9
曲 靖 市	**Qujing**	**1 548.46**	**305.51**	**637.45**	**605.50**	**104.0**	**106.3**	**100.1**	**107.6**
麒麟区	Qilin	511.00	21.47	273.05	216.48	105.9	106.0	106.7	104.9
马龙县	Malong	38.96	8.23	18.19	12.54	111.0	106.1	113.8	110.1
陆良县	Luliang	126.71	49.95	31.62	45.14	112.5	106.0	126.4	110.7
师宗县	Shizong	97.31	36.61	34.66	26.04	110.1	107.0	111.5	111.6
罗平县	Luoping	127.05	36.99	39.40	50.66	108.2	106.3	110.9	107.0
富源县	Fuyuan	113.83	31.41	35.92	46.50	80.0	106.1	54.9	102.1
会泽县	Huize	160.09	35.62	80.51	43.96	113.0	107.1	116.0	111.3
沾益县	Zhanyi	158.79	34.91	68.36	55.52	105.3	106.0	104.3	106.3
宣威市	Xuanwei	207.89	51.01	55.71	101.17	96.1	106.0	78.3	105.1
玉 溪 市	**Yuxi**	**1 184.73**	**121.37**	**686.05**	**377.31**	**108.0**	**106.0**	**108.5**	**107.4**
红塔区	Hongta	617.45	13.70	477.55	126.20	107.1	106.1	106.7	108.6
江川县	Jiangchuan	65.60	14.46	20.72	30.42	109.8	104.8	114.7	109.0
澄江县	Chengjiang	64.47	9.74	21.34	33.39	108.1	106.3	108.3	108.5
通海县	Tonghai	83.44	14.54	31.75	37.15	106.6	105.4	106.0	107.6
华宁县	Huaning	63.14	16.35	17.39	29.40	109.0	106.3	114.3	106.8
易门县	Yimen	64.62	10.10	31.00	23.52	122.2	106.2	137.8	109.3
峨山县	Eshan	56.91	9.35	22.18	25.38	111.2	106.6	115.2	108.6
新平县	Xinping	105.08	16.00	45.34	43.74	105.8	106.5	104.1	107.4
元江县	Yuanjiang	57.24	17.13	10.72	29.39	108.6	106.3	111.2	108.6

18-1 续表 1 continued

单位：亿元，% (100 million,%)

州市县	Region	生产总值 Gross Regional Product	第一产业 Primary Industry	第二产业 Secondary Industry	第三产业 Tertiary Industry	生产总值指数（上年=100) Indices of GRP (preceding year=100)	第一产业 Primary Industry	第二产业 Secondary Industry	第三产业 Tertiary Industry
保山市	**Baoshan**	**503.09**	**136.11**	**174.24**	**192.74**	**111.2**	**106.6**	**114.8**	**110.7**
隆阳区	Longyang	190.53	44.57	63.20	82.76	113.0	107.0	115.8	113.9
施甸县	Shidian	45.48	14.51	12.96	18.01	111.3	106.6	117.4	110.2
腾冲县	Tengchong	134.07	29.79	48.13	56.15	108.1	106.6	111.2	105.9
龙陵县	Longling	56.29	18.25	23.23	14.81	111.2	106.1	113.9	111.8
昌宁县	Changning	76.72	28.99	26.72	21.01	111.3	106.9	114.4	113.2
昭通市	**Zhaotong**	**669.51**	**135.76**	**299.39**	**234.36**	**105.3**	**106.5**	**103.4**	**107.5**
昭阳区	Zhaoyang	201.33	24.81	104.29	72.23	108.1	106.7	108.3	108.2
鲁甸县	Ludian	44.35	10.50	17.00	16.85	103.9	106.0	97.3	109.1
巧家县	Qiaojia	46.46	19.34	10.06	17.06	108.0	106.3	111.7	107.5
盐津县	Yanjin	35.40	8.55	13.47	13.38	105.8	102.7	122.3	93.8
大关县	Daguan	27.61	6.38	10.63	10.60	113.1	106.6	124.2	107.8
永善县	Yongshan	66.67	12.53	37.37	16.77	136.6	106.0	170.2	103.6
绥江县	Suijiang	19.96	3.71	6.63	9.62	101.6	106.6	96.2	104.0
镇雄县	Zhenxiong	84.62	22.59	28.78	33.25	82.1	106.0	57.8	101.4
彝良县	Yiliang	45.37	18.95	14.09	12.33	91.0	106.0	82.9	90.7
威信县	Weixin	29.24	6.37	11.04	11.83	88.2	106.5	72.4	100.3
水富县	Shuifu	47.19	1.95	34.61	10.63	109.5	106.4	111.7	102.7
丽江市	**Lijiang**	**269.68**	**42.89**	**107.62**	**119.17**	**104.6**	**106.4**	**100.9**	**108.0**
古城区	Gucheng	101.25	5.08	31.55	64.62	106.1	105.9	102.6	108.1
玉龙县	Yulong	45.82	9.81	19.56	16.45	110.0	106.1	110.7	111.3
永胜县	Yongsheng	63.04	15.06	31.59	16.39	114.1	106.7	121.9	106.4
华坪县	Huaping	28.41	5.73	12.05	10.63	75.7	106.4	57.0	101.2
宁蒗县	Ninglang	30.16	7.20	12.17	10.79	106.0	106.1	103.1	108.7
普洱市	**Pu'er**	**476.95**	**137.55**	**167.83**	**171.57**	**108.9**	**106.5**	**109.7**	**109.4**
思茅区	Simao	109.29	12.38	43.01	53.90	109.0	105.9	109.3	109.2
宁洱县	Ning'er	39.31	9.75	15.18	14.38	108.8	106.4	107.9	110.9
墨江县	Mojiang	46.67	13.75	15.06	17.86	109.2	106.6	107.2	112.4
景东县	Jingdong	54.00	21.24	16.64	16.12	106.8	106.3	111.0	103.6
景谷县	Jinggu	82.22	28.06	32.14	22.02	110.0	106.5	111.7	111.6
镇沅县	Zhenyuan	37.84	16.87	10.78	10.19	110.0	107.1	111.3	111.6
江城县	Jiangcheng	23.19	8.52	8.33	6.34	102.2	106.5	97.9	105.1
孟连县	Menglian	21.17	8.43	4.33	8.41	111.2	107.2	137.2	103.7
澜沧县	Lancang	53.42	15.91	20.24	17.27	107.8	105.8	110.6	106.6
西盟县	Ximeng	9.85	2.65	2.13	5.07	111.0	106.8	110.8	113.0
临沧市	**Lincang**	**465.12**	**139.88**	**157.29**	**167.95**	**111.2**	**106.5**	**115.6**	**110.2**
临翔区	Linxiang	84.59	14.18	27.20	43.21	113.6	106.4	122.7	110.7
凤庆县	Fengqing	85.38	32.19	27.14	26.05	108.6	106.7	107.1	111.7
云 县	Yunxian	84.52	26.48	35.07	22.97	110.1	106.3	115.5	107.2
永德县	Yongde	46.89	14.57	15.00	17.32	110.6	109.2	105.1	116.2
镇康县	Zhenkang	32.95	8.11	11.04	13.80	107.9	106.4	108.6	108.1
双江县	Shuangjiang	32.64	9.59	11.01	12.04	110.8	106.5	113.4	111.8
耿马县	Gengma	68.51	26.40	20.13	21.98	110.0	106.7	114.6	109.3
沧源县	Cangyuan	31.04	8.51	10.72	11.81	110.9	106.3	123.8	105.8

18-1 续表 2 continued

单位：亿元 ,% (100 million,%)

州市县	Region	生产总值 Gross Regional Product	第一产业 Primary Industry	第二产业 Secondary Industry	第三产业 Tertiary Industry	生产总值指数 (上年=100) Indices of GRP (preceding year=100)	第一产业 Primary Industry	第二产业 Secondary Industry	第三产业 Tertiary Industry
楚雄州	**Chuxiong**	**705.66**	**147.32**	**274.91**	**283.43**	**111.0**	**106.3**	**114.2**	**109.7**
楚雄市	Chuxiong	278.09	22.40	152.51	103.18	110.6	106.7	111.7	109.7
双柏县	Shuangbo	26.76	9.37	6.13	11.26	112.3	105.9	122.4	111.6
牟定县	Mouding	34.73	10.41	11.20	13.12	112.2	107.0	121.5	107.9
南华县	Nanhua	43.93	12.29	13.58	18.06	112.6	106.6	120.1	110.5
姚安县	Yao'an	32.97	12.66	5.94	14.37	112.1	106.7	115.3	115.0
大姚县	Dayao	52.35	16.83	17.23	18.29	111.1	106.7	117.6	109.5
永仁县	Yongren	26.28	7.70	7.14	11.44	112.0	111.4	119.2	108.1
元谋县	Yuanmou	42.87	14.02	10.38	18.47	112.0	106.9	123.7	109.1
武定县	Wuding	50.39	14.82	14.75	20.82	114.0	106.6	126.2	111.5
禄丰县	Lufeng	109.62	26.83	35.99	46.80	108.5	106.8	109.1	109.0
红河州	**Honghe**	**1 127.09**	**193.89**	**514.37**	**418.83**	**110.0**	**106.4**	**109.4**	**112.1**
蒙自市	Mengzi	131.40	21.11	58.36	51.93	110.0	106.4	111.0	109.8
个旧市	Gejiu	190.85	12.17	103.69	74.99	110.1	106.7	110.3	110.2
开远市	Kaiyuan	143.26	16.21	55.10	71.95	106.0	106.4	103.2	108.5
弥勒市	Mile	243.99	25.95	162.35	55.69	109.0	106.2	107.4	115.1
屏边县	Pingbian	22.69	5.90	7.60	9.19	112.5	106.4	113.5	115.0
建水县	Jianshui	114.95	26.99	42.93	45.03	111.5	106.2	109.1	116.3
石屏县	Shiping	51.72	20.95	12.89	17.88	111.2	106.8	113.8	113.4
泸西县	Luxi	69.65	17.01	24.74	27.90	111.4	106.6	116.2	109.3
元阳县	Yuanyang	37.44	11.81	11.14	14.49	112.0	106.4	116.5	112.5
红河县	Honghe	27.84	10.29	6.97	10.58	112.0	106.7	121.2	110.5
金平县	Jinping	38.01	9.98	16.61	11.42	112.3	106.6	117.6	108.5
绿春县	Luchun	23.56	7.06	8.75	7.75	112.2	106.3	119.8	108.2
河口县	Hekou	33.85	8.55	7.05	18.25	110.0	106.5	119.4	107.9
文山州	**Wenshan**	**615.87**	**141.28**	**223.27**	**251.32**	**112.0**	**106.2**	**118.2**	**108.8**
文山市	Wenshan	176.64	16.52	88.37	71.75	112.0	106.0	114.0	110.8
砚山县	Yanshan	93.15	20.82	31.30	41.03	108.8	106.3	113.0	106.4
西畴县	Xichou	27.20	8.76	5.95	12.49	112.5	106.3	131.3	107.8
麻栗坡县	Malipo	45.62	10.58	17.98	17.06	112.3	106.1	118.9	108.2
马关县	Maguan	65.65	16.01	25.54	24.10	113.7	106.1	121.6	108.5
丘北县	Qiubei	57.71	20.52	14.23	22.96	111.0	106.3	121.4	107.9
广南县	Guangnan	82.15	28.99	22.78	30.38	111.5	106.3	122.8	107.4
富宁县	Funing	66.60	19.13	22.40	25.07	112.2	106.3	120.9	108.2
西双版纳州	**Xishuangbanna**	**306.02**	**78.54**	**86.40**	**141.08**	**112.2**	**106.3**	**118.4**	**110.9**
景洪市	Jinghong	160.81	32.76	47.38	80.67	112.2	106.2	116.7	111.4
勐海县	Menghai	78.32	17.88	29.90	30.54	116.2	106.4	125.6	111.0

18-1 续表 3 continued

单位：亿元，% (100 million,%)

州市县	Region	生产总值 Gross Regional Product	第一产业 Primary Industry	第二产业 Secondary Industry	第三产业 Tertiary Industry	生产总值指数（上年=100）Indices of GRP (preceding year=100)	第一产业 Primary Industry	第二产业 Secondary Industry	第三产业 Tertiary Industry
勐腊县	Mengla	66.90	27.91	9.12	29.87	108.1	106.4	107.6	109.6
大理州	**Dali**	**832.33**	**176.60**	**343.58**	**312.15**	**108.5**	**105.9**	**110.1**	**107.9**
大理市	Dali	316.65	21.19	152.56	142.90	109.0	106.0	110.1	108.2
漾濞县	Yangbi	17.43	5.16	6.83	5.44	103.2	106.3	97.3	110.8
祥云县	Xiangyun	107.11	29.06	42.95	35.10	108.6	106.2	107.9	111.3
宾川县	Binchuan	79.11	36.61	14.05	28.45	109.5	106.3	115.9	110.3
弥渡县	Midu	41.01	12.24	11.22	17.55	110.0	108.4	110.4	110.6
南涧县	Nanjian	41.34	11.20	13.66	16.48	108.5	106.0	109.2	109.5
巍山县	Weishan	44.47	15.24	13.83	15.40	110.4	106.3	116.9	109.7
永平县	Yongping	32.36	11.98	9.50	10.88	105.6	106.0	104.9	105.7
云龙县	Yunlong	42.68	6.93	20.97	14.78	108.2	106.0	108.3	109.1
洱源县	Eryuan	50.09	16.46	17.06	16.57	110.4	106.3	112.8	111.7
剑川县	Jianchuan	23.86	5.29	10.76	7.81	105.3	105.9	101.2	111.8
鹤庆县	Heqing	51.84	10.28	30.67	10.89	106.0	106.2	105.1	108.5
德宏州	**Dehong**	**274.20**	**70.61**	**71.62**	**131.97**	**107.0**	**106.2**	**106.7**	**107.5**
芒市	Mangshi	77.97	20.28	16.99	40.70	101.5	106.0	97.7	101.7
瑞丽市	Ruili	73.32	9.10	14.88	49.34	116.9	105.5	112.9	120.0
梁河县	Lianghe	17.51	5.87	3.94	7.70	108.0	107.1	103.1	111.4
盈江县	Yingjiang	71.21	21.59	28.19	21.43	107.0	106.6	105.4	109.5
陇川县	Longchuan	34.08	13.79	7.64	12.65	110.4	106.9	113.5	111.5
怒江州	**Nujiang**	**100.12**	**16.33**	**32.81**	**50.98**	**108.0**	**105.8**	**110.1**	**106.9**
泸水县	Lushui	37.39	5.85	13.00	18.54	107.3	105.8	110.5	105.3
福贡县	Fugong	10.32	2.30	1.72	6.30	103.2	104.8	90.5	107.4
贡山县	Gongshan	8.85	1.92	1.75	5.18	107.0	106.2	106.7	107.3
兰坪县	Lanping	41.52	6.27	15.99	19.26	109.2	106.0	110.7	108.3
迪庆州	**Diqing**	**147.21**	**10.39**	**51.69**	**85.13**	**111.1**	**106.7**	**115.2**	**109.0**
香格里拉县	Shangri-La	90.94	3.93	31.40	55.61	110.6	129.5	112.9	108.1
德钦县	Deqin	22.47	1.48	8.95	12.04	110.9	106.4	116.3	107.4
维西县	Weixi	33.76	4.98	10.97	17.81	111.6	106.4	117.6	109.3

18−2 各州市县人均生产总值(2013−2014 年)

Per Capita Gross Regional Product by Region (2013-2014)

单位：元／人 (yuan/person)

州市县	Region	2013	2014	州市县	Region	2013	2014
全　　省	**Yunnan**	**25 322**	**27264**	龙陵县	Longling	17 925	19834
昆 明 市	**Kunming**	**52 093**	**56236**	昌宁县	Changning	19 851	21833
呈贡区	Chengong	45 165	50653	**昭 通 市**	**Zhaotong**	**11 492**	**12480**
五华区	Wuhua	94 471	100498	昭阳区	Zhaoyang	23 090	24749
盘龙区	Panlong	53 553	58146	鲁甸县	Ludian	9 424	10979
官渡区	Guandu	87 621	95677	巧家县	Qiaojia	7 917	8794
西山区	Xishan	50 748	53513	盐津县	Yanjin	8 765	9268
东川区	Dongchuan	24 689	25780	大关县	Daguan	8 622	10199
晋宁县	Jinning	33 339	35401	永善县	Yongshan	12 627	16442
富民县	Fumin	33 276	36262	绥江县	Suijiang	12 268	12699
宜良县	Yiliang	30 563	32523	镇雄县	Zhenxiong	7 138	6192
石林县	Shilin	25 719	25406	彝良县	Yiliang	8 972	8465
嵩明县	Songming	28 306	31143	威信县	Weixin	7 833	7374
禄劝县	Luquan	15 273	16831	水富县	Shuifu	42 865	45242
寻甸县	Xundian	14 002	15542	**丽 江 市**	**Lijiang**	**20 206**	**21202**
安宁市	Anning	68 671	71335	古城区	Gucheng	44 152	47030
曲 靖 市	**Qujing**	**24 224**	**25844**	玉龙县	Yulong	18 829	21055
麒麟区	Qilin	61 128	67210	永胜县	Yongsheng	13 887	15768
马龙县	Malong	18 262	20431	华坪县	Huaping	21 692	16506
陆良县	Luliang	17 722	19989	宁蒗县	Ninglang	10 534	11345
师宗县	Shizong	21 754	24218	**普 洱 市**	**Pu'er**	**16 666**	**18422**
罗平县	Luoping	20 781	22615	思茅区	Simao	31 003	35312
富源县	Fuyuan	18 452	15417	宁洱县	Ning'er	18 434	20612
会泽县	Huize	14 997	17221	墨江县	Mojiang	11 763	12775
沾益县	Zhanyi	33 376	35699	景东县	Jingdong	13 660	14845
宣威市	Xuanwei	15 766	15625	景谷县	Jinggu	24 778	27834
玉 溪 市	**Yuxi**	**47 216**	**50500**	镇沅县	Zhenyuan	16 261	17966
红塔区	Hongta	118 188	122267	江城县	Jiangcheng	18 566	18520
江川县	Jiangchuan	20 851	23041	孟连县	Menglian	14 025	15272
澄江县	Chengjiang	34 456	37159	澜沧县	Lancang	9 827	10746
通海县	Tonghai	25 222	26942	西盟县	Ximeng	9 540	10588
华宁县	Huaning	26 406	28925	**临 沧 市**	**Lincang**	**16 897**	**18710**
易门县	Yimen	29 796	36080	临翔区	Lincang	22 558	25563
峨山县	Eshan	31 251	34468	凤庆县	Fengqing	16 646	18239
新平县	Xinping	34 153	36272	云　县	Yunxian	16 726	18409
元江县	Yuanjiang	23 829	25843	永德县	Yongde	11 162	12433
保 山 市	**Baoshan**	**17 763**	**19648**	镇康县	Zhenkang	17 140	18204
隆阳区	Longyang	17 713	19922	双江县	Shuangjiang	15 411	18022
施甸县	Shidian	13 200	14592	耿马县	Gengma	20 637	22490
腾冲县	Tengchong	18 793	20369	沧源县	Cangyuan	14 525	16772

18–2 续表 continued

单位：元／人 (yuan/person)

州市县	Region	2013	2014	州市县	Region	2013	2014
楚雄州	**Chuxiong**	**23 256**	**25 886**	富宁县	Funing	14 661	16 010
楚雄市	Chuxiong	42 178	46 668	**西双版纳州**	**Xishuangbanna**	**23 670**	**26 507**
双柏县	Shuangbo	14 907	16 691	景洪市	Jinghong	26 875	30 376
牟定县	Mouding	14 614	16 411	勐海县	Menghai	20 424	23 164
南华县	Nanhua	16 046	18 260	勐腊县	Mengla	21 567	23 300
姚安县	Yao'an	14 221	16 288	**大理州**	**Dali**	**21 819**	**23 656**
大姚县	Dayao	16 620	18 818	大理市	Dali	43 957	47 688
永仁县	Yongren	21 200	23 698	漾濞县	Yangbi	16 560	16 709
元谋县	Yuanmou	17 383	19 602	祥云县	Xiangyun	21 612	23 104
武定县	Wuding	15 929	18 140	宾川县	Binchuan	19 675	21 907
禄丰县	Lufeng	23 495	25 492	弥渡县	Midu	11 707	12 884
红河州	**Honghe**	**22 442**	**24 473**	南涧县	Nanjian	16 499	18 372
蒙自市	Mengzi	28 802	30 779	巍山县	Weishan	13 107	14 368
个旧市	Gejiu	37 304	40 841	永平县	Yongping	17 186	18 086
开远市	Kaiyuan	40 690	43 348	云龙县	Yunlong	19 036	20 930
弥勒市	Mile	41 111	44 265	洱源县	Eryuan	15 479	18 315
屏边县	Pingbian	12 934	14 570	剑川县	Jianchuan	13 067	13 751
建水县	Jianshui	18 955	21 173	鹤庆县	Heqing	19 326	19 939
石屏县	Shiping	15 271	16 925	**德宏州**	**Dehong**	**20 408**	**21 857**
泸西县	Luxi	15 360	16 959	芒　市	Mangshi	19 124	19 357
元阳县	Yuanyang	8 242	9 176	瑞丽市	Ruili	33 245	37 755
红河县	Honghe	8 082	9 134	梁河县	Lianghe	10 557	11 129
金平县	Jinping	9 190	10 340	盈江县	Yingjiang	21 405	22 788
绿春县	Luchun	9 360	10 318	陇川县	Longchuan	16 715	18 165
河口县	Hekou	28 652	31 756	**怒江州**	**Nujiang**	**15 960**	**18 540**
文山州	**Wenshan**	**15 526**	**17 208**	泸水县	Lushui	17 909	20 016
文山市	Wenshan	32 464	35 744	福贡县	Fugong	8 991	10 353
砚山县	Yanshan	18 113	19 735	贡山县	Gongshan	20 254	23 108
西畴县	Xichou	9 512	10 490	兰坪县	Lanping	16 749	19 292
麻栗坡县	Malipo	14 412	16 113	**迪庆州**	**Diqing**	**32 680**	**36 187**
马关县	Maguan	15 523	17 539	香格里拉县	Shangri-La	46 883	51 672
丘北县	Qiubei	10 651	11 859	德钦县	Deqin	30 303	33 246
广南县	Guangnan	9 225	10 268	维西县	Weixi	18 223	20 672

18-3 各州市县年末总人口(2007-2014年)
Total Population at Year-end by Region（2007-2014）

单位：万人 (10 000 persons)

州市县	Region	2007	2008	2009	2010	2011	2012	2013	2014
全　省	**Yunnan**	**4 514.00**	**4 543.00**	**4 571.00**	**4 601.60**	**4 631.03**	**4 659.00**	**4 686.60**	**4713.90**
昆 明 市	**Kunming**	**619.33**	**623.90**	**628.00**	**643.92**	**648.64**	**653.30**	**657.90**	**662.60**
呈贡区	Chenggong	22.85	22.50	23.00	31.12	31.70	32.20	32.60	33.00
五华区	Wuhua	88.09	87.49	87.00	85.64	86.20	85.90	86.30	86.60
盘龙区	Panlong	65.16	65.91	73.00	81.08	81.60	81.80	82.20	82.60
官渡区	Guandu	74.68	75.61	76.50	85.43	86.00	86.60	87.00	87.40
西山区	Xishan	69.13	70.75	71.50	75.46	76.24	76.90	77.20	77.50
东川区	Dongchuan	29.12	29.33	29.50	27.22	27.40	27.50	27.70	27.90
晋宁县	Jinning	28.32	28.04	28.20	28.41	28.50	29.10	29.40	29.70
富民县	Fumin	15.01	15.07	15.20	14.57	14.70	14.90	15.00	15.30
宜良县	Yiliang	41.84	42.58	42.90	41.99	42.25	42.60	42.90	43.20
石林县	Shilin	24.03	24.26	24.40	24.65	24.80	25.10	25.40	25.60
嵩明县	Songming	34.72	34.94	28.50	28.74	28.90	29.10	29.50	30.10
禄劝县	Luquan	44.15	44.52	44.80	39.68	39.95	40.20	40.50	40.80
寻甸县	Xundian	50.48	50.89	51.30	45.76	46.00	46.30	46.50	46.70
安宁市	Anning	31.75	32.01	32.20	34.17	34.40	35.10	35.70	36.20
曲 靖 市	**Qujing**	**572.92**	**578.20**	**581.80**	**586.14**	**589.89**	**593.60**	**597.40**	**600.90**
麒麟区	Qilin	69.18	69.48	70.10	74.16	75.02	75.32	75.80	76.25
马龙县	Malong	19.15	19.16	19.50	18.52	18.68	18.88	19.00	19.14
陆良县	Luliang	61.51	61.82	62.00	62.31	62.49	62.79	63.19	63.59
师宗县	Shizong	38.03	38.06	38.20	39.28	39.52	39.80	40.06	40.29
罗平县	Luoping	54.44	54.50	54.70	55.03	55.35	55.65	56.01	56.34
富源县	Fuyuan	70.38	70.41	70.50	72.34	72.75	73.18	73.65	74.01
会泽县	Huize	87.72	90.93	91.60	90.93	91.33	92.08	92.67	93.24
沾益县	Zhanyi	40.20	40.56	41.00	43.15	43.76	44.06	44.34	44.62
宣威市	Xuanwei	132.31	133.28	134.20	130.43	130.99	131.84	132.68	133.42
玉 溪 市	**Yuxi**	**226.40**	**227.60**	**228.70**	**230.60**	**231.80**	**233.00**	**234.00**	**235.10**
红塔区	Hongta	47.10	47.39	47.70	49.57	49.80	50.10	50.30	50.50
江川县	Jiangchuan	27.76	27.89	28.00	28.12	28.20	28.30	28.40	28.53
澄江县	Chengjiang	16.30	16.40	16.50	16.95	17.10	17.20	17.30	17.40
通海县	Tonghai	30.19	30.40	30.50	30.11	30.40	30.70	30.90	31.04
华宁县	Huaning	21.23	21.40	21.50	21.49	21.60	21.70	21.78	21.88
易门县	Yimen	17.89	18.00	18.00	17.73	17.75	17.80	17.86	17.96
峨山县	Ershan	16.08	16.20	16.20	16.30	16.35	16.40	16.46	16.56
新平县	Xinping	28.28	28.40	28.50	28.57	28.70	28.80	28.90	29.03
元江县	Yuanjiang	21.57	21.70	21.80	21.76	21.90	22.00	22.10	22.20

18-3　续表 1　continued

单位：万人　(10 000 persons)

州 市 县	Region	2007	2008	2009	2010	2011	2012	2013	2014
保 山 市	**Baoshan**	**245.02**	**246.40**	**247.70**	**250.92**	**252.52**	**254.00**	**255.40**	**256.70**
隆阳区	Longyang	88.32	88.70	89.40	93.66	94.26	94.81	95.39	95.88
施甸县	Shidian	32.20	32.50	32.50	30.56	30.75	30.93	31.09	31.24
腾冲县	Tengchong	62.90	63.30	63.80	64.55	64.96	65.34	65.65	65.99
龙陵县	Longling	27.30	27.50	27.55	27.76	27.94	28.10	28.31	28.45
昌宁县	Changning	34.30	34.40	34.45	34.39	34.61	34.82	34.96	35.14
昭 通 市	**Zhaotong**	**525.22**	**529.50**	**534.30**	**521.92**	**525.85**	**529.60**	**534.20**	**538.70**
昭阳区	Zhaoyang	79.30	80.06	80.76	78.87	79.50	80.17	80.98	81.71
鲁甸县	Ludian	37.57	37.97	38.29	39.11	39.40	39.79	40.20	40.60
巧家县	Qiaojia	54.38	53.37	52.95	51.69	52.03	52.18	52.61	53.04
盐津县	Yanjin	37.11	37.51	37.82	37.03	37.31	37.62	37.91	38.20
大关县	Daguan	25.52	25.85	26.05	26.35	26.55	26.77	26.97	27.17
永善县	Yongshan	38.92	39.80	40.20	39.47	39.77	40.09	40.40	40.70
绥江县	Suijiang	15.70	15.83	15.96	15.33	15.45	15.57	15.67	15.77
镇雄县	Zhenxiong	135.47	136.95	139.19	132.98	133.98	134.83	136.05	137.28
彝良县	Yiliang	54.11	54.57	55.11	52.24	52.63	53.07	53.52	53.97
威信县	Weixin	37.60	37.99	38.32	38.63	38.92	39.18	39.49	39.81
水富县	Shuifu	9.55	9.60	9.65	10.23	10.31	10.33	10.40	10.46
丽 江 市	**Lijiang**	**121.60**	**122.10**	**122.60**	**124.61**	**125.41**	**126.20**	**126.90**	**127.50**
古城区	Gucheng	17.08	17.15	17.22	21.14	21.27	21.36	21.48	21.58
玉龙县	Yulong	22.98	23.06	23.15	21.49	21.62	21.83	21.95	22.04
永胜县	Yongsheng	39.71	39.88	40.04	39.24	39.52	39.68	39.90	40.05
华坪县	Huaping	16.38	16.45	16.51	16.82	16.92	17.08	17.17	17.24
宁蒗县	Ninglang	25.45	25.56	25.66	25.91	26.08	26.25	26.40	26.58
普 洱 市	**Pu'er**	**257.63**	**258.10**	**258.70**	**254.57**	**256.09**	**257.50**	**258.40**	**259.40**
思茅区	Simao	25.62	25.68	25.89	29.69	30.16	30.64	30.84	31.05
宁洱县	Ning'er	19.46	19.49	19.53	18.59	18.70	18.90	19.02	19.12
墨江县	Mojiang	37.91	37.96	37.99	36.09	36.22	36.36	36.47	36.59
景东县	Jingdong	37.90	37.93	37.98	35.99	36.11	36.20	36.31	36.44
景谷县	Jinggu	30.97	31.03	31.08	29.20	29.26	29.41	29.49	29.59
镇沅县	Zhenyuan	21.44	21.46	21.49	20.88	20.99	21.01	21.03	21.09
江城县	Jiangcheng	11.87	12.03	12.09	12.17	12.29	12.40	12.48	12.56
孟连县	Menglian	13.36	13.38	13.41	13.57	13.71	13.80	13.83	13.88
澜沧县	Lancang	49.86	49.89	49.97	49.24	49.49	49.56	49.68	49.74
西盟县	Ximeng	9.24	9.25	9.27	9.14	9.16	9.22	9.25	9.34
临 沧 市	**Lincang**	**236.80**	**238.20**	**239.60**	**243.21**	**244.77**	**246.30**	**247.90**	**249.30**
临翔区	Linxiang	30.36	30.53	30.69	32.41	32.55	32.80	32.95	33.23
凤庆县	Fengqing	45.20	45.46	45.69	45.88	46.14	46.40	46.71	46.92

18-3 续表 2 continued

单位：万人 (10 000 persons)

州 市 县	Region	2007	2008	2009	2010	2011	2012	2013	2014
云　县	Yunxian	44.35	44.59	44.82	44.99	45.28	45.50	45.81	46.01
永德县	Yongde	36.48	36.67	36.91	37.01	37.23	37.40	37.62	37.79
镇康县	Zhenkang	17.05	17.17	17.30	17.65	17.77	17.90	18.03	18.16
双江县	Shuangjiang	17.86	17.98	18.08	17.67	17.79	17.90	18.05	18.17
耿马县	Gengma	28.20	28.38	28.59	29.66	29.86	30.10	30.28	30.46
沧源县	Cangyuan	17.30	17.42	17.55	17.93	18.15	18.30	18.45	18.56
楚 雄 州	**Chuxiong**	**268.40**	**269.00**	**270.10**	**268.71**	**270.43**	**271.90**	**272.40**	**272.80**
楚雄市	Chuxiong	54.81	54.93	55.29	58.93	59.07	59.38	59.54	59.64
双柏县	Shuangbo	15.91	15.93	15.97	16.00	16.03	16.12	16.02	16.03
牟定县	Mouding	20.49	20.50	20.58	20.90	21.07	21.16	21.15	21.16
南华县	Nanhua	23.93	23.95	23.99	23.64	23.84	23.99	24.05	24.07
姚安县	Yao'an	20.83	20.84	20.91	19.79	20.08	20.17	20.20	20.25
大姚县	Dayao	28.91	28.97	29.05	27.36	27.52	27.64	27.80	27.83
永仁县	Yongren	10.85	10.87	10.91	10.94	10.96	11.06	11.08	11.09
元谋县	Yuanmou	21.27	21.29	21.39	21.60	21.62	21.77	21.84	21.90
武定县	Wuding	27.60	27.78	27.93	27.23	27.53	27.69	27.74	27.81
禄丰县	Lufeng	43.80	43.94	44.08	42.32	42.71	42.92	42.98	43.02
红 河 州	**Honghe**	**437.30**	**441.20**	**444.20**	**450.58**	**453.46**	**456.10**	**459.10**	**462.00**
蒙自市	Mengzi	39.91	40.10	40.34	41.76	42.01	42.26	42.53	42.84
个旧市	Gejiu	45.66	45.50	45.67	46.03	46.26	46.44	46.63	46.82
开远市	Kaiyuan	31.22	31.30	31.42	32.30	32.47	32.67	32.97	33.13
弥勒市	Mile	52.41	53.10	53.47	54.03	54.38	54.68	54.96	55.27
屏边县	Pingbian	14.90	14.87	14.79	15.41	15.47	15.50	15.51	15.57
建水县	Jianshui	52.35	52.61	52.91	53.20	53.53	53.83	54.13	54.44
石屏县	Shiping	29.38	29.58	29.77	29.94	30.12	30.30	30.49	30.65
泸西县	Luxi	38.96	39.18	39.47	40.12	40.40	40.65	40.92	41.21
元阳县	Yuanyang	38.36	39.06	39.38	39.72	40.04	40.33	40.64	40.95
红河县	Honghe	28.61	28.84	29.07	29.68	29.91	30.12	30.35	30.61
金平县	Jinping	33.88	34.61	35.21	35.66	35.94	36.20	36.63	36.88
绿春县	Luchun	21.35	22.10	22.29	22.24	22.41	22.56	22.73	22.92
河口县	Hekou	10.31	10.36	10.41	10.47	10.52	10.56	10.61	10.71
文 山 州	**Wenshan**	**340.85**	**343.01**	**345.40**	**352.18**	**354.23**	**356.10**	**357.80**	**359.30**
文山市	Wenshan	44.58	45.10	45.77	48.20	48.66	48.92	49.30	49.54
砚山县	Yanshan	45.35	45.59	46.01	46.38	46.65	46.90	47.10	47.29
西畴县	Xichou	25.18	25.21	25.26	25.56	25.66	25.80	25.88	25.97
麻栗坡县	Malipo	27.53	27.58	27.67	27.83	27.95	28.10	28.25	28.37
马关县	Maguan	35.98	36.41	36.64	36.79	37.00	37.20	37.35	37.50

18-3 续表 3 continued

单位：万人 (10 000 persons)

州市县	Region	2007	2008	2009	2010	2011	2012	2013	2014
丘北县	Qiubei	46.13	46.21	46.49	47.80	48.08	48.33	48.56	48.76
广南县	Guangnan	76.58	77.08	77.42	78.83	79.19	79.61	79.85	80.18
富宁县	Funing	39.52	39.83	40.14	40.80	41.04	41.26	41.51	41.68
西双版纳州	**Xishuangbanna**	**106.45**	**107.00**	**107.60**	**113.47**	**114.20**	**114.90**	**115.20**	**115.70**
景洪市	Jinghong	47.68	47.94	48.20	52.05	52.38	52.72	52.86	53.01
勐海县	Menghai	33.09	33.25	33.42	33.22	33.43	33.63	33.72	33.90
勐腊县	Mengla	25.68	25.81	25.98	28.20	28.39	28.55	28.62	28.79
大理州	**Dali**	**348.00**	**349.30**	**350.80**	**346.01**	**347.80**	**349.30**	**351.00**	**352.70**
大理市	Dali	62.53	63.12	64.05	65.28	65.69	65.90	66.16	66.40
漾濞县	Yangbi	10.66	10.30	10.24	10.24	10.29	10.30	10.39	10.43
祥云县	Xiangyun	44.73	45.55	45.78	45.61	45.85	46.10	46.26	46.49
宾川县	Binchuan	34.17	34.20	34.42	34.91	35.09	35.20	35.39	35.58
弥渡县	Midu	31.67	31.79	31.90	31.35	31.50	31.60	31.76	31.90
南涧县	Nanjian	22.22	22.29	22.35	21.17	21.26	21.40	21.49	21.62
巍山县	Weishan	31.11	31.08	30.98	30.47	30.61	30.70	30.88	31.02
永平县	Yongping	18.40	18.24	18.25	17.54	17.62	17.70	17.83	17.94
云龙县	Yunlong	20.74	20.77	20.65	20.01	20.10	20.20	20.33	20.45
洱源县	Eryuan	27.61	27.71	27.80	26.86	27.01	27.20	27.28	27.41
剑川县	Jianchuan	17.60	17.59	17.64	17.02	17.09	17.20	17.29	17.40
鹤庆县	Heqing	26.56	26.66	26.74	25.56	25.69	25.80	25.94	26.06
德宏州	**Dehong**	**117.70**	**118.50**	**119.40**	**121.28**	**122.05**	**122.90**	**124.50**	**126.40**
芒市	Mangshi	37.46	37.83	38.24	39.03	39.28	39.50	40.00	40.56
瑞丽市	Ruili	16.70	16.80	16.99	18.08	18.43	18.60	19.10	19.75
梁河县	Lianghe	16.03	16.10	16.15	15.43	15.46	15.60	15.67	15.79
盈江县	Yingjiang	29.65	29.80	29.97	30.55	30.67	30.90	31.11	31.39
陇川县	Longchuan	17.86	18.00	18.05	18.18	18.21	18.30	18.62	18.91
怒江州	**Nujiang**	**52.93**	**53.30**	**53.60**	**53.49**	**53.61**	**53.80**	**53.90**	**54.10**
泸水县	Lushui	18.55	18.68	18.79	18.50	18.54	18.60	18.64	18.71
福贡县	Fugong	9.46	9.53	9.58	9.87	9.89	9.90	9.95	9.98
贡山县	Gongshan	3.71	3.73	3.75	3.79	3.80	3.80	3.82	3.84
兰坪县	Lanping	21.21	21.36	21.48	21.32	21.37	21.50	21.49	21.56
迪庆州	**Diqing**	**37.45**	**37.70**	**37.90**	**40.06**	**40.28**	**40.50**	**40.60**	**40.70**
香格里拉县	Shangri-La	15.80	16.02	16.25	17.32	17.41	17.60	17.57	17.60
德钦县	Deqing	6.31	6.32	6.28	6.67	6.70	6.70	6.73	6.80
维西县	Weixi	15.34	15.36	15.37	16.08	16.17	16.20	16.30	16.30

18-4 各州市县人口数及构成(2014年)
Population and Its Composition by Region (2014)

单位：万人

州市县	Region	总户数 Total Number of Households	总人口 Total Population	按性别分 By Sex 男 Male	女 Female
全　省	**Yunnan**	**1370.83**	**4713.90**	**2445.84**	**2268.06**
昆明市	**Kunming**	**200.29**	**662.60**	**340.54**	**322.06**
呈贡区	Chenggong	6.70	33.00	17.51	15.49
五华区	Wuhua	24.03	86.60	43.34	43.26
盘龙区	Panlong	19.33	82.60	42.65	39.95
官渡区	Guandu	22.37	87.40	45.48	41.92
西山区	Xishan	23.09	77.50	39.61	37.89
东川区	Dongchuan	10.53	27.90	14.46	13.44
晋宁县	Jinning	12.13	29.70	15.08	14.62
富民县	Fumin	5.44	15.30	7.76	7.54
宜良县	Yiliang	16.32	43.20	21.90	21.30
石林县	Shilin	8.92	25.60	13.22	12.38
嵩明县	Songming	9.62	30.10	15.37	14.73
禄劝县	Luquan	14.70	40.80	20.73	20.07
寻甸县	Xundian	15.15	46.70	23.86	22.84
安宁市	Anning	11.96	36.20	19.57	16.63
曲靖市	**Qujing**	**188.44**	**600.90**	**314.95**	**285.95**
麒麟区	Qilin	24.56	76.25	39.09	37.16
马龙县	Malong	5.66	19.14	9.79	9.35
陆良县	Luliang	22.20	63.59	33.16	30.43
师宗县	Shizong	10.91	40.29	21.15	19.14
罗平县	Luoping	17.59	56.34	29.57	26.77
富源县	Fuyuan	20.10	74.01	39.05	34.96
会泽县	Huize	29.76	93.24	49.44	43.80
沾益县	Zhanyi	12.11	44.62	23.37	21.25
宣威市	Xuanwei	45.55	133.42	70.33	63.09
玉溪市	**Yuxi**	**73.20**	**235.10**	**120.55**	**114.55**
红塔区	Hongta	16.04	50.50	25.46	25.04
江川县	Jiangchuan	9.49	28.53	14.44	14.09

18-4 续表 1 continued

单位：万人

州市县	Region	总户数 Total Number of Households	总人口 Total Population	按性别分 By Sex 男 Male	女 Female
澄江县	Chengjiang	5.39	17.40	8.79	8.61
通海县	Tonghai	9.50	31.04	15.70	15.34
华宁县	Huaning	6.94	21.88	11.27	10.61
易门县	Yimen	5.83	17.96	9.41	8.55
峨山县	Ershan	5.18	16.56	8.54	8.02
新平县	Xinping	8.53	29.03	15.37	13.66
元江县	Yuanjiang	6.30	22.20	11.57	10.63
保山市	**Baoshan**	**69.56**	**256.70**	**131.66**	**125.04**
隆阳区	Longyang	25.91	95.88	48.26	47.62
施甸县	Shidian	9.14	31.24	15.87	15.37
腾冲县	Tengchong	17.06	65.99	34.42	31.57
龙陵县	Longling	7.87	28.45	15.04	13.41
昌宁县	Changning	9.58	35.14	18.07	17.07
昭通市	**Zhaotong**	**165.66**	**538.70**	**282.89**	**255.81**
昭阳区	Zhaoyang	26.25	81.71	42.09	39.62
鲁甸县	Ludian	12.04	40.60	21.26	19.34
巧家县	Qiaojia	17.72	53.04	28.80	24.24
盐津县	Yanjin	11.24	38.20	20.05	18.15
大关县	Daguan	8.43	27.17	14.38	12.79
永善县	Yongshan	13.94	40.70	21.72	18.98
绥江县	Suijiang	4.68	15.77	8.21	7.56
镇雄县	Zhenxiong	40.18	137.28	71.96	65.32
彝良县	Yiliang	15.55	53.97	28.34	25.63
威信县	Weixin	12.06	39.81	20.61	19.20
水富县	Shuifu	3.57	10.46	5.47	4.99
丽江市	**Lijiang**	**37.94**	**127.50**	**65.80**	**61.70**
古城区	Gucheng	4.58	21.58	10.86	10.72
玉龙县	Yulong	6.26	22.04	11.50	10.54
永胜县	Yongsheng	13.06	40.05	20.29	19.76
华坪县	Huaping	5.72	17.24	9.24	8.00

18−4 续表 2 continued

单位：万人

州 市 县	Region	总户数 Total Number of Households	总人口 Total Population	按性别分 By Sex 男 Male	女 Female
宁蒗县	Ninglang	8.32	26.58	13.91	12.67
普洱市	**Pu'er**	**73.14**	**259.40**	**136.64**	**122.76**
思茅区	Simao	7.28	31.05	16.23	14.82
宁洱县	Ning'er	5.78	19.12	9.98	9.14
墨江县	Mojiang	9.82	36.59	19.67	16.92
景东县	Jingdong	10.65	36.44	18.89	17.55
景谷县	Jinggu	9.02	29.59	15.83	13.76
镇沅县	Zhenyuan	6.49	21.09	11.21	9.88
江城县	Jiangcheng	3.39	12.56	6.60	5.96
孟连县	Menglian	3.72	13.88	7.14	6.74
澜沧县	Lancang	13.86	49.74	26.24	23.50
西盟县	Ximeng	3.13	9.34	4.85	4.49
临沧市	**Lincang**	**65.56**	**249.30**	**130.85**	**118.45**
临翔区	Linxiang	9.24	33.23	17.04	16.19
凤庆县	Fengqing	11.76	46.92	24.34	22.58
云 县	Yunxian	12.68	46.01	24.33	21.68
永德县	Yongde	9.39	37.79	20.41	17.38
镇康县	Zhenkang	4.56	18.16	9.78	8.40
双江县	Shuangjiang	4.77	18.17	9.57	8.60
耿马县	Gengma	8.10	30.46	15.69	14.77
沧源县	Cangyuan	5.06	18.56	9.69	8.87
楚雄州	**Chuxiong**	**80.31**	**272.80**	**139.64**	**133.16**
楚雄市	Chuxiong	16.32	59.64	30.48	29.16
双柏县	Shuangbo	4.74	16.03	8.39	7.64
牟定县	Mouding	6.11	21.16	10.83	10.33
南华县	Nanhua	7.01	24.07	12.24	11.83
姚安县	Yao'an	6.05	20.25	10.24	10.01
大姚县	Dayao	8.79	27.83	14.25	13.58
永仁县	Yongren	3.40	11.09	5.76	5.33

18-4 续表 3 continued

单位：万人

州市县	Region	总户数 Total Number of Households	总人口 Total Population	按性别分 By Sex 男 Male	女 Female
元谋县	Yuanmou	6.61	21.90	11.18	10.72
武定县	Wuding	7.89	27.81	14.19	13.62
禄丰县	Lufeng	13.39	43.02	22.08	20.94
红 河 州	**Honghe**	**129.40**	**462.00**	**240.33**	**221.67**
蒙自市	Mengzi	11.72	42.84	22.20	20.64
个旧市	Gejiu	13.79	46.82	24.51	22.31
开远市	Kaiyuan	9.31	33.13	17.01	16.12
弥勒市	Mile	15.85	55.27	28.43	26.84
屏边县	Pingbian	4.20	15.57	8.19	7.38
建水县	Jianshui	16.41	54.44	27.68	26.76
石屏县	Shiping	9.62	30.65	15.44	15.21
泸西县	Luxi	12.33	41.21	21.82	19.39
元阳县	Yuanyang	10.18	40.95	21.89	19.06
红河县	Honghe	7.72	30.61	15.97	14.64
金平县	Jinping	9.64	36.88	19.47	17.41
绿春县	Luchun	5.33	22.92	12.01	10.91
河口县	Hekou	3.34	10.71	5.71	5.00
文 山 州	**Wenshan**	**97.27**	**359.30**	**187.77**	**171.53**
文山市	Wenshan	14.61	49.54	25.47	24.07
砚山县	Yanshan	12.45	47.29	24.52	22.77
西畴县	Xichou	7.06	25.97	13.61	12.36
麻栗坡县	Malipo	7.69	28.37	14.86	13.51
马关县	Maguan	10.48	37.50	19.63	17.87
丘北县	Qiubei	13.74	48.76	25.77	22.99
广南县	Guangnan	20.22	80.18	42.51	37.67
富宁县	Funing	11.02	41.68	21.41	20.27
西双版纳州	**Xishuangbanna**	**27.62**	**115.70**	**59.96**	**55.74**
景洪市	Jinghong	12.44	53.01	27.44	25.57
勐海县	Menghai	8.09	33.90	17.50	16.40

18-4 续表 4 continued

单位：万人

州市县	Region	总户数 Total Number of Households	总人口 Total Population	按性别分 By Sex 男 Male	女 Female
勐腊县	Mengla	7.09	28.79	15.01	13.78
大理州	**Dali**	**105.80**	**352.70**	**178.78**	**173.92**
大理市	Dali	19.62	66.40	33.17	33.23
漾濞县	Yangbi	3.33	10.43	5.37	5.06
祥云县	Xiangyun	14.15	46.49	23.57	22.92
宾川县	Binchuan	10.12	35.58	18.18	17.40
弥渡县	Midu	9.69	31.90	16.11	15.79
南涧县	Nanjian	6.51	21.62	10.98	10.64
巍山县	Weishan	8.97	31.02	15.63	15.39
永平县	Yongping	5.78	17.94	9.21	8.73
云龙县	Yunlong	6.47	20.45	10.82	9.63
洱源县	Eryuan	8.18	27.41	13.80	13.61
剑川县	Jianchuan	5.11	17.40	8.79	8.61
鹤庆县	Heqing	7.87	26.06	13.15	12.91
德宏州	**Dehong**	**31.22**	**126.40**	**65.14**	**61.26**
芒　市	Mangshi	9.81	40.56	20.81	19.75
瑞丽市	Ruili	4.33	19.75	10.20	9.55
梁河县	Lianghe	4.42	15.79	8.18	7.61
盈江县	Yingjiang	7.50	31.39	16.34	15.05
陇川县	Longchuan	5.16	18.91	9.61	9.30
怒江州	**Nujiang**	**15.70**	**54.10**	**28.65**	**25.45**
泸水县	Lushui	5.34	18.71	10.01	8.70
福贡县	Fugong	2.96	9.98	5.12	4.86
贡山县	Gongshan	1.24	3.84	2.04	1.80
兰坪县	Lanping	6.16	21.56	11.48	10.08
迪庆州	**Diqing**	**9.72**	**40.70**	**21.64**	**19.06**
香格里拉县	Shangri-La	4.03	17.60	9.33	8.27
德钦县	Deqing	1.40	6.80	3.66	3.14
维西县	Weixi	4.29	16.30	8.65	7.65

18–5 各州市县土地、气温、降水量(2014 年)

Land Characteristics, Temperature and Precipitation By Region (2014)

州 市	Region	土地调查面积（万平方千米）Area under Land Survey (10 000 sq.km)	牧草地面积（万公顷）Area of Grazing Land (10 000 hectares)	年平均气温（℃）Annual Average Temperature(℃)	年降水量（毫米）Annual Precipitation(mm)
全 省	**Yunnan**	**38.32**	**14.75**	**16.9**	**981**
昆明市	**Kunming**	**2.10**	**0.30**	**16.3**	**966**
呈贡区	Chenggong	0.04		15.8	906
五华区	Wuhua	0.03		}	}
盘龙区	Panlong	0.06	0.06	16.1	1078
官渡区	Guandu	0.09		}	}
西山区	Xishan	0.19			
东川区	Dongchuan	0.05		20.3	763
晋宁县	Jinning	0.13	0.01	16.0	904
富民县	Fumin	0.10		16.9	851
宜良县	Yiliang	0.19	0.01	17.5	1135
石林县	Shilin	0.17		16.9	1008
嵩明县	Songming	0.13		14.9	1007
禄劝县	Luquan	0.42		16.4	963
寻甸县	Xundian	0.36	0.21	15.8	969
安宁市	Anning	0.13		16.3	885
曲靖市	**Qujing**	**2.89**	**0.89**	**14.6**	**1054**
麒麟区	Qilin	0.15	0.05	15.8	880
马龙县	Malong	0.16	0.01	14.3	877
陆良县	Luliang	0.20		15.3	795
师宗县	Shizong	0.28		14.2	1199
罗平县	Luoping	0.30		15.8	1577
富源县	Fuyuan	0.33		13.9	1431
会泽县	Huize	0.59	0.80	12.9	676
沾益县	Zhanyi	0.28		15.3	939
宣威市	Xuanwei	0.61	0.02	14.2	1115
玉溪市	**Yuxi**	**1.49**	**0.02**	**17.7**	**872**
红塔区	Hongta	0.09		17.0	886
江川县	Jiangchuan	0.08		17.0	811
澄江县	Chengjiang	0.08	0.02	16.8	1023
通海县	Tonghai	0.07		16.4	1010
华宁县	Huaning	0.12		16.5	957
易门县	Yimen	0.15		16.9	767
峨山县	Eshan	0.19		16.7	760
新平县	Xinping	0.43		17.8	674
元江县	Yuanjiang	0.27		24.3	965

注：土地调查面积为二次土地调查 2014 年土地变更调查数据，与 2008 年以前土地详查数据在土地分类标准、技术标准、调查手段和方法不一致。

Note: Area under Land Survey data are obtained from 2014 land changing survey of the second land survey.detailed land survey before 2008 in terms of land classification standard, technical standard and investigation methods.

18-5 续表 1 continued

州 市	Region	土地调查面积（万平方千米）Area under Land Survey (10 000 sq.km)	牧草地面积（万公顷）Area of Grazing Land (10 000 hectares)	年平均气温（℃）Annual Average Temperature (℃)	年降水量（毫米）Annual Precipitation (mm)
保 山 市	**Baoshan**	**1.91**	**0.15**	**16.3**	**1084**
隆阳区	Longyang	0.49		17.0	747
施甸县	Shidian	0.20		18.2	704
腾冲县	Tengchong	0.57	0.08	15.1	1284
龙陵县	Longling	0.28	0.07	15.3	1651
昌宁县	Changning	0.38		15.7	1032
昭 通 市	**Zhaotong**	**2.24**	**1.67**	**15.5**	**941**
昭阳区	Zhaoyang	0.22		11.9	826
鲁甸县	Ludian	0.15		12.7	941
巧家县	Qiaojia	0.32	0.65	21.3	875
盐津县	Yanjin	0.20		17.7	1030
大关县	Daguan	0.17		14.4	1034
永善县	Yongshan	0.28	0.91	16.7	634
绥江县	Suijiang	0.07		17.4	1056
镇雄县	Zhenxiong	0.37	0.02	11.8	959
彝良县	Yiliang	0.28	0.08	17.1	959
威信县	Weixin	0.14		13.8	1091
水富县	Shuifu	0.04			
丽 江 市	**Lijiang**	**2.06**	**1.80**	**15.5**	**822**
古城区	Gucheng	0.13	0.01	13.9	918
玉龙县	Yulong	0.62	1.45		
永胜县	Yongsheng	0.49	0.09	14.5	741
华坪县	Huaping	0.21		20.2	982
宁蒗县	Ninglang	0.60	0.25	13.3	648
普 洱 市	**Pu'er**	**4.43**	**0.08**	**19.4**	**1327**
思茅区	Simao	0.39	0.01	19.5	1491
宁洱县	Ning'er	0.37		18.0	1448
墨江县	Mojiang	0.53		18.1	1393
景东县	Jingdong	0.45	0.01	19.2	823
景谷县	Jinggu	0.75		20.8	1024
镇沅县	Zhenyuan	0.41		19.7	881
江城县	Jiangcheng	0.34		19.2	1951
孟连县	Menglian	0.19		20.2	1278
澜沧县	Lancang	0.87	0.06	20.0	1245
西盟县	Ximeng	0.13		19.3	1737
临 沧 市	**Lincang**	**2.36**	**0.20**	**19.1**	**981**
临翔区	Linxiang	0.26	0.01	18.2	889
凤庆县	Fengqing	0.33		17.3	938
云 县	Yunxian	0.37		20.8	606
永德县	Yongde	0.32		18.0	980

18-5 续表 2 continued

州 市	Region	土地调查面积（万平方千米）Area under Land Survey (10 000 sq.km)	牧草地面积（万公顷）Area of Grazing Land (10 000 hectares)	年平均气温（℃）Annual Average Temperature (℃)	年降水量（毫米）Annual Precipitation (mm)
镇康县	Zhenkang	0.25	0.18	20.4	1406
双江县	Shuangjiang	0.22		20.1	729
耿马县	Gengma	0.37		19.9	965
沧源县	Cangyuan	0.24		18.1	1337
楚 雄 州	**Chuxiong**	**2.84**		**17.1**	**765**
楚雄市	Chuxiong	0.44		17.2	789
双柏县	Shuangbo	0.39		16.2	770
牟定县	Mouding	0.14		16.5	822
南华县	Nanhua	0.23		15.8	710
姚安县	Yao'an	0.17		16.2	683
大姚县	Dayao	0.40		16.4	709
永仁县	Yongren	0.22		18.2	802
元谋县	Yuanmou	0.20		21.9	528
武定县	Wuding	0.29		15.7	1015
禄丰县	Lufeng	0.36		17.3	818
红 河 州	**Honghe**	**3.22**	**0.09**	**19.3**	**1107**
蒙自市	Mengzi	0.16	0.02	19.7	754
个旧市	Gejiu	0.19		16.9	1051
开远市	Kaiyuan	0.22		20.5	682
弥勒市	Mile	0.18		18.4	783
屏边县	Pingbian	0.38		16.7	1634
建水县	Jianshui	0.30		19.6	792
石屏县	Shiping	0.39		18.6	831
泸西县	Luxi	0.16		15.9	995
元阳县	Yuanyang	0.22		24.5	610
红河县	Honghe	0.20		21.0	766
金平县	Jinping	0.36	0.06	18.3	2348
绿春县	Luchun	0.31		17.7	1408
河口县	Hekou	0.13		23.5	1732
文 山 州	**Wenshan**	**3.14**	**0.15**	**17.7**	**1244**
文山市	Wenshan	0.30		18.2	1122
砚山县	Yanshan	0.39	0.01	16.5	1154
西畴县	Xichou	0.15		16.1	1246
麻栗坡县	Malipo	0.24		18.1	1181
马关县	Maguang	0.27		17.6	1528
丘北县	Qiubei	0.50	0.10	17.2	1116
广南县	Guangnan	0.77	0.03	17.6	1258
富宁县	Funing	0.53		20.4	1347

18−5 续表 3 continued

州 市	Region	土地调查面积（万平方千米） Area under Land Survey (10 000 sq.km)	牧草地面积（万公顷） Area of Grazing Land (10 000 hectares)	年平均气温（℃） Annual Average Temperature (℃)	年降水量（毫米） Annual Precipitation (mm)
西双版纳州	**Xishuangbanna**	**1.91**	**0.01**	**21.4**	**1141**
景洪市	Jinghong	0.69	0.01	23.0	849
勐海县	Menghai	0.54		19.6	1291
勐腊县	Mengla	0.69		21.6	1283
大 理 州	**Dali**	**2.83**	**0.22**	**16.4**	**635**
大理市	Dali	0.17	0.10	15.8	813
漾濞县	yangbi	0.19		16.8	742
祥云县	Xiangyun	0.24		16.2	608
宾川县	Binchuan	0.25		19.6	359
弥渡县	Midu	0.15		17.6	714
南涧县	Nanjian	0.17		19.3	562
巍山县	Weishan	0.22	0.01	16.3	634
永平县	Yongping	0.28	0.01	16.3	791
云龙县	Yunlong	0.44	0.11	16.7	533
洱源县	Eryuan	0.25		14.6	621
剑川县	Jianchuan	0.22		13.4	510
鹤庆县	Heqing	0.24		14.4	727
德 宏 州	**Dehong**	**1.12**	**0.04**	**19.8**	**1185**
芒 市	Mangshi	0.09		20.2	1393
瑞丽市	Ruili	0.29		20.7	1029
梁河县	Lianghe	0.11		18.5	1182
盈江县	Yingjiang	0.43	0.04	20.2	1216
陇川县	Longchuan	0.19		19.3	1106
怒 江 州	**Nujiang**	**1.46**	**0.41**	**16.2**	**981**
泸水县	Lushui	0.31		20.8	748
福贡县	Fugong	0.27		17.4	1143
贡山县	Gongshan	0.44	0.06	15.1	1344
兰坪县	Lanping	0.44	0.35	11.4	691
迪 庆 州	**Diqing**	**2.32**	**8.71**	**7.8**	**590**
香格里拉县	Shangri-La	1.14	6.49	7.2	463
德钦县	Deqing	0.73	0.11	6.7	489
维西县	Weixi	0.45	2.11	12.1	815

18-6 各州市县职工人数（2014 年）
Number of Staff and Workers by Region (2014)

单位：万人 (10 000 persons)

州市县	Region	单位从业人员 Number of Employed Persons in Entities	职工人数 Number of Staff and Workers	国有单位 State-owned Entities	城镇集体单位 Urban Collective-owned Entities	其他单位 Other Ownership Entities
全　　省	**Yunnan**	**419.57**	**362.25**	**168.37**	**10.54**	**183.35**
昆明市	**Kunming**	**134.53**	**112.49**	**39.08**	**4.55**	**68.87**
呈贡区	Chenggong	5.14	4.45	2.13	0.04	2.27
五华区	Wuhua	24.92	20.41	5.50	0.97	13.94
盘龙区	Panlong	21.27	16.90	8.68	0.36	7.86
官渡区	Guandu	22.79	18.23	4.32	0.26	13.64
西山区	Xishan	16.38	14.11	3.96	0.45	9.69
东川区	Dongchuan	4.21	2.76	0.81	0.13	1.83
晋宁县	Jinning	3.33	3.07	0.91	0.18	1.99
富民县	Fuming	2.91	2.34	0.49	0.02	1.83
宜良县	Yiliang	4.79	4.60	0.90	1.53	2.17
石林县	Shilin	2.26	2.05	0.88	0.28	0.90
嵩明县	Songming	2.24	2.11	0.98	0.03	1.10
禄劝县	Luquan	1.65	1.55	0.85	0.11	0.60
寻甸县	Xundian	2.36	2.24	1.07	0.06	1.11
安宁市	Anning	7.07	6.09	1.60	0.12	4.38
曲靖市	**Qujing**	**46.18**	**42.27**	**17.75**	**1.34**	**23.18**
麒麟区	Qilin	16.36	14.24	5.02	0.17	9.06
马龙县	Malong	1.32	1.20	0.60	0.01	0.59
陆良县	Luliang	3.43	3.31	1.43	0.18	1.69
师宗县	Shizong	2.76	2.69	1.04	0.12	1.52
罗平县	Luoping	2.86	2.41	1.28	0.04	1.09
富源县	Fuyuan	5.65	5.58	2.26	0.17	3.15
会泽县	Huize	3.22	3.13	1.83	0.14	1.16
沾益县	Zhanyi	3.55	3.38	1.06	0.16	2.16
宣威市	Xuanwei	7.03	6.33	3.22	0.35	2.76
玉溪市	**Yuxi**	**26.93**	**24.62**	**8.26**	**0.73**	**15.63**
红塔区	Hongta	12.82	11.72	2.87	0.35	8.50
江川县	Jiangchuan	1.56	1.50	0.64	0.03	0.83
澄江县	Chengjiang	1.10	0.98	0.55	0.03	0.40
通海县	Tonghai	2.56	2.37	0.69	0.13	1.55
华宁县	Huaning	1.26	1.09	0.59	0.03	0.47
易门县	Yimen	1.64	1.43	0.54	0.03	0.87
峨山县	Ershan	1.49	1.45	0.62	0.05	0.79
新平县	Xinping	2.89	2.50	0.91	0.06	1.54
元江县	Yuanjiang	1.61	1.57	0.87	0.02	0.68

18−6 续表 1 continued

单位：万人 (10 000 persons)

州市县	Region	单位从业人员 Number of Employed Persons in Entities	职工人数 Number of Staff and Workers	国有单位 State-owned Entities	城镇集体单位 Urban Collective-owned Entities	其他单位 Other Ownership Entities
保 山 市	**Baoshan**	**18.19**	**17.39**	**7.52**	**0.13**	**9.74**
隆阳区	Longyang	8.44	7.90	2.91	0.04	4.96
施甸县	Shidian	1.49	1.48	1.01	0.02	0.45
腾冲县	Tengchong	4.20	4.14	1.94	0.04	2.16
龙陵县	Longling	1.78	1.75	0.80	0.01	0.94
昌宁县	Changning	2.28	2.12	0.86	0.02	1.24
昭 通 市	**Zhaotong**	**22.10**	**19.35**	**13.62**	**0.37**	**5.36**
昭阳区	Zhaoyang	6.13	5.12	3.43	0.18	1.51
鲁甸县	Ludian	2.18	2.16	1.28	0.01	0.87
巧家县	Qiaojia	1.67	1.46	1.09	0.02	0.35
盐津县	Yanjin	0.97	0.93	0.79	0.01	0.13
大关县	Daguan	0.97	0.83	0.67	0.01	0.15
永善县	Yongshan	1.50	1.19	0.99	0.02	0.18
绥江县	Suijiang	0.95	0.70	0.49	0.02	0.19
镇雄县	Zhenxiong	3.74	3.05	2.21	0.03	0.81
彝良县	Yiliang	1.48	1.46	1.22	0.03	0.21
威信县	Weixin	1.47	1.45	0.96	0.01	0.48
水富县	Shuifu	1.04	1.01	0.51	0.01	0.49
丽 江 市	**Lijiang**	**10.78**	**9.18**	**5.08**	**0.34**	**3.75**
古城区	Gucheng	4.68	3.74	1.71	0.14	1.89
玉龙县	Yulong	1.94	1.68	0.93	0.03	0.72
永胜县	Yongsheng	1.71	1.64	0.96	0.11	0.58
华坪县	Huaping	1.24	1.18	0.62	0.06	0.49
宁蒗县	Ninglang	1.21	0.94	0.86	0.01	0.07
普 洱 市	**Pu'er**	**17.48**	**16.42**	**8.97**	**0.69**	**6.77**
思茅区	Simao	5.80	5.26	2.50	0.03	2.72
宁洱县	Ning'er	0.95	0.88	0.71	0.05	0.11
墨江县	Mojiang	1.55	1.52	0.88	0.03	0.62
景东县	Jingdong	1.61	1.50	0.89	0.03	0.59
景谷县	Jinggu	1.86	1.84	0.84	0.08	0.93
镇沅县	Zhenyuan	1.04	0.99	0.60	0.10	0.29
江城县	Jiangcheng	1.36	1.32	0.38	0.32	0.62
孟连县	Menglian	0.84	0.83	0.47	0.01	0.35
澜沧县	Lancang	1.55	1.53	0.99	0.03	0.51
西盟县	Ximeng	0.93	0.76	0.71	0.01	0.03
临 沧 市	**Lincang**	**15.64**	**13.24**	**7.76**	**0.10**	**5.37**
临翔区	Linxiang	4.23	3.93	2.28	0.02	1.63

18-6　续表 2　continued

单位：万人　　(10 000 persons)

州 市 县	Region	单位从业人员 Number of Employed Persons in Entities	职工人数 Number of Staff and Workers			
				国有单位 State-owned Entities	城镇集体单位 Urban Collective-owned Entities	其他单位 Other Ownership Entities
凤庆县	Fengqing	1.51	1.26	0.83	0.01	0.41
云　县	Yunxian	2.64	2.12	0.94	0.02	1.16
永德县	Yongde	2.24	1.63	0.95	0.01	0.67
镇康县	Zhenkang	0.98	0.73	0.52	0.01	0.21
双江县	Shuangjiang	0.89	0.81	0.50	0.01	0.29
耿马县	Gengma	1.98	1.79	0.98	0.01	0.80
沧源县	Cangyuan	1.17	0.97	0.76	0.01	0.20
楚 雄 州	**Chuxiong**	**18.43**	**15.70**	**8.98**	**0.32**	**6.39**
楚雄市	Chuxiong	7.27	6.52	2.99	0.14	3.39
双柏县	Shuangbo	0.98	0.80	0.51	0.01	0.28
牟定县	Mouding	1.02	0.90	0.50	0.02	0.37
南华县	Nanhua	1.41	1.02	0.62	0.02	0.38
姚安县	Yao'an	0.89	0.86	0.60	0.01	0.25
大姚县	Dayao	1.70	1.42	0.82	0.03	0.57
永仁县	Yongren	0.54	0.47	0.41	0.01	0.05
元谋县	Yuanmou	1.49	1.05	0.60	0.03	0.42
武定县	Wuding	1.29	1.03	0.70	0.02	0.32
禄丰县	Lufeng	1.84	1.63	1.24	0.04	0.35
红 河 州	**Honghe**	**35.21**	**28.62**	**15.02**	**0.74**	**12.87**
蒙自市	Mengzi	6.60	4.48	2.56	0.05	1.87
个旧市	Gejiu	7.62	5.58	1.41	0.08	4.09
开远市	Kaiyuan	3.73	3.59	1.77	0.06	1.76
弥勒市	Mile	3.95	2.79	1.32	0.07	1.40
屏边县	Pingbian	0.84	0.75	0.49	0.08	0.18
建水县	Jianshui	2.78	2.62	1.59	0.13	0.90
石屏县	Shiping	2.13	1.88	0.83	0.02	1.03
泸西县	Luxi	2.42	2.25	1.27	0.16	0.83
元阳县	Yuanyang	1.02	0.96	0.79	0.01	0.15
红河县	Honghe	1.00	0.96	0.81	0.01	0.14
金平县	Jinping	1.17	1.06	0.79	0.01	0.26
绿春县	Luchun	0.86	0.72	0.59	0.03	0.11
河口县	Hekou	1.09	0.98	0.80	0.03	0.14
文 山 州	**Wenshan**	**19.40**	**16.88**	**11.01**	**0.32**	**5.55**
文山市	Wenshan	6.50	5.14	2.80	0.04	2.30
砚山县	Yanshan	2.81	2.47	1.37	0.03	1.08

18-6 续表 3 continued

单位：万人 (10 000 persons)

州市县	Region	单位从业人员 Number of Employed Persons in Entities	职工人数 Number of Staff and Workers	国有单位 State-owned Entities	城镇集体单位 Urban Collective-owned Entities	其他单位 Other Ownership Entities
西畴县	Xichou	0.85	0.84	0.68	0.02	0.13
麻栗坡县	Malipo	1.55	1.46	1.12	0.07	0.28
马关县	Maguan	1.60	1.53	0.92	0.02	0.58
丘北县	Qiubei	1.64	1.50	1.13	0.06	0.31
广南县	Guangnan	2.79	2.48	2.00	0.04	0.44
富宁县	Funing	1.66	1.47	1.00	0.03	0.44
西双版纳州	**Xishuangbanna**	**8.64**	**7.76**	**4.24**	**0.21**	**3.31**
景洪市	Jinghong	5.68	5.14	2.53	0.17	2.44
勐海县	Menghai	1.63	1.33	0.75	0.04	0.55
勐腊县	Mengla	1.33	1.29	0.95		0.33
大理州	**Dali**	**26.22**	**21.24**	**10.24**	**0.25**	**10.74**
大理市	Dali	12.15	9.88	3.61	0.07	6.20
漾濞县	Yangbi	0.53	0.45	0.40	0.01	0.04
祥云县	Xiangyun	3.08	2.58	0.91	0.01	1.67
宾川县	Binchuan	1.58	1.22	0.78	0.02	0.43
弥渡县	Midu	1.28	1.13	0.61	0.05	0.47
南涧县	Nanjian	1.02	0.73	0.53	0.01	0.19
巍山县	Weishan	1.42	1.05	0.67	0.02	0.36
永平县	Yongping	0.91	0.69	0.48	0.01	0.20
云龙县	Yunlong	0.92	0.70	0.54	0.01	0.15
洱源县	Eryuan	1.23	0.98	0.58	0.02	0.38
剑川县	Jianchuan	0.93	0.80	0.55	0.01	0.24
鹤庆县	Heqing	1.18	1.02	0.58	0.01	0.42
德宏州	**Dehong**	**11.57**	**10.17**	**6.24**	**0.30**	**3.64**
芒市	Mangshi	2.38	2.13	1.19	0.06	0.89
瑞丽市	Ruili	4.81	4.31	2.50	0.12	1.70
梁河县	Lianghe	0.91	0.83	0.54	0.08	0.20
盈江县	Yingjiang	2.04	1.68	1.08	0.02	0.59
陇川县	Longchuan	1.44	1.22	0.93	0.02	0.27
怒江州	**Nujiang**	**4.29**	**3.58**	**2.44**	**0.10**	**1.04**
泸水县	Lushui	2.03	1.67	1.15	0.00	0.52
福贡县	Fugong	0.43	0.40	0.36	0.01	0.02
贡山县	Gongshan	0.37	0.30	0.23	0.06	0.02
兰坪县	Lanping	1.46	1.21	0.71	0.03	0.48
迪庆州	**Diqing**	**3.98**	**3.34**	**2.16**	**0.06**	**1.12**
香格里拉县	Shangri-La	2.58	2.24	1.25	0.01	0.98
德钦县	Deqin	0.53	0.49	0.39	0.01	0.08
维西县	Weixi	0.87	0.61	0.52	0.04	0.06

18-7 各州市县职工平均工资（2014 年）
Average Wages of Staff and Workers by Region (2014)

单位：万元 人 (10 000 yuan/person)

州市县	Region	职工平均工资 Average Wage of Staff and Workers	国有单位 State-owned Entities	城镇集体单位 Urban Collective-owned Entities	其他单位 Other Ownership Entities
全省	**Yunnan**	**4.78**	**5.44**	**5.00**	**4.18**
昆明市	**Kunming**	**5.68**	**7.04**	**4.22**	**5.01**
呈贡区	Chenggong	6.41	7.70	15.10	5.04
五华区	Wuhua	5.40	7.07	4.34	4.66
盘龙区	Panlong	5.51	6.61	2.42	4.62
官渡区	Guandu	5.83	6.86	3.06	5.56
西山区	Xishan	4.60	6.05	5.51	3.95
东川区	Dongchuan	4.11	5.11	3.56	3.67
晋宁县	Jinning	4.75	5.25	3.97	4.60
富民县	Fuming	4.49	5.46	16.94	4.05
宜良县	Yiliang	4.50	6.41	3.81	4.18
石林县	Shilin	4.51	5.24	4.41	3.72
嵩明县	Songming	4.79	5.14	6.17	4.43
禄劝县	Luquan	4.88	5.59	3.50	4.14
寻甸县	Xundian	4.72	5.24	10.59	3.96
安宁市	Anning	4.91	5.20	3.95	4.83
曲靖市	**Qujing**	**4.26**	**5.09**	**4.74**	**3.61**
麒麟区	Qilin	5.60	5.94	5.11	3.83
马龙县	Malong	4.33	5.33	9.70	3.17
陆良县	Luliang	4.02	4.98	5.28	3.05
师宗县	Shizong	4.22	4.40	4.89	4.01
罗平县	Luoping	4.86	5.64	10.15	3.76
富源县	Fuyuan	3.76	4.19	2.38	3.53
会泽县	Huize	4.34	4.78	2.63	3.83
沾益县	Zhanyi	3.74	4.97	3.21	3.21
宣威市	Xuanwei	4.13	4.60	6.23	3.35
玉溪市	**Yuxi**	**4.57**	**6.07**	**3.94**	**3.84**
红塔区	Hongta	4.59	6.28	2.83	4.11
江川县	Jiangchuan	4.18	5.45	4.60	3.15
澄江县	Chengjiang	5.55	7.02	3.35	3.76
通海县	Tonghai	4.18	6.26	5.14	3.19
华宁县	Huaning	5.10	6.24	10.86	3.29
易门县	Yimen	4.33	6.14	7.20	3.14
峨山县	Eshan	4.39	5.79	4.41	3.29
新平县	Xinping	4.67	5.72	3.23	4.18
元江县	Yuanjiang	4.69	5.40	6.53	3.82

18−7 续表 1 continued

单位：万元 人　　(10 000 yuan/person)

州市县	Region	职工平均工资 Average Wage of Staff and Workers	国有单位 State-owned Entities	城镇集体单位 Urban Collective-owned Entities	其他单位 Other Ownership Entities
保山市	**Baoshan**	**4.12**	**4.44**	**10.22**	**3.80**
隆阳区	Longyang	4.33	4.90	15.11	3.92
施甸县	Shidian	3.73	3.87	3.38	3.45
腾冲县	Tengchong	3.69	3.91	7.58	3.43
龙陵县	Longling	4.31	4.40	6.88	4.19
昌宁县	Changning	4.29	4.71	15.45	3.80
昭通市	**Zhaotong**	**4.42**	**4.55**	**5.77**	**4.03**
昭阳区	Zhaoyang	5.13	5.74	2.61	3.92
鲁甸县	Ludian	3.57	3.82	14.93	2.97
巧家县	Qiaojia	4.35	4.56	9.00	3.44
盐津县	Yanjin	4.29	4.21	7.45	4.42
大关县	Daguan	3.98	4.15	6.25	3.12
永善县	Yongshan	4.11	4.24	4.14	3.51
绥江县	Suijiang	4.03	4.09	6.43	3.52
镇雄县	Zhenxiong	4.55	4.37	10.82	4.70
彝良县	Yiliang	4.03	3.69	8.03	5.43
威信县	Weixin	3.74	3.71	5.25	3.76
水富县	Shuifu	4.66	3.80	9.69	5.42
丽江市	**Lijiang**	**4.70**	**5.17**	**5.10**	**4.05**
古城区	Gucheng	4.67	5.37	4.46	4.03
玉龙县	Yulong	5.26	5.72	6.39	4.64
永胜县	Yongsheng	4.50	5.18	3.86	3.48
华坪县	Huaping	4.39	4.58	7.05	3.91
宁蒗县	Ninglang	4.63	4.58	11.98	4.45
普洱市	**Pu'er**	**3.93**	**4.60**	**5.36**	**2.91**
思茅区	Simao	3.89	5.32	9.96	2.51
宁洱县	Ning'er	4.32	4.27	6.37	3.62
墨江县	Mojiang	4.36	4.49	11.12	3.74
景东县	Jingdong	4.04	4.46	7.76	3.20
景谷县	Jinggu	4.03	4.48	4.49	3.58
镇沅县	Zhenyuan	4.15	4.76	4.10	2.86
江城县	Jiangcheng	3.08	4.63	2.50	2.37
孟连县	Menglian	4.23	4.71	13.71	3.16
澜沧县	Lancang	4.13	4.33	16.20	3.14
西盟县	Ximeng	2.98	2.86	8.15	3.92
临沧市	**Lincang**	**4.21**	**4.62**	**13.79**	**3.46**
临翔区	Linxiang	4.31	4.93	15.94	3.32

18-7 续表 2 continued

单位：万元 人 (10 000 yuan/person)

州 市 县	Region	职工平均工资 Average Wage of Staff and Workers	国有单位 State-owned Entities	城镇集体单位 Urban Collective-owned Entities	其他单位 Other Ownership Entities
凤庆县	Fengqing	4.81	5.28	7.04	3.81
云　县	Yunxian	4.02	5.25	18.13	2.85
永德县	Yongde	3.68	3.76	14.96	3.33
镇康县	Zhenkang	5.24	4.98	12.74	5.42
双江县	Shuangjiang	4.63	4.60	10.57	4.51
耿马县	Gengma	3.82	3.90	14.31	3.55
沧源县	Cangyuan	3.86	3.92	14.45	3.38
楚 雄 州	**Chuxiong**	**4.62**	**5.14**	**9.91**	**3.67**
楚雄市	Chuxiong	5.03	6.39	7.14	3.77
双柏县	Shuangbo	4.24	4.68	18.76	3.03
牟定县	Mouding	4.00	4.79	10.50	2.54
南华县	Nanhua	4.72	4.92	17.11	3.81
姚安县	Yao'an	4.51	4.63	17.13	3.57
大姚县	Dayao	4.46	4.47	11.14	4.16
永仁县	Yongren	4.39	4.28	8.66	4.57
元谋县	Yuanmou	4.03	4.34	5.96	3.44
武定县	Wuding	4.18	4.50	15.13	2.85
禄丰县	Lufeng	4.91	4.93	10.77	4.26
红 河 州	**Honghe**	**4.51**	**5.10**	**4.57**	**3.87**
蒙自市	Mengzi	5.03	6.10	4.54	3.99
个旧市	Gejiu	4.49	4.95	4.67	4.33
开远市	Kaiyuan	4.21	4.68	6.39	3.66
弥勒市	Mile	4.98	6.07	9.96	3.77
屏边县	Pingbian	4.26	4.86	3.82	2.92
建水县	Jianshui	4.30	4.82	3.20	3.54
石屏县	Shiping	3.91	4.98	3.19	3.01
泸西县	Luxi	4.25	5.08	2.66	3.25
元阳县	Yuanyang	4.87	5.03	4.60	4.12
红河县	Honghe	4.02	4.17	5.56	3.02
金平县	Jinping	4.48	4.75	6.56	3.69
绿春县	Luchun	4.42	4.52	3.52	4.11
河口县	Hekou	4.02	3.97	5.67	3.95
文 山 州	**Wenshan**	**4.24**	**4.29**	**5.95**	**4.05**
文山市	Wenshan	4.56	4.91	11.48	4.02
砚山县	Yanshan	4.06	4.17	10.01	3.79

18-7 续表 3 continued

单位：万元 人 (10 000 yuan/person)

州市县	Region	职工平均工资 Average Wage of Staff and Workers	国有单位 State-owned Entities	城镇集体单位 Urban Collective-owned Entities	其他单位 Other Ownership Entities
西畴县	Xichou	4.18	4.41	3.82	3.10
麻栗坡县	Malipo	3.91	3.94	3.13	3.95
马关县	Maguan	4.66	4.19	15.93	5.09
丘北县	Qiubei	4.18	4.55	4.34	2.81
广南县	Guangnan	4.07	3.85	1.69	5.28
富宁县	Funing	3.69	3.67	6.53	3.55
西双版纳州	**Xishuangbanna**	**4.25**	**4.53**	**3.32**	**3.94**
景洪市	Jinghong	4.33	4.65	2.52	4.14
勐海县	Menghai	4.04	4.38	6.87	3.37
勐腊县	Mengla	4.09	4.36	3.51	3.35
大理州	**Dali**	**4.60**	**5.59**	**10.29**	**3.61**
大理市	Dali	4.83	6.60	12.00	3.64
漾濞县	Yangbi	4.62	4.40	4.24	6.22
祥云县	Xiangyun	4.26	5.11	2.48	3.81
宾川县	Binchuan	4.43	4.90	16.58	3.24
弥渡县	Midu	4.42	5.06	8.87	3.10
南涧县	Nanjian	4.91	5.34	7.45	3.62
巍山县	Weishan	4.53	4.95	9.53	3.54
永平县	Yongping	4.42	4.59	13.95	3.58
云龙县	Yunlong	4.43	4.59	7.40	3.65
洱源县	Eryuan	4.71	5.50	11.00	3.15
剑川县	Jianchuan	4.45	4.70	13.84	3.29
鹤庆县	Heqing	4.39	4.93	5.10	3.71
德宏州	**Dehong**	**4.23**	**4.56**	**5.69**	**3.60**
芒市	Mangshi	4.00	4.43	6.89	3.33
瑞丽市	Ruili	4.52	5.12	3.64	3.71
梁河县	Lianghe	4.33	4.72	4.32	3.30
盈江县	Yingjiang	4.27	4.20	16.69	4.05
陇川县	Longchuan	3.48	3.49	8.31	3.07
怒江州	**Nujiang**	**4.72**	**4.97**	**3.47**	**4.27**
泸水县	Lushui	4.88	5.49	2.21	3.60
福贡县	Fugong	3.94	4.07	2.36	3.17
贡山县	Gongshan	4.73	5.28	2.66	4.61
兰坪县	Lanping	4.75	4.48	6.12	5.07
迪庆州	**Diqing**	**5.93**	**6.53**	**8.82**	**4.72**
香格里拉县	Shangri-La	5.82	6.56	17.61	4.76
德钦县	Deqin	6.51	6.96	5.86	4.79
维西县	Weixi	5.90	6.10	6.30	3.94

18-8 各州市县固定资产投资（不含农户）(2013-2014 年）

Total Investment in Fixed Assets (Exclude Rural Households) by Region (2013-2014)

单位：元／人 (yuan/person)

州市县	Region	2013	2014
全　省	**Yunnan**	**9 621.83**	**11073.86**
昆明市	**Kunming**	**2 931.50**	**3138.17**
呈贡区	Chenggong	262.51	332.74
五华区	Wuhua	445.57	305.37
盘龙区	Panlong	327.63	426.43
官渡区	Guandu	577.18	557.31
西山区	Xishan	400.81	478.58
东川区	Dongchuan	69.43	85.43
晋宁县	Jinning	117.83	127.72
富民县	Fumin	36.99	48.29
宜良县	Yiliang	90.90	102.18
石林县	Shilin	105.89	114.88
嵩明县	Songming	121.71	106.09
禄劝县	Luquan	84.50	101.91
寻甸县	Xundian	80.10	102.18
安宁市	Anning	210.45	249.05
曲靖市	**Qujing**	**1 020.83**	**1164.54**
麒麟区	Qilin	298.46	331.71
马龙县	Malong	38.03	49.48
陆良县	Luliang	49.28	68.99
师宗县	Shizong	65.69	78.83
罗平县	Luoping	52.98	65.75
富源县	Fuyuan	128.03	108.08
会泽县	Huize	83.36	112.54
沾益县	Zhanyi	122.36	147.36
宣威市	Xuanwei	182.64	201.80
玉溪市	**Yuxi**	**393.71**	**511.92**
红塔区	Hongta	147.59	181.09
江川县	Jiangchuan	28.51	30.64
澄江县	Chengjiang	40.85	59.76
通海县	Tonghai	22.50	27.88
华宁县	Huaning	19.09	29.30
易门县	Yimen	23.79	41.91
峨山县	Eshan	35.84	41.82
新平县	Xinping	51.05	62.90
元江县	Yuanjiang	24.48	36.61
保山市	**Baoshan**	**288.33**	**383.87**
隆阳区	Longyang	79.00	122.61
施甸县	Shidian	15.63	32.06
腾冲县	Tengchong	130.71	145.01
龙陵县	Longling	38.52	49.21
昌宁县	Changning	24.47	34.98
昭通市	**Zhaotong**	**548.50**	**550.48**
昭阳区	Zhaoyang	87.93	120.13
鲁甸县	Ludian	45.10	52.03
巧家县	Qiaojia	35.18	46.33
盐津县	Yanjin	30.65	35.24
大关县	Daguan	28.73	39.25
永善县	Yongshan	14.33	18.02
绥江县	Suijiang	23.96	27.81
镇雄县	Zhenxiong	67.62	88.49
彝良县	Yiliang	42.94	45.70
威信县	Weixin	20.68	12.67
水富县	Shuifu	19.05	10.25
丽江市	**Lijiang**	**372.67**	**283.14**
古城区	Gucheng	133.69	80.77
玉龙县	Yulong	65.18	43.26
永胜县	Yongsheng	32.94	42.91
华坪县	Huaping	34.47	38.32
宁蒗县	Ninglang	43.34	37.18
普洱市	**Pu'er**	**427.28**	**417.58**
思茅区	Simao	169.23	142.55
宁洱县	Ning'er	32.51	37.87
墨江县	Mojiang	50.87	50.98
景东县	Jingdong	16.31	27.33
景谷县	Jinggu	37.30	44.85
镇沅县	Zhenyuan	14.87	24.98
江城县	Jiangcheng	20.32	23.74
孟连县	Menglian	7.69	13.13
澜沧县	Lancang	71.53	36.09
西盟县	Ximeng	6.65	8.70

18-8 续表 continued

单位：元／人 (yuan/person)

州 市 县	Region	2013	2014	州 市 县	Region	2013	2014
临 沧 市	**Lincang**	**417.26**	**564.79**	麻栗坡县	Malipo	25.11	32.14
临翔区	Linxiang	77.07	109.14	马关县	Maguan	23.06	29.43
凤庆县	Fengqing	56.07	78.44	丘北县	Qiubei	40.00	50.61
云 县	Yunxian	64.06	84.38	广南县	Guangnan	37.97	49.47
永德县	Yongde	56.00	73.57	富宁县	Funing	42.89	59.29
镇康县	Zhenkang	42.00	56.04	**西双版纳州**	**Xishuangbanna**	**209.12**	**278.64**
双江县	Shuangjiang	28.03	39.63	景洪市	Jinghong	144.10	191.10
耿马县	Gengma	55.00	72.09	勐海县	Menghai	25.02	34.06
沧源县	Cangyuan	39.02	51.50	勐腊县	Mengla	40.00	53.48
楚 雄 州	**Chuxiong**	**451.80**	**601.41**	**大 理 州**	**Dali**	**521.54**	**585.48**
楚雄市	Chuxiong	165.94	207.60	大理市	Dali	216.39	267.57
双柏县	Shuangbo	23.48	31.14	漾濞县	yangbi	11.88	9.87
牟定县	Mouding	35.63	44.51	祥云县	Xiangyun	36.02	50.06
南华县	Nanhua	31.50	42.73	宾川县	Binchuang	51.70	35.08
姚安县	Yao'an	24.43	33.04	弥渡县	Midu	19.74	25.56
大姚县	Dayao	41.50	52.97	南涧县	Nanjian	9.88	13.35
永仁县	Yongren	26.09	26.24	巍山县	Weishan	16.81	20.48
元谋县	Yuanmou	21.17	30.10	永平县	Yongping	15.99	13.21
武定县	Wuding	38.10	52.00	云龙县	Yunlong	48.27	56.26
禄丰县	Lufeng	43.96	81.08	洱源县	Eryuan	27.32	35.62
红 河 州	**Honghe**	**801.42**	**1228.03**	剑川县	Jianchuan	16.81	22.37
蒙自市	Mengzi	100.05	156.91	鹤庆县	Heqing	36.81	29.53
个旧市	Gejiu	100.05	156.51	**德 宏 州**	**Dehong**	**212.82**	**257.01**
开远市	Kaiyuan	100.00	156.10	芒 市	Mangshi	82.87	76.54
弥勒市	Mile	100.03	156.31	瑞丽市	Ruili	65.85	100.40
屏边县	Pingbian	25.01	38.50	梁河县	Lianghe	5.31	6.40
建水县	Jianshui	103.00	156.41	盈江县	Yingjiang	45.54	57.03
石屏县	Shiping	45.18	68.80	陇川县	Longchuan	13.25	16.63
泸西县	Luxi	62.18	95.55	**怒 江 州**	**Nujiang**	**82.87**	**100.29**
元阳县	Yuanyang	33.17	50.50	泸水县	Lushui	29.38	35.70
红河县	Honghe	34.00	51.31	福贡县	Fugong	9.21	7.81
金平县	Jinping	33.01	50.40	贡山县	Gongshan	9.04	11.77
绿春县	Luchun	33.00	50.31	兰坪县	Lanping	35.24	45.00
河口县	Hekou	26.50	40.40	**迪 庆 州**	**Diqing**	**195.99**	**247.06**
文 山 州	**Wenshan**	**355.79**	**449.66**	香格里拉县	Shangri-La	98.21	124.71
文山市	Wenshan	117.20	140.77	德钦县	Deqin	42.05	52.57
砚山县	Yanshan	56.67	73.12	维西县	Weixi	55.74	69.77
西畴县	Xichou	12.89	14.83	**不分地区**	**Trans-Regional**	**390.38**	**311.81**

18-9 各州市县地方公共财政预算收入（2006-2014 年）

Public Budgetary Revenue of Local Government by Region（2006-2014）

单位：亿元 (100 million yuan)

州市县	Region	2006	2007	2008	2009	2010	2011	2012	2013	2014
全　省	**Yunnan**	**379.97**	**486.71**	**614.05**	**698.25**	**871.19**	**1 111.16**	**1 338.15**	**1 611.30**	**1 698.06**
昆明市	**Kunming**	**103.72**	**133.10**	**174.99**	**201.61**	**253.83**	**317.69**	**378.40**	**450.75**	**477.97**
呈贡区	Chenggong	2.51	4.32	5.40	5.31	6.88	7.49	9.07	11.07	14.29
五华区	Wuhua	8.75	10.77	13.34	15.77	20.55	25.42	30.49	36.31	32.47
盘龙区	Panlong	6.46	7.89	10.38	12.50	16.67	22.01	27.20	33.25	33.40
官渡区	Guandu	7.07	10.17	16.07	20.09	26.16	32.18	37.78	45.00	41.54
西山区	Xishan	6.61	8.63	10.93	13.00	17.00	22.00	26.64	32.51	34.59
东川区	Dongchuan	2.32	3.70	4.01	2.41	4.09	5.44	6.79	6.93	7.10
晋宁县	Jinning	1.88	2.45	3.31	4.70	6.24	8.43	11.01	13.43	14.50
富民县	Fumin	0.61	0.82	1.05	1.21	1.90	2.68	3.43	4.27	4.73
宜良县	Yiliang	1.93	2.48	3.31	3.83	4.68	4.52	5.60	6.84	7.21
石林县	Shilin	1.26	1.42	2.01	2.60	3.51	4.73	6.15	7.45	5.13
嵩明县	Songming	1.35	1.60	2.29	3.29	4.50	5.86	7.39	9.03	9.70
禄劝县	Luquan	1.05	1.25	1.61	2.31	2.92	3.58	4.87	5.98	6.06
寻甸县	Xundian	1.19	1.54	2.12	2.71	3.42	4.59	5.93	7.24	7.62
安宁市	Anning	6.93	8.54	10.85	12.80	16.69	21.40	24.03	26.99	22.74
市本级	City-level	53.53	67.52	88.31	99.09	118.61	147.36	172.01	204.44	236.90
曲靖市	**Qujing**	**36.52**	**46.49**	**56.01**	**63.19**	**72.43**	**88.31**	**103.83**	**121.53**	**115.67**
麒麟区	Qilin	4.27	5.00	6.33	7.61	9.21	12.84	16.81	20.34	18.71
马龙县	Malong	1.01	1.27	1.68	2.02	2.39	3.00	3.52	4.13	4.31
陆良县	Luliang	2.10	2.52	3.00	3.38	3.90	4.53	5.42	6.37	6.38
师宗县	Shizong	1.50	1.83	2.21	2.51	2.92	3.70	4.40	5.16	5.22
罗平县	Luoping	1.83	2.12	2.63	3.01	3.43	4.05	5.08	6.11	6.70
富源县	Fuyuan	3.77	5.75	6.42	7.18	8.38	10.30	12.45	13.84	8.31
会泽县	Huize	3.64	4.13	5.00	5.51	6.10	7.02	8.00	9.40	10.10
沾益县	Zhanyi	2.95	3.61	4.45	4.72	5.43	6.36	6.97	8.23	6.83
宣威市	Xuanwei	5.30	6.32	7.27	7.94	9.00	10.50	12.50	14.70	15.00
市本级	City-level	10.16	13.94	17.01	19.32	21.67	26.01	28.68	33.25	34.12
玉溪市	**Yuxi**	**33.05**	**38.90**	**50.16**	**54.16**	**64.73**	**77.25**	**90.22**	**105.97**	**113.59**
红塔区	Hongta	3.75	4.89	5.94	7.01	9.29	11.22	13.21	18.46	19.63
江川县	Jiangchuan	1.35	1.63	2.01	2.09	2.40	2.89	3.54	4.61	5.02
澄江县	Chengjiang	1.03	1.12	1.83	2.42	2.92	3.31	3.88	4.66	5.41
通海县	Tonghai	1.34	1.75	2.17	2.41	2.70	3.03	3.54	4.14	4.41
华宁县	Huaning	1.00	1.20	1.73	1.79	2.02	2.27	2.51	3.13	3.46
易门县	Yimen	1.19	1.63	1.98	2.13	2.42	2.80	3.34	3.91	4.57
峨山县	Eshan	1.39	1.80	2.12	2.18	2.72	3.04	3.56	4.31	4.60
新平县	Xinping	1.78	2.63	3.82	4.25	5.41	7.06	8.32	10.00	10.95
元江县	Yuanjiang	0.82	1.12	1.39	1.43	1.74	2.10	2.55	3.15	3.40
市本级	City-level	19.39	21.12	27.17	28.44	33.12	39.54	45.77	49.59	52.16

18-9 续表 1 continued

单位：亿元 (100 million yuan)

州市县	Region	2006	2007	2008	2009	2010	2011	2012	2013	2014
保山市	**Baoshan**	**8.35**	**10.58**	**12.46**	**15.81**	**21.38**	**28.20**	**35.55**	**42.84**	**47.18**
隆阳区	Longyang	2.61	3.27	3.82	5.07	6.07	7.41	8.78	10.07	12.91
施甸县	Shidian	0.55	0.61	0.75	0.83	1.30	1.95	2.29	3.06	3.74
腾冲县	Tengchong	2.70	3.23	3.93	5.01	6.57	9.26	12.10	14.92	15.30
龙陵县	Longling	0.88	1.05	1.21	1.40	1.60	2.00	2.67	3.47	4.21
昌宁县	Changning	0.80	0.92	1.05	1.45	3.35	4.17	5.21	5.97	4.43
市本级	City-level	1.43	1.49	1.70	2.04	2.48	3.40	4.50	5.34	6.58
昭通市	**Zhaotong**	**10.30**	**12.89**	**17.13**	**20.79**	**25.62**	**32.59**	**39.47**	**47.47**	**51.02**
昭阳区	Zhaoyang	1.82	2.22	3.01	4.07	5.03	6.41	7.71	9.01	10.61
鲁甸县	Ludian	0.51	0.82	0.94	1.09	1.57	2.04	2.26	2.49	2.07
巧家县	Qiaojia	0.34	0.60	0.69	0.86	1.09	1.40	1.72	2.15	2.67
盐津县	Yanjin	0.36	0.52	0.70	0.87	0.92	1.14	1.38	1.66	1.36
大关县	Daguan	0.18	0.28	0.40	0.47	0.54	0.67	0.87	1.06	1.18
永善县	Yongshan	0.43	0.67	0.85	1.04	1.36	1.85	2.24	2.88	3.78
绥江县	Suijiang	0.18	0.26	0.47	0.64	0.89	1.48	2.20	2.68	3.12
镇雄县	Zhenxiong	0.93	1.17	1.52	2.01	2.70	3.80	5.10	5.88	5.07
彝良县	Yiliang	0.60	0.82	1.00	1.16	1.52	2.07	2.20	2.32	2.41
威信县	Weixin	0.36	0.54	0.76	1.01	1.27	1.62	1.95	2.36	1.69
水富县	Shuifu	0.95	1.02	1.21	1.28	1.59	1.78	2.16	2.28	2.06
市本级	City-level	3.62	3.97	5.56	6.30	7.14	8.32	9.67	12.70	14.98
丽江市	**Lijiang**	**5.08**	**7.28**	**9.52**	**11.66**	**16.46**	**26.26**	**38.01**	**45.78**	**46.07**
古城区	Gucheng	1.72	2.81	3.05	3.67	5.01	7.25	9.19	10.79	12.42
玉龙县	Yulong	0.67	0.88	1.15	1.41	2.13	3.00	4.51	5.71	6.80
永胜县	Yongsheng	0.43	0.61	1.02	1.37	1.78	2.02	2.87	3.75	4.16
华坪县	Huaping	1.23	1.60	2.12	2.65	3.50	4.04	5.25	5.78	4.60
宁蒗县	Ninglang	0.23	0.30	0.53	0.73	1.08	1.43	1.87	2.34	2.39
市本级	City-level	0.81	1.08	1.64	1.81	2.95	8.52	14.32	17.41	15.71
普洱市	**Pu'er**	**7.79**	**11.10**	**13.70**	**16.00**	**30.86**	**39.29**	**47.90**	**53.72**	**44.99**
思茅区	Simao	1.86	2.39	2.88	3.31	4.06	5.22	7.10	8.38	7.17
宁洱县	Ning'er	0.59	0.93	1.08	1.19	1.61	1.71	2.36	2.71	3.01
墨江县	Mojiang	0.60	0.78	1.00	1.22	1.64	2.18	2.72	3.27	3.66
景东县	Jingdong	1.10	1.14	1.58	1.80	2.29	2.54	3.05	3.42	4.01
景谷县	Jinggu	1.02	1.25	1.59	1.84	2.97	3.32	4.28	4.80	4.76
镇沅县	Zhenyuan	0.34	0.43	0.55	0.72	1.10	1.56	2.26	2.84	3.14
江城县	Jiangcheng	0.29	0.34	0.42	0.51	0.60	0.80	1.09	1.35	1.50
孟连县	Menglian	0.31	0.36	0.36	0.41	0.52	0.70	0.92	1.14	1.33
澜沧县	Lancang	0.59	0.84	1.06	1.24	2.22	3.11	3.64	4.36	4.63
西盟县	Ximeng	0.09	0.13	0.16	0.21	0.27	0.37	0.45	0.54	0.63
市本级	City-level	1.01	2.50	3.02	4.16	13.60	17.80	20.04	20.93	11.16
临沧市	**Lincang**	**5.55**	**6.96**	**8.49**	**10.05**	**14.51**	**21.39**	**30.22**	**36.85**	**37.26**
临翔区	Linxiang	0.61	0.97	1.20	1.43	1.95	2.69	4.49	5.60	6.41
凤庆县	Fengqing	0.68	0.83	1.08	1.43	2.62	3.22	4.46	3.72	4.36
云县	Yunxian	1.41	1.56	1.82	1.95	2.17	3.01	4.06	5.05	4.02
永德县	Yongde	0.36	0.46	0.59	0.73	1.07	1.61	2.44	3.15	3.31
镇康县	Zhenkang	0.34	0.47	0.56	0.65	0.92	1.68	2.67	3.55	3.00
双江县	Shuangjiang	0.25	0.28	0.33	0.41	0.63	1.01	1.62	2.25	3.14
耿马县	Gengma	0.48	0.61	0.73	0.85	1.23	1.94	2.80	3.65	3.54
沧源县	Cangyuan	0.24	0.35	0.47	0.44	0.80	1.21	1.72	2.21	2.18
市本级	City-level	1.18	1.42	1.70	2.17	3.13	5.00	5.95	7.66	7.29

18-9 续表 2 continued

单位：亿元 (100 million yuan)

州市县	Region	2006	2007	2008	2009	2010	2011	2012	2013	2014
楚 雄 州	**Chuxiong**	**14.32**	**17.95**	**22.70**	**25.58**	**30.70**	**37.58**	**46.32**	**56.37**	**63.72**
楚雄市	Chuxiong	4.08	5.83	7.36	8.31	9.73	11.60	13.93	16.30	18.43
双柏县	Shuangbo	0.39	0.49	0.65	0.79	0.98	1.14	1.42	1.97	2.28
牟定县	Mouding	0.49	0.49	0.65	0.74	0.96	1.30	1.83	2.30	2.67
南华县	Nanhua	0.65	0.77	0.84	0.98	1.24	1.71	2.49	3.21	3.86
姚安县	Yao'an	0.39	0.43	0.56	0.62	0.77	1.01	1.42	1.81	2.23
大姚县	Dayao	0.68	0.80	1.12	1.08	1.45	2.22	2.80	3.48	3.94
永仁县	Yongren	0.30	0.36	0.52	0.68	0.88	1.14	1.63	2.04	2.42
元谋县	Yuanmou	0.50	0.68	0.85	0.85	0.86	1.00	1.62	1.91	2.27
武定县	Wuding	0.57	0.76	1.20	1.42	1.95	2.76	3.68	4.31	5.00
禄丰县	Lufeng	2.27	2.89	3.25	4.02	4.63	5.40	5.61	7.46	7.66
州本级	Prefecture-level	4.01	4.44	5.70	6.10	7.26	8.31	9.89	11.58	12.98
红 河 州	**Honghe**	**29.49**	**37.71**	**45.14**	**52.04**	**61.22**	**72.79**	**84.48**	**97.25**	**111.02**
蒙自市	Mengzi	2.86	3.92	4.89	5.81	7.23	9.05	10.64	12.56	15.03
个旧市	Gejiu	4.31	5.89	7.55	7.73	7.90	8.62	8.89	9.33	10.73
开远市	Kaiyuan	2.93	3.76	4.50	5.01	5.77	7.01	8.42	9.77	11.23
弥勒市	Mile	3.19	3.90	4.62	5.60	6.95	8.08	9.50	11.13	13.09
屏边县	Pingbian	0.31	0.35	0.42	0.47	0.54	0.63	0.74	0.93	1.14
建水县	Jianshui	2.11	2.70	3.32	3.78	4.76	6.00	7.35	8.60	10.05
石屏县	Shiping	1.00	1.22	1.44	1.70	2.00	2.30	2.71	3.19	3.83
泸西县	Luxi	1.33	1.55	2.01	2.61	3.16	4.01	5.07	6.19	7.24
元阳县	Yuanyang	0.32	0.52	0.62	1.05	1.21	1.40	1.61	1.85	2.23
红河县	Honghe	0.19	0.22	0.28	0.34	0.43	0.63	0.83	1.08	1.31
金平县	Jinping	0.63	0.96	1.14	1.40	1.63	1.91	2.20	2.33	2.44
绿春县	Luchun	0.35	0.48	0.61	0.72	0.83	1.00	1.17	1.35	1.63
河口县	Hekou	0.79	0.63	0.77	0.90	1.03	1.19	1.44	1.83	2.23
州本级	Prefecture-level	9.18	11.63	12.98	14.92	17.77	20.95	23.93	27.12	28.84
文 山 州	**Wenshan**	**8.94**	**12.60**	**15.44**	**17.29**	**22.03**	**27.45**	**36.13**	**42.72**	**50.70**
文山市	Wenshan	2.91	3.57	4.40	5.36	6.80	8.60	10.70	13.30	15.60
砚山县	Yanshan	1.15	1.56	2.06	2.37	2.82	3.41	4.02	5.04	6.20
西畴县	Xichou	0.25	0.27	0.35	0.51	0.61	0.71	0.78	1.00	1.40
麻栗坡县	Malipo	0.55	1.12	1.22	1.36	1.70	2.50	2.70	3.16	3.28
马关县	Maguan	0.85	1.50	1.80	1.97	2.71	3.51	4.31	5.17	5.25
丘北县	Qiubei	0.60	0.78	0.98	1.32	1.63	2.21	2.91	3.64	4.15
广南县	Guangnan	0.77	0.94	1.20	1.35	1.62	2.00	2.40	3.00	3.78
富宁县	Funing	0.90	1.08	1.34	1.50	1.80	2.32	2.87	3.60	4.10
州本级	Prefecture-level	0.95	1.79	2.09	1.56	2.34	2.18	5.44	4.82	6.93
西双版纳州	**Xishuangbanna**	**4.82**	**6.07**	**7.20**	**8.60**	**11.26**	**17.60**	**22.26**	**26.81**	**28.79**
景洪市	Jinghong	2.11	2.58	3.22	3.62	4.77	8.09	10.18	11.98	11.73
勐海县	Menghai	0.52	0.68	0.88	1.13	1.38	1.85	2.51	3.51	4.21

18-9 续表 3 continued

单位：亿元 (100 million yuan)

州市县	Region	2006	2007	2008	2009	2010	2011	2012	2013	2014
勐腊县	Mengla	0.96	1.30	1.28	1.57	2.27	2.63	2.91	3.15	3.48
州本级	Prefecture-level	1.22	1.50	1.82	2.28	2.84	5.03	6.67	8.17	9.37
大理州	**Dali**	**18.75**	**22.78**	**27.57**	**31.55**	**37.62**	**45.95**	**59.28**	**71.97**	**75.28**
大理市	Dali	7.46	9.01	10.40	12.29	14.21	17.10	21.52	25.60	27.53
漾濞县	Yangbi	0.43	0.50	0.57	0.68	0.78	0.91	1.19	1.47	0.77
祥云县	Xiangyun	1.63	2.04	2.47	2.85	3.34	4.11	5.41	6.75	7.18
宾川县	Binchuan	0.91	1.17	1.46	1.61	1.90	2.19	2.82	3.44	3.66
弥渡县	Midu	0.54	0.67	0.88	1.09	1.30	1.74	2.27	2.76	3.15
南涧县	Nanjian	0.82	0.99	1.11	1.21	1.63	2.09	2.65	2.91	2.57
巍山县	Weishan	0.58	0.67	0.77	0.97	1.34	1.87	2.58	3.23	3.39
永平县	Yongping	0.49	0.61	0.80	0.96	1.38	1.62	2.00	2.26	2.03
云龙县	Yunlong	0.44	0.58	0.82	0.89	1.09	1.51	2.07	2.66	2.87
洱源县	Eryuan	0.73	0.86	1.04	1.01	1.20	1.45	1.95	2.47	2.87
剑川县	Jianchuan	0.50	0.62	0.76	0.94	0.98	1.31	1.77	2.38	2.41
鹤庆县	Heqing	0.79	0.99	1.39	1.50	1.87	2.27	3.22	4.29	4.99
州本级	Prefecture-level	3.41	4.08	5.10	5.56	6.58	7.78	9.84	11.76	11.85
德宏州	**Dehong**	**5.36**	**7.90**	**8.87**	**9.83**	**13.24**	**18.91**	**24.32**	**27.96**	**31.00**
芒　市	Mangshi	1.14	1.74	2.17	2.55	3.30	4.46	5.66	7.02	7.11
瑞丽市	Ruili	1.29	1.68	2.21	2.21	3.73	5.12	6.95	8.75	9.13
梁河县	Lianghe	0.32	0.37	0.50	0.57	0.68	0.96	1.25	1.35	1.50
盈江县	Yingjiang	1.08	1.46	1.87	2.17	2.89	4.33	4.95	5.53	5.59
陇川县	Longchuan	0.46	0.53	0.61	0.69	0.89	1.27	1.70	1.81	2.13
州　级	Prefecture-level	1.08	2.11	1.50	1.64	1.75	2.77	3.81	3.49	5.54
怒江州	**Nujiang**	**3.37**	**4.78**	**5.12**	**4.67**	**5.84**	**6.66**	**7.51**	**8.41**	**9.33**
泸水县	Lushui	0.63	0.72	0.89	1.08	1.27	1.46	1.72	2.00	2.38
福贡县	Fugong	0.12	0.15	0.20	0.23	0.27	0.34	0.47	0.55	0.67
贡山县	Gongshan	0.12	0.13	0.16	0.23	0.26	0.32	0.38	0.48	0.60
兰坪县	Lanping	1.83	2.96	2.90	2.10	2.80	3.10	3.36	3.73	4.25
州本级	Prefecture-level	0.68	0.82	0.96	1.02	1.23	1.43	1.58	1.65	1.43
迪庆州	**Diqing**	**1.82**	**2.36**	**3.20**	**4.36**	**5.97**	**8.60**	**10.75**	**13.05**	**14.49**
香格里拉县	Shangri-La	0.77	1.02	1.32	1.66	2.10	2.75	3.50	4.37	5.05
德钦县	Deqin	0.15	0.20	0.28	0.45	0.71	1.00	1.28	1.60	1.80
维西县	Weixi	0.17	0.21	0.36	0.58	1.01	1.45	1.86	2.38	2.71
州本级	Prefecture-level	0.72	0.92	1.24	1.67	2.15	3.40	4.12	4.69	4.94
省本级	**Province-level**	**82.75**	**107.29**	**136.35**	**150.47**	**183.50**	**244.66**	**283.49**	**361.85**	**379.97**

18-10 各州市县人均地方公共财政预算收入(2010-2014年)

Per Capita Public Budgetary Revenue of Local Government by Region (2010-2014)

单位：元／人

州市县	Region	2010	2011	2012	2013	2014
全　省	**Yunnan**	**1 900**	**2 407**	**2 881**	**3 448**	**3 613**
昆明市	**Kunming**	**3 991**	**4 916**	**5 813**	**6 875**	**7 239**
呈贡区	Chenggong	2 541	2 384	2 839	3 418	4 357
五华区	Wuhua	2 380	2 959	3 544	4 217	3 755
盘龙区	Panlong	2 164	2 706	3 458	4 212	4 054
官渡区	Guandu	3 231	3 754	4 378	5 185	4 764
西山区	Xishan	2 314	2 901	3 479	4 220	4 473
东川区	Dongchuan	1 443	1 992	2 474	2 511	2 554
晋宁县	Jinning	2 206	2 963	3 821	4 592	4 906
富民县	Fumin	1 278	1 832	2 321	2 857	3 120
宜良县	Yiliang	1 104	1 072	1 320	1 601	1 674
石林县	Shilin	1 431	1 914	2 466	2 951	2 010
嵩明县	Songming	1 572	2 033	2 305	2 791	3 255
禄劝县	Luquan	691	899	1 215	1 482	1 491
寻甸县	Xundian	705	1 000	1 284	1 560	1 636
安宁市	Anning	5 029	6 242	6 915	7 623	6 327
曲靖市	**Qujing**	**1 240**	**1 502**	**1 755**	**2 041**	**1 931**
麒麟区	Qilin	1 277	1 721	2 236	2 692	2 461
马龙县	Malong	1 258	1 613	1 876	2 183	2 258
陆良县	Luliang	628	726	865	1 011	1 006
师宗县	Shizong	753	939	1 110	1 292	1 298
罗平县	Luoping	625	734	916	1 094	1 193
富源县	Fuyuan	1 174	1 420	1 706	1 885	1 126
会泽县	Huize	669	771	873	1 018	1 087
沾益县	Zhanyi	1 290	1 463	1 587	1 862	1 536
宣威市	Xuanwei	671	803	951	1 111	1 127
玉溪市	**Yuxi**	**2 819**	**3 341**	**3 882**	**4 538**	**4 843**
红塔区	Hongta	1 910	2 258	2 645	3 678	3 894
江川县	Jiangchuan	854	1 026	1 253	1 626	1 762
澄江县	Chengjiang	1 745	1 944	2 262	2 702	3 116
通海县	Tonghai	892	1 000	1 159	1 346	1 422
华宁县	Huaning	938	1 052	1 160	1 440	1 587
易门县	Yimen	1 355	1 580	1 876	2 192	2 550
峨山县	Eshan	1 671	1 863	2 174	2 621	2 787
新平县	Xinping	1 898	2 464	2 893	3 467	3 780
元江县	Yuanjiang	798	962	1 163	1 430	1 534
保山市	**Baoshan**	**857**	**1 120**	**1 404**	**1 682**	**1 843**
隆阳区	Longyang	663	788	928	1 059	1 350
施甸县	Shidian	412	636	741	988	1 201
腾冲县	Tengchong	1 024	1 431	1 857	2 278	2 325
龙陵县	Longling	580	719	954	1 231	1485
昌宁县	Changning	974	1 209	1 501	1 711	1263
昭通市	**Zhaotong**	**485**	**622**	**748**	**893**	**951**
昭阳区	Zhaoyang	631	810	965	1 118	1304
鲁甸县	Ludian	405	521	570	623	512
巧家县	Qiaojia	208	270	329	411	506
盐津县	Yanjin	246	306	369	441	359
大关县	Daguan	205	255	327	393	436
永善县	Yongshan	342	467	562	716	933
绥江县	Suijiang	569	960	1 418	1 714	1986
镇雄县	Zhenxiong	198	285	379	434	371
彝良县	Yiliang	282	394	417	435	449
威信县	Weixin	330	418	500	600	426
水富县	Shuifu	1 603	1 736	2 097	2 199	1978
丽江市	**Lijiang**	**1 331**	**2 101**	**3 021**	**3 618**	**3622**
古城区	Gucheng	2 612	3 420	4 310	5 036	5767
玉龙县	Yulong	955	1 393	2 077	2 611	3090
永胜县	Yongsheng	449	512	724	943	1040
华坪县	Huaping	2 102	2 392	3 087	3 373	2671
宁蒗县	Ninglang	421	550	715	889	902
普洱市	**Pu'er**	**1 202**	**1 539**	**1 865**	**2 083**	**1738**
思茅区	Simao	1 459	1 743	2 334	2 725	2316
宁洱县	Ning'er	843	915	1 257	1 430	1576
墨江县	Mojiang	442	603	751	898	1002
景东县	Jingdong	618	704	843	942	1102
景谷县	Jinggu	984	1 135	1 458	1 629	1612
镇沅县	Zhenyuan	520	745	1 076	1 349	1493
江城县	Jiangcheng	495	657	883	1 082	1196
孟连县	Menglian	385	511	667	826	961
澜沧县	Lancang	447	629	734	879	931
西盟县	Ximeng	293	402	491	587	672
临沧市	**Lincang**	**601**	**877**	**1 231**	**1 491**	**1499**
临翔区	Linxiang	617	829	1 375	1 704	1936
凤庆县	Fengqing	573	700	964	798	931
云　县	Yunxian	483	667	895	1 106	876
永德县	Yongde	290	433	655	840	878
镇康县	Zhenkang	524	950	1 497	1 978	1661
双江县	Shuangjiang	351	570	908	1 253	1733
耿马县	Gengma	424	652	935	1 209	1165
沧源县	Cangyuan	450	673	944	1 203	1177

18-10 续表 continued

单位：元／人 (yuan/person)

州市县	Region	2010	2011	2012	2013	2014
楚雄州	**Chuxiong**	**1 139**	**1 394**	**1 708**	**2 071**	**2338**
楚雄市	Chuxiong	1 704	1 965	2 352	2 741	3092
双柏县	Shuangbo	612	715	882	1 228	1421
牟定县	Mouding	461	621	868	1 087	1261
南华县	Nanhua	519	721	1 042	1 336	1605
姚安县	Yao'an	376	504	706	896	1101
大姚县	Dayao	515	809	1 015	1 255	1416
永仁县	Yongren	807	1 038	1 479	1 842	2180
元谋县	Yuanmou	401	461	746	878	1037
武定县	Wuding	707	1 007	1 334	1 555	1799
禄丰县	Lufeng	1 071	1 271	1 309	1 738	1782
红河州	**Honghe**	**1 368**	**1 610**	**1 858**	**2 125**	**2411**
蒙自市	Mengzi	1 762	2 161	2 524	2 963	3520
个旧市	Gejiu	1 724	1 869	1 917	2 006	2296
开远市	Kaiyuan	1 810	2 165	2 584	2 976	3398
弥勒市	Mile	1 292	1 490	1 743	2 030	2375
屏边县	Pingbian	359	406	475	599	733
建水县	Jianshui	898	1 125	1 369	1 594	1852
石屏县	Shiping	670	767	896	1 049	1253
泸西县	Luxi	795	997	1 251	1 517	1762
元阳县	Yuanyang	306	351	401	458	546
红河县	Honghe	145	212	276	356	429
金平县	Jinping	460	535	611	639	665
绿春县	Luchun	373	449	522	596	716
河口县	Hekou	988	1 134	1 362	1 732	2091
文山州	**Wenshan**	**632**	**777**	**1 017**	**1 197**	**1414**
文山市	Wenshan	1 447	1 776	2 103	2 708	3157
砚山县	Yanshan	611	733	860	1 072	1314
西畴县	Xichou	240	277	304	386	541
麻栗坡县	Malipo	613	898	965	1 120	1160
马关县	Maguan	737	950	1 161	1 387	1403
丘北县	Qiubei	346	460	603	751	853
广南县	Guangnan	207	253	302	376	472
富宁县	Funing	445	567	697	870	986
西双版纳州	**Xishuangbanna**	**1 019**	**1 546**	**1 944**	**2 330**	**2494**
景洪市	Jinghong	951	1 550	1 938	2 269	2216
勐海县	Menghai	414	557	747	1 042	1244
勐腊县	Mengla	838	928	1 021	1 101	1212
大理州	**Dali**	**1 080**	**1 324**	**1 701**	**2 055**	**2140**
大理市	Dali	2 198	2 611	3 271	3 876	4154
漾濞县	Yangbi	758	890	1 158	1 416	736
祥云县	Xiangyun	731	899	1 176	1 462	1549
宾川县	Binchuan	548	625	801	975	1033
弥渡县	Midu	412	554	718	872	990
南涧县	Nanjian	751	987	1 240	1 356	1193
巍山县	Weishan	437	611	843	1 048	1095
永平县	Yongping	771	924	1 131	1 274	1137
云龙县	Yunlong	538	752	1 027	1 310	1408
洱源县	Eryuan	440	539	720	906	1050
剑川县	Jianchuan	563	767	1 034	1 383	1389
鹤庆县	Heqing	717	885	1 253	1 656	1919
德宏州	**Dehong**	**1 100**	**1 554**	**1 986**	**2 260**	**2471**
芒 市	Mangshi	855	1 138	1 437	1 767	1766
瑞丽市	Ruili	2 126	2 805	3 755	4 641	4697
梁河县	Lianghe	428	623	806	861	952
盈江县	Yingjiang	955	1 413	1 607	1 784	1788
陇川县	Longchuan	491	700	933	983	1138
怒江州	**Nujiang**	**1 090**	**1 243**	**1 398**	**1 562**	**1728**
泸水县	Lushui	683	789	925	1 074	1274
福贡县	Fugong	273	349	478	555	676
贡山县	Gongshan	697	849	1 007	1 262	1569
兰坪县	Lanping	1 309	1 452	1 566	1 735	1975
迪庆州	**Diqing**	**1 531**	**2 141**	**2 662**	**3 217**	**3566**
香格里拉县	Shangri-La	1 250	1 583	1 996	2 485	2869
德钦县	Deqin	1 093	1 497	1 911	2 386	2657
维西县	Weixi	645	898	1 148	1 466	1663

18-11 各州市县地方公共财政预算支出(2007-2014 年)

Public Budgetary Expenditure of Local Government by Region(2007-2014)

单位：亿元 (100 million yuan)

州市县	Region	2007	2008	2009	2010	2011	2012	2013	2014
全　省	**Yunnan**	**1 135.22**	**1 470.24**	**1 952.34**	**2 285.72**	**2 929.60**	**3 572.66**	**4 096.51**	**4 437.98**
昆明市	**Kunming**	**164.65**	**233.49**	**270.75**	**346.29**	**441.73**	**525.50**	**585.76**	**593.66**
呈贡区	Chenggong	4.96	7.32	7.48	9.66	11.01	12.27	14.75	17.22
五华区	Wuhua	11.71	14.82	17.68	20.35	25.50	29.60	32.77	31.12
盘龙区	Panlong	9.22	12.50	15.34	20.10	25.10	31.14	37.11	36.43
官渡区	Guandu	10.51	18.29	22.72	29.81	35.74	40.41	47.05	41.46
西山区	Xishan	9.19	14.46	16.38	19.81	25.13	29.10	36.94	35.53
东川区	Dongchuan	12.00	12.49	14.17	16.06	19.59	23.23	22.21	22.31
晋宁县	Jinning	5.07	7.01	8.95	11.24	15.41	20.34	24.45	24.81
富民县	Fumin	3.09	3.79	4.32	6.67	7.99	8.40	9.83	9.97
宜良县	Yiliang	4.95	7.07	8.42	10.27	11.64	17.36	17.68	15.92
石林县	Shilin	4.02	5.57	7.12	9.34	11.18	13.52	14.30	14.09
嵩明县	Songming	5.39	7.23	9.11	11.49	15.93	17.50	17.01	18.99
禄劝县	Luquan	5.76	7.25	9.49	12.20	13.97	18.51	22.75	21.95
寻甸县	Xundian	6.48	8.73	10.86	13.04	16.43	19.57	22.90	23.05
安宁市	Anning	11.63	13.93	15.31	19.28	25.34	27.88	31.03	27.01
市本级	City-level	60.68	93.02	103.41	136.97	181.76	216.68	234.97	253.81
曲靖市	**Qujing**	**90.16**	**116.93**	**140.17**	**181.59**	**222.19**	**281.93**	**297.26**	**334.17**
麒麟区	Qilin	8.47	11.55	15.15	17.80	22.31	28.42	30.57	31.27
马龙县	Malong	3.33	4.64	5.76	8.72	9.70	11.50	13.25	16.78
陆良县	Luliang	7.32	9.88	11.71	15.10	19.20	21.38	22.77	25.03
师宗县	Shizong	5.33	7.36	9.03	11.27	14.84	17.96	18.88	20.15
罗平县	Luoping	6.57	8.48	10.11	12.88	16.27	22.48	23.31	26.41
富源县	Fuyuan	10.21	13.13	14.97	20.96	25.59	32.23	30.28	29.93
会泽县	Huize	11.26	14.86	17.45	21.00	26.10	35.61	38.14	50.19
沾益县	Zhanyi	5.99	7.79	9.45	12.68	15.24	16.93	19.16	21.56
宣威市	Xuanwei	14.58	19.79	24.58	31.32	37.95	49.31	52.18	59.77
市本级	City-level	17.11	19.46	21.96	29.85	35.00	46.12	48.72	53.09
玉溪市	**Yuxi**	**60.42**	**72.53**	**89.82**	**107.30**	**139.65**	**161.82**	**186.28**	**207.31**
红塔区	Hongta	8.71	9.96	11.88	15.10	17.33	20.16	24.74	27.48
江川县	Jiangchuan	3.92	5.24	6.24	7.37	9.54	11.53	14.08	15.56
澄江县	Chengjiang	2.84	4.02	5.92	6.64	7.58	9.17	11.16	11.56
通海县	Tonghai	4.05	4.80	6.01	7.38	10.20	11.83	14.31	13.31
华宁县	Huaning	3.16	4.32	5.38	6.77	8.24	9.69	11.72	12.17
易门县	Yimen	3.67	4.25	5.61	6.48	8.74	10.96	13.32	14.48
峨山县	Eshan	4.03	4.73	5.71	7.52	8.14	9.47	11.99	11.67
新平县	Xinping	6.79	8.25	10.92	13.79	17.68	19.45	23.56	21.92
元江县	Yuanjiang	4.10	4.67	6.89	7.99	9.05	10.75	13.18	14.63
市本级	City-level	19.16	22.28	25.28	28.28	43.14	48.82	48.24	64.54

注：1994 年以后全省分县财政支出数按新财政体制口径统计。

Note: Data of government expenditure by county after 1994 have been recorded according to the new financial system.

18-11 续表 1 continued

单位：亿元 (100 million yuan)

州市县	Region	2007	2008	2009	2010	2011	2012	2013	2014
保山市	**Baoshan**	**36.41**	**46.88**	**62.02**	**82.29**	**106.43**	**141.57**	**150.32**	**164.24**
隆阳区	Longyang	9.12	12.02	15.56	20.76	24.99	37.56	36.11	39.05
施甸县	Shidian	4.19	5.31	8.08	10.02	12.37	16.97	17.92	19.66
腾冲县	Tengchong	10.24	12.95	16.39	21.75	30.55	35.94	38.71	41.86
龙陵县	Longling	4.48	5.63	7.73	10.49	12.69	15.60	18.47	21.71
昌宁县	Changning	4.27	5.70	8.08	11.73	15.03	21.52	21.38	21.18
市本级	City-level	4.12	5.27	6.18	7.54	10.80	13.98	17.72	20.79
昭通市	**Zhaotong**	**63.06**	**88.30**	**111.50**	**146.60**	**178.28**	**248.09**	**261.26**	**330.89**
昭阳区	Zhaoyang	8.03	11.20	14.85	19.22	24.07	34.03	38.07	43.48
鲁甸县	Ludian	4.76	6.63	8.79	11.75	14.12	20.27	20.39	46.66
巧家县	Qiaojia	5.78	7.50	9.34	13.40	14.81	20.67	21.50	35.60
盐津县	Yanjin	4.23	5.75	7.03	8.29	11.25	14.40	16.33	19.26
大关县	Daguan	3.59	4.99	5.83	8.66	8.81	13.09	14.41	16.89
永善县	Yongshan	4.84	7.18	8.91	10.96	12.71	16.71	19.82	25.13
绥江县	Suijiang	2.43	3.10	4.17	5.61	8.27	9.73	11.60	11.64
镇雄县	Zhenxiong	10.06	15.23	20.00	26.19	33.19	46.22	47.27	50.34
彝良县	Yiliang	5.17	7.55	10.44	12.04	17.14	32.25	27.41	26.93
威信县	Weixin	4.27	6.38	7.43	9.82	11.52	14.93	15.01	17.10
水富县	Shuifu	2.61	3.83	3.82	5.67	5.90	6.79	7.12	7.69
市本级	City-level	7.28	8.96	10.90	14.98	16.51	18.98	22.31	30.17
丽江市	**Lijiang**	**28.72**	**36.70**	**47.45**	**59.11**	**81.49**	**106.73**	**113.20**	**128.03**
古城区	Gucheng	4.67	5.48	6.33	8.88	12.77	16.31	17.05	19.82
玉龙县	Yulong	4.08	5.41	7.50	9.44	12.16	16.80	20.02	20.04
永胜县	Yongsheng	5.90	7.36	10.23	11.78	15.19	18.25	20.11	23.02
华坪县	Huaping	5.25	6.33	7.59	9.08	12.62	13.67	12.81	13.50
宁蒗县	Ninglang	4.83	7.05	8.73	10.35	13.68	21.76	19.92	21.81
市本级	City-level	3.99	5.07	7.07	9.59	15.06	19.96	23.29	29.84
普洱市	**Pu'er**	**55.80**	**59.30**	**85.48**	**114.11**	**145.75**	**170.09**	**201.61**	**224.36**
思茅区	Simao	5.98	6.02	7.73	9.57	13.47	15.72	21.40	17.46
宁洱县	Ning'er	8.26	4.42	6.08	7.64	8.31	10.72	13.39	14.64
墨江县	Mojiang	5.03	6.10	9.13	11.58	12.48	14.50	17.93	21.30
景东县	Jingdong	4.74	5.90	9.29	11.49	12.36	16.07	22.21	23.18
景谷县	Jinggu	4.58	5.28	7.53	10.47	13.72	14.91	17.88	31.65
镇沅县	Zhenyuan	3.48	4.21	6.33	8.06	9.99	12.43	15.98	18.42
江城县	Jiangcheng	2.75	2.70	4.39	5.36	7.68	8.94	10.84	12.80
孟连县	Menglian	2.59	3.18	4.36	5.62	8.39	9.50	10.04	11.04
澜沧县	Lancang	6.93	9.12	13.04	17.52	23.26	25.33	29.68	29.42
西盟县	Ximeng	2.24	2.88	4.58	5.09	7.52	7.50	8.34	9.31
市本级	City-level	9.23	9.50	13.03	21.73	28.56	34.47	33.91	35.12
临沧市	**Lincang**	**38.60**	**49.16**	**69.54**	**90.77**	**128.79**	**160.62**	**181.33**	**194.45**
临翔区	Linxiang	4.52	5.68	8.05	9.77	15.43	19.60	22.36	25.79
凤庆县	Fengqing	4.99	6.78	10.25	12.43	16.33	20.51	21.52	24.37
云县	Yunxian	4.98	5.91	8.88	10.52	15.39	19.63	21.72	22.15
永德县	Yongde	4.28	5.46	7.44	11.17	15.01	19.07	21.76	23.40
镇康县	Zhenkang	3.31	4.43	6.48	8.16	11.32	14.35	16.80	18.96
双江县	Shuangjiang	2.98	4.41	5.82	6.73	11.08	14.01	16.07	18.12
耿马县	Gengma	4.07	5.35	7.97	11.69	16.14	19.91	22.97	20.05
沧源县	Cangyuan	3.43	4.60	6.90	8.43	11.37	14.49	17.10	19.25

18-11 续表 2 continued

单位：亿元 (100 million yuan)

州市县	Region	2007	2008	2009	2010	2011	2012	2013	2014
市本级	City-level	6.04	6.54	7.74	11.87	16.72	19.07	21.04	22.37
楚雄州	**Chuxiong**	**57.10**	**70.04**	**91.06**	**108.58**	**126.76**	**158.02**	**172.65**	**205.12**
楚雄市	Chuxiong	10.16	12.37	14.64	18.71	21.60	28.63	30.18	35.30
双柏县	Shuangbo	3.01	3.83	5.42	6.77	7.35	9.80	11.00	16.54
牟定县	Mouding	3.00	3.82	5.69	6.63	8.66	10.38	12.46	13.27
南华县	Nanhua	3.84	4.26	6.45	8.07	9.02	12.73	13.72	17.55
姚安县	Yao'an	3.13	3.91	7.69	6.09	7.61	10.60	11.20	12.88
大姚县	Dayao	4.13	5.42	7.86	9.12	11.87	14.22	16.55	18.39
永仁县	Yongren	2.51	3.59	5.51	5.41	6.69	8.19	9.47	10.75
元谋县	Yuanmou	3.41	5.40	5.70	7.24	8.38	11.35	11.79	14.92
武定县	Wuding	4.02	5.42	7.62	8.23	10.88	15.49	15.63	18.50
禄丰县	Lufeng	7.16	8.17	11.61	15.65	15.01	18.43	19.96	21.75
州本级	Prefecture-level	12.73	13.87	12.87	16.65	19.70	18.18	20.71	25.28
红河州	**Honghe**	**81.98**	**107.35**	**137.65**	**169.42**	**213.19**	**248.08**	**310.71**	**344.79**
蒙自市	Mengzi	7.10	8.93	11.16	13.22	17.24	22.37	28.66	30.52
个旧市	Gejiu	9.77	12.98	15.21	21.02	23.17	25.82	30.35	35.12
开远市	Kaiyuan	6.21	8.34	8.91	12.51	15.80	17.69	23.00	23.29
弥勒市	Mile	7.93	10.32	13.10	15.50	17.91	20.71	26.54	31.19
屏边县	Pingbian	2.53	3.34	4.45	5.68	7.09	9.33	12.26	13.26
建水县	Jianshui	6.83	8.59	11.43	13.67	16.43	20.49	26.21	27.53
石屏县	Shiping	4.25	5.56	8.12	10.26	11.60	13.50	17.78	18.43
泸西县	Luxi	4.71	6.95	9.15	11.21	14.02	17.62	22.97	26.79
元阳县	Yuanyang	3.95	5.19	8.10	9.54	11.55	14.44	17.81	20.51
红河县	Honghe	3.40	4.21	6.57	9.04	11.44	14.39	18.71	18.84
金平县	Jinping	4.67	6.20	8.67	10.55	13.30	15.52	18.20	20.17
绿春县	Luchun	3.51	4.75	6.85	7.83	10.07	13.68	17.35	17.30
河口县	Hekou	2.55	3.65	5.24	5.96	7.60	8.45	11.40	13.50
州本级	Prefecture-level	14.59	18.33	20.68	23.44	35.98	34.05	39.48	48.32
文山州	**Wenshan**	**52.53**	**66.71**	**89.94**	**114.12**	**143.79**	**167.80**	**195.46**	**217.23**
文山市	Wenshan	6.91	9.02	11.68	15.27	20.08	22.09	28.89	32.72
砚山县	Yanshan	5.24	7.73	9.59	11.89	15.65	19.59	23.11	25.78
西畴县	Xichou	3.73	4.93	6.53	7.81	10.91	11.10	12.53	14.46
麻栗坡县	Malipo	4.80	6.03	8.74	11.34	13.02	14.82	16.98	19.49
马关县	Maguan	5.30	7.01	9.17	12.65	14.53	16.77	19.66	23.30
丘北县	Qiubei	5.48	7.33	9.66	13.51	16.70	18.93	24.68	24.72
广南县	Guangnan	6.82	9.32	12.67	15.72	20.91	25.96	27.95	31.70
富宁县	Funing	5.42	7.47	10.80	13.67	16.61	20.06	22.31	25.23
州本级	Prefecture-level	8.84	7.87	11.11	12.25	15.38	18.49	19.35	19.83
西双版纳州	**Xishuangbanna**	**20.77**	**25.68**	**35.24**	**42.43**	**67.12**	**80.63**	**81.26**	**90.07**
景洪市	Jinghong	6.81	8.40	12.24	14.27	26.31	32.84	29.40	31.27
勐海县	Menghai	4.73	6.01	7.76	10.21	15.34	16.46	17.52	20.76

18-11 续表 3 continued

单位：亿元 (100 million yuan)

州市县	Region	2007	2008	2009	2010	2011	2012	2013	2014
勐腊县	Mengla	4.31	5.08	7.25	8.93	13.84	16.00	16.62	18.46
州本级	Prefecture-level	4.92	6.19	8.00	9.02	11.64	15.32	17.72	19.57
大理州	**Dali**	**60.71**	**75.02**	**102.39**	**124.24**	**159.62**	**200.50**	**222.93**	**243.57**
大理市	Dali	12.39	14.39	19.42	21.05	28.15	35.00	40.23	41.92
漾濞县	Yangbi	2.48	2.99	3.52	5.09	5.81	7.40	9.11	9.38
祥云县	Xiangyun	5.27	6.80	9.97	11.38	14.80	21.51	20.69	23.47
宾川县	Binchuan	5.27	6.25	9.19	9.95	11.96	15.32	16.77	19.08
弥渡县	Midu	3.50	4.81	6.86	8.56	10.83	14.71	15.81	18.77
南涧县	Nanjian	3.18	3.69	5.05	6.93	8.76	11.11	12.47	13.08
巍山县	Weishan	3.79	4.61	6.10	8.25	10.56	13.81	15.02	17.33
永平县	Yongping	2.97	3.54	5.22	6.15	8.19	10.07	10.50	11.69
云龙县	Yunlong	3.44	4.22	5.92	7.97	11.49	12.31	13.51	15.50
洱源县	Eryuan	3.76	4.65	6.40	8.50	10.70	12.70	17.77	17.30
剑川县	Jianchuan	3.18	3.75	4.98	6.50	7.77	10.21	12.29	12.90
鹤庆县	Heqing	3.74	5.65	7.29	9.00	10.26	13.50	14.31	16.37
州本级	Prefecture-level	7.73	9.65	12.46	14.91	20.33	22.85	24.45	26.76
德宏州	**Dehong**	**28.01**	**36.59**	**48.87**	**58.11**	**92.30**	**102.16**	**99.60**	**121.72**
芒市	Mangshi	5.37	7.13	10.35	13.36	16.66	28.24	19.75	23.41
瑞丽市	Ruili	3.93	5.59	7.12	9.88	13.94	15.86	16.68	20.83
梁河县	Lianghe	2.76	3.71	5.32	6.23	7.98	8.89	9.28	12.02
盈江县	Yingjiang	5.12	8.78	9.84	11.07	28.86	18.07	18.15	30.60
陇川县	Longchuan	3.20	4.74	6.50	8.41	10.40	11.01	11.65	13.70
州本级	Prefecture-level	7.63	6.66	9.73	9.16	14.46	20.09	24.08	21.16
怒江州	**Nujiang**	**17.42**	**21.06**	**27.54**	**34.04**	**42.68**	**50.39**	**55.29**	**63.36**
泸水县	Lushui	3.72	4.67	6.88	8.47	9.52	12.71	13.22	15.86
福贡县	Fugong	2.42	3.26	4.72	5.80	6.90	8.25	9.66	12.47
贡山县	Gongshan	1.88	2.56	2.79	5.25	6.81	6.49	8.41	8.51
兰坪县	Lanping	5.86	6.35	7.77	9.33	11.35	13.87	14.71	18.98
州本级	Prefecture-level	3.54	4.22	5.37	5.19	8.10	9.06	9.29	7.55
迪庆州	**Diqing**	**18.69**	**23.55**	**30.09**	**43.15**	**66.11**	**73.14**	**108.85**	**101.13**
香格里拉县	Shangri-La	4.99	6.38	7.62	11.25	23.49	26.89	32.58	33.12
德钦县	Deqin	3.27	4.46	6.38	7.63	15.49	12.38	20.42	18.32
维西县	Weixi	3.58	5.08	6.62	10.67	11.55	16.50	28.06	23.43
州本级	Prefecture-level	6.84	7.63	9.47	13.61	15.59	17.37	27.80	26.27
省本级	**Provincial-level**	**260.20**	**340.95**	**512.83**	**463.57**	**573.69**	**695.59**	**872.75**	**873.89**

18-12 全省各州市县人均地方公共财政预算支出(2010-2014年)

Per Capita Public Budgetary Government Expenditure of Local Government by Region (2010-2014)

单位：元／人 (yuan/person)

州市县	Region	2010	2011	2012	2013	2014
全　省	**Yunnan**	**4 984**	**6 346**	**7 691**	**8 767**	**9 442**
昆明市	**Kunming**	**5 445**	**6 835**	**8 073**	**8 935**	**8 991**
呈贡区	Chenggong	3 571	3 506	3 840	4 552	5 249
五华区	Wuhua	2 357	2 968	3 440	3 806	3 599
盘龙区	Panlong	2 610	3 086	3 959	4 701	4 422
官渡区	Guandu	3 682	4 170	4 682	5 421	4 755
西山区	Xishan	2 696	3 313	3 800	4 794	4 593
东川区	Dongchuan	5 661	7 173	8 463	8 047	8 024
晋宁县	Jinning	3 971	5 415	7 063	8 359	8 396
富民县	Fumin	4 482	5 460	5 677	6 578	6 580
宜良县	Yiliang	2 420	2 763	4 092	4 136	3 697
石林县	Shilin	3 809	4 524	5 418	5 664	5 526
嵩明县	Songming	4 014	5 527	5 460	5 257	6 372
禄劝县	Luquan	2 888	3 510	4 619	5 638	5 399
寻甸县	Xundian	2 686	3 581	4 240	4 935	4 946
安宁市	Anning	5 810	7 392	8 023	8 765	7 513
曲靖市	**Qujing**	**3 110**	**3 779**	**4 764**	**4 992**	**5 577**
麒麟区	Qilin	2 467	2 991	3 780	4 045	4 113
马龙县	Malong	4 586	5 213	6 124	6 996	8 798
陆良县	Luliang	2 430	3 078	3 412	3 615	3 948
师宗县	Shizong	2 909	3 766	4 527	4 729	5 015
罗平县	Luoping	2 348	2 947	4 051	4 175	4 701
富源县	Fuyuan	2 935	3 527	4 418	4 124	4 054
会泽县	Huize	2 301	2 865	3 883	4 129	5 399
沾益县	Zhanyi	3 015	3 506	3 856	4 335	4 846
宣威市	Xuanwei	2 334	2 903	3 752	3 945	4 492
玉溪市	**Yuxi**	**4 672**	**6 040**	**6 963**	**7 978**	**8 839**
红塔区	Hongta	3 104	3 489	4 036	4 927	5 452
江川县	Jiangchuan	2 625	3 388	4 082	4 965	5 466
澄江县	Chengjiang	3 968	4 453	5 346	6 468	6 662
通海县	Tonghai	2 434	3 370	3 872	4 646	4 297
华宁县	Huaning	3 148	3 826	4 474	5 391	5 573
易门县	Yimen	3 628	4 925	6 165	7 469	8 085
峨山县	Eshan	4 627	4 988	5 783	7 296	7 067
新平县	Xinping	4 832	6 173	6 764	8 165	7 566
元江县	Yuanjiang	3 669	4 147	4 897	5 977	6 606
保山市	**Baoshan**	**3 301**	**4 228**	**5 590**	**5 902**	**6 414**
隆阳区	Longyang	2 268	2 660	3 973	3 797	4 083
施甸县	Shidian	3 178	4 035	5 503	5 780	6 306
腾冲县	Tengchong	3 389	4 719	5 516	5 910	6 360
龙陵县	Longling	3 792	4 557	5 568	6 550	7648
昌宁县	Changning	3 409	4 355	6 199	6 128	6042
昭通市	**Zhaotong**	**2 776**	**3 403**	**4 701**	**4 912**	**6168**
昭阳区	Zhaoyang	2 408	3 040	4 263	4 725	5344
鲁甸县	Ludian	3 036	3 596	5 120	5 098	11550
巧家县	Qiaojia	2 560	2 855	3 967	4 103	6739
盐津县	Yanjin	2 215	3 026	3 844	4 325	5059
大关县	Daguan	3 307	3 329	4 911	5 362	6240
永善县	Yongshan	2 752	3 208	4 186	4 926	6196
绥江县	Suijiang	3 583	5 374	6 274	7 428	7405
镇雄县	Zhenxiong	1 925	2 486	3 439	3 490	3684
彝良县	Yiliang	2 243	3 270	6 102	5 144	5011
威信县	Weixin	2 552	2 971	3 823	3 816	4312
水富县	Shuifu	5 710	5 743	6 578	6 870	7372
丽江市	**Lijiang**	**4 782**	**6 518**	**8 484**	**8 945**	**10065**
古城区	Gucheng	4 628	6 025	7 650	7 961	9204
玉龙县	Yulong	4 227	5 642	7 734	9 146	9110
永胜县	Yongsheng	2 972	3 857	4 609	5 054	5760
华坪县	Huaping	5 448	7 482	8 039	7 480	7846
宁蒗县	Ninglang	4 015	5 260	8 315	7 566	8233
普洱市	**Pu'er**	**4 446**	**5 708**	**6 624**	**7 816**	**8666**
思茅区	Simao	3 443	4 500	5 170	6 962	5642
宁洱县	Ning'er	4 007	4 456	5 701	7 063	7676
墨江县	Mojiang	3 125	3 452	3 996	4 925	5830
景东县	Jingdong	3 107	3 429	4 444	6 126	6371
景谷县	Jinggu	3 473	4 693	5 084	6 073	10716
镇沅县	Zhenyuan	3 806	4 772	5 919	7 600	8749
江城县	Jiangcheng	4 416	6 282	7 239	8 712	10224
孟连县	Menglian	4 164	6 153	6 904	7 268	7968
澜沧县	Lancang	3 531	4 712	5 115	5 982	5919
西盟县	Ximeng	5 525	8 217	8 165	9 034	10011
临沧市	**Lincang**	**3 760**	**5 278**	**6 542**	**7 338**	**7822**
临翔区	Linxiang	3 097	4 752	5 999	6 801	7793
凤庆县	Fengqing	2 714	3 550	4 432	4 622	5204
云　县	Yunxian	2 344	3 410	4 324	4 757	4824
永德县	Yongde	3 022	4 043	5 110	5 801	6206
镇康县	Zhenkang	4 671	6 390	8 045	9 352	10475
双江县	Shuangjiang	3 766	6 251	7 849	8 940	10004
耿马县	Gengma	4 014	5 423	6 641	7 608	6601
沧源县	Cangyuan	4 750	6 301	7 950	9 307	10401

18—12 续表 continued

单位：元／人 (yuan/person)

州市县	Region	2010	2011	2012	2013	2014	州市县	Region	2010	2011	2012	2013	2014
楚雄州	**Chuxiong**	**4 030**	**4 702**	**5 827**	**6 344**	**7525**	富宁县	Funing	3 378	4 060	4 874	5 390	6066
楚雄市	Chuxiong	3 276	3 661	4 834	5 075	5924	**西双版纳州**	**Xishuangbanna**	**3 839**	**5 896**	**7 039**	**7 063**	**7801**
双柏县	Shuangbo	4 235	4 591	6 099	6 844	10318	景洪市	Jinghong	2 848	5 039	6 249	5 570	5906
牟定县	Mouding	3 199	4 126	4 914	5 888	6273	勐海县	Menghai	3 063	4 602	4 910	5 203	6141
南华县	Nanhua	3 391	3 800	5 323	5 710	7293	勐腊县	Mengla	3 297	4 889	5 621	5 815	6431
姚安县	Yao'an	2 993	3 817	5 268	5 546	6366	**大理州**	**Dali**	**3 566**	**4 601**	**5 752**	**6 367**	**6922**
大姚县	Dayao	3 234	4 324	5 157	5 972	6610	大理市	Dali	3 255	4 300	5 320	6 093	6324
永仁县	Yongren	4 950	6 110	7 441	8 553	9690	漾濞县	Yangbi	4 971	5 659	7 189	8 808	9012
元谋县	Yuanmou	3 368	3 877	5 231	5 407	6823	祥云县	Xiangyun	2 490	3 237	4 678	4 480	5061
武定县	Wuding	2 985	3 973	5 610	5 639	6658	宾川县	Binchuan	2 871	3 418	4 360	4 750	5377
禄丰县	Lufeng	3 622	3 531	4 305	4 647	5057	弥渡县	Midu	2 707	3 447	4 661	4 989	5898
红河州	**Honghe**	**3 787**	**4 716**	**5 455**	**6 790**	**7486**	南涧县	Nanjian	3 183	4 127	5 208	5 816	6068
蒙自市	Mengzi	3 221	4 117	5 310	6 760	7149	巍山县	Weishan	2 684	3 458	4 505	4 878	5600
个旧市	Gejiu	4 584	5 020	5 572	6 521	7516	永平县	Yongping	3 436	4 657	5 702	5 910	6533
开远市	Kaiyuan	3 925	4 880	5 431	7 009	7047	云龙县	Yunlong	3 922	5 730	6 110	6 669	7604
弥勒市	Mile	2 883	3 304	3 798	4 841	5659	洱源县	Eryuan	3 111	3 973	4 686	6 524	6325
屏边县	Pingbian	3 760	4 590	6 026	7 909	8534	剑川县	Jianchuan	3 754	4 556	5 953	7 127	7435
建水县	Jianshui	2 576	3 078	3 817	4 855	5071	鹤庆县	Heqing	3 442	4 006	5 245	5 531	6297
石屏县	Shiping	3 438	3 861	4 469	5 849	6030	**德宏州**	**Dehong**	**4 829**	**7 586**	**8 341**	**8 051**	**9703**
泸西县	Luxi	2 817	3 483	4 348	5 632	6524	芒　市	Mangshi	3 458	4 255	7 169	4 969	5811
元阳县	Yuanyang	2 412	2 895	3 592	4 400	5028	瑞丽市	Ruili	5 635	7 635	8 565	8 849	10720
红河县	Honghe	3 078	3 839	4 795	6 187	6181	梁河县	Lianghe	3 944	5 169	5 725	5 938	7642
金平县	Jinping	2 977	3 715	4 303	4 997	5488	盈江县	Yingjiang	3 660	9 429	5 871	5 854	9793
绿春县	Luchun	3 517	4 512	6 085	7 661	7576	陇川县	Longchuan	4 642	5 714	6 031	6 311	7296
河口县	Hekou	5 709	7 237	8 020	10 771	12662	**怒江州**	**Nujiang**	**6 357**	**7 971**	**9 382**	**10 267**	**11734**
文山州	**Wenshan**	**3 272**	**4 071**	**4 725**	**5 476**	**6059**	泸水县	Lushui	4 540	5 138	6 846	7 100	8490
文山市	Wenshan	3 250	4 145	4 527	5 883	6621	福贡县	Fugong	5 964	6 986	8 340	9 728	12503
砚山县	Yanshan	2 575	3 365	4 188	4 917	5462	贡山县	Gongshan	13 918	17 935	17 063	22 065	22209
西畴县	Xichou	3 074	4 260	4 313	4 847	5576	兰坪县	Lanping	4 361	5 319	6 473	6 844	8815
麻栗坡县	Malipo	4 087	4 669	5 289	6 027	6884	**迪庆州**	**Diqing**	**11 069**	**16 458**	**18 110**	**26 843**	**24879**
马关县	Maguan	3 445	3 938	4 519	5 274	6225	香格里拉县	Shangri-La	6 701	13 526	15 360	18 525	18828
丘北县	Qiubei	2 866	3 484	3 928	5 094	5079	德钦县	Deqin	11 782	23 174	18 480	30 404	27061
广南县	Guangnan	2 012	2 647	3 269	3 506	3961	维西县	Weixi	6 783	7 161	10 196	17 266	14372

18-13 各州市县社会消费品零售总额（2013-2014年）
Total Retail Sales of Consumer Goods by Region (2013-2014)

单位：亿元 (100 million yuan)

州市县	Region	2013	2014	州市县	Region	2013	2014
全　省	**Yunnan**	**4 112.57**	**4 632.86**	**保山市**	**Baoshan**	**140.40**	**158.70**
昆明市	**Kunming**	**1 702.30**	**1 905.89**	隆阳区	Longyang	80.23	90.67
呈贡区	Chenggong	28.58	31.17	施甸县	Shidian	10.14	11.46
五华区	Wuhua	404.53	446.61	腾冲县	Tengchong	27.49	31.06
盘龙区	Panlong	336.65	375.19	龙陵县	Longling	10.39	11.74
官渡区	Guandu	328.64	371.39	昌宁县	Changning	12.15	13.76
西山区	Xishan	367.90	414.20	**昭通市**	**Zhaotong**	**170.52**	**190.06**
东川区	Dongchuan	15.24	17.38	昭阳区	Zhaoyang	69.36	76.73
晋宁县	Jinning	25.10	28.61	鲁甸县	Ludian	7.47	8.37
富民县	Fumin	11.60	13.10	巧家县	Qiaojia	10.98	12.08
宜良县	Yiliang	25.71	29.18	盐津县	Yanjin	7.26	8.24
石林县	Shilin	27.34	31.16	大关县	Daguan	5.66	6.31
嵩明县	Songming	20.35	23.32	永善县	Yongshan	9.34	10.46
禄劝县	Luquan	20.96	23.72	绥江县	Suijiang	5.20	5.91
寻甸县	Xundian	21.51	24.53	镇雄县	Zhenxiong	27.74	31.09
安宁市	Anning	68.18	76.34	彝良县	Yiliang	12.21	13.61
曲靖市	**Qujing**	**391.41**	**444.38**	威信县	Weixin	8.52	9.59
麒麟区	Qilin	120.01	136.24	水富县	Shuifu	6.77	7.68
马龙县	Malong	8.17	9.46	**丽江市**	**Lijiang**	**74.85**	**84.32**
陆良县	Luliang	32.64	37.16	古城区	Gucheng	35.73	40.69
师宗县	Shizong	12.69	14.45	玉龙县	Yulong	7.93	9.03
罗平县	Luoping	33.08	37.62	永胜县	Yongsheng	12.67	14.46
富源县	Fuyuan	33.43	37.87	华坪县	Huaping	11.10	11.72
会泽县	Huize	26.85	30.51	宁蒗县	Ninglang	7.43	8.43
沾益县	Zhanyi	21.59	24.48	**普洱市**	**Pu'er**	**116.23**	**131.29**
宣威市	Xuanwei	102.95	116.60	思茅区	Simao	37.08	42.23
玉溪市	**Yuxi**	**229.38**	**259.10**	宁洱县	Ning'er	8.69	9.88
红塔区	Hongta	110.44	124.63	墨江县	Mojiang	8.62	9.83
江川县	Jiangchuan	15.41	17.38	景东县	Jingdong	11.52	13.03
澄江县	Chengjiang	13.80	15.60	景谷县	Jinggu	15.19	17.05
通海县	Tonghai	21.40	24.19	镇沅县	Zhenyuan	8.17	9.31
华宁县	Huaning	12.71	14.33	江城县	Jiangcheng	4.76	5.40
易门县	Yimen	12.68	14.38	孟连县	Menglian	6.88	7.68
峨山县	Eshan	10.84	12.30	澜沧县	Lancang	12.92	14.67
新平县	Xinping	14.92	16.88	西盟县	Ximeng	1.95	2.22
元江县	Yuanjiang	17.17	19.41				

18—13 续表 continued

单位：亿元 (100 million yuan)

州市县	Region	2013	2014	州市县	Region	2013	2014
临沧市	**Lincang**	**120.75**	**137.24**	麻栗坡县	Malipo	14.17	15.98
临翔区	Linxiang	36.22	41.24	马关县	Maguan	23.94	27.03
凤庆县	Fengqing	17.15	19.42	丘北县	Qiubei	17.18	19.42
云　县	Yunxian	20.77	23.61	广南县	Guangnan	36.22	40.93
永德县	Yongde	14.01	15.92	富宁县	Funing	30.82	34.79
镇康县	Zhenkang	6.40	7.27	**西双版纳州**	**Xishuangbanna**	**84.25**	**95.16**
双江县	Shuangjiang	6.28	7.14	景洪市	Jinghong	52.78	59.44
耿马县	Gengma	12.92	14.68	勐海县	Menghai	14.60	16.64
沧源县	Cangyuan	7.00	7.96	勐腊县	Mengla	16.87	19.09
楚雄州	**Chuxiong**	**210.65**	**238.37**	**大理州**	**Dali**	**235.32**	**267.49**
楚雄市	Chuxiong	91.99	101.01	大理市	Dali	98.38	112.63
双柏县	Shuangbo	6.09	7.51	漾濞县	Yangbi	4.75	5.32
牟定县	Mouding	9.10	10.81	祥云县	Xiangyun	30.32	34.41
南华县	Nanhua	12.44	14.40	宾川县	Binchuan	16.78	18.97
姚安县	Yao'an	9.01	10.45	弥渡县	Midu	16.38	18.51
大姚县	Dayao	16.59	18.92	南涧县	Nanjian	10.50	11.90
永仁县	Yongren	4.09	4.63	巍山县	Weishan	12.80	14.47
元谋县	Yuanmou	11.60	13.24	永平县	Yongping	7.72	8.74
武定县	Wuding	15.53	17.75	云龙县	Yunlong	8.55	9.69
禄丰县	Lufeng	34.22	39.67	洱源县	Eryuan	12.14	13.72
红河州	**Honghe**	**256.20**	**291.40**	剑川县	Jianchuan	6.85	7.76
蒙自市	Mengzi	35.03	39.49	鹤庆县	Heqing	10.17	11.38
个旧市	Gejiu	50.49	57.66	**德宏州**	**Dehong**	**89.21**	**100.76**
开远市	Kaiyuan	32.39	37.06	芒　市	Mangshi	30.45	29.20
弥勒市	Mile	28.21	31.79	瑞丽市	Ruili	25.39	34.84
屏边县	Pingbian	7.83	8.90	梁河县	Lianghe	4.75	5.15
建水县	Jianshui	27.26	30.87	盈江县	Yingjiang	22.34	24.49
石屏县	Shiping	17.80	20.31	陇川县	Longchuan	6.28	7.09
泸西县	Luxi	23.25	26.69	**怒江州**	**Nujiang**	**23.51**	**26.60**
元阳县	Yuanyang	9.06	10.30	泸水县	Lushui	10.90	12.34
红河县	Honghe	6.65	7.62	福贡县	Fugong	2.63	2.97
金平县	Jinping	7.28	8.29	贡山县	Gongshan	1.98	2.23
绿春县	Luchun	6.24	7.00	兰坪县	Lanping	8.00	9.06
河口县	Hekou	4.71	5.42	**迪庆州**	**Diqing**	**34.22**	**38.45**
文山州	**Wenshan**	**233.38**	**263.63**	香格里拉县	Shangri-La	24.79	27.86
文山市	Wenshan	74.12	83.73	德钦县	Deqin	4.12	4.62
砚山县	Yanshan	28.39	32.09	维西县	Weixi	5.30	5.96
西畴县	Xichou	8.54	9.65				

18-14 各州市县城乡居民储蓄存款年末余额（2008-2014 年）
Balance of Savings Deposits of Rural and Urban Residents at Year-end by Region（2008-2014）

单位：亿元 (100 million yuan)

州市县	Region	2008	2009	2010	2011	2012	2013	2014
全　省	**Yunnan**	**3 783.78**	**4 668.61**	**5 719.55**	**6 654.87**	**7 741.59**	**8 968.32**	**9 699.01**
昆明市	**Kunming**	**1 525.36**	**1 922.92**	**2 341.55**	**2 615.65**	**2 967.02**	**3 355.28**	**3 495.80**
呈贡区	Chenggong	52.16	88.22	109.14	115.66	122.75	145.04	153.96
五华区	Wuhua	932.45	1055.87	1 264.96	1 440.13	1 627.77	1 764.21	1 777.63
盘龙区	Panlong							
官渡区	Guandu	166.42	253.85	327.07	331.08	379.05	489.54	530.33
西山区	Xishan	128.67	226.30	276.74	284.12	324.25	363.09	379.18
东川区	Dongchuan	28.01	31.65	39.88	52.26	57.22	60.48	66.19
晋宁县	Jinning	29.37	37.13	46.55	54.74	61.65	82.06	87.86
富民县	Fumin	13.47	16.02	21.21	26.12	30.00	32.58	36.21
宜良县	Yiliang	42.10	51.41	59.86	70.28	81.32	92.61	101.78
石林县	Shilin	16.31	22.21	26.75	33.60	39.69	42.73	48.32
嵩明县	Songming	25.13	28.99	35.77	40.11	48.84	56.23	65.95
禄劝县	Luquan	14.64	17.17	21.58	28.13	34.58	40.22	46.38
寻甸县	Xundian	17.66	21.64	27.18	33.62	41.63	50.13	57.77
安宁市	Anning	58.97	72.46	84.86	105.80	118.27	136.36	144.24
曲靖市	**Qujing**	**352.45**	**420.95**	**509.68**	**599.19**	**687.96**	**807.01**	**873.99**
麒麟区	Qilin	129.57	157.64	194.29	227.93	255.79	297.71	306.62
马龙县	Malong	10.43	12.41	14.59	17.65	20.69	24.79	27.44
陆良县	Luliang	28.28	33.74	40.57	47.63	56.57	67.27	78.32
师宗县	Shizong	17.74	20.52	25.69	31.46	36.52	42.33	45.11
罗平县	Luoping	19.81	23.94	28.66	35.64	43.48	52.60	58.99
富源县	Fuyuan	37.59	45.35	54.85	62.64	68.24	72.43	76.62
会泽县	Huize	28.56	32.65	36.98	42.66	51.11	62.30	71.47
沾益县	Zhanyi	19.73	22.73	28.30	34.52	39.16	46.11	53.00
宣威市	Xuanwei	60.74	71.97	85.75	99.07	116.40	141.48	156.42
玉溪市	**Yuxi**	**266.16**	**318.65**	**374.66**	**433.43**	**499.62**	**575.81**	**618.96**
红塔区	Hongta	127.47	152.51	174.32	190.12	216.63	249.12	253.83
江川县	Jiangchuan	22.35	26.43	32.15	38.95	46.46	53.60	60.39
澄江县	Chengjiang	15.76	18.60	21.38	28.57	31.58	35.69	41.09
通海县	Tonghai	32.69	39.86	49.01	56.84	66.13	75.42	81.64
华宁县	Huaning	12.63	15.27	18.87	23.59	27.78	32.97	36.01
易门县	Yimen	14.69	17.19	20.71	25.13	28.36	33.34	37.89
峨山县	Eshan	15.06	16.91	20.21	23.37	26.55	30.23	34.56
新平县	Xinping	15.55	19.22	23.19	28.53	34.23	39.41	44.42
元江县	Yuanjiang	9.97	12.66	14.82	18.33	21.91	26.04	29.13

18-14 续表 1 continued

单位：亿元 (100 million yuan)

州市县	Region	2008	2009	2010	2011	2012	2013	2014
保山市	**Baoshan**	**127.10**	**155.48**	**191.72**	**238.53**	**285.48**	**338.66**	**380.55**
隆阳区	Longyang	52.00	61.62	71.97	87.83	106.01	128.00	144.10
施甸县	Shidian	10.10	12.00	15.27	20.35	25.07	30.43	34.95
腾冲县	Tengchong	41.70	52.77	67.79	85.24	100.99	116.15	129.37
龙陵县	Longling	12.40	15.76	20.58	24.17	28.31	32.94	37.96
昌宁县	Changning	10.80	13.33	16.11	20.94	25.10	31.13	34.18
昭通市	**Zhaotong**	**150.00**	**187.10**	**234.77**	**293.54**	**367.65**	**435.88**	**488.48**
昭阳区	Zhaoyang	46.10	57.21	71.00	82.88	96.12	118.06	132.56
鲁甸县	Ludian	6.00	7.46	10.00	12.23	16.26	19.71	25.90
巧家县	Qiaojia	8.80	10.92	15.00	20.38	26.30	32.79	38.64
盐津县	Yanjin	9.79	11.66	14.00	17.70	22.01	25.41	28.47
大关县	Daguan	6.73	8.04	10.00	12.59	15.44	19.08	21.89
永善县	Yongshan	13.23	16.69	19.00	25.92	41.58	49.73	50.05
绥江县	Suijiang	8.16	10.56	14.00	19.60	25.53	25.90	27.13
镇雄县	Zhenxiong	18.66	24.44	32.00	41.69	51.69	63.20	73.13
彝良县	Yiliang	11.30	14.65	18.00	22.01	25.90	28.57	30.76
威信县	Weixin	10.33	12.68	16.00	19.75	23.98	28.64	33.51
水富县	Shuifu	10.90	12.79	15.00	18.79	22.85	24.80	26.44
丽江市	**Lijiang**	**94.05**	**117.19**	**147.37**	**182.12**	**216.69**	**253.97**	**274.98**
古城区	Gucheng	50.15	55.63	68.50	83.04	95.18	113.63	120.05
玉龙县	Yulong		8.53	11.06	15.07	18.69	23.13	27.63
永胜县	Yongsheng	17.78	21.28	26.32	31.59	44.74	51.85	56.82
华坪县	Huaping	20.05	24.24	31.05	38.49	41.54	46.43	48.36
宁蒗县	Ninglang	6.09	7.51	10.44	13.92	16.54	18.94	22.12
普洱市	**Pu'er**	**119.24**	**147.47**	**182.56**	**220.16**	**258.85**	**303.07**	**335.52**
思茅区	Simao	39.56	49.12	59.31	67.92	77.63	91.41	98.00
宁洱县	Ning'er	11.97	13.28	16.15	19.12	21.96	25.08	28.18
墨江县	Mojiang	10.62	13.63	16.04	19.53	23.28	26.39	30.02
景东县	Jingdong	10.38	12.98	17.39	21.87	25.78	31.40	36.03
景谷县	Jinggu	11.91	13.40	18.24	21.46	25.09	29.67	34.95
镇沅县	Zhenyuan	8.78	10.53	13.33	16.14	18.66	21.91	24.51
江城县	Jiangcheng	4.48	5.14	6.42	7.83	9.67	11.90	13.06
孟连县	Menglian	9.67	14.04	16.40	20.25	24.11	26.71	28.34
澜沧县	Lancang	9.95	12.94	16.11	22.07	27.79	32.87	36.12
西盟县	Ximeng	1.91	2.41	3.17	3.97	4.88	5.73	6.31
临沧市	**Lincang**	**74.33**	**93.90**	**118.92**	**148.45**	**183.16**	**214.85**	**236.04**
临翔区	Linxiang	19.61	24.47	31.44	39.42	47.44	56.89	59.54
凤庆县	Fengqing	10.68	12.94	15.98	19.60	23.40	28.24	32.51
云　县	Yunxian	11.31	13.93	17.37	21.78	28.04	34.88	38.87
永德县	Yongde	6.85	8.28	11.57	15.33	18.28	21.51	23.70
镇康县	Zhenkang	5.94	9.30	10.02	11.86	15.01	17.87	20.99
双江县	Shuangjiang	4.33	5.43	7.45	9.76	13.10	15.25	16.90
耿马县	Gengma	11.04	12.74	16.47	20.82	25.68	26.87	30.08
沧源县	Cangyuan	4.57	6.81	8.62	9.88	12.21	13.35	13.45

18-14 续表 2 continued

单位：亿元 (100 million yuan)

州 市 县	Region	2008	2009	2010	2011	2012	2013	2014
楚 雄 州	**Chuxiong**	**157.49**	**189.99**	**228.51**	**275.69**	**325.65**	**391.14**	**448.08**
楚雄市	Chuxiong	59.27	72.04	85.70	100.14	115.94	135.09	153.67
双柏县	Shuangbo	6.08	7.59	9.38	12.09	14.52	17.73	20.68
牟定县	Mouding	8.39	10.56	12.10	15.33	19.13	23.48	27.42
南华县	Nanhua	8.64	10.82	13.28	16.99	21.01	25.34	30.60
姚安县	Yao'an	8.70	10.93	12.70	16.20	19.97	24.94	28.27
大姚县	Dayao	11.52	14.14	17.07	20.78	24.94	31.32	35.07
永仁县	Yongren	4.50	5.67	7.23	9.18	10.83	13.97	15.95
元谋县	Yuanmou	9.52	11.97	13.65	17.39	21.13	26.74	30.51
武定县	Wuding	11.56	13.39	17.17	21.40	25.47	30.23	34.45
禄丰县	Lufeng	29.29	32.88	40.23	46.19	52.71	62.31	71.46
红 河 州	**Honghe**	**317.01**	**378.76**	**460.71**	**535.96**	**624.41**	**739.12**	**821.06**
蒙自市	Mengzi	36.90	46.44	60.30	73.35	87.86	110.56	121.02
个旧市	Gejiu	79.87	87.48	103.82	111.98	125.74	141.59	146.53
开远市	Kaiyuan	41.96	48.63	55.39	61.81	73.02	84.13	91.59
弥勒市	Mile	32.17	42.84	50.66	59.93	66.25	79.56	91.91
屏边县	Pingbian	4.85	6.13	7.64	9.31	11.07	13.82	15.94
建水县	Jianshui	42.56	49.57	60.58	72.12	87.01	103.02	117.23
石屏县	Shiping	21.23	25.19	30.84	37.78	43.02	51.84	59.37
泸西县	Luxi	21.81	28.27	35.39	41.23	48.49	57.00	63.87
元阳县	Yuanyang	8.04	10.23	13.05	15.38	19.39	22.25	24.79
红河县	Honghe	5.33	6.27	8.01	9.72	12.30	15.35	18.39
金平县	Jinping	7.26	8.92	12.36	15.35	18.26	21.83	25.86
绿春县	Luchun	3.42	4.79	6.12	8.23	9.78	11.48	12.95
河口县	Hekou	11.62	13.70	16.50	18.80	21.38	26.70	31.60
文 山 州	**Wenshan**	**137.71**	**162.51**	**204.12**	**251.92**	**309.21**	**366.40**	**408.74**
文山市	Wenshan	46.50	59.31	71.68	87.39	109.18	124.89	130.60
砚山县	Yanshan	16.83	18.49	22.84	28.48	36.04	43.75	49.28
西畴县	Xichou	7.24	8.47	10.82	13.32	16.26	19.11	23.23
麻栗坡县	Malipo	13.66	14.83	16.99	19.86	23.52	26.87	31.11
马关县	Maguan	16.93	19.07	24.65	30.15	35.24	40.88	45.21
丘北县	Qiubei	10.02	11.92	15.12	19.39	24.20	29.49	33.49
广南县	Guangnan	15.11	17.55	24.42	31.67	39.37	49.16	59.00
富宁县	Funing	11.42	12.87	17.60	21.66	25.39	32.24	36.82
西双版纳州	**Xishuangbanna**	**95.46**	**117.66**	**149.67**	**187.69**	**212.40**	**238.41**	**272.03**
景洪市	Jinghong	59.50	73.29	90.30	113.49	131.63	144.33	162.21
勐海县	Menghai	13.60	18.45	34.85	27.77	31.00	38.87	47.66

18－14　续表 3　continued

单位：亿元 (100 million yuan)

州市县	Region	2008	2009	2010	2011	2012	2013	2014
勐腊县	Mengla	22.36	25.92	24.51	46.42	49.77	55.20	62.17
大理州	**Dali**	**216.16**	**262.48**	**322.18**	**379.57**	**459.30**	**545.84**	**622.34**
大理市	Dali	102.56	121.75	146.94	166.93	199.01	235.03	261.90
漾濞县	Yangbi	4.19	5.15	6.39	7.63	8.87	10.45	12.21
祥云县	Xiangyun	22.16	27.14	33.47	41.15	50.33	60.26	68.39
宾川县	Binchuan	13.03	17.54	23.65	27.86	34.35	40.95	47.43
弥渡县	Midu	12.88	15.35	18.03	22.53	26.94	33.77	39.96
南涧县	Nanjian	6.45	7.95	9.13	11.85	15.02	17.45	20.50
巍山县	Weishan	10.59	12.63	15.30	18.60	22.36	27.06	32.80
永平县	Yongping	6.09	7.68	9.40	11.68	14.34	16.81	19.91
云龙县	Yunlong	6.16	7.72	10.40	13.52	15.51	18.01	20.85
洱源县	Eryuan	9.57	11.89	15.50	18.03	23.09	27.68	33.19
剑川县	Jianchuan	7.49	8.89	11.33	13.81	17.51	21.07	23.43
鹤庆县	Heqing	15.00	18.77	22.65	25.97	31.96	37.28	41.76
德宏州	**Dehong**	**106.17**	**137.25**	**183.20**	**206.79**	**241.44**	**281.99**	**290.57**
芒　市	Mangshi	29.93	37.49	47.10	55.41	67.13	79.27	85.26
瑞丽市	Ruili	46.98	63.70	89.02	94.12	107.33	125.00	118.79
梁河县	Lianghe	6.12	7.84	10.53	12.16	14.82	17.62	19.30
盈江县	Yingjiang	14.39	18.33	24.43	30.59	34.40	38.76	42.51
陇川县	Longchuan	8.75	9.90	12.11	14.51	17.76	21.33	24.70
怒江州	**Nujiang**	**23.63**	**27.46**	**33.85**	**39.75**	**48.13**	**54.58**	**59.45**
泸水县	Lushui	9.66	11.60	14.40	17.20	20.87	23.73	25.23
福贡县	Fugong	1.84	2.29	2.95	3.55	4.46	5.58	6.32
贡山县	Gongshan	1.31	1.59	1.96	2.45	3.23	3.76	4.32
兰坪县	Lanping	10.81	11.98	14.54	16.55	19.57	21.51	23.58
迪庆州	**Diqing**	**23.69**	**28.82**	**36.09**	**46.44**	**54.61**	**66.30**	**72.43**
香格里拉县	Shangri-La	16.40	12.56	24.00	30.93	36.87	43.90	47.80
德钦县	Deqin	2.57	3.28	4.00	5.34	5.90	7.42	7.98
维西县	Weixi	4.72	5.91	8.00	10.17	11.83	14.99	16.64

18–15 各州市县城乡居民人均储蓄存款（2010–2014 年）

Per Capita Savings Deposits of Rural and Urban Residents by Region (2010-2014)

单位：万元／人　　(10 000 yuan/person)

州市县	Region	2010	2011	2012	2013	2014
全　省	**Yunnan**	**1.25**	**1.44**	**1.67**	**1.92**	**2.06**
昆明市	**Kunming**	**3.68**	**4.03**	**4.56**	**5.12**	**5.29**
呈贡区	Chenggong	4.03	3.65	3.84	4.48	4.69
五华区 盘龙区	Wuhua Panlong	7.74	8.58	9.92	10.69	10.53
官渡区	Guandu	4.04	3.85	4.39	5.64	6.08
西山区	Xishan	3.77	3.73	4.23	4.71	4.90
东川区	Dongchuan	1.41	1.91	2.08	2.19	2.38
晋宁县	Jinning	1.64	1.92	2.14	2.81	2.97
富民县	Fumin	1.42	1.78	2.03	2.18	2.39
宜良县	Yiliang	1.41	1.66	1.92	2.17	2.36
石林县	Shilin	1.09	1.35	1.59	1.69	1.89
嵩明县	Songming	1.25	1.39	1.52	1.74	2.21
禄劝县	Luquan	0.51	0.70	0.86	1.00	1.14
寻甸县	Xundian	0.56	0.73	0.90	1.08	1.24
安宁市	Anning	2.56	3.08	3.40	3.85	4.01
曲靖市	**Qujing**	**0.87**	**1.02**	**1.16**	**1.36**	**1.46**
麒麟区	Qilin	2.69	3.04	3.40	3.94	4.03
马龙县	Malong	0.77	0.94	1.10	1.31	1.44
陆良县	Luliang	0.65	0.76	0.90	1.07	1.24
师宗县	Shizong	0.66	0.80	0.92	1.06	1.12
罗平县	Luoping	0.52	0.64	0.78	0.94	1.05
富源县	Fuyuan	0.77	0.86	0.94	0.99	1.04
会泽县	Huize	0.41	0.47	0.56	0.67	0.77
沾益县	Zhanyi	0.67	0.79	0.89	1.04	1.19
宣威市	Xuanwei	0.64	0.76	0.89	1.07	1.18
玉溪市	**Yuxi**	**1.63**	**1.87**	**2.15**	**2.47**	**2.64**
红塔区	Hongta	3.58	3.82	4.34	4.96	5.04
江川县	Jiangchuan	1.15	1.38	1.64	1.89	2.12
澄江县	Chengjiang	1.28	1.67	1.84	2.07	2.37
通海县	Tonghai	1.62	1.87	2.16	2.45	2.64
华宁县	Huaning	0.88	1.09	1.28	1.52	1.65
易门县	Yimen	1.16	1.42	1.60	1.87	2.12
峨山县	Ershan	1.24	1.43	1.62	1.84	2.09
新平县	Xinping	0.81	0.99	1.19	1.37	1.53
元江县	Yuanjiang	0.68	0.84	1.00	1.18	1.32
保山市	**Baoshan**	**0.77**	**0.94**	**1.13**	**1.33**	**1.49**
隆阳区	Longyang	0.79	0.93	1.12	1.35	1.51
施甸县	Shidian	0.48	0.66	0.81	0.98	1.12
腾冲县	Tengchong	1.06	1.31	1.55	1.77	1.97
龙陵县	Longling	0.74	0.87	1.01	1.17	1.34
昌宁县	Changning	0.47	0.60	0.72	0.89	0.98
昭通市	**Zhaotong**	**0.44**	**0.56**	**0.70**	**0.82**	**0.91**
昭阳区	Zhaoyang	0.89	1.04	1.20	1.47	1.63
鲁甸县	Ludian	0.25	0.31	0.41	0.49	0.64
巧家县	Qiaojia	0.28	0.39	0.50	0.63	0.73
盐津县	Yanjin	0.38	0.47	0.59	0.67	0.75
大关县	Daguan	0.38	0.47	0.58	0.71	0.81
永善县	Yongshan	0.49	0.65	1.04	1.24	1.23
绥江县	Suijiang	0.88	1.27	1.65	1.66	1.73
镇雄县	Zhenxiong	0.23	0.31	0.38	0.47	0.54
彝良县	Yiliang	0.34	0.42	0.49	0.54	0.57
威信县	Weixin	0.41	0.51	0.61	0.73	0.85
水富县	Shuifu	1.56	1.82	2.21	2.39	2.53
丽江市	**Lijiang**	**1.19**	**1.45**	**1.72**	**2.01**	**2.16**
古城区	Gucheng	3.57	3.90	4.47	5.30	5.58
玉龙县	Yulong	0.50	0.70	0.86	1.06	1.26
永胜县	Yongsheng	0.66	0.80	1.13	1.30	1.42
华坪县	Huaping	1.86	2.27	2.44	2.71	2.81
宁蒗县	Ninglang	0.40	0.53	0.63	0.72	0.84
普洱市	**Pu'er**	**0.71**	**0.86**	**1.01**	**1.17**	**1.30**
思茅区	Simao	2.13	2.25	2.55	2.97	3.17
宁洱县	Ning'er	0.85	1.02	1.17	1.32	1.48
墨江县	Mojiang	0.43	0.54	0.64	0.72	0.82
景东县	Jingdong	0.47	0.61	0.71	0.87	0.99
景谷县	Jinggu	0.61	0.73	0.86	1.01	1.18
镇沅县	Zhenyuan	0.63	0.77	0.89	1.04	1.16
江城县	Jiangcheng	0.53	0.64	0.78	0.96	1.04
孟连县	Menglian	1.22	1.48	1.75	1.93	2.04
澜沧县	Lancang	0.32	0.45	0.56	0.66	0.73
西盟县	Ximeng	0.34	0.43	0.53	0.62	0.68
临沧市	**Lincang**	**0.49**	**0.61**	**0.75**	**0.87**	**0.95**
临翔区	Linxiang	1.00	1.21	1.45	1.73	1.80
凤庆县	Fengqing	0.35	0.42	0.51	0.61	0.69
云　县	Yunxian	0.39	0.48	0.62	0.76	0.85
永德县	Yongde	0.31	0.41	0.49	0.57	0.63
镇康县	Zhenkang	0.57	0.67	0.84	0.99	1.16
双江县	Shuangjiang	0.42	0.55	0.73	0.85	0.93
耿马县	Gengma	0.57	0.70	0.86	0.89	0.99
沧源县	Cangyuan	0.49	0.54	0.67	0.73	0.73

18-15 续表 continued

单位：万元／人 (10 000 yuan/person)

州 市 县	Region	2010	2011	2012	2013	2014	州 市 县	Region	2010	2011	2012	2013	2014
楚 雄 州	**Chuxiong**	**0.85**	**1.02**	**1.20**	**1.44**	**1.64**	富宁县	Funing	0.43	0.53	0.62	0.78	0.89
楚雄市	Chuxiong	1.50	1.70	1.96	2.27	2.58	**西双版纳州**	**Xishuangbanna**	**1.35**	**1.64**	**1.85**	**2.07**	**2.36**
双柏县	Shuangbo	0.59	0.75	0.90	1.10	1.29	景洪市	Jinghong	1.80	2.17	2.50	2.73	3.06
牟定县	Mouding	0.58	0.73	0.91	1.11	1.30	勐海县	Menghai	1.05	0.83	0.92	1.15	1.41
南华县	Nanhua	0.56	0.71	0.88	1.05	1.27	勐腊县	Mengla	0.90	1.64	1.75	1.93	2.17
姚安县	Yao'an	0.62	0.81	0.99	1.24	1.40	**大 理 州**	**Dali**	**0.92**	**1.09**	**1.32**	**1.56**	**1.77**
大姚县	Dayao	0.61	0.76	0.90	1.13	1.26	大理市	Dali	2.27	2.54	3.02	3.56	3.95
永仁县	Yongren	0.66	0.84	0.98	1.26	1.44	漾濞县	Yangbi	0.62	0.74	0.86	1.01	1.17
元谋县	Yuanmou	0.63	0.80	0.97	1.23	1.40	祥云县	Xiangyun	0.73	0.90	1.09	1.30	1.47
武定县	Wuding	0.62	0.78	0.92	1.09	1.24	宾川县	Binchuan	0.68	0.79	0.98	1.16	1.34
禄丰县	Lufeng	0.93	1.08	1.23	1.45	1.66	弥渡县	Midu	0.57	0.72	0.85	1.07	1.26
红 河 州	**Honghe**	**1.03**	**1.18**	**1.37**	**1.62**	**1.78**	南涧县	Nanjian	0.42	0.56	0.70	0.81	0.95
蒙自市	Mengzı	1.47	1.75	2.09	2.61	2.83	巍山县	Weishan	0.50	0.61	0.73	0.88	1.06
个旧市	Gejiu	2.26	2.42	2.71	3.04	3.14	永平县	Yongping	0.53	0.66	0.81	0.95	1.11
开远市	Kaiyuan	1.74	1.90	2.24	2.56	2.77	云龙县	Yunlong	0.51	0.67	0.77	0.89	1.02
弥勒市	Mile	0.94	1.10	1.21	1.45	1.67	洱源县	Eryuan	0.57	0.67	0.85	1.02	1.21
屏边县	Pingbian	0.51	0.60	0.71	0.89	1.03	剑川县	Jianchuan	0.65	0.81	1.02	1.22	1.35
建水县	Jianshui	1.14	1.35	1.62	1.91	2.16	鹤庆县	Heqing	0.87	1.01	1.24	1.44	1.61
石屏县	Shiping	1.03	1.25	1.43	1.71	1.94	**德 宏 州**	**Dehong**	**1.52**	**1.69**	**1.97**	**2.28**	**2.32**
泸西县	Luxi	0.89	1.02	1.20	1.40	1.56	芒 市	Mangshi	1.22	1.41	1.70	1.99	2.12
元阳县	Yuanyang	0.33	0.38	0.48	0.55	0.61	瑞丽市	Ruili	5.08	5.11	5.80	6.63	6.11
红河县	Honghe	0.27	0.32	0.41	0.51	0.60	梁河县	Lianghe	0.67	0.79	0.95	1.13	1.23
金平县	Jinping	0.35	0.43	0.51	0.60	0.70	盈江县	Yingjiang	0.81	1.00	1.12	1.25	1.36
绿春县	Luchun	0.27	0.37	0.43	0.51	0.57	陇川县	Longchuan	0.67	0.80	0.97	1.16	1.32
河口县	Hekou	1.58	1.79	2.03	2.52	2.96	**怒 江 州**	**Nujiang**	**0.63**	**0.74**	**0.90**	**1.01**	**1.10**
文 山 州	**Wenshan**	**0.59**	**0.71**	**0.87**	**1.03**	**1.14**	泸水县	Lushui	0.77	0.93	1.12	1.27	1.35
文山市	Wenshan	1.53	1.80	2.24	2.54	2.64	福贡县	Fugong	0.30	0.36	0.45	0.56	0.63
砚山县	Yanshan	0.49	0.61	0.77	0.93	1.04	贡山县	Gongshan	0.52	0.64	0.85	0.99	1.13
西畴县	Xichou	0.43	0.52	0.63	0.74	0.90	兰坪县	Lanping	0.68	0.77	0.91	1.00	1.10
麻栗坡县	Malipo	0.61	0.71	0.84	0.95	1.10	**迪 庆 州**	**Diqing**	**0.93**	**1.15**	**1.35**	**1.64**	**1.78**
马关县	Maguan	0.67	0.81	0.95	1.10	1.21	香格里拉县	Shangri-La	1.43	1.78	2.11	2.50	2.72
丘北县	Qiubei	0.32	0.40	0.50	0.61	0.69	德钦县	Deqin	0.62	0.80	0.88	1.10	1.18
广南县	Guangnan	0.31	0.40	0.50	0.62	0.74	维西县	Weixi	0.51	0.63	0.73	0.92	1.02

18-16 各州市县农村居民年人均纯收入（2010-2014 年）
Rural Annual Per Capita Net Income by Region (2010-2014)

单位：元／人 (yuan/person)

州 市 县	Region	2010	2011	2012	2013	2014
全　省	**Yunnan**	**3 952**	**4 722**	**5 417**	**6 141**	**7 456**
昆 明 市	**Kunming**	**5 810**	**6 985**	**8 040**	**9 273**	**10 366**
呈贡区	Chenggong	7 648	9 146	10 618	12 445	13 760
五华区	Wuhua	7 578	8 822	10 255	12 040	13 476
盘龙区	Panlong	7 404	8 660	10 347	12 158	13 543
官渡区	Guandu	8 921	10 598	11 946	14 025	14 213
西山区	Xishan	8 245	9 697	11 651	13 702	13 924
东川市	Dongchuan	3 196	3 760	4 313	5 137	5 765
晋宁县	Jinning	6 075	7 522	9 061	10 728	10 913
富民县	Fumin	5 644	6 858	8 361	9 891	10 148
宜良县	Yiliang	5 890	7 087	8 537	10 090	10 346
石林县	Shilin	5 704	7 011	8 465	10 031	10 284
嵩明县	Songming	5 333	6 502	7 841	9 260	10 040
禄劝县	Luquan	3 205	3 808	4 585	5 438	5 920
寻甸县	Xundian	3 497	4 130	4 739	5 630	6 113
安宁市	Anning	6 913	8 104	9 355	10 974	12 562
曲 靖 市	**Qujing**	**4 130**	**5 035**	**5 950**	**6 861**	**8 514**
麒麟区	Qilin	5 569	6 747	8 116	9 658	11 333
马龙县	Malong	3 665	4 467	5 372	6 189	7 776
陆良县	Luliang	5 056	5 960	7 057	8 130	10 036
师宗县	Shizong	3 784	4 676	5 502	6 558	8 198
罗平县	Luoping	4 413	5 450	6 683	7 966	9 964
富源县	Fuyuan	4 267	5 210	5 964	6 978	8 512
会泽县	Huize	2 643	3 252	3 986	4 723	7 033
沾益县	Zhanyi	4 813	5 715	6 750	7 830	9 630
宣威市	Xuanwei	3 735	4 697	5 553	6 608	8 267
玉 溪 市	**Yuxi**	**5 747**	**6 616**	**7 628**	**8 925**	**9 969**
红塔区	Hongta	7 011	7 917	9 070	10 629	11 836
江川县	Jiangchuan	5 637	6 374	7 258	8 499	9 274
澄江县	Chengjiang	6 374	7 005	7 972	9 327	10 532
通海县	Tonghai	6 547	7 436	9 039	10 594	11 476
华宁县	Huaning	5 566	6 668	7 607	8 908	9 663
易门县	Yimen	5 193	6 003	6 903	8 084	9 349
峨山县	Eshan	5 231	6 089	7 013	8 212	9 068
新平县	Xinping	4 797	5 667	6 666	7 806	9 334
元江县	Yuanjiang	5 074	5 900	6 813	7 971	8 851
保 山 市	**Baoshan**	**3 627**	**4 439**	**5 331**	**6 275**	**7 626**
隆阳区	Longyang	4 090	4 850	5 638	6 630	8 247
施甸县	Shidian	3 116	3 922	4 523	5 401	7 034
腾冲县	Tengchong	4 048	5 018	6 122	7 420	7 502
龙陵县	Longling	3 376	4 044	4 741	5 685	7 094
昌宁县	Changning	3 653	4 563	5 341	6 383	7 419
昭 通 市	**Zhaotong**	**2 769**	**3 294**	**3 897**	**4 604**	**6 497**
昭阳区	Zhaoyang	3 226	3 786	4 500	5 333	7 154
鲁甸县	Ludian	2 572	3 046	3 649	4 273	6 521
巧家县	Qiaojia	2 745	3 164	3 801	4 531	6 418
盐津县	Yanjin	2 730	3 290	3 971	4 757	6 523
大关县	Daguan	2 600	3 002	3 577	4 246	6 272
永善县	Yongshan	2 723	3 183	3 837	4 585	6 380
绥江县	Suijiang	2 911	3 416	3 970	4 736	6 499
镇雄县	Zhenxiong	2 482	3 040	3 737	4 496	6 396
彝良县	Yiliang	2 650	3 192	3 749	4 439	6 106
威信县	Weixin	2 814	3 331	3 973	4 756	6 432
水富县	Shuifu	3 318	3 886	4 807	5 744	7 543
丽 江 市	**Lijiang**	**3 410**	**4 270**	**5 094**	**6 037**	**7 183**
古城区	Gucheng	5 220	7 012	8 400	10 080	11 889
玉龙县	Yulong	3 586	4 413	5 290	6 263	7 383
永胜县	Yongsheng	3 317	4 054	4 861	5 858	7 217
华坪县	Huaping	4 095	5 134	6 136	7 363	8 356
宁蒗县	Ninglang	2 388	2 962	3 526	4 175	4 886
普 洱 市	**Pu'er**	**3 456**	**4 338**	**5 020**	**5 873**	**7 096**
思茅区	Simao	3 983	4 802	5 648	6 561	7 650
宁洱县	Ning'er	3 362	4 196	5 013	5 928	7 289
墨江县	Mojiang	2 658	3 249	3 921	4 593	7 020
景东县	Jingdong	3 491	4 171	5 022	5 976	7 297
景谷县	Jinggu	3 903	4 762	5 538	6 468	7 491
镇沅县	Zhenyuan	3 138	3 993	4 611	5 506	7 352
江城县	Jiangcheng	2 624	3 325	4 014	4 777	6 841
孟连县	Menglian	2 675	3 356	3 955	4 726	6 790
澜沧县	Lancang	2 102	2 618	3 089	3 652	6 537
西盟县	Ximeng	1 949	2 550	3 148	3 806	6 567
临 沧 市	**Lincang**	**3 279**	**4 284**	**5 158**	**6 066**	**7 199**
临翔区	Linxiang	3 329	4 347	5 052	5 932	7 261
凤庆县	Fengqing	3 506	4 526	5 315	6 318	7 393

注：按照国家统一的调查方法，统计口径，2002 年以后各县农民人均纯收入数据均通过农村住户抽样调查取得。

Note: Data of government expenditure by county after 1994 have been recorded according to the new financial system.

18-16 续表 continued

单位：元／人 (yuan/person)

州 市 县	Region	2010	2011	2012	2013	2014
云 县	Yunxian	3 759	4 795	5 574	6 711	7 649
永德县	Yongde	3 131	4 150	4 982	5 999	7 368
镇康县	Zhenkang	2 782	3 790	4 637	5 511	7 129
双江县	Shuangjiang	2 928	3 934	4 744	5 759	7 182
耿马县	Gengma	3 559	4 591	5 474	6 558	7 489
沧源县	Cangyuan	2 768	3 780	4 636	5 442	7 046
楚 雄 州	**Chuxiong**	**3 896**	**4 627**	**5 418**	**6 357**	**7 570**
楚雄市	Chuxiong	4 434	5 145	6 060	7 108	8 149
双柏县	Shuangbo	3 083	3 814	4 645	5 565	6 798
牟定县	Mouding	3 356	3 986	4 799	5 672	6 931
南华县	Nanhua	3 602	4 228	4 994	5 943	7 172
姚安县	Yao'an	3 722	4 376	5 221	6 177	7 385
大姚县	Dayao	3 491	4 117	4 957	5 928	7 158
永仁县	Yongren	3 240	3 915	4 685	5 566	6 788
元谋县	Yuanmou	4 783	5 602	6 526	7 733	8 774
武定县	Wuding	3 223	3 856	4 606	5 527	6 779
禄丰县	Lufeng	4 584	5 293	6 230	7 283	8 303
红 河 州	**Honghe**	**3 922**	**4 650**	**5 468**	**6 368**	**7 726**
蒙自市	Mengzi	4 139	4 876	5 777	6 863	9 388
个旧市	Gejiu	6 080	6 781	7 945	9 288	10 535
开远市	Kaiyuan	5 498	6 438	7 607	8 900	10 270
弥勒市	Mile	4 106	4 785	5 688	6 672	9 066
屏边县	Pingbian	2 112	2 472	2 971	3 565	5 710
建水县	Jianshui	4 169	4 836	5 716	6 717	9 361
石屏县	Shiping	3 762	4 251	5 027	6 027	8 384
泸西县	Luxi	3 448	4 060	4 830	5 763	8 232
元阳县	Yuanyang	2 448	2 867	3 419	4 045	5 749
红河县	Honghe	2 183	2 555	3 102	3 707	5 739
金平县	Jinping	2 128	2 556	3 112	3 644	5 748
绿春县	Luchun	2 119	2 505	3 035	3 581	5 680
河口县	Hekou	3 436	4 019	4 758	5 610	8 511
文 山 州	**Wenshan**	**2 806**	**3 864**	**4 643**	**5 460**	**6 998**
文山市	Wenshan	3 547	4 691	5 410	6 465	7 720
砚山县	Yanshan	2 900	3 860	4 720	5 687	7 354
西畴县	Xichou	2 415	3 523	4 252	5 124	6 443
麻栗坡县	Malipo	2 630	3 680	4 471	5 330	6 836
马关县	Maguan	3 005	4 055	4 716	5 636	6 918
丘北县	Qiubei	2 636	3 732	4 567	5 466	7 094
广南县	Guangnan	2 626	3 655	4 428	5 251	6 560
富宁县	Funing	2 739	3 793	4 644	5 582	7 182
西双版纳州	**Xishuangbanna**	**4 354**	**5 327**	**6 174**	**7 107**	**9 155**
景洪市	Jinghong	5 036	6 397	7 574	8 907	10 278
勐海县	Menghai	3 848	4 560	5 546	6 513	8 121
勐腊县	Mengla	3 663	4 415	5 064	5 891	7 456
大 理 州	**Dali**	**3 902**	**4 733**	**5 689**	**6 677**	**7 933**
大理市	Dali	5 407	6 430	7 709	9 058	11 095
漾濞县	yangbi	3 232	4 238	5 066	5 972	7 518
祥云县	Xiangyun	3 801	4 857	5 733	6 713	8 096
宾川县	Binchuan	3 915	4 918	5 942	7 100	10 559
弥渡县	Midu	2 935	3 755	4 508	5 229	6 921
南涧县	Nanjian	2 518	3 539	4 291	5 063	6 476
巍山县	Weishan	2 532	3 398	4 159	4 928	6 903
永平县	Yongping	3 060	4 138	4 977	5 823	6 972
云龙县	Yunlong	2 378	3 189	3 887	4 630	6 845
洱源县	Eryuan	3 428	4 266	5 054	5 969	7 402
剑川县	Jianchuan	2 396	3 199	3 895	4 612	6 214
鹤庆县	Heqing	3 408	4 365	5 198	6 030	7 212
德 宏 州	**Dehong**	**3 368**	**4 096**	**4 763**	**5 608**	**7 152**
芒 市	Mangshi	3 603	4 197	4 877	5 801	7 656
瑞丽市	Ruili	4 218	4 824	5 586	6 622	8 230
梁河县	Lianghe	2 461	3 108	3 683	4 355	6 050
盈江县	Yingjiang	3 716	4 712	5 641	6 562	7 343
陇川县	Longchuan	2 740	3 433	4 186	4 946	6 506
怒 江 州	**Nujiang**	**2 005**	**2 362**	**2 773**	**3 251**	**4 297**
泸水县	Lushui	2 214	2 645	3 095	3 593	4 409
福贡县	Fugong	1 460	1 832	2 229	2 590	3 944
贡山县	Gongshan	1 502	1 886	2 209	2 635	3 960
兰坪县	Lanping	2 201	2 556	3 016	3 590	4 406
迪 庆 州	**Diqing**	**3 347**	**4 105**	**4 769**	**5 571**	**5 865**
香格里拉县	Shangri-La	3 398	4 078	4 867	5 621	5 923
德钦县	Deqin	3 372	4 222	5 136	5 911	5 899
维西县	Weixi	3 269	3 995	4 627	5 400	5 806

18-17　各州市县农、林、牧、渔业总产值(2011-2014年)

Gross Output Value of Farming, Forestry, Animal Husbandry and Fishery by Region (2011-2014)

(按现行价格计算)　　　　(Calculated at current prices)

单位：亿元　　　　(100 million yuan)

州市县	Region	2011	2012	2013	2014
全　省	**Yunnan**	**2 306.49**	**2 680.10**	**3 056.44**	**3 261.30**
昆明市	**Kunming**	**225.07**	**268.84**	**298.66**	**316.77**
呈贡区	Chenggong	9.80	9.40	9.15	8.65
五华区	Wuhua	2.72	3.07	3.22	3.25
盘龙区	Panlong	3.21	3.51	7.83	7.90
官渡区	Guandu	12.36	13.11	13.57	14.20
西山区	Xishan	4.86	5.28	5.65	5.86
东川区	Dongchuan	8.08	9.84	11.33	12.21
晋宁县	Jinning	22.55	27.27	30.17	32.34
富民县	Fumin	11.05	13.09	14.40	15.18
宜良县	Yiliang	45.78	55.67	63.01	66.29
石林县	Shilin	21.65	26.61	30.34	32.88
嵩明县	Songming	20.34	24.48	22.91	24.36
禄劝县	Luquan	23.84	29.88	33.80	36.81
寻甸县	Xundian	23.84	29.50	33.07	35.62
安宁市	Anning	14.98	18.14	20.23	21.21
曲靖市	**Qujing**	**376.89**	**443.87**	**492.93**	**523.00**
麒麟区	Qilin	29.86	33.13	36.79	39.04
马龙县	Malong	10.93	12.38	13.75	14.99
陆良县	Luliang	67.33	75.32	82.89	86.42
师宗县	Shizong	33.34	42.75	47.47	50.77
罗平县	Luoping	48.13	59.34	65.90	71.09
富源县	Fuyuan	36.12	43.70	48.53	50.90
会泽县	Huize	47.63	57.43	64.53	69.00
沾益县	Zhanyi	39.68	45.44	50.46	53.57
宣威市	Xuanwei	63.87	74.39	82.61	87.23
玉溪市	**Yuxi**	**141.82**	**170.95**	**198.25**	**210.33**
红塔区	Hongta	19.64	23.55	26.09	27.03
江川县	Jiangchuan	16.89	19.96	22.84	24.17
澄江县	Chengjiang	12.06	13.98	15.55	16.57
通海县	Tonghai	18.06	20.97	23.27	24.53
华宁县	Huaning	17.74	20.89	24.74	26.33
易门县	Yimen	13.13	15.15	16.72	18.05
峨山县	Eshan	9.95	11.70	13.84	14.78
新平县	Xinping	17.25	22.72	28.20	30.10
元江县	Yuanjiang	17.09	21.80	27.02	28.77
保山市	**Baoshan**	**160.64**	**184.91**	**211.19**	**224.91**
隆阳区	Longyang	55.06	62.50	70.25	74.15
施甸县	Shidian	20.17	23.09	26.81	28.56
腾冲县	Tengchong	35.91	41.65	46.29	49.68
龙陵县	Longling	17.60	21.09	23.73	25.37
昌宁县	Changning	31.91	36.57	44.10	47.15
昭通市	**Zhaotong**	**142.95**	**176.79**	**201.68**	**214.19**
昭阳区	Zhaoyang	25.46	31.51	35.99	38.37
鲁甸县	Ludian	10.52	13.35	15.27	16.17
巧家县	Qiaojia	20.70	26.94	30.80	32.77
盐津县	Yanjin	8.92	10.56	12.06	12.83
大关县	Daguan	6.30	7.56	8.64	9.19
永善县	Yongshan	11.30	15.38	17.57	18.61
绥江县	Suijiang	4.52	5.35	5.80	6.17
镇雄县	Zhenxiong	27.77	31.46	36.10	38.23
彝良县	Yiliang	17.47	22.83	25.96	27.50
威信县	Weixin	7.70	9.14	10.44	11.10
水富县	Shuifu	2.29	2.71	3.05	3.25
丽江市	**Lijiang**	**53.01**	**65.62**	**74.04**	**78.71**
古城区	Lijiang	6.45	7.48	8.37	8.87
玉龙县	Yulong	12.73	16.64	18.97	20.19
永胜县	Yongsheng	17.78	21.20	24.20	25.79
华坪县	Huaping	8.55	10.14	11.05	11.71
宁蒗县	Ninglang	7.50	10.16	11.44	12.15
普洱市	**Pu'er**	**148.75**	**190.24**	**220.46**	**234.57**
思茅区	Simao	11.18	14.71	17.97	21.17
宁洱县	Ning'er	10.40	14.10	15.46	16.70
墨江县	Mojiang	14.04	17.15	21.88	23.62
景东县	Jingdong	24.55	31.27	34.59	36.10
景谷县	Jinggu	33.74	38.78	44.68	47.31
镇沅县	Zhenyuan	15.72	22.10	26.67	28.56
江城县	Jiangcheng	8.17	12.58	14.02	14.43
孟连县	Menglian	9.20	12.15	14.31	15.14
澜沧县	Lancang	18.90	23.79	26.44	27.08
西盟县	Ximeng	2.84	3.61	4.46	**4.47**

注：因分级核算，各州（市）加总数不等于全省数，分县加总数不等于州（市）数。

Note: Number of the whole province is not equal to the aggregate number of 16 cities and prefectures and the number of the city and prefecture is not equal to the aggregate number of its counties because of the different accounting at different levels.

18－17　续表　continued

（按现行价格计算）　(Calculated at current prices)

单位：亿元　(100 million yuan)

州市县	Region	2011	2012	2013	2014	州市县	Region	2011	2012	2013	2014
临沧市	**Lincang**	**144.55**	**180.46**	**213.19**	**226.84**	麻栗坡县	Malipo	11.91	14.89	16.41	17.43
临翔区	Linxiang	16.09	18.87	22.23	23.57	马关县	Maguan	16.96	22.93	26.09	27.66
凤庆县	Fengqing	25.95	38.07	45.07	48.05	丘北县	Qiubei	23.50	29.39	33.60	35.64
云　县	Yunxian	28.53	32.66	38.09	40.57	广南县	Guangnan	31.73	40.35	48.51	51.45
永德县	Yongde	16.11	19.03	22.87	24.26	富宁县	Funing	17.82	23.38	29.28	31.06
镇康县	Zhenkang	10.83	12.36	15.15	16.11	**西双版纳州**	**Xishuangbanna**	**97.63**	**115.20**	**138.24**	**146.76**
双江县	Shuangjiang	10.03	12.52	15.05	16.00	景洪市	Jinghong	44.16	50.71	57.30	60.68
耿马县	Gengma	26.04	33.36	39.49	42.09	勐海县	Menghai	19.91	25.38	32.02	34.13
沧源县	Cangyuan	10.98	13.59	15.25	16.20	勐腊县	Mengla	33.57	39.10	48.92	51.95
楚雄州	**Chuxiong**	**181.29**	**221.01**	**247.15**	**262.97**	**大理州**	**Dali**	**234.82**	**285.58**	**324.44**	**344.26**
楚雄市	Chuxiong	30.14	34.45	37.59	39.96	大理市	Dali	28.20	33.96	38.04	40.25
双柏县	Shuangbo	12.06	14.66	16.07	17.11	漾濞县	Yangbi	5.86	7.61	8.76	9.28
牟定县	Mouding	12.30	14.83	16.54	17.62	祥云县	Xiangyun	31.26	37.51	42.75	45.36
南华县	Nanhua	15.94	20.57	23.01	24.50	宾川县	Binchuan	47.23	57.32	64.93	68.83
姚安县	Yao'an	15.33	19.75	22.02	23.45	弥渡县	Midu	18.21	22.16	25.51	27.56
大姚县	Dayao	19.62	25.44	29.87	31.80	南涧县	Nanjian	13.80	16.84	19.36	20.49
永仁县	Yongren	8.69	11.30	12.86	13.69	巍山县	Weishan	17.65	21.69	24.61	26.12
元谋县	Yuanmou	16.88	19.64	22.07	23.48	永平县	Yongping	13.44	16.43	18.49	19.57
武定县	Wuding	19.28	22.72	25.26	26.90	云龙县	Yunlong	14.50	17.45	19.22	20.34
禄丰县	Lufeng	31.05	37.65	41.83	44.45	洱源县	Eryuan	22.45	27.34	31.44	33.33
红河州	**Honghe**	**207.56**	**260.83**	**310.14**	**329.68**	剑川县	Jianchuan	7.59	9.30	10.66	11.28
蒙自市	Mengzi	22.65	28.01	31.37	33.22	鹤庆县	Heqing	14.64	17.96	20.65	21.87
个旧市	Gejiu	13.86	16.38	20.40	21.74	**德宏州**	**Dehong**	**71.45**	**91.34**	**107.78**	**114.46**
开远市	Kaiyuan	18.01	21.24	24.26	25.75	芒　市	Mangshi	19.79	25.25	28.91	30.63
弥勒市	Mile	26.55	35.49	42.72	45.36	瑞丽市	Ruili	10.03	11.36	12.80	13.51
屏边县	Pingbian	6.44	7.50	8.89	9.48	梁河县	Lianghe	6.60	8.70	10.53	11.22
建水县	Jianshui	27.70	35.81	43.34	45.96	盈江县	Yingjiang	20.75	27.21	33.66	35.73
石屏县	Shiping	26.65	32.78	37.97	40.40	陇川县	Longchuan	14.29	18.82	21.88	23.38
泸西县	Luxi	17.15	21.53	28.08	29.90	**怒江州**	**Nujiang**	**12.48**	**17.23**	**20.18**	**26.54**
元阳县	Yuanyang	11.66	15.16	17.40	18.51	泸水县	Lushui	4.49	5.84	6.84	9.43
红河县	Honghe	10.82	12.50	15.19	16.18	福贡县	Fugong	1.93	2.41	2.75	3.86
金平县	Jinping	9.69	12.56	15.64	16.68	贡山县	Gongshan	1.62	2.01	2.22	2.93
绿春县	Luchun	8.68	10.98	13.00	13.83	兰坪县	Lanping	4.44	6.97	8.37	10.33
河口县	Hekou	7.71	10.90	11.89	12.66	**迪庆州**	**Diqing**	**13.20**	**14.76**	**17.42**	**18.49**
文山州	**Wenshan**	**151.71**	**192.46**	**227.01**	**240.86**	香格里拉县	Shangri-La	5.05	5.73	6.63	7.00
文山市	Wenshan	20.40	24.48	26.40	28.05	德钦县	Deqin	1.88	2.11	2.43	2.58
砚山县	Yanshan	19.94	25.25	32.97	35.00	维西县	Weixi	6.27	6.92	8.37	8.90
西畴县	Xichou	9.45	11.79	13.75	14.59						

18-18 各州市县农村和农业生产基本情况（2014 年）
Basic Statistics on Rural Area and Agricultural Production by Region (2014)

州市县	Region	乡村户数（万户）Rural Household (10 000 households)	乡村人口（万人）Rural Population (10 000 persons)	乡村从业人员（万人）Number of Rural Employed Persons (10 000 persons)	粮食产量（万吨）Output of Grain (10 000 tons)	粮食播种面积（万公顷）Sown Areas of Grain (10 000 hectares)
全　省	**Yunnan**	**970.56**	**3713.45**	**2188.81**	**1940.82**	**444.35**
昆明市	**Kunming**	**87.47**	**300.64**	**184.65**	**123.57**	**27.17**
呈贡区	Chenggong	5.33	14.82	9.57	0.30	0.05
五华区	Wuhua	2.09	5.68	2.95	0.97	0.22
盘龙区	Panlong	3.14	10.36	6.66	4.35	1.03
官渡区	Guandu	2.80	7.70	4.79	2.48	0.51
西山区	Xishan	2.81	7.68	4.88	1.85	0.31
东川区	Dongchuan	6.83	24.42	15.00	7.77	1.95
晋宁县	Jinning	8.34	23.62	15.14	4.79	0.87
富民县	Fuming	3.80	13.15	8.43	6.72	1.39
宜良县	Yiliang	10.89	37.62	23.68	17.82	3.59
石林县	Shilin	6.29	21.46	13.89	14.83	3.31
嵩明县	Songming	7.13	27.50	15.60	10.24	2.05
禄劝县	Luquan	11.08	43.53	25.76	22.48	5.08
寻甸县	Xundian	12.69	50.61	30.29	24.56	6.13
安宁市	Anning	4.25	12.49	8.02	4.42	0.69
曲靖市	**Qujing**	**137.42**	**549.59**	**313.73**	**328.03**	**67.46**
麒麟区	Qilin	11.85	43.81	23.58	22.05	3.50
马龙县	Malong	5.05	17.45	11.37	10.88	3.52
陆良县	Luliang	4.04	59.25	30.70	36.42	6.79
师宗县	Shizong	10.18	41.41	22.91	22.45	4.17
罗平县	Luoping	15.21	58.32	29.74	36.60	5.81
富源县	Fuyuan	19.56	72.46	40.30	37.93	6.49
会泽县	Huize	23.10	87.37	58.93	48.39	10.69
沾益县	Zhanyi	8.79	33.83	19.91	33.29	7.49
宣威市	Xuanwei	39.62	135.70	76.29	80.02	18.98
玉溪市	**Yuxi**	**55.43**	**184.76**	**116.66**	**61.42**	**11.09**
红塔区	Hongta	9.66	29.78	17.96	5.91	0.79
江川县	Jiangchuan	8.13	25.60	16.22	4.23	0.58
澄江县	Chengjiang	5.01	14.87	9.47	3.67	0.63
通海县	Tonghai	7.79	25.15	15.77	3.72	0.66
华宁县	Huaning	5.57	18.75	12.09	5.89	1.09
易门县	Yimen	4.17	14.21	9.00	5.92	1.24
峨山县	Eshan	3.56	12.57	8.26	6.97	1.21
新平县	Xinping	6.66	25.41	16.23	15.52	3.07
元江县	Yuanjiang	4.87	18.43	11.67	9.59	1.82

18-18 续表 1 continued

州 市 县	Region	乡村户数（万户）Rural Household (10 000 households)	乡村人口（万人）Rural Population (10 000 persons)	乡村从业人员（万人）Number of Rural Employed Persons (10 000 persons)	粮食产量（万吨）Output of Grain (10 000 tons)	粮食播种面积（万公顷）Sown Areas of Grain (10 000 hectares)
保 山 市	**Baoshan**	**61.82**	**223.56**	**134.76**	**141.16**	**26.23**
隆阳区	Longyang	19.79	70.69	44.85	48.04	6.67
施甸县	Shidian	9.26	32.76	19.01	16.25	3.52
腾冲县	Tengchong	16.03	63.65	35.78	41.51	8.38
龙陵县	Longling	6.39	24.10	15.53	14.66	3.26
昌宁县	Changning	10.35	32.36	19.59	20.70	4.40
昭 通 市	**Zhaotong**	**134.58**	**523.46**	**274.26**	**220.69**	**54.78**
昭阳区	Zhaoyang	20.01	72.69	38.66	32.95	5.78
鲁甸县	Ludian	10.12	40.98	21.02	17.49	4.01
巧家县	Qiaojia	14.04	48.44	30.20	25.09	5.32
盐津县	Yanjin	8.72	36.98	17.82	16.81	4.58
大关县	Daguan	6.04	25.28	13.12	11.20	3.44
永善县	Yongshan	11.37	40.69	21.80	19.02	5.49
绥江县	Suijiang	2.81	11.41	5.32	4.00	1.14
镇雄县	Zhenxiong	34.96	144.91	70.69	50.03	14.78
彝良县	Yiliang	16.19	57.65	32.78	21.21	4.53
威信县	Weixin	8.51	37.67	19.31	20.17	4.96
水富县	Shuifu	1.82	6.77	3.53	2.72	0.74
丽 江 市	**Lijiang**	**27.93**	**103.60**	**61.71**	**51.05**	**13.29**
古城区	Gucheng	2.14	8.64	4.48	4.78	1.16
玉龙县	Yulong	5.28	20.52	12.49	11.83	3.38
永胜县	Yongsheng	10.08	37.53	24.38	18.75	3.86
华坪县	Huaping	3.64	12.74	7.03	7.49	1.83
宁蒗县	Ninglang	6.79	24.17	13.32	8.20	3.06
普 洱 市	**Pu'er**	**58.18**	**214.65**	**128.54**	**117.03**	**35.14**
思茅区	Simao	2.93	11.65	7.38	5.77	1.77
宁洱县	Ning'er	4.16	15.87	9.02	9.20	2.86
墨江县	Mojiang	6.96	30.30	17.24	15.23	4.64
景东县	Jingdong	10.04	33.78	20.14	18.02	4.62
景谷县	Jinggu	7.87	28.24	18.06	18.00	4.85
镇沅县	Zhenyuan	5.80	19.94	11.83	11.70	3.52
江城县	Jiangcheng	2.52	10.24	6.96	4.35	1.44
孟连县	Menglian	3.06	11.93	6.90	5.92	1.72
澜沧县	Lancang	12.49	44.87	26.74	24.61	8.10
西盟县	Ximeng	2.35	7.85	4.28	4.22	1.62
临 沧 市	**Lincang**	**50.65**	**206.49**	**124.28**	**102.01**	**29.57**
临翔区	Linxiang	6.06	24.08	15.04	9.60	2.44
凤庆县	Fengqing	10.24	42.00	23.77	18.00	5.03

18-18 续表 2 continued

单位：

州 市 县	Region	乡村户数（万户）Rural Household (10 000 households)	乡村人口（万人）Rural Population (10 000 persons)	乡村从业人员（万人）Number of Rural Employed Persons (10 000 persons)	粮食产量（万吨）Output of Grain (10 000 tons)	粮食播种面积（万公顷）Sown Areas of Grain (10 000 hectares)
云 县	Yunxian	10.02	39.39	24.45	21.20	5.93
永德县	Yongde	7.62	31.72	19.30	18.45	5.61
镇康县	Zhenkang	3.57	15.78	9.09	8.55	3.20
双江县	Shuangjiang	3.92	15.19	8.29	7.00	2.20
耿马县	Gengma	5.42	23.30	15.24	11.60	2.90
沧源县	Cangyuan	3.80	15.02	9.10	7.60	2.25
楚 雄 州	**Chuxiong**	**51.45**	**202.00**	**129.40**	**122.91**	**25.35**
楚雄市	Chuxiong	7.18	29.72	19.11	20.39	3.82
双柏县	Shuangbo	3.16	12.45	7.90	8.17	2.01
牟定县	Mouding	4.56	18.36	11.34	10.30	2.30
南华县	Nanhua	4.86	18.51	11.32	11.99	2.47
姚安县	Yao'an	4.81	18.46	11.73	9.84	1.72
大姚县	Dayao	5.39	20.54	16.10	14.27	3.07
永仁县	Yongren	2.37	9.21	5.70	6.01	1.40
元谋县	Yuanmou	4.15	16.28	10.34	8.91	1.65
武定县	Wuding	6.25	24.35	15.37	12.41	2.73
禄丰县	Lufeng	8.72	34.12	20.50	20.62	4.17
红 河 州	**Honghe**	**94.54**	**366.53**	**217.94**	**180.68**	**39.80**
蒙自市	Mengzi	7.36	29.04	18.71	16.81	4.56
个旧市	Gejiu	5.60	18.69	11.68	7.51	1.57
开远市	Kaiyuan	4.68	18.21	11.47	12.60	2.38
弥勒市	Mile	12.68	45.98	28.37	24.18	5.27
屏边县	Pingbian	3.10	13.01	7.48	7.91	2.45
建水县	Jianshui	13.38	46.58	27.72	21.86	4.61
石屏县	Shiping	10.14	28.58	17.76	13.11	2.88
泸西县	Luxi	9.01	34.73	20.57	20.10	3.70
元阳县	Yuanyang	8.56	40.11	22.95	17.51	3.74
红河县	Honghe	6.68	30.77	15.88	11.48	2.29
金平县	Jinping	7.54	33.78	19.57	14.20	3.23
绿春县	Luchun	4.60	22.16	12.95	10.50	2.57
河口县	Hekou	1.22	4.88	2.83	2.91	0.55
文 山 州	**Wenshan**	**75.07**	**328.71**	**192.09**	**156.69**	**45.96**
文山市	Wenshan	8.86	37.61	21.80	18.94	4.82
砚山县	Yanshan	10.12	45.14	25.76	26.26	6.73
西畴县	Xichou	5.68	23.66	14.89	10.82	3.57
麻栗坡县	Malipo	6.22	25.87	14.73	11.85	4.02
马关县	Maguan	8.05	33.87	19.96	17.14	5.56

18-18 续表 3 continued

州 市 县	Region	乡村户数（万户）Rural Household (10 000 households)	乡村人口（万人）Rural Population (10 000 persons)	乡村从业人员（万人）Number of Rural Employed Persons (10 000 persons)	粮食产量（万吨）Output of Grain (10 000 tons)	粮食播种面积（万公顷）Sown Areas of Grain (10 000 hectares)
丘北县	Qiubei	10.51	45.72	25.40	23.08	6.36
广南县	Guangnan	16.78	77.74	45.05	33.40	10.48
富宁县	Funing	8.85	39.10	24.50	15.20	4.43
西双版纳州	**Xishuangbanna**	**15.24**	**67.10**	**42.22**	**47.50**	**8.78**
景洪市	Jinghong	5.66	24.69	15.76	10.33	2.01
勐海县	Menghai	6.02	27.31	17.41	28.90	4.74
勐腊县	Mengla	3.55	15.10	9.05	8.27	2.03
大 理 州	**Dali**	**75.38**	**263.08**	**162.79**	**173.15**	**31.20**
大理市	Dali	9.01	31.56	18.61	18.11	2.40
漾濞县	Yangbi	2.07	7.17	5.10	6.65	1.43
祥云县	Xiangyun	8.43	30.02	18.89	20.25	3.30
宾川县	Binchuan	8.35	29.95	18.79	14.90	2.42
弥渡县	Midu	7.39	25.81	15.92	18.14	2.37
南涧县	Nanjian	4.88	17.80	13.17	11.72	2.64
巍山县	Weishan	7.50	27.06	17.96	16.06	3.14
永平县	Yongping	4.44	12.74	8.67	10.20	2.34
云龙县	Yunlong	5.73	17.81	10.29	13.10	3.13
洱源县	Eryuan	7.07	26.88	14.77	20.02	2.95
剑川县	Jianchuan	4.29	14.21	7.59	8.92	2.25
鹤庆县	Heqing	6.21	22.05	13.03	15.08	2.82
德 宏 州	**Dehong**	**24.64**	**101.71**	**60.62**	**76.95**	**15.63**
芒 市	Mangshi	7.59	32.46	19.38	23.23	4.72
瑞丽市	Ruili	3.00	10.64	6.83	9.38	1.85
梁河县	Lianghe	3.65	15.01	8.40	6.92	1.48
盈江县	Yingjiang	6.25	26.86	15.74	21.98	4.66
陇川县	Longchuan	4.15	16.74	10.26	15.44	2.91
怒 江 州	**Nujiang**	**12.74**	**45.36**	**27.03**	**20.27**	**8.06**
泸水县	Lushui	4.31	14.32	8.77	6.71	2.70
福贡县	Fugong	2.45	9.24	5.14	3.52	1.28
贡山县	Gongshan	0.95	2.93	1.74	1.14	0.54
兰坪县	Lanping	5.03	18.87	11.38	8.90	3.54
迪 庆 州	**Diqing**	**8.03**	**32.21**	**18.14**	**17.73**	**4.83**
香格里拉县	Shangri-La	3.02	12.19	6.96	7.38	1.74
德钦县	Deqin	1.10	5.29	2.78	2.66	0.64
维西县	Weixi	3.91	14.73	8.40	7.69	2.44

18-19 各州市县粮食作物种植面积(2014 年)
Planting Area of Major Food Crops by Region (2014)

单位：万公顷 (10 000 hectares)

州市县	Region	粮食 Grain	稻谷 Rice	小麦 Wheat	玉米 Corn	豆类 Beans	蚕豆 Broad Beans	薯类 Tubers
全省	**Yunnan**	**444.35**	**70.72**	**39.44**	**166.51**	**59.74**	**20.94**	**67.47**
昆明市	**Kunming**	**27.17**	**2.50**	**3.16**	**9.26**	**4.35**	**1.92**	**4.24**
呈贡区	Chenggong	0.05			0.04			
五华区	Wuhua	0.22	0.00	0.04	0.10	0.04	0.01	0.01
盘龙区	Panlong	1.03		0.09	0.42	0.17	0.03	0.12
官渡区	Guandu	0.51		0.08	0.29	0.08	0.02	0.03
西山区	Xishan	0.31	0.02	0.02	0.16	0.05	0.03	0.02
东川区	Dongchuan	1.95	0.16	0.23	0.69	0.15	0.02	0.62
晋宁县	Jinning	0.87	0.04	0.08	0.55	0.10	0.05	0.08
富民县	Fumin	1.39	0.16	0.24	0.50	0.37	0.08	0.07
宜良县	Yiliang	3.59	0.40	0.51	1.50	0.87	0.42	0.16
石林县	Shilin	3.31	0.19	0.41	1.38	0.48	0.27	0.31
嵩明县	Songming	2.05	0.33	0.25	0.54	0.60	0.44	0.10
禄劝县	Luquan	5.08	0.35	0.75	1.67	0.62	0.26	0.94
寻甸县	Xundian	6.13	0.82	0.41	1.00	0.75	0.25	1.74
安宁市	Anning	0.69	0.03	0.05	0.43	0.08	0.03	0.03
曲靖市	**Qujing**	**67.46**	**5.48**	**3.68**	**22.00**	**7.08**	**3.10**	**19.94**
麒麟区	Qilin	3.50	0.65	0.13	0.83	0.91	0.66	0.34
马龙县	Malong	3.52	0.51	0.17	0.64	0.19	0.03	0.85
陆良县	Luliang	6.79	1.15	0.12	1.50	0.90	0.65	2.39
师宗县	Shizong	4.17	0.40	0.51	1.33	0.47	0.21	0.86
罗平县	Luoping	5.81	0.58	0.29	2.68	0.77	0.13	0.84
富源县	Fuyuan	6.49	0.30	0.73	2.39	0.82	0.47	1.80
会泽县	Huize	10.69	0.43	0.58	2.50	1.13	0.21	5.19
沾益县	Zhanyi	7.49	0.73	0.07	1.67	1.03	0.47	1.67
宣威市	Xuanwei	18.98	0.73	1.07	8.45	0.86	0.27	6.01
玉溪市	**Yuxi**	**11.09**	**1.93**	**1.53**	**5.17**	**1.17**	**0.39**	**0.50**
红塔区	Hongta	0.79	0.05	0.07	0.52	0.11	0.03	0.01
江川县	Jiangchuan	0.58	0.19	0.07	0.15	0.08	0.04	0.08
澄江县	Chengjiang	0.63	0.08	0.15	0.30	0.05	0.01	0.02
通海县	Tonghai	0.66	0.04	0.17	0.35	0.06	0.02	0.03
华宁县	Huaning	1.09	0.13	0.24	0.46	0.16	0.01	0.08
易门县	Yimen	1.24	0.09	0.34	0.53	0.16	0.07	0.03
峨山县	Eshan	1.21	0.30	0.13	0.55	0.17	0.09	0.02
新平县	Xinping	3.07	0.62	0.16	1.45	0.23	0.07	0.18
元江县	Yuanjiang	1.82	0.42	0.18	0.86	0.16	0.04	0.06

18-19 续表 1 continued

单位：万公顷 (10 000 hectares)

州市县	Region	粮食 Grain	稻谷 Rice	小麦 Wheat	玉米 Corn	豆类 Beans	蚕豆 Broad Beans	薯类 Tubers
保山市	**Baoshan**	**26.23**	**6.77**	**1.28**	**8.94**	**3.32**	**1.13**	**2.15**
隆阳区	Longyang	6.67	1.50	0.39	2.63	1.15	0.54	0.23
施甸县	Shidian	3.52	0.43	0.40	1.47	0.54	0.20	0.22
腾冲县	Tengchong	8.38	3.21	0.07	2.27	0.50	0.05	0.83
龙陵县	Longling	3.26	0.81	0.14	1.03	0.34	0.08	0.43
昌宁县	Changning	4.40	0.83	0.29	1.54	0.79	0.27	0.43
昭通市	**Zhaotong**	**54.78**	**2.75**	**4.68**	**22.44**	**4.90**	**1.14**	**17.90**
昭阳区	Zhaoyang	5.78	0.38	0.09	2.05	0.73	0.04	2.19
鲁甸县	Ludian	4.01	0.16	0.31	1.50	0.43	0.07	1.26
巧家县	Qiaojia	5.32	0.27	0.44	1.64	0.58	0.16	1.97
盐津县	Yanjin	4.58	0.46	0.10	2.06	0.42	0.09	1.53
大关县	Daguan	3.44	0.18	0.24	1.41	0.32	0.10	1.22
永善县	Yongshan	5.49	0.34	0.38	1.60	0.66	0.12	2.12
绥江县	Suijiang	1.14	0.14	0.05	0.57	0.17	0.04	0.21
镇雄县	Zhenxiong	14.78	0.10	1.97	6.85	0.66	0.17	4.74
彝良县	Yiliang	4.53	0.21	0.64	2.19	0.36	0.23	1.04
威信县	Weixin	4.96	0.29	0.44	2.20	0.50	0.09	1.51
水富县	Shuifu	0.74	0.22	0.00	0.35	0.07	0.01	0.10
丽江市	**Lijiang**	**13.29**	**1.59**	**1.64**	**3.92**	**2.62**	**1.16**	**2.20**
古城区	Gucheng	1.16	0.07	0.20	0.39	0.21	0.11	0.14
玉龙县	Yulong	3.38	0.14	0.72	1.08	0.65	0.15	0.56
永胜县	Yongsheng	3.86	0.87	0.22	1.27	0.94	0.71	0.30
华坪县	Huaping	1.83	0.26	0.39	0.57	0.36	0.06	0.23
宁蒗县	Ninglang	3.06	0.24	0.11	0.60	0.45	0.13	0.98
普洱市	**Pu'er**	**35.14**	**8.28**	**2.86**	**16.77**	**3.96**	**0.87**	**1.80**
思茅区	Simao	1.77	0.30	0.16	1.05	0.18	0.06	0.05
宁洱县	Ning'er	2.86	0.57	0.37	1.43	0.21	0.05	0.23
墨江县	Mojiang	4.64	0.83	0.33	2.25	0.74	0.13	0.18
景东县	Jingdong	4.62	0.74	0.81	1.76	0.93	0.20	0.34
景谷县	Jinggu	4.85	0.90	0.35	2.12	0.60	0.11	0.60
镇沅县	Zhenyuan	3.52	0.75	0.57	1.52	0.51	0.15	0.11
江城县	Jiangcheng	1.44	0.35	0.02	1.02	0.02		0.03
孟连县	Menglian	1.72	0.70	0.01	0.94	0.05	0.01	0.01
澜沧县	Lancang	8.10	2.57	0.20	3.95	0.68	0.15	0.25
西盟县	Ximeng	1.62	0.57	0.05	0.74	0.05	0.01	0.01
临沧市	**Lincang**	**29.57**	**4.46**	**4.21**	**13.12**	**4.20**	**1.62**	**2.18**
临翔区	Linxiang	2.44	0.30	0.29	1.04	0.40	0.14	0.26
凤庆县	Fengqing	5.03	0.70	1.26	1.87	0.63	0.38	0.23

18-19 续表 2 continued

单位：万公顷 (10 000 hectares)

州市县	Region	粮食 Grain	稻谷 Rice	小麦 Wheat	玉米 Corn	豆类 Beans	蚕豆 Broad Beans	薯类 Tubers
云　县	Yunxian	5.93	0.76	1.18	2.35	0.85	0.41	0.48
永德县	Yongde	5.61	0.56	0.75	2.80	0.93	0.31	0.43
镇康县	Zhenkang	3.20	0.54	0.28	1.63	0.49	0.14	0.23
双江县	Shuangjiang	2.20	0.22	0.27	1.04	0.25	0.07	0.21
耿马县	Gengma	2.90	0.88	0.13	1.14	0.41	0.10	0.22
沧源县	Cangyuan	2.25	0.51	0.05	1.25	0.24	0.06	0.10
楚雄州	**Chuxiong**	**25.35**	**4.87**	**3.64**	**7.47**	**5.05**	**3.29**	**1.31**
楚雄市	Chuxiong	3.82	0.80	0.60	0.96	0.66	0.57	0.10
双柏县	Shuangbo	2.01	0.26	0.35	0.66	0.58	0.28	0.07
牟定县	Mouding	2.30	0.49	0.26	0.58	0.65	0.45	0.12
南华县	Nanhua	2.47	0.32	0.42	0.73	0.32	0.26	0.21
姚安县	Yao'an	1.72	0.31	0.23	0.54	0.42	0.32	0.05
大姚县	Dayao	3.07	0.47	0.31	0.84	0.86	0.55	0.35
永仁县	Yongren	1.40	0.24	0.17	0.45	0.27	0.13	0.10
元谋县	Yuanmou	1.65	0.50	0.17	0.70	0.13	0.04	0.09
武定县	Wuding	2.73	0.48	0.54	0.85	0.42	0.19	0.16
禄丰县	Lufeng	4.17	1.01	0.60	1.17	0.74	0.50	0.05
红河州	**Honghe**	**39.80**	**8.71**	**3.73**	**13.62**	**5.26**	**1.31**	**4.39**
蒙自市	Mengzi	4.56	0.73	0.28	1.47	1.20	0.35	0.40
个旧市	Gejiu	1.57	0.22	0.12	0.77	0.23	0.04	0.15
开远市	Kaiyuan	2.38	0.39	0.33	0.93	0.31	0.17	0.33
弥勒市	Mile	5.27	0.70	1.50	2.03	0.32	0.27	0.31
屏边县	Pingbian	2.45	0.49	0.08	0.93	0.38	0.05	0.30
建水县	Jianshui	4.61	0.94	0.49	1.60	0.55	0.18	0.92
石屏县	Shiping	2.88	0.57	0.55	0.85	0.26	0.08	0.55
泸西县	Luxi	3.70	0.61	0.11	1.02	0.09	0.07	0.60
元阳县	Yuanyang	3.74	1.17	0.02	1.11	0.75	0.03	0.30
红河县	Honghe	2.29	0.78	0.24	0.37	0.35	0.05	0.21
金平县	Jinping	3.23	1.24		1.37	0.43	0.01	0.11
绿春县	Luchun	2.57	0.74		0.84	0.31	0.03	0.21
河口县	Hekou	0.55	0.14		0.34	0.06		
文山州	**Wenshan**	**45.96**	**6.48**	**5.28**	**17.33**	**9.23**	**1.23**	**5.73**
文山市	Wenshan	4.82	0.85	1.19	1.82	0.56	0.10	0.32
砚山县	Yanshan	6.73	1.01	1.47	2.96	0.79	0.12	0.42
西畴县	Xichou	3.57	0.35	0.10	1.06	0.89	0.06	0.88
麻栗坡县	Malipo	4.02	0.46	0.12	1.72	1.07	0.13	0.51
马关县	Maguan	5.56	0.77	0.25	1.93	1.49	0.12	0.77

18－19 续表 3 continued

单位：万公顷 (10 000 hectares)

州 市 县	Region	粮 食 Grain	稻 谷 Rice	小 麦 Wheat	玉 米 Corn	豆 类 Beans	蚕 豆 Broad Beans	薯 类 Tubers
丘北县	Qiubei	6.36	0.74	1.24	3.01	1.15	0.16	0.21
广南县	Guangnan	10.48	1.53	0.85	2.99	2.38	0.43	1.92
富宁县	Funing	4.43	0.76	0.06	1.84	0.91	0.10	0.70
西双版纳州	**Xishuangbanna**	**8.78**	**3.61**	**0.01**	**4.68**	**0.19**	**0.02**	**0.08**
景洪市	Jinghong	2.01	0.62	0.00	1.34	0.02	0.00	0.02
勐海县	Menghai	4.74	2.55	0.01	1.92	0.11	0.02	0.06
勐腊县	Mengla	2.03	0.44		1.43	0.06		0.01
大 理 州	**Dali**	**31.20**	**6.08**	**1.79**	**10.53**	**5.24**	**3.12**	**1.90**
大理市	Dali	2.40	0.73	0.07	0.79	0.47	0.47	0.14
漾濞县	Yangbi	1.43	0.17	0.12	0.62	0.21	0.07	0.16
祥云县	Xiangyun	3.30	0.29	0.20	1.11	0.72	0.52	0.25
宾川县	Binchuan	2.42	0.40	0.07	1.60	0.26	0.21	0.03
弥渡县	Midu	2.37	0.59	0.17	0.75	0.12	0.12	0.09
南涧县	Nanjian	2.64	0.16	0.38	1.02	0.18	0.08	0.17
巍山县	Weishan	3.14	0.65	0.22	0.81	0.74	0.38	0.12
永平县	Yongping	2.34	0.37	0.27	0.90	0.34	0.07	0.10
云龙县	Yunlong	3.13	0.39	0.13	1.08	0.73	0.21	0.20
洱源县	Eryuan	2.95	1.00	0.04	0.51	0.84	0.66	0.20
剑川县	Jianchuan	2.25	0.52	0.07	0.57	0.37	0.18	0.31
鹤庆县	Heqing	2.82	0.80	0.04	0.78	0.25	0.17	0.13
德 宏 州	**Dehong**	**15.63**	**6.30**	**0.40**	**6.68**	**0.74**	**0.18**	**1.48**
芒 市	Mangshi	4.72	1.91	0.15	2.10	0.28	0.06	0.28
瑞丽市	Ruili	1.85	0.64	0.01	1.15	0.02	0.01	0.02
梁河县	Lianghe	1.48	0.74	0.08	0.43	0.08	0.02	0.16
盈江县	Yingjiang	4.66	1.82	0.09	1.61	0.26	0.05	0.86
陇川县	Longchuan	2.91	1.19	0.08	1.39	0.10	0.03	0.16
怒 江 州	**Nujiang**	**8.06**	**0.63**	**0.71**	**2.85**	**1.87**	**0.38**	**1.10**
泸水县	Lushui	2.70	0.28	0.10	1.09	0.59	0.13	0.42
福贡县	Fugong	1.28	0.11		0.46	0.33	0.08	0.24
贡山县	Gongshan	0.54	0.02	0.03	0.27	0.09	0.02	0.09
兰坪县	Lanping	3.54	0.22	0.59	1.02	0.86	0.15	0.36
迪 庆 州	**Diqing**	**4.83**	**0.26**	**0.84**	**1.74**	**0.56**	**0.09**	**0.57**
香格里拉县	Shangri-La	1.74	0.08	0.27	0.56	0.11	0.05	0.27
德钦县	Deqin	0.64	0.01	0.17	0.23	0.05	0.01	0.03
维西县	Weixi	2.44	0.17	0.39	0.94	0.40	0.04	0.27

18-20 各州市县主要农作物产量(一)(2014年)

Output of Major Farm Crops by County and City (I) (2014)

单位：万吨 (10 000 tons)

州市县	Region	粮食 Grain						
			稻谷 Rice	小麦 Wheat	玉米 Corn	豆类 Beans	蚕豆 Broad Beans	薯类（折粮） Tubers
全 省	**Yunnan**	**1 940.82**	**488.59**	**81.06**	**873.63**	**117.90**	**44.12**	**272.15**
昆 明 市	**Kunming**	**123.57**	**20.12**	**7.24**	**61.34**	**8.35**	**3.85**	**18.66**
呈贡区	Chenggong	0.30			0.28	0.01		0.01
五华区	Wuhua	0.97		0.13	0.58	0.08	0.02	0.08
盘龙区	Panlong	4.35		0.13	2.71	0.28	0.09	0.82
官渡区	Guandu	2.48		0.12	2.04	0.15	0.03	0.12
西山区	Xishan	1.85	0.13	0.10	1.23	0.16	0.09	0.08
东川区	Dongchuan	7.77	1.25	0.23	3.35	0.19	0.02	2.60
晋宁县	Jinning	4.79	0.26	0.20	3.40	0.28	0.13	0.54
富民县	Fuming	6.72	1.43	0.70	3.32	0.80	0.23	0.34
宜良县	Yiliang	17.82	3.92	1.18	10.11	1.53	0.87	0.66
石林县	Shilin	14.83	1.68	1.53	9.40	0.64	0.40	0.85
嵩明县	Songming	10.24	2.94	0.49	3.91	1.52	1.21	0.63
禄劝县	Luquan	22.48	2.71	1.56	11.53	0.99	0.21	4.01
寻甸县	Xundian	24.56	5.58	0.74	5.99	1.45	0.46	7.77
安宁市	Anning	4.42	0.22	0.12	3.49	0.26	0.09	0.15
曲 靖 市	**Qujing**	**328.03**	**40.19**	**7.50**	**141.76**	**17.90**	**8.10**	**95.97**
麒麟区	Qilin	22.05	6.12	0.44	8.05	3.24	2.36	2.18
马龙县	Malong	10.88	2.31	0.34	2.86	0.38	0.06	2.79
陆良县	Luliang	36.42	10.44	0.22	11.48	1.96	1.63	10.25
师宗县	Shizong	22.45	3.08	1.17	11.51	1.48	0.36	3.71
罗平县	Luoping	36.60	4.72	1.05	21.20	2.57	0.52	5.26
富源县	Fuyuan	37.93	2.02	1.74	16.80	1.87	0.98	10.95
会泽县	Huize	48.39	2.91	0.82	12.66	1.84	0.64	28.70
沾益县	Zhanyi	33.29	5.00	0.23	13.04	2.05	1.22	7.42
宣威市	Xuanwei	80.02	3.60	1.49	44.18	2.51	0.32	24.72
玉 溪 市	**Yuxi**	**61.42**	**15.29**	**3.37**	**36.07**	**2.43**	**0.76**	**2.33**
红塔区	Hongta	5.91	0.50	0.21	4.72	0.36	0.09	0.03
江川县	Jiangchuan	4.23	1.81	0.28	1.42	0.22	0.10	0.49
澄江县	Chengjiang	3.67	0.80	0.34	2.26	0.11	0.02	0.12
通海县	Tonghai	3.72	0.32	0.44	2.64	0.13	0.06	0.14
华宁县	Huaning	5.89	1.22	0.56	3.33	0.38	0.02	0.38
易门县	Yimen	5.92	0.78	0.66	3.81	0.29	0.12	0.19
峨山县	Eshan	6.97	2.47	0.25	3.79	0.32	0.20	0.07
新平县	Xinping	15.52	4.50	0.27	8.65	0.34	0.09	0.66
元江县	Yuanjiang	9.59	2.89	0.36	5.45	0.27	0.07	0.25

18-20 续表 1 continued

单位：万吨 (10 000 tons)

州市县	Region	粮食 Grain	稻谷 Rice	小麦 Wheat	玉米 Corn	豆类 Beans	蚕豆 Broad Beans	薯类（折粮） Tubers
保山市	**Baoshan**	**141.16**	**52.12**	**3.91**	**57.268**	**7.380**	**2.133**	**7.991**
隆阳区	Longyang	48.04	15.71	1.57	22.154	3.63	1.08	1.75
施甸县	Shidian	16.25	3.63	1.15	8.33	0.97	0.39	0.80
腾冲县	Tengchong	41.51	20.65	0.22	12.478	0.77	0.07	2.52
龙陵县	Longling	14.66	5.20	0.30	5.596	0.56	0.13	1.33
昌宁县	Changning	20.70	6.93	0.67	8.705	1.46	0.47	1.60
昭通市	**Zhaotong**	**220.69**	**18.89**	**7.52**	**112.076**	**9.147**	**1.180**	**69.490**
昭阳区	Zhaoyang	32.95	3.30	0.18	14.78	2.60	0.07	11.33
鲁甸县	Ludian	17.49	1.16	0.28	8.41	0.63	0.08	6.24
巧家县	Qiaojia	25.09	2.18	0.97	8.77	1.08	0.25	11.46
盐津县	Yanjin	16.81	2.68	0.14	9.34	0.62	0.12	4.03
大关县	Daguan	11.20	1.32	0.29	5.40	0.38	0.09	3.73
永善县	Yongshan	19.02	2.40	0.66	7.02	0.90	0.12	7.40
绥江县	Suijiang	4.00	0.89	0.09	2.25	0.24	0.06	0.52
镇雄县	Zhenxiong	50.03	0.41	3.08	29.93	1.12	0.18	14.97
彝良县	Yiliang	21.21	1.37	0.72	12.55	0.87	0.09	5.55
威信县	Weixin	20.17	2.04	1.10	12.41	0.62	0.11	3.98
水富县	Shuifu	2.72	1.14	0.00	1.22	0.08	0.01	0.28
丽江市	**Lijiang**	**51.05**	**11.34**	**4.84**	**17.52**	**5.870**	**2.805**	**8.216**
古城区	Gucheng	4.78	0.33	0.53	2.20	0.40	0.23	0.85
玉龙县	Yulong	11.83	0.65	2.54	4.35	1.51	0.36	1.94
永胜县	Yongsheng	18.75	7.00	0.59	6.56	2.42	1.92	1.34
华坪县	Huaping	7.49	2.27	0.91	2.59	0.51	0.08	1.19
宁蒗县	Ninglang	8.20	1.09	0.25	1.81	1.03	0.23	2.88
普洱市	**Pu'er**	**117.03**	**40.21**	**5.06**	**59.86**	**4.629**	**0.932**	**5.406**
思茅区	Simao	5.77	1.55	0.32	3.54	0.21	0.06	0.11
宁洱县	Ning'er	9.20	2.99	0.70	4.65	0.26	0.07	0.52
墨江县	Mojiang	15.23	4.00	0.50	9.20	0.83	0.13	0.34
景东县	Jingdong	18.02	5.14	1.58	8.26	1.34	0.25	1.63
景谷县	Jinggu	18.00	5.54	0.65	8.86	0.61	0.11	1.95
镇沅县	Zhenyuan	11.70	4.29	0.97	5.50	0.61	0.18	0.27
江城县	Jiangcheng	4.35	1.62	0.04	2.58	0.01		0.07
孟连县	Menglian	5.92	3.08	0.01	2.75	0.04	0.01	0.02
澜沧县	Lancang	24.61	10.17	0.23	12.44	0.67	0.12	0.46
西盟县	Ximeng	4.22	1.85	0.05	2.09	0.03	0.01	0.02
临沧市	**Lincang**	**102.01**	**24.23**	**6.46**	**55.99**	**5.499**	**1.781**	**7.274**
临翔区	Linxiang	9.60	1.78	0.62	5.54	0.66	0.24	0.79
凤庆县	Fengqing	18.00	4.17	2.11	9.27	0.87	0.45	0.91

18-20 续表 2 continued

单位：万吨 (10 000 tons)

州市县	Region	粮食 Grain Crops	稻谷 Rice	小麦 Wheat	玉米 Maize	豆类 Beans and Peas	蚕豆 Broad Beans	薯类（折粮） Tubers
云　县	Yunxian	21.20	4.46	1.48	11.97	0.93	0.36	1.73
永德县	Yongde	18.45	3.41	0.87	11.11	1.16	0.31	1.66
镇康县	Zhenkang	8.55	2.31	0.40	4.83	0.51	0.13	0.46
双江县	Shuangjiang	7.00	1.55	0.60	3.60	0.30	0.08	0.63
耿马县	Gengma	11.60	4.35	0.31	4.93	0.82	0.15	0.90
沧源县	Cangyuan	7.60	2.19	0.08	4.73	0.24	0.06	0.21
楚 雄 州	**Chuxiong**	**122.91**	**39.74**	**10.01**	**45.53**	**12.39**	**8.26**	**6.76**
楚雄市	Chuxiong	20.39	7.26	1.93	6.85	1.87	1.68	0.42
双柏县	Shuangbo	8.17	1.86	0.63	4.21	1.04	0.53	0.27
牟定县	Mouding	10.30	4.09	0.59	3.23	1.38	0.96	0.51
南华县	Nanhua	11.99	2.70	1.12	4.98	0.86	0.70	0.96
姚安县	Yao'an	9.84	2.77	0.93	3.93	1.20	0.95	0.31
大姚县	Dayao	14.27	3.38	0.92	4.62	2.41	1.54	2.38
永仁县	Yongren	6.01	2.08	0.35	2.31	0.52	0.23	0.40
元谋县	Yuanmou	8.91	4.17	0.32	3.67	0.30	0.09	0.32
武定县	Wuding	12.41	3.52	1.13	5.30	0.92	0.35	0.86
禄丰县	Lufeng	20.62	7.89	2.06	6.42	1.89	1.23	0.32
红 河 州	**Honghe**	**180.68**	**62.45**	**7.13**	**70.73**	**10.35**	**2.01**	**18.05**
蒙自市	Mengzi	16.81	4.56	0.42	7.52	1.81	0.55	1.67
个旧市	Gejiu	7.51	1.43	0.48	3.88	0.53	0.09	0.78
开远市	Kaiyuan	12.60	3.47	0.50	6.13	0.80	0.43	1.34
弥勒市	Mile	24.18	6.11	2.99	12.81	0.40	0.27	0.93
屏边县	Pingbian	7.91	2.49	0.14	3.69	0.50	0.06	0.61
建水县	Jianshui	21.86	8.02	0.75	8.40	1.06	0.22	3.38
石屏县	Shiping	13.11	4.05	0.96	3.89	0.52	0.11	3.50
泸西县	Luxi	20.10	5.44	0.33	6.13	0.89	0.10	2.30
元阳县	Yuanyang	17.51	8.28	0.03	5.37	1.38	0.05	1.42
红河县	Honghe	11.48	5.69	0.54	1.99	0.96	0.09	1.02
金平县	Jinping	14.20	7.82		5.09	0.83	0.01	0.31
绿春县	Luchun	10.50	4.25	0.00	4.03	0.49	0.03	0.80
河口县	Hekou	2.91	0.84		1.80	0.18		
文 山 州	**Wenshan**	**156.69**	**43.67**	**7.93**	**77.90**	**12.44**	**1.25**	**11.76**
文山市	Wenshan	18.94	5.79	1.81	9.08	0.81	0.12	1.21
砚山县	Yanshan	26.26	6.78	2.09	15.33	1.02	0.11	0.88
西畴县	Xichou	10.82	2.76	0.18	5.02	0.78	0.09	1.55
麻栗坡县	Malipo	11.85	3.30	0.15	6.57	1.03	0.07	0.69
马关县	Maguan	17.14	4.51	0.39	8.69	1.91	0.11	1.13

18−20 续表 3 continued

单位：万吨 (10 000 tons)

州 市 县	Region	粮食 Grain	稻谷 Rice	小麦 Wheat	玉米 Corn	豆类 Beans	蚕豆 Broad Beans	薯类（折粮） Tubers
丘北县	Qiubei	23.08	4.66	1.93	14.43	1.39	0.14	0.61
广南县	Guangnan	33.40	10.06	1.30	12.29	4.28	0.52	4.36
富宁县	Funing	15.20	5.82	0.07	6.49	1.23	0.10	1.33
西双版纳州	**Xishuangbanna**	**47.50**	**24.88**	**0.02**	**21.50**	**0.25**	**0.05**	**0.32**
景洪市	Jinghong	10.33	3.38	0.00	6.85	0.06	0.03	0.04
勐海县	Menghai	28.90	19.10	0.02	9.11	0.11	0.01	0.19
勐腊县	Mengla	8.27	2.41		5.54	0.07		0.09
大 理 州	**Dali**	**173.15**	**50.07**	**5.17**	**70.04**	**16.97**	**10.26**	**9.41**
大理市	Dali	18.11	7.00	0.34	6.58	2.17	2.15	0.84
漾濞县	Yangbi	6.65	1.28	0.41	3.37	0.51	0.22	0.62
祥云县	Xiangyun	20.25	2.50	0.48	9.20	2.73	1.62	2.15
宾川县	Binchuan	14.90	3.72	0.21	9.80	0.84	0.62	0.16
弥渡县	Midu	18.14	5.98	0.78	6.46	0.68	0.45	0.54
南涧县	Nanjian	11.72	1.18	0.99	6.46	0.59	0.21	0.54
巍山县	Weishan	16.06	5.62	0.46	5.31	2.13	0.86	0.42
永平县	Yongping	10.20	2.71	0.78	4.58	0.80	0.16	0.42
云龙县	Yunlong	13.10	2.82	0.30	6.85	1.38	0.35	0.67
洱源县	Eryuan	20.02	9.05	0.11	4.14	3.43	2.53	1.39
剑川县	Jianchuan	8.92	2.35	0.19	2.96	0.93	0.48	1.04
鹤庆县	Heqing	15.08	5.87	0.11	4.34	0.80	0.60	0.62
德 宏 州	**Dehong**	**76.95**	**40.09**	**1.22**	**28.09**	**1.07**	**0.24**	**6.42**
芒 市	Mangshi	23.23	12.70	0.40	8.72	0.34	0.07	1.05
瑞丽市	Ruili	9.38	4.15	0.04	5.05	0.04	0.01	0.10
梁河县	Lianghe	6.92	4.46	0.16	1.50	0.13	0.04	0.68
盈江县	Yingjiang	21.98	11.39	0.30	5.95	0.40	0.07	3.89
陇川县	Longchuan	15.44	7.40	0.31	6.88	0.15	0.05	0.69
怒 江 州	**Nujiang**	**20.27**	**3.91**	**1.09**	**9.74**	**1.98**	**0.31**	**2.32**
泸水县	Lushui	6.71	1.94	0.09	3.24	0.48	0.09	0.70
福贡县	Fugong	3.52	0.70		2.21	0.25	0.03	0.25
贡山县	Gongshan	1.14	0.09	0.03	0.79	0.05	0.01	0.11
兰坪县	Lanping	8.90	1.18	0.96	3.49	1.18	0.18	1.26
迪 庆 州	**Diqing**	**17.73**	**1.41**	**2.60**	**8.21**	**1.26**	**0.21**	**1.78**
香格里拉县	Shangri-La	7.38	0.51	1.26	2.72	0.32	0.14	1.00
德钦县	Deqin	2.66	0.06	0.58	1.29	0.15	0.02	0.08
维西县	Weixi	7.69	0.84	0.76	4.19	0.80	0.06	0.70

18-21 各州市县主要农作物产量(二)(2014年)

Output of Major Farm Crops by Region (II) (2014)

单位：万吨 (10 000 tons)

州市县	Region	油料 Oil-bearing Crops	花生 Peanuts	油菜籽 Rapeseeds	甘蔗 Sugarcane	烤烟 Flue-cured Tobacco	茶叶 Tea	园林水果 Fruits
全省	**Yunnan**	**64.68**	**8.15**	**54.93**	**2 110.40**	**94.50**	**33.55**	**605.28**
昆明市	**Kunming**	**1.50**	**0.15**	**1.25**	**0.11**	**7.46**	**0.01**	**18.53**
呈贡区	Chenggong							0.79
五华区	Wuhua	0.01		0.01		0.07		0.33
盘龙区	Panlong					0.33		0.17
官渡区	Guandu							0.54
西山区	Xishan	0.02		0.02				0.87
东川区	Dongchuan	0.12	0.07	0.05		0.05		0.69
晋宁县	Jinning	0.10		0.08		0.19		0.43
富民县	Fumin	0.10		0.07		0.26		2.96
宜良县	Yiliang	0.08	0.03	0.02		1.03		0.89
石林县	Shilin	0.09		0.07		1.42		5.65
嵩明县	Songming					0.42		0.86
禄劝县	Luquan	0.26	0.04	0.22	0.11	1.36		0.96
寻甸县	Xundian	0.56		0.56		2.14		0.40
安宁市	Anning	0.16		0.15		0.19		3.00
曲靖市	**Qujing**	**19.09**	**0.09**	**18.80**	**0.02**	**19.62**		**22.18**
麒麟区	Qilin	0.10		0.10		1.70		4.35
马龙县	Malong	0.24		0.21		1.82		2.45
陆良县	Luliang	0.34		0.31		2.54		4.08
师宗县	Shizong	3.46		3.38		2.42		0.89
罗平县	Luoping	13.02		13.02		3.34		2.04
富源县	Fuyuan	1.66	0.01	1.64		1.58		0.96
会泽县	Huize	0.23	0.08	0.15	0.02	0.64		4.52
沾益县	Zhanyi					1.73		1.44
宣威市	Xuanwei	0.03				3.84		1.45
玉溪市	**Yuxi**	**3.61**	**0.17**	**3.28**	**91.32**	**8.62**	**0.37**	**54.76**
红塔区	Hongta	0.91		0.90		0.54		2.41
江川县	Jiangchuan	0.74		0.74		1.25		0.39
澄江县	Chengjiang	0.04		0.03		0.52		0.17
通海县	Tonghai	0.17		0.16		0.71		1.10
华宁县	Huaning	0.34	0.03	0.22		1.33		20.03
易门县	Yimen	0.27		0.25	0.06	1.01		0.40
峨山县	Eshan	0.61	0.02	0.57	0.29	1.05	0.03	0.28
新平县	Xinping	0.19	0.08	0.09	63.65	1.27	0.12	8.39
元江县	Yuanjiang	0.35	0.04	0.31	27.31	0.95	0.21	21.58

18-21 续表 1 continued

单位：万吨 (10 000 tons)

州市县	Region	油料 Oil-bearing Crops	花生 Peanuts	油菜籽 Rapeseeds	甘蔗 Sugarcane	烤烟 Flue-cured Tobacco	茶叶 Tea	园林水果 Fruits
保山市	**Baoshan**	**6.89**	**0.17**	**6.67**	**163.73**	**6.80**	**4.22**	**8.47**
隆阳区	Longyang	1.36	0.08	1.26	48.88	1.38	0.26	5.37
施甸县	Shidian	0.31	0.03	0.27	15.58	1.51	0.10	1.46
腾冲县	Tengchong	4.54		4.52	1.04	1.92	1.22	0.39
龙陵县	Longling	0.09	0.03	0.06	41.60	0.72	0.70	0.33
昌宁县	Changning	0.60	0.04	0.55	56.64	1.28	1.94	0.92
昭通市	**Zhaotong**	**4.89**	**0.87**	**3.97**	**2.45**	**4.64**	**0.18**	**32.21**
昭阳区	Zhaoyang	0.02		0.01	0.52	1.38		25.85
鲁甸县	Ludian	0.10	0.02	0.06	0.05	0.89		1.00
巧家县	Qiaojia	0.12	0.10	0.01	1.02	0.38		0.73
盐津县	Yanjin	0.98	0.17	0.81	0.20		0.13	0.25
大关县	Daguan	0.07	0.05	0.01	0.06	0.13	0.01	0.05
永善县	Yongshan	0.85	0.09	0.76	0.40	0.10	0.01	1.04
绥江县	Suijiang	0.22	0.01	0.21	0.07		0.01	2.17
镇雄县	Zhenxiong	0.83	0.16	0.66	0.01	1.04	0.01	0.47
彝良县	Yiliang	0.52	0.07	0.43	0.07	0.55	0.01	0.34
威信县	Weixin	1.09	0.16	0.93	0.05	0.18		0.15
水富县	Shuifu	0.09	0.02	0.07				0.18
丽江市	**Lijiang**	**1.27**	**0.21**	**0.89**	**6.11**	**3.20**	**0.09**	**13.99**
古城区	Gucheng	0.17		0.16		0.30		0.65
玉龙县	Yulong	0.55		0.54		1.31		1.88
永胜县	Yongsheng	0.41	0.15	0.13	5.76	0.99		2.49
华坪县	Huaping	0.12	0.05	0.06	0.35	0.28	0.09	7.84
宁蒗县	Ninglang	0.02				0.32		1.12
普洱市	**Pu'er**	**2.07**	**1.24**	**0.82**	**212.77**	**6.03**	**9.22**	**24.47**
思茅区	Simao	0.07	0.06	0.01	0.04	0.22	1.34	0.89
宁洱县	Ning'er	0.27	0.17	0.09	0.08	0.59	0.91	0.15
墨江县	Mojiang	0.34	0.33	0.01	6.46	1.10	1.11	0.63
景东县	Jingdong	0.21	0.08	0.14	27.14	1.53	1.14	0.66
景谷县	Jinggu	0.40	0.20	0.20	51.20	0.91	0.89	3.00
镇沅县	Zhenyuan	0.37	0.07	0.30	3.76	1.60	0.40	0.51
江城县	Jiangcheng	0.05	0.04	0.01	6.98		1.37	13.73
孟连县	Menglian	0.10	0.09		31.75		0.42	1.95
澜沧县	Lancang	0.24	0.18	0.06	76.36	0.10	1.38	2.91
西盟县	Ximeng	0.02	0.02		9.01		0.26	0.03
临沧市	**Lincang**	**2.74**	**0.28**	**2.39**	**651.99**	**4.67**	**10.21**	**24.08**
临翔区	Linxiang	1.56	0.02	1.54	15.59	0.98	1.00	0.55
凤庆县	Fengqing	0.28		0.27	50.79	1.16	3.20	0.76

18-21 续表 2 continued

单位：万吨 (10 000 tons)

州市县	Region	油料 Oil-bearing Crops	花生 Peanuts	油菜籽 Rapeseeds	甘蔗 Sugarcane	烤烟 Flue-cured Tobacco	茶叶 Tea	园林水果 Fruits
云　县	Yunxian	0.26	0.05	0.21	84.31	0.61	1.71	1.28
永德县	Yongde	0.12	0.07	0.01	130.92	1.04	1.20	5.34
镇康县	Zhenkang	0.03	0.02	0.01	68.99	0.09	0.46	1.79
双江县	Shuangjiang	0.15	0.03	0.12	49.39	0.45	0.94	0.72
耿马县	Gengma	0.17	0.07	0.10	194.58	0.15	1.00	12.23
沧源县	Cangyuan	0.16	0.01	0.12	57.42	0.19	0.69	1.40
楚雄州	**Chuxiong**	**5.84**	**0.28**	**5.43**	**1.20**	**9.69**	**0.13**	**22.34**
楚雄市	Chuxiong	1.02		1.02		1.59	0.02	1.23
双柏县	Shuangbo	0.25	0.03	0.22	0.73	0.82	0.05	0.48
牟定县	Mouding	0.76		0.73		0.70	0.02	0.49
南华县	Nanhua	0.47		0.46		1.17	0.04	0.64
姚安县	Yao'an	0.73		0.72		1.11		0.76
大姚县	Dayao	0.29		0.28	0.11	0.84		0.86
永仁县	Yongren	0.26	0.02	0.22	0.01	0.52		3.79
元谋县	Yuanmou	0.23	0.17	0.02	0.04	0.29		10.19
武定县	Wuding	0.42	0.02	0.39	0.06	1.14		1.30
禄丰县	Lufeng	1.41	0.02	1.37	0.24	1.53		2.60
红河州	**Honghe**	**3.65**	**1.49**	**2.05**	**148.20**	**7.75**	**0.88**	**192.59**
蒙自市	Mengzi	0.27	0.14	0.11	8.03	0.64	0.01	3
个旧市	Gejiu	0.16	0.13	0.02	9.68	0.24		4.95
开远市	Kaiyuan	0.17	0.14		0.27	0.46		3.93
弥勒市	Mile	0.14	0.02	0.11	32.66	2.05		16.80
屏边县	Pingbian	0.11	0.07	0.04	4.32	0.08	0.16	5.04
建水县	Jianshui	0.18	0.15	0.02	2.59	0.95		18.28
石屏县	Shiping	0.21	0.08	0.11	9.39	1.19		12.01
泸西县	Luxi	1.66		1.64		2.13		16.13
元阳县	Yuanyang	0.24	0.24		26.07		0.11	4.00
红河县	Honghe	0.10	0.10		23.97		0.15	4.23
金平县	Jinping	0.17	0.17		30.32		0.04	41.50
绿春县	Luchun	0.21	0.21		0.20		0.40	0.11
河口县	Hekou	0.03	0.03		0.69			35.62
文山州	**Wenshan**	**7.04**	**2.79**	**3.88**	**269.13**	**6.42**	**1.17**	**33.93**
文山市	Wenshan	1.23	0.59	0.52	11.77	0.72		1.91
砚山县	Yanshan	0.98	0.83	0.04	2.80	1.89		0.88
西畴县	Xichou	0.19	0.10	0.08	23.11	0.37	0.08	0.47
麻栗坡县	Malipo	0.32	0.16	0.16	11.51	0.35	0.06	1.87
马关县	Maguan	0.71	0.22	0.47	22.46	0.51	0.02	24.82

18−21 续表 3 continued

单位：万吨 (10 000 tons)

州市县	Region	油料 Oil-bearing Crops	花生 Peanuts	油菜籽 Rapeseeds	甘蔗 Sugarcane	烤烟 Flue-cured Tobacco	茶叶 Tea	园林水果 Fruits
丘北县	Qiubei	0.57	0.27	0.27	0.03	1.63		0.78
广南县	Guangnan	2.50	0.45	1.99	39.96	0.96	0.95	2.48
富宁县	Funing	0.54	0.18	0.35	157.50		0.06	0.72
西双版纳州	**Xishuangbanna**	**0.18**	**0.18**		**105.56**		**4.48**	**86.23**
景洪市	Jinghong	0.04	0.04		0.09		1.87	39.23
勐海县	Menghai	0.08	0.08		98.46		2.24	14.15
勐腊县	Mengla	0.06	0.06		7.01		0.37	32.85
大理州	**Dali**	**3.76**	**0.12**	**3.55**	**1.42**	**7.76**	**0.59**	**60.70**
大理市	Dali	0.21		0.21		0.33	0.02	1.24
漾濞县	Yangbi	0.11		0.11		0.23		0.54
祥云县	Xiangyun	0.49		0.49		1.76		1.07
宾川县	Binchuan	0.84	0.06	0.73	0.14	0.72		51.12
弥渡县	Midu	0.44	0.03	0.37		0.77	0.02	0.71
南涧县	Nanjian	0.16		0.15	0.03	0.76	0.43	0.36
巍山县	Weishan	0.70		0.70		0.82	0.04	1.21
永平县	Yongping	0.17		0.17	0.01	0.58	0.03	0.36
云龙县	Yunlong	0.09		0.09	0.04	0.47	0.04	0.61
洱源县	Eryuan	0.31		0.31		0.55		2.05
剑川县	Jianchuan	0.14		0.14		0.46		0.40
鹤庆县	Heqing	0.10	0.02	0.08	1.20	0.29		1.04
德宏州	**Dehong**	**1.47**	**0.09**	**1.39**	**447.19**	**1.66**	**1.99**	**8.62**
芒市	Mangshi	0.19	0.06	0.13	68.06	0.73	1.10	1.29
瑞丽市	Ruili	0.10		0.10	42.93		0.02	3.79
梁河县	Lianghe	0.19	0.01	0.18	26.80	0.48	0.28	0.17
盈江县	Yingjiang	0.31	0.01	0.30	110.90		0.46	3.13
陇川县	Longchuan	0.68	0.01	0.68	198.50	0.45	0.13	0.23
怒江州	**Nujiang**	**0.20**	**0.01**	**0.12**	**9.21**		**0.01**	**0.78**
泸水县	Lushui	0.04		0.03	9.21		0.01	0.23
福贡县	Fugong	0.09	0.01	0.07				0.03
贡山县	Gongshan	0.01		0.01				0.07
兰坪县	Lanping	0.06		0.02				0.46
迪庆州	**Diqing**	**0.48**		**0.46**		**0.18**		**1.40**
香格里拉县	Shangri-La	0.30		0.28		0.18		0.33
德钦县	Deqin							0.66
维西县	Weixi	0.18		0.18				0.41

18-22 各州市县畜牧业、水产品生产情况（2014 年）

单位：万头、万只、万吨

州市县	Region	猪 Hogs 存栏 Stocked	猪 Hogs 出栏 Slaughtered	猪 Hogs 肉产量 Output of meat	牛 Cattle and Buffaloes 存栏 Stocked	牛 Cattle and Buffaloes 出栏 Slaughtered	牛 Cattle and Buffaloes 肉产量 Output of meat	存栏 Stocked
全　省	**Yunnan**	**4 619.39**	**6 547.88**	**546.64**	**1 132.40**	**475.19**	**59.67**	**1 452.77**
昆明市	**Kunming**	**266.77**	**436.98**	**37.42**	**61.11**	**30.86**	**3.72**	**145.10**
呈贡区	Chenggong	0.38	0.49	0.03	0.10	0.02		0.44
五华区	Wuhua	6.65	11.41	0.96	0.56	0.19	0.02	1.55
盘龙区	Panlong	3.68	5.66	0.51	0.67	0.23	0.03	2.30
官渡区	Guandu	8.18	9.61	0.93	0.44	0.04	0.01	1.25
西山区	Xishan	7.72	9.93	0.89	0.45	0.23	0.04	3.47
东川区	Dongchuan	27.15	40.82	3.75	6.12	1.47	0.16	23.35
晋宁县	Jinning	11.27	25.59	2.24	2.23	0.71	0.13	3.87
富民县	Fuming	15.06	20.62	1.92	2.20	0.68	0.09	6.11
宜良县	Yiliang	30.61	65.26	5.53	5.45	2.03	0.42	11.04
石林县	Shilin	18.79	25.65	2.05	4.57	1.71	0.24	18.42
嵩明县	Songming	17.34	32.16	2.84	2.89	1.80	0.25	3.06
禄劝县	Luquan	43.73	70.42	5.41	14.19	8.37	0.86	38.63
寻甸县	Xundian	52.76	77.60	7.04	20.14	12.59	1.37	27.78
安宁市	Anning	23.44	41.75	3.31	1.11	0.78	0.11	3.83
曲靖市	**Qujing**	**907.18**	**1 599.68**	**151.56**	**163.85**	**94.74**	**14.41**	**329.27**
麒麟区	Qilin	66.75	148.45	13.23	6.13	5.50	0.55	11.16
马龙县	Malong	32.04	52.03	4.21	8.12	3.71	0.49	30.03
陆良县	Luliang	84.89	181.23	17.04	8.45	8.31	1.24	28.01
师宗县	Shizong	61.29	100.37	9.53	13.65	7.55	0.91	29.48
罗平县	Luoping	80.93	143.07	12.80	16.10	11.51	1.55	48.73
富源县	Fuyuan	137.09	222.03	16.76	21.10	12.25	2.08	43.17
会泽县	Huize	147.88	236.21	22.72	56.83	26.24	3.92	66.61
沾益县	Zhanyi	75.33	127.24	11.50	12.41	10.02	1.84	34.52
宣威市	Xuanwei	220.96	389.06	43.75	21.05	9.65	1.83	37.58
玉溪市	**Yuxi**	**173.72**	**274.30**	**23.06**	**28.94**	**17.82**	**2.41**	**44.77**
红塔区	Hongta	23.65	53.93	4.85	0.43	0.97	0.19	1.79
江川县	Jiangchuan	25.79	28.70	2.37	0.68	0.25	0.05	1.79
澄江县	Chengjiang	8.13	11.18	0.95	1.53	0.61	0.08	4.36
通海县	Tonghai	14.75	29.03	2.17	1.60	1.95	0.36	2.97
华宁县	Huaning	23.28	34.41	3.16	4.15	3.41	0.47	7.32
易门县	Yimen	18.30	32.15	2.62	2.95	1.92	0.22	6.28
峨山县	Eshan	13.28	24.94	2.05	2.60	2.28	0.28	4.62
新平县	Xinping	30.44	40.67	3.26	9.41	3.88	0.44	10.87
元江县	Yuanjiang	16.10	19.30	1.64	5.59	2.55	0.31	4.76

Output of Animal Husbandry Products and Aquaticts Products by Region (2014)

(10 000 heads, 10 000 units, 10 000 tons)

羊 Sheep and Goats		家禽 Poultry			禽蛋产量	奶类产量		蜂蜜产量(吨)	水产品产量
出栏 Slaughtered	肉产量 Output of meat	存栏 Stocked	出栏 Slaughtered	肉产量 Output of meat	Poultry Eggs Output	Milk Output	牛奶产量 Cow Milk Output	Honey Output(ton)	Total Output of Aquatic Products
990.51	**21.15**	**19 211.77**	**33 078.46**	**57.97**	**60.59**	**79.36**	**72.94**	**9 751**	**87.01**
91.25	**1.97**	**2 793.41**	**6 816.56**	**11.55**	**8.14**	**11.78**	**10.50**	**461**	**4.15**
0.12		18.80	24.86	0.05	0.24	0.16	0.15		0.14
0.66	0.02	20.83	21.89	0.04	0.06	0.01	0.01		0.02
0.76	0.02	26.22	11.75	0.02	0.13	0.02	0.02	1	0.06
0.44	0.01	140.10	71.10	0.13	1.42			5	0.12
1.30	0.04	24.17	39.59	0.08	0.09	0.01	0.01	9	0.07
11.15	0.20	100.73	208.15	0.39	0.15	0.01	0.01	32	0.13
2.05	0.05	241.74	380.09	0.75	1.79	3.10	3.10	9	0.25
2.29	0.09	76.90	114.59	0.25	0.58	0.01		115	0.06
7.22	0.19	570.31	2 177.24	3.41	0.57	4.54	4.48	73	1.31
10.23	0.26	675.00	2 023.19	3.35	0.34	2.08	0.87	16	0.20
2.48	0.07	104.67	140.89	0.29	0.54	1.75	1.75	10	0.70
28.83	0.58	98.26	204.34	0.36	0.14	0.03	0.03	136	0.09
20.46	0.34	210.97	223.12	0.35	0.74	0.04	0.04	30	0.84
3.26	0.11	484.69	1 175.75	2.08	1.36	0.04	0.04	25	0.17
259.67	**6.08**	**1 789.71**	**3 611.61**	**7.78**	**7.08**	**3.57**	**1.41**	**1 717**	**13.59**
8.82	0.26	216.41	573.30	1.38	2.37	0.41	0.41	12	1.52
20.92	0.48	119.26	169.20	0.32	0.40			44	0.42
24.56	0.61	303.30	610.50	1.33	0.62	3.06	0.89	11	1.52
26.37	0.63	127.67	243.06	0.40	0.30	0.01	0.01	25	1.34
28.00	0.44	69.87	289.50	0.46	0.30			1 405	3.56
32.14	0.71	201.86	324.78	0.69	0.48			3	1.20
63.28	1.09	285.38	489.20	0.79	1.01	0.06	0.06	159	1.31
28.05	1.14	165.97	435.26	1.25	0.52	0.02	0.02		1.25
27.52	0.72	299.98	476.82	1.16	1.07	0.01	0.01	58	1.48
28.76	**0.75**	**1 964.23**	**3 856.60**	**7.66**	**12.23**	**0.79**	**0.74**	**404**	**1.62**
1.66	0.05	368.78	827.23	1.84	2.47	0.01		24	0.13
1.14	0.04	140.79	285.09	0.65	1.33			6	0.41
1.46	0.04	107.98	239.39	0.46	0.32	0.21	0.19		0.16
2.33	0.07	709.60	716.75	1.24	6.47	0.54	0.54		0.31
3.87	0.12	107.84	285.51	0.57	0.17	0.04		14	0.15
4.07	0.10	226.22	723.52	1.57	0.31			8	0.07
3.76	0.10	73.17	224.41	0.45	0.35			18	0.09
7.52	0.16	160.63	459.00	0.74	0.44			108	0.13
2.95	0.07	69.21	95.71	0.15	0.37			226	0.17

18-22　续表 1

单位：万头、万只、万吨

州 市 县	Region	猪 Hogs			牛 Cattle and Buffaloes			
		存　栏 Stocked	出　栏 Slaughtered	肉产量 Output of meat	存　栏 Stocked	出　栏 Slaughtered	肉产量 Output of meat	存　栏 Stocked
保 山 市	**Baoshan**	**373.55**	**505.48**	**38.31**	**76.91**	**26.03**	**3.45**	**63.07**
隆阳区	Longyang	107.36	148.56	11.43	20.03	6.93	0.87	21.85
施甸县	Shidian	64.00	95.62	6.76	10.01	2.54	0.26	4.46
腾冲县	Tengchong	87.18	120.22	9.20	17.93	8.11	1.35	8.06
龙陵县	Longling	32.22	33.47	2.59	9.58	1.64	0.25	11.32
昌宁县	Changning	82.79	107.62	8.33	19.35	6.81	0.72	17.38
昭 通 市	**Zhaotong**	**406.87**	**520.82**	**44.88**	**65.25**	**23.56**	**2.78**	**75.55**
昭阳区	Zhaoyang	40.73	68.37	5.78	6.22	2.53	0.35	10.50
鲁甸县	Ludian	27.15	26.03	2.34	9.50	2.89	0.35	7.67
巧家县	Qiaojia	58.54	86.10	7.60	8.15	1.99	0.26	16.99
盐津县	Yanjin	46.87	58.09	4.38	2.32	0.53	0.06	1.40
大关县	Daguan	23.19	33.97	3.07	3.94	0.80	0.11	5.71
永善县	Yongshan	40.70	52.29	4.17	4.52	1.13	0.12	13.74
绥江县	Suijiang	7.55	11.59	1.01	0.75	0.35	0.05	1.46
镇雄县	Zhenxiong	97.57	110.09	9.86	13.16	9.13	0.99	5.46
彝良县	Yiliang	38.20	41.12	3.85	10.71	2.23	0.27	10.94
威信县	Weixin	21.15	25.22	2.13	5.84	1.95	0.23	0.60
水富县	Shuifu	5.21	7.96	0.70	0.12	0.02		1.08
丽 江 市	**Lijiang**	**139.69**	**165.73**	**11.26**	**44.92**	**11.80**	**1.41**	**129.45**
古城区	Gucheng	9.02	16.69	1.09	1.71	0.91	0.14	3.85
玉龙县	Yulong	42.18	66.40	4.71	11.11	3.22	0.44	23.07
永胜县	Yongsheng	43.02	50.62	3.53	14.60	5.05	0.53	49.91
华坪县	Huaping	16.01	12.45	0.70	4.95	1.21	0.13	12.79
宁蒗县	Ninglang	29.45	19.57	1.23	12.55	1.40	0.17	39.83
普 洱 市	**Pu'er**	**266.66**	**221.83**	**15.78**	**68.56**	**16.02**	**1.55**	**44.02**
思茅区	Simao	19.20	22.16	1.44	2.07	0.71	0.06	2.71
宁洱县	Ning'er	28.01	26.00	2.29	5.00	1.57	0.16	3.70
墨江县	Mojiang	39.08	28.54	2.11	14.37	2.15	0.20	5.03
景东县	Jingdong	43.25	34.97	2.45	10.22	3.41	0.28	13.15
景谷县	Jinggu	32.02	23.08	1.57	8.83	1.62	0.15	5.99
镇沅县	Zhenyuan	29.64	27.44	1.92	6.53	1.42	0.17	8.53
江城县	Jiangcheng	8.47	6.94	0.56	2.75	1.54	0.15	1.14
孟连县	Menglian	11.24	10.60	0.68	2.21	0.69	0.06	0.45
澜沧县	Lancang	50.39	37.35	2.43	14.89	2.41	0.29	2.94
西盟县	Ximeng	5.36	4.75	0.33	1.70	0.51	0.04	0.36
临 沧 市	**Lincang**	**309.48**	**346.54**	**21.78**	**75.12**	**22.51**	**2.83**	**74.72**
临翔区	Linxiang	28.72	29.38	1.88	5.27	1.42	0.18	7.24
凤庆县	Fengqing	6	87.34	5.68	13.59	6.12	0.74	18.94

continued

羊 Sheep and Goats		家禽 Poultry			禽蛋产量	奶类产量		蜂蜜产量（吨）	水产品产量
出栏 Slaughtered	肉产量 Output of meat	存栏 Stocked	出栏 Slaughtered	肉产量 Output of meat	Poultry Eggs Output	Milk Output	牛奶产量 Cow Milk Output	Honey Output	Total Output of Aquatic Products
43.20	**1.01**	**860.37**	**1 485.35**	**3.29**	**1.67**	**0.81**	**0.81**	**2 297**	**4.07**
12.53	0.28	235.39	479.47	1.13	0.71	0.23	0.23	1 457	1.20
2.75	0.04	101.05	203.53	0.35	0.14			14	0.54
7.21	0.18	276.31	455.57	1.05	0.52	0.58	0.58	413	0.83
5.64	0.14	101.12	103.38	0.20	0.11			24	0.51
15.07	0.37	146.50	243.39	0.56	0.20			389	1.00
45.66	**0.96**	**905.07**	**1 169.03**	**2.11**	**2.63**	**0.05**	**0.05**	**132**	**3.39**
6.51	0.11	74.55	116.81	0.18	0.21	0.05	0.05	1	0.44
4.12	0.08	71.25	58.98	0.10	0.16			2	0.32
12.01	0.27	73.65	148.62	0.23	0.23			13	0.39
0.81	0.02	107.32	150.83	0.28	0.18			47	0.36
3.21	0.08	34.83	41.54	0.08	0.08			5	0.20
8.57	0.15	56.42	65.04	0.10	0.11				0.31
1.14	0.02	24.03	41.91	0.07	0.10			27	0.27
4.36	0.11	284.71	322.95	0.66	1.08				0.30
4.22	0.11	88.93	98.78	0.18	0.25				0.26
0.35	0.01	65.31	93.86	0.16	0.19			16	0.26
0.37	0.01	24.08	29.71	0.06	0.04			21	0.28
56.02	**0.98**	**384.55**	**379.01**	**0.70**	**0.50**	**0.89**	**0.89**	**114**	**1.74**
3.42	0.09	24.75	23.23	0.05	0.05	0.01	0.01	9	0.28
10.59	0.16	83.32	67.78	0.10	0.20	0.72	0.72	2	0.30
24.64	0.43	129.73	125.95	0.28	0.16	0.16	0.16	83	0.62
5.07	0.08	83.29	101.07	0.17	0.06			6	0.45
12.29	0.21	63.46	60.98	0.10	0.03	0.01	0.01	14	0.09
20.38	**0.43**	**1 190.04**	**1 349.59**	**1.84**	**1.32**	**0.02**	**0.02**	**866**	**13.34**
1.32	0.02	114.42	123.12	0.19	0.24	0.01	0.01	21	1.99
1.81	0.04	57.52	101.05	0.15	0.18			8	1.35
2.30	0.05	139.81	166.54	0.20	0.18			28	2.38
8.19	0.17	213.64	324.56	0.49	0.12			98	1.55
1.60	0.04	172.45	212.23	0.29	0.17			88	3.10
3.66	0.08	98.89	118.52	0.18	0.18			128	0.48
0.30	0.01	30.77	29.70	0.04	0.10			14	0.50
0.22		58.77	62.85	0.06	0.08			45	0.30
0.72	0.02	285.68	185.42	0.21	0.04			436	1.61
0.26	0.01	18.08	25.60	0.04	0.03				0.06
38.40	**0.83**	**1 137.39**	**1 479.56**	**2.23**	**1.12**	**0.04**	**0.04**	**312**	**8.16**
3.64	0.09	107.28	147.37	0.22	0.04	0.01	0.01	36	0.60
9.00	0.17	170.83	246.99	0.40	0.15			79	1.35

18-22 续表 2

单位：万头、万只、万吨

州市县	Region	猪 Hogs 存栏 Stocked	猪 Hogs 出栏 Slaughtered	猪 Hogs 肉产量 Output of meat	牛 Cattle and Buffaloes 存栏 Stocked	牛 Cattle and Buffaloes 出栏 Slaughtered	牛 Cattle and Buffaloes 肉产量 Output of meat	存栏 Stocked
云　县	Yunxian	62.37	78.84	5.05	16.12	3.33	0.45	23.27
永德县	Yongde	56.72	65.92	3.86	12.38	3.91	0.62	10.78
镇康县	Zhenkang	29.45	18.76	1.14	7.79	1.49	0.18	5.58
双江县	Shuangjiang	21.19	21.62	1.36	5.19	1.86	0.19	2.85
耿马县	Gengma	31.27	28.37	1.79	9.20	2.74	0.28	5.36
沧源县	Cangyuan	19.75	16.32	1.03	5.58	1.64	0.20	0.69
楚雄州	**Chuxiong**	**280.96**	**364.44**	**31.38**	**81.22**	**36.36**	**5.03**	**156.78**
楚雄市	Chuxiong	39.21	56.24	4.84	10.23	6.57	0.91	16.70
双柏县	Shuangbo	28.97	30.30	2.61	10.00	3.10	0.43	20.23
牟定县	Mouding	18.85	26.34	2.37	4.73	2.17	0.30	6.62
南华县	Nanhua	24.05	30.02	2.49	7.77	3.81	0.51	9.53
姚安县	Yao'an	16.07	28.54	2.45	5.36	3.15	0.44	8.08
大姚县	Dayao	32.08	29.61	2.55	9.12	3.53	0.49	25.97
永仁县	Yongren	18.16	21.82	1.88	4.91	2.11	0.29	13.84
元谋县	Yuanmou	19.61	24.62	2.14	6.32	2.18	0.30	15.51
武定县	Wuding	28.69	44.53	3.83	8.28	4.90	0.68	20.90
禄丰县	Lufeng	55.27	72.43	6.23	14.49	4.85	0.67	19.41
红河州	**Honghe**	**529.76**	**841.22**	**68.70**	**123.85**	**46.00**	**5.55**	**100.20**
蒙自市	Mengzi	42.61	82.48	6.69	6.00	2.17	0.37	3.90
个旧市	Gejiu	34.47	55.12	4.69	8.83	4.18	0.57	7.00
开远市	Kaiyuan	19.62	33.02	2.74	5.97	2.05	0.24	7.47
弥勒市	Mile	68.11	115.30	9.64	16.18	8.07	0.82	20.86
屏边县	Pingbian	29.83	35.05	2.77	4.54	0.35	0.04	1.31
建水县	Jianshui	67.67	125.38	10.50	11.89	5.76	0.80	17.07
石屏县	Shiping	67.02	105.09	8.67	16.00	5.25	0.71	12.09
泸西县	Luxi	63.90	102.25	7.98	18.64	5.80	0.82	21.70
元阳县	Yuanyang	46.11	67.03	5.50	13.33	5.45	0.51	3.86
红河县	Honghe	35.34	43.68	3.52	9.43	3.49	0.36	3.64
金平县	Jinping	25.80	38.42	3.01	4.79	1.94	0.17	0.63
绿春县	Luchun	22.58	29.90	2.31	7.40	1.36	0.12	0.60
河口县	Hekou	6.71	8.51	0.70	0.85	0.13	0.01	0.06
文山州	**Wenshan**	**407.33**	**606.46**	**47.12**	**156.64**	**67.27**	**6.65**	**45.17**
文山市	Wenshan	42.12	58.42	5.35	13.17	3.63	0.42	3.65
砚山县	Yanshan	36.57	62.49	4.50	16.26	7.61	0.82	7.68
西畴县	Xichou	26.52	48.01	3.62	8.70	4.50	0.34	0.83
麻栗坡县	Malipo	32.13	52.01	4.33	13.04	4.16	0.37	2.21
马关县	Maguan	41.02	61.87	4.70	12.68	3.06	0.32	0.70

continued

(10 000 heads, 10 000 units, 10 000 tons)

羊 Sheep and Goats		家禽 Poultry			禽蛋产量 Poultry Eggs Output	奶类产量 Milk Output		蜂蜜产量(吨) Honey Output	水产品产量 Total Output of Aquatic Products
出栏 Slaughtered	肉产量 Output of meat	存栏 Stocked	出栏 Slaughtered	肉产量 Output of meat			牛奶产量 Cow Milk Output		
12.98	0.29	285.48	408.74	0.64	0.13	0.03	0.03	117	1.50
4.23	0.09	159.02	196.87	0.28	0.25			41	0.50
3.00	0.08	73.48	120.76	0.18	0.03			12	0.58
2.00	0.04	105.84	110.67	0.13	0.20			25	2.02
3.04	0.05	152.79	182.17	0.28	0.12			1	1.00
0.51	0.01	82.67	65.98	0.10	0.18				0.61
104.57	**1.91**	**1 319.51**	**2 118.66**	**3.62**	**1.27**	**0.02**	**0.02**	**1 193**	**2.44**
10.08	0.19	236.28	394.56	0.66	0.33	0.02	0.02	30	0.52
9.68	0.18	83.37	80.40	0.14	0.04			43	0.09
5.20	0.09	50.83	76.09	0.13	0.10			40	0.18
6.91	0.13	166.84	273.03	0.47	0.11			15	0.16
6.59	0.12	66.33	124.35	0.21	0.08			74	0.49
16.98	0.32	94.11	116.81	0.20	0.12			692	0.12
11.47	0.20	51.05	57.69	0.11	0.04				0.08
9.46	0.18	56.56	77.75	0.13	0.04			26	0.26
17.37	0.30	193.56	532.97	0.91	0.13			117	0.10
10.83	0.19	320.57	385.00	0.65	0.27			156	0.44
66.36	**1.60**	**2 324.60**	**5 198.70**	**7.72**	**11.00**	**6.02**	**3.58**	**163**	**7.57**
3.62	0.09	158.08	371.17	0.56	1.05	0.05	0.01		0.43
3.67	0.10	127.61	286.41	0.42	1.00	2.16	2.16	7	0.57
5.08	0.08	300.39	890.57	1.35	2.49	0.01	0.01	6	0.51
13.83	0.38	155.13	751.56	1.14	0.71	1.64	1.00		0.55
0.54	0.02	106.46	149.03	0.18	0.10			12	0.29
11.52	0.32	495.64	1 061.91	1.60	2.53	1.22	0.13	4	1.11
7.33	0.17	178.30	320.43	0.48	0.54	0.41	0.28	30	1.14
13.70	0.28	234.80	337.25	0.51	1.30	0.54		68	0.60
2.03	0.05	109.50	222.54	0.34	0.35				1.12
3.64	0.09	114.08	208.63	0.28	0.67			25	0.39
0.74	0.01	181.60	307.30	0.47	0.11			1	0.43
0.57	0.01	139.17	263.41	0.34	0.12			10	0.31
0.09		23.85	28.49	0.04	0.04				0.12
45.38	**0.85**	**1 348.00**	**1 854.81**	**3.01**	**2.52**	**0.03**	**0.03**	**630**	**8.13**
3.84	0.08	123.01	162.67	0.27	0.49			28	0.63
9.09	0.19	184.32	260.91	0.40	0.65			27	1.08
0.88	0.01	163.34	232.15	0.36	0.16			65	0.22
2.01	0.03	114.19	180.26	0.25	0.16			127	0.49
0.71	0.01	154.32	208.56	0.32	0.29			24	0.45

18-22　续表 3

单位：万头、万只、万吨

州市县	Region	猪 Hogs			牛 Cattle and Buffaloes			
		存　栏 Stocked	出　栏 Slaughtered	肉产量 Output of meat	存　栏 Stocked	出　栏 Slaughtered	肉产量 Output of meat	存　栏 Stocked
丘北县	Qiubei	83.00	106.01	9.18	25.43	14.00	1.53	20.50
广南县	Guangnan	103.99	155.10	11.57	39.34	17.48	1.66	6.13
富宁县	Funing	41.98	62.55	3.88	28.02	12.83	1.20	3.46
西双版纳州	**Xishuangbanna**	**52.13**	**41.91**	**2.88**	**6.73**	**4.02**	**0.37**	**1.97**
景洪市	Jinghong	19.38	16.36	1.11	1.64	0.95	0.09	0.68
勐海县	Menghai	19.86	13.67	0.94	3.80	2.34	0.22	0.86
勐腊县	Mengla	12.89	11.88	0.83	1.29	0.73	0.07	0.43
大 理 州	**Dali**	**321.95**	**455.33**	**39.57**	**115.41**	**59.97**	**7.45**	**162.88**
大理市	Dali	31.17	70.17	6.32	5.13	5.12	0.72	2.18
漾濞县	Yangbi	14.48	15.18	1.22	8.19	3.00	0.31	12.58
祥云县	Xiangyun	34.94	56.71	5.10	6.60	3.07	0.43	8.35
宾川县	Binchuan	31.27	41.89	4.10	5.51	1.86	0.19	16.98
弥渡县	Midu	32.02	50.02	4.38	12.02	4.50	0.56	4.15
南涧县	Nanjian	23.34	20.21	1.90	11.30	8.30	0.98	8.02
巍山县	Weishan	24.11	26.98	2.43	11.31	9.25	1.16	18.33
永平县	Yongping	25.77	25.85	1.88	8.93	4.87	0.48	15.15
云龙县	Yunlong	29.23	30.84	2.78	15.16	6.26	0.91	28.01
洱源县	Eryuan	24.34	37.81	3.03	14.87	4.50	0.53	17.32
剑川县	Jianchuan	22.16	24.82	1.90	10.12	5.79	0.71	16.46
鹤庆县	Heqing	29.12	54.86	4.54	6.28	3.44	0.48	15.35
德 宏 州	**Dehong**	**76.09**	**89.95**	**8.10**	**21.85**	**10.47**	**1.14**	**8.69**
芒　市	Mangshi	21.62	25.50	2.26	5.99	2.44	0.27	2.36
瑞丽市	Ruili	8.35	13.61	1.29	2.62	3.20	0.35	0.71
梁河县	Lianghe	13.60	11.80	1.05	2.32	0.75	0.08	0.99
盈江县	Yingjiang	19.45	25.62	2.30	6.35	2.56	0.27	2.95
陇川县	Longchuan	13.07	13.42	1.20	4.58	1.53	0.17	1.68
怒 江 州	**Nujiang**	**57.37**	**44.57**	**2.78**	**17.25**	**3.52**	**0.43**	**48.79**
泸水县	Lushui	24.45	18.76	1.22	6.04	1.41	0.17	18.76
福贡县	Fugong	10.33	7.91	0.44	2.31	0.72	0.09	7.09
贡山县	Gongshan	4.36	3.26	0.17	1.05	0.23	0.03	1.73
兰坪县	Lanping	18.22	14.64	0.95	7.85	1.16	0.15	21.21
迪 庆 州	**Diqing**	**49.90**	**32.64**	**2.07**	**24.78**	**4.22**	**0.49**	**22.33**
香格里拉县	Shangri-La	23.16	14.48	1.03	12.36	1.81	0.27	7.08
德钦县	Deqin	6.70	2.84	0.20	5.60	0.75	0.08	3.87
维西县	Weixi	20.05	15.31	0.84	6.83	1.67	0.14	11.39

continued

(10 000 heads, 10 000 units, 10 000 tons)

羊 Sheep and Goats		家禽 Poultry			禽蛋产量 Poultry Eggs Output	奶类产量 Milk Output		蜂蜜产量(吨) Honey Output	水产品产量 Total Output of Aquatic Products
出栏 Slaughtered	肉产量 Output of meat	存栏 Stocked	出栏 Slaughtered	肉产量 Output of meat			牛奶产量 Cow Milk Output		
18.70	0.34	160.02	220.01	0.40	0.12			118	1.23
7.37	0.14	265.34	326.91	0.60	0.54	0.03	0.03	93	1.24
2.77	0.04	183.47	263.36	0.41	0.10			148	2.80
0.86	**0.02**	**425.01**	**417.11**	**0.47**	**0.44**			**103**	**6.07**
0.28	0.01	185.02	186.75	0.22	0.10			40	2.55
0.31	0.01	133.93	122.97	0.14	0.23			58	2.17
0.27	0.01	106.06	107.38	0.12	0.10			5	1.35
148.91	**3.01**	**2 035.33**	**2 221.04**	**4.32**	**9.76**	**53.47**	**53.01**	**748**	**8.16**
1.67	0.03	340.10	641.52	1.30	1.89	21.19	21.19		1.31
8.35	0.14	49.09	75.99	0.11	0.09	0.08	0.08		0.05
3.86	0.10	896.44	352.47	0.70	5.46	0.84	0.84	62	1.11
11.88	0.20	74.43	89.03	0.20	0.21	0.72	0.72	93	1.01
5.16	0.13	66.46	97.58	0.24	0.23	5.15	5.15	7	1.37
14.40	0.22	162.58	295.01	0.44	0.24	0.03	0.03	48	0.22
24.37	0.41	136.71	229.23	0.46	0.38	0.47	0.47	28	0.84
11.98	0.18	81.97	85.03	0.16	0.07			47	0.08
21.49	0.55	61.76	132.77	0.26	0.51	0.01	0.01	254	0.08
19.58	0.50	50.62	84.46	0.18	0.22	21.24	21.24	132	1.22
12.21	0.22	45.88	61.28	0.11	0.15	2.81	2.35		0.40
13.96	0.32	69.29	76.67	0.16	0.30	0.93	0.93	77	0.48
7.37	**0.15**	**432.10**	**819.67**	**1.20**	**0.64**	**0.35**	**0.33**	**241**	**4.25**
1.93	0.04	106.46	231.44	0.35	0.16	0.18	0.18	37	0.70
1.58	0.03	150.44	319.90	0.46	0.19	0.01	0.01	118	1.21
0.66	0.01	36.68	52.62	0.08	0.04	0.01	0.01	11	0.33
1.83	0.03	88.57	136.06	0.19	0.15	0.09	0.07	53	0.84
1.37	0.03	49.94	79.65	0.12	0.11	0.06	0.06	22	1.18
25.30	**0.47**	**178.72**	**207.83**	**0.31**	**0.14**	**0.01**	**0.01**	**182**	**0.07**
9.34	0.17	85.67	120.59	0.18	0.06			51	0.04
5.48	0.11	33.65	27.34	0.04	0.02			14	0.01
0.84	0.01	18.86	17.02	0.02	0.01			33	0.01
9.65	0.18	40.54	42.87	0.06	0.05			84	0.02
8.42	**0.15**	**123.74**	**93.34**	**0.15**	**0.13**	**1.51**	**1.51**	**189**	**0.28**
2.62	0.05	66.13	38.25	0.06	0.05	0.83	0.83	52	0.13
0.74	0.02	17.14	11.99	0.02	0.03	0.63	0.63		0.01
5.06	0.08	40.46	43.11	0.06	0.05	0.05	0.05	137	0.14

18-23 各州市县规模以上工业企业单位数和工业总产值(2014 年)

Number of Industrial Enterprises above Designated Size and Their Gross Output Value by Region (2014)

(按当年价格计算) (Calculated at current prices)

州市县	Region	企业单位数(个) Number of Enterprises (unit)	工业总产值(亿元) Gross Industrial Output Value (100 million yuan)	国有企业 State-owned Industry		集体企业 Collective-owned Enterprise		股份合作制企业 Corporations Enterprise	
				单位数(个) Number of Enterprises (unit)	总产值(亿元) Gross Output Value (100 million yuan)	单位数(个) Number of Enterprises (unit)	总产值(亿元) Gross Output Value (100 million yuan)	单位数(个) Number of Enterprises (unit)	总产值(亿元) Gross Output Value (100 million yuan)
全　省	**Yunnan**	**3 797**	**10 521.79**	**105**	**757.64**	**49**	**22.90**	**11**	**8.61**
昆明市	**Kunming**	**1012**	**3 285.31**	**34**	**287.21**	**13**	**6.38**	**3**	**0.68**
呈贡区	Chenggong	92	348.27	1	4.98				
五华区	Wuhua	101	760.17	9	7.04			1	0.18
盘龙区	Panlong	33	191.45	2	2.60			1	0.22
官渡区	Guandu	152	569.68	9	252.15	2	1.83		
西山区	Xishan	64	151.00	2	5.24	4	1.68		
东川区	Dongchuan	55	147.14			1			
晋宁县	Jinning	99	142.15	1	0.28	1	0.14		
富民县	Fumin	46	54.77						
宜良县	Yiliang	79	118.11	3	1.66	1	0.84		
石林县	Shilin	46	33.38	1	0.26				
嵩明县	Songming	70	137.73	2	4.38			1	0.27
禄劝县	Luquan	24	24.41			1			
寻甸县	Xundian	31	103.84	1	2.82				
安宁市	Anning	120	503.20	3	5.81	3	1.90		
曲靖市	**Qujing**	**558**	**1 597.31**	**19**	**205.57**	**24**	**7.28**		
麒麟区	Qilin	114	640.60	6	174.39	3	2.20		
马龙县	Malong	24	84.52						
陆良县	Luliang	51	72.49	2	10.40	1	0.68		
师宗县	Shizong	41	116.62			2	1.36		
罗平县	Luoping	39	75.32	3	10.18				
富源县	Fuyuan	108	144.14	4	6.55				
会泽县	Huize	21	109.01	1					
沾益县	Zhanyi	58	238.04			6	0.93		
宣威市	Xuanwei	102	116.58	3	4.06	12	2.12		
玉溪市	**Yuxi**	**333**	**1 324.63**	**1**	**1.21**	**7**	**8.13**	**3**	**3.45**
红塔区	Hongta	87	846.98			5	6.65		
江川县	Jiangchuan	34	37.52						
澄江县	Chengjiang	18	32.87						
通海县	Tonghai	71	75.84	1	1.21	1	0.23	3	3.45
华宁县	Huaning	25	23.01						
易门县	Yimen	35	65.31						
峨山县	Eshan	21	46.92			1	1.25		
新平县	Xinping	20	173.49						
元江县	Yuanjiang	22	22.69						

18-23 续表 1 continued

州市县	Region	企业单位数（个）Number of Enterprises (unit)	工业总产值（亿元）Gross Industrial Output Value (100 million yuan)	国有企业 State-owned Enterprise 单位数（个）Number of Enterprises (unit)	国有企业 State-owned Enterprise 总产值（亿元）Gross Output Value (100 million yuan)	集体企业 Collective-owned Enterprise 单位数（个）Number of Enterprises (unit)	集体企业 Collective-owned Enterprise 总产值（亿元）Gross Output Value (100 million yuan)	股份合作制企业 Corporations Enterprise 单位数（个）Number of Enterprise (unit)	股份合作制企业 Corporations Enterprise 总产值（亿元）Gross Output Value (100 million yuan)
保山市	**Baoshan**	**191**	**318.07**	**1**	**5.93**			**1**	**0.67**
隆阳区	Longyang	68	111.11	1	5.93				
施甸县	Shidian	18	19.39						
腾冲县	Tengchong	44	81.68						
龙陵县	Longling	28	49.97						
昌宁县	Changning	33	45.72					1	0.67
昭通市	**Zhaotong**	**189**	**382.67**	**6**	**19.03**	**1**	**0.08**	**1**	**0.21**
昭阳区	Zhaoyang	27	108.53	4	16.01				
鲁甸县	Ludian	18	31.71						
巧家县	Qiaojia	9	8.19						
盐津县	Yanjin	9	12.31						
大关县	Daguan	10	9.39	1	2.32			1	0.21
永善县	Yongshan	6	74.60						
绥江县	Suijiang	5	3.16						
镇雄县	Zhenxiong	59	33.37						
彝良县	Yiliang	17	19.17			1	0.08		
威信县	Weixin	21	14.02						
水富县	Shuifu	8	68.23	1	0.70				
丽江市	**Lijiang**	**74**	**128.28**			**1**	**0.09**		
古城区	Gucheng	11	20.17						
玉龙县	Yulong	9	24.47						
永胜县	Yongsheng	19	46.95						
华坪县	Huaping	27	22.27			1	0.09		
宁蒗县	Ninglang	8	14.41						
普洱市	**Pu'er**	**147**	**217.61**	**4**	**6.88**	**1**	**0.37**		
思茅区	Simao	30	44.09	1	5.54				
宁洱县	Ning'er	19	17.97	2	0.95				
墨江县	Mojiang	11	16.79						
景东县	Jingdong	11	37.49						
景谷县	Jinggu	32	29.04						
镇沅县	Zhenyuan	9	14.48			1	0.37		
江城县	Jiangcheng	12	12.35						
孟连县	Menglian	6	5.42						
澜沧县	Lancang	12	38.06						
西盟县	Ximeng	5	1.92	1	0.40				
临沧市	**Lincang**	**139**	**243.50**	**2**	**6.80**				
临翔区	Linxiang	27	42.01	1	2.72				
凤庆县	Fengqing	23	35.47						
云　县	Yunxian	24	63.31						
永德县	Yongde	10	18.28		1.02				
镇康县	Zhenkang	13	20.55		1.99				
双江县	Shuangjiang	15	17.95						
耿马县	Gengma	17	24.90	1	0.25				
沧源县	Cangyuan	10	21.03		0.81				

18-23 续表 2 continued

州市县	Region	企业单位数（个） Number of Enterprises (unit)	工业总产值（亿元） Gross Industrial Output Value (100 million yuan)	国有企业 State-owned Enterprise 单位数（个） Number of Enterprises (unit)	国有企业 总产值（亿元） Gross Output Value (100 million yuan)	集体企业 Collective-owned Enterprise 单位数（个） Number of Enterprises (unit)	集体企业 总产值（亿元） Gross Output Value (100 million yuan)	股份合作制企业 Corporations Enterprise 单位数（个） Number of Enterprises (unit)	股份合作制企业 总产值（亿元） Gross Output Value (100 million yuan)
楚雄州	**Chuxiong**	**264**	**550.81**	**5**	**18.93**			**1**	**0.34**
楚雄市	Chuxiong	70	253.57	2	12.94				
双柏县	Shuangbo	20	18.39						
牟定县	Mouding	23	18.25						
南华县	Nanhua	20	35.79						
姚安县	Yao'an	17	9.34					1	0.34
大姚县	Dayao	27	42.43						
永仁县	Yongren	16	10.17						
元谋县	Yuanmou	18	22.25						
武定县	Wuding	19	25.44	1	1.02				
禄丰县	Lufeng	34	115.19	2	4.97				
红河州	**Honghe**	**253**	**1064.96**	**15**	**115.95**	**1**	**0.07**	**1**	**0.46**
蒙自市	Mengzi	27	202.59	2	80.40				
个旧市	Gejiu	57	312.98	3	2.81	1	0.07		
开远市	Kaiyuan	32	102.08	4	24.15				
弥勒市	Mile	29	233.92						
屏边县	Pingbian	11	10.37	1	0.55				
建水县	Jianshui	18	86.28	1	2.95				
石屏县	Shiping	19	21.59	1	1.41			1	0.46
泸西县	Luxi	24	52.88	2	3.13				
元阳县	Yuanyang	4	5.21						
红河县	Honghe	6	4.61	1	0.54				
金平县	Jinping	16	21.90						
绿春县	Luchun	5	7.51						
河口县	Hekou	5	3.04						
文山州	**Wenshan**	**158**	**436.38**	**7**	**69.29**				
文山市	Wenshan	27	160.06	3	67.26				
砚山县	Yanshan	39	94.81	3	1.64				
西畴县	Xichou	5	4.09						
麻栗坡县	Malipo	11	28.68						
马关县	Maguan	20	48.73						
丘北县	Qiubei	21	21.73	1	0.39				
广南县	Guangnan	18	41.95						
富宁县	Funing	17	36.32						
西双版纳州	**Xishuangbanna**	**69**	**117.49**	**5**	**9.02**				
景洪市	Jinghong	34	61.99	3	7.77				
勐海县	Menghai	26	46.03	1	0.40				
勐腊县	Mengla	9	9.47	1	0.85				

18-23 续表 3 continued

州市县	Region	企业单位数(个) Number of Enterprises (unit)	工业总产值(亿元) Gross Industrial Output Value (100 million yuan)	国有企业 State-owned Enterprise 单位数(个) Number of Enterprises (unit)	国有企业 总产值(亿元) Gross Output Value (100 million yuan)	集体企业 Collective-owned Enterprise 单位数(个) Number of Enterprises (unit)	集体企业 总产值(亿元) Gross Output Value (100 million yuan)	股份合作制企业 Corporations Enterprise 单位数(个) Number of Enterprises (unit)	股份合作制企业 总产值(亿元) Gross Output Value (100 million yuan)
大理州	**Dali**	**245**	**633.72**	**3**	**1.57**	**1**	**0.50**		
大理市	Dali	69	308.46	1	0.23				
漾濞县	Yangbi	15	6.20						
祥云县	Xiangyun	36	88.77						
宾川县	Binchuan	21	31.35	1	0.46				
弥渡县	Midu	18	18.85			1	0.50		
南涧县	Nanjian	13	22.34						
巍山县	Weishan	18	24.64						
永平县	Yongping	7	5.17						
云龙县	Yunlong	5	15.40						
洱源县	Eryuan	14	53.26						
剑川县	Jianchuan	10	16.13	1	0.88				
鹤庆县	Heqing	19	43.14						
德宏州	**Dehong**	**120**	**134.47**	**2**	**4.61**				
芒 市	Mangshi	33	41.09						
瑞丽市	Ruili	19	22.77	1	2.66				
梁河县	Lianghe	7	6.43						
盈江县	Yingjiang	50	43.81						
陇川县	Longchuan	11	20.37	1	1.95				
怒江州	**Nujiang**	**19**	**36.01**	**1**	**5.64**				
泸水县	Lushui	9	17.27	1	5.64				
福贡县	Fugong	3	0.71						
贡山县	Gongshan	2	0.95						
兰坪县	Lanping	5	17.08						
迪庆州	**Diqing**	**26**	**50.57**					**1**	**2.80**
香格里拉县	Shangri-La	20	37.74					1	2.80
德钦县	Deqin	2	7.84						
维西县	Weixi	4	4.99						

18-24 各州市县工业主要产品产量(2014 年)
Output of Major Industrial Products by Region (2014)

州市县	Region	原煤(万吨) Coal (10 000 tons)	发电量(亿千瓦小时) Electricity (100 million kwh)	农用化肥(万吨) Agricultural Chemical Fertilizer (10 000 tons)	白酒(万升) Liquor (10 kiloliters)	啤酒(万升) Beer (10 kiloliters)	糖(万吨) Sugar (10 000 tons)	水泥(万吨) Cement (10 000 tons)
全　省	**Yunnan**	**4 013.66**	**2 347.21**	**314.94**	**8 632.72**	**100 390.10**	**249.68**	**9 492.64**
昆明市	**Kunming**	**500.49**	**877.55**	**137.92**	**854.45**	**41 758.42**		**1 910.13**
呈贡区	Chenggong		66.15	0.03				
五华区	Wuhua		0.17	0.09				
盘龙区	Panlong		638.78					0.79
官渡区	Guandu		69.97	4.65		1 656.03		156.95
西山区	Xishan		0.40	22.16				23.91
东川区	Dongchuan		0.37	0.14				89.18
晋宁县	Jinning		0.09	12.55				
富民县	Fumin		3.74					176.74
宜良县	Yiliang	89.47	29.67	5.63	475.75			1 026.41
石林县	Shilin	19.46	2.01					78.92
嵩明县	Songming					40 102.40		
禄劝县	Luquan		18.56					32.00
寻甸县	Xundian	391.56	10.22	6.33				91.23
安宁市	Anning		37.41	86.33	378.70			234.00
曲靖市	**Qujing**	**1 587.95**	**242.09**	**26.44**	**494.60**	**808.90**		**1 532.29**
麒麟区	Qilin	264.18	5.08	0.83				289.80
马龙县	Malong			0.96				58.31
陆良县	Luliang		10.24	1.38				328.29
师宗县	Shizong	99.00	4.30					246.66
罗平县	Luoping	65.13	33.81		378.30			69.54
富源县	Fuyuan	914.64	96.89		116.30			34.29
会泽县	Huize		13.13	2.00				184.07
沾益县	Zhanyi	17.44	28.75	18.19		808.90		61.00
宣威市	Xuanwei	227.56	49.90	3.07				260.33
玉溪市	**Yuxi**	**45.61**	**11.96**	**14.42**	**434.00**		**8.95**	**1 056.84**
红塔区	Hongta		1.37	3.38				152.84
江川县	Jiangchuan				287.80			31.54
澄江县	Chengjiang		2.85					131.77
通海县	Tonghai		0.20	4.26				64.37
华宁县	Huaning	21.84	1.32					119.47
易门县	Yimen							270.40
峨山县	Eshan	21.97	0.15	6.77	146.20			75.53
新平县	Xinping	1.80	4.31				5.83	66.18
元江县	Yuanjiang		1.76				3.12	144.75

注：本表统计范围为规模以上工业法人单位。

Note: The coverage of statistics are industrial enterprises above designated size in this table.

18−24 续表 1　　continued

州市县	Region	原　煤（万吨）Coal (10 000 tons)	发电量（亿千瓦小时）Electricity (100 million kwh)	农用化肥（万吨）Agricultural Chemical Fertilizer (10 000 tons)	白　酒（万升）Liquor (10 kiloliters)	啤　酒（万升）Beer (10 kiloliters)	糖（万吨）Sugar (10 000 tons)	水　泥（万吨）Cement (10 000 tons)
保 山 市	**Baoshan**	**19.91**	**39.96**	**0.72**	**86.30**	**2 692.00**	**20.61**	**584.52**
隆阳区	Longyang		27.93			2 692.00	5.92	118.16
施甸县	Shidian		0.32				2.79	209.61
腾冲县	Tengchong		3.01	0.72				76.13
龙陵县	Longling		8.57				5.89	120.03
昌宁县	Changning	19.91	0.14		86.30		6.02	60.59
昭 通 市	**Zhaotong**	**420.25**	**523.22**	**37.33**				**588.27**
昭阳区	Zhaoyang	10.19	16.70					211.92
鲁甸县	Ludian		8.14					56.63
巧家县	Qiaojia	1.99	6.11					80.12
盐津县	Yanjin	8.53	8.32					
大关县	Daguan	7.09	1.51					100.36
永善县	Yongshan	4.99	391.54					7.87
绥江县	Suijiang	12.12						64.31
镇雄县	Zhenxiong	328.15	32.55					67.06
彝良县	Yiliang	19.10	4.51					
威信县	Weixin	28.09	32.93					
水富县	Shuifu		20.93	37.32				
丽 江 市	**Lijiang**	**125.93**	**222.96**		**763.40**		**0.39**	**363.20**
古城区	Gucheng		93.48					80.85
玉龙县	Yulong		73.11					
永胜县	Yongsheng		53.72		133.40		0.39	118.44
华坪县	Huaping	115.70	0.16					163.91
宁蒗县	Ninglang	10.23	2.49		630.00			
普 洱 市	**Pu'er**	**43.83**	**58.45**		**1 365.12**	**2 166.30**	**19.85**	**415.26**
思茅区	Simao		42.67			2 166.30		238.32
宁洱县	Ning'er	5.75	0.39					143.36
墨江县	Mojiang		9.38		91.32		0.69	
景东县	Jingdong	13.08	1.06				2.37	17.40
景谷县	Jinggu	5.72	4.39		1 273.80		3.83	
镇沅县	Zhenyuan	8.85	0.05					3.39
江城县	Jiangcheng		0.04				0.99	
孟连县	Menglian		0.11				5.01	
澜沧县	Lancang	10.42	0.17				6.03	12.80
西盟县	Ximeng		0.19				0.93	
临 沧 市	**Lincang**	**2.64**	**12.28**		**2 225.06**	**19 265.10**	**83.55**	**204.71**
临翔区	Linxiang		1.91				2.50	
凤庆县	Fengqing		0.30				5.20	9.62
云　县	Yunxian		1.80		2 179.19	19 265.10	10.13	10.62
永德县	Yongde		3.02		45.87		15.72	9.67
镇康县	Zhenkang		3.60				14.65	82.23
双江县	Shuangjiang		0.58				5.71	
耿马县	Gengma		0.91				22.53	71.94
沧源县	Cangyuan	2.64	0.16				7.11	20.63

18-24 续表 2 continued

州市县	Region	原 煤（万吨）Coal (10 000 tons)	发电量（亿千瓦小时）Electricity (100 million kwh)	农用化肥（万吨）Agricultural Chemical Fertilizer (10 000 tons)	白 酒（万升）Liquor (10 kiloliters)	啤 酒（万升）Beer (10 kiloliters)	糖（万吨）Sugar (10 000 tons)	水 泥（万吨）Cement (10 000 tons)
楚 雄 州	**Chuxiong**	**212.94**	**19.39**	**14.21**	**81.40**	**13 866.20**		**166.77**
楚雄市	Chuxiong	12.27	2.07	0.50				116.40
双柏县	Shuangbo	1.73	2.26					
牟定县	Mouding		2.64		81.40			
南华县	Nanhua	62.56				13 866.20		
姚安县	Yao'an		2.90					
大姚县	Dayao		0.34					
永仁县	Yongren		1.86					
元谋县	Yuanmou		2.85					16.76
武定县	Wuding							
禄丰县	Lufeng	136.39	4.46	13.71				33.60
红 河 州	**Honghe**	**898.62**	**112.19**	**83.42**	**82.19**	**1 727.39**	**11.20**	**674.61**
蒙自市	Mengzi		3.65				0.78	182.98
个旧市	Gejiu	775.55	36.64	13.84	11.99			
开远市	Kaiyuan		12.15	63.57		1 727.39	0.78	232.57
弥勒市	Mile		6.13	6.02			1.71	116.20
屏边县	Pingbian		0.43					
建水县	Jianshui	4.87	0.48					92.74
石屏县	Shiping						0.84	
泸西县	Luxi	99.12	15.75		70.20			50.13
元阳县	Yuanyang						4.55	
红河县	Honghe		0.22				2.55	
金平县	Jinping		11.79					
绿春县	Luchun							
河口县	Hekou							
文 山 州	**Wenshan**	**128.80**	**54.78**	**0.49**	**1 925.70**		**32.52**	**480.97**
文山市	Wenshan		9.36				3.59	169.82
砚山县	Yanshan		0.52	0.49				161.89
西畴县	Xichou							20.14
麻栗坡县	Malipo		17.89					
马关县	Maguan		11.80					15.75
丘北县	Qiubei		6.57		1 925.70			11.22
广南县	Guangnan		1.52				2.82	102.15
富宁县	Funing	128.80	7.11				26.11	
西双版纳州	**Xishuangbanna**		**8.05**			**1 982.58**	**14.83**	**116.35**
景洪市	Jinghong		4.27			1 982.58		102.70
勐海县	Menghai		3.66				11.21	
勐腊县	Mengla		0.11				3.63	13.65

18−24 续表 3 continued

州 市 县	Region	原煤（万吨） Coal (10 000 tons)	发电量（亿千瓦小时） Electricity (100 million kwh)	农用化肥（万吨） Agricultural Chemical Fertilizer (10 000 tons)	白酒（万升） Liquor (10 kiloliters)	啤酒（万升） Beer (10 kiloliters)	糖（万吨） Sugar (10 000 tons)	水泥（万吨） Cement (10 000 tons)
大 理 州	**Dali**	**26.69**	**35.96**		**320.50**	**16 123.20**		**1 075.99**
大理市	Dali		5.71			16 123.20		441.97
漾濞县	Yangbi		4.98					
祥云县	Xiangyun	8.81						97.45
宾川县	Binchuan	2.16	0.10					45.07
弥渡县	Midu	6.73						131.28
南涧县	Nanjian		0.09					26.48
巍山县	Weishan		7.29					14.63
永平县	Yongping							14.30
云龙县	Yunlong		0.12					70.02
洱源县	Eryuan		10.01					
剑川县	Jianchuan		3.57					89.01
鹤庆县	Heqing	8.98	4.08		320.50			145.77
德 宏 州	**Dehong**		**99.49**				**57.77**	**226.88**
芒 市	Mangshi						47.18	139.64
瑞丽市	Ruili		9.79					
梁河县	Lianghe		4.64				3.86	14.35
盈江县	Yingjiang		84.91				2.05	72.89
陇川县	Longchuan		0.15				4.68	
怒 江 州	**Nujiang**		**10.58**					
泸水县	Lushui		7.67					
福贡县	Fugong		1.42					
贡山县	Gongshan		1.49					
兰坪县	Lanping							
迪 庆 州	**Diqing**		**18.30**					**95.86**
香格里拉县	Shangri-La		16.08					95.86
德钦县	Deqin							
维西县	Weixi		2.22					

18-25 各州市县规模以上工业企业主要财务指标(2014 年)

Principal Financial Indicators of Industrial Enterprises above Designated Size by Region (2014)

单位：亿元 (100 million yuan)

州市县	Region	资产总计 Total Assets	负债总计 Total Liabilities	所有者权益总计 Total Owners ' Equities	主营业务收入 Revenue from Principal Business	利润总额 Total Profits	利税总额 Total Taxes and Profits
全　省	**Yunnan**	**17 458.16**	**10 991.96**	**6 459.49**	**10 358.22**	**516.08**	**1 821.02**
昆 明 市	**Kunming**	**4 851.12**	**2 758.03**	**2 111.39**	**3 572.97**	**162.11**	**485.12**
呈贡区	Chenggong	441.33	289.28	151.63	525.74	11.88	21.46
五华区	Wuhua	962.87	353.67	608.99	845.33	71.55	298.01
盘龙区	Panlong	263.69	162.55	101.15	199.40	8.71	19.93
官渡区	Guandu	948.03	433.28	514.21	557.17	37.47	62.75
西山区	Xishan	520.55	367.73	152.82	160.89	6.12	11.87
东川区	Dongchuan	99.75	64.72	35.03	145.54	3.03	8.57
晋宁县	Jinning	205.88	145.84	60.04	140.21	5.82	12.24
富民县	Fumin	74.09	50.77	23.32	52.85	2.20	3.52
宜良县	Yiliang	104.15	71.69	32.46	112.82	1.12	4.76
石林县	Shilin	63.25	36.87	26.38	28.46	2.22	3.21
嵩明县	Songming	101.46	70.41	30.73	134.72	6.15	10.00
禄劝县	Luquan	96.38	82.65	13.73	19.88	-0.19	1.12
寻甸县	Xundian	203.25	146.53	56.72	115.77	6.15	12.99
安宁市	Anning	766.46	482.04	304.18	534.21	- 0.12	14.69
曲 靖 市	**Qujing**	**2 262.31**	**1 496.88**	**756.90**	**1 537.17**	**6.26**	**183.06**
麒麟区	Qilin	757.71	430.40	326.63	629.68	16.99	127.69
马龙县	Malong	64.47	46.42	17.98	86.32	1.85	2.70
陆良县	Luliang	94.72	58.55	35.84	65.26	3.72	6.18
师宗县	Shizong	125.45	94.96	30.40	114.82	0.10	1.90
罗平县	Luoping	80.13	47.25	31.01	59.47	4.28	6.84
富源县	Fuyuan	469.28	322.62	142.71	146.89	- 8.74	- 0.11
会泽县	Huize	154.99	68.77	85.40	102.15	8.79	52.28
沾益县	Zhanyi	350.10	285.78	64.10	220.14	-13.02	-10.25
宣威市	Xuanwei	165.46	142.14	22.84	112.44	-7.70	-4.17
玉 溪 市	**Yuxi**	**1 350.36**	**591.49**	**757.48**	**1 213.11**	**79.42**	**431.21**
红塔区	Hongta	907.98	307.92	599.62	811.79	62.35	396.93
江川县	Jiangchuan	36.00	17.10	18.70	32.94	2.67	4.46
澄江县	Chengjiang	45.46	33.92	11.54	25.51	0.32	0.93
通海县	Tonghai	61.45	38.14	22.77	68.53	0.59	1.91
华宁县	Huaning	30.12	21.96	8.12	21.23	0.44	1.21
易门县	Yimen	42.47	24.75	17.66	50.06	7.50	8.75
峨山县	Eshan	43.35	26.22	17.06	44.84	4.63	7.51
新平县	Xinping	156.05	101.73	54.32	133.34	1.15	8.88
元江县	Yuanjiang	27.48	19.75	7.69	24.87	-0.23	0.63

18−25 续表 1 continued

单位：亿元 (100 million yuan)

州市县	Region	资产总计 Total Assets	负债总计 Total Liabilities	所有者权益总计 Total Owners' Equities	主营业务收入 Revenue from Principal Business	利润总额 Total Profits	利税总额 Total Taxes and Profits
保 山 市	**Baoshan**	**535.78**	**374.02**	**159.87**	**298.99**	**32.14**	**48.68**
隆阳区	Longyang	240.91	174.64	66.11	103.57	12.09	17.04
施甸县	Shidian	29.01	20.61	8.37	17.82	0.72	1.15
腾冲县	Tengchong	80.87	51.87	28.52	79.16	9.18	14.66
龙陵县	Longling	65.23	38.02	27.03	43.49	2.87	5.88
昌宁县	Changning	23.33	13.28	9.01	45.24	4.79	5.93
昭 通 市	**Zhaotong**	**1519.92**	**1105.46**	**414.45**	**366.99**	**42.60**	**118.74**
昭阳区	Zhaoyang	221.06	131.52	89.82	104.20	10.94	62.48
鲁甸县	Ludian	89.28	70.08	19.18	26.20	-1.22	0.06
巧家县	Qiaojia	27.84	23.34	4.48	7.64	-0.28	0.43
盐津县	Yanjin	23.80	16.23	7.45	11.35	0.13	0.70
大关县	Daguan	18.26	11.04	7.21	9.10	-0.21	0.24
永善县	Yongshan	427.91	332.58	95.33	74.40	25.48	35.71
绥江县	Suijiang	4.08	3.12	0.96	3.16	-0.05	0.22
镇雄县	Zhenxiong	106.47	77.62	28.84	32.25	-0.83	2.09
彝良县	Yiliang	69.64	53.63	16.01	19.53	2.08	4.00
威信县	Weixin	99.02	79.00	19.89	13.82	-2.07	-1.74
水富县	Shuifu	432.58	307.31	125.27	65.34	8.62	14.54
丽 江 市	**Lijiang**	**688.27**	**405.36**	**282.16**	**119.05**	**17.92**	**28.80**
古城区	Gucheng	133.06	101.79	31.27	18.76	3.23	5.49
玉龙县	Yulong	161.98	59.74	101.92	22.92	3.49	5.28
永胜县	Yongsheng	248.05	191.23	56.40	42.60	8.44	11.98
华坪县	Huaping	38.17	21.32	16.82	20.67	-0.39	1.22
宁蒗县	Ninglang	107.02	31.27	75.75	14.12	3.15	4.83
普 洱 市	**Pu'er**	**1057.94**	**832.35**	**224.85**	**206.34**	**15.09**	**33.24**
思茅区	Simao	266.56	208.76	57.23	43.45	5.11	8.55
宁洱县	Ning'er	50.31	41.01	9.30	16.34	-0.43	0.56
墨江县	Mojiang	83.86	67.77	16.09	16.34	-0.35	0.87
景东县	Jingdong	208.83	160.64	48.19	34.67	4.65	7.85
景谷县	Jinggu	55.72	49.95	5.72	28.52	0.86	2.40
镇沅县	Zhenyuan	30.36	25.06	5.31	13.83	1.39	3.21
江城县	Jiangcheng	64.94	51.43	13.39	11.05	-1.92	-0.99
孟连县	Menglian	5.38	3.54	1.84	4.78	-0.86	-0.75
澜沧县	Lancang	286.03	220.25	65.77	35.87	6.82	11.67
西盟县	Ximeng	5.95	3.93	2.02	1.49	-0.18	-0.13
临 沧 市	**Lincang**	**633.17**	**466.28**	**165.78**	**219.59**	**19.84**	**30.43**
临翔区	Linxiang	81.65	51.55	29.33	37.92	7.86	9.24
凤庆县	Fengqing	213.45	168.48	44.95	31.54	4.76	8.00
云　县	Yunxian	130.58	89.86	40.72	61.12	9.40	11.64
永德县	Yongde	48.69	31.50	17.19	17.49	0.93	1.99
镇康县	Zhenkang	43.87	34.10	9.77	17.51	-0.54	0.51
双江县	Shuangjiang	47.21	35.79	11.42	20.61	1.04	1.99
耿马县	Gengma	44.46	38.96	5.21	17.41	-3.61	-3.20
沧源县	Cangyuan	23.25	16.06	7.17	15.99	0.01	0.26

18-25 续表 2 continued

单位：亿元 (100 million yuan)

州 市 县	Region	资产总计 Total Assets	负债总计 Total Liabilities	所有者权益总计 Total Owners ' Equities	主营业务收入 Revenue from Principal Business	利润总额 Total Profits	利税总额 Total Taxes and Profits
楚 雄 州	**Chuxiong**	**634.57**	**344.65**	**288.45**	**475.81**	**23.76**	**102.08**
楚雄市	Chuxiong	273.01	137.74	134.03	218.73	15.60	86.08
双柏县	Shuangbo	11.66	6.27	5.39	15.65	0.45	1.11
牟定县	Mouding	23.07	15.06	7.82	15.41	1.61	2.04
南华县	Nanhua	24.87	12.43	12.10	32.94	2.85	3.88
姚安县	Yao'an	12.29	8.16	4.12	9.64	0.62	0.78
大姚县	Dayao	42.07	25.83	16.24	37.85	1.30	2.97
永仁县	Yongren	21.82	15.85	6.43	9.80	0.45	0.68
元谋县	Yuanmou	19.43	12.42	7.02	22.46	2.31	3.03
武定县	Wuding	32.71	23.98	8.73	19.93	0.78	1.48
禄丰县	Lufeng	173.63	86.91	86.58	93.40	-2.21	0.04
红 河 州	**Honghe**	**1 496.18**	**994.91**	**498.13**	**1100.73**	**10.41**	**160.88**
蒙自市	Mengzi	221.39	168.04	52.57	212.81	0.54	12.81
个旧市	Gejiu	521.43	409.10	110.64	389.91	-12.68	-4.79
开远市	Kaiyuan	192.79	130.95	61.74	90.77	-1.31	4.39
弥勒市	Mile	291.43	88.88	202.57	218.46	24.46	141.40
屏边县	Pingbian	11.94	6.08	5.86	9.26	1.05	1.52
建水县	Jianshui	99.48	74.27	25.21	78.31	-2.84	-1.44
石屏县	Shiping	9.61	4.31	5.05	21.13	0.99	2.11
泸西县	Luxi	93.22	75.82	17.29	44.45	0.26	3.41
元阳县	Yuanyang	6.85	4.42	2.43	4.36	-0.32	-0.11
红河县	Honghe	3.68	2.24	1.22	3.75	-0.28	0.01
金平县	Jinping	37.73	26.73	11.00	17.59	0.35	0.86
绿春县	Luchun	3.87	2.22	1.65	7.21	0.13	0.36
河口县	Hekou	2.76	1.85	0.90	2.72	0.06	0.35
文 山 州	**Wenshan**	**561.70**	**352.09**	**208.57**	**368.80**	**37.31**	**57.33**
文山市	Wenshan	214.56	133.20	80.60	149.90	19.46	29.62
砚山县	Yanshan	98.31	64.83	33.51	85.18	3.17	4.81
西畴县	Xichou	7.06	3.39	3.67	4.11	0.28	0.41
麻栗坡县	Malipo	57.92	35.83	22.10	19.66	1.56	3.64
马关县	Maguan	73.42	41.20	32.03	35.18	7.12	10.02
丘北县	Qiubei	29.45	16.98	12.47	19.35	2.15	2.70
广南县	Guangnan	40.98	29.07	11.80	33.36	0.77	2.05
富宁县	Funing	39.99	27.60	12.40	22.07	2.80	4.08
西双版纳州	**Xishuangbanna**	**242.53**	**160.65**	**81.07**	**96.12**	**13.73**	**19.23**
景洪市	Jinghong	169.96	121.65	47.50	55.36	5.90	8.82
勐海县	Menghai	61.18	31.40	29.78	30.55	8.80	10.84
勐腊县	Mengla	11.39	7.60	3.79	10.21	-0.97	-0.43

18-25 续表 3 continued

单位：亿元 (100 million yuan)

州 市 县	Region	资产总计 Total Assets	负债总计 Total Liabilities	所有者权益总计 Total Owners ' Equities	主营业务收入 Revenue from Principal Business	利润总额 Total Profits	利税总额 Total Taxes and Profits
大 理 州	**Dali**	**1044.66**	**687.75**	**354.30**	**573.07**	**54.72**	**108.61**
大理市	Dali	290.19	148.89	141.00	262.91	25.47	68.23
漾濞县	Yangbi	19.61	10.65	8.92	6.21	0.02	0.33
祥云县	Xiangyun	124.24	71.78	52.35	93.01	8.08	9.87
宾川县	Binchuan	84.61	67.28	17.33	29.74	2.38	2.85
弥渡县	Midu	23.25	15.00	8.18	17.49	0.89	1.37
南涧县	Nanjian	81.33	62.29	18.94	20.76	2.47	3.87
巍山县	Weishan	53.98	40.58	13.21	21.77	2.50	3.49
永平县	Yongping	30.02	24.13	5.86	4.97	0.31	0.94
云龙县	Yunlong	103.88	81.52	22.36	14.63	2.20	3.93
洱源县	Eryuan	50.76	37.20	13.13	52.27	5.30	5.85
剑川县	Jianchuan	29.12	20.94	8.11	10.83	0.79	1.12
鹤庆县	Heqing	153.68	107.50	44.93	38.47	4.29	6.76
德 宏 州	**Dehong**	**349.61**	**248.49**	**100.76**	**133.00**	**2.28**	**9.08**
芒 市	Mangshi	109.36	87.79	26.61	45.51	-1.72	0.50
瑞丽市	Ruili	28.02	16.65	10.66	23.83	2.42	2.90
梁河县	Lianghe	14.12	11.64	2.49	6.07	-1.18	-0.99
盈江县	Yingjiang	161.17	103.90	55.31	39.34	4.56	7.92
陇川县	Longchuan	36.94	28.51	5.69	18.25	-1.80	-1.25
怒 江 州	**Nujiang**	**107.72**	**71.70**	**34.84**	**34.29**	**1.30**	**4.04**
泸水县	Lushui	44.53	34.41	10.12	15.94	0.87	2.15
福贡县	Fugong	5.59	4.21	1.37	0.70	0.04	0.08
贡山县	Gongshan	2.58	2.40	-1.00	0.95	0.03	0.12
兰坪县	Lanping	55.02	30.68	24.35	16.69	0.35	1.68
迪 庆 州	**Diqing**	**122.31**	**101.82**	**20.48**	**42.20**	**-2.82**	**0.48**
香格里拉县	Shangri-La	100.40	85.03	15.36	32.64	-2.55	-0.08
德钦县	Deqin	11.38	11.26	0.12	4.97	-0.18	0.37
维西县	Weixi	10.53	5.53	5.00	4.60	-0.08	0.18

主要统计指标解释

乡村户数 指长期 （一年以上）居住在乡镇(不包括城关镇)行政管理区域内的住户，还包括居住在城关镇所辖行政村范围内的农村住户。户口不在本地而在本地居住一年及以上的住户也包括在本地农村住户内；有本地户口，但举家外出谋生一年以上的住户，无论是否保留承包耕地都不包括在本地农村住户范围内。不包括乡村地区内的国家机关、团体、国有学校、企业、事业单位的集体户。

乡村人口数 指乡村地区常住居民户数中的常住人口数，即经常在家或在家居住 6 个月以上，而且经济和生活与本户连成一体的人口。外出从业人员在外居住时间虽然在 6 个月以上，但收入主要带回家中，经济与本户连成一体，仍视为家庭常住户口；在家居住，生活和本户连成一体的国家职工、退休人员也为家庭常住人口。但是现役军人、中专及以上（走读生除外）的在校学生、以及常年在外（不包括探亲、看病等）且已经有稳定的职业与居住场所的外出从业人员，不应当做家庭常住人口。

乡村从业人员 指乡村人口中 16 岁以上实际参加生产经营活动并取得实物或货币收入的人员，既包括劳动年龄内经常参加劳动的人员，也包括超过劳动龄但经常参加劳动的人员。但不包括户口在家的在外学生、现役军人和丧失劳动能力的人，也不包括待业人员和家务劳动者。从业人员年龄为 16 岁以上。从业人员按从事主业时间最长（时间相同按收入）分为农业从业人员、工业从业人员、建筑业从业人员、交运仓储及邮政从业人员、信息传输、计算机服务和软件业、批发与零售业从业人员、住宿和餐饮业从业人员、其他行业从业人员。

Explanatory Notes on Principle Statistical Indicators

Village Households refer to households which reside in the administrative region of townships and towns(excludes county towns) during a long time(more than one year) and also include the rural households reside in the administrative region of county towns. Households without local registrations but have resided in local for more than more year are included in the rural households.Households with local registrations but have left home and worked out of local places for more than more year are excluded from the rural households no matter their cultivated lands are kept. Village Households exclude collective household of state organs and groups, state owned schools,enterprises and public institutions in the rural areas.

Village Population refer to permanent resident population of permanent resident households in the rural areas,which also refers to the population that often stay at home or reside at home for more than 6 months and whose economies and lives are integrated into their households. Employees who have left home for more than 6 months but bring their major salaries home and economies are integrated into their households are regarded as the family permanent residence population. Family permanent residence population also include national staff and retirees who live at home and lives are integrated into their households. Active duty servicemen, students of technical secondary school and above(exclude day students) and employees who has acquire steady job and fixed dwelling places out of their local places(not include those who go to visit their relatives and see a doctor)are exclude from the family permanent residence population.

Village Employees refer to village population who are above 16 years old, having participated in the activities of production and operation actually and getting physical or monetary income, including persons who always take part in the labour within labor age and older than labor age.Students whose registered permanent residence are at home and studying out of local places,active duty servicemen, persons who have lost the ability to work, job seekers and house workers are excluded. Employees are above 16 years old, and can be divided into employees engaging in agriculture, employees engaging in industry, employees engaging in construction, employees engaging in transportation, storage and post, employees engaging in information transmission, employees engaging in computer services and software, employees engaging in wholesale and retail, employees engaging in accommodation and catering services and employees engaging in other trades.

中国统计出版社最新图书简目

(仅供参考，以实际出版为准)

统计资料

中国统计年鉴 中国统计摘要 中国发展报告
中国经济普查年鉴2013 国际统计年鉴 金砖国家联合统计手册
中国-东盟国家统计手册 中国区域经济统计年鉴 中国县域统计年鉴
中国城市统计年鉴 中国农村统计年鉴 中国地区经济监测报告
中国贸易外经统计年鉴 中国对外直接投资统计公报 中国商品交易市场统计年鉴
大中型批发零售和住宿餐饮企业统计年鉴 中国零售和餐饮连锁企业统计年鉴 中国住户调查年鉴
中国价格统计年鉴 中国农产品价格调查年鉴 全国农产品成本收益资料汇编
中国环境统计年鉴 中国能源统计年鉴 国外资源、能源和环境统计资料汇编
中国工业统计年鉴 中国建筑业统计年鉴 中国房地产统计年鉴
中国城市建设统计年鉴 中国城乡建设统计年鉴 中国第三产业统计年鉴
中国证券期货统计年鉴 中国科技统计年鉴 中国高技术产业统计年鉴
工业企业科技活动资料 中国劳动统计年鉴 中国人口和就业统计年鉴
中国人才资源统计报告 中国社会统计年鉴 中国文化及相关产业统计年鉴
文化及相关产业统计概览 中国教育经费统计年鉴 中国民政统计年鉴
中国民族统计年鉴 中国工会统计年鉴 中国残疾人事业统计年鉴
中国妇女儿童状况统计资料（英） 中国乡镇街道行政区域简册

省级综合统计年鉴系列

北京 天津 河北 山西 内蒙古 辽宁 吉林 黑龙江 上海 江苏 浙江 安徽 福建 江西 山东 河南 湖北 湖南 广东 广西 海南 重庆 四川 贵州 云南 西藏 陕西 甘肃 青海 宁夏 新疆 新疆生产建设兵团

市(县)级综合统计年鉴系列

天津滨海新区 石家庄 唐山 邯郸 保定 沧州 邢台 廊坊 承德 衡水 秦皇岛 张家口 太原 大同 阳泉 长治 晋城 朔州 晋中 运城 忻州 临汾 呼和浩特 呼和浩特新城区 鄂尔多斯 包头 沈阳 大连 长春 四平 哈尔滨 齐齐哈尔 黑龙江垦区 上海浦东新区 南京 无锡 徐州 常州 苏州 南通 连云港 淮安 盐城 扬州 镇江 泰州 宿迁 江阴 丹阳 杭州 宁波 温州 嘉兴 绍兴 金华 衢州 舟山 台州 丽水 合肥 安庆 马鞍山 福州 厦门 宁德 南昌 九江 上饶 新余 抚州 济南 青岛 枣庄 滕州 郑州 洛阳 平顶山 三门峡 南阳 商丘 济源 武汉 十堰 荆州 宜昌 荆门 咸宁 长沙 广州 深圳 惠州 东莞 南宁 柳州 桂林 来宾 海口 三亚 成都 贵阳 昆明 西安 兰州 庆阳 银川 乌鲁木齐 兵团一师 兵团十师

调查年鉴系列

天津 山西 内蒙古 辽宁 吉林 上海 福建 河南 湖北 湖南 广西 重庆 四川 云南 甘肃 宁夏 新疆

“十二五”规划教材

统计学（经济管理类专业本科适用，单薇 等） 抽样调查理论与方法（冯士雍 等）
贝叶斯统计（茆诗松 等） 统计学（黄良文 等） 试验设计（茆诗松 等）
统计学：从数据到结论（吴喜之） 医学统计学（于浩） 统计学（经济、管理类专业基础教材，张小斐）
概率论与数理统计三十三讲（魏振军） 概率论与数理统计三十三：学习指导与习题解答（魏振军）
非参数统计（吴喜之 等） 统计学：经济与管理中的数据分析（李慧云 等）
卫生管理统计学（新编医学院校基础课教材，尚磊） 医院统计学（新编医学院校基础课教材，徐天和 等）
社会统计学（蒋萍 等） 现代金融投资统计分析（李腊生 等）
国民经济核算初级教程（经济类、统计类、管理类专业适用，蒋萍 等）

重点图书

图解中国经济2015 新编英汉汉英统计大词典 中华医学统计百科全书
挑大学选专业2016—考研择校指南 挑大学选专业2015—高考志愿填报指南

东华机械
WELLTEC

1000-4000JSeⅡ

第四代超大型伺服驱动两板式注塑机

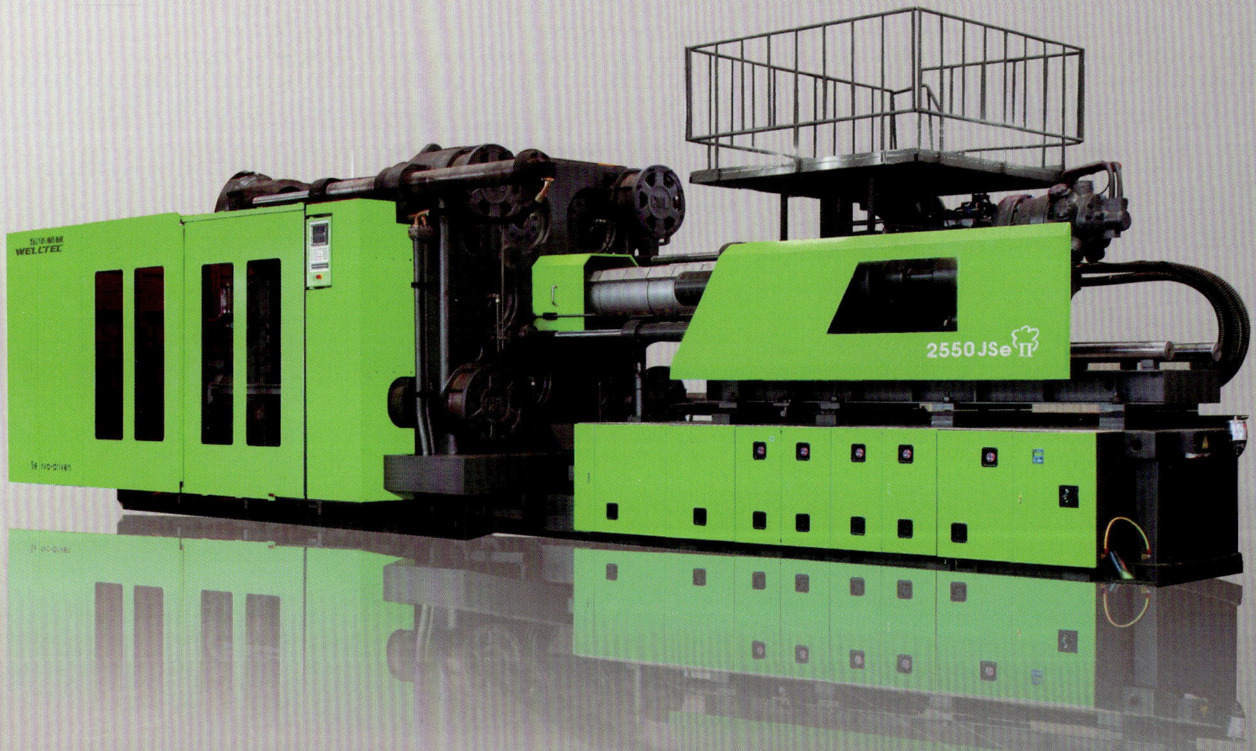

YIZUMI伊之密

股票代码：300415

广东伊之密精密机械股份有限公司，是专注于“模压成型”专用机械设备，集设计、研发、生产、销售及服务于一体的高新技术企业，以高精度注射成型机、高性能铝镁合金压铸机、高品质橡胶机为主导产品。

自2002年创立发展至今，现已成为中国较具竞争力和发展潜力的大型装备综合服务商、中国较具规模的装备制造企业之一，是中国塑料机械工业协会副会长单位、国家高新技术企业及国家火炬计划项目实施单位。拥有省级企业技术中心、工程中心并设立博士后科研工作站，率先通过了CE认证、IS09001—2008版质量体系认证。公司各生产基地总占地面积逾20万m^2，拥有职工2000多名。

2011年3月，伊之密成功收购了美国百年企业HPM公司的全部知识产权，这是伊之密迈向全球化的重要里程碑。2014年公司又相继成立了伊之密高速包装和伊之密机器人自动化两个事业部，实现了伊之密在机械装备领域细分市场的纵深发展。2015年1月23日，伊之密成功登陆深交所A股市场（股票代码：300415)。

在全球，伊之密有多个技术服务中心和30多家海外经销商，业务覆盖近60个国家和地区。另外，伊之密计划在印度、南美、欧洲等重要海外市场建立海外生产基地，为全球客户提供更好的产品和服务。

广东伊之密精密机械股份有限公司
GUANGDONG YIZUMI PRECISION MACHINERY CO.,LTD.

Tel:86-757-2926 2000　http://www.yizumi.com

广告
一样的杰出 不一样的A5
YIZUMI伊之密
UN320 A5
可靠稳定
高效节能
适用范围广
汽配产品
大家电
物流周转箱
YIZUMI伊之密
www.yizumi.com
股票代码：300415

金明
JINMING
FOCUS ON INNOVATION

不擅长天马行空的构想，植根30年技术沉淀

广东金明精机股份有限公司（股票代码：300281）成立于1987年，是
具备实力提供全系列薄膜装备及方案的领导品牌，金明产品涵盖薄膜吹塑机组

金明致力于引领薄膜装备行业的发展方向，在设备设计研发、技术工艺等
高新技术企业。经过28年的发展，金明凭借领先的技术优势和丰富的经验，设
以及特殊应用等领域拥有广泛的应用。

金明也积极寻求上下游产业链的合作，并陆续与埃克森美孚、陶氏化学、
将持续为我们客户提供高附加值产品和服务，推动薄膜装备行业的发展。

上吹系列 **薄膜吹塑机组**

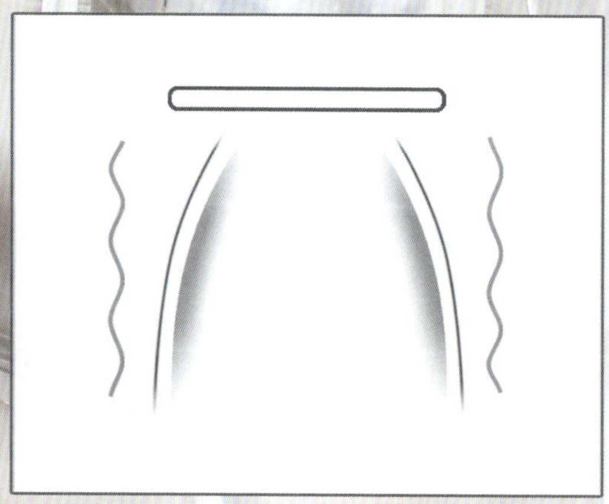

下吹系列 **薄膜吹塑机组**

广东金明精机股份有限公司
JINMING MACHINERY(GUANGDONG)CO.,LTD.
广东省汕头市濠江区河浦大道（深汕高速路河浦出口
电 话：0754－8820 7788　网 址：www.jmjj.com
传 真：0754－8820 6886　Email：sales@jmjj.com

和持续创新，以品质和效率履行金明的使命……

一家集研发、设计、生产和销售于一体的全球知名的薄膜装备供应商，也是行业内少数
薄膜流延机组和薄膜拉伸机组。
方面拥有多项核心技术，特别在多层共挤技术领域处于国内领先水平，并被评为国家
备在食品包装、日用品包装、农业薄膜、医疗包装、汽车薄膜、电子保护膜、建筑

巴斯夫、西门子等国际知名的企业开展深度合作。通过与合作伙伴的共同努力，金明

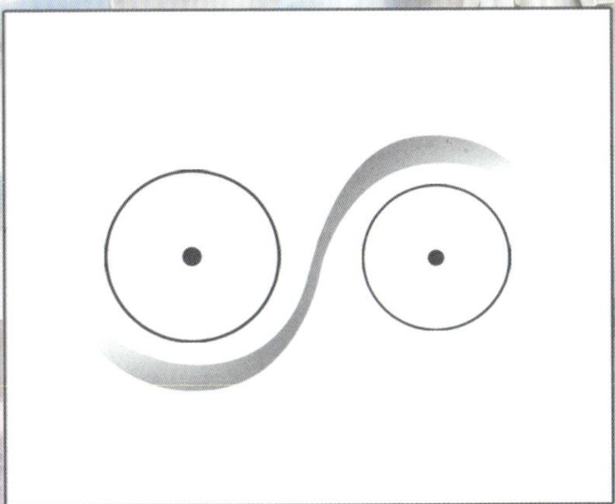

CPP/CPE **薄膜流延机组**

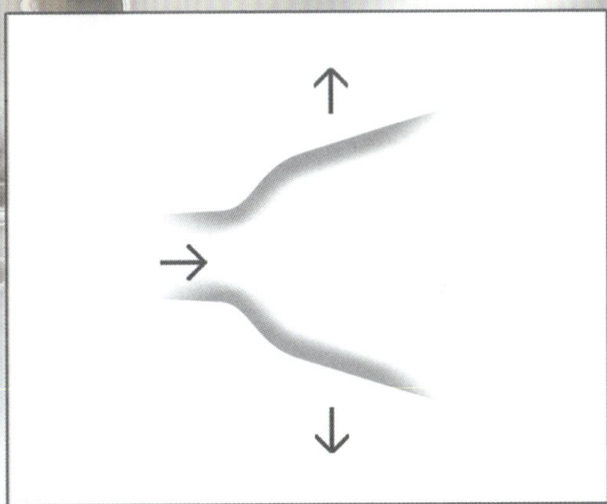

BOPP/BOPET **薄膜拉伸机组**

区域销售办事处

华北办事处：010－6480 1790　华东办事处：0512–6593 9383

华南办事处：020－8764 3983　西南办事处：028–8338 5878

山东通佳
山东通佳机械有限公司
Shandong Tongjia Machinery Co., Ltd.
通佳机械实景图

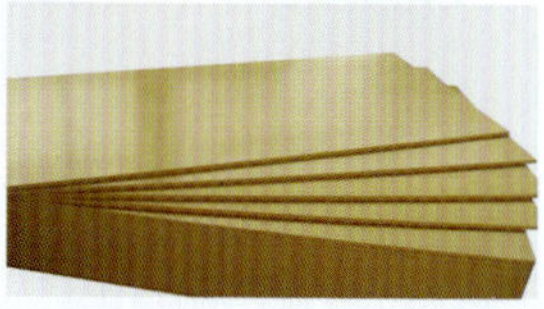

佛山巴顿菲尔辛辛那提塑料设备有限公司
【巴顿菲尔辛辛那提(中国)】成立

巴顿菲尔辛辛那提集团是领先全球的设备制造商，根据客户的需求量身定制节能、高效的挤出机和成套挤出整线。巴顿菲尔辛辛那提的德国、奥地利、中国和美国生产基地，以及遍布全球销售和服务网络，竭诚为客户提供支持和服务。

巴顿菲尔辛辛那提（中国）是全球大型的管材、型材、薄膜和片材挤出生产线供应商——巴顿菲尔辛辛那提集团旗下一员。自1996年成立的20年来，得益于集团强而有力的支持，以及来自欧洲和美国生产基地挤出技术精华的共享，巴顿菲尔辛辛那提（中国）持续设计出满足本地需求的定制化设备，其为管材和型材生产提供的高品质挤出设备以及高效的现场服务赢得了越来越多客户的支持。除了国内市场，公司产品还主要出口越南、印度尼西亚、马来西亚和泰国，年出口率达到45%。

基于技术领头羊地位和在中国的市场认可度，巴顿菲尔辛辛那提为中国市场提供量身定制的本地化制造战略取得空前成功。仅2015年，巴顿菲尔辛辛那提（中国）销售额就增长20%。如今，公司拥有员工130人，销售额占集团销售总额约25%。在国内，巴顿菲尔辛辛那提拥有广泛的客户群。约90%的客户是本土中小型企业，旨在通过使用先进的挤出技术获得较大竞争优势。此外约10%的客户来自国际大公司，他们已经非常熟悉和认可巴顿菲尔辛辛那提品牌，要将巴顿菲尔辛辛那提久经考验的技术应用于亚洲工厂的生产中。

过去的20年，无论在数量或是质量上，挤出设备市场已经出现显著的变化。为迎合市场发展，巴顿菲尔辛辛那提（中国）产品组合多年来一直在改变。如今，巴顿菲尔辛辛那提（中国）的产品组合也如奥地利/德国母公司一样包括：PO、PVC和PE-RT管材挤出生产线，用于门窗制造的型材挤出生产线，小型技术型材挤出生产线，造粒挤出生产线，以及热成型片材挤出生产线。热成型挤出生产整线的个别组件则来自欧洲。

20年前，巴顿菲尔辛辛那提（中国）的设备在市场上占据小部分高端需求份额，而随着市场对高品质管材和型材的需求不断增长，对相应设备技术需求也在增加。如今，除了基本机型，如高效单螺杆挤出机solEX系列和双螺杆挤出机twinEX系列，巴顿菲尔辛辛那提（中国）在中国本土提供先进、具创新性的部件。

2016年，巴顿菲尔辛辛那提全球团队第20次参加中国国际橡塑展

巴顿菲尔辛辛那提（中国）佛山顺德工厂，为客户提供高效、本地化服务

国内市场和出口部分地区的管材和型材生产线，在中国工厂进行组装和制造

高品质的部件，训练有素的技术人员和经验丰富的专家，对巴顿菲尔辛辛那提设备生产尤其重要

20周年

佛山巴顿菲尔辛辛那提塑料设备有限公司
battenfeld-cincinnati (Foshan) Extrusion Systems Ltd.
地址:中国广东省佛山市顺德大良凤翔工业区金翔路2号
邮编: 528300
电话:0086-757-2997 5318 / 2238 0110
传真:0086-757-2997 5631 / 2221 1801
电邮:china@battenfeld-cincinnati.com

如，用于管材挤出生产的快速模具规格转换(FDC)系统，可以在管材生产过程中快速更换管材直径，因此是一个非常高效和节约原料的解决方案。

再如，用于热成型片材生产的Multi-Touch（多重触控）压光机。随着包装市场在世界范围内蓬勃发展，对高品质的保护性包装和长保质期产品包装的需求也随之增加。凭借高速挤出机和创新的Multi-Touch（多重触控）压光机，巴顿菲尔辛辛那提成功满足客户对高性能高品质片材质量的需求。借助Multi-Touch（多重触控）压光机技术，可生产出厚度350~2500μm片材，非常平整、无应力，非常适合在热成型挤出中进一步加工。由于产量极高，一套Multi-Touch（多重触控）压光机可以取代几条传统生产线，这意味着更少的空间需求以及更低的操作人员需求和维护成本。基于以上优势，多套Multi-Touch（多重触控）压光机已经在亚洲成功安装使用。

除了高端市场，巴顿菲尔辛辛那提（中国）在2015年还一直致力于扩大中端市场的产品组合。LeanEX系列，为客户提供量身定制的单机，为中国市场提供交钥匙式挤出生产整线。LeanEX系列用于高性能标准管材挤出生产，生产管材直径范围63~630mm。自7年前推向市场以来，约100例操作系统、生产整线或升级改造的部件成功出售，客户一致满意。山东华信塑料管材有限公司是客户之一，其生产设备组合中包含20条LeanEX挤出生产线，年产量20万t。客户认为设备操作便利、使用寿命长、自动化程度高、生产的管材质量高，感到十分满意。

过去20年，坚持创新和定制化设备的定位引领巴顿菲尔辛辛那提（中国）取得全面成功，未来这仍将引领其不断发展设备，接受市场挑战，壮大服务队伍，密切接触客户，继续取得成功。

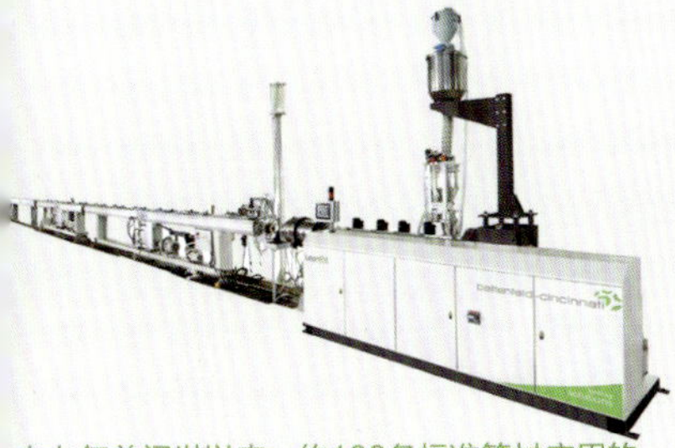

自七年前问世以来，约100条标准管材应用的LeanEX生产线和部件已经成功出售

更多资讯，请浏览网站：
www.battenfeld-cincinnati.com/china
battenfeld-cincinnati

HX
海 星
HAIXING
我 们 追 求 钻 石 品 质
海星机械
2016中国塑机制造
2016中国塑料注射
580~33000kN塑料注射成型机
宁波海星机械制造有限公司
NINGBO HAIXING MACHINERY CO.,LTD.
总部地址:浙江省宁波市高新区梅景路17号
邮编:315103
总　　机:0574-88368836 88369335
传真:0574-88368616 88369286
生产地址：中国宁波北仑区霞浦万泉河路98号
中国宁波北仑区小港纬三路89号

广告
国家高新技术企业
浙江省著名商标
省级研发中心
AIXING
海皇星分公司外景——冷镦机专业制造
海星 机械
HAIXING
业综合实力25强
成型机行业15强
M2－M30三/四/五/六/工位
多工位螺栓、杆类、异形件冷镦成型机
注塑机销售一内贸电话:0574-88487496 传真:0574-88368262
外贸电话:0574-88351898 传真:0574-88487616
冷镦机销售一电话:0574-86178359 传真:0574-86178352
E-mail：haixing@china-haixing.com http：www.china-haixing.com

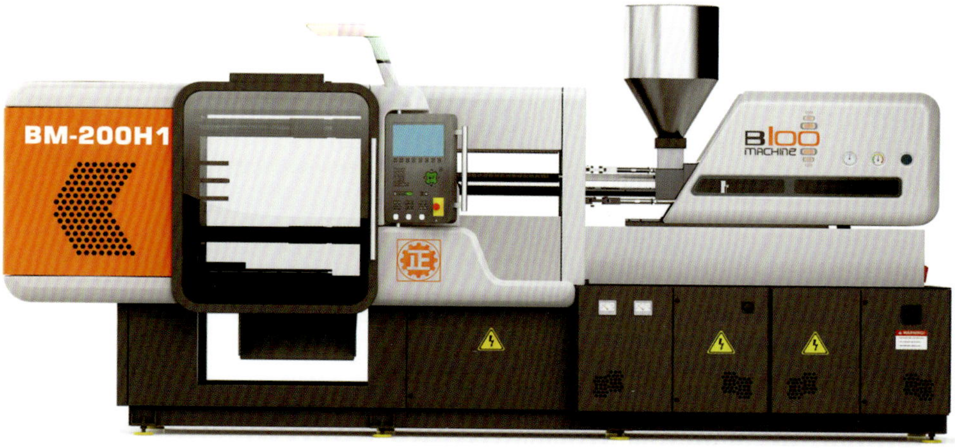
BM-200H1
Bloo
MACHINE

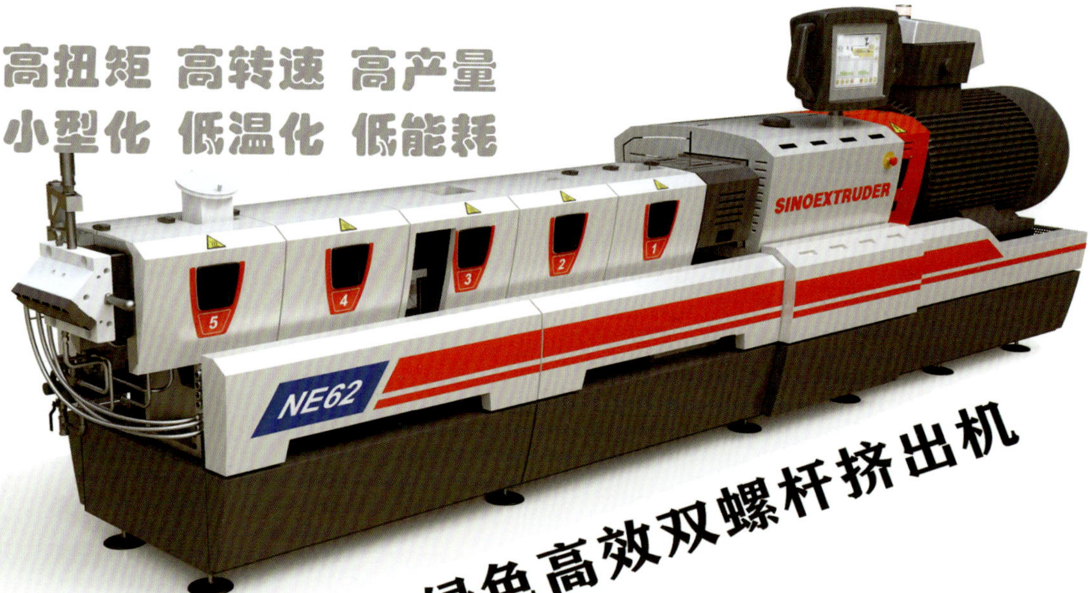
SINOEXTRUDER
NE62

CTE 50 PLUS 双螺杆挤出机

CTE PLUS 系列双螺杆挤出机——全新德国工程设计传动箱驱动
德国质量体系和中国创新的完美结合

CTE PLUS 双螺杆挤出机搭载科倍隆德国工程设计的全新传动箱。新的接线盒设计符合更高安全标准，集成安装在设备底座上。CTE PLUS 系列具有非常吸引人的性价比。高精度的加工制造工艺确保产品的高质量。同时，在满足不同加工应用要求的前提下，为客户提供了更经济有效的解决方案。

CTE PLUS 系列新传动箱 -- 为了进一步提高 CTE PLUS 系列挤出机运行稳定性和延长使用寿命，科倍隆德国为 CTE PLUS 设计了新的传动箱，其比扭矩为 7.2 N·m/cm³，可以和老款 CTE 传动箱互换。科倍隆德国重新了设计了传动箱的旋转部件和轴承，加大了齿轮的宽度，优化了齿形齿相，增加了齿轮的啮合面。同时冷却和润滑设计以及箱体的几何结构进行了优化，使箱体更加稳固。所有传动箱箱体由科倍隆南京加工制造，每一台传动箱箱体都经由德国蔡司三维坐标测量仪进行检测，其测量尺寸精度可达 1.4 μm。每一件 CTE 传动箱的箱体检测项目近 40 项。

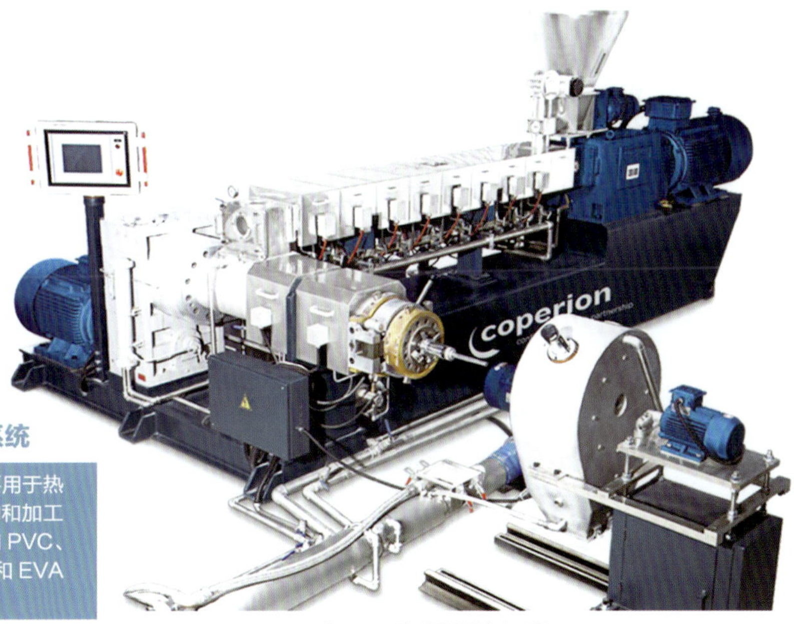

CTE PLUS 系列双阶式配混挤出造粒系统

CTE PLUS 系列双阶式配混挤出造粒系统主要用于热敏感性和剪切敏感性材料的改性和配混。双阶式结构和加工段的积木式原理适用于多种加工应用的高效配混，如 PVC、XLPE 和 HFFR 电缆料，软硬 PVC、PVC 医用料和 EVA 发泡鞋底料等。

CTE 75 PLUS/180 双阶式配混挤出系统

科倍隆的服务

科倍隆除工程设计技术优势外，还一直恪守这样的信条：我们倾听客户的声音。就像科倍隆人常说的那样：confidence through partnership（信心源于合作）。科倍隆的员工拥有丰富的经验和专业知识，可以为客户提供全方位的服务，科倍隆会派出优秀的工程师帮客户排除故障。科倍隆特有的服务体系：定期对客户的设备进行保养和检修，拥有大量的紧急备件库存，为客户提供解决问题的方案，长期对客户的设备进行检测与分析。定期对客户的操作员进行培训，对设备进行升级，以提高客户的生产效率。这种服务结构与科倍隆个性化的服务合同相匹配，可以为客户提供从基础检测到全方位维护和不同层次的服务。

科倍隆提供的不仅是服务，科倍隆之所以能创造这种新式的、个性化的服务，是因为科倍隆已经在科倍隆实验室对将来可能出现的各种风险进行了论证，这种研究经验的积累能立即应用于新产品的研发和制造，为客户提供技术竞争优势，长期保障客户的正常生产。

coperion

科倍隆（南京）机械有限公司

地址：江苏省南京市江宁区吉印大道 1296 号　邮编：211106
销售热线：025-52783922
客服热线：025-52783933
http://www.coperion.com

科倍隆官方微信

科倍隆南京工厂

科倍隆(南京)机械有限公司工厂面积超过15 000m²，专注于STS和CTE双螺杆挤出机的生产与制造。工厂采用科倍隆德国先进的机械生产和工程设计技术；加工中心区域配备多台德国进口的数控加工中心和高端加工设备。全新的实验中心配备有STS35和STS50的配混挤出机，以及1台科倍隆德国原装的ZSKMc¹⁸系列高端挤出机，将扩充全套上下游设备(包括物料输送设备)，为客户提供工艺实验。

鑫
強
富

中国塑料机械工业协会援藏活动纪实

2016年，中国塑料机械工业协会积极响应民政部“情暖高原、大爱西藏——全国性社会组织援助西藏年活动”，决定开展以“塑机之心　助学计划”为主题的援藏活动。宗旨是：改善藏区学生学习条件，提高受教育程度，为推动藏地实现全面建设小康社会目标略尽绵薄之力。

8月24—26日，受协会粟东平秘书长委托，李志涛副秘书长、培训部唐子玲主任前往九寨沟县草地乡下草地村调研走访。下草地村90%以上是白马藏族，受地理位置所限，没有可以大面积种植农作物的地方，完全靠天吃饭。

在开展学生家访时了解到：村里多数为留守老人和儿童，且孩子家长普遍教育程度较低。有的一家4口中，妻子在家照顾孩子或老人，丈夫一人在外打工，年收入有限，由于9年义务教育不需要承担上学费用，收入还勉强可以应付生活支出。但也有部分村民“因病致贫”，对这样的家庭来说，高中或者大学的学费将是严重的负担，这将导致子女受教育程度受限制。

地处该村的九寨沟县草地乡中心小学始建于1956年，于2008年“5.12”汶川大地震后学校异地重建，2009年8月竣工。援建后，学校基础设施较为齐全，但到如今也相对陈旧，且没有真正意义上的操场，学生只能在已破损的水泥硬化地面开展活动。全校开设教学班7个（含学前班1个），一至六年级各1个班；学生总数61人，来自附近3个村子；14位教师由县教育局分配，担任从教学、保安、保洁到厨师的所有工作，但是工作时间不稳定，一般2～3年就会被调走。

当地财政每年给学校拨款6万元（营养配餐单独拨款），用于学校的各项支出。如果想添置教学设备，只能从这6万元中节约出来。杨贵成校长想为学生修建篮球场的愿望，已经向县教育局申请了2年，还一直未能实现。

走访发现，该学校各方面都符合“塑机之心 助学计划”活动的主题。8月26日下午，李志涛副秘书长和唐子玲主任在马九云村委会主任、杨贵成校长的陪同下来到九寨沟县教育局，在刘君主任的见证下，将1万元捐赠款交到了杨贵成校长手里。刘君主任叮嘱杨贵成校长：此款只能用于改善学生的学习和生活条件，不得用于教师的福利奖金；如需购置其他设备，需与中国塑料机械工业协会协商，并且将款项用处的结果以文字和照片的形式告知协会。

此款虽然无法解决目前学校所有的困难，但是作为此次活动的组织者，中国塑料机械工业协会将会把“塑机之心　助学计划”一直持续下去，希望将来能有更多的会员单位加入进来，共同为藏区的教育事业贡献力量。

教育局刘君主任（左二）见证捐赠过程

每个班学生都没有超过10个

一家4口，只有一个劳动力在外打工

塑机之心 助学计划

干净整齐的寝室 铁柜已经严重腐蚀

全体师生在“操场”做课间操

空旷的教室 陈旧的桌椅

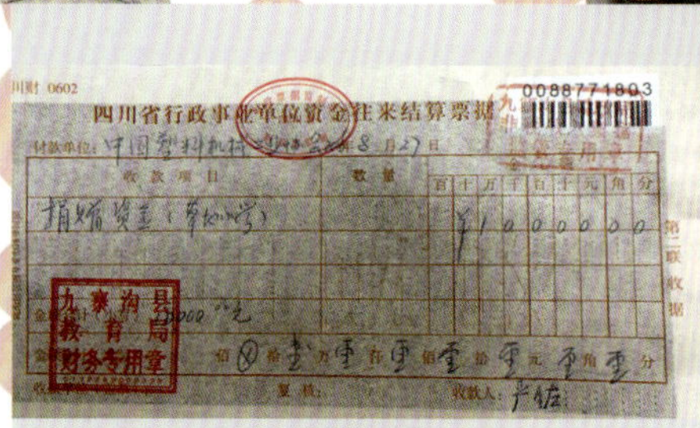
四川省行政事业单位资金往来结算票据
0088771803

捐赠票据

中国机械工业年鉴系列

中国塑料机械工业年鉴

2016

中国机械工业年鉴编辑委员会
中国塑料机械工业协会 编

机械工业出版社
China Machine Press

《中国塑料机械工业年鉴》2016年刊设置了综述、专文、统计资料、企业概况、产品与项目、标准与专利、附录等栏目，系统介绍了我国塑料机械工业在2015年至2016年上半年面临的局面及总体发展情况，分析塑料机械工业技术发展动向及取得的成绩，展现行业骨干企业的新面貌，记录行业发生的大事、科研新产品、新取得的发明专利及各类获奖奖项，直观反映了行业经济发展的新变化和新成就。2016年在常规编撰的基础上，加大对行业热点话题的报道，增加了汽车轻量化相关内容以及部分技术前沿文章。

《中国塑料机械工业年鉴》的主要发行对象为政府决策机构，塑料机械行业和塑料制品行业相关企业决策者，从事市场规划、企业规划的中高层管理人员。

图书在版编目（CIP）数据

中国塑料机械工业年鉴.2016/中国机械工业年鉴编辑委员会，中国塑料机械工业协会编.—北京：机械工业出版社，2016.11

（中国机械工业年鉴系列）

ISBN 978-7-111-55182-9

Ⅰ.①中… Ⅱ.①中… ②中… Ⅲ.①塑料—化工机械—中国—2016—年鉴 Ⅳ.①F426.45-54

中国版本图书馆CIP数据核字（2016）第250444号

机械工业出版社（北京市西城区百万庄大街22号　邮政编码 100037）

责任编辑：董 蕾　王 良

北京宝昌彩色印刷有限公司印制

2016年11月第1版第1次印刷

210mm×285mm·16.25印张·34插页·390千字

定价：260.00元

中国机械工业年鉴系列

作为『工业发展报告』

记录企业成长的每一阶段

中国机械工业年鉴

编辑委员会

中国塑料机械工业年鉴

记录历史 塑造品牌

中国塑料机械工业年鉴
执行编辑委员会

中国塑料机械工业年鉴

记录历史 塑造品牌

中国塑料机械工业年鉴 执行编辑委员会

中国塑料机械工业年鉴 编辑出版工作人员

总编辑　石　勇

主编　李卫玲

副主编　刘世博　曹　军

执行主编　任智惠

责任编辑　董　蕾　王　良

编辑　曹春苗

地址　北京市西城区百万庄大街22号（邮编100037）

编辑部　电话（010）88379810　传真（010）68997966

发行部　电话（010）68997975　传真（010）68997968

E-mail:cmiy@vip.163.com

http://www.cmiy.com

前　言

《中国塑料机械工业年鉴》作为记载我国塑料机械行业发展历程及发展成果的重要载体，已连续6年在传播行业信息、加强行业交流、扩大行业影响力、促进行业发展中发挥了重要作用。2016年《中国塑料机械工业年鉴》再谱新篇，将这一年塑料机械行业发展的精彩与不易娓娓道来。

2015年，“十二五”规划的收官之年。新型工业化、信息化、城镇化、农业现代化同步推进，内需潜力不断释放，为我国装备制造业发展提供了广阔的空间。而塑料机械行业作为装备制造业的亮点行业，在经历了我国产业结构调整的关键期之后也正迎来行业新常态。

这一年，资源环境约束日益强化，劳动力等生产要素成本不断上升，投资和出口增速明显放缓。针对于此，传统制造企业必须紧紧围绕“创新驱动、质量为先、绿色发展、结构优化、人才为本”的战略方针，进行企业结构转型升级，由“中国制造”向“中国智造”“中国创造”转变。

2015年，国务院印发《中国制造2025》；国家发改委、外交部、商务部联合发布《推动共建丝绸之路经济带和21世纪海上丝绸之路的愿景与行动》，“一带一路”战略全面实施。政府的鼓励政策、措施将更加有力地推动中国制造企业“走出去”，为正处于低位徘徊的中国制造业带来新的重要机遇。

2016年，“十三五”规划的开局之年。伴随国内经济结构转型、落后产能的淘汰，塑料机械行业也将是挑战与机遇共存。从七八十年代发展至今，塑料机械行业淘汰部分落后产能与进行转型升级是必然趋势；但同时，也为抓住时代机遇，将新一代信息技术与制造业深度融合的企业提供了更好的发展机会，这些企业正努力将传统制造方式升级转向基于信息物理系统的智能装备、智能工厂等智能制造领域。

我们坚信，在时代的机遇与挑战面前，蕴含攻坚克难强大生命力的塑料机械行业一定能在新的征程中书写新的辉煌。《中国塑料机械工业年鉴》将继续与社会各界和广大读者共同见证！

中国塑料机械工业协会会长　朱康建

2016年10月

中国塑料机械工业年鉴

记录历史 塑造品牌

中国塑料机械工业年鉴
特约顾问单位特约顾问

（排名不分先后）

特约顾问单位	特约顾问
海天国际控股有限公司	张静章
山东通佳机械有限公司	张建群
博创机械股份有限公司	朱康建
宁波市海达塑料机械有限公司	蒋忠定
香港力劲集团中山力劲机械有限公司	谢小斯
东华机械有限公司	杜　江
广东伊之密精密机械股份有限公司	廖昌清
广东金明精机股份有限公司	马镇鑫
佛山巴顿菲尔辛辛那提塑料设备有限公司	Toni Bernards
宁波海星机械制造有限公司	陈兴良
泰瑞机器股份有限公司	郑建国
苏州同大机械有限公司	徐文良
上海泓阳机械有限公司	魏昱进
广东正茂精机有限公司	李建军
科倍隆（南京）机械有限公司	沈　君
富强鑫（宁波）机器制造有限公司	王俊杰
宁波华美达机械制造有限公司	刘娟儿
仁兴机械（深圳）有限公司	梁伟祥
宁波弘讯科技股份有限公司	俞田龙
广东达诚技术股份有限公司	罗庆青
信易电热机械有限公司	吴峻睿
震雄集团	蒋志坚
上海金纬机械制造有限公司	何海潮
浙江申达机器制造股份有限公司	王　珏
广东佳明机器有限公司	陈镇洪
宁波海太工贸有限公司	俞　冲
宁波海雄塑料机械有限公司	郑　强
爱科机械（杭州）有限公司	徐红亮
广东乐善机械有限公司	郭锡南
四川金石东方新材料设备股份有限公司	陈绍江
张家港市贝尔机械有限公司	何德方
浙江金鹰塑料机械有限公司	潘明忠
江苏联冠科技发展有限公司	黄学祥
浙江精诚模具机械有限公司	梁　斌
大连橡胶塑料机械股份有限公司	林　炬
青岛福润德塑料挤出技术有限公司	赵炳仁
舟山市金久机械制造有限公司	顾建军
江苏维达机械有限公司	高学飞
南京艺工电工设备有限公司	赵如平
潍坊中云机器有限公司	张泽奎

中国塑料机械工业年鉴 特约顾问单位特约编辑

（排名不分先后）

特约顾问单位	特约编辑
海天国际控股有限公司	高世权
山东通佳机械有限公司	李　勇
博创机械股份有限公司	饶启琛
宁波市海达塑料机械有限公司	刘　维
香港力劲集团中山力劲机械有限公司	黄朝霞
东华机械有限公司	张国宪
广东伊之密精密机械股份有限公司	张　涛
广东金明精机股份有限公司	陈楚亮
佛山巴顿菲尔辛辛那提塑料设备有限公司	谭玉娟
宁波海星机械制造有限公司	陈凯定
泰瑞机器股份有限公司	周　玲
苏州同大机械有限公司	朱建新
上海泓阳机械有限公司	邢小花
广东正茂精机有限公司	邓思聪
科倍隆（南京）机械有限公司	付　晓
富强鑫（宁波）机器制造有限公司	陈晓周
宁波华美达机械制造有限公司	刘娟儿
仁兴机械（深圳）有限公司	梁志健
宁波弘讯科技股份有限公司	郑　琴
广东达诚技术股份有限公司	董骏铭
信易电热机械有限公司	陈彦良
震雄集团	黄小平
上海金纬机械制造有限公司	刘惠明
浙江申达机器制造股份有限公司	傅勇敏
广东佳明机器有限公司	方　来
宁波海雄塑料机械有限公司	张卫东
广东乐善机械有限公司	梁少玉
四川金石东方新材料设备股份有限公司	钟　毅
张家港市贝尔机械有限公司	仲清锋
浙江金鹰塑料机械有限公司	冯海波
江苏联冠科技发展有限公司	刘卫祥
大连橡胶塑料机械股份有限公司	程　卫
青岛福润德塑料挤出技术有限公司	韩　强
舟山市金久机械制造有限公司	陶家阳
宁波市塑料机械行业协会	陈　栋
张家港市塑料饮料机械协会	顾惠聪
广东省塑料工业协会注塑专业委员会	蔡恒志
青岛市塑料机械行业协会	胡　莹

华诞寄语

记录历史 塑造品牌

继往开来　同续辉煌

值此海天集团五十周年华诞之际，我谨代表集团向长期以来关心和支持海天发展的各级领导、行业同仁、海内外客户表示诚挚的感谢！

改革开放30多年来，尤其是自20世纪90年代国家提出“以塑代木、以塑代钢、节约资源、保护环境”这一远景规划后，我国塑料机械工业蓬勃发展，产值年增长率均保持在30%以上。据统计，我国塑料机械年产量约占全球的70%以上，已发展为真正的塑料机械制造大国，在世界塑料机械领域占有举足轻重的地位。国产塑料机械的种类齐全，塑料制品的质量逐年提高，并广泛应用于航空航天、国防工业、交通设施、电子电器、汽车、家电、物流、各类建筑材料等领域，在国民经济中发挥着重要作用。

海天塑机集团（简称海天）伴随行业同步成长，实现了跨越式发展。海天始创于1966年，1973年试制第一台60克直角式注塑机，1985年正式启用“海天”牌商标。海天已成为我国塑料机械行业的排头兵企业，其规模、年产量、销售额等综合经济指标自1994年开始位居全国同行第一，2009年开始位列全球同行第一。近三年，海天连续入围“中国机械制造品牌价值十强”，2015年已上升至十强中的第三名。

中国塑料机械工业协会成立以来，我先后担任协会副理事长、理事长。期间，海天代表中国塑料机械行业相继接待了加拿大哈斯基、德国德马格、奥地利恩格尔等世界塑机巨头的考察和访问。十多年的高速发展中，海天不仅取得了令人瞩目的成绩，也促进了行业的发展。

传统注塑机能耗过大，如何消除无功能耗曾是长期摆在我国塑机界面前的难题。海天在2000年之前曾推出J1型变量泵节能机，但节能效果不理想。2000年，张剑鸣总裁在变频器调节普通异步电动机转速功能的启发下，拟定了新一代节能注塑机的发展蓝图，在相继推出J2、J3型复合变频机后，2005年成功研制J5型伺服节能注塑机，并在2008年金融危机中带动海天销售额跃至世界同行第一，向整个业界展示了节能注塑机的真正魅力。之后，国内外塑机同行共享了海天技术。

早在2002年，海天就申报了发明专利——“变频注塑机的节能装置及节能方法”，并于2004年获得授权（专利号：ZL2002138601.3）。其中指明：“使用变频电机或永磁同步伺服电机，通过双闭环控制系统…达到最佳的节能效果”。所以，理论上J2型和J5型是同时成型并得到发明专利保护的。2006年再次以整机形式申报了实用新型专利——“伺服节能注塑机”，并于2007年获得授权（专利号:ZL200620140718.1）。这一发明成果随后在我国塑料注射成型机制造业中共享，推动我国塑料注射成型机在节能方面实现重大突破。

当前，制造业正处于传统生产模式向自动化、数字化、智能化变革的高速进程之中。随着《中国制造2025》的进一步落实，为了契合我国塑料机械行业智能化、柔性化的发展方向，海天“十三五”规划中将塑料机械研发的重中之重定为：在精密、高效方向继续深入，在智能化、复合化方向不断探索，占领世界塑机行业新的制高点，促进行业进一步转型升级。2016年4月底，震雄、伊之密、博创、金纬等中国塑料机械工业协会理事单位的50多位领导莅临海天参观考察。我和张剑鸣总裁接待了同行并与之交流发展经验，张剑鸣总裁还带领大家实地参观公司的最新分厂，观摩海天最先进的混合动力机型。

塑料机械是朝阳行业，发展前途远大。在国家“创新驱动”战略、“一带一路”政策实施的大背景下，海天倡导塑料机械行业开展良性竞争，加强技术共享，以整体提升我国塑料机械的制造水平，推进我国由塑料机械制造大国向制造强国转型；积极主动“走出去”，进一步拓展国际市场。希望各位同行：团结拼搏、同舟共济，共同推进协会、行业发展，实现企业共赢，共同创造更加辉煌的未来！为早日实现中国塑机制造强国之梦而奋斗！

中国塑料机械工业协会名誉会长、海天塑机集团董事长：

广告索引

记录历史　塑造品牌

聚焦“中国塑机高端自主数控（智能）装备”创新示范专栏

中国工业年鉴出版基地

油电/全电一机一手控制系统

COMPANY 公司介绍

宁波弘讯科技股份有限公司(以下简称 “弘讯科技” 、 “Techmation”)于1984年创立于中国台湾，三十余年持续专注于塑料机械工业自动化控制领域，已经成为国内知名的中高端塑料机械自动化系统解决方案供应商。2015年3月成功于上海证券交易所挂牌上市。弘讯科技秉持 “言必信 行必果 敦品笃实 不断创新” 的理念，以深厚的技术积累和行业经验为基础，以成功上市为契机，以长远的战略规划为导向，借助于资本市场发展平台，持续以引领创新的姿态与塑料机械行业共成长。

在塑料机械领域，弘讯科技将致力于推动塑料机械自动化控制向高精密、高智能、高性能发展，提高中国塑料机械核心竞争力，为中国作为塑料机械 “制造大国” 向 “制造强国” 转变提供支持。

同时，在 “中国制造2025” 战略的大背景下，积极为塑料加工业的信息化、网络化、无人化的高效智能管理而提供整体解决方案，将工业化与信息化深度融合，借助互联网的力量实现塑胶行业的智能制造，实现塑料加工 “工业4.0” 。

股票代码 603015

TECHMATION 弘訊科技
Innovation in Motion

Innovation in Motion

基于iNet的塑料加工行业"智慧工厂"平台：

通过软硬件结合的方式，对注塑车间硬件设备进行改型优化或者通过数据采集装置对原先设备的数据整合，借助通信业标准通信协议实现连接，并采用科学的信息管理模块、工业软件等对塑料加工车间的注射机生产数据进行实时采集与信息数据的分析，实现车间生产状态和注射机生产情况的实时监控、生产数据与上层管理系统自动连接、产品品质追溯等。从而提高资源利用率、提高车间操作的可见度、透明度，增强管理上的有效性等目的。同时通过与软件模块进行链接，实现MES整厂管理智慧化。

弘讯戮力打造物联网平台，藉由云端化的物联网平台，
未来行业大数据的分析挖掘与应用，实现塑料加工行业智慧工厂。

ADVANTAGES iNet的优势

历程管理

- 温度资料统计图表；
- 监测资料统计图表；
- 射出数据统计图表；
- 模温数据统计图表。

JOURNEY MANAGEMENT

模具管理

- 模具基础信息维护；
- 模具产品工艺关联；
- 模具使用记录统计；
- 人员操作机器权限。

MOLD MANAGEMENT

标准工艺

- 标准工艺参数统一；
- 工艺参数抛转；
- 参数范围设限；
- 参数修改记录追踪。

STANDARD PROCESS

机器监测

- 机器实时监控；
- 警告讯息记录分析；
- 设备操作状态记录。

MACHINE MONITORING

广告

股票代码 603015

TECHMATION 弘訊科技
Innovation in Motion

Innovation in Motion

案例介绍>>>

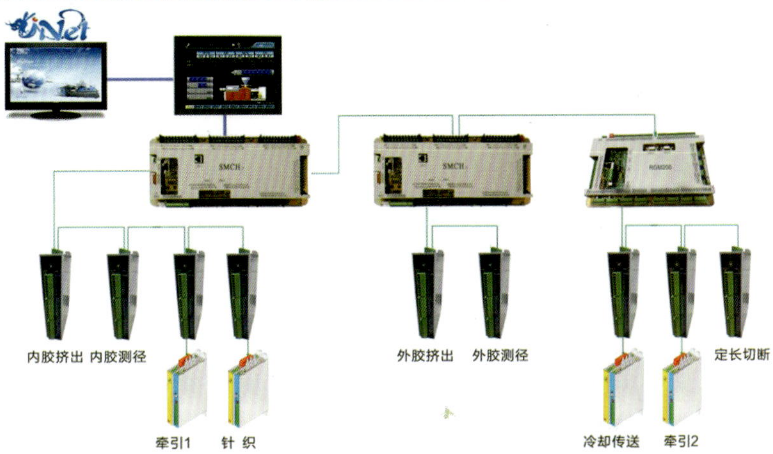

挤出线2—Extruder Line No. 2

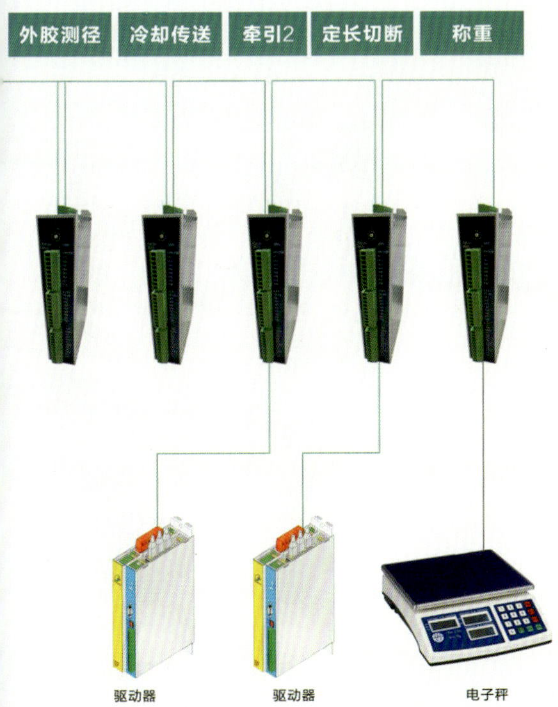

系统优势>>>

- 对内胶挤出机、牵引机、针织机、外胶挤出机、切断机实现集中操作，联动控制，满足中控概念
- 分散式控制系统，扩展能力强，配置灵活
- 与iNet联网系统结合，实现网络化、智能化管理
- 适用于管材、片材、切粒等挤出生产线

自强不息 务实创新 稳健经营 追求永续

总经理 蒋忠定

宁波市海达塑料机械有限公司
NINGBO HAIDA PLASTIC MACHINERY CO., LTD.

宁波市海达塑料机械有限公司是专业制造 HDX、HDJL、HDJS系列全自动塑料注射成型机的生产厂家，系中国塑料机械工业协会副会长单位、宁波塑料机械协会副会长单位，公司在行业内享有较高的知名度。近年来，公司陆续获得国家高新技术企业、浙江省著名商标、浙江省名牌产品、浙江省知名商号、浙江省安全生产标准化达标企业等国家、省级荣誉。公司于2000年获批自营进出口权，目前在世界上十几个国家和地区办理商标注册。在管理上，公司自2001年以来通过ISO9001质量认证、ISO14001认证、OHSAS18001认证和CE认证，获得宁波市绿色环保模范工厂、区劳动关系和谐企业、区文明企业和区政府质量奖。公司推行5S管理和ERP企业信息化管理，并取得了不错的成效。

宁波市海达塑料机械有限公司创建于1992年，目前占地面积20余万m^2，总资产5亿元，员工450人，其中具有中高级职称的技术骨干占30%以上，并常年聘请行业知名专家和教授担任技术顾问和管理顾问，并与国内著名学府联合创办了研究中心。自成立以来，公司一直本着自强不息、务实创新、稳健经营、追求永续的企业宗旨，不断为客户提供品质卓越、制造精良的塑机产品，通过与客户长期紧密合作共赢，谋求更高的发展和更好的进步。我们不断进行技改投入、增强企业可持续发展能力。

01

更加强化的锁模机构满足高效和快速的生产需求。

02

优越的开合模特性采用进一步优化的连杆排布机构，运行更快更平稳。

03

专业模板优化设计，模板经有限元分析软件优化设计，高刚性，高强度。

04

专业的塑化单元适合多种原料生产，显著地提高塑化性能。

05

卓越的注射性能，采用双缸注射方式，性能可靠稳定。

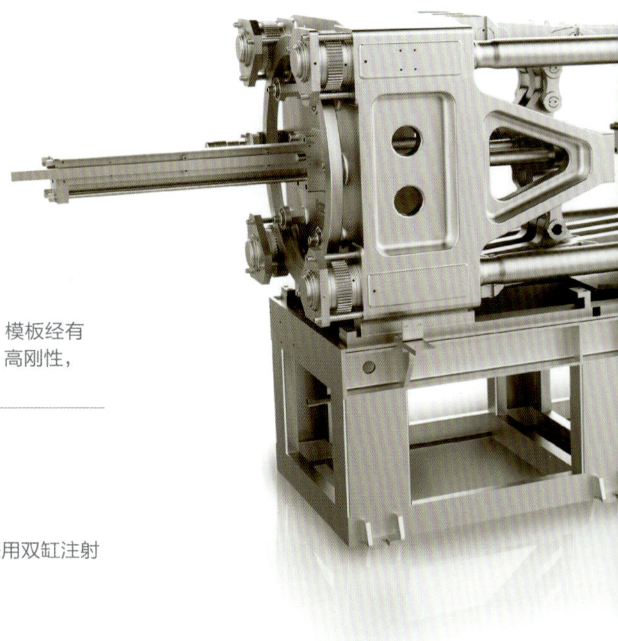

广告

海达
H-DJ®
海达塑机

· 中国塑料机械工业协会副会长单位
· 宁波塑料机械协会副会长单位

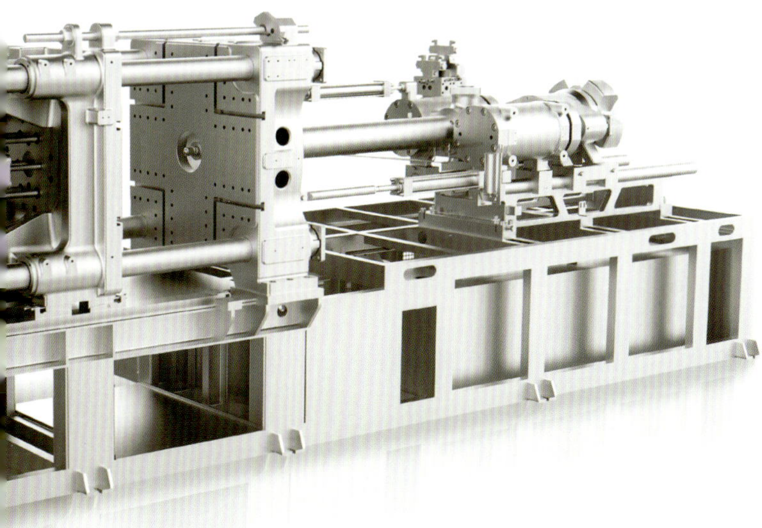

06

集中润滑系统，可靠保护配置定量分配集中润滑，提供更专业、更优良的润滑保护，延长机械寿命。

07

全新框架式结构，外观简洁大方，机身受力更加合理，刚性高。

08

高端注射机专用控制器，双 CPU 控制，控制与显示相对独立，运行稳定可靠，全新的人机界面操作方便，运算速度快，可靠性强，扩展性好。

油电复合
高精度伺服机械系统

海达油电复合高精度伺服节能注射机是根据目前国内塑料产品市场特点而全新开发的注塑机，既具有全电动的优点又比全电动成本更低。填补国内市场行业空白。

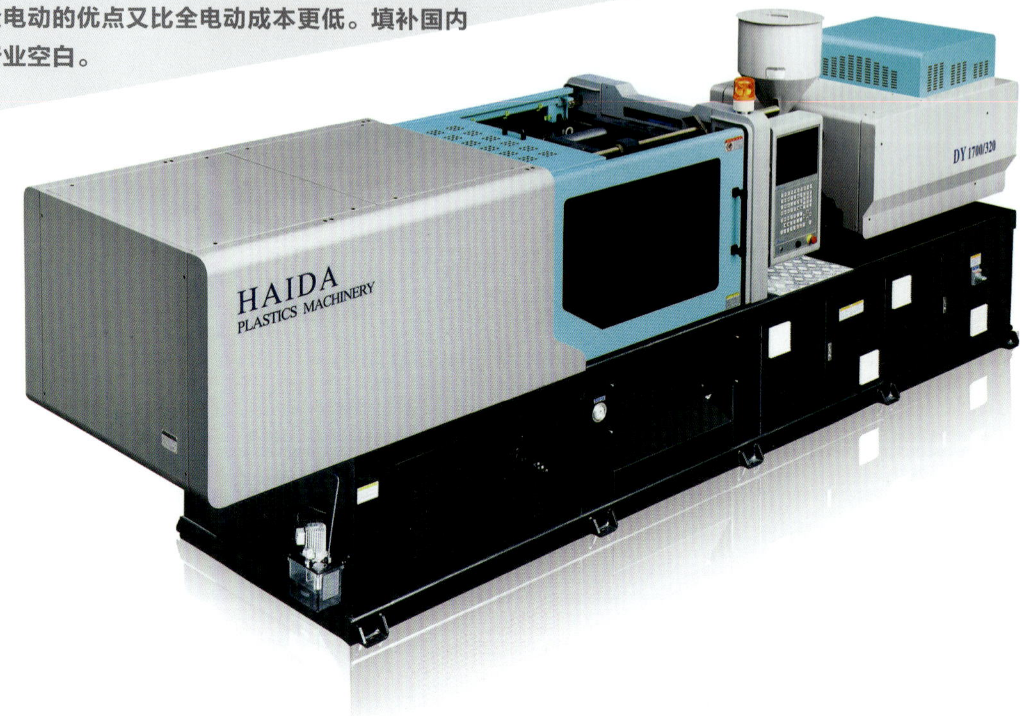

高精度

油电复合成型机到现在是精密度最高的机器。它采用压力、流量与位置控制全闭环的复合运算，真正地实现高精度、高重复性的全闭环控制。

提高生产效率

响应迅速、生产效率高；重复精度高、节省原材料。

优异的节能性

节省耗电量：冷却阶段，电机不需工作，耗电为 0。

节水和节油：与传统液压动力系统液压油相比用量减少 1/4~1/3，可以实现无需冷却，从而大幅节水。

更长机器寿命、更洁净工作环境

噪音排放更少：液压系统的噪声控制在国家标准范围内。

废热和冷却能量需求低，更适合带空调的生产环境：注塑机工作由开机至进入稳态油温上升 8℃ -10℃。

■ 应用领域

海达油电复合高精度伺服节能注塑机是油压式和电动式的综合，相比传统液压机器更快速、更精准。是目前国内全电动注塑机的理想替代品。

K系列
高性能快速薄壁注射机

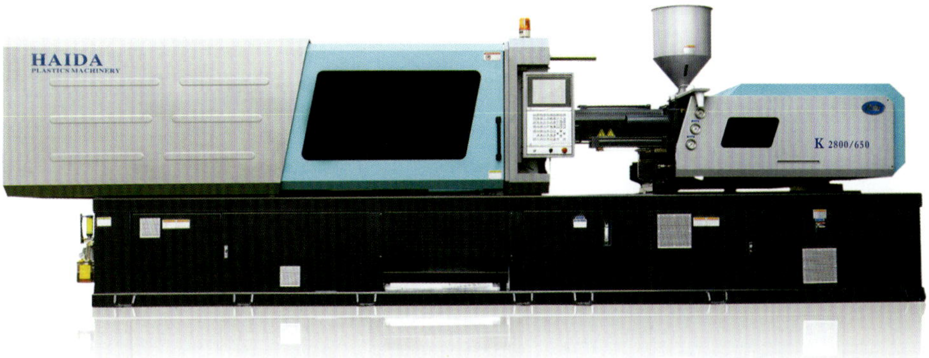

■ 海达K系列高性能快速薄壁注射机是针对目前市场高速薄壁制品、多腔类制品及有关民用制品而精心研发的机器。该机型是根据目前国际最新的设计理念结合海达几十年设计制造经验精心打造而成。

FAST 快

更高的工作效率

针对注塑生产的特点，将注塑、合模、液压、控制等一体的优化组合设计，大大缩短生产周期时间。

POWERFUL 强

更完善的机械结构

框架式机架设计，在有限元分析的基础上提高刚度和强度，大幅提升了机架精度，降低了机架的变形，使整机运行更平稳顺畅。

STABLE 稳

更严格的安全标准

符合国家强制安全标准，确保人员操作安全。

ECONOMICAL 省

更低的使用维护成本

多动作复合运行设计，高速低压注塑提高薄壁制品生产效率；高质量材料的使用，高寿命设计的机械结构，大大降低了维护成本。

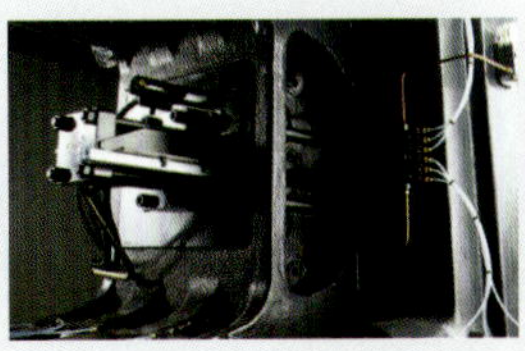

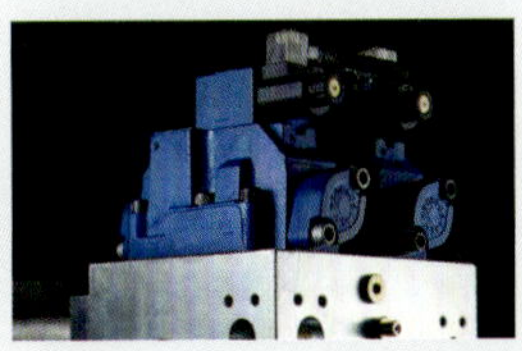

BORCHE

公司地址：广东省汕头市濠江区台商投资区濠江片区C04单元
营销直线：0754-81885166　0754-82518856
传真：0754-82518867　　售后：0754- 81885192
http：//www.dcdesigner.com　E-mail：wyw@dcdesigner.com　czx@ dcdesigner.com

宁波市塑料机械行业协会成立于2003年3月，是宁波塑料机械产业的行业组织，由宁波市塑料机械及相关的企业、团体自愿组成的非盈利性质社会团体法人。会员企业经营范围主要覆盖塑料机械、塑料辅机、塑料机械电脑、液压马达、机筒螺杆、控制电器等生产或经营单位。协会经过十二年的经营运作，日益健康规范，目前拥有会员单位99家，会长由海天塑机集团有限公司总裁张剑峰担任，副会长13人，分别由海太、双马、海星、海达、通用、创基、海雄、震雄（宁波）、金鹰、富强鑫、信易电热、康润及国家塑机产品检测中心的领导担任，理事单位20家。

协会的主要任务是：调查研究，提供建议，组织协调，自律管理，信息引导，全面服务。协会自成立以来，开展了多次富有成效的主题活动。如：承办或支持专业展会，为会员企业寻找商机；免费举办行业技术培训；组织国内外同业考察学习；开展行业统计分析；开展行业反倾销活动；主办《宁波塑机》刊物，并建立协会“宁波塑机”门户网站，及时、有效、丰富、全面地传输行业信息。

宁波塑料机械协会秘书长陈栋陪同中国塑料机械工业协会秘书长粟东平一行走访了双马、海星、海雄、华热等企业

宁波塑料机械协会组织副会长单位考察江西九江产业状况

会 长

张剑峰　海天塑机集团有限公司总裁

副会长

陈兴良　宁波海星塑料机械制造有限公司总经理
俞　冲　宁波海太工贸有限公司董事长
陈正明　宁波海雄塑料机械有限公司董事长
蒋忠定　宁波市海达塑料机械有限公司董事长
贾伟良　宁波双马机械工业有限公司董事长
张允升　宁波通用塑料机械制造有限公司董事长
石如芳　宁波创基机械有限公司董事长
蒋丽婉　震雄机械（宁波）有限公司副总裁
吴建洲　信易电热机械有限公司总经理
潘明忠　浙江金鹰塑料机械有限公司总经理
王俊杰　富强鑫（宁波）机器制造有限公司总经理
徐　新　宁波康润机械科技有限公司总经理
郭一萍　国家塑料机械产品质量监督检验中心高级工程师

中国机械工业年鉴系列

《中国机械工业年鉴》

《中国电器工业年鉴》

《中国工程机械工业年鉴》

《中国机床工具工业年鉴》

《中国通用机械工业年鉴》

《中国机械通用零部件工业年鉴》

《中国模具工业年鉴》

《中国液压气动密封工业年鉴》

《中国重型机械工业年鉴》

《中国农业机械工业年鉴》

《中国石油石化设备工业年鉴》

《中国塑料机械工业年鉴》

《中国齿轮工业年鉴》

《中国磨料磨具工业年鉴》

《中国热处理行业年鉴》

《中国机电产品市场年鉴》

《中国机械工业集团年鉴》

中国工业年鉴出版基地

编辑说明

一、《中国机械工业年鉴》是由中国机械工业联合会主管、机械工业信息研究院主办、机械工业出版社出版的大型资料性、工具性年刊，创刊于1984年。

二、根据行业需要，1998年中国机械工业年鉴编辑委员会开始出版分行业年鉴，逐步形成了中国机械工业年鉴系列。该系列现已出版了《中国电器工业年鉴》《中国工程机械工业年鉴》《中国机床工具工业年鉴》《中国通用机械工业年鉴》《中国机械通用零部件工业年鉴》《中国模具工业年鉴》《中国液压气动密封工业年鉴》《中国重型机械工业年鉴》《中国农业机械工业年鉴》《中国石油石化设备工业年鉴》《中国塑料机械工业年鉴》《中国齿轮工业年鉴》《中国磨料磨具工业年鉴》《中国机电产品市场年鉴》《中国热处理行业年鉴》和《中国机械工业集团年鉴》。

三、《中国塑料机械工业年鉴》由中国机械工业年鉴编辑委员会和中国塑料机械工业协会共同编撰，2009年创刊。2016年刊由综述、专文、统计资料、企业概况、产品与项目、标准与专利、附录栏目构成。集中反映了塑料机械行业的发展情况及发展趋势，全面系统地提供了塑料机械行业的主要经济指标。

四、统计资料来源于中国机械工业联合会、中国塑料机械工业协会、国家统计局（年报及快报）和中国海关。由于统计口径不一致，数据间若有出入，选用时请注意数据来源。

五、《中国塑料机械工业年鉴》主要发行对象为政府决策机构、机械工业相关企业决策者和从事市场分析、企业规划的中高层管理人员以及国内外投资机构、贸易公司、银行、证券、咨询服务部门和科研单位的机电项目管理人员等。

六、在编撰过程中得到了中国塑料机械工业协会及行业内众多专家、学者、工程技术人员和企业的大力支持和帮助，在此表示衷心感谢。

八、由于水平有限，难免出现错误和疏漏，敬请批评指正。

中国机械工业年鉴编辑部

2016年10月

综合索引

记录历史 塑造品牌

中国工业年鉴出版基地

目　　录

综　述

专　文

统计资料

企业概况

产品与项目

标准与专利

附　录

Contents

Overview

Special Articles

Statistical Data

General Situation of Enterprises

Products and Projects

Standards and Patents

Appendix

中国
塑料
机械
工业
年鉴
2016

综述

以宏观视角，分析 2015—2016 年我国塑料机械工业的经济运行情况；记录 2015 年对塑料机械工业产生重要影响的事件；说明印度反倾销终裁事件始末

综述

2015 年我国塑料机械工业发展情况

2016 年是“十三五”的开启年，也是我国实施制造强国战略首个十年行动纲领《中国制造 2025》的第二个年头。随着我国经济发展进入新常态，我国塑料机械工业的发展面临着新的机遇与挑战，加快结构调整、转型升级、提质增效、寻求和培育新的增长点，已成为全行业亟待推进的共同课题。

一、当前塑料机械行业形势

（一）国际形势

纵观当前国际形势，欧美发达经济体总体回升向好，而主要新兴经济体的增速继续回落。其中，美国经济增长较快，消费、投资、出口和房地产形势明显好转，失业率有所降低；欧元区和日本经济虽然好转，但增速缓慢，通缩压力较大，经济持续复苏仍面临不少制约；受石油等大宗商品价格大幅回落和地缘政治动荡等因素影响，俄罗斯和巴西经济出现衰退，同时还面临资本外流、货币大幅贬值、通胀上升压力，其他对资源出口依赖程度较高的新兴经济体也面临不同程度的困难与瓶颈；亚洲新兴经济体虽然总体情况相对较好，但由于结构调整进展缓慢导致内生增长动力不足，而外需疲弱又使得传统的出口拉动型经济增长模式难以为继，经济增速普遍持续放缓。

大国政治关系复杂化进一步加剧，制衡与反制衡不断上演，冲突与合作交叠并存。面对大国之间的战略博弈和频繁的局部动荡与争端，国际安全环境的复杂性、敏感性和不确定性显著增大，塑料机械行业国际市场面临新一轮挑战。发达国家以其技术和人才优势，仍然占据世界塑料机械市场的重要地位。如德国、意大利、日本等国的精密、大型、高端塑料机械产品，由于具有高技术含量、高附加值的优势，市场份额在世界遥遥领先，对我国塑料机械产业形成较大压力。同时，各国围绕市场、资源、人才、技术、标准等各方面的全球竞争愈演愈烈，各种形式的贸易保护主义使得我国塑料机械行业所面临的外部环境更趋复杂多变。面对贸易保护主义的抬头，中国塑料机械工业协会要积极引领行业企业了解国际规则，主动维护自身权益。

“一带一路”沿线上的东南亚、中西亚、中东欧各国均为我国塑料机械的重要出口地，加快“一带一路”建设则为促进我国塑料机械与沿线各国高分子复合材料加工业之间的产能合作提供了大好契机。

（二）国内形势

在“稳”字当头的宏观调控基础上，我国经济呈现出“经济增速换挡期、结构调整阵痛期和刺激政策消化期”三期叠加的态势，宏观经济将在相当一段时期继续处于增速收缓并面临下行压力状态，这对于为国民经济各领域提供专用装备的塑料机械行业而言，势必会对内需造成一定的冲击，但是行业更应当充分把握机遇，苦下功夫促进转型升级，推动自主创新，实施高端发展战略，切实推进我国塑料机械行业由大变强的转变。

我国塑料机械工业的显著特色是以民营企业为主，企业数量约占行业 95% 以上，具有较强的市场敏锐性、自生发展动能、风险防控意识和浓厚的感恩文化。经过 50 多年的自我发展和淘汰，规模企业不断崛起，产业层次逐步升级，经济总量迅猛增长，国际竞争力显著提高，科研水平和自主创新能力不断增强，小行业展现出大气魄。随着政府主管部门重视程度的不断提高，塑料机械行业的发展上升为国家战略，吸引着国内外广泛关注的目光，行业地位和影响力也显著提升。

（三）全国机械工业发展形势

根据中国机械工业联合会的统计分析，2015年我国机械工业增速大幅回落，2016年下行有望趋缓趋稳，预计全行业将在“L”形底部继续盘整，全年可望实现与2015年相近的小幅增长。

1．延续2014年下滑颓势，2015年继续快速下行

2015年由此前多年的“两高于”变为“两低于”，凸显了运行形势之严峻：工业增加值增速低于工业平均水平；全行业效益增幅低于同期产销增幅。

2．行业运行正在发生诸多趋势性变化

（1）增长速度持续下行。随着工业化初中期向中后期阶段转变，机械工业的实物需求明显趋缓，行业发展已进入增长更趋平缓、竞争更加激烈的新时期。在此背景下，今后行业发展已不能再靠产能扩张支撑，而必须转向依靠创新驱动，由规模速度型向质量效益型转变。

（2）分化加剧，结构发生变化。突出表现在三方面：一是消费类行业好于投资类行业；二是同一行业中，高端、绿色、新兴产品产销形势明显好于中低端传统产品；三是零部件行业好于主机行业。

（3）民营企业权重持续上升。在同样严峻的环境下，民营机械企业表现出了很强的应变能力。其主营收入、利润、出口创汇等主要经济指标的增速，不但高于国有企业，而且也高于三资企业，实现了远高于全行业平均水平的增长。

（4）形势趋严拉开了地区及企业间的差距。市场化程度较深、“机器换人”力度较大的江浙粤地区表现出了较强抗跌能力，这些地区基数虽较大，但增速回落反而较平缓。而改革和创新相对滞后的地区和企业在本轮调整中增速回落格外剧烈。

（5）技改投资增速和占比上升。2015年1—12月累计完成技术改造投资1.375万亿元，同比增长18.72%，高出同期全部固定资产投资增幅（9.75%）近一倍，在全部固定资产投资中的占比已达27.9%，比上年（25.8%）提高了2.1个百分点。

（6）转型升级已启动并艰难前行。主要表现在：政策环境日趋改善；主攻高端频传喜讯；夯实基础初露曙光；创新驱动渐受重视，能力建设开始升温；节能减排助力企业解困；新兴产业发展升温；国际竞争力有所上升；实物产量虽下降，但产出价值仍增加。

二、2015—2016年塑料机械行业发展概况

（一）2015年行业经济运行情况

2015年我国塑料机械制造业规模以上企业389家，行业经济下行压力增大，特别是进入第三季度以来，行业出口交货值、主营业务收入和利润总额等经济指标同比出现阶段性两位数降幅，12月有所回升。2015年我国塑料机械规模以上企业主要经济指标见表1。2015年我国塑料机械制造业主要经济指标走势见图1。

表1　2015年我国塑料机械规模以上企业主要经济指标

序号	统计指标	金额（亿元）	同比增长（%）
1	出口交货值	84.27	−7
2	流动资产	387.01	12
3	流动资产中应收账款	99.06	1
4	存货	102.81	1
5	存货中产成品	34.47	1
6	资产总计	593.61	5
7	负债总计	267.15	−0.02
8	主营业务收入	521.78	−2
9	主营业务成本	410.05	−1
10	主营业务税金及附加	2.93	4
11	销售费用	26.65	1
12	管理费用	37.21	3
13	财务费用	3.99	−6
14	财务费用中利息支出	4.47	9
15	利润总额	49.46	3
16	主营活动利润	40.95	2
17	税金总额	18.96	7
18	应交增值税	16.02	7
19	亏损企业数	74家	21
20	亏损额	3.10	29

注：数据来源于国家统计局。

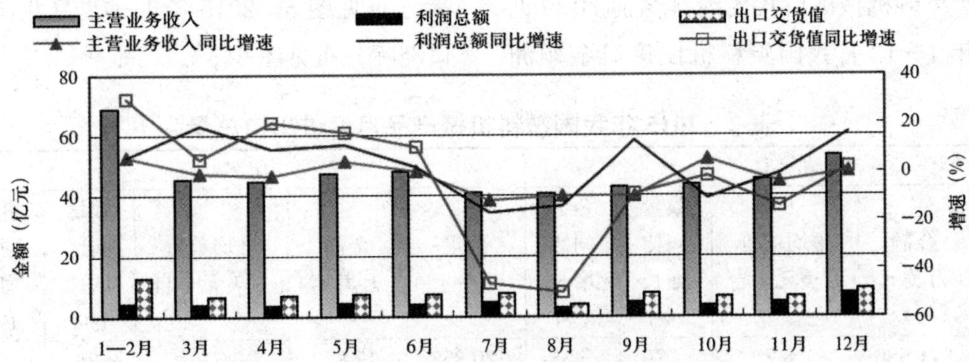

图 1　2015 年我国塑料机械制造业主要经济指标走势

注：数据来源于国家统计局。

进出口方面，根据海关统计数据，2015 年我国进口塑料机械 18 027 台，同比下降 17.1%；进口金额 15.3 亿美元，同比下降 23%；进口平均单价由上年同期的 9 万美元/台下滑至 8 万美元/台。出口塑料机械 458 723 台，出口金额 18.9 亿美元，同比分别增长 98.9%、2.3%，出口平均单价 0.4 万美元/台。全年累计贸易顺差 3.6 亿美元。

分产品来看，2015 年我国进口注塑机 6 164 台，进口金额 6.6 亿美元，分别占同期进口塑料机械总量和总金额的 34%、43%，进口注塑机单价 10.7 万美元/台； 3D 打印机进口 6 698 台，占同期进口塑料机械总量的 37%，金额为 4 986 万美元，占同期进口塑料机械总金额的 3.27%，进口单价 0.7 万美元 / 台。出口注塑机 22 282 台，出口金额 9.8 亿美元，分别占同期塑料机械出口总量和总金额的 4.86%、51.96%，出口注塑机平均单价 4.4 万美元/台；3D 打印机出口 154 626 台，占同期塑料机械出口总量的 33.71%，出口金额为 4 289 万美元，占同期塑料机械出口总金额的 2.27%，出口平均单价 277.38 美元/台；出口其他模塑或成型机器 254 837 台，占同期塑料机械出口总量的 55.55%，金额 1.07 亿美元，占同期塑料机械出口总额的 5.69%。3D 打印机和其他模塑或成型机器出口量大金额小，拉低了塑料机械装备的整体出口平均单价水平。若排除此部分影响，2015 年我国共计出口注塑机、挤出机、吹塑机、塑料中空成型机和塑料压延成型机 49 260 台，出口金额 17.4 亿美元，出口平均单价 3.5 万美元/台，顺差约 3.7 亿美元。

进口来源地方面，2015 年 1—12 月从日本、德国、中国台湾、韩国、意大利、美国、奥地利和瑞士等进口塑料机械 14 390 台，同比下降 15.93%，进口金额 14.6 亿美元，同比下降 22.33%；进口数量和金额分别占我国同期进口塑料机械总数的 79.54% 和 95.47%。

在我国塑料机械出口市场排在前 10 位的国家中，越南、泰国、韩国和墨西哥同比增长较快，而出口至土耳其和伊朗同比下降较大。出口至这 10 个国家的塑料机械数量虽然仅占同期塑料机械出口总量的 19.12%，但出口金额占比达 50.62%。

按洲际来看，2015 年 1—12 月从亚洲进口塑料机械约 8.6 亿美元，同比下降 13%，出口至亚洲的金额约 11.6 亿美元，同比增长 4.6%；从欧洲进口约 6 亿美元，同比下降 31%，出口至欧洲约 2 亿美元，同比下降 7%；从北美洲进口 6 443 万美元，同比下降 31%，出口至北美洲约 1.2 亿美元，同比增长 2.35%；出口至拉丁美洲约 2 亿美元，同比下降 0.48%；出口至非洲约 1.9 亿美元，同比增长 1.33%；出口至大洋洲 1 685 万美元，同比增长 17.73%。2015 年我国塑料机械产品月度进出口总量见表 2。2015 年我国塑料机械进出口数量增速走势见图 2。2015 年我国塑料机械进出口金额增速走势见图 3。2015 年我国塑料机械贸易顺差走势见图 4。2015 年 1—12 月我国塑料机械产品进出口分税号统计见表 3。2015 年 1—12 月我国塑料机械进口来源地排名前 10 位见表 4。2015 年

1—12月我国塑料机械出口目的地排名前10位见表5。2015年1—12月我国塑料机械进口金额洲际分布见图5。2015年1—12月我国塑料机械出口洲际分布见图6。

表2　2015年我国塑料机械产品月度进出口总量

月份	进口					出口					贸易顺差
	数量（台）	金额（万美元）	平均单价（万美元/台）	数量同比增长(%)	金额同比增长(%)	数量（台）	金额（万美元）	平均单价（万美元/台）	数量同比增长(%)	金额同比增长(%)	金额（万美元）
1	1 408	11 586	8.2	70	−38	20 858	17 822	0.9	20	4	6 236
2	752	8 520	11.3	−64	−25	17 690	18 035	1.0	448	74	9 515
3	1 910	12 460	6.5	2	−33	5 673	12 586	2.2	−65	−10	126
4	1 477	15 626	10.6	5	−4	33 268	14 927	0.4	128	−1	−699
5	1 673	15 971	9.5	69	1	44 488	12 899	0.3	156	−15	−3 072
6	1 103	13 500	12.2	−7	−30	25 934	15 605	0.6	75	5	2 105
7	1 759	14 396	8.2	31	−9	16 846	14 960	0.9	−46	−1	564
8	1 324	14 706	11.1	−6	−22	46 992	15 716	0.3	187	2	1 010
9	1 323	13 888	10.5	−11	−10	56 652	16 240	0.3	155	4	2 352
10	2 718	10 091	3.7	126	−25	51 287	16 174	0.3	52	8	6 083
11	1 239	10 674	8.6	−80	−38	71 191	15 029	0.2	232	−15	4 355
12	1 405	11 054	7.9	−16	−33	90 175	19 106	0.2	316	2	8 052

注：数据来源于中国海关。

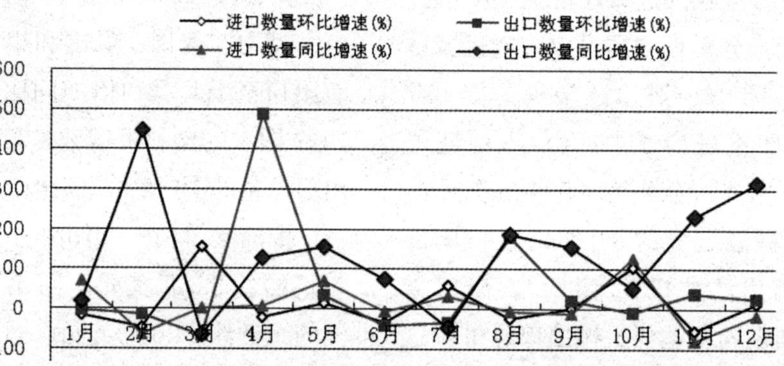

图2　2015年我国塑料机械进出口数量增速走势

注：数据来源于中国海关。

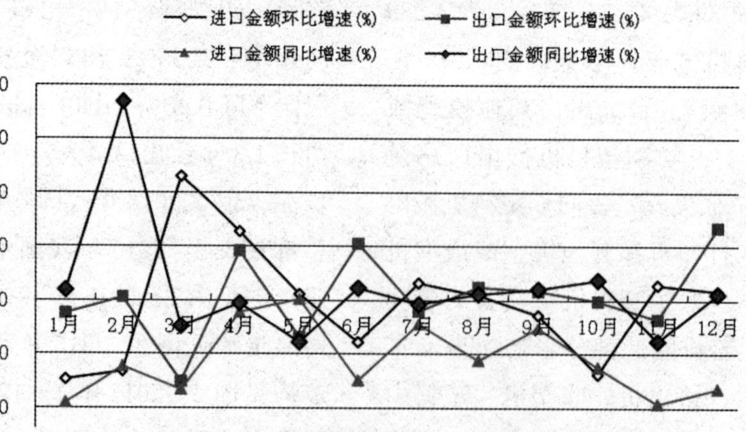

图3　2015年我国塑料机械进出口金额增速走势

注：数据来源于中国海关。

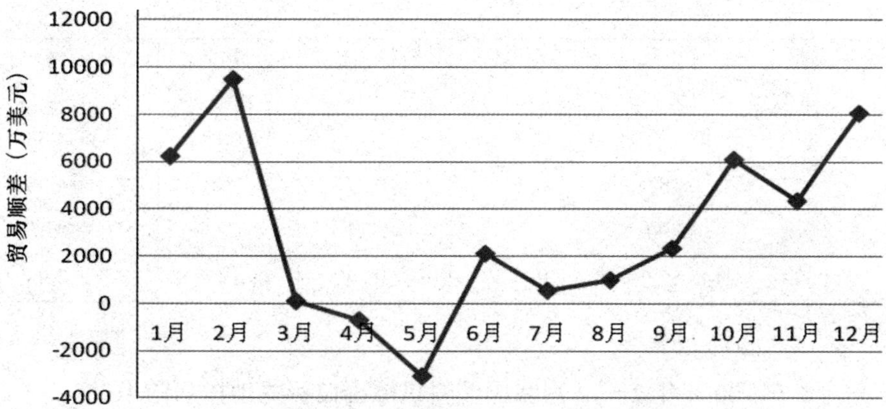

图 4　2015 年我国塑料机械贸易顺差走势

注：数据来源于中国海关。

表 3　2015 年 1—12 月我国塑料机械产品进出口分税号统计

序号	税号	名称	进口				出口			
			数量（台）	数量占比(%)	金额（万美元）	金额占比(%)	数量（台）	数量占比(%)	金额（万美元）	金额占比(%)
1	84771010	注塑机	6 164	34.19	65 760	43.08	22 282	4.86	97 987	51.96
2	84771090	其他注射机	270	1.50	3 839	2.51	993	0.22	3 698	1.96
3	84772010	塑料造粒机	173	0.96	17 355	11.37	3 287	0.72	7 859	4.17
4	84772090	其他挤出机	746	4.14	19 990	13.09	7 594	1.66	29 341	15.56
5	84773010	挤出吹塑机	127	0.70	8 471	5.55	2 506	0.55	7 220	3.83
6	84773020	注射吹塑机	75	0.42	2 410	1.58	412	0.09	1 204	0.64
7	84773090	其他吹塑机	100	0.55	5 853	3.83	6 377	1.39	9 905	5.25
8	84774010	塑料中空成型机	60	0.33	1 596	1.05	1 561	0.34	5 677	3.01
9	84774020	塑料压延成型机	84	0.47	2 760	1.81	907	0.20	2 303	1.22
10	84774090	其他真空模塑机及其他热成型机器	771	4.28	9 183	6.02	3 341	0.73	8 352	4.43
11	84775910	3D 打印机	6 698	37.16	4 986	3.27	154 626	33.71	4 289	2.27
12	84775990	其他模塑或成型机器	2 759	15.30	10 456	6.85	254 837	55.55	107 29	5.69
合计			18 027	100.00	152 659	100.00	458 723	100 .00	188 564	100 .00

注：数据来源于中国海关。

表 4　2015 年 1—12 月我国塑料机械进口来源地排名前 10 位

序号	国家或地区	数量（台）	金额（万美元）	平均单价（万美元 / 台）	数量占比(%)	金额占比(%)	数量同比增长(%)	金额同比增长(%)
1	日本	4 052	56 735	14.0	22.40	37.21	-6.64	-1.54
2	德国	1 213	42 606	35.1	6.70	27.94	4.84	-33.67
3	中国台湾	1 947	15 223	7.8	10.76	9.98	0.00	-45.26
4	韩国	772	9 057	11.7	4.27	5.94	17.33	22.75
5	意大利	233	7 353	31.6	1.29	4.82	-8.63	-32.91
6	美国	3 342	5 532	1.7	18.47	3.63	6.20	-26.61
7	奥地利	127	2 780	21.9	0.70	1.82	-13.61	-50.27

（续）

序号	国家或地区	数量（台）	金额（万美元）	平均单价（万美元 / 台）	数量占比(%)	金额占比(%)	数量同比增长(%)	金额同比增长(%)
8	克罗地亚	140	2 209	15.8	0.77	1.45	833.33	585.28
9	瑞士	48	2 187	45.6	0.27	1.43	4.35	-10.70
10	中国	2 516	1 890	0.8	13.91	1.24	-53.45	-46.31
合 计		14 390	145 572	10.1	79.54	95.47	-15.93	-22.33

注：数据来源于中国海关。

表 5　2015 年 1—12 月我国塑料机械出口目的地排名前 10 位

序号	国家或地区	数量（台）	金额（万美元）	平均单价（万美元 / 台）	数量占比(%)	金额占比(%)	数量同比增长(%)	金额同比增长(%)
1	越南	5 381	17 734	3.3	1.12	9.38	19.10	25.94
2	泰国	2 401	13 169	5.5	0.50	6.96	16.50	35.51
3	美国	68 140	11 222	0.2	14.16	5.93	63.81	2.77
4	印度尼西亚	2 413	9 497	3.9	0.50	5.02	-1.83	1.61
5	土耳其	1 904	8 606	4.5	0.40	4.55	-14.08	-19.75
6	伊朗	2 617	8 085	3.1	0.54	4.28	-21.36	-18.04
7	印度	2 620	7 631	2.9	0.54	4.04	9.35	9.82
8	韩国	2 622	7 117	2.7	0.55	3.76	24.62	24.09
9	墨西哥	1 334	6 410	4.8	0.28	3.39	24.21	39.05
10	马来西亚	2 548	6 251	2.5	0.53	3.31	7.24	-1.31
合 计		91 980	95 722	1.0	19.12	50.62	43.43	8.43

注：数据来源于中国海关。

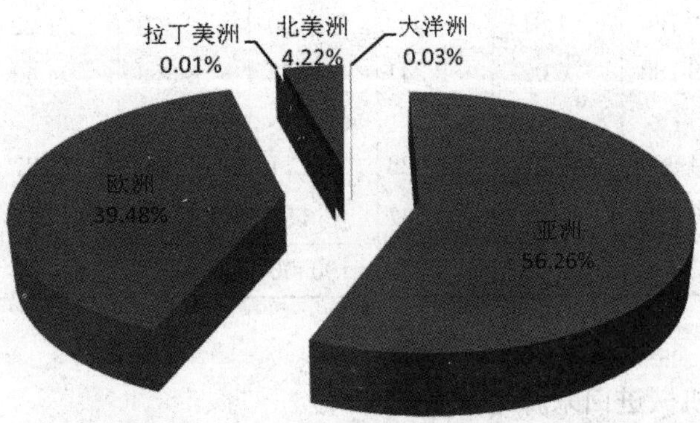

图 5　2015 年 1—12 月我国塑料机械进口金额洲际分布

注：数据来源于中国海关。

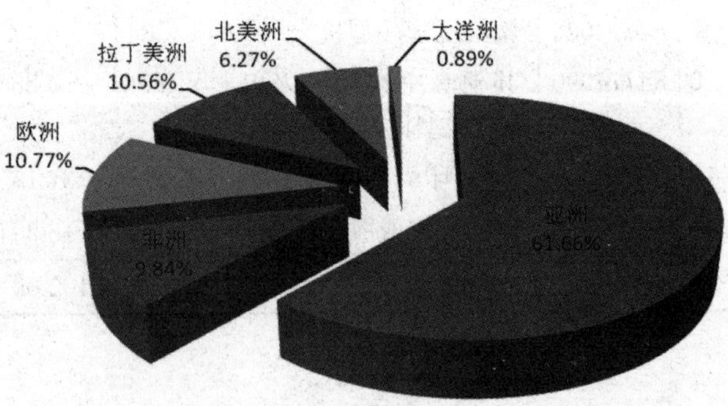

图 6　2015 年 1—12 月我国塑料机械出口洲际分布

注：数据来源于中国海关。

（二）重点企业发展情况

自 2011 年中国塑料机械工业协会在行业里首次开展优势企业排序及分析研究工作以来，面向社会各界推出了“中国塑料机械制造业综合实力 20 强企业”“中国塑料注射成型机行业 10 强企业”“中国塑料挤出成型机行业 5 强企业”“中国塑料中空成型机行业 3 强企业”。入榜名单成为国内外塑料机械相关产业及用户了解中国塑料机械企业发展的风向标。随着影响力的日益扩大，此项工作得到业内越来越多企业的支持和参与。

随着行业和企业的不断发展，在2011年和2012年评选的基础上，2013年中国塑料机械制造业综合实力优势企业评选扩大到25强，中国塑料挤出成型机优势企业评选扩大到10强；2014年还首次增加了中国塑料机械辅机及配套件行业5强；2015年中国塑料注射成型机优势企业评选扩大到15强。

根据2010—2014年5年的统计数据，中国塑料机械行业优势企业的主要经济指标占行业同期总量的比例分别为：资产总额占56%、主营业务收入占42%、利润总额占58%、纳税总额占60%、出口金额占51%。中国塑料机械优势企业已成为塑料机械行业发展进程中名副其实的支柱。

行业优势企业排序活动，不仅为全社会和政府部门提供了权威信息，让社会各界对中国塑料机械行业优势企业的实力有了一个全面的了解，同时更进一步坚定了企业做大做强的决心。中国塑料机械行业优势企业主要经济指标同比增速见图7。中国塑料机械行业优势企业主要经济指标在行业内占比情况见图8。

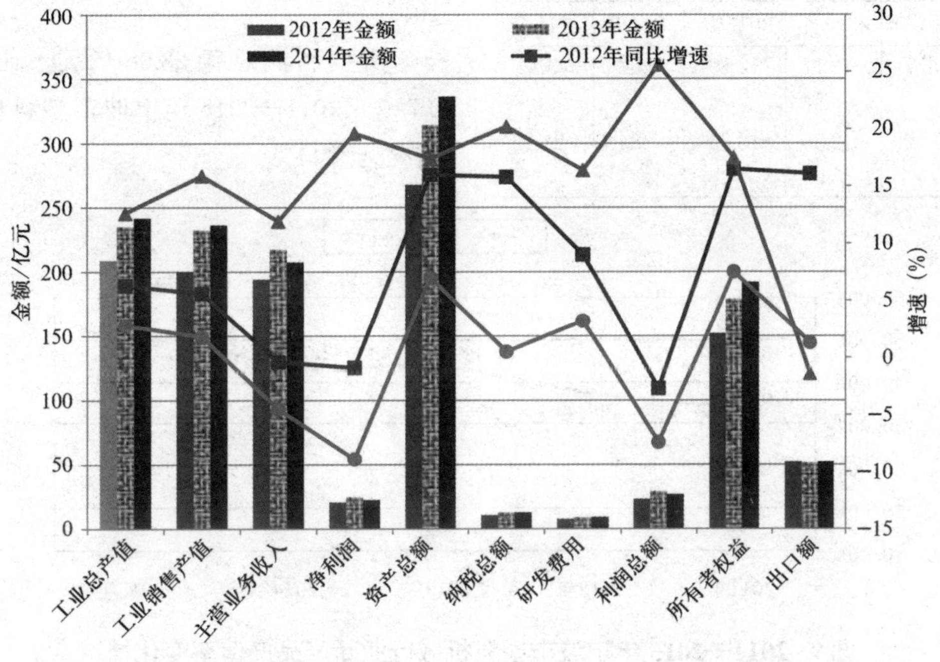

图7 中国塑料机械行业优势企业主要经济指标同比增速

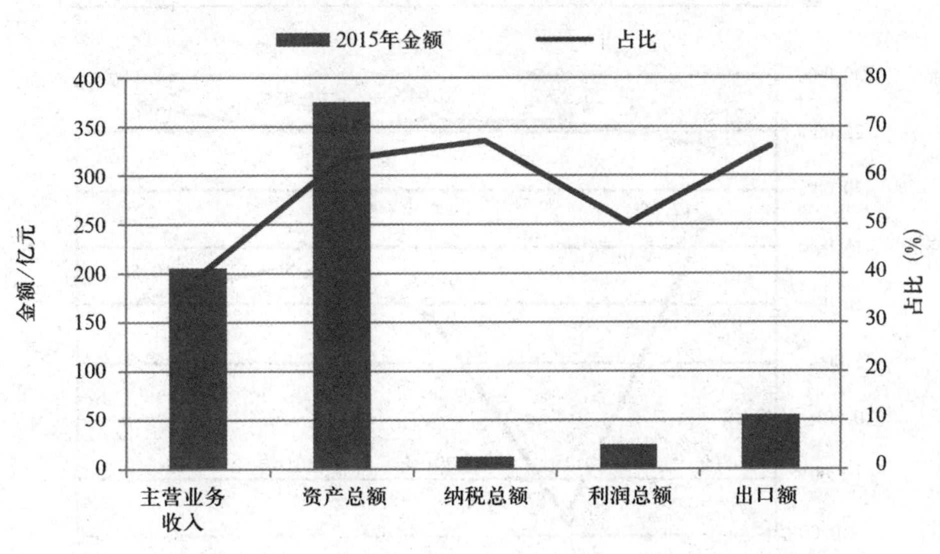

图8 中国塑料机械行业优势企业主要经济指标在行业内占比情况

（三）重点产业集群发展情况

2015 年，宁波市塑料机械行业完成工业销售产值 152.78 亿元，同比增长 3.37%；工业资产总计 265.31 亿元，同比增长 8.61%；工业总产值 125.22 亿元，比 2014 年同期下降 21.25%；主营业务收入完成 143.62 亿元，同比下降 3.14%。行业整体经济效益呈明显下降态势，2011—2015 年宁波市塑料机械行业产销增长情况见表 6。

表 6　2011—2015 年宁波市塑料机械行业产销增长情况（%）

指　标	2011 年	2012 年	2013 年	2014 年	2015 年
主营业务收入增长率	0.77	−12.77	12.89	5.57	−3.14
工业总产值增长率	0.02	−12.56	13.85	7.84	−21.25

虽然行业整体经济效益持续下降，但是对塑料机械产品创新投入依然保持增长，结构调整仍在积极推进当中。2015 年行业新产品产值达 67.53 亿元，产值率为 53.93%，比 2014 年明显增加。2011—2015 年宁波市塑料机械行业新产品产值率变化情况见图 9。

出口交货值完成 41.61 亿元，出口增幅 10.50%，比 2014 年略有减少，出口交货值占销售产值比重为 27.23%，略高于上年同期。2011—2015 年宁波市塑料机械行业产销增长情况见图 10。

实现利润总额 23.06 亿元，比 2014 年增长 0.72%。2011—2015 年宁波市塑料机械行业利润情况见图 11。

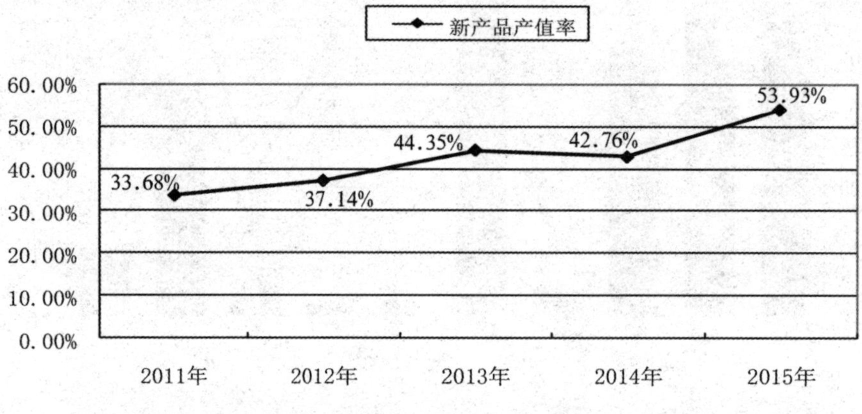

图 9　2011—2015 年宁波市塑料机械行业新产品产值率变化情况

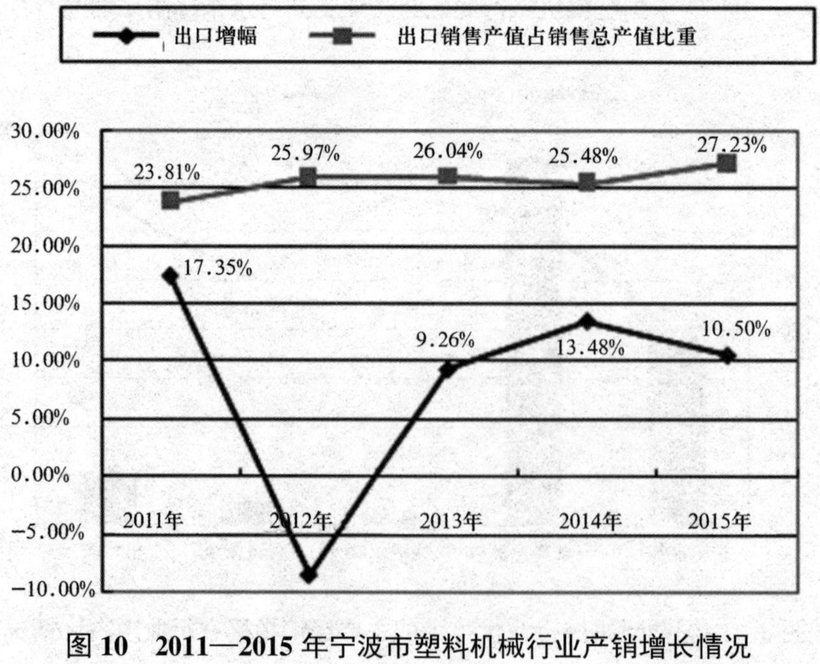

图 10　2011—2015 年宁波市塑料机械行业产销增长情况

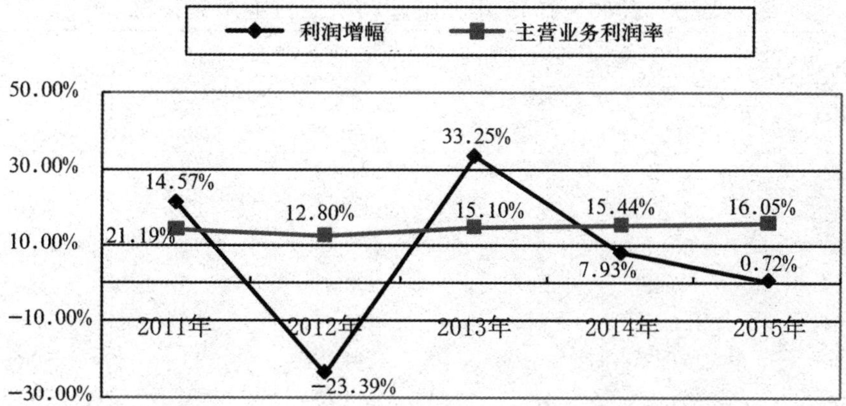

图 11　2011—2015 年宁波市塑料机械行业利润情况

根据宁波市塑料机械行业协会的统计，宁波市重点塑料机械企业 2015 年共实现工业总产值 112.19 亿元，比 2014 年下降 21.25%，占全市工业总产值的 89.59%。新产品产值、工业销售产值、出口交货值三项指标均占宁波市塑料机械行业 80% 以上，负债总计、产品销售收入、利润总额三项指标占全市塑料机械行业 70% 以上，其中利税所占份额最高，达 94.26%。2015 年宁波市重点塑料机械企业主要经济指标见表 7。

表 7　2015 年宁波市重点塑料机械企业主要经济指标

序号	指　标	金额（万元）	占比（%）
1	新产品产值	602 036	89.15
2	工业销售产值	1 421 422	93.04
3	出口交货值	424 591	80.96
4	资产总计	1 840 608	69.37
5	负债总计	687 684	71.56
6	产品销售收入	1 130 535	78.71
7	利税总额	228 257	94.26
8	利润总额	180 676	78.35

宁波市重点塑料机械企业 2015 年工业总产值、新产品产值、产品销售收入三项指标均出现不同幅度下降，其中工业总产值降幅最大，达 21.25%。工业销售产值、负债总计、利税总额、利润总额、从业人员平均数等五项指标小幅上升。出口交货值增幅明显，达 10.50%。2015 年宁波市重点塑料机械企业主要经济指标增长情况见表 8。

表 8　2015 年宁波市重点塑料机械企业主要经济指标增长情况

序号	经 济 指 标	同比增长（%）
1	工业总产值	-21.25
2	新产品产值	-0.69
3	工业销售产值	3.37
4	出口交货值	10.50
5	资产总计	8.61
6	负债总计	2.73
7	产品销售收入	-3.14
8	利税总额	2.07
9	利润总额	0.72
10	从业人员平均数	2.54

三、“十二五”期间塑料机械行业发展回顾

（一）行业总体情况

从“十一五”到“十二五”期间，我国塑料机械规模以上塑料机械企业工业总产值从 2006 年的 221 亿元增长到 2015 年的约 580 亿元，年均增速为 11.3%；工业销售产值从 2006 年的 216 亿元增长到 2015 年的约 530 亿元，年均增速为 10.5%；出口交货值从 2006 年的 43 亿元增长到 2015 年的 85 亿元，年均增速为 8.6%；利润总额从 2006 年的 17 亿元增长到 2015 年的 50 亿元，年均增速为 12.7%。2006—2015 年我国塑料机械行业产销指标见表 9。2006—2015 年我国塑料机械行业产销情况见图 12。2006—2015 年我国塑料机械行业产销同比增速走势见图 13。

表 9　2006—2015 年我国塑料机械行业产销指标

年份	规模企业（家）	工业总产值		工业销售产值		出口交货值	
		金额（亿元）	同比增长（%）	金额（亿元）	同比增长（%）	金额（亿元）	同比增长（%）
2006	413	221.33	15	216.08	19	42.82	42
2007	454	267.73	21	260.61	21	53.04	24
2008	473	280.43	5	262.98	1	54.83	3
2009	521	258.48	-8	250.85	-5	36.46	-34
2010	564	421.06	63	400.65	60	59.57	63
2011	330	464.51	10	444.46	11	80.59	35
2012	365	462.06	-1	444.73	0	75.66	-6
2013	376	526	14	490	10	73.61	-3
2014	397	571	9	528	8	90.49	23
2015	389	580	1.6	530	0.4	84.27	-7

注：数据来源于国家统计局和行业统计。

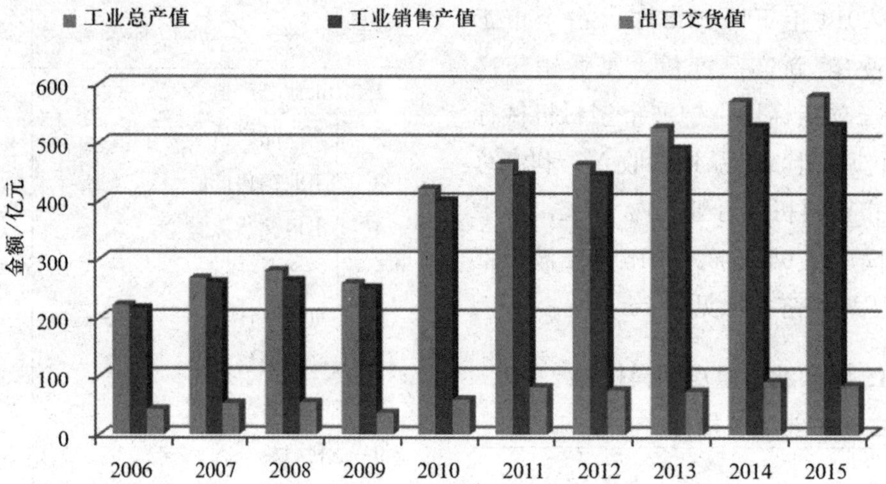

图 12　2006—2015 年我国塑料机械行业产销情况

注：数据来源于国家统计局和行业统计。

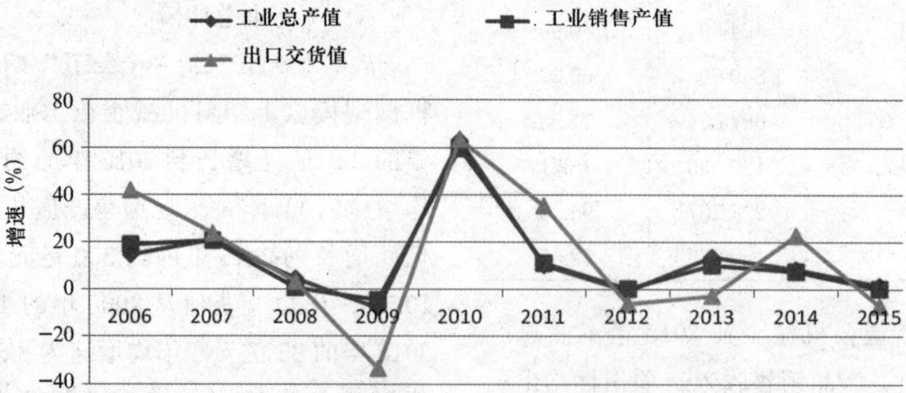

图 13　2006—2015 年我国塑料机械行业产销同比增速走势

注：数据来源于国家统计局和行业统计。

与我国机械行业 20 多个主要行业横向对比发现，近年来塑料机械规模以上企业平均主营业务收入利润率基本保持在 9% 左右，连续多年名列前茅，具有较强的盈利能力，同时不到 50% 的资产负债率也在所对比行业中相对较低，能够比较合理地控制经营风险。

同时，由于塑料机械行业充分发挥“工作母机”的优势，直接带动塑料加工工业每年2万多亿元的产值，应用于国计民生各领域。

近年来，特别是在工业和信息化部等有关部门支持下，塑料机械全行业积极落实“数控一代”行动计划，加大科技投入，注重提升技术水平和产品质量，以自主研制的伺服驱动注射机为突破点，大力研发节能产品，节能减排降耗成为我国塑料机械行业产品创新的最大亮点。目前，我国自主研制的伺服驱动注射机，经国家质量监督部门鉴定和用户实际使用，降低能耗高达40%～80%，节能效果在国际上领先，广受国内外市场好评。

塑料机械企业不仅从硬件上改善生产环境、加快技术进步，而且从企业文化、制度创新、人才管理、协同合作等方面苦练内功，注重提升核心竞争力和长远发展能力。行业中不仅诞生了规模世界第一的注射机企业，而且涌现出一批非常具有活力和发展前景的骨干企业。国产设备的竞争力也稳步提高，在国内的市场份额从2008年的49%，到2009年突破70%，2013年和2014年则将近80%，2015年达到81%。2006—2015年塑料机械市场容量见表10。2006—2015年我国塑料机械市场进口设备与国产设备占比走势见图14。

表10　2006—2015年塑料机械市场容量

年份	国内塑料机械市场容量（亿元）	其中：进口（亿元）	国产（亿元）	进口占比（%）	国产占比（%）
2006	328	173	155	53	47
2007	355	177	178	50	50
2008	347	177	170	51	49
2009	292	86	206	29	71
2010	479	134	345	28	72
2011	513	144	369	28	72
2012	494	134	360	27	73
2013	532	113	419	21	79
2014	579	121	458	21	79
2015	561	104	457	19	81

注：数据来源于国家统计局、中国海关和行业统计。

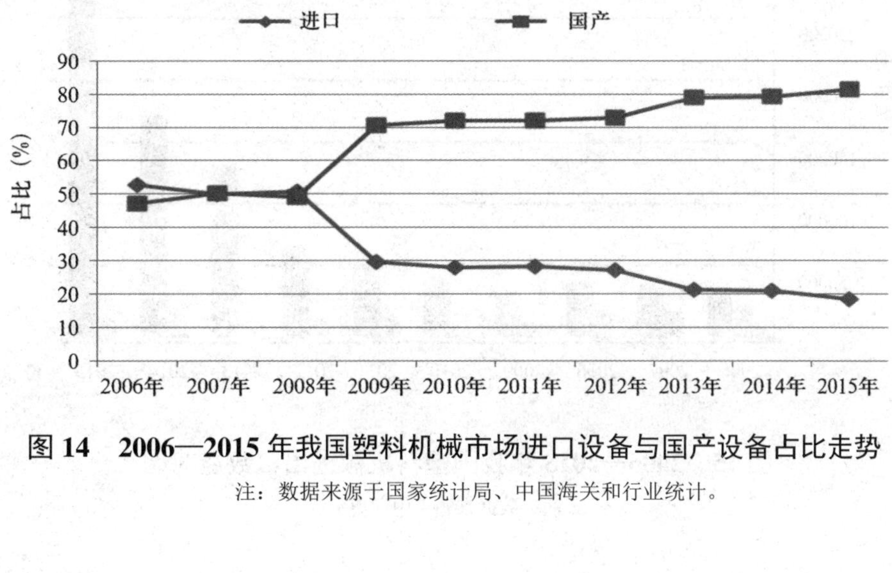

图14　2006—2015年我国塑料机械市场进口设备与国产设备占比走势

注：数据来源于国家统计局、中国海关和行业统计。

（二）对外贸易情况

2006—2015 年，我国进口注塑机、挤出机、吹塑机和中空成型机等主要塑料机械产品共计 140 144 台，进口金额近 183 亿美元；出口共计 922 131 台，出口金额近 129 亿美元，出口地遍布全球近 180 个国家和地区，贸易逆差约 55 亿美元，每年贸易逆差金额总体呈递减趋势，至 2015 年实现顺差 3.7 亿美元。2006—2015 年我国塑料机械进出口总量见表 11。2006—2015 年我国塑料机械进出口数量对比见图 15。2006—2015 年我国塑料机械进出口金额对比见图 16。2006—2015 年我国塑料机械贸易逆差走势见图 17。

表 11　2006—2015 年我国塑料机械进出口总量

年份	进口数量（台）	进口金额（万美元）	出口数量（台）	出口金额（万美元）	逆差金额（万美元）
2006	22 098	171 801	29 704	58 655	113 146
2007	18 788	182 297	38 807	82 408	99 889
2008	14 795	195 526	39 902	104 262	91 264
2009	8 400	126 186	31 875	75 863	50 323
2010	14 961	200 658	44 493	114 004	86 654
2011	13 704	218 226	51 665	146 459	71 767
2012	10 482	212 635	69 693	161 887	50 748
2013	10 052	181 586	135 213	172 492	9 094
2014	15 535	193 253	176 682	181 794	11 459
2015	11 329	147 673	304 097	184 275	-36 602
合计	140 144	1 829 841	922 131	1 282 099	547 742

注：1. 数据来源于中国海关。

2. 不含 3D 打印机数据。

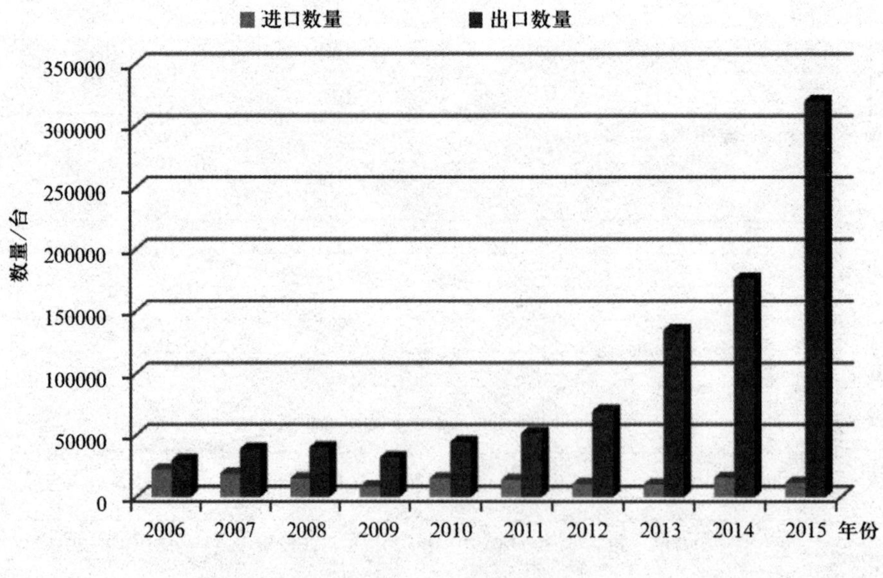

图 15　2006—2015 年我国塑料机械进出口数量对比

注：数据来源于中国海关。

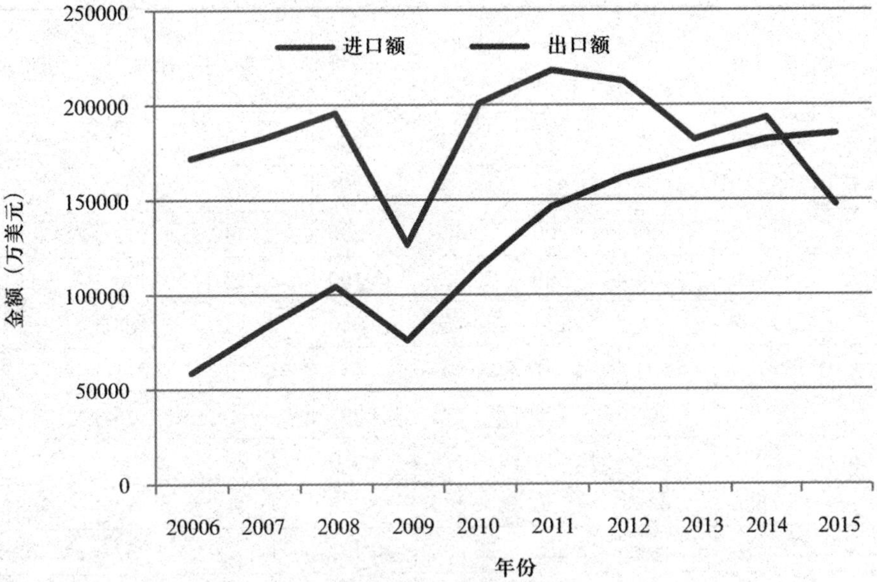

图 16　2006—2015 年我国塑料机械进出口金额对比

注：数据来源于中国海关。

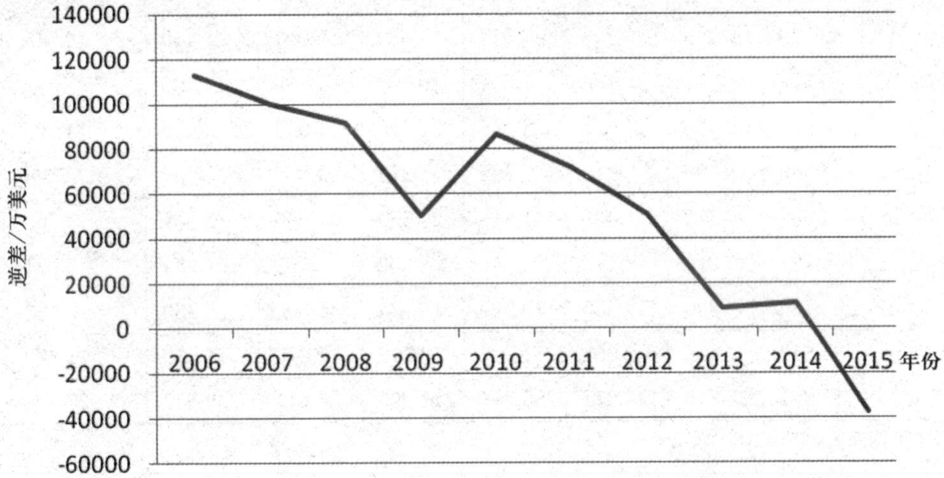

图 17　2006—2015 年我国塑料机械贸易逆差走势

注：数据来源于中国海关。

其中，注塑机进口共计 86 842 台，进口金额 79 亿美元，进口数量和金额分别占 61.97%、43.12%；挤出机进口共计 13 073 台，进口金额 43.2 亿美元，进口数量和金额分别占 9.33%、23.61%；吹塑机进口共计 3 519 台，进口金额 21.2 亿美元，进口数量和金额分别占 2.51%、11.58%；塑料中空成型机进口共计 1 078 台，进口金额2.65亿美元,进口数量和金额分别占0.77%、1.45%。

注塑机出口共计 199 430 台，出口金额 70 亿美元，出口数量和金额分别占 21.63%、54.50%；挤出机出口共计 108 240 台，出口金额 26 亿美元，出口数量和金额分别占比 11.74%、20.22%；吹塑机出口共计 140 688 台，出口金额 13.3 亿美元，出口数量和金额分别占 15.26%、10.36%；塑料中空成型机出口共计 14 761 台，出口金额约 3.3 亿美元，出口数量和金额分别占 1.6%、2.61%。2006—2015 年我国塑料机械进口分税号统计见表 12。2006—2015 年我国塑料机械出口分税号统计见表 13。

表 12　2006—2015 年我国塑料机械进口分税号统计

年份	项　目	注塑机	其他注射机	塑料造粒机	其他挤出机	吹塑机	塑料中空成型机	塑料压延成型机	其他真空模塑机及其他热成型机器	其他模塑或成型机器
2006	数量（台）	14 862	527	252	939	886	172	330	2 004	2 126
	金额（万美元）	92 218	4 961	6 326	14 734	11 797	3 837	3 191	14 125	20 613
2007	数量（台）	13 333	496	200	546	290	156	212	1 818	1 737
	金额（万美元）	89 586	3 876	9 895	20 222	16 190	6 212	4 128	11 501	20 687
2008	数量（台）	10 360	498	174	756	340	113	188	1 189	1 177
	金额（万美元）	88 749	5 194	14 547	20 901	25 537	2 779	5 072	15 098	17 648
2009	数量（台）	5 287	363	128	775	235	72	125	715	700
	金额（万美元）	51 967	5 474	12 434	18 778	18 030	1 699	2 898	6 153	8 752
2010	数量（台）	9 685	637	158	865	309	147	133	1842	1 185
	金额（万美元）	92 570	7 004	13 552	28 238	30 401	1 601	3 857	11 807	11 627
2011	数量（台）	7 435	503	303	3 100	288	122	148	824	981
	金额（万美元）	84 219	7 011	17 372	40 914	25 706	2 936	6 506	17 621	15 941
2012	数量（台）	6 622	407	275	889	296	89	97	654	1 153
	金额（万美元）	80 929	6 318	20 207	43 574	24 639	2 091	4 440	12 948	17 489
2013	数量（台）	5 714	317	184	1 501	299	69	98	879	991
	金额（万美元）	68 311	5 169	13 224	36 845	22 510	1 904	4 130	14 908	14 585
2014	数量（台）	7 380	398	214	895	274	78	97	824	5 375
	金额（万美元）	74 665	6 472	21 460	41 518	20 359	1 856	2 855	14 765	9 303
2015	数量（台）	6 164	270	173	746	302	60	84	771	2 759
	金额（万美元）	65 760	3 839	17 355	19 990	16 734	1 596	2 760	9 183	10 456
数量合计（台）		86 842	4 416	2 061	11 012	3 519	1 078	1 512	11 520	18 184
金额合计（万美元）		788 974	55 318	146 372	285 714	211 903	26 511	39 837	128 109	147 101

注：数据来源于中国海关。

表 13　2006—2015 年中国塑料机械出口分税号统计

年份	项　目	注塑机	其他注射机	塑料造粒机	其他挤出机	吹塑机	塑料中空成型机	塑料压延成型机	其他真空模塑机及其他热成型机器	其他模塑或成型机器
2006	数量（台）	14 279	390	1 376	3 437	4 101	672	548	2 642	2 259
	金额（万美元）	34 627	471	1 384	10 593	4 951	1 625	538	2 674	1 792
2007	数量（台）	17 108	426	2 327	4 919	5 010	981	1 565	3 113	3 358
	金额（万美元）	47 771	648	2 609	14 247	7 577	2 540	668	3 725	2 623
2008	数量（台）	18 156	509	3 381	4 563	6 239	935	1 114	2 357	2 648
	金额（万美元）	54 601	971	4 005	20 916	10 727	2 275	1 009	4 700	5 058
2009	数量（台）	11 024	481	2 383	3 717	6 717	2 553	955	1 673	2 372
	金额（万美元）	35 949	1 114	2 725	14 289	10 882	1 990	983	3 504	4 426
2010	数量（台）	18 963	510	2 557	4 661	8 311	3 067	1 385	2 454	2 585
	金额（万美元）	62 380	1 317	3 644	19 389	13 640	2 397	843	3 695	6 700

（续）

年份	项 目	注塑机	其他注射机	塑料造粒机	其他挤出机	吹塑机	塑料中空成型机	塑料压延成型机	其他真空模塑机及其他热成型机器	其他模塑或成型机器
2011	数量（台）	24 721	700	3 109	6 054	7 498	1 320	1 336	3 587	3 340
	金额（万美元）	82 374	1 661	5 548	21 735	14 515	3 753	1 728	5 318	9 827
2012	数量（台）	24 839	1 110	3 538	8 542	19 393	914	2 098	5 072	4 187
	金额（万美元）	89 963	2 198	6 536	27 381	15 613	4 236	2 391	4 726	8 843
2013	数量（台）	22 976	846	3 882	8 653	65 177	1 209	1 568	10 715	20 187
	金额（万美元）	92 372	2 704	6 724	25 824	18 098	4 196	2 838	5 101	14 635
2014	数量（台）	25 082	1 037	3 693	26 567	8 947	1 549	1 431	6 187	102 189
	金额（万美元）	100 779	2 985	8 428	26 016	18 544	4 765	2 318	7 466	10 493
2015	数量（台）	22 282	993	3 287	7 594	9 295	1 561	907	3 341	254 837
	金额（万美元）	97 987	3 698	7 859	29 341	18 329	5 677	2 303	8 352	10 729
数量合计（台）		199 430	7 002	29 533	78 707	140 688	14 761	12 907	41 141	397 962
金额合计（万美元）		698 803	17 767	49 462	209 731	132 876	33 454	15 619	49 261	75 126

注：数据来源于中国海关。

四、我国塑料机械行业发展趋势

塑料机械行业将全面贯彻落实科学发展观，坚持走高性能化、智能制造、绿色节能和可持续发展之路，加快优化产业结构步伐，着力提高企业核心竞争力；加大技术改造投入，增强企业自主研发与科技创新能力，着力提高关键基础件、共性技术和工艺水平；加强创新型人才培育和行业平台建设，推进产学研用紧密结合；加大力度实施品牌、专利、标准战略，进一步提高产品科技含量和产业国际竞争力，提高经济增长质量和效益，为推进塑料机械“制造大国”向“创造强国”“智造强国”的转变而持续努力。

（一）推动行业发展基本原则

1．坚持市场导向与政策推动相结合

突出企业主体地位，发挥市场在优化配置资源中的决定性作用，充分调动企业的积极因素。同时，争取政府的宏观指导和政策扶持，进一步规范企业和行业的竞争秩序，形成有利于科学发展、和谐发展、绿色发展，有利于企业运行、行业协调的机制和格局。

2．坚持自主创新与技术引进相结合

坚持以转方式、调结构为主线，把增强企业自主创新能力作为中心环节。鼓励企业着眼于前沿领域，与科研院所和高校进行密切合作，加强原始创新、集成创新和引进消化吸收再创新，大力实施品牌战略、知识产权战略和标准化战略，努力抢占世界塑料机械行业的制高点。

3．坚持国家产业导向与发挥特色优势相结合

按照国家产业导向的总体要求，加强与政府部门的沟通衔接，立足我国塑料机械的产业基础，进一步形成新的特色和优势，着力培育新的经济增长点。

4．坚持重点突破与整体提升相结合

引导企业着力开发新型高效、高性能、精密、节能产品，鼓励重点企业和重点产业集群发挥示范带动作用，加大重大技术装备自主化力度，大幅提高关键基础件、共性技术和工艺水平，全面提升行业整体国际竞争力。

5．坚持绿色节能与可持续发展相结合

坚持行业发展与节能环保、企业经济效益与社会效益相统一的原则，大力开发低碳技术，推广高效节能技术，推动节能降耗和清洁生产，合理利用资源，严格控制高耗能、高污染产品，坚决淘汰落后生产能力、工艺和设备，加快建设以

低碳排放为特征的产业体系。

（二）未来五年发展目标

1. 产业规模迈上新台阶

确保塑料机械工业科学持续发展，使行业经济增速平均每年保持在 10% 以上，全行业工业总产值和销售总额均达到 880 亿元以上。与此同时，全行业资产总额、主营业务收入、利润总额等主要经济效益指标都力争保持 10% 的平均增速。

2. 科技水平实现新提升

形成 50 个以上具有自主设计和制造能力的国家级、省级企业研发机构、技术中心，重点骨干企业的研发投入占营业收入的比重达到 5% 以上，专业技术人员占从业人员的比例达到 25% 以上，主导产品加快升级换代，具有自主知识产权的高新技术和创新产品大幅增加，自主创新能力在重点领域取得新突破，力争达到国际先进或领先水平。

3. 市场份额得到新拓展

提高我国塑料机械产品的科技含量和质量水平，巩固和扩大国内市场，使国产塑料机械装备在国内市场的占有率稳定在 80% 左右。同时，大力升级出口产品结构，提高竞争优势，力争 2020 年我国塑料机械出口达到 170 亿元以上，贸易顺差 10 亿元以上。

4. 产业结构实现新提高

大力推进自主创新和技术改造，培育若干家经济技术实力雄厚、具有较强国际竞争力的大型企业，形成一批参与国际分工、具有“专、精、特”优势的中型企业。至 2020 年，形成以高新技术为先导、高效节能产品为重点、高附加值加工制造为亮点，高中档升级发展，世界最大规模的先进塑料机械制造基地。

5. 发展方式取得新转变

生产组织方式和重要生产工艺得到新的改进，现代智能制造业得到新发展，单位工业增加值能耗、物耗和污染物排放显著降低，劳动生产率显著提高，大型企业集团的现代制造服务收入占销售收入比重达到 25% 以上。

（三）未来五年发展重点

（1）热塑性塑料基体的碳纤维等先进复合材料制造装备。

（2）具有智能制造特征的高分子材料成型加工装备。

（3）精密高分子材料成型制造装备。

（4）节能高分子材料成型制造装备。

（5）超大型高分子材料成型制造装备。

（6）国家大型工程配套专用设备。

（7）“一带一路”建设配套专用设备。

（8）环境友好型高分子材料成型加工制造装备。

（9）面向节材和轻量化的高分子成型制造装备。

中国塑料机械工业协会将继续积极争取政府主管部门的重视与相关行业的支持；健全交流平台建设，重点抓好行业论坛、专题技术研讨活动；加强同国内外行业组织的交流与合作，充分调动企事业单位、科研院所的积极性，发挥行业专家智库优势，各方合力协调，共同推进中国塑料机械行业全面走向新的制高点。

〔撰稿人：中国塑料机械工业协会朱康建〕

2016 年上半年我国塑料机械工业概况

2016 年 1—6 月，我国塑料机械制造业规模以上企业 403 家，主营业务收入和利润总额自 3 月份回升并保持相对平稳增长；出口交货值在 1—5 月同比下降 4% 的情况下，6 月份单月实现同比增长 6%。2016 年 1—6 月我国塑料机械规模以上企业主要经济指标见表 1。

表 1　2016 年 1—6 月我国塑料机械规模以上企业主要经济指标

序号	统计指标	金额（亿元）	同比增长（%）
1	出口交货值	40.98	-2
2	流动资产	405.61	6
3	流动资产中应收账款	102.28	-1
4	存货	104.59	-2
5	存货中产成品	30.72	-7
6	资产总计	611.12	7
7	负债总计	285.93	7
8	主营业务收入	261.18	2
9	主营业务成本	205.50	0.3
10	销售费用	13.68	1
11	管理费用	19.14	9
12	财务费用	2.20	-3
13	财务费用中利息支出	1.85	-10
14	利润总额	21.59	5
15	亏损企业数	100	19
16	亏损额	2.01	0.2

注：数据来源于国家统计局。

进出口方面，2016 年上半年我国进口塑料机械 116 371 台，进口金额 7 亿美元，进口数量同比增长近 13 倍，但进口金额同比下降 10%，进口平均单价由上年同期的 9 万美元 / 台下滑至 0.6 万美元 / 台。进口数量的异常增幅主要体现在：税号为 84775990 的其他模塑或成型机器在 1 月份进口 6 332 台，而金额仅有 798 万美元；6 月份从意大利进口税号为 84774020 的塑料压延成型机 101 993 台，而金额仅有 290 万美元。

出口塑料机械 261 089 台，出口金额 9.3 亿美元，出口数量同比增长 77%、金额同比增长 1%，出口平均单价 0.4 万美元 / 台；贸易顺差近 2.3 亿美元。出口数量的大幅增长主要是由于 4 月份其他挤出机出口 31 634 台，对应的金额为 2 712 万美元；5—6 月份其他模塑或成型机器出口 41 816 台，金额为 3 499 万美元。

按贸易产品来看，2016 年上半年我国进口注塑机 2 476 台，同比下降 14%，进口注塑机金额 2.6 亿美元，同比下降 23%；进口塑料压延成型机从上年同期的 42 台突增到 102 024 台，但金额仅为 1 438 万美元。

出口注塑机 13 223 台，同比增长 18%，金额 4.7 亿美元，同比下降 4%；出口吹塑机的数量和金额分别同比下降 21%、3%；挤出机出口数量虽然同比增长近 7 倍，但出口金额仅同比增长 3%；3D 打印机出口数量和金额分别同比增长 336%、62%；塑料压延成型机出口数量和金额分别同比增长 58%、5%。

进口来源地方面，2016 年上半年从亚洲进口塑料机械数量占比 10.31%、金额占比 53.48%，其中从日本进口额同比下降 15%；从欧洲进口数量占比 88.49%、金额占比 42.67%，其中从德国进口额同比增长 1%。

2016 年上半年，我国塑料机械出口市场前 10 位的国家中，出口至越南、美国、土耳其、印度尼西亚、墨西哥、印度和俄罗斯增长较快，而出口至泰国、伊朗和韩国有较大下浮。

2016 年 1—6 月我国塑料机械产品进出口总

量见表 2。2016 年 1—6 月我国塑料机械产品进出口分税号统计见表 3。2016 年 1—6 月我国塑料机械进口来源地排名前 10 位见表 4。2016 年 1—6 月我国塑料机械出口目的地排名前 10 位见表 5。2016 年 1—6 月我国塑料机械进口额洲际分布见图 1。2016 年 1—6 月我国塑料机械出口额洲际分布见图 2。

表 2　2016 年 1—6 月我国塑料机械产品进出口总量

月份	进口					出口					贸易顺差
	数量（台）	金额（万美元）	平均单价（万美元 / 台）	数量同比增长（%）	金额同比增长（%）	数量（台）	金额（万美元）	平均单价（万美元 / 台）	数量同比增长（%）	金额同比增长（%）	金额（万美元）
1	7 192	11 300	1.6	411	-2	41 909	15 595	0.4	101	-12	4 295
2	620	7 638	12.3	-18	-10	20 978	13 005	0.6	19	-28	5 367
3	2 239	16 718	7.5	17	34	28 776	13 585	0.5	407	8	-3 133
4	1 308	13 807	10.6	-11	-12	63 381	16 273	0.3	91	9	2 466
5	1 154	9 897	8.6	-31	-38	62 957	15 626	0.2	42	21	5 729
6	103 858	10 458	0.1	9 316	-23	43 088	18 285	0.4	66	17	7 827
合计	116 371	69 818	0.6	1 298	-10	261 089	92 369	0.4	77	1	22 551

注：数据来源于中国海关。

表 3　2016 年 1—6 月我国塑料机械产品进出口分税号统计

序号	税号	名称	进口				出口			
			数量（台）	数量占比(%)	金额（万美元）	金额占比(%)	数量（台）	数量占比(%)	金额（万美元）	金额占比(%)
1	84771010	注塑机	2 476	2.13	25 235	36.14	13 223	5.06	46 614	50.46
2	84771090	其他注射机	135	0.12	2 115	3.03	514	0.20	1 909	2.07
3	84772010	塑料造粒机	122	0.10	9 743	13.96	1 680	0.64	3 631	3.93
4	84772090	其他挤出机	296	0.25	9 358	13.40	34 815	13.33	14 779	16.00
5	84773010	挤出吹塑机	48	0.04	4 831	6.92	1 249	0.48	4 478	4.85
6	84773020	注射吹塑机	34	0.03	1 105	1.58	201	0.08	610	0.66
7	84773090	其他吹塑机	31	0.03	1 844	2.64	2 437	0.93	4 077	4.41
8	84774010	塑料中空成型机	43	0.04	1 022	1.46	702	0.27	2 533	2.74
9	84774020	塑料压延成型机	102 024	87.67	1 438	2.06	755	0.29	1 327	1.44
10	84774090	其他真空模塑机及其他热成型机器	408	0.35	6 249	8.95	2 580	0.99	3 876	4.20
11	84775910	3D 打印机	3 079	2.65	2 315	3.32	142 361	54.53	2 772	3.00
12	84775990	其他模塑或成型机器	7 675	6.60	4 561	6.53	60 572	23.20	5 762	6.24
合计			116 371	100.00	69 817	100.00	261 089	100.00	92 369	100.00

注：数据来源于中国海关。

表 4　2016 年 1—6 月我国塑料机械进口来源地排名前 10 位

序号	国家或地区	数量（台）	金额（万美元）	平均单价（万美元 / 台）	数量占比 (%)	金额占比 (%)
1	日本	1 771	26 950	15.2	1.52	38.60
2	德国	629	21 598	34.3	0.54	30.94
3	中国台湾	807	5 809	7.2	0.69	8.32
4	意大利	102 109	4 116	0.04	87.74	5.90
5	韩国	308	2 925	9.5	0.26	4.19
6	美国	1 396	2 674	1.9	1.20	3.83
7	奥地利	61	1 609	26.4	0.05	2.30
8	中国	7 981	618	0.1	6.86	0.89
9	克罗地亚	22	550	25.0	0.02	0.79
10	瑞士	11	473	43.0	0.01	0.68
合 计		115 095	67 323	0.6	98.90	96.43

注：数据来源于中国海关。

表 5　2016 年 1—6 月我国塑料机械出口目的地排名前 10 位

序号	国家或地区	数量（台）	金额（万美元）	平均单价（万美元 / 台）	数量占比 (%)	金额占比 (%)
1	越南	3 887	9 049	2.3	1.49	9.80
2	美国	40 319	7 125	0.2	15.44	7.71
3	土耳其	1 174	5 381	4.6	0.45	5.83
4	印度尼西亚	1 168	4 994	4.3	0.45	5.41
5	墨西哥	781	4 583	5.9	0.30	4.96
6	印度	2 162	4 580	2.1	0.83	4.96
7	泰国	1 210	3 936	3.3	0.46	4.26
8	伊朗	951	3 488	3.7	0.36	3.78
9	韩国	1 670	3 112	1.9	0.64	3.37
10	俄罗斯	3 973	2 272	0.6	1.52	2.46
合 计		57 295	48 520	0.8	21.94	52.53

注：数据来源于中国海关。

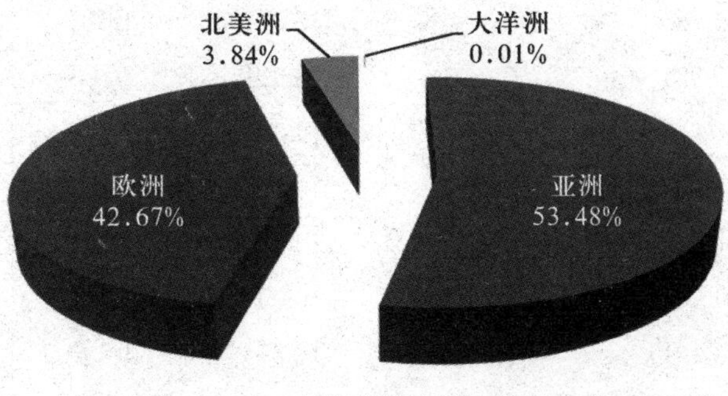

图 1　2016 年 1—6 月我国塑料机械进口额洲际分布

注：数据来源于中国海关。

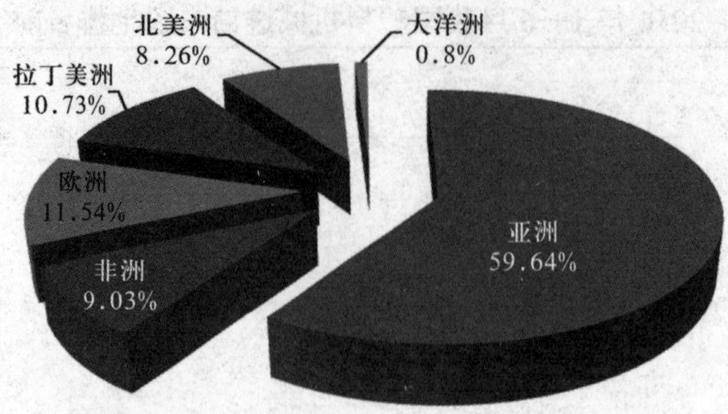

图 2 2016 年 1—6 月我国塑料机械出口额洲际分布

注：数据来源于中国海关。

〔供稿单位：中国塑料机械工业协会〕

2015 年我国塑料机械进出口分析

一、我国塑料机械进出口综合情况

据海关统计，2015 年 1—12 月我国累计出口塑料机械 481 056 台，同比增长 128.1%；出口金额 189 103 万美元，同比仅增长 2.6%。累计进口塑料机械 18 096 台，同比下降 18.7%；进口金额 152 474 万美元，同比下降 23.9%。2015 年我国塑料机械产品进出口月度统计见表 1。

表 1 2015 年我国塑料机械产品进出口月度统计

时间	出口			进口			贸易顺差（万美元）
	金额（万美元）	数量（台）	平均单价（万美元 / 台）	金额（万美元）	数量（台）	平均单价（万美元 / 台）	
1 月	17 825	20 860	0.9	11 586	1 408	8.2	6 239
2 月	18 035	17 690	1.0	8 520	752	11.3	9 515
3 月	12 586	5 673	2.2	12 460	1 910	6.5	126
4 月	14 927	33 268	0.4	15 626	1 477	10.6	−699
5 月	12 899	44 488	0.3	15 971	1 673	9.5	-3 072
6 月	15 605	25 934	0.6	13 501	1 103	12.2	2 104
7 月	14 960	16 846	0.9	14 396	1 759	8.2	564
8 月	15 716	46 992	0.3	14 706	1 329	11.1	1 010
9 月	16 240	56 652	0.3	13 888	1 323	10.5	2 352
10 月	16 174	51 287	0.3	10 091	2 718	3.7	6 083
11 月	15 029	71 191	0.2	10 674	1 239	8.6	4 355
12 月	19 106	90 175	0.2	11 054	1 405	7.9	8 052

2015年1—12月，我国塑料机械出口增加、进口减少，整体为贸易顺差，累计贸易顺差金额达到36 629万美元，2014年同期则为贸易逆差。2015年，贸易差额波动较大的为2月、5月和12月，但注塑机表现甚佳。其中，2月，注塑机的贸易顺差为5 635万美元；5月，注塑机的贸易顺差为815万美元；12月，注塑机的贸易顺差为4 588万美元。

2015年仅有2个月为贸易逆差，贸易逆差较大的产品是挤出机。其中，4月，挤出机的贸易逆差额为3 093万美元；5月，挤出机的贸易逆差额为3 230万美元。

2015年，我国塑料机械进出口之所以能够取得贸易顺差，庞大的出口数量是最重要的因素。但出口平均单价进一步下滑至0.4万美元/台，进口平均单价则高达8.4万美元/台。2015年1—12月按产品分类我国塑料机械进出口情况见表2。

表2 2015年1—12月按产品分类我国塑料机械进出口情况

产品名称	出口			进口			贸易顺差（万美元）
	金额（万美元）	数量（台）	平均单价（万美元/台）	金额（万美元）	数量（台）	平均单价（万美元/台）	
注塑机	101 733	23 313	4.36	69 394	6 410	10.83	32 339
挤出机	37 582	10 884	3.45	37 308	920	40.55	274
吹塑机	18 352	9 301	1.97	16 644	302	55.11	1 708
真空模塑机及其他热成型机	16 407	5 874	2.79	13 681	1 001	13.67	2 726
其他模塑机及成型机器	15 028	431 684	0.03	15 447	9 463	1.63	-419
总计	189 103	481 056	0.39	152 474	18 096	8.43	36 629

2015年，注塑机是我国塑料机械保持贸易顺差的产品，同时也是出口产品中平均单价最高的产品。

除其他模塑机及成型机器外，其余产品均处于顺差状态。其他模塑机及成型机器的贸易逆差额为419万美元，进出口平均单价相差超50倍。此现象说明，我国其他模塑机及成型机器制造相比其他塑料机械，需提升的空间更为广阔，国内中高端市场需求量与潜力也非常巨大。

进口产品中吹塑机平均单价最高，为55.11万美元/台，约为进口吹塑机平均单价的7倍。

我国塑料机械与国外优质进口产品存在较大差距，这一现状并没有在2015年缓解。

二、我国塑料机械分类产品进口分析

从数据看，我国对进口塑料机械产品的依赖程度有一定的降低。数量方面，8个月的数量需求同比都有所下降。其中，下降幅度较大的是2月、11月。2月的下降幅度较大是春节影响所致，而11月的降幅则是经济放缓、需求减少的表现。

值得关注的是，金额的降幅远高于数量，且除5月外每个月都有下降。这说明我国塑料机械技术的提升及大量国外塑料机械制造商落户中国，本土化产能不断扩大，满足了国内中高端塑料机械的部分需求，给进口带来了极大的冲击。2015年我国塑料机械产品进口月度统计见表3。

表3 2015年我国塑料机械产品进口月度统计

时间	进口额（万美元）	进口量（台）	进口额同比增长（%）	进口量同比增长（%）
1月	11 586	1 408	-37.9	67.8
2月	8 520	752	-24.5	-64.3
3月	12 460	1 910	-33.2	1.6
4月	15 626	1 477	-4.2	5.1
5月	15 971	1 673	0.6	69.0
6月	13 501	1 103	-31.6	-7.4
7月	14 396	1 759	-16.2	-4.8
8月	14 706	1 329	-22.3	-5.3
9月	13 888	1 323	-15.8	-10.8
10月	10 091	2 718	-24.9	126.3
11月	10 674	1 239	-38.3	-80.1
12月	11 054	1 405	-32.6	-16.4

2015 年日本成为我国塑料机械最大的进口来源地，全年金额高达 56 619 万美元，但不论在金额还是数量方面都有所下降。而 2014 年我国塑料机械的最大进口来源地德国，进口产品平均单价下滑，进口金额同比下降，因此成为 2015 年我国塑料机械的第 2 大进口来源地。

在产品单价方面，瑞士、德国、意大利的塑料机械产品平均单价处于高位，均在 30 万美元 / 台以上。除日本、韩国和奥地利外，其他主要进口来源地的产品平均单价均有不同程度的下滑。

2015 年 1—12 月，我国从韩国与克罗地亚进口的塑料机械数量大幅度增加，这两个国家在金额方面也有所增长。2015 年 1—12 月我国塑料机械产品主要进口来源地见表 4。

表 4　2015 年 1—12 月我国塑料机械产品主要进口来源地

进口来源地	进口额（万美元）	进口量（台）	平均单价（万美元 / 台）	进口额同比增长（%）	进口量同比增长（%）	平均单价同比增长（%）
日本	56 619	4 035	14.0	-1.8	-7.2	5.3
德国	42 612	1 212	35.2	-33.6	4.6	-36.5
中国台湾	15 324	1 957	7.8	-47.5	0.5	-47.7
韩国	9 063	773	11.7	20.9	16.2	3.5
意大利	7 340	232	31.6	-38.8	-9.4	-32.5
美国	5 451	3 338	1.6	-36.3	-0.2	-38.5
奥地利	2 780	127	21.9	-50.3	-88.9	346.9
克罗地亚	2 209	140	15.8	586.0	833.3	-26.5
瑞士	2 187	48	45.6	-22.7	-2.0	-21.1
中国	1 890	2516	0.8	-46.2	-64.9	14.3

分产品看，注塑机是进口塑料机械中占比最大的产品，其次是挤出机、吹塑机，这三类产品占我国塑料机械进口总金额的 80% 以上。2015 年 1—12 月我国塑料机械分类产品进口统计见表 5。

表 5　2015 年 1—12 月我国塑料机械分类产品进口统计

产品名称	进口额（万美元）	进口量（台）	平均单价（万美元 / 台）	进口额同比增长（%）	进口量同比增长（%）	平均单价同比增长（%）
注塑机	69 394	6 410	10.8	-14.5	-17.6	3.8
挤出机	37 308	920	40.6	-40.8	-17.0	-28.5
吹塑机	16 644	302	55.1	-18.3	6.3	-23.2
真空模塑机及其他热成型机	13 681	1 001	13.7	-34.6	0.2	-34.8
其他模塑机及成型机器	15 447	9 463	1.6	3.9	-21.6	33.3

1. 注塑机

2015 年 1—12 月我国累计进口注塑机 6 410 台，同比下降 17.6%；累计进口金额 69 394 万美元，同比下降 14.5%。从全年看，2 月进口注塑机数量最少，仅 275 台，且金额也最低，受春节影响较大。3 月进口金额最高。2015 年我国注塑机进口月度走势见图 1。

日本仍然是我国注塑机的最大进口来源地，无论数量还是金额都占有绝对优势。从日本进口的注塑机金额占我国注塑机总进口额的 56.7%。

从数量上看，除日本外，从中国台湾、德国、韩国进口的注塑机也相对较多。但在进口量偏大的来源地里，产品的平均单价却并不是非常高。平均单价最高的是加拿大，其次是奥地利，分别为63万美元/台和22.44万美元/台。2015年1—12月我国注塑机主要进口来源地见表6。

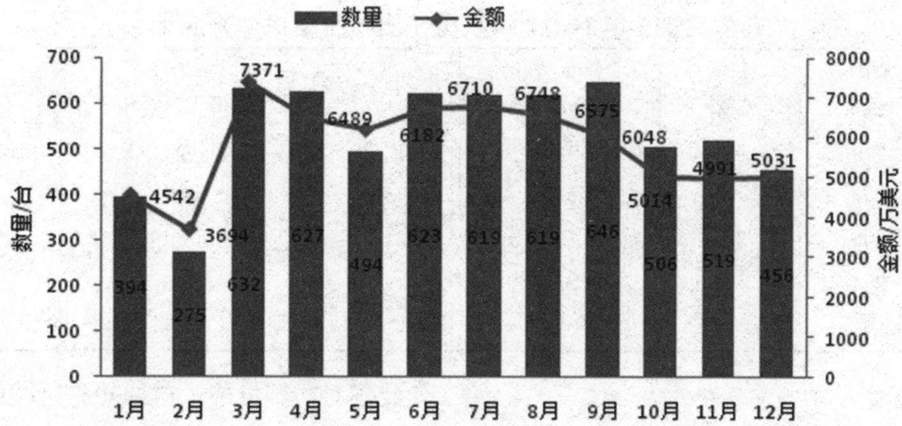

图1　2015年我国注塑机进口月度走势

表6　2015年1—12月我国注塑机主要进口来源地

进口来源地	金额（万美元）	数量（台）	平均单价（万美元/台）	进口来源地	金额（万美元）	数量（台）	平均单价（万美元/台）
日本	39 343	3 644	10.80	奥地利	1 728	77	22.44
德国	10 666	623	17.12	意大利	895	50	17.90
中国台湾	7 693	1 027	7.49	泰国	744	129	5.77
韩国	4 780	432	11.06	加拿大	504	8	63.00
中国	1 807	286	6.32	法国	393	21	18.71

2.挤出机

2015年1—12月我国进口挤出机920台，同比下降17.0%；进口金额37 308万美元，同比下降40.8%；进口平均单价40.6万美元/台。

从全年看，4月、8月和11月我国进口挤出机数量较多，均在100台左右。进口金额较多的月份为4月和5月，均在5 000万美元以上。此外，5月也是进口挤出机平均单价最高的月份，当月进口挤出机的平均单价高达98.2万美元/台。2015年我国挤出机进口月度走势见图2。

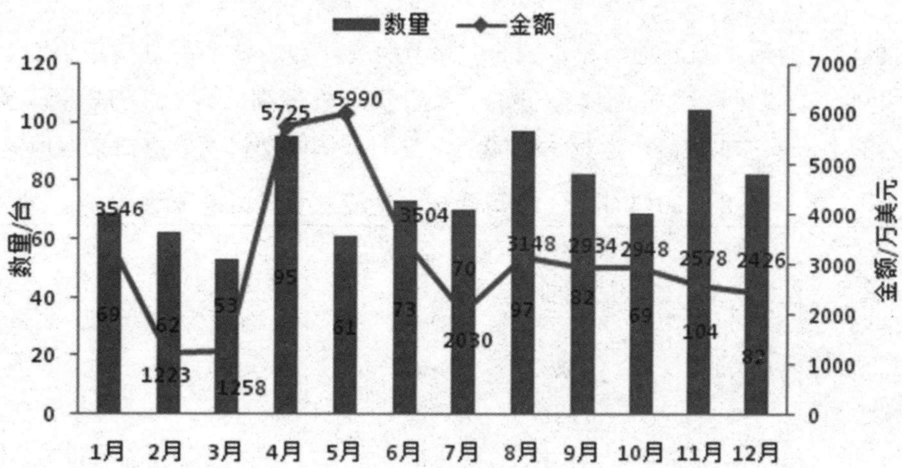

图2　2015年我国挤出机进口月度走势

德国是挤出机进口的最大来源地，进口额占挤出机进口总额的 47.9%；其次是日本，占进口总额的 29.1%。2015 年，挤出机出现贸易顺差，但我国对高端挤出机的进口依赖程度仍较高，从日本、芬兰、德国进口的挤出机平均单价也非常高。2015 年 1—12 月我国挤出机主要进口来源地见表 7。

表 7　2015 年 1—12 月我国挤出机主要进口来源地

进口来源地	金额（万美元）	数量（台）	平均单价（万美元 / 台）	进口来源地	金额（万美元）	数量（台）	平均单价（万美元 / 台）
德国	17 883	227	78.78	瑞士	1 150	24	47.92
日本	10 851	115	94.36	意大利	968	49	19.76
中国台湾	1 808	250	7.23	奥地利	955	43	22.21
美国	1 284	56	22.93	芬兰	398	5	79.60
韩国	1 186	58	20.45	加拿大	295	26	11.35

3. 吹塑机

2015 年 1—12 月我国累计进口吹塑机 302 台，同比增长 6.3%；累计进口金额 16 644 万美元，同比下降 18.3%。吹塑机是我国进口塑料机械平均单价最高的产品，达到 55.11 万美元 / 台。2015 年我国对吹塑机的进口依赖有所减弱。

2015 年我国吹塑机进口月度走势见图 3。从全年来看，3 月进口的吹塑机数量较多，7 月则是进口金额最多。

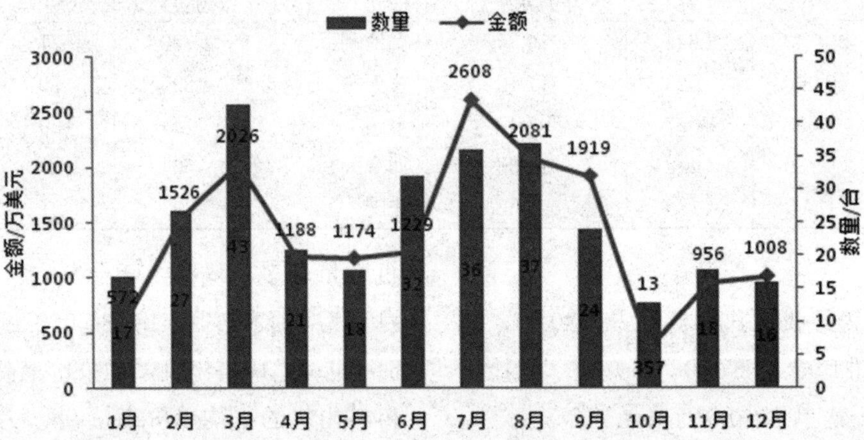

图 3　2015 年我国吹塑机进口月度走势

德国是吹塑机进口的最大来源地，在进口金额上占有绝对优势，占我国吹塑机进口总额的 47.8%，并且产品的平均单价也很高，达到 107.58 万美元 / 台。就产品进口单价而言，从法国进口的吹塑机最高，为 123 万美元 / 台。2015 年 1—12 月我国吹塑机主要进口来源地见表 8。

表 8　2015 年 1—12 月我国吹塑机主要进口来源地

进口来源地	金额（万美元）	数量（台）	平均单价（万美元 / 台）	进口来源地	金额（万美元）	数量（台）	平均单价（万美元 / 台）
德国	7 961	74	107.58	瑞士	657	8	82.13
日本	3 377	70	48.24	美国	197	9	21.89
意大利	2 204	31	71.10	韩国	186	9	20.67
中国台湾	908	64	14.19	泰国	115	8	14.38
法国	861	7	123.00	印度	88	8	11.00

4. 真空模塑机及其他热成型机

2015 年 1—12 月我国进口真空模塑机及其他热成型机 1 001 台，同比略有增长；进口金额 13 681 万美元，同比下降 34.6%。从全年看，7 月我国进口产品数量最多，5 月进口金额最高。2015 年我国真空模塑机及其他热成型机进口月度走势见图 4。

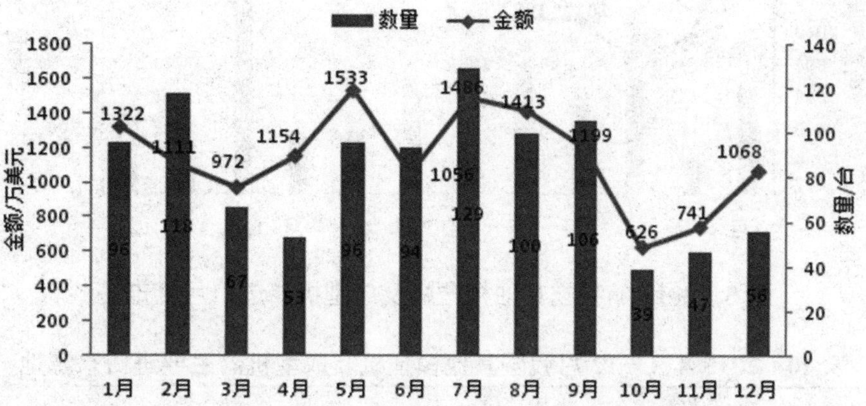

图 4　2015 年我国真空模塑机及其他热成型机进口月度走势

真空模塑机及其他热成型机的主要进口来源地是德国，其次是中国台湾、日本和意大利，进口额之和占真空模塑机及其他热成型机进口总额的 83.25%。

数量方面，从中国台湾进口的产品数量最多，但产品平均单价偏低。类似的情况还有韩国，进口数量 107 台，但平均单价仅为 11.62 万美元 / 台。从土耳其进口的产品平均单价最高，为 50 万美元 / 台。2015 年 1—12 月我国真空模塑机及其他热成型机主要进口来源地见表 9。

表 9　2015 年 1—12 月我国真空模塑机及其他热成型机主要进口来源地

进口来源地	金额（万美元）	数量（台）	平均单价（万美元 / 台）	进口来源地	金额（万美元）	数量（台）	平均单价（万美元 / 台）
德国	4 261	118	36.11	美国	583	71	8.21
中国台湾	2 837	329	8.62	土耳其	100	2	50.00
日本	2 308	116	19.90	瑞士	76	7	10.86
意大利	1 983	50	39.66	马来西亚	60	15	4.00
韩国	1 243	107	11.62	法国	59	19	3.11

5. 其他模塑机及成型机器

2015 年 1—12 月，我国进口其他模塑机及成型机器 9 463 台，同比下降 21.6%；进口金额 15 447 万美元，同比增长 3.9%。产品平均单价上升至 1.63 万美元 / 台。

从全年看，10 月我国进口其他模塑机及成型机器数量最多，进口金额最高的则是在 9 月。2015 年我国其他模塑机及成型机器进口月度走势见图 5。

其他模塑机及成型机器主要进口来源地为美国，无论数量还是金额都高于其他来源地；其次是克罗地亚。虽然从意大利进口的产品数量不多，但产品平均单价比较高，为 24.81 万美元 / 台。2015 年 1—12 月我国其他模塑机及成型机器主要进口来源地见表 10。

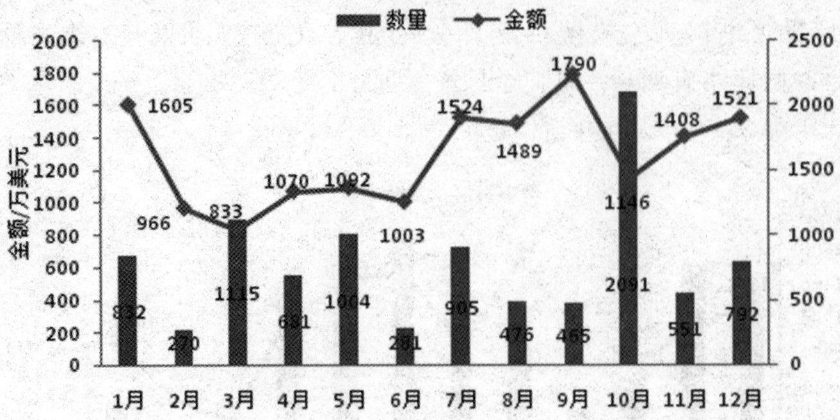

图 5　2015 年我国其他模塑机及成型机器进口月度走势

表 10　2015 年 1—12 月我国其他模塑机及成型机器主要进口来源地

进口来源地	金额（万美元）	数量（台）	平均单价（万美元 / 台）	进口来源地	金额（万美元）	数量（台）	平均单价（万美元 / 台）
美国	3 074	3 156	0.97	意大利	1 290	52	24.81
克罗地亚	2 209	140	15.78	以色列	1 086	182	5.97
中国台湾	2 078	287	7.24	日本	740	90	8.22
德国	1 841	170	10.83	荷兰	733	57	12.86
韩国	1 669	167	9.99	新加坡	241	41	5.88

三、我国塑料机械各类产品出口分析

2015 年 1—12 月我国出口塑料机械 481 056 台，同比增长 128.1%；出口金额 189 103 万美元，同比仅增长 2.6%。金额的增长幅度更能反映出我国塑料机械进出口的真实情况。2015 年，我国塑料机械出口实现个位数增幅，保持稳定的发展。

年末通常都是我国塑料机械出口的旺季，2015 年也不例外，12 月出口金额达到一年中的最高值。由于 2015 年的春节在 2 月末，受此因素影响，3 月的贸易量有所减少，但随后逐步恢复。2015 年我国塑料机械产品出口月度统计见表 11。

表 11　2015 年我国塑料机械产品出口月度统计

时间	出口额（万美元）	出口量（台）	出口额同比增长（%）	出口量同比增长（%）	时间	出口额（万美元）	出口量（台）	出口额同比增长（%）	出口量同比增长（%）
1 月	17 825	20 860	3.9	20.1	7 月	14 960	16 846	4.9	41.2
2 月	18 035	17 690	73.5	448.0	8 月	15 716	46 992	2.2	187.3
3 月	12 586	5 673	-9.9	-64.8	9 月	16 240	56 652	4.0	154.6
4 月	14 927	33 268	-0.5	128.1	10 月	16 174	51 287	7.5	51.9
5 月	12 899	44 488	-15.5	155.9	11 月	15 029	71 191	-15.0	231.9
6 月	15 605	25 934	4.6	74.9	12 月	19 106	90 175	2.3	316.1

2015 年我国塑料机械出口目的地前 10 名与 2014 年基本相同，主要区别是 2015 年韩国、墨西哥进入了前 10 位，而巴西、俄罗斯则分别降至第 12 位和第 14 位。

越南继续保持我国塑料机械最大出口目的地地位，无论数量还是金额均有增长。墨西哥则是

2015 年我国塑料机械出口增长最迅速的市场，金额增幅超过 50%。2015 年增幅较大的出口目的地还有泰国、韩国。伊朗、土耳其对我国塑料机械的需求均出现较大幅度的下滑。

在平均单价方面除美国和马来西亚同比下滑外，其余国家的出口平均单价均有所上升。2015 年 1—12 月我国塑料机械产品主要出口目的地见表 12。

表 12　2015 年 1—12 月我国塑料机械产品主要出口目的地

出口目的地	出口额（万美元）	出口量（台）	平均单价（万美元 / 台）	出口额同比增长（%）	出口量同比增长（%）	平均单价同比增长（%）
越南	17 735	5 381	3.3	26.0	19.2	6.5
泰国	13 173	2 403	5.5	36.3	17.5	17.0
美国	11 023	89 140	0.1	2.5	115.0	-66.7
印度尼西亚	9 522	2 442	3.9	2.6	0.0	2.6
伊朗	8 425	2 580	3.3	-14.4	-21.0	10.0
土耳其	8 320	1 668	5.0	-21.3	-22.0	2.0
印度	7 379	2 306	3.2	9.2	2.4	6.7
韩国	6 902	2 319	3.0	23.3	14.2	7.1
墨西哥	6 260	1 121	5.6	51.7	31.6	14.6
马来西亚	6 096	2 465	2.5	-3.0	11.5	-10.7

注塑机历来都是我国塑料机械出口的重要产品。2015 年注塑机出口额占全部塑料机械出口额的 54%，挤出机、吹塑机合计占比仅为 30%，这三大主机合计占比为 84%。2015 年 1—12 月我国塑料机械分类产品出口额占比见图 6。

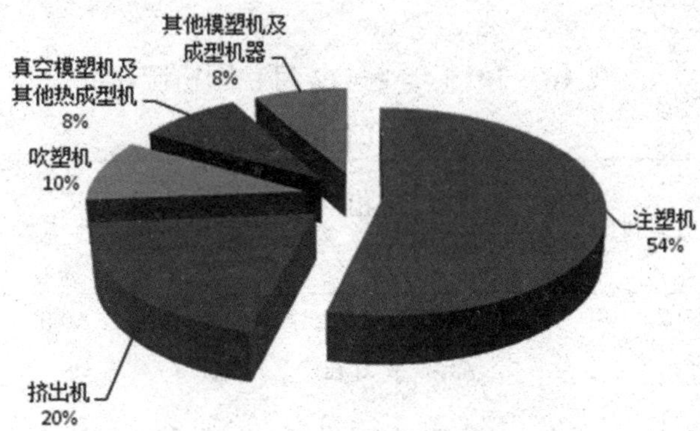

图 6　2015 年 1—12 月我国塑料机械分类产品出口额占比

1. 注塑机

2015 年 1—12 月，我国出口注塑机 23 313 台，同比下降 10.6%；出口金额 101 733 万美元，同比下滑 2.0%；平均单价 4.36 万美元 / 台，同比略有上升。从全年来看，仅有 2 月、8 月的出口量同比有较大增长，出口额增长较大的月份为 2 月、4 月和 10 月。

从全年的整体情况来看，2015 年我国注塑机出口形势不甚理想，这可能是全球经济发展放缓所致。2015 年我国注塑机出口月度统计见表 13。

表 13　2015 年我国注塑机出口月度统计

时间	出口额（万美元）	出口量（台）	出口额同比增长（%）	出口量同比增长（%）
1 月	9 002	2 193	-5.8	0.1
2 月	9 329	2 308	47.8	74.8
3 月	7 374	1 587	-16.4	-11.1
4 月	9 174	1 967	12.6	0.6
5 月	6 997	1 618	-24.6	-58.9
6 月	8 743	2 050	-5.8	-15.1
7 月	7 999	1 871	-3.4	-17.6
8 月	8 599	2 114	0.1	11.3
9 月	7 782	1 829	-14.1	-17.0
10 月	9 086	1 825	15.6	-10.8
11 月	8 029	1 845	-9.2	-8.8
12 月	9 619	2 106	-1.3	2.8

越南已经成为注塑机的最大出口目的地，且同比显著增长，出口额占我国注塑机总出口额的比例已达到9%；其次是美国，出口额占比达8%；排在第3的土耳其出口量和出口额大幅减少。

对墨西哥的注塑机出口增幅最大，数量同比增长30.5%，金额同比增长47.3%。尽管我国注塑机对不少国家和地区的出口有所增长，但对泰国、伊朗、巴西和马来西亚的出口明显下滑，巴西在数量方面下滑幅度最大。2015年1—12月我国注塑机主要出口目的地见表14。

表14　2015年1—12月我国注塑机主要出口目的地

出口目的地	出口额（万美元）	出口量（台）	出口额同比增长（%）	出口量同比增长（%）
越南	9 046	2 601	36.6	18.8
美国	7 676	898	3.4	0.4
土耳其	6 578	1 236	-20.3	-23.0
韩国	5 178	1 313	31.8	16.9
墨西哥	4 643	732	47.3	30.5
泰国	4 554	739	-16.8	-17.8
印度尼西亚	4 492	1 165	-0.3	15.8
伊朗	3 993	1 291	-37.9	-25.9
巴西	3 314	631	-37.7	-44.5
马来西亚	3 271	856	-11.9	-12.2

2. 挤出机

2015年1—12月我国出口挤出机10 884台，同比增长1.2%；出口金额37 582万美元，同比增长9.2%；平均单价3.45万美元/台。从全年来看，有6个月出口数量同比下降，3个月出口金额同比下降。2015年我国挤出机出口月度统计见表15。

表15　2015年我国挤出机出口月度统计

时间	出口额（万美元）	出口量（台）	出口额同比增长（%）	出口量同比增长（%）
1月	3 864	869	18.7	-8.1
2月	3 592	874	109.6	114.7
3月	2 087	435	0.8	-51.6
4月	2 632	892	-2.9	-2.7
5月	2 760	828	7.6	14.8
6月	2 895	852	14.5	-11.8
7月	2 819	1052	-18.2	1.6
8月	3 260	1 101	0.1	26.8
9月	3 514	875	25.3	6.4
10月	3 544	948	32.0	-6.8
11月	2 997	1 264	-21.4	13.0
12月	3 618	894	1.7	-14.2

从金额来看，前10名出口目的地已占挤出机出口总额的一半以上。2014年泰国还仅仅是我国挤出机出口的第6大目的地，2015年泰国对我国挤出机的需求显著增长，金额增长123.4%，数量增幅也达到60.5%，说明该国对我国挤出机的品质要求有所提高。出口额同比增长的国家还有越南、印度、伊朗和印度尼西亚。另一方面，俄罗斯联邦、马来西亚、韩国对我国挤出机的需求同比减少。2015年1—12月我国挤出机主要出口目的地见表16。

表16　2015年1—12月我国挤出机主要出口目的地

出口目的地	出口额（万美元）	出口量（台）	出口额同比增长（%）	出口量同比增长（%）
泰国	3 784	743	123.4	60.5
越南	3 636	1 002	28.1	0.1
印度	2 420	711	38.4	21.3
伊朗	2 336	531	3.2	17.2
印度尼西亚	2 206	541	7.3	3.4
俄罗斯联邦	1 465	378	-36.9	-42.0
马来西亚	1 145	369	-13.8	-15.9
土耳其	980	226	-27.8	18.9
韩国	889	181	-15.4	-14.6
美国	829	640	-21.4	147.1

3. 吹塑机

吹塑机是我国塑料机械出口产品中平均单价最低的产品，也是进出口平均单价相差最大的产品。2015 年我国出口吹塑机 9 301 台，同比增长 4.0%；出口金额 18 352 万美元，同比下降 1.0%；出口平均单价仅为 1.97 万美元 / 台。

在数量方面，全年有 6 个月同比下滑，其中，1 月、3 月、9 月下滑明显。在金额方面仅有 3 个月同比增长，其中，2 月增幅最大，为 310.3%。2015 年我国吹塑机出口月度统计见表 17。

表 17　2015 年我国吹塑机出口月度统计

时间	出口额（万美元）	出口量（台）	出口额同比增长（%）	出口量同比增长（%）
1 月	1 710	622	-16.1	-46.0
2 月	2 593	1 766	310.3	431.9
3 月	1 088	303	-6.1	-51.7
4 月	1 213	824	-18.4	13.7
5 月	1 169	704	-13.2	-15.3
6 月	1 127	722	-17.2	1.7
7 月	1 076	944	-28.1	5.0
8 月	1 318	634	-4.2	-6.2
9 月	1 830	556	16.3	-35.1
10 月	1 301	739	-33.6	7.1
11 月	1 596	618	-19.9	-16.8
12 月	2 331	869	9.7	23.3

与注塑机、挤出机不同，吹塑机的出口目的地相对分散，前 10 名出口目的地出口额之和仅占吹塑机出口总额的 47.7%。我国吹塑机的主要出口市场是越南、印度、印度尼西亚。尽管 2015 年向越南出口吹塑机金额有所减少，但其依然保持最大出口目的地的地位。

在吹塑机出口市场上，2014 年孟加拉国仅排在第 15 位，2015 年该国对我国吹塑机需求增加迅速，金额与数量双双增长，进入我国吹塑机出口目的地前 10 之列。2015 年 1—12 月我国吹塑机主要出口目的地见表 18。

4. 真空模塑机及其他热成型机器

2015 年 1—12 月我国出口真空模塑机及其他热成型机器 5 874 台，同比下降 36.0%；出口金额 16 407 万美元，同比增长 12.6%；出口平均单价仅为 2.79 万美元 / 台。

在月统计中，数量方面有 9 个月同比下降，其中 4 月下降幅度最大，为 67.5%；金额方面除 4 月、8 月、10 月、12 月外均同比增长，其中，2 月增幅达到 118.5%。2015 年我国真空模塑机及其他热成型机器出口月度统计见表 19。

表 18　2015 年 1—12 月我国吹塑机主要出口目的地

出口目的地	出口额（万美元）	出口量（台）	出口额同比增长（%）	出口量同比增长（%）
越南	1 448	703	-22.9	43.2
印度	1 312	277	6.0	26.5
印度尼西亚	998	257	-15.6	-4.5
尼日利亚	860	629	6.6	-7.5
泰国	844	214	20.1	-40.9
马来西亚	802	223	15.1	-3.0
中国香港	720	29	127.8	-19.4
沙特阿拉伯	717	166	130.5	86.5
伊朗	605	529	-29.6	9.3
孟加拉国	447	516	63.7	421.2

表 19　2015 年我国真空模塑机及其他热成型机器出口月度统计

时间	出口额（万美元）	出口量（台）	出口额同比增长（%）	出口量同比增长（%）
1 月	1 543	732	12.8	-56.0
2 月	1 604	470	118.5	-6.9
3 月	1 299	409	22.4	-4.2
4 月	1 084	496	-33.7	-67.5
5 月	1 050	410	21.7	-13.3
6 月	1 396	466	57.4	25.6
7 月	1 572	479	36.6	-14.8
8 月	1 170	461	-8.2	10.8
9 月	1 383	497	24.0	16.4
10 月	1 140	367	-21.4	-51.7
11 月	1 624	582	10.9	-20.5
12 月	1 542	505	-6.7	-61.7

2014 年越南还仅仅是我国真空模塑机及其他热成型机器的第 4 大出口目的地，而在 2015 年则上升至第一的位置。从数量上来看该国需求有所增加，同比增长 29.3%。在金额占比方面，2014 年该国的金额占比仅为 5% 左右，2015 年则上升至约 10%。前 10 名出口目的地中，除伊朗和土耳其外，对其他目的地的出口额均有所增长。

值得关注的是，出口至孟加拉国的真空模塑机及其他热成型机显著增加，数量同比增长 135.3%，金额增幅更是高达 1 055.7%。

曾在 2014 年成为我国真空模塑机及其他热成型机器最大出口国的印度尼西亚，2015 年降至第 4 的位置，数量同比下降 15.0%。2015 年 1—12 月我国真空模塑机及其他热成型机器主要出口目的地见表 20。

表 20　2015 年 1—12 月我国真空模塑机及其他热成型机器主要出口目的地

出口目的地	出口额（万美元）	出口量（台）	出口额同比增长（%）	出口量同比增长（%）
越南	1 574	671	102.6	29.3
印度	1 241	448	54.0	-37.7
泰国	1 000	215	62.1	66.7
印度尼西亚	969	260	4.8	-15.0
孟加拉国	705	160	1 055.7	135.3
马来西亚	569	132	106.2	41.9
伊朗	562	79	-27.8	-75.7
美国	536	236	4.9	-23.4
菲律宾	407	145	50.7	54.3
土耳其	404	90	-6.9	157.1

5. 其他模塑机及成型机器

2015 年 1—12 月我国出口其他模塑机及成型机器 431 684 台，同比增长 176.8%；出口金额 15 028 万元，同比增长 16.0%；出口平均单价不到 0.1 万美元 / 台。出口量同比大幅提升，而出口金额的增长相对平稳，估计是出口产品中包含塑料机械零部件所致。2015 年我国其他模塑机及成型机器出口月度统计见表 21。

表 21　2015 年我国其他模塑机及成型机器出口月度统计

时间	出口额（万美元）	出口量（台）	出口额同比增长（%）	出口量同比增长（%）
1 月	1 705	16 444	82.4	44.0
2 月	917	12 272	-8.3	1748.2
3 月	739	2 939	-13.3	-76.2
4 月	824	29 089	-19.7	207.4
5 月	923	40 928	-24.1	258.1
6 月	1 443	21 844	65.9	110.7
7 月	1 494	12 500	91.5	74.5
8 月	1 369	42 682	56.3	241.6
9 月	1 730	52 895	52.2	194.7
10 月	1 103	47 408	1.1	62.1
11 月	784	66 882	-50.5	297.3
12 月	1 996	85 801	25.1	418.2

从金额看，泰国是其他模塑机及成型机器的最大出口目的地，且金额和数量同比增幅较大。其次是越南和美国，出口金额和数量同比均有增长。一些市场增长幅度较大，是其基数偏小的缘故。2015 年 1—12 月我国其他模塑机及成型机器主要出口目的地见表 22。

表 22　2015 年 1—12 月我国其他模塑机及成型机器主要出口目的地

出口目的地	出口额（万美元）	出口量（台）	出口额同比增长（%）	出口量同比增长（%）
泰国	2 991	492	155.0	156.3
越南	2 030	404	3.8	29.5
美国	1 630	87 296	11.7	118.6
伊朗	929	150	93.1	-42.7
印度尼西亚	857	219	40.5	-35.4
印度	518	383	-30.6	40.8
中国香港	447	284 102	83.2	225.3
德国	327	7 894	98.2	182.8
马来西亚	309	885	15.3	86.7
英国	281	8 113	132.2	218.5

四、中国塑料机械进出口主要市场统计分析

1. 德国

德国历来都是我国塑料机械进口的重要来源地。2015 年 1—12 月我国从德国进口塑料机械 1 212 台，同比增长 4.6%；进口金额 42 612 万美元，同比下降 33.6%；平均单价 35.16 万美元 / 台，同比下降 36.4%。由于产品平均单价降低，虽然从德国进口的塑料机械数量占我国塑料机械总进口量的 6.7% 且同比略有上升，但进口额占比降至 27.9%。这在一定程度上说明我国塑料机械技术的进步对其形成了一定的压力。

从金额来看，挤出机是我国从德国进口的最主要产品，占比 41.97%，但与上年同期相比有所下降。挤出机的平均单价高达 78.78 万美元 / 台，这是导致我国从德国进口塑料机械高平均单价的主要原因。注塑机的占比略有上升，吹塑机保持不变。

尽管从数量来看，从德国进口的塑料机械中注塑机最多，但进口挤出机和吹塑机的平均单价要高得多。2015 年 1—12 月我国从德国进口塑料机械统计见表 23。

表 23　2015 年 1—12 月我国从德国进口塑料机械统计

产品名称	进口额（万美元）	进口量（台）	平均单价（万美元 / 台）	进口额同比增长（%）	进口量同比增长（%）
注塑机	10 666	623	17.12	-13.6	12.1
挤出机	17 883	227	78.78	-43.9	-15.0
吹塑机	7 961	74	107.58	-34.0	-6.3
真空模塑机及其他热成型机	4 261	118	36.11	-34.8	-22.4
其他模塑机及成型机器	1 841	170	10.83	36.0	61.9
总　计	42 612	1 212	35.16	-33.6	4.6

2. 日本

2015 年 1—12 月我国从日本进口塑料机械 4 035 台，同比下降 7.2%，占我国塑料机械总进口量的 22.3%；进口金额 56 619 万美元，同比下降 1.8%，占我国塑料机械总进口额的 37.1%；平均单价 14.03 万美元 / 台，同比增长 7.7%。

虽然我国从日本进口的塑料机械数量最多，但平均单价逊于德国。日本是我国注塑机的最大进口国，2015 年该产品的进口额占比为 56.7%。品质有保障、价格比德国略有优势，这正是我国从日本大量进口注塑机的主要原因。

从 2012 年开始，我国从日本进口塑料机械的金额出现下滑，2015 年依然是这一状态。下滑的主要产品为注塑机、吹塑机、真空模塑机及其他热成型机、其他模塑机及成型机器。2015 年 1—12 月我国从日本进口塑料机械统计见表 24。

表 24　2015 年 1—12 月我国从日本进口塑料机械统计

产品名称	进口额（万美元）	进口量（台）	平均单价（万美元 / 台）	进口额同比增长（%）	进口量同比增长（%）
注塑机	39 343	3 644	10.80	-4.6	-4.7
挤出机	10 851	115	94.36	24.1	-9.4
吹塑机	3 377	70	48.24	-12.0	-21.3
真空模塑机及其他热成型机	2 308	116	19.90	-12.4	2.7
其他模塑机及成型机器	740	90	8.22	-38.2	-53.1
总　计	56 619	4 035	14.03	-1.8	-7.2

3. 越南

2015 年越南国内生产总值（GDP）创 5 年来新高，全年 GDP 预计增长 6.5% 以上，高于 6.2% 预设目标，创 5 年来最高增长纪录；居民消费价格指数（CPI）在 2% 以下，远低于政府预计的 5%；越南经济复苏并进入新的增长期。与此同时，当地的低成本优势以及不受部分国家反倾销影响的因素吸引大量塑料企业在越南建厂，增加了该国对生产设备的需求。

2015 年越南是我国塑料机械的最大出口目的地，出口数量 5 381 台，同比增长 19.2%；出口金额 17 735 万美元，同比增长 26.0%；出口平均单价 3.3 万美元 / 台，同比增长 6.1%。2015 年 1—12 月我国出口至越南的塑料机械见表 25。

表 25　2015 年 1—12 月我国出口至越南的塑料机械

产品名称	出口额（万美元）	出口量（台）	平均单价（万美元 / 台）	出口额同比增长（%）	出口量同比增长（%）
注塑机	9 046	2 601	3.48	36.6	18.8
挤出机	3 636	1 002	3.63	28.1	-0.1
吹塑机	1 448	703	2.06	-22.9	43.2
真空模塑机及其他热成型机	1 574	671	2.35	102.3	29.3
其他模塑机及成型机器	2 030	404	5.02	3.8	29.5
总计	17 735	5 381	3.30	26.0	19.2

注塑机是我国出口至越南最主要的塑料机械，无论数量还是金额都远远多于其他产品。其次是挤出机，出口额明显增长。2015 年，向越南出口真空模塑机及其他热成型机的金额增长显著，增幅超过 100%。其他模塑机及成型机器的出口数量增长虽然非常明显，但由于产品平均单价的下滑，出口金额增长幅度不大。

受劳动力成本上升压力的影响，不少企业迁往越南等劳动力较便宜的国家，甚至还有不断扩大生产的企业。越南塑料制品行业主要出口欧洲、美国、韩国、俄罗斯和日本等市场，近年来保持年均 10% 以上的增速。未来几年，该行业年均增长将达 20% ～ 25%。

4. 泰国

2015 年泰国经济增长 2.8%，略高于 2.75% 的预期中值，这归因于政府财政支出、投资的改善以及家庭支出的增加。

经济的好转、生产的转移，会增加当地对设备数量的需求。然而由于竞争加剧，性价比将成为竞争的关键因素之一，这便是销售量与销售额双双增长的主要原因。2015 年我国对泰国出口塑料机械便是这种情况。1—12 月我国出口 2 403 台塑料机械至泰国，同比增长 17.5%；出口金额 13 173 万美元，同比增长 36.3%；产品平均单价 5.48 万美元 / 台，同比增长 16.3%。除真空模塑机及其他热成型机、其他模塑机及成型机器略有下降外，其余产品的平均单价均有不同程度的上升。2015 年 1—12 月我国出口至泰国的塑料机械见表 26。

表 26　2015 年 1—12 月我国出口至泰国的塑料机械

产品名称	出口额（万美元）	出口量（台）	平均单价（万美元/台）	出口额同比增长（%）	出口量同比增长（%）
注塑机	4 554	739	6.16	-16.8	-17.8
挤出机	3 784	743	5.09	123.4	60.5
吹塑机	844	214	3.94	20.1	-40.9
真空模塑机及其他热成型机	1 000	215	4.65	62.1	66.7
其他模塑机及成型机器	2 991	492	6.08	155.0	156.3
总计	13 173	2 403	5.48	36.3	17.5

从产品结构来看，出口至泰国的主要设备为注塑机，但金额占比降幅较大。挤出机的比重增幅较大，金额占比接近 30%。此外，其他模塑机及成型机器的金额占比也有较大幅度上升。

值得注意的是，出口疲软继续拖累泰国 2015 年经济复苏步伐，由于全球经济发展缓慢，原油和农产品价格下降，2015 年泰国出口下滑 5.7%，连续第三年收缩。对外出口总额约占泰国国内生产总值的 2/3。

2015 年泰国塑料制品出口总额比 2014 年略有萎缩，其原因是油价走低及主要贸易市场尤其是日本、印度尼西亚及菲律宾的购买力受经济放缓影响而减弱。可能出现萎缩及对再生塑料业总体造成最大影响的塑料制品将是塑料板、片、膜、箔、扁条及包装货物用塑料制品，而办公室用塑料制品及塑料制家具可望实现良好增长。

5. 美国

近几年我国塑料机械对美国的出口量一直保持良好的增长势头。2015 年也不例外。1—12 月向美国出口 89 140 台，同比增长 115.0%；出口金额 11 023 万美元，同比增长 2.3%。出口数量中不排除因含有零部件等而导致的异常数据，但金额的变化更加真实地反映了需求的变化。

分产品看，数量同比增长最多的产品是挤出机，增幅达 100% 以上，但该产品的金额却同比下降 21.4%。注塑机、吹塑机金额、数量双双增长。真空模塑机及其他热成型机的出口量虽然有所下降，但得益于产品平均单价的提高，出口金额反而获得增长。

2015 年，北美聚丙烯销售增长 5.3% 至 780 万 t，美国国内销售增长 6.3%，但出口下降 23%。聚丙烯主要应用市场包括注塑家用品、片材和薄膜。

PS 销售略降 1.1% 至 200 万 t，仅在电子电器市场获得微弱的 1.7% 增长，其他市场停滞或者大幅后退。食品包装仍然是最大的 PS 市场，占 62%。EPS 销售未见增长，出口也有衰退，总销量为 43 万 t。

美国新屋开工的记录并未带来建筑市场预期的高增长，建筑业占 PVC 销售的 62%，PVC 由此增长乏力。PVC 管道销售增长 1%、挤出门窗增长 1.8%、栅栏和阳台材料增长 3.4%，但是房屋外壁板的销售下滑 5.6%。2015 年 1—12 月我国出口至美国的塑料机械见表 27。

表 27　2015 年 1—12 月我国出口至美国的塑料机械

产品名称	出口额（万美元）	出口量（台）	平均单价（万美元 / 台）	出口额同比增长（%）	出口量同比增长（%）
注塑机	7 676	898	8.55	3.4	0.4
挤出机	829	640	1.3	-21.4	147.1
吹塑机	353	70	5.04	15.7	12.9
真空模塑机及其他热成型机	536	236	2.27	4.9	-23.4
其他模塑机及成型机器	1 630	87 296	0.02	11.7	118.6
总计	11 023	89 140	0.12	2.5	115.0

6. 印度尼西亚

2015 年 1—12 月我国出口 2 442 台塑料机械至印度尼西亚，基本保持不变；出口金额 9 522 万美元，同比增长 2.6%；平均单价 3.9 万美元 / 台，同比增长 2.6%。

从产品结构来看，我国出口至印度尼西亚的主要设备为注塑机，金额占比接近一半；其次是挤出机，金额占比达 20% 以上。这两类出口产品在 2015 年表现一般，注塑机出口额同比下降 0.3%，挤出机出口额增长 7.3%。2015 年 1—12 月我国出口至印度尼西亚的塑料机械见表 28。

表 28　2015 年 1—12 月我国出口至印度尼西亚的塑料机械

产品名称	出口额（万美元）	出口量（台）	平均单价（万美元 / 台）	出口额同比增长（%）	出口量同比增长（%）
注塑机	4 492	1 165	3.86	-0.3	15.8
挤出机	2 206	541	4.08	7.3	3.4
吹塑机	998	257	3.88	-15.6	-4.5
真空模塑机及其他热成型机	969	260	3.73	4.8	-15.0
其他模塑机及成型机器	857	219	3.91	40.5	-35.4
总计	9 522	2 442	3.90	2.6	0.0

印度尼西亚政府鼓励橡胶塑料加工机械的进口，目前没有任何配额限制，也没有任何特殊安全规定或检验手续，橡胶塑料加工机械产品的进口税率为零，仅需交纳 10% 的附加税。欧美日等橡胶塑料加工机械生产国虽然看好印度尼西亚的市场前景，但由于加工成本较大、产品价格偏高，竞争力受到削弱。

多年来，我国企业经过努力，跻身印度尼西亚的十大供应国之列。我国向印度尼西亚出口的注塑机占其市场的第二位，挤出机占第三位，橡胶塑料加工机械市场占有率 8%，已占印度尼西亚市场的第三位。目前，印度尼西亚从我国进口的橡胶塑料加工机械在继续增加。

7. 伊朗

2015 年 1—12 月我国对伊朗出口塑料机械 2 580 台，同比下降 21.0%；出口金额 8 425 万美元，同比下降 14.4%；产品平均单价 3.27 万美元 / 台，同比增长 10.5%。

从产品结构来看，出口至伊朗的塑料机械主要为注塑机，其金额占比 47.4%，但同比略有下降；其次是挤出机，金额占比为 27.7%，同比略有上升。在数量方面，仅有挤出机和吹塑机同比增长；而在金额方面，挤出机、其他模塑机及成型机器同比增长。2015 年 1—12 月我国出口至伊朗的塑料机械见表 29。

表 29　2015 年 1—12 月我国出口至伊朗的塑料机械

产品名称	出口额（万美元）	出口量（台）	平均单价（万美元 / 台）	出口额同比增长（%）	出口量同比增长（%）
注塑机	3 993	1 291	3.09	-26.9	-25.9
挤出机	2 336	531	4.4	3.2	17.2
吹塑机	605	529	1.14	-29.6	9.3
真空模塑机及其他热成型机	562	79	7.11	-27.8	-75.7
其他模塑机及成型机器	929	150	6.19	93.1	-42.7
总计	8 425	2 580	3.27	-14.4	-21.0

伊朗的塑料加工企业多达几千家，设备生产企业却只有规模很小的 30 多家，本国产品不能满足国内市场需求，而且由于总体加工水平不高，伊朗 60% 的塑料机械需要进口。随着未来几年大规模石化装置的陆续投产，伊朗塑料机械市场将步入一个高速增长的时期。

8. 土耳其

土耳其在 2015 年的发展并不尽如人意，我国塑料机械对该国的出口也出现了较大幅度的下降。2015 年 1—12 月我国出口至土耳其的塑料机械数量为 1 668 台，同比下降 22.0%；出口金额 8 320 万美元，同比下降 21.3%。出口至土耳其的主要塑料机械产品是注塑机，金额占比 79%。在出口金额同比方面，仅吹塑机出口额有 39.5% 的增幅，其余产品均表现为下降。2015 年 1—12 月我国出口至土耳其的塑料机械见表 30。

表 30　2015 年 1—12 月我国出口至土耳其的塑料机械

产品名称	出口额（万美元）	出口量（台）	平均单价（万美元 / 台）	出口额同比增长（%）	出口量同比增长（%）
注塑机	6 578	1 236	5.32	-20.3	-23.0
挤出机	980	226	4.34	-27.8	18.9
吹塑机	219	19	11.53	39.5	-48.6
真空模塑机及其他热成型机	404	90	4.49	-6.9	157.1
其他模塑机及成型机器	139	97	1.43	-62.0	-64.1
总计	8 320	1 668	4.99	-21.3	-22.0

9. 印度

2015 年 1—12 月，我国对印度出口塑料机械 2 306 台，同比增长 2.4%；出口金额 7 379 万美元，同比增长 9.2%；产品平均单价 3.2 万美元 / 台，同比增长 10%。2015 年 1—12 月我国出口至印度的塑料机械见表 31。

表 31　2015 年 1—12 月我国出口至印度的塑料机械

产品名称	出口额（万美元）	出口量（台）	平均单价（万美元 / 台）	出口额同比增长（%）	出口量同比增长（%）
注塑机	1 889	487	3.88	-14.9	6.8
挤出机	2 420	711	3.40	38.4	21.3
吹塑机	1 312	277	4.74	6.0	26.5
真空模塑机及其他热成型机	1 241	448	2.77	54.0	-37.7
其他模塑机及成型机器	518	383	1.35	-30.6	40.8
总计	7 379	2 306	3.20	9.2	2.4

近几年，印度塑料行业发展迅速，市场体量巨大；同时，印度塑料机械的生产能力严重不足，无法满足本地市场的需求，因而对塑料机械的需求量十分巨大。但是，值得注意的是我国对印度的出口并不是一帆风顺的。2014 年印度启动反倾销日落复审调查，2015 年在中国塑料机械工业协会的领导下，经过我国塑机全体人员的努力，最终将反倾销税率降至 29%。

此外，以海天、伊之密为代表的我国塑料机械企业在印度投资建厂，可能会对今后的进出口数据变化产生一定的影响。

（注：文中所有图表数据均来自中国海关。）

〔撰稿人：聚凤塑料传媒徐剑、张雪庆〕

印度对华注射机反倾销日落复审终裁情况

2009 年 5 月，印度政府开始对中国出口的锁模力 400 ～ 10 000kN 的注射机征收为期五年的反倾销税，最高税率高达 174%。期满之际，印度反倾销主管调查机关于 2014 年 5 月 9 日启动反倾销日落复审调查。被调查产品为锁模力 400 ～ 10 000kN 之间的注射机（不包括吹塑机、垂直注射机、各种电动注射机、双色双料注射机）。

此次日落复审调查，中国塑料机械工业协会积极开展工作，聘请律师通过法律途径进行抗辩，主动应对日落复审调查。协会与主要会员单位、律师团队积极配合，根据掌握的资料与印度律师对抗辩工作进行了深入的讨论和研究，并在调查过程中从各个可能的角度进行了多轮强烈的抗辩。

经过近一年半的调查和审理，在多次拖延之后，印度调查机关（印度商工部）于 2015 年 10 月 8 日发布了最终裁决报告。在终裁报告中，调查机关坚持认为：在此次调查期间，我国被调查塑料机械产品仍然对印度有少量出口，并且继续对印度造成倾销和损害。根据调查机关最终认定的来自我国被调查塑料机械产品的进口数据计算出的倾销幅度以及对印度同行业造成的损害幅度见表 1。

表 1　印度调查机关认定的我国塑料机械产品倾销幅度以及损害幅度

锁模力（kN）	调查期进口数量（台）	倾销幅度（%）	损害幅度（%）
1 200	8	55 ～ 65	25 ～ 35
1 250	1		
1 280	2		
1 500	1		
3 800	1		
合计 / 平均	13		

在此基础上，印度调查机关建议财政部依据损害幅度继续对来自我国的被调查塑料机械产品征收反倾销税。

2015 年 12 月 4 日，印度财政部发布对我国注射机延续征收五年反倾销关税公告。

反倾销主管调查机关于 2014 年 5 月 9 日在《印度公报》特别事项 —— 第一部分第一节（文件号码 No.15/2/2014—DGAD）发布了关于对原产于中国、锁模力 400 ～ 10 000kN 注射机（海关代码 84771000）（以下简称“被调查产品”）立案进行反倾销日落复审的公告。现行反倾销税根据财政部（税收司）发布于 2010 年 3 月 23 日《印度公报》特别事项 —— 第二部分第三节（i）小节［参阅号 G.S.R.210(E)］的通告（文件号码 No.39/2010- 海关）来征收。

根据 2014 年 6 月 19 日《印度公报》特殊事项 —— 第二部分第三节第（i）小节［参阅号 G.S.R414(E)］发布的印度政府公告、财政部（税收司）文件 No.28/2014- 海关 (反倾销税)，联邦政府已经将对中国被调查产品的反倾销税延长征收至 2015 年 5 月 11 日（含 5 月 11 日）。

在对中国被调查产品的反倾销日落复审中，反倾销主管调查机关于 2015 年 10 月 8 日在《印度公报》特殊事项 —— 第一部分第一节披露最终调查报告（文件号码 No.15/02/2014-DGAD），主要结论如下：

（1）尽管数量较小，中国仍在继续倾销被调查产品，且由于中国被调查产品的持续倾销，国内产业在损害调查期内经营状况继续恶化；

（2）如果撤销现行反倾销措施，倾销极有可能继续，国内产业状况极有可能继续恶化。

并由此反倾销主管调查机关建议继续对中国被调查产品征收反倾销税。

因此，按照《关税法》9A 条例下的第（1）和（5）项，以及 1995 年关税条例第 18 和第 23 条规定（倾销的认定、量化、反倾销税的征收以及损害的认定）所授予的权利，联邦政府在充分考虑了上述主管调查机关的最终调查报告后，决定对被调查产品按照表 3 继续征收反倾销关税。印度调查机关裁定的对我国塑料机械产品征收的反倾销税见表 2。

表 2　印度调查机关裁定的对我国塑料机械产品征收的反倾销税

序号	税号	被调查产品描述	产品规格	原产国	出口国	生产商	出口商	反倾销税率
1	84771000	塑料加工机械或者注射机	锁模力 400 ～ 10 000kN	中国	中国	任何	任何	29%
2	84771000	塑料加工机械或者注射机	锁模力 400 ～ 10 000kN	中国	除中国外的所有国家	任何	任何	29%
3	84771000	塑料加工机械或者注射机	锁模力 400 ～ 10 000kN	除中国外的所有国家	中国	任何	任何	29%

注：以下物品不在上述反倾销税的征税范围：①税号 847730 项下的吹塑机；②立式注射机；③所有电动注射机，即机械运动，如注射、合模、开模、射出、螺杆传动等是由独立的伺服系统控制、拥有数字控制系统而不是液压系统；④制作鞋类的多色 / 多模机械，税号 8453 项下的制作鞋类：鞋底、皮带、鞋后跟等的转式注射机。

依此征收的反倾销税将为期五年（除非在到期前被撤销、中止或修改），自《印度公报》发布通告之日起，并按照印度货币支付。

虽然最终由于种种复杂的政治、经济等外部因素影响，印度调查机关终裁仍然建议在未来的五年继续征收反倾销税，但是在协会、会员单位以及律师团队的共同努力下，反倾销税率由原审的60%～174%大幅下降为29%。这是在种种不利外部环境下，协会和会员单位积极配合以及律师团队多次与调查机关沟通、协调，尽最大努力所取得的结果。日落复审前后印度对华注射机征收反倾销税税率对比见表3。

表3　日落复审前后印度对华注射机征收反倾销税税率对比

企业名称	日落复审前税率（%）	日落复审后税率（%）
广州博创机械有限公司	60	29
杭州泰瑞机器制造有限公司	68	29
宁波海天华远机械有限公司	76	29
宁波海天塑机集团	79	29
宁波利广机械有限公司	81	29
宁波海星塑料机械制造有限公司	100	29
徐州海天机械工程有限公司	105	29
浙江金鹰塑料机械有限公司	126	29
浙江申达机器制造有限公司	135	29
其他企业	174	29

印度日落复审应对大事记

为更好应对印度对华注射机反倾销日落复审，中国塑料机械工业协会粟东平秘书长及国际合作部副主任吴建伦于2014年12月25日至2015年1月4日专程赴印度，先后拜会了全印度塑料制造协会相关领导、中国驻印度使馆经商处官员、印度商工部反倾销总局局长以及中方企业代表等，代表中国塑料机械行业主动出击，积极维权，积极寻求印度同行及客户支持，呼吁印度政府取消针对中国塑料机械的反倾销税，争取为中国塑料机械企业在印度市场赢得公平竞争的地位。

2014年12月25日　粟东平秘书长在新德里会见了日落复审案件印度代理律师M.S. Pothal先生，详细了解听证会具体信息、日落复审案件进展以及应诉过程中遇到的困难。听证会原定于12月底召开，但由于期间印度公众假日较多、主管官员出差等问题，听证会具体时间被一再拖延。粟东平表示，应诉过程中，如果还需要协会提供相关数据以及其他帮助，协会将全力支持，中方将以事实为根据，据理力争，争取打赢官司。

关于印度10月14日立案的对中国台湾地区、菲律宾、马来西亚和越南的反倾销调查，印度律师建议如中国企业通过上述国家和地区向印度出口注射机，可在当地积极应诉，一方面多方应诉可对印度政府施加压力；另一方面，即便印度政府执意征收反倾销税，因为是初次立案，单独应诉也可争取优惠税率。但Pothal先生提示，相关企业必须按照法律途径办理印度法院相关流程才能立案，不能仅提交书面申诉书表达抗议。

2014年12月26日　粟东平一行赴孟买拜会全印度塑料制造协会(AIPMA)相关领导，双方就印度对华注射机反倾销日落复审案件交换了意见，并表达了中印塑料机械行业加强交流合作、互利共赢的强烈愿望。

粟东平首先感谢AIPMA多次邀请协会参加印度塑料工业展览会（Plastivision India），充分肯定了该展会对于中印塑料机械行业加强合作的重要意义。粟东平也指出，由于印度对华注塑机征收高额反倾销税，中国注射机被直接挡在了印度国门之外，严重影响了中国企业参展的积极性。

随后，粟东平介绍了中国塑料机械行业发展概况，并强调：在印度对华注射机实施反倾销的这五年里，中国注塑机企业发展迅速，不断加大科技投入，提升创新能力，强化质量管理，注重高效节能方面的研发，中国企业综合实力和产品的国际竞争力显著增强。中国首创的节能型注射机，可降低能耗 40% ～ 80%，成为世界注射机市场上性价比最高的产品，在国际市场上赢得了广泛好评。

粟东平指出，中国与印度塑料工业优势互补、利益共存。中国节能型注射机可以有效降低印度能源消耗，推动印度制造业发展。现行反倾销税严重影响了印度进口商以及中国出口商的利益以及中印塑料机械行业交流。粟东平希望在即将举行的反倾销听证会上，AIPMA 能够充分发挥协会组织的协调力量，派出代表，向印度政府反映其国内广大塑料加工企业和塑料制品消费民众的诉求，劝说印度政府相关部门终止对华注射机继续征收反倾销税。

AIPMA 会长里图拉吉先生表示针对中国注射机的反倾销案件使印度从中国进口的注射机数量锐减，极大地损害了印度国内进口商及用户的利益。AIPMA 秘书长乌玛女士表示将尽力配合中方工作，作为利益相关方，AIPMA 将向德里高院以及印度商工部反倾销总局递交意见书，表达对中方有利的观点。乌玛秘书长还表示，AIPMA 可能通过政治游说等方式，向政府官员阐明利害关系，为中国企业争取更多支持，希望印度政府做出对中国有利的判决。

2014 年 12 月 27 日　粟东平在孟买会见海天驻印度代表李敏，询问了海天在印度设厂运营的基本情况。

虽然美国塑料机械企业米拉克龙依旧占据了印度大部分市场（现在约有人民币 10 亿元的年销售收入），但目前海天印度公司运营正逐步进入正轨，客户群有望进一步扩大。我国拥有独立知识产权的伺服节能型塑料机械产品在印度市场有很强的竞争力，但由于反倾销税的存在，我国产品在价格上并没有什么优势。希望在此次日落复审中，印度政府能够停止征收反倾销税，让更多中国企业进入印度市场，公平竞争。

2014 年 12 月 29 日　粟东平、印度律师 Pothal、海天代表李敏等一行拜会中国驻印度大使馆经商处官员，希望使馆积极协助协会应对反倾销日落复审调查。

经商处同志指出，从 1995 年开始，印度总共对中国商品发动 150 多起反倾销调查，是世界上对中国发起反倾销调查最多的国家。由于在双边贸易中，中国顺差巨大，中国产品大量进入印度市场，印度政府为保护本土企业，往往会采取反倾销、反补贴等措施，因此近几年针对中国产品的贸易救济措施愈演愈烈。其中，涉华反倾销日落复审案件大部分被裁定为继续采取反倾销措施，这使中国企业失去价格等方面的优势，出口数量锐减，严重影响了企业在印度市场的发展。

2014 年 12 月 29 日　粟东平同印度商工部反倾销和联合税务总局（DGAD）局长 Das 先生会面，希望印方能取消针对中国注射机的反倾销税，从中印经贸合作角度出发，实现中印塑料机械行业乃至两国经济的共同繁荣。

粟东平介绍，在印度对华注射机实施反倾销的这五年来，中国注塑机企业虽然在印度市场遭受严重的不公平待遇，但发展并没有受其影响，而是继续加大科技投入，提升创新能力，强化质量管理，注重在高效节能方面进行研发，企业综合实力和产品的国际竞争力显著增强，大型二板式注射机、全电动注射机、节能型注射机等拥有自主知识产权的系列产品，在国际市场上赢得了广泛好评。中国独创的节能型注射机，可降低能耗 40% ～ 80%，成为世界注射机市场上性价比最高的产品，不仅在欧美发达国家市场深受欢迎，而且对于能源紧张的发展中国家而言，更是需求迫切。

粟东平补充道，印度对中国注射机征收高额反倾销税，一方面使中国注射机出口到印度市场蒙受损失；另一方面，由于印度本土注射机生产厂商数量有限，许多印度塑料制品生产厂商不得不以高出至少 20% 以上的成本，转向进口其他国家和地区厂商的注射机，印度塑料产业下游制品消费主体的成本也因此大幅上升。当时由德国德马格和日本住友（现为日本东芝）以及美国米拉克龙主导，利用其在印度的分公司发起的对华注射机反倾销案，仅为这几家企业的利益而导致印度塑料加工企业、印度塑料制品消费民众利益和中国注射机生产企业多输局面，中印塑料工业企业之间、协会组织之间的交流与合作也由此受到了巨大阻碍。

粟东平强调，中国与印度塑料工业优势互补、利益共存，中国历来非常重视印度市场。粟东平呼吁印度政府能够正视中国企业在印度对华注射机反倾销案中所遭受的不公平待遇，能够在日落复审调查中广泛听取印度塑料加工业者的心声，明察真相，尽早结束这场不利于印度塑料工业发展、不利于促进印度消费工业发展、不利于提高印度人民生活水平、不公平的反倾销案，且莫因个别企业的利益而继续损害整个印度塑料工业和广大塑料制品消费民众的全局利益。

Das 局长表示为中国注射机取得的成就表示高兴，并欢迎中国企业到印度投资设厂。他说，目前印度新政府正积极对外招商引资，印度急需中国的投资以及技术，在印度设厂将不会存在反倾销问题。粟东平回应道，中国历来非常重视印度市场。国家层面上，中国主席习近平、总理李克强均访问过印度，中印双方签署了多项合作协议，两国双边贸易合作正快速发展。行业层面上，中国塑料机械行业龙头企业——宁波海天集团股份有限公司已经开始在印度设厂，在古吉拉特邦、孟买、德里都设有办事处，以求在印度本土化生产，在增加印度就业、带动当地经济发展的同时，降低企业运营成本。但在两国交好的大形势下，印度对华注射机继续征收反倾销税无异于逆势而为。

Das 局长表示，目前 DGAD 正在积极搜集、整理、分析近几年中国注射机出口数据以及印度国内注射机市场情况，但最终税率将根据调查报告的结果以及德里高院的判决决定。此外，Das 局长向粟秘书长询问中国注射机出口价格，根据之前印度海关数据，出口至印度的注射机价格要低于中国国内价格，是否有“黑钱”避税现象存在——即部分交易以现金结算，不反映在印度公司账户中，或者中印公司约定回扣数目，导致海关处显示机器价格较低。由于黑钱交易现象，导致了印度政府税收减少，也是印度政府征收反倾销税的另一考量。

粟东平回应道，中国出口至印度注射机价格跟中国国内销售价格基本持平，考虑到运输、劳动力、售后服务等因素，价格甚至可能会高于中国国内价格。关于黑钱的说法，秘书长表示，中印公司可能会存在约定的交易方式，导致避税情况的发生。协会将向企业了解情况，如若属实，协会将要求企业规范交易，避免黑钱交易情况的发生，保障国家海关税收。

粟东平对 Das 局长关于降低反倾销税的观点表示欢迎，希望双方能够通过行业合作，为两国经贸关系发展做出实际贡献，互惠互利，实现共同发展。

印度市场设厂操作经验

中印文化、政治经济体制差异巨大，在印度设厂困难较大。中国塑料机械工业协会秘书长粟东平在孟买会见海天驻印度代表李敏时，李敏结合五年的印度市场操作经验，详细列举了其中的困难。

首先，印度行政审批程序烦琐。中国企业第一次在印度设厂，即便已经充分了解了印度国内相关规定，但具体办理起来，也是摸着石头过河，会遇到各种意想不到的困难。印度行政审批程序比较烦琐，签字盖章手续繁多，而且政府工作人员工作态度比较随性，效率较低。盖章数量多、时间跨度久，对初次设厂会带来一定挑战。

其次，印度国内现行税率较高。印度是个高税国家，税收体系非常复杂，政府相关管理机构繁多。企业及消费者所涉及的主要税种有：

企业所得税、中央销售税（CST）、地方销售税（VAT）、服务税、消费税、工作合同税（WCT）、过境税、关税等。各种税率相加，对于企业和消费者来说，都是一笔不小开支。比如，在印度餐厅消费，必须缴纳中央税（约 5%）、地方税（约 15%）、服务税（约 5%）等，各种税率加总可达到 25% ～ 30%，相当于产品价格的 1/4 ～ 1/3。印度的高税费在加重了消费者负担的同时，也加重了企业运营负担。另外，2015 年 1 月 9 日数据显示，印度定期存款只要存期超过 90 天，储户即可享受 8.2% 的高利率。高利率严重抑制了消费和投资，进一步影响了企业投融资、运营等。

第三，印度国内贫富差距较大，部分民众受教育程度低，素质不高；另外一方面，公司招工时需要对个人动机进行甄别。

第四，由于反倾销，中国部分公司退出印度市场，购买中国机器的印度公司，在机械故障寻求技术支持的时候，由于这些企业的退出，无法取得中国工程师的技术支持，不能享受售后服务，对中国企业在声誉上造成一定影响。海天的李敏建议中国企业能够健全售后服务，保证中国企业的良好声誉。

第五，印度整体硬件设施落后，能源短缺。印度铁路公路等交通系统发展滞后，火车时速慢，运力不足，亦无全国性高速公路网，物流周转问题较大；此外，印度能源短缺，夏季高温、冬季严寒不仅给员工正常生活造成不便，亦给企业生产带来不小麻烦。据李敏介绍，不少企业和家庭中依旧自备发电机以备不时之需。

印度行政管理、法律体系等跟中国有较大差异，而且生产力相对落后，发展水平相对较低，给中国企业投资造成了一定困难，导致目前在印度设厂前期投入成本较大，收效相对较缓。但是，中国企业如果想在印度扎根，必须立足当下，抢占先机，虽然前期投入较大、道路曲折，但这正是逐步占领印度市场的必经之路。目前印度劳动力成本相对较低，民众购买力相对较弱，但随着印度市场的真正崛起，中国企业必将会获得巨大经济效益。若等印度市场成熟后再进入，中国企业将面临更多挑战以及同行竞争。

节能是印度经济发展过程中一个重要议题，印度能源短缺，我国塑料机械具有节能、独立知识产权、物美价廉等优势，伺服节能型注射机将会极大地减少印度能源消耗，提高其能源利用率，缓解印度能源压力。建议大型企业着眼长期战略投资，稳扎稳打，立足印度本土办企业；对中小型塑料机械企业，可通过代理逐步了解和熟悉印度市场，一旦时机成熟，再设厂扩大产能，避免前期投入过度。

〔供稿单位：中国塑料机械工业协会〕

中国塑料机械工业大事记（2015 年）

1月

2日　海天塑机集团举行设立台湾分公司筹建典礼。

13日　“机电节能技术与设备推广会暨《节能机电设备（产品）推荐目录（第五批）》和工业装备类《“能效之星”产品目录（2014 年）》发布会”在京召开。塑料机械行业有 4 家公司 5 大型号产品进入《节能机电设备（产品）推荐目录（第五批）》，分别是：博创机械股份有限公司 BS 系列伺服节能塑料注射成型机、BU 系列二板式注塑机；宁波海星机械制造有限公司 HXF J5 系列伺服节能注射机；浙江申达机器制造股份有限公司 SE 系列伺服节能高效精密注射机；张家港市贝尔机械有限公司 BRD60-38 单螺杆挤出生产设备。

20 日 张家港市塑料饮料机械协会召开 2014 年度会议，中国塑料机械工业协会钱耀恩常务副会长在会上致辞，并提出“四个需要”(宏观经济因素需要、经济进入转型期需要、塑料饮料制品企业转型升级需要、塑料饮料产品发展趋势需要)和“一个发展模式”（专精特强），强调加快转型到依靠技术进步与创新驱动。

23 日 中国塑料机械工业协会副会长单位广东伊之密精密机械股份有限公司（“伊之密”，股票代码：300415）成功登陆深交所 A 股市场。

30 日 重庆市会展行业协会年会在渝召开，由中国塑料机械工业协会和重庆国际博览中心共同主办的“2014 中国中西部（国际）塑料橡胶展”荣获重庆市年度品牌展会称号。

2 月

2 日 国家工业和信息化部发布《首台（套）重大技术装备推广应用指导目录（2015 年版）》，塑料机械行业有 8 个项目进入目录，分别是：①超大型二板式伺服注射成型机；②大型双壁波纹管生产线；③大型实壁管生产线；④超大型中空成型机智能化生产线；⑤最新型高效高速 PE 管材双层共挤生产线；⑥大型塑料挤出注射成型装备；⑦连续混炼挤压造粒机组；⑧高速节能双壁波纹管生产线。符合要求的首台（套）重大技术装备可申请保费补贴资金。

8 日 “伊时代，NewStart”伊之密 2015 年会在广州举行，伊之密全体员工及部分供应商、证券商等合作伙伴近 2 000 人参加会议。

11 日 汕头市远东轻化装备有限公司“SJFMS75-2200 金属卷材双主机塑料挤出覆膜机组”完成由中国塑料机械工业协会组织的项目鉴定，主要性能指标已达到国内领先、国际先进水平。

3 月

3 日 中国塑料机械工业协会理事单位宁波弘讯科技股份有限公司在上海证券交易所成功上市（“弘讯科技”，股票代码：603015），中国塑料机械工业协会粟东平秘书长出席上市仪式，并代表行业热烈祝贺。

23—27 日 第 28 届美国国际塑料工业展览会（NPE）在美国奥兰多举办，中国塑料机械工业协会组织了由近 30 位企业负责人组成的代表团前往参观交流。

30—31 日 由中国塑料机械工业协会和中国塑料机械行业专家委员会组织的“中国塑机行业专业技术人才培训班 —— 中云班”在副会长单位山东潍坊中云科研有限公司完成第一期培训。主要内容包括：高分子材料基础理论，高聚物熔体的流变特性，塑料管材及加工技术进展，PE-XA 过氧化物交联聚乙烯管道低温热水地板辐射采暖管材，PP-HM 在排水管中的应用，PVC-M 和 PVC-O 管道的特性及制备等。

4 月

28 日 2015 年全国机械工业品牌战略推进工作会议在北京召开，中国塑料机械工业协会常务理事单位大连三垒机器股份有限公司的“三垒”牌 PVC/PP/PE 波纹管生产线，荣获“2014 年中国机械工业优质产品”称号。

29 日 汕头市远东轻化装备有限公司“SJ100-LSFM1450 型食品级包装纸多层共挤双面淋膜覆膜机组”完成由中国塑料机械工业协会组织的项目鉴定，主要性能指标已达到国内领先、国际先进水平。

5月

6日　国内首台最大的全电动注塑机 UGe850 在大同机械集团华东生产基地精品全电机生产车间顺利下线。

8日　北京启能国际能源管理有限公司“注塑机料筒气凝胶节能罩”完成由中国塑料机械工业协会组织的项目鉴定。该装备为国内首创，整体技术达到国内领先水平。

11—12日　中国塑料机械工业协会粟东平秘书长、李志涛副秘书长陪同工信部装备司机械处吴锋副处长走访大连橡胶塑料机械股份有限公司和大连理工大学汽车工程学院。

20—23日　亚洲最大、全球第二的中国国际塑料橡胶工业展览会 Chinaplas 2015 在广州举行。本届展会有来自 39 个国家和地区的 3 275 家展商参展，参观人数达 128 264 名。

21日　金纬机械举办“共同开启挤出装备工业 4.0 之旅”新闻发布会。

22日　中国塑料机械工业协会五届五次理事会在广州召开，会议主要议题为：总结协会工作、审议新会员入会申请、研究部署协会建设与行业发展计划。

★　由中国塑料机械工业协会主办的 2015 塑机行业新产品、新技术交流会在广州召开。

★　由中国塑料机械工业协会、全印度塑料制造厂商协会和西麦克国际展览有限责任公司联合主办的中印塑料工业产能合作企业家对接会在广州召开。来自中印两国的 500 多名塑料工业企业家、采购商和服务商参加了本次活动。

27日　由 15 名伊朗塑料行业企业家组成的代表团访问中国塑料机械工业协会，与协会秘书处及中国塑料机械企业代表商讨贸易、技术合作及联合投资的可能性。此次洽谈会由中国塑料机械工业协会和伊朗驻中国大使馆共同举办，中方协会及企业代表有 16 人出席。

6月

11日　北京万向新元科技股份有限公司（证券简称：新元科技；股票代码：300472）在深圳证券交易所举行敲钟仪式。

7月

2日　工业和信息化部公布 2015 年智能制造试点示范项目名单(工信部装函〔2015〕333号)，中国塑料机械工业协会会长单位博创机械股份有限公司被评为“注塑成型智能装备与服务试点示范”，成为“中国制造”战略首批智能制造试点示范 46 家企业之一。

16日　工信部装备司李东副司长、财政部关税司徐珑副司长、商务部与海关总署相关领导在广东省经信委邹生副主任陪同下视察中国塑料机械工业协会会长单位博创机械股份有限公司，调研博创智能制造示范基地建设情况。

8月

6日　中国塑料机械工业协会发布“2015 中国塑料机械行业优势企业评选结果公告”，公布“2015 中国塑机制造业综合实力 25 强企业”“2015 中国塑料注射成型机行业 15 强企业”“2015 中国塑料挤出成型机行业 10 强企业”“2015 中国塑料中空成型机行业 3 强企业”和“2015 中国塑机辅机及配套件行业 5 强企业”名单。

8日　由中国塑料机械工业协会主办、博创机械股份有限公司承办的“创新核动力共赢智能塑造——注塑工业 4.0 技术研讨会”在安徽合肥打响首站。

12 日 由机械汽车展览联合会、中国仪器仪表学会、中国塑料机械工业协会、中国石油和石油化工设备工业协会、中国机械工业金属切削刀具技术协会联合创办的首届“中国（重庆）国际智能制造技术装备博览会” 新闻发布会在重庆市新闻发布中心顺利召开。

18 日 陶氏化学公司旗下的陶氏包装与特种塑料业务部与湖南千山制药机械股份有限公司在上海签署授权协议，正式将陶氏 PacXpert 软包装技术引进中国。

27—31 日 中国塑料机械工业协会粟东平秘书长、王静副秘书长与重庆国际博览中心有限公司展投部孟宪胤总监分赴贵阳和昆明，与贵州塑料工业协会、云南省塑料行业协会进行交流，并出席云南省塑料行业协会四届二次会员代表大会及四届三次理事会。

28 日 无锡灵鸽机械科技股份有限公司举行“起点 • 梦想新三板挂牌汇报会”系列活动。

9 月

21—24 日 第 15 届中国塑料交易会在浙江台州市国际会展中心（路桥）举行，展览面积 3.5 万 m^2，600 家企业参展，专业观众逾 4 万人次。

22—25 日 “2015 中国（重庆）国际塑料工业展”与“第 26 届中国国际测量控制与仪器仪表展览会”“中国国际油气技术装备展”“中国（重庆）国际智造技术与机床博览会”“中国（重庆）工具及装备展览会”等联袂在重庆国际博览中心举办首届“中国国际智能制造技术装备博览会”，展出面积逾 8 万 m^2，专业观众 6 万余人。

23—24 日 2015 中国国际塑料机械创新论坛暨中国塑料机械工业协会五届六次理事（扩大）会在重庆国际博览中心召开。会议主要内容为探讨塑料机械产业发展新模式、新经验，引导和推动塑料机械行业新常态下的持续健康发展。

10 月

8 日 印度调查机关（印度商工部）于 2015 年 10 月 8 日发布了最终裁决报告，建议财政部依据损害幅度对来自我国的被调查塑料机械产品按照新的 29% 税率继续征收反倾销税。

15 日 广东伊之密精密机械股份有限公司“UN650MGII 半固态镁合金注射成型机”完成由中国塑料机械工业协会组织的项目鉴定，该项技术和设备各项指标和性能达到国际同类产品的先进水平。

16 日 震德塑料机械有限公司“基于工业 4.0 控制技术的 SVP/3 系列伺服驱动注塑机” 完成由中国塑料机械工业协会组织的项目鉴定，项目整体技术达到同类产品国际先进、国内领先水平。

22 日 广东省科学技术厅发布《关于认定 2015 年广东省工程技术研究中心的通知》，中国塑料机械工业协会常务理事单位广东佳明机器有限公司被认定为“广东省注塑机械工程技术研究中心”，会员单位广州一道注塑机械有限公司被认定为“广东省新型 PET 成型装备工程技术研究中心”，深圳市英威腾电气股份有限公司被认定为“广东省变频器工程技术研究中心”，深圳麦格米特电气股份有限公司被认定为“广东省智能电源工程技术研究中心”。

29 日 工业和信息化部发布《首台（套）重大技术装备推广应用指导目录（2015 年第二版）》通告（工信部装〔2015〕360 号文件），塑料机械行业有 25 个项目进入该版目录。符合要求的首台（套）重大技术装备投保保费按照保额的 3% 缴纳，保费的 80% 可由中央财政支付。

11 月

12 日 工业和信息化部发布《产业关键共性

技术发展指南（2015 年）》，塑料机械行业继 2011 版《产业关键共性技术发展指南》之后再次进入该指南。此次涉及的是塑料机械数字化制造，主要技术内容为：驱动传动系统数控化与效能提升技术、成型过程复杂参数传感与信息融合技术、成型过程智能控制与预测技术、嵌入式机器人与生产过程协同技术、生产过程综合决策与信息化管理技术等。

13 日 工业和信息化部发布《节能机电设备（产品）推荐目录（第六批）》，有 11 大类 434 个型号产品入选，其中塑料机械 21 个型号产品入选。

13 日 工业和信息化部发布《“能效之星”产品目录（2015 年）》，有 13 大类 141 个型号产品入选，其中塑料机械为 4 个型号产品，分别是：①宁波长飞亚塑料机械制造有限公司 VE5500 II 注射机；②海天塑机集团有限公司 MA21000 II 注射机；③力劲科技集团宁波力劲机械有限公司 PT1600 注射机；④博创智能装备股份有限公司 BS400- Ⅲ注射机。

20 日 2015 年度中国机械工业科学技术奖颁奖大会在南宁举行，广东金明精机股份有限公司“电子业用自粘保护膜专用吹塑装备”、博创智能装备股份有限公司“BH 系列精密快速成型机”分获三等奖。

27 日 国家知识产权局发布《关于第十七届中国专利奖授奖的决定》（国知发〔2015〕67 号），浙江申达机器制造股份有限公司“一种混色注射装置”和宁波双马机械工业有限公司“一种塑料注射成型机的锁模机构”分获优秀奖。

12 月

4 日 印度财政部发布对我国注塑机延续征收五年反倾销关税公告，反倾销税率由日落复审前的 60% ～ 174% 统一下调至 29%。

11 日 中国塑料机械工业协会粟东平秘书长、李志涛副秘书长和王静副秘书长一行代表中国塑料机械行业拜访商务部，向贸易救济调查局对中国塑料机械行业应对反倾销工作的帮助和支持表示由衷感谢。

12 日 由中国品牌建设促进会、中央电视台、中国资产评估协会、中国国际贸促会等联合举办的“2015 年中国品牌价值评价信息发布暨 2015 中国品牌发展论坛”在北京举行。海天塑机集团有限公司、广东伊之密精密机械股份有限公司和苏州同大机械有限公司分别位于企业品牌榜机械制造类第 3 位、第 18 位和第 30 位；广东金明精机股份有限公司位于自主创新品牌榜第 45 位。

18 日 广东金明精机股份有限公司“M5N-20000 五层共挤超宽幅内添加型 PO 农用薄膜吹塑成套装备”完成由中国塑料机械工业协会组织的项目鉴定，项目产品处于国内领先水平。

〔供稿单位：中国塑料机械工业协会〕

专文

分析行业和主要产业集聚地的发展情况，展现塑料机械行业技术发展动向及取得的新成就，论述在汽车轻量化趋势下塑料机械行业的发展状态

中国塑料机械工业年鉴2016

专文

行业发展概况

塑料注射成型机发展概况

塑料机械工业是为高分子复合材料成型制品在航空航天、国防、石化、电子、光电通信、生物医疗、新能源、建筑材料、包装、汽车及交通、农业、轻工业等国民经济各领域应用提供重要装备的产业。塑料机械工业的发展情况可从一定程度上反映出一个国家和地区的国民经济及技术发展水平。

塑料注射成型机作为塑料加工业中使用量最大的加工机械，不仅可以直接生产大量的塑料制品，而且还是组成注拉吹工艺的关键设备，占塑料机械市场近40%的市场份额，始终保持在加工机械行业最突出地位。

一、塑料机械行业生产发展情况

1. 企业利润总额平稳增长

2015年1—12月，我国塑料机械行业389家规模以上企业完成利润总额49.46亿元，同比增长3%，仍保持一定的盈利能力，但同时出口交货值和主营业务收入同比分别下降7%和2%，反映出经济环境变化带来的全球市场需求的减少。另外，不足50%的资产负债率（同比下降0.02%）也在所对比行业中相对较低，显示我国塑料机械行业规模以上企业能根据市场环境变化及时调整经营策略，较为合理地控制经营风险。

2. 从“中国制造”到“中国智造”

2015年5月，我国政府发布了《中国制造2025》，部署全面推进实施制造强国战略。塑料机械行业作为塑料加工装备的供应行业，对我国整个塑料产业的“中国制造2025”起到至关重要的作用。

博创智能装备股份有限公司（以下简称博创）于2015年8月成为我国塑料机械行业唯一一家入选国家智能制造试点示范项目的企业。博创率先在塑料机械行业中提出“注塑工业4.0”概念，并在全国范围内举办“创新核动力 共赢智能塑造”——注塑工业4.0技术研讨会，带动行业智能化发展。

3. 产品技术创新引领行业发展

2015年5月22日，中国塑料机械工业协会召开2015塑机行业新产品、新技术交流会，博创发布BH系列高精密快速成型机；中国塑料机械行业专家委员会委员、中南大学蒋炳炎教授介绍了无螺杆超声塑化微注射成型机研究成果；宁波弘讯科技股份有限公司、山东博特精工有限公司、北京启能国际能源管理有限公司和浙江双飞无油轴承股份有限公司分别就智能控制系统、电动注塑机用滚珠丝杠副技术、气凝胶节能罩和自润滑轴承应用技术同与会代表进行了分享和交流。

二、塑料注射成型机行业进出口情况

据中国海关统计，2015年我国塑料机械进口18 027台，同比下降17.1%；进口额152 659万美元，同比下降23%。塑料机械出口458 723台，同比增长98.9%；出口额188 564万美元，同比增长2.3%。贸易顺差达35 905万美元。虽然出口额远远大于进口额，但从进出口平均单价来看，2015年我国塑料机械出口平均单价已降至0.4万美元／台，比上年下降55%，仅为进口平均单价的1/20。

1. 进口

据中国海关统计，2015 年我国进口注塑机（仅指税号 84771010，下同）6 164 台，同比下降 20.8%；进口金额为 65 760 万美元，同比下降 19%。其中 3 月进口金额为全年最高，达 6 946 万美元。日本仍然是我国注塑机最大的进口来源地，从日本进口的注塑机金额占我国注塑机进口额的 59.8%，在数量和金额上都占有绝对优势。2015 年我国注塑机进口月度统计见表 1。2015 年 1—12 月我国注塑机进口来源地前 10 名见表 2。

表 1　2015 年我国注塑机进口月度统计

时间	进口量（台）	进口额（万美元）
1 月	355	3 911
2 月	257	3 201
3 月	576	6 946
4 月	611	6 271
5 月	482	5 888
6 月	625	6 599
7 月	603	6 369
8 月	590	6 323
9 月	636	5 814
10 月	489	4 733
11 月	510	4 869
12 月	430	4 837

表 2　2015 年 1—12 月我国注塑机进口来源地前 10 名

国家或地区	进口额（万美元）	进口量（台）	进口额同比增长（%）	进口量同比增长（%）
日本	39 343	3 644	-4.6	-4.7
德国	10 666	623	-13.6	12.0
中国台湾	7 693	1 027	-22.7	-11.2
韩国	4 780	432	-3.3	6.1
中国	1 807	286	-46.9	38.2
奥地利	1 728	77	-16.1	-92.8
意大利	895	50	-72.7	-43.8
泰国	744	129	490.5	486.4
加拿大	504	8	-64.4	-61.9
法国	393	21	10.7	16.7

注：数据来源于中国海关。

2. 出口

据中国海关统计，2015 年我国出口注塑机 22 282 台，同比下降 14.6%；出口额为 97 987 万美元，同比下降 5.5%；平均单价 4.39 万美元 / 台，同比增长 10.3%。2015 年，我国注塑机无论进出口的数量还是金额，均比 2014 年有不同程度的下降。越南已成为我国注塑机的最大出口目的地，对其出口额达 9 046 万美元，同比增长 36.6%，占总金额的 9.23%；美国保持第二名位置；而 2014 年的最大出口目的地土耳其已降至第三。向墨西哥出口注塑机的金额同比增长 47.3%，出口量同比增长 30.5%，取代伊朗，在 2015 年我国注塑机出口目的地中金额增幅最大。2015 年我国注塑机出口月度统计见表 3。2015 年 1—12 月我国注塑机出口目的地前 10 名见表 4。

表 3　2015 年我国注塑机出口月度统计

时间	数量（台）	金额（万美元）
1 月	2 074	8 628
2 月	2 184	8 842
3 月	1 555	7 191
4 月	1 880	8 868
5 月	1 567	6 809
6 月	1 948	8 271
7 月	1 824	7 758
8 月	2 041	8 322
9 月	1 730	7 460
10 月	1 677	8 857
11 月	1 783	7 730
12 月	2 019	9 250

表 4　2015 年 1—12 月我国注塑机出口目的地前 10 名

国家或地区	出口额（万美元）	出口量（台）	出口额同比增长（%）	出口量同比增长（%）
越南	9 046	2 601	36.6	18.8
美国	7 676	898	3.4	0.4
土耳其	6 578	1 236	-20.3	-23.0
韩国	5 178	1 313	31.8	16.9
墨西哥	4 643	732	47.3	30.5

（续）

国家或地区	出口额（万美元）	出口量（台）	出口额同比增长（%）	出口量同比增长（%）
泰国	4 554	739	-16.8	-17.8
印度尼西亚	4 492	1 166	-0.3	15.8
伊朗	3 993	1 291	-37.9	-25.9
巴西	3 314	631	-37.7	-44.5
马来西亚	3 271	856	-11.9	-12.2

注：数据来源于中国海关。

三、发展趋势

我国塑料机械已成为传统机械制造业中发展最为迅猛的行业之一，年需求有稳步增长的趋势，但由于市场消费需求的日益多样化，机型、功能规格整齐划一、固定不变的塑料机械已无法满足市场需求。客户需要塑料机械制造商提供具有市场适应能力的塑料机械装备，同时需满足大规模与大批量定制生产要求。

据《中国制造 2025》战略规划精神，企业研发设计、生产制造、经营管理、销售服务等全流程都将融入智能化元素，要加快发展智能制造装备和产品，推进制造过程智能化，实现智能工厂和数字化车间，发展基于互联网的个性化定制、众包设计、云制造等新型制造模式，加强塑料行业的互联网基础设施建设等。智能化已成为国家重要的战略发展方向，并推动制造行业的深化改造创新，进一步实现我国发展成为制造强国的战略目标。

智能化、数字化、轻量化、环保化下的塑料机械装备，将为企业发展带来更大的推动力，从而获得更大的经济效益。总的来说，随着《中国制造 2025》的落地，国家聚焦制造业绿色升级、智能制造、高端装备创新三大方向，对注塑机械行业产品来说，智能互联、节能环保、精密高效将是大势所趋。

汽车行业和医疗行业两大应用行业的快速发展所需要的塑料制品用量的增加，为作为“工作母机”的塑料机械带来广阔的市场。

随着汽车向轻量化、环保化方向发展，塑料在汽车工业中的应用越来越广泛，碳纤维增强塑料和模压注射成型工艺、发泡技术都有助于推动汽车轻量化的发展；随着全球人口数量的增长，特别是老龄化人口以及患有慢性病人员的增加，医疗服务市场持续增长，特殊医疗器械拥有广泛的需求。塑料件在外形设计方面的灵活性以及医疗费用的持续攀高，使得塑料制品被越来越多地应用于医疗领域。

随着塑料机械装备水平的提高，装备的成套性也越来越受到重视。目前，多家塑料机械企业已成功向客户推出一站式智能注塑解决方案，即除了提供注塑机主机外，还提供机械手、机器人及填料机、冷水机等辅助设备，通过注射成型设备的主控制器与各种辅助设备通信实现智能互动生产。

〔供稿单位：博创智能装备股份有限公司〕

中空塑料吹塑成型机发展概况

一、中空吹塑机行业基本情况

中空塑料吹塑成型机一般简称中空吹塑机，又称为中空机、吹塑机，是塑料加工行业的三大重要装备之一。

中空塑料吹塑成型机主要由机头、挤出塑化装置（挤出机）、机架、合模机、吹胀装置、液压系统、伺服液压系统、气动系统、电气控制系统以及模具、周边辅助设备等智能化设备组成。

近年来，中空塑料吹塑成型机已经由过去的单一机组向中空吹塑机智能化生产线发展，且发展速度越来越快。中空塑料吹塑成型机、全自动上料机、全自动混料机、全自动后冷却去飞边设备（机器人去飞边系统）、全自动贴标机、飞边输送设备、飞边粉碎机、称重设备、气密测试设备、成品打包设备及制成品输送设备等组成智能化的全自动吹塑机生产线，极大地减少了生产现场的操作人员，大为减轻了生产现场操作人员的劳动强度，同时大幅度提高了生产效率与产品质量。预计，今后在大宗吹塑产品的生产中将出现更多的专业吹塑机智能化生产线。吹塑机智能化生产线不断进步与发展，在许多相关技术领域特别是吹塑机的关键核心技术方面取得更多的技术突破与创新发展，将促使塑料吹塑制品集中和规模化生产，希望能够引起吹塑机设备生产厂家与吹塑制品厂家的高度关注与重视。

未来几年，吹塑机智能化生产线核心技术的进步与创新将是决定吹塑机生产线制造厂家生死存亡的关键所在。同时，由于中空吹塑制品的固有特点以及物流运输成本的攀升，制成品运输距离不可过大，因此，适度规模的中空制品吹塑工厂是未来的主要发展方向，这个主要特点也值得引起中空塑料吹塑成型机研发与制造企业的特别重视。

2014—2015 年，中空塑料吹塑成型机制造行业经营状况总体比较平稳，一些明星企业发展速度更快一些，新设备、新产品、新技术的研究与应用速度加快。特别值得介绍的是：苏州同大机械有限公司研制成功的世界首台 TDB-30W 微层吹塑机智能化生产线，大胆突破了原有思路，采用 4 台挤出机挤出塑料原料，经过成型机头的折叠成型为 49 层微层，实现了多种塑料材料的折叠成型，增强了中空吹塑容器的强度与刚度，为未来高强度中空吹塑容器的技术发展奠定了新的技术基础。

同时，常规中空吹塑成型机智能化生产线的研发与发展速度明显加快，设备的稳定性、节能性能进一步加强，全电动中空吹塑成型机生产线的节能效果明显，性能更加稳定。值得关注的是，我国研发的高端中空吹塑成型机智能化生产线基本销往国外，高性能、高效率、高质量、高性价比已经获得发达国家吹塑制品行业厂家的肯定，一些高端中空塑料吹塑成型机设备的研发技术水平与制造质量已经达到世界先进水平。但国内仅在一些中空吹塑制品合资企业采用，多数吹塑制品企业采用的仍然是中端或是低端吹塑机设备。在吹塑制品企业操作人员工资普遍上涨的时期，吹塑设备的先进性与可靠性是降低生产成本的可靠保障，但是国内许多吹塑制品企业投资不足难以选择更加高端的吹塑机设备，这是这些年国内许多吹塑制品企业的现状，值得引起整个吹塑制成品行业的关注与重视。

2014—2015 年，部分明星企业依然继续保持 2013 年度的发展势头，进一步加强了企业内部管理、产品研发、技术创新、市场开拓等方面的工作，努力克服各种困难，开发市场；产销仍然保持上年的基本水平。产品研发和技术创新有了新的进展，设备制造水平与设备制造质量不断提高，一些重要技术项目获得重大突破，一些重要零部件已打破国外同行的长期垄断地位，研制出更加适合中国国情和现状的关键部件与设备，技术水平达到一个新高度。

苏州同大机械有限公司 2014—2015 年中空塑料吹塑成型机销售产值达到 1.8 亿元，明显高于 2013 年度销售水平。陕西秦川机械发展股份有限公司销售产值接近 1 亿元，基本与上年持平。香港雅琪集团广东开平塑料机械厂中空塑料吹塑成型机销售产值达到 1.5 亿元左右，基本与上年持平。

在中国塑料机械工业协会组织的“2015 年度中国塑料机械行业优势企业排序”中，苏州同大机械有限公司、陕西秦川机械发展股份有限公司、广东乐善机械有限公司进入中空塑料吹塑成型机制造行业前 3 强。

一些吹塑机制造企业经营状况一般，销售业绩比上年有较大幅度的降低，除世界经济大环境有较大影响外，企业自身状况的不稳定也是销售业绩不佳的重要原因之一。

二、主要企业生产、研发情况

1. 苏州同大机械有限公司

苏州同大机械有限公司主要研发、生产 10mL 至 5 000L 全系列中空塑料吹塑成型机组与高速、全自动智能化生产线，46% 左右的吹塑机设备销售到海外68个国家与地区。2014—2015年该公司生产销售各种不同规格的中空塑料吹塑成型机组、生产线500多台（套），实现销售产值逾1.8亿元。

2014—2015年，该公司继续加快技术创新步伐与新产品研发的速度。已研制成功的多款新型中空塑料吹塑成型机组和智能化生产线，如5L、15L、30L双工位等高速吹塑智能化生产线，技术不断完善，售后服务更加成熟，为中小型塑料桶的高速生产和全自动智能化生产奠定了良好的基础，已经成为国内外吹塑制品制造厂家优先选择的优质中空吹塑机智能化生产线。该公司生产的用于吹塑托盘的TDB-600F、TDB-800F、TDB-1200F、TDB-1600F等多款单层、多层吹塑托盘高速生产线，技术更加成熟，设备稳定性进一步提高。

2013年该公司研制的具有国际领先水平的复合流道技术中空吹塑机生产线，在2015年获得江苏省重大科技成果转化项目资金支持，对该公司生产的TDB-25F~TDB-5000F系列中空吹塑机实现了关键核心技术的全覆盖，进一步提高了系列中空吹塑机的换色、换料速度，提高了吹塑制品的均匀性和物理力学性能。并且针对客户的需要，采用该技术开展对老设备的更新改造，取得了较好的效果。

2014—2015年该公司研发成功TDB-250F×2双层双L环中空吹塑机生产线。该生产线专门用于生产双L环、单L环危包桶，双层储料机头成功实现了多项关键核心技术的突破，型坯控制成功实现芯模径向与轴向同时控制，准确度与控制水平有所提高，双L环危包桶周向控制绝对误差值小于0.16mm。配套研制成功ϕ90mm、长径比32∶1高性能挤出机塑化系统，单机产量达到200kg/h，能效比大幅度提高，对多种高分子量聚乙烯（HMWHDPE）塑化性能良好，共混性能好。同时对下吹装置进行了革命性的改进，采用伺服电动机驱动旋转部件，确保了零部件的稳定、可靠运行，提高了设备的可靠性能，延长了设备的无故障时间。该智能化生产线已经生产多条，国内外多个客户使用效果很好。

2014—2015年该公司成功研制了TDB-50×3F三层储料机头吹塑机生产线，用于生产50L以内的各种包装桶，并且对包装桶中间层实现微发泡，提高了包装桶的物理力学性能，降低了生产成本。

2014—2015年，该公司与北京化工大学机电学院杨卫民教授团队合作，深入开展微层吹塑成型技术与设备的研究，研制成功世界首台TDB-30W双工位30L微层吹塑成型机智能化生产线，成功实现了30L系列49层微层吹塑成型。微层吹塑中空成型机生产线的研制成功，有利于大幅度提高吹塑制品的物理力学性能，大幅度降低塑料原料的消耗，可望生产出高抗冲、耐低温、耐高温、耐候性能优越的各种特殊吹塑容器。

2014—2015年，该公司进一步加大对超大型、重型数控加工设备的资金投入，添加了1套超大型数控龙门加工中心，拥有了2套超大型数控龙门加工中心，实现对宽度2 500mm、长度6 000mm、高度2 200mm的超大型部件的精细加工，确保加工质量与精度要求。同时该公司对所有大型零部件与结构件应用时效处理与表面喷砂处理新技术，在进一步提升大型、超大型中空塑料吹塑成型机的内部质量，消除零部件的残余应力方面取得了很好的效果。该公司还添置了三坐标测量设备、精密加工设备等多种数控加工、材料处理方面的新设备。

该公司2014—2015年扩建塑料与机电实验室，添置了多种测试、实验设备、仪器，使用资金达到120万元以上，形成了较为全面的测试、试验能力。

2014—2015年该公司继续加快深化与科研院所的合作，与南京航空航天大学、江苏科技大学、北京化工大学、华东理工大学、华南理工大学、江苏工业大学、东北工业大学等多所大学的专业研究院所深入开展了多个专业技术研究项目的合作，同时还与海外多个著名专业研究人员合作研究中空吹塑机领域的重点、关键核心技术。所有新技术的研究与新型设备的研制工作均取得较快的技术进展，取得许多阶段性的技术成果。

2014—2015 年该公司申请国家发明专利权 20 多项，实用新型专利权与外观设计专利权 30 多项。

2014—2015 年许多新技术在中空塑料吹塑成型机实现应用。该公司进一步完善柔性曲环径向控制技术，在多种机型应用方面取得新的技术进展，特别是在实时调整与控制方面取得了技术突破。该公司在多款机型上推广使用伺服电动机液压节能系统，在多种机型上采用电液混合驱动技术，使这些设备实现节能、高速、高效运行。

该公司的子公司 —— 张家港市同大机械有限公司，主要研制、生产多种规格高强度吹塑托盘。2014—2015 年高强度吹塑托盘生产、销售工作取得了更好的业绩，研制成功多款 1210 系列货架吹塑托盘，主要用于生产线、冷库、高架库等。张家港市同大机械有限公司起草的《吹塑平托盘》国家标准推荐稿，已经通过中国托盘委员会组织的专家组评审，修改形成了国家标准送审稿。

2014—2015 年该公司继续深入开展吹塑技术培训，为国内外客户新培训吹塑技术人才 100 多人。

2. 陕西秦川机械发展股份有限公司

陕西秦川机械发展股份有限公司 2014—2015 年基本保持了 2013 年度的平稳发展势头，实现销售产值约 1.0 亿元，制造、销售各种较大型规格的中空塑料吹塑成型机组 100 台（套）。主要吹塑机产品 SCJ230×2 双层双 L 环危包桶设备技术更加成熟，客户群稳定。

2014—2015 年该公司研发的主要新产品有：

（1）SCJC200×6 六层汽车塑料燃油箱专用设备。主要用于加工 100L 以内、以高密度聚乙烯（HDPE）为基层、高阻隔性树脂（EVOH）为功能层的，具有高阻隔性、形状复杂的六层汽车塑料燃油箱。SCJC200×6 作为更新换代产品，继承原有的成熟技术与成功经验，并进行了大量改进，研发了先进的小型化机头，效率大幅提高，挤出机配置更优化。

该产品主要由 6 台塑化不同性能材料的高效挤出机组成的挤出系统、连续式共挤机头、成型机、吹胀装置、机械手、预夹机构、机架、安全防护装置、冷却系统、集中供料系统、电气控制系统、液压系统、气动系统等组成。

该设备生产的多层塑料燃油箱，按其功能从里到外分别为：内基层、粘结层、阻隔层、粘合层、回收料层和装饰层（外层）。该设备生产的塑料燃油箱安全性能达到国家标准的相关要求，污染物排放达到国Ⅳ、国Ⅴ要求以及欧Ⅲ、欧Ⅳ标准要求，且完全满足目前高档轿车燃油箱 55 ～ 88L 的规格要求。单机可年产 20 万只燃油箱，更好地适应了汽车工业大批量、高效生产的需求特点。

（2）SCJ350 塑料挤出吹塑中空成型机。主要用于加工高分子量聚乙烯（HMWHDPE），专门针对 IBC 容器内胆、单面吹塑托盘的生产需求，如 1 200mm×1 000mm 单面托盘，也可生产 1 000mm×800mm 双面托盘。中空吹塑单面托盘广泛应用于轻工产品的长途运输。

储料机头采用复式流道，使得熔体在机头流道内周向分布更均匀，消除了熔体汇合线及其带来的缺点，可以做出直径大、厚度薄的料坯，更适于薄壁制品的生产。伺服液压缸配以 100 点型坯壁厚伺服控制系统，可实现型坯的轴向壁厚控制。挤出机采用 IKV 进料结构，塑化效率高、混炼质量好。关键零部件采用有限元优化设计，液压系统采用比例伺服控制技术，主要元件选用国际名牌产品。整机动作控制采用高功能 PLC，人机界面采用触摸式显示器，独创的型坯壁厚控制系统实现系统的高可靠性、多功能和智能化。

（3）SCJC120×2 双层中空成型机。该机主要用于加工以 HDPE、HMWPE 为原料的各种中空容器及汽车燃油箱等。制品最大容积 120L。机头流道采用双层流道，双层流道层与层之间壁厚分布均匀，熔料先进先出，提高了型坯强度，换色快捷。液压系统采用伺服节能液压系统。型坯壁厚采用伺服液压控制技术。合模速度采用比例液压控制技术，相比传统液压系统具有明显的节能效果。

（4）SCJC50×2 塑料中空挤出吹塑成型机。该产品电气控制系统采用高功能 PLC 进行动作顺序控制，型坯壁厚控制系统采用秦川独创的 64 点轴向壁厚控制系统。挤出吹塑成型机机头采用内外双层流道，流道采用CAD/CAE三维设计软件设计，换色快，型坯强度高，制品壁厚均匀，制品内层可为纯色，外层可根据要求配色。挤出系统采用高效挤出机，塑化效率高，塑化质量好。液压控制系统采用伺服控制技术，系统节能、可靠、稳定性好。气动控制系统采用秦川独创的吹气工艺原理，气量、气压控制稳定。

该设备具有生产连续、稳定、高效、节能等特点。生产的制品壁厚均匀，合格率高，具有国内先进水平。该产品主要用于生产以高密度聚乙烯（HDPE）为原料的最大制品容积为50L的双层中空塑料制品。生产的制品适用于包装洁净度和卫生性能要求较高的食品及化工产品。

3. 香港雅琪集团广东开平塑料机械厂

香港雅琪集团广东开平塑料机械厂2014—2015年继续保持平稳发展势头，实现销售产值约1.6亿元，制造、销售多种型号、规格的中空塑料吹塑成型智能化机组、生产线100多台（套），产品主要销往海外市场。

该公司2015年进一步完善LIN-90-TSI中空塑料吹塑成型机高速生产线，加大移模行程，改进外观设计，采用全电动驱动。这些生产线采用双工位生产20～30L塑料桶，可实现单模头、双模头生产，生产线设计合理，制造工艺精良，设备运行稳定可靠，外观美观大方。一些生产线采用伺服电动机液压系统，节能明显，运行动作平稳，噪声低，可以实现全自动智能化生产，对于提高吹塑制品工厂的自动化水平和制品质量水平起到很好的保障作用。这些中空塑料吹塑成型机全自动生产线达到世界领先水平。

该公司2015年推出第二代全电动吹瓶机，共有四个系列，分别是AE-480-TS（双工位，移模行程480mm）、AE-590-TS（移模行程580mm）、AE-700-TS（移模行程700mm）、AE-900-TS（移模行程900mm），年底推出同类单工位系列设备，完全满足100～5 000mL中空吹塑容器不同类型、不同规模的生产需求，实现高效节能、全面自动化、低成本运行和低成本维护。

该公司研制的全电动吹塑机生产线，采用德国BECKHOFF中央控制系统、西门子伺服电动机及驱动、SEW减速机、Rexroth直线导轨，以及应用美国EXLAR专利技术的滚珠丝杠传动电动缸，独立模车机构及独特的横向移动转移瓶坯方案，拥有多项自主知识产权和专利技术。该公司研制的AE-900-TS 8+8吹塑机生产线，在节能、噪声、寿命、稳定性等方面取得突破。该公司能够提供更具竞争优势的全电动解决方案，目前已开发国内外品牌的合作项目。

2014—2015年除了研发、制造多款先进可靠的中小型中空塑料吹塑成型机组、生产线以外，该公司还制造、销售了多款大型中空塑料吹塑成型机组、生产线，研发水平、制造水平及设备质量均有较快的提高与进步。

三、中空塑料吹塑机生产线关键配套技术与关键零部件的研发现状与进展

1. 塑料型坯控制系统

塑料型坯控制系统主要有轴向型坯控制系统(AWDS)和径向型坯控制系统（PWDS），国内中空塑料吹塑成型机已经普遍采用轴向型坯控制系统，径向型坯控制系统采用较少。多年来国内一些中空塑料吹塑成型机的研发、制造优势企业投入了较大的人力、财力进行相关技术的研究与试验，国产径向型坯控制系统已经取得重大技术突破，并已应用到中空吹塑机，开始形成新的市场竞争力。

径向型坯控制系统主要有3种控制模式：柔性曲环径向型坯控制系统（又称弹性环径向型坯控制系统）、口缘修型式径向型坯控制系统、飘移口模径向型坯控制系统。

柔性曲环径向型坯控制系统技术过去主要由德国企业掌握，市场售价较高，多数应用于200L危包桶的吹塑机的柔性环口模控制，国内进口设备时配套较少。近几年来，苏州同大机械有限公司对柔性环口模、柔性环芯模进行了深入的研究与试验，在构成柔性环的材料、计算机设计、计

算机模拟试验、柔性环热处理、精密加工、装机试验等方面开展了大量的工作，已经初步形成了适合中国国情的系列化柔性环口模、芯模型坯控制系统。与德国同类产品比较，具有制造成本较低、操作维护方便、控制精度高、耐用度高、应用机型广泛等特点。2014—2015 年，苏州同大机械有限公司在柔性环口模、芯模的精确控制与调整技术方面有了技术突破与创新，并且已经应用到多套 TDB-250F×2 双层双 L 环危包桶吹塑机生产线上，进一步提高了塑料型坯的均匀性。

口缘修型式径向型坯控制系统是陕西秦川机械发展股份有限公司研发成功的径向型坯控制系统，经过多年的使用，技术已经基本成熟。该技术主要应用于该公司生产的SCJ-230的吹塑机上，主要用于生产 200L 的双 L 环塑料桶。

飘移口模径向型坯控制系统主要技术为德国相关厂家掌握，主要应用于生产汽车塑料风管的吹塑机组上，该技术对型坯壁厚相差较大的风管类吹塑制品有独特的控制优势。苏州同大机械有限公司 2013 年对这一高难、高新技术开展研究，在机械实体制造方面取得重大技术突破，今后将主要研究飘移口模的精准控制，提高控制性能。目前这项技术的一些关键零部件仍然在试验中。

用于轴向与径向型坯控制的液压伺服阀，国内已有多家研究所、厂家能够研发与生产。上海衡拓实业发展有限公司（上海 704 所）研发、制造的射流管式伺服阀具有抗污染能力强、反应速度快、耐用度高、规格型号较多、维护方便等特点，完全可以取代进口伺服阀的使用。

用于多点型坯控制使用的伺服阀控制器方面，国内已有厂家研制成功 30 点的塑料型坯控制器，其他更多点数的控制器技术研发工作还没有获得更多的突破。目前多数中空塑料吹塑成型机制造厂家普遍采用 MOOG 控制器与相关配套产品。苏州同大机械有限公司电气部研究人员采用以太网技术，将型坯壁厚控制技术与触摸屏技术完美结合，实现了触摸屏技术与PLC控制器的高速控制，提高了运算速度、控制精度与速度，简化了型坯壁厚控制技术并且大幅度提高了其控制精度。

2. 电动型坯壁厚控制系统

深圳一家公司研究了 DK-500 电动型坯壁厚控制系统，采用伺服电动机驱动调整、控制型坯壁厚。到目前为止，该项产品还需要进一步进行应用试验与观察。

3. PLC 程序控制器

目前中空塑料吹塑成型机普遍采用日本、德国产 PLC 程序控制器，国产相关控制器研发工作相对落后，到目前为止，还没有合适的国产 PLC 程序控制器可供吹塑机采用，值得引起相关控制器研发厂家的重视。2014—2015 年，应用于塑料注射成型机的控制器已经实现国产化。

4. 伺服电动机液压控制系统

目前已有多家中空塑料吹塑成型机研发、制造厂家在中小型吹塑机上推广使用伺服电动机液压系统，单项节能可达 40% 左右，节能效果明显，设备的技术档次明显提升。2014—2015 年进一步扩大了吹塑机的应用机型，已经取得较好的应用效果。

5. 高效、节能挤出机塑化系统

高效、节能挤出机塑化系统一直是中空塑料吹塑成型机的主要零部件，对于提高吹塑机的产能和工作效率起到非常关键的作用，是各吹塑机研发、制造厂家技术研发的重点之一。近几年来，随着 HMWHDPE 材料的广泛应用，顺利加工这些材料的挤出机塑化系统成为吹塑机技术进步的一个重要方向。苏州同大机械有限公司 2014—2015 年加大投入资金与技术力量研制出多种不同规格的高效、节能挤出机塑化系统。如：φ80 mm、φ90 mm、φ100 mm、φ120 mm、φ150mm， 长径比 32 ：1，系列化的挤出机系统，可加工如 DMDY1158，DMDY5420、TR571、TR580、TR550 等高分子量聚乙烯，在提高塑化效果与能力的同时，在降低能耗、提高设备稳定性、延长设备使用寿命等方面取得了较好的效果。

6. 多层吹塑成型机头

多层吹塑成型机头是中空塑料吹塑成型机的

重要零部件之一，对于塑料型坯的有效形成与制品壁厚的均匀分布起到非常关键的作用。陕西秦川机械发展股份有限公司研制的汽车六层塑料燃油箱的成型机头、200L 塑料桶的双层成型机头，苏州同大机械有限公司研制的四层带液位线成型机头，多层顺序挤出机头，双层、多层大型、超大型储料机头，超大型扁平储料机头等高效吹塑成型机头，代表了近年来中空吹塑机制造行业的技术创新水平。如，超大型扁平储料机头的技术创新，给许多大型、超大型扁平形状的吹塑制品成型开辟了一条新的技术路线。苏州同大机械有限公司 2014—2015 年加大投入，研制了多种大型、超大型多层储料机头，获得多项专利权，并加大用于精密制造多层储料机头的数控精密加工设备的资金投入，取得了较好的效果。

江苏大道科技有限公司研制成功多种类型的六层燃油箱机头与智能化生产线。山东华玉机械研制成功四层超大型储料机头与吹塑机组，生产制品可达 10 000L。

四、重点新产品、新技术

1.TDB-30W 双工位 49 层微层吹塑机生产线

苏州同大机械有限公司与北京化工大学杨卫民教授团队合作，成功研制世界首台 TDB-30W 双工位 49 层微层吹塑机生产线。该生产线是采用微纳层折叠流道技术的智能化吹塑机生产线，具有以下特点：

（1）连续挤出机头采用微纳层折叠流道技术，采用交错互包络的方式创造性地解决了微纳层流道汇流处的中空吹塑世界难题，保证了微纳层的折叠成功并成功实现清晰分层。

（2）创造性地提出了微纳层（达 3 种 49 层）中空吹塑折叠流道的设计方案，解决了微纳层中空吹塑的技术难题，有效保证了聚合物在成型过程中的均匀性，扩大了设备对原料的适应范围，大幅度提高了塑料吹塑制品的综合性能。

（3）提出了微纳层折叠流道的多种拓扑结构形式，找出了塑料原料在折叠流道中的流动规律，总结了结构、尺寸参数等对中空成型机性能影响的经验公式，为进一步推广使用该项技术奠定了基础。

2.TDB-250F×2 双层双 L 环危包桶中空吹塑机生产线

苏州同大机械有限公司独立研制的 TDB-250F×2 双层双 L 环危包桶中空吹塑机生产线，主要有如下特点：

（1）双层储料机头采用自适应复合流道技术，机头流道系统设计独特，确保双层型坯分层清晰、塑化均匀，对原料的适应性好。

（2）采用两套 ϕ90mm，长径比 32 ：1 的高性能挤出塑化系统，挤出效率高、塑化性能好，对高分子量聚乙烯（HMWHDPE）塑料适应性能强，节能效果好。

（3）创新设计了芯模径向型坯控制系统，确保了塑料型坯控制的精准。

（4）创新设计了下吹装置，旋转部件采用伺服电动机驱动，确保了精准控制与使用寿命，提高了设备的运行效率。

（5）生产的 200L 危包桶质量稳定，桶体周边厚度绝对误差值小于 0.16mm。

3. 深拉伸吹塑技术的问世

苏州同大机械有限公司与南京航空航天大学合作，针对吹塑制品中需要解决的深拉伸吹塑技术难题进行了深入的研究，创新性地提出了深拉伸吹塑技术的解决方案，解决了采用普通吹塑方法难于成型的技术难题。该技术仍然在继续深入研究之中。

4. 微发泡吹塑技术研究成功

苏州同大机械有限公司吹塑技术研究中心多年来开展了微发泡吹塑技术的研究，并且将该项技术应用于吹塑托盘的生产，取得了较好的效果。

五、吹塑技术研发趋势分析与建议

2014—2015 年尽管世界经济回升乏力，但是由于各国工业发展的不均衡，中空塑料吹塑成型机组、生产线的出口仍然有一定的增长。同时，国内各省区间的发展不均衡也会造成市场的不同需求，各种吹塑制品的提档升级给中空塑料成型机制造行业提供了机遇和机会，值得引起国内相关设备制造厂家的重视，进一步做好市场细分工作，采用不同档次的设备满足国内外吹塑制品厂家的不同需求与需要。但是，运行稳定可靠是吹塑机设备最基本的条件，吹塑机设备的高可靠性仍然应该是我国中空塑料吹塑成型机研制中需要特别重视的环节。

在欧美等发达国家与地区市场上，由于 20 世纪 80、90 年代投入使用的吹塑机设备陆续进入更新换代期，这些市场对技术先进、设备运行稳定可靠、产量高、节能效率高、自动化程度高、可实现无人化或少人化操作的高速全电动、电液混合驱动的智能化中空塑料吹塑成型机组、生产线的需求较为迫切。建议将我国吹塑机设备配套生产线的改进重点放在：高效塑化系统，高性能机头，高度节能的合模系统，具有长期稳定性和高质量特点的模具，高稳定性的去飞边系统以及高质量的周边辅助设备等方面。

一些发展中国家对中空塑料吹塑成型机组、生产线有不同的市场需求，主要看重：设备的稳定可靠，换色、换料时间周期短，节能、操作简单，调试、调整简单快捷、方便使用，价格相对较低等。

国内吹塑制品行业也已悄然发生了较大的变化。用工成本、水电价格、塑料原料价格的不断攀升，对中空塑料吹塑成型机组、生产线提出了许多新的技术要求。

国内物流业近几年发展迅速，对耐用型吹塑托盘的需求量有较快的增长。随着各地大型冷冻库的建设使用以及冷链物流的发展，对抗低温的吹塑托盘、吹塑型储物箱、冷藏箱的需求将有较快的增长，特别是满足生产线要求的吹塑托盘将是这类吹塑托盘产品与吹塑成型设备的重要研究领域。张家港市同大机械有限公司已经研制出多款 1210 单面吹塑托盘应用于这些场所与生产线。

在国内物流市场托盘租赁运输与托盘对流运输发展不完全的情况下，免人工卸货吹塑托盘的市场会有较大的市场发展空间，特别是大宗货物的铁路、公路运输方面免人工卸货吹塑托盘将是未来几年的发展重点之一。张家港市同大机械有限公司已有多款免人工卸货吹塑托盘用于不同场所。同时，随着标准化托盘的推广与对流运输、托盘租赁等的大力推行，耐用型标准化吹塑托盘的生产线将获得较快发展。

传统农业使用的大型、超大型储水罐，抢险救灾需要的小型救生设备、塑料担架，应急物流需要的吹塑型塑料集装箱等，旅游、休闲用吹塑制品均对中空塑料吹塑成型机组提出了不同的要求。市场的不同需求，必然带动中空塑料吹塑成型机的技术创新与技术进步，值得引起中空塑料吹塑成型机设备研发、制造厂家的重视。

1. 自动化程度更高的大型、超大型中空塑料吹塑成型机组、生产线

（1）大型、超大型多层塑料储水罐、储水箱生产线。随着现代化设施农业的推进以及缺水地区改善生产、生活环境的需要，大型、超大型塑料储水罐、储水箱的制造设备在国内外市场均有一定的需求。目前需要提高这类设备的设计水平和制造质量，不断提高设备运行的稳定性和可靠性，主要应该进一步提高和改进挤出机塑化系统、储料机头、合模机、液压系统等。

国产大型、超大型多层中空吹塑机生产线研制技术日趋成熟，完全可以媲美国外发达国家研制的大型吹塑机设备。

（2）各种不同规格的吹塑托盘生产线。随着国内外物流业、冷链物流、大型冷冻库、高位货架、化工、化肥、粮食加工等许多行业的高速发展，多种不同规格的吹塑托盘专用生产线将会获得长足的发展。特别是在环境温度较低的工作状态下，吹塑托盘具有独特的优势，在未来多年内将有一个稳定发展期。随着托盘标准化的推进以及托盘周转运输、托盘租赁业的发展，标准化通用吹塑托盘将获得更多的市场份额。新型吹塑托盘生产线将主要集中在 600 型、800 型、1200 型、1600 型几种型号。随着对环境保护要求的提高和降低吹塑托盘成本的迫切需要，多层吹塑托盘将是未来吹塑托盘发展的主流，多层吹塑托盘里、

外层采用全新料，内层采用回用料、回收料吹塑成型，因此，研发多层吹塑托盘中空塑料成型机组、生产线是未来几年吹塑托盘成型设备的重点之一。此外，由于企业用工成本的不断上升和吹塑托盘生产规模的扩大，采用机器人操作系统自动化去飞边的智能化吹塑托盘生产线将受到重视。同时，吹塑托盘高效、节能回收设备也将是研发重点之一，这一发展趋势将可能加速。

苏州同大机械有限公司已经研制成功TDB-600F、TDB-800F、TDB-1200F、TDB-1600F、TDB-2000F等系列化的吹塑托盘智能化生产线，并且研制了多款货架、生产线、冷库使用的单面川字形吹塑托盘。

（3）特种大型、超大型吹塑制品成型机组与生产线。随着各种不同用途吹塑制品的不断开发，一些特种大型、超大型吹塑制品有了市场需求，与之配套的吹塑成型设备有了研制的市场基础，因此，专用吹塑制品的成型设备或生产线将是研发的内容之一。

2.不同规格全自动智能化中空塑料吹塑成型机组、生产线

（1）随着中空塑料吹塑成型机组、生产线的更新换代，市场需要的不同规格的全自动的吹塑机将进一步进行技术创新与档次升级，高速、节能、无人化或少人化操作的全自动化、智能化吹塑生产线将受到更多的重视。全自动吹塑成型、全自动去飞边、自动计量、自动检测、自动打包、全自动粉碎边料等吹塑成型全自动智能化生产线将是未来几年的重点发展方向之一，中小型吹塑机高速生产线将以全电动驱动、电液混合驱动为主。

（2）多维吹塑成型机组、生产线。我国已经成为汽车制造大国，随着汽车制造业的升级换代，与汽车配套的多种塑料风管及其他塑料管道将采用更多的多维吹塑成型设备，以确保吹塑成型质量。未来几年，各种不同配置的多维吹塑成型设备的也是研发重点之一。

负压牵引吹塑成型技术、机器人牵引吹塑成型技术以及移模牵引吹塑成型技术将在不同吹塑管道的生产中得到更多的应用。

（3）专用特种工程塑料吹塑机。国内中空吹塑成型机研制企业对专用特种工程塑料吹塑机没有进行相关的技术研究。吹塑制品行业的产品升级与其他应用行业对工程塑料吹塑制品升级的要求，将带来工程塑料专用吹塑机研制的需要，值得相关企业重视。

目前用于生产ABS塑料等常规工程塑料吹塑的吹塑机及生产线已经国产化，其中苏州同大机械有限公司已有多款设备用于ABS、TPE、TPU、SBS等工程塑料吹塑成型。

（4）汽车燃油箱吹塑机生产线。用于轿车塑料燃油箱生产的六层燃油箱吹塑机生产线，国内已有两家公司可以生产：一家为秦川发展塑料机械厂，一家为江苏大道科技有限公司。两家公司研发的六层燃油箱吹塑机生产线技术进步较快，已经可以满足国内燃油箱制品生产商的生产需要，其生产线的智能化程度较高。

六、行业发展趋势

随着技术创新工作和各项管理创新工作的推进，明星企业研发能力与创新能力不断提高，近几年来的销售产值与二线厂家的距离已经明显拉大。随着国内外市场认可度的进一步提高，这种现象将更加凸显，明星企业的品牌效应已经开始显现与形成。随着明星企业管理创新、技术创新、市场细分等工作的不断深入，我国中空塑料吹塑成型机制造行业的市场竞争规则正在逐步形成，国内相关明星企业研发、制造的中空塑料吹塑成型机组、生产线已经获得国内外诸多客户的认可，2014—2015年这种情况已经非常明显，这一趋势将进一步加快发展。未来几年仍将是国内一些中空塑料吹塑成型机优势企业、明星制造企业的重要发展机遇期。

专用中空塑料吹塑成型机型的研发与生产将会更为专业化。吹塑机新设备的技术创新工作需要一个较长的时间周期，许多创新经验不是短期内可以取得的。专机的研发与制造、销售将向一些厂家富集，有利于逐步形成中空吹塑机市场的

分工。

新技术、新设备、新材料、新工艺等的研究与应用将加快进行，以适应不同行业对塑料吹塑制品的不同需求。

随着国家创新战略的调整与“一带一路”建设的深化，产学研的合作步伐将明显加快，新型吹塑机的研发周期将进一步缩短，技术创新的水平将进一步提高，高度技术创新的吹塑机生产线将获得突破，许多新的吹塑制品将可能在更多领域获得应用。一般性的制造将向精细化、高速化制造转化，更为专业化的研发、制造、调试、销售、服务技术队伍将在这一进程中更加壮大，重要零部件、控制器的研发、制造将进一步实现国产化。

创新服务意识与模式，将在中空吹塑成型机制造行业成为一种新的习惯性工作；配套服务、一揽子解决客户需求，是未来多年中空吹塑机制造厂家应该积极发展的服务项目，同时也是吹塑制品企业的需求。抓住商机并且做好这些工作，客户群就会更加稳定和壮大。

中空吹塑机组、生产线的智能化程度将深入发展，无人化、少人化操作的智能化中空吹塑机生产线将发展更快，吹塑制品生产的全过程智能化生产将会更加普遍，吹塑机设备的稳定性、耐用性、调整的简捷化也是未来多年的主要发展方向。

一些重大吹塑成型机理的研究将获得重大技术突破，以微纳层吹塑成型技术、深拉伸吹塑成型技术、多重壁吹塑成型技术、多种复合塑料材料吹塑成型技术、特种工程塑料吹塑成型技术为代表的许多相关重要技术创新将在国际领域占据重要位置。

〔撰稿人：苏州同大机械有限公司邱建成〕

地区发展概况

宁波市塑料机械工业 2015 年经济运行概况

一、行业概况

2015 年，宁波市塑料机械行业完成工业销售产值 152.78 亿元，同比增长 3.37%；资产总计 265.31 亿元，同比增长 8.61%；工业总产值 125.22 亿元，同比下降 21.25%；主营业务收入完成 143.62 亿元，同比下降 3.14%，行业整体经济效益呈明显下降态势。2011—2015 年宁波市塑料机械行业产销增长情况见表 1。

表 1　2011—2015 年宁波市塑料机械行业产销增长情况　（%）

指　标	2011 年	2012 年	2013 年	2014 年	2015 年
主营业务收入增长率	0.77	-12.77	12.89	5.57	-3.14
工业总产值增长率	0.02	-12.56	13.85	7.84	-21.25

2015 年，行业新产品产值达 67.53 亿元，产值率为 53.93%，比上年明显增加，虽然行业整体经济效益持续下降，但是对塑料机械产品创新的投入依然保持增长，结构调整仍在积极推进中。2011—2015 年新产品产值率变化见图 1。

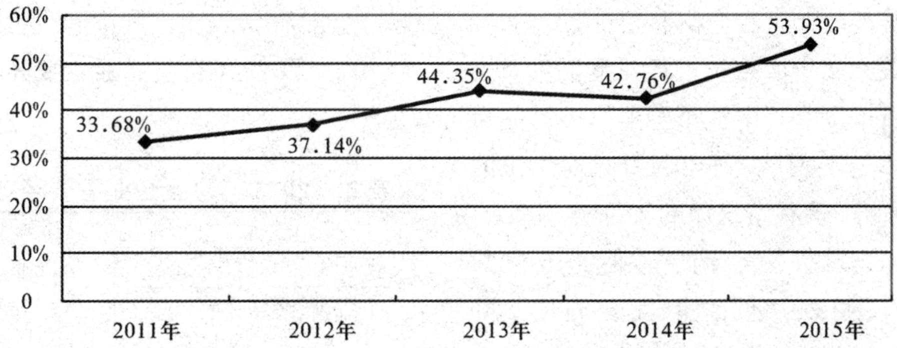

图 1　2011—2015 年新产品产值率变化

塑料机械工业出口交货值完成 41.61 亿元，同比增长 10.50%，比上年略有减少；出口交货值占销售产值比重为 27.23%，略高于上年同期。2011—2015 年出口交货值增幅及比重见图 2。

塑料机械工业实现利润总额 23.06 亿元，比上年同期增长 0.72%。2011—2015 年利润增幅及主营业务利润率见图 3。

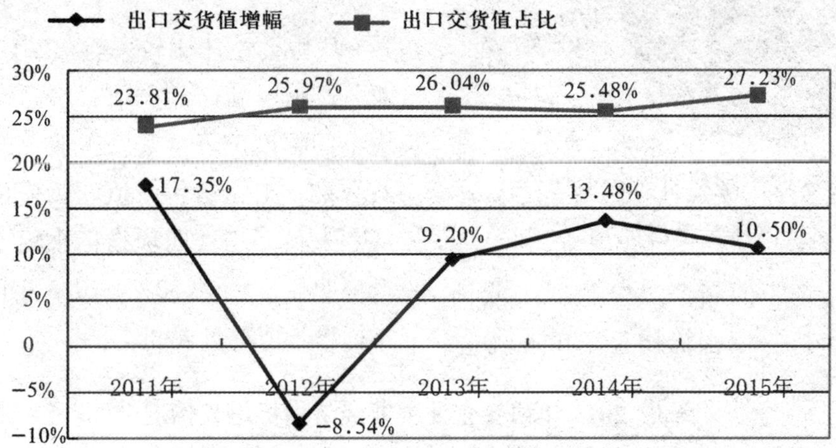

图 2　2011—2015 年出口交货值增幅及比重

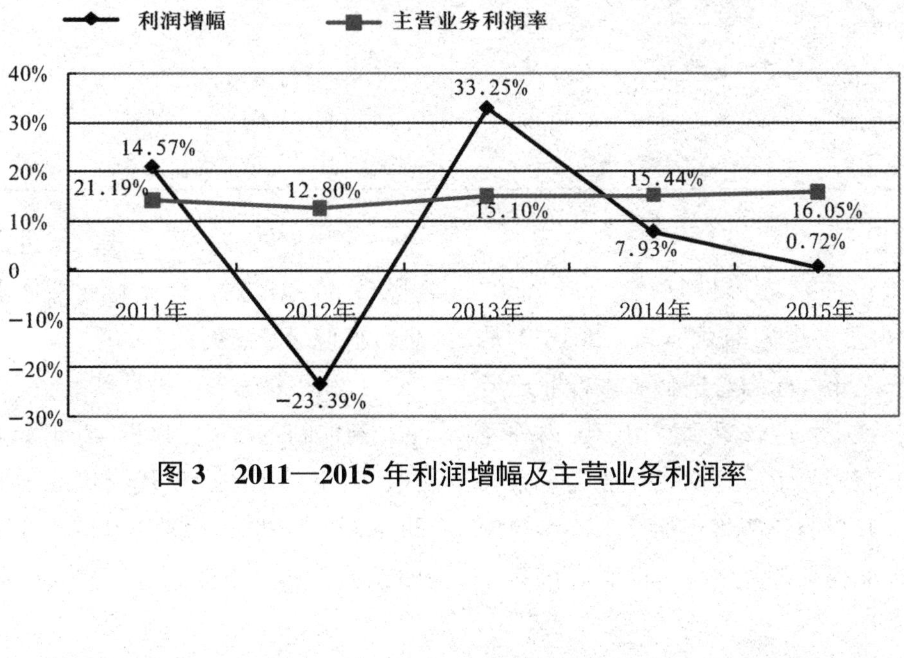

图 3　2011—2015 年利润增幅及主营业务利润率

二、协会企业情况

宁波市塑料机械行业协会秘书处自2016年1月向协会企业发送“宁波市塑机行业整机生产企业主要指标统计表”和“宁波市塑料机械产品自营出口企业出口情况表”，于2月开始对上报的企业进行梳理分析，具体情况如下。

从全市比较来看，统计的企业2015年共实现工业总产值112.19亿元，比上年同期下降21.25%，占全市工业总产值的89.59%。2015年宁波市塑料机械行业协会企业工业总产值在全市占比情况见图4。

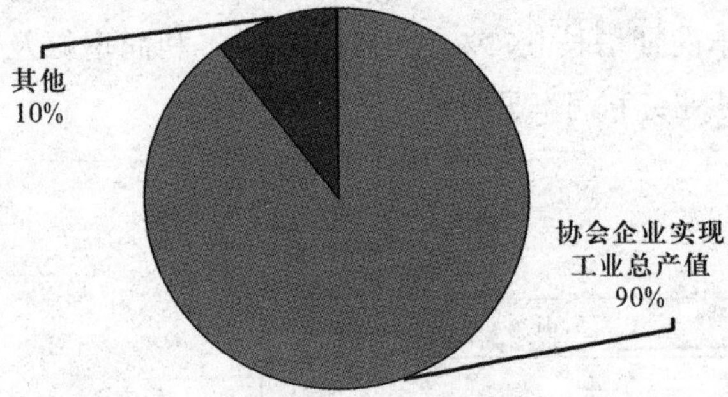

图4 2015年宁波市塑料机械行业协会企业工业总产值在全市占比情况

2015年，协会企业的新产品产值、工业销售产值、出口交货值三项指标均占全市80%以上，负债总计、产品销售收入、利润总额三项指标占全市70%以上，其中利税占比份额最高，达94.26%。2015年协会企业主要经济指标占比情况见表2。

表2 2015年协会企业主要经济指标占比情况

序号	指　标	金额（万元）	占全市份额（%）
1	新产品产值	602 036	89.15
2	工业销售产值	1 421 422	93.04
3	出口交货值	424 591	80.96
4	资产总计	1 840 608	69.37
5	负债总计	687 684	71.56
6	产品销售收入	1 130 535	78.71
7	利税总额	228 257	94.26
8	利润总额	180 676	78.35

从协会整体比较来看，2015年统计企业的工业总产值、新产品产值、产品销售收入三项指标均不同幅度下降，其中工业总产值降幅最大，达21.25%，工业销售产值、负债总计、利税总额、从业人员平均数四项指标小幅上升。出口交货值增幅明显，达10.50%。2015年协会企业主要经济指标增长情况见表3。

表3 2015年协会企业主要经济指标增长情况

序号	指　标	同比增长（%）	序号	指　标	同比增长（%）
1	工业总产值	-21.25	6	负债总计	2.73
2	新产品产值	-0.69	7	产品销售收入	-3.14
3	工业销售产值	3.37	8	利税总额	2.07
4	出口交货值	10.50	9	利润总额	0.72
5	资产总计	8.61	10	从业人员平均数	2.54

三、发展建议

2015年，国内外经济形势复杂多变，宁波市塑料机械行业发展进入瓶颈阶段。2016年是“十三五”开局之年，标志着塑料机械行业已经站在新的发展起点上。应该看到，由于国内外经济环境的变化，面对的矛盾与问题将更为复杂，结构调整与转型升级的任务将更加繁重，尽管如此，塑料机械行业仍具备稳中有进的利好因素。下一步如何转变发展方式，推进结构调整、转型升级、降本增效，提高行业整体水平，是努力实现行业健康发展的关键。

1. 积极探索转型发展新路径

智能制造、“互联网 +”开始起步，自动生产线、数字化车间、现代物流等已形成一定规模，机械制造企业已开展“互联网 +”的尝试，以开拓新的市场，新业态、新模式不断出现，传统企业向制造服务业的转型持续推进。近几年来塑料机械工业积极调整、主动适应，在新常态中努力探索创新发展的道路。

2. 加大精密注射机和精密挤出机开发力度

目前精密注射机主要是国外品牌。我国每年进口的约 2 万台塑机中，有 60% 是精密注射机。在多层共挤塑料机械方面，我国在精确控制层厚技术上还难以与国外相比。挤出装备中的双向拉伸 PET（PA、BOPP）膜机组、精密医用导管挤出机组等也一直是国外公司的领地。开发具有自主知识产权的国产精密注塑和挤出装备非常必要，除可以替代进口，还可以使得我国在国际塑料机械高端市场上占据一席之地。

3. 注重大型机和微型机的开发

我国中小型塑料机械门类、规格比较齐全，但大型机和微型机还处于起步阶段。大型和微型塑料机械的设计和制造与国家整体机械制造和材料技术水平密切相关，要在起步阶段就注重相关技术基础和知识产权体系的建立。微型化是各类产品今后的重要发展方向，拥有越来越多的市场需求，目前在电子、信息、电器、医疗、生物等部门已表现出明显的发展势头，如用于替代人体血管的直径小于 0.5mm 的塑料管生产设备，一些国家已经在研发中。

4. 加快节能型塑料机械的开发

传统塑料机械在节能方面还具有一定的潜力，原因是以往的设计往往只注重单机的生产能力。在节能型塑料机械的设计中，生产速度已不是最重要的指标，最重要的指标是加工单位重量制品的能耗，必须对设备的机械结构、控制模式以及操作工艺条件进行基于最小能耗的优化设计。采用先进节能技术，变频调速电动机的电能转换效率明显高于以往的电磁调速电动机、直流电动机等，随着变频调速技术的成熟以及变频调速器成本的降低，变频调速电动机在塑料机械中，特别是在挤出装备上得到了广泛采用。

〔撰稿人：宁波市塑料机械行业协会贺诗然〕

张家港市塑料饮料机械工业 2015 年发展情况

张家港市塑料饮料机械行业 2015 年经历了极其艰难的发展，真正的寒冬已经来临，形势非常严峻。国外市场委靡，其中包括国际油价暴跌、俄罗斯卢布贬值以及欧元区经济疲软等；中东形势动荡不安，导致 2015 年外贸出口形势恶化，外贸订单节节下降；国内经济在新常态下不断推进改革，经济下行压力较大，结构调整阵痛显现，改革已经进入攻坚阶段。在经济新常态下，企业改革刻不容缓。

一、张家港市塑饮机行业总体发展概况

2015 年，由于全球经济委靡，国外市场需求减少，张家港市塑饮机行业出口形势十分艰难，出口总额较上年下降 10%，其中饮料机械情况更为严峻。

2015 年，饮料机械销售总额下跌 10%，很多小型企业已经面临破产的危机。从客观原因来看，整个市场大环境低迷，需求量直线下降；从主观原因来看，已经过了打价格战的时期，所以很多故步自封、不求创新、不求发展的小企业很快就会被淘汰，留下的都是行业中的佼佼者。张家港市饮料机械行业自主研发生产的高速灌装机产量达 7 万瓶 /h，处于世界领先地位。几个原因导致饮料机械销售不景气。第一，今年天气不热，市场上对灌装水需求量不大导致饮料机械行业的销售不温不火。第二，一些瓶装水厂产能过剩，再加上整个经济形势不旺盛，不愿意购买新的生产线。第三，新的政策出台，国家对每小时 6 000 瓶以下的生产线不再发放生产许可证。第四，国际形势不容乐观，俄罗斯经济危机、卢布贬值、中东地区战事频繁、欧美经济复苏缓慢，导致国际

市场总体需求不旺，企业出口乏力，生产能力被闲置，人员离岗离职较多，企业运行岌岌可危。

受国际油价暴跌、欧元区经济疲软影响，2015年塑料机械行业销售总额较上年下跌6%左右。其中由于价格挤压、产能过剩等原因，挤出机这几年市场需求一直不旺，很多企业已经转型做其他产品。中空成型机一枝独秀，出口额和总销售额与上年持平，有些企业还有所上浮。虽然经济形势严峻，但人们的生活消费水平还是在不断提升，再加上现阶段张家港市塑料饮料机械协会企业的中空成型机技术水平在国内数一数二，在国际上也达到了先进水平，而且2015年钢材等原材料的成本大幅度下降，企业的竞争优势更加明显，所以中空成型机总体利润较上年增长10%。

2015年，张家港市塑饮机行业在转型升级科技创新方面取得了新成果，先后有2个项目列入江苏省首台（套），其中江苏新美星包装机械股份有限公司全自动PET瓶吹灌旋一体化成套智能装备获得江苏财政60万元补助，苏州同大机械有限公司多层共挤超大型中空吹塑成型成套装备也获得了江苏财政补助；2015年年底，贝尔机械成功申报了江苏省首台（套）项目。苏州同大机械有限公司与南京航空航天大学和江苏科技大学共同申报获得了江苏省企业创新与成果转化专项资金1 000万元。2015年，贝尔机械旗下的星贝儿机械在“新三板”成功挂牌上市，飞鸽友联机械也在筹备中，争取2016年能够在“新三板”成功挂牌。

2015年，张家港市塑饮机行业新增被授权的实用专利333项，发明专利44项，新获得江苏省著名商标2个，省级工程中心1家，苏州市工程中心2家，江苏省高新技术企业1家，参与起草国标1项、行标4项，新增研究生工作站2家，获得国家火炬计划项目8项。

二、2015年张家港塑饮机行业协会的主要成绩

1. 积极鼓励会员企业申报国家专利和高新技术企业

2015年，在协会的牵线搭桥下，推荐的1家符合申报江苏省高新技术要求的企业成功申报了省级高新技术企业，1家申报省级工程中心，1家申报苏州市工程中心。

2. 协会发出企业应对出口新政的预警通知

2015年4月23日，协会就企业应对出口新政发出了预警通知。协会发现有多家企业出口中东地区及非洲国家的产品委托中国国家进出口商品检验检疫张家港局检验时被定为不合格产品，原因是协会部分企业不了解这些国家所采用的标准。为了帮助企业尽快通过商检局的检验，协会秘书处经与国检局张家港局沟通，对会员企业提出了几点注意事项，以保证企业出口产品商检时能一次性通过。

协会提醒会员企业，一定要按出口国标准组织生产，以提高出口产品的合格率。根据国检局要求，凡企业出口产品连续三次被检不合格（其中包括返工整理合格在内），将取消出口资格，请企业格外注意检验检疫的重要性。

3. 组织会员企业学习考察，举办市场营销课程和新常态下企业法律与风险防范专题讲座

为了帮助企业会员提高管理水平、提高全员劳动生产率和经济效益，2015年5月18日上午9点，协会秘书处组织14家骨干企业的28位管理人员学习考察了在张家港的日本独资企业长城松井。参观学习使企业的管理人员看到了自己企业与日资企业在管理上的差距，对于如何缩小在管理上的差距取到了“真经”。

在整体市场环境不景气的情况下，会员企业更应该注重加强对企业的管理以及如何在经济不景气的时候扩大销售。为了帮助会员企业学习借鉴世界著名企业先进管理理念及市场营销经验，协会特邀德国西门子公司大中华区销售总监顾凡来张家港市作企业生产管理及市场营销管理的专题讲座，希望能对企业在应对目前严峻的市场形势方面有所帮助。经过近一个月时间的准备，专题讲座于2015年8月4日在江苏科技大学张家港校区图书馆报告厅举行，来自四个行业的100多人参加。

2015年11月3日，协会秘书处邀请国内知名法律专家、浙江大学法学院首席教授沈志坤来张家港市举行“新常态下企业法律与风险防范”专题讲座，目的在于进一步贯彻全市非公经济人士理想信念教育活动“守法诚信”主题，引导各会员企业牢固树立守法诚信意识和法律风险防控意识，熟练规避各种法律风险，以便各企业健康发展。协会共有13家企业16人参与，与会人员在会后表示，该讲座十分生动有趣，在无形中了解了许多相关的法律知识，并希望以后可以多多组织该类活动。

4. 为构建新型和谐劳动关系提出相关建议

当前我国正处于经济社会转型时期，劳动关系的主体及其利益诉求越来越多元化，在目前经济下行的情况下，劳动关系的矛盾进入凸显期与多发期。按照国家有关法律、文件的规定，为了构建新型和谐劳动关系，推进行业企业健康发展和有效维护职工权益，2015年7月9日，协会工会联合会特向各会员企业提出构建新型和谐劳动关系的相关建议，以避免造成劳务纠纷。

2015年，在整个经济大环境不好的情况下，许多会员企业资金链紧张，发不出工人工资，工人将企业告到劳动监察大队，企业求助于协会。协会为多家企业进行劳务纠纷调解，希望工人能够体谅企业的难处，企业也体谅工人的需求，尽快将拖欠的工资发还；协会也跟劳动监察大队协商并告知他们企业实际情况，企业确实是遇到了困难，要特殊情况特殊处理，希望能宽容企业几天，企业定能尽快发清工人工资。

5. 积极组织企业参与各项展会并为企业争取利益

2015年3月12日上午，经张家港市商务局牵线，协会秘书长顾惠聪、副秘书长封琴在张家港市商务局会议室和江苏省贸促国际会展有限公司董事长兼总经理韦秀军、国际展览部部长助理公司副总经理陈玄以及项目部经理杨雯进行友好交谈，双方就张家港市塑机和饮机制造企业参加国外展会，由江苏省贸促会争取省财政补助达成了一致意见。经商定，由江苏省贸促会向张家港市塑饮机协会提供国外展会资料以及相关展会的补助，协会经理事会讨论筛选参展效果好、专业性强、争取财政补贴多的展会组团参展，江苏省贸促会将提供最好的服务以及最经济实惠的项目收费。双方一致认为，为进一步开拓国际市场，双方应密切合作，及时交流信息，为生产企业创造更多的外贸出口窗口。

2015年，塑饮机行业面临国内外总市场需求不足、同行业竞争激烈的困难局面，为了帮助企业渡过困难，协会积极组织企业参与俄罗斯展会、重庆国际塑料机械工业展、义乌国际装备博览会，并争取到了更多的优惠政策。如参加俄罗斯展会可以得到江苏省财政70%的优惠补贴，参加义乌国际装备博览会标摊费用由原先的6 000元减为3 000元，设备进馆费用全免。

6. 与江苏科技大学达成电商合作意向，并且合作举办了实习生招聘会

2015年3月27日，协会秘书长顾惠聪、飞鸽友联董事长谢明飞与江苏科技大学张家港校区产业研究院副院长张浩、教授黄徐进商谈电商合作方案，初步达成合作意向。5月4日，飞鸽友联董事长谢明飞在江苏科技大学进行授课，详细讲解了电商的前景，鼓励大学生学好各方面技能，鼓励大学生们创业，加入学校电商合作基地。此次授课得到广大师生的一致好评，反响强烈。

为了帮助企业解决人才需求问题，为塑饮机行业带来新鲜血液，协会与江苏科技大学及苏州理工学院于2015年12月1日共同举办实习生专项招聘会。

7. 充分发挥好协会作为党和政府联系企业的桥梁和纽带作用

协会作为企业与党和政府沟通的桥梁，起到了非常重要的作用，为企业办了很多实事，积极完成了党委和政府交办的各项工作任务。

第一，受市总工会委托，协会较好地完成了2015年集体协商工作并成功筹备了2016年的工资集体协商观摩会。协会在张家港市总工会的正确

领导与指导下，完成了工资集体协商指导手册的制作，并于 2016 年 3 月召开工资集体协商现场观摩会，张家港总工会组织全市部分企业的工会负责人及全市各乡镇总工会负责人前来观摩，并将工资集体协商在全市各行业全面推行。

第二，受市经信委委托，协会积极协调好庞氏父子研发成果 HDNJ 环保颗粒的投资生产。庞氏父子将所有积蓄投入到了该研发项目中，在该项目取得实质性进展后已无力投入生产，他们写信给市长信箱求助于市政府，经信委受市长委托又将该项目的调研工作委托给协会。协会秘书长顾惠聪十分重视该项目，积极帮助他们联系企业投资，介绍他们参与人才引进项目以开展该项目。

三、张家港市塑饮机制造行业存在的主要问题

经过 2013—2014 年两年市场经济不景气的磨练，企业之间的差距也越来越明显，经济效益也有很大差别。目前主要存在以下 4 个问题：

1. 劳动力成本的上升直接导致企业成本的增加

激烈的市场竞争，归根到底是企业实力的竞争，是科技创新能力的竞争，是产品价格和质量的竞争。在各种竞争压力下，企业用工成本还不断上升。最低工资的不断调整、五险一金的基数上调都导致企业用工成本的增加。2015 年是最困难的一年，很多企业出现了发不出工资的现象，部分企业劳资关系进一步凸显。

2. 企业资金被压制，导致资金链断裂

塑饮机制造行业近几年市场竞争激烈，利润被进一步挤压，企业现在只要有订单不管能赚多少都接，企业只要有活干就能生存。前两年由于俄罗斯经济危机，卢布贬值，许多企业做好了订单客户不来提货，有一家企业甚至有三年未来提货的订单，这就导致资金被压制，资金周转不灵，使得企业的日子越来越难过。

3. 出口贸易越来越难做

张家港市塑饮机行业有自营出口权的企业 100 多家，出口额从几万美元到数千万美元不等。每年张家港市出口塑饮机在 8 000 台（套）以上，出口额超过 3 亿美元，但近几年来，出口生意越来越难做。一是国内外市场需求量总体在减少。二是少数国家通过贸易壁垒对我国塑饮机出口产品设置高额关税。三是像伊朗等受美国制裁的国家，货款难以到账。四是国家出台了新的出口政策，被抽检三次产品不合格就会被取消出口权。再加上网络黑客的诈骗和一些不诚信客户的弃约，使得外贸出口的市场风险越来越大，生意越来越难做。

4. 企业安于现状

在总体经济不景气的情况下，企业更是安于现状，只求稳定不求发展，没有针对现在的市场环境做出调整，也没有积极研发新的产品来应对现在的市场环境。在目前这种严峻形势下，企业更应该在安稳中求发展，不断调整管理方法，研发新产品，不断向优秀企业学习新的管理理念，取长补短。

四、2016 年张家港塑饮机行业发展工作设想

塑饮机制造行业在张家港形成了较大规模的产业集群，2014 年被苏州市评为苏州市产业集群品牌培育基地。张家港市塑饮机制造行业产业集群全国知名度高，发展空间大，发展前景宽广，但仍有许多要解决的问题。2016 年最需要解决以下 6 个问题：

1. 在集中招标采购上发挥更大的作用

目前，张家港市的塑饮机机械制造有许多零部件还需要外购，特别像变速机、减速机一类，外购数量惊人。协会虽实行招标采购，但并不是所有企业都在使用招标采购的产品，这就使得外购零部件的质量以及价格没有优势，生产出来的产品质量也没有了保证。协会作为行业发展的协调者，应该在招标采购方面发挥更大的作用，惠及到每一个企业，将拥有更多优势的供应商通过集体招标采购纳入张家港市塑饮机机械制造行业的产业链中，并成为质量可靠、产品供应稳定的合作伙伴。

2. 继续做好工资集体协商

张家港市塑饮机行业 2013 年开展行业工资集体协商，已取得了十分显著的效果，大大遏制了企业间互挖人才现象，极大程度地减少了企业间的矛盾。在过去两年塑饮机行业经济不景气、劳动力成本又上升的情况下，协会更应该积极做好工资集体协商工作，做好劳资双方的思想工作，让劳动者明白企业的难处，企业也了解劳动者的需求，双方和平协商，争取做到合作共赢。

3. 带领企业参观学习新的管理理念

现在经济形势越发困难，面对国内外市场需求量的减少，许多企业都不愿意开放工厂供同行学习，生怕被人偷走了技术。协会应该发挥领导作用，组织各种到企业的参观活动以及专业性的讲座，为企业学习新的管理理念与技术提供服务。协会已经与日本企业积极沟通，努力促成2016年的日本企业考察之行，以便企业学习日企的科学化管理理念与先进的生产技术。

4. 继续推动员工提一份合理化意见和建议的活动

自从2014年开展员工提一份合理化意见和建议的活动以来，取得了明显的成效。该活动充分调动企业员工的积极性和创造性，让员工真正做到参与企业管理，员工当家做主，让员工了解现在企业的形势，充分理解老板的难处，让员工对本企业的开源节流、节支增效提合理化的意见和建议。充分调动员工的积极性与创造性，让员工参与到民主管理中来是一个企业永远立足于不败之地的根本保证，是发挥员工生产积极性和主观能动性的最有效措施。2016年协会将在塑饮机行业中继续推广员工提一份合理化意见与建议的活动，一经采纳，并对企业产生实际作用的将给予一定的奖励。

5. 继续加强对企业管理和市场营销技巧的培训

2015年，协会组织的西门子中国区销售总监讲课获得了与会企业人员的一致好评。2016年，协会将继续组织企业进行培训，邀请更多的成功企业来协会做经验交流，越是在这个经济不景气的时候大家更是要团结一致谋发展。

6. 鼓励企业研发新产品

在大环境不景气的时代，协会应当鼓励企业积极研发出符合当今时代潮流的高效、节能、绿色、环保的塑饮机产品。企业管理出效益，这是大家都知道的行规，但管理是个非常庞大繁杂的系统工程，它包含企业员工的管理、企业文化的管理、企业生产的管理、企业经营的管理等一系列内容，从细微处到企业的重大事项决策，都离不开管理。每一个企业在整个管理过程中，总有这样那样的漏洞，总有这样那样的缺陷，所以要求每个企业重新梳理企业的管理经验，不断在管理中进行创新尝试，特别是吸收和借鉴著名企业的成熟管理理念，不断创新有企业特色的管理经验，将给企业带来很大的经济效益和社会影响力。同样科技创新也是企业发展前进的助推器，更是企业立于不败之地的取胜法宝。协会要鼓励有经济实力、有开发能力的企业继续提升企业的创新能力，继续开发符合国家产业政策，符合当今时代潮流的高效、节能、绿色、环保的塑饮机产品，为推动整个塑机行业的快速健康发展做出更大的贡献。

〔供稿单位：张家港市塑料饮料机械协会〕

台湾塑料橡胶机械2015年发展情况

台湾塑料橡胶机械的产值和出口金额仅次于工具机产业，位居台湾机械产业第二名，其八成以上是外销，年产值近500亿元新台币，主要种类是射出成型机、挤出机、吹制成型机、真空成型机及其他热定型机。海关进出口统计数据显示，台湾塑料橡胶机械出口值前三大产品分别是射出成型机(约25%)、挤出机(约9%)和吹塑成型机(约8%)。但是，因为全世界经济景气不佳，最大的市场中国大陆需求下降，台湾塑料橡胶机械销售额比上年下降10.7%。2015年台湾塑料橡胶机械出口情况见表1。

表1　2015年台湾塑料橡胶机械出口情况

产品名称	2015年（万美元）	2014年（万美元）	2015年比2014年增加（万美元）	2015年比2014年增长（%）
射出成型机	29 124.9	32 416.4	-3 291.5	-10.2
挤出机	9 941.4	15 838.8	-5 897.4	-37.2
吹制成型机	9 341.6	8 586.0	755.6	8.8
真空成型机及其他热定型机	6 537.4	8 077.2	-1 539.8	-19.1
轮胎新制或翻修或内胎制造机	4 167.2	1 034.1	3 133.1	303.0
其他模制橡塑料机	6 417.0	7 527.4	-1 110.4	-14.8
其他橡塑料机机械	32 283.9	37 101.0	-4 817.1	-13.0
橡塑料机械零件	14 483.3	15 154.8	-671.5	-4.4
橡塑料机械	112 296.7	125 735.7	-13 439.0	-10.7

注：数据来自台湾海关进出口数据库，PMC整理。

塑料橡胶机械的客户、订单主要来自在大陆从事智能型手机、平板计算机、通信、电子制造的台湾商人，大陆的家电、手机、建材、汽车制造行业；还有来自越南、泰国、印度尼西亚、印度、日本等东南亚国家的订单。塑料橡胶机械应用范围广泛，可以说是包罗万象，且与石化工业、模具工业、精密加工、自动控制等关系密切。二十多年来，大陆一直是台湾塑料橡胶机械最大的销售市场，但是因为经济放缓、成本优势不再，从往年占比四成下降到两成。近年来，在内地的商人有往低成本的越南转移的现象，中国台湾销售至越南市场的产品金额年增长14.6%。而随着美国政府倡导“制造业回流”，美国经济似乎开始走出谷底，中国台湾销售至美国市场的产品金额年增长67.9%。2015年中国台湾塑料橡胶机械主要出口目的地见表2。

表2　2015年中国台湾塑料橡胶机械主要出口目的地

排名	国家或地区	出口额（万美元）	占出口比例（%）	比上年增长（%）	排名	国家或地区	出口额（万美元）	占出口比例（%）	比上年增长（%）
1	中国内地	22 285.7	19.8	-37.1	10	墨西哥	2 129.5	1.9	-9.6
2	越南	12 340.1	11.0	14.6	11	沙特阿拉伯	1 927.2	1.7	42.0
3	美国	8 353.5	7.4	67.9	12	中国香港	1 867.8	1.7	-34.7
4	印度尼西亚	8 052.8	7.2	-8.3	13	俄罗斯	1 744.0	1.6	0.0
5	泰国	6 583.3	5.9	-11.9	14	菲律宾	1 646.1	1.5	-20.3
6	印度	5 784.6	5.2	14.5	15	孟加拉国	1 577.1	1.4	62.5
7	日本	4 857.5	4.3	-7.7		其他	27 090.0	24.1	-10.3
8	马来西亚	3 750.0	3.3	-1.7		合计	112 296.7	100.0	-10.7
9	土耳其	2 307.5	2.1	-12.4					

注：数据来自台湾海关进出口数据库，PMC整理。

德国产业界在2011年4月提出“工业4.0”概念，随后德国政府开始通过各种合作与研发计划，系统地研究相关技术并建立应用模式，使得“工业4.0”成为一门显学。2016年8月，与2016台北国际塑橡胶工业展览会同期举办的“2016年塑橡胶机械研究发展创新产品竞赛”揭晓。此次竞赛，共有22家参赛厂商、27件作品参赛，比上年增长17%。其中，凤记国际机械股份有限公司的“智能型云端监控全电中空成型机”获颁所有参赛作品中的“美学奖”，百塑企业股份有限公司的“IMES IM4.0射出成型智能生产系统”则夺得唯一的智能机械奖，这一奖项为2016年新增奖项。这两家公司产品均与“工业4.0”相关。

百塑企业股份有限公司是亚洲立式射出成型设备领导者与嵌入射出成型技术最具代表性企业，致力于研发更先进的高性能、高效率、高质量的直立式射出成型设备提供给客户。IMES IM4.0射出成型智能生产系统是该公司针对“生产力4.0”概念提出的完全自主开发的系统，包括：自动化整合生产、中央监控整合系统及计算机辅助射出成型参数设定专家系统。除了多机自动化整合外，中央监控还能为所有生产设备提供实时通信，提供使用者更为完整的生产状态信息与更加精准的生产分析信息。

凤记国际机械股份有限公司是台湾塑料机械领导大厂。其顺应“工业4.0”，在2016台北国际塑橡胶工业展览会推出最新研发上市的i Blow智能型云端监控全电中空成型机，以绿能电动与智能控制作为主诉求，搭配融入美学成分机器造型，一举囊括2016塑橡胶机器研发创新产品竞赛塑料中空成型机械类“优等奖”与“美学奖”两项大奖。

相较传统油压机种，i Blow具备多项特色：耗电量减少54%，每年约可减轻6 000kg的碳排量；干燥周期可缩短30%～40%，生产效率大幅提升，产量可提高10%以上；机器噪声由90dB降至70dB；创造零污染的环境，符合环保绿能潮流；具有符合“工业4.0”的端口，包含通信协议、通信端口与固定IP等，可连接MES，进行数据分析与生产管理；控制系统可连接智能手机与平板计算机，进行实时监控与故障排除等远程作业。

〔撰稿人：台湾机械工业同业公会塑橡胶机械专业委员会荣誉会长吴正炜〕

产品与技术发展专题

电热式快速热循环注射微孔发泡技术研发及应用

与普通注射技术相比，采用超临界流体（SCF）作为发泡剂的注射微孔发泡技术可明显降低注射压力、缩短成型周期，不需要保压阶段，成型的制品具有更高的比强度、形状与尺寸精度、尺寸稳定性以及较低的收缩率和翘曲等优点。因此，注射微孔发泡是一种快速发展的技术。

影响注射微孔发泡过程和泡孔结构的加工参数主要有熔体温度、模具温度、注射量、注射速度和气体浓度等，近年有研究者通过改变注射发泡过程中的加工参数，以改善制品的泡孔结构和力学性能。如有研究结果表明，注射量较低、注射速度适中和模温较低时注射微孔发泡制品的泡孔结构较均匀，较均匀的模具表面温度分布能提高泡孔的结构和尺寸分布的均匀性。通过研究发现，与无模具压缩的注射微孔发泡过程相比，把模具压缩引入注射微孔发泡过程能改善制品泡孔结构和尺寸分布的均匀性。

然而，注射微孔发泡制品的表观质量通常较差，表面存在银纹和漩涡纹等缺陷，故通常不能直接用于对产品外观要求较高的场合。改善注射微孔发泡制品的表观质量对拓宽其应用范围具有重要意义。研究者已提出了一些改善方法，较典型的有型腔气体反压技术、型腔被动加热技术和共注射成型技术。研究表明，这些技术可明显改善注射微孔发泡制品的表观质量。但这些技术中多数存在设备结构和操作过程较复杂、成型周期较长与/或生产成本较高等缺点，且相关研究较少关注制品的泡孔结构。

快速热循环成型（RTCM）是近年发展较快的一种高分子材料成型技术。该技术在成型过程中动态调节模具温度，使黏流态熔体在较高模温下充模，改善熔体流动性，明显提高塑件表面质量，可去除常规成型所需的后续处理工序。

聚甲醛（POM）是一种综合性能优良的工程塑料，具有高力学性能（如强度、模量、耐磨性和韧性）、电绝缘性、耐溶剂性和可加工性。通过注射微孔发泡，在 POM 制品内部形成大量细小且较均匀的泡孔，可减少材料消耗、降低制品成本。

基于上述原因，本文综合注射微孔发泡和 RTCM 技术，研发一种基于电加热的 RTCM 技术，对模具型腔表面温度（T_M）进行控制，研究 T_M 对注射微孔发泡 POM 制品泡孔结构和表面质量的影响，并分析相关的机理。

一、快速热循环注射微孔发泡过程概述

常规的注射微孔发泡过程一般包括聚合物熔体/超临界流体（SCF）均相体系形成、泡孔成核、泡孔长大和泡孔结构固定 4 个阶段。聚合物在注射机机筒中熔融时，SCF 输送装置把经精确计量的 SCF 注入机筒中，在螺杆混炼和 SCF 扩散的共同作用下，SCF 溶解在熔体内形成熔体/SCF 均相体系，并在注射机高背压作用下得以维持；之后，模具闭合，该均相体系被注入压力比机筒中熔体压力低得多的型腔中，产生热力学不稳定，形成泡孔核；紧接着，泡孔开始长大直至均相体系完全充满型腔；最后，制品在型腔内冷却定型，泡孔结构被固定，开模，取出制品。

快速热循环注射微孔发泡过程除包括上述 4 个阶段外，增加了模具快速加热和快速冷却步骤。具体地，在注射充模前对型腔表面进行快速加热，充模时型腔表面维持该温度，充模结束后快速冷却模具，如图 1 所示。

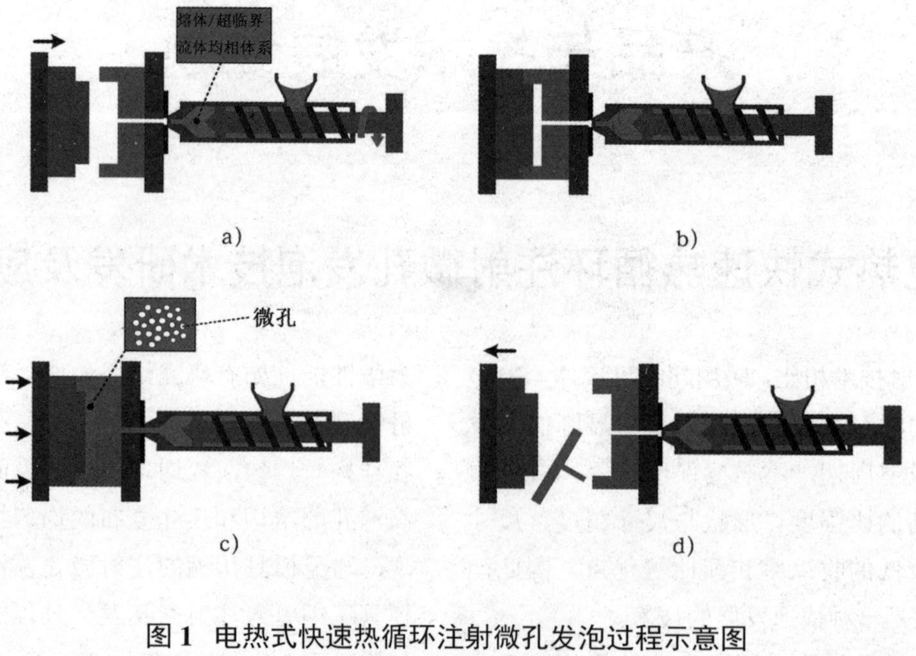

图 1　电热式快速热循环注射微孔发泡过程示意图

a) 模具快速加热和熔体/超临界流体均相体系形成　b) 模具闭合　c) 注射　d) 模具冷却和制品脱模

二、模具设计

以一长方形盖板作为研究对象，设计并研制相应的电热式快速热循环注射微孔发泡模具。图 2 示出了该盖板和模具的结构示意图。在模具的型

腔半模中设置电加热和水冷却装置，其中电热棒与型腔表面呈共型排布以提高模具加热效率。基于作者提出的集有限元法和粒子群优化算法于一体的优化方法，对电热棒的布局进行了优化，优化后 T_M 均匀性得到明显改善。图 3 比较了优化前后 T_M 的分布。

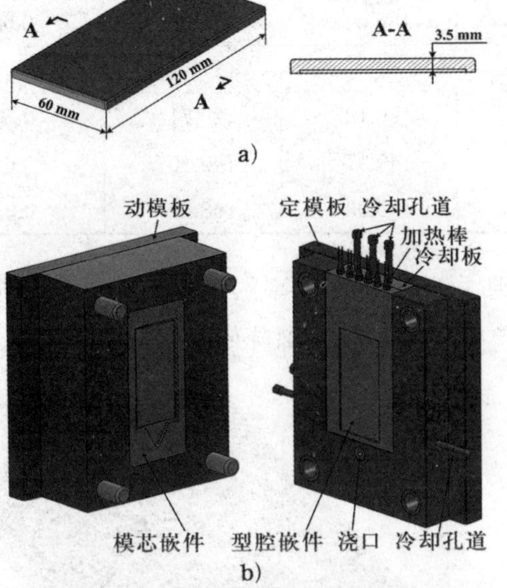

图 2　盖板及相应电热式快速热循环注射微孔发泡模具示意图

a）盖板　b）电热式快速热循环注射微孔发泡模具

三、型腔表面热响应评估

模具型腔表面热响应效率和温度均匀性是影响成型周期和产品表观质量的两个重要因素。因此，对上述研制的快速热循环注射微孔发泡模具型腔表面的热响应进行评估，以了解其热响应规律。为此，构建了基于 PC 的可实时测量 T_M 的数据采集系统。采用该采集系统，分别进行了模具单循环和多循环加热和冷却测试。在单循环加热和冷却测试中，把型腔表面从 40℃加热至不同的目标温度（分别为 70℃、90℃、110℃、130℃、150℃和 170℃），紧接着冷却至 40℃，以评估型腔表面的热响应效率。在多循环加热和冷却测试中，采用两因子四水平的完全析因实验设计方案（见表 1），以定量地研究加热时间（t_h）和冷却时间（t_c）对型腔表面热响应的影响规律。

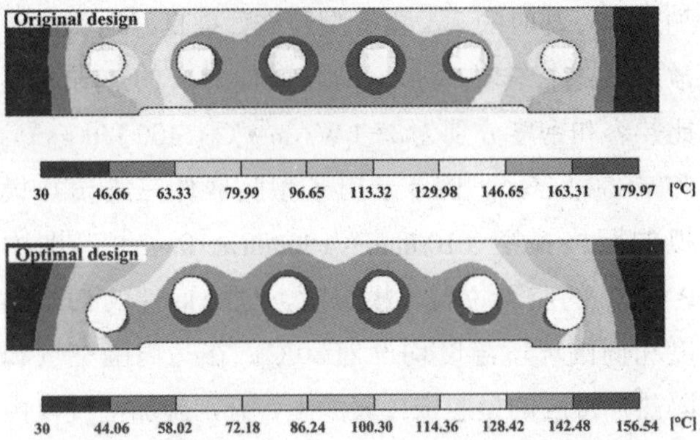

图 3　优化前（上）和优化后（下）型腔表面温度分布比较

表 1　完全析因实验设计表及实验和预测结果

实验号	t_h (s)	t_c (s)	T_{Ml} (℃)			T_{Mh} (℃)		
			实 验	预 测	绝对差	实 验	预 测	绝对差
1	15	15	108.02	109.41	1.39	156.99	157.73	0.74
2	15	25	71.01	71.30	0.29	129.47	129.84	0.37
3	15	35	54.49	50.70	3.79	117.42	114.79	2.63
4	15	45	45.17	47.61	2.44	110.80	112.58	1.78
5	20	15	125.34	125.40	0.06	192.42	191.96	0.46
6	20	25	82.18	82.94	0.76	160.25	161.07	0.82
7	20	35	60.34	57.99	2.35	145.08	143.02	2.06
8	20	45	48.94	50.55	1.61	137.65	137.81	0.16
9	25	15	142.38	140.95	1.43	226.11	225.46	0.65
10	25	25	91.25	94.14	2.89	189.43	191.57	2.14
11	25	35	66.52	64.84	1.68	171.26	170.52	0.74

（续）

实验号	t_h (s)	t_c (s)	T_{Ml} (℃)			T_{Mh} (℃)		
			实 验	预 测	绝对差	实 验	预 测	绝对差
12	25	45	52.33	53.05	0.72	161.95	162.31	0.36
13	30	15	159.07	156.06	3.01	260.09	258.24	1.85
14	30	25	99.42	104.90	5.48	218.42	221.35	2.93
15	30	35	72.31	71.25	1.06	198.53	197.30	1.23
16	30	45	56.27	55.11	1.16	186.64	186.09	0.55
验证实验								
1	16	30	62.62	60.74	1.88	126.18	126.71	0.53
2	22	40	55.76	54.00	1.76	149.97	149.30	0.67
3	26	42	57.41	55.46	1.95	169.03	168.42	0.61

进一步地，对模具传热进行数值模拟，以获得加热和冷却时的 T_M。由于型腔嵌件被良好地隔热，故对其进行传热模拟。型腔嵌件材料的热导率、比热容和密度分别为33.4 W/(m^2•℃)、460 J/(kg•℃)和 7 850 kg/m^3。图 4 示出了型腔嵌件三维传热模拟的网格模型（100mm×186mm×16mm），图中 P 为 T_M 的监测位置。模拟时，型腔嵌件的初始温度和周围环境温度均设为 30℃；在与周围空气和隔热片接触的型腔嵌件表面上，分别施加空气自由对流换热 [对流换热系数设为 15 W/(m^2 • ℃)] 和绝热边界条件。加热阶段，在型腔嵌件中电热棒安装孔的壁面上施加热流密度载荷，其值为1.75×10^5 W/m^2；冷却阶段，往模具冷却腔中通入温度为 15℃的冷却水，冷却水与型腔嵌件背面间的换热方式属于强制对流换热，通过计算得出换热系数为 3 600 W/(m^2 • ℃)。

图 5 所示为模具单循环加热和冷却测试所测型腔表面 P 位置的温度响应曲线。从图中可看出，加热阶段，T_M 随加热时间呈近似线性地提高，升高速率约为 4.5℃ /s。当型腔表面加热至目标温度时，停止对模具的加热，并同时往模具冷却腔中通入冷却水，由于温度惯性，T_M 仍会在随后的 5 s 内继续提高约 10 ～ 15℃。据此，在实际生产中，可充分利用加热阶段的温度惯性，以有效缩短模具的加热时间。在随后的冷却阶段，T_M 快速地降低，冷却阶段初期冷却速率约为 4℃ /s，但冷却速率随冷却时间延长而逐渐降低。

图 4　型腔嵌件传热分析的网格模型

根据表 1 中的 t_h 与 t_c 组合，进行 16 组模具多循环加热和冷却测试，图 6 示出了其中 4 组测试所测型腔表面 P 位置的温度响应曲线。可见，T_M 随循环加热和冷却的连续进行以缓慢提高的趋势呈周期性的高低波动，并逐渐趋于稳定。此外，温度响应曲线波形达到稳态所需经历的加热和冷却循环次数主要取决于 t_c，而 t_h 对其影响不明显，适当延长 t_c 可明显减少达到稳态时所需经历的加热和冷却循环次数。例如，当 t_c 分别为 15s 和 35s 时，达到稳态时所需经历的循环次数分别约 8 次和 2 次。

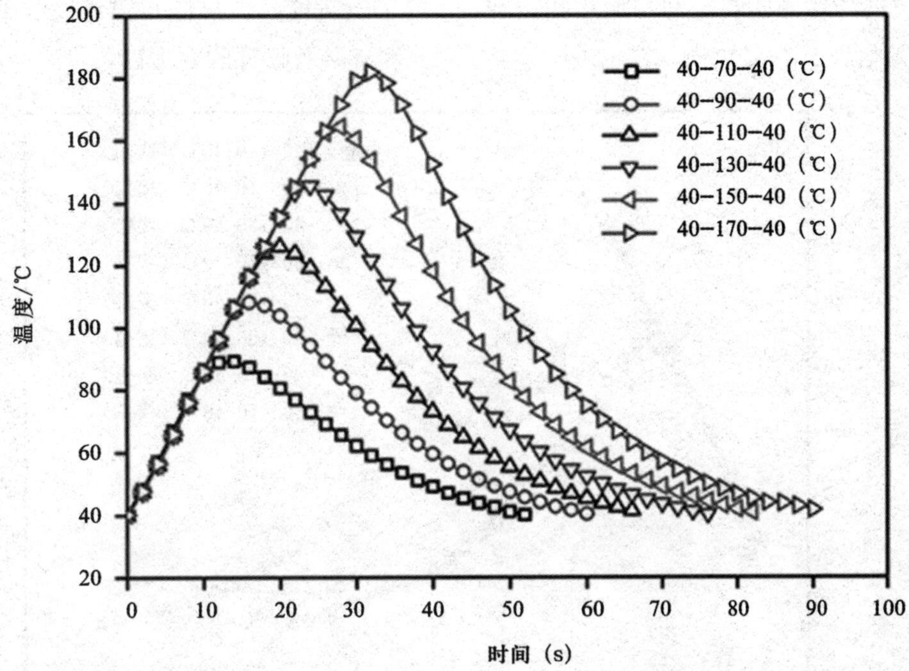

图 5　单循环加热和冷却测试中型腔表面 P 位置的温度响应曲线

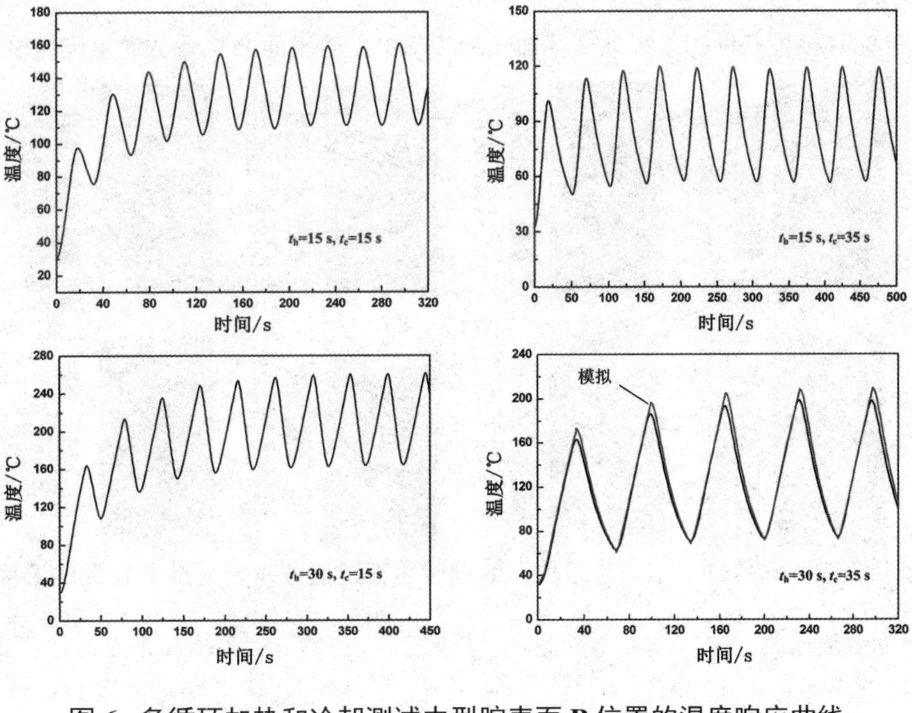

图 6　多循环加热和冷却测试中型腔表面 P 位置的温度响应曲线

为准确地获得模具加热和冷却阶段整个型腔表面的温度分布，有必要对模具传热数值模拟的有效性进行验证。图 7 比较了通过实验和模拟所获得的 4 组单循环加热和冷却中型腔表面 P 位置的温度响应曲线。可见，模拟与实验结果很好地吻合，加热阶段尤其显著。进一步地，对 t_h 为 30 s 和 t_c 为 35s 的多循环加热和冷却进行了模拟，模拟获得的型腔表面 P 位置的温度响应曲线示于图 6 中。可见，模拟结果与相应的实验结果吻合得很好，从而验证了模拟结果的有效性。图 8 显示了通过模拟获得的型腔表面从 40℃加热至 170℃紧接着冷却至 40℃过程中 T_M 分布云图。显见，整个型腔表面可被较均匀地加热和冷却，加热和冷却阶段 T_M 的最大差值均在 10℃以内，这也进一步验证了上述模具电热棒布局优化结果的有效性和模具冷却装置设计的合理性。

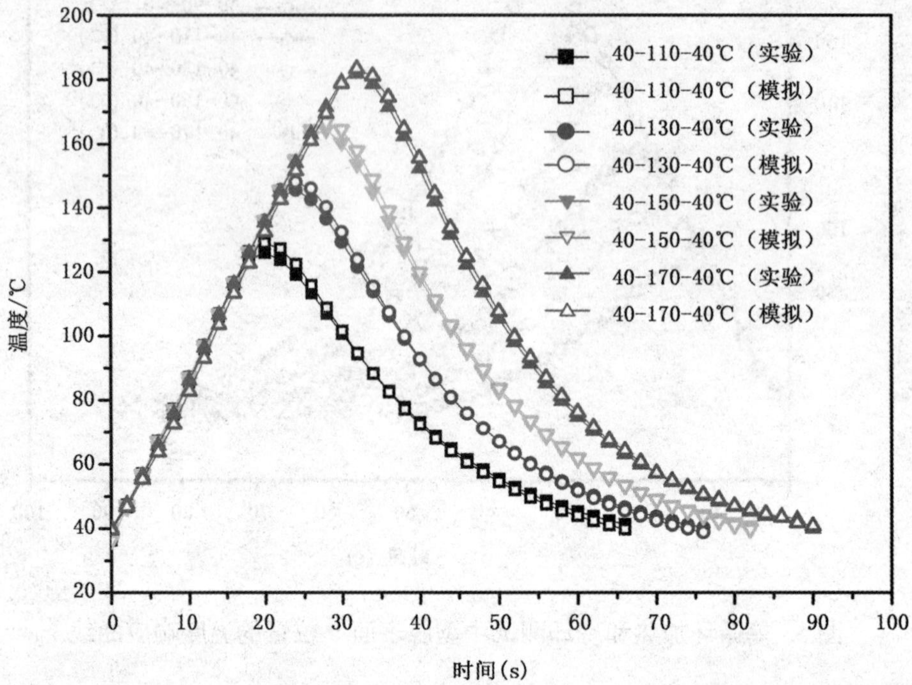

图 7　实验和模拟获得的 4 组单循环加热和冷却中型腔表面 P 位置的温度响应曲线比较

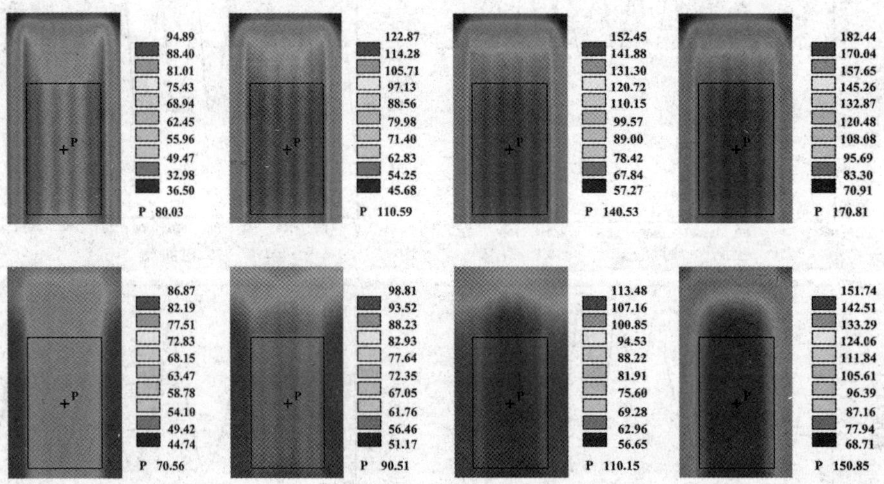

图 8　加热（上）和冷却（下）阶段典型的型腔表面温度分布云图及 P 位置的温度（℃）

四、型腔表面温度预测

上述 16 组多循环加热和冷却测试中，温度响应曲线波形达到稳态后对应的 P 位置最低（T_{Ml}）和最高（T_{Mh}）温度列于表 1 中。可看出，随 t_h 的延长或 t_c 的缩短，T_{Ml} 和 T_{Mh} 均逐渐提高，反之则逐渐降低。在 RTCM 中，T_{Ml} 和 T_{Mh} 对成型制品表观质量、成型周期和能耗均有较大影响。例如，过高的 T_{Ml} 会导致制品冷却不充分而产生翘曲变形，而过低的 T_{Mh} 会降低制品的表观质量；过低的 T_{Ml} 或过高的 T_{Mh} 还不可避免地延长制品成型周期，增加能源损耗。因此，在成型过程中，有必要对这两个参数进行准确控制。根据表 1 中的数据，采用最小二乘法进行非线性回归分析，拟合建立了描述这两个参数分别与 t_h 和 t_c 之间定量关系的表达式：

$$T_{Ml}=129.2212+4.8111t_h-6.0080t_c-0.0870t_ht_c-0.0088t_h^2+0.0875t_c^2 \quad (1)$$

$$T_{Mh}=103.1010+8.2533t_h-4.4570t_c-0.0600t_ht_c-0.0145t_h^2+0.0642t_c^2 \quad (2)$$

在采用上述表达式进行预测之前，对其预测精度进行检验。为此，在设计空间内随机选取3组t_h与t_c的组合（见表1），进行模具多循环加热和冷却测试，并采用式（1）和式（2）进行预测，实验和预测的P位置T_{Ml}和T_{Mh}列于表1中。通过对比发现，预测与实验结果吻合得较好，表明式(1)和式(2)有较高的预测精度。因此，在实际生产中，通过式（1）和式（2）可方便地预测不同t_h与t_c组合下T_M的变化范围；此外，还可根据RTCM所需的T_{Ml}和T_{Mh}，通过求解由该两式所组成的方程组得到相应的t_h和t_c，避免加工参数设置的盲目性，有效缩短调试时间。

五、型腔表面温度对注射发泡POM盖板泡孔结构的影响及其机理分析

注射微孔发泡实验采用的设备主要由注射机（KM80SP180CX）、MuCell®系统（S11-TR-35A）和电热式快速热循环注射微孔发泡模具（见图2b）构成。采用的原料为注射级POM，其熔融和热变形温度分别为165 ℃和110℃。采用氮气（N_2；市售工业级，纯度99.9%）为物理发泡剂。

将POM置于真空干燥箱中，在95℃下干燥4 h，然后采用上述设备注射发泡成如图2a所示的长方形盖板。主要参数设置如下：熔体温度240℃，注射速度120 mm/s，注射量44 cm^3，注射压力100 MPa，背压18.2 MPa，N_2注入压力22 MPa（注入机筒中的N_2处于超临界状态），N_2注入量0.3%；改变T_M（共7种，分别为40℃、70℃、90℃、110℃、130℃、150℃和170℃），以研究其对注射微孔发泡POM盖板泡孔结构和表面质量的影响。

将注射发泡POM盖板放入液氮中30 min，在离浇口一端30 mm处脆断，从脆断面上中部切取小样品，喷金后采用扫描电子显微镜（SEM）观察脆断面的泡孔结构。图9a显示的是4种T_M下注射的微孔发泡盖板脆断面半厚度的SEM照片，图9b为图9a中方框区域放大的SEM照片。从图9a的SEM照片中可见，所有盖板的壁厚方向上都呈现皮层-芯层结构，皮层为未发泡的实体层，芯层中形成了微孔结构。T_M为40℃下注射发泡的盖板，皮层较厚，芯层泡孔的结构和尺寸分布较均匀，泡孔呈较规则的球状或椭球状；90℃下注射发泡的盖板，泡孔形状变得不规则；130℃和150℃下注射发泡的盖板，皮层较薄，芯层的泡孔形状较不规则，泡孔的结构和直径分布均匀性较低。总体上，芯层中往壁厚中心方向泡孔直径呈现由小逐渐变大的趋势；对后3种T_M下注射发泡的盖板，个别泡孔因较明显长大而使泡孔壁很薄，甚至使相邻泡孔发生合并。

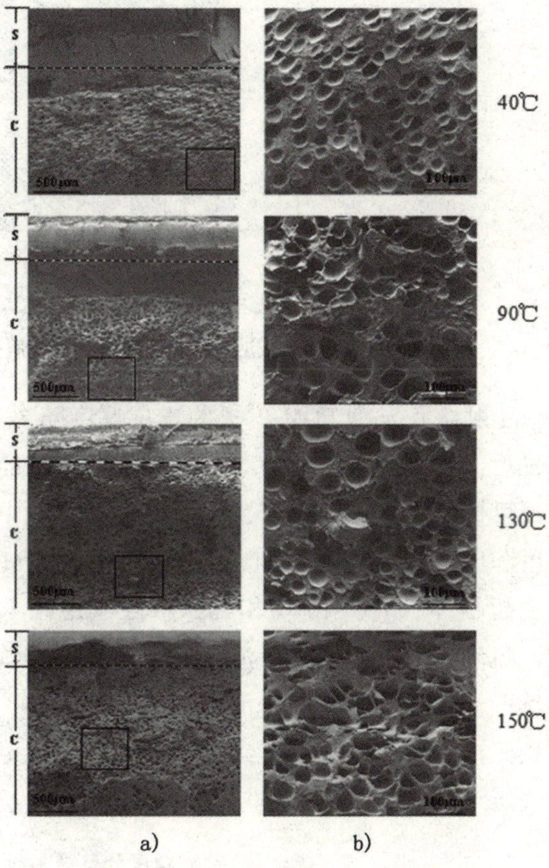

图9　4种型腔表面温度下注射微孔发泡POM盖板脆断面的SEM照片

S—皮层　C—芯层

采用图像分析软件对图9的SEM照片进行分析并进行计算，可获得注射微孔发泡POM盖板的泡孔直径分布。T_M为40℃下注射发泡盖板的泡孔直径主要集中在23～37μm范围内，分布较窄，即泡孔直径分布较均匀；90℃下注射发泡盖板的泡孔直径主要集中在23～43μm范围内，分布变宽；130℃和 150℃下注射发泡盖板的泡孔直径分布更宽，分布很不均匀。图 10 所示为注射微孔发泡 POM 盖板泡孔平均直径和泡孔密度随 T_M 提高的变化趋势。可见，泡孔平均直径随 T_M 提高少量地增加，150℃下注射发泡盖板的泡孔平均直径与 40℃下的相比增加约 17%；泡孔密度随 T_M 提高起始逐渐降低，最后趋于稳定。

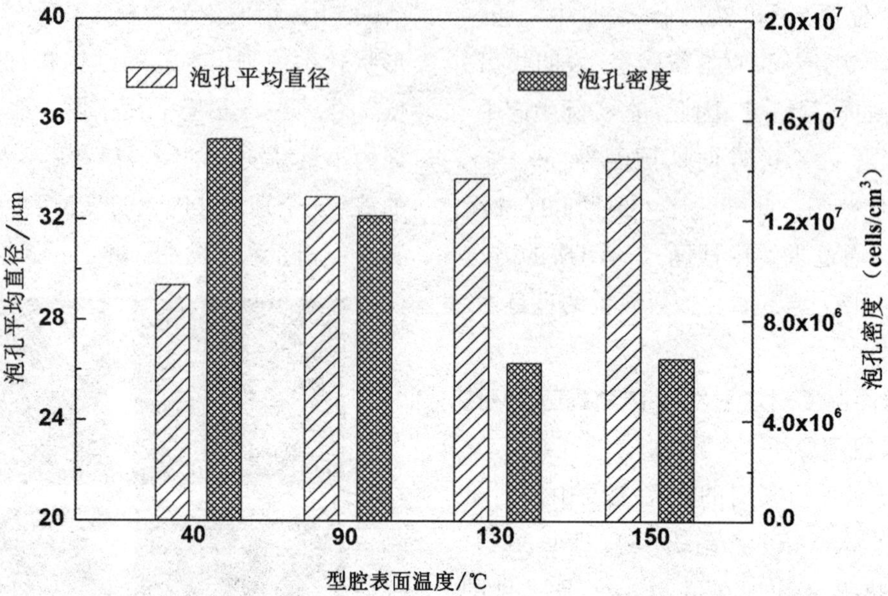

图 10　4 种型腔表面温度下注射微孔发泡 POM 盖板的泡孔平均直径和泡孔密度

注射微孔发泡 POM 盖板的皮层厚度随 T_M 提高呈近似线性地减小，150℃下注射发泡盖板的皮层厚度比 40℃下的约减小 42%。充模时型腔中的温度和压力分布示意图见图 11。充模时，POM 熔体／超临界 N_2 (Sc-N_2) 均相体系被连续地注入型腔，流动前沿发生的喷泉流动使少部分均相体系连续、快速地流至型腔表面而形成薄的表层；新表层形成后，流动前沿继续向前流动，形成更新的表层。T_M 较低（40 ～ 90℃）时，靠近薄表层的熔体 /Sc-N_2 均相体系被较快冷却，温度低于 POM 的结晶温度，在较高型腔压力的作用下难以形成泡孔核，即使能少量成核，但较低温度下 Sc-N_2 的扩散系数很低，且 Sc-N_2 可促进 POM 的结晶，这些使泡孔核不能长大，故注射微孔发泡 POM 盖板形成较厚的皮层（见图 9）；相反，T_M 较高（130 ～ 150℃）时，靠近薄表层的熔体 /Sc-N_2 均相体系温度可高于 POM 的熔融温度，故形成较薄的皮层。

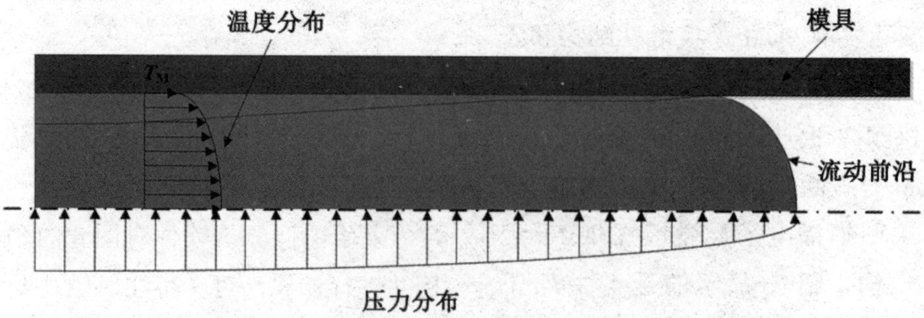

图 11　充模时型腔中的温度和压力分布示意图

进一步分析上述的注射微孔发泡 POM 盖板中的泡孔结构。充模时型腔压力沿流动方向逐渐降低，靠近型腔末端处接近大气压，可在充模时成核而形成泡孔结构。而对本文所分析的靠近浇口的部位，由于充模时芯部的熔体/Sc-N_2均相体系的压力远高于N_2的临界压力（3.39 MPa），故在整个充模阶段不能形成泡孔；随后水对模具进行快速冷却时，芯部的压力因冷却收缩而快速降低，当低于N_2的临界压力时会成核而形成泡孔。这样，上述所形成的皮层厚度会明显影响芯层的泡孔结构。在低T_M形成较厚皮层的情况下，可发泡的芯层的空间较小，泡孔长大时受到的阻力较大，且芯层的冷却速率较低，泡孔长大的时间较短，故所形成的泡孔的直径较小、结构和尺寸分布较均匀；在高T_M形成较薄皮层的情况下，泡孔长大的阻力较小、自由度较大、时间较长，故所形成的泡孔的形状较不规则、直径较大且分布较不均匀。盖板皮层厚度随T_M提高而逐渐变小，因此，在本文采用的注射量和注气量不变的条件下，尽管随T_M提高泡孔平均直径增加幅度较小，但泡孔密度降低幅度较大。由于芯层发泡是在无流动条件下发生的，故所形成的泡孔多数呈球状或椭球状。

六、型腔表面温度对注射发泡 POM 盖板表面质量的影响及其机理分析

图 12 显示了不同T_M下注射微孔发泡 POM 盖板的表面的照片，并给出了T_M取 40℃时注射的实体（即不发泡）POM 盖板的表面的照片以作比较。可见，T_M取 90℃尤其是 40℃时注射发泡 POM 盖板表面上存在明显的银纹和漩涡纹；T_M提高至 130℃时，银纹和漩涡纹明显减小；T_M进一步提高至 150℃和 170℃时，银纹和漩涡纹几乎完全消失，表面质量与实体盖板的相当。采用表面轮廓仪进行线扫描所得的不同T_M下注射发泡 POM 盖板的表面形貌见图 13。可见，随T_M的逐渐提高，盖板表面变得越来越平整。图 14 示出了注射微孔发泡 POM 盖板表面粗糙度随T_M的变化曲线。可见，随T_M提高，盖板表面粗糙度初始时（低于 90℃）较缓慢地降低，而后（90 ～ 150℃）急剧降低，最终（150 ～ 170℃）稳定在一个较低的值（约为 0.21 μm）。

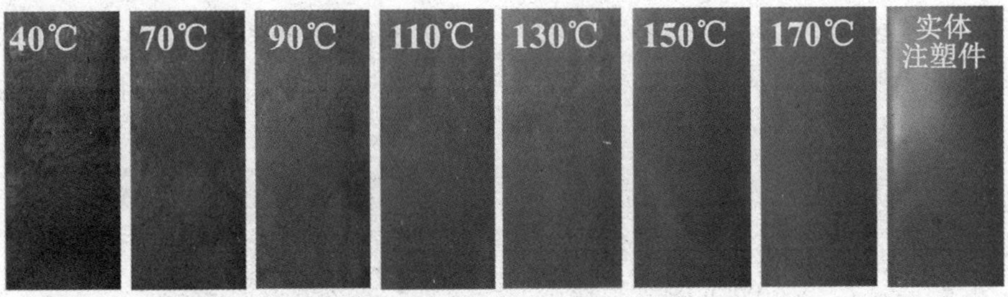

图 12　不同型腔表面温度下注射微孔发泡 POM 盖板的表面照片

注：为做比较，同时给出了型腔表面温度 40℃时注射的实体 POM 盖板的表面照片。

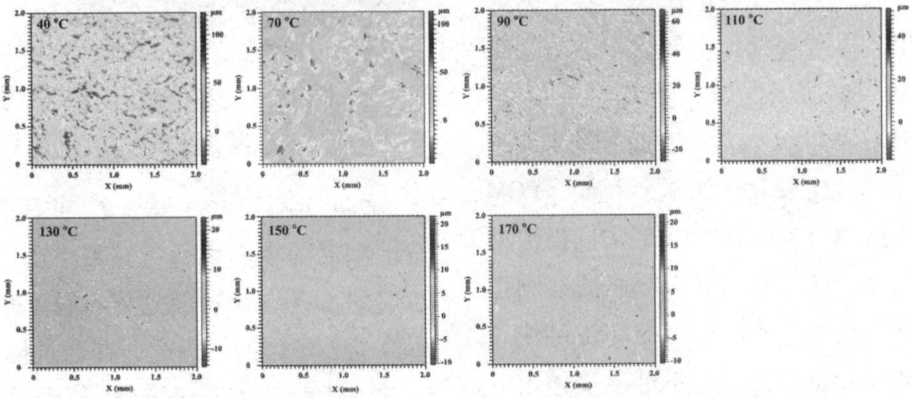

图 13　不同型腔表面温度下注射微孔发泡 POM 盖板的表面纹理

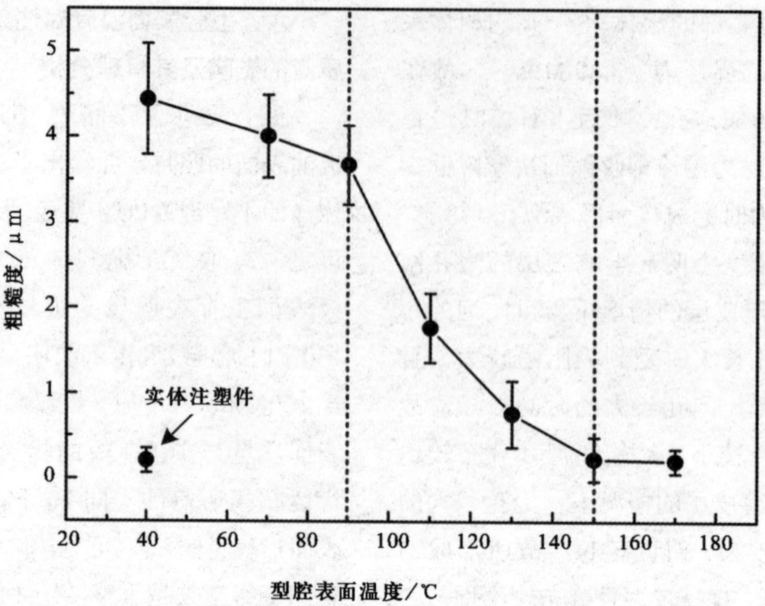

图 14　注射微孔发泡 POM 盖板表面粗糙度随型腔表面温度的变化曲线

下面分析提高 T_M 对注射微孔发泡 POM 盖板表观质量改善的机理。在充模阶段，流动前沿的压力很低，导致前沿处成核而形成泡孔，而喷泉流动会拉长泡孔甚至使其发生破裂。因此，在紧贴型腔的表层形成的初始阶段，表层是由熔体和泡孔组成的混合物。由于新形成的表层很接近流动前沿，其压力也相应地低至大气压。流动前沿继续向前流动时，一方面使已形成的表层因受剪切应力作用而被进一步拉伸，另一方面使表层的压力逐渐提高。T_M 较低（40 ～ 90℃）时，表层中的泡孔在剪切应力作用下被拖曳和拉伸而发生破裂，从泡孔内释放出的气体被困在表层与型腔表面之间难以逸出，不可避免地出现较明显的银纹和漩涡纹等制品表面缺陷，这也是 T_M 从 40℃提高至 90℃时注射发泡 POM 盖板的表面质量未能到明显改善的原因。而 T_M 较高（如本文中高于 POM 的热变形温度即 110℃）时，流动前沿的向前流动可使表层发生滑移，在与表层压力提高的共同作用下，可“熨平”泡孔痕迹，压力提高还可使表层与型腔表面之间受困气体重新溶解至熔体内，充模结束后水对模具的冷却可使表层熔体快速固化，从而明显减小甚至消除制品表面的银纹或漩涡纹，获得高表观质量的注射微孔发泡制品。温度是影响表层泡孔内气体重新溶解的一个重要因素，较高 T_M 可促进气体扩散和重新溶解，明显提高微孔发泡盖板的表观质量；当 T_M 提高至 130℃时，受困气体在压力作用下已大部分溶解于熔体内，因此进一步提高 T_M 至 150℃以上时盖板表观质量的改善程度较小。注射微孔发泡制品表面银纹和漩涡纹形成机理示意图见图 15。

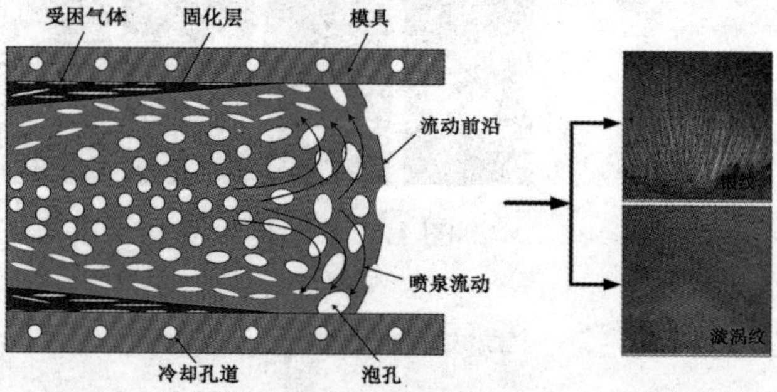

图 15　注射微孔发泡制品表面银纹和漩涡纹形成机理示意图

综上分析可知，提高 T_M 可有效改善注射微孔发泡制品的表面质量，并减小皮层厚度，但会使芯层的泡孔直径较大且分布较不均匀，这会降低制品的力学性能。因此，在通过提高 T_M 改善注射微孔发泡制品表面质量的同时，要考虑其对制品泡孔结构的影响。对本文所研究的注射微孔发泡 POM 盖板，T_M 约取 130℃时能获得具有较均匀泡孔结构和较高表面质量的制品。

通过优化加工流程（如充分利用模具加热阶段的热惯性，对部分工序进行并行操作等），快速热循环注射微孔发泡技术成型 POM 盖板的周期与常规注射微孔发泡相比仅增加约 3 ～ 5 s。考虑到所成型盖板的表面质量得到明显提高，可认为该成型周期在可接受的范围之内，表明本文研发的电热式快速热循环注射微孔发泡技术是有效的。

七、结论

针对常规注射微孔发泡制品存在表观质量较差的缺点，本文综合注射微孔发泡和 RTCM 技术，提出了一种包含电加热和水冷却的快速热循环注射微孔发泡技术。为验证该技术用于改善注射微孔发泡制品表观质量的有效性，以 POM 盖板作为研究对象，研制了相应的模具，并通过实验与数值模拟相结合的方法对型腔表面热响应进行了系统评估；在此基础上，研究了 T_M 对注射微孔发泡盖板泡孔结构和表面质量的影响，并分析相关的机理。得出的主要结论如下。

（1）对模具单循环加热和冷却，加热阶段 T_M 升高速率达 4.5℃ /s，冷却阶段初期 T_M 降低速率约 4℃ /s。对模具多循环加热和冷却，通过调节 t_h 和 t_c，可在较大范围内快速调节 T_M；温度响应曲线波形达到稳态所需经历的加热和冷却循环次数主要取决于 t_c，适当延长 t_c 可明显减少该循环次数；所建立的 T_M 最低和最高值的表达式具有较高的预测精度，有助于指导加工参数的合理设置，缩短调试时间。

（2）模具热响应的数值模拟结果与上述实验测试结果较好地吻合，验证了数值模拟的可靠性。模拟结果还表明，加热和冷却阶段整个型腔表面的温度分布均较均匀，T_M 的最大差值均在 10℃以内。

（3）注射微孔发泡 POM 盖板壁厚方向上呈现皮层（未发泡）- 芯层（微孔）结构。皮层厚度随 T_M 提高呈近似线性地减小，150℃下注射发泡盖板的皮层厚度与 40℃下相比减小约 42%；随 T_M 提高，芯层泡孔的直径少量增加、分布均匀性降低，泡孔密度降低幅度较大。

（4）提高 T_M 可有效改善注射微孔发泡 POM 盖板的表面质量，T_M 从 40℃提高至 150℃可使盖板的表面粗糙度降低达 95%。T_M 高于 150℃时，受困于型腔表面的气体在型腔压力作用下可能完全溶解于熔体内，有效消除注射微孔发泡制品表面的银纹和漩涡纹等表面缺陷，从而获得可与实体注射盖板表面相当的微孔注射件。

（5）与常规注射微孔发泡相比，本文提出的电热式快速热循环注射微孔发泡的成型周期并未明显增加，表明其在实际应用中的可行性和有效性。此外，当通过快速热循环技术加热模具来改善注射微孔发泡制品表观质量时，不应过度提高 T_M 而忽视其对制品泡孔结构和力学性能的影响。

〔撰稿人：华南理工大学塑料橡胶装备及智能化研究中心黄汉雄、肖成龙、杨杏〕

大型注射机的节能与降耗、创新与应用

目前，除一些科技含量高的注射机和大型注射机外，一般规格的注射机已经出现供大于求的迹象。对于大型注射机，除了是否能满足制品大型化要求外，还有一个重点的考查项目指标，即用电情况。节能降耗已成为注射机制造企业和注射机用户都必须要考虑的重要问题之一。

一、大型注射机节能方案

大多数大型注射机都采用传统普通电动机加定量泵三板机铰式，进行液压系统运动控制，其优势是简单易行，缺点是能耗较大，且对用电的消耗不能进行有效控制。虽然有些企业在此基础上做些小的改善和探索，但收效不大。因此，伺服驱动电动机运动控制在大型注射机上的应用研究，对其节能降耗具有重要意义。

液压系统的作用就是驱动注射机完成注射成型，注射机的塑化、注射、保压、开合模、制品顶出等动作，几乎都是由液压系统按照注射机的电气控制系统预先设定的各项参数驱动相关部件来实现，进而完成整个注射流程。液压系统是注射机的重要组成部分。液压系统的工作质量，如工作稳定性、重复精度、节能性、可靠性、灵敏性及低噪声性能等，直接影响注塑成型的质量、成型周期、尺寸精度，以及生产成本、工作环境、安全操作及维护检修等工作，进而决定了注射机质量的优劣。

注射机电液伺服系统的目的是使得被控制的油泵输出流量和压力快速、准确地跟随给定值变化。在注射过程中的每一个循环周期内，伺服驱动电动机可以根据需要，不断地变换各个动作的流量和压力，以适应注塑成型工艺对压力、速度、时间的控制要求，从而达到节电目标。这需要通过适当的硬件配置和优化的软件控制来实现。

随着新工艺、新技术的进步，目前注射机的液压系统正向着高控制精度、高灵敏度、低噪声、节能的方向发展，特别是各种新型伺服组件的使用，使注射机的液压系统逐步形成“机—电—液”一体化的结构。

以生产包装模板的注射机为例，制品为18 000g 的 PP 包装模板，用同样 32 000kN 的定量泵注射机和伺服泵注射机各一台，在相同对比条件下测试。32 000kN 变量泵注射机与 30 000kN 伺服电动机泵注射机各项参数对比见表 1。

表 1　32 000kN 变量泵注射机与 30 000kN 伺服电动机泵注射机各项参数对比

指标名称	32 000kN 定量泵注射机	（力劲）30 000kN 伺服电动机泵注射机
材料	PP	PP
重量（g）	18 000	18 000
周期时间（s）	210	220
冷却时间（s）	30	30
测试时间（h）	1	1
耗电量（kW・h）	210	134.5
1 天消耗电力（kW）	4 200（20h）	2 690（20h）
一天可节电（kW）		1 510

由表 1 可以看出，伺服电动机泵注射机耗电量低于定量泵注射机，可节能 36%。在首次节能测试中，伺服电动机泵注射机的耗电量在 0.40kW・h/kg 以内，达到《橡胶塑料注射成型机能耗检测方法》（GB/T 30200—2013）中的一级能耗水平；定量泵注射机的耗电量为 0.65 kW・h/kg，达到二级水平；从节能角度讲均属节能产品。

耗电量是考察大型注射机性能的重要指标。力劲国内首台 30 000kN 大型节能注射机（图 1）已顺利通过国家塑料机械产品质量监督检测中心检测，节能标准达到《橡胶塑料注射成型机能耗检测方法》（GB/T 30200—2013）中的一级能耗水平（以加工 1 000g 塑料原料为单位的最小耗电量计算）。该注射机就采用了伺服动力系统。

图 1　力劲国内首台 30 000kN 大型节能注射机

另外，力劲注射机 FORZA 系列 PT1600（图 2）是唯一一款入选《“能效之星”产品目录》的大型注射机，其以优于国家能效一级标准脱颖而出。该机器集机械、液压、控制等一体的优化组合设计，配合优质可靠的伺服泵组，节能效果更加显著，相比传统注射机可节能 50% 以上，为客户创造巨大的价值。

图 2　力劲 FORZA 系列注射机 PT1600

二、注射机节能技术分析

1. 伺服电动机技术

伺服电动机是通过闭环控制技术，将电压信

号转换为转矩及转速驱动控制对象，实现精确控制电动机速度和位置的一种自动控制执行元件。近年来，高性能的电伺服系统普遍采用永磁同步交流伺服电动机，其相对于普通异步电动机具有接收到运转命令时才运转（机器不动作时不浪费能源）、控制精度高、响应时间短、平均噪声低、防护等级高等特点，正在成为大型注射机节能技术的关键。

使用伺服电动机的注射机相比使用其他电动机的注射机机型在功率消耗上明显降低，耗电量显著减少。伺服机型与其他机型功率消耗对比见图3。

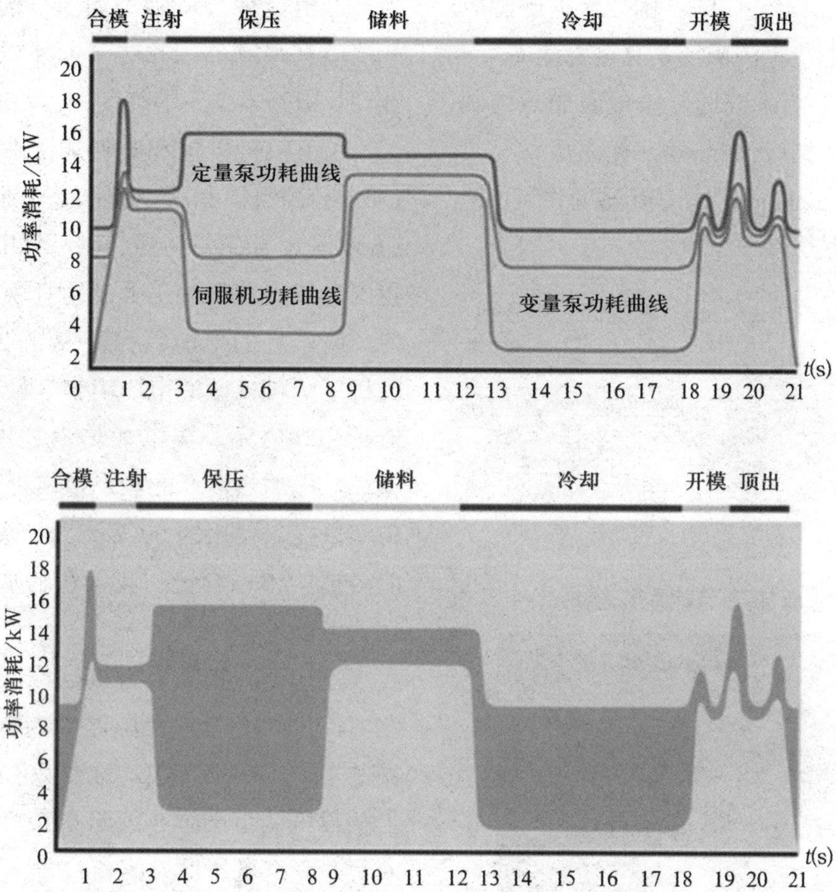

图3　伺服机型与其他机型功率消耗对比

除此之外，伺服电动机作为一种重要的自动化机械电子器件，配合驱动器以及自动控制理论，相比普通电动机具有以下优势：

（1）集成闭环压力、流量控制，优化压力PID控制算法，1ms周期，实现注射机的精密、高速控制。

（2）实时监控伺服电动机的温度。

（3）过载能力强，运行安全可靠。

伺服电动机系统采用闭环控制，可以进一步提高伺服电动机效率，降低系统能耗。此外，其作为机械与电子结合的产物，为塑料行业数字化、自动化提供了标准化的接口，从而为未来无人工厂的发展以及智能工厂的实现提供了先进的解决方案。

2. 电磁感应加热技术

电磁感应加热技术作为常规电阻丝加热技术的新一代加热技术，随着晶闸管的出现及电子技术的发展，逐渐成为工业领域与民用领域一种广泛应用的加热方式。电磁加热节能系统是一种利用电磁感应原理，将220 V或380 V、50 Hz的交流电转换成频率为15～25 kHz的电流，该电流流过感应线圈产生交变磁场，当磁场内的磁力线通过导磁性金属材料时在金属体内产生涡流，使金属材料本身自行快速发热，从而加热与金属接触的橡胶、塑料物料的电加热系统。电磁感应加热方式与常规电阻丝加热方式相比，热效率更高，达 85% 以上，节电 30% ～ 75%，并且有升温快、环保效果好等优势。

注射机中普遍使用电动机螺杆进行塑化，塑化能耗占注射机整机能耗的 70% 以上，而加热能耗又占塑化能耗的 20% ～ 30%，因此，电磁感应加热节能系统在注射机上的应用具有重要意义。

电磁感应加热节能系统通常由电磁加热控制器、一个或一个以上电磁加热器、保温层、发热部件组成。电磁感应加热节能系统组成见图 4。电磁感应加热节能系统见图 5。

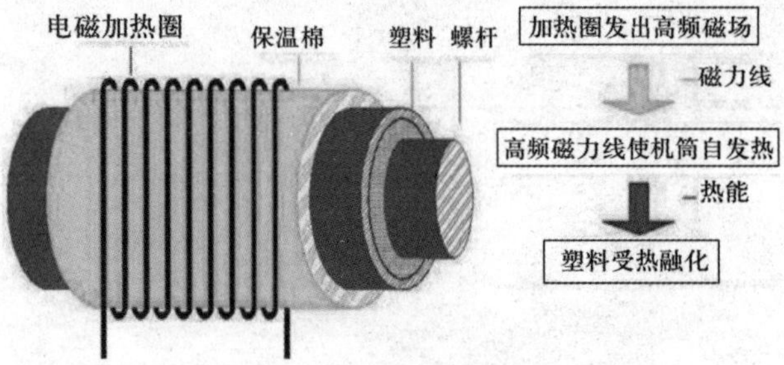

图 4　电磁感应加热节能系统组成

图 5　电磁感应加热节能系统

三、与国外技术的能耗差距

从世界范围看，塑料机械的品种主要由以注射机为主的三类产品组成，它们占塑料机械总产值的 50% 以上，其中注射机又占这三类机械总和的一半以上，市场受欢迎程度高居榜首。

我国注射机制造从 20 世纪 60 年代开始至今，经历了从无到有、从小到大的过程。虽然发展是迅速的，成绩是巨大的，但仍然要看到，今日我国注射机制造水平和注射机行业的发展还存在许多问题。

就能耗而言，我国塑料机械的能耗水平比国外先进水平高一倍以上。除此之外，测量和控制技术落后国外 10 ～ 15 年；噪声的平均水平比国外高 10dB 以上。因此，精密注射机大量依赖进口，我国每年进口的塑料机械中，有 60% 是精密注射机设备。

我国目前电力消耗量居世界第二，仅次于美国，产值能耗为世界平均水平的 3 倍，是世界上产值能耗最高的国家之一，所以，节能减排已上升到我国基本国策的高度。

我国塑料机械和塑料加工业的产量占全球的 1/3。按照目前我国规模以上企业塑料制品年产量 6 600 万 t，加工每吨塑料制品耗电 300kW•h 计算，我国每年仅塑料加工业就需耗用 198 亿 kW•h 电能，所消耗的电能极为巨大。业内专家估算，我国每年塑料机械的市场销售容量达 10 万台，年产值约 400 亿元，按电加热消耗占整机产值的 5% 计算，电加热消耗的年产值接近 20 亿元。若考虑历年来投入使用的 50 多万台（套）的塑料机械节能改造的市场容量，我国塑料加工市场节能潜力之大可以想象。

近几年，我国塑料机械产业年增速都在 30% 左右，机型齐全，我国已成为全球最大的塑料机械的生产国和消费国。截至 2015 年，我国规模以上塑料机械生产企业近 400 家，年产量达 50 万台（套），产量居世界第一。

但这个行业仍旧与“强”字无缘，产量占世界 25% 的我国塑料机械行业产值却只占 9%。海关总署提供的我国塑料机械产品进出口数据也印证了这一点：2015 年，我国出口塑料机械数量是进口数量的 3.6 倍，而出口金额仅为进口金额的 1.48 倍；进口设备平均单价约为出口的 2.5 倍。以 1 000kN 注射机为例，国产机最低可能只售 4 万～ 5 万元，而进口机可以卖到十几万美元。

我国塑料机械主要产品的总体技术水平只相当于国际技术先进国家 20 世纪 80 年代初的水平，部分产品能达到 80 年代中末期水平，少数产品接近 90 年代水平。不仅如此，我国塑料机械行业还缺少核心技术。与工业发达国家，如德国、日本、意大利等相比差距很大，主要表现在品种少、能耗高、控制水平低、性能不稳定等。举例说，电子信息产业的发展对塑料零部件的精细化提出极高的要求，但国产塑料机械的控制精度和制品重复精度水平比世界先进水平低一半以上。

四、发展方向

未来塑料成套装备自主化的发展方向是全闭环伺服驱动、动态成型加工、电磁感应加工等，产品要融入更多的电子技术、网络技术，实现自动调控、视频远程诊断等功能，这就对塑料机械生产企业的市场竞争能力提出了更高的要求。同时，我国塑料机械行业的发展也蕴含着巨大的潜力，尤其是一些科技含量高、性能好、价格相对适中的机型，如特大型、精密、节能、专用注射机等，都有很好的发展前景。

自主创新是塑料机械行业摆脱发展瓶颈的根本。要实现技术进步就要实现根本性转变。我国多数塑料机械还仅是对先进水平的产品稍加国产化改进，还谈不上自主开发研究。无创新发展能力的企业开发塑料机械往往把“价位开发”放在第一位，把性能开发放在第二位，结果恶性价格竞争把新产品也拖向了绝境。产品开发首先要把产品的性能在市场上是否具有竞争优势放在第一位。

值得一提的是，塑料机械行业企业在经受了国际金融危机的严重冲击之后出现分化：技术含量低、产品附加值低的企业受影响较大，甚至被淘汰出局，但科技含量高、产品附加值高的企业受影响较小，甚至逆势发展。

我国高端塑料制品的加工基本采用进口高端塑料机械，为客户带来高利润的高端塑料注射制品的同时，也为高端注射机研发制造单位带来丰厚的回报。分析行业的发展趋势发现，要使我国的塑料机械水平尽快与世界接轨，单纯依靠引进国外技术是不行的，必须从前沿技术的自主研发入手，改变我国塑料机械落后的研发生产水平局面，增强在国际市场的竞争力。

开发国产塑料机械的核心技术，提高技术水平，需要各方面的共同努力。塑料原料和制品生产企业不能只满足于小富即安。现在业内缺乏精密的大型注射机、复合和大型中空成型机，缺乏微电子技术在塑料机械上的应用开发，而这些高端产品和控制技术都需要核心技术的突破。因此，在条件许可的情况下，应通过各种方式，包括合资、合作，继续学习、借鉴国外先进制品工艺和设备的研发理念、思路与手段来发展中国的塑料机械，提高技术水平。这样不仅有助于行业整体水平的提升，还有助于全行业向社会专业化协作方向发展。

〔撰稿人：广东省塑料工业协会蔡恒志、寻尚伦 深圳大学杜建铭、闫鑫鑫〕

面向智能与绿色制造的注塑产业创新趋势

随着德国“工业4.0”、美国“回归制造业”和“中国制造2025”等国家战略的提出以及终端市场对于注塑产品性能要求的不断提高，国内外注塑产业的技术水平正在稳步提升。从最初的引进国外先进技术到近年来持续不断的自主创新，我国注塑行业也已取得了长足的进步，目前正朝着智能化、绿色化、网络化、定制化、功能化的方向发展。

一、智能制造——注塑行业的创新趋势

“工业4.0”的目标是智能工厂。智能工厂是对工艺和生产数据的系统使用，对生产单元的联网和整合，是机器、部件以及对自适应辅助系统的分散使用所带来的更高的生产率、机器使用率、质量和灵活性。

注塑智能工厂 博创研发了国内首台（套）集网络化与智能化一体的注塑装备，构建注塑装备云服务平台，承载用户远程监控、故障诊断等智能化服务需求。博创提出的智能工厂是通过注射成型设备的主控制器与各种辅助设备进行通信和控制，实现智能互动。随着注射成型设备的注射工艺的改变，辅助设备上的各种控制参数能随之改变，而辅助设备工作状态的变化也能通过注射成型设备的主控制器实时监控。每个单机装备在按照设定的指令自动执行各自的任务时，还可配合上下游完成整个系统工程。上述的设备组成了整个自动化系统，再把所有设备串联网络执行通信，连接中央计算机，开发特殊程序进行操控，便构成了注塑成型智能制造系统。

注塑 inject4.0 恩格尔通过 iQ 软件产品系列可以持续地分析关键的工艺参数，在废品产生前识别偏差并立即补偿，包括注塑和保压阶段始终保持熔体量和熔体黏度的一致性，以模具排气不断地重新调整锁模力，且不受外部环境或者原料质量波动的影响。同时，通过独立调节模具温度稳定性来降低产生废品的风险。此外，在为满足塑料加工行业的要求而特殊订制的产品组合中，恩格尔拥有自己的 MES（制造执行系统），可实现极高程度的纵向数据集成。

注塑过程自适应控制 克劳斯玛菲在 NPE2015 展示了 APC 注塑零缺陷控制技术，可以根据注塑制造过程中的波动进行即时补偿，从而实现高品质的生产。APC 即 Adaptive Process Control，其每个循环周期会根据当时的熔体黏度与模具内的流动阻力调整 V/P 切换点和保压曲线，实现在单次注射过程中的波动补偿，显著提升制品的重复精度。其中，可以补偿的因素包括温度变化、环境变化、物料批次变化等各种外部因素引起的波动。除了可用于生产过程中的波动补偿之外，还可在停机重起时进行补偿以避免残次品产生。此外，设备内部如螺杆机筒磨损、止逆阀磨损等使得塑化过程发生变化的情况，都可以通过 APC 系统实现补偿。

二、绿色制造——面向汽车工业的轻量化解决方案

连续纤维增强热塑性塑料制品成型加工 连续碳纤维增强热塑性塑料制品开发重点主要集中在汽车内饰上，包括座椅部分的组件、门侧防撞梁、汽车横向悬架梁、制动器踏板、转向柱支架、安全气囊组件和前端组件等。原料供应商巴斯夫称其为“连续纤维增强热塑性塑料 (CFRT)”，美国朗盛则命名为“尼龙复合材料板混杂技术”。设备制造商恩格尔公司称其工艺为“Organomelt”，克劳斯玛菲则将其技术称为“FiberForm”，二者都是在一台注射机中实现包覆成型。恩格尔和克劳斯玛菲分别在 K2010 上第一次展示了转向柱支架和门侧防撞梁的成型系统，两家公司均采用了德国 Bond-Laminates 公司提供的 Tepex 复合材料板材，并采用朗盛的尼龙材料对该组件进行包覆成型。在这两个演示中，均由机械手 (线性的或六轴的) 抓取复合板材，将其放到 300℃的加热炉中预热 30 ～ 40s，然后将其送入注塑模具中。通过闭合模具对该板材进行预成型，接着再将尼龙材料注入形成最终制品。按加热炉能力的不同，整个循环时间从 33s 到 55s。采用恩格尔技术生产的部件拥有更为复杂的形状，脱模后需进行激光修边。克劳斯玛菲则在其 IMC 注塑混炼机上，直接采用由玻璃粗纱获得的长玻纤来混配包覆成型用的混配料。机械手还将成型后获得最终形状的部件传送到一个质量检测站。连续纤维增强热塑性塑料制品成型加工见图 1。

图 1 连续纤维增强热塑性塑料制品成型加工

长玻纤直接注射成型工艺及装备 阿博格与德国塑料中心 SKZ 开发的长纤维直接注塑工艺可将连续的玻璃纤维切断，并将其直接送至熔体处。长纤维直接注塑的前提是具有较高流动性的聚合物基体（PP 和 PA），以保证实现较好的纤维分散和浸润度，同时也可减少纤维损伤获取较长纤

维。为了得到更长的纤维，部件和模具设计具有决定性的作用。熔体进浇点位置选择应保证部件有机械需求的区域不出现熔接痕缺陷，浇口和热流道系统中应选择较大横截面以避免纤维堵塞。用长纤维直接注塑时需注意型腔内排气良好。在成型工艺设置方面，应保持较小的背压，较低的螺杆塑化转速，选择低速注射并避免采用长时间的高保压压力。

物理发泡技术用于长纤维增强塑料注射成型　阿博格与德国亚琛塑胶加工（IKV）研究所一同研发了物理发泡技术 ProFoam，其基本原理是在原料进入机筒之前通过低压氮气进行浸润发泡。原料首先被加入由两个加压腔体组成的预发泡装置的上部腔体中，低压下（5MPa）加入物理发泡剂（N_2）。随后腔体气体阀门打开让原料进入下部加压腔后锁闭，上部腔体继续加料。待下部腔体阀门打开后，原料进入塑化系统中，物理发泡剂因此可均匀溶入塑胶熔体里。注射时伴随减压过程，可在制品内部产生均匀分布的微孔结构。这种工艺的优势在于不需要在螺杆上设置额外的剪切和混合功能部件。尤其值得一提的是，Profoam 还被用于生产带长纤维增强的发泡部件，以达到更优良的机械特性。相比于传统的工艺，生产出的部件可获得平均长度更长的增强纤维，还可利用变模温技术对表面品质进行优化。

阿博格物理发泡注射成型基本原理见图 2。

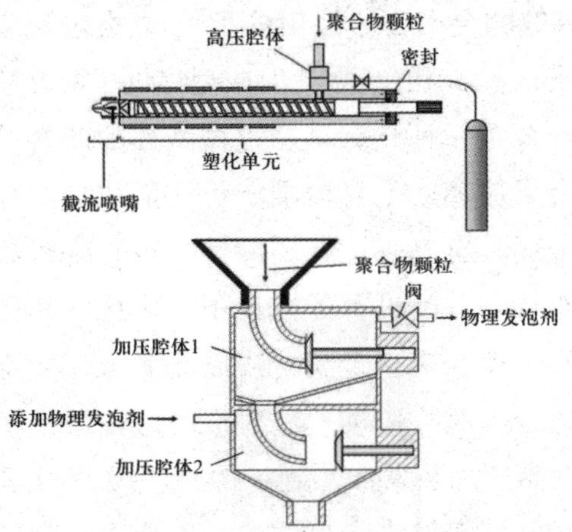

图 2　阿博格物理发泡注射成型基本原理

完美高光表面的整体解决方案　克劳斯玛菲的 ColorForm 是用于高光表面部件生产的新工艺，这项技术组合了注射成型与反应加工设备，用于取代传统的涂装制程，并能够在一个生产循环中实现全自动生产。其基本成型工艺过程为先在模内注射成型热塑性基体，再采用双组分的聚脲（PUA）或聚氨酯（PUR）涂料在模内直接对其进行浇涂（flow-coated），从而获得拥有优质表面的最终部件。采用 PUA 或 PUR 涂料的表面漆层无溶剂、柔顺剂和重金属，而且没有任何排放，是对传统漆的一种有效而环境友好的替代。这一集成的工艺相比传统的装饰工艺可节省成本 30% 以上。由于产品同时具有高抗刮擦性、高设计自由度和出色的表面质量，ColorForm 工艺非常适用于装饰柱件、装饰条、中央控制台或仪表板等各类汽车内外饰件。

注射压缩成型用于大型汽车零部件的生产　注射压缩成型工艺过去通常被用于超薄光学级制品（如导光板）的成型加工，目的是减小制品内残余应力以满足光学性能要求。恩格尔则采用 Coinmelt 的注射压缩成型技术为戴姆勒汽车开发出汽车行李箱盖的生产工艺，其特殊之处在于生产对象具有非常复杂的三维几何结构，包括螺纹和若干底部切口。相较于传统注射成型，注射压缩成型需要的注射压力更小，可以实现更薄的制品壁厚，从而减少重量并节省成本。Coinmelt 工艺是在熔体充填结束之前，合模结构以要求的平行度及确定的锁模力进行合模。压缩过程代替了传统保压过程，可有效地使型腔内各个位置压力均匀分布，并不受制品厚度的影响。实现这一工艺的前提条件是合模机构开合模行程位置控制精度达到微米级，而恩格尔 Duo 系统注塑机可通过锁模液压缸的独立控制来保证这一要求。

纳米注射成型实现塑胶与金属的超强结合　纳米注射成型 (NMT: Nano Molding Technology) 是一种基于金属表面纳米构型的嵌件注射成型工艺，其核心是通过纳米化学构型工艺 NCS(Nano-crystallization chemical structure) 在金属表面形成纳米级微孔，然后通过塑胶和处理好的金属件的嵌件成型实现塑胶与金属的超强结合力。日本早在多年前就已采用 NMT 技术，该技术具有简化制程工序、缩短工时及提升力学性能等优点，在实现高结合强度的同时降低生产成本，并大幅降低相关耗材的使用率。该技术最初只是将铝材与树脂进行一体化成型，现已可应用于镁、不锈钢、钛等金属，并且进一步发展出了金属间结合技术。住友重机在 IPF2014 上展示了支持金属—树脂接合技术“NMT”的注射机“SE130EV-HD Special Package”，并演示了将铝合金部件安装到模具内再注射聚酰胺 (PA6)，制造金属与树脂牢固接合的汽车零件的工艺过程。

三、功能化注射成型技术最新进展

微型高精密制品注射成型技术新进展 在 NPE2015 上，日精展示了配备 X-Pump 的小型油电混合注射机“NPX7 Advance”，用于成型微型医用缝合器部件。NPX7 Advance 采用高能效混合泵系统 X-Pump，相比传统液压机可节能 40% 以上，并具有优异的注塑性能。机器配备直径为 12mm 的螺杆（以前认为这是不可能的），可稳定地成型 1g 以下的微型零件。合模单元为全液压驱动，模板采用线性导轨支撑，可向模具均匀地传递压力，且具有极好的低压模保特性。供料装置为日精独有的“Smart Feeder”，可防止树脂喂料不足，并可稳定树脂的熔融/塑化过程。

同期，住友德马格则展示了利用配有 SL (Spiral Logic) Screw 螺杆组合（图 3）的直驱式全电动注射机用于生产 0.524g 齿轮。

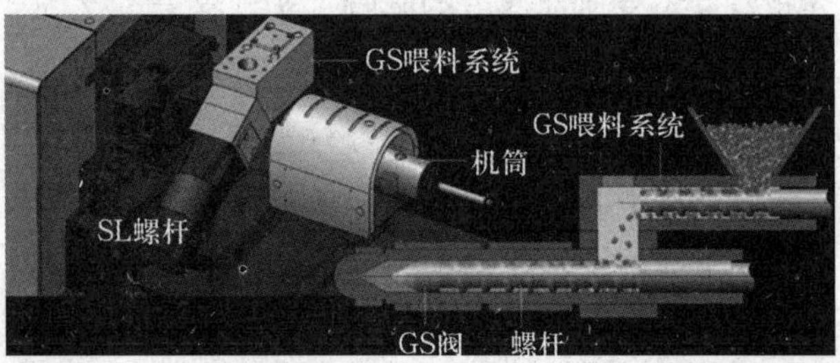

图 3 SL (Spiral Logic) Screw 螺杆组合

SL Screw 螺杆组合可通过消除不稳定的剪切热来消除熔体密度波动，避免熔体在机筒中的滞留或降解现象。GS 喂料系统则可与螺杆速度相适应进行喂送或计量原料。同时，一种可主动关闭的止逆阀 (GS 阀) 取代了传统螺杆挡圈，可以防止进入机筒的材料回流，保证沿螺杆长度上熔体压力分布均匀、加工过程高度稳定以及注射的重复性精度。此外，注射机还采用 Zero-Molding 技术用于保证微成型制品的精度，包括：①熔体流动前端控制 (简称“FFC”) 系统利用树脂流动前锋中的能量，以一种均衡的方式完成填充；②最小化锁模成型 (简称“MCM”) 系统允许机器自动检测模具动定半模完全平行之处的极小点，并定义出现无飞边成型的临界值以及实现最佳型腔排气的优化点；③直驱电动机提供了快速响应、高速度、压力和扭转力，并确保了较高的能源效率、精密性和重复性；④锁模力校正系统用于补偿模具的热膨胀。

厚壁光学透镜多层注射成型技术 Engel optimelt 是特别针对光学制件加工的解决方案：首先生产一个预成型件，然后再在一个或多个后续过程中完成多层成型（常采用同一材料），后一层成型可以覆盖前一层所产生的缩痕等缺陷，从而确保高的光学品质。在照明领域的研究表明，多层之间的界面层对照明光学功能没有影响。Engel 在 K2013 上展示了壁厚为 15mm 的 LED 透镜成型，其成型周期在 60s 以内，相比传统单层成型可缩短 80% 以上。

高效的金属合金注射成型 恩格尔为液态金属 (Liquid metal) 的高效注射成型提供了配套装备。液态合金是一种具有卓越机械特性的新材料，亦称为金属玻璃，是目前唯一可注射成型的金属。液态金属具有高强度、高弹性、高硬度和热收缩率小等特点，既没有磁性也不被磁化，并且具有低的导电性。液态金属对皮肤无刺激、无毒性，非常适合于医疗应用。注射成型时，塑化单元首先借助感应加热器加热到 1 100℃用于熔化坯件，再由活塞将熔融态金属注入型腔成型。为防止氧气晶化金属导致性能下降，型腔必须是高度真空。液态金属合金注射成型实现了一步到位制造复杂结构金属部件，并且其精度和表面质量远优于普通铸造。注射金属零件表面质量与腔体表面高度一致，无须打磨、无须抛光，相比数控加工尺寸精度可高出一个数量级，公差可达 ±8μm（金属粉末注射成型公差为 ±75 ～ 125μm）。

纵观过去十年注塑加工行业的技术创新历程可以发现，行业当前已经由注重提升注塑装备单一性能转向围绕终端注塑产品构建系统化和智能化整体解决方案。近年来，在欧洲“工业 4.0”智能化制造趋势的引领下，全球顶尖的注塑企业竞相推出引入“工业 4.0”新概念的产品，并在各大行业展会上进行展示。我国注塑产业在过去 20 多年来的高速发展中已经取得了丰硕的成果并得到全球同行的认可，如果能在“工业 4.0”及“中国制造 2025”的发展机遇中加快推动智能化制造，将有机会实现与国际领先技术的并跑甚至领跑状态。

（该文转自《CPRT 中国塑料橡胶》）

〔撰稿人：北京化工大学谢鹏程〕

“工业 4.0”背景下的 K 2016 塑料机械展品分析

2016 年德国杜塞尔多夫国际塑料及橡胶展览会（K 展）在 2016 年 10 月 19 日开幕。在德国“工业 4.0”的宏观大背景下，各大塑料机械企业对此次展会展出的系列产品信心满满。

阿博格——高效塑料加工方案

继 2016 年 3 月进行了 Allrounder 系列 GoldenElectric 全电动起动设备的世界首发以来，阿博格在 K 2016 展展示大量的注射成型以及增材制造和“工业 4.0”方面的创新和趋势。阿博格在 K 2016 展示 27 台高效率生产塑料件的创新应用、方法和完善的解决方案 —— 从产出一个好零件到量产规模。其中，阿博格将通过 12 台展品展示最新的技术水准，多数展品更为世界首发。

正在发展成为“智能工厂”中信息技术网络化生产的灵活生产系统供货商的阿博格，展出了一种全新的、包括 1 台立式的 Allrounder 375V、1 台 freeformer 以及 Automation 技术的创新型生产方式。另外，在 K 2016 展，阿博格在 3 台 freeformer 上展示了新的应用技术、材料及部件。

Sepro 公司——26 个机械手

该公司携 26 个机械手亮相 K 2016 展会，其中包括 2 个很可能是展会上最大的机械手。展品总数量和较大的产品范围展示了其在“工业 4.0”方面所做出的努力。

Sepro 公司与海天（中国）、震雄（中国）、Billion（法国）、Sumitomo Demag（德国 / 日本）等 7 个不同的国家、10 家不同的铸模机厂家合作，在展会三个大厅里操作机械手。

另外 8 台机械手在 Sepro 公司自己的展位展出。包括 2 台与 Yaskawa Motoman 合作研发的、针对大型塑料注射机使用的新型机械手：新型 7X-100XL 是 5 轴直角坐标机械手，6X-400 则是 6 轴关节臂机械手。

巴顿菲尔辛辛那提集团——以“创新驱动进步”为最新座右铭

该集团在 K 2016 展上，综合展示了定制服务、现代和高品质的设备以及热门的能源效率和“工业 4.0”解决方案。

巴顿菲尔辛辛那提集团在 K 2016 展示最新的管道、型材和热成型片材挤出设备，如可用于生产 PO 管的新型单螺杆挤出机 solEX NG75 等设备。单螺杆挤出机 solEX NG 75 系列产品，是在已投放市场的 solEX 系列挤出机的基础上改进而成，提供了完全重新设计的机筒螺杆组合。另外，展示了 2 台 NG 系列的挤出机：可单独进行挤出生产的 conEX NG 65 以及共挤的 conEX NG 54 挤出机。conEX NG 54 安装在基座上，搭配 twinex93ep 作为主挤出机。这个新的基座适用于各种安装，由于采用模块系统，可根据需求进行调整。显示屏则为加工商提供了高度的灵活性和最佳价格性能比。conEX NG 54 还将突出其节能包——包括同步电动机和各种附加功能，可大大降低挤出机的能源消耗。

与原来的挤出机相比，NG 系列挤出机拥有较低的熔点温度，恒定的压力增强，维护成本较低，产能较大。由于驱动能量和能量损耗较低，NG 系列挤出机的源成本可减少高达 15%。

除了新型的 PO 挤出机，该公司还展示了快速模具规格转换系统（FDC）。有了快速尺寸变化的管接头，熔体间隙可进行调节，模头无须进行转换，适用于大部分直径尺寸的管道。管外表层适配器集成在可调节模头中，提供换色所需的最短清洗时间。

FDC 系统的校准套筒采用活动元素而非固定的校准缸，可用于绝大多数直径尺寸管道的调整。该校准套筒还不会在最终成品上留下任何标记。1.5m 长的快速尺寸变化真空罐通过剪刀式升降台，来调整与伺服电动机的高度。高度灵活且简易调整的密封技术保证了真空罐的安全密封性。

该公司还面向日益增长的包装片材市场推出热成型片材挤出设备——XXL 版本挤出机中的多点触控堆叠辊。它们能够高速生产出厚度公差 ≤ 1% 的无压力片材。新研发出来的 XXL 版本挤出机的 XXL 栈辊表现出极高的性能，其输出产能可达到 3t/h 以上。完整的挤出生产线还需要配备完善的控制技术，巴顿菲尔辛辛那提展示了一台现代化的 21.5in 全高清横向触控显示屏，它还具备额外的功能，可满足“工业 4.0”的需求。

巴顿菲尔辛辛那提还展示了几台可用于管道和型材生产的双螺杆挤出机。其中的亮点是两款完全新开发的锥形双螺杆挤出机，整套双螺杆挤出机根据实际经验进行重新设计和优化，应用范围比较广泛。除了灵活性，该挤出机可较温和地进行熔融加工，操作也较为方便。

布鲁克纳——“智能”薄膜挤出系统

布鲁克纳公司展出的一系列“智能”薄膜挤出系统，亮点之一是智能生产线管理系统（ILM），利用该系统可以简化生产线操作，提高生产线利用率。

该公司针对日益增长的聚酰胺包装薄膜需求，推出了多种生产线类型，直线电动机同步拉伸（LISIM）工艺技术越来越受到市场的欢迎。布鲁克纳公司在 K 2016 展出其 LISIM 双向拉伸聚酰胺（BOPA）生产线，其生产线宽度为 6.6m，取代了常规的 5.1m 生产线。该生产线的一个突出亮点就是智能化的生产线控制，该系统简化了在线操作并提高了实现的可能性。不断增长的转速、产量以及更短的交付时间，以及对质量持续增长的需求，使得运行薄膜拉伸生产线成为高度复杂的过程。这就是智能生产线管理系统（ILM）的应用领域。该系统是实现“智能生产”和“工业 4.0”的集成解决方案，其改进之处在于操作生产线的新方法，将重点放在工艺监察而非常规的机械监察。这种新的操作理念越来越多地应用到辅助系统中。

布鲁克纳公司使用“能源监控器”来监测所有在线元件的能源消耗，目前已经开发出新的工具和辅助系统用于在线测量，并直接改变薄膜的参数值，如温度、透明度、分子定向角或密度及孔隙率。该系统可显著减少可调工艺参数，直观的用户界面简化了在线操作；生产数据透明、可追溯；对薄膜性能有针对性地在线控制，实现稳定的薄膜高质量；通过辅助系统如“快速更换产品”或“能源监控器”实现高效率、高生产率和高灵活性。

如今，生产双向拉伸聚酯包装薄膜（BOPET）的生产线常见工作宽度为 8.7m，布鲁克纳公司在 K 2016 展上首次展出 10.4m 产品，新生产线生产能力约提高 20%，可靠速度达 515m/min。

该公司新设计的横向拉伸薄膜滑动系统，可将速度增加到 600m/min 左右。与此同时，新开发的材料可减少润滑油用量超过 50%。

新的收卷系统也是为提高生产线效率而设计的。未来，布鲁克纳公司能够将收卷机直径从 1.55m 增加到 1.8m，因而可容纳收卷机长度增加 40%。

Feddem 股份有限公司——展示完整系统的优越性

Feddem 股份有限公司是挤出和复合生产线的制造商，连续三次参加 K 展。2016 年的重点是成为完整系统的供应商。

挤出系统方面，该公司使用实际比例模型，展示了用于提供完整复合生产线的 ICX（创新型混合和挤出）技术理念。设备制造商将专注于为客户带来方便：生产高质量的化合物，具有较短响应时间以及具有竞争力的价格。展示了具有增强保护的 FED26 MTS 试验厂站挤出机，挤出机是可定制的并且可以用于广泛的应用领域和各种复合作业。由于采用了模块化设计，挤出机可以在短短的几秒内从 32D 调整到 42D、52D 或者更大，整个电气系统被集成到框架内并且设备配有脚轮。FED26 MTS 的产量可达到 10 ～ 150kg/h。

复合工作设备方面，MTS 安装尺寸 26 ～ 82mm，产品运转量 40kg/h 到 4t/h，更大长径比以及螺杆直径超过 135mm 的挤出机目前适用于生产高填充塑料。

该公司正在开发用于制造高填充聚烯烃的新设备，其服务范围扩展到零件供应、二手翻新机和现场的客户服务。

莱芬豪舍——反思后“树立新标准”

“树立新标准”是莱芬豪舍集团的参展口号，公司业务部和“工业 4.0”分部展出了其创新技术。

多种吹膜的创新和改进成果。在过去，只有薄膜宽度和厚度公差作为质量指标。莱芬豪舍公司在吹膜领域树立了第三个质量标准 —— 薄膜平整度，并将提供测量和优化薄膜平整度的方法。利用 EVOLUTION Ultra Flat 技术，更平整的薄膜在后序加工工序中易于印刷，其印刷速度和生产率较高，而印刷质量不会改变，甚至会有所提高。此外，较高的粘合强度可以减少层合工艺中粘合剂的用量。

该公司还将用 EVOLUTION Ultra Die 展出在阻隔吹塑膜模头设计领域的新标准。叠层模头设计和螺旋芯分布设计的优点相结合，使阻隔膜生产过程中层比例和黏度有极高的灵活性。新设计的特点是：与已知模头设计相比，流道约短 70 %；体积小，模头直径较小，从内外侧加热；可升级到更多的层。这种新模头概念为市场中速度最高的阻隔吹塑膜模头树立了新的标准，而且还可以生产层数更多的产品。

K 2013 展会上展出的样机，在 2016 年已转化成 EVOLUTION Ultra Stretch 关键技术。利用该装置，客户能够针对众多应用场合方便地减小厚度，而薄膜性能保持不变，甚至更好。压缩袋薄膜（厚度减小约 30 %），再拉伸青贮拉伸膜（厚度减小约 25% ～ 35%），透气底膜（与传统 MDO 相比，投资成本较低）。

铸塑板涂层。该公司展出的新型 REIcofeed 2.2 共挤喂料块，通过连续开发树立了行业新标准。利用 REIcofeed 2.1，在多达 7 层或更多层薄膜 / 片材的生产过程中可以实现最佳调节。集成新型小组件后可大幅提高效率，可以在喂供料块中封装多层薄膜 / 片材，不再需要平模头中的包封装置，也不需要再使用一台挤出机。

MIREX-MT-V-AX 高性能设计系列取得了成功，这种创新间隙调节系统已安装到所有莱芬豪舍压光辊组型号中。MIREX-MT-HI 是最小的型号，辊直径为 310mm，是新一代在线热成型片材生产线的关键组件。该生产线与市场上占用空间最小的高速挤出机相结合，可满足市场对极高效率和极小占地面积的要求。K 2016 展会展示了 MIREX-MT-H 型压光辊组离线生产 PS/PP 片材，而不需要与热成型机直接相连。

“工业 4.0”。作为一种实现创新“工业 4.0”生产环境的方法，该公司成立了数字业务平台。新的运营中心提供了员工和生产线之间可持续交互的界面，直观和关联性设计使生产线的操作非常方便。另外， Performance Cockpit 在生产线中将无数的数字和数据转化成有价值的工艺信息，可以对生产线性能进行最佳分析，随时查看评估结果。

凯孚尔公司——KTR 6.1 高速纸杯成形机

最新一代 Thermorunner KTR6.1 高速纸杯成形

机有 5 个显著特点：提升的冲力与更大的成形空间结合，提高了腔体的数量且有助于提高产量；新开发的预拉伸插件由强大的直线电动机驱动，可提高加速度和冲压力；更快的预拉伸有助于材料分布和加工速度；凯孚尔驱动系统更高的性能可使产量高达每分钟 45 次周期；复杂的堆放及拣货系统可使 KTR6.1 高速成形机可靠地生产更薄的杯子，KIST 垂直叠加系统工作不需要配置电刷或橡胶元件，保证顺滑和洁净生产。同时，展出了新型 Speedformer KMD 78 Power 机器，该机器可生产为上述纸杯设计的圆顶盖。

Plastiblow 公司——化妆品瓶挤出吹塑机

PB14-800ED 双站伺服驱动 A 类设备配置了模具夹具，其冲程可达 800mm，挤出机直径为 100mm，每小时可塑化 300kg 物料，锁模力为 140kN，利用各边中心距为 120mm 的六腔模具生产化妆品瓶。两个伺服驱动轴机器人将瓶子修边之后将其放在线性皮带输送机上，由传送带将瓶子放到集中的收集点。由于机器结构的现代化设计，该设备的结构更加紧凑。

PB14-800/D 将配置瓶装在线质量控制设备，用于检查并去除残缺的碎片。该设备能够检测微孔、变形和瓶颈梗阻，包括浇口的探测。

Davis-Standard 公司——挤出和转换技术

Davis-Standard 公司是挤出技术和机械供应商，在 K 2016 展会上展出了其在挤出和转换技术上的成果，重点强调挤出机、喂料螺杆、模具以及控制系统的进展，同时还有该公司的创新技术 dsXT 和扩展的售后能力。

展出的 3.5in 挤出机具有很多先进的功能，如计算机规划控制的喂料螺杆，每个区域都配有空气冷却的电筒加热装置以及简化的电气装置。挤出机上装有一个 QSE 适配器（快速更换螺杆），可以实现快速的螺杆更换，而不会影响下游的熔体。

该公司展出的双位刀开卷装置是专为薄板设计的，用于一个拼接速度为每分钟 800m 的敏感织物，如 6μm 的铝箔。独特的拼接单元控制和安全标准保证了复杂网络的高速拼接下优良的可靠性。

多喂料螺杆设计和最终的成品将在展台上展出，同时还包括来自 Davis-Standard 的格洛斯特工程生产线的一个七层模架。

Sumitomo（SHI）Demag——主题“电气化 4.0”

在注射成型供应链中，“工业 4.0”一直备受关注。在塑料成型领域似乎普遍缺乏对“工业 4.0”的明确阐述以及它的发展方向，这阻碍了制造商对于“工业 4.0”策略的制定。

Sumitomo （SHI） Demag 认为，“工业 4.0”就是提高生产力和收益性，降低成本和浪费，实现个性化和可追溯性，工厂连接和优化能源使用。因此，在许多方面，在过去的五年当中，那些投资了 Sumitomo （SHI） Demag 机器，尤其是全电式机器的制造商，可能会比他们所察觉到的更加能够达到“工业 4.0”的先进性。Sumitomo （SHI） Demag 在 K2016 的产品阐述了如何升级技术，包括自动化技术，合理的工艺优化，帮助客户更好地迎接“工业 4.0”。

三个关键因素强化了该公司的“智能工厂”愿景：智能机器，配备有一个智能的，面向未来的用户界面，与外部的 ERP 系统、机器人以及供应链完全同步；智能服务，集成化质量保证，并设有远程诊断和维修，以提高机器的可用性；智能生产，具有完全连接的系统和实时追踪生产信息的主机制造执行系统（MES）。

K 2016 展上的“电气化 4.0”可能是目前为止 Sumitomo （SHI） Demag 举办过的最全面的展览，涵盖了所有的关键应用，提供了 Sumitomo （SHI） Demag 帮助模塑商优化未来生产工艺的实际例子。展出的 2 台 El-Exis SP 机器（锁模力为 2 000kN 和 4 200kN）、1 台 Systec Servo （2 800kN） 和 2 台全电式 IntElect 机器（500kN 和 4 500kN），都配有 OPC 统一架构（OPC/UA）接口，为连接提供更广的范围，使模具制造商可以通过使用数据来提高产量，快速做出经营决策，并生成报告。OPC/UA 接口遵守 Euromap 77 标准。

2 台 El-Exis SP 机器展示了包装应用。El-Exis

SP 200 在不到 2s 的时间内生产出 4 个高质量的装饰杯子。El-Exis SP 420 演示了薄壁包装的生产，在一个 2+2 的叠层模具中生产了 4 个聚丙烯托盘，具有一个高速的 Sepro 侧提取机器人。

Systec Servo 280 展示了先进的 IMD 技术，同时创建和装饰一个车门装饰板。Sumitomo （SHI） Demag 将展示其先进的成型和装饰能力，使用一种多孔木质结构，而不是使用一个全面粘结和印刷塑料薄膜。对于模具温度的电子监控，该机器包括 active Mould Water 模块。该机器也提供 active Motion Control 技术。

全电动 IntElect 500kN 产品用于汽车领域，IntElect 450 已经在制药和瓶盖瓶塞注射机中得到了广泛的应用，复杂组件的生产已经转换为全电力生产。

该公司还首次展出一种新的 IntElect 平台，以及三个与 Sepro、Yushin 和 Oni 合作开发的注射成型装置。

Maguire 公司——推出下一代控制器

该公司基于广泛使用的重力搅拌器，研发出具有更强处理能力的新一代控制器。

新的 Maguire 4088 控制器与早期的控制系统反向兼容，运行速度是 Maguire 1212 控制器的 7 倍，内存是其 8 倍，分辨率是用于称重配料的称重传感器的 45 倍。这意味着，被计量进模制或挤出工艺的关于原材料的组成和消耗的有价值的信息，可以通过任何标准的通信协议与第三方设备共享，因此可以实现 Maguire 搅拌机与当今最先进技术的整合。

操作设备包括一个小键盘 / 数字指轮接口或一个新的可移除的触摸屏，用于远程操作。触摸屏内置软件，用于将多种材料装入搅拌器，以及计量混合材料进入加工机器的输送系统。

赫斯基——致力于降低客户的生产总成本

赫斯基推出了新一代高产能饮料瓶盖注射成型系统 HyCAP4，主要目标是优化生产力和效率之间的关系，从而以领先的周期时间生产最高质量、最轻质的瓶盖。与上一代相比，该系统节约了 40% 的能源消耗。

赫斯基已开始在先进的自动化生产线上生产热流道集合管。

Cloeren 公司——应用于挤出涂覆的最新 EBR V 模具

来自美国的 Cloeren 股份有限公司首次在 2016K 展中展出用于挤出涂覆应用的 EBR V （减少边胶）模具。

EBR V 是 EBR 系列中最新设计的模具，用于挤出涂覆和层压工艺，在工艺过程中，软包装宽度可频繁变化，并且在经济上或者环境方面减少边胶都是必不可少的。

Cloeren 公司展出了世界最宽的纳米层系统，该系统包括一个配备 5 435mm 长 Epoch 模具的 55 层纳米层供料头，该系统用于制造 G3 纳米层拉伸薄膜。

展出的具有专利的 moebius-manifold 模具，其内部几何结构已证实非常适合用于处理对停留时间敏感的聚合物，包括聚氯乙烯（PVC）。

世林——Repro-Flex 回收系统

世林机械有限公司是来自中国台湾的回收设备供应商，其理念为“极简设计，轻松回收”。

世林的 Repro-Flex 一站式塑料回收机是特别设计用来回收印刷及非印刷的可再处理 PE（HDPE、LDPE、LLDPE）及 PP 柔性包装材料。它在一条紧凑的回收线上，集切割、挤出和造粒于一体。该回收设备的粉碎筒可让材料为挤出加工做好准备（预处理），随后借助离心力，将材料直接送入挤出机。与传统的回收机器相比，这一集成系统并不需要单独分离的粉碎机，避免出现进料中断（过度进料或者进料不足）的问题。

FKuR——减小堆肥薄膜厚度的 Bio-Flex FX 共混材料

德国生物塑料供应商 FkuR 已开发出一种生产化合物的新技术，该化合物可用于加工极薄且高抗击穿性能的软包装薄膜。展出的使用新技术生产的两个产品 Bio-Flex FX 1120 和 Bio-Flex FX 1130 中，Bio-Flex FX 1120 生产薄膜制品的新研发材料，特别适用于制造极薄的塑料袋，例如生物废物袋，由于 Bio-Flex FX 1120 共混物中可再生原料所占比例超过 50%，因而该共混物达到了德国生物废料条例的标准；Bio-Flex FX 1130 专门用来补充之前的 Bio-Flex F 1130 标准共混物，该共混物制造的薄膜具有拉伸强度更高、耐击穿和撕裂的特点，薄膜厚度可达到 8 μm。

采用新型聚合物添加剂系统和适合的配制方法，FkuR 可让转换商利用生物塑料跟随潮流，将可堆肥性和显著减少材料使用量相结合。

Topas——烯烃共聚物扩展应用

Topas 重点展出环烯烃共聚物（COC）在广泛的终端领域中的扩展应用。TOPAS COC 的独特属性——纯度、药物相容性、透明度、生物相容性以及尺寸稳定性——使其应用于高要求及高性能终端领域。TOPAS COC 树脂已应用于可穿戴药物输送设备中，例如胰岛素和止痛药输送设备。该材料可实现给药量的一致性和重复性，并且促进了药物输送系统的小型化。

在微流体和微板的诊断产品中，与具有竞争力的热塑性塑料如聚苯乙烯（PS）和聚丙烯（PP）相比，TOPAS COC 具有卓越的耐化学性和 UV 透明性，同时与玻璃和硅氧烷相比可实现按量简单的注射成型。TOPAS COC 具有 92% 的透明度和模具细节，因而可实现计数最大化、流道合并及优化分析。由于 TOPAS COC 具有超高纯度，与同类材料相比，其溶出物和萃取物更少，因而所得到结果最可靠且可重复。

TOPAS COC 继续寻找对医疗行业（药物输送和水疱 / 托盘）和诊断学（POC/PCR/ 微流体）的强大吸引力。此外，在广泛的药物包装应用如医药包和补丁，以及其他应用如食品和需要耐化学性和吸附性的化妆品包装应用中，COC 已被认定为 Barex 聚丙烯腈（PAN）的高效替代品。COC 不是 PAN 的一对一替代品，其含有的医用化学成分如补丁中的尼古丁成分，使其具有高效耐化学性和低吸附率。COC 中尼古丁的吸附性比改性的聚对苯二甲酸乙酯（PETG）和乙烯 - 乙烯醇（EVOH）低。

包装处理商和终端用户看重集成薄膜 TOPAS COC 产品的收缩性、热成型、无机褶皱性、耐热性、防潮性能和易拆开特点。主要的应用包括：收缩标签和薄膜、易撕包装、成型或充气保护包装、玻璃纸扭结薄膜以及化妆品和瓶子包装。

在光学元件中，TOPAS COC 与其他聚合物相比性能更接近玻璃。经证实，该高透明度高流动性聚合物在光学导向、汽车平视显示器（HUD）、传感器透镜以及触摸屏（ITO 膜）应用中表现出优异的性能。

在电子元件中，COC 的耐热性能、耐潮湿性能、轻量和介电性能使其在移动设备天线和高性能电容器的先进电子设计中具有强大的吸引力。

〔供稿单位：中国塑料机械工业协会〕

汽车轻量化专题

汽车轻量化下的注射技术

汽车的轻量化，就是在保证汽车的强度和安全性能的前提下，尽可能地降低汽车的整体质量，从而提高汽车的动力性，减少燃料消耗，降低排气污染。由于环保和节能的需要，汽车的轻量化已经成为世界汽车发展的潮流。

2011—2015 年欧洲车身会议的数据显示，车辆的轻量化系数由 2011 年的 3.29 下降到 2015 年的 2.33。5 年时间轻量化系数降低了 30%，说明汽车轻量化已经得到很大的提升和改善，而且轻量化已经成为汽车主机厂迫切的需求。当前，汽车轻量化的主要措施是采用轻质材料，如铝、镁、陶瓷、塑料、玻璃纤维或碳纤维复合材料等。汽车轻量化是电动汽车设计的一个重要要求，将使汽车用塑料技术产生一次革命性飞跃。

一、汽车轻量化的设计趋势

设计趋势 1：塑料在汽车车身应用部位将更广。

未来，塑料的应用重点将从装饰件向结构件倾斜。注射工艺的发展将为汽车零件塑料化打下基础。塑料在汽车车身的应用情况见表 1。

表 1　塑料在汽车车身的应用情况

车身部位	应用级别	工艺
车门外板、前后机盖	已量产。宝马 BMWi3、奔驰 SMART 已有应用。北汽新能源、通用五菱新能源、吉利新能源、互联网造车等在开发	注射 + 焊接 + 粘接 + 螺接
后背门	已量产。宝马 BMWi3、奔驰 SMART、汽油车标志 3008 等已有应用。北汽新能源、通用五菱新能源、吉利新能源、互联网造车等在开发	注射 + 粘接 + 螺接，塑料用于车身开闭件
前后翼子板	已量产。应用较早，传统车很多车型应用	注射 + 焊接粘接 + 螺接

设计趋势 2：双物料、多物料零件应用加大。

不同部位、不同材料大量应用双料注射成型工艺，可达到简单密封、遮盖间隙、提升 NVH 性能、减少装配工序的功效。

设计趋势 3：注射后的组装一粘了之。

汽车覆盖件采用非金属材料，也要采用内外板结构。内板布置安装点及骨架结构，外板体现造型效果，难点是内外板连接结构以及内板与车身的连接结构。

采用内外板超声波焊接为主，螺接、卡接为辅的组合连接结构。缺点是：焊点表面粗糙，螺接、卡接结构复杂，占空间，产品表面有缩痕，模具结构复杂。

对标车型对于两个零件的连接主要采用粘接，结构简单，易实现。胶的可靠、耐久是关键，两件之间的精确粘接位置需要工装或自定位实现。

设计趋势 4：微发泡注射减重。

PP+ 长玻纤注射成型结构件，最大程度替代金属及 SMC。

PP+ 长玻纤注射成型结构件，并对壁厚进行微发泡，再对表面复合薄膜，形成精致纹理，美观精致，重量更轻。

顶盖由目前的 SMC 成型工艺，改为 PP+ 长玻纤微孔注射成型，结构强，重量更轻，隔音、隔热效果好。

前后行李箱由目前 PP+GF 注射成型，改为 PP+GF 微发泡注射成型，重量更轻，隔音、隔热效果好。

设计趋势 5：长玻纤注射代替金属结构件。

长玻纤注射成型结构件，最大程度替代金属、SMC 和 GMT，降重成主力。如，PP+ 长玻纤注射，PA6+ 长玻纤注射，PBT+ 长玻注射。

设计趋势 6：高光注射、低压注射的应用。

高光注射、低压注射将由高端车型应用向中低端普及。

高光注射技术又称快速热循环注射技术，它可以很好地复制模具表面的任何形状，使制品件表面无熔痕、无流痕、无流线、无缩痕；表面高光，达到镜面效果；提高塑件强度和表面硬度；使薄壁成型，提高注射流动性，提高产品品质和强度；使厚壁成型注射周期降低 60% 以上；无须后续环境污染严重的喷涂工艺，可减少工艺流程，节省能源与材料。该技术可直接降低塑料制品的成本，保护环境和操作人员的人身健康，在家电、汽车通信、日用品、医疗等行业具有广泛的应用前景。

低压注射成型工艺是一种以很低的注射压力（0.15 ～ 4MPa）将封装材料注入模具并快速固化成型（5 ～ 50s）的封装工艺方法，以达到绝缘、耐温、抗冲击、减振、防潮、防水、防尘、耐化学腐蚀等功效。应用领域非常广泛，包括印刷线路板（PCB）、汽车电子产品、汽车线束、连接器、传感器、微动开关、接插件等。

二、与汽车轻量化相关的注射技术

1. 长纤维与在线配混成型

在线配混成型技术，就是将原材料的配混过程融入制品成型过程（挤出或注射）中，使塑料复合材料的配混与成型在一条生产线上连续不间断完成的技术。在线配混工作原理和在线配混注射机原理见图 1 和图 2。

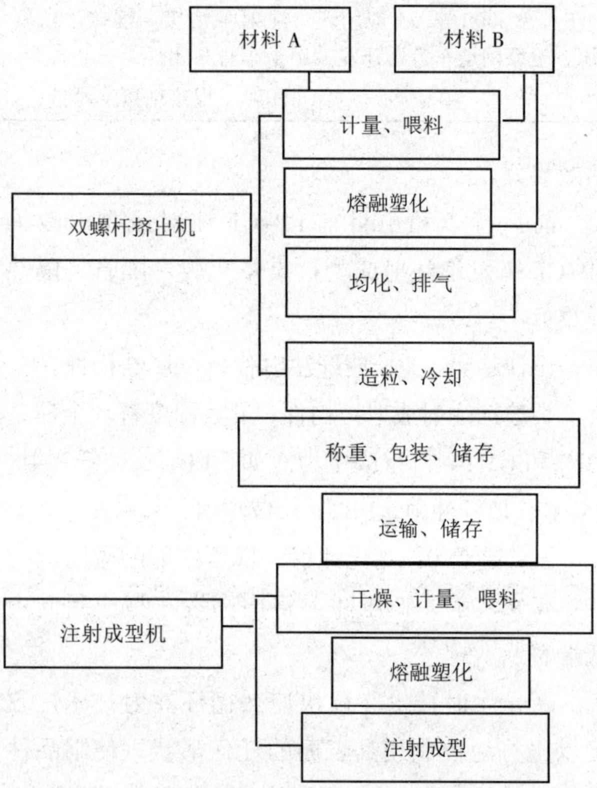

图 1　在线配混工作原理

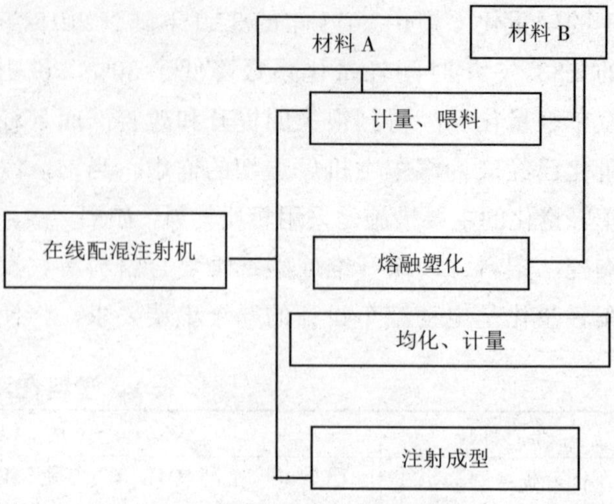

图 2　在线配混注射机原理

在线配混成型技术有三大使用优势：制品强度、刚度等性能指标高，制品内玻纤极限长度达到 12mm 左右，制品生产成本低。在线配混制品与其他方式制品性能指标对比见表 2。在线配混料与市售母料的成本对比见表 3。

表 2　在线配混制品与其他方式制品性能指标对比

指标名称	单位	PP（T30S）	PP/30% GF（短纤）	PP/30%GF（LFT 母粒 12mm）	PP/30% GF（在线配混）
密度	g/cm^3	0.9	1.12	1.13	1.14
拉伸强度	MPa	35	65	100	118
拉伸模量	MPa	1 500	3 300	3 500	3 652
弯曲强度	MPa	75	95	150	163
弯曲模量	MPa				5 600
冲击强度	kJ/m^2	3.9	8	14	16
制品中最大玻纤长度	mm		0.3～0.6	3～5	10～12

表 3　在线配混料与市售母料的成本对比

产品名称	材料	原料（元/吨）	配方	30% 玻纤增强 PP（元/吨）
在线配混料	PP	10 000	70%	9 900
	玻纤	8 000	30%	
	添加剂	13 500	4%	
市售玻纤母料 (50% 玻纤)+PP	玻纤母料	18 000	60%	14 800
	PP	10 000	40%	
节约				4 900

2. 微发泡技术

微发泡是一种革新的精密注射技术，由该技术生产的制件具有良好的力学性能以及尺寸稳定性，而且制件的尺寸精度和重复精度高、公差范围小。

高效能微发泡注射系统使发泡剂与原料混合在机筒中塑化，产生的微细泡体最小可达 3～7μm，可以增强熔体的强度及结核性，结构为闭孔泡体。其发泡量与发泡剂用量有关，发泡的均匀性、泡体的大小、泡体密度、节省重量都与注射速度有关。发泡剂不含毒性，为食品级，可应用于各种常规塑料 LDPE、HDPE、LLDPE、PP、PS、ABS、HIPS、POM、PMMA、TPU、PET、SAN、PC/ABS、LCP。不同注射速度下发泡参数见表 4。

表 4　不同注射速度下发泡参数

注射速度（mm/s）	泡体直径（mm）	泡体密度	节省重量
80	1～2	10%	约 5%
120	1～1.5	20%	约 10%
200	0.5～1	40%	约 20%
300	0.3～0.5	70%	约 30%

高效能微发泡注射系统具有 8 大使用优势：减重效果明显，产品重量可减少 10%～30%；生产效率提高明显；产品机械性能不受影响；减少收缩问题；降低锁模力要求；节省锁模和保压耗能；缩短成型周期；防翘曲变形。微发泡技术使用前后参数对比见表 5。

表 5　微发泡技术使用前后参数对比

指标名称	单位	使用前	使用后	节省
锁模力	kN	1 800	300	83%
产品重量	g	340	240	29%
电源耗费	kW·h	1	0.7	30%
周期时间	s	35	23	34%

3. 塑料零件的表面美化和保护

汽车零件美化装饰的需求可以利用模内装饰技术来实现。模内装饰技术即模内镶件注射成型装饰技术（IMD），融印刷、成型、制模、注射工艺技术为一体，在家电产品的装饰及功能控制面板、汽车仪表盘、空调面板、手机外壳 / 镜片、洗衣机、冰箱等领域应用非常广泛。模内装饰原理见图 3。

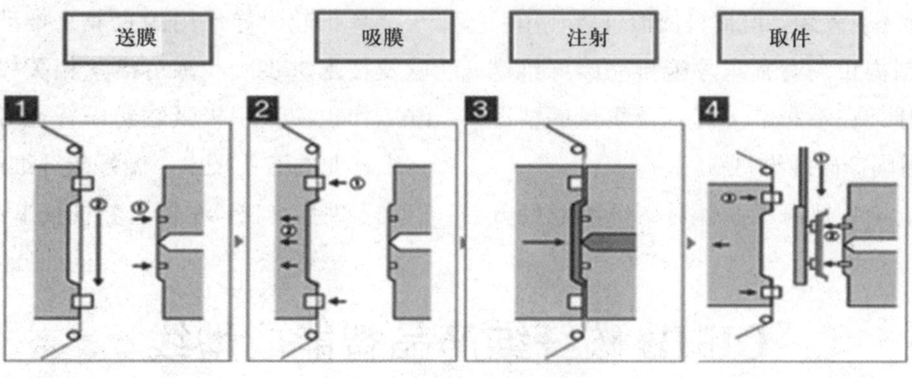

图 3　模内装饰原理

〔供稿单位：东华机械有限公司〕

汽车碳纤维应用系统工程发展建议

2016 年 3 月 30 日，汽车碳纤维应用系统工程交流会在北京召开，行业内人士纷纷对汽车碳纤维的应用发展提出建议。

大连理工大学院长胡平：工艺的进步同时需要机器设备的进步，塑料机械企业应利用其热塑性专业技术，及时在碳纤维项目中与时俱进，以适应工艺发展的要求。

工信部副处长吴锋：碳纤维对于“中国制造

2025”意义重大。碳纤维目前是国家的短板技术，国家出台了对于碳纤维企业以及项目的扶持政策，要求相关企业充分利用国家的鼓励政策，攻坚克难，早日实现碳纤维的量产应用，实现节能环保发展的新篇章。

中国汽车工程学会部长杨洁与中国汽车工业协会主任陈元智：碳纤维目前面临技术难点，如果要在汽车领域量化应用，需要降低碳纤维生产成本。同时，为规范化生产，行业应该出具相关法律以及标准；产品应当明确定位，应进行深入开发，需加强与汽车零部件以及其他行业比如模具、纺织等的合作。

国投集团董事、总经理李钢：当前轻量化已经是汽车发展方向之一。虽然电动汽车电池技术已不断进步，但电池安全性以及续航里程依旧困扰着电动汽车发展，因此汽车轻量化尤其重要。新形势为中国塑料机械企业提供了一个拓宽市场的契机，政府、企业以及高校等都应群策群力，政府做好管理以及指导工作，企业做好投资，与高校产学研相结合，促进我国产业转型升级。

江苏恒神集团顾问沈真：虽然目前我国碳纤维材料较日、德还有差距，但材料依旧可以使用，材料可用而且国内市场有需求才能推动碳纤维产业的发展。呼吁：在不影响工艺以及质量的情况下，应优先使用国产碳纤维材料。

上海金纬董事长何海潮：针对碳纤维已经开展了超过 6 个月的专项实验，在生产装备方面，设计已经接近成熟。金纬积极与工信部、标委会等配合，得到了国家支持；还主动与相关车企配合，已有合作框架并积极参与制定相关标准，以实际行动推动行业发展。金纬将不断开拓进取、加大研发力度，在热塑性材料、环保复合材料方面提供一体化快速成型的智能装备。

宁波伯乐塑机董事长黄伟良：伯乐塑机的长纤维在线混炼注射成型机 CIML 可以实现碳纤维复合材料的稳定连续生产，可广泛应用于汽车零部件，助力汽车实现轻量化发展。

比亚迪中央研究院孙永亮：新材料的应用往往意味着汽车设计、结构等需要另起炉灶，加之碳纤维目前的高成本，国内汽车企业可能暂时还没有如此大的魄力。但汽车有轻量化的需求，因而比亚迪将继续关注碳纤维的研发，探讨与塑料机械企业合作内容。

塑料趋势网总编段庆生：欧洲以及日本等相关行业均有自己的行业联盟，囊括上、中、下游整个产业链。而其中，整个联盟是由一个企业来推动的，企业可以是原料、主机企业，但需要有一个真正起引导作用的企业来推动整个行业合作以及技术进步，我国可借鉴相关模式。今后碳纤维工作也应该积极吸纳纺织行业专业技术，综合纺织行业的专业技术，做好碳纤维产品。

〔供稿单位：中国塑料机械工业协会〕

CIML 碳纤维产品智能成型线

CIML（Carbon-Fiber Products Intelligent Moulding Line）碳纤维产品智能成型线，由宁波双马机械工业有限公司生产研制，是为汽车轻量化量身打造的技术解决方案。

CIML 是长碳纤维增强热塑性复合材料在线直接生产制品的一种工艺技术，属于 LFT-D 技术范畴，它区别于长纤维粒料注射工艺的关键因素是省去了造粒步骤，在材料的选择上也更加灵活。在 CIML 技术中，不仅纤维的含量更多、长度更长，而且连其基体聚合物也可以直接调整到符合最终部件的要求。添加剂的用量多少可以改变和影响制品的力学性能和特殊应用材料的特性，如热稳定性、着色性、紫外稳定性以及纤维与基体的粘结特性等，这也意味着每一种特殊应用都可以通过 CIML 获得其独特的材料配方。

CIML 典型的工艺过程是聚合物基体颗粒和添

加剂被输送到计量喂料单元中，该单元根据制品的力学性能要求确保适度的混合。经混合后的原料进入配混单元塑化，连续碳纤维粗纱在配混单元后端加入，由螺杆切割粗纱，并把它们柔和地混合到塑化的聚合物当中，然后直接送入注射机模具中成型。

CIML工艺有两大优点：一是成本低，二是制品的综合性能优异。由于是直接一步法生产，因此由CIML生产的大型结构部件比两步法生产的注射部件的成本低20%～50%。CIML成型制品比长纤粒料注射成型的纤维长很多，因此其抗冲击性能明显比长纤粒料注射成型高得多，因为CIML的低剪切力改善了纤维被剪断的可能性。另外，大量的研究表明：CIML注射的生产效率比采用粒料注射成型的生产效率高，成型周期超过1min的部件，用CIML设备在30s内就能完成。

CIML工艺有7大特点：减少半成品的制造成本及物流成本，显著降低能耗，可在线回收废料，聚合物只有一次加热过程，快速调整材料及配方，保留纤维长度更长，优越的流动性能、均匀的纤维分布。CIML工艺与其他工艺对比情况见表1。

表1　CIML工艺与其他工艺对比情况

	效率	性能	成本率	智能化	能耗率	环保	工艺性
CIML工艺	A^+	A	A^+	A^+	A^+	A^+	A^+
编织手糊工艺	C	A^+	C	C	B	C	C
粒料注塑工艺	A	C	A	B	B	A	B
模压工艺	B	A^+	B	B	B	A	A
HP-RTM	B	A^+	B	B	B	C	B

注：A^+为最好，A为好，B为一般，C为差。

复合材料技术涉及材料、设计和工艺3个方面，这3个方面相互影响，缺一不可。碳纤维复合材料经过40多年的研究、应用和发展，已经取得了长足的进步，但是在汽车领域的应用还远远滞后于航空航天和其他工业领域。

在复合材料成型工艺方面，现有的工艺原则上均可用于汽车工业，但是除考虑制件的力学性能外，工艺的成型效率和制造成本同样影响着复合材料在汽车上的应用。汽车生产具有量大、面广的特点，碳纤维复合材料用于生产汽车零部件宜采用低成本的快速成型方法。

除了成本因素外，复合材料的回收利用是制约碳纤维复合材料在汽车上大规模应用的一个很大的瓶颈。与金属材料不同，报废后的复合材料制件无论是采用粉碎、焚烧还是掩埋处理都会对环境产生影响，只有解决了回收利用问题，才能为复合材料在汽车领域的大规模应用扫清障碍。

CIML技术为碳纤维材料在汽车的应用提供了一种解决方案，该技术结合碳纤维材料配混和注射成型加工为一体，采用热塑性塑料为基体，生产废料可在线回收利用，效率高、成本低、环境友好，可实现碳纤维汽车零部件大批量生产。

世界上LFT材料的市场需求量保持快速增长，从欧洲近年来的发展情况分析，LFT-D的发展情况和发展潜力远远大于长纤维粒料注射工艺，是未来汽车轻量化发展趋势的主力军，这将为推动CIML工艺及设备的发展提供强大的推动力。

相对而言，我国在LFT材料方面的开发较晚，产量也很低。从目前来看，LFT-D产品在国内尚未普及，CIML技术的发展更晚，现在还处于起始阶段。近年来汽车工业的飞速发展及LFT材料在汽车中应用越来越广泛，业内对LFT-D认知度的不断提高，以及汽车行业节能减排要求的日益严格，将为LFT材料成型技术及设备的发展提供巨大的市场空间，开发新的LFT材料成型工艺及设备将会受到更多的关注。可以预见，CIML发展将会更迅速，尤其在乘用车轻量化过程中替代金属结构件、半结构件中将发挥重要的作用。

〔供稿单位：宁波双马机械工业有限公司〕

塑料机械行业经济指标及产品进出口数据

统计资料

1990—2015 年塑料机械行业主要经济指标汇总

年份	企业数（家）	工业总产值（当年价）（亿元）	工业销售产值（亿元）	出口交货值（亿元）	工业增加值（亿元）	主营业务收入（亿元）	利润总额（亿元）	利税总额（亿元）	资产合计（亿元）	负债合计（亿元）	从业人员年平均人数（万人）	全员劳动生产率（元／人）
1990	259	11.16			3.21	10.05	0.47	0.98			5.19	6 185
1991	258	15.37			4.39	15.10	0.91	1.65			5.39	8 145
1992	252	23.41	22.27		7.07	30.94	0.09	1.22			5.79	12 214
1993	326	35.52	27.35		10.59	31.36	2.48	3.83	35.63	23.97	5.81	18 242
1994	316	38.20	33.97		10.85	27.17	1.56	3.01	42.76	27.28	4.71	18 962
1995	349	35.64			10.58	32.63	1.17	2.81	49.66	32.50	5.46	19 383
1996	379	47.29	43.86		11.60	39.92	1.82	3.57	55.31	34.86	6.04	19 205
1997	344	55.27	50.91		16.02	44.78	2.36	4.93	62.73	38.62	6.26	25 574
1998	166	53.69	48.81		13.79	47.23	2.63	4.74	69.51	45.47	3.87	35 608
1999	158	58.75	56.39		15.66	53.54	3.99	6.47	72.69	45.45	3.49	44 890
2000	170	73.25	69.24	5.30	19.29	66.44	5.74	8.78	94.02	57.53	3.99	48 312
2001	185	81.60	77.68	6.80	21.39	74.71	5.89	9.24	106.69	65.71	4.15	51 605
2002	215	116.40	111.27	10.00	30.66	105.79	10.43	14.70	130.69	79.77	4.14	74 092
2003	253	130.70	125.49	11.70	34.19	124.79	10.03	14.69	139.65	87.71	4.21	81 291
2004	410	184.98	187.02	28.04	45.71	180.84	16.40	22.35	197.55	111.78	5.46	83 718
2005	379	193.07	181.88	30.15	50.01	183.25	14.60	21.16	192.62	115.34	4.79	104 437
2006	413	221.33	216.08	42.82	57.68	215.66	18.18	25.58	212.12	128.15	5.05	114 102
2007	454	267.73	260.61	53.04	74.25	256.51	22.34	31.14	255.77	147.23	5.39	137 705
2008	473	280.43	262.98	54.83		247.78	16.25	23.74	286.78	165.49	6.07	
2009	521	258.48	250.85	36.46		259.70	18.20	27.15	315.39	170.79	5.60	
2010	564	421.06	400.65	59.57		415.81	39.50	51.99	390.75	202.98	6.49	
2011	330	464.51	444.46	80.59		441.04	42.23		441.68	207.64	6.11	
2012	365	462.06	444.73	75.66		451.79	41.58		469.38	231.82		
2013	376	526.00	490.00	73.61		498.93	44.79		524.04	250.93		
2014	397	571.00	528.00	90.49		531.99	48.04		565.18	267.25		
2015	389	580.00	530.00	84.27		521.78	49.46		593.61	267.15		

注：1.1998 年以前全国机械工业企业单位的统计口径分为两种，即产值产量部分为全国乡及乡以上工业企业，财务指标部分为全部独立核算工业企业资料；1998 年年报国家统计局将上述两种口径统一调整为全部国有和年产品销售收入 500 万元以上的非国有工业企业；2007 年调整为辖区内全部主营业务收入 500 万元及以上的工业法人企业；2011 年调整为辖区内全部年主营业务收入 2 000 万元及以上的工业法人企业。

2. 工业增加值指标在 1993 年以前为工业净产值。

3. 数据来源于中国机械工业联合会。

2015年1—12月单个税号塑料机械进口价格指数

（以2014年1月为基期）

月份	项目	注塑机	其他注射机	塑料造粒机	其他挤出机	挤出吹塑机	注射吹塑机	其他吹塑机	塑料中空成型机	塑料压延成型机	其他真空模塑机器及其他热成型机器	3D打印机	其他模塑或成型机器
1	平均进口单价（万美元）	11	16	144	38	55	27	29	35	65	10	0.7	14
	定基价格指数	73	48	66	52	50	59	39	140	217	67	58	56
	环比价格指数	100	100	166	136	39	55	29	583	54	50	70	156
2	平均进口单价（万美元）	12	27	26	19	71	39	45	40	50	5	1	27
	定基价格指数	80	82	12	26	65	85	61	160	167	33	83	108
	环比价格指数	109	169	18	50	129	144	155	114	77	50	143	193
3	平均进口单价（万美元）	12	8	6	28	79	41	27	19	25	13	0.2	10
	定基价格指数	80	24	3	38	72	89	36	76	83	87	17	40
	环比价格指数	100	30	23	147	111	105	60	48	50	260	20	37
4	平均进口单价（万美元）	10	9	212	25	41	30	94	18	44	20	0.7	15
	定基价格指数	67	27	97	34	38	65	127	72	147	133	58	60
	环比价格指数	83	113	3 533	89	52	73	348	95	176	154	350	150
5	平均进口单价（万美元）	12	19	269	27	83	27	64	23	35	13	0.5	5
	定基价格指数	80	58	123	37	76	59	86	92	117	87	42	20
	环比价格指数	120	211	127	108	202	90	68	128	80	65	71	33
6	平均进口单价（万美元）	11	12	91	25	32	40	59	22	39	10	2.1	7
	定基价格指数	73	36	42	34	29	87	80	88	130	67	175	28
	环比价格指数	92	63	34	93	39	148	92	96	111	77	420	140
7	平均进口单价（万美元）	11	24	70	18	94	36	90	17	32	10	2	1
	定基价格指数	73	73	32	25	86	78	122	68	107	67	167	4
	环比价格指数	100	200	77	72	294	90	153	77	82	100	95	14
8	平均进口单价（万美元）	11	9	22	34	46	22	104	11	13	14	1	18
	定基价格指数	73	27	10	47	42	48	141	44	43	93	83	72
	环比价格指数	100	38	31	189	49	61	116	65	41	140	50	1 800

（续）

月份	项　目	注塑机	其他注射机	塑料造粒机	其他挤出机	挤出吹塑机	注射吹塑机	其他吹塑机	塑料中空成型机	塑料压延成型机	其他真空模塑机器及其他热成型机器	3D打印机	其他模塑或成型机器
9	平均进口单价（万美元）	9	23	72	26	78	31	134	36	11	10	1	20
	定基价格指数	60	70	33	36	72	67	181	144	37	67	83	80
	环比价格指数	82	256	327	76	170	141	129	327	85	71	100	111
10	平均进口单价（万美元）	10	17	67	34	21	30	32	30	77	11	0.4	1
	定基价格指数	67	52	31	47	19	65	43	120	257	73	33	4
	环比价格指数	111	74	93	131	27	97	24	83	700	110	40	5
11	平均进口单价（万美元）	10	14	66	18	72	26	62	37	6	13	1	14
	定基价格指数	67	42	30	25	66	57	84	148	20	87	83	56
	环比价格指数	100	82	99	53	343	87	194	123	8	118	250	1 390
12	平均进口单价（万美元）	11	7	16	31	95	23	44	79	67	13	0.5	17
	定基价格指数	73	21	7	42	87	50	59	316	223	87	42	68
	环比价格指数	110	50	24	172	132	88	71	214	1 117	100	50	122

2015 年 1—12 月单个税号塑料机械出口价格指数

（以 2014 年 1 月为基期）

月份	项　目	注塑机	其他注射机	塑料造粒机	其他挤出机	挤出吹塑机	注射吹塑机	其他吹塑机	塑料中空成型机	塑料压延成型机	其他真空模塑机器及其他热成型机器	3D打印机	其他模塑或成型机器
1	平均出口单价（万美元）	4	3	4	5	3	3.5	2.6	3	1	2	0.04	0.2
	定基价格指数	100	150	133	167	100	117	260	60	250	200	20	200
	环比价格指数	80	75	200	125	60	117	130	60	20	200	80	143
2	平均出口单价（万美元）	4	4	3	4.59	2	4	1	5	5	2	0.1	0.1
	定基价格指数	100	200	100	153	67	133	100	100	1 250	200	50	100
	环比价格指数	100	133	75	92	67	114	38	167	500	100	250	50

（续）

月份	项　目	注塑机	其他注射机	塑料造粒机	其他挤出机	挤出吹塑机	注射吹塑机	其他吹塑机	塑料中空成型机	塑料压延成型机	其他真空模塑机器及其他热成型机器	3D打印机	其他模塑或成型机器
3	平均出口单价（万美元）	5	6	3	6	4	6	3	3	10	3	0.1	4
	定基价格指数	125	300	100	200	133	200	300	60	2 500	300	50	4 000
	环比价格指数	125	150	100	131	200	150	300	60	200	150	100	4 000
4	平均出口单价（万美元）	5	4	2	4	1	2	1.58	2	1.8	2.3	0.04	0.03
	定基价格指数	125	200	67	133	33	67	158	40	450	230	20	30
	环比价格指数	100	67	67	67	25	33	53	67	18	77	40	1
5	平均出口单价（万美元）	4	4	2	4	3	3	1	4	6	1.7	0.04	0.02
	定基价格指数	100	200	67	133	100	100	100	80	1 500	170	20	20
	环比价格指数	80	100	100	100	300	150	63	200	333	74	100	67
6	平均出口单价（万美元）	4	5	2	4	3	2	1.2	4	1.4	3	0.1	0.1
	定基价格指数	100	250	67	133	100	67	120	80	350	300	50	100
	环比价格指数	100	125	100	100	100	67	120	100	23	176	250	500
7	平均出口单价（万美元）	4	5	2	2.8	3	3	1	4	3	3	0.1	0.1
	定基价格指数	100	250	67	93	100	100	100	80	750	300	50	100
	环比价格指数	100	100	100	70	100	150	83	100	214	100	100	100
8	平均出口单价（万美元）	4	4	2	4	3	2	2	3	3	2	0.05	0.03
	定基价格指数	100	200	67	133	100	67	200	60	750	200	25	30
	环比价格指数	100	80	100	143	100	67	200	75	100	67	50	30
9	平均出口单价（万美元）	4	3	2	5	6	4	2	4	1	3	0.04	0.03
	定基价格指数	100	150	67	167	200	133	200	80	250	300	20	30
	环比价格指数	100	75	100	125	200	200	100	133	33	150	80	100
10	平均出口单价（万美元）	5	2	3	4	2	2	1	5	4	2	0.03	0.02
	定基价格指数	125	100	100	133	67	67	100	100	1 000	200	15	20
	环比价格指数	125	67	150	80	33	50	50	125	400	67	75	67
11	平均出口单价（万美元）	4	5	3	2	4	4	2	4	2	3	0.01	0.01
	定基价格指数	100	250	100	67	133	133	200	80	500	300	5	10
	环比价格指数	80	250	100	50	200	200	200	80	50	150	33	50
12	平均出口单价（万美元）	5	4	3	5	5	3	2	4	2	3	0.01	0.05
	定基价格指数	125	200	100	167	167	100	200	80	500	300	5	50
	环比价格指数	125	80	100	250	125	75	100	100	100	100	100	500

2015 年 1—12 月塑料机械进出口综合价格指数

（以 2014 年 1 月为基期）

月份	进口		出口	
	Paasche 价格指数	Laspeyres 价格指数	Paasche 价格指数	Laspeyres 价格指数
1	63	64	104	125
2	57	58	97	123
3	54	52	123	423
4	67	66	89	109
5	70	69	82	117
6	55	54	96	114
7	40	53	95	115
8	59	57	83	111
9	58	58	90	123
10	18	51	99	128
11	49	49	67	109
12	56	58	72	129

2015 年我国塑料机械出口情况

税号	产　品	出口目的地	出口数量（台）	出口金额（万美元）
84771010	注塑机	阿富汗	10	52
		巴林	21	23
		孟加拉国	709	3 036
		文莱	8	8
		缅甸	92	442
		柬埔寨	70	173
		塞浦路斯	7	25
		朝鲜	21	72
		中国香港	651	2 268

（续）

税号	产　品	出口目的地	出口数量（台）	出口金额（万美元）
84771010	注塑机	印度	567	2 007
		印度尼西亚	1 145	4 372
		伊朗	1 203	3 797
		伊拉克	48	281
		以色列	125	701
		日本	580	2 486
		约旦	61	203
		科威特	11	26
		老挝	1	90
		黎巴嫩	70	262
		中国澳门	1	1
		马来西亚	859	3 332
		马尔代夫	1	3
		蒙古	2	49
		尼泊尔	14	42
		阿曼	45	18
		巴基斯坦	356	1 116
		巴勒斯坦	1	3
		菲律宾	478	1 866
		卡塔尔	42	141
		沙特阿拉伯	272	1 048
		新加坡	133	381
		韩国	1 282	5 068
		斯里兰卡	180	620
		叙利亚	73	139
		泰国	681	4 278
		土耳其	1 202	6 449
		阿联酋	133	692
		也门共和国	7	40
		越南	2 543	8 731
		中国台湾	435	1 367
		哈萨克斯坦	56	204
		吉尔吉斯斯坦	7	30
		塔吉克斯坦	12	56
		土库曼斯坦	3	15
		乌兹别克斯坦	213	847
		阿尔及利亚	261	1 106

（续）

税号	产　品	出口目的地	出口数量（台）	出口金额（万美元）
84771010	注塑机	安哥拉	47	490
		贝宁	3	16
		博茨瓦那	2	3
		喀麦隆	23	84
		乍得	5	27
		刚果	12	128
		吉布提	39	55
		埃及	563	1 916
		埃塞俄比亚	61	178
		加蓬	2	22
		加纳	31	99
		几内亚	3	35
		科特迪瓦共和国	72	185
		肯尼亚	67	224
		利比亚	6	18
		马达加斯加	18	65
		马拉维	10	24
		马里	2	5
		毛里塔尼亚	4	24
		毛里求斯	5	5
		摩洛哥	35	221
		莫桑比克	11	40
		尼日利亚	254	1 090
		卢旺达	2	7
		塞内加尔	19	19
		塞拉利昂	2	5
		索马里	5	5
		南非	241	1 363
		苏丹	109	364
		坦桑尼亚	58	233
		多哥	14	56
		突尼斯	52	182
		乌干达	14	56
		布基纳法索	1	4
		民主刚果	1	6
		赞比亚	6	29
		津巴布韦	212	49

（续）

税号	产　品	出口目的地	出口数量（台）	出口金额（万美元）
84771010	注塑机	斯威士兰	1	4
		厄立特里亚	1	39
		南苏丹共和国	2	5
		比利时	5	20
		丹麦	20	56
		英国	98	537
		德国	290	1 359
		法国	69	539
		爱尔兰	4	40
		意大利	227	1 909
		卢森堡	12	307
		荷兰	48	178
		希腊	17	44
		葡萄牙	72	519
		西班牙	108	547
		阿尔巴尼亚	5	13
		奥地利	1	24
		保加利亚	20	64
		芬兰	7	22
		匈牙利	46	294
		马耳他	1	8
		波兰	191	1 062
		罗马尼亚	59	352
		瑞典	31	67
		瑞士	5	92
		爱沙尼亚	4	26
		拉脱维亚	16	56
		立陶宛	17	72
		格鲁吉亚	3	19
		阿塞拜疆	6	30
		白俄罗斯	15	38
		俄罗斯	512	1 783
		乌克兰	52	139
		斯洛文尼亚	15	63
		克罗地亚	8	27
		捷克	117	817
		斯洛伐克	3	24

（续）

税号	产　品	出口目的地	出口数量（台）	出口金额（万美元）
84771010	注塑机	塞尔维亚	36	139
		黑山	3	7
		阿根廷	427	1 705
		玻利维亚	10	31
		巴西	667	3 556
		智利	65	266
		哥伦比亚	219	1 090
		多米尼加	2	3
		哥斯达黎加	3	11
		古巴	10	49
		多米尼加共和国	41	223
		厄瓜多尔	72	362
		危地马拉	27	96
		圭亚那	1	3
		海地	4	10
		洪都拉斯	8	39
		墨西哥	682	4 281
		尼加拉瓜	2	6
		巴拿马	3	15
		巴拉圭	7	57
		秘鲁	96	396
		波多黎各	1	2
		萨尔瓦多	10	78
		特立尼达和多巴哥	3	5
		乌拉圭	6	44
		委内瑞拉	88	431
		加拿大	30	284
		美国	864	7 574
		澳大利亚	67	647
		斐济	3	12
		新西兰	12	63
		巴布亚新几内亚	1	5
		所罗门群岛	1	4
	注塑机汇总		**22 282**	**97 987**
84771090	其他注射机	孟加拉国	23	41
		缅甸	1	4
		柬埔寨	5	13

（续）

税号	产　品	出口目的地	出口数量（台）	出口金额（万美元）
84771090	其他注射机	朝鲜	1	12
		中国香港	10	38
		印度	29	90
		印度尼西亚	20	120
		伊朗	84	195
		约旦	4	1
		科威特	1	8
		中国澳门	5	2
		马来西亚	35	84
		巴基斯坦	115	335
		菲律宾	12	32
		沙特阿拉伯	1	10
		新加坡	35	188
		韩国	31	110
		斯里兰卡	2	9
		叙利亚	9	15
		泰国	56	272
		土耳其	32	140
		阿联酋	8	59
		越南	58	316
		中国台湾	6	25
		哈萨克斯坦	100	0.46
		乌兹别克斯坦	14	86
		阿尔及利亚	10	61
		喀麦隆	3	21
		吉布提	4	32
		埃及	42	200
		埃塞俄比亚	4	11
		加纳	4	0
		科特迪瓦共和国	2	3
		肯尼亚	1	4
		马拉维	5	3
		摩洛哥	13	38
		莫桑比克	11	3
		尼日利亚	6	17
		南非	4	35
		苏丹	2	11

（续）

税号	产　品	出口目的地	出口数量（台）	出口金额（万美元）
84771090	其他注射机	坦桑尼亚	3	20
		突尼斯	2	4
		乌干达	1	0
		津巴布韦	2	10
		厄立特里亚	1	8
		德国	8	10
		意大利	10	63
		葡萄牙	8	38
		保加利亚	1	3
		芬兰	5	59
		波兰	5	34
		瑞典	7	11
		俄罗斯	14	74
		乌克兰	2	5
		斯洛伐克	1	12
		阿根廷	17	86
		巴西	6	29
		哥伦比亚	5	24
		多米尼加共和国	5	22
		厄瓜多尔	2	7
		墨西哥	50	363
		巴拉圭	1	9
		秘鲁	21	100
		美国	8	63
	其他注射机汇总		**993**	**3 698**
84772010	塑料造粒机	阿富汗	1	0.4
		巴林	4	9
		孟加拉国	21	59
		文莱	31	11
		缅甸	37	35
		柬埔寨	16	30
		朝鲜	6	4
		中国香港	35	38
		印度	104	475
		印度尼西亚	176	347
		伊朗	69	296
		伊拉克	3	13

（续）

税号	产　品	出口目的地	出口数量（台）	出口金额（万美元）
84772010	塑料造粒机	以色列	12	50
		日本	53	136
		约旦	4	3
		科威特	1	4
		老挝	2	5
		黎巴嫩	3	6
		马来西亚	101	278
		马尔代夫	1	1
		蒙古	3	8
		尼泊尔	9	12
		阿曼	8	19
		巴基斯坦	40	284
		菲律宾	49	159
		卡塔尔	4	6
		沙特阿拉伯	77	304
		新加坡	15	27
		韩国	61	281
		斯里兰卡	17	39
		叙利亚	5	30
		泰国	119	557
		土耳其	22	106
		阿联酋	105	83
		也门共和国	4	5
		越南	411	734
		中国台湾	41	226
		哈萨克斯坦	44	42
		塔吉克斯坦	4	2
		乌兹别克斯坦	131	107
		阿尔及利亚	206	185
		安哥拉	9	10
		博茨瓦那	1	7
		喀麦隆	8	8
		吉布提	35	33
		埃及	178	231
		埃塞俄比亚	41	36
		加纳	72	40
		几内亚	1	1

（续）

税号	产　品	出口目的地	出口数量（台）	出口金额（万美元）
84772010	塑料造粒机	科特迪瓦共和国	4	6
		肯尼亚	17	25
		利比里亚	1	1
		利比亚	4	13
		马拉维	3	3
		摩洛哥	8	20
		莫桑比克	23	12
		尼日利亚	71	53
		塞内加尔	1	3
		南非	59	102
		苏丹	29	93
		坦桑尼亚	31	47
		多哥	4	8
		突尼斯	15	12
		乌干达	4	1
		民主刚果	8	6
		赞比亚	2	1
		津巴布韦	3	12
		南苏丹共和国	1	1
		比利时	1	1
		英国	5	33
		德国	30	116
		法国	4	126
		意大利	6	8
		荷兰	4	54
		希腊	2	2
		葡萄牙	2	10
		西班牙	5	38
		阿尔巴尼亚	1	1
		保加利亚	4	13
		芬兰	1	13
		匈牙利	2	7
		波兰	14	90
		罗马尼亚	3	2
		拉脱维亚	1	0.06
		立陶宛	1	2
		格鲁吉亚	1	5

（续）

税号	产　品	出口目的地	出口数量（台）	出口金额（万美元）
84772010	塑料造粒机	白俄罗斯	3	3
		俄罗斯	154	267
		乌克兰	30	62
		斯洛文尼亚	1	1
		克罗地亚	4	21
		捷克	7	43
		斯洛伐克	2	2
		阿根廷	38	154
		玻利维亚	7	4
		巴西	28	169
		智利	12	47
		哥伦比亚	9	15
		多米尼加共和国	4	12
		厄瓜多尔	11	44
		危地马拉	6	8
		海地	1	6
		洪都拉斯	3	5
		墨西哥	74	300
		尼加拉瓜	1	7
		巴拉圭	6	11
		秘鲁	26	94
		乌拉圭	5	11
		委内瑞拉	15	26
		加拿大	14	6
		美国	42	213
		澳大利亚	7	10
		斐济	2	1
	塑料造粒机汇总		**3 287**	**7 859**
84772090	其他挤出机	阿富汗	8	20
		巴林	5	5
		孟加拉国	153	828
		文莱	3	8
		缅甸	29	176
		柬埔寨	65	105
		塞浦路斯	1	2
		朝鲜	9	25
		中国香港	115	183

（续）

税号	产　品	出口目的地	出口数量（台）	出口金额（万美元）
84772090	其他挤出机	印度	652	2 047
		印度尼西亚	320	1 756
		伊朗	462	1 611
		伊拉克	55	95
		以色列	65	128
		日本	98	380
		约旦	59	45
		科威特	29	67
		老挝	5	20
		黎巴嫩	8	89
		马来西亚	268	866
		蒙古	2	15
		阿曼	8	16
		巴基斯坦	71	439
		巴勒斯坦	1	3
		菲律宾	94	342
		卡塔尔	21	198
		沙特阿拉伯	88	374
		新加坡	27	166
		韩国	134	702
		斯里兰卡	46	235
		叙利亚	13	25
		泰国	624	3 227
		土耳其	223	980
		阿联酋	45	228
		也门共和国	18	26
		越南	591	2 901
		中国台湾	118	505
		哈萨克斯坦	60	399
		吉尔吉斯斯坦	5	13
		塔吉克斯坦	11	40
		土库曼斯坦	4	41
		乌兹别克斯坦	130	542
		阿尔及利亚	102	408
		安哥拉	6	18
		博茨瓦那	2	26
		喀麦隆	5	22

（续）

税号	产　品	出口目的地	出口数量（台）	出口金额（万美元）
84772090	其他挤出机	佛得角	2	1
		刚果	2	9
		吉布提	9	31
		埃及	132	381
		埃塞俄比亚	21	219
		加纳	34	40
		科特迪瓦共和国	5	9
		肯尼亚	32	155
		利比里亚	2	26
		利比亚	16	18
		马达加斯加	1	0.45
		马拉维	2	1
		毛里塔尼亚	1	0.31
		毛里求斯	4	7
		摩洛哥	15	125
		莫桑比克	16	123
		尼日利亚	157	496
		卢旺达	2	2
		塞内加尔	5	17
		南非	116	252
		苏丹	32	60
		坦桑尼亚	58	55
		多哥	5	48
		突尼斯	27	75
		乌干达	7	97
		民主刚果	1	8
		赞比亚	7	9
		津巴布韦	6	46
		莱索托	1	0.22
		斯威士兰	1	24
		南苏丹共和国	2	2
		比利时	7	89
		丹麦	2	4
		英国	37	125
		德国	148	451
		法国	5	48
		意大利	30	242

（续）

税号	产　品	出口目的地	出口数量（台）	出口金额（万美元）
84772090	其他挤出机	荷兰	19	29
		希腊	12	163
		葡萄牙	14	137
		西班牙	42	107
		阿尔巴尼亚	4	30
		奥地利	15	15
		保加利亚	13	61
		芬兰	4	58
		匈牙利	3	8
		马耳他	1	30
		波兰	40	212
		罗马尼亚	9	137
		瑞典	3	14
		瑞士	2	3
		爱沙尼亚	3	13
		拉脱维亚	20	71
		立陶宛	2	22
		格鲁吉亚	2	8
		亚美尼亚	3	16
		阿塞拜疆	2	6
		白俄罗斯	14	33
		俄罗斯	235	1 198
		乌克兰	67	133
		斯洛文尼亚	7	40
		克罗地亚	15	29
		捷克	8	65
		斯洛伐克	1	1
		马其顿	1	3
		塞尔维亚	4	10
		黑山	1	0.45
		阿根廷	44	203
		伯利兹	2	23
		玻利维亚	3	15
		巴西	111	667
		智利	35	135
		哥伦比亚	66	115
		哥斯达黎加	3	8

（续）

税号	产　品	出口目的地	出口数量（台）	出口金额（万美元）
84772090	其他挤出机	多米尼加共和国	4	11
		厄瓜多尔	9	22
		危地马拉	10	47
		圭亚那	9	23
		海地	1	1
		洪都拉斯	2	9
		牙买加	1	2
		墨西哥	118	475
		尼加拉瓜	2	6
		巴拿马	2	13
		巴拉圭	1	1
		秘鲁	33	116
		萨尔瓦多	1	2
		特立尼达和多巴哥	3	15
		乌拉圭	9	52
		委内瑞拉	14	48
		加拿大	15	61
		美国	683	818
		澳大利亚	32	144
		斐济	1	0.49
		新西兰	4	15
		巴布亚新几内亚	2	1
	其他挤出机汇总		**7 594**	**29 341**
84773010	挤出吹塑机	孟加拉国	388	152
		文莱	4	18
		缅甸	37	88
		柬埔寨	12	27
		塞浦路斯	1	1
		朝鲜	26	15
		中国香港	30	716
		印度	69	777
		印度尼西亚	89	398
		伊朗	135	214
		伊拉克	10	101
		以色列	10	49
		日本	2	1
		约旦	12	81

（续）

税号	产　品	出口目的地	出口数量（台）	出口金额（万美元）
84773010	挤出吹塑机	科威特	1	1
		老挝	4	5
		黎巴嫩	11	12
		马来西亚	86	308
		蒙古	6	3
		尼泊尔	2	23
		阿曼	2	5
		巴基斯坦	26	138
		巴勒斯坦	2	8
		菲律宾	65	148
		卡塔尔	3	13
		沙特阿拉伯	51	424
		新加坡	7	34
		韩国	17	210
		斯里兰卡	16	25
		叙利亚	13	29
		泰国	36	220
		土耳其	17	211
		阿联酋	39	215
		也门共和国	5	10
		越南	165	351
		中国台湾	7	24
		哈萨克斯坦	29	36
		吉尔吉斯斯坦	2	5
		塔吉克斯坦	1	49
		乌兹别克斯坦	35	69
		阿尔及利亚	33	60
		安哥拉	6	24
		贝宁	2	5
		博茨瓦那	1	1
		喀麦隆	7	15
		乍得	3	12
		吉布提	16	8
		埃及	54	131
		埃塞俄比亚	43	61
		加纳	11	23
		科特迪瓦共和国	1	6

（续）

税号	产　品	出口目的地	出口数量（台）	出口金额（万美元）
84773010	挤出吹塑机	肯尼亚	19	31
		利比亚	7	13
		马达加斯加	2	9
		马拉维	5	5
		马里	1	4
		毛里塔尼亚	2	13
		毛里求斯	1	1
		摩洛哥	5	10
		莫桑比克	1	24
		尼日利亚	74	113
		塞内加尔	3	5
		塞拉利昂	1	0.30
		南非	33	62
		苏丹	28	40
		坦桑尼亚	12	53
		多哥	22	21
		突尼斯	17	16
		乌干达	2	2
		赞比亚	94	22
		津巴布韦	11	42
		莱索托	7	6
		英国	1	6
		法国	2	2
		阿尔巴尼亚	1	1
		保加利亚	3	7
		马耳他	2	7
		波兰	4	14
		罗马尼亚	15	65
		瑞典	2	7
		拉脱维亚	7	11
		立陶宛	1	3
		格鲁吉亚	4	4
		俄罗斯	156	103
		乌克兰	41	46
		斯洛文尼亚	3	9
		克罗地亚	1	1
		捷克	1	2

（续）

税号	产　品	出口目的地	出口数量（台）	出口金额（万美元）
84773010	挤出吹塑机	斯洛伐克	1	1
		塞尔维亚	4	9
		黑山	1	1
		阿根廷	15	18
		巴哈马	1	2
		伯利兹	1	4
		玻利维亚	3	9
		巴西	8	80
		智利	28	72
		哥伦比亚	20	66
		多米尼加共和国	2	2
		厄瓜多尔	25	74
		危地马拉	3	12
		牙买加	2	3
		墨西哥	53	179
		巴拿马	1	3
		巴拉圭	11	34
		秘鲁	26	64
		乌拉圭	2	10
		委内瑞拉	9	15
		美国	30	102
		澳大利亚	18	118
		斐济	1	1
	挤出吹塑机汇总		**2 506**	**7 220**
84773020	注射吹塑机	孟加拉国	6	4
		缅甸	2	6
		塞浦路斯	1	0.40
		朝鲜	3	1
		中国香港	1	0.07
		印度	31	102
		印度尼西亚	13	45
		伊朗	2	5
		伊拉克	3	1
		约旦	6	7
		老挝	1	1
		马来西亚	5	17
		巴基斯坦	16	50

（续）

税号	产　品	出口目的地	出口数量（台）	出口金额（万美元）
84773020	注射吹塑机	菲律宾	5	13
		沙特阿拉伯	1	1
		新加坡	4	3
		韩国	2	2
		斯里兰卡	5	16
		叙利亚	1	3
		泰国	24	63
		土耳其	5	39
		越南	122	326
		中国台湾	1	9
		哈萨克斯坦	3	1
		土库曼斯坦	2	2
		阿尔及利亚	1	2
		安哥拉	2	7
		贝宁	1	1
		佛得角	1	1
		刚果	1	2
		埃及	8	20
		赤道几内亚	1	0.08
		埃塞俄比亚	7	20
		科特迪瓦共和国	21	114
		肯尼亚	13	12
		利比亚	2	2
		马拉维	3	6
		毛里塔尼亚	4	14
		摩洛哥	1	5
		尼日利亚	1	1
		塞内加尔	1	2
		南非	6	33
		苏丹	5	16
		坦桑尼亚	4	7
		突尼斯	1	6
		津巴布韦	1	3
		英国	1	12
		德国	1	6
		法国	1	2
		西班牙	1	7

（续）

税号	产　品	出口目的地	出口数量（台）	出口金额（万美元）
84773020	注射吹塑机	波兰	2	5
		爱沙尼亚	1	1
		俄罗斯	1	4
		阿根廷	4	14
		玻利维亚	1	1
		巴西	9	27
		智利	7	20
		哥伦比亚	1	5
		墨西哥	5	10
		巴拉圭	2	9
		委内瑞拉	2	1
		加拿大	17	50
		美国	2	18
		澳大利亚	3	13
		新西兰	1	9
	注射吹塑机汇总		**412**	**1 204**
84773090	其他吹塑机	阿富汗	5	6
		巴林	8	13
		孟加拉国	164	353
		文莱	1	7
		缅甸	37	125
		柬埔寨	165	81
		塞浦路斯	2	5
		朝鲜	31	13
		中国香港	403	7
		印度	184	449
		印度尼西亚	148	538
		伊朗	407	411
		伊拉克	50	91
		以色列	28	29
		日本	9	35
		约旦	20	32
		科威特	2	2
		黎巴嫩	31	56
		马来西亚	132	476
		马尔代夫	1	25
		蒙古	14	5

（续）

税号	产　品	出口目的地	出口数量（台）	出口金额（万美元）
84773090	其他吹塑机	尼泊尔	14	5
		阿曼	14	46
		巴基斯坦	490	84
		菲律宾	91	144
		卡塔尔	3	19
		沙特阿拉伯	126	462
		新加坡	23	72
		韩国	21	88
		斯里兰卡	53	112
		叙利亚	30	31
		泰国	154	561
		土耳其	18	62
		阿联酋	50	177
		也门共和国	38	63
		越南	416	771
		中国台湾	26	56
		哈萨克斯坦	28	82
		吉尔吉斯斯坦	2	3
		塔吉克斯坦	5	5
		土库曼斯坦	3	0.39
		乌兹别克斯坦	78	119
		阿尔及利亚	105	135
		安哥拉	27	83
		贝宁	67	15
		博茨瓦那	3	2
		喀麦隆	13	23
		刚果	9	1
		吉布提	32	78
		埃及	258	262
		埃塞俄比亚	78	175
		加纳	53	86
		几内亚	8	37
		几内亚(比绍)	1	2
		科特迪瓦共和国	7	19
		肯尼亚	74	118
		利比亚	90	47
		马达加斯加	3	14

（续）

税号	产　品	出口目的地	出口数量（台）	出口金额（万美元）
84773090	其他吹塑机	马拉维	33	28
		马里	1	1
		毛里塔尼亚	1	0.25
		毛里求斯	1	1
		摩洛哥	58	73
		莫桑比克	15	12
		纳米比亚	6	8
		尼日利亚	554	744
		卢旺达	1	1
		塞内加尔	9	9
		塞舌尔	2	1
		塞拉利昂	11	8
		索马里	14	7
		南非	91	286
		苏丹	75	85
		坦桑尼亚	54	127
		多哥	7	18
		突尼斯	14	25
		乌干达	8	20
		民主刚果	21	15
		赞比亚	13	26
		津巴布韦	17	25
		斯威士兰	1	1
		南苏丹共和国	1	1
		英国	38	33
		德国	7	12
		荷兰	2	1
		希腊	14	35
		葡萄牙	1	0.42
		西班牙	8	24
		阿尔巴尼亚	4	8
		保加利亚	5	26
		芬兰	8	3
		马耳他	2	3
		波兰	1	5
		罗马尼亚	28	42
		瑞典	9	20

（续）

税号	产　品	出口目的地	出口数量（台）	出口金额（万美元）
84773090	其他吹塑机	爱沙尼亚	1	0.38
		立陶宛	8	9
		格鲁吉亚	10	12
		亚美尼亚	3	5
		俄罗斯	105	121
		乌克兰	8	17
		斯洛文尼亚	1	6
		克罗地亚	1	1
		捷克	6	1
		斯洛伐克	1	1
		马其顿	5	6
		塞尔维亚	3	2
		黑山	1	4
		阿根廷	13	26
		阿鲁巴岛	2	2
		巴哈马	1	3
		伯利兹	2	5
		玻利维亚	6	8
		巴西	28	42
		智利	33	77
		哥伦比亚	58	128
		哥斯达黎加	5	2
		多米尼加共和国	9	21
		厄瓜多尔	21	43
		格林纳达	2	1
		危地马拉	4	18
		海地	3	7
		洪都拉斯	2	4
		牙买加	2	11
		墨西哥	73	177
		尼加拉瓜	6	5
		巴拿马	6	10
		巴拉圭	15	26
		秘鲁	262	38
		萨尔瓦多	2	10
		苏里南	2	19
		特立尼达和多巴哥	2	1

（续）

税号	产　品	出口目的地	出口数量（台）	出口金额（万美元）
84773090	其他吹塑机	乌拉圭	11	13
		委内瑞拉	19	35
		圣其茨和尼维斯	1	5
		荷属安地列斯群岛	1	1
		加拿大	17	42
		美国	58	269
		澳大利亚	57	71
		斐济	1	2
		新西兰	2	24
		巴布亚新几内亚	1	11
		所罗门群岛	1	0.46
		汤加	3	2
		萨摩亚	4	4
		法属波利尼西亚	1	2
	其他吹塑机汇总		**6 377**	**9 905**
84774010	塑料中空成型机	巴林	1	2
		孟加拉国	34	246
		缅甸	20	119
		柬埔寨	5	30
		朝鲜	3	19
		中国香港	2	6
		印度	79	420
		印度尼西亚	85	377
		伊朗	20	172
		伊拉克	7	21
		以色列	10	52
		日本	9	20
		约旦	12	59
		科威特	13	66
		黎巴嫩	6	20
		马来西亚	70	288
		马尔代夫	4	7
		阿曼	1	4
		巴基斯坦	23	92
		菲律宾	32	104
		卡塔尔	67	44
		沙特阿拉伯	45	228

（续）

税号	产　品	出口目的地	出口数量（台）	出口金额（万美元）
84774010	塑料中空成型机	新加坡	6	18
		韩国	58	107
		斯里兰卡	3	27
		叙利亚	6	18
		泰国	33	151
		土耳其	20	125
		阿联酋	89	101
		也门共和国	3	6
		越南	154	328
		中国台湾	6	13
		哈萨克斯坦	32	17
		吉尔吉斯斯坦	2	2
		塔吉克斯坦	2	16
		乌兹别克斯坦	8	20
		阿尔及利亚	20	105
		安哥拉	6	6
		贝宁	1	1
		喀麦隆	4	16
		刚果	1	2
		吉布提	4	15
		埃及	48	177
		埃塞俄比亚	11	39
		冈比亚	1	0.46
		加纳	7	25
		几内亚	11	4
		科特迪瓦共和国	14	30
		肯尼亚	12	81
		利比亚	1	5
		马达加斯加	2	3
		马拉维	3	9
		马里	3	11
		毛里塔尼亚	3	15
		摩洛哥	1	7
		莫桑比克	3	16
		尼日利亚	37	163
		卢旺达	1	6
		塞内加尔	1	1

（续）

税号	产　品	出口目的地	出口数量（台）	出口金额（万美元）
84774010	塑料中空成型机	索马里	1	1
		南非	16	17
		苏丹	8	29
		坦桑尼亚	21	33
		突尼斯	8	27
		乌干达	1	1
		赞比亚	2	9
		津巴布韦	5	87
		南苏丹共和国	4	5
		比利时	1	7
		英国	5	41
		德国	3	130
		法国	4	13
		意大利	2	1
		荷兰	1	5
		西班牙	1	5
		奥地利	1	1
		保加利亚	3	14
		挪威	1	0.43
		波兰	3	21
		罗马尼亚	11	26
		爱沙尼亚	1	7
		拉脱维亚	1	0.43
		格鲁吉亚	2	1
		俄罗斯	33	152
		乌克兰	1	5
		斯洛文尼亚	2	7
		捷克	1	1
		塞尔维亚	1	3
		阿根廷	9	54
		巴哈马	2	6
		玻利维亚	7	20
		巴西	51	98
		智利	10	64
		哥伦比亚	11	49
		多米尼克	1	14
		哥斯达黎加	8	4

（续）

税号	产　品	出口目的地	出口数量（台）	出口金额（万美元）
84774010	塑料中空成型机	多米尼加共和国	1	1
		厄瓜多尔	3	6
		危地马拉	1	9
		墨西哥	13	150
		巴拿马	10	8
		巴拉圭	7	16
		秘鲁	10	39
		波多黎各	1	1
		萨尔瓦多	1	1
		苏里南	2	2
		特立尼达和多巴哥	1	4
		乌拉圭	1	0.30
		委内瑞拉	4	27
		加拿大	6	45
		美国	72	217
		澳大利亚	15	100
		斐济	2	7
		新西兰	1	8
		萨摩亚	2	0.37
	塑料中空成型机汇总		**1 561**	**5 677**
84774020	塑料压延成型机	孟加拉国	14	82
		柬埔寨	16	48
		朝鲜	2	2
		中国香港	34	199
		印度	22	109
		印度尼西亚	42	195
		伊朗	23	243
		以色列	2	5
		日本	3	9
		科威特	2	4
		老挝	4	3
		黎巴嫩	1	27
		马来西亚	20	34
		蒙古	5	0.24
		巴基斯坦	6	32
		菲律宾	17	34
		卡塔尔	1	0.18

（续）

税号	产　品	出口目的地	出口数量（台）	出口金额（万美元）
84774020	塑料压延成型机	沙特阿拉伯	5	95
		新加坡	4	38
		韩国	11	31
		斯里兰卡	2	7
		叙利亚	2	2
		泰国	27	120
		土耳其	32	199
		阿联酋	3	0.19
		也门共和国	2	1
		越南	71	255
		中国台湾	1	5
		哈萨克斯坦	10	23
		吉尔吉斯斯坦	1	1
		乌兹别克斯坦	7	35
		阿尔及利亚	61	28
		贝宁	4	8
		喀麦隆	1	4
		埃及	31	40
		埃塞俄比亚	30	20
		加纳	1	0.33
		肯尼亚	6	9
		利比亚	1	5
		尼日利亚	3	10
		比利时	1	83
		英国	18	0.1
		德国	62	21
		希腊	1	0.01
		阿尔巴尼亚	15	32
		匈牙利	2	3
		波兰	24	42
		罗马尼亚	2	0.40
		格鲁吉亚	9	0.18
		俄罗斯	47	5
		乌克兰	1	1
		克罗地亚	3	8
		黑山	1	5
		阿根廷	2	1

（续）

税号	产　品	出口目的地	出口数量（台）	出口金额（万美元）
84774020	塑料压延成型机	巴哈马	1	5
		玻利维亚	1	3
		巴西	7	45
		哥伦比亚	1	7
		多米尼加共和国	62	8
		厄瓜多尔	2	0.06
		危地马拉	1	7
		墨西哥	12	19
		巴拿马	1	1
		巴拉圭	3	8
		秘鲁	3	12
		乌拉圭	2	7
		美国	87	8
		新西兰	2	10
	塑料压延成型机汇总		**903**	**2 303**
84774090	其他真空模塑机及其他热成型机器	巴林	4	4
		孟加拉国	148	399
		缅甸	31	17
		柬埔寨	5	12
		塞浦路斯	1	9
		朝鲜	13	16
		中国香港	103	94
		印度	311	618
		印度尼西亚	156	491
		伊朗	56	200
		伊拉克	14	21
		以色列	29	42
		日本	92	180
		约旦	34	17
		老挝	3	6
		黎巴嫩	6	36
		马来西亚	45	250
		马尔代夫	1	1
		蒙古	10	3
		阿曼	5	8
		巴基斯坦	44	182
		巴勒斯坦	1	26

（续）

税号	产　品	出口目的地	出口数量（台）	出口金额（万美元）
84774090	其他真空模塑机及其他热成型机器	菲律宾	118	307
		卡塔尔	5	6
		沙特阿拉伯	38	79
		新加坡	27	51
		韩国	99	268
		斯里兰卡	8	23
		叙利亚	11	27
		泰国	155	729
		土耳其	58	120
		阿联酋	24	52
		也门共和国	3	12
		越南	446	991
		中国台湾	83	262
		哈萨克斯坦	24	38
		吉尔吉斯斯坦	5	17
		塔吉克斯坦	4	7
		土库曼斯坦	1	0.26
		乌兹别克斯坦	36	67
		阿尔及利亚	52	138
		安哥拉	6	10
		喀麦隆	7	15
		吉布提	12	3
		埃及	55	69
		埃塞俄比亚	6	30
		加纳	29	17
		科特迪瓦共和国	1	3
		肯尼亚	16	13
		利比亚	4	7
		毛里求斯	1	7
		摩洛哥	1	4
		莫桑比克	1	1
		尼日利亚	20	41
		南非	20	17
		苏丹	5	12
		坦桑尼亚	31	8
		突尼斯	5	11
		乌干达	3	8

（续）

税号	产品	出口目的地	出口数量（台）	出口金额（万美元）
84774090	其他真空模塑机及其他热成型机器	赞比亚	3	1
		莱索托	1	2
		比利时	6	48
		丹麦	3	211
		英国	17	2
		德国	14	64
		法国	2	1
		爱尔兰	1	1
		意大利	8	13
		荷兰	7	1
		希腊	3	14
		西班牙	5	1
		保加利亚	3	10
		匈牙利	2	395
		挪威	2	0.002
		波兰	8	67
		罗马尼亚	8	22
		瑞典	1	0.32
		瑞士	1	1
		拉脱维亚	2	1
		立陶宛	2	3
		格鲁吉亚	9	9
		亚美尼亚	2	2
		阿塞拜疆	1	1
		白俄罗斯	3	1
		摩尔多瓦	1	0.40
		俄罗斯	43	204
		乌克兰	33	51
		克罗地亚	1	0.07
		捷克	2	19
		斯洛伐克	1	0.46
		马其顿	1	4
		波斯尼亚—黑塞哥维那	1	3
		塞尔维亚	1	3
		阿根廷	93	50
		巴哈马	1	5
		伯利兹	2	34

（续）

税号	产　品	出口目的地	出口数量（台）	出口金额（万美元）
84774090	其他真空模塑机及其他热成型机器	玻利维亚	1	20
		巴西	155	72
		智利	15	10
		哥伦比亚	13	65
		多米尼加共和国	1	1
		厄瓜多尔	4	1
		危地马拉	18	17
		海地	1	16
		洪都拉斯	1	24
		墨西哥	74	201
		尼加拉瓜	1	8
		巴拿马	4	25
		巴拉圭	6	25
		秘鲁	10	34
		波多黎各	1	5
		特立尼达和多巴哥	2	5
		乌拉圭	5	2
		委内瑞拉	19	30
		加拿大	16	54
		美国	116	314
		澳大利亚	38	59
		斐济	11	10
		新西兰	3	7
	其他真空模塑机及其他热成型机器汇总		**3 341**	**8 352**
84775100	用于充气轮胎模塑或翻新的机器及内胎模塑或用其他方法成型的机器	孟加拉国	10	15
		缅甸	1	2
		柬埔寨	15	17
		朝鲜	5	2
		印度	12	88
		印度尼西亚	11	53
		伊朗	5	273
		伊拉克	6	0.08
		日本	54	631
		马来西亚	3	0.23
		巴基斯坦	4	2
		菲律宾	47	487
		卡塔尔	1	1

（续）

税号	产　品	出口目的地	出口数量（台）	出口金额（万美元）
84775100	用于充气轮胎模塑或翻新的机器及内胎模塑或用其他方法成型的机器	新加坡	16	3
		斯里兰卡	1	1
		泰国	260	5 153
		土耳其	8	102
		阿联酋	5	8
		越南	123	2 360
		中国台湾	15	483
		东帝汶	1	3
		哈萨克斯坦	126	9
		乌兹别克斯坦	16	10
		安哥拉	16	1
		加纳	11	0.25
		肯尼亚	11	11
		毛里求斯	2	0.14
		莫桑比克	3	14
		南非	12	5
		赞比亚	13	3
		莱索托	1	1
		德国	44	503
		荷兰	1	0.14
		希腊	1	13
		西班牙	145	16
		芬兰	52	1
		波兰	72	3
		立陶宛	1	1
		俄罗斯	3 632	10
		斯洛文尼亚	2	0.44
		阿根廷	5	81
		巴西	5	5
		哥伦比亚	2	1
		古巴	10	0.20
		厄瓜多尔	3	0.04
		危地马拉	120	0.41
		墨西哥	11	8
		秘鲁	2	7
		特立尼达和多巴哥	1	1
		加拿大	2	183

（续）

税号	产　品	出口目的地	出口数量（台）	出口金额（万美元）
84775100	用于充气轮胎模塑或翻新的机器及内胎模塑或用其他方法成型的机器	美国	774	508
		澳大利亚	39	2
		斐济	2	0.02
		巴布亚新几内亚	6	0.16
	用于充气轮胎模塑或翻新的机器及内胎模塑或用其他方法成型的机器汇总		**5 746**	**11 083**
84775910	3D 打印机	巴林	6	0.33
		孟加拉国	9	18
		文莱	1	0.07
		柬埔寨	24	10
		塞浦路斯	2	0.09
		朝鲜	2	0.09
		中国香港	60 961	259
		印度	269	82
		印度尼西亚	141	165
		伊朗	55	19
		伊拉克	1	0.08
		以色列	229	29
		日本	1 545	123
		约旦	1	0.15
		科威特	17	1
		黎巴嫩	133	2
		中国澳门	14	8
		马来西亚	597	207
		阿曼	1	0.07
		巴基斯坦	14	10
		巴勒斯坦	1	1
		菲律宾	152	73
		卡塔尔	24	1
		沙特阿拉伯	20	8
		新加坡	393	67
		韩国	855	125
		斯里兰卡	27	22
		叙利亚	2	0.14
		泰国	351	45
		土耳其	224	12
		阿联酋	28	9

（续）

税号	产　品	出口目的地	出口数量（台）	出口金额（万美元）
84775910	3D 打印机	越南	54	34
		中国台湾	968	94
		哈萨克斯坦	7	1
		乌兹别克斯坦	2	1
		阿尔及利亚	14	2
		安哥拉	1	1
		博茨瓦那	2	0.02
		埃及	29	10
		加纳	9	60
		科特迪瓦共和国	8	7
		肯尼亚	53	17
		利比亚	3	1
		马达加斯加	43	9
		毛里求斯	1	0.09
		纳米比亚	1	0.08
		尼日利亚	31	30
		塞内加尔	1	1
		南非	412	24
		苏丹	3	2
		坦桑尼亚	7	2
		多哥	1	0.04
		突尼斯	3	0.18
		民主刚果	3	2
		比利时	488	35
		丹麦	132	2
		英国	8 106	271
		德国	7 851	167
		法国	2 307	115
		爱尔兰	8	1
		意大利	262	8
		卢森堡	5	0.31
		荷兰	4 340	139
		希腊	14	1
		葡萄牙	19	1
		西班牙	669	29
		阿尔巴尼亚	1	0.06
		奥地利	20	1

（续）

税号	产　品	出口目的地	出口数量（台）	出口金额（万美元）
84775910	3D 打印机	保加利亚	21	1
		芬兰	627	8
		匈牙利	195	10
		马耳他	3	0.16
		挪威	34	2
		波兰	3 286	77
		罗马尼亚	43	4
		瑞典	2 614	88
		瑞士	1 086	8
		爱沙尼亚	3	0.19
		拉脱维亚	2	0.37
		立陶宛	2	0.10
		格鲁吉亚	1	0.35
		亚美尼亚	1	0.06
		阿塞拜疆	1	0.05
		白俄罗斯	13	1
		俄罗斯	2 068	45
		乌克兰	25	2
		斯洛文尼亚	9	1
		克罗地亚	3	0.24
		捷克	27	2
		斯洛伐克	7	1
		法罗群岛	1	0.04
		塞尔维亚	3	1
		阿根廷	753	22
		玻利维亚	7	1
		巴西	248	32
		智利	73	14
		哥伦比亚	47	2
		哥斯达黎加	7	1
		厄瓜多尔	6	1
		危地马拉	1	0.09
		墨西哥	146	8
		巴拿马	4	0.05
		巴拉圭	6	21
		秘鲁	321	11
		波多黎各	1	0.04

（续）

税号	产品	出口目的地	出口数量（台）	出口金额（万美元）
84775910	3D 打印机	特立尼达和多巴哥	1	0.14
		乌拉圭	22	1
		加拿大	2 619	40
		美国	42 792	1 244
		澳大利亚	4 886	232
		新西兰	631	37
		帕劳共和国	3	4
	3D 打印机汇总		**154 626**	**4 289**
84775990	未列名模塑或成型机器	巴林	20	12
		孟加拉国	36	55
		文莱	10	12
		缅甸	5	56
		柬埔寨	11	68
		塞浦路斯	2	0.28
		朝鲜	10	14
		中国香港	222 141	187
		印度	303	456
		印度尼西亚	78	691
		伊朗	101	922
		伊拉克	259	1
		以色列	26	18
		日本	46	107
		约旦	10	6
		科威特	6	43
		黎巴嫩	3	1
		马来西亚	330	110
		蒙古	3	7
		尼泊尔	27	2
		阿曼	3	1
		巴基斯坦	14	23
		菲律宾	124	213
		卡塔尔	1	16
		沙特阿拉伯	24	54
		新加坡	72	46
		韩国	51	125
		斯里兰卡	3	1
		叙利亚	2	4

（续）

税号	产 品	出口目的地	出口数量（台）	出口金额（万美元）
84775990	未列名模塑或成型机器	泰国	141	2 946
		土耳其	51	162
		阿联酋	103	23
		也门共和国	1	0.03
		越南	350	1 996
		中国台湾	23	84
		哈萨克斯坦	15	35
		乌兹别克斯坦	11	55
		阿尔及利亚	30	70
		安哥拉	6	14
		贝宁	1	3
		博茨瓦那	2	34
		喀麦隆	2	19
		吉布提	1	1
		埃及	15	47
		埃塞俄比亚	17	23
		加纳	5	9
		科特迪瓦共和国	4	6
		肯尼亚	37	21
		马达加斯加	3	2
		毛里求斯	1	0.04
		摩洛哥	4	20
		莫桑比克	16	12
		纳米比亚	2	7
		尼日利亚	13	50
		塞内加尔	3	0.10
		南非	32	58
		苏丹	4	1
		坦桑尼亚	13	14
		民主刚果	2	0.02
		赞比亚	8	10
		津巴布韦	1	1
		比利时	1	2
		丹麦	1	18
		英国	7	9
		德国	43	159
		法国	5 779	5

（续）

税号	产　品	出口目的地	出口数量（台）	出口金额（万美元）
84775990	未列名模塑或成型机器	爱尔兰	7	25
		意大利	40	23
		荷兰	2	8
		希腊	2	8
		西班牙	2	1
		阿尔巴尼亚	1	1
		奥地利	12	0.37
		匈牙利	1	1
		波兰	7	105
		罗马尼亚	125	65
		瑞典	18	25
		格鲁吉亚	1	1
		俄罗斯	14	101
		乌克兰	9	26
		斯洛文尼亚	4	5
		克罗地亚	3	6
		捷克	21	31
		塞尔维亚	1	0.02
		阿根廷	5	157
		巴西	17	107
		智利	18	6
		哥伦比亚	8	21
		多米尼加共和国	2	8
		厄瓜多尔	11	27
		危地马拉	2	26
		洪都拉斯	1	6
		墨西哥	34	248
		尼加拉瓜	2	34
		秘鲁	5	20
		乌拉圭	1	9
		委内瑞拉	1	7
		加拿大	2	23
		美国	23 386	381
		澳大利亚	17	41
		斐济	16	0.19
		新西兰	570	10

（续）

税号	产品	出口目的地	出口数量（台）	出口金额（万美元）
	未列名模塑或成型机器汇总		**254 837**	**10 729**
84778000	其他机器	阿富汗	14	15
		巴林	35	35
		孟加拉国	2 256	1 323
		文莱	11	19
		缅甸	433	397
		柬埔寨	280	311
		塞浦路斯	10	17
		朝鲜	233	153
		中国香港	1 767	887
		印度	4 445	8 645
		印度尼西亚	4 715	4 847
		伊朗	15 869	4 858
		伊拉克	122	112
		以色列	297	287
		日本	919	1 597
		约旦	2 434	158
		科威特	118	98
		老挝	43	64
		黎巴嫩	256	227
		中国澳门	23	8
		马来西亚	5 946	3 579
		马尔代夫	21	10
		蒙古	58	140
		尼泊尔	22	10
		阿曼	79	126
		巴基斯坦	1 094	1 247
		巴勒斯坦	11	21
		菲律宾	2 047	1 370
		卡塔尔	84	120
		沙特阿拉伯	1 034	1 334
		新加坡	1 431	870
		韩国	4 785	2 703
		斯里兰卡	770	757
		叙利亚	117	203
		泰国	3 663	18 833
		土耳其	2 270	3 897

（续）

税号	产　品	出口目的地	出口数量（台）	出口金额（万美元）
84778000	其他机器	阿联酋	1 308	845
		也门共和国	55	21
		越南	5 657	10 042
		中国台湾	1 396	1 832
		东帝汶	1	0.004
		哈萨克斯坦	313	273
		吉尔吉斯斯坦	87	71
		塔吉克斯坦	17	34
		土库曼斯坦	174	29
		乌兹别克斯坦	505	959
		阿尔及利亚	787	537
		安哥拉	205	127
		贝宁	7	12
		博茨瓦那	5	7
		布隆迪	1	0.01
		喀麦隆	48	52
		佛得角	4	3
		乍得	9	6
		刚果	18	12
		吉布提	205	109
		埃及	1 800	1 410
		赤道几内亚	9	12
		埃塞俄比亚	365	342
		加蓬	33	21
		冈比亚	2	1
		加纳	235	149
		几内亚	84	23
		科特迪瓦共和国	46	36
		肯尼亚	373	339
		利比里亚	2	1
		利比亚	69	79
		马达加斯加	2 854	20
		马拉维	20	10
		马里	1	1
		毛里塔尼亚	10	5
		毛里求斯	90	21
		摩洛哥	286	181

（续）

税号	产　品	出口目的地	出口数量（台）	出口金额（万美元）
84778000	其他机器	莫桑比克	125	134
		纳米比亚	7	4
		尼日利亚	997	994
		卢旺达	7	5
		塞内加尔	49	61
		塞舌尔	1	2
		塞拉利昂	2	0.23
		索马里	30	11
		南非	1 241	1 050
		苏丹	170	255
		坦桑尼亚	360	246
		多哥	26	16
		突尼斯	86	121
		乌干达	38	26
		布基纳法索	3	1
		民主刚果	51	49
		赞比亚	39	53
		津巴布韦	86	54
		莱索托	14	9
		厄立特里亚	5	66
		南苏丹共和国	7	0.14
		比利时	181	136
		丹麦	34	5
		英国	577	341
		德国	3 199	1 238
		法国	2 340	170
		爱尔兰	9	65
		意大利	631	398
		荷兰	240	218
		希腊	178	84
		葡萄牙	189	126
		西班牙	466	356
		阿尔巴尼亚	20	42
		奥地利	328	7
		保加利亚	49	156
		芬兰	57	45
		匈牙利	129	106

（续）

税号	产　品	出口目的地	出口数量（台）	出口金额（万美元）
84778000	其他机器	冰岛	1	0.02
		马耳他	17	15
		挪威	6	1
		波兰	705	533
		罗马尼亚	251	348
		瑞典	47	15
		瑞士	7	0.10
		爱沙尼亚	8	18
		拉脱维亚	251	60
		立陶宛	413	53
		格鲁吉亚	79	270
		亚美尼亚	20	16
		阿塞拜疆	10	7
		白俄罗斯	27	24
		摩尔多瓦	7	11
		俄罗斯	2 483	3 341
		乌克兰	461	409
		斯洛文尼亚	65	100
		克罗地亚	48	85
		捷克	222	182
		斯洛伐克	18	33
		马其顿	17	21
		波斯尼亚—黑塞哥维那	2	1
		塞尔维亚	41	12
		黑山	4	1
		阿根廷	731	574
		巴哈马	3	1
		巴巴多斯	1	0.20
		伯利兹	2	8
		玻利维亚	98	29
		巴西	796	1 819
		智利	1 067	406
		哥伦比亚	586	417
		多米尼克	7	4
		哥斯达黎加	57	55
		古巴	4	4
		多米尼加共和国	250	116

（续）

税号	产　品	出口目的地	出口数量（台）	出口金额（万美元）
84778000	其他机器	厄瓜多尔	265	321
		危地马拉	239	122
		圭亚那	5	0.45
		海地	3	2
		洪都拉斯	168	50
		牙买加	57	12
		墨西哥	1 714	2 288
		尼加拉瓜	15	6
		巴拿马	194	233
		巴拉圭	78	65
		秘鲁	402	476
		波多黎各	6	1
		圣卢西亚	1	1
		萨尔瓦多	34	17
		苏里南	14	6
		特立尼达和多巴哥	9	6
		乌拉圭	60	22
		委内瑞拉	220	110
		加拿大	166	175
		美国	22 642	4 598
		澳大利亚	594	648
		斐济	14	12
		瓦努阿图	5	2
		新西兰	107	82
		巴布亚新几内亚	21	17
		所罗门群岛	2	2
		帕劳共和国	1	0.09
	其他机器汇总		**122 612**	**101 815**
	总计		**587 077**	**301 462**

2015 年我国塑料机械进口情况

税号	产　品	进口来源地	进口数量（台）	进口金额（万美元）
84771010	注塑机	印度	10	70
		日本	3 610	39 031
		马来西亚	7	20
		新加坡	2	2
		韩国	419	4 729
		泰国	129	744
		中国	285	1 804
		中国台湾	980	7 292
		德国	559	9 099
		法国	3	36
		意大利	23	255
		荷兰	9	2
		西班牙	21	67
		奥地利	68	1 519
		瑞士	7	297
		俄罗斯	3	10
		斯洛伐克	1	33
		加拿大	5	485
		美国	23	265
84771010	**注塑机汇总**		**6 164**	**65 760**
84771090	其他注射机	日本	56	462
		新加坡	2	23
		韩国	13	51
		中国	1	3
		中国台湾	47	403
		丹麦	1	5
		德国	66	1 619
		法国	18	356
		意大利	27	639
		奥地利	9	209
		瑞士	1	0.01
		加拿大	3	19

（续）

税号	产　品	进口来源地	进口数量（台）	进口金额（万美元）
84771090	其他注射机	美国	23	47
		澳大利亚	3	1
84771090	**其他注射机汇总**		**270**	**3 839**
84772010	塑料造粒机	中国香港	4	31
		印度	1	19
		日本	40	7 451
		新加坡	1	3
		韩国	15	267
		泰国	1	1
		中国	9	19
		中国台湾	18	483
		英国	1	35
		德国	61	8 175
		意大利	5	187
		奥地利	12	445
		瑞士	3	92
		美国	2	147
84772010	**塑料造粒机汇总**		**173**	**17 355**
84772090	其他挤出机	印度	4	50
		日本	75	3 400
		马来西亚	2	1
		韩国	43	918
		泰国	16	102
		土耳其	2	15
		中国	4	27
		中国台湾	230	1 279
		比利时	1	8
		丹麦	1	0.02
		英国	3	25
		德国	166	9 708
		法国	3	24
		意大利	44	787
		荷兰	3	95
		西班牙	6	39
		奥地利	31	510
		芬兰	5	398
		瑞士	21	1 058

（续）

税号	产　品	进口来源地	进口数量（台）	进口金额（万美元）
84772090	其他挤出机	捷克	1	34
		加拿大	26	295
		美国	56	1 215
		澳大利亚	3	2
84772090	**其他挤出机汇总**		**746**	**19 990**
84773010	挤出吹塑机	日本	12	1 434
		韩国	6	56
		泰国	6	100
		中国台湾	37	563
		德国	29	3 783
		意大利	23	1 744
		瑞士	7	574
		加拿大	2	86
		美国	5	130
84773010	**挤出吹塑机汇总**		**127**	**8 471**
84773020	注射吹塑机	印度	8	88
		日本	46	1 663
		韩国	2	119
		泰国	1	8
		中国台湾	10	182
		德国	5	249
		意大利	3	101
84773020	**注射吹塑机汇总**		**75**	**2 410**
84773090	其他吹塑机	日本	12	281
		韩国	1	11
		泰国	1	7
		越南	2	0.02
		中国	10	5
		中国台湾	17	162
		德国	40	3 929
		法国	7	950
		意大利	5	359
		瑞士	1	82
		美国	4	67
84773090	**其他吹塑机汇总**		**100**	**5 853**
84774010	塑料中空成型机	日本	5	259
		马来西亚	3	0.38

（续）

税号	产　品	进口来源地	进口数量（台）	进口金额（万美元）
84774010	塑料中空成型机	韩国	3	33
		中国台湾	28	596
		德国	9	498
		法国	1	2
		意大利	2	123
		美国	9	85
84774010	**塑料中空成型机汇总**		**60**	**1 596**
84774020	塑料压延成型机	日本	13	473
		韩国	9	188
		泰国	3	30
		中国	1	2
		中国台湾	33	839
		英国	2	0.28
		德国	10	692
		法国	1	0.09
		意大利	7	484
		荷兰	1	6
		美国	4	46
84774020	**塑料压延成型机汇总**		**84**	**2 760**
84774090	其他真空模塑机及其他热成型机器	印度	1	6
		印度尼西亚	2	1
		日本	93	1 543
		马来西亚	12	60
		新加坡	4	21
		韩国	94	1 016
		泰国	49	16
		土耳其	2	100
		越南	1	1
		中国	8	17
		中国台湾	264	1 356
		丹麦	9	4
		英国	5	16
		德国	98	3 012
		法国	17	56
		意大利	41	1 377
		荷兰	1	0.07
		西班牙	1	1

（续）

税号	产　品	进口来源地	进口数量（台）	进口金额（万美元）
84774090	其他真空模塑机及其他热成型机器	奥地利	2	23
		瑞士	7	76
		加拿大	1	25
		美国	59	455
84774090	**其他真空模塑机及其他热成型机器汇总**		**771**	**9 183**
84775100	用于充气轮胎模塑或翻新的机器及内胎模塑或用其他方法成型的机器	印度	4	105
		日本	27	1 302
		韩国	66	2 356
		中国台湾	18	117
		德国	15	1 409
		意大利	12	46
		荷兰	4	177
84775100	**用于充气轮胎模塑或翻新的机器及内胎模塑或用其他方法成型的机器汇总**		**146**	**5 512**
84775910	3D 打印机	中国香港	9	6
		以色列	182	1 086
		日本	34	2
		马来西亚	1	0.03
		新加坡	15	2
		韩国	77	34
		泰国	2 760	110
		中国	142	3
		中国台湾	75	11
		丹麦	4	7
		英国	77	17
		德国	82	800
		法国	1	0.19
		意大利	14	48
		荷兰	53	11
		西班牙	4	4
		奥地利	1	0.15
		波兰	16	22
		罗马尼亚	2	1
		加拿大	6	1

（续）

税号	产　品	进口来源地	进口数量（台）	进口金额（万美元）
84775910	3D 打印机	美国	3 129	2 783
		澳大利亚	14	37
84775910	**3D 打印机汇总**		**6 698**	**4 986**
84775990	未列名模塑或成型机器	日本	56	737
		马来西亚	1	26
		新加坡	22	238
		韩国	90	1 635
		中国	2 056	11
		中国台湾	208	2 056
		英国	5	2
		德国	88	1 041
		法国	6	140
		意大利	39	1 248
		荷兰	4	721
		西班牙	3	0.02
		奥地利	4	74
		瑞典	1	3
		瑞士	1	8
		克罗地亚	140	2 209
		阿根廷	1	9
		美国	28	292
		澳大利亚	6	7
84775990	**未列名模塑或成型机器汇总**		**2 759**	**10 456**
84778000	其他机器	柬埔寨	1	9
		塞浦路斯	1	3
		中国香港	7	6
		印度	7	12
		印度尼西亚	1	0.16
		以色列	17	82
		日本	1 557	13 700
		马来西亚	36	292
		菲律宾	2	2
		沙特阿拉伯	2	4
		新加坡	40	106
		韩国	831	4 642
		泰国	28	167
		土耳其	20	72

（续）

税号	产　品	进口来源地	进口数量（台）	进口金额（万美元）
84778000	其他机器	越南	2	0.19
		中国	978	138
		中国台湾	1 266	5 925
		比利时	7	124
		丹麦	49	84
		英国	26	792
		德国	781	22 934
		法国	107	766
		意大利	381	3 205
		荷兰	108	1 111
		葡萄牙	1	2
		西班牙	22	185
		奥地利	33	1 638
		芬兰	6	73
		挪威	1	2
		波兰	7	48
		瑞典	103	133
		瑞士	39	1 465
		俄罗斯	1	0.06
		斯洛文尼亚	2	2
		克罗地亚	44	1 113
		捷克	7	12
		斯洛伐克	1	114
		阿根廷	4	24
		巴西	4	4
		墨西哥	7	11
		加拿大	46	503
		美国	663	2 269
		澳大利亚	61	14
		新西兰	5	18
84778000	**其他机器汇总**		**7 312**	**61 804**
	总计		**25 485**	**219 977**

企业概况

行业内优势企业名单，分析 2015 年塑料机械行业上市公司情况，介绍行业内有影响力的企业

企业概况

2015年中国塑料机械制造业综合实力25强企业

排序	企业名称（按主营业务收入排序）	排序	企业名称（按净利润排序）
1	海天塑机集团有限公司	1	海天塑机集团有限公司
2	上海金纬机械制造有限公司	2	上海金纬机械制造有限公司
3	震雄集团有限公司	3	宁波弘讯科技股份有限公司
4	大连橡胶塑料机械股份有限公司	4	山东通佳机械有限公司
5	山东通佳机械有限公司	5	力劲科技集团有限公司
6	广东伊之密精密机械股份有限公司	6	泰瑞机器股份有限公司
7	博创智能装备股份有限公司	7	广东金明精机股份有限公司
8	富强鑫精密工业股份有限公司	8	大连三垒机器股份有限公司
9	宁波市海达塑料机械有限公司	9	博创智能装备股份有限公司
10	力劲科技集团有限公司	10	广东伊之密精密机械股份有限公司
11	宁波弘讯科技股份有限公司	11	富强鑫精密工业股份有限公司
12	东华机械有限公司	12	信易集团
13	新乐华宝塑料机械有限公司	13	宁波市海达塑料机械有限公司
14	泰瑞机器股份有限公司	14	浙江华业塑料机械有限公司
15	信易集团	15	宁波双马机械工业有限公司
16	浙江华业塑料机械有限公司	16	东莞艾尔发自动化机械有限公司
17	广东金明精机股份有限公司	17	宁波伊士通技术股份有限公司
18	浙江申达机器制造股份有限公司	18	潍坊中云机器有限公司
19	东莞艾尔发自动化机械有限公司	19	新乐华宝塑料机械有限公司
20	宁波海雄塑料机械有限公司	20	宁波创基机械有限公司
21	宁波双马机械工业有限公司	21	宁波海星机械制造有限公司
22	宁波创基机械有限公司	22	震雄集团有限公司
23	宁波海星机械制造有限公司	23	宁波康润机械科技有限公司
24	张家港市贝尔机械有限公司	24	苏州同大机械有限公司
25	潍坊中云机器有限公司	25	宁波海雄塑料机械有限公司

2015 年中国塑料机械注射成型机行业 15 强企业

排序	企业名称（按主营业务收入排序）	排序	企业名称（按净利润排序）
1	海天塑机集团有限公司	1	海天塑机集团有限公司
2	震雄集团有限公司	2	力劲科技集团有限公司
3	博创智能装备股份有限公司	3	泰瑞机器股份有限公司
4	广东伊之密精密机械股份有限公司	4	博创智能装备股份有限公司
5	富强鑫精密工业股份有限公司	5	富强鑫精密工业股份有限公司
6	宁波市海达塑料机械有限公司	6	广东伊之密精密机械股份有限公司
7	力劲科技集团有限公司	7	宁波市海达塑料机械有限公司
8	东华机械有限公司	8	宁波双马机械工业有限公司
9	泰瑞机器股份有限公司	9	宁波创基机械有限公司
10	浙江申达机器制造股份有限公司	10	宁波海星机械制造有限公司
11	宁波海雄塑料机械有限公司	11	震雄集团有限公司
12	宁波双马机械工业有限公司	12	宁波海雄塑料机械有限公司
13	宁波创基机械有限公司	13	浙江金鹰塑料机械有限公司
14	宁波海星机械制造有限公司	14	宁波华美达机械制造有限公司
15	浙江金鹰塑料机械有限公司	15	浙江申达机器制造股份有限公司

2015 年中国塑料机械挤出成型机行业 10 强企业

排序	企业名称（按主营业务收入排序）	排序	企业名称（按净利润排序）
1	上海金纬机械制造有限公司	1	上海金纬机械制造有限公司
2	山东通佳机械有限公司	2	广东金明精机股份有限公司
3	新乐华宝塑料机械有限公司	3	大连三垒机器股份有限公司
4	广东金明精机股份有限公司	4	山东通佳机械有限公司
5	张家港市贝尔机械有限公司	5	潍坊中云机器有限公司
6	潍坊中云机器有限公司	6	新乐华宝塑料机械有限公司
7	大连三垒机器股份有限公司	7	宁波康润机械科技有限公司
8	大连橡胶塑料机械股份有限公司	8	张家港市贝尔机械有限公司
9	宁波康润机械科技有限公司	9	德科摩橡塑科技（东莞）有限公司
10	德科摩橡塑科技（东莞）有限公司	10	宁波方力集团有限公司

2015 年中国塑料机械中空成型机行业 3 强企业

排序	企业名称（按主营业务收入排序）	排序	企业名称（按净利润排序）
1	苏州同大机械有限公司	1	苏州同大机械有限公司
2	广东乐善机械有限公司	2	秦川机床工具集团股份公司
3	秦川机床工具集团股份公司	3	广东乐善机械有限公司

2015 年中国塑料机械辅机及配套件行业 5 强企业

排序	企业名称（按主营业务收入排序）	排序	企业名称（按净利润排序）
1	宁波弘讯科技股份有限公司	1	宁波弘讯科技股份有限公司
2	信易集团	2	信易集团
3	浙江华业塑料机械有限公司	3	浙江华业塑料机械有限公司
4	东莞艾尔发自动化机械有限公司	4	东莞艾尔发自动化机械有限公司
5	宁波伊士通技术股份有限公司	5	宁波伊士通技术股份有限公司

2016 年中国塑料机械制造业综合实力 25 强企业

排序	企业名称（按主营业务收入排序）	排序	企业名称（按净利润排序）
1	海天塑机集团有限公司	1	海天塑机集团有限公司
2	上海金纬机械制造有限公司	2	上海金纬机械制造有限公司
3	广东伊之密精密机械股份有限公司	3	广东伊之密精密机械股份有限公司
4	震雄集团有限公司	4	山东通佳机械有限公司
5	山东通佳机械有限公司	5	博创智能装备股份有限公司
6	大连橡胶塑料机械股份有限公司	6	宁波弘讯科技股份有限公司

（续）

排序	企业名称（按主营业务收入排序）	排序	企业名称（按净利润排序）
7	博创智能装备股份有限公司	7	广东拓斯达科技股份有限公司
8	富强鑫精密工业股份有限公司	8	大连三垒机器股份有限公司
9	信易集团	9	泰瑞机器股份有限公司
10	力劲科技集团有限公司	10	宁波市海达塑料机械有限公司
11	宁波市海达塑料机械有限公司	11	艾尔发（苏州）自动化科技有限公司
12	东华机械有限公司	12	上海金湖挤出设备有限公司
13	泰瑞机器股份有限公司	13	信易集团
14	宁波弘讯科技股份有限公司	14	富强鑫精密工业股份有限公司
15	浙江华业塑料机械有限公司	15	广东金明精机股份有限公司
16	广东金明精机股份有限公司	16	浙江华业塑料机械有限公司
17	浙江申达机器制造股份有限公司	17	宁波双马机械工业有限公司
18	广东拓斯达科技股份有限公司	18	力劲科技集团有限公司
19	艾尔发（苏州）自动化科技有限公司	19	宁波通用塑料机械制造有限公司
20	宁波双马机械工业有限公司	20	宁波伊士通技术股份有限公司
21	宁波通用塑料机械制造有限公司	21	江苏诚盟装备股份有限公司
22	宁波海雄塑料机械有限公司	22	宁波创基机械有限公司
23	宁波创基机械有限公司	23	宁波海星机械制造有限公司
24	张家港市贝尔机械有限公司	24	苏州同大机械有限公司
25	浙江金鹰塑料机械有限公司	25	宁波康润机械科技有限公司

2016年中国塑料机械注射成型机行业15强企业

排序	企业名称（按主营业务收入排序）	排序	企业名称（按净利润排序）
1	海天塑机集团有限公司	1	海天塑机集团有限公司
2	震雄集团有限公司	2	博创智能装备股份有限公司
3	博创智能装备股份有限公司	3	泰瑞机器股份有限公司
4	广东伊之密精密机械股份有限公司	4	广东伊之密精密机械股份有限公司
5	富强鑫精密工业股份有限公司	5	宁波市海达塑料机械有限公司
6	力劲科技集团有限公司	6	富强鑫精密工业股份有限公司
7	宁波市海达塑料机械有限公司	7	宁波双马机械工业有限公司
8	东华机械有限公司	8	力劲科技集团有限公司
9	泰瑞机器股份有限公司	9	宁波通用塑料机械制造有限公司

（续）

排序	企业名称（按主营业务收入排序）	排序	企业名称（按净利润排序）
10	浙江申达机器制造股份有限公司	10	宁波创基机械有限公司
11	宁波双马机械工业有限公司	11	宁波海星机械制造有限公司
12	宁波通用塑料机械制造有限公司	12	浙江金鹰塑料机械有限公司
13	宁波海雄塑料机械有限公司	13	宁波海雄塑料机械有限公司
14	宁波创基机械有限公司	14	宁波华美达机械制造有限公司
15	浙江金鹰塑料机械有限公司	15	浙江申达机器制造股份有限公司

2016年中国塑料机械挤出成型机行业10强企业

排序	企业名称（按主营业务收入排序）	排序	企业名称（按净利润排序）
1	上海金纬机械制造有限公司	1	上海金纬机械制造有限公司
2	山东通佳机械有限公司	2	山东通佳机械有限公司
3	大连橡胶塑料机械股份有限公司	3	大连三垒机器股份有限公司
4	广东金明精机股份有限公司	4	上海金湖挤出设备有限公司
5	张家港市贝尔机械有限公司	5	广东金明精机股份有限公司
6	大连三垒机器股份有限公司	6	江苏诚盟装备股份有限公司
7	江苏诚盟装备股份有限公司	7	宁波康润机械科技有限公司
8	宁波康润机械科技有限公司	8	广东达诚技术股份有限公司
9	上海金湖挤出设备有限公司	9	新乐华宝塑料机械有限公司
10	德科摩橡塑科技（东莞）有限公司	10	张家港市贝尔机械有限公司

2016年中国塑料机械中空成型机行业3强企业

排序	企业名称（按主营业务收入排序）	排序	企业名称（按净利润排序）
1	苏州同大机械有限公司	1	苏州同大机械有限公司
2	广东乐善机械有限公司	2	广东乐善机械有限公司
3	秦川机床工具集团股份公司	3	秦川机床工具集团股份公司

2016 年中国塑料机械辅机及配套件行业 5 强企业

排序	企业名称（按主营业务收入排序）	排序	企业名称（按净利润排序）
1	信易集团	1	宁波弘讯科技股份有限公司
2	宁波弘讯科技股份有限公司	2	广东拓斯达科技股份有限公司
3	浙江华业塑料机械有限公司	3	艾尔发（苏州）自动化科技有限公司
4	广东拓斯达科技股份有限公司	4	信易集团
5	艾尔发（苏州）自动化科技有限公司	5	浙江华业塑料机械有限公司

2016 年中国塑料机械行业优势企业经济运行分析

自 2011 年以来，中国塑料机械工业协会已连续六年面向社会各界推出了“中国塑机制造业综合实力 25 强企业”“中国塑料注射成型机行业 15 强企业”“中国塑料挤出成型机行业 10 强企业”“中国塑料中空成型机行业 3 强企业”和“中国塑机辅机及配套件行业 5 强企业”榜单。入榜企业影响力越来越大，带动作用也越来越强，不仅得到了行业的广泛关注和肯定，也成为国内外塑料机械相关产业及用户了解中国塑机企业发展的风向标。

根据 2016 中国塑料机械行业优势企业排行榜的统计数据，2015 年 34 家上榜企业工业总产值和工业销售产值较 2014 年同期分别下降 9.4% 和 10.3%，主营业务收入和利润总额同比分别下降 0.8% 和 7.6%。主营业务收入利润率为 12.1%，高于行业 9.5% 的平均水平；资产负债率为 40%，低于行业 45% 的平均水平。其主要经济指标占同期行业规模以上企业总量的比例分别为：主营业务收入占 39%、资产总额占 63%、纳税总额占 67%、利润总额占 50%、出口额占 66%、负债占 57%。

2011—2016 年优势企业的排名统计显示，排名整体相对稳定，说明优势企业实力比较雄厚，在市场中抗风险能力较强。

中国塑料机械行业优势企业 2011—2015 年主要经济指标及其在行业内的同期占比见表 1。中国塑料机械行业优势企业 2011—2015 年主要经济指标及其在行业内的同期占比见图 1。中国塑料机械行业优势企业 2011—2015 年主要经济指标和同比增速见表 2。中国塑料机械行业优势企业 2011—2015 年主要经济指标和同比增速见图 2。2011—2016 年中国塑料机械行业优势企业综合实力 25（20）强排名见表 3。2011—2016 年中国塑料机械行业优势企业注射成型机 15（10）强排名见表 4。2011—2016 年中国塑料机械行业优势企业挤出成型机 10（5）强排名见表 5。2011—2016 年中国塑料机械行业优势企业中空成型机 3 强排名见表 6。2014—2016 年中国塑料机械行业优势企业塑料机械辅机 5 强排名见表 7。

表 1 中国塑料机械行业优势企业 2011—2015 年主要经济指标及其在行业内的同期占比

序号	指标	金额（亿元）					占比（%）				
		2011 年	2012 年	2013 年	2014 年	2015 年	2011 年	2012 年	2013 年	2014 年	2015 年
1	主营业务收入	195.0	194.2	217.3	207.5	205.8	44.2	43.0	43.5	39.0	39.4
2	资产总额	230.9	267.7	314.2	336.2	375.3	52.3	57.0	60.0	59.5	63.2
3	纳税总额	9.1	10.6	12.7	12.8	12.7	75.0	71.4	68.2	68.5	67.1
4	利润总额	23.7	23.1	29.0	26.8	24.8	56.1	55.5	64.7	55.9	50.2
5	出口额	44.9	52.1	51.4	52.1	55.6	67.0	62.0	69.8	57.5	66.0

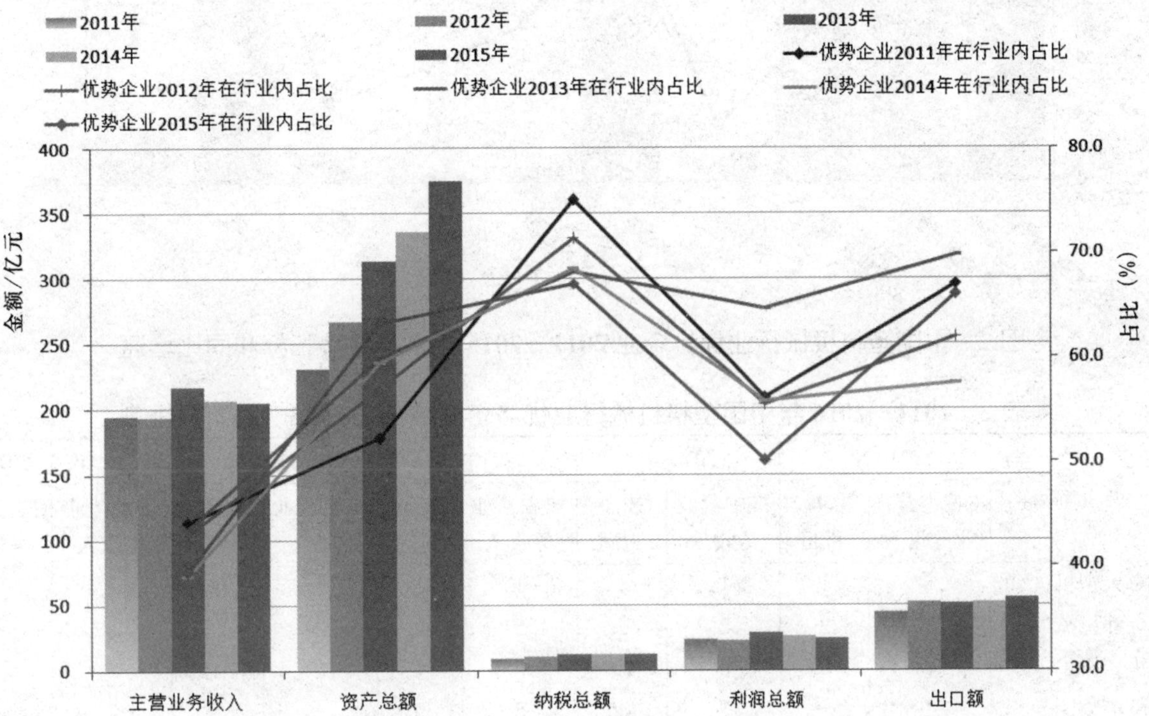

图 1 中国塑料机械行业优势企业 2011—2015 年主要经济指标及其在行业内的同期占比

表 2 中国塑料机械行业优势企业 2011—2015 年主要经济指标和同比增速

序号	指标	金额（亿元）					同比增速（%）				
		2011 年	2012 年	2013 年	2014 年	2015 年	2011 年	2012 年	2013 年	2014 年	2015 年
1	工业总产值	196.3	208.8	235.1	241.6	219.0	—	6.3	12.6	2.8	-9.4
2	工业销售产值	189.7	200.4	232.3	236.3	212.1	—	5.6	15.9	1.8	-10.3
3	主营业务收入	195.0	194.2	217.3	207.5	205.8	16.7	-0.4	11.9	-4.5	-0.8
4	净利润	20.8	20.6	24.6	22.4	20.2	1.8	-0.9	19.6	-8.9	-9.7
5	资产总额	230.9	267.7	314.2	336.2	375.3	20.9	16.0	17.4	7.0	11.6
6	纳税总额	9.1	10.6	12.7	12.8	12.7	-4.2	15.8	20.2	0.5	-0.3
7	研发费用	7.0	7.6	8.9	9.2	8.8	13.1	9.0	16.4	3.2	-4.2
8	利润总额	23.7	23.1	29.0	26.8	24.8	—	-2.7	25.6	-7.4	-7.6
9	所有者权益	130.5	152.1	178.7	192.0	225.0	35.4	16.5	17.5	7.5	17.2
10	出口额	44.9	52.1	51.4	52.1	55.6	—	16.1	-1.4	1.3	6.8

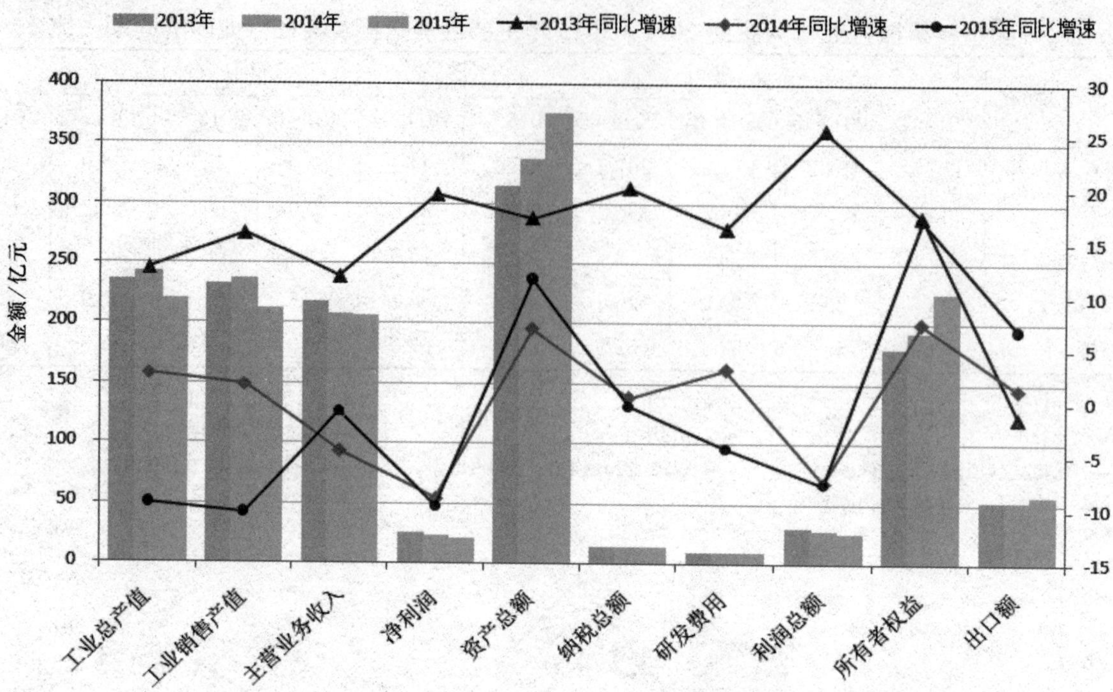

图 2　中国塑料机械行业优势企业 2011—2015 年主要经济指标和同比增速

表 3　2011—2016 年中国塑料机械行业优势企业综合实力 25（20）强排名

序号	企业简称	2016 年		2015 年		2014 年		2013 年		2012 年	2011 年
		按主营业务收入	按净利润	按主营业务收入	按净利润	按主营业务收入	按净利润	按主营业务收入	按净利润	按主营业务收入	按主营业务收入
1	海天塑机	1	1	1	1	1	1	1	1	1	1
2	金纬机械	2	2	2	2	2	2	2	2	3	3
3	伊之密	3	3	6	10	5	4	6	4	8	9
4	震雄集团	4	—	3	22	3	5	4	3	2	2
5	通佳机械	5	4	5	4	6	7	11	12	15	11
6	大橡塑	6	—	4	—	4	22	3	19	4	7
7	博创	7	5	7	9	9	6	5	8	6	8
8	富强鑫	8	14	8	11	8	15	10	—	9	—
9	信易	9	13	15	12	13	13	12	5	—	—
10	力劲集团	10	18	10	5	—	—	—	—	10	5
11	海达塑机	11	10	9	13	10	16	13	14	13	10
12	东华	12	—	12	—	7	—	9	—	7	4
13	泰瑞机器	13	9	14	6	16	10	8	9	11	16
14	弘讯科技	14	6	11	3	12	3	—	—	—	—
15	浙江华业	15	16	16	14	17	14	14	13	16	12
16	金明精机	16	15	17	7	21	8	18	10	19	20
17	浙江申达	17	—	18	—	18	—	17	17	14	13
18	拓斯达	18	7	—	—	—	—	—	—	—	—
19	艾尔发	19	11	19	16	19	17	—	—	—	—
20	双马	20	17	21	15	20	—	—	—	—	—
21	宁波通用塑机	21	19	—	—	—	—	—	—	—	—

（续）

序号	企业简称	2016年		2015年		2014年		2013年		2012年	2011年
		按主营业务收入	按净利润	按主营业务收入	按净利润	按主营业务收入	按净利润	按主营业务收入	按净利润	按主营业务收入	按主营业务收入
22	海雄塑机	22	—	20	25	22	25	19	21	—	—
23	创基	23	22	22	20	—	20	21	22	—	—
24	贝尔机械	24	—	24	—	25	—	24	—	—	—
25	金鹰塑机	25	—	—	—	23	21	25	23	20	18
26	三垒	—	8	—	8	—	9	23	7	17	—
27	金湖	—	12	—	—	—	—	20	16	—	—
28	宁波伊士通	—	20	—	17	—	19	—	—	—	—
29	诚盟装备	—	21	—	—	—	—	—	—	—	—
30	海星	—	23	23	21	24	23	22	20	18	17
31	同大机械	—	24	—	24	—	—	—	—	—	—
32	康润机械	—	25	—	23	—	—	—	24	—	—
33	华宝塑机	—	—	13	19	15	18	15	18	—	14
34	潍坊中云	—	—	25	18	11	11	7	6	5	6
35	顺德塑机	—	—	—	—	14	12	16	11	12	15

注：“—”为没有对应的入榜名次。

表4 2011—2016年中国塑料机械行业优势企业注射成型机15（10）强排名

序号	企业简称	2016年		2015年		2014年		2013年		2012年	2011年
		按主营业务收入	按净利润	按主营业务收入	按净利润	按主营业务收入	按净利润	按主营业务收入	按净利润	按主营业务收入	按主营业务收入
1	海天塑机	1	1	1	1	1	1	1	1	1	1
2	震雄集团	2	—	2	11	2	2	2	2	2	2
3	博创	3	2	3	4	6	3	3	3	3	5
4	伊之密	4	4	4	6	5	4	6	5	6	6
5	富强鑫	5	6	5	5	4	6	8	—	5	—
6	力劲集团	6	8	7	2	—	—	—	—	7	4
7	海达塑机	7	5	6	7	7	7	7	6	9	7
8	东华	8	—	8	—	3	—	5	—	4	3
9	泰瑞机器	9	3	9	3	8	5	4	4	8	10
10	浙江申达	10	15	10	15	9	—	9	7	10	9
11	双马	11	7	12	8	10	—	—	—	—	—
12	宁波通用塑机	12	9	—	—	—	—	—	—	—	—
13	海雄塑机	13	13	11	12	—	—	10	9	—	—
14	创基	14	10	13	9	—	8	—	10	—	—
15	金鹰塑机	15	12	15	13	—	9	—	—	—	—
16	海星	—	11	14	10	—	10	—	8	—	—
17	华美达	—	14	—	14	—	—	—	—	—	—

注：“—”为没有对应的入榜名次。

表5　2011—2016年中国塑料机械行业优势企业挤出成型机10（5）强排名

序号	企业简称	2016年		2015年		2014年		2013年		2012年	2011年
		按主营业务收入	按净利润	按主营业务收入	按净利润	按主营业务收入	按净利润	按主营业务收入	按净利润	按主营业务收入	按主营业务收入
1	金纬机械	1	1	1	1	1	1	1	1	1	1
2	通佳机械	2	2	2	4	2	2	4	6	5	4
3	大橡塑	3	—	8	—	3	10	2	9	2	3
4	金明精机	4	5	4	2	7	3	7	4	—	—
5	贝尔机械	5	10	5	8	8	9	10	—	—	—
6	三垒	6	3	7	3	9	4	9	3	—	—
7	诚盟装备	7	6	—	—	—	—	—	—	—	—
8	康润机械	8	7	9	7	10	8	—	10	—	—
9	金湖	9	4	—	—	—	—	8	7	—	—
10	德科摩	10	—	10	9	—	—	—	—	—	—
11	华宝塑机	—	9	3	6	6	7	5	8	—	5
12	达诚	—	8	—	—	—	—	—	—	—	—
13	潍坊中云	—	—	6	5	4	5	3	2	3	2
14	顺德塑机	—	—	—	—	5	6	6	5	4	—
15	方力集团	—	—	—	10	—	—	—	—	—	—

注：“—”为没有对应的入榜名次。

表6　2011—2016年中国塑机行业优势企业中空成型机3强排名

序号	企业简称	2016年		2015年		2014年		2013年		2012年	2011年
		按主营业务收入	按净利润	按主营业务收入	按净利润	按主营业务收入	按净利润	按主营业务收入	按净利润	按主营业务收入	按主营业务收入
1	同大机械	1	1	1	1	2	2	1	2	1	2
2	乐善吹瓶机	2	2	2	3	3	3	3	1	3	3
3	秦川机床	3	3	3	2	1	1	2	3	2	1

表7　2014—2016年中国塑料机械行业优势企业塑料机械辅机5强排名

序号	企业简称	2016年		2015年		2014年	
		按主营业务收入	按净利润	按主营业务收入	按净利润	按主营业务收入	按净利润
1	信易	1	4	2	2	2	2
2	弘讯科技	2	1	1	1	1	1
3	浙江华业	3	5	3	3	3	3
4	拓斯达	4	2	—	—	—	—
5	艾尔发	5	3	4	4	4	4
6	宁波伊士通	—	—	5	5	5	5

注：“—”为没有对应的入榜名次。

〔供稿单位：中国塑料机械工业协会〕

我国塑料机械行业上市公司分析

2015年，国内外经济环境都在不断调整变化。我国经济增长已进入从高速到中高速的换挡期，全国经济形势依然严峻，制造业采购经理人指数自2015年3月以来一直低于50，处于经济收缩状态，经济增长继续面对下行压力。多年的高速发展和过度投资使得工业产品产能过剩，加上国内外市场需求疲弱，制造业受到很大冲击。装备制造行业具有较强的周期性特征，与宏观经济和固定资产投资关联度比较高。当经济不景气时，下游需求就会缩减。2015年机械工业各项主要经济指标增速明显回落，市场需求不振、产品价格走低，要素成本上升，环境约束加剧。同时，对外贸易呈现减速下行趋势，全年贸易顺差创1 110亿美元的历史新高。

2015年，国际经济处于危机后的恢复期，仍属于低速增长的调整期，虽然依然不平衡，但总体态势趋于稳定。美国经济复苏缓慢，促使联邦储备局自2006年以来首次加息，市场环境仍然不稳定；欧洲市场整体平稳，但增长缓慢，而西欧失业率持续高企，希腊和西班牙更达到两位数，迫使欧洲中央银行不惜降息至负利率水平以挽救经济；日本经济再次陷入衰退。量化宽松结束及美国加息引发资金流出，以及大宗物资的商品价格急跌，使得多个新兴经济体的货币大幅贬值。新兴国家如印度、巴西等，由于受到货币大幅贬值的影响，对设备投资非常审慎。塑料机械行业也同样受到经济下滑和产能过剩的冲击，2015年8月塑料机械市场气氛进一步转差。

一、我国塑料机械行业及相关上下游产业状况

随着全球经济结构深度调整，我国制造业面临新形势和严峻挑战。从国际来看，欧美等发达国家纷纷实施“再工业化”和“回归制造业”的发展战略，印度、巴西等新兴技术体与我国在加工制造领域的同质化竞争力度持续加大，我国制造业面临“前后夹击”的双重挑战。未来几年，将会是机械制造业发展的关键时期。

我国坚持稳中求进的工作总基调，完善调控方式手段，强化经济发展方式转变为内生动力，加快经济结构调整优化，依靠科技创新，推动产业向价值链中高端跃进，将给橡胶、塑料机械行业创造转型升级、可持续发展的环境和条件。同时，按照经济周期变化的规律，经济形势以及塑料机械行业必将再次迎来复苏。然而复苏的经济市场不是对过去的简单重复，不是规模型产能过剩行业的复苏，而是适合未来市场的创新产品的崛起。

1. 注射机

注射机在国内属于高度竞争行业，产品应用领域较广。2015年，在国内经济增长放缓，制造业持续疲弱，过剩的产能仍然未能得到适量消化的情况下，注射机内需仍然停滞不前。加上日元汇价持续贬值，日本生产的全电动注射机价格大幅下降，令国产全电动注射机销售面临较大的冲击，经营环境不利。下半年，A股市场暴跌及人民币大幅贬值引发突如其来的市场变化，进一步打击了国内市场的投资氛围及业务扩充计划。2015年，若干国内塑料机械企业销售额跌幅达双位数。

在“十三五”规划中，我国政府推行各种新战略，包括“中国制造2025”及“互联网＋”，这些将带动中高端注射机的技术升级及应用，注射机将具备节能、高运作效能、工业及信息整合带来的灵活性以及自动化等特点。

2. 橡胶机械

目前，国内轮胎企业产能过剩，橡胶机械行业整体低迷；石油价格的大幅下降导致煤化工行业大部分项目停滞，石化企业的项目投资也大幅减少，降低了市场对以大造粒为主的石化产品的需求。

3. 农膜制品

目前国外发达国家农膜产品高档、中档与低档产品的比例，一般为 20% ∶ 50% ∶ 30%，其中中高档产品占到 70%。与发达国家相比，我国农膜制品结构不合理，绝大多数为低档产品，中高档产品仅占农膜总产量的 50% 左右，低档产品供过于求，同质化程度严重。与此同时，随着地膜应用量和使用年限的不断增加，地膜因无法回收再利用以及难以降解给土壤和环境造成严重污染，地膜覆盖栽培技术已从原来的“白色革命”演变成“白色污染”。

4. 改性塑料业

改性塑料行业的发展相当迅速。市场统计数据显示，2012 年，全球改性塑料需求量为 1.25 亿 t，预计 2019 年该数值将增至 1.7 亿 t。2013—2019 年，全球改性塑料需求复合年增长率将达到 4.7%。据预测，未来几年亚太地区改性塑料的市场需求将进一步扩大，2019 年改性塑料的需求量将增至 6 500 万 t。目前改性塑料的应用越来越广泛。例如，汽车轻量化使得改性塑料在汽车行业有逐步替代钢铁的趋势。由于 1kg 塑料可以替代 2 ～ 3kg 钢等更重的材料，而汽车自重每下降 10%，油耗可以降低 6% ～ 8%，所以增加塑料在汽车中的用量可以降低整车成本、重量，并达到节能效果。自 20 世纪 70 年代开始，塑料占汽车自重的比例不断提高，国际上单车的平均塑料用量从 20 世纪的 50 ～ 60kg 发展到 2000 年的 105kg，到 2005 年进一步提高到 150kg。2013 年国内汽车产销量突破 2 200 万辆，简单按照 2005 年欧洲标准单车用量 150kg 计算，国内市场容量就达到 330 万 t，均价 1.5 万 /t，市场总量（仅与汽车行业相关的改性塑料）高达 500 亿元。而作为改性塑料的另一大消费行业，家电行业的发展也将为改性塑料行业带来增长。

5. 流延薄膜业

流延薄膜产业是包装与新材料的重要组成部分。我国已快速成为世界塑料薄膜生产大国，年生产能力已经突破 260 万 t，产量突破 180 万 t，“十二五”期间我国塑料薄膜市场保持 20% 以上的容量扩张，预计 2017 年我国塑料薄膜市场规模将达到 5 423.31 亿元。主要产品包括 CPP 薄膜、CPE 缠绕膜、CPE 卫生膜、PVB 玻璃夹层膜、TPU 薄膜、CPE 包装膜、CPE 保鲜膜、PVC 保鲜膜、PVDF 薄膜等等。目前美国、日本、韩国、欧盟等发达国家和地区已经基本退出普通流延薄膜装备的生产领域，主要从事高技术附加值功能性流延薄膜装备的生产。

我国虽然普通型薄膜供过于求，但高端膜、特种膜依然很大部分依赖进口，且进口量维持较高增速，主要原因在于国内高端膜、特种膜需求量大、供应量少，因此，实施差异化发展战略，细分市场，针对不同客户的需求生产特种膜流延设备，以满足顾客群多样化需求，并通过差异化的竞争策略来构建自身的竞争优势，成为很多企业的选择。近年来我国塑料薄膜产量逐步增加，特别是在扩大内需的大方向之下，医药、农业、食品包装、汽车等领域对于薄膜的需求预计将持续增长。此外，在高分子材料科学研究的推动下，塑料薄膜领域的成长不仅体现在量上，在质上也不断取得突破。从医药、食品包装袋的安全性，到一般塑料制品的绿色生产及可降解处理，其要求都大大提高。因此，薄膜需求量的增长将为塑料机械带来增量需求，而新材料、新产品的推出又不断产生对技术含量更高的中高端塑料机械的需求。

目前我国塑料薄膜已处于结构性供需矛盾的状态，传统薄膜供过于求；高新薄膜则供不应求。未来几年塑料薄膜行业市场规模虽快速增长，但应注意加强高端产品的研发产出。当前国内市场塑料机械竞争激烈，利润空间很小，未来一段时间，塑料机械行业或会出现出口热，国际市场将迎来竞争激烈又快速增长的局面。流延机行业属于塑料机械行业中技术复杂度较高、近几年发展速度较快的子行业，目前高端流延机主要依赖进口，未来替代进口空间巨大。

6. 塑料管道市场

塑料管道是塑料机械装备的下游市场，国家及地方产业政策、水利投资的力度、城市管网改造推进的速度等因素会对塑料机械装备市场的需求产生影响。

2014 年《海绵城市建设指南——低影响开发雨水系统构建》发布，在全国范围内掀起了海绵城市的建设热潮。2015 年，16 个城市开展“海绵城市”建设试点，计划 3 年内投资 865 亿元，建设面积逾 450km^2，在此基础上推出一批可复制、可推广的经验和模式。全国除却直辖市、特别行政区，一共有 661 个城市、283 个地级市和 374 个县级市，将来会有更多的城市开展海绵城市建设。

住房和城乡建设部副部长陆克华 2015 年 7 月 31 日在国务院政策吹风会上透露，未来 3 年，我国将以包头、沈阳、哈尔滨等 10 个城市为试点，建设地下综合管廊 389km，总投资 351 亿元。据统计，2015 年国内已经有 69 个城市在建的地下综合管廊约 1 000km，总投资约 880 亿元。

国家的政策支持是行业长期发展的强劲推动力，高端装备制造是国家重点发展产业之一，国家为鼓励其发展推出了一系列支持政策。《产业结构调整指导目录（2011 本）（2013 年修正）》中鼓励类项目：大型高效二板注塑机（合模力 1 000t 以上）、全电动塑料注射成型机（注射量 1 000g 以下）、节能型塑料橡胶注射成型机（能耗 0.4kW·h/kg 以下）、高速节能塑料挤出机组（生产能力 30～3 000kg/h，能耗 0.35kW·h/kg 以下）、微孔发泡塑料注射成型机（合模力 60～1 000t，注射量 30～5 000g，能耗 0.4kW·h/kg 以下）、大型双螺杆挤出造粒机组（生产能力 30 万～60 万 t/a）、大型对位芳纶反应挤出机组（生产能力 1.4 万 t/a 以上）、碳纤维预浸胶机组（生产能力 60 万 m/a 以上，幅宽 1.2m 以上）。

2015 年和 2016 年两年的政府工作报告中，都将发展制造业列入当年的重点工作之一。2015 年政府工作报告中提出：推动产业结构迈向中高端。制造业是我们的优势产业。要实施“中国制造 2025”，坚持创新驱动、智能转型、强化基础、绿色发展，加快从制造大国转向制造强国。采取财政贴息、加速折旧等措施，推动传统产业技术改造。坚持有保有压，化解过剩产能，支持企业兼并重组，在市场竞争中优胜劣汰。促进工业化和信息化深度融合，开发利用网络化、数字化、智能化等技术，着力在一些关键领域抢占先机、取得突破。

2016 年政府工作报告延续了这一工作思路，并对制造业的发展提出了更加详细的指导方向：促进制造业升级。深入推进“中国制造＋互联网”，建设若干国家级制造业创新平台，实施一批智能制造示范项目，启动工业强基、绿色制造、高端装备等重大工程。落实加速折旧政策，组织实施重大技术改造升级工程。

对塑料机械行业而言，近年来在资源日益短缺、国家提倡节能减排的大背景下，人类生产生活水平的提高也使新兴行业对复杂的新型原材料使用提出了越来越多的需求，从而使各塑料机械生产厂家对设备的功能质量、精密控制，对辅机配套能力、自动化运行水平相应提出了更高的要求，以满足生产各类磁性塑料、带嵌件塑料制品、塑料合金及其他高精密度产品的要求。塑料加工制造也将趋向于“无人工厂”“数字化工厂”“智慧工厂”等新型工厂模式。

大量新型高分子材料、新配方体系、新工艺技术的不断涌现和快速增长，将大力推动各类高聚物装备的提升创新和扩充发展。同时，“十三五”期间，国内智能电网、风能、太阳能、新能源汽车等行业，也将间接对高新材料、改性材料、生物塑料、特种橡胶以及精密节能型的加工设备产生巨大的需求，并促进塑料和橡胶行业的升级。

二、上市企业整体状况

根据搜集的资料，我国塑料机械行业共有 16 家上市企业，分别是三垒股份（002621）、金明精机（300281），伊之密（300415）、新元科技（300472）、金鹰股份（600232）、大橡塑（600346）、弘讯科技(603015)、诚盟装备（831031）、三信科技（832301）、双林机械（832111）、灵鸽科技（833284）、海天国际（1882）、大同机械（118）、力劲科技（558）、震雄集团（00057）及秦川机床（000837），伊之密、新元科技、三信科技、双林机械、灵鸽科技为 2015 年度挂牌上市。其中，秦川机床主营机床，虽然有数据表明其塑料机械产值占 13% 左右，但由于在 2015 年报中并没有专门的塑料机械数据，无法进行估量，因此将其剔除。

去除秦川机床后的 15 家上市公司中，由于震雄集团、力劲科技和大同机械统计的年度时间与货币单位均与其他 12 家企业不同，因此，在统一分析塑料机械行业上市公司各项指标时，如果未加说明，均是指其余 12 家上市公司。

2015 年度，塑料机械行业 12 家上市公司共实现营业收入 119.19 亿元，比 2014 年略降 3.6%；净利润合计 13.6 亿元，比上年下降 7.3%。2015 年受国内外经济形势的影响，需求下滑，12 家公司艰难地维持着上年的营收规模，一半的公司营收下降，一半的公司与上年基本持平；只有金鹰股份一家维持净利润的增长。

12 家上市公司平均营收 99 321.8 万元，平均净利润 11 337.24 万元；流动比率 2.06，速动比率 1.5，总体基本保持稳定的状态。12 家上市公司经营情况见表 1。

表 1　12 家上市公司经营情况

名　称	总股本（万股）	营业收入（万元）	同比增长（%）	净利润（万元）	同比增长（%）	每股收益（元）	净资产收益率（%）	资产负债率（%）	流动比率	速动比率
诚盟装备	10 639.20	12 923.82	-26.33	1 491.52	-18.99	0.33	8.45	20.79	3.42	2.75
大 橡 塑		84 070.31	-4.04	-26 722.61		-0.36	-49.48	83.03	1.25	0.89
海天国际	159 600.00	733 644.50		136 333.50		0.85		37.81	2.79	2.19
弘讯科技	20 010.00	38 657.92	-15.42	5 318.85	-41.83	0.35	5.55	10.62	7.99	6.98
金明精机	24 420.52	31 380.44	-13.19	2 578.80	-52.68	0.12	3.70	29.37	2.25	1.44
灵鸽科技	1 481.68	5 042.33	107.28	810.24	115.46	0.74	36.63	53.78	1.74	1.18
三垒股份	22 500.00	13 621.73	-26.46	5 175.79	-13.75	0.25	4.98		37.03	33.51
三信科技	1 181.28	4 285.86	25.14	-129.13		-0.02	-7.88	65.91	1.03	0.23
双林机械	5 800.00	16 443.54	9.95	810.68	-28.61	0.19	5.77	47.49	1.77	0.91
新元科技	66.70	21 427.21	11.45	2 084.45	-36.90	0.43	8.91	25.43	3.33	2.59
伊 之 密	12 000.00	118 888.93	1.17	5 609.38	-18.27	0.30		45.63	1.34	0.77
金鹰股份	36 471.85	111 474.91	-5.21	2 685.37	15.93	0.08	2.28	27.96	2.70	1.29

三、上市公司详细情况

1. 三垒股份

大连三垒机器股份有限公司主营塑料管道成套制造装备及五轴高端机床的研发、设计、生产与销售，主要产品包括 PE/PP 管自动化生产线、PVC 管自动化生产线、数控单机、精密模具及五轴高端数控机床等，是国内规模最大、品种系列最为齐全、生产工艺处于行业领先地位的双壁波纹管制造装备供应商之一。首家成功研发 1 500mm 超大口径塑料双壁波纹管自动化生产线，拥有与塑料机械制造相关的专利技术数十项。2015 年完成营业收入 13 621.73 万元，实现归属于上市公司股东的扣除非经常性损益的净利润 5 175.79 万元，分别同比下降 26.46% 和 13.75%。基本每股收益 0.25 元。按行业分类的营业收入及其占比见表 2。

表 2　按行业分类的营业收入及其占比

指标名称	2015 年		2014 年		同比增长（%）
	金额（万元）	占营收比例（%）	金额（万元）	占营收比例（%）	
营业收入	13 621.73	100.00	18 522.41	100.00	-26.46
其中：塑料管道制造装备	13 140.69	96.47	17 755.15	95.86	-25.99

2016 年公司在成功完成五轴高端机床产品研发的基础上，按照 2015 年年初制定的发展规划，延伸发展高端机床，结合 3D 打印技术、机器人技术，研发了 3D 增减材复合五轴数控机床，实现了基于激光技术的金属 3D 增材制造与减材加工的同步进行。

3D 增减材复合五轴数控机床已经完成产品的设计、装配、调试，并且在较短的时间内完成了螺旋曲面、球面、空心不规则曲面及叶轮结构等多种零部件的打印测试工作。后续将完善在线监测功能，提高打印的精度和性能，同时还将开发多种打印方式，试验多种原材料打印以适应不同行业、不同领域客户的需求。未来，产品可用于工业金属零部件的直接打印、加工，市场广阔。

公司已与国内多所高校、科研院所进行了“产、学、研”合作，优势互补，共同开发软件控制系统等关键核心技术，未来将把公司生产的高端装备打造成数字化、信息化、智能化的产品。塑机装备方面，公司将继续不断加大新产品、新技术的开发，从高效、节能、智能化入手，做到高标准、高要求、高目标，结合互联网技术，提高设备自动化程度，进一步开拓市场，巩固、提升公司在该领域的市场地位，实现可持续发展。

2. 金明精机

广东金明精机股份有限公司成立于 1987 年，是国内塑料机械薄膜吹塑设备行业的龙头企业，于 2011 年在深圳证券交易所创业板上市。主导产品为系列膜产品生产设备机组，已累计生产大型吹膜机组 120 多套，在国内市场占 75% 的市场份额。已掌握核心技术——多层共挤技术，实现 9 层、11 层共挤，技术水平处于国际先进、国内领先水平。近年来，成功研制在线涂覆宽幅农用膜设备、输液袋膜设备、糙面土工膜设备和高速宽幅流延设备等，打破了上述设备长期依赖进口的局面。

尽管 2015 年机械制造行业相对低迷，但是公司实现了稳步发展。实现营业收入 31 380.44 万元，归属于上市公司股东的扣除非经常性损益的净利润 2 578.8 万元，同比分别下降 13.19% 和 52.68%。基本每股收益 0.12 元，同比下降 52%。按行业和产品分类的营业收入及占比见表 3。

表 3　按行业和产品分类的营业收入及占比

项目名称	2015 年		2014 年		同比增长（%）
	金额（万元）	占营业收入比重（%）	金额（万元）	占营业收入比重（%）	
营业收入合计	31 380.44	100.00	36 146.83	100.00	-13.19
分行业					
塑料机械行业	25 369.06	80.84	30 827.36	85.28	-17.70
塑料制品	5 245.70	16.72	4 449.73	12.31	17.89
其他业务收入	765.67	2.44	869.73	2.41	-11.96
分产品					
薄膜吹塑机	15 358.45	48.94	23 394.00	64.72	-34.35
中空成型机	0.00	0.00	410.26	1.14	
塑编包装成套设备	2 649.61	8.45	2 864.15	7.92	-7.49

（续）

项目名称	2015 年		2014 年		同比增长（%）
	金额（万元）	占营业收入比重（%）	金额（万元）	占营业收入比重（%）	
薄膜 / 纸加工成套设备	6 942.20	22.12	3 457.26	9.56	100.80
其他设备、配件及制品	5 664.51	18.05	5 151.43	14.25	9.96
其他业务收入	765.67	2.44	869.73	2.41	-11.96

受经济环境影响，公司订单一定程度减少，2015 年塑料机械的销售量及生产量较 2014 年分别下降 13.22% 和 14.56%。库存量较 2014 年增长 43.61%。2015 年塑料机械产销量见表 4。

表 4　2015 年塑料机械产销量

项目名称	单位	2015 年	2014 年	同比增长（%）
销售量	万元	30 614.76	35 277.09	-13.22
生产量	万元	30 777.46	36 023.37	-14.56
库存量	万元	535.80	373.10	43.61

2015 年 12 月 12 日，公司以综合评比得分 743 分，进入中国品牌价值评价信息“自主创新”实力排名第 45 位，品牌价值 6.47 亿元，成为薄膜装备行业唯一进入该类榜单的企业，品牌价值处于中国塑料机械行业第二位。

2015 年公司研发支出 1 216.05 万元，占营业收入的比例为 3.38%，研发投入占营业收入比例保持稳定。报告期内，公司筹划以自有资金投资设立全资子公司汕头市金明智能装备研究院有限公司，计划逐步开发工业制造智能技术、云技术等高新技术，使公司围绕智能制造、智慧工厂、智慧机器人、大数据等新思路进行产业运营，加快构筑自动控制与感知技术、工业云与智能服务平台、工业互联网等制造新基础，进一步提升公司产品的智能化水平。与西门子（中国）有限公司签订战略合作意向协议；与清华大学机械工程系联合建立智能康复机器人联合研究中心，希望研发出技术成熟的国产康复机器人，填补国内市场的空白。

2016 年，公司将加强技术研发及创新，巩固行业地位。继续深化与国内外著名科研单位的技术合作，实现在智能软件技术、控制系统、基础理论等方面的突破。另一方面公司也将继续加大技术创新的投入，以更高技术含量的产品和更高服务水平面对市场，并以高品质产品占领更广阔市场，进一步巩固在国内塑料机械薄膜吹塑设备行业的龙头企业地位。

紧跟“工业 4.0”时代潮流，打造“金明工业 4.0”，转型智慧金明。建设农用生态膜智能装备项目，生产农用生态型多功能流延膜智能装备（生态型斑马膜智能装备）和农用生态型多功能吹塑膜智能装备（超宽幅外涂布型 PO 薄膜吹塑成套装备）；打造特种多功能膜智慧工厂，进一步延伸和完善产品线，不仅为下游客户建设高端膜“智慧工厂”提供参考标杆，还可以有效增强农用生态膜智能装备生产配套能力，同时，也为上下游企业构建信息共享和在线大数据服务平台，引领行业的发展方向；积极构建智能康复机器人相关技术的研究平台，研究开发高端康复机器人相关技术，并在此基础上研发数字化和基于网络化的智能康复系统。

加快研发工作。在多层共挤的核心技术上，大力发展包装膜生产专用设备、特种膜生产专用设备、农膜与土工膜生产专用设备等三大核心产品系列，加大节能、环保和低碳技术的研发，配合下游客户重点发展 PVDC 塑料加工设备，全面开展高端流延设备的市场推广和生产，形成新的主要利润增长点。逐步推动 7 层到 11 层共挤高阻隔薄膜吹塑机组的全面市场化，以形成新的技术领先点。

3. 伊之密

公司已于 2015 年 1 月 23 日在深圳证券交易

所挂牌上市，向社会公众公开发行3 000万股新股，募集资金总额为39 960万元（含发行费）。2015年，公司营业收入为118 888.93万元，比上年同期增长1.17%；归属母公司所有者的净利润为7 232.32万元，比上年同期下降4.89%。基本每股收益0.3元。

注射机与压铸机是公司两大主营业务，合计占2015年销售收入的87.94%。其中，注射机销售65 356.25万元，占2015年销售收入的54.97%。伊之密注射机在行业排名位居前五，产品主要包括通用机型（SM伺服节能系列、SM2高性能伺服节能系列、DP系列二板式注射机、FE飞逸全电动注射机等）及专用机型（BOPP医药包装机、手机配件专用注射机系列等），主要应用在家电行业、3C行业、包装行业等。现在主要研发的新产品包括A5系列、二板机、全电动注射机等。注射机板块收入、利润情况见表5。

表5　注射机板块收入、利润情况

指标名称	单位	数值
营业收入	万元	65 356.25
比上年增长	%	1.30
营业成本	万元	44 411.31
比上年增长	%	−2.92
毛利率	%	32.05

2015年，注射机事业部新推出A5系列，可取代过去的A2系列，整体性能有更高的提升。全电动机器于2016年起推出，全电动机器可广泛适用于精密器械、光电数码等产品制造，针对微型精密产品一模多穴生产，射出压力、速度和位置控制精准，模具恒温控制，进胶平衡，品质要求一致性达标。其竞争对手主要是日本全电动机企业，近期日元贬值提升了日本品牌的全电动机的市场竞争力，全电动机器市场推广遇到较大的竞争。

大型二板机器也是公司2015年重点推出产品，为汽配行业及其他生产深腔制品行业量身定制，开模力大，容易成型深腔和包覆力大的形状复杂产品、合模精度高。

另有推出全新半固态镁合金注射成型机。半固态镁合金注射成型技术促进了镁合金在汽车、计算机等行业的应用，创新了镁合金成型工艺技术。经中国塑料机械工业协会组织专家组鉴定，该产品技术处于国际先进水平。

公司一贯高度重视新产品研发及技术创新，2015年继续增加研发投入，研发费用支出6 127.55万元，比上年同期增长16.15%；A5系列新一代伺服节能注射机、DP系列大型二板式注射机、H系列高性能压铸机等新产品开始投入市场。2015年，公司新增专利申请31件，其中发明专利7件；获得专利权28件，其中发明专利权5件。

报告期内，公司收入约83%来自国内市场，17%来自海外市场。在国内市场推行标准化客户服务体系建设，并在一些重要市场设立技术服务中心；国外市场，印度服务中心完成建设并开始运营，实施了总部派驻印度服务中心工程师轮值工作，实施本土化客户服务；利用HPM技术及品牌优势，开发了适合北美市场要求的新系列产品，北美市场各项拓展工作有序推进。

模压成型装备制造行业的发展面临新的挑战和发展机遇，普通的通用型机器的市场需求增长将放缓，而高速高效、节能环保、信息化、智能化、自动化水平较高的设备的市场需求增加，与民生关联度较高的医疗、包装等行业，与提升生产效率及自动化水平相关联的机器人自动化领域都将面临新的发展机遇。公司持续推进相关新产品、新技术的研发和市场推广，包括高速包装系统设备、压铸机周边自动化设备、镁合金半固态注射成型机，不断提升综合竞争能力，产品系列更加完善，将能够保持持续增长，而其中高速包装设备及机器人自动化有更高的成长性。

4. 新元科技

北京万向新元科技股份有限公司以提供工业智能化输送、配料成套解决方案为主业，集方案设计、技术研发、设备制造、系统集成、销售服务于一体，主要产品包括智能环保型密炼机上辅机系统、气力物料输送系统和小料自动配料称量系统等。2015 年 6 月 11 日正式挂牌上市。

报告期内，公司实现营业总收入 21 427.21 万元，同比增长 11.45%；归属于上市公司股东的净利润 2 522.82 万元，较上年同期下降 26.95%。基本每股收益 0.43 元。毛利率保持基本稳定，略有上升，现金流状况良好。盈利能力不断增强，盈利增长速度超过同行业上市公司，成长性在同行业中处于前列。

2015 年度公司加大了各领域的研发投入，在湿法混炼自动化生产线、智能化在线小药配料和输送系统、自动制袋机、自动封口机、开炼机自动翻胶技术、新型一次法混炼生产线、浓缩燃烧处理技术方面取得较大成果，并完善物流和信息化应用技术等。按产品分类营业收入及占比见表 6。

表 6　按产品分类营业收入及占比

指标名称	2015 年		2014 年		同比增长（%）
	金额（万元）	占营业收入比重（%）	金额（万元）	占营业收入比重（%）	
营业收入	21 427.21	100.00	19 226.24	100.00	11.45
其中：上辅机系统	7 010.74	32.72	7 975.21	41.48	-12.09
小料配料称量系统	4 689.71	21.89	2 480.68	12.90	89.05
气力输送系统	4 818.48	22.49	7 560.34	39.32	-36.27

5. 金鹰股份

浙江金鹰股份有限公司从事的主要业务是麻、毛、丝、绢纺成套机械装备以及亚麻纺、丝、织造染整、制衣，同时公司的全资控股子公司浙江金鹰塑料机械有限公司还生产塑料机械系列设备。

报告期内，公司实现营业收入 111 474.91 万元，其中注射机及配件实现营业收入 19 288.83 万元，占总营业收入的 17.3%。公司非常注重节能、节效、大型注射机的研发，其中内循环直压式精密高速机已获得国家科技创新基金项目支持，已拥有 3 项国家专利。按产品分类营业收入及成本情况见表 7。

表 7　按产品分类营业收入及成本情况

分产品	营业收入（万元）	营业收入比上年增长（%）	营业成本（万元）	营业成本比上年增长（%）	毛利率（%）	毛利率比上年增长（%）
纺织品	59 919.09	-8.45	54 111.66	-7.39	9.69	减少 1.03 个百分点
纺机及配件	20 474.73	-16.77	14 510.28	-17.18	29.13	增加 0.35 个百分点
注射机及配件	19 288.83	9.27	15 834.30	9.15	17.91	增加 0.09 个百分点

6. 大橡塑

大连橡胶塑料机械股份有限公司是橡胶塑料机械行业的专业制造商。公司主要生产橡胶密炼生产线、橡胶（塑料）压延生产线、塑料挤出生产线等橡胶通用设备及塑料机械设备。

报告期内，公司完成营业收入 84 070.31 万元，比上年同期下降 4.04%；基本每股收益 -0.36 元。目前，国内轮胎企业产能过剩，橡胶机械行业整体低迷；在石化装备方面，石油价格的大幅下降导致煤化工行业大部分项目停滞，石化企业的项目投资也大幅减少，减少了市场对公司以大造粒为主的石化产品的需求。按产品分类营业收入及成本情况见表 8。

表 8　按产品分类营业收入及成本情况

分产品	营业收入（万元）	营业收入比上年增长（%）	营业成本（万元）	营业成本比上年增长（%）	毛利率（%）	毛利率比上年增长（%）
橡胶机械	46 235.88	-28.18	40 799.97	-27.16	11.76	减少 1.24 个百分点
塑料机械	29 654.77	92.60	24 834.22	95.97	16.26	减少 1.43 个百分点
橡塑机械零配件	7 853.49	6.53	9 843.49	65.80	-25.34	减少 44.81 个百分点

报告期内，橡胶塑料机械行业整体低迷，整体经营业绩仍然持续下滑，亏损局面没有得到扭转。公司启动并实施了重大资产重组，实现主营业务整体转型。置入资产为江苏恒力化纤股份有限公司（简称为“恒力化纤”）全体股东持有的恒力化纤 99.99% 股权；置出资产为大橡塑截至 2015 年 6 月 30 日拥有的全部资产和负债。截至 2016 年 3 月 14 日，恒力化纤 99.99% 股权已经过户至大橡塑名下。鉴于公司实施并完成了重大资产重组，恒力化纤已经成为大橡塑的子公司。因此，大橡塑已转型为化纤行业的企业。

7. 弘讯科技

报告期内，公司共实现营业收入 38 657.92 万元，同比下降 15.42%；归属于上市公司股东的扣除非经常性损益的净利润 5 318.85 万元，同比下降 41.83%；基本每股收益 0.35 元。研发费用占营业收入比例为 11.31%。

弘讯科技专营注射机自动化控制 30 年，已积累了最核心的技术，并积极打造塑料加工自动化产品平台。2015 年，塑料机械自动化市场上能够提供全套软、硬件自动化系统总成服务的厂商较少，不存在业务与公司完全一致的竞争对手。而在细分业务市场，公司面临一定的竞争。塑料机械控制系统在国内市场地位稳定，国内市场份额居首。目前我国注射机配置的控制系统主要为弘讯品牌，此外则为少量的中高端国外品牌如奥地利 KEBA 及国内中低端品牌如宝捷信等。伺服系统面临相对较大的竞争。随着国内伺服驱动技术的日趋成熟，伺服驱动器品牌日益增多，下游市场也随着国家整体经济形势而需求减弱，市场竞争日益激烈，一定程度上加剧了价格竞争。

报告期内，公司主营业务收入主要来自于塑料机械工业自动化领域，目前产品可分为三大类，分别为塑料机械控制系统、伺服系统（包含油压伺服节能系统、高端伺服系统集成）、塑料机械网络管理系统 iNet。受下游市场需求影响，营业收入有一定程度的下降。公司积极拓展其他行业、特殊机市场的应用，目前已经应用于吹瓶机、挤出机、压铸机、橡胶机、液压机等行业，并已产生销售。按产品分类主营业务及成本情况见表 9。

表 9　按产品分类主营业务及成本情况

产品类别	营业收入（万元）	营业收入比上年增长（%）	营业成本（万元）	营业成本比上年增长（%）	毛利率（%）	毛利率比上年增长（%）
塑料机械控制系统	21 192.54	-16.13	11 521.08	-14.89	45.64	减少 0.79 个百分点
伺服系统	16 470.25	-16.67	10 517.22	-15.10	36.14	减少 1.18 个百分点
塑料机械网络管理系统	171.47	-9.77	22.61	-48.53	86.81	增加 9.93 个百分点

TECH5 系列集散式高端控制系统，采用配合数位通信和运动控制，实现从普通开环控制到精密全闭环控制的升级，定位于中大型、双板、快速机、二板机、多色复杂注射机的应用，报告期内实现了小批量销售。公司通过受让弘粤公司大股东的股权对其实现控股，取得了弘粤驱动器的经营主导权，进一步丰富了伺服系统配置方案，满足国内外用户不同需求。通过提高驱动器的自

制率，优化伺服系统成本结构，进一步开拓了市场。高端伺服系统总成 SANDAL 系统已经完成多种配置的总成方案，报告期内已在十余家客户端的油电混合与全电等高端塑料机械进行试用验证，机型含卧式单色机、卧式双色机、立式单色机、立式双色机等，针对不同产品需求提供配置组合方案。客户反馈良好，系统性能、稳定性等综合表现符合其预期。

塑料机械网络管理系统 iNet 被通用集团为指定为其塑胶件供应商使用的制造过程管理系统，在此基础上重点开展汽车零件制造业推广。2015 年部分已经实施 iNet 的老用户开始受益，已提出在其他地区工厂或者新工厂建设中加以实施，这将使 iNet 从单一生产线、单一车间的管理升级为整个集团公司 MES 管理平台；同时 iNet 项目组亦成功开发了沈阳、浙江等地多个通用上游塑料制品供应商。除汽车行业外，也进入了家电龙头格力集团旗下工厂，2015 年已完成格力其中一个工厂的项目施工。主要产品产销量见表 10。

表 10　主要产品产销量

主要产品	生产量（套）	生产量比上年增长（%）	销售量（套）	库存量（套）	销售量比上年增长（%）	库存量比上年增长（%）
塑料机械控制系统	42 509	-13.10	42 483	485	-13.70	5.66
伺服系统	6 546	-21.60	6 555	113	-21.76	-7.38

8. 诚盟装备

江苏诚盟装备股份有限公司面向以高聚物为主要对象的高黏物料体系的专用成套过程装备，主营以各类高分子材料（塑料、橡胶、化纤等）和高黏物料体系为主要对象的现代过程装备的设计制造。产品主要包括混炼挤出造粒设备及成套混炼挤出成型设备，主要应用于电线电缆料、改性塑料、高分子功能型材的生产。

2015 年，完成营业收入 12 923.82 万元，同比下降 26.33%；归属于挂牌公司股东的扣除非经常性损益后的净利润 1 491.52 万元，同比下降 18.99%；基本每股收益 0.33 元。由于公司处在产品转型升级阶段，新工艺产品如一步法成套设备正在展开市场推广，因此年度销售收入虽然同比下降，但是毛利率相比于上年有所增加，产品附加值有所提高。

报告期内，成功实现多项免造粒一步法、功能性或复合型片板材及轻量化复合结构片板材等新工艺与成套装备的研发；启动了双螺杆混炼与注射一体化机组 (IMC) 的合作开发项目，首套机组已进入组装调试阶段；废旧轮胎再生鞋底专用多工位注射机组完成样机试制；多条创新研发的 LFT-D 长纤增强热塑性复合材料模压成型机组进入市场。报告期内，采购的高端挤出加工中心、高端检测设备大部分完成调试。

往复式系列产品实现的销售与上年度相比增长 7.03%，传统的 DJ 单螺杆系列产品销售与上年度相比下降 9.40%。按产品分类的收入情况见表 11。

表 11　按产品分类的收入情况

产品类别	2015 年收入金额（万元）	占营业收入比例（%）	2014 年收入金额（万元）	占营业收入比例（%）
THJ 双螺杆系列	5 146.05	39.82	7 361.24	41.96
SDJ 双阶系列	3 512.56	27.17	4 251.26	24.23
往复式系列	2 590.15	20.04	2 281.71	13.01
DJ 单螺杆系列	958.36	7.42	2 951.92	16.82
配件销售	716.70	5.55	697.82	3.98

2016年，公司将继续完善加工技术，加大加工设备的投入，继续研发新产品，以集中研发适合循环再生、低碳环保、节能降耗的新工艺与成套装备。针对绿色环保、生物基可降解环境友好材料的新装备、新技术方向，实现高性能PLA聚合脱挥一步法新工艺中试装置与成套工业化示范装置的创新研制，为全面进入市场应用奠定扎实基础。围绕节能降耗、短流程一步法新技术方向，在高性能PLA聚合新工艺装备技术开发的基础上，进一步实现聚合和成型加工一步法超短新流程中试与工业化装置的开发研制。完成首套双螺杆混炼与注塑一体化机组（IMC）的验证考核，进行产品系列化开发与应用推广。强化SCP高效反应器与相关成套装备技术研发，为日益增多的各类高性能、高附加值、功能化、个性化高聚物新材料短流程新工艺的创新开发提供关键、新型核心装备。基于轻量化、安全环保的发展方向，积极推进具有环保、安全等突出优势的超临界二氧化碳发泡挤出新技术开发，针对PS、PE、PLA、PP、PET等各类代表性材料体系及不同制品方向的特性要求，进行专项研发，创新研制高效稳定、精密可靠、更具性价比优势的新型专用成套装备。

9. 三信科技

南通三信塑胶装备科技股份有限公司生产的多层共挤薄膜设备，其核心原理涉及高分子材料、机械工程、自动化控制等多个高端领域的知识，制造过程属于高端装备制造，产品的技术水平及综合性能已接近国际先进水平，并具有较高的性价比优势。

2015年，公司营业收入4 285.86万元，同比增长25.14%；利润总额和净利润分别为-14.94万元和101.42万元，同比下降114.74%和140.78%。截至2015年12月31日，公司总资产为5 493.2万元，净资产1 872.49万元。截至2015年12月31日、2014年12月31日，公司的资产负债率分别为65.91%和75.83%，资产负债率较高。

塑料机械行业近两年需求放缓，行业增速整体下降，整个市场环境不是很好。公司对产品进行梳理，将多年积累下的众多产品进行合并精简，保留利润率较高的重点市场，将一批已经逐渐步入市场成熟后期的产品精简，如小功率电晕处理机，使公司内部资源聚焦于竞争力明显的产品，如大功率精品电晕机、无水印花机。明确了核心产品地位后，在这一领域投入了更多资源，并取得了明显进步。2015年针对大功率精品电晕机、无水印花机进行了数十项产品改进，整体性能取得长足进步，保持了技术上的竞争优势。按产品分类收入情况见表12。

表12　按产品分类收入情况

类　别	2015年收入（万元）	占营业收入比例（%）	2014年收入（万元）	占营业收入比例（%）
电晕处理机	1 677.08	39.13	1 509.24	44.07
流延机	1 701.26	39.69	1 487.67	43.44
电器原配件	695.54	16.23	209.53	6.12
其他业务收入	211.97	4.95	218.47	6.37

未来，公司将依托流延机和电晕机的技术向环保领域进军，电晕机的等离子处理技术对各种材料以及废气的处理都有独特的优势，突现了节能、绿色、环保的主题。2016年预计完成营业收入5 500万元(不含增值税)，比上年同期增长28.32%。2016年公司将继续拓展国际营销渠道，加大经销商渠道的建设与合作力度，完善和维护公司的营销网络，提升国际市场占有率。

10. 双林机械

浙江双林机械股份有限公司立足塑料管道成套装备行业，主要产品和服务为塑料管道成套装备、智慧地下管网系统服务，产品主要用于生产塑料管材。拥有聚乙烯结构壁管缠绕生产技术、超大直径聚乙烯实壁管挤出生产技术、PEX-b一步法硅烷交联聚乙烯管挤出生产技术、PE-RT/PP-R管高速生产技术等十余项自主研发核心技术。大口径钢板网铆塑复合压力管及制作方法、五层共挤塑管成型模等11项发明专利和46项实用新型专利。2015年3月6日，浙江双林机械股份有限公司在全国中小企业股份转让系统（新三板）成功挂牌，成为新三板国内首家塑料管道设备、治水治污设备挂牌公司。

报告期内，公司实现营业收入 16 443.54 万元，比上年同期增长 9.95%；净利润 1 029.36 万元，同比减少 238.02 万元，主要是由于本年计提了 1 099.77 万元资产减值损失。基本每股收益 0.19 元。

报告期内，公司紧紧围绕“安全、绿色环保、高效节能、降低综合成本”产品战略规划开展技术及产品研发。研发了 2 600mm 超大直径实壁管生产线，可以直接挤出直径 2.6m 的 PE 实壁管。该生产线用于核电站建设，全长 97m，是迄今为止全球直径最大的 PE 实壁管生产线，填补了国际空白。新型长纤维复合压力管道设备等新产品已在 2015 年转化为产品，填补了长纤维复合压力管的国际空白，2016 年可以批量生产，是未来新的增长点。另外检查井生产线、一出二复合管生产线已经投入量产。按产品分类收入情况见表 13。

表 13　按产品分类收入情况

类　别	2015 年收入（万元）	占营业收入比例（%）	2014 年收入（万元）	占营业收入比例（%）
生产线	10 755.49	66.10	12 036.90	80.79
配件	1 674.48	10.29	956.86	6.42
塑料粒子	2 162.36	13.29	1 905.53	12.79
管材	1 678.51	10.32		
合计	16 270.83	100.00	14 899.29	100.00

未来，公司将继续加大新产品、新技术的开发，从高效、节能、智能化入手，做到高标准、高要求、高目标，结合互联网技术，提高设备自动化程度，进一步开拓市场，巩固、提升公司在该领域的市场地位，实现可持续发展。

11. 灵鸽科技

无锡灵鸽机械科技股份有限公司基于物料处理经验及动态称重技术，专业制造自动化装备及系统，主要产品有失重式喂料机、自动配料系统、物料输送系统和塑料辅机，可为化工、电缆、食品、医药、建材等行业客户提供环保、稳定、高效的物料输送、计量的解决方案。2015 年 8 月，正式在全国中小企业股份转让系统申报挂牌成功。

报告期内，公司实现营业收入 5 042 万元，较上年同期增长 107.28%；公司实现利润 1 103.72 万元；总资产 6 247.51 万元，较上年 3 108.94 万元增长 100.95%；净资产 2 887.38 万元，较上年 1 266.66 万元增长 127.95%，较上年同期大幅增长。基本每股收益 0.74 元。报告期内公司经营情况良好，收入及利润均稳定增长，资产负债结构良好，资产负债率下降，公司净资产保持了较高的增长。

报告期内，公司加大了研发投入力度，全年研发费用占公司总收入的 6.2%，获得国家发明专利授权 1 项。引进了一批高端技术、市场人员，研发了系列化的欧式干燥设备和上料集中控制装备，并迅速取得市场销售，获得了良好的业绩。

12. 海天国际

2015 年，海天国际控股有限公司收入 73.36 亿元，较 2014 年创纪录的 75.6 亿元仅下降 3.0%。通过精简生产流程及改良信息科技系统以及制造能力，不断提升经营效率及生产力，经营效率及盈利能力继续取得令人满意的进展。2015 年，经营效率提高及钢铁相关原材料成本减少，使得毛利率由 2014 年的 32.4% 增加至 33.0%。经营利润由 2014 年的 14.86 亿元增加至 2015 年的 15.46 亿元，增幅 4.0%。

2015 年中国品牌评价榜中，海天品牌的品牌价值达 61.4 亿元，品牌强度为 844，在中国机械制造榜上由 2014 年的第四位晋升至第三位。2014—2015 年海天国际经营情况见表 14。

表 14　2014—2015 年海天国际经营情况

指标名称	2015 年（亿元）	2014 年（亿元）	同比增长（%）
收入	73.36	75.60	-3.0
毛利	24.19	24.53	-1.4

（续）

指标名称	2015年（亿元）	2014年（亿元）	同比增长（%）
经营利润	15.46	14.86	4.0
公司股东应占纯利，扣除可换股债券的发行开支及因债券价值变动产生的可换股债券公允价值变动	13.33	13.31	0.1
每股基本盈利	0.85元	0.82元	4.5

报告期内，公司凭借早已采取的将小型吨位注射机全电化及大型吨位注射机二板化的业务发展战略，销售额再创佳绩，仅轻微下降4.0%至48.69亿元。通过巩固销售网络及加强售前售后服务，如在泰国、印度尼西亚、墨西哥等地新成立的海外服务、应用及测试中心等新服务项目，及时向目标客户提供一揽子生产解决方案，即使在整体出口环境不佳情况下，出口业绩仍表现不俗，出口销售额22.93亿元，较2014年微跌1.6%。2014—2015年国内及出口销售额见表15。

表15　2014—2015年国内及出口销售额

项　目	2015年（亿元）	占比（%）	2014年（亿元）	占比（%）
国内销售	48.69	66.4	50.71	67.1
出口销售	22.93	31.3	23.31	30.8
部件	1.74	2.3	1.58	2.1
总计	73.36	100.0	75.60	100.0

长飞亚Venus系列（全电动注射机）及Jupiter系列（大型二板注射机）的销售额于2015年分别增至6.76亿元和7.41亿元，较2014年分别增长29.5%、39.8%。2015年，全电动注射机于小型吨位注射机的销售比例及二板注射机于中型至大型吨位注射机的销售比例分别为14.8%（2014年为11.1%）及28.5%（2014年为19.5%）。全电动注射机及二板注射机的强劲增长正好大致抵消注射机行业的整体疲弱需求，得以维持销售规模。不同吨位注射机销售额见表16。

表16　不同吨位注射机销售额

产　品	2015年（亿元）	占比（%）	2014年（亿元）	占比（%）
小型吨位	45.63	62.2	46.88	62.0
中型至大型吨位	26.00	35.4	27.15	35.9
部件	1.74	2.4	1.58	2.1
总计	73.36	100.0	75.60	100.0

在国内及全球环境挑战重重的情况下，2015年注射机整体需求有所减少，专为大部分塑料部件生产而设计的节能型Mars系列的销售额下跌11.2%。然而，通过不断改进及成功推出第二代Mars系列，Mars系列仍是销售最佳的系列，占销售总额近70%。预期，Mars系列将继续成为大部分塑料部件生产需求的主要系列，并将会随着整体注射机市场复苏而重新增长。

Venus的全电动注射机专为合成、精密及复杂的薄壁塑料部件日趋上升的需求而设。长飞亚Venus系列（全电动注射机）2015年的销售额增长29.5%，占小型吨位注射机的销售比例达到14.8%（2014年为11.1%）。

Jupiter系列的大型二板注射机拥有节省空间、提升效率的优势，其销售较2014年增长39.8%，占中型至大型吨位注射机的销售比例则达到28.5%（2014年为19.5%）。以产品系列划分的注射机销售情况见表17。

表17　以产品系列划分的注射机销售情况

产　品	2015年（亿元）	占比（%）	2014年（亿元）	占比（%）
Mars系列（节能注射机）	50.86	69.3	57.27	75.7
Venus系列（全电动注射机）	6.76	9.2	5.22	6.9

（续）

产　品	2015 年（亿元）	占比（%）	2014 年（亿元）	占比（%）
Jupiter 系列（二板注射机）	7.41	10.1	5.30	7.0
其他系列	6.59	9.0	6.24	8.3
部件	1.74	2.4	1.58	2.1
总计	73.36	100.0	75.60	100.0

2016 年，是海天成立 50 周年。过去 50 年，海天从一家单一工厂发展成为世界上规模最大及盈利能力最高的注射机制造商。未来，公司将把“服务型销售模式”提升至“应用型销售模式”，从单纯的单台设备供货商转向为客户提供整体生产解决方案的成套设备供货商。其中一项长远战略是：通过设立海外服务中心及扩充海外组装基地，逐渐向客户提供试模及应用中心等服务，帮助客户提供整套生产解决方案。同时，在推行小型吨位注射机全电化以及大型吨位注射机二板化的战略下，2016 年将全面推出所有机型的第二代“S”系列升级产品机器。

13. 震雄集团

截至 2016 年 3 月 31 日，震雄集团实现营业额 12.48 亿港元，较上年下降 20%。权益持有人应占亏损为 1.73 亿港元，每股基本亏损为 27.5 港仙。

该财政年度是经营非常艰难的一年，也是集团自 1991 年上市以来首次亏损。若去除汇兑差异影响，权益持有人应占亏损则为 1.07 亿港元。此外，在美国联储局加息预期的影响下，许多发展中国家的货币兑美元均显著下跌，欧元区和日本均启动量化宽松引致货币贬值，这些因素使得集团海外市场业绩受到严重冲击。

虽然整体市场疲弱，集团仍不断提升现有产品的技术含量及优化现有产品的设计，提高质量及稳定性。成功研发全新系列高速 SPEED 的首个产品，应市场需求推出第六代高性能注射机产品，满足国内及海外中高端客户的需求。

14. 大同机械

2015 年，大同机械企业有限公司机械业务整体营业额约 72 083.5 万港元，比上年同期下降约 13%，占集团综合营业额约 30%。经营亏损约 3 050.3 万港元，亏损比上年同期增长约 33%。在国家开展经济结构改革后，市场将追求创新及更高性价比的产品。注射机业务采取较稳重的销售策略，集中挑选优质客户，务求能够更有效地控制财务风险，然而这些举措导致内销订单减少。期内，因价格竞争激烈，在产品价格上亦做出调整，致总体毛利有所下降。出口业务于土耳其、韩国、美洲等国家和地区有较显著的增长，填补了部分内销业务下滑的落差。挤出机方面，客户对象主要是基建行业，包括燃气管道、地下暖气管道、吸水管道、排水管道及电信行业的通信管道。在竞争激烈的市场环境下，常规挤出机销售表现不理想。

产品方面，与日本宇部深度合作，成功制造了国内首台最大型的 UGe850 全电动注射机，建立了中大型高端全电动注射机长远发展的基础。中大型第三代两板式注射机在设计上优化了锁模结构及性能，锁模精准度提高，能够缩短生产周期，提高生产效率，其稳定性为高端汽车配件、家用电器、建筑材料等行业客户认同并接受。两板式注射机将成为未来重点产品之一。

2016 年，注射机业务将集中资源深入发展较有潜力的行业，并以专业方案模式持续推出及优化行业专用机。重点发展包括汽车配件、食品包装、医疗包装、建筑材料及高端电子产品等行业。两板式注射机将持续进行推广及优化，加大力度向高端客户群提供订制项目，产品整体策略为“重精不重量”。全电动注射机系列亦将优化供应链及产品设计，务求降低成本，扩大销售量。数控冲床、油压机、挤出机和橡胶机亦以自动化高端设备和行业专用机作为业务发展方向。

15. 力劲科技

截至 2016 年 3 月 31 日，力劲科技集团有限公司完成营业额 282 282.4 万港元，比上年同期下降 10.3%。其中国内市场营业额为 186 658.2 万港元，比上年同期下降 19.6%；海外营业额为 95 624.2 万港元，比上年同期增长 16.1%，主要增长来自美国和欧洲市场。注射机业务营业额为 49 852.5 万港元，比上年同期下降 11.8%。集团整体业务毛利率 24.8%。

报告期内，为配合“中国制造 2025”和“工业 4.0”的新趋势，在压铸机、注射机和 CNC 加工中心方面研发智能控制系统，以配合未来智能工厂的要求。集团全面升级 FORZA 注射机系列，第三代 FORZA 系列已经面市，除大幅提升性能外，亦具备车间联网功能。凭借 POTENZA-G 系列 PT80 ～ PT160 眼镜机在市场上的出色表现，在眼镜行业专用注射机技术方面具有领先地位，产品深受广大眼镜制造商的喜爱。POTENZA-G 系列升级版，针对不同塑料原料、不同使用要求，配以不同的动力系统和射料系统，将更能满足细分市场的需求。

下一年度，集团将致力于提高创新能力，加强质量品牌建设，推动本集团三大产品 —— 压铸机、注射机和 CNC 加工中心的研发、创新、高增值、自动化和市场推广。持续投放资源，提升产品的功效，并加强环保、节能和自动化等功能，以应对制造业未来发展，满足对自动化生产的要求和智慧工厂的新趋势。

震雄集团大客户用机体验

PEMÜ 6 年的战略伙伴

PEMÜ 成立于 1959 年，是匈牙利最早成立的经营塑料成型业务的企业之一，仅比震雄集团“年轻”一岁。PEMÜ 成立伊始为政府控资企业，在匈牙利国内拥有多个生产基地。20 世纪 90 年代，PEMÜ 进行重组，位于 Solymár 的基地被公司管理层收购，其他的分部则被出售。转型后 PEMÜ 开始进行企业集中化管理，这一变革直接把 PEMÜ 送上了发展的快车道，造就了 PEMÜ 现在的辉煌！

1995 年，PEMÜ 取得了 ISO 企业管理标准认证，并因此开始踏上汽车行业发展之路。经历二十年风雨，PEMÜ 目前的汽车业务所占比例已增长至 57%，铃木是其在该行业的首要客户，二者的合作关系渊源久远，可以追溯到 Suzuki 最初在匈牙利建厂时期。此外，PEMÜ 也为其他汽车品牌如梅赛德斯和保时捷供应注塑产品。除了汽车业务，PEMÜ 在其他行业，如日常家用、电气业等业务占比为 17%，自主研发的品牌产品的生产和销售业务占比为 26%。

经历了 2008 年的金融海啸以及其后欧元区经济的持续低迷，PEMÜ 进行新一轮的重组。直至那时 PEMÜ 一直只用欧洲品牌的注射机及辅助设备，但因为欧洲品牌价格昂贵，PEMÜ 最初计划购买二手欧洲品牌注射机进行替代，但 Thege-Plastic 借此契机向 PEMÜ 极力推荐震雄品牌注射机。最初，由于 PEMÜ 从未使用过欧洲品牌以外的注射机，对于完全不熟悉的震雄品牌的稳定性和可靠性有一定的疑虑，于是 Thege-Plastic 向 PEMÜ 负责人分享了许多使用震雄注射机大客户的成功用机案例。同时，震雄集团作为世界上最大的注射机生产企业之一，每年全球销售量超过10 000台。这让PEMÜ最终相信震雄作为一家在注射机械行业内已经拥有悠久历史及丰富经验的知名注射机生产企业，生产技术水平实力雄厚，完全有能力为PEMÜ提供最佳性价比的注射机，满足其当前生产需求。

2010年，PEMÜ首批购入6台震雄注射机投产，分别为JM35、MJ55、JM98-Ai、JM178-Ai、JM408、JM650各1台，机器配备性能优越的B&R电脑控制器及标准比例阀液压系统，投产后很快便体现出明显的优势。首先机器虽然没有搭载伺服液压系统，但能耗依然很低，并且连续不断地测试和检验而来的资料显示，机器的重复精准度和稳定性与其他价格更高的机器相比也毫不逊色。PEMÜ的汽车客户完全接受了震雄注射机及其生产的产品，同时对大幅降低的废品率也极为满意。从生产能力角度看，该批机器在短期内证明了自身的品质，让市场接受震雄品牌注射机。同时通过时间的考验，也兑现了震雄向客户的高品质承诺。2010年投产的6台注射机，其中部分机台至截稿时已经运行了超过25 000个小时，所有机器依然保持正常而有序的生产。

当然，事无俱善，机器投产之初也经历了“磨合期”，尤其在EU/CE相关标准方面的问题最为明显。幸运的是，震雄拥有开明的管理团队，在管理层积极听取意见和工程师的大力支持下，所有的问题都快速解决，从未拖泥带水。

正因如此，PEMÜ把震雄作为其在注射成型领域的战略合作伙伴，于2012年再次引入震雄注射机JM800-SVP/2和JM2600各1台，同时也是首次引入大型伺服系列注射机，两台机均搭配6轴机械手和整套自动化生产单元。震雄搭载伺服系统的注射机不俗的表现很快给用户带来莫大的惊喜：机器运行时极低的噪声让客户的员工无法再忍受PEMÜ其他搭载老化液压系统的20～30年前生产的机器；而且，由于伺服电动机的精准控制，此两台机器能耗更低（与第一批的6台比较）、冷却水需求更少，但产品精确度更高。自此以后，震雄所有出口到匈牙利的机器均搭配伺服液压系统，这让震雄品牌注射机在行业竞争中取得领先优势，因为虽然伺服液压系统已发展为成熟技术，但震雄率先把其变成了机器标准化配置。

震雄与PEMÜ的合作持续顺利发展：2013年，引入EM120-SVP/2、EM180-SVP/2各1台；2014年初，一台全新JM1200-SVP/2投产；2015年，再引入JM1200-SVP/2、EM400-SVP/2各1台；2016年初，引入首台新型大型二板伺服注射机SM1900-SVP/2，该机的最大亮点是搭载了德国Beckhoff(倍福)电脑控制器，同时占地面积更小，客户反馈非常好。显而易见，这是震雄面向全世界客户而设计的新系列机型，成功占据主流注射机市场，成为客户和对手心中的创新型行业领导者。

Plus Plus AG 6年6倍的增长

提及拼砌玩具，大部分人首先想到的便是广为人知的“乐高”品牌。对于任何一家公司而言，即使成功发明了具有革命性优势的创新型拼砌玩具，具有极强的新颖性、无与伦比的灵活性，还简单易于操作，但能在与像“乐高”这样的行业巨头的竞争中，成功地取得自己的市场份额，且在仅仅6年时间内增长6倍，也并非易事。这要求所有环节都要做到近乎完美，包括完美的设计、完美的质量、完美的产品、完美的成本控制，当然，还有不可或缺的完美合作伙伴。

Plus Plus AG作为一家专业生产拼砌玩具的丹麦企业，正是做到了前述的几个“完美”，其发明的独具特色的拼砌玩具“Plus Plus Brick”在市场上受到了极大的欢迎，且取得专利权保护。作为丹麦发展最快的公司之一，Plus Plus AG在2015年获得了享誉盛名的“Gazelle”奖。而在丹麦、瑞典和挪威，通常只有在短短四年间成功取得了营业收入翻番的璀璨业绩的企业才有可能获此殊荣，成为受大众肯定和尊重的知名企业。除此之外，Plus Plus AG 还获得了众多其他荣誉，包括：2014 年加拿大 “Children's Choice”、2013 年“加拿大玩具商店金星奖章”、2013 年“美国世博会最受欢迎新产品”、2012 年美国“Toy of the week”、2012 年“华沙儿童商业展最优秀产品”奖等。如今，“Plus Plus Brick”虽仅在丹麦国内生产，但已远销世界上 33 个国家和地区。

“Plus Plus Brick”虽然色彩多样，但本质是同一形状的单一产品，其生产过程看似简单其实异常复杂。因为“Plus Plus Brick”要求所有产品既能够相互紧致牢固地组合，亦能够轻易分拆后重新搭配。要能达到这样的要求，产品在成型过程中毫无瑕疵且尺寸达到高度的准确性和稳定性至关重要。同时，大量的市场需求让 Plus Plus Brick 必须保持昼夜不停地连续生产，因此，用于生产的设备也必须具有高度的精确性、重复性、稳定性、连续性。

正是对于生产设备的高要求，Plus Plus AG 最终选择了丹麦 APM—— 一家富有几十年注射行业经验和丰富注射工艺知识的注射机经营企业，其可能算是丹麦本土注射机行业中经验最丰富、技术最强的注射机服务团队。而 APM 向 Plus Plus AG 提供的震雄 EASYMASTER 系列注射机，无疑极好地满足了其生产需求。基于持续增长的生产需要，Plus Plus AG 所有的震雄 EASYMASTER 注射机都保持每天 24 小时不间断运行，在无人操作的情况下，稳定而高效地生产出大量完全达到 Plus Plus AG 公司严格品质标准的 Plus Plus Brick。自 2010 年以来，由于业务每年都保持高于 40% 的增长，Plus Plus AG 逐渐引入更多的 1 500 ～ 1 800kN EASYMASTER 系列注射机，机型以 EASYMASTER SVP/2 和 SVP/3 伺服驱动注射机为主，该系列注射机以高精度、高性能、低能耗为主要优势。至 2016 年年底，Plus Plus AG 将共有 26 台该系列注射机投入生产。

Plus Plus AG 公司的所有者对震雄注射机给予了高度的评价：“我们非常高兴选择了震雄 EASYMASTER 系列注射机，该系列机器配合机械手进行生产，性能卓越，操作简便，维护成本低廉，几乎完全无人操作自动运行，从一开始产品的不良率即达到几乎可以忽略的程度，这让我非常惊讶。如果当初选择了价格高昂的欧洲品牌注射机，成本会比选择 EASYMASTER 高出许多，但二者的生产能力可能不相上下。此外，震雄注射机比其他品牌注射机更加节能，这让我们的产品成本非常具有竞争力。”

APM，作为行业内专业水平最高的服务团队，更是为 Plus Plus AG 制定了完善的机器预防保养计划，以保证客户的机器保持最理想的运行状态。该计划包括每天、每月、每季度对机器进行常规检测并定期做必要的保养工作，比如清洁、润滑、及时更换过滤零件等。因为有如此周密的售后服务的保驾护航，在投产 30 000 小时后，客户的所有机器仍然能保持最低的故障停机率（低于 2%）。也许正因如此专业的服务，APM 作为震雄集团在丹麦的官方代理商，成功获得了巨大的市场占有率，2015 年作为最大的亚洲注射机进口商，获得震雄集团授予的“优秀成就奖”荣誉。

〔供稿单位：震雄集团〕

改变，从未停止

——巴顿菲尔辛辛那提（中国）

巴顿菲尔辛辛那提（中国）是巴顿菲尔辛辛那提集团旗下一员，在中国已经活跃了 20 年，凭借定制的解决方案和产品在中国市场大获成功。巴顿菲尔辛辛那提集团生产基地遍布全球，提供从管材、型材、片材、造粒到组装设备、单双螺杆挤出机、模具、下游设备、压延机输料装置的定制解决方案。

与注塑行业相比，挤出行业市场要小得多。1996 年成立时，巴顿菲尔辛辛那提（中国）的设备仅在市场上占据小部分高端需求份额，但是现在，仅 2015 年一年，销售额增长 20%。如今，公司拥有员工 130 人，约占集团销售总额的 25%，发展令人满意。20 年来，为切合市场发展，巴顿菲尔辛辛那提（中国）一直在改变产品组合，目前产品组合包括：PO、PVC 和 PE-RT 管材挤出生产线，用于门窗制造的型材挤出生产线，小型技术型材挤出生产线，造粒挤出生产线以及热成型片材挤出生产线。

一、改变源自创新不停

巴顿菲尔辛辛那提集团以“创新先行”为新座右铭，每年都会推出新的挤出机部件或生产线，持续奠定其挤出机行业技术领先者的地位。

solEX NG 系列挤出机

为 PO 管材生产设计了全新的单螺杆挤出机——solEX NG 75。这是在 solEX 系列机型的基础上，对机筒 - 螺杆结合进行全新设计后的产品。相比先前的机器型号，NG 75 系列的优势包括更低的熔温、优化恒定的熔压、显著提高的产量和更低的维护成本，其更低的驱动能耗和降低的能源损耗使得产品能耗节约高达 15%。凭借全新 NG 系列产品的设计，巴顿菲尔辛辛那提集团在市场上制定了产量和能耗的新标杆，再次证实了自己的创新能力。

FDC 系统

伴随着 NG75 产品，巴顿菲尔辛辛那提集团研发出高效加工处理单元——快速模具规格转换（FDC）系统。该系统在很大程度上不需要更换模具，适用管材直径范围广；可调节模头集成了管外表层适配器，清洗换料（如颜色更换过程）时间是目前最短的；定径套增添了可移动单元，适用于绝大多数直径的管材，且不会在成品上留下任何印迹。这一高效加工处理单元也应用于 2016 年新开发的锥形双螺杆挤出机系列，为其扩展了应用范围。

2016 年，《国民经济和社会发展第十三个五年规划纲要》正式发布，强调了牢固树立和贯彻落实创新、协调、绿色、开放、共享的新发展理念。《2016 年国务院政府工作报告》也将大力发展节能环保产业列为重点工作之一，提出支持推广节能环保先进技术装备，加大建筑节能改造力度，加快传统制造业绿色改造。

处于全球挤出行业绿色技术前列的巴顿菲尔辛辛那提集团，创新了节能管材生产理念：要实现整线持续节能，不仅需要优化挤出机，生产线上的所有部件都必须参与到节能环节中。为此，巴顿菲尔辛辛那提集团提供了能源监测系统，准确地确定生产线上每个部件的优化方法。还创新提出了“Green 绿色管材”理念，通过降低材料、能源和水消耗，大幅提高管材生产的能效。

如今，得益于集团强有力的支持以及欧洲和

美国生产基地挤出技术精华的共享，巴顿菲尔辛辛那提（中国）持续设计出满足本地需求的定制化设备，除了基本机型，还为中国本土提供最新的、具有创新性的部件。

二、改变源自敏锐感知需求的变化

包装市场在世界范围内蓬勃发展，对高品质的保护性包装和长保质期产品包装的需求也随之增加。巴顿菲尔辛辛那提所拥有的Multi-Touch（多重触控）压光机技术，可生产出厚度350～2500μm片材，产品平整、无应力，非常适合在热成型挤出中进一步加工。凭借高速挤出机和创新的Multi-Touch（多重触控）压光机，巴顿菲尔辛辛那提为包装挤出片材市场的增长进行了全面有效的准备，在热成型片材挤出设备市场上获得了成功。目前，该系统已安装在世界各地，成功满足客户对高性能、高品质片材质量的需求。

多重触控压光辊

随着亚洲客户对热成型片材挤出关注度的提高，多套Multi-Touch（多重触控）压光机已经在亚洲成功安装使用。2015年，巴顿菲尔辛辛那提（中国）向广东汕头华盛塑料有限公司出售了其第4条配备高速挤出机和多点触控压辊的创新片材挤出生产线。由于该生产线每小时产量高达1.4t，产品质量优异，已取代4～6条老式生产线，节省了空间和运营成本。

2016年，巴顿菲尔辛辛那提集团在德国K展上展示其新研发的XXL压光机。该设备具有极高性能，在不降低片材质量的同时，挤出机产量可达到3t/h以上。新产品也需要与之相配的控制系统，21.5in全高清多点触控横摆格式的新控制系统不仅提供新颖的操作和可视化的理念，还具有多种额外特性，是实现工业4.0的完美工具。

向中国出售的第一条高速挤出主机和多点触控压辊的热成型片材挤出生产线。（左为广东华盛董事长魏育南，右为巴顿菲尔辛辛那提包装事业部销售总监Michael Roth）

2016年，巴顿菲尔辛辛那提又关注到日益增长的窗型材行业的需求。全新研发了锥形双螺杆挤出机系列。除了加工处理技术外，整台挤出机根据现场生产经验进行了重新设计和优化。这些设备产量范围大，可加工处理多种不同配方材料，在灵活性、熔体加工处理的平稳性和机器操作的便捷性方面都具有独特的优势。

三、改变源自贴心的量身定制

巴顿菲尔辛辛那提（中国）凭借多种不同产品组合，依据客户需求量身定制节能、高效的挤出机和成套挤出生产线，提供满足行业需求的新型、高效节能解决方案，在市场上占据重要的地位。

在中国，巴顿菲尔辛辛那提（中国）的工程师可以设计出满足本地需求的定制化设备。2009年推出了LeanEX系列挤出生产线。LeanEX寓意“精益挤出”，即面向标准PO管材应用的简单、交钥匙生产线。每一条生产线自始至终都由巴顿菲尔辛辛那提（中国）设计完成，为每一种应用提供高性能和高效利用各种资源的最佳解决方案。

LeanEX 生产线

根据东南亚、南美洲、非洲、中东和俄罗斯客户要求，巴顿菲尔辛辛那提（中国）为当地客户提供 63mm、160mm、250mm 及 400mm 四个管径规格的 PO 管材挤出生产线解决方案。独特设计的 LeanEX 生产线的挤出主机配置有 3 个型号：LeanEX 60-30（HDPE 产量为 350kg/h，PP-R 产量为 280 kg/h），LeanEX 75-30（HDPE 产量为 500 kg/h，PP-R 产量为 400 kg/h）以及 LeanEX 90-30（HDPE 产量为 800kg/h，PP-R 产量为 640 kg/h）。交钥匙式 LeanEX 生产线适用于标准中小口径管材，是低成本管材生产企业的理想解决方案。该生产线选项有限，一个尺寸时钟的控制面板，功能强大的控制系统和国内加工的螺杆、机筒电机和马达。管材模头则来自巴顿菲尔辛辛那提标准的 helix 系列。

而在中国市场，LeanEX 系列自 7 年前推入市场以来，约 100 例操作系统、生产整线或升级改造的部件成功出售。山东华信塑料管材有限公司是首批购买 LeanEX 生产线的客户之一，生产设备组合中包含 20 条 LeanEX 挤出生产线，其购买 LeanEX 的初衷是希望从单一供应商处购买到全套的生产线。LeanEX 便利的操作性、长寿命、生产过程的全自动化、管材的高质量、及时的优质服务，获得客户的认可。

巴顿菲尔辛辛那提中国公司首席执行官兼集团全球供应商开发经理白东尼（Toni Bernards）

改变始终在进行，不变的是巴顿菲尔辛辛那提（中国）对客户需求与产品高度灵动性的孜孜追求。2015 年 3 月新晋巴顿菲尔辛辛那提（中国）首席执行官白东尼（Toni Bernards）说：“巴顿菲尔辛辛那提将继续为中国的客户提供最佳产品、一流的售后服务和技术支持，使他们获得决定性的竞争力，这是我们正在努力的方向。”

〔供稿单位：巴顿菲尔辛辛那提（中国）〕

用智能制造引领企业转型升级

——博创智能装备股份有限公司

2015年，对于博创来说，是具有跨越性意义的。7 月，作为中国塑机行业唯一一家企业入选国家智能制造试点示范项目；8 月，全名正式变更为“博创智能装备股份有限公司”，同期开启注塑工业 4.0 技术研讨会全国巡回之旅……

2016 年，博创的智能制造之路愈加坚定地一步一步前进着，以智能制造领跑者的姿态引领行业发展。

在2016年4月的中国国际塑料橡胶工业展览会（CHINAPLAS）中，博创智能装备股份有限公司突破行业界限展出整套智能塑料注射成型装备，展现了博创智能注塑的独特魅力，获得同行及上下游用户的广泛赞誉。

从“博创机械”到“博创智能”，站在时代的风口浪尖上，博创搭乘“智能制造”巨轮继续扬帆远航。这一路，博创将一直坚守“三个坚持”：

第一，坚持走在技术最前沿，为行业提供技术领先的注塑智能装备

2016年初，博创为路虎和捷豹汽车的主要塑料件供应商AGEMA提供了一批精密大型塑料注射成型机，其中最为突出的是为满足其高端汽车塑料件需求而定制的2套大型两板双料共塑成型智能注射系统。3月，博创董事长朱康建与海外总监马海燕走访欧洲及周边国家客户时，在工厂现场，AGEMA公司总经理与技术工程师对博创的注塑装备大加赞赏。

近年来，博创智能注塑装备已越来越多地被国际品牌供应商整套采购，更多的客户慕名而来，例如为全球首屈一指的工具制造商STANLEY提供多物料工具手柄共塑智能成型系统，为全球最大的汽车后视镜生产商SMR提供智能后视镜内件生产系统……

博创坚信，只要坚持技术创新，始终走在技术最前沿，中国的高端智能装备定能大放异彩，即使在对机器性能要求极尽苛刻的欧美市场也不例外。

第二，坚持关注行业新动态，为客户提供与产品配套的注射成型工艺

2015年，中国新车销售量达2 459万辆，同比增长4.7%，中国汽车市场深受各行业关注。

伴随着汽车向轻量化、环保化发展，塑料在汽车产业中的应用将越来越广泛，可预见，一个塑料化的汽车工业时代即将到来。

2016年7月，博创根据重庆毅翔科技有限公司项目需求定制生产了以BU3300汽车行业专用注塑机为主机的综合自动化汽车饰件成型生产线。该生产线集注塑机、取件系统、供料系统、水循环系统、水电油路快速插头、模温控制等系统于一体。

博创BU3300汽车行业专用注塑机配备伺服电动机+齿轮箱的电熔胶方案，可以完成开模同步熔胶的动作，不仅能够大幅度缩短成型周期，而且极大地降低了能耗，提高了塑化效率；配备红外纳米发热圈，加热效率高、保温效果好，可比传统加热方式节约40%左右的电能；配备45×5+55kW液压伺服动力、开锁模高速比例阀，再结合博创优化的运动控制算法，可将BU3300的干周期运行时间稳定控制在10s以内，大幅度提高机器的运行效率；配备射胶伺服阀，提高注射精度控制水平；配备8组抽芯、16组气动针阀（含快插）、16组液压针阀（含快速接头）、48组热流道温控，满足汽车模具特殊的配合需求；配备全套液压夹具，方便客户快速换模，满足客户多品种、小批量的快速换模生产。

BU3300在经博创专业服务团队安装调试完毕后，成功投入生产。在试产中，机器运行稳定，整机生产周期控制在60s以内，重庆毅翔科技有限公司高度肯定了设备性能以及博创服务团队的专业水平。

第三，坚持与行业战略合作伙伴深度合作，从注塑机到智能注塑岛集成系统，为客户提供一站式智能解决方案

2016年以来，博创与机器人厂家ABB公司、台湾信易集团等公司开展战略合作，统一通信接口与协议。率先在业内开发出智能注塑岛集成控制系统，客户在注塑机的人机交互界面上就可以操作闭环系统模温机、冷水机、干燥机、上料机、三机一体机、热流道温控以及机械手（机器人）等相关设备。从注塑机到智能注塑岛集成系统，可以大幅度提高设备稳定性，提升注塑制品一次合格率。

同时博创联合物联网专家、高校教授基于“工业4.0”的核心——信息物理系统（CPS），增加注塑机传感器与嵌入式通信模块终端系统，原有

控制系统实现智能化升级，开创性地开发了“注塑机全生命健康大数据平台（简称 iPHM）”。iPHM 大数据平台将可全球监测注塑机的健康运维情况，包括设备管理、远程运维、健康评估、故障预测等功能，每周定期生成设备体检报告。

2016 年 3 月，博创与主要为国内外汽车品牌提供汽车内饰件的供应商广东埃德伟控汽车部件有限公司达成战略合作协议，双方就推进汽车配件生产智能化形成高度共识。

在签约仪式上，博创董事长朱康建表示，战略合作能促进产业发展，与埃德伟控公司形成的战略合作有利于开启中国汽车产业智能化征途，博创作为塑机行业唯一入选国家智能制造试点示范项目的单位，肩负着引领行业智能化发展的重大使命。

埃德伟控公司黄爱武董事长表示，博创为其公司开发的专用汽车门把手注塑智能成型系统，能够自行独立一体，从原材料的进料到成品的产出都可以自动运行，不需要人工干预。同时，系统能够自行监控注射、烘干的温度和时间以及机器人自动出模，从而保证生产的质量。

在洞悉市场环境的情况下，博创坚持技术创新，坚持用智能制造引领企业转型升级，努力穿越转型的阵痛期，迎来企业的又一次新生！

〔供稿单位：博创智能装备股份有限公司〕

智能注塑机技术发展趋势

——富强鑫集团

一、前言

塑料橡胶机械产业除与塑料制品及民生用品密不可分外，也应用在汽车、包装、医疗与光电通信等市场。近年来 4C 产业蓬勃发展，促使传统塑料加工业朝高端精密成型方向发展，对精密成型机械设备及自动化设备的需求快速增加，因此塑料橡胶机械业应逐步朝创新材料、创新制程与智能化的应用技术方向发展，提供从制造端到客户端的总体解决服务方案，同时有效联络跨领域业者，打造产业群体影响力，共同提升相关产业竞争力，走出产业差异化的路线。近年来，世界主要国家纷纷针对制造或工业领域提出发展策略与计划，如美国先进制造合伙关系（AMP）计划、德国工业 4.0 计划（Industry 4.0）以及中国制造 2025 计划。

二、技术发展方向

工业 4.0 与中国制造 2025 创造出智能工厂时代，信息技术（IT）与操作技术（OT）的完美整合，让工厂提高了竞争力，拓展了生存空间。受劳动力短缺与人工成本快速上升等因素影响，自动化塑料橡胶机械的需求将快速上升。未来，必将面临一位员工管理多台自动化机械的局面，高附加值的定制化、智能化塑料注射成型设备的需求将快速增加。

富强鑫集团（简称富强鑫）鉴于市场的发展需要，构建智能控制及传输中心系统。解决方案主要涵盖智能化设备、智能化制程、智能化服务三个方面，并通过整合客户及商业合作伙伴构建系统实体架构，借此完整规划、整合注塑机产业智能操作模式，促使传统的注塑产业升级为智能工厂。富强鑫注塑机工业 4.0 解决方案见图 1。富强鑫注塑机工业 4.0 系统实体架构见图 2。

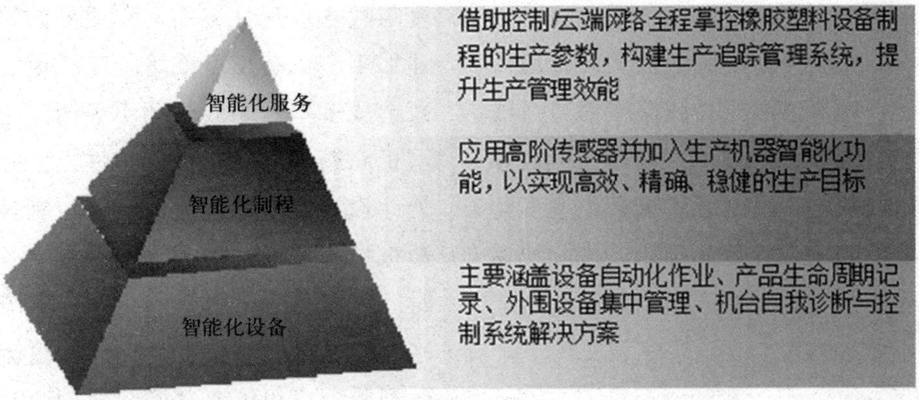

图 1　富强鑫注塑机工业 4.0 解决方案

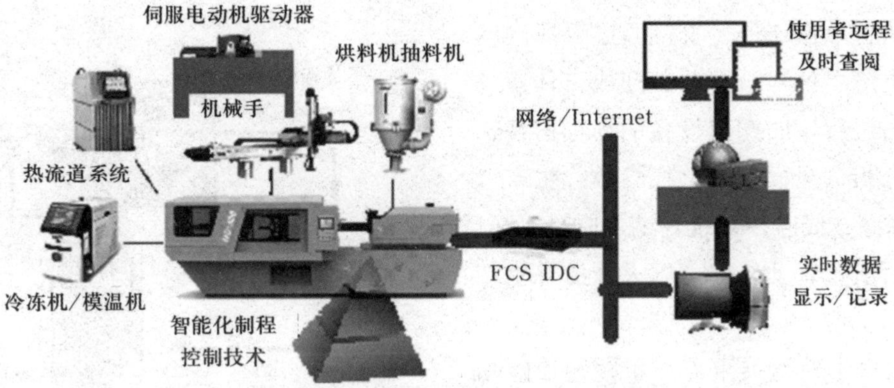

图 2　富强鑫注塑机工业 4.0 系统实体架构

1. 智能化设备

智能化设备主要涵盖设备自动化作业、产品生命周期记录、外围设备集中管理、机台性能自我诊断与控制系统解决方案等，这些都必须通过设置设备传感器实现信息联通并延伸到 IT 数据中心的点对点企业联结架构，因此要成为智能化设备，机台设备需具备安全可控、可追踪、自感知等特性，能够依据产业领域知识进行自诊断、自调整与自决策实现自我管理。富强鑫通过国际通用工业通信协议如 Modbus 进行数据传输，监控注塑机外围生产设备（模温机、冷冻机、烘料机、吸料机、机械手等）的工作状态，提高作业与管理效益。

中长期来看，注塑机的控制器需兼容工业通信协议 EtherCAT。未来全电动注塑机市场成熟，伺服驱动器、伺服电动机与高阶传感器对数据的传输要求，如数据传输时的数据更新时间短、数据同步时的噪声低等特性，远高于 Modbus。EtherCAT 通信协议让机械设备利用传感器或伺服电动机自感知的特性进一步提升机械设备性能，如伺服油泵除节能外，可通过 EtherCAT 通信协议有效利用伺服电动机与注射位置传感器的自感知特性精准控制注射螺杆速度。其他发展方向还有，注塑机最适功能的调校如锁模力，或注塑机自动润滑系统的实时监控与调校等技术。

2. 智能化制程

智能化制程是高阶传感器与生产机器智能化的结合应用，以实现高效、精确、稳健的生产目标。在传统方法中，塑料注射成型制程参数与注射成型不良对策的排除，均依赖成型经验丰富的师傅，但机械磨损、材料变化与环境变化皆会影响制程稳定性。在成品量产时，成型操作者须执行繁复的试模作业程序，并针对环境变化进行制程参数调整。生产后端为防止不良品流出，高度依赖 SQC 的质量管理也会造成材料与人工的浪费。模内传感器信号在线回馈控制可解决该类问题，并将控制范围延伸到制程端。

欧、美、日众多厂商已在注塑机上广泛应用参数闭回路控制、模内感测压力或温度信号在线回馈控制等传感器与控制器技术，以及在模内预测成型质量的监控系统、机械设备抵御环境变化自动微调制程参数的适应性控制技术、排除原黏度变化的智能化加料控制系统、操作简易的智能化合模运动控制系统等。

3. 智能化服务

智能化服务是通过控制网络将现场注塑机与外围连成一单元；通过企业网络将塑料橡胶成型工厂与生管／品管单位连成一群；通过云端网络将分散各地的生产单位与公司总部连成一体；或是借助云端网络进行橡胶塑料设备的远程监视、机械设备动作分析，全程掌握整线参数；生产追踪管理中的物联网在线监控系统则纳入原料生产、制程异常与售后质量管理，都可以大幅提升生产管理效能。

短期智能化服务的发展重点在于预知诊断功能的开发，针对制程交期长、成本高的关键组件如滚珠螺杆、轴承、料管组等，提供客户预知诊断服务，进行预先备料，有助于提升生产效率。

中长期的技术发展重点在于数据挖掘在成型技术中的应用。数据挖掘使用了许多统计分析与建模的方法，用于到数据中寻找有用的特征以及关联性。

三、智能机械

富强鑫近期以多型腔流动平衡控制技术为中心，尝试新制程技术开发与公司注塑机设备相结合，推出独具创新性的产品，以摆脱低价竞争及日元贬值的影响，实现与德国、奥地利等国际企业的同场竞争。

多型腔注射成型广为业界应用，具有提高生产效率、低生产成本的优点，但常因型腔熔胶充填不平衡导致短射、翘曲、收缩等缺陷，造成良品率降低与产品开发时间增加等问题。

在设备方面，虽然全电动注塑机在产品精密度与尺寸重现性方面具有优异的特性，但模具设计加工、组装精度或熔胶在流道的流变特性等因素造成多型腔熔胶流动不平衡，这些是全电动注塑机高精度与稳定性的特性无法弥补的。富强鑫为此设计了多型腔流动平衡控制技术系统，由注塑机控制器通过传感器信号获取各腔熔体流动的时间差异信息，自动演算各腔热流道温度补偿策略，并通过数字信号传输通知热流道温控系统补偿型腔温度以达到各腔熔体的流动平衡。多型腔流动平衡控制技术系统架构见图 3。传感器感知各型腔熔体流动状态见图 4。

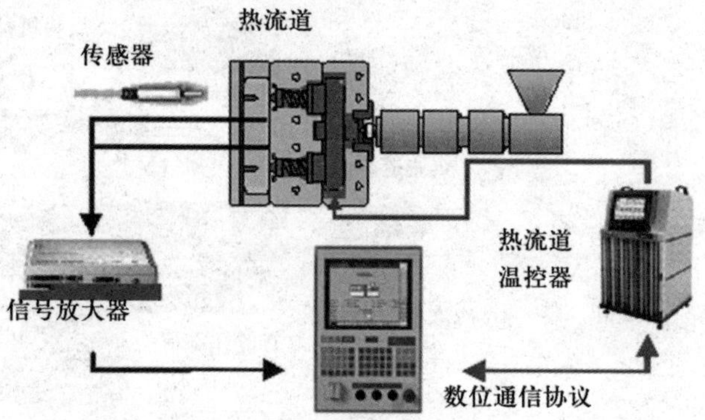

图 3　多型腔流动平衡控制技术系统架构

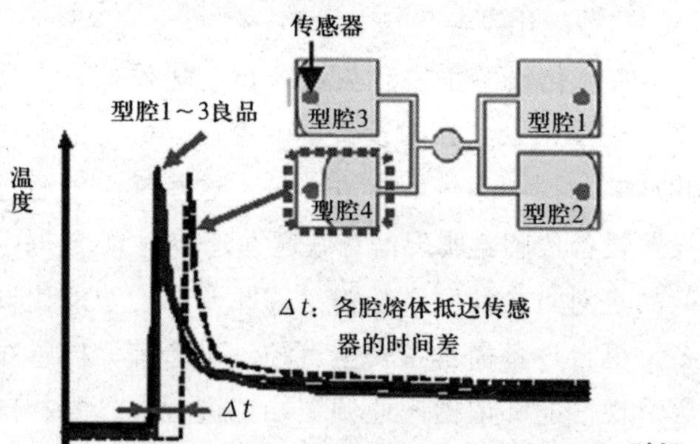

图 4　传感器感知各型腔熔体流动状态

在采用富强鑫全新开发的 HE-300 全电动注射成型机制造 4 腔薄壳方形盖的实验中，启动流动平衡控制后，4 腔熔体流动时间差由 0.042s 下降至 0.02s，熔体流动时间差可改善 50%，各模次成品重量误差降低 81.7%，各型腔成品重量误差降低 30.8%。智能化流动平衡模块测试载具见图 5。

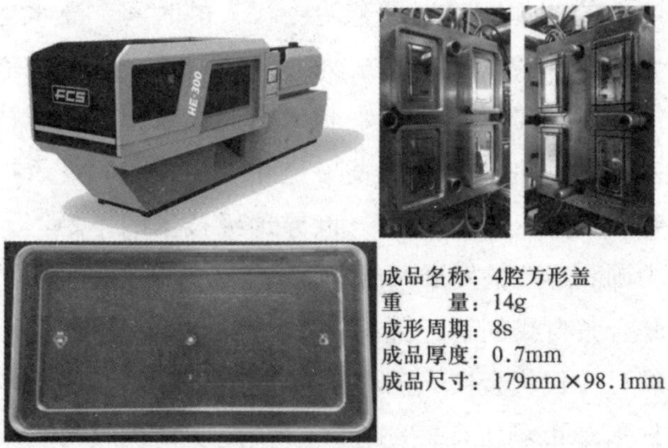

图5　智能化流动平衡模块测试载具

为观察系统稳健性，仿照人为误调热流道温度开展强制扰动实验测试，强制扰动测试各型腔熔体流动时间变异曲线图见图6。首先4腔热流道初始温度设定一致（200℃），约运行30模次后开启流动平衡控制观察到时间差缩小，第90模次后将第1腔热流道温度强制提升20℃，持续运转至120模次时再开启流动平衡控制，再次对各型腔进行温度补偿最后达到各腔流动平衡。

多型腔流动平衡系统通过传感器掌握各型腔流动波前的差异，采用智能化流动平衡技术使各型腔热流道温度自动补偿以达到流动平衡状态，提高产品质量的一致性。产品量产时，可进行长时程成型质量监控与各型腔流动平衡差异的自动调整，减弱环境变化对成型品质量的影响，提升制程的稳健性。另外，储存、记录各型腔质量信号特征，协助构建注射成型产品质量追踪系统，该系统已兼具自感知、自诊断、自调整与自决策的特性。

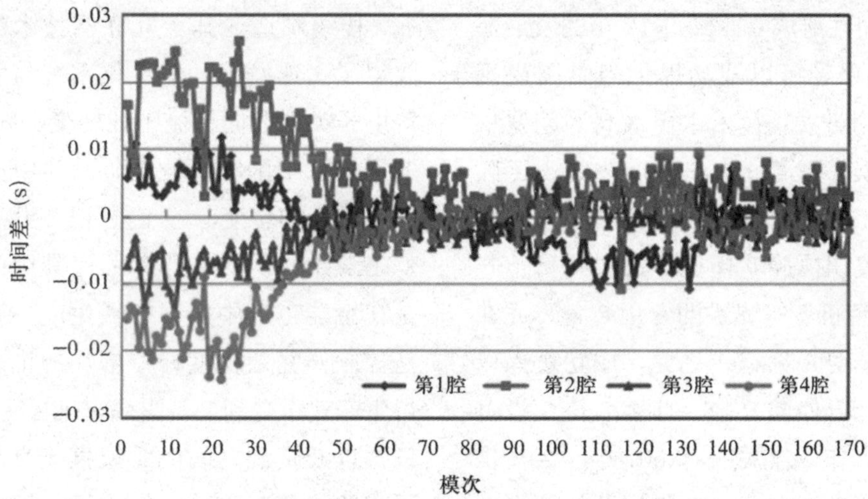

图6　强制扰动测试各型腔熔体流动时间变异曲线图

〔供稿单位：富强鑫集团〕

精工“智”造　锐意进取

——广东金明精机股份有限公司

广东金明精机股份有限公司（简称金明，股票代码：300281）是一家集研发、设计、生产和销售于一体的全球知名薄膜装备供应商，也是行业内少数具备实力提供全系列薄膜装备及方案的领导品牌。金明产品涵盖薄膜吹塑机组、薄膜流延机组和薄膜拉伸机组，截至2014年，金明已经为全球40多个国家和地区的用户提供数千台专业设备和服务，成为全球生产规模最大的薄膜装备生产企业之一。

金明致力于引领薄膜装备行业的发展方向，在设备设计研发、技术工艺等方面拥有多项核心技术，特别在多层共挤技术领域处于国内领先水平，并被评为国家高新技术企业。经过 28 年的发展，凭借领先的技术优势和丰富的经验，金明设备在食品包装、日用品包装、农业薄膜、医疗包装、汽车薄膜、电子保护膜、建筑以及特殊应用等领域拥有广泛的应用。

金明积极寻求上下游产业链的合作，并陆续与埃克森美孚、陶氏化学、巴斯夫、西门子等国际知名企业开展深度合作。通过与合作伙伴的共同努力，金明持续提供高附加值的产品和服务，推动薄膜装备行业的发展。

一、发展历程——自我创新、自我挑战之路

1987 年，公司注册成立，经过 12 年的发展，在 1999 年，金明已经可以成功提供当时国内规格最大，也是亚洲最大、技术水平最高的超宽幅 20m 农膜（土工膜）生产线，该生产线的土工膜制品被用于三峡工程项目。2004 年，公司成功研制出“七层共挤高阻隔膜吹塑机和五层共挤下吹(水冷式)薄膜吹塑机”等先进的专用装备，并在次年首次实现销售订单突破 1 亿元，成功进入以色列等中东市场，开始建立与全球著名挤塑设备供应商普密斯的合作伙伴关系。2007 年，公司携设备首次亮相德国杜塞尔多夫 K 展，开始全面开拓欧美市场。2011 年，公司开始进入资本市场，顺利通过 IPO 并成功发行股票，并于 2013 年成功收购汕头市远东轻化装备有限公司，进一步壮大了公司规模。近几年，公司陆续成功研制出了“九层共挤高阻隔膜吹塑机”、5.5m 宽幅“高产高速 CPP 流延机组”和 11 层高阻隔流延机组，掌握了高端薄膜成型设备的研发和制造技术。

30 个春秋，金明发展成一家占地面积约 10 万 m^2，拥有全系列高端生产设备，具备全球最大薄膜装备生产能力的上市公司；从立足于中国市场，发展成为一个产品远销全球 40 多个国家和地区的国际品牌。金明在薄膜装备领域创造的多个“第一”的创举，凝聚了金明一代人的时间、汗水与无数个日夜的拼搏。成为公众公司后，金明将借助资本力量进一步完善制造产业体系。在创新技术和替代进口装备的发展道路上，金明始终承担行业使命，努力缩小与世界顶级技术的差距，为中国制造业的发展添砖加瓦。金明的成长与发展，是一条自我创新、自我挑战之路。30 年砥砺前行，经过一代代金明人的不懈奋斗，凭借 30 年的技术积累和市场沉淀，如今，广东金明精机股份有限公司相比同行已具备领先优势，特别是在技术创新研发、产品线布局、加工能力以及在工艺和服务方面，已经具备实力与欧美品牌同台竞争。

二、创新驱动、匠心“智”造

1.“工业 4.0”时代 —— 智能生产，打造智慧工厂

传统制造业基于互联网技术的应用在近 5 年取得了飞速发展，信息化系统与大数据逐步从消费电子类产业向机械工业转变。随着“工业 4.0”的提出，中国制造业面临从“中国制造”向“中国创造”的转变。“工业 4.0”代表了一个能够改变工业结构的核心驱动力，其中的关键一环，就是在智能工厂中实现智能生产。智能工厂的任务是控制好复杂程度日益增加的生产环节，同时使得生产效率得到显著提高，在智能工厂内部，人、机器以及资源之间能实现直接交流。拥有交互界面和智能移动化的智能物流、智能电网和智能工厂，是未来智能基础设施的重要组成元素。“工业 4.0”的实现，必将为未来的制造业发展带来诸多好处及全新变革：节约资本、能源、人力，通过小批量定制化生产更好地满足消费者的个性化需求，生产者能够通过智能联网系统及时调整生产决策，增加生产的灵活性。据德国信息产业、电信和新媒体协会与德国弗劳恩霍夫工业研究院预测，企业使用“工业 4.0”技术，可以将生产效率提高 30%。

“工业 4.0”时代的到来，要求企业正视未来经营体制与营运模式的创新与调整，从原本的标准化产品生产转型，个性化定制逐渐成为企业的

核心竞争力之一。在技术创新及变革的道路上，金明一直是行业的先驱，“靠科技振兴企业”是金明一直以来的发展信念，重视高新技术人才的引进，在生产技术上不断探索创新，大力实施技术创新驱动全面创新的发展战略，以技术创新带动工艺创新、产品创新、品牌创新，实现科学研究—实验成果—推广应用的三级跳。金明发展至今，产品已逐步实现从机械化向智能化的转型升级。

2016年3月，金明研发制造的“Classicx系列多层共挤薄膜吹塑机组”荣获2016塑料行业荣格挤、吹技术创新奖，成为薄膜装备技术领域唯一获奖的制造商。

在智能设备开发上，金明以现有薄膜装备为基础建立智能端，目前已经在Superex系列机型上实现，成为全球首家在薄膜装备领域实现智能化的企业，并在中国Chinaplas国际橡塑展和德国K-Show上推出。

Superex系列吹膜机组（简称S系列）是金明2014年推出的高智能化、高性能产品类型，该机组具备单机产量高、自动化程度高等特点，在薄膜厚薄均匀度控制和原料适应性上也具有很强的优势。目前，该系列吹膜机组已经可以集成智能制造技术和“互联网+”的软硬件功能，能够实现客户自动化作业，多台设备联网和远程薄膜诊断，在生产环节实现远程作业分配和订单调度管理，有助于减少人工和降低生产成本。行业普遍认为，“互联网+”技术在薄膜装备领域的成功应用，将给整个薄膜生产管理及作业流程带来前所未有的创新和推动。

金明智能装备研究院总工程师李子平提到：“目前金明是行业内最早在薄膜装备行业实现智能化和互联网技术的企业，设备创新和技术引入一直是金明公司的传统。金明信息化和智能化技术不仅在S系列吹膜机组上成功应用，还逐步在其他设备如流延膜机、双向拉伸机组等产品线中使用。”

S系列智能吹膜机组能够根据客户需要智能调取开机情况及状态参数和操作数据，直接进行生产，有效减少了开机前的运行调试时间及原料的消耗，同时保证了操作的精确性。对于集团化企业管理，S系列机组具备多台设备联网及远程控制诊断的能力，可以实现远程操控设备运行，及时进行数据传输和生产调度，减少人员现场操作程序，让企业实现智能化生产流程控制，帮助企业建立“智能工厂”的基础。对于中小型薄膜生产企业，S系列机组提供移动端生产管理软件，管理人员可通过移动设备对设备生产状况进行适时管理和评估。不仅如此，S系列智能化薄膜装备机组还能够实现设备运行状态的内部检测，提前预警设备的故障和对薄膜质量的影响。

2. 中国制造2025——全面构建智能一体化产业运营新模式

自国家公布《中国制造2025》，强化高端制造业的国家战略规划以来，金明积极响应国家政策，不断探索产业创新发展道路。为适应未来业务发展的需要，强化公司智能制造能力，提升产品智能化水平，公司注册资本500万元设立全资子公司金明智能装备研究院，逐步尝试智能研发及应用，经营范围包括：智能装备的研发设计以及智能系统的开发与应用；质检技术服务；智能机器人、自动化装备、智能自动化生产系统、物流仓储系统、生产辅助系统、控制软件、智能化数控系统；数据处理服务及技术推广等。

设立智能装备研究院，符合公司的战略发展方向，有利于进一步拓展工业智能化的应用领域，亦将有利于拓展公司的发展空间。公司将逐步开发工业制造智能技术、云技术等高新技术，围绕智能制造、智慧工厂、智慧机器人、大数据等新思路进行产业运营，旨在推进公司产业数字化、智能化、网络化发展，加快构筑自动控制与感知技术、工业云与智能服务平台，工业互联网等制造新基础，立足金明新模式、新业态、新产品，有利于公司强化智能制造的能力，进一步提升公司产品的智能化水平。

2015年，公司与清华大学（机械工程系）在智能机械、健康与康复器械领域建立战略合作，双方将充分利用清华大学（机械工程系）的智能与生物机械的学科特长，结合金明的材料加工、机械制造、产品市场营销以及资金优势，联合成立“清华大学（机械工程系）与广东金明精机股份有限公司智能康复机器人联合研究中心”。

三、匠心独运，精益求精

在金明 30 年的发展史中，“工匠精神”一直贯穿始终。

1995 年，老一辈金明精机研发团队一头扎进研发中，愣是凭借自己的技术造出了金明第一台吹膜设备——幅宽 10m 的大型吹膜机组，正式进入薄膜装备制造市场。

为了让产品与国际接轨，学习德国人的严谨、精益求精以及实用主义，金明斥巨资从德国引进技术，将德国专家请到中国来，助其开发装备体系，同时在国内引进人才，着手培养自己的专业人才。金明一直将德国“工匠精神”的严谨和精益求精应用于日常研发中。得益于精益求精的专业态度，1997 年，金明精机的销售额就已达到 2 000 万元。

1999 年，金明成功研制出了当时亚洲最大、技术水平最高的宽幅 20m 的三层共挤农膜/土工膜一机两用生产线。在 2013 年杜塞尔多夫国际塑料及橡胶展览会上，德国知名技术团队还专门前来参观金明精机的产品，金明的产品得到了德国、以色列企业的一致认可。

2012 年，为了生产出用于智慧农业和生态种植的功能性地膜设备，金明基于自有的尖端流延技术和流道分配技术，投入核心科研人员，采用模拟软件对数据进行反复演算，从而得出精确的机器参数。2014 年中旬，金明精机实现了原型机开发、实验、定型。为了让产品能够更符合客户要求，金明又投入大量时间不断对原型机进行调试、修正，以期达到最佳的使用效果。半年后，成功开发了全球首台斑马膜流延机组，该设备的开发及地膜制品在行业内都具有创新性。金明以“工匠精神”的态度生产出来的设备得到了以色列客户的肯定。

金明的“工匠精神”除了体现在创新和研发之外，还体现在对产品的质量监控上。

其生产的每一张薄膜，都要经过严格质检，实验室里，工程师对这些膜的横断面进行分析，以此判断不同膜层之间的结实程度。除此之外，还需要利用系统描绘一个时间段内一批产品的合格率曲线，以此来判断在检测时间段内的这一批次产品，质量是否稳定，保持波动幅度不会超过 ±2%。

金明的“工匠精神”，是企业对产品研发的一种专注和执着，20 多年来只专注做薄膜，并且做到了极致，做到了行业内顶尖的技术水平。

专注创新，精益求精，立足市场发展，不断提高自主创新能力，以技术创新引领产业转型升级，加快推进供给侧结构性改革，继续发扬工匠精神，专注于高质量产品打造，为客户提供更加全面完善的全套解决方案，金明精机将继续朝“百年企业”迈进，让“中国创造”走向世界。

〔供稿单位：广东金明精机股份有限公司〕

敢为人先 助力智能成型

——东莞信易电热机械有限公司

东莞信易电热机械有限公司（简称信易公司）是台湾信易集团于 2001 年 7 月在东莞设立的一家集科研、制造、销售和服务为一体的世界级塑胶机周边机械制造商。公司位于东莞市大朗镇石厦村工业区 9 号，注册资本 11 200 万港元，建筑面积逾 65 000m^2，汇聚各类管理人才 150 余人，专业技术人才300余人，其中科研人员100余人。

历年来，公司凭借着“信实本业经营，易求世界第一”的经营理念，以审慎严谨的作业及对质量近乎苛求的态度，保证公司生产的所有产品均符合国家及国际标准，为国内外顾客提供完善、快捷的高品质服务。公司经营业绩稳步增长，市场占有率不断提升。2013年累计完成工业总产值29 563万元，累计实现销售收入24 418万元，实现利润总额3 877万元；2014年累计完成工业总产值29 521万元，累计实现销售收入24 258万元，实现利润总额1 700万元；2015年累计完成工业总产值29 117万元，累计实现销售收入24 882万元，实现利润总额2 857万元。2015年出口交货值逾1 200万美元，塑胶辅机产销量国内行业第一。

一、品牌建设及管理

信易公司一直信守塑胶机周边机械的研发、生产、销售、服务为本业，有明确的产品理念和准确的市场定位，注重品牌管理和品牌维护的工作。在产品不断推陈出新的过程中，保持产品的理念和风格的一致性，不偏离轨道。树立企业形象，制定VI视觉系统，统一公司商标使用规范，预防仿冒产品以假乱真，影响公司信誉。同时，公司在售后服务、销售现场、服务态度、企业公关等过程中始终保持传递的一致性，保持和维护品牌的完整。

公司注重商标及专利的管理工作，由总经理室专人负责，企业技术中心吴总经理监管，知识产权具体落实。做好知识产权的保护是企业发展的一件核心工作，截至2015年年底，公司已获国家知识产权授权的有效发明专利2项、有效实用新型专利64项、有效外观设计专利10项，著作版权7项和计算机软件登记证1项。信易公司商标保护意识浓厚，目前国内注册商标8件，其中受让商标2件；国外注册商标6件，其中美国注册商标2件，欧盟注册商标2件，加拿大、泰国注册商标各1件，以保护公司产品在不同区域市场的合法权益。公司聘请专业的法律顾问和资深律师(厚街法律服务所)，以使专利及商标的维权工作措施得到落实。如今，信易公司的科技行销已取得明显成效，信易“SHINI”商标已为业界广泛认识，并荣获广东省著名商标和中国驰名商标称号。利用商标的知名度推动产品开拓市场、参与竞争、发展生产，不断提高企业的经济效益和社会效益。

二、新产品研发

信易公司凭借着雄厚的科研创新能力，缩短了新产品的开发周期，不断开发出技术含量高、适销的塑胶机周边机械。近期参加的国际橡塑展上，信易敢为人先，作为塑料辅助设备生产领域的佼佼者，几年之前，便于行业中提出基于网络的集成控制技术sLink，通过标准的网络载体，实现对所有成型周边辅助设备的集中监控功能。传统企业生存环境愈发艰难，成本高企，利润下滑，而采用智能化生产技术的企业却能够逆势增长，智能生产的概念及产品随之在塑料成型行业内大力推广，信易公司sLink技术也得到越来越多客户及合作伙伴的肯定。展会现场有多家行业内知名的塑机生产商，如海天、东华、博创、伊之密等配套信易产品，嵌入sLink技术，实现智能注塑。同时，信易公司在sLink技术基础之上，持续发力，向客户提供整套智能成型解决方案，包括集成控制技术，MES系统及ERP系统。目前信易公司已开发完成除湿干燥系列、混合拌料系列、粉碎回收系列、供料输送系列、冷热交换系列、自动化对策、系统化对策、热流道系统八大系列产品，获得授权专利知识产权100多项。产品均通过欧盟CE认证，除湿干燥系列、粉碎回收系列、混合拌料、供料输送系列、冷热交换系列和机械手六大系列产品被认定为广东省高新技术产品。信易的企业技术中心已通过省级企业技术中心认定，组建了东莞市塑胶成型辅助设备工程技术研究中心。公司与东莞理工学院签订全面“产学研合作协议”，坚持走“产、学、研”相结合的研发之路，坚持以“创造市场所需的产品”为研发理念，积极开展产学研合作；与东莞中子科学中心建立了长期的技术合作关系，合作课题紧跟国际科学技术发展的前沿，开发塑胶辅机新设备。

三、人才队伍建设

东莞信易建有企业科协，在日常工作中，积极开展各类科研活动，并定期组织企业科协会员进行技术交流与培训，并邀请各方科研专家到公司进行技术指导，以提高各会员的专业技能。企业科协制定各项科研管理、考核、奖励制度，提高各会员的工作积极性，带领科研人员进行科研实验，加大科研成果产出率，提高公司产品科技含量。

在人才队伍建设方面，信易公司坚持内部培养和外部引进相结合的原则。从境外引进高级管理人才及技术人才，与东莞理工学校建立定点培训基地，学校及时推荐优秀毕业生用于补充公司人力资源，为公司不断地输送机械专业人才；同时，公司内部拥有健全的考核机制、激励机制和晋升机制。公司不断强化内部培训机制，架设知识管理平台，使产品研发、技术、营销等经验得到更好的传承，为内部员工的成长营造一个良好的环境。

四、标准研制及质量管理

在全球化竞争的环境下，信易公司积极制定各产品的标准，并积极采用国际标准和国外先进标准。目前，公司共制定企业标准 6 项，采用国际标准 2 项，主导制定 2 项行业标准，参与制定行业标准 1 项，并且公司所有产品均已通过 CE 认证。信易公司以审慎严谨的作业及对质量近乎苛求的态度，从原材料到产品，严格管控产品质量。公司于 2005 年通过 ISO 9001 质量管理体系认证，2013 年建立标准化良好行为体系，计划 2016 年建立国家知识产权管理贯标体系及工信部的两化融合管理体系。公司成立专门的质量实验室，配备精密检测设备，聘请资深品管工程师，并委托东莞市质量技术监督局等权威机构定期对产品进行检验。

五、开拓国内外市场

信易公司目前在国内各大城市共设立 40 多个销售服务网点，海外设立 50 多个销售服务网点，全系列产品受到国内外客户的青睐和认可，尤其是干燥机和吸料机目前销售量稳居全球第一，塑料成型辅助设备总产量和总销售量均稳居全球第一，是“一站式购足”国际顶级塑料成型辅助设备生产商。信易品牌“SHINI”价值过亿元，而且信易的产品也横跨了汽车、电子、制药、塑胶、食品等领域，广州本田、深圳比亚迪、海尔、富士康、西门子、三洋、华为、徐福记均选用“SHINI”品牌塑料辅机产品，有效提升产品良率。

随着国际金融危机的逐步消退，公司正积极拓展国内市场，2016 年规划布局莞韶产业园新建项目，同时大朗 86 667m^2（130 亩）新厂项目正式启动，被东莞市政府列为重大项目，现已全面施工，预计 2017 年 3 月正式投产。同时，公司不断完善销售网络，不断拓展国内及国外市场，坚持以技术为导向，不断进行服务创新，向科学化与资讯化企业管理迈进，用知识管理平台积累与分享研发、设计、生产、产品应用、客户服务及市场行销经验，为信易全球的每一位客户提供完善、快捷的高品质服务。

六、行业发展前景

模具温度控制机行业加速发展，汽车工业、仪器壳体、家用器具、电器组件等领域对模温机需求不断增大，在“十二五”（2011—2015）期间，模温机需求年均增长达 12% 左右。模温机行业的发展与塑料制品行业的发展紧密相关，随着技术的进步，近年来对塑料制品的品质要求更加严谨，如塑胶原料吸湿的物理性以及外在的湿度都会影响制品质量，出现缩水、气泡、流痕等现象。

公司设立至今，积极推行企业自有品牌、自主技术建设，被评为高新技术企业，研发中心被认定为广东省企业技术中心和东莞市塑胶成型辅助设备工程技术研究开发中心，信易牌商标被认定为广东省著名商标，企业获得“广东省名牌产品”“东莞市专利试点企业”“广东省装备制造业 100 重点培育企业”“中国塑料行业先进单位”“东莞市装备制造业重点企业”“标准化良好行为 AAAA 企业”等荣誉称号。

在塑胶制品、塑胶材料使用范围不断扩大的今天，信易辅机对废塑胶的回收利用技术，可以为广大塑胶制品企业带来新的成本节约点，提高塑胶原料、塑料制品加工企业生产效率和产品品质，为建设绿色、环保型社会贡献一份力量。通过公司产品的不断推广和应用，信易辅机在未来将与大家共同成长，创造美好未来。

〔供稿单位：东莞信易电热机械有限公司〕

智能发展，走泰瑞 4.0 道路

——泰瑞机器股份有限公司

泰瑞机器股份有限公司（以下简称泰瑞）是一家专业的塑料注射成型机生产制造商。自 2006 年 8 月在国家级开发区——杭州经济技术开发区内投资建厂，已经逐渐成长为行业知名企业之一。如今具有年产万台锁模力 450 ～ 70 000kN 注射机的能力。多年来凭借产品品种齐全、个性化机型众多、质量优异和全球无时差服务而享誉全球 90 多个国家和地区。

位于浙江德清的泰瑞重型机械有限公司自建厂起，经过不断成长也已成为当地最具活力企业之一。它的崛起，让泰瑞把控从机器生产最开始的铸件浇注到产品出厂的每一个环节，做到质量保证、生产调配等多方面的自主控制优势。从精密铸造开始，大规模生产制造，覆盖注射机主机、零部件的整个产业链，再到现代化高科技装配调试，泰瑞成为国内生产先进水平的大型精密铸件和生产智能化全闭环伺服驱动注射机设备的现代化综合企业。

公司先后被评为高新技术企业、国家火炬高新技术企业、浙江省出口名牌、浙江省著名商标、杭州市“百佳”创新型外贸企业及塑料行业注射成型机十强企业等多项荣誉。2016 年 1 月 26 日，泰瑞被认定为浙江省知名商号，有效期六年。2016 年 1 月 28 日，“TEDERiC”商标境外成功注册，获得美国、土耳其、韩国、埃及、印度、意大利、德国、捷克 8 个国家境外注册商标。

一、智能制造简要分析

“工业 4.0” 是德国联邦教研部与联邦经济技术部在 2013 年汉诺威工业博览会上正式提出的概念。它包含了由集中式控制向分散式增强型控制的基本模式转变，目标是建立一个高度灵活的个性化和数字化产品与服务的生产模式。

德国学术界和产业界认为，“工业 4.0”概念即是以智能制造为主导的第四次工业革命或革命性的生产方法。该战略旨在通过充分利用信息通信技术和网络空间虚拟系统——信息物理系统相结合的手段，将制造业向智能化转型。“工业 4.0”项目主要分为三大主题：“智能工厂”“智能生产”和“智能物流”。

“互联网 +”是创新 2.0 下的互联网与传统行业融合发展的新形态、新业态，是知识社会创新 2.0 推动下的互联网形态演进及其催生的经济社会发展新形态。“互联网 +”代表一种新的经济形态，即充分发挥互联网在生产要素配置中的优化和集成作用，将互联网的创新成果深度融合于经济社会各领域之中，提升实体经济的创新力和生产力，形成更广泛的以互联网为基础设施和实现工具的经济发展新形态。“互联网 +”行动计划将重点促进以云计算、物联网、大数据为代表的新一代信息技术与现代制造业、生产性服务业等的融合创新，发展壮大新型业态，打造新的产业增长点。

此类概念一经提出便引起了热潮，如今“互联网 +”的智能化时代已经成为整个工业的发展主流。然而，步入“工业 4.0”却非一日之功，需要不断地积累和沉淀，通过每一个环节的提升来接近属于自己的“中国制造 2025”。

二、信息化工厂管理

1. 资源共享、集中管控，系统化管理

公司大力推行 6S 管理，提高产品质量，关注安全生产。6S 管理的推进，有助于员工生产意识的提高和生产现场的改进。公司零部件堆放整齐，区域划分明确，不仅消除了安全隐患，更提高了公司的管理水平。

为保证公司按照正规化、先进性、创新型的管理模式运作，泰瑞在企业治理和组织架构上进行合理调整。按照运作经营功能设立了营销中心、技术中心、制造中心、营运管理部、综合管理部以及财务部等诸多部门，明确各部门的岗位职责与权限，并拥有系统的绩效考核制度。另一方面，公司针对不同产品项目成立相关的独立事业部，单独运作管理，以“零件”的健全来带动“组件”的正常运转。

公司采用业务员及售服人员移动端电子签到及定位设备，更好地进行人员调配和管理，更加及时地对客户及用户的需求做出响应。针对销售业务的多元性和不确定性，公司专门设立产品应用案例存档及查询系统、自动报价系统，能够更加快捷方便地与客户进行交流、对接。诸多一系列的系统化管理模式，不仅保证了公司内部的正常运作，更成为企业强有力的竞争优势之一。

2. 人－软件－硬件－平台，交互式管理

在生产组织上，公司采用 ERP 管理系统，覆盖技术、财务、营销、制造、营运管理及仓储物流等多个部门，实现标准化、规范化、精细化管理。可采用系统对客户报价单进行统计分析，再进行现场的生产安排。这样不仅便于生产管理的安排，缩短了交货周期，更在操作过程中将手工或电子单据转变为系统单据，便于记录、保存、统计和查询。

泰瑞使用的 OA 管理系统已衍生至手机客户端，能够保证公司内部更加简便的行政管理，在 OA 中的工作流管理可以完成工作申请、新闻发布、员工管理等多种工作，做到责任细分、办事有底，杜绝事故后的归咎问题。并且手机 APP 的使用，更方便随时随地对工作进行合理化的安排，保证“24 小时工作时效”。

除此之外，公司物联网概念下的智能化工厂系统，解决了物物相联技术、网络通信及数据安全技术、海量数据处理及智能分析技术和数据交换及共享技术，实现注射机设计、装配、调试、入库及售后服务的数字化、智能化管理，形成连续制造、集中管控、资源共享的注塑机数字化制造管理决策平台。该平台为企业提供持续改善、发展的数据依据，实现对制造、质量、售后服务等的有效管理，节约人力成本、管理成本，适应“工业 4.0”时代发展的要求。

2015 年 10 月 19 日，泰瑞“基于物联网的注射机制造智能化工厂”入选浙江省工厂物联网项目名单。公司在物联网技术领域成功迈出的关键一步，对推动杭州市物联网产业发展，发挥引领和示范作用具有重要意义。

3. 在线售后服务平台，便捷式管理

“泰瑞 4.0”，除却系统化的管理，信息化的生产，更体现在全球无时差的机器配套服务上。泰瑞现开设台州、东莞、深圳、长沙等近 20 个常驻服务点，并安排 6 名常驻海外服务工程师专门进行国外客户的配套服务工作。公司的微信公众平台专门设有“微商城”服务，供客户方便地购买机器周边标准配件。2015 年 11 月 30 日，泰瑞“在线服务”平台正式上线，该平台能够供用户进行售后服务申请，更有问题检索功能可对常用故障问题进行了解、学习和处理。为了让客户更方便快捷地找到服务工程师，泰瑞为每台机器配备了专门的互联网标识，只需轻轻点点手指，服务工程师就能第一时间提出解决方案，做到智能、快捷、无时差的服务，为用户解除后顾之忧。

三、“梦想”系列智能塑机

2015 年 3 月 23 日，泰瑞携带梦想 DE 系列全电动注射机出席美国 NPE 展会，正式将泰瑞全新设计的全电动注射机 DE140/E360 推向市场。

1. 工序联动，注塑设备智能化

经过多年研发，泰瑞“梦想”系列注射机相对于传统油压式注射机早已做出了极大改进。合模结构中，增设防移模偏摆功能、自平衡调模功能和独特的短程高压直压锁模机构，实现智能化调模控制，加快移模速度，减短空循环时间，提高开合模重复位置精确度。注射结构部分，区分单缸高精密快速注射、双缸平衡式注射、双阶高压挤注式注射等结构，且皆配备智能注射调节功能，精准配合产品所需注射条件。控制系统上，采用多伺服泵闭环控制，自适应预塑背压，比传统的液压系统节能 30%～60%，具有较好的节能效果。各个部分的完美配合，促成注射与锁模联动，开模、取件与储料联动等多项工序同步功能，有效地提高生产效率，减少循环周期，做到智能生产。

2. 塑机联网，“T-cloud”泰瑞云服务

在智能化、信息化的引导催动下，泰瑞注射机的物联网概念也初具雏形。泰瑞实现的智能塑机，能够实现远程数据监控传输、数据图表分析、定制化功能设计、跨平台数据分析、数据的云存储等多项功能。传统的设备故障报警，也将通过云端进行高速、快捷的信号传输、分析和诊断，让操作或维护人员以最快的效率得到反馈。泰瑞注射机能监控若干个循环周期内运行状态，不仅观察注射机的产品成型工艺，还同时检测相关辅助设备的运行参数，并做出最后的分析保存，供后期参考，这大大提高产品生产的精度和注射机本身的使用寿命。

“泰瑞 4.0”推进下的物联网，称之为“T-cloud”泰瑞云服务。它的使用，推进了对机器设备的管理和监控，更加深了与客户之间的沟通，促进以信息化带动工业化的进程。

3. 配套成型，一站式产品自动化生产

泰瑞“梦想”系列注射机引导下的塑制产品解决方案日渐趋于成熟。结合全套的自动化设备，从原料供应、塑化成型、浇口修剪、产品检测、自动包装到最后的装箱堆垛，一体化的塑制产品成型符合自动化的生产走势，极大程度上实现了无人状态下的智能化生产流水线。

值得一提的是，泰瑞全电动注射机成功迈入市场以来，已占据一定地位并享有良好口碑。Chinaplas2016 中展示的汤匙自动包装一体化一度成为展会亮点，获得超高人气。

4. 特殊结构，个性化机型高配置

公司注射机产品与周边辅助设备及配件完美契合。磁性模板、液压模夹等装置使得注射机模具更换变得轻而易举。自动换模装置更是方便、快捷地实现无人操作下的安全模具更换。汽配系列注射机产品模具自动更换、双色多组分注射机增设实现注射料筒自动位置转变、包装系列精密注射机模具内部监视、全电系列合模接触力自动检测等多种个性化机型的特殊配置，都极大程度地减少了生产时间周期，增加机器及模具使用寿命，实现真正的信息化、智能化。

四、公司发展规划

泰瑞秉承“为用户创造更大价值”的核心价值观，在不断发展中为社会、用户及供方创造价值，同时也为股东和全体员工创造价值。为适应市场经济发展需要，提升企业管理能力，增强企业市场竞争力，公司多年来一直进行着能量储备，争取在后续的发展中走向更加广阔的市场，创造更大的影响力。

未来，泰瑞将紧紧围绕“智能化”和“全球化”发展战略，以信息化生产和智能化设备为全球的客户提供高性价比和人性化的注射机及整套产品应用解决方案。公司始终坚持全新尝试，保持创新的发展思维，以不断提升的“泰瑞 4.0”理念努力促进“工业 4.0”的发展进程，使泰瑞稳步走向行业前列。

〔供稿单位：泰瑞机器股份有限公司〕

厚积薄发 基业长青

——宁波华美达机械制造有限公司

宁波华美达机械制造有限公司（简称华美达）致力于节能注塑机产品的技术研发、制造及市场推广，历经十几年风雨，已成长为具有一定发展规模和雄厚竞争实力的高新技术型企业。公司目前注册资本 6 280 万元，拥有 4 个生产制造基地，超过 10 万 m^2 厂房设施以及一批高素质的企业创新管理团队。在 2015 年度中国塑料机械工业协会优势企业评选中，华美达荣登“中国塑料注射成型机行业 15 强”榜单，跻身行业发展前列。

华美达自成立以来，始终坚持“专心专注，做好塑机”和“尽力满足用户需求”的企业理念，以精益求精的产品创新和高效运转的经营效率服务于客户；以专业化、精密化、模块化、节能化以及快速定制化的设计理念，为客户精心设计产品；以高素质的企业管理团队、创新型研发团队以及现代化的生产经营理念精心构建健康的企业发展模式；以科学严谨的设计理念为出发点，不断思考如何挑战极限把产品做到更精、更好。

产品质量是企业生存与发展的根本，没有质量作保障，其他一切都是徒劳。很多客户多年以来一直使用华美达的产品，根本原因在于公司坚持提升产品质量，逐步形成了良好的品牌口碑和影响力，树立了良好的形象，建立了强大的客户网络。多年来，华美达坚持以国际标准为准则，不断提高产品的科技含量，依靠领先的软硬件设备，不断引进、消化、吸收国际最先进的工艺技术，并凭借自身的强大研发能力，迅速成为中国塑料机械行业综合技术和生产规模极具优势的企业。依靠由高级工程师和专业技术人员组成的企业技术研发团队，华美达具备了自行开发和生产锁模力 600 ～ 30 000kN 全系列各种标准型以及专用型精密节能塑料注射成型机的制造水平，并能为有特殊工艺技术要求的客户提供定制化产品服务。在行业内成功推出高效伺服节能注塑机系列、精密单缸高速射出注塑机系列、大型二板注塑机系列以及热固性塑料专用机、PPR 管件专用机、化妆品行业专用机等多种系列产品，其中精密单缸高速射出注塑机产品已被列入国家火炬计划，技术处于行业领先水平。

华美达二板注塑机系列

工欲善其事，必先利其器。对制造行业来说，一流的生产装备是生产一流产品的基础和保证。华美达于 2008 年、2014 年、2016 年先后三次投入数千万元资金进行技改，进一步扩建厂房设施，扩大生产规模，引进国际领先的制造设备，如大型数控加工中心、落地式精密数控镗铣床、大型卧式龙门铣床等先进加工设备，完全满足锁模力 40 000kN 以下大型注塑机模板等精密铸件的高精度加工标准要求。在生产管理中，坚持“深思熟虑、精益求精”的质量方针，建立起一套完整的质量管理体系，形成了完善的工艺流程和生产环境。目前华美达已通过了 ISO 9001 质量管理体系以及欧盟 CE 产品认证，在生产和检测过程中严格把关，客户购买的每一台产品均通过数道工序的严密测试，所生产各系列注塑机均配备知名品牌的液压、电器及控制系统，通过严格的检验、装配、调试，为客户提供优质的产品与服务。现代科技与有效管理相结合、产品创新与技术改进并重，创建了一个研发、制造、检测与系统管理的完美体系，使企业具备了开发国际先进技术产品的能力。

华美达注塑机之所以能获得广大客户的青睐，有赖于产品研发的精益求精以及专业精干的售后服务团队。为了更好地服务客户，公司在国内 40 多个省市建立了完善的销售及服务机构，利用强大的营销网络实现近距离服务。售后服务人员 24 小时开机，随时待命，保证在第一时间为客户安排人员解决问题。客户还可以通过网络与工程师在线沟通，远程诊断为客户提供产品售前、售中、售后的及时解决方案。

一流的产品是华美达孜孜以求的重要目标。公司一直将产品定位于中高端领域，凭借多年的注塑机产品经验，融合国际前沿设计思维，坚持精密、高效、节能的研发理念，将产品推广到欧美、中东、东南亚等国际市场，并在美国、俄罗斯、土耳其、伊朗、东欧等十多个国家和地区建立了海外服务中心，形成面向国际市场的营销体系，以开拓进取的企业精神为中国塑料机械产业的发展贡献力量。

〔供稿单位：宁波华美达机械制造有限公司〕

山东通佳：创新引领发展

作为中国最大的塑料机械专业制造商之一，山东通佳机械有限公司（简称山东通佳）先后担任中国塑料机械工业协会副会长单位、中国塑料加工工业协会副理事长单位，荣获国家重点高新技术企业、中国专利明星企业等众多称号，并连续多年入选中国塑料机械制造业综合实力五强，行业影响力日益增长。

山东通佳先后研制开发出 9 大类 180 多种规格的具有自主知识产权和国际先进水平的塑料机械装备，其中多项产品获得省部级科技进步奖和国家专利授权，并分别被列入国家级重点新产品、国家级火炬计划项目、国家技术创新基金项目、山东省技术创新重点项目。早在 1992 年，山东通佳的塑料中空成型机就获得国家专利，120L 大型自动中空成型机早在 1996 年被认定为年度国家级新产品；近年来 PLA 发泡工艺技术更是填补了国家技术空白。

为提升企业生产研发水平，进一步增强自主创新和竞争能力，山东通佳投资 11.5 亿元在济宁国家高新区建成了山东通佳科技工业园，占地面积逾 23 万 m^2（350 亩），厂房面积 18 万 m^2。目前，企业在开发出更多具有自主知识产权的新产品，并形成了年产塑料机械 6 000 余台（套），塑料制品约 10 000t 的生产能力。同时企业还全面通过 ISO 9001∶2000 质量管理体系认证，产品通过欧盟 CE 认证，在 46 个国家和地区注册了商标。

今日的通佳，已经与济宁的儒学一样，从中国走向世界，通佳人正朝着自己“建设百年企业，铸就国际名牌”的通佳梦而努力奋斗！

一、注塑机：以高起点高标准赢得高端市场

在注塑机市场竞争愈加激烈的今天，山东通佳积极分析市场，不断进行技术、生产制造和管理等方面的创新，研发出满足市场需求的新产品，并为客户提供完善的、全方位的、保姆式服务，最终赢得了一大批新老客户的全身心支持。如今，山东通佳已然成为江北最大的伺服节能注塑机研发、生产基地。

山东通佳引进德国 CNC 柔性加工生产线、瑞士三维激光造型机和多轴复合加工机床等先进制造装备；应用ERP信息化生产管理系统，创建国家级高分子复合材料成型装备工程技术中心，形成系列伺服节能注塑机6 000台（套）的生产能力，向航空航天、高速铁路、新能源汽车等领域提供先进精密的加工机械装备，建成我国最大的高分子复合材料成型技术装备研发生产基地。

智能化伺服控制注塑成套设备依据山东通佳率先在国际上提出的高分子材料基于拉伸流变传热塑化成型理论研制，被列入《重大技术装备自主创新指导目录》和《2015年产业振兴和技术改造专项》，获得了中央专项资金支持。该项目拥有20多项核心专利，获得了山东省、中国机械工业联合会和中国轻工业联合会的多项技术进步奖，并入选了工信部《节能机电设备（产品）推荐目录》，达到国际先进水平。为奔驰、通用、一汽、二汽等国际、国内多家知名公司提供了整厂高分子材料加工装备，建设了无人值守的智能化、自动化车间，取得了显著的经济和设备效益。基于拉伸流变的高效传热技术、电磁辐射加热技术和伺服控制系统，介质传热效率提高60%以上，比传统注塑装备节能50%，实现了绿色制造。

多年来，山东通佳在不断地发展变化着，但以创新为灵魂的精髓始终如一；“敬业，创新，团结，奉献，优质，高效”是公司不变的企业宗旨；“以市场为导向，视客户为上帝，坚持质量第一，服务至诚，和谐合作”是通佳人一贯的经营理念。正是这些始终不变的信念，不断激励着通佳飞速向前。

二、挤出机：技术为王，产品为皇

挤出机械是山东通佳最早开展研制的领域，其历史可追溯至20世纪的50年代。山东通佳已然成为中国塑料挤出行业的领军企业之一。

紧跟时代发展步伐，山东通佳在挤出技术的研发领域一直走在行业的前列。如今的山东通佳已经全面进入智能化时代，一支高素质的研发团队和经验丰富的机械、电气工程师团队以及被誉为“行业实验室”的先进实验基地，为山东通佳提供了坚实的技术后盾，可提供专业性极强的各种塑料发泡生产设备、塑料包装生产设备、木塑生产设备、塑料网材生产设备等产品。

山东通佳产品涉及范围比较广泛，其创新的工艺技术遥遥领先。经过多年的发展，山东通佳的挤出设备已经得到市场广泛的认可，不仅在汽车领域打开了应用空间，还在航空航天、高铁建设、船舶码头、市政建设、建筑家装、道路修建等领域有着十分广泛的应用。

随着国家地下管廊建设的逐步推进，缠绕结构壁塑料克拉管由于具有抗腐蚀、耐老化、使用寿命高、管内壁糙率低、输水量大、可循环回收以及优异的热熔性柔性连接等特性受到行业越来越高的重视。山东通佳研制出直径4 000mm的大口径聚乙烯（PE）缠绕结构壁管材设备。该设备采用高效挤出缠绕成型和同步PE挤出焊接工艺，生产的HDPE结构壁管材具有高环刚度及高冲击强度；整机采用PLC智能控制系统，人机对话智能远程操控，具有联动功能。

在家装领域，“绿色、环保、零甲醛”已成为人们的共同追求。山东通佳的木塑生产工艺吸收国际最新技术，将PVC、PP、PE、PS等塑料和植物纤维充分混合，采用高效锥形双螺杆挤出，配备强制冷却系统挤出成型，性能稳定、节能高效、智能化控制，操作简便，大大降低了生产企业和终端消费者的使用成本。

山东通佳基于20余年发泡工艺技术的丰富经验积累，在PLA发泡工艺技术的研发上实现革命性重大突破，成功推出PLA聚乳酸全降解发泡生产设备。该设备采用双机串联式生产工艺，环保型CO_2做发泡剂，填补了国内空白，达到国际领先水平，拥有多项发明专利及实用新型专利。

高强度塑料土工格栅生产线是山东通佳提供的又一个让市场期待的塑料挤出产品。随着国家高铁项目的陆续开工建设，路基防护工程的加快建设，高强度土工材料再一次迎来了新的发展机遇。山东通佳2016款新型土工格栅生产线本着智能化、人性化的设计理念，颠覆了传统的浸裕热拉伸方式，采用新型高效的多组合热辊式拉伸技术，不但提高了设备稳定性，还增强了产品的力学性能；在传统的生产工艺配方体系中，加入多组分填充功能性母料，不但降低了产品的克重，而且增强了产品的双向拉伸强度，再一次引领了行业。如今，山东通佳的挤出产品畅销80多个国家和地区，广受国内外客户的欢迎，出口份额占公司销售额的40%左右。为更好地贴近和服务客户，公司先后在俄罗斯、土耳其、巴西等多个国家设立了技术服务站。

山东通佳始终将自身定位为研发型生产企业，每年都会投入大量的资金进行科研，每个专业领域都有专业的团队进行研发。此外，山东通佳还与国内多所高校开展校企联合研发项目，为未来的竞争而“备战”。智能化的生产和服务代表着行业先进的技术水平，现在的山东通佳已经全面进入智能化数字时代，通佳智能挤出设备已经全面走向世界。山东通佳开发和构建了“基于云计算的智能装备与服务平台”，借助云服务大数据等互联网服务，布局智能服务网络，实时监控设备运营状况，及时快捷地帮助客户，实现智能生产与智能服务。

三、中空机：品质是生存之基，技术为发展动力

作为国内最早从事全自动中空成型机研制的企业之一，山东通佳在中空机领域经过近30年的发展已处于领军地位，产品应用于多个领域。特别是在大型和超大型中空机的研发领域，山东通佳走在了国际的前沿。近几年通佳中空机在国内外市场的业务取得了长足的发展，市场占有率不断提升，品牌影响力逐步增强。

超高速智能中空容器成型装备是山东通佳基于“互联网+”技术最新推出的人性化、智能化、全自动化、超高速的中空容器成型系统，从原材料的多组分自动配混、中空容器的自动生产、自动去除飞边、容器缺陷电子检测，到自动出瓶、自动排瓶、在线灌装、自动贴标等整厂工程实现了全自动智能化生产，还构建了基于大数据平台的云端远程诊断、控制、预警和服务平台，真正实现了绿色制造、智能制造。

“信任源于品质”，山东通佳凭借雄厚的企业综合实力，始终坚持提高产品品质，坚持技术研发创新，坚持完善工艺技术服务，以“建设百年企业，铸就国际品牌”为目标，携手国内外客户共创塑机产业的美好明天！

〔供稿单位：山东通佳机械有限公司〕

伊之密：立志成为所在领域世界级企业

轻合金及高分子复合材料模压成型工艺的广泛应用，改变了近代的工业制造模式，使低成本大批量生产成为可能。今天，以铝、镁、锌为代表的轻合金，以塑料、橡胶为代表的高分子复合材料，已成为工业制品和消费产品不可或缺的重要组成原料，从而带动相关的模压成型装备的飞速发展。

2002年，广东伊之密精密机械股份有限公司（简称伊之密）在佛山市顺德区容桂镇四基生产出第一台伊之密塑料注射成型机，随后相继推出铝、镁、锌合金压铸机，橡胶注射机和机器人自动化集成系统，并得到了越来越多模压成型行业知名客户的认可和信赖。现在，在中国市场，伊之密注塑机已经位列业内前三名，压铸机位列前两名。

2015 年 1 月 23 日，伊之密成功登陆深交所 A 股市场。多年来，伊之密一直致力于让中国装备技术与世界同步，着力提高自身的技术实力、产品品质和服务。上市后，伊之密继续朝这个方向努力，锁定“成为所在领域的世界级企业”的新目标，围绕模压成型专用机械设备领域多元化地延伸产品，创新产品研发和企业运营方式，积极布局全球市场，让全球的客户和同行都认可伊之密的产品和品牌。

今天，除了拥有占地面积 80 000m^2 的顺德高新区生产基地外，伊之密的顺德五沙生产基地（占地面积 81 117m^2）和苏州吴江生产基地（一期占地面积 33 213m^2）已全面投产，可满足其未来 5 ～ 10 年的发展需要。另外，伊之密在全球市场运行“伊之密”和“HPM”双品牌战略，在北美、印度设立基地，开拓和巩固伊之密的国外市场。

为进一步把产品做到精益求精，伊之密引入 IPD 产品集成研发管理模式，从客户需求出发，以严谨的流程开发产品，实现产品升级换代。伊之密拥有高速成型、精密成型、镁合金半固态注射成型、全电动等多项先进技术，并致力于这些技术的应用研发。

高速成型技术：根据客户产品需求不同，伊之密有不同配置的高速成型方案供客户选择。采用开合模高速闭环控制，大幅度缩短空循环时间，同时增加两个或多个动作的同步复合，进一步缩短周期。目前，这些技术已广泛应用于不同行业和领域，有效提高了客户的生产效率。

精密成型技术：伊之密在精密成型设备领域独树一帜，在精密成型的控制方法、精密成型设备的机械结构设计方面拥有丰富的经验，成熟的技术方案可满足不同领域的精密成型要求。针对精密成型的需要，研发出不同控制方法和动力元件的精密成型技术，并着眼于设计的细节，对应用加以分析和总结，逐渐形成具有伊之密特色的精密成型机。

镁合金半固态注射成型技术：经过多年的研发，伊之密已经完全掌握了高速实时控制技术（最高射速 4m/s）和耐高温耐腐蚀高温合金材料的相关技术。为了将镁合金注射机推广到不同的应用领域，伊之密将着手建立相关的研发实验基地，针对镁合金材料、不同产品的成型工艺等进行研发。

全电动技术：集合公司精锐研发团队，推出高端全电动注塑机，研发完善了快速开锁模技术、高速射胶终点位置控制技术、背压多维稳定技术和高精度温控技术。

伊之密还一直致力于以节能为中心的研发，节能注塑机的研发取得了丰硕的成果，从变量泵到伺服泵、从机筒节能环到机筒保温节能装置，注塑机的能耗大幅下降。今后将继续研究新的动力和控制方法，达到节能技术新高度。

在“为客户创造更大的价值体验及投资回报”的理念下，伊之密从单机研发向包含模具、机械手、辅助机械在内的系统整合研发扩展，从机械研发向应用研发扩展。着手研发与机器高度一体化的机械手和辅助机械，实现周边设备的中央控制，提高系统效率和操作性。为此，伊之密累计投入超 1.2 亿元，打造属于自己的精密制造平台，并投资建设恒温计量与检测中心，全力升级产品质量。引入先进的 CAD、CAE 软件，打造现代化的数字化研发平台，在产品设计阶段形成电子样机，结合整机仿真，大幅度提高设计质量及效率。

伊之密将在节能技术、自动化技术、精密控制技术、产品无故障技术等领域进行更大投入，持续保证产品的先进性和可靠性。同时，还将致力建设业内特色服务体系，提供快速、准确的服务，为提高全球客户竞争力而不懈努力。

〔供稿单位：广东伊之密精密机械股份有限公司〕

广东正茂：直压式注塑机的多领域应用

直压式注塑机在汽车塑件领域的应用

汽车材料技术发展的主要方向是轻量化和环保化，减轻汽车自身重量是降低汽车排放、提高燃油效率的最有效措施之一。汽车塑件不同于一般的塑料制品，它对产品精度的要求非常高。常见的汽车外饰塑件有保险杠、后视镜、车灯、仪表盘、座椅、发动机及其组件、空调组件、燃油箱等。相比传统的注塑方式，直压注塑工艺具有非常明显的优势，不仅能满足汽车塑件高精密、高复杂的要求，同时高速高效、绿色节能。

广州正装科技有限公司在直压式注塑机研发方面具有20多年的实践经验，通过自身创新与技术引进相结合，隆恒兴系列产品在高精密注射成型方面得到广泛应用，尤其受到汽车塑件生产厂商的青睐。

一、锁模系统

直压式结构的优越性在于其开模行程远远大于液压曲肘合模结构，至少在2倍以上，可满足汽车大型塑件（如保险杠、仪表板等）生产需求，并能充分保证汽车大型复杂塑料零部件的成型复合面精度。

基于汽车塑件对注射工艺的高要求和高标准，单缸直压锁模减少了摩擦点，模板的平行精度更高，更能平整地锁住模具，避免成型产品出现厚薄不均及毛边的现象。

二、射出系统

汽车塑件使用的塑胶种类非常广泛，常见的有尼龙、聚丙烯、聚氨酯以及其他工程塑料。这些材料对螺杆的设计、制造工艺要求都非常高，稍有不慎就会导致后续注射成型的不良（黑点、发黄），必须针对各种特殊原料量身定制料管。料管需采用合金料制造，螺杆则采用合金进行表面镀铬处理。整套料管组在制造过程中不能有死角，螺杆表面粗糙度、洁净度要求高；三小件（螺杆头组）与螺杆端部结合处不能有死角；分胶头（螺杆头）的外牙与螺杆内牙配合间隙要求零误差（配合间隙要严实），若配合不良就会出现瓦斯气体导致树脂发黄；料管端部与法兰、射嘴接触位置密合度要好，不能有断层（死角），否则会导致制品不良（黑点）。

只有绝佳的混炼效果，料管与射座之间的高研磨精度，传动装置与料管处于同一水平线上，才能减小熔胶射出的振幅偏差，有效避免原料吐黑过火等缺点。

三、液压系统

直压式注塑机使用的液压系统由动力源和控制模块组成。新式动力源使用伺服电动机配合齿轮泵驱动，控制模块由计算机给定各种信号，通过压力传感器反馈信息实现精确控制。虽然成本相对较高，但是运转时的精度和全电机一样，比传统驱动方式节能60%～80%，应答速度快，低热量低噪声，避免了因油温过高、应答速度慢带来的产品缺陷和机器损耗，特别适用于汽车前端模组、门板、汽车仪表板、座椅底盘和座椅靠背等的制造。

四、计算机控制系统

由于汽车零部件的型腔面十分复杂，注塑机在设计时要考虑其特殊性，配置一些特殊的功能程序，如多组抽芯功能、时序控制功能、配套换模装置功能、配套取件机械手装置功能等。这些特殊功能在汽车塑料零部件生产中优势十分明显。例如，在保险杠生产过程中，为了缩短生产周期，通过取件机械手自动取出模具开模顶出后的大型塑料制品件，多组抽芯使大型塑料制品平稳整体顶出，不会产生顶白或开裂。

〔撰稿人：广州正装科技有限公司邓思聪、李锋〕

内循环二板直压式注射机在医用领域的应用

BM 系列内循环二板直压式注塑机由广东正茂精机有限公司在多年设计开发全液压注塑机的基础上研制生产，已成为新一代精密节能注塑机的代表机型。

相比三板曲肘液压式注塑机，二板式注塑机省去了合模装置中的尾板，锁模力直接作用在固定模具的两块模板上，不但机身长度缩短节省了空间，而且锁模精度更高，能耗更低。随着塑料工业的发展，二板式注塑机以其结构简单、高效精密等特点逐渐成为满足精密、高效、节能、高速高压、自动化注塑生产用户需求的新一代设备。

二板式合模装置分为复合式和直压式两种，直压式直接由锁模液压缸将模具锁紧。四缸内循环二板直压式合模装置是广东正茂精机有限公司自主研发的核心专利产品，四个锁模液压缸通过定模板相通实现合模机构液压油的内部循环，并通过设置在对角的两个移模液压缸实现快速移模，移模到终点四个锁模液压实现额定锁模力。其特点是移模速度快、锁模稳定、节能效果明显。

一、主要特点和优点

1. 特点

结构紧凑，刚性强。由于只有两块模板，整机结构紧凑，空间利用率高；合模封闭线短，只有定板与动板的距离，模板刚性大。

超大的开模行程。开锁模行程不受结构上的限制，可以根据工艺需要，加大开锁模行程，满足复杂模具有两三个分型面的特殊要求以及深腔制品的需求。

锁模力精确控制。锁模全液压控制，锁模力线性可控，四根拉杆受力均衡，锁模压力可细微调整且重复再现性强，可显著提高产品质量。

不需要调模机构。在整个容模空间范围内，能计算机设置自行定位零点、起高压锁模，所有动作连续、准确、轻快、迅速，大大缩短更换模具调整工艺的时间。

开合模快速准确。采用低压力快速开合模液压缸，平均开模速度 600mm/s，外加两段比例压力控制，既可实现快速、准确定位，又可更好地保护模具。

可靠性高，寿命长。无机铰磨损，且锁模力重复性好、稳定性高，拉杆受力均匀，注塑机与模具的寿命均会提高。

2. 优点

省电：动模板在线性导轨运行，移模阻力、能耗低，伺服节能注塑机一般低于国家一级节能标准 25%，双伺服闭环系统更可节电 30%。

省料：二模板平行度高，能与模具自适应，四缸直压锁模力一致，重量重复精度最高可达 0.017%；无飞边，尺寸精度好，良品率高，可为客户节省 4% 的原材料。

省空间：二板机机身长度比三板机（包括全电动机）缩小 20%。

省保养：不存在曲肘（机铰）维护保养，无需外加润滑油。无调模齿轮，锁模力和模板开距可在计算机上自动设定，无需调模。

高效：新合模机构提高了快速开合模速度，配合一线式注射装置，可在注射行程较短的条件下，依旧获得所需的注射速度，从容应对薄壁产品与精密产品的生产。

BM 系列内循环二板直压式注塑机测试结果见表 1。

表 1　BM 系列内循环二板直压式注塑机测试结果

项目名称	单位	结果
制品质量重复精度	%	0.02
节能	kW·h/kg	0.31(符合一级节能标准)
锁模力重复精度	%	≤ 0.15
四拉杆受力均衡性	%	≤ 1.0
锁模终止位置重复精度	mm	0.03
p-v 转换点重复精度	mm	0.01

二、符合 GMP 的内循环二板直压式注塑机

国家食品药品监督管理总局规定从 2011 年 1 月 1 日起，各无菌医疗器械生产企业都必须实施《医疗器械生产质量管理规范(试行)》，配套文件《医疗器械生产质量管理规范无菌医疗器械实施细则(试行)》也要同步实施。根据该实施细则的检查项目第 4601 条，"洁净室(区)内使用的设备，其结构型式与材料是否对洁净环境产生污染，是否有防尘埃产生和扩散的措施"，第 4801 条，"洁净室(区)内设备所用的润滑剂、冷却剂、清洁剂是否会对产品造成污染"，许多企业的生产环境和所用的设备尚达不到规定。

医用注塑企业对设备的要求有：能够保持产品成型区的环境洁净，符合 GMP 要求；具有一定的精度；效率高、速度快；节能；低压护模灵敏，从而保护模具；机器寿命长、耐用性高；许多企业采用一模多腔，而且要求尽量排得多，因此要求设备的拉杆间距较大，锁模力较大。新版 GMP 各级别空气悬浮粒子的标准见表 2。

表 2　新版 GMP 各级别空气悬浮粒子的标准

级别	静态（空气尘粒最大允许数 /m^3）		动态（空气尘粒最大允许数 /m^3）	
	≥ 0.5 μm	≥ 5 μm	≥ 0.5 μm	≥ 5 μm
A 级	3 520	20	3 520	20
B 级	3 520	29	352 000	2 900
C 级	352 000	2 900	3 520 000	29 000
D 级	3 520 000	29 000	不作规定	不作规定

BM 内循环二板直压式注射机为医用塑料注射企业提供了获得认证的洁净生产单元。广东正茂精机有限公司提供专业的洁净技术来配置生产医疗产品的洁净室，通过系统地识别、消除和隔离污染源，可以使生产区间的洁净度达到 DIN EN ISO 14644-1 的 5 级，美国联邦标准 209 的 100 级和 GMP 的 A 级。

BM 内循环二板直压式注射机具有高速度、高效率、高精密、节能稳定可靠、耐用性高等特点，能够同时满足医用注塑产品的环境洁净要求。可以预见内循环二板直压式注射机发展将会更迅速，尤其是在医用注射成型设备选择方案中发挥重要的作用。

〔撰稿人：广东正茂精机有限公司王岳鹏〕

产品与项目

介绍 2015 年塑料机械行业获得的各类奖项及进入国家各类目录的产品，展示新产品、新成果的鉴定结果

综述
专文
统计资料
企业概况
产品与项目
标准与专利
附录

产品与项目

2015 年度中国机械工业科学技术奖

项目名称：电子业用自粘保护膜专用吹塑装备

完成单位：广东金明精机股份有限公司

完成人：蒋中成、关文强、何二君、吴彦明、马镇鑫

获奖情况：2015 年度中国机械工业科学技术奖三等奖

主要技术内容：电子工业用自粘保护膜专用吹塑装备是广东金明精机股份有限公司根据市场需求而自行研制开发的机电一体化技术含量较高的新项目。该项目主要技术内容为：自动称重喂料技术、零“晶点”单螺杆挤出机技术、无流道线大型三层共挤模头技术、内冷精密控制技术、双风口风环技术、无皱褶旋转牵引技术、低张力多功能组合式收卷机技术、计算机集中控制技术等。

技术指标：制品最大幅宽 2 300mm；制品厚度 0.02 ～ 0.12mm；螺杆直径 ϕ75mm/ϕ90mm/ϕ75mm；螺杆转速 100r/min；最大产量 400kg/h；机组总功率 500kW。

适用性：该项目适用于生产性能优良的电子工业用自粘保护膜，具有较高的附加值，为高科技电子产品在组装过程中的流通、在销售过程中的流通提供保护，促进电子产品的工业化生产。随着技术的不断成熟和升级，应用领域还将更大。该项目由于采用共挤成型方式，不需要涂胶，不产生废气和水污染，具有较高的社会效益。

项目名称：BH 系列精密快速成型机

完成单位：博创机械股份有限公司

完成人：饶启琛、叶廷璧、黄土荣、黄裕才、孙晓波

获奖情况：2015 年度中国机械工业科学技术奖三等奖

项目内容：博创公司成立于 2002 年年底，总部位于广州增城，是一家专业从事高分子复合材料成型装备的研发、制造、销售的大型综合服务运营商。公司现有广州和杭州两大研发生产基地，并拥有省级企业技术中心、省工程技术研究中心，是省级高新技术企业、中国塑料机械工业协会会长单位，拥有由中国工程院谭建荣院士任院长的博创浙大机械研究院。经过十余年的发展，博创生产的多色多组分注射机及节能二板机系列均位居行业第一，公司综合实力位于中国注射机行业前 3 名，成为中国注射机行业高端产品第一品牌。公司承担了国家多项科技项目，拥有自主知识产权和核心技术的高端产品，并有 100 多个科技项

目获得国家、省、市级荣誉，拥有100多项具有国际水准的技术专利。

项目创新性：该项目研究工作涉及机械、运动控制、伺服驱动等多种关键技术，因此，实施过程中充分利用研究人员知识结构的综合优势及项目联合体已有的研究工作基础、已有的设备仪器，在调研国外同类设备的基础上开展具有自主知识产权的研发工作。

在项目保障措施上，在市场需求、所研发装备的工艺需求、研发成功后的产业化以及资金配套等方面，为项目的研发发挥创新主体作用。以集成创新为主，一些典型功能部件尽可能应用已有的产品，以降低项目实施的风险。在关键技术、关键工艺以及关键部件研发方面，以自主创新为主，形成若干具有自主知识产权的专利和专有技术，以保证项目整体的创新性。

在项目的研究方法上，采取“样机、消化、再创新”的策略。在充分调研国外同类设备的基础上，选定国际上同类先进注射机的技术参数为验收标准，在对样机以及其他同类型装备进行分析、测试和消化的基础上，结合已有研究开发经验，进行再创新。

项目获得1项外观专利，3项实用新型专利，1项发明专利。项目达产后，累计新增产值15 000万元，累计新增税收500万元。

中国专利奖（塑料机械行业）

序号	专利号	专利名称	专利权人	发明人	获奖情况
1	ZL200810026054.X	基于拉伸流变的高分子材料塑化输运方法及设备	华南理工大学	瞿金平	第十六届（2014）金奖
2	ZL200910237622.5	一种纳米叠层复合材料制备装置	北京化工大学	杨卫民、王德喜、丁玉梅	第十六届（2014）优秀奖
3	ZL201110327527.1	多层共挤吹膜设备的挤出机和模头的清机方法	广东金明精机股份有限公司	马镇鑫、李浩、李子平、陈新辉、林永忠、何二君	第十六届（2014）优秀奖
4	ZL201010584290.0	塑料吹塑机的口模结构	苏州同大机械有限公司	邱建成	第十六届（2014）优秀奖
5	ZL201110250342.5	一种塑料注射成型机的锁模机构	宁波双马机械工业有限公司	刘玉鹏、胡宝全、喻鹏、邓俊钧、康晓军、李向明	第十七届（2015）优秀奖
6	ZL201220429794.X	一种混色注射装置	浙江申达机器制造股份有限公司	施优优、周巨栋、沈雪明	第十七届（2015）优秀奖

2014—2015 年中国塑料机械工业协会组织新产品、新技术成果鉴定结果

单位名称：苏州同大机械有限公司、江苏科技大学

项目名称：TDB 系列智能化复合流道中空成型机生产线

鉴定时间：2014.01.06

项目内容：综合心型流道和螺旋流道两种流道的优势成为复合流道，能彻底消除塑料熔接痕，提高型坯挤出的均匀性，充分发挥加工塑料的物理性能，从而提高制品的综合性能。尤其是对于高分子量聚乙烯塑料加工效果的提高更为明显。

去飞边装置采用伺服电动机驱动滚珠丝杠带动塑料桶抓取装置，稳定从冷却输送线抓取塑料桶到去飞边模内，经过冷却的塑料桶能够方便地实现去飞边，提高了全自动生产的效率。

应用领域：中空塑料制品。

主要创新点：将先进的 CAE 技术与传统的经验设计相结合运用到机头流道设计之中，可使设计的机头流道与聚合物的加工性能更符合，提高一次试模的成功率，缩短设计周期，节省设计成本。加入独立去飞边装置的中空成型机，可支持实现系列内多种规格塑料桶去飞边模具的更换，可实现原有中空吹塑机的全自动去飞边的技术升级与技术改造，降低吹塑制品厂家技术改进的投资费用，提高吹塑制品厂家的自动化智能化生产水平。

作用和意义：国内外中空吹塑制品行业的不断发展与进步，对中空吹塑机智能化生产线的要求越来越迫切，许多中空吹塑制品厂家对生产线的稳定性、耐用性、可靠性均提出了较高的要求。苏州同大机械有限公司为了满足国内外客户的要求，研制了多种型号的智能化高效中空吹塑机生产线，如 HT-15X2、HT-30X2 等高速高效双工位中空吹塑机生产线。公司在以往这些高速、高效中空吹塑机生产线的基础上进一步研制了 TDB-50F 智能化中空吹塑机生产线。该生产线储料机头采用复合流道技术，智能化独立的全自动去飞边系统与高效冷却塑料桶输送线，组成高效生产的单工位塑料桶生产线，可有效实现 25L 系列多种规格塑料桶的高效、高质量全自动稳定生产。

随着国民经济的迅速发展，人民生活水平的日益提高，中空塑料制品的应用将越来越广泛，而中空塑料制品行业也将得到更大的发展。因此研制成功的智能化复合流道中空成型机生产线具有广阔的市场前景。

鉴定结果：总体技术水平达到国际先进水平，其中复合流道技术居国际领先水平。

单位名称：宁波双马机械工业有限公司

项目名称：BL2880EK 高节能伺服控制超大型外曲式合模成型设备

鉴定时间：2014.04.16

项目内容：运用双马公司自有技术，如双曲肘外翻合模机构技术、等应力模板结构、日字框推力座等多项技术，配合智慧油温漂移自动补偿伺服系统，大大提高了设备的成型精度，节能效果明显；多泵组、多回路的伺服系统可同时作复合动作使用，配合新研发的曲肘运动曲线，有效提升生产效率并降低运行成本。该项目可实现液压注射机更新换代，改变传统曲肘内翻式合模装置注射机的革命性更新，使注射机朝着节能、降耗、环保发展。

主要创新点：传统的内曲式双曲肘注射机受机构限制，开模行程较小，模板和模具受力不均匀，对模具保护不足，无法适应注射成型工艺的快速发展。该项目为国内首创大型双曲肘外翻合模机

构注射成型机。

作用和意义：该项目符合国家政策导向，属于高新技术领域[八、高新技术改造传统产业（三）先进制造技术 5、纺织及轻工行业专用设备技术]，具有快速、高效、精密、节能等特征，技术水平国内领先，市场前景广阔，并有望取代进口，促进注射机行业技术升级和产品质量档次提升，增强中国制造在国际市场的竞争力。

鉴定结果：整体技术达到国内领先水平。

单位名称：张家港市贝尔机械有限公司

项目名称：第五代高效节能单螺杆挤出生产装备（型号：BRD60-38）

鉴定时间：2014.08.06

项目内容：该项目产品把进料段机筒的直槽衬套改为螺旋槽式衬套并加长，这样可降低物料的压力，大大提高吃料量；增大螺杆的长径比，L/D=38，这样可在螺杆上增加有助于塑化的元件；螺杆采用分离型，并在合适的位置增加了剪切段和混炼段，这样可使吃进的物料100%塑化和均匀化。

主要创新点：该项目的实施效果是对传统单螺杆挤出机的更新换代，具有高效率、节能降耗的优点，能够加速高效节能类单螺杆挤出机的国产化进程。

作用和意义：该项目符合国家政策导向，属于高新技术领域[八、高新技术改造传统产业（三）先进制造技术 5、纺织及轻工行业专用设备技术]，具有高效、节能、占地面积小等特征，技术水平国内领先，市场前景广阔，并有望取代进口，促进中国塑料挤出机行业技术升级和产品质量档次提升，增强中国制造在国际市场的竞争力。

鉴定结果：技术达到国际先进水平。

单位名称：广东金明精机股份有限公司

项目名称：M6L-3000农用生态型斑马膜智能装备

鉴定时间：2014.10.17

项目内容：根据现代农业生产和环境保护的需要，行业把具有特定生态功能的薄膜叫作农用生态型薄膜。由于这种薄膜的表观类似斑马的皮肤，所以称它为斑马膜。

制品结构需要采用冷却辊筒工艺。在此工艺中，由平口模流出的物料熔体牵引至冷却辊筒进行冷却，冷却辊筒的表面为粗糙面，在膜的一面形成粗糙面，使用时增加薄膜与土壤之间的摩擦系数，同时还可以防止收卷后的薄膜之间相互粘连，方便农业施工。薄膜的另一面制成哑光，防止薄膜形成凹镜反射，灼伤农作物。

根据以上的工艺分析，该装备主要由自动称重喂料系统、单螺杆挤出机系统、挤出机机架、分配器平口模头系统、辊冷却及辊温控制系统、厚度测量控制系统、消除厚度重叠系统、打孔系统、牵引切边系统、带芯管自动处理的智能收卷机系统、边料在线造粒回收系统、电气自动化控制系统等部分组成。

应用领域：农业。

主要创新点：该薄膜是推出不久的产品，目前仅在美国、以色列等几个农业发达国家使用，如以色列刚刚推广使用，因此装备都是制品厂家自制的设备，性能不稳定、产量低、经济效益一般。该项目技术性能指标，如，最能体现技术水平的产能、最大幅宽、膜的厚度均匀性等指标，均超过国外同类机械产品同时期的先进技术水平。

总之，通过采用先进的螺杆技术、模头技术、厚度测量控制技术、全自动智能收卷技术等，该项目在最大产能、自动收卷上有重大突破，同时设备在精度、产能、能耗、自动化程度等方面全面超过其他厂家，确保了项目的先进性。

作用和意义：设备所能生产的农用生态型斑马膜大大丰富了地膜的功能，降低了农药化肥的用量，直接推动了节能减排降耗；设备在技术方面应用了X射线厚度测量控制仪、计算机集中控制等先进技术，促进了工业化与信息化的融合，大力推进了清洁生产；设备生产的薄膜能防止农药对农产品的污染，为人民提供更加安全的农产品，为农业生产提供优质、安全的配套产品。

鉴定结果：整体技术处于国内领先水平。

单位名称：汕头市远东轻化装备有限公司

项目名称：SJFMS75-2200金属卷材双主机塑料挤出覆膜机组

鉴定时间：2015.02.11

项目内容：该设备是为金属素铁及铝箔覆膜而设计的专用设备，是新一代机电一体化高新技术产品。该产品的工艺流程是：双工位放送机以金属素铁及铝箔材料为放送基材，经自动纠偏后经过接送平台、储料架进入热辊组加热，再进入复合机。经挤出机加热挤出后，在复合冷辊与硅胶辊的滚压作用下，从模头淋出的聚乙烯或聚丙烯原料流延体与传送来的金属基材粘合在一起并经引导架对基材进行翻边、进入热辊组对基材加热后再进行背面淋覆。双面淋覆后经过固化烘箱进行固化处理、冷却辊组进行冷却处理，制成双面复合制品。通过牵引对覆合材料进行修边后由表面摩擦卷取机通过气缸压合进行定量卷取，当卷取制品达到自动计长仪的设定长度时切断换卷。

该机组主要由双工位放送系统、接料工作台及张力储料架、热辊系统、第一复合系统、第一主机（平段式挤出机加长寿换网器）与模头系统、第二复合系统（热辊组）、第二主机（平移式共挤挤出机加分配器）与模头系统、固化烘箱系统、冷却系统、牵引修边系统、双工位摩擦收卷系统、电气自动化控制系统等部分组成。

应用领域：食品、化工、装饰、建筑、家电等。

主要创新点：金属卷材覆膜装备问世不久，目前仅在德、英、美、法、日等发达国家应用。我国的覆膜铁生产处于起步阶段，国内也没有生产类似的机械产品，国外同类产品的生产厂家是德国某公司。该项目技术性能指标，如最能体现技术水平的覆膜宽度、覆膜厚度、均匀性等指标，均超过国外同类机械产品同时期的先进水平。

总之，上下料液压技术、三元卷取装置大卷经锥度递减中心收卷技术、高精度流延共挤模头技术、厚度测量控制技术、芯片技术等的应用使该项目在覆膜宽度、生产速度上有重大突破，同时设备在精度、能耗、自动化程度等方面都全面超过其他厂家，确保了项目的先进性。

作用和意义：该项目研究开发的加工关键性技术和设备，其应用范围涵盖了国民经济各个部门及人们生活领域中大部分金属覆膜制品。该装备涉及机械工程、自动化控制、高分子等多个学科领域，可以为粤东地区在上述领域的学科建设起到带动作用，有望在我国金属覆膜制品加工行业中迅速推广应用，实现良好的市场销售，实现产业化项目经济效益最大化的同时，对改变金属覆膜加工高能耗的现状，提高我国金属覆膜成型加工技术及装备整体水平，推动金属覆膜产业的持续发展有着重要的意义。

该项目将改变广东省及至全国轻工装备制造业都存在着的“机强电弱”问题，打破轻工装备所有关键部位的控制器采用国外企业品牌通用控制产品的现状。该项目的完成将是广东省轻工装备制造业的一次革命性的突破，将带领广东省轻工装备制造业由劳动密集型转型为技术密集型。

鉴定结果：主要性能指标已达到国内领先、国际先进水平。

单位名称：汕头市远东轻化装备有限公司

项目名称：SJ100-LSFM1450型食品级包装纸多层共挤双面淋膜覆膜机组

鉴定时间：2015.04.29

项目内容：SJ100-LSFM1450型食品级包装纸多层共挤双面淋膜覆膜机组是汕头市远东轻化装备有限公司结合美国的Davis-Standard先进技术，自行设计的性能先进的机组，专门为纸张双面淋膜复合而设计，是新一代机电一体化高新技术产品。该产品的工艺流程是：双轴双工位翻转塔式放送机以纸为放送基材，基材通过自动纠偏后经过张力摆辊，采用张力传感器对基材表面张力进行自动调节控制，进入热辊组加热，基材复合前进行电晕处理，再进入第一覆膜机。经第一共挤挤出机加热挤出后，从模头淋出的融熔膜料与传送来的纸基材在复合冷辊与硅胶辊的滚压作用下进行覆膜，完成第一面覆膜。出来的覆膜基材经第二电晕背面表面处理后，进入第二覆膜机并由第二共挤挤出机挤出的融熔膜料覆合背面。经翻转架进入测厚仪，检测并控制膜料均匀度，进入第三电晕机处理正面淋膜面，经冷却辊组进行冷却处理，制成双面覆膜制品，切边后进行自动收卷。

该机组主要由双轴双工位翻转塔式放送机、双面预热辊组、电晕机、第一复合机、主机与模头（美国 CLOEREN 2 套）、第二电晕机、第二复合机、双面测厚仪、第三电晕机、冷却辊组、主动切边装置、双工位翻转式自动收卷机、计算机控制系统等部分组成。

应用领域：快速食品饮料无菌包装。

主要创新点：高速食品级包装纸多层共挤双面淋膜覆膜机组问世不久，目前仅在德、英、美、法、日等发达国家应用。我国的高速食品级包装纸多层共挤双面淋膜覆膜机组生产处于起步阶段，国内也没有类似的机械产品生产；国外同类产品的生产厂家是美国戴维思标准，提供给我国的设备生产速度达到 600m/min，国内生产的同类设备只有 200m/min。该项目技术性能指标，如最能体现技术水平的覆膜线速度、淋膜宽度、覆膜厚度、均匀性等指标，均超过国内同类机械产品同时期的先进水平。

总之，通过全自动双工位转塔式无轴上卷放送技术、高精度大负荷复合技术、共挤挤出机的设计制造技术、厚度测量控制技术、芯片技术等使该项目在淋膜宽度、生产速度上有重大突破，同时设备在精度、能耗、自动化程度等方面都全面超过其他厂家，确保了项目的先进性。

作用和意义：该项目研究开发的加工关键共性技术和设备，其应用范围涵盖了国民经济各个部门及人们生活领域中大部分纸覆膜制品。该装备涉及机械工程，自动化控制、高分子等多个学科领域，可以为粤东地区在上述领域的学科建设起到带动作用，有望在我国纸杯纸覆膜制品加工行业中迅速推广应用，实现良好的市场销售。实现产业化项目经济效益最大化的同时，对改变纸覆膜加工低效率的现状，提高我国纸覆膜成型加工技术及装备的整体水平，推动纸杯纸覆膜产业的持续发展有着重要的意义。

该项目将改变广东省乃至全国轻工装备制造业都存在着“机强电弱”的问题，打破轻工装备所有关键部位的控制器采用国外企业品牌通用控制产品的现状。该项目的完成将是广东省轻工装备制造业的一次革命性的突破，将带领广东省轻工装备制造业由劳动密集型转型为技术密集型。

鉴定结果：主要性能指标已达到国内领先、国际先进水平。

单位名称：北京启能国际能源管理有限公司

项目名称：注塑机料筒气凝胶节能罩

鉴定时间：2015.05.08

项目内容：该产品具有节能降耗、保温隔热等特性，可以减少注射机加热部分用电量 40% 以上，并且降低机筒表面温度 80% 左右。

应用领域：注射机。

主要创新点：该项目符合国家提倡的低碳、环保、绿色生产的产业政策，产品可使注射机加热部分用电量直接下降 40% 以上、开机升温速度加快、减少漏料问题带来的加热圈损失及劳动成本，降低注射机机筒的热辐射，有效减小操作工人的烫伤风险。

作用和意义：该项目符合国家政策导向，属于高新技术领域[八、高新技术改造传统产业（三）先进制造技术 5、纺织及轻工行业专用设备技术]，具有高效、节能、不改变机器结构等特征，技术水平国内领先，市场前景广阔，促进中国塑料机械行业技术升级和节能降耗，增强中国制造在国际市场的竞争力。

鉴定结果：该装备为国内首创，整体技术达到国内领先水平。

单位名称：广东伊之密精密机械股份有限公司

项目名称：UN650MGII半固态镁合金注射成型机

鉴定时间：2015.10.15

项目内容：屑状镁合金通过旋转螺杆的输送与剪切，同时经过熔胶筒的加热逐渐变成半固态的浆料停留在螺杆前端。当前端储存有足够的浆料时，螺杆向前注射，将半固态浆料注入封闭的模具型腔中成型。

应用领域：汽车、电子产品、电子仪器零部件以及其他消费类或工业产品的成型。

主要创新点：该项目产品集材料技术、自动控制技术、液压控制、机械设计为一体，整机由锁模机构、注射机构、液压机构、电气系统及机架组成。

高速注射闭环控制技术：采用自主研发的控制软件和控制算法，实现高速注射的实时控制，最高注射速度达到5.0m/s，加速到5.0m/s仅需12ms。

料管组件：研制一种制备半固态镁合金浆料的机筒组件，采用耐热耐磨钢，提高材料的耐高温腐蚀性能及高温强度，设备螺杆机筒组件能够满足560～630℃的使用温度要求，产生具有固液相混合的半固态镁合金浆料。通过实验验证，能满足半固态镁合金浆料的制备需求。

锁模机构：容模尺寸更大、刚性更强、可靠性更高、使用寿命更长。

高速开合模控制技术：采用特有的专利技术，并用模具验证设计方案，实现高速开合模，保证高速状态下平稳无冲击。

采用传感测控、实时控制等先进技术，具有远程监控、信息储存与记忆、安全密钥及自动报警等功能，整机实现自动化、智能化，实现现代装备制造业机电一体化技术与工业设计的深度融合。采用10in彩色触摸屏式控制器，界面友好，操作方便。

作用和意义：项目产品的成功研发实现了国产具有自主知识产权的镁合金半固态注射成型技术的突破及产业化，缩小了我国与国外镁合金精密成型加工设备的技术差距，项目产品填补了国内空白，增强了企业的自主创新能力，为企业培养了高素质的技术人员，奠定了伊之密公司在行业中的领先地位。项目的研制成功，为我国在军工、国防及高性能民用产品生产中广泛应用、研究开发和制备大吨位的镁合金半固态注射成型加工设备打下关键的技术基础。

鉴定结果：各项指标和性能达到国际同类产品的先进水平。

单位名称：震德塑料机械有限公司

项目名称：基于工业4.0控制技术的SVP/3系列伺服驱动注塑机

鉴定时间：2015.10.16

项目内容：

控制系统：采用基于Windows CE的智能化注射机控制系统（CBmold300），优化升级人机界面，用户能够快速方便地完成参数的输入和对注射机工作状态的监测；提供远程集中监控，可以高效地实现大规模生产管理。

锁模机构：采用双曲肘杆式锁模机构，开锁模的位置精度达到0.1mm。模板加厚，刚性更大，更有效地保护模具。

射胶机构：采用双缸射胶机构注射，射胶力大且平衡，射胶速度提高，有利于提高制品的成型质量。配置有多种塑化参数的混炼型螺杆供选择，针对不同塑料提高塑化效率和塑化效果。

液压系统：采用第三代液压伺服驱动，设计加大伺服动力系统排量和大通径控制阀，应用高效率齿轮泵，更新优化液压动力装置，配设高性能精密旁路过滤装置和液压油自动冷却装置，形成高效闭环自动控制系统，使伺服电动机能够自动调节输出转速和输出转矩，以适应不同的液压压力和流量的需求，实现节能环保的目的。

应用领域：家电、日化、汽车、交通工业、电子信息工业、医疗器械等。

主要创新点：

（1）基于 Windows CE 的智能化注塑机控制系统 CBmold300 电脑控制系统。

（2）采用双曲肘杆式锁模机构、伺服电动机熔胶、双缸射胶，具有锁模重复精度高、塑化能力强、塑化质量好、注射压力高、注射速度快等特点。

（3）采用先进的电液伺服液压技术，配备高灵敏伺服阀和蓄能器辅助射胶装置，使锁模机构运动控制响应快速和准确，控制精度高。

（4）进行数字伺服控制技术的研究应用，实现全闭环系统控制。

作用和意义：SVP/3 系列基于工业 4.0 技术的第三代伺服驱动注射机结构设计合理、成型精度高、制品重复性好，与国外同行业同类型产品有竞争实力，可替代进口。对提升国内注射机的技术水平，尤其是国内塑机行业精密节能型注射机的发展具有促进意义。

鉴定结果：项目整体技术达到同类产品国际先进、国内领先水平。

单位名称：广东金明精机股份有限公司

项目名称：M5N-20000 五层共挤超宽幅内添加型 PO 农用薄膜吹塑成套装备

鉴定时间：2015.12.18

项目内容：该项目有三大技术性能：①产品的幅宽达到 20m，并保持很好的厚度均匀性。②产量高、能耗小，对比分析该项目采用的电磁加热可达到 30% 的节能效果。③技术性能和进口设备相当，但售价仅进口设备的一半。

应用领域：农业。

主要创新点：节能型挤出机的研制，超大型五层共挤中心进料螺旋模头的研制，动态调节自动风环，基于芯片控制的张力控制技术。

作用和意义：我国是农用塑料制品生产和消费大国，2011 年全球农膜市场规模为 360 万 t，我国占全球份额的 59%，但是我国不是农用塑料制品的强国。我国是一个农业大国，地域跨度大，气候多变，部分地区的生态环境严重恶化，土地资源、水资源严重匮乏，干旱、极端天气与病虫害困扰的情况依然严峻。随着农村生产生活方式的转变和环境保护方面意识的提高，农用地膜的功能及农业生产作业方法都会逐渐与发达国家趋于一致，国内对这一类型设备的需求将快速增加。广东金明精机股份有限公司率先成功开发出这类装备，将为新技术、新装备的应用和推广打下坚实的基础并赢得市场先机。

项目所生产的五层共挤内添加型 PO 农膜不仅适用于农业生产中的大田种植，也适用于温室农业，以及花卉、草莓、水果等经济作物的种植，从而收获绿色、安全的农产品。项目的推广，有助于促进农地膜的更新换代，具有良好的经济和社会效益。

鉴定结果：项目产品处于国内领先水平。

重大技术装备首台（套）推广应用目录

序号	产品名称	序号	产品名称
1	超大型二板式伺服注射成型机	14	五复合橡胶挤出机组
2	大型双壁波纹管生产线	15	溴化丁基胶后处理生产线
3	大型实壁管生产线	16	PVC 智能配混系统
4	超大型中空成型机智能化生产线	17	超洁净中温液态食品包装设备
5	最新型高效高速 PE 管材双层共挤生产线	18	橡胶湿法混炼自动化生产线
6	大型塑料挤出注射成型装备	19	三层共挤橡胶电缆连续硫化生产线
7	连续混炼挤压造粒机组	20	包装专用 PET 瓶坯注射机
8	高速节能双壁波纹管生产线	21	三层共挤糙面土工膜吹塑机组
9	大型同向双螺杆混炼挤压造粒机组	22	大吨位多泵组合伺服节能精密高响应注塑成型机
10	丁苯树脂脱挥异向非啮合双螺杆挤出机组	23	EVA 太阳能电池专用薄膜生产线
11	双向拉伸塑料薄膜（PI、PE、TPP）生产线	24	PE 碳酸钙（石头纸）生产线
12	塑料异型材挤出生产线	25	半固态镁合金注射成型机
13	大型宽幅胶片挤出压延生产线		

工信部节能机电设备（产品）推荐目录（塑料机械）

序号	企业名称	设备名称	系列型号	入选目录
1	大连三垒机器股份有限公司	塑料挤出机	SJ-120×30、SJ-150×30	第三批
2	广东金明精机股份有限公司	塑料挤出机	M3B-1700Q	第三批
3	山东通佳机械有限公司	塑料挤出机	JG SJ-75/33	第三批
4	广东伊之密精密机械股份有限公司	伺服塑料注射成型机	UN90 ～ 480SM	第三批
		伺服节能塑料注射成型机	UN60SM ～ UN2200SM UN60SM2-UN2200SM2	第四批
5	震德塑料机械有限公司	伺服塑料注射成型机	EM80 ～ 560-SVP	第三批
		伺服节能塑料注射成型机	JM1000-SVP/2 ～ JM2200-SVP/2	第四批
		SVP/3 系列第三代伺服驱动注塑机	EM80 ～ 560-SVP/3	第六批

（续）

序号	企业名称	设备名称	系列型号	入选目录
6	博创智能装备股份有限公司	伺服塑料注射成型机	BT-80 ～ 780S	第三批
		伺服塑料注射成型机	BS Ⅲ系列	第五批 第六批
		二板式塑料注射成型机	BU 系列	第五批 第六批
7	泰瑞机器股份有限公司	伺服塑料注射成型机	D250、D1800、TRX80/300M	第三批
		伺服节能塑料注射成型机	D 系列	第四批
		纯二板式塑料注射成型机	DH 系列	第六批
8	海天塑机集团有限公司	伺服塑料注射成型机	MA 系列	第三批
		全电动塑料注射成型机	VE400 ～ 5000	第三批
		二板式塑料注射成型机	JU 系列	第四批
		伺服节能塑料注射成型机	MA Ⅱ系列	第六批
		纯二板式塑料注射成型机	JU Ⅱ系列	第六批
9	无锡海天机械有限公司	伺服节能塑料注射成型机	PLj 系列	第四批
10	宁波双马机械工业有限公司	伺服塑料注射成型机	BL160EK、BL200EK	第三批
		伺服节能塑料注射成型机	BLEK 系列	第四批
11	宁波市海达塑料机械有限公司	伺服塑料注射成型机	HDJS 系列	第三批、第四批
12	浙江申达机器制造股份有限公司	伺服塑料注射成型机	SE 系列	第三批、第五批
13	东华机械有限公司	伺服塑料注射成型机	90 ～ 4000Se	第三批
		全电动注射成型机	55 ～ 205Ge	第四批
		变量泵塑料注射成型机	F2V 系列	第四批
		伺服节能塑料注射成型机	Se 系列	第四批
14	无锡格兰机械集团有限公司	伺服塑料注射成型机	90 ～ 4000Se、ST1800 ～ 3150Se	第三批
		变量泵塑料注射成型机	F2V 系列	第四批
		伺服节能塑料注射成型机	Se 系列、ST-Se 系列	第四批
15	仁兴机械（深圳）有限公司	伺服塑料注射成型机	SP120A、JS300	第三批
16	浙江金鹰塑料机械有限公司	伺服塑料注射成型机	GEK60 ～ 2200/S	第三批
		伺服节能塑料注射成型机	GEK/S 系列	第四批
17	中山力劲机械有限公司	伺服塑料注射成型机	PT80 ～ 1300	第三批
		伺服节能塑料注射成型机	PT 系列	第四批
18	宁波华美达机械制造有限公司	伺服塑料注射成型机	HMD88 ～ 680M6-S	第三批
		伺服节能塑料注射成型机	M6-S、M8-S 系列	第四批
19	广东佳明机器有限公司	伺服塑料注射成型机	PD60 ～ 2888-KX	第三批、第四批
20	富强鑫（宁波）机器制造有限公司	伺服节能塑料注射成型机	HN100SV ～ HN850SV 系列	第四批
21	宁波海星机械制造有限公司	伺服节能塑料注射成型机	HXF88J5	第四批
		伺服节能注塑机	HXF J5 系列	第五批

（续）

序号	企业名称	设备名称	系列型号	入选目录
22	宁波海雄塑料机械有限公司	伺服节能塑料注射成型机	HXM 系列	第四批
23	宁波海晶塑机制造有限公司	伺服节能塑料注射成型机	HJ 系列	第四批
24	宁波通用塑料机械制造有限公司	伺服节能塑料注射成型机	TWX/JS 系列	第四批
25	张家港市贝尔机械有限公司	单螺杆挤出生产设备	BRD60-38	第五批
26	宁波长飞亚塑料机械制造有限公司	全电动塑料注射成型机	VE Ⅱ系列	第六批
27	力劲科技集团宁波力劲机械有限公司	注塑机	POTENZA 系列 /FORZA 系列	第六批
28	东洋机械（常熟）有限公司	塑料注射成型机	Si-50Vcs、Si-100Vcs、Si-130Vcs、Si-180Vcs、Si-230Vcs	第六批
29	广东伊之密高速包装系统有限公司	注塑机	PAC200、PAC250、PAC300、PAC350	第六批
		注塑机	UN90A5、UN160A5、UN260A5、UN400A5	第六批

“能效之星”产品目录（2015 年）

《“能效之星”产品目录（2015 年）》共涉及 13 大类 141 个型号产品，其中塑料机械 4 个型号产品。进入《“能效之星”产品目录》的产品，可在产品明显位置或包装上使用“能效之星”标志，工业装备“能效之星”称号有效期为 3 年。

企业名称	产品型号	能效指标（实测值）	能效指标（评价值）
宁波长飞亚塑料机械制造有限公司	VE5500 Ⅱ	0.27kW·h/kg	优于能效一级
海天塑机集团有限公司	MA21000 Ⅱ	0.32kW·h/kg	优于能效一级
力劲科技集团宁波力劲机械有限公司	PT1600	0.33kW·h/kg	优于能效一级
博创智能装备股份有限公司	BS400-Ⅲ	0.34kW·h/kg	优于能效一级

标准与专利

展示塑料机械行业标准目录以及 2015—2016 年获得授权的发明专利

综述
专文
统计资料
企业概况
产品与项目
标准与专利
附录

中国塑料机械工业年鉴 2016

标准与专利

我国塑料机械行业标准目录

序号	标准编号	标准名称	标准类别	备注
1	GB/T 12783—2000	橡胶塑料机械产品型号编制方法	基础	代替 GB/T 12783—1991
2	GB/T 9707—2010	密闭式炼胶机炼塑机	产品	代替 GB/T 9707—2000
3	GB/T 12784—1991	橡胶塑料加压式捏炼机	产品	首次起草
4	GB/T 13577—2006	开放式炼胶机炼塑机	产品	代替 GB/T 13577—1992
5	GB/T 13578—2010	橡胶塑料压延机	产品	代替 GB/T 13578—1992
6	GB/T 25156—2010	橡胶塑料注射成型机通用技术条件	产品	首次起草
7	GB/T 25941—2010	塑料真空成型机	产品	代替 JB/T 5292—1991
8	GB/T 25157—2010	橡胶塑料注射成型机检测方法	方法	首次起草
9	GB 20055—2006	开放式炼胶机炼塑机安全要求	安全	首次起草
10	GB 22530—2008	橡胶塑料注射成型机安全要求	安全	首次起草
11	GB 25431.1—2010	橡胶塑料挤出机和挤出生产线　第 1 部分：挤出机的安全要求	安全	首次起草
12	GB 25431.2—2010	橡胶塑料挤出机和挤出生产线　第 2 部分：模面切粒机的安全要求	安全	首次起草
13	GB 25431.3—2010	橡胶塑料挤出机和挤出生产线　第 3 部分：牵引装置的安全要求	安全	首次起草
14	GB 25433—2010	密闭式炼胶机炼塑机安全要求	安全	首次起草
15	GB 25434—2010	橡胶塑料压延机安全要求	安全	首次起草
16	GB 25936.1—2012	橡胶塑料粉碎机械　第 1 部分：刀片式破碎机安全要求	安全	首次起草
17	GB 25936.2—2012	橡胶塑料粉碎机械　第 2 部分：拉条式切粒机安全要求	安全	首次起草
18	GB 25936.3—2012	橡胶塑料粉碎机械　第 3 部分：切碎机安全要求	安全	首次起草
19	GB 25936.4—2010	橡胶塑料粉碎机械　第 4 部分：团粒机安全要求	安全	首次起草
20	GB/T 30200—2013	橡胶塑料注射成型机能耗检测方法	方法	首次起草
21	HG/T 2148—2009	密闭式炼胶机炼塑机检测方法	方法	代替 HG/T 2148—1991
22	HG/T 2149—2004	开放式炼胶机炼塑机检测方法	方法	2009 年复审继续有效
23	HG/T 2150—2009	橡胶塑料压延机检测方法	方法	代替 HG/T 2150—1991
24	HG/T 3108—2012	冷硬铸铁辊筒	产品	合并修订 HG/T 2400—1992、HG/T 3108—1998、HG/T 3118—1998
25	HG/T 3120—1998	橡胶塑料机械外观通用技术条件	通用	2009 年复审继续有效
26	HG/T 3228—2001	橡胶塑料机械涂漆通用技术条件	通用	2009 年复审继续有效
27	JB/T 2627—2008	塑料挤出硬管辅机	产品	代替 JB/T 2627—1991

（续）

序号	标准编号	标准名称	标准类别	备注
28	JB/T 5289—2004	鞋用转盘注射成型机	产品	2010 年复审继续有效
29	JB/T 5290—2008	塑料圆织机	产品	代替 JB/T 5290—2000
30	JB/T 5291—2007	塑料破碎机	产品	2013 年复审继续有效
31	JB/T 5293—2013	可发性聚苯乙烯泡沫塑料自动成型机	产品	代替 JB/T 5293—1991
32	JB/T 5416—2005	塑料挤出干法热切造粒辅机	产品	2011 年复审继续有效
33	JB/T 5417—2007	塑料排气挤出机	产品	2013 年复审继续有效
34	JB/T 5418—2015	聚丙烯不织布机	产品	代替 JB/T 5418—1991
35	JB/T 5419—2008	塑料挤出平膜扁丝辅机	产品	代替 JB/T 5419—2000
36	JB/T 5420—2014	同向双螺杆塑料挤出机	产品	代替 JB/T 5420—2001
37	JB/T 5421—2013	塑料薄膜回收挤出造粒机组	产品	代替 JB/T 5421—1991
38	JB/T 5438—2008	塑料机械 术语	基础	代替 JB/T 5438—1991
39	JB/T 6489—2014	塑料捏合机	产品	代替 JB/T 6489—1999
40	JB/T 6490—2015	塑料压力成型机	产品	代替 JB/T 6490—1992
41	JB/T 6491—2015	异向双螺杆塑料挤出机	产品	代替 JB/T 6491—2001
42	JB/T 6492—2014	锥形异向双螺杆塑料挤出机	产品	代替 JB/T 6492—2001
43	JB/T 6493—2015	塑料薄膜制袋机	产品	代替 JB/T 6493—1992
44	JB/T 6494—2014	料斗式塑料干燥机	产品	代替 JB/T 6494—2002
45	JB/T 6928—2014	塑料挤出带辅机	产品	代替 JB/T 6928—1993
46	JB/T 6929—2015	塑料挤出转盘制鞋机	产品	代替 JB/T 6929—1993
47	JB/T 7251—2014	塑料挤出拉丝辅机	产品	代替 JB/T 7251—1994
48	JB/T 7267—2004	塑料注射成型机	产品	2010 年复审继续有效
49	JB/T 7669—2004	塑料混合机	产品	2010 年复审继续有效
50	JB/T 8061—2011	单螺杆塑料挤出机	产品	代替 JB/T 8061—1996
51	JB/T 8538—2011	塑料机械用螺杆、机筒	产品	代替 JB/T 8538—1997
52	JB/T 8539—2013	塑料挤出吹塑中空成型机	产品	代替 JB/T 8539—1997
53	JB/T 8698—2015	热固性塑料注射成型机	产品	代替 JB/T 8698—1998
54	JB/T 8703—2011	塑料挤出吹塑薄膜辅机	产品	代替 JB/T 8703—1998
55	JB/T 8943—2015	全塑鞋用注射机	产品	代替 JB/T 8943—1999
56	JB/T 10342—2014	塑料挤出异型材辅机	产品	代替 JB/T 10342—2002
57	JB/T 10464—2004	拉条式塑料切粒机	产品	2010 年复审继续有效
58	JB/T 10898—2008	塑料挤出复合膜辅机	产品	首次起草
59	JB/T 10899—2008	塑料挤出双壁波纹管辅机	产品	首次起草
60	JB/T 11343—2013	锥形同向双螺杆塑料挤出机	产品	首次起草
61	JB/T 11344—2013	PVC 塑料配混系统	产品	首次起草
62	JB/T 11345—2013	可发性聚苯乙烯泡沫塑料板材成型机	产品	首次起草
63	JB/T 11346—2013	可发性聚苯乙烯泡沫塑料板材切割机	产品	首次起草
64	JB/T 11347—2013	可发性聚苯乙烯泡沫塑料预发机	产品	首次起草
65	JB/T 11348—2013	塑料挤出流延薄膜辅机	产品	首次起草

（续）

序号	标准编号	标准名称	标准类别	备注
66	JB/T 11509—2013	聚氨酯发泡设备 通用技术条件	产品	首次起草
67	JB/T 12787—2016	塑料成型模具温度控制机	产品	首次起草
68	JB/T 12788—2016	塑料成型模具用冷水机	产品	首次起草
69	JB/T 12789—2016	转轮式塑料干燥机	产品	首次起草
70	JB/T 50018—1999	塑料注射成型机 产品质量分等	分等	企业内控标准
71	JB/T 53028—1999	锥型双螺杆塑料挤出机 产品质量分等	分等	企业内控标准
72	JB/T 53029—1999	料斗式塑料干燥机 产品质量分等	分等	企业内控标准
73	JB/T 53030—1999	异向双螺杆塑料挤出机 产品质量分等	分等	企业内控标准
74	JB/T 53031—1999	塑料真空成型机 产品质量分等	分等	企业内控标准
75	JB/T 53032—1999	塑料制袋机 产品质量分等	分等	企业内控标准
76	JB/T 53079—1999	塑料挤出带辅机 产品质量分等	分等	企业内控标准
77	JB/T 53080—1999	塑料挤出转盘制鞋机 产品质量分等	分等	企业内控标准
78	JB/T 53109—1998	单螺杆塑料挤出机 产品质量分等	分等	企业内控标准
79	JB/T 53111—1999	塑料挤出吹塑薄膜辅机 产品质量分等	分等	企业内控标准
80	JB/T 53112—1999	密闭式炼塑机 产品质量分等	分等	企业内控标准
81	JB/T 53113—1999	开放式炼塑机 产品质量分等	分等	企业内控标准
82	JB/T 53114—1999	塑料压延机 产品质量分等	分等	企业内控标准
83	JB/T 53115—1999	塑料挤出吹塑中空成型机 产品质量分等	分等	企业内控标准
84	JB/T 53116—1999	塑料混合机 产品质量分等	分等	企业内控标准
85	JB/T 53117—1999	热固性塑料注射成型机 产品质量分等	分等	企业内控标准
86	JB/T 53118—1999	橡胶塑料加压式捏炼机 产品质量分等	分等	企业内控标准
87	JB/T 53119—1999	塑料压力成型机 产品质量分等	分等	企业内控标准
88	JB/T 53120—1999	塑料捏合机 产品质量分等	分等	企业内控标准
89	JB/T 53121—1999	鞋用转盘注射成型机 产品质量分等	分等	企业内控标准
90	JB/T 53122—1999	塑料挤出硬管辅机 产品质量分等	分等	企业内控标准
91	JB/T 53123—2000	塑料圆织机 产品质量分等	分等	企业内控标准
92	JB/T 53124—1999	可发性聚苯乙烯泡沫塑料成型机 产品质量分等	分等	企业内控标准
93	JB/T 53127—1999	塑料破碎机 产品质量分等	分等	企业内控标准
94	JB/T 53129—2000	塑料挤出平膜扁丝辅机 产品质量分等	分等	企业内控标准
95	JB/T 11730—2013	工业机械电气设备及系统 注塑机交流伺服驱动系统技术条件		电气标委会组织、塑机主要系统供应商起草
96	JB/T 11992—2014	工业机械电气设备及系统 塑料机械计算机控制系统形象化图形符号		电气标委会组织、塑料机械主要系统供应商起草

2015—2016 年塑料机械行业获得授权的发明专利

专利名称：异径管接头注塑模具抽芯机构

授权公告号：CN103273624B

授权公告日：2015.05.20

申请号：2013101886087

申请日：2013.05.21

专利权人：台州市黄岩炜大塑料机械有限公司

发明人：张欢庆

分类号：B29C45/33（2006.01）I

摘要：异径管接头注塑模具抽芯机构包括动模垫板和动模板。动模板上安装动模镶块，动模垫板、动模板和动模镶块上安装浮动抽芯机构。动模板上安装的二次内抽芯机构包括主型芯，前端连接内抽芯小滑块，内侧制有内斜滑面；主型芯中设滑动杆，上制有外斜滑面，与内斜滑面配合，在主型芯后端安装连接座，后端制有安装槽，其中安装固定板与连接座固定；浮动抽芯机构包括在动模板中安装弹簧，一端与动模板接触，另一端与动模垫板接触，动模镶块中安装的抽芯滑块与外卡扣配合，抽芯滑块侧制有T形卡块，动模板和动模镶块中设工字形锁模块，内有斜导槽，工字形锁模块上部经斜导槽与T形卡块配合，工字形锁模块下部与动模垫板固定。

专利名称：具有接收力的闭合系统的注射成型机

授权公告号：CN101903156B

授权公告日：2015.05.20

申请号：2008801214157

申请日：2008.10.22

专利权人：扎菲尔塑料机械有限责任公司

发明人：H·拉贝

分类号：B29C45/46（2006.01）I、B29C45/17（2006.01）I

摘要：该发明涉及一种注射成型机，具有闭合单元和注射单元。在注射单元中，一个具有侧壁和使这些侧壁彼此连接的横梁的支架作为闭合系统接收闭合单元的力；在注射单元中，一个具有侧壁和使这些侧壁彼此连接的横梁的支架作为闭合系统接收所述注射单元的力。

专利名称：整体型大口径聚烯烃缠绕实壁检查井的缠绕方法

授权公告号：CN103386762B

授权公告日：2015.05.27

申请号：2013103104277

申请日：2013.07.23

专利权人：浙江双林塑料机械有限公司

发明人：童小炎、赵长生、朱肖营

分类号：B29C69/00（2006.01）I

摘要：该发明涉及一种整体型大口径聚烯烃缠绕实壁检查井及缠绕方法。为了解决目前大口径塑料检查井无可用大型注射成型设备、注射产品尺寸不稳定、易产生空穴、成本高以及采用挤出管材焊接工艺复杂、成型时间长、焊接难、材料浪费严重的问题，缠绕过程为连续热熔焊接过程，由两个扁形挤出模口同时挤出熔融板带，按先后顺序缠绕在变径钢芯模具表面上，且后缠绕的板带压在前缠绕板带的缝隙上，并进行压力熔焊。整体结构强度大，操作简单，无变形缺陷，适合各种规格尺寸的排水管道一次性成型，达到规格齐全的目的。

专利名称：快速线槽自动冲孔机

授权公告号：CN103272917B

授权公告日：2015.06.17

申请号：2013102259711

申请日：2013.06.07

专利权人：佛山市顺德区科贝隆塑料机械有限公司

发明人：高聪华

分类号：B21D28/24（2006.01）I、B21D43/02（2006.01）I

摘要：该发明快速线槽自动冲孔机涉及一种型材的冲孔装置，特别是一种线槽型材的冲孔装置，包括机架、冲孔平台、模具、移动架、传动系统和控制电箱。所述的冲孔平台上设置有一调节压辊；模具分别有两个侧孔模具和一个底孔模具；移动架两侧分别设置有与冲孔平台同水平面位置的移动平台；移动平台上的中间位置设置有一导条，导条两侧设置有一夹紧装置；移动架上设置有两条平行的滑动导轨，移动架下方设置有一同步螺杆，所述的移动架两侧的移动平台下分别设有与滑动导轨对应的导槽和同步螺杆的安装孔件，在同步螺杆侧设置有一行程气缸；传动系统包括一台电动机、曲轴和传动臂。该发明达到自动进给和冲压、一次成型功能，不但能提高生产效率，还能避免线槽的表面损坏。

专利名称：金属螺杆及其制备方法

授权公告号：CN102773991B

授权公告日：2015.07.01

申请号：2012102279941

申请日：2012.06.21

专利权人：浙江华业塑料机械有限公司

发明人：夏增富

分类号：B29C47/60（2006.01）I

摘要：一种金属螺杆及其制作方法，所述螺杆以含铬钼的合金钢棒作为螺杆芯棒，在螺杆芯棒的外周通过烧结法包覆有一层多元硼化物基金属陶瓷层；多元硼化物基金属陶瓷层为Mo_2FeB_2-Fe基金属陶瓷层或Mo_2NiB_2-Ni基金属陶瓷层或WCoB-Co基金属陶瓷层。其制作方法为：将螺杆芯棒放入包套中，并在螺杆芯棒和包套的间隙内部填充配比好的原料粉末；将包套整体放入密封容器中并抽真空；在密封容器烧结，再对多元硼化物基金属陶瓷层精加工制得金属螺杆。该发明中多元硼化物基超硬双金属螺杆或金属螺杆具有综合成本较低、制作工艺简单、使用寿命长和适于产业化等优点，可替代目前广泛使用的经过渗氮、喷焊、浇铸等处理的螺杆。

专利名称：方底阀口袋袋底封条的连续供送切割装置

授权公告号：CN103223732B

授权公告日：2015.07.08

申请号：2013101821538

申请日：2013.05.15

专利权人：常州市恒成塑料机械有限公司

发明人：刘成臣

分类号：B31B1/14（2006.01）I

摘要：该发明提供一种袋底封条的连续供送切割装置，包括卷材放卷装置、连续供送装置和切割装置。切割装置包括一对斜齿轮驱动、安装在两块机架墙板之间的上、下滚刀轴；在上滚刀轴或下滚刀轴的一侧安装有轴向移动行程小于斜齿轮厚度的切割瞬停装置；切割瞬停装置可驱动斜齿轮在其相对接触面上产生轴向位移，使上滚刀轴与下滚刀轴产生相对周向位移，从而使分别安装在上、下滚刀轴上的上刀和下刀的刃口之间出现错位间隙，实现切割停止。该发明取消了冗余的剔废机构，当节拍式制袋机上前道工序出现问题时，可避免旋转滚刀切割产生废品封条，保证机器的正常运行。

专利名称：打包带压花机

授权公告号：CN102896769B

授权公告日：2015.07.08

申请号：201210416299X

申请日：2012.10.26

专利权人：青岛新大成塑料机械有限公司

发明人：李成秀、刘永新

分类号：B29C59/04（2006.01）I

摘要：该发明提供一种打包带压花机，包括机架、上轴承座、下轴承座、液压缸和电动机。下轴承座固定在机架上，上轴承座滑动连接在机架上并位于上轴承座的上方，上轴承座中设置有上压花辊，下轴承座中设置有下压花辊，电动机分别与上压花辊和下压花辊传动连接，液压缸的缸体固定在机架上，液压缸的活塞杆连接在上轴承座上。上轴承座的端部和下轴承座的端部之间还对应设置有间隙微调装置，间隙微调装置包括丝杠、上楔块和下楔块，丝杠可转动地连接在机架上，上楔块滑动连接在下楔块上，下楔块滑动连接在下轴承座上，上轴承座抵靠在上楔块上，下楔块开设有螺纹孔，丝杠螺纹连接在螺纹孔中。提高了打包带压花机的压花质量。

专利名称：可折叠组合式塑料托盘

授权公告号：CN103373510B

授权公告日：2015.07.15

申请号：2012101323631

申请日：2012.04.28

专利权人：常州远东塑料机械有限公司

发明人：朱志峰

分类号：B65D19/32（2006.01）I、B65D19/38（2006.01）I

摘要：该发明公开一种可折叠组合式塑料托盘，具有吸塑顶盖、围板、吸塑底座。吸塑顶盖通过围板组件卡接在吸塑底座；围板组件为分体结构，六块结构相同的第一围板通过边条装置铆接连接，取代原来的整块围板不仅提高了承重力而且折叠后厚度减少，不需要再更换整块围板，节约物流成本。

专利名称：用于滴灌带生产的长效双边换网装置

授权公告号：CN103112144B

授权公告日：2015.07.15

申请号：201310066799X

申请日：2013.03.04

专利权人：舟山市安格机械有限公司

发明人：贺岳年

分类号：B29C47/08（2006.01）I

摘要：一种用于滴灌带生产的长效双边换网装置属于塑料机械领域，包括模体、压紧螺母、拉环、轴承、出料口、滤芯、定位孔、进料口和锥形导流体。模体为中空的圆柱体结构，模体的下方中间部位设有进料口，模体的下方两侧设有定位孔，模体的上方设有两个出料口；压紧螺母装在拉环上，在压紧螺母上设有一个轴承，拉环焊接在滤芯上；滤芯有两个，为圆柱体结构，外表面设有小孔，内部焊接有锥形导流体，滤芯的一端与出料口相连通；滤芯通过压紧螺母安装在模体内，将定位螺栓安装在定位孔上来确定滤芯的准确位置。在一个模体内设有两个滤芯，解决了双轮一出四成型设备的技术需要。滤芯顶锥面与模体内锥面为微密封配合，解决了压力流窜和压力不稳的问题。

专利名称：一种整体型塑料排水板生产装置

授权公告号：CN103192534B

授权公告日：2015.07.22

申请号：2013101229244

申请日：2013.04.10

专利权人：青岛顺德塑料机械有限公司

发明人：赵桂旭、赵烨

分类号：B29C69/00（2006.01）I

摘要：该发明公开了一种整体型塑料排水板生产装置，包括顺序设置的塑料挤出机、压辊定型机、牵引机、无纺布放卷机、成型平台、卷取机，无纺布放卷机、成型平台、卷取机设置两组。塑料挤出机上设有机头模具；压辊定型机的后部设置有上下两根冷却辊；牵引机上设有排水板芯板分切装置；成型平台前部设有导向板，中部设有涂胶装置，后部设有牵引对辊和一对无动力胶辊。该发明实现了排水芯板一次成型、在线包覆无纺布滤层，能快速、连续生产。采用一出二的技术方案，大大提高了生产效率和产品优良率，结构设计合理，操作维护方便，使用寿命长，设备成本低。

专利名称： 压延机用的自动切刀

授权公告号： CN102717459B

授权公告日： 2015.07.29

申请号： 2012101878048

申请日： 2012.06.08

专利权人： 大连橡胶塑料机械股份有限公司

发明人： 殷红梅、连霞

分类号： B29C43/32（2006.01）I

摘要： 该发明公开了一种压延机用的自动切刀，包括刀片、刀杆、气缸、直线轴承、支架、红外线检测装置、电动推杆、手轮和正反丝杆。所述刀片安装在刀杆的前端部，气缸安装在刀杆上，直线轴承和红外线检测装置分别安装在支架上，电动推杆通过连接板连接在正反丝杆的一端，手轮安装在正反丝杆的另一端。该发明在上下胶片未与带芯贴合前，通过红外线传感器自动检测带芯的位置后，给电动推杆发出信号，电动推杆给出切上下胶片的切刀准确定位，切去多余的胶片，保证切刀切完的胶片与带芯完美对中贴合，既保证了制品的质量，又实现了切刀的功能，结构新颖、紧凑、合理。

专利名称： 平面小凸轮圆织机

授权公告号： CN103205847B

授权公告日： 2015.08.05

申请号： 2013100770331

申请日： 2013.03.11

专利权人： 安徽省沙克塑料机械设备有限公司

发明人： 裴先进

分类号： D03D51/02（2006.01）I

摘要： 该发明公开了一种平面小凸轮圆织机。在其底座上设置一底圈，在底圈中间垂直设置一主轴，在主轴的下端设置一从带轮，在底圈的下平面上设置一主带轮，主带轮与从带轮通过同步带进行传动连接；在主轴的上端设置一平面小凸轮，在底圈的上平面上设置若干滑块安装座和相同数量的中间带轮，在滑块安装座设置一活动的滑块，在滑块上固定设置两个滚动接触平面小凸轮下边缘的滑块轮。该发明解决了以往圆织机的弊端，革新了原有的凸轮连杆机构的运行方式，用凸轮传动和带传动相结合的方式实现高速传动。

专利名称： 四通多接口地漏多级抽芯脱模机构

授权公告号： CN103587083B

授权公告日： 2015.08.12

申请号： 2013104896610

申请日： 2013.10.18

专利权人： 台州市黄岩炜大塑料机械有限公司

发明人： 张欢庆

分类号： B29C45/40（2006.01）I、B29C45/33（2006.01）I

摘要： 四通多接口地漏多级抽芯脱模机构上模板下连楔紧块，楔紧块中设斜导柱，下模板上安滑块座上设滑块，滑块中开导柱孔与斜导柱配合，滑块一侧安第一型芯。第一型芯上制固定块，第一型芯上开限位销安装槽，限位销安装槽中安限位销。第一型芯上设有第二型芯，第二型芯中开有第二限位槽，第二限位槽的长度为5mm；在第二型芯上设有第三型芯，第三型芯中开有第三限位槽，第三限位槽的长度为10mm；在第三型芯上设有第四型芯，第四型芯中开有第四限位槽，第四限位槽的长度为15mm。限位销依次与第二限位槽、第三限位槽和第四限位槽相配合。

专利名称： 全自动双工位立卧式注塑机

授权公告号： CN103372948B

授权公告日： 2015.08.19

申请号： 2012103620736

申请日： 2012.09.26

专利权人： 浙江金鹰塑料机械有限公司

发明人：何育才、李波涛、张攀峰

分类号：B29C45/04（2006.01）I

摘要：该发明包括注射机主体和自动运送器。自动运送器安装在注射机主体的前部，包括基座、控制器、平台、直线运轨、横梁和机械爪。基座前端安装有直线运轨，后端安装有横梁，直线运轨上部安装有平台，下部安装有控制器；横梁上通过两道直线凹槽安装有两部机械爪。机械爪包括上下位移机构、伺服电动机、H 型机架、直线导轨、气缸、卡爪和卡头，上下位移机构上安装有伺服电动机，伺服电动机的主轴上安装有 H 型机架，H 型机架下部安装有两部直线导轨，直线导轨上安装有对称的两个卡爪，气缸固定在 H 型机架下部，每个气缸与卡爪相连接。该注射机通过自动运送器可实现一次到二次注射间的自动搬运。

专利名称：一种链式输送装置

授权公告号：CN103231468B

授权公告日：2015.09.23

申请号：2013101916190

申请日：2013.05.22

专利权人：东莞佳鸿机械制造有限公司

发明人：李伟宏

分类号：B29C31/08（2006.01）I

摘要：该发明涉及塑料机械技术领域，包括回折式输送轨道和传动链轮。回折式输送轨道内部设置有输送链条，传动链轮驱动输送链条在回折式输送轨道内部循环转动。输送链条包括上链板、中链板和下链板，三者的连接处均纵向插接有第一轴套，上链板、中链板和下链板均可围绕第一轴套相互转动。第一轴套插接有可转动的夹具体，夹具体的上端卡接有夹具头。通过上述结构可实现输送链条的连续多次弯折，不仅便于加热系统的布局，而且使吹瓶设备的整体尺寸更加紧凑，节约厂房的空间。

专利名称：一种新型滤网清洗结构

授权公告号：CN104128034B

授权公告日：2015.10.28

申请号：2014103652577

申请日：2014.07.29

专利权人：广东仕诚塑料机械有限公司

发明人：张春华

分类号：B01D33/48（2006.01）I

摘要：该发明公开了一种新型滤网清洗结构，适用于圆盘式过滤器。其外壳一侧设置有动力机构，外壳内部设置有逆洗活塞，逆洗活塞连接动力机构；外壳还设置有熔体入口和熔体出口，外壳内部设置有打开或关闭熔体出口的出料活塞，出料活塞通过连接轴连接逆洗活塞，出料活塞和逆洗活塞之间形成盛装熔体的熔体腔体；外壳内部还设置有配合逆洗活塞动作，控制熔体入口开闭的逆洗进料阀门。该发明熔体腔体内部压力波动小、熔体温度易于控制、清洗效果好，既不影响实际的生产计划，又可以保证产品的质量。

专利名称：平行异向双螺杆挤出机

授权公告号：CN103895210B

授权公告日：2015.10.28

申请号：2014100812536

申请日：2014.03.06

专利权人：东莞市三优塑料机械制造有限公司

发明人：何沛江

分类号：B29C47/40（2006.01）I

摘要：一种平行异向双螺杆挤出机，包括电动机、减速箱及螺杆组。减速箱包括输入轴、中间传动轴、分流主轴、分流传动轴、换向轴、第一输出轴、第二输出轴。减速箱还包括安装在输入轴上的输入齿轮、安装在中间传动轴上的第一中间齿轮及第二中间齿轮、安装在分流主轴上的分流主轴齿轮及宽齿轮、安装在分流传动轴上的第一分流传动齿轮、安装在换向轴上的换向齿轮、安装在第一输出轴上的输出齿轮、安装在第二输出轴上的第二分流传动齿轮，分流传动轴与换向轴同轴连接；输入齿轮与第一中间齿轮啮合，第二中间齿轮与分流主轴齿轮啮合，宽齿轮与第一分流传动齿轮及第二分流传动齿轮啮合，换向齿轮与输出齿轮啮合。该平行异向双螺杆挤出机输出负荷均匀。

专利名称： 塑料挤出造粒机组

授权公告号： CN103286878B

授权公告日： 2015.10.28

申请号： 201310243392X

申请日： 2013.06.19

专利权人： 汕头市富达塑料机械有限公司

发明人： 陈宜勇

分类号： B29B9/06（2006.01）I

摘要： 一种塑料挤出造粒机组包括主挤出机、第二挤出机和造粒装置。主挤出机包括主机筒和主驱动装置。主机筒中设有两根异向转动的主螺杆，两主螺杆螺纹方向相反且相互啮合，均与主驱动装置传动连接；主机筒前端设有主进料口，主机筒后端连接有主模头。第二挤出机包括第二机筒和第二驱动装置；第二机筒中设有第二螺杆；与第二驱动装置传动连接；第二机筒前端设有能够接收由主模头挤出的物料的第二进料口，后端连接第二模头。造粒装置与第二模头位置相对应。该塑料挤出造粒机组进料顺畅且能够充分对回收塑料进行塑化，制得性能良好的塑料颗粒。

专利名称： 一种可拆分式螺杆加热圈

授权公告号： CN102990906B

授权公告日： 2015.10.28

申请号： 2012104849263

申请日： 2012.11.26

专利权人： 浙江海洋学院

发明人： 胡佳文、陈庭勋、楼然苗

分类号： B29C47/84（2006.01）I

摘要： 该发明公开了一种可拆分式螺杆加热圈，属于塑料机械技术领域，包括拱环、接插件板、螺孔、接插头和挡环。拱环两侧安装有挡环，拱环底部安装有接插件板，接插件板上设有多个接插头，接插件板两侧开有螺孔。拱环和挡环均呈半圆形，拱环为钛合金材料。该加热圈由上下两部分组成，通过螺栓很容易合在一起或拆分，大大方便了加热圈的更换。

专利名称： 塑料模具内螺纹浮动止转脱模机构

授权公告号： CN103707473B

授权公告日： 2015.11.18

申请号： 2013106481477

申请日： 2013.12.06

专利权人： 台州市黄岩炜大塑料机械有限公司

发明人： 张欢庆

分类号： B29C45/40（2006.01）I、B29C45/26（2006.01）I

摘要： 塑料模具内螺纹浮动止转脱模机构包括上、下复板。上复板下安装定模板，下复板上安装模脚，模脚上安装动模底板、下齿轮固定板、上齿轮固定板、过渡齿轮固定板和动模座板，动模座板上安装动模板，动模板与定模板之间有型腔，型腔中有产品。产品内壁设置内螺纹，在动模底板上设置螺纹型芯，螺纹型芯的头部与内螺纹相配合，螺纹型芯通过齿轮传动组件由动力带动旋转，模脚之间设置上、下顶板和顶针，顶针的头部与注射后的料柄相接触。螺纹型芯外壁设置止转镶块，止转镶块上设有止转销子，止转销子嵌入产品壁体底部中，动模座板中安有浮动弹簧，动模板中制有限位槽，限位槽中设置限位螺钉，限位螺钉穿过浮动弹簧连接动模座板。

专利名称： 一模四腔异型管件模具抽芯机构

授权公告号： CN103692620B

授权公告日： 2015.11.18

申请号： 2013106630857

申请日： 2013.12.10

专利权人： 台州市黄岩炜大塑料机械有限公司

发明人： 张欢庆

分类号： B29C45/33（2006.01）I

摘要： 一模四腔异型管件模具抽芯机构包括模具定模板和动模板。动模板上安装两块呈对角设置的弯头型腔和两块呈对角设置的带检弯头型腔。带检弯头型腔的弯头处制有检查口，弯头产品和带检弯头产品的扩口型芯各自由抽芯液压缸带动滑块或者滑动块外滑抽芯。检查口有检查口型芯，检查口型芯连接平移斜导块，平移斜导块滑动设置在动模板上，平移斜导块中制有斜导槽，斜导槽中设置斜导板，斜导板连接斜抽块，斜抽块连接在定模板，利用开模动力抽芯，构思巧妙，实现了一模四腔异型管件同时在一副模具上加工，提高生产效率，降低生产费用，节省成本投资。

专利名称： 圆筒编织袋套内袋设备

授权公告号： CN103522593B

授权公告日： 2015.11.18

申请号： 2013104994454

申请日： 2013.10.22

专利权人： 常州市华盛塑料机械有限公司

发明人： 戴德明

分类号： B31B1/74（2006.01）I

摘要： 该发明涉及包装袋技术领域，其内袋收纳器为空腔体，空腔内收纳有内袋，内袋收纳器套设于圆筒编织袋内部。该圆筒编织袋套内袋设备，可以将内袋收纳在内袋收纳器中，然后将收纳器套设于圆筒编织袋中，将内袋和圆筒编织袋同时收卷达到快速套袋的作用，极大限度地降低了工人的劳动强度，提高了工作效率。该系统设有两组牵引挤压装置，并在牵引挤压装置之间的内袋中充有空气，可以使内袋与圆筒编织袋内壁紧密贴合。

专利名称： 一种全电动注塑机的可旋转式注射装置

授权公告号： CN103624918B

授权公告日： 2015.11.25

申请号： 2013105268801

申请日： 2013.10.30

专利权人： 宁波长飞亚塑料机械制造有限公司

发明人： 傅南红、陈邦锋、徐柯

分类号： B29C45/07（2006.01）I、B29C45/84（2006.01）I

摘要： 该发明公开了一种全电动注塑机的可旋转式注射装置。该装置射台前支座与上部注射组件之间设置有中心轴，射台后支座与上部注射组件之间设置有旋转助力机构，旋转助力机构包括第一固定安装块、第二固定安装块和丝杠。丝杠水平设置并与螺杆垂直，丝杠上设置有丝杠螺母，丝杠螺母上方竖直设置有第一转轴，丝杠螺母通过第一转轴与第一固定安装块连接；丝杠靠近驱动手柄的一端上固定安装有轴座，轴座下方竖直设置有第二转轴，轴座通过第二转轴与第二固定安装块连接。当扳动驱动手柄时，丝杠螺母在丝杠上向背离驱动手柄的一端移动，带动上部注射组件以中心轴为旋转中心向一侧转动。通过该结构可以在不拆卸模具的情况下对螺杆进行更换。

专利名称： 一种在钢管内壁滚塑外壁复合玻纤的钢塑复合管的制作方法

授权公告号： CN103939682B

授权公告日： 2015.12.02

申请号： 2013106572724

申请日： 2013.12.09

专利权人： 浙江双林塑料机械有限公司

发明人： 傅体强、朱肖营、施经东

分类号： B29C41/20（2006.01）I

摘要： 该发明涉及一种在钢管内壁滚塑外壁复合玻纤的钢塑复合管的制作方法。解决了外壁采用复合玻纤、内壁塑料层的钢塑复合管成型问题，包括中间钢管层的制作、滚塑内层的熔制、树脂玻纤夹砂的缠绕，实现光滑内壁的滚塑内层，工艺简单，无须特殊压制模具，壁厚、覆盖面等参数易控制且易达到设计要求，层与层之间黏度强，结合度高，特别适合大口径钢塑复合管制造。

专利名称： 塑料注吹成型机充液式锁模机构

授权公告号： CN103722730B

授权公告日： 2015.12.30

申请号： 2013107261578

申请日： 2013.12.26

专利权人： 浙江科力塑料机械有限公司

发明人： 孙春斌

分类号： B29C49/56（2006.01）I

摘要： 塑料注吹成型机充液式锁模机构在工作台上安装注塑下模，注塑下模的两侧安装立柱，两立柱上安装横梁并由螺母固定。在横梁中安装两只小缸径开合模液压缸，其活塞杆连接注塑合模板，注塑合模板下安装注塑上模，注塑上模与注塑下模相配合。其特征在于：所述的横梁中安装大缸径锁模液压缸，大缸径锁模液压缸中设置锁模块，锁模块上安装锁模杆，锁模杆连接注塑合模板，大缸径锁模液压缸上安装充液阀，充液阀上连接充液油箱；所述的小缸径开合模液压缸上设有上油口和下油口，大缸径锁模液压缸上设有高压口，充液阀中设有控制口，下油口经油管连通控制口，上油口和高压口各自经油管连通高压泵，充液油箱中有液压油。

专利名称： 用于注塑机、挤出机等的塑化单元和为此设置的液体输入装置

授权公告号： CN103052484B

授权公告日： 2016.01.20

申请号： 2011800380382

申请日： 2011.08.08

专利权人： 住友（SHI）德马格塑料机械有限公司

发明人： A·吕克、R·赫齐格尔

分类号： B29C45/18（2006.01）I、B29C47/10（2006.01）I

摘要： 该发明涉及一种用于注塑机、挤出机等的塑化单元，包括：外壳缸体；在外壳缸体中可旋转驱动的塑化螺杆；外壳缸体的出口侧端部前的液体输入装置，用于加入液体到待在塑化单元中塑化的塑料原料中；液体连接部—适配插入件，在其中设置有液体输入通道；安置在缸壁中的、通过接入孔通到螺杆室中的、用于液体连接部—适配插入件的接纳部；安装在液体连接部—适配插入件上的阀结构，利用其可封闭在适配插入件部位中的液体输入通道；液体供给装置，它们具有液体泵连同液体储罐，并连接在阀结构的液体连接管路上。

专利名称： 一种用于焊接的夹具

授权公告号： CN104043933B

授权公告日： 2016.02.10

申请号： 2014102782268

申请日： 2014.06.20

专利权人： 浙江东风塑料机械厂

发明人： 彭希旺、彭继宇

分类号： B23K37/04（2006.01）I

摘要： 该发明公开了一种用于焊接的夹具，包括支撑座主体、压头装置和顶紧装置。支撑座主体上设置有底板、第一筋板、方管、上板、螺母套、第二锁紧螺母、支撑螺栓和连接耳板。压头装置上设置有压头、锁紧螺栓、第一锁紧螺母和压板。顶紧装置上设置有顶杆、连接板、方螺母和顶头。该发明结构简单，方便实用，占用空间小。在底板固定后，可以通过旋转顶杆，在螺纹传动下，使得连接板相对于支撑座主体向下运动，进而通过第三圆孔带动压板向下运动，达到压紧工件的目的。

专利名称： 塑料管件模具产品外顶出机构

授权公告号： CN103707472B

授权公告日： 2016.02.10

申请号： 2013106472976

申请日： 2013.12.06

专利权人： 台州市黄岩炜大塑料机械有限公司

发明人： 张欢庆

分类号： B29C45/40（2006.01）I

摘要： 塑料管件模具产品外顶出机构包括模

具上复板和下复板。上复板下安装定模板，定模板中安装定模镶块。下复板上安装两块模脚，两模脚上安装动模底板，动模底板上安装动模板，动模板中安装动模镶块；动模镶块与定模镶块之间设有型腔，型腔中设有管件内壁型芯，两模脚之间设置上顶板和下顶板，上顶板上连接顶针，其特征在于：型腔包括管件本体型腔和管件扩口型腔，在管件扩口型腔一侧的动模镶块上设置顶料型腔，顶料型腔经连接流道连通扩口型腔，顶针穿过动模底板、动模板和动模镶块与顶料型腔相配合。通过该方案加工成型的塑料管件，塑料管件的上、下表面没有顶痕，产品光滑、美观，质量好，档次高。

专利名称： 一种反向百分表

授权公告号： CN103134408B

授权公告日： 2016.02.10

申请号： 2013100044039

申请日： 2013.01.07

专利权人： 台州市黄岩炜大塑料机械有限公司

发明人： 张欢庆

分类号： G01B3/22（2006.01）I

摘要： 一种反向百分表的表圈中安装齿条针和表盘，齿条针上安装挡帽。在表盘外壁上设置小刻度指针和大刻度指针，表盘内壁安有小刻度齿轮、大刻度齿轮和传动齿轮。小刻度齿轮带动小刻度指针，大刻度齿轮带动大刻度指针，小刻度齿轮上部与大刻度齿轮啮合，小刻度齿轮下部与传动齿轮啮合，传动齿轮与齿条针外壁的齿相啮合。其特征在于：齿条针连接拉力弹簧，拉力弹簧的另一头与表盘上部的内壁固定；在齿条针下端安装校钩，校钩包括竖直的钩体，钩体下制有相垂直的检测杆，检测杆与工件的背面相接触。

专利名称： 一种螺旋密炼机

授权公告号： CN103286876B

授权公告日： 2016.02.17

申请号： 2013101641094

申请日： 2013.05.07

专利权人： 杭州泰能塑料机械厂

发明人： 魏海明

分类号： B29B7/42（2006.01）I

摘要： 一种螺旋密炼机的机架上安置有带进料斗的机筒，机筒外包覆有带加热装置的保温罩壳；机筒内轴向布置有至少一根螺杆，螺杆的进料端通过一减速器组件与电动机相连，螺杆的另一端延伸至机筒的出料端部，且在机筒的出料端部设置有带有切刀组件的机头；机筒卧置于机架上，保温罩壳由外壳体和内置的保温材料组成，紧贴于机筒的外壁上设置有电加热器组成的加热装置；机筒的进料斗侧安装有与螺杆相连的、由减速器和扭力保护装置构成的减速器组件，该减速器组件通过带轮传动机构与电动机相连。该设备具有结构合理、紧凑，使用方便、可靠，适合各种混合原料的混合搅拌，降低使用成本，提高设备使用寿命等特点。

专利名称： 用于注塑机中的注塑装置

授权公告号： CN103386750B

授权公告日： 2016.03.02

申请号： 2013103364895

申请日： 2013.07.30

专利权人： 浙江华业塑料机械有限公司

发明人： 夏增富

分类号： B29C45/54（2006.01）I、B29C45/58（2006.01）I

摘要： 一种用于注塑机中的注塑装置，塑化部与注射部为分离结构。注射部包括注射筒体、注射管、注射活塞。注射活塞置于注射筒体的内腔中，并通过连杆与驱动部相连接；注射管设置于注射筒体的前部，注射管中的出料通道与注射筒体的内腔相连通，注射筒体的内腔通过通孔与塑化部的出料孔相连通。其优点为：能使熔胶螺杆三段参数不受轴向移动影响，熔胶压力曲线稳定，保证实现稳定的下料，不出现吃料量波动和下空料现象，同时能实现产量与速度的线性关系；

且能使熔胶螺杆与机筒保持轴线位置固定，保证机筒外部加热效率和稳定性，测温与加热的变化性和滞后影响降到最低。

专利名称： 一种多钻头钻孔机
授权公告号： CN104476615B
授权公告日： 2016.03.09
申请号： 2014108256035
申请日： 2014.12.28
专利权人： 宁波市海达塑料机械有限公司
发明人： 潘彩芳
分 类 号： B26F1/16（2006.01）I、B26D7/26（2006.01）I

摘要： 一种多钻头钻孔机，涉及机械设备的技术领域，包括横梁、支撑柱。横梁设置在支撑柱上，放置台有滑道，滑道上有移动台；横梁上有液压缸，液压缸上有环形支撑架，环形支撑架内有电动机，电动机上有转轴，转轴上有双层带轮；环形支撑架上有与双层带轮相对应的转动支撑装置，其上有移动框，移动框内有可移动的张紧轮，移动框内还有行进滑道，行进滑道上有若干个可移动的钻孔器，钻孔器上有从带轮，双层带轮、张紧轮和从带轮上环绕有驱动皮带。该发明能够一次性对面板进行大量钻孔工作，极大地提高了钻孔效率，并且还能根据钻孔要求调节钻头之间的位置与距离，可以在面板上一次性钻取出不同位置距离的孔洞。

专利名称： 农地膜立式剖切上下分卷连续转移集成设备
授权公告号： CN103978502B
授权公告日： 2016.03.16
申请号： 201410237463X
申请日： 2014.05.31
专利权人： 莱芜市猛牛塑料机械有限公司
发明人： 燕林建、邹晓琳
分类号： B26D1/03（2006.01）I

摘要： 该发明包括带有一次牵引导辊、二次牵引对辊和双分切刀以及展平导辊的垂直牵引架，其特征在于：垂直牵引架的同侧设有上、下分卷架，在每一个分卷架上均设有驱动卷心转动的对辊、成卷传送对辊、反吹嘴、卷连膜断切刀及其控制动作的气缸，并配有卷心输送托架、盛卷架及其控制装置，集切分、卷取、卸转于一体。该农地膜立式剖切上下分卷连续转移集成设备，不仅能够对筒状叠合的双层地膜宽架双刀沿缝切分，而且能够连续地定尺卷取、自动卸卷，一个人可操作5台设备，大幅度提高劳动效率，降低了劳动强度和生产成本，而且占用面积小，提高了车间的利用率。

专利名称： 一种注吹机塑化收料结构
授权公告号： CN104015341B
授权公告日： 2016.04.06
申请号： 2014102719264
申请日： 2014.06.18
专利权人： 张家港市联鑫塑料机械有限公司
发明人： 何志斌、倪爱明、任巧安
分类号： B29C49/06（2006.01）I

摘要： 该发明在机架上设有注射部分，其旁设有成型部分。注射部分包括塑化螺杆、塑化螺杆外部的外壳以及驱动塑化螺杆转动的驱动装置，注射部分下方设有移动装置，成型部分出口处设有用于自动转移产品的旋转装置。采用上述结构之后，通过改进的驱动装置以及伺服电动机的使用，能够平稳地保证塑化部位的送料；采用移动装置能够平稳地将塑化部分推动；采用旋转装置能够保证机器自动送料，提高工作效率，节省人力资源，减少磨损，降低安全事故的发生。

专利名称： 平行异向双螺杆挤出机
授权公告号： CN103895209B
授权公告日： 2016.04.06
申请号： 2014100807059
申请日： 2014.03.06
专利权人： 东莞市三优塑料机械制造有限公司

发明人：何沛江

分类号：B29C47/40（2006.01）I

摘要： 一种平行异向双螺杆挤出机，包括电动机、减速箱及螺杆组。减速箱包括输入轴、一级传动轴、二级传动轴、中间传动轴、分流驱动轴、上传动轴、下传动轴、第一输出轴、第二输出轴；该减速箱还包括安装在输入轴上的输入齿轮、安装在一级传动轴上的第一传动齿轮及第二传动齿轮、安装在二级传动轴上的第三传动齿轮及第四传动齿轮、安装在中间传动轴上的第一中间齿轮及第二中间齿轮、安装在分流驱动轴上的第一驱动齿轮及第二驱动齿轮、安装在上传动轴前后两端的二上传动齿轮、安装在下传动轴前后两端的二下传动齿轮及安装在第一输出轴上的输出齿轮，第二输出轴与中间传动轴同轴连接。该平行异向双螺杆挤出机输出负荷均衡。

专利名称： 啮合型转子的冷却流道

授权公告号：CN102935669B

授权公告日：2016.04.06

申请号：2012103993426

申请日：2012.10.19

专利权人：大连橡胶塑料机械股份有限公司

发明人：刘丽

分类号：B29B7/82（2006.01）I

摘要： 该发明公开了一种啮合型转子的冷却流道。冷却流道由不封闭的C形环流道串联而成，C形环流道的环与环之间由小角度螺旋槽流道过渡，确保流道没有大的转折。该发明减少了水流的冲击，也减小了冷却水的流动阻力，转子棱内腔被分割为若干腔室与C形环流道融合在一起，避免了原有转子内腔容积过大造成的棱内腔水流速度过慢、换热效率低的缺点，流速更快，换热更佳。

专利名称： 一种新型钻孔机

授权公告号：CN104476614B

授权公告日：2016.04.20

申请号：2014108256001

申请日：2014.12.28

专利权人：宁波市海达塑料机械有限公司

发明人：刘维

分 类 号：B26F1/16（2006.01）I; B26D7/26（2006.01）I

摘要： 一种新型钻孔机涉及机械设备的技术领域，包括控制器、横梁、支撑柱和放置台，横梁上有液压缸，液压缸上有环形支撑架。环形支撑架内有电动机，电动机上有转轴，转轴上有若干个齿轮换向器，环形支撑架上有若干个数量与齿轮换向器相对应的转动支撑装置，转动支撑装置上有移动框，移动框内有与齿轮换向器相连接的蜗杆，移动框内还有若干个可移动的钻孔器，钻孔器上有与蜗杆相配合的蜗轮；环形支撑架上有甲滑轮，移动框上有与甲滑轮相对应的乙滑轮，甲滑轮和乙滑轮环绕有钢丝绳。该发明能够一次性对面板进行大量钻孔，极大地提高了钻孔效率，并且还能根据钻孔要求调节钻头之间的位置与距离，在面板上一次性钻取出不同位置距离的孔洞。

专利名称： 一种多钻头可调钻孔机

授权公告号：CN104476613B

授权公告日：2016.04.20

申请号：2014108255988

申请日：2014.12.28

专利权人：宁波市海达塑料机械有限公司

发明人：文小超

分 类 号：B26F1/16（2006.01）I; B26D7/26（2006.01）I

摘要： 一种多钻头可调钻孔机涉及机械设备的技术领域，包括横梁、支撑柱。横梁设置在支撑柱上，横梁上有液压缸，液压缸上有环形支撑架。环形支撑架内有电动机，电动机上有转轴，转轴上有双层带轮；环形支撑架上有与双层带轮相对应的转动支撑装置，其上有移动框，移动框内有可移动的张紧轮，移动框内还有行进滑道，行进滑道上有若干个可移动的钻孔器，钻孔器上有从带轮；环形支撑架上有甲滑轮，移动框上有与甲滑轮相对应的乙滑轮，甲滑轮和乙滑轮环绕有钢丝绳。该发明能够一次性对面板进行大量钻孔，极大地提高了钻孔效率，并且还能根据钻孔要求调节钻头之间的位置与距离，在面板上一次性钻取出不同位置距离的孔洞。

专利名称： 水箱升降上牵引旋转 PVC 热收缩膜装置

授权公告号： CN103496160B

授权公告日： 2016.04.27

申请号： 2013104764768

申请日： 2013.10.12

专利权人： 武汉新中德塑料机械有限公司

发明人： 刘颜嘉

分类号： B29C55/28（2006.01）I；B29K27/06（2006.01）N

摘要： 该发明公开了一种水箱升降上牵引旋转 PVC 热收缩膜装置，该装置包括机架、挤出机、模头、冷却风环、一牵引夹辊和一牵引人字夹板。机架内设置有水箱升降装置，水箱升降装置上设置有水箱，水箱内设置有二牵引夹辊；水箱上设置有冷却水套，机架顶部设置有与冷却水套对应的三牵引人字夹板，三牵引人字夹板上方设置有三牵引夹辊。机架顶部上设置第一次平台，第一次平台上设置有旋转平台，旋转平台的四边与机架之间设置有多个动环，旋转平台一端设置有收卷机。该发明消除了 PVC 热收缩膜生产过程中仅模头旋转产生的“爆筋”，提高了膜的品质，延长贮存时间，并可生产 1 200mm 宽的膜，超过传统设备生产的最宽膜 780mm。

专利名称： 环保高效再生塑料造粒机双重四层过滤式烟气处理装置

授权公告号： CN104740940B

授权公告日： 2016.05.18

申请号： 2015100920287

申请日： 2015.02.28

专利权人： 安徽省坤璞塑料机械有限公司

发明人： 王坤、吕清兰、姜家勇

分类号： B01D46/00（2006.01）I

摘要： 该装置包括烟气归集箱、三层过滤器、冷却净化罐、过滤器及真空泵。烟气归集箱底部通过法兰连接在造粒机的排烟口，烟气归集箱上部出烟口通过钢丝软管连接至三层过滤器的进口管路上；三层过滤器的出口管路经钢丝软管连接至冷却净化罐；冷却净化罐上部连接有循环管路，循环管路一端连接在冷却净化罐上，另一端穿过真空泵和过滤器连接至冷却净化罐，冷却净化罐底部一侧通过钢丝软管连接至真空泵上的排烟管。与大型排烟管道相比，该装置烟雾过滤一体化，安装简捷，移动灵活，可用于产生烟气的各种生产加工环节中。

附录

介绍我国塑料机械主要出口市场情况

附录

中国塑料机械主要出口市场分析（一）
——越南

一、越南塑料市场

越南塑料橡胶产业主要位于胡志明市。迄今，越南塑胶制品的总产量已达100万t，是越南较有竞争力的产业。家用塑胶制品还能打败外国对手，越南各超市95%的塑胶日用品是在越南国内生产（比重占塑胶业总产量的30%）。目前粮食与食品包装、各类饮料包装、洁净矿泉水包装、水海产包装等所需原料，接近100%已能在越南国内生产。

目前许多家越南塑胶公司开始向国际市场进军，投资引进高科技设备，如隆城公司投资四色印刷啤酒箱生产技术，大同进公司投资薄膜压胶片等高技术设备，Liksin公司投资吹制PE复合薄膜技术等。越南塑胶行业仍仅能提供一般家用塑胶品，未来仍需继续投资。越南塑胶总公司表示，越南塑胶业未来的投资约需20亿美元。

2014年12月底，越南塑料工业产值年均增长12%，全国有加工企业2 000多家，从业人数约20万人，大部分采用家庭作坊生产模式，约90%的企业从事代工出口，无自主品牌。2013年全行业营收额逾90亿美元，但越南塑胶产业现今面临原料缺乏的挑战，80%的原料依赖进口，主要从韩国、泰国、新加坡、阿拉伯地区、日本和马来西亚等国家（地区）以及中国台湾进口聚乙烯(PE)和聚丙烯（PP）。此外，越南几乎所有塑料企业的生产设备都从中国进口。

2013年，越南出口塑料制品逾24亿美元，主要出口欧洲、南美洲等地区以及日本、马来西亚、印度尼西亚和泰国等国家和地区。其中，用于运输包装、食品包装的塑料制品占56%，家用塑料制品占10.6%，工程塑料占8.2%，建筑塑料占2.1%。目前越南塑料制品出口市场有151个，其中，主要市场有：日本、美国、德国、欧洲和中国。2013年，越南塑料行业对日本出口额为4亿美元，同比增长11.2%，占该行业出口总额的19.9%；对中国出口额为2.79亿美元，同比增长12.8%，占14%。中国取代美国，成为越南塑料行业的第三大出口市场。

目前，越南全国有橡胶企业200家，其中生产轮胎的企业40家，生产工程塑料的企业160家。目前越南PVC和PET塑料生产企业年产量达30万t的有两家。跟塑料工业的情况一样，越南80%的橡胶原料需进口，本土企业仅能生产橡胶脚踏板、橡胶减震器、橡胶垫等比较单一的产品，而传送带、毡、液压胶管等仍需进口，或由外资企业生产。

近年来中国台湾地区对越南投资不断增加，为塑胶相关的生产设备如射出机械等增添商机。随着越南经济的迅速发展，人们对塑胶制品的需求逐渐提升，如塑胶天花板、塑胶地板、塑胶嵌板、塑胶隔板、塑胶门扉、塑胶窗扉等塑胶建材，高级电力、汽车冷却系统、机车以及电子塑胶零配件市场比重亦逐渐提高。

越南国际塑料橡胶工业展创办于2001年，该展会得到了越南工业部、越南农业部、越南贸易部、越南投资计划部、越南全国机械公会等的大力支持。2014年展会面积11 000m^2，共有来自15个国家和地区的260家企业参展，约11 000个贸易商参观和采购。

二、越南概述

越南位于东南亚中南半岛东部，北与中国广西、云南接壤，西与老挝、柬埔寨交界，国土狭长，面积约33万km^2，紧邻南海，海岸线长3 260多km，是以京族为主体的多民族国家。

1945 年，胡志明宣布成立越南民主共和国，1976 年改名越南社会主义共和国。1986 年开始施行革新开放，2001 年越共九大确定建立社会主义市场经济体制。越南也是东南亚国家联盟成员之一。2015 年越南人口 9 158.3 万人，人口密度 272 人 /km^2。

三、经济情况

越南国家统计局 2015 年 12 月 26 日发布的最新经济数据显示，越南经济增长速度达到 6.68%，超过 6.2% 的政府目标，创下近五年来最高水平。此外，越南 2015 年出口总值上涨 8.1%，进口总值增长 12%，外来投资猛增 17.4%，达到 145 亿美元，均高于上年数字。越南官方数据显示，越南 2015 年的通货膨胀率仅为 0.63%，创近 14 年来新低。2015 年 GDP 约达 2 040 亿美元，人均 GDP 达 2 228 美元（以购买力平价衡量达 5 600 美元以上）。工业和服务业占 GDP 的比重为 82.5%。从事农业领域的劳动者占社会劳动总数的 45%。劳动生产率年均增长 3.8%。截至 2015 年，经过培训的劳动者比例达 51.6%。公共投资由 2010 年的 35.5% 降至 2015 年的 30% 左右，国内居民和企业的投资从 36.1% 提升至 42%。2015 年年底，股市规模上升，股市和债券总市值占 GDP 比例分别达 33% 和 23% 左右。2015 年前 11 个月，全国贫困户总数为 22.29 万个，同比下降 28.6%。总贫困人数为 92.53 万名，同比下降 30.4%。

（一）2016 年越南经济展望

越南国会已通过关于 2016 年经济社会发展计划的决议，包括 2016 年 GDP 增长率达 6.7%、出口增长 10%、通胀率保持在 5% 以下、社会投资总额占 GDP 的 31% 等目标。世界银行 2015 年 12 月 2 日发布的《越南经济发展情况最新报告》显示，越南经济的应对挑战能力较强，中期前景持积极态势；据此，2015 年和 2016 年的越南 GDP 增长率预计分别达 6.5% 和 6.6%。越南经济增长展望乐观，通胀率有望保持较低水平。

惠誉国际信用评级公司 2015 年 11 月确认越南长期外币与本币发行人违约评级为“BB-”，评级展望为稳定。确认无担保本币债券评级和国家上限为“BB-”，短期外币与本币发行人违约评级为“B”。越南长期外币与本币发行人违约评级和评级展望为稳定，体现了稳定和宏观经济前景之间的平衡；2016 年财政赤字占 GDP 比重预计达 5.4%。

（二）基本经济数据

【工业】2010 年，越南工业产值增长 14%，达到 794.124 万亿越南盾（约合 2 382 亿元）。其中，国有企业产值增长 7.4%，外资企业产值增长 17.2%。主要工业产品为煤炭、原油、天然气、液化气和水产品等。以 2010 年数值为基期，2014 年工业总产值增长 7.6%，约达到 854.48 万亿越南盾（约合 2 563 亿元）。按照越南官方预计，2015 年工业总产值将达到 938.22 万亿越南盾（约合 2 815 亿元），较 2014 年增长 9.8%。其中增速较快的行业为：①电子、计算机和光学产品等产业，同比增长 37%；②摩托车产业，同比增长 26.7%；③皮革产业，同比增长 17.4%；④纺织业，同比增长 13.9%；⑤纸业，同比增长 12.6%；⑥橡胶及塑料产品，同比增长 12.3%。

【农业】越南是传统农业国，农业人口约占总人口的 75%。耕地及林地占国土总面积的 60%。经济作物主要有咖啡、橡胶、腰果、茶叶、花生和蚕丝等。以 2010 年为基期，2015 年越南农林渔业总产值同比增长 2.6%，达到 238.75 万亿越南盾（约合 716.3 亿元）。

【财政金融】目前，越南为保持金融市场稳定，规定坏账率控制在 3% 以下。越南暂时停止颁发银行和信贷机构经营许可证，为需要在越南投资或者居住的外国人和旅居海外越南人扩大外资持股比例并放宽房地产所有定额。

目前，越南全社会投资总额相当于 GDP 的 31.2%。截至 2015 年 11 月 15 日，从国家财政拨出的投资总额达 194.1 万亿越盾（约合 572.4 亿元），相当于计划的 92.2%，同比增长 4%。国家财政总收入 807 万亿越盾（约合 2421 亿元），相当于预算的88.6%。国家财政总支出达全年预算的83.9%，其中债务支出和援助资金为132.9万亿越盾（约合398.7亿元），相当于预算的88.6%。

2015年公共债务占GDP比例预计达61.3%。由政府负有担保责任的企业、金融机构、国内外信贷机构负债占GDP比例达11.4%，占公共债务总额的19%（约合210亿美元）。

【对外贸易】越南和世界上150多个国家和地区有贸易关系。2015年也是越南对外经济领域发生许多重大事件的一年，如：签署越南与俄白哈关税同盟自由贸易协定，结束越韩自贸协定、越南—欧盟自贸协定和《跨太平洋伙伴关系协定》（TPP）等协定谈判进程。迄今，越南与55个国家和伙伴建立自由贸易关系，其中15个国家是20国集团的成员国。此外，59个国家已承认越南完全市场经济地位。

2015年前11个月，越南商品出口总额约达1 487亿美元，同比增长8.3%。出口动力依然倾向于外商企业，其出口额（包括原油）达1 051亿美元，同比增长13.5%。国内企业出口额同比下降2.6%。商品进口总额1 525亿美元，同比增长13.7%。外资企业和国内企业进口额均上涨，分别为902亿美元和623亿美元，分别同比增长18.1%和8%。前11个月，越南实现贸易逆差38亿美元，相当于商品出口总额的2.5%。

越南主要贸易对象为美国、欧盟、东盟、日本以及中国。2013年，越南10亿美元以上的主要出口商品有9种，分别为：煤炭、橡胶、纺织品、石油、水产品、鞋类、大米、木材及木制品、咖啡。主要出口市场为中国、欧盟、美国、日本。主要进口商品有：摩托车、机械设备及零件、纺织原料、成品油、钢材、皮革。

【外国资本】2015年，越南吸收外资（FDI）合同金额227.6亿美元，同比增长12.5%；实际利用外资145亿美元，同比增长17.4%。外商直接投资的注册资金、增资资金和实际到位资金都有明显起色。截至2015年11月20日，全国新批FDI项目共1 855个，注册资金135.5亿美元，项目数量和投资总额同比分别增长30%和1.1%；增资项目共692个，增资总额66.7亿美元。新批和增资总额202.2亿美元，同比增长16.7%。FDI实际到位资金132亿美元，同比增长17.9%。

【货币与汇率】越南实施浮动盯住美元的汇率制度，与中国此前类似。越南央行先后于2015年1月、5月和8月主动各让越南盾贬值1%。2016年伊始，越南宣布计划设定越南盾对美元的中间价，凸显了本币贬值的巨大压力，有分析师预测2016年越南盾将贬值4%。

越南盾与人民币兑换率：1人民币元≈3 412.5越南盾（2016年1月7日）。

【交通运输】2013年以来越南交通运输业经过重组，提高服务质量，取得了较好的经济效益，但交通运输仍为越南经济发展的薄弱环节。2010年，越南客运量为24.6亿人次，比上年增长13.5%；货运量7.148亿t，比上年增长12.4%。2014年客运量为30.49亿人次，货运量为10.69亿t。

铁路：网络包括6条干线和一些支线，总长3 220km，干线全长2 700km。有410个机车头，其中150多个是蒸汽机车头。2014年客运量0.12亿人次，货运量717.9万t。

公路：总长21.15万km。柏油路10.8万km，石质路面6 509km，土石混合路面4.86万km，土路4.84万km。2014年客运量28.72亿人，货运量8.2亿t。

水运：内陆水路总长3.98万km，内河水运有854艘拖船、28 470艘货船、1 355艘驳船，运输能力163万t。海运有610艘货船、6艘驳船，运输能力84万t。交通部直接管辖的8大港口为广宁、海防、炉门、归仁、义安、芽庄、岘港和西贡港。2014年内河客运量1.46亿人次，内河货运量1.86亿t。其中重要的国际货运港口有海防市和胡志明市，远洋运输货运量达5 610万t。

空运：全国共有大小机场90个，其中15个为民用机场。2014年客运量为1 830万人次，货运量20.2万t。

【其他经济数据】2015年，越南通胀率创14

年来最低水平。2015 年 11 月越南全国居民消费价格指数（CPI）环比上涨 0.07%，同比上涨 0.34%，较上年 12 月上涨 0.58%。2015 年前 11 个月平均 CPI 同比上涨 0.64%。11 月份核心通胀率环比增长 0.05%，同比增长 1.72%。前 11 个月平均核心通胀率同比上涨 2.08%，是 14 年来历史最低水平。通胀率低的主要原因在于公共投资政策所带来的效应，遵守货币流通规律，为改善环境和减少企业的经营费用所作出的努力，加强促销、折扣、贸易管理、必需品价格平稳活动以及世界多种原材料进口价格降低等。

2015 年，越南房地产市场出现回暖迹象，国内市场购买力有所增加，企业成本降低，减少税收，降低贷款利率，取消不必要的生产经营准入条件 6 700 个并节省了办税时间 420 个小时，迄今，98% 以上的越南企业已采用电子报税方式，并有 80% 的企业使用电子缴税服务。越南国内企业在新批企业数量、注册总额、增资总额和恢复经营活动的企业数量等方面明显改善。新设企业创造的就业机会有望猛增。

越南企业革新与发展指导委员会的报告显示，截至 2015 年 11 月 10 日，越南全国 471 家国有企业中有 408 家已成功实行股份制。2015 年实行股份制的企业共有 210 家，完成 2011—2015 年阶段计划的 90%。2015 年前 10 个月，国有企业撤资总额达 9.15 万亿越南盾，收回 13.76 万亿越南盾，是账面价值的 1.5 倍。

四、社会文化

【语言文字】越南官方正式认定公布的民族共有 54 个。其中主体民族“京”（Kinh）族占 85.7%，其余 53 个少数民族占 14.3%。京族人母语就是越南语。越南 19 世纪末沦为法国殖民地后，用拉丁字母拼写越南语的书写体系流行起来。

【人民生活】随着经济持续增长，越南城市居民的生活水平有所提高。由于农产品和食品价格提高，农村居民的生活也有所改善。2014 年越南人口约为 9 000 万人，排名世界第 13 位。男性占 50.2%，女性占 49.8%。城市人口占 33%，农村人口占 67%。据数据显示，2014 年越南人口出生率为 17.2%，死亡率为 6.9%，自然增长率为 10.3%。平均每位妇女有 2 个小孩。

失业率方面，越南全国范围内失业率为 2.1%，其中男性 3.4%，女性 1.49%；待业率方面，全国范围 2.35%，男性 1.2%，女性 2.9%。2015 年最新数据显示，2011 年越南全国贫困人口下降到 12.6%，而到 2014 年，城市贫困人口占 3%，农村贫困人口占 10.8%。

2014 年越南全国 15 岁以上的劳动力共计 5 374.8 万人，其中男性 2 756.06 万人（51.3%）、女性 2 618.74 万人（48.7%）；其中，城市劳动人口 1 652.55 万人（30.7%），农村劳动人口 3 722.25 万人（69.3%）

【教育】越南已形成包括幼儿教育、初等教育、中等教育、高等教育、师范教育、职业教育及成人教育在内的教育体系。越南 2001 年开始普及 9 年义务教育。2009—2010 学年，越南全国在校大、中、小学学生约 1 749 万名，教师 81.03 万名。全国共有 376 所高等院校。著名高校有河内国家大学、胡志明市国家大学、顺化大学、太原大学、岘港大学等。越南国家统计局 2015 年数据显示，15 岁及以上的越南民众识字率达到 94.7%。

五、与中国关系

中越关系在历史进程中也起起伏伏。中国和越南有关部门的统计数据显示，中越两国经贸关系在 2015 年上半年稳步发展，贸易额增长，投资合作加强。据中国海关总署统计，2015 年上半年，中越贸易额约为 2 592 亿元，同比增长 16.6%。其中，中国对越出口额为 1 925 亿元人民币，同比增长 14.8%；进口额为 667 亿元人民币，同比增长 22.1%。中国已连续 11 年成为越南第一大贸易伙伴。越南统计总局数据显示，2015 年上半年，中国仍是越南农林水产品的最大进口国，是越南橡胶、木薯和腰果等产品的主要进口国。中国还是越南首要的大米出口市场。越南首都河内至老街高速公路 2014 年 9 月全线通车，这是越南首条连接越中边境的高速公路。2015 年 7 月，从越南北方的北江省到与中国广西毗邻的谅山省的高速公路也正式动工。

目前中越关系的症结主要围绕南海问题，民间交往也因此深受影响。

中国塑料机械主要出口市场分析（二）

——菲律宾

一、菲律宾塑料市场

近 20 年来，菲律宾电子、半导体、汽车工业、塑胶化工等产业迅猛发展，对机床、工具及模具等加工设备的需求不断增长。但几乎所有的电子产品零件、机床、模具、工具、原油、机器、运输设备、铁和钢都要靠进口。因此，工业化产生大量的设备需求，菲律宾市场潜力巨大。

菲律宾塑料工业协会（PPIA, Philippine Plastics Industry Association）成立于 1970 年，主要负责保护菲律宾国内塑料行业企业利益，为行业制定政策、立法提供咨询服务，尤其是关税、环境、能耗、劳工以及产品标准等内容。目前，该协会拥有 180 家会员单位，以及 41 名专家顾问。

据菲律宾塑料工业协会行业调查，菲律宾国内有 1 000 多家塑料制造商以及材料商，约有 60 万人直接或间接参与行业产品生产。目前，塑料行业在菲律宾依旧是劳动密集型产业。

目前菲律宾塑料行业发展面临以下问题：

成本高：①塑料原料成本较高，塑料树脂挥发性强；基于国内电价，塑料行业依旧高能耗，电力成本高；大批低成本、低等级的外来塑料产品充斥着菲律宾国内市场。②菲律宾国内缺少扶持塑料行业发展的政策。目前，菲律宾政府并不是非常看重塑料行业，也缺少税收等方面的激励政策。比如，对于塑料回收工厂以及其他清洁生产的工厂没有税收方面的优惠，即便有，奖励的门槛也非常高。比如，新厂房或者扩建的工厂需要 50% 的产品用于出口（菲律宾国内企业），对于外资控股的塑料企业，这一比例要高达 70%。③运输成本高。由于海岛分散，陆路交通不便，原材料以及成品的运输成本对于菲律宾来说偏高。

关税的扭曲作用。菲律宾是东南亚国家联盟（ASEAN）成员国之一，彼此之间关税为 0。但菲律宾大都从享受最惠国待遇的国家，尤其是中东国家进口树脂。尽管东盟内部关税为 0，但由于这些国家对树脂进行各类补贴，导致菲律宾从东盟进口原料更昂贵。而菲律宾国内的材料商在与中东国家原料商竞争时，在价格上没有任何优势。

环境污染。菲律宾严重低估了塑料对于环境污染以及民众健康的影响。实践证明，对抗白色污染是一个长期问题。

尽管面临上述问题，菲律宾国内的塑料市场还有较大潜力：拥有 1 亿多人口，市场潜力巨大；正在追求技术升级以提高生产效率；正在努力制定塑料制品的全国标准，以改变国内生产的乱象，比如塑料袋，规范生产流程以确保民众的身体健康以及保护环境。中国的节能减排塑料机械对于菲律宾有较大吸引力。

二、菲律宾概况

1946 年，菲律宾独立。由于错综复杂的历史因素以及地理因素，菲律宾融合了许多东西方的风俗习惯特点，除了原住民文化之外，还有马来文化、印度文化、华夏文化、伊斯兰文化以及西方文化。

菲律宾主要分吕宋、维萨亚和棉兰老三大部分，是 ASEAN 主要成员国，也是亚洲太平洋经济合作组织（APEC）成员。菲律宾为发展中国家、新兴工业国家及世界的新兴市场之一，但贫富差距很大。

三、经济情况

菲律宾是出口导向型经济。第三产业在国民经济中地位突出，农业和制造业也占相当比重。20世纪90年代初，菲律宾政府采取一系列振兴经济措施，经济开始全面复苏，并保持较高增长速度。1997年爆发的亚洲金融危机对其冲击不大，但经济增速再度放缓。阿基诺总统执政后，增收节支，加大对农业和基础设施建设的投入，扩大内需和出口，国际收支得到改善，经济保持较快增长。

2015年菲律宾全国政府债务余额达5.954万亿比索（约8 299.88亿元），同比增长3.8%。其中国内债务3.88万亿比索（约5 408.72亿元），同比增长1.7%；外债2.07万亿比索（约2 885.58亿元），增长8.1%。国内债务占GDP比例为44.8%，低于前年同期的45.4%。菲财政部长普利西马表示，菲政府将采取有效的措施保持政府债务结构的弹性。

（一）2016年菲律宾经济预测

世界银行预测，得益于基础设施高支出、家庭收入增长和外国投资的持续增长，2016年菲律宾经济增长率将达到6.4%。世界银行在其最新发布的《2016全球经济预期报告》中表示，菲律宾2015年经济增长率预计为5.8%，在接下来的两年里菲律宾经济增长率都将超过6%，预计平均增长率约为6.23%。世界银行认为，2016年菲律宾大选将刺激PPP项目不断开工，同时汇率波动小于5%，货币压力小，外汇储备持续增加，以及商品价格低、家庭收入增加这些利好因素将刺激经济发展。建议菲律宾扩大税基，加强公共收入管理来保持持续增长。

2016年1月6日菲律宾统计署数据显示，2015年菲律宾年均通胀率仅为1.4%，低于菲律宾政府2%～4%的预想，更是远低于2014年4.1%的通胀率。失业率也有下降趋势，人口红利或将凸显。

（二）菲律宾基本经济数据

2014—2015年菲律宾国内生产总值和国民总收入见表1。

表1　2014—2015年菲律宾国内生产总值和国民总收入

项目名称	按现价			按2000年不变价		
	2015年（百万菲律宾比索）	2014年（百万菲律宾比索）	同比增长（%）	2015年（百万菲律宾比索）	2014年（百万菲律宾比索）	同比增长（%）
国民总收入GNI	16 062 158	15 327 336	4.8	9 109 705	8 640 668	5.4
国内生产总值GDP	13 285 240	12 642 736	5.1	7 579 940	7 164 017	5.8
农林牧渔	1 363 935	1 428 131	−4.5	719 323	717 824	0.2
工业	4 103 789	3 968 897	3.4	2 537 759	2 394 694	6.0
服务业	7 817 516	7 245 708	7.9	4 322 859	4 051 499	6.7
净收入	2 776 917	2 684 599		1 529 765	1 476 652	

数据来源：菲律宾国家统计局。

【货币】比索，1人民币元约等于7.26比索（2016年2月27日）。

【资源】矿藏主要有铜、金、银、铁、铬、镍等20余种。巴拉望岛西北部海域有石油储量约3.5亿桶。

【工业】2015年工业产值（现值）约为4.1万亿比索（约5 716.58亿元），同比增长3.4%。工业产值占国内生产总值30.95%。制造业占工业总产值65.05%，建筑业占22.27%，矿产业占2.53%，电力及水气业占10.15%。

【农业】2015年农林渔业产值约为1.36万亿比索（约1 899.96亿元），同比下降4.5%。农林渔业产值占国内生产总值的10.27%，从业人口占总劳力的33%。

【服务业】2015 年服务业产值约为 7.82 万亿比索（约 10 889.8 亿元），比上年增长 7.9%。占国内生产总值的 58.84%，从业人口占总劳力的 54.8%。海外劳工超过 800 万人，2012 年汇回国内 300 亿美元。

【交通运输】以公路和海运为主。铁路不发达，集中在吕宋岛。航空运输主要由国家航空公司经营，全国各主要岛屿间都有航班。铁路总长 1 200km。公路总长约 20 万 km，客运量占全国运输总量的 90%，货运量占全国运输货运量的 65%。水运总长 3 219 公里。全国共有大小港口数百个，商船千余艘，主要港口为马尼拉、宿务、怡朗、三宝颜等。机场 163 个，国内航线遍及 40 多个城市，与 30 多个国家签订了国际航运协定。主要机场有首都马尼拉的尼诺·阿基诺国际机场、宿务市的马克丹国际机场和达沃机场等。

【财政金融】2015 年菲律宾全国政府债务余额达 5.954 万亿比索（约 8 299.88 亿元），同比增长 3.8%。主要银行有：首都银行，资产额 155 亿美元；菲岛银行，资产额 138 亿美元。

【对外贸易】与 150 个国家和地区有贸易关系。近年来，菲律宾政府积极发展对外贸易，促进出口商品多样化和外贸市场多元化，进出口商品结构发生显著变化。非传统出口商品如成衣、电子产品、工艺品、家具、化肥等的出口额，已赶超矿产、原材料等传统商品出口额。主要出口产品为电子产品、服装及相关产品、电解铜等，主要进口产品为电子产品、矿产、交通及工业设备，主要贸易伙伴有美国、日本和中国等。

【外国资本】据统计，2014 年被批准的外国投资约为 1 869.6 亿比索（约 40 亿美元），2015 前两季度外国投资已达 580.27 亿比索（约 12.4 亿美元）。主要来源地为墨西哥、日本、美国、新加坡等国家和地区，主要投资领域为制造业、物流业、房地产、金融保险和矿业。

【外国援助】外援主要来自日、美、西欧国家和国际金融组织。每年外国承诺给予的各项援助约 20 亿美元。

【人民生活及就业】2012 年菲律宾家庭年均收入 23.4 万比索，约 3.26 万元(调查每三年一次，2015 数据尚未公布)。近年来，人民生活水平提高较慢，贫困家庭比率为 25%。人均寿命 70 岁，人口出生率 1.9%。总生育率为 3.2 人，意味着一对夫妇平均有 3 到 4 名子女。据菲律宾《商业世界报》2015 年 9 月报道，官方数据显示，2015 年 7 月菲律宾就业率为 93.5%，同比上升 0.2 个百分点，其中不充分就业率为 21%，同比上升 2.7 个百分点。就业人口中，从事农业、工业和服务业的比例分别为 28%、16.5% 和 55.5%，与上年同期相比，从事农业的人口下降了 2.1 个百分点，工业和服务业分别上升了 0.6 和 1.5 个百分点。目前，菲律宾劳动年龄人口为 6 661 万人（同比增加 254 万人），劳动参与率为 62.9%（同比下降 1.5 个百分点），经济活动人口 4190 万人，就业人口 3 917 万人。

四、社会文化

【教育】菲律宾宪法规定，中小学实行义务教育，鼓励私人办学。初等、中等教育以政府办学为主，小学生入学率达 91%，中学生入学率 60%。高等教育主要由私人控制。全国共有高等教育机构 1 599 所，在校生约 244 万人。著名高等院校有菲律宾大学、阿特尼奥大学、东方大学、远东大学、圣托马斯大学等。

【人口】菲律宾有 90 多个民族，主要民族有米沙鄢人、他加禄人、伊洛戈人、邦班牙人、维萨亚人和比科尔人等，外来居民有华人、阿拉伯人、印度人、西班牙人和美国人，还有为数不多的原住民。民众多信奉基督教。2014 年 7 月 27 日凌晨，菲律宾全国总人口突破 1 亿大关，成为世界上第 12 个人口过亿的国家。

五、与中国关系

菲律宾 1975 年 6 月 9 日与中华人民共和国建交。两国签有贸易、文化、民用航空、科学技术合作、广播电视合作及新闻交换等协定。中菲除互设大使馆外，中国在宿务设有总领馆，在拉瓦格开设领事馆。菲律宾在厦门、广州、上海、重庆、香港和澳门分别设有总领馆。

中国现在是菲律宾第二大贸易伙伴。据中国海关统计，2014 年中菲双边贸易额为 444.42 亿美元，较上年增长 16.75%。其中中方出口 234.59 亿美元，同比增长 18.27%；中方进口 209.83 亿美元，同比增长 15.1%，中方贸易顺差为 24.76 亿美元。据中国商务部统计，2014 年中国企业在菲新签工程承包和劳务合作合同额 117.36 亿美元，完成额 89.58 亿美元。

2014 年中国对菲律宾非金融类投资 5 769 万美元。截至 2014 年年底，累计非金融类投资 4.58 亿美元。2014 年菲律宾对华实际投资 9 707 万美元，同比增长 44.3%；截至 2014 年年底，累计对华投资 31.89 亿美元。

不过，南海问题一直是困扰中菲关系的一大难题，菲律宾也因此爆发多次反华抗议活动。

中国塑料机械主要出口市场分析（三）

——印度尼西亚

一、印尼塑料市场

印度尼西亚（简称印尼）是东南亚最大的经济体，是东盟和 G20 集团的成员国。印尼有 2.4 亿人口和 2 000 多万华侨，是世界第四人口大国。印尼是全球第二大橡胶生产国，仅次于泰国。预计 2020 年后，印尼有望成为世界第一大橡胶生产国，年生产量达到 400 万 t 或者占世界天然橡胶生产量的 31%。而且印尼塑胶消费量超过了马来西亚、泰国以及新加坡的总和。

印尼政府通过增加税收来发展橡胶加工产业以及实现塑胶产业附加值的最大化，政府计划 70% 的塑胶产品实现国内自产，这项举措大大刺激了印尼国内对于塑胶机械行业生产及加工的需求。预计 2015—2016 年印尼塑料行业将以 7% 的速度快速增长。包装行业、汽车、建筑、农业塑料及食品包装成为塑料行业发展的主力军。

另一方面，印尼塑料行业也面临着一些问题。尽管印尼塑胶消费总量超过泰国、马来西亚，但是人均塑料消费量上，印尼仅有 10kg 左右，远低于泰国的 56kg 以及马来西亚的 45kg，因此，印尼塑料市场增长空间巨大。此外，印尼塑料行业上下游割裂明显，上游无法满足国内下游产业的需求，国内 85% 的塑料原料需要从东盟进口，剩余 15% 从欧洲以及美国进口。2012 年，中国—东盟自贸区协定修订之后，1 万多种塑料制品（包括终端产品）出口至印尼不需要缴纳关税。

目前我国塑料机械质量亦在逐渐提高并接近甚至超越欧美产品质量，因此中国塑料机械在印尼的销量也在快速增长。由于我国生产的塑胶机械和模具设备等产品质量可靠、性能稳定、操作简便、价格合理，深受印尼用户的喜爱和欢迎，目前已成为印尼十大供应国之一。我国出口的注塑机占印尼市场第二位，挤出机占印尼市场第三位，吹塑机市场占有率也很高，我国塑胶机械在印尼市场的总占有率已达 8% 左右。2016 年前两个月，我国出口至印尼的塑料机械总量已达到 387 台，金额约 1 694 万美元，平均单价为 4.38 万美元 / 台。

目前印尼有行业专业展会 Indoplas，每两年一届，主办方是德国杜塞尔多夫展览集团亚洲有限公司。2016 年展会于 9 月 7—10 日在雅加达举行。规模为 10 000m^2，吸引 25 个国家约 400 家参展商以及 35 000 名观众参加。

二、印尼概况

【自然地理】 印尼位于亚洲东南部，地跨赤道，与巴布亚新几内亚、东帝汶和马来西亚接壤，与泰国、新加坡、菲律宾、澳大利亚等国隔海相望。印尼是世界上最大的群岛国家，由 17 508 个大小岛屿组成。

【人口】约 2.4 亿人，继中国、印度和美国之后位居世界第四位。印尼是一个多民族的国家，拥有 100 多个民族，其中爪哇族占人口的 45%，巽他族占 14%。民族语言 200 多种，官方语言为印尼语。约 87% 的人口信奉伊斯兰教，是世界上穆斯林人口最多的国家。

【宪法】现行宪法为《“四五”宪法》。宪法规定，印尼为单一的共和制国家，“信仰神道、人道主义、民族主义、民主主义、社会公正”是建国五项基本原则（简称“潘查希拉”）。

【政府】本届内阁于 2014 年 10 月组建，现任阁员 34 人，任期至 2019 年。

【司法机构】实行三权分立，最高法院独立于立法和行政机构。

三、经济情况

印尼是东盟最大的经济体。农业、工业、服务业均在国民经济中发挥重要作用。1950—1965 年 GDP 年均增长仅 2%。60 年代后期调整经济结构，经济开始提速，跻身中等收入国家。1997 年受亚洲金融危机重创，经济严重衰退，货币大幅贬值。2008 年以来，面对国际金融危机，印尼政府应对得当，经济仍保持较快增长。近年来，印尼制造业增长速度均超过经济增长速度。2009 年印尼经济增长率为 4.5%。2015 年 GDP 增长 4.79%，低于 2014 年的 5.02%，为 2009 年以来的最低水平。

2016 年 3 月 15 日，世界银行发布报告，调低了对印尼 2016 年经济增长的预期，将印尼 2016 年经济增长预期从 5.3% 调低至 5.1%。原因是外部经济环境不及预期，印尼政府支出受限。国际货币基金组织也在 3 月 14 日发布报告预测，印尼经济在经历几年的放缓之后，2016 年增速可能温和加快，但大宗商品低迷仍是风险，经济增长可能为 4.9%。印尼央行经济政策局数据显示，2016 年第一季度印尼经济表现较好，预计 2016 年印尼的经济增长率将介于 5.2% ～ 5.6% 之间。

【货币】卢比（盾）。1 人民币元≈ 2 070 印尼卢比（2016 年 5 月）

【资源】富含石油、天然气以及煤、锡、铝矾土、镍、铜、金、银等矿产资源。矿业在印尼经济中占有重要地位，产值占 GDP 的 10% 左右。据印尼官方统计，印尼石油储量 97 亿桶（13.1 亿 t），天然气储量 4.8 万亿～ 5.1 万亿 m^3，煤炭已探明储量 193 亿 t，潜在储量可达 900 亿 t 以上。

【工业】工业发展方向是强化外向型制造业。制造业占 GDP 比重为 25%。主要部门有采矿、纺织、轻工等。锡、煤、镍、金、银等矿产产量居世界前列。

【农业】印尼全国耕地面积约 8 000 万 hm^2。盛产经济作物，2016 年印尼橡胶产量预计将达 310 万 t，由于干旱原因，比 2015 年的产量有所减少。

【旅游】是印尼非油气行业中仅次于电子产品出口的第二大创汇行业，政府长期重视开发旅游景点，兴建饭店，培训人员和简化入境手续。

【交通运输】公路和水路系重要运输手段，其中公路担负着国内近 90% 的客运和 50% 的货运。铁路设施相对落后，仅爪哇和苏门答腊两岛建有铁路，2016 年 1 月印尼雅加达—万隆高铁项目开工奠基。空运近十年发展迅速。

【对外贸易】外贸在印尼国民经济中占重要地位，政府采取一系列措施鼓励和推动非油气产品出口，简化出口手续，降低关税。2015 年印尼对外贸易总额 2 929.91 亿美元，同比下降 17.34%，其中出口总额 1 502.52 亿美元，同比下降 14.62%；进口总额 1 427.39 亿美元，同比下降 19.89%，贸易顺差 75.13 亿美元，而 2014 年贸易逆差 18.86 亿美元。

按非油气类产品统计，制造业出口下降 9.11%，农业出口下降 2.45%，矿业出口下降 14.99%，其中大宗出口产品棕榈油及动植物油下降 11.40%，矿物燃油及制品出口下降 12.27%，电子器材及设备出口下降 12.66%。2015 年大宗进口商品中，机械设备进口下降 13.35%，电子设备及器材进口下降 24.4%，塑料及制品进口下降 19.31%，钢铁制品进口下降 14.56%。

印尼主要出口产品有石油、天然气、纺织品和成衣、木材、藤制品、手工艺品、鞋、铜、煤、纸浆和纸制品、电器、棕榈油、橡胶等。主要进口产品有机械运输设备、化工产品、汽车及零配件、发电设备、钢铁、塑料及塑料制品、棉花等。主要贸易伙伴为中国、日本、新加坡和美国。

【外国资本】外国资本对印尼经济发展有重要促进作用。印尼政府重视改善投资环境，吸引外资。1997 年金融危机前每年吸引外资约 300 亿美元，金融危机后大幅下降。2010 年、2011 年、2012 年和 2013 年实际利用外资额分别为 163 亿美元、173 亿美元、229 亿美元和 223 亿美元。2014 年达到 230 亿美元，主要投资来源国为新加坡、日本、美国、英国和韩国。2015 年中国成为印尼外国计划投资最大国，计划投资额达 277.59 万亿印尼卢比，占印尼外国计划投资总额的 22.96%，与 2014 年中国在印尼的计划投资额相比增长 67%。中国投资者感兴趣的行业侧重于基础设施领域。最大投资计划是在电力领域，占中国投资计划总额的 54.36%，其次是铁路运输领域占 26.62%，金属工业领域占 6.04%，住房、工业园与办公楼领域占 5.03%，贸易领域占 3.36%。

【人民生活】1997 年金融危机以后，人民生活水平下降。政府加大救助力度，研究建立全国社会保障体系，同时采取扩大就业和加强能力建设等中长期措施，努力解决结构性贫困问题。

四、社会文化

【教育】实行九年制义务教育。15 岁以上人口文盲率 7%。著名大学有雅加达的印度尼西亚大学、日惹的加查马达大学、泗水的艾尔朗卡大学、万隆的万隆工学院、班查查兰大学、茂物的茂物农学院等。

【文化】巴厘岛全岛名胜古迹不计其数，每年吸引着数百万国外游客前往观光。当地政府最近向联合国教科文组织提出申请，将帕格里桑河流域的自然及人文景观、加蒂录威梯田、西巴厘国家公园和达曼阿永神庙等四处景观列入世界文化遗产名录。

五、与中国关系

印尼奉行独立自主、不结盟的外交政策。1950 年印度尼西亚同中国建交。1967 年中断外交关系，1990 年两国恢复外交关系。之后，中印尼关系快速发展。

2013 年 10 月，习近平主席对印尼进行国事访问，决定把两国关系提升为全面战略伙伴关系。双方发表了《中印尼全面战略伙伴关系未来规划》。2015 年 4 月，习近平主席抵达印尼首都雅加达出席亚非领导人会议和万隆会议 60 周年纪念活动，发表中印尼联合新闻公报。2014 年，中国和印尼双边贸易额为 635.8 亿美元，中国已经成为印尼非油气类贸易的最大伙伴、最大进口来源地和第二大出口市场。2016 年 1—4 月对中国出口额占印尼非油气产品出口总额 9.55%；4 月份印尼自中国进口 25.21 亿美元，同比下降 4.99%，环比增长 11.96%，贸易逆差 14.52 亿美元，1—4 月自中国进口额占印尼非油气产品进口总额 25.76%。按国别计算，中国为印尼第三大出口国和最大进口国，美国为印尼第一大出口国和第三大进口国，日本为印尼第二大出口国和第二大进口国。按进出口总额计算，中国继续为印尼第一大贸易伙伴，日本和美国分居第二和第三位。

六、印尼投资优惠与问题

印尼政府已颁布第六期经济配套措施，对 8 个经济特区提供了各方面优惠。8 个经济特区分别为：万丹省的丹绒勒松、苏北省的塞芒吉、南苏省的巴鲁、北苏省的比通、西努省的曼达利加、北马鲁古省的摩罗泰、苏南省的丹绒阿比阿比和东加省的马龙巴图塔。

投资者可在以下九个方面享受政策优惠：

所得税免税期优惠。投资额超过 1 万亿卢比的企业可享受为期 10 ～ 25 年的减免税优惠，减免税幅度 20% ～ 100%；投资额超过 0.5 万亿盾的企业可享受 5 ～ 15 年的减免税优惠，减免税幅度 20% ～ 100%。

此外，投资者可获得为期 6 年减税 30% 的优惠；可加速折旧使企业缴纳的所得税现值总和更低；红利抽取所得税仅10%；损失赔偿期为5～10年。

增值税优惠。从其他国家地区进口商品或原材料进入经济特区可免税；从经济特区运至其他国家地区也可免税；经济特区企业之间的交易可免税，经济特区企业与其他经济特区企业的交易也可免税。

海关方面的优惠。从经济特区进入国内市场的进口税按照原产地证书的规定。

外籍人士可拥有房地产。外国投资者或外国企业可以在经济特区拥有寓所或房地产；拥有寓所或房地产的外资公民或外国企业可通过经济特区管理机构的担保获得居留证；所拥有的奢侈品可免除增值税、奢侈品销售税。

旅游业方面的优惠。可获得削减50%～100%的第一期建设税；可获得削减50%～100%的娱乐税。

劳动力方面的优惠。经济特区将成立工资委员会，以及成立由政府、雇主和雇员组成的合作机构；每一个企业只有一个工会或工人论坛；经济特区有权直接发出和延长使用外资员工的计划书；可在经济特区延长外资员工证书。

移民方面的优惠。可获得为期30天的首期访问签证，并可连续延长5次各为期30天的时间；可获得为期1年的多次访问签证；在经济特区拥有房地产的外籍人士可获得居留证；在旅游业经济特区的外籍老年人可获得居留证。

土地方面的优惠。可获得有关建筑物使用权，并可持续延长；经济特区行政组织可直接为业者提供土地方面的服务。

许可证方面的优惠。经济特区管理人可直接发出原则许可证和营业证书；从开始申请直至发出许可证的时间不超过3个小时；将提供许可证方面和非许可证方面的服务列表；可通过经济特区管理员申请处理许可证方面和非许可证方面的服务。

目前印尼有七个行业仍禁止外国投资。七个行业分别为：

农业方面：种植大麻。

林业方面：捕猎列入国际贸易濒危野生动植物物种风行公约鱼类。从大自然猎取供建材/石灰/钙/纪念品/首饰用的活或死的珊瑚和礁石。

工业方面：所有破坏环境的化学原料工业、含有酒精的饮料行业、可制作化学武器的化学原料工业、破坏臭氧层的化学原料工业等。

交通方面：经营与运作陆路运输客运码头。机动车称重站、船舶导航与船舶交通信息的电信与设施，经营空中航行服务与经营机动车检测行业。

通信与信息方面：经营与管理无线电频谱监测站与卫星轨道。

教育与文化方面：政府博物馆、文化遗产与古文物（寺庙、宫殿、碑刻、遗址、古建筑等）。

旅游与创意经济：赌场。

中国塑料机械主要出口市场分析（四）

——泰国

一、泰国塑料市场

近年来，泰国积极参与区域性经济合作，随着制造业和服务业的发展，泰国正由过去以出口农产品为主的农业国逐步向新兴工业国转化，这为塑料行业发展带来了新机遇。随着中国—东盟自由贸易区建成，2015年中国与东盟超过九成的产品贸易正式实行零关税。这是世界上拥有消费者最多和覆盖面积最广的自贸区，辐射整个东盟，因此进入泰国市场可以辐射周边 10 多个国家。塑料制品业是泰国的一大潜在产业，除满足国内需求外，还能向主要贸易伙伴国如日本、美国、澳大利亚、马来西亚、印度尼西亚和中国等国家出口。

中泰两国贸易中，机械设备居于泰国从中国进口商品的主要地位。2012 年泰国曾一度跃升为中国塑料机械出口目的地大国，出口数量 2 900 台，同比增长 67%，约占同期出口总数的 4.16%；出口金额近 1.4 亿美元，同比增长 53%，约占同期出口总金额的 8.51%。2009—2015 年中国塑料机械对泰国贸易顺差不断拉大，近几年仍保持在较高的交易额。

2014 年泰国税则号为 3916 ～ 3926 的塑料制品出口量约为 110 万 t，总值高达 1 225.03 亿泰铢（约 236 亿元），同比增长 12.4%。受油价走低及主要贸易市场尤其是日本、印尼及菲律宾的购买力因经济放缓而减弱等多重因素影响，2015 年泰国塑料制品出口总值呈下降趋势。

据泰国海关统计，2015 年塑料橡胶是泰国对中国出口的重要商品，2015 年出口额为 66.4 亿美元，不过塑料橡胶出口较 2014 年下降 14.6%，占泰国对中国出口总额的 28.5%。从中国进口方面，塑料橡胶居第四位，2015 年进口额为 20.1 亿美元，同比增长 8%。 2016 年 1—6 月，从中国进口的塑料橡胶的进口额为 10.1 亿美元，同比增长 3.3%。

泰国生产的塑料产品具有非常高的市场需求，越、老、柬、缅四个邻国就对泰国产塑料制品具有很大的需求，特别是一些技术和生产加工工艺不高的产品和塑料产品，比如普通塑料产品、包装袋、家庭用品等。泰国每年出口位于前列的塑料制品为：塑料薄膜、塑料板、包装袋、塑料办公制品以及家具塑料制品。

截至 2015 年，泰国生物塑料工业发展已迈出第一步，已进口约 500t 生物塑料米，以加工制成成品，80% 用于出口。目前，从糖中提炼生产生物塑料米的企业大约有 42 家。泰国政府还将生物塑料工业列为重点促进目标产业，并将支持泰国发展成为亚洲地区生物塑料产业中心。具体措施包括 5 个方面：促进国内生物塑料米生产；促进生物塑料原料及合成品生产工业技术研发；发展国内市场；规定生物塑料产品质量标准并予以认证；针对有潜力的生物塑料垃圾制订高效管理方案。

作为新兴产业，生物塑料将为未来世界经济创造价值，因为其原材料益于环保。预计 2020 年全球生物塑料的需求总价值将增至 59 亿美元，相当于以平均每年 20% 的速度增长。亚洲地区将成为生物塑料生产园地，其产能可达 673 万 t 左右，在全球生物塑料总产能中占比约为 80%。

泰国国际塑胶展览会（Interplas Thailand）原本是泰国机械制造及模具展（Intermold Thailand）的一个主题，每年一届在泰国曼谷举办，至今已成功举办了 25 届。随着塑胶展规模的不断扩大，2015 年塑胶展单独于 7 月初举办。2016 年泰国国际塑胶展览会共吸引逾 1.5 万名专业买家以及 1 341 名展商参与，展会于 7 月 21—24 日在曼谷举办。每年一届的泰国国际塑胶展览会反映了亚洲塑料和橡胶技术发展的水平，是中国企业进入泰国乃至东南亚塑料机械市场的重要窗口。

二、泰国概况

泰国面积约 51.3 万 km^2，位于亚洲中南半岛中南部，与柬埔寨、老挝、缅甸、马来西亚接壤，热带季风气候，全年分为热、雨、旱三季，年均气温 24 ～ 30℃。

【人口】人口 6 772 万人（2014 年世界银行数据）。全国共有 30 多个民族。泰族为主要民族，占人口总数的 40%，其余为老挝族、华族、马来族、高棉族。泰语为国语，90% 以上的民众信仰佛教。

【首都】曼谷是全国政治、经济、文化中心和现代与传统相交融的大都市，依然保留着标志辉煌传统的名胜古迹，是世界旅游目的地，人口约 800 万人（2014 年）。

【宪法】现行宪法于 2007 年 8 月 24 日经普密蓬国王御准生效。2011 年 2 月，泰国国会首次对这部宪法进行了修正。2015年7月，泰国国王普密蓬批准了临时宪法修正案。2016年8月，新宪法草案及其附加问题在全民公投中获得通过。

【议会】国会是最高立法机构，实行上、下两院制。上议院议员150人，其中76人直选产生，74人遴选产生，任期6年。下议院议员500人，任期4年。

【司法制度】属大陆法系，以成文法作为法院判决的主要依据。司法系统由宪法法院、司法法院、行政法院和军事法院构成。

四、经济情况

泰国实行自由经济政策，属外向型经济，依赖美、日、中等外部市场；传统农业国，农产品是外汇收入的主要来源之一，是世界天然橡胶最大出口国。20世纪80年代，电子工业等制造业发展迅速，产业结构变化明显，经济持续高速增长，人民生活水平相应提高，工人最低工资和公务员薪金多次上调，居民教育、卫生、社会福利状况不断改善。1997年亚洲金融危机后陷入衰退。1999年经济开始复苏。2014年人均GDP约5 561美元。2015年全年泰国经济增长2.8%，略高于2.75%的预期中值。2016年经济增长率有望达到3%～3.5%。

【货币】泰铢，1元人民币≈5.18泰铢（2016年9月3日数据）

【资源】主要有钾盐、锡、褐煤、油页岩、天然气，还有锌、铅、钨、铁、锑、铬、重晶石、宝石和石油等。其中油页岩储量约187万t，石油储量1 500万t。森林总面积1 440万hm^2，覆盖率25%。

【工业】出口导向型工业。主要门类有：采矿、纺织、电子、塑料、食品加工、玩具、汽车装配、建材、石油化工、软件、轮胎、家具等。工业在国内生产总值中的比重不断上升。

【农业】传统经济产业，农业人口约1 530万人。全国可耕地面积占国土面积的41%。主要作物有稻米、玉米、木薯、橡胶、甘蔗等。

【渔业】海域辽阔，拥有2 705km海岸线，泰国湾和安达曼湾是得天独厚的天然海洋渔场。此外，还有总面积1 100多km^2的淡水养殖场。全国从事渔业人口约50万人。

【服务业】旅游业保持稳定发展势头，是外汇收入重要来源之一。主要旅游点有曼谷、普吉、清迈、帕塔亚、清莱、华欣和苏梅岛等。2015年共有2 960万人次的外国游客赴泰旅游，同比增长19.8%。

【交通运输】以公路和航空运输为主。铁路总长4 451km（窄轨），计划建造高速铁路。公路里程共16万km，各府、县都有公路相连，四通八达。

水运：湄公河和湄南河为泰国两大水路运输干线，全国共有47个港口，其中海港26个，国际港口21个。廉差邦港是泰国最大的物流枢纽，集装箱运输量占国内的52%。泰国重要码头还包括曼谷港、清盛港、清孔港和拉农港等。海运线可达中、日、美、欧和新加坡。

空运：全国共有37个机场，其中国际机场8个。曼谷素万那普国际机场投入使用后，取代原先的廊曼国际机场，成为东南亚地区重要的空中交通枢纽。

【经济增长】2015年，泰国GDP达到3 952.8亿美元。2016年，GDP年增长率有望达到3.5%。其中财政赤字约占GDP的2.5%。

【对外贸易】对外贸易在泰国国民经济中具有重要地位。泰国2015年贸易顺差五年来首次盈余，尽管出口和进口都持续下跌，但商务部公布的数据显示，2015年泰国的盈余为117.2亿美元。中国、日本、东盟、美国、欧盟等国家和地区是泰国重要贸易伙伴。主要出口产品有：汽车及零配件、电脑及零配件、集成电路板、电器、初级塑料、化学制品、石化产品、珠宝首饰、成衣、鞋、橡胶、家具、加工海产品及罐头、大米、木薯等。主要进口产品有：机电产品及零配件、工业机械、电子产品零配件、汽车零配件、建筑材料、原油、造纸机械、钢铁、集成电路板等。

【外商投资】1997年受亚洲金融危机冲击，外国对泰投资大幅下降。泰政府加大投入，加强基础设施建设，完善立法，创造良好环境吸引外资。但由于政变等不利因素，泰国投促委的数据显示，2015 年 1—11 月，外国投资者对泰国的投资额同比暴跌 78%，只有 938 亿泰铢(约合人民币 170 亿元)，显示外国投资者对泰国经济的信心依然脆弱。

五、与中国关系

泰国奉行独立自主的外交政策，重视周边外交，积极发展睦邻友好关系，维持大国平衡。重视区域合作，2013—2015 年担任中国—东盟关系协调国，积极推进东盟一体化和中国—东盟自贸区建设，支持东盟与中日韩合作。重视经济外交，推动贸易自由化，积极参与大湄公河次区域经济合作。发起并推动亚洲合作对话（ACD）机制，积极参加亚太经济合作组织（APEC）、亚欧会议（ASEM）、世界贸易组织（WTO）、东盟地区论坛（ARF）和博鳌亚洲论坛（BFA）等国际组织活动。谋求在国际维和、气候变化、粮食安全、能源安全及禁毒合作等地区和国际事务中发挥积极作用。

【与中国关系】中泰是友好近邻，两国关系保持健康稳定发展，双方领导人往来频繁，各领域交流合作广泛、深入，人民之间有着深厚的友好感情。1975 年 7 月 1 日，中泰两国正式建交，两国关系保持健康稳定发展。2013 年 10 月，李克强总理对泰国进行正式访问，发表题为“让中泰友好之花结出新硕果”的演讲，这是中国领导人首次在泰国国会发表演讲。两国发表了《中泰关系发展远景规划》，对进一步深化中泰全面战略合作伙伴关系具有里程碑意义。2014 年 12 月，泰王国总理巴育对中国进行正式访问。

据泰国海关统计，2016 年 1—6 月泰国与中国双边货物进出口额为 307.6 亿美元，下降 0.1%。其中，泰国对中国出口 104.6 亿美元，下降 7.6%，占泰国出口总额的 10.0%；自中国进口 203.0 亿美元，增长 4.2%，占泰国进口总额的 21.7%。泰方贸易逆差 98.4 亿美元，增长 20.4%。

中国是泰国第二大贸易伙伴，泰国是中国在东盟国家中第三大贸易伙伴。2011 年 12 月，中国人民银行与泰国银行在曼谷签署了中泰双边本币互换协议。2012 年 8 月，中国超过马来西亚首次成为泰国最大的旅游客源国。

六、泰国投资优惠与问题

“一带一路”战略为中泰合作带来新的商机。泰国新政府于 2015 年 1 月 1 日颁布了最新投资优惠政策，拟对加快中小企业发展、促进环保行业投资、形成新区域产业集群、推动南部边境地区开放、加快经济特区发展、鼓励企业海外投资等 6 个领域提供优惠政策。

塑料产业，企业一直都非常看好东南亚市场，由于土地成本等因素，不少企业将生产迁移至泰国、越南、印尼等国家。泰国的优势在于：对外国企业无外币汇出限制，无出口要求，无原材料本地化要求，并在制造业无持股比例限制。此外，企业最高可获免 8 年企业所得税，外国投资者还可拥有土地所有权等，此举更是吸引了大量投资者。

尽管中泰关系发展总体顺畅，近些年在泰投资中企更是与日俱增，但是一些潜在的政治风险也不容忽视。第一，泰国政治稳定性和连续性较差，泰国政治受军人集团影响较大，政变不断，抗议不断，国内政治不稳定，难免对在泰投资中企构成人身、财产安全威胁。第二，要谨防恐怖主义的威胁，近年来曼谷、普吉岛等地也成为恐怖主义袭击的高发地区，2015 年 8 月曼谷闹市就发生了恐怖袭击。第三，泰国南部三府的宗教冲突以及社会不稳定。位于泰国南部的惹拉府、北大年府和陶公府，由于民族关系错综复杂，社会十分动荡，人民的生命安全缺乏保障，正常的社会运作和经济发展受到极大限制，暴力事件不断。2016 年 8 月，泰国境内一天发生 8 起爆炸，社会治安有待加强。第四，泰国因处于热带地区，暴雨以及干旱等问题都会影响工厂运作，以及当地热带疾病，如登革热等也需要加强预防。

〔供稿单位：中国塑料机械工业协会〕

中国塑料机械工业协会

2015 中国国际工程塑料产业创新大会暨中国国际塑料机械创新论坛

2015 中国塑料机械优势企业

2015 中国（重庆）国际智能制造技术装备博览会暨中国（重庆）国际塑料工业展

应诉印度对华注塑机反倾销日落复审取得成效

《中国塑料机械工业年鉴 2014–2015》年刊首发赠书仪式